Die Bundesrepublik Deutschland
Staatshandbuch:

Bund
Ausgabe 1997

Die Bundesrepublik Deutschland Staatshandbuch

Herausgeber

Geschäftsführendes Präsidialmitglied des Deutschen Landkreistages Dr. Hans Henning Becker-Birck

Geschäftsführendes Präsidialmitglied des Deutschen Städtetages Jochen Dieckmann

Geschäftsführendes Präsidialmitglied des Deutschen Städte- und Gemeindebundes Friedrich Wilhelm Heinrichs

Präsidentin des Bundesverfassungsgerichts Prof. Dr. Jutta Limbach

Hauptgeschäftsführer des Deutschen Industrie- und Handelstages Dr. Franz Schoser

Präsident des Bundesverwaltungsgerichts a. D. Prof. Dr. Horst Sendler

Staatssekretär im Bundesministerium des Innern Dr. Eckart Werthebach

Carl Heymanns Verlag KG · Köln · Berlin · Bonn · München

Die Bundesrepublik Deutschland Staatshandbuch:

Bund

Verzeichnis der Behörden
mit Aufgabenbeschreibungen und Adressen

Ausgabe 1997

Stand der Erhebungen: Februar/März 1997

Herausgeber
Ministerialdirektor Dr. Klaus-Dieter Schnapauff
Bundesministerium des Innern

Schriftleitung
Wilfried Ganser, Willi Herberz

Carl Heymanns Verlag KG · Köln · Berlin · Bonn · München

Der Nachdruck und jede sonstige Vervielfältigung
sowie die Einspeicherung in Datenverarbeitungsanlagen, auch von Teilen
dieser Ausgabe, sind unzulässig.

Anschrift der Schriftleitung
Staatshandbuch
Die Bundesrepublik Deutschland
Postfach 18 66
50308 Brühl

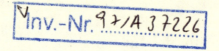

© Carl Heymanns Verlag KG, Köln, Berlin, Bonn, München, 1997

ISBN 3-452-23725-7 ISSN 1430-2063
Druck von Gallus Druckerei KG Berlin

INHALTSÜBERSICHT

Suchwortverzeichnis	493
Verzeichnis der Personennamen .	517
Abkürzungsverzeichnis	579

Der Bund		1
a	Parlamentarische Körperschaften	1
I	Der Deutsche Bundestag	1
1	Zusammensetzung des 13. Deutschen Bundestages ..	2
2	Die Mitglieder	3
3	Organe des 13. Deutschen Bundestages	20
3.1	Präsident/Präsidium	20
3.2	Schriftführer	20
3.3	Ältestenrat	20
3.4	Ausschüsse	21
3.5	Fraktionen und Fraktionsvorstände	22
	Fraktion der CDU/CSU	22
	Fraktion der SPD	23
	Fraktion Bündnis 90/ DIE GRÜNEN	24
	Fraktion der F.D.P.	24
	Gruppe der Partei des Demokratischen Sozialismus (PDS) .	24
4	Ausschuß des Bundestages und Bundesrates nach Artikel 77 Abs 2 des Grundgesetzes (Vermittlungsausschuß)	24
5	Sonstige Ausschüsse und Gremien	25
6	Verwaltung	26
7	Wehrbeauftragte	28
II	Der Bundesrat (BR)	29
1	Präsidium	32
2	Schriftführer	32
3	Die Mitglieder und stellvertretenden Mitglieder	32
4	Ausschüsse	39

	Gemeinsame Ausschüsse	40
	Sekretariat	40
III	Gemeinsamer Ausschuß	41
b	Der Bundespräsident (BPr) ...	42
	Bundespräsidialamt (BPrA) ..	42
	Bund-Länder-Kommission für Bildungsplanung und Forschungsförderung	42
c	Die Bundesregierung (BReg) und Bundesbehörden	45
	Mitglieder der Bundesregierung und ihre Parlamentarischen Staatssekretäre	45
	Kabinettausschüsse	46
I	Bundeskanzler (BK)	47
1	Bundeskanzleramt (BK)	47
2	Presse- und Informationsamt der Bundesregierung	49
3	Bundesnachrichtendienst	50
II	Auswärtiges Amt (AA)	51
1	Vertretungen der Bundesrepublik Deutschland im Ausland .	56
1.1	Botschaften, Gesandtschaften, Generalkonsulate, Konsulate	56
	AFRIKA	56
	Ägypten	56
	Äquatorialguinea	56
	Äthiopien	56
	Algerien	56
	Angola	57
	Benin	57
	Botsuana	57
	Burkina Faso	57
	Burundi	57
	Côte d'Ivoire	57
	Dschibuti	57
	Eritrea	57
	Gabun	57
	Gambia	57
	Ghana	57
	Guinea	58
	Guinea-Bissau	58
	Kamerun	58
	Kap Verde	58

V

Kenia	58
Komoren	58
Kongo	58
Kongo, Demokratische Republik	62
Lesotho	58
Liberia	59
Libyen	59
Madagaskar	59
Malawi	59
Mali	59
Marokko	59
Mauretanien	59
Mauritius	60
Mosambik	60
Namibia	60
Niger	60
Nigeria	60
Ruanda	60
Sambia	60
São Tomé und Principe	60
Senegal	60
Seychellen	61
Sierra Leone	61
Simbabwe	61
Somalia	61
Sudan	61
Südafrika	61
Swasiland	62
Tansania	62
Togo	62
Tschad	62
Tunesien	62
Uganda	62
Zentralafrikanische Republik	63
Britische Überseegebiete St Helena und Nebengebiete	63
Französisches Übersee-Département	63
Gebietskörperschaft der Französischen Republik	63
AMERIKA	63
Antigua und Barbuda	63
Argentinien	63
Bahamas	64
Barbados	64
Belize	65
Bolivien	65
Brasilien	65
Chile	67
Costa Rica	68
Dominica	68
Dominikanische Republik	68
Ecuador	68
El Salvador	69
Grenada	69
Guatemala	69
Guyana	69
Haiti	69
Honduras	69
Jamaika	70
Kanada	70
Kolumbien	71
Kuba	71
Mexiko	71
Nicaragua	73
Panama	73
Paraguay	73
Peru	73
St Kitts und Nevis	74
St Lucia	74
St Vincent und die Grenadinen	74
Suriname	74
Trinidad und Tobago	74
Uruguay	74
Venezuela	75
Vereinigte Staaten von Amerika	75
Amerikanische Außengebiete	79
Britische Überseegebiete	79
Französische Übersee-Departements und Übersee-Territorien	80
Überseeische Teile der Niederlande	80
ASIEN	80
Afghanistan	80
Bahrain	80
Bangladesh	80
Bhutan	80
Birma (Myanmar)	80
Brunei	80
China	81
Indien	81
Indonesien	82
Irak	82
Iran	82

Israel	82
Japan	82
Jemen	82
Jordanien	83
Kambodscha	83
Kasachstan	83
Katar	83
Kirgisistan	84
Korea	84
Korea, Demokratische Volksrepublik	84
Kuwait	84
Laos	84
Libanon	84
Malaysia	84
Malediven	85
Marshallinseln	85
Mikronesien	85
Mongolei	85
Myanmar	85
Nepal	85
Oman	85
Pakistan	85
Palau	85
Philippinen	86
Saudi-Arabien	86
Singapur	86
Sri Lanka	86
Syrien	86
Tadschikistan	86
Thailand	87
Turkmenistan	87
Usbekistan	87
Vereinigte Arabische Emirate	87
Vietnam	87
Britische Überseegebiete	87
Palästinensisches Autonomiegebiet	87
Portugiesisches Hoheitsgebiet	87
AUSTRALIEN/ OZEANIEN	88
Australien	88
Cookinseln	88
Fidschi	88
Kiribati	88
Nauru	88
Neuseeland	88
Niue	89
Papua-Neuguinea	89
Salomonen	89
Samoa	89
Tonga	89
Tuvalu	89
Vanuatu	89
Amerikanische Außengebiete in Australien/Südpazifik	89
Australische Außengebiete	89
Britische Überseegebiete	90
Französische Übersee-Territorien	90
Neuseeländische Überseegebiete	90
EUROPA	90
Albanien	90
Andorra	90
Armenien	90
Aserbaidschan	90
Belgien	90
Bosnien und Herzegowina	91
Bulgarien	91
Dänemark	91
Estland	92
Finnland	92
Frankreich	93
Georgien	95
Griechenland	95
Großbritannien	96
Heiliger Stuhl	96
Irland	96
Island	96
Italien	97
Jugoslawien, Bundesrepublik	98
Kroatien	98
Lettland	98
Liechtenstein	98
Litauen	99
Luxemburg	99
Malta	99
Mazedonien	99
Moldau	99
Monaco	99
Niederlande	99
Norwegen	100
Österreich	101
Polen	102
Portugal	102
Rumänien	103
Rußland	103

	San Marino	104
	Schweden	104
	Schweiz	105
	Slowakische Republik	106
	Slowenien	106
	Spanien	106
	Tschechische Republik	107
	Türkei	108
	Ukraine	108
	Ungarn	109
	Vatikanstadt	109
	Vereinigtes Königreich von Großbritannien und Nord-Irland	109
	Weißrußland	111
	Zypern	111
1.2	Vertretungen bei zwischen- und überstaatlichen Organisationen	111
2	Deutsches Archäologisches Institut	112
III	**Bundesministerium des Innern (BMI)**	**114**
1	Der Bundesbeauftragte für den Datenschutz	119
2	Bundesinstitut für ostdeutsche Kultur und Geschichte	119
3	Der Bundesbeauftragte für die Unterlagen des Staatssicherheitsdienstes der ehemaligen DDR	119
4	Der Oberbundesanwalt beim Bundesverwaltungsgericht in Berlin	121
5	Der Bundesdisziplinaranwalt beim Bundesverwaltungsgericht in Frankfurt am Main .	121
6	Statistisches Bundesamt	121
7	Bundesamt für Verfassungsschutz	124
8	Bundeskriminalamt	124
9	Bundesakademie für öffentliche Verwaltung	125
10	Fachhochschule des Bundes für öffentliche Verwaltung ...	126
11	Bundesarchiv	127
12	Bundesverwaltungsamt	130
13	Institut für Angewandte Geodäsie	133
14	Bundesinstitut für Sportwissenschaft	134
15	Bundesamt für Sicherheit in der Informationstechnik	135
16	Bundesgrenzschutz	136
16.1	Grenzschutzpräsidien	137
16.1.1	Grenzschutzpräsidium Nord .	137
16.1.2	Grenzschutzpräsidium West .	137
16.1.3	Grenzschutzpräsidium Mitte .	137
16.1.4	Grenzschutzpräsidium Ost ...	138
16.1.5	Grenzschutzpräsidium Süd ..	138
16.2	Grenzschutzdirektion	139
16.3	Grenzschutzschule	139
17	Beschaffungsamt des Bundesministeriums des Innern	139
18	Bundesamt für die Anerkennung ausländischer Flüchtlinge.....................	140
19	Bundesbeauftragter für Asylangelegenheiten beim Bundesamt für die Anerkennung ausländischer Flüchtlinge.....................	141
20	Bundesinstitut für ostwissenschaftliche und internationale Studien	141
21	Bundeszentrale für politische Bildung	142
22	Deutsche Akademie Villa Massimo	142
23	Bundesausgleichsamt	143
24	Bundesamt für Zivilschutz ...	144
25	Unabhängige Kommission zur Überprüfung des Vermögens der Parteien und Massenorganisationen der DDR	144

Der Rechtsaufsicht unterstehen:
Bundesanstalt Technisches Hilfswerk 145
Landesbeauftragte der Bundesanstalt Technisches Hilfswerk 146
Stiftung „Preußischer Kulturbesitz" 146
Staatliche Museen zu Berlin – Preußischer Kulturbesitz ... 146
Staatsbibliothek zu Berlin – Preußischer Kulturbesitz ... 147

Geheimes Staatsarchiv Preußischer Kulturbesitz mit Abteilung Merseburg 148
Ibero-Amerikanisches Institut Preußischer Kulturbesitz 148
Staatliches Institut für Musikforschung Preußischer Kulturbesitz 148
Bundesanstalt „Die Deutsche Bibliothek" 148
Deutsche Welle 149
Heimkehrerstiftung 149
Stiftung für ehemalige politische Häftlinge 150
Stiftung Bundeskanzler-Adenauer-Haus 150
Stiftung Reichspräsident-Friedrich-Ebert-Gedenkstätte 150
Stiftung Bundespräsident-Theodor-Heuss-Haus 150
Otto-von-Bismarck-Stiftung .. 151
Haus der Geschichte der Bundesrepublik Deutschland . 151
Deutsche Ausgleichsbank (DtA) 151

IV Bundesministerium der Justiz (BMJ) 153
1 Bundesgerichtshof in Karlsruhe 155
2 Der Generalbundesanwalt beim Bundesgerichtshof in Karlsruhe 155
3 Bundesverwaltungsgericht in Berlin 155
4 Bundesfinanzhof in München 155
5 Bundespatentgericht in München 155
6 Deutsches Patentamt 155
7 Bundesdisziplinargericht in Frankfurt am Main 157
Bundesrechtsanwaltskammer 157

Der Rechtsaufsicht unterstehen:
Rechtsanwaltskammer beim Bundesgerichtshof 157
Bundesnotarkammer 158
Patentanwaltskammer 158

V Bundesministerium der Finanzen (BMF) 159
1 Bundesamt für Finanzen 166
2 Bundesfinanzverwaltung 168
2.1 Oberfinanzdirektion Berlin .. 170
Zollehranstalt der Oberfinanzdirektion Berlin 170
Zollfahndungsamt Berlin 170
Hauptzollämter 170
Bundesvermögensämter 171
Bundesbauämter 171
2.2 Oberfinanzdirektion Bremen . 171
Zollehranstalt Bremen 172
Zollfahndungsamt Bremen ... 172
Hauptzollämter 172
2.3 Oberfinanzdirektion Chemnitz 172
Zollehranstalt Leipzig 174
Zollfahndungsamt Dresden .. 174
Hauptzollämter 174
Bundesvermögensämter 174
Bundesforstämter 174
2.4 Oberfinanzdirektion Cottbus . 175
Zollfahndungsamt Potsdam .. 177
Hauptzollämter 177
Bundesvermögensämter 177
Bundesforstämter 177
2.5 Oberfinanzdirektion Düsseldorf 178
Zollehranstalt Düsseldorf 179
Zollfahndungsamt Düsseldorf 179
Hauptzollämter 179
2.6 Oberfinanzdirektion Erfurt .. 179
Zollfahndungsamt Erfurt 182
Hauptzollämter 182
Bundesvermögensämter 182
Bundesforstämter 183
2.7 Oberfinanzdirektion Frankfurt am Main 183
Zollfahndungsamt Frankfurt am Main 185
Zolltechnische Prüfungs- und Lehranstalt der Oberfinanzdirektion Frankfurt am Main . 185
Beschaffungsamt der Bundeszollverwaltung 185
Hauptzollämter 185
Bundesvermögensämter 186
Bundesforstämter 186

2.8	Oberfinanzdirektion Freiburg	186	2.15	Oberfinanzdirektion Magdeburg	203
	Zollehranstalt der Oberfinanzdirektion Freiburg	188		Zollfahndungsamt Magdeburg	204
	Zollfahndungsamt	188		Hauptzollämter	204
	Hauptzollämter	188		Bundesvermögensämter	204
	Bundesvermögensämter	189		Bundesforstämter	205
2.9	Oberfinanzdirektion Hamburg	189	2.16	Oberfinanzdirektion München	205
	Zolltechnische Prüfungs- und Lehranstalt der Oberfinanzdirektion Hamburg	190		Zolltechnische Prüfungs- und Lehranstalt der Oberfinanzdirektion München	206
	Zollfahndungsamt	190		Zollschule	206
	Hauptzollämter	190		Zollfahndungsamt	206
2.10	Oberfinanzdirektion Hannover	191		Hauptzollämter	207
	Zollehranstalt der Oberfinanzdirektion Hannover	192		Bundesvermögensämter	207
	Zollfahndungsamt	192		Bundesforstamt Stockdorf	208
	Zollhundeschule	192	2.17	Oberfinanzdirektion Münster	208
	Hauptzollämter	192		Zollehranstalt der Oberfinanzdirektion Münster	209
	Bundesforstämter	193		Zollfahndungsamt	209
2.11	Oberfinanzdirektion Karlsruhe	194		Hauptzollämter	209
	Zollehranstalt der Oberfinanzdirektion Karlsruhe	194		Bundesvermögensämter	210
	Zollfahndungsamt	194		Bundesforstämter	210
	Hauptzollämter	194	2.18	Oberfinanzdirektion Nürnberg	210
2.12	Oberfinanzdirektion Kiel	195		Zollehranstalt der Oberfinanzdirektion Nürnberg	212
	Zollehranstalt der Oberfinanzdirektion Kiel	196		Zollfahndungsamt	212
	Zollfahndungsamt	196		Zollhundeschule	212
	Hauptzollämter	197		Hauptzollämter	212
	Bundesvermögensämter	197		Bundesvermögensämter	212
	Bundesforstamt Plön	197		Bundesforstämter	213
2.13	Oberfinanzdirektion Koblenz	197	2.19	Oberfinanzdirektion Rostock	213
	Zollehranstalt der Oberfinanzdirektion Koblenz	199		Zollehranstalt Rostock	215
	Zollfahndungsamt	199		Zollfahndungsamt Rostock	215
	Hauptzollämter	199		Hauptzollämter	215
	Bundesvermögensämter	200		Bundesvermögensämter	216
	Bundesforstämter	200		Bundesforstämter	216
2.14	Oberfinanzdirektion Köln	200	2.20	Oberfinanzdirektion Saarbrücken	216
	Zollfahndungsamt Köln	202		Zollfahndungsamt Saarbrücken	216
	Zolltechnische Prüfungs- und Lehranstalt der Oberfinanzdirektion Köln	202		Hauptzollämter	217
	Hauptzollämter	202	2.21	Oberfinanzdirektion Stuttgart	217
	Bundesvermögensämter	202		Zollehranstalt der Oberfinanzdirektion Stuttgart	218
	Bundesforstämter	203		Zollfahndungsamt	218

	Hauptzollämter 218	
	Bundesvermögensamt 219	
	Bundesforstämter 219	
3	Bundesaufsichtsamt für das Versicherungswesen 219	
4	Bundesaufsichtsamt für den Wertpapierhandel 222	
5	Bundesaufsichtsamt für das Kreditwesen 223	
6	Bundesmonopolverwaltung für Branntwein 227	
6.1	Bundesmonopolamt 227	
6.2	Verwertungsstelle 227	
6.2.1	Außenabteilungen der Verwertungsstelle 228	
7	Bundesbeauftragter für die Behandlung von Zahlungen an die Konversionskasse 228	
8	Bundesschuldenverwaltung . . 228	
9	Zollkriminalamt 230	
10	Bundesamt zur Regelung offener Vermögensfragen 230	
	Der Rechtsaufsicht unterstehen:	
	DG Bank Deutsche Genossenschaftsbank – KdöR – 231	
	Pensionskasse Deutscher Eisenbahnen und Straßenbahnen – KdöR – 231	
	Versorgungsanstalt des Bundes und der Länder – AdöR – 231	
	Deutsche Girozentrale – Deutsche Kommunalbank – 231	
	Deutscher Sparkassen- und Giroverband – KdöR – Berlin 232	
	Kreditanstalt für Wiederaufbau – KdöR – 232	
	Bundessteuerberaterkammer – KdöR – 232	
	Versorgungsanstalt der deutschen Bezirksschornsteinfegermeister – AdöR – 232	
	Versorgungsanstalt der deutschen Bühnen – AdöR – 232	
	Versorgungsanstalt der deutschen Kulturorchester – AdöR – 233	
	DBV Versicherungen 233	

		Landwirtschaftliche Rentenbank 233
		Bundesanstalt für vereinigungsbedingte Sonderaufgaben 233
VI		**Bundesministerium für Wirtschaft (BMWi)** 235
	1	Physikalisch-Technische Bundesanstalt 240
	2	Bundesausfuhramt 242
	3	Bundesamt für Wirtschaft 243
	4	Bundesstelle für Außenhandelsinformation 244
	5	Bundesanstalt für Materialforschung und -prüfung 244
	6	Bundeskartellamt 246
	7	Bundesanstalt für Geowissenschaften und Rohstoffe 248
		Der Rechtsaufsicht unterstehen:
		Filmförderungsanstalt 250
		Erdölbevorratungsverband . . 251
VII		**Bundesministerium für Ernährung, Landwirtschaft und Forsten (BML)** 252
	1	Bundessortenamt 256
	2	Bundesforschungsanstalten . . 259
	2.1	Bundesforschungsanstalt für Landwirtschaft Braunschweig-Völkenrode 259
	2.2	Biologische Bundesanstalt für Land- und Forstwirtschaft Berlin und Braunschweig 261
	2.3	Bundesanstalt für Milchforschung 263
	2.4	Bundesforschungsanstalt für Fischerei 264
	2.5	Bundesforschungsanstalt für Forst- und Holzwirtschaft 264
	2.6	Bundesanstalt für Getreide-, Kartoffel- und Fettforschung . 265
	2.7	Bundesforschungsanstalt für Viruskrankheiten der Tiere . . . 265
	2.8	Bundesanstalt für Züchtungsforschung an Kulturpflanzen . . 266
	2.9	Bundesanstalt für Fleischforschung 266
	2.10	Bundesforschungsanstalt für Ernährung 267

2.11	Zentralstelle für Agrardokumentation und -information	267
	Der Rechtsaufsicht unterstehen:	
	Bundesanstalt für Landwirtschaft und Ernährung	268
	Deutscher Weinfonds	269
	Absatzförderungsfonds der deutschen Land- und Ernährungswirtschaft	270
	Absatzförderungsfonds der deutschen Forstwirtschaft	270
	DSL Bank Deutsche Siedlungs- und Landesrentenbank	270
VIII	**Bundesministerium für Arbeit und Sozialordnung (BMA)**	271
1	Bundesausführungsbehörde für Unfallversicherung	276
2	Bundesanstalt für Arbeitsschutz und Arbeitsmedizin	277
3	Bundesversicherungsamt	280
4	Bundesarbeitsgericht	283
5	Bundessozialgericht	283
	Der Rechtsaufsicht unterstehen:	
	Bundesanstalt für Arbeit	283
	Hauptstelle der Bundesanstalt für Arbeit	284
	Zentralamt	287
	Zentralstelle für Arbeitsvermittlung	287
	Fachvermittlung für Künstler	287
	Fachvermittlung für Hotel- und Gaststättenpersonal	287
	Fachvermittlung für Seeleute	288
	Fachvermittlung für Binnenschiffer	288
	Zentrale Fachvermittlung für Berufe des Reit- und Fahrwesens und der Pferdezucht	288
	Zentrale Fachvermittlung für Kneipp-Bademeister und Masseure	288
	Fachvermittlung für landwirtschaftliche Fachkräfte	288
	Fachhochschule des Bundes für öffentliche Verwaltung, Fachbereich Arbeitsverwaltung	288
	Vorprüfungsamt	289
	Verwaltungsschulen	289
	Landesarbeitsamt Nord	289
	Arbeitsämter	290
	Landesarbeitsamt Niedersachsen-Bremen	291
	Arbeitsämter	291
	Landesarbeitsamt Berlin-Brandenburg	293
	Arbeitsämter	294
	Landesarbeitsamt Nordrhein-Westfalen	294
	Arbeitsämter	295
	Landesarbeitsamt Hessen	297
	Arbeitsämter	298
	Landesarbeitsamt Rheinland-Pfalz-Saarland	299
	Arbeitsämter	300
	Landesarbeitsamt Sachsen-Anhalt/Thüringen	301
	Arbeitsämter	301
	Landesarbeitsamt Sachsen	302
	Arbeitsämter	303
	Landesarbeitsamt Baden-Württemberg	304
	Arbeitsämter	305
	Landesarbeitsamt Nordbayern	306
	Arbeitsämter	307
	Landesarbeitsamt Südbayern	308
	Arbeitsämter	309
	Bundesversicherungsanstalt für Angestellte	310
	Landesversicherungsanstalt Oldenburg-Bremen	310
	Bahnversicherungsanstalt	310
	See-Berufsgenossenschaft und Seekasse	310
	Landwirtschaftliche Berufsgenossenschaft Berlin	310
	Bundesknappschaft Bochum	311
	Gesamtverband der landwirtschaftlichen Alterskassen	311
	Landwirtschaftliche Alterskasse Berlin	311
	Landwirtschaftliche Krankenkasse Berlin	312
	Landwirtschaftliche Pflegekasse Berlin	312

	Zusatzversorgungskasse für Arbeitnehmer in der Land- und Forstwirtschaft 312		
IX	**Bundesministerium für Verkehr (BMV)** 313		
1	Wasser- und Schiffahrts- verwaltung des Bundes 317		
1.1	Wasser- und Schiffahrts- direktion Nord 318		
1.1.1	Wasser- und Schiffahrtsämter, Wasserstraßen-Maschi- nenamt, Neubauamt und Sonderstellen 319		
1.1.2	Lotsenbrüderschaften 320		
1.2	Wasser- und Schiffahrts- direktion Nordwest 320		
1.2.1	Wasser- und Schiffahrtsämter . 321		
1.2.2	Lotsenbrüderschaften 321		
1.3	Wasser- und Schiffahrts- direktion Mitte 322		
1.3.1	Wasser- und Schiffahrtsämter, Wasserstraßen-Maschinen- amt, Neubauämter 322		
1.4	Wasser- und Schiffahrts- direktion West 323		
1.4.1	Wasser- und Schiffahrtsämter, Wasserstraßen-Maschinen- amt, Neubauamt 324		
1.4.2	Sonderstellen 324		
1.5	Wasser- und Schiffahrts- direktion Südwest 325		
1.5.1	Wasser- und Schiffahrtsämter, Wasserstraßen-Maschinen- amt 325		
1.6	Wasser- und Schiffahrts- direktion Süd 326		
1.6.1	Wasser- und Schiffahrtsämter, Wasserstraßen-Maschinen- amt, Neubauamt 327		
1.7	Wasser- und Schiffahrts- direktion Ost 327		
1.7.1	Wasser- und Schiffahrtsämter, Neubauämter 328		
2	Bundesoberseeamt 329		
3	Bundesanstalt für Wasserbau . 329		
4	Bundesanstalt für Gewässer- kunde 329		
5	Bundesamt für Seeschiffahrt und Hydrographie 330		
6	Bundesanstalt für Straßen- wesen 331		
7	Kraftfahrt-Bundesamt 332		
8	Oberprüfungsamt für die höheren technischen Verwal- tungsbeamten 333		
9	Deutscher Wetterdienst 333		
10	Luftfahrt-Bundesamt 335		
11	Bundesamt für Güterverkehr . 337		
12	Eisenbahn-Bundesamt 337		
13	Bundeseisenbahnvermögen .. 339		
	Der Rechtsaufsicht untersteht: Bundeslotsenkammer 340		
X	**Bundesministerium für Post und Telekommunikation (BMPT)** 341		
1	Bundesamt für Post und Tele- kommunikation 342		
	Der Rechtsaufsicht unterstehen: Bundesanstalt für Post und Telekommunikation Deutsche Bundespost 344		
	Unfallkasse Post und Telekom 346		
	Museumsstiftung Post und Telekommunikation 346		
XI	**Bundesministerium der Verteidigung (BMVg)** 347		
	Streitkräfteamt 348		
	Amt für den Militärischen Abschirmdienst 348		
	Amt für Studien und Übungen der Bundeswehr 348		
	Militärgeschichtliches Forschungsamt 348		
	Amt für Militärkunde 348		
	Bundesakademie für Sicher- heitspolitik 348		
	Akademie der Bundeswehr für Information und Kommuni- kation 348		
	Schule für Diensthundewesen der Bundeswehr 348		
	BigBand der Bundeswehr 348		
	Personalstammamt der Bundeswehr 348		
	Amt für Nachrichtenwesen der Bundeswehr 348		

Amt für Fernmelde- und Informationssysteme der Bundeswehr 348
Amt für Militärisches Geowesen 348
Materialamt der Bundeswehr . 348
Sozialwissenschaftliches Institut der Bundeswehr 348
Führungsakademie der Bundeswehr 349
Zentrum Innere Führung 349
Logistikschule der Bundeswehr 349
Sportschule der Bundeswehr . 349
Schule für Nachrichtenwesen der Bundeswehr 349
Universität der Bundeswehr Hamburg................. 349
Universität der Bundeswehr München................. 349
Zentrum für Verifikationsaufgaben der Bundeswehr ... 349
Streitkräfte 349
Heer 349
Heeresführungskommando und Korpskommandos 349
Wehrbereichskommandos/ Divisionen................ 349
Heeresamt................ 350
Heeresunterstützungskommando 350
Luftwaffe 350
Luftwaffenführungskommando 350
Luftwaffenunterstützungskommando 350
Luftwaffenamt 350
Marine 350
Flottenkommando 350
Marineunterstützungskommando 351
Marineamt 351
Sanitätsamt der Bundeswehr . 351
Akademie des Sanitäts- und Gesundheitswesens der Bundeswehr 351
Zentrale Sanitätsdienststellen der Bundeswehr 351
Rüstung.................. 351

Bundesamt für Wehrtechnik und Beschaffung 351
Militärseelsorge 351
Truppendienstgerichte 352
Truppendienstgericht Nord .. 352
Truppendienstkammern..... 352
Truppendienstgericht Süd ... 353
Truppendienstkammern..... 353
Der Bundeswehrdisziplinaranwalt beim Bundesverwaltungsgericht 353
Wehrdisziplinaranwälte 353
Bundeswehrverwaltung 353
Territoriale Wehrverwaltung . 354
Bundesamt für Wehrverwaltung.................... 354
Bundeswehrverwaltungsstellen im Ausland 354
Kleiderkasse für die Bundeswehr 354
Wehrbereichsverwaltungen .. 354
Wehrbereichsverwaltung I ... 354
Kreiswehrersatzämter 354
Standortverwaltungen 354
Bundeswehrfachschulen..... 355
Wehrbereichsverwaltung II .. 355
Kreiswehrersatzämter 355
Standortverwaltungen 355
Bundeswehrfachschulen..... 356
Wehrbereichsverwaltung III . 356
Kreiswehrersatzämter 356
Standortverwaltungen 356
Bundeswehrfachschulen..... 357
Wehrbereichsverwaltung IV . 357
Kreiswehrersatzämter 357
Standortverwaltungen 357
Bundeswehrfachschulen..... 358
Wehrbereichsverwaltung V .. 358
Kreiswehrersatzämter 358
Standortverwaltungen 358
Bundeswehrfachschulen..... 358
Wehrbereichsverwaltung VI . 358
Kreiswehrersatzämter 359
Standortverwaltungen 359
Bundeswehrfachschulen..... 359
Wehrbereichsverwaltung VII . 360
Kreiswehrersatzämter 360
Standortverwaltungen 360
Bundeswehrfachschulen..... 361

	Bundessprachenamt 361
	Bundesakademie für Wehrverwaltung und Wehrtechnik 361
	Fachhochschule des Bundes – Fachbereich Bundeswehrverwaltung – 361
	Bundeswehrverwaltungsschulen 361
XII	**Bundesministerium für Familie, Senioren, Frauen und Jugend (BMFSFJ)** 362
1	Bundesprüfstelle für jugendgefährdende Schriften 364
2	Bundesamt für den Zivildienst 364
	Der Rechtsaufsicht unterstehen:
	Stiftung Hilfswerk für behinderte Kinder 366
	Bundesstiftung „Mutter und Kind – Schutz des ungeborenen Lebens". 366
XIII	**Bundesministerium für Gesundheit (BMG)** 367
1	Bundesinstitut für Arzneimittel und Medizinprodukte . . 371
2	Robert Koch-Institut – Bundesinstitut für Infektionskrankheiten und nichtübertragbare Krankheiten – . . 374
3	Bundesinstitut für gesundheitlichen Verbraucherschutz und Veterinärmedizin 376
4	Bundeszentrale für gesundheitliche Aufklärung 378
5	Deutsches Institut für medizinische Dokumentation und Information 379
6	Paul-Ehrlich-Institut – Bundesamt für Sera und Impfstoffe – 379
	Der Rechtsaufsicht unterstehen:
	AOK-Bundesverband KdöR . 380
	Bundesverband der Betriebskrankenkassen KdöR 381
	Bundesverband der Innungskrankenkassen – KdöR – 381
	Kassenärztliche Bundesvereinigung KdöR 381
	Kassenzahnärztliche Bundesvereinigung KdöR 381
	Bundesausschuß der Ärzte und Krankenkassen 382
	Bundesausschuß der Zahnärzte und Krankenkassen 382
	Bundesunmittelbare Krankenkassen 382
	Betriebskrankenkassen 382
	Ersatzkassen 383
	Bundesverband der landwirtschaftlichen Krankenkassen – KdöR – 383
XIV	**Bundesministerium für Umwelt, Naturschutz und Reaktorsicherheit (BMU)** 384
1	Umweltbundesamt 387
2	Bundesamt für Naturschutz . . 391
3	Bundesamt für Strahlenschutz 392
XV	**Bundesministerium für wirtschaftliche Zusammenarbeit und Entwicklung (BMZ)** 395
XVI	**Bundesministerium für Raumordnung, Bauwesen und Städtebau (BMBau)** 397
1	Bundesbaudirektion 399
2	Bundesforschungsanstalt für Landeskunde und Raumordnung 400
XVII	**Bundesministerium für Bildung, Wissenschaft, Forschung und Technologie** . . . 401
1	Deutsches Historisches Institut in Rom 404
2	Deutsches Historisches Institut in Paris 404
3	Kunsthistorisches Institut in Florenz 405
4	Biologische Anstalt Helgoland 405
	Bundesinstitut für Berufsbildung 406
XVIII	**Bundesrechnungshof (BRH)** . . 408
d	**Organe der Rechtspflege** 410
I	**Bundesverfassungsgericht** 410

II	**Gerichte der ordentlichen Gerichtsbarkeit**	411
1	Bundesgerichtshof	411
1.1	Gemeinsamer Senat der obersten Gerichtshöfe des Bundes .	412
2	Generalbundesanwalt beim Bundesgerichtshof	413
3	Bundespatentgericht	414
III	**Gerichte der Verwaltungsgerichtsbarkeit**	416
1	Bundesverwaltungsgericht ...	416
2	Bundesdisziplinargericht	417
3	Oberbundesanwalt beim Bundesverwaltungsgericht ...	418
4	Der Bundesdisziplinaranwalt beim Bundesverwaltungsgericht	418
5	Wehrdienstgerichte	419
5.1	Bundesverwaltungsgericht – Wehrdienstsenate	419
5.2	Truppendienstgerichte	419
IV	**Gericht der Finanzgerichtsbarkeit**	420
	Bundesfinanzhof	420
V	**Gericht der Arbeitsgerichtsbarkeit**	421
	Bundesarbeitsgericht	421
VI	**Gericht der Sozialgerichtsbarkeit**	422
	Bundessozialgericht	422
e	**Deutsche Bundesbank**	423
1	Zentralbankrat	424
2	Direktorium der Deutschen Bundesbank	424
3	Vorstände der Landeszentralbanken – Hauptverwaltungen –	426
f	**Landesvertretungen beim Bund**	427
	Land Baden-Württemberg ...	427
	Freistaat Bayern	427
	Land Berlin	428
	Land Brandenburg	429
	Land Freie Hansestadt Bremen	430

	Land Freie und Hansestadt Hamburg	430
	Land Hessen	431
	Land Mecklenburg-Vorpommern	431
	Land Niedersachsen	431
	Land Nordrhein-Westfalen ..	432
	Land Rheinland-Pfalz.......	433
	Land Saarland.............	433
	Freistaat Sachsen	433
	Land Sachsen-Anhalt	434
	Land Schleswig-Holstein	434
	Land Freistaat Thüringen	435
g I	**Diplomatische Missionen in der Bundesrepublik Deutschland**	436
	Ägypten	436
	Äquatorial Guinea	436
	Äthiopien	436
	Afghanistan	436
	Albanien	436
	Algerien	436
	Amerika Vereinigte Staaten von	436
	Angola	436
	Antigua und Barbuda	436
	Argentinien...............	436
	Armenien	437
	Aserbaidschan	437
	Australien	437
	Bahamas	437
	Bahrain	437
	Bangladesch	437
	Barbados	437
	Belarus	437
	Belgien	437
	Belize...................	437
	Benin...................	437
	Birma (Myanmar)..........	437
	Bolivien	437
	Bosnien und Herzegowina ...	437
	Botsuana	438
	Brasilien	438
	Brunei-Darussalam	438
	Bulgarien	438
	Burkina Faso.............	438
	Burundi	438
	Chile	438
	China...................	438

Costa Rica	438	Kongo	442
Côte d'Ivoire	438	Kongo, Demokratische Republik	450
Dänemark	438		
Dominikanische Republik	438	Korea	442
Dschibuti	439	Kroatien	442
Ecuador	439	Kuba	442
El Salvador	439	Kuwait	442
Eritrea	439	Laos	443
Estland	439	Lesotho	443
Fidschi	439	Lettland	443
Finnland	439	Libanon	443
Frankreich	439	Liberia	443
Gabun	439	Libyen	443
Gambia	439	Litauen	443
Georgien	439	Luxemburg	443
Ghana	439	Madagaskar	443
Grenada	439	Malawi	443
Griechenland	440	Malaysia	443
Großbritannien	440	Mali	443
Guatemala	440	Malta	443
Guinea	440	Marokko	443
Guinea-Bissau	440	Mauretanien	444
Guyana	440	Mauritius	444
Haiti	440	Mazedonien	444
Heiliger Stuhl	440	Mexiko	444
Honduras	440	Moldau	444
Indien	440	Monaco	444
Indonesien	440	Mongolei	444
Irak	441	Mosambik	444
Iran	441	Myanmar	444
Irland	441	Namibia	444
Island	441	Nepal	444
Israel	441	Neuseeland	444
Italien	441	Nicaragua	444
Jamaika	441	Niederlande	445
Japan	441	Niger	445
Jemen	441	Nigeria	445
Jordanien	441	Norwegen	445
Jugoslawien	441	Österreich	445
Kambodscha	441	Oman	445
Kamerun	441	Pakistan	445
Kanada	441	Panama	445
Kap Verde	442	Papua-Neuguinea	445
Kasachstan	442	Paraguay	445
Katar	442	Peru	445
Kenia	442	Philippinen	445
Kirgistan	442	Polen	445
Kolumbien	442	Portugal	446
Komoren	442	Ruanda	446

Rumänien	446	Andere Vertretungen	450
Russische Föderation	446	Malteser Ritterorden	450
Salomonen	446	Palästinensische General-	
Sambia	446	delegation	450
Samoa	446		
Sáo Tomé und Principe	446	**g II Konsularische Vertretungen**	
Saudi-Arabien	446	**und andere Vertretungen**	451
Schweden	446	**in der Bundesrepublik**	
Schweiz	447	**Deutschland**	451
Senegal	447	Ägypten	451
Seyschellen	447	Äquatorialguinea	451
Sierra Leone	447	Äthiopien	451
Simbabwe	447	Afghanistan	451
Singapur	447	Albanien	451
Slowakische Republik	447	Algerien	452
Slowenien	447	Amerika, Vereinigte Staaten	
Somalia	447	von	452
Spanien	447	Angola	452
Sri Lanka	448	Antigua und Barbuda	452
St Kitts und Nevis	448	Argentinien	452
St Lucia	448	Armenien	452
St Vincent und die		Aserbaidschan	453
Grenadinen	448	Australien	453
Sudan	448	Bahrain	453
Südafrika	448	Bangladesch	453
Suriname	448	Barbados	453
Swasiland	448	Belarus	453
Syrien	448	Belgien	453
Tadschikistan	448	Belize	454
Tansania	448	Benin	454
Thailand	448	Bolivien	454
Togo	449	Bosnien und Herzegowina	454
Tonga	449	Botsuana	455
Trinidad und Tobago	449	Brasilien	455
Tschad	449	Brunei	455
Tschechische Republik	449	Bulgarien	455
Türkei	449	Burkina Faso	456
Tunesien	449	Burundi	456
Uganda	449	Chile	456
Ukraine	449	China	457
Ungarn	449	Costa Rica	457
Uruguay	449	Côte d'Ivoire	457
Usbekistan	449	Dänemark	457
Vanuatu	450	Dominikanische Republik	458
Venezuela	450	Dschibuti	458
Vereinigte Arabische Emirate	450	Ecuador	459
Vietnam	450	El Salvador	459
Zentralafrika	450	Eritrea	459
Zypern	450	Estland	459
		Finnland	459

Frankreich	461
Gabun	460
Gambia	461
Georgien	462
Ghana	462
Grenada	462
Griechenland	462
Großbritannien	463
Guatemala	463
Guinea	463
Guinea-Bissau	464
Haiti	464
Honduras	464
Indien	464
Indonesien	465
Irak	465
Iran	465
Irland	465
Island	466
Israel	466
Italien	466
Jamaika	467
Japan	467
Jemen	468
Jordanien	468
Jugoslawien	468
Kambodscha	468
Kamerun	468
Kanada	469
Kap Verde	469
Katar	469
Kasachstan	469
Kenia	469
Kirgisistan	470
Kiribati	470
Kolumbien	470
Komoren	470
Kongo	470
Kongo, Demokratische Republik	492
Korea	470
Kroatien	471
Kuba	471
Kuwait	471
Laos	471
Lesotho	471
Lettland	471
Libanon	472
Liberia	472
Libysch Arabische Dschamahirija	472
Litauen	472
Luxemburg	472
Madagaskar	473
Malawi	473
Malaysia	474
Malediven	474
Mali	474
Malta	474
Marokko	474
Mauretanien	475
Mauritius	475
Mazedonien	475
Mexiko	475
Moldau	475
Monaco	475
Mongolei	476
Mosambik	476
Myanmar	476
Namibia	476
Nepal	476
Neuseeland	476
Nicaragua	476
Niederlande	477
Niger	478
Nigeria	478
Norwegen	478
Österreich	479
Oman	480
Pakistan	480
Panama	480
Papua-Neuguinea	480
Paraguay	480
Peru	481
Philippinen	481
Polen	482
Portugal	482
Ruanda	482
Rumänien	482
Russische Föderation	483
Sambia	483
Samoa	483
San Marino	483
Saudi-Arabien	483
Schweden	483
Schweiz	484
Senegal	485
Seychellen	485

Sierra Leone 485
Simbabwe 485
Singapur 485
Slowakei 486
Slowenien 486
Somalia 486
Spanien 486
Sri Lanka 487
St Lucia 487
Sudan 487
Südafrika 487
Suriname 487
Swasiland 487
Syrien 487
Tadschikistan 488
Tansania 488
Thailand 488
Tonga 488
Tschad 488
Tschechische Republik 489
Türkei 489
Tunesien 490
Tuvalu 490
Uganda 490
Ukraine 490
Ungarn 490
Uruguay 491
Usbekistan 491
Venezuela 491
Vereinigte Arabische Emirate 492
Vietnam 492
Zentralafrikanische Republik . 492
Zypern 492

Der Bund

Flächengröße:
Bundesgebiet: 357 022,31 qkm
(Stand: 31. Dezember 1995)

Einwohnerzahl: 81 881 589
hiervon männlich: 39 884 951 Einwohner
hiervon weiblich: 41 996 638 Einwohner
(Stand: 30. Juni 1996)

a Parlamentarische Körperschaften

I Der Deutsche Bundestag

53113 Bonn, Bundeshaus, Görresstr 15; Tel (02 28) 1 61; Telex 88 68 08

13. Wahlperiode 1994 bis 1998
Der Deutsche Bundestag (13. Wahlperiode) wurde am 16. Oktober 1994 gewählt. Der Wahltag wurde durch den Bundespräsidenten auf Grund § 16 des Bundeswahlgesetzes am 16. Februar 1994 angeordnet (BGBl I S 301).

Der Deutsche Bundestag ist die Volksvertretung der Bundesrepublik Deutschland.

Er besteht nach § 1 des Bundeswahlgesetzes aus 656 Abgeordneten, von denen 328 in Wahlkreisen und 328 nach Landeslisten gewählt werden. Die Mitgliederzahl kann sich durch sogenannte Überhangmandate erhöhen. Dies ist der Fall beim 13. Deutschen Bundestag, der wegen sechzehn Überhangmandaten (2 in Baden-Württemberg, 2 in Mecklenburg-Vorpommern, 2 in Sachsen-Anhalt, 3 in Thüringen, 3 in Sachsen, 1 in Bremen und 3 in Brandenburg) aus 672 Abgeordneten besteht.

Die Abgeordneten werden in allgemeiner, unmittelbarer, freier, gleicher und geheimer Wahl von den wahlberechtigten Deutschen nach den Grundsätzen einer mit der Personenwahl verbundenen Verhältniswahl gewählt (§ 1 Bundeswahlgesetz).

Beginn und Ende der Wahlperiode:
Der Bundestag wird auf vier Jahre gewählt. Seine Wahlperiode endet mit dem Zusammentritt eines neuen Bundestages. Die Neuwahl findet frühestens fünfundvierzig, spätestens siebenundvierzig Monate nach Beginn der Wahlperiode statt. Im Falle einer Auflösung des Bundestages findet die Neuwahl innerhalb von sechzig Tagen statt. Der Bundestag tritt spätestens am dreißigsten Tag nach der Wahl zusammen (Art 39 GG).

Beginn der Wahlperiode: 10. November 1994
Ende der Wahlperiode: Zusammentritt des 14. Deutschen Bundestages

Rechte und Aufgabenkreis:
Wahl des Bundeskanzlers (Art 63 GG);
Beschlußfassung über die Bundesgesetze (Art 77 GG);
Feststellung des Bundeshaushalts durch Gesetz (Budgetrecht, Art 110 GG);
Zustimmung zu allen Verträgen, die die politischen Beziehungen des Bundes regeln oder sich auf Gegenstände der Bundesgesetzgebung beziehen (Art 59 GG);
Übertragung von Hoheitsrechten und Mitwirkung in Angelegenheiten der Europäischen Union (Art 23, 45 GG);
Übertragung von Hoheitsrechten auf zwischenstaatliche Einrichtungen durch Gesetz (Art 24 GG);
Wahl des Bundespräsidenten durch die Bundesversammlung, bestehend aus den Mitgliedern des Bundestages und einer gleichen Anzahl von Mitgliedern, die von den Volksvertretungen der Länder gewählt werden (Art 54 GG);
Anklage des Bundespräsidenten vor dem Bundesverfassungsgericht bei vorsätzlicher Verletzung des Grundgesetzes oder eines anderen Bundesgesetzes (Art 61 GG);
Konstruktives Mißtrauensvotum gegenüber dem Bundeskanzler (Art 67 GG);
Entscheidung über die vom Bundeskanzler gestellte Vertrauensfrage (Art 68 GG);
Verlangen auf Anwesenheit jedes Mitglieds der Bundesregierung (Art 43 GG);
Fragen an die Bundesregierung– Große und Kleine Anfragen, Einzelfragen zur mündlichen oder schriftlichen Beantwortung, Befragung der Bundesregierung – (§§ 100 bis 106 der Geschäftsordnung des Deutschen Bundestages in der Fassung der Bekanntmachung vom 2. Juli 1980 (BGBl I S 1237), zuletzt geändert laut Bekanntmachung vom 16. Dezember 1994 (BGBl 1995 I S 11);
Entlastung der Bundesregierung (Art 114 GG);
Ermächtigung zur Kreditaufnahme sowie Kreditgewährung und Sicherheitsleistung durch den Bund (Art 115 GG);
Regelung des Finanzausgleichs (Art 106, 106 a, 107 GG);
Errichtung selbständiger Bundesoberbehörden und neuer bundesunmittelbarer Körperschaften und Anstalten des öffentlichen Rechts sowie Zustimmung zur Errichtung bundeseigener Mittel- und Unterbehörden (Art 87 Abs 3 GG);
Wahl der Hälfte der Mitglieder des Bundesverfassungsgerichts (Art 94 GG);
Mitwirkung bei der Berufung der Richter der obersten Gerichtshöfe des Bundes (Art 95 GG);
Antrag auf Entscheidung des Bundesverfassungsgerichts in einer Reihe von grundgesetzlich oder durch das Gesetz über das Bundesverfassungsgericht festgelegten Fällen (Art 93 GG);
Autonome Bestimmung seiner inneren Organisation und des parlamentarischen Verfahrens durch eine Geschäftsordnung (Art 40 GG);
Wahlprüfung (Art 41 GG);

Entscheidungen in Immunitätsangelegenheiten (Art 46 GG in Verbindung mit § 107 der Geschäftsordnung [GO] des Deutschen Bundestages);
Einsetzung von Untersuchungsausschüssen (Art 44 GG);
Einsetzung von Enquete-Kommissionen (§ 56 GO des Deutschen Bundestages);
Behandlung von Petitionen (Art 17, 45 c GG in Verbindung mit dem Gesetz über die Befugnisse des Petitionsausschusses des Deutschen Bundestages und §§ 108 bis 112 GO des Deutschen Bundestages);
Wahl eines Wehrbeauftragten des Bundestages (Art 45 b GG in Verbindung mit dem Gesetz über den Wehrbeauftragten des Deutschen Bundestages und § 113 GO des Deutschen Bundestages);
Feststellung des Verteidigungsfalles mit Zustimmung des Bundesrates (Art 115 a GG).

Behandlung von Gesetzentwürfen:
Gesetzentwürfe sowie der Entwurf des Haushaltsgesetzes und des Haushaltsplanes werden in drei Beratungen, Verträge mit auswärtigen Staaten und ähnliche Verträge, welche die politischen Beziehungen des Bundes regeln oder sich auf Gegenstände der Bundesgesetzgebung beziehen, grundsätzlich in zwei Beratungen und nur auf Beschluß des Bundestages in drei Beratungen behandelt. Die 1. Beratung ist Grundsatzberatung ohne Behandlung von Einzelfragen, jedoch findet eine allgemeine Aussprache nur statt, wenn sie vom Ältestenrat empfohlen, bis zum Aufruf des betreffenden Punktes der Tagesordnung von einer Fraktion oder von anwesenden fünf vom Hundert der Mitglieder des Bundestages verlangt oder beschlossen wird. Am Schluß der 1. Beratung wird der Gesetzentwurf grundsätzlich einem Ausschuß überwiesen. Er kann gleichzeitig mehreren Ausschüssen überwiesen werden, wobei der federführende Ausschuß zu bestimmen ist. Unter besonderen Voraussetzungen kann ohne Ausschußüberweisung in die 2. Beratung eingetreten werden. Die 2. Beratung dient der Einzelberatung der Bestimmungen eines Gesetzentwurfs. Sie wird mit einer allgemeinen Aussprache eröffnet, wenn diese vom Ältestenrat empfohlen oder von einer Fraktion oder von anwesenden fünf vom Hundert der Mitglieder des Bundestages verlangt wird.
Die Beschlüsse der 2. Beratung bilden die Grundlage für die 3. Beratung. Sie beginnt mit einer allgemeinen Aussprache nur, wenn in zweiter Beratung keine allgemeine Aussprache stattgefunden hat und sie vom Ältestenrat empfohlen oder von anwesenden fünf vom Hundert der Mitglieder des Bundestages verlangt wird. Eine Einzelberatung findet nur über Bestimmungen statt, zu denen in der 3. Beratung Änderungsanträge gestellt werden. Mit der Schlußabstimmung am Ende der 3. Beratung ist das Gesetzgebungsverfahren im Bundestag in der Regel abgeschlossen (§§ 76 bis 86 GO des Deutschen Bundestages).

1 Zusammensetzung des 13. Deutschen Bundestages

Ergebnis der Bundestagswahl vom 16. Oktober 1994

Wahlbeteiligung:

	Stimmen	Prozent
Wahlberechtigte	60 452 009	100,0
Abgegebene Zweitstimmen	47 737 999	79,0
Gültige Zweitstimmen	47 105 174	77,9

Stimmverteilung:

Partei	Zweitstimmen	Prozent
CDU	16 089 960	34,2
SPD	17 140 354	36,4
FDP	3 258 407	6,9
CSU	3 427 196	7,3
GRÜNE	3 424 315	7,3
PDS	2 066 176	4,4
REP	875 239	1,9
APD	21 533	0,0
BP	42 491	0,1
Solidarität	8 103	0,0
BSA	1 285	0,0
LIGA	5 195	0,0
CM	19 887	0,0
ZENTRUM	3 757	0,0
GRAUE	238 642	0,5
NATURGESETZ	73 193	0,2
MLPD	10 038	0,0
Tierschutz	71 643	0,2
ÖDP	183 715	0,4
PBC	65 651	0,1
PASS	15 040	0,0
STATT PARTEI	63 354	0,1
DSU	–	–
KPD	–	–
Übrige	–	–

Anzahl der Sitze insgesamt: 672

Verteilung der Mandate auf die Parteien:

Partei	Wahlkreissitze	Landeslistensitze	Sitze insgesamt
CDU	177	67*	244
SPD	103	149**	252
FDP	–	47	47
CSU	44	6	50
GRÜNE	–	49	49
PDS	4	26	30

* Einschließlich 12 Überhangmandate in Baden-Württemberg (2), Mecklenburg-Vorpommern (2), Sachsen-Anhalt (2), Thüringen (3), Sachsen (3)

** Einschließlich 4 Überhangmandate in Bremen (1) und Brandenburg (3)

Weitere Informationen: Statistisches Bundesamt, Gustav-Stresemann-Ring 11, 65189 Wiesbaden; Tel (06 11) 75-1; Fax (06 11) 72 40 40.

2 Die Mitglieder
des Deutschen Bundestages
– 13. Wahlperiode –

Postanschrift:
Der Deutsche Bundestag **53113 Bonn** Görresstr 15; Tel (02 28) 1 61; Telex 88 68 08; Fax (02 28) 16-90 90

Vorbemerkung:
In den nachstehenden Angaben werden folgende Abkürzungen verwendet:
Wkr = Wahlkreis
LL = Landesliste

Adam Ulrich
Wkr 268 (Greifswald–Wolgast–Demmin) CDU
17491 Greifswald, Puschkinring 53
Adler Brigitte
LL Baden-Württemberg SPD
97941 Tauberbischofsheim, Brennerring 55
Albowitz Ina
LL Nordrhein-Westfalen FDP
51645 Gummersbach, Hagener Str 108
Altmaier Peter
LL Saarland CDU
66780 Rehlingen-Siersburg, Beethovenstr 2
Altmann Gisela
LL Niedersachsen Bündnis 90/DIE GRÜNEN
26605 Aurich, Am Wald 49
Altmann Elisabeth
LL Bayern Bündnis 90/DIE GRÜNEN
91224 Hohenstadt, Weinbergstr 3
Andres Gerd
Wkr 36 (Stadt Hannover I) SPD
30655 Hannover, Schäferweg 24
Antretter Robert
LL Baden-Württemberg SPD
71522 Backnang, Neuffenweg 11
Augustin Anneliese
LL Hessen CDU
34128 Kassel, Hainbuchenstr 27
Augustinowitz Jürgen
Wkr 118 (Soest) CDU
59602 Rüthen, Unter den Eichen 9
Austermann Dietrich
Wkr 3 (Steinburg – Dithmarschen-Süd) CDU
25524 Itzehoe, Albert-Schweitzer-Ring 37
Babel Dr Gisela
LL Hessen FDP
35041 Marburg, Am Kähnelplatz 12
Bachmaier Hermann
LL Baden-Württemberg SPD
74564 Crailsheim, Am Wiesenbach 43
Bahr Ernst
Wkr 271 (Neuruppin – Kyritz – Wittstock – Pritzwalk – Perleberg) SPD
16833 Fehrbellin, August-Bebel-Str 3
Bargfrede Heinz-Günter
Wkr 30 (Soltau – Fallingbostel – Rotenburg II) CDU
27356 Rotenburg, Gut Gothard 12

Barnett Doris
LL Rheinland-Pfalz SPD
67071 Ludwigshafen, Am Weidenschlag 26
Barthel Klaus
LL Bayern SPD
82431 Kochel am See, Alte Str 24
Basten Franz Peter
Wkr 152 (Trier) CDU
54346 Mehring, Am Forsthaus 1
Bauer Dr Wolf
2Wkr 58 (Euskirchen – Erftkreis II) CDU
53879 Euskirchen, Moselstr 19
Baumeister Brigitte
Wkr 164 (Böblingen) CDU
71032 Böblingen, Reiherweg 38
Beck Marieluise
LL Bremen Bündnis 90/DIE GRÜNEN
28205 Bremen, Wernigeroder Str 10
Beck Volker
LL Nordrhein-Westfalen Bündnis 90/DIE GRÜNEN
50474 Köln, Postfach 10 04 39
Becker-Inglau Ingrid
Wkr 90 (Essen III) SPD
45277 Essen, Wittgenbusch 34
Beer Angelika
LL Schleswig-Holstein Bündnis 90/DIE GRÜNEN
24534 Neumünster, Luisenstr 10
Behrendt Wolfgang
LL Berlin SPD
13595 Berlin, Weinmeisterhornweg 39
Belle Meinrad
Wkr 190 (Schwarzwald-Baar) CDU
78086 Brigachtal, Arenbergstr 17
Berger Hans
LL Nordrhein-Westfalen SPD
44795 Bochum, An der Landwehr 34 a
Bergmann-Pohl Dr Sabine
LL Berlin CDU
53121 Bonn, Am Probsthof 78 A
Berninger Matthias
LL Hessen Bündnis 90/DIE GRÜNEN
34292 Ahnatal, Ahneweg 30
Bertl Hans-Werner
Wkr 71 (Solingen – Remscheid) SPD
42659 Solingen, Körnerstr 22
Beucher Friedhelm Julius
LL Nordrhein-Westfalen SPD
51702 Bergneustadt, Hauptstr 56 a
Bierling Hans-Dirk
Wkr 313 (Meißen – Riesa – Großenhain) CDU
01558 Großenhain, Goethestr 9
Bierstedt Wolfgang
LL Sachsen-Anhalt PDS
39128 Magdeburg, Helene-Weigel-Str 38
Bindig Rudolf
LL Baden-Württemberg SPD
88289 Waldburg, Ried 15
Bläss Petra
LL Sachsen-Anhalt PDS
10247 Berlin, Scharnweberstr 9

3

Blank Dr Joseph-Theodor
Wkr 72 (Mettmann I) CDU
53113 Bonn, Bundeshaus
Blank Renate
Wkr 231 (Nürnberg-Süd) CSU
90451 Nürnberg, Castellstr 25
Blens Dr Heribert
Wkr 60 (Köln II) CDU
51069 Köln, Schluchter Heide 5
Bleser Peter
Wkr 149 (Cochem) CDU
56761 Brachtendorf, Hauptstr 32
Blüm Dr Norbert
LL Nordrhein-Westfalen CDU
53123 Bonn, Rochusstr 1
Blunck Lieselott
LL Schleswig-Holstein SPD
25436 Uetersen, Am Eichholz 84 d
Böhme Dr Ulrich
Wkr 116 (Unna I) SPD
59423 Unna, Kiefernweg 14
Böhmer Dr Maria
LL Rheinland-Pfalz CDU
67227 Frankenthal, Speyerer Str 46
Börnsen Wolfgang
Wkr 1 (Flensburg – Schleswig) CDU
24977 Bönstrup-Grundhof, Dorfstr 15
Börnsen Arne
Wkr 29 (Verden – Osterholz) SPD
27721 Ritterhude-Platjenwerbe, Auf dem Glind 5
Bötsch Dr Wolfgang
Wkr 237 (Würzburg) CSU
97074 Würzburg, Barbarastr 32
Böttcher Maritta
LL Brandenburg PDS
14913 Jüterbog, Waldauer Weg 43
Bohl Friedrich
LL Hessen CDU
35043 Marburg, Finkenstr 11
Borchert Jochen
LL Nordrhein-Westfalen CDU
53123 Bonn, Rochusstr 1
Bosbach Wolfgang
Wkr 67 (Rheinisch-Bergischer Kreis I) CDU
53113 Bonn, Bundeshaus
Brähmig Klaus
Wkr 317 (Pirna – Sebnitz – Bischofswerda) CDU
01824 Königstein, Mittelweg 3
Brandt-Elsweier Anni
LL Nordrhein-Westfalen SPD
41466 Neuss, Weinstockstr 39
Braun Rudolf
Wkr 328 (Reichenbach–Plauen–Auerbach–Oelnitz) CDU
08209 Auerbach, Albert-Schweitzer-Str 45
Braun Hildebrecht
LL Bayern FDP
86152 Augsburg, Gänsbühl 9
Braune Tilo
LL Mecklenburg-Vorpommern SPD
17489 Greifswald, Wolgaster Str 124

Brecht Dr Eberhard
LL Sachsen-Anhalt SPD
06484 Quedlinburg, Adelheidstr 29
Bredehorn Günther
LL Niedersachsen FDP
26345 Bockhorn-Petersgroden, Am Jadebusen 4
Breuer Paul
Wkr 120 (Siegen-Wittgenstein I) CDU
57078 Siegen, Spechtweg 8
Brudlewsky Monika
Wkr 285 (Harz und Vorharzgebiet) CDU
39387 Oschersleben, Petersilienstr 2
Brunnhuber Georg
Wkr 174 (Aalen – Heidenheim) CDU
73447 Oberkochen, Adolph-Kolping-Str 15
Bühler Klaus
Wkr 176 (Karlsruhe-Land) CDU
76646 Bruchsal, Alter Unteröwisheimer Weg 11
Bürsch Dr Michael
LL Schleswig-Holstein SPD
Büttner Hans
LL Bayern SPD
85049 Ingolstadt, Esplanade 1
Büttner Hartmut
Wkr 287 (Magdeburg – Schönebeck – Wanzleben – Staßfurt) CDU
39218 Schönebeck, Am Markt 2
Bulling-Schröter Eva-Maria
LL Bayern PDS
85051 Ingolstadt, Münchener Str 243
Bulmahn Edelgard
Wkr 37 (Stadt Hannover II) SPD
30451 Hannover, Pfarrlandstr 6
Buntenbach Annelie
LL Nordrhein-Westfalen Bündnis 90/DIE GRÜNEN
33602 Bielefeld, Feilenstr 1
Burchardt Ursula
Wkr 115 (Dortmund III) SPD
53113 Bonn, Bundeshaus
Bury Hans Martin
LL Baden-Württemberg SPD
74321 Bietigheim-Bissingen, Ziegelstr 13
Buwitt Dankward
Wkr 257 (Berlin-Neukölln) CDU
12307 Berlin, Wünsdorfer Str 68
Carstens Manfred
Wkr 27 (Cloppenburg – Vechta) CDU
49685 Emstek, Lange Str 36 a
Carstensen Peter Harry
Wkr 2 (Nordfriesland – Dithmarschen-Nord) CDU
25845 Nordstrand, Elisabeth-Sophien-Koog
Caspers-Merk Marion
LL Baden-Württemberg SPD
79539 Lörrach, Tumringer Str 283
Catenhusen Wolf-Michael
LL Nordrhein-Westfalen SPD
48157 Münster, Breslauer Str 71
Conradi Peter
LL Baden-Württemberg SPD
70188 Stuttgart, Haussmannstr 20

Däubler-Gmelin Dr Herta
LL Baden-Württemberg SPD
72070 Tübingen, Neckarhalde 28
Dehnel Wolfgang
Wkr 326 (Aue – Schwarzenberg – Klingenthal) CDU
08340 Schwarzenberg, Elterleiner Str 11
Deichmann Christel
LL Mecklenburg-Vorpommern SPD
19075 Holthusen, Schmiedestr 11
Deittert Hubert
Wkr 101 (Gütersloh) CDU
33397 Rietberg, Gütersloher Str 137
Dempwolf Gertrud
LL Niedersachsen CDU
37520 Osterode/Harz, Lasfelder Str 94
Deß Albert
LL Bayern CSU
92361 Röckersbühl, Hauptstr 21
Diemers Renate
LL Nordrhein-Westfalen CDU
45721 Haltern, Erzbischof-Buddenbrock-Str 23
Dietert-Scheuer Amke
LL Hamburg Bündnis 90/DIE GRÜNEN
22297 Hamburg, Blaukissenstieg 10
Dietzel Wilhelm
LL Hessen CDU
34474 Diemelstadt-Neudorf, Wilhelmstr 3
Diller Karl
LL Rheinland-Pfalz SPD
54411 Hermeskeil, Schulstr 82
Dobberthien Dr Marliese
Wkr 13 (Hamburg-Altona) SPD
22559 Hamburg, Adebarweg 80
Dörflinger Werner
Wkr 192 (Waldshut) CDU
79761 Waldshut-Tiengen, Dr-Schwörer-Str 5
Doss Hansjürgen
LL Rheinland-Pfalz CDU
55131 Mainz, An der Favorite 18
Dregger Dr Alfred
Wkr 132 (Fulda) CDU
36039 Fulda, Elisabethenstr 1
Dreßen Peter
LL Baden-Württemberg SPD
79312 Emmendingen-Wasser, Steinbuckstr 10
Dreßler Rudolf
Wkr 69 (Wuppertal I) SPD
42115 Wuppertal, Auf dem Scheidt 15
Duve Freimut
Wkr 12 (Hamburg-Mitte) SPD
20148 Hamburg, Mollerstr 14
Eich Ludwig
LL Rheinland-Pfalz SPD
53567 Buchholz, Hauptstr 106
Eichhorn Maria
LL Bayern CSU
93083 Obertraubling, Am Sonnblick 25
Eichstädt-Bohlig Franziska
LL Berlin Bündnis 90/DIE GRÜNEN
210629 Berlin, Droysenstr 6

Eid Dr Uschi
LL Baden-Württemberg Bündnis 90/DIE GRÜNEN
72622 Nürtingen, Sigmaringer Str 6
Einsiedel Heinrich Graf von
LL Sachsen PDS
81675 München, Trogerstr 40
Elm Dr Ludwig
LL Thüringen PDS
07743 Jena, Schillbachstr 2
Enders Peter
Wkr 83 (Wesel II) SPD
47475 Kamp-Lintfort, Ahornstr 19
Engelmann Wolfgang
Wkr 325 (Annaberg–Stollberg–Zschopau) CDU
09397 Neuwürschnitz, Oelsnitzer Str 5
Enkelmann Dr Dagmar
LL Brandenburg PDS
16321 Bernau, P-Singer-Str 20
Eppelmann Rainer
LL Brandenburg CDU
15306 Seelow, Küstriner Str 13
Erler Gernot
LL Baden-Württemberg SPD
79100 Freiburg, Goethestr 15
Ernstberger Petra
LL Bayern SPD
95679 Waldershof, Mitterteicher Str 6
Essen Jörg van
LL Nordrhein-Westfalen FDP
59071 Hamm, Marker Allee 89
Eßmann Heinz Dieter
LL Niedersachsen CDU
38300 Wolfenbüttel, Zur Oker 22
Eylmann Horst
Wkr 25 (Stade–Rotenburg I) CDU
21682 Stade, Visbyweg 17
Eymer Anke
LL Schleswig-Holstein CDU
53113 Bonn, Bundeshaus
Falk Ilse
LL Nordrhein-Westfalen CDU
46509 Xanten, Schulstr 133
Faße Annette
Wkr 24 (Cuxhaven) SPD
27607 Langen, Barwarder Weg 2
Feilcke Jochen
LL Berlin CDU
10825 Berlin, Nymphenburger Str 3
Feldmann Dr Olaf
LL Baden-Württemberg FDP/DVP
76530 Baden-Baden, Beuttenmüllerstr 11
Ferner Elke
LL Saarland SPD
66123 Saarbrücken, Neffstr 3
Fink Ulf
LL Brandenburg CDU
14193 Berlin, Fontanestr 13
Fischer Andrea
LL Berlin Bündnis 90/DIE GRÜNEN
10827 Berlin, Fritz-Reuter-Str 4

Fischer Joseph
LL Hessen Bündnis 90/DIE GRÜNEN
53113 Bonn, Bundeshaus
Fischer Dirk
Wkr 15 (Hamburg-Nord) CDU
22301 Hamburg, Andreasstr 33
Fischer Lothar
Wkr 248 (Homburg) SPD
66424 Homburg, Berliner Str 50
Fischer Leni
LL Nordrhein-Westfalen CDU
48485 Neuenkirchen, Emsdettener Str 12
Fograscher Gabriele
LL Bayern SPD
86720 Nördlingen, Richard-Wagner-Str 19
Follak Iris
LL Sachsen SPD
08352 Raschau, Rudolf-Harbig-Str 12 B
Formanski Norbert
Wkr 94 (Gelsenkirchen II – Recklinghausen III) SPD
45701 Herten, Heinrich-Obenhaus-Str 11
Francke Klaus
LL Hamburg CDU
22359 Hamburg, Rögenfeld 36
Frankenhauser Herbert
Wkr 205 (München-Ost) CSU
81549 München, Kiefernstr 14
Freitag Dagmar
LL Nordrhein-Westfalen SPD
58640 Iserlohn, Barenkampweg 5
Frick Gisela
LL Baden-Württemberg FDP/DVP
70569 Stuttgart, Knappenweg 22
Friedhoff Paul K
LL Nordrhein-Westfalen FDP
47533 Kleve, Tiergartenstr 38
Friedrich Dr Gerhard
Wkr 228 (Erlangen) CSU
91058 Erlangen, Enggleis 14
Friedrich Horst
LL Bayern FDP
95447 Bayreuth, Tizianweg 6
Fritz Erich G
LL Nordrhein-Westfalen CDU
44319 Dortmund, Langerohstr 31
Fuchs Dr Ruth
LL Thüringen PDS
07747 Jena, Werner-Seelenbinder-Str 20
Fuchs Anke
LL Nordrhein-Westfalen SPD
53173 Bonn, Karl-Finkelnburg-Str 29
Fuchs Katrin
LL Nordrhein-Westfalen SPD
33415 Verl, Feldweg 16
Fuchtel Hans-Joachim
Wkr 184 (Calw) CDU
72213 Altensteig, Ginsterweg 7
Fuhrmann Arne
LL Niedersachsen SPD
21385 Amelinghausen, Wohlenbütteler Str 9

Funke Rainer
LL Hamburg FDP
53170 Bonn, Heinemannstr 6
Ganseforth Monika
LL Niedersachsen SPD
31535 Neustadt am Rübenberge, Stettiner Str 10
Geiger Michaela
Wkr 212 (Weilheim) CSU
53113 Bonn, Bundeshaus
Geis Norbert
Wkr 233 (Aschaffenburg) CSU
63828 Kleinkahl-Edelbach, Am Sägewerk 3
Geißler Dr Heiner
Wkr 161 (Südpfalz) CDU
76835 Gleisweiler, Weinstr 1 a
Genscher Hans-Dietrich
LL Nordrhein-Westfalen FDP
53113 Bonn, Bundeshaus
Gerhardt Dr Wolfgang
LL Hessen FDP
65191 Wiesbaden, Liebenaustr 8
Gilges Konrad
Wkr 61 (Köln III) SPD
50825 Köln, Leyendecker Str 4 a
Gleicke Iris
LL Thüringen SPD
98553 Schleusingen, Zeile 1
Glos Michael
Wkr 236 (Schweinfurt) CSU
97357 Prichsenstadt, Brünnau Nr 42
Gloser Günter
LL Bayern SPD
90425 Nürnberg, Dortmunder Str 87
Glücklich Wilma
LL Berlin CDU
10117 Berlin, Neustädtische Kirchstr 14
Göhner Dr Reinhard
LL Nordrhein-Westfalen CDU
32278 Kirchlengen, Elsestr 23
Göllner Uwe
LL Nordrhein-Westfalen SPD
53840 Troisdorf, Fritz-Erler-Str 11
Götz Peter
Wkr 177 (Rastatt) CDU
76437 Rastatt, In der Heizenau 37
Götzer Dr Wolfgang
Wkr 214 (Landshut) CSU
84028 Landshut, Altstadt 26
Graf Günter
LL Niedersachsen SPD
26169 Friesoythe, Eichendorffstr 12
Graf Angelika
LL Bayern SPD
83064 Raubling, Leitenstr 4
Grasedieck Dieter
Wkr 95 (Bottrop – Recklinghausen IV) SPD
46244 Bottrop, Küferstr 3
Gres Joachim
Wkr 139 (Frankfurt am Main II) CDU
60322 Frankfurt am Main, Klettenbergstr 27

Grießhaber Rita
LL Baden-Württemberg Bündnis 90/DIE GRÜNEN
78050 Villingen-Schwenningen, Gerberstr 25
Grill Kurt-Dieter
Wkr 31 (Lüneburg – Lüchow-Dannenberg) CDU
29451 Dannenberg, Breese in der Marsch 2
Gröbl Wolfgang
Wkr 210 (Starnberg) CSU
53123 Bonn, Rochusstr 1
Gröhe Hermann
LL Nordrhein-Westfalen CDU
53113 Bonn, Bundeshaus
Großmann Achim
Wkr 54 (Kreis Aachen) SPD
52146 Würselen, Kaiserstr 78
Grotz Claus-Peter
Wkr 194 (Tübingen) CDU
72379 Hechingen, Fred-West-Str 3
Grund Manfred
Wkr 296 (Nordhausen – Worbis – Heiligenstadt) CDU
37308 Heilbad Heiligenstadt, Schlachthofstr 8
Günther Horst
LL Nordrhein-Westfalen CDU
53123 Bonn, Rochusstr 1
Günther Joachim
LL Sachsen FDP
08541 Theuma, Gartenstr 33
Guttmacher Dr Karlheinz
LL Thüringen FDP
07749 Jena, Steingraben 38
Gysi Andrea
LL Mecklenburg-Vorpommern PDS
53113 Bonn, Bundeshaus
Gysi Dr Gregor
Wkr 260 (Berlin-Hellersdorf – Marzahn) PDS
53113 Bonn, Bundeshaus
Haack Karl-Hermann
Wkr 105 (Lippe I) SPD
32699 Extertal, Mittelstr 5
Hacker Hans-Joachim
Wkr 263 (Schwerin – Hagenow) SPD
19055 Schwerin, Am Friedensberg 1
Häfner Gerald
LL Bayern Bündnis 90/DIE GRÜNEN
80638 München, Fuststr 5
Hagemann Klaus
Wkr 155 (Worms) SPD
67574 Osthofen, Zuckmayerstr 6
Hammerstein Carl-Detlev Freiherr von
LL Niedersachsen CDU
27404 Bockel, Alte Dorfstr 2
Hampel Manfred Eugen
LL Sachsen-Anhalt SPD
06366 Köthen, Schalaunische Str 16/18
Hanewinckel Christel
Wkr 291 (Halle-Altstadt) SPD
06110 Halle, Philipp-Müller-Str 78 a
Hartenbach Alfred
Wkr 124 (Waldeck) SPD
34376 Immenhausen, Risebergweg 12

Hartenstein Dr Liesel
LL Baden-Württemberg SPD
75365 Calw, Im Steckenäckerle 32
Hartmann Hanns-Peter
LL Berlin PDS
12459 Berlin, Slabystr 7
Haschke Gottfried
Wkr 316 (Bautzen – Löbau) CDU
02747 Großhennersdorf, Bernstädter Str 32
Hasenfratz Klaus
Wkr 110 (Bochum I) SPD
44869 Bochum, Blütenweg 4 b
Hasselfeldt Gerda
Wk 201 (Fürstenfeldbruck) CSU
53113 Bonn, Bundeshaus
Hauchler Dr Ingomar
LL Niedersachsen SPD
21266 Jesteburg, Am Osterberg 11
Hauser Otto
Wkr 165 (Esslingen) CDU
73728 Esslingen am Neckar, Ritterstr 6
Hauser Hansgeorg
Wkr 232 (Roth) CSU
53117 Bonn, Graurheindorfer Str 108
Haussmann Dr Helmut
LL Baden-Württemberg FDP/DVP
53113 Bonn, Bundeshaus
Hedrich Klaus-Jürgen
Wkr 39 (Celle – Uelzen) CDU
29525 Uelzen, Krietenberg 26
Heinrich Ulrich
LL Baden-Württemberg FDP/DVP
74632 Neuenstein-Großhirschbach, Metzdorfer Str 20
Heiderich Helmut
LL Hessen CDU
36289 Friedewald, Vächer Weg 2
Heise Manfred
Wkr 297 (Eisenach – Mühlhausen) CDU
99830 Treffurt, Puschkinstr 39
Heistermann Dieter
LL Nordrhein-Westfalen SPD
37688 Beverungen, Danziger Str 89
Helling Detlef
LL Nordrhein-Westfalen CDU
33647 Bielefeld, Windelsbleicher Str 14 b
Hellwig Dr Renate
Wkr 170 (Neckar-Zaber) CDU
74321 Bietigheim-Bissingen, Hauptstr 45/I
Hemker Reinhold
Wkr 98 (Steinfurt II) SPD
48432 Rheine, Tannenweg 14
Hempelmann Rolf
Wkr 89 (Essen II) SPD
45276 Essen, Krekelerweg 1
Hendricks Dr Barbara
LL Nordrhein-Westfalen SPD
47533 Kleve, Bleichenberg 2 b
Hermenau Antje
LL Sachsen Bündnis 90/DIE GRÜNEN
01462 Mobschatz, Am Tummelsgrund 25

Heubaum Monika
LL Niedersachsen SPD
49835 Wietmarschen, Beethovenring 10
Heuer Dr Uwe-Jens
LL Sachsen PDS
10249 Berlin, Platz der Vereinten Nationen 19
Heyne Kristin
LL Hamburg Bündnis 90/DIE GRÜNEN
21029 Hamburg, Grasredder 43
Hiksch Uwe
LL Bayern SPD
96337 Ludwigsstadt, Gerinneweg 1
Hiller Reinhold
Wkr 11 (Lübeck) SPD
23556 Lübeck, Morier Str 44 d
Hilsberg Stephan
Wkr 282 (Bad Liebenwerda – Finsterwalde – Herzberg – Lübben – Luckau) SPD
10117 Berlin, Albrechtstr 14 c
Hinsken Ernst
Wkr 217 (Straubing) CSU
94353 Haibach, Tempelhofstr 3
Hintze Peter
LL Nordrhein-Westfalen CDU
53113 Bonn, Konrad-Adenauer-Haus
Hirche Walter
LL Niedersachsen FDP
30657 Hannover, Krasseltweg 2 D
Hirsch Dr Burkhard
LL Nordrhein-Westfalen FDP
40545 Düsseldorf, Rheinallee 120
Höfer Gerd
Wkr 127 (Schwalm-Eder) SPD
34626 Neukirchen, Steingasse 10
Höfken Ulrike
LL Rheinland-Pfalz Bündnis 90/DIE GRÜNEN
54634 Bitburg, Mötscher Str 14 a
Höll Dr Barbara
LL Sachsen PDS
04329 Leipzig, Gundermannstr 23
Hörster Joachim
Wkr 153 (Montabaur) CDU
56457 Westerburg, Waldstr 11
Hoffmann Jelena
LL Sachsen SPD
09119 Chemnitz, Straße Usti nad Labem 23
Hofmann Frank
LL Bayern SPD
97332 Volkach, Tulpenstr 6
Hollerith Josef
Wkr 199 (Altötting) CSU
85646 Anzing, Holzfeldweg 2
Holzhüter Ingrid
LL Berlin SPD
12101 Berlin, Bayernring 28
Homburger Birgit
LL Baden-Württemberg FDP/DVP
89135 Blaubeuren, Postfach 11 55
Horn Erwin
Wkr 131 (Gießen) SPD
53332 Bornheim, Hennesenbergstr 60

Hornhues Dr Karl-Heinz
Wkr 33 (Stadt Osnabrück) CDU
49134 Wallenhorst, Piusstr 19
Hornung Siegfried
Wkr 181 (Odenwald – Tauber) CDU
74747 Ravenstein-Ballenberg, Georg-Metzler-Str 33
Hovermann Eike Anna Maria
LL Nordrhein-Westfalen SPD
53113 Bonn, Bundeshaus
Hoyer Dr Werner
LL Nordrhein-Westfalen FDP
50968 Köln, Auf dem Römerberg 6
Hüppe Hubert
LL Nordrhein-Westfalen CDU
59368 Werne, Beckingsbusch 32
Hustedt Michaele
LL Nordrhein-Westfalen Bündnis 90/DIE GRÜNEN
53111 Bonn, Markt 6
Ibrügger Lothar
Wkr 104 (Minden-Lübbecke) SPD
32427 Minden, Bastaustr 10 a
Ilte Wolfgang
Wkr 273 (Oranienburg – Nauen) SPD
16540 Hohen Neuendorf, Emile-Zola-Str 9
Imhof Barbara
LL Hessen SPD
36043 Fulda, Ellerstr 12
Irber Brunhilde
LL Bayern SPD
94486 Osterhofen, Johann-Fischer-Str 13
Irmer Ulrich
LL Bayern FDP
80801 München, Konradstr 10
Iwersen Gabriele
Wkr 21 (Friesland – Wilhelmshaven) SPD
26382 Wilhelmshaven, Danziger Str 17
Jakob Dr Willibald
LL Mecklenburg-Vorpommern PDS
13088 Berlin, Feldtmannstr 120
Jacoby Peter
LL Saarland CDU
66123 Saarbrücken, Kobenhüttenweg 7
Jäger Renate
LL Sachsen SPD
01099 Dresden, Jägerstr 24
Jaffke Susanne
Wkr 270 (Neustrelitz – Strasburg – Pasewalk – Ueckermünde – Anklam) CDU
17391 Wussentin, Nr 8 b
Janovsky Georg
Wkr 315 (Görlitz – Zittau – Niesky) CDU
02827 Görlitz, Promenadenstr 23
Janssen Jann-Peter
Wkr 19 (Aurich – Emden) SPD
26506 Norden, Hooge Riege 27
Janz Ilse
Wkr 52 (Bremerhaven – Bremen-Nord) SPD
27578 Bremerhaven, Entenmoorweg 64

Jawurek Helmut
LL Bayern CSU
92318 Neumarkt, Eggenstr 18
Jelpke Ulla
LL Nordrhein-Westfalen PDS
22767 Hamburg, Königstr 26
Jens Dr Uwe
Wkr 82 (Wesel I) SPD
46562 Voerde, Rönskenstr 100
Jobst Dr Dionys
Wkr 220 (Schwandorf) CSU
93158 Teublitz, Frankengraben 2
Jork Dr-Ing Rainer
Wkr 320 (Dresden-Land – Freital – Dippoldiswalde) CDU
01445 Radebeul, Alfred-Naumann-Str 3
Jüttemann Gerhard
LL Thüringen PDS
37345 Bischofferode, Neue Str 8
Jüttner Dr Egon
Wkr 179 (Mannheim I) CDU
68307 Mannheim, Schönauer Str 7 a
Jung Volker
Wkr 75 (Düsseldorf II) SPD
40597 Düsseldorf, Benrodestr 53
Jung Michael
Wkr 135 (Rheingau – Taunus – Limburg) CDU
65627 Elbtal-Hangenmeilingen, Bornweg 8
Junghanns Ulrich
LL Brandenburg CDU
15234 Frankfurt (Oder), Georg-Friedrich-Händel-Str 13
Kahl Dr Harald
Wkr 304 (Altenburg – Schmölln – Greiz – Gera-Land II) CDU
07580 Braunichswalde, Rückersdorfer Str 1 b
Kalb Bartholomäus
Wkr 213 (Deggendorf) CSU
94550 Künzing, Sommerfeldstr 11
Kampeter Steffen
LL Nordrhein-Westfalen CDU
32427 Minden, Hahler Str 47
Kansy Dr-Ing Dietmar
Wkr 38 (Hannover-Land I) CDU
30823 Garbsen, Steinbockgasse 9
Kanther Manfred
Wkr 137 (Hanau) CDU
53108 Bonn, Postfach 17 02 90
Karwatzki Irmgard
LL Nordrhein-Westfalen CDU
47057 Duisburg, Kettenstr 5
Kaspereit Sabine
LL Sachsen-Anhalt SPD
06688 Wengelsdorf, Merseburger Str 12
Kastner Susanne
LL Bayern SPD
96126 Maroldsweisach, Kellerstr 9
Kastning Ernst
Wkr 34 (Nienburg – Schaumburg) SPD
31675 Bückeburg, Am Friesenkamp 3

Kauder Volker
Wkr 189 (Rottweil – Tuttlingen) CDU
78532 Tuttlingen, Königstr 19
Keller Peter
LL Bayern CSU
97225 Zellingen, Gassenwiese 17
Kemper Hans-Peter
LL Nordrhein-Westfalen SPD
46359 Heiden, Pastoratsweg 20
Kinkel Dr Klaus
LL Baden-Württemberg FDP/DVP
53113 Bonn, Adenauerallee 99
Kiper Dr Manuel
LL Niedersachsen Bündnis 90/DIE GRÜNEN
30625 Hannover, Helstorfer Str 19
Kirschner Klaus
LL Baden-Württemberg SPD
78727 Oberndorf, Bozenhardstr 39
Klaeden Eckart von
LL Niedersachsen CDU
31134 Hildesheim, Weinberg 30 a
Klappert Marianne
LL Nordrhein-Westfalen SPD
57258 Freudenberg, Krottorfer Str 94 b
Klaußner Dr Bernd
Wkr 324 (Chemnitz II – Chemnitz-Land) CDU
09221 Adorf, Hauptstr 69
Kleinert Detlef
LL Niedersachsen FDP
30657 Hannover, Im Eichholz 17 a
Klemmer Siegrun
LL Berlin SPD
14055 Berlin, Neidenburger Allee 4
Klinkert Ulrich
Wkr 314 (Hoyerswerda – Kamenz – Weißwasser) CDU
53106 Bonn, Kennedyallee 5
Klose Hans-Ulrich
Wkr 18 (Hamburg – Harburg) SPD
21107 Hamburg, Julius-Ertel-Str 8
Knaape Dr Hans-Hinrich
Wkr 275 (Brandenburg – Rathenow – Belzig) SPD
14772 Brandenburg, Klinikallee 50
Knake-Werner Dr Heidi
LL Sachsen-Anhalt PDS
28203 Bremen, Berliner Str 34
Knoche Monika
LL Baden-Württemberg Bündnis 90/DIE GRÜNEN
76135 Karlsruhe, Weinbrennerstr 44
Köhler Hans-Ulrich
Wkr 303 (Gera-Stadt – Eisenberg – Gera-Land) CDU
07607 Hainspitz, Gartenweg 1
Köhne Rolf
LL Niedersachsen PDS
30419 Hannover, Mispelweg 6
Königshofen Norbert
LL Nordrhein-Westfalen CDU
45359 Essen, Bergkamp 4

9

Körper Fritz Rudolf
Wkr 150 (Kreuznach) SPD
55592 Rehborn, Im Weiher 5
Köster-Loßack Dr Angelika
LL Baden-Württemberg Bündnis 90/DIE GRÜNEN
69115 Heidelberg, Zähringerstr 14
Kohl Dr Helmut
Wkr 157 (Ludwigshafen) CDU
67071 Ludwigshafen am Rhein (Oggersheim), Marbacher Str 11
Kohn Roland
LL Baden-Württemberg FDP/DVP
53113 Bonn, Bundeshaus
Kolb Dr Heinrich Leonhard
LL Hessen FDP
64832 Babenhausen, Ziegelhüttenstr 43
Kolbe Manfred
Wkr 312 (Döbeln – Grimma – Oschatz) CDU
04668 Grimma, Markt 18
Kolbow Walter
LL Bayern SPD
97082 Würzburg, Gertraud-Rostosky-Str 36
Koppelin Jürgen
LL Schleswig-Holstein FDP
24576 Bad Bramstedt, Lehmbarg 3
Kors Eva-Maria
LL Niedersachsen CDU
49377 Vechta, Blumenstr 8
Koschyk Hartmut
Wkr 223 (Bayreuth) CSU
91301 Forchheim, Hugo-Post-Str 14
Koslowski Manfred
LL Brandenburg CDU
14612 Falkensee, Finkenkruger Str 161
Kossendey Thomas
LL Niedersachsen CDU
26188 Edewecht-Kleefeld, Alpenrosenstr 10
Kraus Rudolf
WKr 218 (Amberg) CSU
53123 Bonn, Rochusstr 1
Krause Wolfgang
Wkr 289 (Dessau-Bitterfeld) CDU
06849 Dessau-Törten, An den Lauchstücken 2
Krautscheid Andreas
Wkr 64 (Rhein-Sieg-Kreis I) CDU
53783 Eitorf, Jahnstr 6
Kressl Nicolette
LL Baden-Württemberg SPD
76530 Baden-Baden, Lilienmattstr 18
Kriedner Arnulf
Wkr 306 (Meiningen – Bad Salzungen – Hildburghausen – Sonneberg) CDU
98617 Meiningen, Klostergasse 2
Kröning Volker
Wkr 50 (Bremen-Ost) SPD
28325 Bremen, St-Gallener Str 16 A
Kronberg Heinz-Jürgen
Wkr 301 (Weimar – Apolda – Erfurt-Land) CDU
99423 Weimar, Goetheplatz 9 b

Krüger Dr-Ing Paul
Wkr 269 (Neubrandenburg – Altentreptow – Waren – Röbel) CDU
53113 Bonn, Bundeshaus
Krüger Thomas
LL Berlin SPD
10435 Berlin, Kollwitzstr 60
Krziskewitz Reiner
Wkr 290 (Bernburg – Aschersleben – Quedlinburg) CDU
06406 Bernburg, Gutenbergstr 8
Kubatschka Horst
LL Bayern SPD
84032 Landshut, Weilerstr 35
Kühn-Mengel Helga
LL Nordrhein-Westfalen SPD
50321 Brühl, Mühlenbach 35
Kues Dr Hermann
Wkr 26 (Mittelems) CDU
49898 Lingen/Ems, Flemings Tannen 42
Küster Dr Uwe
Wkr 286 (Magdeburg) SPD
39104 Magdeburg, Bürgelstr 1
Kuhlwein Eckart
LL Schleswig-Holstein SPD
22949 Ammersbek, Bramkampweg 5
Kuhn Werner
Wkr 266 (Rostock-Land – Ribnitz-Damgarten – Teterow – Malchin) CDU
18374 Zingst, Neue Reihe 8 D
Kunick Konrad
Wkr 51 (Bremen-West) SPD
28259 Bremen, Barrienweg 5
Kurzhals Christine
LL Sachsen SPD
04564 Böhlen, Karl-Marx-Str 20
Kutzmutz Rolf
LL Brandenburg PDS
14480 Potsdam, Mendelssohn-Bartholdy-Str 7
Labsch Werner
Wkr 280 (Cottbus – Guben – Forst) SPD
03042 Cottbus, Willy-Brandt-Str 23
Laermann Dr-Ing Karl-Hans
LL Nordrhein-Westfalen FDP
41189 Mönchengladbach, Am Tannenberg 19
Lambsdorff Dr Graf Otto
LL Nordrhein-Westfalen FDP
53113 Bonn, Bundeshaus
Lamers Karl
LL Nordrhein-Westfalen CDU
53639 Königswinter, Hauptstr 400
Lamers Dr Karl A
Wkr 178 (Heidelberg) CDU
69117 Heidelberg, Hauptstr 29
Lammert Dr Norbert
LL Nordrhein-Westfalen CDU
44791 Bochum, Zur Burkuhle 6
Lamp Helmut
Wkr 6 (Plön – Neumünster) CDU
24217 Schönberg, Wrömmelsberg 3

Lange Brigitte
Wkr 129 (Marburg) SPD
35037 Marburg, Wehrdaer Weg 42 c
Larcher Detlev von
LL Niedersachsen SPD
28844 Weyhe, Böttcherei 210
Laschet Armin
Wkr 53 (Aachen) CDU
52066 Aachen, Am Römerhof 24 b
Lattmann Herbert
Wkr 42 (Hannover-Land II) CDU
30890 Barsinghausen, Holunderweg 36
Laufs Dr Paul
Wkr 168 (Waiblingen) CDU
71332 Waiblingen, Kurze Str 4
Laumann Karl Josef
LL Nordrhein-Westfalen CDU
48477 Hörstel, Saerbecker Damm 193
Lehn Waltraud
Wkr 92 (Recklinghausen II – Borken I) SPD
45772 Marl, Smetanastr 24
Leidinger Robert
LL Bayern SPD
94351 Feldkirchen, Eschenweg 2, Mitterharthausen
Lemke Steffi
LL Sachsen-Anhalt Bündnis 90/DIE GRÜNEN
06844 Dessau, Karlstr 29
Lengsfeld Vera
LL Thüringen Bündnis 90/DIE GRÜNEN
99706 Sondershausen, Possenallee 60
Lennartz Klaus
Wkr 57 (Erftkreis I) SPD
50354 Hürth, Knapsackstr 39
Lensing Werner
Wkr 97 (Coesfeld – Steinfurt I) CDU
48653 Coesfeld, Im Nonnenkamp 6
Lenzer Christian
LL Hessen CDU
35745 Herborn-Burg, Am Türmchen 1
Leonhard Dr Elke
LL Rheinland-Pfalz SPD
54531 Manderscheid, Postfach
Letzgus Peter
Wkr 284 (Elbe–Havel-Gebiet und Haldensleben – Wolmirstedt) CDU
39288 Burg, Friedenstr 23
Leutheusser-Schnarrenberger Sabine
LL Bayern FDP
53113 Bonn, Bundeshaus
Limbach Editha
Wkr 63 (Bonn) CDU
53127 Bonn, Im Rebgarten 3
Link Walter
Wkr 28 (Diepholz) CDU
27259 Wehrbleck, Zur Bahn 12
Lintner Eduard
Wkr 234 (Bad Kissingen) CSU
53117 Bonn, Graurheindorfer Str 198
Lippelt Dr Helmut
LL Niedersachsen Bündnis 90/DIE GRÜNEN
30173 Hannover, Heinrich-Heine-Str 50
Lippold Dr Klaus W
Wkr 142 (Offenbach) CDU
63128 Dietzenbach, Westendstr 10
Lischewski Dr Manfred
Wkr 292 (Halle-Neustadt – Saalkreis – Köthen) CDU
06124 Halle, Carl-Crodel-Weg 5
Lörcher Christa
LL Baden-Württemberg SPD
78050 Villingen-Schwenningen, Färberstr 5
Löwisch Sigrun
Wkr 185 (Freiburg) CDU
79110 Freiburg, Lindenstr 3 A
Lohmann Wolfgang
LL Nordrhein-Westfalen CDU
58515 Lüdenscheid, Im Langen Hahn 25
Lohmann Klaus
Wkr 111 (Bochum II – Ennepe-Ruhr-Kreis II) SPD
58454 Witten, Fasanenweg 21
Lotz Erika
Wkr 130 (Lahn-Dill) SPD
35638 Leun, Schäfergasse 3
Louven Julius
Wkr 80 (Viersen) CDU
47906 Kempen-St Hubert, Hahnendyk 48
Lucyga Dr Christine
Wkr 265 (Rostock) SPD
18055 Rostock, Tessiner Str 21
Lühr Uwe-Bernd
LL Sachsen-Anhalt FDP
06120 Halle-Dölau, Dorothea-Erxleben-Str 24
Lüth Heidemarie
LL Sachsen PDS
04179 Leipzig, Otto-Schmiedt-Str 37 n
Luft Dr Christa
Wkr 258 (Berlin-Friedrichshain – Lichtenberg) PDS
12437 Berlin, Radenzer Str 5
Lummer Heinrich
Wkr 252 (Berlin – Spandau) CDU
14163 Berlin, Karl-Hofer-Str 39
Luther Dr Michael
Wkr 327 (Zwickau – Werdau) CDU
08056 Zwickau, Flurstr 13
Maaß Dieter
Wkr 112 (Herne) SPD
44649 Herne, Heinrich-Funcke-Str 32
Maaß Erich
LL Niedersachsen CDU
26386 Wilhelmshaven, Tanno-Düren-Weg 7
Mahlo Dr Dietrich
Wkr 254 (Berlin-Charlottenburg – Wilmersdorf) CDU
10719 Berlin, Bundesallee 221
Maleuda Dr Günther
LL Mecklenburg-Vorpommern PDS
12679 Berlin, Glambecker Ring 57
Mante Winfried
Wkr 279 (Frankfurt/Oder – Eisenhüttenstadt – Beeskow) SPD
15890 Eisenhüttenstadt, Erich-Weinert-Allee 20

Marschewski Erwin
LL Nordrhein-Westfalen CDU
45657 Recklinghausen, Lisztstr 33
Marten Günter
Wkr 264 (Güstrow – Sternberg – Lübz – Pachim – Ludwigslust) CDU
18276 Klein Upahl/Güstrow, Dorfplatz 34 – Landhaus
Marx Dorle
LL Hessen SPD
61118 Bad Vilbel, Martin-Luther-Str 12
Mascher Ulrike
Wkr 203 (München-Mitte) SPD
80331 München, Oberanger 38/III
Matschie Christoph
LL Thüringen SPD
07743 Jena, Zenkerweg 2
Matthäus-Maier Ingrid
LL Nordrhein-Westfalen SPD
53757 Sankt Augustin, Am Paddenofen 4
Mattischeck Heide
LL Bayern SPD
91054 Erlangen, Universitätsstr 48
Mayer Dr Martin
Wkr 208 (München-Land) CSU
85635 Höhenkirchen-Siegertsbrunn, Am Baumgarten 5
Meckel Markus
Wkr 272 (Prenzlau – Angermünde – Schwedt – Templin – Gransee) SPD
13125 Berlin, Straße 48 Nr 54
Meckelburg Wolfgang
LL Nordrhein-Westfalen CDU
45894 Gelsenkirchen, Luggendelle 10 a
Mehl Ulrike
LL Schleswig-Holstein SPD
24589 Nortorf, Johannisstr 12
Meinl Rudolf
Wkr 323 (Chemnitz I) CDU
09112 Chemnitz, Andréstr 2
Meißner Herbert
Wkr 278 (Luckenwalde – Zossen – Jüterbog – Königs Wusterhausen) SPD
15711 Königs Wusterhausen, Bertolt-Brecht-Str 13
Meister Dr Michael
Wkr 145 (Bergstraße) CDU
64625 Bensheim, Grüne Str 3
Merkel Dr Angela
Wkr 267 (Stralsund – Rügen – Grimmen) CDU
53175 Bonn, Kennedyallee 5
Mertens Angelika
Wkr 14 (Hamburg-Eimsbüttel) SPD
20357 Hamburg, Schäferkampsallee 41
Merz Friedrich
Wkr 119 (Hochsauerlandkreis) CDU
53113 Bonn, Bundeshaus
Metzger Oswald
LL Baden-Württemberg Bündnis 90/DIE GRÜNEN
88427 Bad Schussenried, Robert-Bosch-Str 79

Meyer (Ulm) Dr Jürgen
LL Baden-Württemberg SPD
89073 Ulm, Münsterplatz 45
Meyer (Winsen) Rudolf
Wkr 35 (Harburg) CDU
21423 Winsen, Winsener Landstr 60
Michelbach Hans Georg
LL Bayern CSU
97737 Gemünden, Röhnweg 69
Michels Meinolf
Wkr 106 (Höxter – Lippe II) CDU
34434 Borgentreich, Großeneder, Hauptstr 1
Möllemann Jürgen W
LL Nordrhein-Westfalen FDP
53113 Bonn, Bundeshaus
Mogg Ursula
LL Rheinland-Pfalz SPD
56072 Koblenz, Trierer Str 93 c
Mosdorf Siegmar
LL Baden-Württemberg SPD
73269 Hochdorf, Weinbergstr 44
Müller Dr Gerd
Wkr 242 (Oberallgäu) CSU
87435 Kempten, Neisser Str 5
Müller Manfred
Wkr 261 (Berlin-Hohenschönhausen – Pankow – Weißensee) PDS
12359 Berlin, Talberger Str 10 c
Müller Michael
LL Nordrhein-Westfalen SPD
40489 Düsseldorf, Walburgisstr 44
Müller Elmar
Wkr 166 (Nürtingen) CDU
73230 Kirchheim/Teck, Altvaterweg 44
Müller Kerstin
LL Nordrhein-Westfalen Bündnis 90/DIE GRÜNEN
53113 Bonn, Bundeshaus
Müller Jutta
Wkr 245 (Saarbrücken II) SPD
66333 Völklingen, Kurt-Schumacher-Str 52
Müller Christian
LL Sachsen SPD
02779 Großschönau, Am Kux 3
Nachtwei Winfried
LL Nordrhein-Westfalen Bündnis 90/DIE GRÜNEN
48161 Münster, Nordhornstr 51
Nelle Engelbert
Wkr 40 (Gifhorn – Peine) CDU
31139 Hildesheim, Klingenbergstr 100
Neuhäuser Rosel
LL Thüringen PDS
99846 Seebach, Am Stein 44
Neumann Kurt
Wkr 255 (Berlin-Kreuzberg – Schöneberg) SPD
12209 Berlin, Lorenzstr 9
Neumann Volker
LL Niedersachsen SPD
49565 Bramsche, Wilhelmstr 1 a

Neumann Bernd
LL Bremen CDU
28195 Bremen, Am Wall 135
Neumann Gerhard
LL Thüringen SPD
53113 Bonn, Bundeshaus
Nickels Christa
LL Nordrhein-Westfalen Bündnis 90/DIE GRÜNEN
52511 Geilenkirchen, Walderych 39
Niehuis Dr Edith
Wkr 48 (Northeim – Osterode) SPD
37176 Nörten-Hardenberg, Sperberring 28
Niese Dr Rolf
Wkr 17 (Hamburg-Bergedorf) SPD
21029 Hamburg, Rothenhauschaussee 59
Nitsch Egbert
LL Schleswig-Holstein Bündnis 90/DIE GRÜNEN
53113 Bonn, Bundeshaus
Nitsch Johannes
Wkr 319 (Dresden II) CDU
01139 Dresden, Schenkendorfstr 40
Nolte Claudia
Wkr 307 (Suhl – Schmalkalden – Ilmenau – Neuhaus) CDU
98693 Ilmenau, Mühlgarten 28
Nolting Günther Friedrich
LL Nordrhein-Westfalen FDP
32427 Minden, Blumenstr 2
Odendahl Doris
LL Baden-Württemberg SPD
71065 Sindelfingen, Posener Str 14
Oesinghaus Günter
Wkr 62 (Köln IV) SPD
53113 Bonn, Bundeshaus
Özdemir Cem
LL Baden-Württemberg Bündnis 90/DIE GRÜNEN
53113 Bonn, Bundeshaus
Olderog Dr Rolf
Wkr 9 (Ostholstein) CDU
23758 Oldenburg in Holstein, Lindenallee 60
Onur Leyla
Wkr 45 (Braunschweig) SPD
38104 Braunschweig, Georg-Westermann-Allee 61
Opel Manfred
LL Schleswig-Holstein SPD
25813 Husum, Friedrichstr 41
Ortleb Dr Rainer
LL Mecklenburg-Vorpommern FDP
18055 Rostock, Lastadie 5
Ost Friedhelm
Wkr 107 (Paderborn) CDU
53113 Bonn, Bundeshaus
Ostertag Adolf
Wkr 109 (Ennepe-Ruhr-Kreis I) SPD
45549 Sprockhövel, Schulweg 13 b
Oswald Eduard
Wkr 239 (Augsburg-Land) CSU
86424 Dinkelscherben, Waldweg 18

Otto Norbert
Wkr 300 (Erfurt) CDU
99094 Erfurt-Möbisburg, Hoflerstr 17
Päselt Dr Gerhard
Wkr 299 (Gotha – Arnstadt) CDU
99869 Wandersleben, Bahnhofstr 19
Palis Kurt
LL Niedersachsen SPD
29614 Soltau, Hof Eitze 10 c
Papenroth Albrecht
Wkr 281 (Senftenberg – Calau – Spremberg) SPD
03130 Spremberg, Lutherstr 30
Paziorek Dr Peter
Wkr 100 (Warendorf) CDU
59269 Beckum, Schubertstr 18
Penner Dr Willfried
Wkr 70 (Wuppertal II) SPD
42287 Wuppertal, Amalienstr 18
Pesch Hans-Wilhelm
Wkr 78 (Mönchengladbach) CDU
41239 Mönchengladbach, Am Katharinenhof 17
Peters Lisa
LL Niedersachsen FDP
21614 Buxtehude, Eilendorferweg 1
Petzold Ulrich
Wkr 288 (Wittenberg – Gräfenhainichen – Jessen – Roßlau – Zerbst) CDU
06773 Selbitz, Dorfstr 6
Pfaff Dr Martin
LL Bayern SPD
86391 Stadtbergen, Haldenweg 23
Pfannenstein Georg
LL Bayern SPD
92536 Pfreimd, Eichenweg 13
Pfeifer Anton
Wkr 193 (Reutlingen) CDU
72760 Reutlingen, Rilkestr 9
Pfeiffer Angelika Sabine
Wkr 308 (Delitzsch – Eilenburg – Torgau – Wurzen) CDU
04509 Delitzsch, Schulstr 11
Pfennig Dr Gero
Wkr 253 (Berlin-Zehlendorf – Steglitz) CDU
53113 Bonn, Bundeshaus
Pflüger Dr Friedbert
LL Niedersachsen CDU
30179 Hannover, Walderseestr 21
Philipp Beatrix
LL Nordrhein-Westfalen CDU
40470 Düsseldorf, Artusstr 44
Pick Dr Eckhart
LL Rheinland-Pfalz SPD
55127 Mainz-Lerchenberg, Tizianweg 46
Pinger Dr Winfried
LL Nordrhein-Westfalen CDU
51107 Köln, Donarstr 22
Pofalla Ronald
Wkr 81 (Kleve) CDU
47652 Weeze, Hoogeweg 17
Pohler Dr Hermann
Wkr 309 (Leipzig I) CDU
53113 Bonn, Bundeshaus

Polenz Ruprecht
Wkr 99 (Münster) CDU
48151 Münster, Straßburger Weg 18
Poppe Gerd
LL Berlin Bündnis 90/DIE GRÜNEN
10435 Berlin, Kollwitzstr 66
Poß Joachim
Wkr 93 (Gelsenkirchen I) SPD
45894 Gelsenkirchen, Lindenstr 84
Pretzlaff Marlies
LL Niedersachsen CDU
37154 Northeim, Lerchenweg 10
Probst Dr Albert
Wkr 200 (Freising) CSU
85748 Garching, St-Severin-Str 14
Probst Simone
LL Nordrhein-Westfalen Bündnis 90/DIE GRÜNEN
33102 Paderborn, Neuhäuser Str 48
Protzner Dr Bernd
Wkr 226 (Kulmbach) CSU
95326 Kulmbach, Lorenz-Sandler-Str 4
Pützhofen Dieter
Wkr 79 (Krefeld) CDU
47803 Krefeld, Krüsemannstr 1
Purps Rudolf
LL Nordrhein-Westfalen SPD
57368 Lennestadt, Im Hölzchen 23, Halberbracht
Rachel Thomas
Wkr 56 (Düren) CDU
52349 Düren, Stresemannstr 6
Raidel Hans
Wkr 240 (Donau-Ries) CSU
86732 Oettingen, Lessingstr 1
Ramsauer Dr Peter
Wkr 211 (Traunstein) CSU
83374 Traunwalchen, Mühlenstr 3
Rappe Hermann
Wkr 43 (Hildesheim) SPD
31157 Sarstedt, Röntgenstr 27
Rau Rolf
Wkr 311 (Leipzig-Land – Borna – Geithain) CDU
04451 Borsdorf, Am Park 1
Rauber Helmut
LL Saarland CDU
66636 Bergweiler, Sotzweilerstr 24 b
Rauen Peter Harald
Wkr 151 (Bitburg) CDU
54528 Salmtal, Im Wingertsberg 1
Regenspurger Otto
Wkr 224 (Coburg) CSU
96253 Untersiemau, Pyramidenweg 9
Rehbock-Zureich Karin
LL Baden-Württemberg SPD
79798 Jestetten, Schnepfenweg 2
Reichard Christa
Wkr 318 (Dresden I) CDU
01326 Dresden, Siedlungsstr 10
Reichardt Klaus Dieter
Wkr 180 (Mannheim II) CDU
68535 Edingen-Neckarhausen, Winzerstr 3

Reinartz Dr Bertold
Wkr 76 (Neuss I) CDU
41464 Neuss, Tilmannstr 19
Reinhardt Erika
Wkr 163 (Stuttgart II) CDU
70327 Stuttgart, Ludwig-Blum-Str 5
Renesse Margot von
LL Nordrhein-Westfalen SPD
44866 Bochum, Behringweg 8
Rennebach Renate
LL Berlin SPD
14167 Berlin, Kilstetter Str 30
Repnik Hans-Peter
Wkr 191 (Konstanz) CDU
78315 Radolfzell, Ländlestr 13
Reschke Otto
Wkr 88 (Essen I) SPD
45144 Essen, Böhmerstr 1
Reuter Bernd
LL Hessen SPD
61130 Nidderau, Römerstr 10
Rexrodt Dr Günter
LL Berlin FDP
53123 Bonn, Villemombler Str 76
Richter Dr Edelbert
LL Thüringen SPD
99423 Weimar, Goetheplatz 9 b
Richter Roland
Wkr 183 (Pforzheim) CDU
75228 Ispringen, Wilhelmstr 20
Richwien Roland
Wkr 302 (Jena – Rudolstadt – Stadtroda) CDU
07751 Zöllnitz, Dorfstr 15
Rieder Dr Norbert
Wkr 175 (Karlsruhe-Stadt) CDU
76228 Karlsruhe, Zum Wald 5
Riedl Dr Erich
Wkr 206 (München-Süd) CSU
81375 München, Geroldseckstr 14
Riegert Klaus
Wkr 167 (Göppingen) CDU
73079 Süssen, Am Gestad 10
Riesenhuber Dr Heinz
Wkr 138 (Frankfurt am Main I – Main-Taunus) CDU
53113 Bonn, Bundeshaus
Rixe Günter
Wkr 102 (Bielefeld) SPD
33729 Bielefeld, Lohrenkamp 14
Robbe Reinhold
LL Niedersachsen SPD
26831 Bunde, Ahornstr 41
Rochlitz Dr Jürgen
LL Baden-Württemberg Bündnis 90/DIE GRÜNEN
35099 Burgwald, Postfach
Röhl Dr Klaus
LL Berlin FDP
12587 Berlin, Fürstenwalder Damm 327
Rönsch Hannelore
Wkr 136 (Wiesbaden) CDU
53113 Bonn, Bundeshaus

Rössel Dr Uwe-Jens
LL Sachsen-Anhalt PDS
12621 Berlin, Bausdorfstr 42
Röttgen Norbert
Wkr 65 (Rhein-Sieg-Kreis II) CDU
53359 Rheinbach, Beethovenstr 1
Ronsöhr Heinrich-Wilhelm
Wkr 46 (Helmstedt – Wolfsburg) CDU
38368 Rennau, Hauptstr 6
Romer Franz
LL Baden-Württemberg CDU
88471 Laupheim-Untersulmetingen, An der Riß 18
Rose Dr Klaus
Wkr 215 (Passau) CSU
94474 Vilshofen, Thomastr 11 a
Rossmanith Kurt J
Wkr 243 (Ostallgäu) CSU
87616 Marktoberdorf, Schillerstr 26
Roth Adolf
LL Hessen CDU
35394 Gießen, Altenfeldsweg 13
Ruck Dr Christian
Wkr 238 (Augsburg-Stadt) CSU
86153 Augsburg, Oblatterwallstr 38
Rübenkönig Gerhard
Wkr 125 (Kassel) SPD
34292 Ahnatal, Stockwiesenstr 18
Rühe Volker
LL Hamburg CDU
53003 Bonn, Postfach 13 28
Rüttgers Dr Jürgen
LL Nordrhein-Westfalen CDU
53175 Bonn, Heinemannstr 2
Rupprecht Marlene
LL Bayern SPD
90587 Tuchenbach, Bergstr 8
Saibold Hannelore
LL Bayern Bündnis 90/DIE GRÜNEN
94501 Aldersbach, Am Käserberg 3
Sauer Roland
Wkr 162 (Stuttgart I) CDU
70619 Stuttgart, Am Eichenhain 55
Schäfer Dr Hansjörg
Wkr 159 (Kaiserslautern) SPD
67655 Kaiserslautern, Karl-Marx-Str 25
Schäfer Helmut
LL Rheinland-Pfalz FDP
53113 Bonn, Adenauerallee 99
Schätzle Ortrun
Wkr 186 (Lörrach – Müllheim) CDU
79650 Schopfheim, Erlenweg 10
Schäuble Dr Wolfgang
Wkr 188 (Offenburg) CDU
53113 Bonn, Bundeshaus
Schaich-Walch Gudrun
LL Hessen SPD
60596 Frankfurt am Main, Holbeinstr 39
Schanz Dieter
Wkr 86 (Oberhausen) SPD
46045 Oberhausen, Friedensplatz 8

Scharping Rudolf
LL Rheinland-Pfalz SPD
53113 Bonn, Bundeshaus
Schauerte Hartmut
Wkr 121 (Olpe – Siegen-Wittgenstein II) CDU
57399 Kirchhundem, Zu den Vierlinden 18
Scheel Christine
LL Bayern Bündnis 90/DIE GRÜNEN
63768 Hösbach-Rottenberg, Georg-Blass-Str 31
Scheelen Bernd
LL Nordrhein-Westfalen SPD
47807 Krefeld, Jakob-Lintzen-Str 22
Scheer Dr Hermann
LL Baden-Württemberg SPD
73630 Remshalden, Eduard-Hiller-Str 16
Scheffler Siegfried
Wkr 259 (Berlin-Köpenick – Treptow) SPD
12555 Berlin, Hämmerlingstr 50
Schemken Heinz
Wkr 73 (Mettmann II) CDU
42551 Velbert, Hinterm Berg 18 a
Schenk Christina
LL Sachsen PDS
10247 Berlin, Schreinerstr 52/II
Scherhag Karl-Heinz
Wkr 148 (Koblenz) CDU
56072 Koblenz, In der Laach 62 a
Scheu Gerhard
Wkr 222 (Bamberg) CSU
91365 Weilersbach, Annaleite 18
Schewe-Gerigk Irmingard
LL Nordrhein-Westfalen Bündnis 90/DIE GRÜNEN
58313 Herdecke, Zur Windmühle 53
Schild Horst
LL Niedersachsen SPD
30890 Barsinghausen, An der Krumbeeke 28
Schily Otto
LL Bayern SPD
80331 München, Oberranger 38
Schindler Norbert
Wkr 158 (Neustadt – Speyer) CDU
67273 Bobenheim am Berg, Weisenheimer Str 2
Schlauch Rezzo
LL Baden-Württemberg Bündnis 90/DIE GRÜNEN
70178 Stuttgart, Rotebühlstr 99
Schlee Dietmar
Wkr 198 (Zollernalb – Sigmaringen) CDU
72488 Sigmaringen-Laiz, Auf der Steig 12
Schloten Dieter
Wkr 87 (Mülheim) SPD
45481 Mülheim an der Ruhr, Erlenweg 141
Schluckebier Günter
Wkr 85 (Duisburg II) SPD
47119 Duisburg, Kasteelstr 10
Schmalz Ulrich
Wkr 146 (Neuwied) CDU
57537 Wissen, St-Sebastianus-Str 6
Schmalz-Jacobsen Cornelia
LL Bayern FDP
53113 Bonn, Bundeshaus

Schmidbauer Bernd
Wkr 182 (Rhein-Neckar) CDU
69214 Eppelheim, Silcherweg 6
Schmidbauer Horst
LL Bayern SPD
90453 Nürnberg, Brunnauer Str 7
Schmidt Ursula
LL Nordrhein-Westfalen SPD
52072 Aachen, Horbacher Str 77
Schmidt Christian
Wkr 229 (Fürth) CSU
90766 Fürth, Billinganlage 2
Schmidt Dr-Ing Joachim
Wkr 321 (Freiberg − Brand-Erbisdorf − Flöha − Marienberg) CDU
09633 Halsbrücke, Straße der Jugend 40
Schmidt Albert
LL Bayern Bündnis 90/DIE GRÜNEN
85122 Hitzhofen-Hofstetten, Pfünzer Str 17
Schmidt Dagmar
LL Nordrhein-Westfalen SPD
59872 Meschede, Lanfertsweg 74 c
Schmidt Andreas
LL Nordrhein-Westfalen CDU
45481 Mülheim an der Ruhr, Bremer Str 50
Schmidt Wilhelm
Wkr 44 (Salzgitter − Wolfenbüttel) SPD
38239 Salzgitter (Thiede), Ellernweg 9 A
Schmidt-Jortzig Dr Edzard
LL Schleswig-Holstein FDP
53175 Bonn, Heinemannstr 6
Schmidt-Zadel Regina
LL Nordrhein-Westfalen SPD
40882 Ratingen, Hegelstr 1
Schmiedeberg Hans-Otto
Wkr 262 (Wismar − Gadebusch − Grevesmühlen − Doberan − Bützow) CDU
23946 Boltenhagen, Strandweg 39
Schmitt Heinz
LL Rheinland-Pfalz SPD
76768 Berg, Ludwigstr 72
Schmitt Wolfgang
LL Nordrhein-Westfalen Bündnis 90/DIE GRÜNEN
40764 Langenfeld, Klopstockweg 12
Schmitz Hans Peter
LL Nordrhein-Westfalen CDU
52499 Baesweiler, Wilhelmstr 2
Schmude Michael von
Wkr 10 (Herzogtum Lauenburg − Stormarn-Süd) CDU
22927 Großhansdorf, Bei den Rauhen Bergen 20
Schnell Dr Emil
Wkr 276 (Potsdam) SPD
14471 Potsdam, Carl-von-Ossietzky-Str 34
Schnieber-Jastram Birgit
LL Hamburg CDU
21029 Hamburg, Am Baum 23
Schockenhoff Dr Andreas
Wkr 197 (Ravensburg − Bodensee) CDU
88214 Ravensburg, Römerstr 20

Schöler Walter
LL Nordrhein-Westfalen SPD
47918 Tönisvorst, Buchenstr 13
Schönberger Ursula
LL Niedersachsen Bündnis 90/DIE GRÜNEN
38118 Braunschweig, Sophienstr 14
Scholz Dr Rupert
Wkr 256 (Berlin-Tempelhof) CDU
12163 Berlin, Haderslebener Str 26
Schoppe Waltraud
LL Niedersachsen Bündnis 90/DIE GRÜNEN
27211 Bassum, Alpringhausen 44
Schorlemer Reinhard Freiherr von
Wkr 32 (Osnabrück-Land) CDU
49626 Bippen über Berge, Rittergut Lonne
Schreiner Ottmar
Wkr 246 (Saarlouis) SPD
66740 Saarlouis, Im Blumenfeld 20
Schröter Gisela
LL Thüringen SPD
99706 Sondershausen, Falkenweg 15
Schubert Dr Mathias
Wkr 277 (Fürstenwalde − Strausberg − Seelow) SPD
15528 Markgrafpieske, Markgrafenstr 41
Schuchardt Dr Erika
LL Niedersachsen CDU
38100 Braunschweig, Gieselerwall 2
Schütz Dietmar
Wkr 22 (Oldenburg − Ammerland) SPD
26131 Oldenburg, Hausbäker Weg 27
Schütze Diethard
Wkr 251 (Berlin-Reinickendorf) CDU
13465 Berlin, Olwenstr 39 b
Schuhmann Richard
LL Sachsen SPD
04509 Delitzsch, Markt 22
Schulhoff Wolfgang
Wkr 74 (Düsseldorf I) CDU
40223 Düsseldorf, Erasmusstr 18
Schulte Brigitte
Wkr 41 (Hameln-Pyrmont − Holzminden) SPD
31785 Hamaln, Heiliggeiststr 2
Schulte Dr Dieter
Wkr 173 (Backnang − Schwäbisch Gmünd) CDU
73525 Schwäbisch Gmünd, Lorcher Str 22
Schultz Reinhard
LL Nordrhein-Westfalen SPD
48351 Everswinkel, Otto-Wels-Str 5
Schultz Volkmar
Wkr 59 (Köln I) SPD
51143 Köln, An der Wielermaar 54
Schulz Werner
LL Sachsen Bündnis 90/DIE GRÜNEN
13187 Berlin, Mendelstr 43
Schulz Gerhard
Wkr 310 (Leipzig II) CDU
04229 Leipzig, Ruststr 23
Schulze Frederick
Wkr 295 (Eisleben − Sangerhausen − Hettstedt) CDU
06528 Oberröblingen, Sangerhäuser Str 9

Schumann Ilse
LL Sachsen-Anhalt SPD
06779 Raguhn, Wörlitzer Str 26
Schuster Dr R Werner
LL Hessen SPD
65510 Idstein, Im Exboden 29
Schwaetzer Dr Irmgard
LL Nordrhein-Westfalen FDP
53113 Bonn, Bundeshaus
Schwalbe Clemens
Wkr 293 (Merseburg – Querfurt – Weißenfels) CDU
06667 Weißenfels, Am Kugelberg 3
Schwall-Düren Dr Angelica
LL Nordrhein-Westfalen SPD
48629 Metelen, Neustr 19
Schwanhold Ernst
LL Niedersachsen SPD
49084 Osnabrück, Rotenburger Str 17
Schwanitz Rolf
LL Sachsen SPD
08547 Jößnitz, Röttis 4 d
Schwarz-Schilling Dr Christian
Wkr 134 (Wetterau) CDU
63654 Büdingen, Am Dohlberg 10
Sebastian Wilhelm Josef
Wkr 147 (Ahrweiler) CDU
53507 Dernau, Bungertstr 4
Seehofer Horst
Wkr 202 (Ingolstadt) CSU
85049 Ingolstadt, Unterer Graben 77
Seib Marion
LL Bayern CSU
97332 Volkach, Josef-Wächter-Str 4
Seibel Wilfried
LL Niedersachsen CDU
31855 Aerzen-Gellersen, Kreuzweg 1
Seidenthal Bodo
LL Niedersachsen SPD
38154 Königslutter-Rhode, Teichstr 6 a
Seiffert Heinz-Georg
Wkr 195 (Ulm) CDU
89584 Ehingen, Distelweg 23
Seiters Rudolf
Wkr 20 (Unterems) CDU
26871 Papenburg, Spiekerooger Str 6
Selle Johannes
Wkr 298 (Sömmerda – Artern – Sondershausen – Langensalza) CDU
99706 Großfurra, Waldstr 33
Seuster Lisa
Wkr 123 (Märkischer Kreis II) SPD
58515 Lüdenscheid, Ringstr 7 b
Siebert Bernd
LL Hessen CDU
34281 Gudensberg, Untergasse 38
Sielaff Horst
Wkr 156 (Frankenthal) SPD
67227 Frankenthal, Immengärtenweg 19
Sikora Jürgen
Wkr 47 (Goslar) CDU
38640 Goslar, Fritz-Reuter-Weg 34

Simm Erika
LL Bayern SPD
93183 Kallmünz, Josef-Miller-Str 14
Singer Johannes
Wkr 68 (Leverkusen – Rheinisch-Bergischer-Kreis II) SPD
51373 Leverkusen, Dhünnstr 2 c
Singhammer Johannes
Wkr 204 (München-Nord) CSU
80995 München, Joseph-Seifried-Str 8
Skarpelis-Sperk Dr Sigrid
LL Bayern SPD
53113 Bonn, Bundeshaus
Solms Dr Hermann Otto
LL Hessen FDP
35423 Lich, Schloßgasse 6 a
Sonntag-Wolgast Dr Cornelie
LL Schleswig-Holstein SPD
25524 Itzehoe, Sandkuhle 12-16
Sorge Wieland
LL Thüringen SPD
98617 Meiningen, Linsengrund 17
Sothmann Bärbel
Wkr 133 (Hochtaunus) CDU
61348 Bad Homburg, Kisseleffstr 9
Späte Margarete
Wkr 294 (Zeitz – Hohenmölsen – Naumburg – Nebra) CDU
06724 Kayna, Bahnhofstr 26
Spanier Wolfgang
Wkr 103 (Herford) SPD
32052 Herford, Elverdisser Str 42 a
Sperling Dr Dietrich
LL Hessen SPD
61462 Königstein, Am Rabenstein 14
Spiller Jörg-Otto
Wkr 250 (Berlin-Tiergarten – Wedding – Nord-Charlottenburg) SPD
14169 Berlin, Schweitzerstr 6
Spranger Carl-Dieter
Wkr 227 (Ansbach) CSU
53113 Bonn, Friedrich-Ebert-Allee 114-116
Stadler Dr Max
LL Bayern FDP
94036 Passau, Hochlandweg 7
Steen Antje-Marie
LL Schleswig-Holstein SPD
23743 Grömitz, Am Hufen 32
Steiger Wolfgang
Wkr 144 (Odenwald) CDU
63322 Rödermark, Bahnhofstr 60
Steinbach Erika
Wkr 140 (Frankfurt am Main III) CDU
60535 Frankfurt am Main, Adolf-Leweke-Str 32
Steindor Marina
LL Hessen Bündnis 90/DIE GRÜNEN
35037 Marburg, Steinweg 38
Sterzing Christian
LL Rheinland-Pfalz Bündnis 90/DIE GRÜNEN
67480 Edenkoben, Bahnhofstr 148

Stetten Dr Wolfgang Freiherr von
Wkr 172 (Schwäbisch Hall – Hohenlohe) CDU
74653 Künzelsau, Schloß Stetten
Stiegler Ludwig
LL Bayern SPD
92637 Weiden, Hinterm Zwinger 9
Stoltenberg Dr Gerhard
Wkr 4 (Rendsburg – Eckenförde) CDU
24105 Kiel, Düppelstr 6
Storm Andreas
Wkr 143 (Darmstadt) CDU
64331 Weiterstadt, Rheinstr 53
Straubinger Max
Wkr 216 (Rottal-Inn) CSU
94436 Simbach, Obere Dorfstr 2
Strebl Matthäus
LL Bayern CDU
84130 Dingolfing, Oberbubach 7
Struck Dr Peter
LL Niedersachsen SPD
29525 Uelzen, Lüneburger Str 42
Stübgen Michael
LL Brandenburg CDU
04910 Elsterwerda, Am Mittelgraben 10
Such Manfred
LL Nordrhein-Westfalen Bündnis 90/DIE GRÜNEN
59457 Werl, Kisastr 24
Süssmuth Dr Rita
Wkr 49 (Göttingen) CDU
53113 Bonn, Bundeshaus
Susset Egon
Wkr 171 (Heilbronn) CDU
74189 Weinsberg (Wimmental), Grantschener Str 7
Tappe Joachim
Wkr 126 (Werra-Meißner) SPD
37213 Witzenhausen, Wolfshecke 11
Tauss Jörg
LL Baden-Württemberg SPD
76646 Bruchsal, Amalienstr 7
Teichmann Dr Bodo
Wkr 274 (Eberswalde – Bernau – Bad Freienwalde) SPD
13125 Berlin, Robert-Rössle-Str 3
Teiser Michael
LL Bremen CDU
27574 Bremerhaven, Loisachstr 3
Terborg Margitta
Wkr 23 (Delmenhorst – Wesermarsch – Oldenburg-Land) SPD
26954 Nordenham, Magdalenenstr 39
Teuchner Jella
LL Bayern SPD
94121 Salzweg, Heuweg 2
Thalheim Dr Gerald
LL Sachsen SPD
09236 Claußnitz, Hinterm Zaun 7
Thiele Carl-Ludwig
LL Niedersachsen FDP
53113 Bonn, Bundeshaus

Thierse Wolfgang
LL Berlin SPD
10435 Berlin, Bundeshaus
Thönnes Franz
LL Schleswig-Holstein SPD
22949 Ammersbek, Bramkampredder 139
Thomae Dr Dieter
LL Rheinland-Pfalz FDP
53489 Sinzig-Bad Bodendorf, Pastor-Fey-Str 18
Tiemann Dr Susanne
LL Rheinland-Pfalz CDU
50996 Köln, Im Meisengrund 4 a
Tippach Steffen
LL Sachsen PDS
04275 Leipzig, Scharnhorststr 7
Titze-Stecher Uta
LL Bayern SPD
85757 Karlsfeld, Krenmoosstr 31
Töpfer Dr Klaus
LL Saarland CDU
53179 Bonn, Deichmanns Aue
Tröger Gottfried
Wkr 322 (Glauchau – Rochlitz – Hohenstein-Ernstthal – Hainichen) CDU
09337 Lobsdorf, St-Egidiener Str 6
Tröscher Adelheid
LL Hessen SPD
63322 Rödermark, Marienstr 31
Türk Jürgen
LL Brandenburg FDP
03099 Kolkwitz, Berliner Str 75 B
Uelhoff Dr Klaus-Dieter
Wkr 160 (Pirmasens) CDU
66994 Dahn, Am Bubenrech 101
Uldall Gunnar
LL Hamburg CDU
22395 Hamburg, Lottbeker Weg 170
Urbaniak Hans-Eberhard
Wkr 113 (Dortmund I) SPD
44149 Dortmund, Alfred-Nobel-Str 10
Vergin Siegfried
LL Baden-Württemberg SPD
68167 Mannheim, Neckarpromenade 38
Verheugen Günter
LL Bayern SPD
95326 Kulmbach, Mühlfeld 16
Vogt Wolfgang
LL Nordrhein-Westfalen CDU
52349 Düren, Beethovenweg 5
Vogt Ute
LL Baden-Württemberg SPD
75175 Pforzheim, Lindenstr 37
Voigt Karsten D
LL Hessen SPD
60322 Frankfurt am Main, Eysseneckstr 40
Vollmer Dr Antje
LL Hessen Bündnis 90/DIE GRÜNEN
53113 Bonn, Bundeshaus
Volmer Ludger
LL Nordrhein-Westfalen Bündnis 90/DIE GRÜNEN
53113 Bonn, Bundeshaus

Vosen Josef
LL Nordrhein-Westfalen SPD
52353 Düren, Aldenhovener Str 32
Waffenschmidt Dr Horst
Wkr 66 (Oberbergischer Kreis) CDU
51545 Waldbröl, Weidenfeld 2
Wagner Hans Georg
Wkr 247 (Sankt Wendel) SPD
66571 Eppelborn, Zum Mühlenberg 8
Waigel Dr Theodor
Wkr 241 (Neu-Ulm) CSU
53117 Bonn, Graurheindorfer Str 108
Waldburg-Zeil Alois Graf von
Wkr 196 (Biberach) CDU
88260 Argenbühl (Ratzenried), Schloßhalde 1
Wallow Hans
LL Rheinland-Pfalz SPD
53424 Remagen, Bonner Str 62
Warnick Klaus-Jürgen
LL Brandenburg PDS
14532 Kleinmachnow, Schleusenweg 70
Warnke Dr Jürgen
Wkr 225 (Hof) CSU
95100 Selb, Försterstr 28 a
Wegner Dr Konstanze
LL Baden-Württemberg SPD
68165 Mannheim, Medicusstr 6
Weiermann Wolfgang
Wkr 114 (Dortmund II) SPD
44147 Dortmund, Immermannstr 46
Weis Reinhard
Wkr 283 (Altmark) SPD
39576 Stendal, Fichtestr 2
Weisheit Matthias
LL Baden-Württemberg SPD
88287 Grünkraut, Am Ottersberg 38
Weißgerber Gunter
LL Sachsen SPD
04329 Leipzig, Sommerfelder Weg 94
Weisskirchen Gert
LL Baden-Württemberg SPD
69168 Wiesloch-Baiertal, Akazienweg 5
Welt Jochen
Wkr 91 (Recklinghausen I) SPD
45665 Recklinghausen, Esseler Str 194
Weng Dr Wolfgang
LL Baden-Württemberg FDP/DVP
70839 Gerlingen, Sperberweg 5
Wester Hildegard
LL Nordrhein-Westfalen SPD
41238 Mönchengladbach, Hermann-Löns-Str 34
Westrich Lydia
LL Rheinland-Pfalz SPD
66955 Pirmasens, Kaiserstr 37
Westerwelle Dr Guido
LL Nordrhein-Westfalen FDP
53111 Bonn, Heerstr 85
Wettig-Danielmeier Inge
LL Niedersachsen SPD
37085 Göttingen, Rohnsterrassen 6

Wetzel Kersten
Wkr 305 (Saalfeld – Pößneck – Schleiz – Lobenstein – Zeulenroda) CDU
07381 Langenorla, Nr 96 a
Wieczorek Dr Norbert
LL Hessen SPD
65428 Rüsselsheim, Keplerring 22
Wieczorek Helmut
Wkr 84 (Duisburg I) SPD
47169 Duisburg, Mecklenburger Str 33
Wieczorek-Zeul Heidemarie
LL Hessen SPD
65195 Wiesbaden, Walkmühlstr 39
Wiefelspütz Dieter
Wkr 117 (Hamm – Unna II) SPD
44532 Lünen, Viktoriastr 10
Wilhelm Helmut
LL Bayern Bündnis 90/DIE GRÜNEN
92224 Amberg, Terrassenweg 4
Wilhelm Hans-Otto
Wkr 154 (Mainz) CDU
55130 Mainz, Kretzerweg 11
Willner Gert
Wkr 7 (Pinneberg) CDU
25451 Quickborn, Heinrich-Lohse-Str 78
Wilz Bernd
LL Nordrhein-Westfalen CDU
53099 Bonn, Postfach 13 28
Wimmer Willy
Wkr 77 (Neuss II) CDU
53113 Bonn, Bundeshaus
Wissmann Matthias
Wkr 169 (Ludwigsburg) CDU
71640 Ludwigsburg, Am Zuckerberg 79
Wittich Berthold
Wkr 128 (Hersfeld) SPD
36251 Ludwigsau, Schulstr 44
Wittmann Dr Fritz
LL Bayern CSU
80997 München, Donauwörther Str 64
Wodarg Dr Wolfgang
LL Schleswig-Holstein SPD
24395 Nieby, Falshöft 9
Wöhrl Dagmar Gabriele
Wkr 230 (Nürnberg-Nord) CSU
90403 Nürnberg, Mühlgasse 8
Wohlleben Verena Ingeburg
LL Bayern SPD
91207 Lauf, Simonshofer Str 13
Wolf Hanna
LL Bayern SPD
80637 München, Paschstr 54
Wolf Margareta
LL Hessen Bündnis 90/DIE GRÜNEN
60596 Frankfurt am Main, Kaulbachstr 55
Wolf Dr Winfried
LL Baden-Württemberg PDS
50678 Köln, Alteburger Str 33
Wonneberger Michael
LL Brandenburg CDU
03050 Cottbus, Bertolt-Brecht-Str 4

19

Wright Heide
LL Bayern SPD
63820 Elsenfeld, Wiesenweg 5
Wülfing Elke
Wkr 96 (Borken II) CDU
46325 Borken, Bochholter Str 29 a
Würzbach Peter Kurt
Wkr 8 (Segeberg – Stormarn-Nord) CDU
23795 Klein Rönnau, Traveredder 2
Yzer Cornelia
Wkr 122 (Märkischer Kreis I) CDU
53113 Bonn, Bundeshaus
Zapf Uta
LL Hessen SPD
63303 Dreieich, Immanuel-Kant-Str 22
Zeitlmann Wolfgang
Wkr 209 (Rosenheim) CSU
83233 Bernau am Chiemsee, Mitterweg 16
Zierer Benno
Wkr 219 (Regensburg) CSU
93083 Obertraubling, Einthaler Weg 19
Zöller Wolfgang
Wkr 235 (Main-Spessart) CSU
63785 Obernburg-Eisenbach, Am Osthang 22
Zöpel Dr Christoph
LL Nordrhein-Westfalen SPD
44799 Bochum, Kastanienweg 4
Zumkley Peter
Wkr 16 (Hamburg-Wandsbek) SPD
22147 Hamburg, Am Knill 103
Zwerenz Gerhard
LL Hessen PDS
61389 Schmitten, Brunhildensteg 18

3 Organe des 13. Deutschen Bundestages

3.1 Präsident/Präsidium

des Deutschen Bundestages

Aufgabenkreis:
Der Präsident des Bundestages wird vom Plenum für die Dauer der Wahlperiode gewählt. Er vertritt den Bundestag, regelt seine Geschäfte, wahrt die Würde und Rechte des Bundestages, fördert seine Arbeiten, leitet die Verhandlungen und wahrt die Ordnung im Hause. Ihm steht das Hausrecht und die Polizeigewalt zu. Er ist gleichzeitig der Chef der Bundestagsverwaltung, die eine oberste Bundesbehörde ist. Als mittelverwaltende Behörde obliegt ihm der Vollzug des Parteiengesetzes im Zusammenhang mit der Parteienfinanzierung. Für den Fall seiner Verhinderung wird er von einem Vizepräsidenten aus der zweitstärksten Fraktion vertreten. Die Stellvertreter des Präsidenten (zur Zeit vier) werden vom Plenum für die Dauer der Wahlperiode gewählt. In den Sitzungen des Bundestages bilden der amtierende Präsident (Präsident oder einer seiner Stellvertreter) und zwei Schriftführer den Sitzungsvorstand.

Präsidentin des Deutschen Bundestages: Prof Dr Rita Süssmuth (CDU/CSU)
Stellvertreter der Präsidentin (Vizepräsidenten):
Hans-Ulrich Klose (SPD); Michaela Geiger (CDU/CSU); Dr Antje Vollmer (Bündnis 90/DIE GRÜNEN); Dr Burkhard Hirsch (FDP)

3.2 Schriftführer

des Deutschen Bundestages

Aufgabenkreis:
Jeweils zwei Schriftführer und der amtierende Präsident bilden in den Sitzungen des Bundestages den Sitzungsvorstand. Die Schriftführer unterstützen den amtierenden Präsidenten bei der Sitzungsleitung und bei der Feststellung von Abstimmungsergebnissen.

CDU/CSU: Hans-Dirk Bierling; Renate Blank; Wolfgang Bosbach; Monika Brudlewsky; Hubert Deitert; Anke Eymer; Hans-Joachim Fuchtel; Peter Jacoby; Manfred Koslowski; Dr Dietrich Mahlo; Günter Marten; Marlies Pretzlaff; Hans Raidel; Ortrun Schätzle; Heinz Schemken; Heinz-Georg Seiffert; Gert Willner; Benno Zierer

SPD: Brigitte Adler; Christel Deichmann; Dr Barbara Hendricks; Frank Hofmann; Ingrid Holzhüter; Brunhilde Irber; Sabine Kaspereit; Dr Rolf Niese; Bernd Reuter; Reinhold Robbe; Regina Schmidt-Zadel; Bodo Seidenthal; Wieland Sorge; Joachim Tappe; Lydia Westrich

Bündnis 90/DIE GRÜNEN: Elisabeth Altmann; Steffi Lemke; Cem Özdemir

FDP: Hildebrecht Braun; Lisa Peters; Jürgen Türk

PDS: Rosel Neuhäuser; Dr Uwe-Jens Rössel

3.3 Ältestenrat

des Deutschen Bundestages

Aufgabenkreis:
Der Ältestenrat besteht aus dem Präsidenten des Deutschen Bundestages, seinen Stellvertretern und 23 von den Fraktionen benannten Mitgliedern. Ihm gehört ferner ein Mitglied der im Deutschen Bundestag vertretenen Gruppe der PDS, die keinen Fraktionsstatus besitzt, an.
Der Ältestenrat unterstützt den Präsidenten bei der Führung der Geschäfte. Er beschließt über die inneren Angelegenheiten des Deutschen Bundestages, soweit sie nicht dem Präsidenten oder dem Präsidium vorbehalten sind.

Mitglieder: Präsidentin Prof Dr Rita Süssmuth (CDU/CSU); Vizepräsident Hans-Ulrich Klose (SPD); Vizepräsidentin Michaela Geiger (CDU/CSU); Vizepräsidentin Dr Antje Vollmer (Bündnis 90/DIE GRÜNEN); Vizepräsident Dr Burkhard Hirsch (FDP)

CDU/CSU: Brigitte Baumeister; Joachim Hörster; Dr-Ing Dietmar Kansy; Arnulf Kriedner; Editha Limbach; Eduard Oswald; Adolf Roth; Gerhard Scheu; Andreas Schmidt; Clemens Schwalbe

SPD: Wolf-Michael Catenhusen; Peter Conradi; Katrin Fuchs; Dr Uwe Küster; Rudolf Purbs; Wilhelm Schmidt; Brigitte Schulte; Dr Peter Struck; Dieter Wiefelspütz

Bündnis 90/DIE GRÜNEN: Simone Probst; Werner Schulz

FDP: Ina Albowitz; Jörg van Essen

PDS: Manfred Müller

Vertreter der Bundesregierung: Friedrich Bohl Bundesminister
Stellvertreter: Anton Pfeifer Staatsminister; Bernd Schmidbauer Staatsminister

3.4 Ausschüsse
des Deutschen Bundestages

Aufgabenkreis:
Ausschüsse sind vorbereitende Beschlußorgane des Bundestages. Sie haben die Pflicht, die ihnen überwiesenen Aufgaben schnellstmöglich zu erledigen und dem Bundestag bestimmte Beschlüsse zu empfehlen, die sich nur auf die ihnen überwiesenen Vorlagen oder mit diesen in unmittelbarem Sachzusammenhang stehenden Fragen beziehen dürfen. Der Bundestag hat 22 ständige Ausschüsse eingesetzt. Die unmittelbare Verbindung zwischen dem Volk und dem Bundestag ist durch den Petitionsausschuß gegeben (Art 17 GG: Jedermann hat das Recht sich einzeln oder in Gemeinschaft mit anderen schriftlich mit Bitten oder Beschwerden an die zuständigen Stellen und an die Volksvertretung zu wenden.").

Ausschuß für Wahlprüfung, Immunität und Geschäftsordnung
(17 Mitglieder: CDU/CSU = 8, SPD = 6, Bündnis 90/DIE GRÜNEN = 1, FDP = 1, PDS = 1)
Vorsitzender: Dieter Wiefelspütz SPD
Stellvertretender Vorsitzender: Dr Bertold Reinartz CDU/CSU

Wahlprüfungsausschuß
(9 Mitglieder: CDU/CSU = 4, SPD = 3, Bündnis 90/DIE GRÜNEN = 1, FDP = 1, PDS = 1)
Vorsitzender: Dieter Wiefelspütz SPD
Stellvertretender Vorsitzender: Dr Bertold Reinartz CDU/CSU

Petitionsausschuß
(32 Mitglieder: CDU/CSU = 15, SPD = 12, Bündnis 90/DIE GRÜNEN = 2, FDP = 2, PDS = 1)
Vorsitzende: Christa Nickels Bündnis 90/DIE GRÜNEN
Stellvertretende Vorsitzende: Jutta Müller SPD

Auswärtiger Ausschuß
(39 Mitglieder: CDU/CSU = 17, SPD = 14, Bündnis 90/DIE GRÜNEN = 3, FDP = 3, PDS = 2)
Vorsitzender: Dr Karl-Heinz Hornhues CDU/CSU
Stellvertretender Vorsitzender: NN

Innenausschuß
(39 Mitglieder: CDU/CSU = 17, SPD = 14, Bündnis 90/DIE GRÜNEN = 3, FDP = 3, PDS = 2)
Vorsitzender: Dr Willfried Penner SPD
Stellvertretender Vorsitzender: Hartmut Büttner CDU/CSU

Sportausschuß
(17 Mitglieder: CDU/CSU = 8, SPD = 6, Bündnis 90/DIE GRÜNEN = 1, FDP = 1, PDS = 1)
Vorsitzender: Engelbert Nelle CDU/CSU
Stellvertretender Vorsitzender: Dr Olaf Feldmann FDP

Rechtsausschuß
(32 Mitglieder: CDU/CSU = 15, SPD = 12, Bündnis 90/DIE GRÜNEN = 2, FDP = 2, PDS = 1)
Vorsitzender: Horst Eylmann CDU/CSU
Stellvertretender Vorsitzender: Ludwig Stiegler SPD

Finanzausschuß
(39 Mitglieder: CDU/CSU = 17, SPD = 14, Bündnis 90/DIE GRÜNEN = 3, FDP = 3, PDS = 2)
Vorsitzender: Carl-Ludwig Thiele FDP
Stellvertretender Vorsitzender: Peter Harald Rauen CDU/CSU

Haushaltsausschuß
(41 Mitglieder: CDU/CSU = 18, SPD = 15, Bündnis 90/DIE GRÜNEN = 3, FDP = 3, PDS = 2)
Vorsitzender: Helmut Wieczorek SPD
Stellvertretender Vorsitzender: Bartholomäus Kalb CDU/CSU

Ausschuß für Wirtschaft
(39 Mitglieder: CDU/CSU = 17, SPD = 14, Bündnis 90/DIE GRÜNEN = 3, FDP = 3, PDS = 2)
Vorsitzender: Friedhelm Ost CDU/CSU
Stellvertretender Vorsitzender: Christian Müller SPD

Ausschuß für Ernährung, Landwirtschaft und Forsten
(32 Mitglieder: CDU/CSU = 15, SPD = 12, Bündnis 90/DIE GRÜNEN = 2, FDP = 2, PDS = 1)
Vorsitzender: Peter Harry Carstensen CDU/CSU
Stellvertretende Vorsitzende: Marianne Klappert SPD

Ausschuß für Arbeit und Sozialordnung
(39 Mitglieder: CDU/CSU = 17, SPD = 14, Bündnis 90/DIE GRÜNEN = 3, FDP = 3, PDS = 2)
Vorsitzende: Ulrike Mascher SPD
Stellvertretender Vorsitzender: Heinz Schemken CDU/CSU

Verteidigungsausschuß
(39 Mitglieder: CDU/CSU = 17, SPD = 14, Bündnis 90/DIE GRÜNEN = 3, FDP = 3, PDS = 2)
Vorsitzender: Kurt J Rossmanith CDU/CSU
Stellvertretender Vorsitzender: Dieter Heistermann SPD

Ausschuß für Familie, Senioren, Frauen und Jugend
(39 Mitglieder: CDU/CSU = 17, SPD = 14, Bündnis 90/DIE GRÜNEN = 3, FDP = 3, PDS = 2)
Vorsitzende: Dr Edith Niehuis SPD
Stellvertretende Vorsitzende: Anke Eymer CDU/CSU

Ausschuß für Gesundheit
(32 Mitglieder: CDU/CSU = 15, SPD = 12, Bündnis 90/DIE GRÜNEN = 2, FDP = 2, PDS = 1)
Vorsitzender: Dr Dieter Thomae FDP
Stellvertretende Vorsitzende: Angelika Pfeiffer CDU/CSU

Ausschuß für Verkehr
(39 Mitglieder: CDU/CSU = 17, SPD = 14, Bündnis 90/DIE GRÜNEN = 3, FDP = 3, PDS = 2)
Vorsitzender: Dr Dionys Jobst CDU/CSU
Stellvertretender Vorsitzender: Lothar Ibrügger SPD

Ausschuß für Umwelt, Naturschutz und Reaktorsicherheit
(39 Mitglieder: CDU/CSU = 17, SPD = 14, Bündnis 90/DIE GRÜNEN = 3, FDP = 3, PDS = 2)
Vorsitzender: Hans Peter Schmitz CDU/CSU
Stellvertretender Vorsitzender: Dr Jürgen Rochlitz Bündnis 90/DIE GRÜNEN

Ausschuß für Post und Telekommunikation
(17 Mitglieder: CDU/CSU = 8, SPD = 6, Bündnis 90/DIE GRÜNEN = 1, FDP = 1, PDS = 1)
Vorsitzender: Arne Börnsen SPD
Stellvertretender Vorsitzender: Dr Hermann Pohler CDU/CSU

Ausschuß für Raumordnung, Bauwesen und Städtebau
(32 Mitglieder: CDU/CSU = 15, SPD = 12, Bündnis 90/DIE GRÜNEN = 2, FDP = 2, PDS = 1)
Vorsitzender: Werner Dörflinger CDU/CSU
Stellvertretender Vorsitzender: Otto Reschke SPD

Ausschuß für Bildung, Wissenschaft, Forschung, Technologie und Technikfolgenabschätzung
(39 Mitglieder: CDU/CSU = 17, SPD = 14, Bündnis 90/DIE GRÜNEN = 3, FDP = 3, PDS = 2)
Vorsitzende: Doris Odendahl SPD
Stellvertretender Vorsitzender: Dr Karlheinz Guttmacher FDP

Ausschuß für wirtschaftliche Zusammenarbeit und Entwicklung
(32 Mitglieder: CDU/CSU = 15, SPD = 12, Bündnis 90/DIE GRÜNEN = 2, FDP = 2, PDS = 1)
Vorsitzender: Dr Manfred Lischewski CDU/CSU
Stellvertretende Vorsitzende: Dr Uschi Eid Bündnis 90/DIE GRÜNEN

Ausschuß für Fremdenverkehr und Tourismus
(17 Mitglieder: CDU/CSU = 8, SPD = 6, Bündnis 90/DIE GRÜNEN = 1, FDP = 1, PDS = 1)
Vorsitzender: Halo Saibold Bündnis 90/DIE GRÜNEN
Stellvertretender Vorsitzender: Gerd Müller CDU/CSU

Ausschuß für die Angelegenheiten der Europäischen Union
(39 Mitglieder: CDU/CSU = 17, SPD = 14, Bündnis 90/DIE GRÜNEN = 3, FDP = 3, PDS = 2)
Vorsitzender: Dr Norbert Wieczorek SPD
Stellvertretender Vorsitzender: Michael Stübgen CDU/CSU

3.5 Fraktionen und Fraktionsvorstände

des 13. Deutschen Bundestages

Fraktion der CDU/CSU

Fraktionsvorstand
Vorsitzender der Fraktion: Dr Wolfgang Schäuble
Erster Stellvertretender Fraktionsvorsitzender: Michael Glos
Stellvertretende Vorsitzende: Dr Gerhard Friedrich; Dr Heiner Geißler; Dr-Ing Paul Krüger; Hans-Peter Repnik; Hannelore Rönsch; Dr Rupert Scholz; Rudolf Seiters
Erster Parlamentarischer Geschäftsführer: Joachim Hörster
Justitiare: Dr Reinhard Göhner; Gerhard Scheu

Arbeitsgruppen

Arbeitsgruppe 1 Recht (einschließlich Wahlprüfung, Immunität und Geschäftsordnung sowie Petitionen)
Vorsitzender: Norbert Geis

Arbeitsgruppe 2 Inneres und Sport
Vorsitzender: Erwin Marschewski

Arbeitsgruppe 3 Wirtschaft
Vorsitzender: Gunnar Uldall

Arbeitsgruppe 4 Ernährung, Landwirtschaft und Forsten
Vorsitzender: Egon Susset

Arbeitsgruppe 5 Verkehr
Vorsitzender: Dirk Fischer

Arbeitsgruppe 6 Post und Telekommunikation
Vorsitzender: Elmar Müller

Arbeitsgruppe 7 Raumordnung, Bauwesen und Städtebau
Vorsitzender: Dr-Ing Dietmar Kansy

Arbeitsgruppe 8 Finanzen
Vorsitzende: Gerda Hasselfeldt

Arbeitsgruppe 9 Haushalt
Vorsitzender: Adolf Roth

Arbeitsgruppe 10 Arbeit und Soziales
Vorsitzender: Julius Louven

Arbeitsgruppe 11 Gesundheit
Vorsitzender: Wolfgang Lohmann

Arbeitsgruppe 12 Auswärtiges
Vorsitzende: Karl Lamers

Arbeitsgruppe 13 Verteidigung
Vorsitzender: Paul Breuer

Arbeitsgruppe 14 Europäische Union
Vorsitzender: Dr Gero Pfennig

Arbeitsgruppe 15 Wirtschaftliche Zusammenarbeit
Vorsitzender: Prof Dr Winfried Pinger

Arbeitsgruppe 16 Bildung, Wissenschaft, Forschung und Technologie
Vorsitzender: Christian Lenzer

Arbeitsgruppe 17 Umwelt, Naturschutz und Reaktorsicherheit
Vorsitzender: Dr Klaus Lippold

Arbeitsgruppe 18 Familie, Senioren, Frauen und Jugend
Vorsitzende: Maria Eichhorn

Arbeitsgruppe 19 Fremdenverkehr und Tourismus
Vorsitzender: Dr Rolf Olderog

Gruppe der Frauen
Vorsitzende: Bärbel Sothmann

Arbeitnehmergruppe
Vorsitzender: Wolfgang Vogt

Parlamentskreis Mittelstand
Vorsitzender: Hansjürgen Doss

Gruppe der Vertriebenen- und Flüchtlingsabgeordneten
Vorsitzender: Hartmut Koschyk

Arbeitsgemeinschaft Kommunalpolitik
Vorsitzender: Dr Joseph-Theodor Blank

Fraktion der SPD

Fraktionsvorstand
Fraktionsvorsitzender: Rudolf Scharping
Stellvertretende Fraktionsvorsitzende: Rudolf Dreßler; Anke Fuchs; Ingrid Matthäus-Maier; Otto Schily; Wolfgang Thierse; Ottmar Schreiner
Erster Parlamentarischer Geschäftsführer: Dr Peter Struck

Arbeitsgruppen

Querschnittsgruppe Gleichstellung von Frau und Mann
Vorsitzende: Ulla Schmidt

Querschnittsgruppe Einheit Deutschlands
Vorsitzender: Rolf Schwanitz

Querschnittsgruppe Europa
Vorsitzende: Heidemarie Wieczorek-Zeul

Arbeitsgruppe Wahlprüfung, Immunität und Geschäftsordnung
Sprecher: Johannes Singer

Arbeitsgruppe Petitionen
Sprecher: Bernd Reuter

Arbeitsgruppe Außenpolitik
Sprecher: Karsten D Voigt

Arbeitsgruppe Inneres
Sprecher: Fritz Rudolf Körper

Arbeitsgruppe Sportpolitik
Sprecher: Klaus Lohmann

Arbeitsgruppe Rechtspolitik
Sprecherin: Dr Herta Däubler-Gmelin

Arbeitsgruppe Finanzen
Sprecher: Jochen Poß

Arbeitsgruppe Haushalt
Sprecher: Karl Diller

Arbeitsgruppe Wirtschaft
Sprecher: Ernst Schwanhold

Arbeitsgruppe Ernährung, Landwirtschaft und Forsten
Sprecher: Horst Sielaff

Arbeitsgruppe Arbeit und Sozialordnung
Sprecher: NN

Arbeitsgruppe Verteidigung
Sprecher: Walter Kolbow

Arbeitsgruppe Familie, Senioren, Frauen und Jugend
Sprecherin: Christel Hanewinckel

Arbeitsgruppe Gesundheit
Sprecher: Klaus Kirschner

Arbeitsgruppe Verkehr
Sprecherin: Elke Ferner

Arbeitsgruppe Umwelt, Naturschutz und Reaktorsicherheit
Sprecher: Michael Müller

Arbeitsgruppe Post und Telekommunikation
Sprecher: Hans Martin Bury

Arbeitsgruppe Raumordnung, Bauwesen und Städtebau
Sprecher: Achim Großmann

Arbeitsgruppe Bildung, Wissenschaft, Forschung und Technologie
Sprecherin: Edelgard Bulmahn

Arbeitsgruppe Wirtschaftliche Zusammenarbeit
Sprecherin: Adelheid Tröscher

Arbeitsgruppe Fremdenverkehr und Tourismus
Sprecherin: Susanne Kastner

Arbeitsgruppe Angelegenheiten der Europäischen Union
Sprecherin: Heidemarie Wieczorek-Zeul

Fraktion Bündnis 90/ DIE GRÜNEN

Fraktionsvorstand
Vorsitzende/Sprecherin: Kerstin Müller
Vorsitzender/Sprecher: Joseph Fischer
Parlamentarischer Geschäftsführer: Werner Schulz

Arbeitskreise

Arbeitskreis I Wirtschaft, Finanzen, Bildung, Wissenschaft, Forschung, Technikfolgenabschätzung und Telekommunikation
Koordinatorin: Kristin Heyne

Arbeitskreis II Umwelt, Raumordnung und Verkehr
Koordinatorin: Franziska Eichstätt-Bohling

Arbeitskreis III Innen, Recht und Petitionen
Koordinator: Rezzo Schlauch

Arbeitskreis IV Frauen, Jugend, Arbeit und Soziales, Gesundheit
Koordinatorin: Marieluise Beck

Arbeitskreis V Außenpolitik, Menschenrechte, Abrüstung
Koordinator: Dr Helmut Lippelt

Fraktion der F.D.P.

Fraktionsvorstand
Fraktionsvorsitzender: Dr Hermann Otto Solms
Stellvertretende Fraktionsvorsitzende: Ulrich Irmer; Uwe Lühr; Dr Wolfgang Weng
Parlamentarische Geschäftsführer: Ina Albowitz; Jörg van Essen; Ulrich Heinrich

Arbeitskreise

Arbeitskreis I Außen-, Sicherheits-, Europapolitik, Wirtschaftliche Zusammenarbeit
Vorsitzender: Dr Helmut Haussmann

Arbeitskreis II Finanz-, Haushalts-, Wirtschafts- und Fremdenverkehrspolitik, Tourismus, Ernährung, Landwirtschaft und Forsten, Post und Telekommunikation
Vorsitzender: Paul K Friedhoff

Arbeitskreis III Arbeit und Sozialordnung, Familien-, Senioren-, Frauen-, Jugend- und Gesundheitspolitik
Vorsitzende: Dr Gisela Babel

Arbeitskreis IV Innen-, Sport-, Rechtspolitik, Petitionen, Wahlprüfung, Immunität und Geschäftsordnung
Vorsitzender: Detlev Kleinert

Arbeitskreis V Umweltpolitik, Naturschutz und Reaktorsicherheit, Verkehrs-, Bildungs- und Forschungspolitik, Raumordnung, Bauwesen und Städtebau
Vorsitzender: Horst Friedrich

Gruppe der Partei des Demokratischen Sozialismus (PDS)

Gruppenvorstand
Vorsitzender: Dr Gregor Gysi
Stellvertretende Vorsitzende: Dr Christa Luft; Dr Heidi Knake-Werner
Parlamentarische Geschäftsführerin: Dr Dagmar Enkelmann

Arbeitsbereiche

Arbeitsbereich I Außen- und Friedenspolitik
Leiterin: Andrea Gysi

Arbeitsbereich II Wirtschafts-, Haushalts-, Finanz- und Umweltpolitik
Leiterin: Dr Christa Luft

Arbeitsbereich III Arbeitsmarkt- und Sozialpolitik
Leiterin: Dr Heidi Knake-Werner

Arbeitsbereich IV Rechts-, Innen-, Ausländer/innen-, Bildungs- und Kulturpolitik
Leiter: Dr Ludwig Elm

Arbeitskreis Feministische Politik
Leiterin: Christina Schenk

4 Ausschuß des Bundestages und Bundesrates nach Artikel 77 Abs 2 des Grundgesetzes (Vermittlungsausschuß)

Staatsrechtliche Grundlage:
Gemeinsame Geschäftsordnung des Bundestages und des Bundesrates für den Vermittlungsausschuß vom 19. April 1951 (BGBl II S 103), die für die 13. Wahlperiode übernommen wurde.

Vorsitzende: Dr Heribert Blens (MdB); Oskar Lafontaine Ministerpräsident (im vierteljährlichen Wechsel)

5 Sonstige Ausschüsse und Gremien

in denen Mitglieder des 13. Deutschen Bundestages vertreten sind

Wahlmännerausschuß
gemäß § 6 Abs 1 und 2 des Gesetzes über das Bundesverfassungsgericht in der Fassung der Bekanntmachung vom 12. Dezember 1985 (BGBl I S 22 29)

Mitglieder kraft Wahl des Richterwahlausschusses
gemäß §§ 2 3 Abs 1 §§ 4 und 5 des Richterwahlgesetzes vom 25. August 1950 (BGBl I S 368), zuletzt geändert durch Gesetz vom 30. Juli 1968 (BGBl I S 873)

Gremium von Mitgliedern des Haushaltsausschusses (Vertrauensgremium)
gemäß § 10 a Abs 2 der Bundeshaushaltsordnung vom 19. August 1969 (BGBl I S 12 84), zuletzt geändert durch Gesetz vom 6. August 1986 (BGBl I S 12 75)

Gremium gemäß § 41 Abs 5 des Außenwirtschaftsgesetzes zur Kontrolle der Beschränkung des Brief-, Post- und Fernmeldegeheimnisses

Mitglieder der Parlamentarischen Kontrollkommission
gemäß §§ 4 und 5 Abs 4 des Gesetzes über die parlamentarische Kontrolle nachrichtendienstlicher Tätigkeit des Bundes vom 11. April 1978 (BGBl I S 453)

Mitglieder des Gremiums gemäß § 9 Abs 1 des Gesetzes zur Beschränkung des Brief-, Post- und Fernmeldegeheimnisses
§ 9 Abs 1 des Gesetzes zur Beschränkung des Brief-, Post- und Fernmeldegeheimnisses (Gesetz zu Art 10 GG) (G 10) vom 13. August 1968 (BGBl I S 949), zuletzt geändert durch Gesetz vom 13. September 1978 (BGBl I S 1546) und durch Poststrukturgesetz vom 8. Juni 1989 (BGBl I S 1026)

Kommission gemäß § 9 Abs 4 des Gesetzes zur Beschränkung des Brief-, Post und Fernmeldegeheimnisses
§ 9 Abs 4 des Gesetzes zur Beschränkung des Brief-, Post- und Fernmeldegeheimnisses (Gesetz zu Art 10 GG) (G 10) vom 13. August 1968 (BGBl I S 949), zuletzt geändert durch Gesetz vom 13. September 1978 (BGBl I S 1546) und durch Poststrukturgesetz vom 8. Juni 1989 (BGBl I S 1026)

Mitglieder des Infrastrukturrats beim Bundesminister für Post- und Telekommunikation
§ 32 Abs 134 und 5 des Gesetzes zur Neustrukturierung des Post- und Fernmeldewesens und der Deutschen Bundespost (Poststrukturgesetz) vom 8. Juni 1989 (BGBl I S 1033), zuletzt geändert durch Anlage I Kap XIII Sachgebiet A Abschn II Nr 1 Buchstabe a des Einigungsvertrages vom 31. August 1990 in Verbindung mit Art 1 des Gesetzes vom 23. September 1990 (BGBl 1990 II S 1120)

Mitglieder des Programmbeirates der Deutschen Bundespost
gemäß §§ 1 und 2 der Geschäftsordnung des Beirats zur Bestimmung der Anlässe für die Ausgabe von Sonderpostwertzeichen ohne Zuschlag der Deutschen Bundespost (Programmbeirat) (Amtsblatt des Bundesministers für das Post- und Fernmeldewesen 1977 Nr 129)

Mitglieder des Kunstbeirats der Deutschen Bundespost
gemäß § 1 Abs § 2 der Geschäftsordnung des Beirats für die graphische Gestaltung der Postwertzeichen der Deutschen Bundespost (Kunstbeirat) (Amtsblatt des Bundesministers für das Post- und Fernmeldewesen 1980 S 147)

Mitglieder des Kontrollausschusses beim Bundesausgleichsamt
gemäß § 313 Abs 1 und 2 des Gesetzes über den Lastenausgleich in der Fassung der Bekanntmachung vom 1. Oktober 1969, zuletzt geändert durch Art 17 des Gesetzes vom 26. Januar 1987 (BGBl I S 474)

Mitglieder des Schuldenausschusses bei der Bundesschuldenverwaltung
gemäß § 6 des Gesetzes über die Errichtung einer Schuldenverwaltung des Vereinigten Wirtschaftsgebietes vom 13. Juli 1948 (WiGBl S 73) und der Verordnung über die Bundesschuldenverwaltung vom 13. Dezember 1949 (BGBl 1950 S 1)

Mitglieder des Rundfunkrats der „Deutschen Welle"
§§ 3 und 4 des Ersten Gesetzes zur Änderung des Gesetzes über die Errichtung von Rundfunkanstalten des Bundesrechts vom 30. April 1990 (BGBl I S 823)

Mitglieder des Rundfunkrats des „Deutschlandfunks"
§§ 7 und 8 des Ersten Gesetzes zur Änderung des Gesetzes über die Errichtung von Rundfunkanstalten des Bundesrechts vom 30. April 1990 (BGBl I S 823)

Mitglieder des Verwaltungsrates der Filmförderungsanstalt
gemäß § 6 Abs 1 bis 3 des Filmförderungsgesetzes vom 18. November 1986 (BGBl I S 2046)

Vertreter der Bundesrepublik Deutschland in der Parlamentarischen Versammlung des Europarates
gemäß Art 1 und 2 des Gesetzes über die Wahl der Vertreter der Bundesrepublik Deutschland zur Parlamentarischen Versammlung des Europarates vom 6. Dezember 1990 (BGBl I S 2586) (zugleich Mitglieder der Versammlung der Westeuropäischen Union)

Mitglieder des Kuratoriums der Bundeszentrale für politische Bildung
gemäß § 5 des Erlasses des Bundesministers des Innern über die Bundeszentrale für politische Bildung vom 18. März 1987 (GMBl S 162)

Mitglieder des Verwaltungsrats der Deutschen Ausgleichsbank
gemäß § 7 Abs 1 2 und 5 des Gesetzes über die Deutsche Ausgleichsbank vom 23. September 1986 (BGBl I S 1544)

Kuratorium der Stiftung „Haus der Geschichte der Bundesrepublik Deutschland"
Gesetz zur Errichtung einer Stiftung „Haus der Geschichte der Bundesrepublik Deutschland" vom 28. Februar 1990 (BGBl I Seite 294)

Föderalismuskommission

Gemeinsame Verfassungskommission

Beirat beim Bundesbeauftragten für die Unterlagen des Staatssicherheitsdienstes der ehemaligen Deutschen Demokratischen Republik
Stasi-Unterlagen-Gesetz vom 20. Dezember 1991 (BGBl I Seite 2272)

Der Dienst- und Fachaufsicht der Präsidentin des Deutschen Bundestages unterstehen:

6 Verwaltung

des Deutschen Bundestages

53113 Bonn Görresstr 15; Tel (02 28) 1 61; Fax (02 28) 16-2 68 78; Telex 8 86 808

Präsidentin des Deutschen Bundestages: Prof Dr Rita Süssmuth
Direktor beim Deutschen Bundestag: Dr Rudolf Kabel

Der Präsidentin unmittelbar unterstellt:

Präsidialbüro (PräsB)
Leiter: Dr Thomas Läufer MinR

Referenten der Bundestagspräsidentin: Grzeski RDirektorin; Peter Jung ORR

Pressezentrum (PZ)
Leiter: Leptien VwAng

Ref PZ 1: **Presse, Rundfunk, Fernsehen** Bierhoff VwAng
Ref PZ 2: **Parlamentskorrespondenz** Hotter MinR
Ref PZ 3: **Kommunikation** Dr Kempen VwAngestellte

Dem Direktor unmittelbar unterstellt:

Direktorbüro (DirB)
Leiter: Frank Sobolewski MinR

Protokoll (Prot)
Leiter: Dr Manfred Günther MinR

Abteilung P – Parlamentarische Dienste
Leiter: Johann Christoph Besch MinDir

U-Abt PD Parlamentsdienste
Leiter: Prof Dr Wolfgang Zeh MinDirig

Fachbereich I (PDIG) Parlamentsrecht
Leiter: Schreiner MinR

Ref PD 1: **Parlamentssekretariat** Dr Winkelmann MinR
Ref PD 2: **Parteienfinanzierung, Landesparlamente** Dr Becher MinR
Ref PD 3: **Stenographischer Dienst** Dr Behm MinR

Sekretariate:
Ausschuß für Wahlprüfung, Immunität und Geschäftsordnung (PDIA 1) Dr Kretschmer MinR
Parlamentarische Kontrollkommission G 10 – Gremium und – Kommission, Gremium nach 41 AWG, Gemeinsamer Ausschuß nach Art 53 a GG (PDIA 2) Schmidt MinR

U-Abt PB Parlamentarische Beziehungen
Leiter: Eberhard A Voß MinDirig

Ref PB 1: **Sprachendienst** Hofheinz MinRätin
Ref PB 2: **Interparlamentarische Angelegenheiten** Dr Fuchs MinR
Ref PB 3: **Internationale Beziehungen, Reisestelle** Dr Bergmann MinR
Ref PB 4: **Internationale Austauschprogramme** Dr Dexheimer MinR

U-Abt P I – Parlamentarische Information
Leiter: Dr Volker Geginat MinDirig

Ref PI 1: **Öffentlichkeitsarbeit** Dr Blatt VwAng
Ref PI 2: **Besucherdienst** Allkämper MinR
Ref PI 3: **Pressedokumentation** Prof Dr Keim MinR
Ref PI 4: **Elektronische Hausinformationssysteme** Dr Warlo VwAng

U-Abt PBl – Parlamentsdienste Berlin
Leiter: Dr Hans-Jürgen Heß MinDirig

Ref PBl 1: **Sekretariat Sitzungen und Tagungen Berlin** Dr Heß MinDirig
Ref PBl 2: **Öffentlichkeitsarbeit, Besucherdienst Berlin** Thomas VwAng
Ref PBl 3: **Technische Dienste, Liegenschaften Berlin** Maetzel MinR
Ref PBl 4: **Innerer Dienst Berlin** Blunk MinR

Abteilung W – Wissenschaftliche Dienste
Leiter: Dr Stelzl MinDirig

U-Abt 1. WF – Wissenschaftlicher Fachdienst
Leiterin: Dr Erika Lieser VwAngestellte

Fachbereich II (WF II G) Auswärtiges, Internationales Recht, Wirtschaftliche Zusammenarbeit und Entwicklung, Deutsche Integration, Verteidigung
Leiter: Schumann MinR

Sekretariate:
Auswärtiger Ausschuß (WF II A 1) Czeniek MinR
Ausschuß für wirtschaftliche Zusammenarbeit und Entwicklung (WF II A 2) Dr Lehmberg MinR
Verteidigungsausschuß (WF II A 3) Haase MinR

Fachbereich XII (WF XII G) Europa
Leiter: Dr Schoof MinR

Sekretariat: **Ausschuß für die Angelegenheiten der Europäischen Union, Europabüro (WF XII A 1)** Groos MinR

Fachbereich IV (WF IV G) Haushalt und Finanzen
Leiter: Levermann MinR

Sekretariate:
Haushaltsausschuß (WF IV A 1) Reger MinR
Finanzausschuß (WF IV A 2) Dr Beichelt MinR

Fachbereich V (WF V G) Wirtschaft, Ernährung, Landwirtschaft und Forsten, Verkehr, Post- und Telekommunikation, Fremdenverkehr und Tourismus
Leiter: Weber MinR

Sekretariate:
Ausschuß für Wirtschaft (WF V A 1) Dr Waldmann MinR
Ausschuß für Ernährung, Landwirtschaft und Forsten (WF V A 2) Kehrhahn RDir
Ausschuß für Verkehr (WF V A 3) Schumann MinR
Ausschuß für Post und Telekommunikation (WF V A 4) Dr Cloes VwAng
Ausschuß für Fremdenverkehr und Tourismus (WF V A 5) Witt MinR

Fachbereich VIII (WF VIII G) Bildung, Wissenschaft, Forschung, Technologie, Technikfolgenabschätzung, Umwelt, Naturschutz und Reaktorsicherheit
Leiter: Dr Tiegel MinR

Sekretariate:
Ausschuß für Bildung, Wissenschaft, Forschung, Technologie und Technikfolgenabschätzung (WF VIII A 1) Dr Schmölling MinR
Ausschuß für Umwelt, Naturschutz und Reaktorsicherheit (WF VIII A 2) Dr Jaeger MinR
Enquête-Kommission Schutz des Menschen und der Umwelt (WF VIII A 3) Dreying MinR
Enquête-Kommission Zukunft der Medien in Wirtschaft und Gesellschaft (WF VIII A 4) Dr Renken VwAng

U-Abt 2 WF – Wissenschaftlicher Fachdienst
Leiter: Bernd Fitschen MinDirig

Fachbereich III (WF III G) Verfassung und Verwaltung
Leiter: Dr Busch MinR

Sekretariate:
Innenausschuß (WF III A 1) Dr Claus MinR
Sportausschuß (WF III A 2) Probst RDir
Enquête-Kommission Überwindung der Folgen der SED-Diktatur im Prozeß der deutschen Einheit (WF III A 3) Eising MinR
Reformkommission zur Größe des Deutschen Bundestages (WF III A 4) Fitschen MinDirig
1. Untersuchungsausschuß der 13. Wahlperiode Dr Heymer MinR
2. Untersuchungsausschuß der 13. Wahlperiode Dr Mockenhaupt-Gordon MinRätin

Fachbereich VI (WF VI G) Arbeit und Sozialordnung
Leiterin: Dr Dach MinRätin; Linn RDirektorin

Sekretariat: **Ausschuß für Arbeit und Sozialordnung (WF VI A 1)** Nothelle MinR

Fachbereich VII (WF VII G) Zivil-, Straf- und Verfahrensrecht, Umweltschutzrecht, Raumordnung, Bauwesen und Städtebau
Leiterin: Ruthe MinRätin

Sekretariate:
Rechtsausschuß (WF VII A 1) Massengeil MinR
Ausschuß für Raumordnung, Bauwesen und Städtebau (WF VII A 2) Wolf MinR

Fachbereich IX (WF IX G) Gesundheit, Familie, Senioren, Frauen und Jugend
Leiter: Dr Thiele MinR

Sekretariate:
Ausschuß für Gesundheit (WF IX A 1) Schuler MinR
Ausschuß für Familie, Senioren, Frauen und Jugend (WF IX A 2) Frey VwAng
Enquête-Kommission Demographischer Wandel (WF IX 3) Jacob MinR
Enquête-Kommission Sogenannte Sekten und Psychogruppen (WF IX A 4) Jordan VwAngestellte

U-Abt Pet – Petitionen und Eingaben
Leiterin: Dr Frauke von Welck MinDirigentin

Sekretariat: **Petitionsausschuß (PetA)** Kremser MinR

Ref Pet 1: **BMI, AA, BMZ** Swobodzinski MinR
Ref Pet 2: **BMF, BMPT, BMU** Ruthe MinR
Ref Pet 3: **BMA (Soz), BMFSFJ** Heimbach MinRätin
Ref Pet 4: **BMA (Arb/Soz), BML, BMWi** Ruppert MinRätin
Ref Pet 5: **BMVg, BMV, BMBF, BMG, BMBau** Dr Bürgel MinR

U-Abt WD – Wissenschaftliche Dokumentation
Leiter: Hans Christian Hillner MinDirig

Fachbereich XI (WD1) Geschichte, Zeitgeschichte und Politik
Leiter: Dr Lachmann MinR

Bibliothek (WD2) Coing MinRätin
Ref WD 3: **Parlamentsarchiv** Dr Weller MinR
Ref WD 4: **Parlamentsgeschichtliche Dokumentation** Schindler MinR
Ref WD 5: **Sach- und Sprechregister** Dr Hahn MinR
Ref WD 6: **Verwaltungsbibliothek** Dr Kohl MinR

Abteilung Z Verwaltung
Leiter: Dr Peter Eickenboom MinDir

Arbeitsgruppe Bauten Berlin Maier MinDirig
Arbeitsgruppe Personal Berlin, Umzugsbauftragter Drescher MinDirig

U-Abt ZV – Zentrale Verwaltung
Leiterin: Trommsdorff-Gerlich MinDirigentin

Ref ZV 1: **Personal höherer und gehobener Dienst, Personalgrundsatzfragen** Drescher MinDirig
Ref ZV 2: **Personal mittlerer und einfacher Dienst** Fehse RDir
Ref ZV 3: **Haushalt** Handke-Leptien
Ref ZV 4: **Organisation** Dr Rakenius MinR
Ref ZV 5: **Wohnungsfürsorge, Sozialaufgaben, Aus- und Fortbildung** von Schubert MinR
Ref ZV 6: **Justitiariat** Deneke MinRätin; Schreiter-Vogl MinRätin

U-Abt ZA – Zentrale Dienste für Abgeordnete
Leiter: Dr Hans Merkel MinDirig

Ref ZA 1: **Entschädigung von Abgeordneten** Braun MinR
Ref ZA 2: **Mitarbeiter von Abgeordneten** Gabrysch MinR
Ref ZA 3: **Geheimschutz, Datenschutz** Förch MinR
Ref ZA 4: **Polizei- und Sicherungsdienst** Bobbert MinR

U-Abt ZT – Zentrale Technische Dienste, Allgemeine Verwaltung
Leiter: Friedhelm Maier MinDirig

Ref ZT 1: **Bauplanung und Neubauten** Dams MinR
Ref ZT 2: **Zentrale Beschaffung** Herzog MinR
Ref ZT 3: **Liegenschaften und Gebäudetechnik** Jacobi RDir
Ref ZT 4: **Organisatorisch-Technischer Parlamentsdienst** Meindl MinR

Vorprüfungsstelle (VPSt) Dr Rösner MinR

U-Abt ZI – Zentrale Informationstechnik
Leiterin: Rebhan MinDirigentin

Ref ZI 1: **Anwendungs- und Systementwicklung Berlin, IT-Grundsatzfragen** Dr Dr van der Giet MinR
Ref ZI 2: **Neue Informationssysteme, IT-Beschaffung, Rechtsfragen der Informationsverarbeitung, Schulung und Benutzer-Service** Dr Lunze MinR
Ref ZI 3: **Kommunikationstechnik** Hansis MinR
Ref ZI 4: **Informationssysteme, DV-Anlagen** Tappertzhofen MinR
Ref ZI 5: **Datenbanken, Programmentwicklung** Dr Mausberg VwAng

7 Wehrbeauftragte

des Deutschen Bundestages

53173 Bonn Basteistr 70; Tel (02 28) 8 24-1; Telex 88 68 08; Fax (02 28) 8 24-2 83; Internet http://www.bundestag.de

Staatsrechtliche Grundlage und Aufgabenkreis:
Die Wehrbeauftragte ist auf Grund des Art 45 b des Grundgesetzes und des zur Ausführung dieser Bestimmung erlassenen Gesetzes in der Neufassung vom 16. Juni 1982 (BGBl I S 677) eingesetzt worden.

Die Wehrbeauftragte wird tätig als unabhängiges Hilfsorgan des Deutschen Bundestages bei der parlamentarischen Kontrolle über die vollziehende Gewalt im militärischen Bereich zum Schutz der Grundrechte der Soldaten und der Grundsätze der Inneren Führung.
Diesen Auftrag der Verfassung erfüllt die Wehrbeauftragte auf Grund eigener Entscheidung nach pflichtgemäßem Ermessen und auf Weisung des Bundestages oder des Verteidigungsausschusses.
Dabei hat jeder Soldat das Recht, sich einzeln und unmittelbar an sie zu wenden. Wegen der Tatsache der Anrufung der Wehrbeauftragten darf er nicht dienstlich gemaßregelt oder benachteiligt werden.
Im Rahmen ihrer Aufgabe hat die Wehrbeauftragte das Recht, alle Truppen und Verwaltungsstellen der Bundeswehr aufzusuchen. Gerichte und Verwaltungsbehörden des Bundes der Länder und der Gemeinden haben der Wehrbeauftragten Amtshilfe zu leisten und Zeugen und Sachverständige anzuhören.
Nach Schluß eines jeden Kalenderjahres – und aus gegebenem Anlaß auch in Einzelfällen – erstattet die Wehrbeauftragte dem Parlament über ihre Tätigkeit Bericht.

Wehrbeauftragte: Claire Marienfeld
Persönlicher Referent: Gries RDir
Leitender Beamter: Dr Harald Seidel MinDirig

Ref WB 1: **Grundsatzangelegenheiten, Grundsätze der Inneren Führung, Innerer Dienst** Maahs MinR
Ref WB 2: **Menschenführung in der Bundeswehr, Soldaten im Ausland** Schmitz-Elvenich MinR
Ref WB 3: **Personalangelegenheiten der Wehrpflichtigen und Angelegenheiten der Reservisten** Kühl-Meyer MinRätin
Ref WB 4: **Personalangelegenheiten der Berufssoldaten und Soldaten auf Zeit** Wilke MinR
Ref WB 5: **Fürsorgeangelegenheiten, Soldat und Familie** Mühlen RDir

II Der Bundesrat (BR)

53113 Bonn, Görresstr 15; Tel (02 28) 91 00-0; Telex 88 68 41; Fax (02 28) 91 00-4 00

Durch den Bundesrat wirken die Länder bei der Gesetzgebung und Verwaltung des Bundes mit. Der Bundesrat besteht aus Mitgliedern der Regierungen der Länder, die sie bestellen und abberufen. Jedes Land hat im Bundesrat mindestens 3 Stimmen; Länder mit mehr als 2 Millionen Einwohnern haben 4, Länder mit mehr als 6 Millionen Einwohnern 5 und Länder mit mehr als 7 Millionen Einwohnern 6 Stimmen. Zur Zeit beträgt die Gesamtzahl der Mitglieder des Bundesrates 69, die sich auf die einzelnen Länder wie folgt verteilen:

Baden-Württemberg	6
Bayern	6
Berlin	4
Brandenburg	4
Bremen	3
Hamburg	3
Hessen	5
Mecklenburg-Vorpommern	3
Niedersachsen	6
Nordrhein-Westfalen	6
Rheinland-Pfalz	4
Saarland	3
Sachsen	4
Sachsen-Anhalt	4
Schleswig-Holstein	4
Thüringen	4

Die Landesregierungen benennen regelmäßig den Regierungschef und weitere Kabinettsmitglieder entsprechend der Stimmenzahl des Landes zu Mitgliedern des Bundesrates. Die übrigen Kabinettsmitglieder werden zu stellvertretenden Mitgliedern des Bundesrates bestellt. Die meisten Mitglieder des Bundesrates sind demnach die Leiter von Fachministerien, deren Fachwissen und deren Facherfahrung der Arbeit und der Beschlußfassung des Bundesrates zugute kommen. Die Mitglieder des Bundesrates bzw deren Stellvertreter sind bei der Stimmabgabe an die Weisungen ihrer Landesregierungen, nicht jedoch an Beschlüsse der Landesparlamente, gebunden.
Präsident des Bundesrates ist der Regierungschef eines Landes. Er wird jedes Jahr in der Reihenfolge der Einwohnerzahlen der Länder neu gewählt. Außer dem Präsidenten werden drei Vizepräsidenten nach einem vereinbarten Turnus alljährlich gewählt, die gegebenenfalls den Präsidenten vertreten. Präsident und Vizepräsidenten bilden zusammen das Präsidium des Bundesrates.
Der Bundesrat hat sich zuletzt durch Beschluß vom 10. Juni 1988 eine Geschäftsordnung gegeben (BGBl I S 857).
Der Präsident beruft den Bundesrat ein. Er hat ihn einzuberufen, wenn die Vertreter eines Landes oder die Bundesregierung es verlangen. Der Präsident leitet die Sitzungen der Vollversammlung, die grundsätzlich öffentlich sind, und vertritt den Bundesrat nach außen.
Im Falle der Verhinderung des Bundespräsidenten oder bei vorzeitiger Erledigung dieses Amtes nimmt der Präsident des Bundesrates die Befugnisse des Bundespräsidenten wahr (Art 57 GG).
Bei Abstimmungen gibt jedes Land seine Stimmen einheitlich ab. Dabei ist es nicht notwendig, daß alle Bundesratsmitglieder eines Landes in der Sitzung anwesend sind. Für Beschlüsse des Bundesrates ist die Mehrheit der Stimmen erforderlich. Das sind also zur Zeit 35 Stimmen bei einer Zahl von 69 Stimmen.
Die dem Bundesrat zugehenden Vorlagen werden durch den Präsidenten oder in dessen Auftrag durch den Direktor des Bundesrates unmittelbar an die zuständigen Ausschüsse überwiesen. Zur Zeit bestehen folgende Ausschüsse:

Agrarausschuß
Ausschuß für Arbeit und Sozialpolitik
Ausschuß für Auswärtige Angelegenheiten
Ausschuß für Angelegenheiten der Europäischen Union
Ausschuß für Familie und Senioren
Finanzausschuß
Ausschuß für Frauen und Jugend
Gesundheitsausschuß
Ausschuß für Innere Angelegenheiten
Ausschuß für Kulturfragen
Rechtsausschuß
Ausschuß für Städtebau, Wohnungswesen und Raumordnung
Ausschuß für Umwelt, Naturschutz und Reaktorsicherheit
Ausschuß für Verkehr und Post
Ausschuß für Verteidigung
Wirtschaftsausschuß.

Den Ausschüssen des Bundesrates, die in eingehenden Beratungen die Beschlüsse des Plenums vorbereiten, gehören die Regierungschefs, die zuständigen Landesfachminister oder Beauftragte der Landesregierungen, d h Beamte des betreffenden Fachbereichs, an (Art 52 Abs 4 GG). In den Ausschüssen ist jedes Land mit einer Stimme vertreten.
Die Mitglieder der Bundesregierung sind berechtigt, an allen Sitzungen des Bundesrates und seiner Ausschüsse teilzunehmen und dort das Wort zu ergreifen. Auf Verlangen des Bundesrates oder eines seiner Ausschüsse sind sie andererseits aber auch verpflichtet, zu den Sitzungen zu erscheinen. Beauftragte, d h Beamte der Bundesregierung, nehmen auch regelmäßig an den Ausschußsitzungen teil (§ 40 Abs 1 GOBR). Dies ist deshalb von großer praktischer Bedeutung, weil dadurch die Beratung von Gesetzentwürfen der Bundesregierung wesentlich erleichtert wird. So ist es auf diese Weise insbesondere möglich, sofort nähere Erläuterungen über ein gesetzgeberisches Vorhaben zu erhalten und auftauchende Zweifelsfragen zu klären.

Der Bundesrat hält zur Erledigung seiner gesetzgeberischen Arbeiten Vollversammlungen ab. Die fachliche und technische Vorbereitung der Vollversammlung ist Sache der Ausschüsse und des Sekretariats des Bundesrates. Das Sekretariat des Bundesrates, eine oberste Bundesbehörde, wird im Auftrag des Präsidenten vom Direktor des Bundesrates geleitet. Der Direktor des Bundesrates unterstützt den Präsidenten bei der Führung seiner Amtsgeschäfte.

Die Mitwirkung der Länder durch den Bundesrat an der Gesetzgebung und Verwaltung des Bundes, wie sie Art 50 des Grundgesetzes vorschreibt, wird durch Rechte gewährleistet, die das Grundgesetz dem Bundesrat zuerkennt.

Der Bundesrat hat, wie die Bundesregierung und der Deutsche Bundestag, das Recht zur Gesetzesinitiative, d h er selbst kann Gesetzentwürfe beschließen. Solche Entwürfe werden beim Deutschen Bundestag eingebracht (Art 76 Abs 1 GG), nachdem die Bundesregierung zu ihnen ihre Auffassung dargelegt hat (Art 76 Abs 3 GG). Diese Gesetzesvorlagen werden dann weiter genauso behandelt wie Gesetzesvorlagen der Bundesregierung oder des Deutschen Bundestages.

Alle Gesetzesvorlagen der Bundesregierung mit Ausnahme des Haushaltsgesetzentwurfs – und das ist die weitaus größte Zahl der Gesetzentwürfe – werden zunächst dem Bundesrat zugeleitet, der das Recht hat, noch vor dem Deutschen Bundestag dazu Stellung zu nehmen (1. Durchgang). Der Haushaltsgesetzentwurf wird dem Bundesrat und dem Deutschen Bundestag gleichzeitig zugeleitet (Art 110 Abs 3 GG). Seine Stellungnahme kann der Bundesrat binnen sechs Wochen abgeben; verlangt er aus wichtigem Grund eine Fristverlängerung, so beträgt die Frist neun Wochen. Besonders eilbedürftige Vorlagen können dem Deutschen Bundestag aber schon nach drei Wochen zugeleitet werden (Art 76 Abs 2 GG). Bei Änderungsvorlagen zum Haushalt beträgt die Frist zur Stellungnahme drei Wochen. Der Bundesrat kann die Vorlage billigen, ablehnen oder Änderungen und Ergänzungen empfehlen. Die Bundesregierung leitet dann die Vorlage mit der Stellungnahme des Bundesrates an den Deutschen Bundestag weiter, wobei sie ihre Auffassung zu den Vorschlägen des Bundesrates darlegt. Nach der Beschlußfassung durch den Deutschen Bundestag, dem bei seiner Beratung also die Stellungnahme des Bundesrates und die Gegenäußerung der Bundesregierung dazu vorliegen, werden die Gesetze in der vom Deutschen Bundestag beschlossenen Form dem Bundesrat erneut vorgelegt (2. Durchgang). Ebenso werden Initiativgesetzentwürfe des Deutschen Bundestages und des Bundesrates, die vom Deutschen Bundestag beschlossen worden sind, dem Bundesrat zugeleitet.

Das Grundgesetz sieht vor, daß der Bundesrat in verschiedenen Bereichen den vom Deutschen Bundestag beschlossenen Gesetzen ausdrücklich zustimmen muß (Zustimmungsgesetze), wenn sie zustande kommen sollen. In der Praxis hat sich ergeben, daß rund die Hälfte aller Gesetze der Zustimmung des Bundesrates bedürfen. Hier tritt der Bundesrat als Garant der Rechte der Länder auf.

Wenn der Bundesrat einem Zustimmungsgesetz endgültig nicht zustimmt, so kommt es nicht zustande, auch dann nicht, wenn der Deutsche Bundestag das Gesetz etwa einstimmig beschlossen haben sollte. Eine Ablehnung kann auch vom Deutschen Bundestag nicht überstimmt werden. Die Stellung des Bundesrates als Gesetzgebungsorgan des Bundes ist in diesen Fällen also besonders stark.

Auch bei allen übrigen Gesetzen, die keine Zustimmungsgesetze sind (sogenannte Einspruchsgesetze), haben die Länder die Möglichkeit, nach dem Gesetzesbeschluß des Deutschen Bundestages durch den Bundesrat nochmals auf die Gesetzgebung des Bundes Einfluß zu nehmen.

Der Bundesrat hat nach Art 77 Abs 2 GG das Recht, bei Zustimmungsgesetzen und bei Einspruchsgesetzen, mit denen er nicht einverstanden ist, den Vermittlungsausschuß anzurufen. Dieses Recht muß er binnen drei Wochen nach Eingang des Gesetzesbeschlusses des Deutschen Bundestages ausüben. Der Vermittlungsausschuß setzt sich aus je 16 Mitgliedern des Bundesrates und des Deutschen Bundestages zusammen, die bei den Verhandlungen und der Beschlußfassung an Weisungen nicht gebunden sind. Er hat die Aufgabe, bei Meinungsverschiedenheiten zwischen Deutschem Bundestag und Bundesrat zu vermitteln und zur Herbeiführung einer Einigung Vorschläge zu machen. Schlägt er eine Änderung vor, so hat der Deutsche Bundestag erneut Beschluß zu fassen, worauf die Vorlage wiederum zum Bundesrat geht. Sieht der Einigungsvorschlag eine Bestätigung des vom Deutschen Bundestag beschlossenen Gesetzes vor oder wird das Vermittlungsverfahren ohne Einigungsvorschlag abgeschlossen, so bedarf es keiner erneuten Beschlußfassung durch den Deutschen Bundestag.

Versagt der Bundesrat nach abgeschlossenem Vermittlungsverfahren bei Zustimmungsgesetzen die Zustimmung, dann ist das Gesetz gescheitert. Das gleiche ist der Fall, wenn der Bundesrat von Anfang an seine Zustimmung versagt hat und es nicht zu einem Vermittlungsverfahren gekommen ist. Bei der Versagung der Zustimmung zu einem Zustimmungsgesetz durch den Bundesrat sind auch die Bundesregierung und der Deutsche Bundestag berechtigt (Art 77 Abs 2 GG), den Vermittlungsausschuß anzurufen.

Bei Einspruchsgesetzen hat der Bundesrat, wenn die Vorlage nach Abschluß des Vermittlungsverfahrens wiederum an ihn gelangt, die Möglichkeit, binnen zwei Wochen Einspruch einzulegen. Der Deutsche Bundestag kann aber den Einspruch des Bundesrates zurückweisen. Die Zurückweisung des Einspruchs erfolgt mit absoluter Mehrheit der Mitglieder des Deutschen Bundestages, sofern der Bundesrat nicht den Einspruch mit einer Mehrheit von mindestens zwei Dritteln seiner Stimmen beschlossen hat. In diesem Fall ist auch für die Zurückweisung des Einspruchs durch den Deutschen Bundestag eine entsprechende Mehrheit erforderlich

(Art 77 Abs 4 GG). Gelingt es dem Deutschen Bundestag nicht, mit der erforderlichen Stimmenmehrheit den Einspruch des Bundesrates zu überstimmen, so ist das Gesetz endgültig gescheitert. Andernfalls kommt es trotz der ablehnenden Haltung des Bundesrates zustande (Art 78 GG).

Der Vermittlungsausschuß hat erheblich zur Beseitigung und zum Ausgleich von Meinungsverschiedenheiten zwischen dem Deutschen Bundestag und Bundesrat beigetragen und so in vielen Fällen das Scheitern von Gesetzen verhindert.

Im Gesetzgebungsnotstand (Art 81 GG) gilt ein von der Bundesregierung als dringend bezeichnetes oder mit der Vertrauensfrage verbundenes und vom Deutschen Bundestag abgelehntes bzw stark verändertes Gesetz als zustande gekommen, soweit ihm der Bundesrat zustimmt.

Für die Mitwirkung des Bundesrates bei der Gesetzgebung und Verwaltung des Bundes ist die der Bundesregierung in Art 53 GG auferlegte Informationspflicht von besonderer Bedeutung. Danach ist der Bundesrat von der Bundesregierung über die Führung der Geschäfte auf dem laufenden zu halten. Art 53 GG gibt auch die Grundlage für das Fragerecht der Mitglieder des Bundesrates, dessen Handhabung durch § 19 der Geschäftsordnung des Bundesrates geregelt ist.

Die Länder führen die Bundesgesetze grundsätzlich als eigene Angelegenheit aus (Art 83 GG). Das Grundgesetz kennt aber auch Fälle, in denen die Länder die Gesetze im Auftrag des Bundes ausführen (z B die Verwaltung der Bundesstraßen, Autobahnen und Bundeswasserstraßen gemäß Art 89 und 90 GG). Der Bund kann in den Fällen der Bundesaufsichts- und der Bundesauftragsverwaltung mit Zustimmung des Bundesrates Behördenaufbau und Verwaltungsverfahren gesetzlich regeln und allgemeine Verwaltungsvorschriften erlassen (Art 84 und 85 GG). Die Bundesregierung kann die Durchführung der Bundesgesetze durch Beauftragte überprüfen, wozu in bestimmten Fällen die Zustimmung des Bundesrates einzuholen ist (Art 84 Abs 3 GG). Stellt die Bundesaufsicht Mängel fest, die nicht beseitigt werden, so entscheidet auf Antrag der Bundesregierung oder des Landes der Bundesrat darüber, ob das Land das Recht verletzt hat (Art 84 Abs 4 GG).

Gegen ein Land, das die ihm obliegenden Bundespflichten nicht erfüllt, ist der Bundeszwang zugelassen, der der Bundesregierung oder ihren Beauftragten das Weisungsrecht gegenüber allen Ländern und ihren Behörden (Art 37 Abs 2 GG) gibt. Zu seiner Anwendung benötigt die Bundesregierung die Zustimmung des Bundesrates.

Im Verteidigungsfall wirkt der Bundesrat durch den Gemeinsamen Ausschuß nach Art 53 a GG an der Gesetzgebung des Bundes mit. Dieser Ausschuß besteht zu zwei Dritteln aus Abgeordneten des Deutschen Bundestages, zu einem Drittel aus Mitgliedern des Bundesrates. Jedes Land wird in diesem Ausschuß durch ein von ihm bestelltes Mitglied des Bundesrates vertreten; diese Mitglieder sind nicht an Weisungen gebunden. Der Bundesrat hat auch ein Mitwirkungsrecht beim Polizeieinsatz im Falle des Inneren Notstandes (Art 91 Abs 2 GG), ferner bei der Wahl der Richter des Bundesverfassungsgerichts (Art 94 GG). Er erteilt schließlich wie der Deutsche Bundestag der Bundesregierung Entlastung bei der Rechnungslegung (Art 114 GG).

Der Bundesrat muß auch den meisten Rechtsverordnungen und allgemeinen Verwaltungsvorschriften der Bundesregierung zustimmen, durch die Einzelheiten für die praktische Anwendung der Bundesgesetze bestimmt werden. Dieser Teil der Befugnisse des Bundesrates nimmt einen breiten Raum bei seiner Tätigkeit ein. Hierbei kommen die Erfahrungen der Länder auf dem Gebiet der Ausführung der Gesetze, somit auch bei der Verwaltung, besonders zum Tragen.

Die Rechtsverordnungen und allgemeinen Verwaltungsvorschriften, die der Zustimmung des Bundesrates bedürfen, werden dem Bundesrat zugeleitet, nachdem sie von der Bundesregierung beschlossen worden sind. Die Bundesregierung kann, wenn der Bundesrat Rechtsverordnungen oder allgemeinen Verwaltungsvorschriften nur mit Änderungen und Ergänzungen zustimmt, die Verordnungen oder allgemeinen Verwaltungsvorschriften nur in der vom Bundesrat beschlossenen Fassung erlassen. Falls sie mit den Änderungsvorschlägen des Bundesrates nicht einverstanden ist, muß sie durch erneute Vorlage beim Bundesrat versuchen, die Zustimmung des Bundesrates zu erlangen.

Mit der Verfassungsreform im Jahre 1994 hat der Bundesrat darüber hinaus das Recht erhalten, der Bundesregierung Vorlagen für den Erlaß von Rechtsverordnungen zuzuleiten. Allerdings müssen diese Verordnungsentwürfe Rechtsmaterien betreffen, die seiner Zustimmung bedürfen. Die Einführung dieses Initiativrechts dient der wirkungsvollen Wahnehmung der Mitwirkungsfunktion des Bundesrates an der Rechtsetzungstätigkeit des Bundes.

Die Ratifizierung des Vertrages von Maastricht durch den Deutschen Bundestag und den Bundesrat im Dezember 1992 war weit mehr als nur die Zustimmung Deutschlands zur enger werdenden „Europäischen Union": Mit dem neuen „Europa-Artikel" 23 des Grundgesetzes haben die Länder zugleich auch das Machtgefüge zwischen Bund und Ländern sowie zwischen Bundesgesetzgeber und Regierung in allen künftigen Angelegenheiten der Europäischen Union völlig neu geordnet.

Die Mitwirkung der Länder durch den Bundesrat ist nach den Bestimmungen dieses neuen Artikels 23 des Grundgesetzes und des „Gesetzes über die Zusammenarbeit von Bund und Ländern in Angelegenheiten der Europäischen Union" abgestuft:
– Über alle Vorhaben, die für die Länder von Interesse sein können, wird der Bundesrat umfassend und frühestmöglich informiert.
– Soweit der Bundesrat an einer innerstaatlichen Maßnahme mitzuwirken hätte oder die Länder zuständig wären, muß der Bundesrat an der Willensbildung des Bundes beteiligt werden.

- Wenn in einem Bereich ausschließlicher Zuständigkeit des Bundes Interessen der Länder berührt sind, muß die Regierung eine Stellungnahme des Bundesrates bei ihrer Meinungsbildung berücksichtigen.
- Wenn im Schwerpunkt Gesetzgebungsbefugnisse der Länder, die Einrichtung ihrer Behörden oder ihre Verwaltungsverfahren betroffen sind, ist bei der Willensbildung des Bundes insoweit die Auffassung des Bundesrates maßgeblich zu berücksichtigen; die gesamtstaatliche Verantwortung des Bundes ist dabei stets zu wahren.
- Wenn im Schwerpunkt ausschließliche Gesetzgebungsbefugnisse der Länder betroffen sind, soll die Bundesregierung einem vom Bundesrat benannten Landesminister die Verhandlungsführung in den Beratungsgremien der EG-Kommission und des EG-Ministerrates übertragen.

1 Präsidium

des Bundesrates

Präsident: Erwin Teufel Ministerpräsident des Landes Baden-Württemberg
Erster Vizepräsident: Dr Edmund Stoiber Ministerpräsident des Freistaates Bayern
Zweiter Vizepräsident: Prof Dr Kurt Biedenkopf Ministerpräsident des Freistaates Sachsen
Dritte Vizepräsidentin: Heide Simonis Ministerpräsidentin des Landes Schleswig-Holstein

beim Präsidium eingerichtet:

Ständiger Beirat

Aufgabenkreis:
Beim Präsidium besteht ein Ständiger Beirat; ihm gehören die Bevollmächtigten der Länder an. Der Ständige Beirat berät und unterstützt den Präsidenten und das Präsidium bei der Vorbereitung der Sitzungen und der Führung der Verwaltungsgeschäfte des Bundesrates. Er wirkt bei der Aufrechterhaltung der laufenden Verbindung zwischen Bundesrat und Bundesregierung mit.

2 Schriftführer

des Bundesrates

Karin Schubert Ministerin, Sachsen-Anhalt
Alfred Sauter Staatssekretär, Bayern

3 Die Mitglieder und stellvertretenden Mitglieder

des Bundesrates

Baden-Württemberg

Mitglieder:

T e u f e l Erwin Ministerpräsident
70184 Stuttgart, Richard-Wagner-Str 15; Tel (07 11) 21 53-0; Telex 72 22 07 und 72 32 11; Fax (07 11) 2 15 32 11

D ö r i n g Dr Walter Stellvertreter des Ministerpräsidenten und Wirtschaftminister
70174 Stuttgart, Theodor-Heuss-Str 4; Tel (07 11) 1 23-0; Telex 72 39 31; Fax (07 11) 1 23 21 26

V e t t e r Dr Erwin Sozialminister
70174 Stuttgart, Schellingstr 15; Tel (07 11) 1 23-0; Fax (07 11) 1 23 39 99

S c h ä u b l e Dr Thomas Innenminister
70173 Stuttgart, Dorotheenstr 6; Tel (07 11) 2 31-4; Telex 72 23 05; Fax (07 11) 2 31 30 99

M a y e r - V o r f e l d e r Gerhard Finanzminister
70173 Stuttgart, Schloßplatz 4 (Neues Schloß); Tel (07 11) 2 79-0; Fax (07 11) 2 79 38 93

W a b r o Gustav Staatssekretär, Bevollmächtigter des Landes Baden-Württemberg beim Bund
53113 Bonn, Schlegelstr 2; Tel (02 28) 5 03-0; Fax (02 28) 50 32 27

Stellvertretende Mitglieder:

S c h a v a n Dr Annette Ministerin für Kultus, Jugend und Sport
70173 Stuttgart, Schloßplatz 4 (Neues Schloß); Tel (07 11) 2 79-0; Fax (07 11) 2 79 25 50

von T r o t h a Klaus Minister für Wissenschaft, Forschung und Kunst
70173 Stuttgart, Königstr 46; Tel (07 11) 2 79-0; Telex 72 15 85; Fax (07 11) 2 79 30 80

G o l l Dr Ulrich Justizminister
70173 Stuttgart, Schillerplatz 4; Tel (07 11) 2 79-0; Fax (07 11) 29 20 26

S t a i b l i n Gerdi Ministerin für Ländlichen Raum
70182 Stuttgart, Kernerplatz 10; Tel (07 11) 1 26-0; Telex 72 16 08; Fax (07 11) 1 26 22 55

S c h a u f l e r Hermann Minister für Umwelt und Verkehr
70182 Stuttgart, Kernerplatz 9; Tel (07 11) 1 26-0; Telex 72 31 62; Fax (07 11) 1 26 28 80

M e h r l ä n d e r Dr Horst Staatssekretär im Wirtschaftsministerium
70174 Stuttgart, Theodor-Heuss-Str 4; Tel (07 11) 1 23-0; Telex 72 39 31; Fax (07 11) 1 23 21 26

Bayern

Mitglieder:

S t o i b e r Dr Edmund Ministerpräsident
80539 München, Franz-Josef-Strauß-Ring 1; Tel (0 89) 21 65-0; Telex 52 38 09; Teletex 89 72 18; Fax (0 89) 29 40 44 und 21 65 23 18

Z e h e t m a i r Hans Stellvertreter des Ministerpräsidenten und Staatsminister für Unterricht, Kultus, Wissenschaft und Kunst
80333 München, Salvatorstr 2; Tel (0 89) 21 86-1; Fax (0 89) 21 86 28 00

M ä n n l e Prof Ursula Staatsministerin für Bundesangelegenheiten und Bevollmächtigte des Freistaates Bayern beim Bund
80333 München, Kardinal-Döpfner-Str 4; Tel (0 89) 28 85-0; Fax (0 89) 28 85 39 92 und 53113 Bonn, Schlegelstr 1; Tel (02 28) 2 02-0; Telex 88 67 71; Fax (02 28) 22 55 20

H u b e r Erwin Staatsminister der Finanzen
80539 München, Odeonsplatz 4; Tel (0 89) 23 06-0; Fax (0 89) 23 06 28 08

W i e s h e u Dr Otto Staatsminister für Wirtschaft, Verkehr und Technologie
80538 München, Prinzregentenstr 28; Tel (0 89) 21 62-01; Fax (0 89) 21 62 27 60

F a l t l h a u s e r Prof Dr Kurt Staatsminister, Leiter der Staatskanzlei
80539 München, Franz-Josef-Strauß-Ring 1; Tel (0 89) 21 65-0; Telex 5 23 809; Teletex 8 97 218; Fax (0 89) 29 40 44 und 2 16 53 18

Stellvertretende Mitglieder:

B o c k l e t Reinhold Staatsminister für Ernährung, Landwirtschaft und Forsten
80539 München, Ludwigstr 2; Tel (0 89) 21 82-0; Fax (0 89) 2 18 26 77

B e c k s t e i n Dr Günther Staatsminister des Innern
80539 München, Odeonsplatz 3; Tel (0 89) 21 92-01; Fax (0 89) 28 20 90

L e e b Hermann Staatsminister der Justiz
80335 München, Prielmayerstr 7; Tel (0 89) 55 97-1; Fax (0 89) 55 97 23 22

S t a m m Barbara Staatsministerin für Arbeit und Sozialordnung, Familie, Frauen und Gesundheit
80797 München, Winzererstr 9; Tel (0 89) 1 26 10-1; Fax (0 89) 12 61 21 72

G o p p e l Dr Thomas Staatsminister für Landesentwicklung und Umweltfragen
81925 München, Rosenkavalierplatz 2; Tel (0 89) 92 14-1; Fax (0 89) 92 14 22 66

R e g e n s b u r g e r Hermann Staatssekretär im Staatsministerium des Innern
80539 München, Odeonsplatz 3; Tel (0 89) 21 92-1; Fax (0 89) 28 20 90

S a u t e r Alfred Staatssekretär im Staatsministerium des Innern
80539 München, Odeonsplatz 3; Tel (0 89) 21 92-1; Fax (0 89) 28 20 90

K r ä n z l e Bernd Staatssekretär im Staatsministerium der Justiz
80335 München, Prielmayerstr 7; Tel (0 89) 55 97-1; Fax (0 89) 55 97 23 22

H o h l m e i e r Monika Staatssekretärin im Staatsministerium für Unterricht, Kultus, Wissenschaft und Kunst
80333 München, Salvatorstr 2; Tel (0 89) 21 86-1; Fax (0 89) 21 86 28 00

K l i n g e r Rudolf Staatssekretär im Staatsministerium für Unterricht, Kultus, Wissenschaft und Kunst
80333 München, Salvatorstr 2; Tel (0 89) 21 86-1; Fax (0 89) 21 86 28 00

Z e l l e r Alfons Staatssekretär im Staatsministerium der Finanzen
80539 München, Odeonsplatz 4; Tel (0 89) 23 06-0; Fax (0 89) 23 06 28 08

S p i t z n e r Hans Staatssekretär im Staatsministerium für Wirtschaft, Verkehr und Technologie
80538 München, Prinzregentenstr 28; Tel (0 89) 21 62-01; Fax (0 89) 21 62 27 60

D e m l Marianne Staatssekretärin im Staatsministerium für Ernährung, Landwirtschaft und Forsten
80539 München, Ludwigstr 2; Tel (0 89) 21 82-0; Fax (0 89) 2 18 26 77

M e r k l Dr Gerhard Staatssekretär im Staatsministerium für Arbeit und Sozialordnung, Familie, Frauen und Gesundheit
80797 München, Winzererstr 9; Tel (0 89) 1 26 10-1; Fax (0 89) 12 61 21 72

M ü l l e r Willi Staatssekretär im Staatsministerium für Landesentwicklung und Umweltfragen
81925 München, Rosenkavalierplatz 2; Tel (0 89) 92 14-1; Fax (0 89) 92 14 22 66

Berlin

Mitglieder:

D i e p g e n Eberhard Regierender Bürgermeister
10173 Berlin, Berliner Rathaus; Tel (0 30) 24 01-0; Fax (0 30) 24 01 24 22

B e r g m a n n Dr Christine Bürgermeisterin, Senatorin für Arbeit, Berufliche Bildung und Frauen
10173 Berlin, Berliner Rathaus; Tel (0 30) 24 01-0; Fax (0 30) 24 01 24 22 und
10407 Berlin, Storkowerstr 134; Tel (0 30) 42 14-0; Fax (0 30) 42 14 20 90

R a d u n s k i Peter Senator für Wissenschaft, Forschung und Kultur
14057 Berlin, Bredtschneiderstr 5; Tel (0 30) 30 65-3; Fax (0 30) 30 65 51 22

F u g m a n n - H e e s i n g Dr Annette Senatorin für Finanzen
101797 Berlin, Klosterstr 59; Tel (0 30) 21 74-0; Fax (0 30) 21 74 26 09

Stellvertretende Mitglieder:

K l e m a n n Jürgen Senator für Bauen, Wohnen und Verkehr
10707 Berlin, Württembergische Str 6; Tel (0 30) 8 67-1; Fax (0 30) 8 67 31 00

H ü b n e r Beate Senatorin für Gesundheit und Soziales
10787 Berlin, An der Urania 12-14; Tel (0 30) 21 22-0; Fax (0 30) 21 22 33 52

Schönbohm Jörg Senator für Inneres
10707 Berlin, Fehrbelliner Platz 2; Tel (0 30) 8 67-1; Fax (0 30) 8 67 31 05

Peschel-Gutzeit Dr Lore Maria Senatorin für Justiz
10825 Berlin, Salzburger Str 21-25; Tel (0 30) 78 76-0; Fax (0 30) 78 76 88 13

Stahmer Ingrid Senatorin für Schule, Jugend und Sport
10407 Berlin, Storkower Str 133; Tel (0 30) 42 14-0; Fax (0 30) 42 14 40 02

Strieder Peter Senator für Stadtentwicklung, Umweltschutz und Technologie
10179 Berlin, Am Köllnischen Park 3; Tel (0 30) 24 71-0; Fax (0 30) 24 71 10 76

Pieroth Elmar Senator für Wirtschaft und Betriebe
10825 Berlin, Martin-Luther-Str 105; Tel (0 30) 78 76-0; Fax (0 30) 78 76 82 81

Brandenburg

Mitglieder:

Stolpe Dr Manfred Ministerpräsident
14473 Potsdam, Heinrich-Mann-Allee 107; Tel (03 31) 8 66-0; Fax (03 31) 8 66-14 17 bis 14 19

Bräutigam Dr Hans Otto Minister der Justiz und für Bundes- und Europaangelegenheiten sowie Bevollmächtigter des Landes Brandenburg beim Bund
14473 Potsdam, Heinrich-Mann-Allee 107; Tel (03 31) 8 66-0; Fax (03 31) 8 66 30 80
53113 Bonn, Schedestr 1-3; Tel (02 28) 9 15 00-0; Fax (02 28) 9 15 00-25

Ziel Alwin Stellvertreter des Ministerpräsidenten, Minister des Innern
14467 Potsdam, Henning-von Tresckow-Str 9-13; Tel (03 31) 8 66-0; Fax (03 31) 8 66 27 00

Hildebrandt Dr Regine Ministerin für Arbeit, Soziales, Gesundheit und Frauen
14473 Potsdam, Heinrich-Mann-Allee 103; Tel (03 31) 8 66-0; Fax (03 31) 8 66 59 99

Stellvertretende Mitglieder:

Simon Dr Wilma Ministerin der Finanzen
14480 Potsdam, Steinstr 104-106; Tel (03 31) 8 66-0; Fax (03 31) 866 68 68

Platzeck Matthias Minister für Umwelt, Naturschutz und Raumordnung
14473 Potsdam, Albert-Einstein-Str 42-46; Tel (03 31) 8 66-0; Fax (03 31) 8 66 72 40

Zimmermann Edwin Minister für Ernährung, Landwirtschaft und Forsten
14473 Potsdam, Heinrich-Mann-Allee 107; Tel (03 31) 8 66-0; Fax (03 31) 8 66 40 69

Peter Angelika Ministerin für Bildung, Jugend und Sport
14473 Potsdam, Heinrich-Mann-Allee 107; Tel (03 31) 8 66-0; Fax (03 31) 8 66 35 95

Reiche Steffen Minister für Wissenschaft, Forschung und Kultur
14467 Potsdam, Friedrich-Ebert-Str 4; Tel (03 31) 8 66-0; Fax (03 31) 8 66 49 98

Meyer Hartmut Minister für Stadtentwicklung, Wohnen und Verkehr
14467 Potsdam, Dortusstr 30-33; Tel (03 31) 8 66-0; Fax (03 31) 8 66 83 68

Dreher Dr Burkhardt Minister für Wirtschaft, Mittelstand und Technologie
14473 Potsdam, Heinrich-Mann-Allee 107; Tel (03 31) 8 66-0; Fax (03 31) 8 66 17 26

Linde Dr Jürgen Minister und Chef der Staatskanzlei
14473 Potsdam, Heinrich-Mann-Allee 107; Tel (03 31) 8 66-0; Fax (03 31) 8 66-14 17

Bremen

Mitglieder:

Scherf Dr Henning Präsident des Senats, Bürgermeister, Senator für kirchliche Angelegenheiten, Senator für Justiz und Verfassung
28195 Bremen, Rathaus; Tel (04 21) 3 61-0; Telex 24 48 04, 24 60 64; Fax (04 21) 3 61 63 63

Nölle Ulrich Bürgermeister, Senator für Finanzen
28195 Bremen, Rudolf-Hilferding-Platz 1; Tel (04 21) 3 61-0; Fax (04 21) 3 61 29 65

Beckmeyer Uwe Senator für Häfen, überregionaler Verkehr und Außenhandel und Senator für Arbeit
28195 Bremen, Kirchenstr 4-5 a; Tel (04 21) 3 61-0; Fax (04 21) 3 61 66 02

28195 Bremen, Contrescarpe 73; Tel (04 21) 3 61-0; Fax (04 21) 3 61 20 72

Stellvertretende Mitglieder:

Borttscheller Ralf H Senator für Inneres
28203 Bremen, Contrescarpe 22-24; Tel (04 21) 3 62-1: Fax (04 21) 3 62 32 13

Kahrs Bringfriede Senatorin für Bildung, Wissenschaft, Kunst und Sport
28195 Bremen, Rembertiring 8-12; Tel (04 21) 3 61-0; Fax (04 21) 3 61 41 76

Wischer Christine Senatorin für Frauen, Gesundheit, Jugend, Soziales und Umweltschutz
28195 Bremen, Hanseatenhof 5; Tel (04 21) 3 61-0; Fax (04 21) 3 61 6171

Perschau Hartmut Senator für Wirtschaft, Mittelstand, Technologie und Europaangelegenheiten
28195 Bremen, Zweite Schlachtpforte 3; Tel (04 21) 3 61-0; Fax (04 21) 3 61 87 17

Schulte Dr Bernt Senator für Bau, Verkehr und Stadtentwicklung
28195 Bremen, Ansgaritorstr 2; Tel (04 21) 3 61-0; Fax (04 21) 3 61 20 50

Hamburg

Mitglieder:

V o s c h e r a u Dr Henning Präsident des Senats, Erster Bürgermeister
20095 Hamburg, Rathausmarkt; Tel (0 40) 36 81-0; Fax (0 40) 36 81 24 03

R i t t e r s h a u s Prof Dr Erhard Stellvertreter des Präsidenten des Senats, Zweiter Bürgermeister, Präses der Wirtschaftsbehörde
20095 Hamburg, Rathausmarkt; Tel (0 40) 36 81-0; Fax (0 40) 36 81 13 79 und
20459 Hamburg, Alter Steinweg 4; Tel (0 40) 35 04-0; Fax (0 40) 35 04 17 00

M i r o w Dr Thomas Senator, Chef der Senatskanzlei, Präses der Stadtentwicklungsbehörde
20459 Hamburg, Rathausmarkt; Tel (0 40) 36 81-0; Fax (0 40) 36 81 13 00 und
20459 Hamburg, Alter Steinweg 4; Tel (0 40) 35 04-0; Fax (0 40) 35 04 16 20

Stellvertretende Mitglieder:

H o f f m a n n - R i e h m Prof Dr Wolfgang Senator, Präses der Justizbehörde
20354 Hamburg, Drehbahn 36; Tel (0 40) 34 97-1; Fax (0 40) 34 97 35 72

R a a b Rosemarie Senatorin, Präses der Behörde für Schule, Jugend und Berufsbildung
22083 Hamburg, Hamburger Str 31; Tel (0 40) 29 88-0; Fax (0 40) 29 88 41 32

H a j e n Prof Dr Leonhard Senator, Präses der Behörde für Wissenschaft und Forschung
22083 Hamburg, Hamburger Str 37; Tel (0 40) 29 88-0; Fax (0 40) 29 88 37 22

W e i s s Dr Christina Senatorin, Präses der Kulturbehörde
22083 Hamburg, Hamburger Str 45; Tel (0 40) 29 88-0; Fax (0 40) 2 99 65 60

F i s c h e r - M e n z e l Helgrit Senatorin, Präses der Behörde für Arbeit, Gesundheit und Soziales
22083 Hamburg, Hamburger Str 47; Tel (0 40) 29 88-0; Fax (0 40) 29 88 41 97

W a g n e r Eugen Senator, Präses der Baubehörde
20355 Hamburg, Stadthausbrücke 8; Tel (0 40) 3 49 13-1; Fax (0 40) 3 49 13 34 38

W r o c k l a g e Hartmuth Senator, Präses der Behörde für Inneres
20095 Hamburg, Johanniswall 4; Tel (0 40) 32 86-0; Fax (0 40) 32 86 29 06

V a h r e n h o l t Dr Fritz Senator, Präses der Umweltbehörde
20539 Hamburg, Billstr 84; Tel (0 40) 78 80-0; Fax (0 40) 78 80 39 38

R u n d e Ortwin Senator, Präses der Finanzbehörde
20354 Hamburg, Gänsemarkt 36; Tel (0 40) 34 98-0; Fax (0 40) 34 98 16 33

Hessen

Mitglieder:

E i c h e l Hans Ministerpräsident
65189 Wiesbaden, Bierstadter Str 2; Tel (06 11) 32-0; Fax (06 11) 32 38 00 und 32 38 01

v o n P l o t t n i t z Rupert Staatsminister, Stellvertreter des Ministerpräsidenten, Minister für Justiz und für Europaangelegenheiten
65189 Wiesbaden, Luisenstr 13; Tel (06 11) 32-0; Fax (06 11) 32 27 63

B ö k e l Gerhard Staatsminister, Minister des Innern und für Landwirtschaft, Forsten und Naturschutz
65185 Wiesbaden, Friedrich-Ebert-Allee 12; Tel (06 11) 3 53-0; Fax (06 11) 35 37 66

S t o l t e r f o h t Barbara Staatsministerin, Ministerin für Frauen, Arbeit und Sozialordnung
65187 Wiesbaden, Dostojewskistr 4; Tel (06 11) 8 17-0; Fax (06 11) 8 70 48

S t a r z a c h e r Karl Staatsminister, Minister der Finanzen
65185 Wiesbaden, Friedrich-Ebert-Allee 8; Tel (06 11) 32-0; Fax (06 11) 32 24 71

Stellvertretende Mitglieder:

H o h m a n n - D e n n h a r d t Dr Christine Staatsministerin, Ministerin für Wissenschaft und Kunst
65185 Wiesbaden, Rheinstr 23-25; Tel (06 11) 1 65-0; Fax (06 11) 16 57 66

H o l z a p f e l Hartmut Staatsminister, Kultusminister
65185 Wiesbaden, Luisenplatz 10; Tel (06 11) 3 68-0; Fax (06 11) 3 68 20 99

K l e m m Lothar Staatsminister, Minister für Wirtschaft, Verkehr und Landesentwicklung
65185 Wiesbaden, Kaiser-Friedrich-Ring 75; Tel (06 11) 8 15-0; Fax (06 11) 8 15 22 25

N i m s c h Margarethe Staatsministerin, Ministerin für Umwelt, Energie, Jugend, Familie und Gesundheit
65187 Wiesbaden, Dostojewskistr 4; Tel (06 11) 8 17-1; Fax (06 11) 80 93 79

Mecklenburg-Vorpommern

Mitglieder:

S e i t e Dr Berndt Ministerpräsident
19053 Schwerin, Schloßstr 2-4; Tel (03 85) 5 88-0; Fax (03 85) 5 88 10 06

K u e s s n e r Hinrich Stellvertreter des Ministerpräsidenten, Sozialminister
19053 Schwerin, Werderstr 124; Tel (03 85) 5 88-0; Fax (03 85) 5 88 90 99

Stellvertretende Mitglieder:

S e i d e l Jürgen Wirtschaftsminister
19053 Schwerin, Johannes-Stelling-Str 14; Tel (03 85) 5 88-0; Fax (03 85) 5 88 58 61

E g g e r t Prof Dr Rolf Minister für Justiz und Angelegenheiten der Europäischen Union
19053 Schwerin, Demmlerplatz 14; Tel (03 85) 5 88-0; Fax (03 85) 5 88 35 50

K l e e d e h n Bärbel Ministerin für Bau, Landesentwicklung und Umwelt
19055 Schwerin, Schloßstr 6-8; Tel (03 85) 5 88-0; Fax (03 85) 5 88 87 17

K e l e r Sigrid Finanzministerin
19053 Schwerin, Schloßstr 9-11; Tel (03 85) 5 88-0; Fax (03 85) 5 88 45 84

B r i c k Martin Minister für Landwirtschaft und Naturschutz
19061 Schwerin, Paulshöher Weg 1; Tel (03 85) 5 88-0; Fax (03 85) 5 88 60 25

M a r q u a r d t Regine Kultusministerin
19055 Schwerin, Werderstr 124; Tel (03 85) 5 88-0; Fax (03 85) 5 88 70 82

Niedersachsen

Mitglieder:

S c h r ö d e r Gerhard Ministerpräsident
30169 Hannover, Staatskanzlei, Planckstr 2; Tel (05 11) 1 20-0; Fax (05 11) 1 20 68 30

W a i k e Willi Finanzminister
30159 Hannover, Schiffgraben 10; Tel (05 11) 1 20-0; Fax (05 11) 1 20 80 68

A l m - M e r k Heidrun Justizministerin
30169 Hannover, Am Waterlooplatz 1; Tel (05 11) 1 20-0; Fax (05 11) 1 20 68 11

F i s c h e r Dr Peter Minister für Wirtschaft, Technologie und Verkehr
30159 Hannover, Friedrichswall 1; Tel (05 11) 1 20-0; Fax (05 11) 1 20 67 72

G r i e f a h n Monika Umweltministerin
30169 Hannover, Archivstr 2; Tel (05 11) 1 20-0; Fax (05 11) 1 20 33 99

S c h u c h a r d t Helga Ministerin für Wissenschaft und Kultur
30169 Hannover, Leibnizufer 9; Tel (05 11) 1 20-0; Fax (05 11) 1 20 23 93

Stellvertretende Mitglieder:

G l o g o w s k i Gerhard Stellvertreter des Ministerpräsidenten, Innenminister
30169 Hannover, Lavesallee 6; Tel (05 11) 1 20-0; Fax (05 11) 1 20 65 50

F u n k e Karl-Heinz Minister für Ernährung, Landwirtschaft und Forsten
30169 Hannover, Calenberger Str 2; Tel (05 11) 1 20-0; Fax (05 11) 1 20 23 85

W e b e r Dr Wolf Sozialminister
30159 Hannover, Hinrich-Wilhelm-Kopf-Platz 2; Tel (05 11) 1 20-0; Fax (05 11) 1 20 42 96

W e r n s t e d t Prof Rolf Kultusminister
30159 Hannover, Schiffgraben 12; Tel (05 11) 1 20-0; Fax (05 11) 1 20 84 36

B ü h r m a n n Christina Frauenministerin
30161 Hannover, Hamburger Allee 26-30; Tel (05 11) 1 20-0; Fax (05 11) 1 20 87 23

Nordrhein-Westfalen

Mitglieder:

R a u Dr h c Johannes Ministerpräsident
40213 Düsseldorf, Haroldstr 2; Tel (02 11) 8 37 01; Fax (02 11) 8 37 11 50

K n i o l a Franz-Josef Innenminister
40213 Düsseldorf, Haroldstr 5; Tel (02 11) 8 71-1; Fax (02 11) 8 71 33 55

C l e m e n t Wolfgang Minister für Wirtschaft und Mittelstand, Technologie und Verkehr
40213 Düsseldorf, Haroldstr 4; Tel (02 11) 8 37-02; Fax (02 11) 8 37 22 00

V e s p e r Dr Michael Stellvertreter des Ministerpräsidenten, Minister für Bauen und Wohnen
40217 Düsseldorf, Elisabethstr 5-11; Tel (02 11) 38 43-0; Fax (02 11) 38 43-6 01 und 6 02

S c h l e u ß e r Heinz Finanzminister
40479 Düsseldorf, Jägerhofstr 6; Tel (02 11) 49 72-0; Fax (02 11) 49 72 27 50

D a m m e y e r Prof Dr Manfred Minister für Bundes- und Europaangelegenheiten
53113 Bonn, Görresstr 13; Tel (02 28) 26 99-0; Fax (02 28) 2 69 92 82

Stellvertretende Mitglieder:

B e h r e n s Dr Fritz Justizminister
40212 Düsseldorf, Martin-Luther-Platz 40; Tel (02 11) 87 92-1; Fax (02 11) 8 79 24 56

B e h l e r Gabriele Ministerin für Schule und Weiterbildung
40221 Düsseldorf, Völklinger Str 49; Tel (02 11) 8 96-03; Fax (02 11) 8 96 32 20

B r u n n Anke Ministerin für Wissenschaft und Forschung
40221 Düsseldorf, Völklinger Str 49; Tel (02 11) 8 96-04; Fax (02 11) 8 96 45 55

H o r s t m a n n Dr Axel Minister für Arbeit, Gesundheit und Soziales
40219 Düsseldorf, Fürstenwall 25; Tel (02 11) 8 55-5; Fax (02 11) 8 55 36 83

H ö h n Bärbel Ministerin für Umwelt, Raumordnung und Landwirtschaft
40476 Düsseldorf, Schwannstr 3; Tel (02 11) 45 66-0; Fax (02 11) 4 56 63 88

Ridder-Melchers Ilse Ministerin für die Gleichstellung von Frau und Mann
40213 Düsseldorf, Breite Str 27; Tel (02 11) 8 37-05; Fax (02 11) 8 37 47 08

Brusis Ilse Ministerin für Stadtentwicklung, Kultur und Sport
40213 Düsseldorf, Breite Str 31; Tel (02 11) 8 37-04; Fax (02 11) 8 37 44 44

Rheinland-Pfalz

Mitglieder:

Beck Kurt Ministerpräsident
55116 Mainz, Staatskanzlei, Peter-Altmeier-Allee 1; Tel (0 61 31) 16-1; Telex 4 18 78 52; Fax (0 61 31) 16 47 71

Brüderle Rainer Staatsminister, Stellvertreter des Ministerpräsidenten, Minister für Wirtschaft, Verkehr, Landwirtschaft und Weinbau
55116 Mainz, Bauhofstr 4; Tel (0 61 31) 16-1; Fax (0 61 31) 16 21 00

Mittler Gernot Staatsminister, Minister der Finanzen
55116 Mainz, Kaiser-Friedrich-Str 1; Tel (0 61 31) 16-1; Fax (0 61 31) 16 43 31

Gerster Florian Staatsminister, Minister für Arbeit, Soziales und Gesundheit
55116 Mainz, Bauhofstr 9; Tel (0 61 31) 16-1; Fax (0 61 31) 16 24 52

Stellvertretende Mitglieder:

Caesar Peter Staatsminister, Minister der Justiz
55116 Mainz, Ernst-Ludwig-Str 3; Tel (0 61 31) 16-1; Fax (0 61 31) 16 48 87

Götte Dr Rose Staatsministerin, Ministerin für Kultur, Jugend, Familie und Frauen
55116 Mainz, Mittlere Bleiche 61; Tel (0 61 31) 16-1; Telex 4 18 76 56; Fax (0 61 31) 16 28 78

Martini Klaudia Staatsministerin, Ministerin für Umwelt und Forsten
55116 Mainz, Kaiser-Friedrich-Str 7; Tel (0 61 31) 16-1; Fax (0 61 31) 16 46 46

Zöllner Prof Dr Jürgen Staatsminister, Minister für Bildung, Wissenschaft und Weiterbildung
55116 Mainz, Mittlere Bleiche 61; Tel (0 61 31) 16-1; Fax (0 61 31) 16 29 97

Zuber Walter Staatsminister, Minister des Innern und für Sport
55116 Mainz, Schillerplatz 3-5; Tel (0 61 31) 16-1; Telex 4 18 76 09; Fax (0 61 31) 16 35 95

Saarland

Mitglieder:

Lafontaine Oskar Ministerpräsident
66117 Saarbrücken, Am Ludwigsplatz 14; Tel (06 81) 5 01-00; Telex 4 42 13 71; Fax (06 81) 5 01 11 59

Walter Dr Arno Minister der Justiz
66119 Saarbrücken, Zähringerstr 12; Tel (06 81) 5 01-00; Fax (06 81) 5 01 58 55

Krajewski Christiane Stellvertretende Ministerpräsidentin, Ministerin für Wirtschaft und Finanzen
66111 Saarbrücken, Am Stadtgraben 6-8; Tel (06 81) 5 01-00; Fax (06 81) 5 01 15 90 und 5 01 42 93

Stellvertretende Mitglieder:

Wackernagel-Jacobs Barbara Ministerin für Frauen, Arbeit, Gesundheit und Soziales
66119 Saarbrücken, Franz-Josef-Röder-Str 23; Tel (06 81) 5 01-00; Fax (06 81) 5 01 33 35

Läpple Friedel Minister des Innern
66119 Saarbrücken, Franz-Josef-Röder-Str 21; Tel (06 81) 5 01-00; Fax (06 81) 5 01 22 22

Wittling Henner Minister für Bildung, Kultur und Wissenschaft
66117 Saarbrücken, Hohenzollernstr 60; Tel (06 81) 5 03-01; Fax (06 81) 50 32 91

Leonhardt Prof Willy Minister für Umwelt, Energie und Verkehr
66121 Saarbrücken, Halbergstr 50; Tel (06 81) 5 01-00; Fax (06 81) 5 01 45 21

Sachsen

Mitglieder:

Biedenkopf Prof Dr Kurt Ministerpräsident
01097 Dresden, Archivstr 1; Tel (03 51) 5 64-0; Fax (03 51) 5 02 24 66

Schommer Dr Kajo Staatsminister für Wirtschaft und Arbeit
01069 Dresden, Budapester Str 5; Tel (03 51) 5 64-0; Fax (03 51) 49 55 61 09

Milbradt Prof Dr Georg Staatsminister der Finanzen
01097 Dresden, Carolaplatz 1; Tel (03 51) 5 64-0; Fax (03 51) 5 64 40 09

Geisler Dr Hans Staatsminister für Soziales, Gesundheit und Familie
01097 Dresden, Albertstr 10; Tel (03 51) 5 64-0; Fax (03 51) 5 64 78 50

Stellvertretende Mitglieder:

Heitmann Steffen Staatsminister der Justiz
01097 Dresden, Archivstr 1; Tel (03 51) 5 64-0; Fax (03 51) 5 17 32

Rößler Dr Matthias Staatsminister für Kultus
01097 Dresden, Palaisplatz 2 d; Tel (03 51) 5 64-0; Fax (03 51) 5 64 25 07

Meyer Prof Dr Hans-Joachim Staatsminister für Wissenschaft und Kunst
01097 Dresden, Archivstr 1; Tel (03 51) 5 64-0; Fax (03 51) 5 17 32

Jähnichen Dr Rolf Staatsminister für Landwirtschaft, Ernährung und Forsten
01097 Dresden, Albertstr 10; Tel (03 51) 5 64-0; Fax (03 51) 5 64 67 80

Vaatz Arnold Staatsminister für Umwelt und Landesentwicklung
01067 Dresden, Ostra-Allee 23; Tel (03 51) 5 64-0; Fax (03 51) 4 86 22 09

Hardraht Klaus Staatsminister des Innern
01097 Dresden, Archivstr 1; Tel (03 51) 5 64-0; Fax (03 51) 5 64 30 19

de Haas Friederike Staatsministerin für die Gleichstellung von Frau und Mann
01097 Dresden, Archivstr 1; Tel (03 51) 5 64-0; Fax (03 51) 5 02 24 66

Meyer Günter Staatsminister, Chef der Staatskanzlei
01097 Dresden, Archivstr 1; Tel (03 51) 5 64-0; Fax (03 51) 5 02 24 66

Sachsen-Anhalt

Mitglieder:

Höppner Dr Reinhard Ministerpräsident
39104 Magdeburg, Domplatz 4; Tel (03 91) 5 67-01; Fax (03 91) 5 67 65 65

Heidecke Heidrun Stellvertreterin des Ministerpräsidenten, Ministerin für Raumordnung, Landwirtschaft und Umwelt
39108 Magdeburg, Olvenstedter Str 4; Tel (03 91) 5 67-01; Fax (03 91) 5 67 17 27

Schubert Karin Ministerin der Justiz
39116 Magdeburg, Wilhelm-Höpfner-Ring 6; Tel (03 91) 5 67-01; Fax (03 91) 5 67 42 26

Schaefer Wolfgang Minister der Finanzen
39108 Magdeburg, Olvenstedter Str 1-2; Tel (03 91) 5 67-01; Fax (03 91) 5 67 11 95

Stellvertretende Mitglieder:

Püchel Dr Manfred Minister des Innern
39112 Magdeburg, Halberstädter Str 42; Tel (03 91) 5 67-01; Fax (03 91) 5 67 52 90

Kuppe Dr Gerlinde Ministerin für Arbeit, Soziales und Gesundheit
39116 Magdeburg, Wilhelm-Höpfner-Ring 4; Tel (03 91) 5 67-01; Fax (03 91) 5 67 69 62 und 5 67 46 21

Schucht Dr Klaus Minister für Wirtschaft und Technologie
39116 Magdeburg, Wilhelm-Höpfner-Ring 4; F(03 91) 5 67-01; Fax (03 91) 5 67 43 86

Heyer Dr Jürgen Minister für Wohnungswesen, Städtebau und Verkehr
39114 Magdeburg, Tessenowstr 10; Tel (03 91) 5 67-01; Fax (03 91) 5 67 75 10

Reck Karl-Heinz Kultusminister
39104 Magdeburg, Breiter Weg 31; Tel (03 91) 5 67-01; Fax (03 91) 5 67 37 74

Schleswig-Holstein

Mitglieder:

Simonis Heide Ministerpräsidentin
24105 Kiel, Düsternbrooker Weg 70; Tel (04 31) 9 88-19 00; Fax (04 31) 9 88 19 69

Steenblock Rainder Stellvertreter der Ministerpräsidentin, Minister für Umwelt, Natur und Forsten
24149 Kiel, Grenzstr 1-5; Tel (04 31) 2 19-2 00; Fax (04 31) 21 92 09

Walter Gerd Minister für Justiz, Bundes- und Europaangelegenheiten, Bevollmächtigter des Landes Schleswig-Holstein beim Bund
24103 Kiel, Lorentzendamm 35; Tel (04 31) 9 88-0; Fax (04 31) 9 88 37 04 und
53113 Bonn, Kurt-Schumacher-Str 17-18; Tel (02 28) 9 15 18-0; Telex 8 86 93 82; Fax (02 28) 91 51 81 24

Möller Claus Minister für Finanzen und Energie
24105 Kiel, Düsternbrooker Weg 64; Tel (04 31) 9 88-39 00; Fax (04 31) 9 88 41 76

Stellvertretende Mitglieder:

Böhrk Gisela Ministerin für Bildung, Wissenschaft, Forschung und Kultur
24103 Kiel, Gartenstr 6; Tel (04 31) 9 88-0; Fax (04 31) 9 88 25 25

Wienholtz Dr Ekkehard Innenminister
24105 Kiel, Düsternbrooker Weg 92; Tel (04 31) 9 88-0; Fax (04 31) 9 88 30 03

Birk Angelika Ministerin für Frauen, Jugend, Wohnung und Städtebau
24105 Kiel, Beseler Allee 41; Tel (04 31) 9 88-0; Fax (04 31) 9 88 25 28

Steinbrück Peer Minister für Wirtschaft, Technologie und Verkehr
24105 Kiel, Düsternbrooker Weg 94; Tel (04 31) 9 88-44 00; Fax (04 31) 9 88 47 05

Wiesen Hans Minister für ländliche Räume, Landwirtschaft, Ernährung und Tourismus
24105 Kiel, Düsternbrooker Weg 104; Tel (04 31) 9 88-49 00; Fax (04 31) 9 88 51 01

Moser Heide Ministerin für Arbeit, Gesundheit und Soziales
24143 Kiel, Adolf-Westphal-Str 4; Tel (04 31) 9 88-53 00; Fax (04 31) 9 88 54 74

Thüringen

Mitglieder:

Vogel Dr Bernhard Ministerpräsident
99084 Erfurt, Regierungsstr 73; Tel (03 61) 59 76-0; Fax (03 61) 59 76-1 07

Schuchardt Dr Gerd Stellvertreter des Ministerpräsidenten, Minister für Wissenschaft, Forschung und Kultur
99096 Erfurt, Werner-Seelenbinder-Str 1/14; Tel (03 61) 3 47-0; Fax (03 61) 3 47 21 54

Kretschmer Otto Minister für Justiz und Europaangelegenheiten
99094 Erfurt, Alfred-Hess-Str 8; Tel (03 61) 66 62-0; Fax (03 61) 6 66 21 55

Lieberknecht Christine Ministerin für Bundesangelegenheiten in der Staatskanzlei und Bevollmächtigte des Freistaats Thüringen beim Bund
99084 Erfurt, Regierungsstr 73; Tel (03 61) 59 76-0; Fax (03 61) 59 76-8 22
53113 Bonn, Simrockstr 13; Tel (02 28) 9 15 06-0; Fax (02 28) 26 32 45

Stellvertretende Mitglieder:

Althaus Dieter Kultusminister
99096 Erfurt, Werner-Seelenbinder-Str 1; Tel (03 61) 3 47-0; Fax (03 61) 3 47 19 00

Dewes Dr Richard Innenminister
99096 Erfurt, Schillerstr 27; Tel (03 61) 3 98-0; Fax (03 61) 6 43 12 22

Trautvetter Andreas Finanzminister
99099 Erfurt, Jenaer Str 37; Tel (03 61) 5 07-10; Fax (03 61) 5 07 16 50

Schuster Franz Minister für Wirtschaft und Infrastruktur
99096 Erfurt, Max-Reger-Str 4-8; Tel (03 61) 3 42-0; Fax (03 61) 3 42 21 99

Ellenberger Irene Ministerin für Soziales und Gesundheit
99096 Erfurt, Werner-Seelenbinder-Str 14; Tel (03 61) 42 89-0; Fax (03 61) 4 28 92 89

Sklenar Dr Volker Minister für Landwirtschaft, Naturschutz und Umwelt
99085 Erfurt, Hallesche Str 16; Tel (03 61) 66 60-0; Fax (03 61) 6 42 16 57

4 Ausschüsse

des Bundesrates

Agrarausschuß
Vorsitzender: Rainer Brüderle Staatsminister für Wirtschaft, Verkehr, Landwirtschaft und Weinbau (Rheinland-Pfalz)
Sekretär des Ausschusses: Dr Karlheinz Oberthür MinDirig

Ausschuß für Arbeit und Sozialpolitik
Vorsitzender: Barbara Stolterfoht Staatsministerin (Hessen)
Sekretär des Ausschusses: Dr Wilhelm Opfermann MinR

Ausschuß für Auswärtige Angelegenheiten
Vorsitzender: Prof Dr Kurt Biedenkopf (Sachsen)
Sekretär des Ausschusses: NN

Ausschuß für Angelegenheiten der der Europäischen Union
Vorsitzender: Gustav Wabro Staatssekretär (Baden-Württemberg)
Sekretär des Ausschusses: NN

Ausschuß für Familie und Senioren
Vorsitzende: Ingrid Stahmer Senatorin (Berlin)
Sekretär des Ausschusses: Dr Wilhelm Opfermann MinR

Finanzausschuß
Vorsitzender: Heinz Schleußer Finanzminister (Nordrhein-Westfalen)
Sekretär des Ausschusses: Gerhard Sennlaub MinR

Ausschuß für Frauen und Jugend
Vorsitzende: Dr Gerlinde Kuppe Ministerin (Sachsen-Anhalt)
Sekretärin des Ausschusses: Beate Schmidt R Direktorin

Gesundheitsausschuß
Vorsitzende: Barbara Wackernagel-Jacobs Ministerin (Saarland)
Sekretärin des Ausschusses: Beate Schmidt R Direktorin

Ausschuß für Innere Angelegenheiten
Vorsitzender: Dr Ekkehard Wienholtz Innenminister (Schleswig-Holstein)
Sekretär des Ausschusses: Ulrich Raderschall MinR

Ausschuß für Kulturfragen
Vorsitzender: Dr Gerd Schuchardt Minister (Thüringen)
Sekretär des Ausschusses: Ulrich Raderschall MinR

Rechtsausschuß
Vorsitzender: Prof Dr Wolfgang Hoffmann-Riem Senator (Hamburg)
Sekretär des Ausschusses: Dr Christian Dästner MinDir

Ausschuß für Städtebau, Wohnungswesen und Raumordnung
Vorsitzender: Hartmut Meyer Minister (Brandenburg)
Sekretär des Ausschusses: Ulrich Raderschall MinR

Ausschuß für Umwelt, Naturschutz und Reaktorsicherheit
Vorsitzende: Monika Griefahn Umweltministerin (Niedersachsen)
Sekretär des Ausschusses: Dr Konrad Reuter MinR

Ausschuß für Verkehr und Post
Vorsitzender: Uwe Beckmeyer Senator (Berlin)
Sekretär des Ausschusses: Dr Karlheinz Oberthür MinDirig

Ausschuß für Verteidigung
Vorsitzender: Prof Dr Rolf Eggert Minister (Mecklenburg-Vorpommern)
Sekretär des Ausschusses: NN

Wirtschaftsausschuß
Vorsitzender: Dr Otto Wiesheu Staatsminister für Wirtschaft, Verkehr und Technologie (Bayern)
Sekretär des Ausschusses: Dr Karlheinz Oberthür MinDirig

5 Gemeinsame Ausschüsse
des Deutschen Bundestages und des Bundesrates

Gemeinsamer Ausschuß gemäß Art 53 a GG
Nähere Angaben hierzu siehe unter a III, Seite 41

Vermittlungsausschuß gemäß Art 77 Abs 2 GG
Nähere Angaben hierzu siehe unter „Der Deutsche Bundestag", Seite 24

6 Sekretariat
des Bundesrates

53113 Bonn, Bundeshaus, Görresstr 15; Tel (02 28) 91 00-0; Telex 08 86 841; Fax (02 28) 91 00-4 00

Direktor des Bundesrates: Georg-Berndt Oschatz

Vermittlungsausschuß Dr Dästner MinDir
Büro des Agrarausschusses, des Ausschusses für Verkehr und Post, des Wirtschaftsausschusses Dr Oberthür MinDirig
Büro der Ausschüsse für Arbeit und Sozialpolitik und für Familie und Senioren Dr Opfermann MinR
Büro der Ausschüsse für Auswärtige Angelegenheiten, für Fragen der Europäischen Gemeinschaften, für Verteidigung NN
Büro des Finanzausschusses Sennlaub MinR
Büro des Ausschusses für Frauen und Jugend, Gesundheitsausschuß Schmidt RDirektorin
Büro der Ausschüsse für Innere Angelegenheiten, für Kulturfragen, für Städtebau, Wohnungswesen und Raumordnung Raderschall MinR
Büro des Rechtsausschusses Dr Dästner MinDir
Büro der Ausschüsse für Umwelt, Naturschutz und Reaktorsicherheit Dr Reuter MinR
Parlamentsdienst Dr Risse MinR
Presse, Information, Eingaben Dr Sichelschmidt ORRätin
Dokumentation Dr Mann MinR
Verwaltung Dr Teske RDirektorin
Stenografischer Dienst Dr Römer MinR
Bauplanung und Geschäftsstelle der Föderalismuskommission Zappey MinR
Informationstechnik Dr Hermsdorf MinR
Vorprüfungsstelle Wollbrink OAR

III Gemeinsamer Ausschuß

53179 Bonn, Bundeshaus; Tel (02 28) 1 61; Telex 88 68 08, 88 68 56

Staatsrechtliche Grundlage und Aufgabenkreis:
Durch Artikel 53 a des Grundgesetzes, der durch das 17. Gesetz zur Änderung des Grundgesetzes vom 24. Juni 1968 (BGBl I S 709) in das Grundgesetz eingefügt wurde, wurde mit dem Gemeinsamen Ausschuß ein Verfassungsorgan geschaffen, dessen Tätigkeit sich im wesentlichen auf den Verteidigungsfall erstreckt. Der Gemeinsame Ausschuß besteht aus 48 Mitgliedern. 32 Mitglieder werden vom Deutschen Bundestag und 16 Mitglieder vom Bundesrat bestellt (vgl Artikel 53 a Absatz 1 des Grundgesetzes [GG] in Verbindung mit der Geschäftsordnung für den Gemeinsamen Ausschuß vom 23. Juli 1969 – BGBl I S 1102 –). Mitglieder des Gemeinsamen Ausschusses dürfen nicht der Bundesregierung angehören.
Stellt der Gemeinsame Ausschuß im Verteidigungsfalle (hierzu vergleiche Artikel 115 a Abs 1 GG) fest, daß dem rechtzeitigen Zusammentritt des Deutschen Bundestages unüberwindliche Hindernisse entgegenstehen oder daß dieser nicht beschlußfähig ist, so hat der Gemeinsame Ausschuß die Stellung von Deutschem Bundestag und Bundesrat und nimmt deren Rechte einheitlich wahr (vergleiche Artikel 115 e Abs 1 GG). In der Ausübung seiner Befugnisse ist der Gemeinsame Ausschuß jedoch nicht völlig frei. So darf er das Grundgesetz weder ändern noch ganz oder teilweise außer Kraft setzen. Ebenfalls ist er nicht zum Erlaß von Gesetzen nach Artikel 24 Absatz 1 GG und Artikel 29 GG befugt (vergleiche Artikel 115 e Abs 2 GG). Ferner dürfen die verfassungsmäßige Stellung und die Erfüllung der verfassungsmäßigen Aufgaben des Bundesverfassungsgerichtes und seiner Richter nicht beeinträchtigt werden. Das Gesetz über das Bundesverfassungsgericht darf durch ein Gesetz des Gemeinsamen Ausschusses nur insoweit geändert werden, als dies auch nach Auffassung des Bundesverfassungsgerichts zur Aufrechterhaltung der Funktionsfähigkeit des Gerichtes erforderlich ist (vergleiche Artikel 115 g GG).
Der Gemeinsame Ausschuß kann während des Verteidigungsfalles einen Bundeskanzler wählen. Dies gilt sowohl für eine anstehende Neuwahl als auch für ein konstruktives Mißtrauensvotum (vergleiche Artikel 115 h GG).
Gesetze des Gemeinsamen Ausschusses treten sechs Monate nach Beendigung des Verteidigungsfalles außer Kraft (vergleiche Artikel 115 k Abs 2 GG).

Vorsitzende des Gemeinsamen Ausschusses: Prof Dr Rita Süssmuth Präsidentin des Deutschen Bundestages (CDU/CSU)

b Der Bundespräsident (BPr)

10557 Berlin, Spreeweg 1, Schloß Bellevue; Tel (0 30) 3 90 84-0; Internetadresse: http://www.bundespraesident.de

53113 Bonn, Adenauerallee 135, Villa Hammerschmidt; Tel (02 28) 20 01; Telex adbpn d 88 63 93; Fax (02 28) 2 00-2 00

Gemäß Artikel 54 des Grundgesetzes wurde am 23. Mai 1994 in Berlin von der Bundesversammlung

Prof Dr Roman Herzog

mit Wirkung vom 1. Juli 1994 auf die Dauer von fünf Jahren zum Bundespräsidenten der Bundesrepublik Deutschland gewählt.

Aufgabenkreis des Bundespräsidenten:
Der Bundespräsident vertritt als Staatsoberhaupt die Bundesrepublik Deutschland völkerrechtlich; er schließt in ihrem Namen Verträge mit ausländischen Staaten und beglaubigt und empfängt die Botschafter und Gesandten. Der Bundespräsident fertigt die nach den Vorschriften des Grundgesetzes zustande gekommenen Gesetze aus und läßt sie im Bundesgesetzblatt verkünden. Er schlägt dem Deutschen Bundestag den Bundeskanzler zur Wahl vor; er ernennt und entläßt den Bundeskanzler und die Bundesminister. Ferner ernennt und entläßt er die Bundesrichter, die Bundesbeamten, die Offiziere und Unteroffiziere, soweit gesetzlich nichts anderes bestimmt ist, und übt für den Bund das Begnadigungsrecht aus. Als Repräsentant der Ehrenhoheit des Bundes verleiht er Orden und Ehrenzeichen. Die Künstlerhilfe und die Übernahme von Ehrenpatenschaften sind Ausschnitte aus seinem Bemühen, verdienten und notleidenden Menschen zu danken und zu helfen.

Dem Bundespräsidenten steht zur Durchführung seiner vielseitigen Aufgaben das Bundespräsidialamt zur Verfügung, das von dem Chef des Bundespräsidialamtes (Staatssekretär) geleitet wird. Der Chef des Bundespräsidialamtes berät den Bundespräsidenten und unterrichtet ihn über die laufenden Fragen der allgemeinen Politik sowie über die Arbeit der Bundesregierung und der gesetzgebenden Körperschaften.

Bundespräsidialamt (BPrA)

53113 Bonn, Kaiser-Friedrich-Str 16; Tel (02 28) 2 00-0; Telex adbpn d 88 63 93; Fax (02 28) 2 00-2 00/4 00

Chef des Bundespräsidialamtes: Wilhelm Staudacher Staatssekretär
Stellv Chef des Bundespräsidialamtes: Dr Gernot Fritz MinDir
Leiter des Persönlichen Büros des Bundespräsidenten: Dr Hans-Hermann Bowitz MinR

Verbindungsoffizier: von Putkamer Kapitän zur See
Presse/Öffentlichkeitsarbeit: Lohkamp MinR

Abt I Inland
Leiter: Dr Gernot Fritz MinDir

Ref 111: **Recht, Innenpolitik** Wember MinR
Ref 112: **Wirtschaft, Technik, Innovation in der Wirtschaft, Umwelt** Dr Wallraff MinR
Ref 113: **Arbeit und Sozialpolitik, Bildung und Wissenschaft, Forschung und Technologie** Käppler MinR
Ref 114: **Besondere Fragen der neuen Bundesländer, Angelegenheiten der Bundesländer einschließlich kommunaler Einrichtungen** Dr Wolff MinR

Gruppe 12 Kirchen, Kultur, Medien
Leiter: Dr Millecker MinDirig

Planungsstab Strategieentwicklung, politische Analysen, Grundsatzreden Dr Ammon MinR

Abt II Ausland
Leiter: Schmiegelow MinDirig

Ref 20: **Grundsatzfragen der Außenpolitik; Europäische Einigung, Beziehungen zu internationalen und multilateralen Organisationen** Schmiegelow MinDirig
Ref 21: **Beziehungen zu west- und osteuropäischen Staaten und zu Nordamerika** Körting MinR
Ref 22: **Beziehungen zu Asien, Australien, Afrika und Lateinamerika, BMZ** Dr Haas MinR

Abt Z Zentrale Angelegenheiten
Leiter: Karschies MinDirig

Ref Z 1: **Personal, Organisation, Datenverarbeitung, Urkunden** Nachtwey MinR; **Sekretariat PFK, Justitiariat** Rybak RDir
Ref Z 2: **Haushalt, Innerer Dienst, Neubau Berlin, Sicherheit** Eckert RDir
Ref Z 3: **Eingaben und Petitionen, Verfügungsmittel des Bundespräsidenten, Verbindung zu den karitativen Verbänden, Alters- und Ehejubiläen, Ehrenpatenschaften, Deutsche Künstlerhilfe** Siebenmorgen VwAngestellte
Ref Z 4: **Protokoll, Veranstaltungsmanagement** Arnold MinR
Ref Z 5: **Ordenskanzlei, Geheimschutzbeauftragte** Bickenbach MinRätin

Vorprüfungsstelle Klisch OAR

Beim Bundespräsidialamt eingerichtet:

Bund-Länder-Kommission für Bildungsplanung und Forschungsförderung (BLK)

– Geschäftsstelle –

53113 Bonn, Friedrich-Ebert-Allee 39; Tel (02 28) 54 02-0; Fax (02 28) 54 02-1 50; E-Mail: bund-laender-komm@blk-klaassen.bn.shuttle.de

Staatsrechtliche Grundlage und Aufgabenkreis:
Die Tätigkeit der Bund-Länder-Kommission für Bildungsplanung und Forschungsförderung beruht auf der Grundlage von Artikel 91 b GG, auf dem Verwaltungsabkommen zwischen Bund und Ländern über die Errichtung einer gemeinsamen Kommission für Bildungsplanung vom 25. Juni 1970 in der Fassung vom 17./21. Dezember 1990, auf der Rahmenvereinbarung zur koordinierten Vorbereitung, Durchführung und wissenschaftlichen Begleitung von Modellversuchen im Bildungswesen vom 7. Mai 1971 und auf der Rahmenvereinbarung zwischen Bund und Ländern über die gemeinsame Förderung der Forschung vom 28. November 1975 in der Fassung vom 18. Dezember 1996.

Die Bund-Länder-Kommission ist eine Regierungskommission. Sie ist das ständige Gesprächsforum für alle Bund und Länder gemeinsam berührenden Fragen des Bildungswesens und der Forschungsförderung.

Im Bereich der Bildungsplanung konzentrieren sich die Arbeiten auf wichtige aktuelle Fragen, die unter dem Gesichtspunkt des Zusammenwirkens von Bund und Ländern von vorrangiger Bedeutung sind. Wichtige Aufgaben erwachsen der BLK in erster Linie aus den Auswirkungen der demographischen Entwicklung auf das Bildungs- und Beschäftigungssystem, aus den strukturellen Veränderungen in der Wirtschaft, aus den technologischen und ökonomischen Neuerungen und den dadurch bedingten Änderungen der Qualifikationsstrukturen und -anforderungen in Beruf und Gesellschaft sowie aus der wachsenden Internationalisierung, insbesondere im Hinblick auf die europäische Integration. Die konkreten Arbeitsvorhaben in diesen Problemfeldern werden von Fall zu Fall beschlossen. Hierüber informieren die Jahresberichte der BLK.

Mit der Vereinbarung zwischen Bund und Ländern nach Artikel 91 b des Grundgesetzes über ein Gemeinsames Hochschulsonderprogramm III (HSP III) vom 2. September 1996 ist der BLK die Administration dieses Programmms, das an die Stelle des Hochschulsonderprogramms II (HSP II) und des Hochschulerneuerungsprogramms (HEP) getreten ist, übertragen worden. Dieses Programm enthält auch Elemente, die der Forschungsförderung zuzurechnen sind.

Seit 1993 befaßt sich die BLK erneut mit Fragen des Fernstudiums. Dabei geht es einerseits um die Förderung von Fernstudienprojekten, für die ein von Bund und Ländern gemeinsam finanzierter Förderschwerpunkt eingerichtet wurde, andererseits um konzeptionelle Planungen zum Fernstudium.

Im Bereich der Innovationen im Bildungswesen erstrecken sich die Arbeiten in erster Linie auf Modellversuche, die wichtige Impulse für die Weiterentwicklung in den Bereichen von Schule, Ausbildung, Hochschule und Weiterbildung geben. Dabei werden Kriterien entwickelt, die eine Schwerpunktbildung und die Festlegung von Prioritäten ermöglichen. Große Bedeutung kommt der überregionalen Auswertung und der Umsetzung der Modellversuche zu, insbesondere auch vor dem Hintergrund des Erfahrungsaustausches und der internationalen Zusammenarbeit.

Im Bereich der Forschungsförderung hat die BLK nach der Rahmenvereinbarung Forschungsförderung insbesondere folgende Aufgaben:

- Sie strebt eine Abstimmung der forschungspolitischen Planungen und Entscheidungen von Bund und Ländern an und entwickelt eine mittelfristige Planung für diesen Bereich.
- Sie plant Schwerpunktmaßnahmen und gibt Empfehlungen für die gegenseitige Unterrichtung von Bund und Ländern in Angelegenheiten der Forschungsförderung.
- Sie schlägt den Regierungschefs des Bundes und der Länder die Genehmigung der Haushalts- und Wirtschaftspläne der von allen Vertragschließenden gemeinsam finanzierten Forschungseinrichtungen und Forschungsförderungsorganisationen vor.

Durch Beschluß der Regierungschefs von Bund und Ländern ist der BLK 1978 als zusätzliche Aufgabe die Behandlung von Grundsatzfragen der Fachinformationssysteme zugewiesen worden.

Oberstes Beratungs- und Beschlußgremium der BLK ist die Kommission. Ihr gehören acht Vertreter der Bundesregierung und je ein, bei Aufgaben der Forschungsförderung je zwei Vertreter der Landesregierungen an.

Die Vorsitzenden der BLK werden jeweils für ein Jahr abwechselnd aus dem Kreis der Vertreter der Bundesregierung und der Landesregierung bestellt.

Die Beschlüsse der Kommission, die überwiegend auch den Regierungschefs des Bundes und der Länder als Empfehlungen der BLK zur Beratung und Beschlußfassung vorgelegt werden, werden vom Ausschuß „Bildungsplanung" mit der Projektgruppe „Innovationen im Bildungswesen" und der Fachkommission „Fernstudium" sowie vom Ausschuß „Forschungsförderung" vorbereitet. Ergebnisse der Kommissionsberatung, bei denen vor Interesse der Fachöffentlichkeit erwartet wird, werden in der BLK-Reihe „Materialien zur Bildungsplanung und zur Forschungsförderung" veröffentlicht.

Die Geschäftsstelle der BLK ist zuständig für die Erledigung der laufenden Geschäfte und für die Vorbereitung der Sitzungen der Kommission sowie der anderen Gremien. Dazu gehören neben der fachlich-inhaltlichen Zuarbeit auch die technischen Arbeiten. Die Geschäftsstelle erledigt auch die Geschäftsführung für den Ausschuß „Akademienvorhaben".

Leiter der Geschäftsstelle: Jürgen Schlegel MinDirig
Vertreter: Günther Marwitz MinR
Presse und Öffentlichkeitsarbeit: Rudolf Riefers VwAng

Angelegenheiten der Kommission Brand MinR

Aufgabenbereich Verwaltung
Leiter: Helmut Klaassen OAR

Aufgabenbereich Innovationen und Querschnittsaufgaben im Bildungswesen; Berufliche Bildung
Leiter: Günther Marwitz MinR

Berufliche Bildung; Querschnitts- und Sonderaufgaben; Daten und Finanzierung des Bildungswesens; Vergleichende Bildungsstatistik Marwitz MinR; Helmrich VwAng; Dr Neß
Grundsatzfragen der Innovationen im Bildungswesen einschließlich europäischer Bildungsfragen; Modellversuche im Bildungswesen; Neue Informations- und Kommunikationstechniken; Allgemeinbildende Schulen Dr Klimpel VwAngestellte

Aufgabenbereich Bildungsplanung
Leiter: Rudolf Riefers VwAng

Grundsatzfragen der Bildungsplanung einschließlich europäischer Bildungsfragen; Personal im Bildungswesen; Bildungs- und Beschäftigungssystem; Hochschulsonderprogramm III; Förderung von Frauen Riefers VwAng; Dr Windscheif
Hochschulen; Fernstudium; Wissenschaftliche Weiterbildung; Multimedia; Elementarbereich; Informationsschrift „Studium- und Berufswahl" Dr Degand VwAngestellte; Dr Windscheif

Aufgabenbereich Forschungsförderung
Leiter: Jörn Brand MinR

Forschungsförderung Brand MinR; **Grundsatzfragen der Forschungsförderung einschließlich europäischer Forschungsförderung; Deutsche Forschungsgemeinschaft; Max-Planck-Gesellschaft** Brand MinR; Dr Andrae VwAngestellte
Einrichtungen der „Blauen Liste"; Akademienvorhaben, Hochschulerneuerungsprogramm Wagner RDir; Dr Andrae VwAngestellte

c Die Bundesregierung (BReg) und Bundesbehörden

Die Bundesregierung besteht aus dem Bundeskanzler und den Bundesministern. Der Bundeskanzler bestimmt nach Art 65 GG die Richtlinien der Politik und trägt dafür die Verantwortung. Innerhalb dieser Richtlinien leitet jeder Bundesminister seinen Geschäftsbereich selbständig und unter eigener Verantwortung. Der Bundeskanzler leitet die Geschäfte der Bundesregierung nach der von ihr beschlossenen und vom Bundespräsidenten genehmigten Geschäftsordnung der Bundesregierung vom 11. Mai 1951 (GMBl S 137), zuletzt geändert am 17. Juli 1987 (GMBl S 382).

Mitglieder der Bundesregierung und ihre Parlamentarischen Staatssekretäre

Bundeskanzler: Dr Helmut Kohl (CDU)
Parlamentarische Staatssekretäre beim Bundeskanzler:
Bernd Schmidbauer Staatsminister (CDU)
Anton Pfeifer Staatsminister (CDU)

Bundesminister des Auswärtigen und Stellvertreter des Bundeskanzlers: Dr Klaus Kinkel (FDP)
Parlamentarische Staatssekretäre beim Bundesminister des Auswärtigen:
Dr Werner Hoyer Staatsminister (FDP)
Helmut Schäfer Staatsminister (FDP)

Bundesminister des Innern: Manfred Kanther (CDU)
Parlamentarischer Staatssekretär: Eduard Lintner (CSU)
Parlamentarischer Staatssekretär: Manfred Carstens (CDU)

Bundesminister der Justiz: Edzard Schmidt-Jortzig (FDP)
Parlamentarischer Staatssekretär: Rainer Funke (FDP)

Bundesminister der Finanzen: Dr Theodor Waigel (CSU)
Parlamentarischer Staatssekretär: Hansgeorg Hauser (CSU)
Parlamentarische Staatssekretärin: Irmgard Karwatzki (CDU)

Bundesminister für Wirtschaft: Dr Günter Rexrodt (FDP)
Parlamentarischer Staatssekretär: Dr Heinrich L Kolb (FDP)

Bundesminister für Ernährung, Landwirtschaft und Forsten: Jochen Borchert (CDU)
Parlamentarischer Staatssekretär: Wolfgang Gröbl (CSU)

Bundesminister für Arbeit und Sozialordnung: Dr Norbert Blüm (CDU)
Parlamentarischer Staatssekretär: Horst Günther (CDU)
Parlamentarischer Staatssekretär: Rudolf Kraus (CSU)

Bundesminister für Verkehr: Matthias Wissmann (CDU)
Parlamentarischer Staatssekretär: Dr Norbert Lammert (CDU)
Parlamentarischer Staatssekretär: Johannes Nitsch (CDU)

Bundesminister für Post und Telekommunikation: Dr Wolfgang Bötsch (CSU)
Parlamentarischer Staatssekretär: Dr Paul Laufs (CDU)

Bundesminister der Verteidigung: Volker Rühe (CDU)
Parlamentarischer Staatssekretär: Bernd Wilz (CDU)
Parlamentarischer Staatssekretär: Dr Klaus Rose (CSU)

Bundesministerin für Familie, Senioren, Frauen und Jugend: Claudia Nolte (CDU)
Parlamentarische Staatssekretärin: Gertrud Dempwolf (CDU)

Bundesminister für Gesundheit: Horst Seehofer (CSU)
Parlamentarische Staatssekretärin: Dr Sabine Bergmann-Pohl (CDU)

Bundesministerin für Umwelt, Naturschutz und Reaktorsicherheit: Dr Angela Merkel (CDU)
Parlamentarischer Staatssekretär: Walter Hirche (FDP)
Parlamentarischer Staatssekretär: Ulrich Klinkert (CDU)

Bundesminister für wirtschaftliche Zusammenarbeit und Entwicklung: Carl-Dieter Spranger (CSU)
Parlamentarischer Staatssekretär: Klaus-Jürgen Hedrich (CDU)

Bundesminister für Raumordnung, Bauwesen und Städtebau: Prof Dr Klaus Töpfer (CDU)
Parlamentarischer Staatssekretär: Joachim Günther (FDP)

Bundesminister für Bildung, Wissenschaft, Forschung und Technologie: Dr Jürgen Rüttgers (CDU)
Parlamentarischer Staatssekretär: Bernd Neumann (CDU)
Parlamentarische Staatssekretärin: Elke Wülfing (CDU)

Bundesminister für besondere Aufgaben: Friedrich Bohl (CDU), zugleich Chef des Bundeskanzleramtes

Kabinettausschüsse

Vorbemerkung: Kabinettausschüsse werden eingerichtet, wenn ressortübergreifende Aufgaben dies erforderlich machen. Nach den „Rahmenregelungen für den Geschäftsablauf der Kabinettausschüsse der Bundesregierung" ist der Bundeskanzler Vorsitzender aller Kabinettausschüsse; der Stellvertreter des Bundeskanzlers ist Stellvertretender Vorsitzender. Bei Abwesenheit des Bundeskanzlers und seines Stellvertreters führt der für den Aufgabenbereich des Ausschusses federführende oder hauptbeteiligte Bundesminister den Vorsitz (Beauftragter Vorsitzender).

Bundessicherheitsrat
Beauftragter Vorsitzender: BMin der Verteidigung
Ständige Mitglieder: BMin des Auswärtigen, BMin des Innern, BMin der Justiz, BMin der Finanzen, BMin für Wirtschaft

Kabinettausschuß für Europapolitik
Beauftragter Vorsitzender: BMin des Auswärtigen
Ständige Mitglieder: BMin der Finanzen, BMin für Wirtschaft, BMin für Ernährung, Landwirtschaft und Forsten, BMin für Umwelt, Naturschutz und Reaktorsicherheit

Kabinettausschuß Neue Bundesländer
Beauftragter Vorsitzender: Chef des Bundeskanzleramtes
Ständige Mitglieder: BMin des Innern, BMin der Justiz, BMin der Finanzen, BMin für Wirtschaft, BMin für Ernährung, Landwirtschaft und Forsten, BMin für Arbeit und Sozialordnung, BMin für Familie, Senioren, Frauen und Jugend, BMin für Gesundheit, BMin für Verkehr, BMin für Umwelt, Naturschutz und Reaktorsicherheit, BMin für Post und Telekommunikation, BMin für Raumordnung, Bauwesen und Städtebau, BMin für Bildung, Wissenschaft, Forschung und Technologie

Kabinettausschuß für Wirtschaft
Beauftragter Vorsitzender: BMin für Wirtschaft
Ständige Mitglieder: BMin der Finanzen, BMin für Ernährung, Landwirtschaft und Forsten, BMin für Arbeit und Sozialordnung, BMin für Gesundheit, BMin für Familie, Senioren, Frauen und Jugend, BMin für Verkehr, BMin für Umwelt, Naturschutz und Reaktorsicherheit, BMin für Post und Telekommunikation, BMin für Raumordnung, Bauwesen und Städtebau, BMin für Bildung, Wissenschaft, Forschung und Technologie, BMin für wirtschaftliche Zusammenarbeit und Entwicklung

Kabinettausschuß für Zukunftstechnologien
Beauftragter Vorsitzender: BMin für Bildung, Wissenschaft, Forschung und Technologie
Ständige Mitglieder: BMin des Auswärtigen, BMin der Finanzen, BMin für Wirtschaft, BMin für Arbeit und Sozialordnung, BMin der Verteidigung, BMin für Verkehr, BMin für Umwelt, Naturschutz und Reaktorsicherheit, BMin für Post und Telekommunikation

Kabinettausschuß für Umwelt und Gesundheit
Beauftragter Vorsitzender: BMin für Umwelt, Naturschutz und Reaktorsicherheit
Ständige Mitglieder: BMin der Finanzen, BMin für Wirtschaft, BMin für Ernährung, Landwirtschaft und Forsten, BMin für Arbeit und Sozialordnung, BMin für Gesundheit, BMin für Familie, Senioren, Frauen und Jugend, BMin für Verkehr, BMin für Raumordnung, Bauwesen und Städtebau, BMin für Bildung, Wissenschaft, Forschung und Technologie

Kabinettausschuß für Raumfahrt
Beauftragter Vorsitzender: BMin für Bildung, Wissenschaft, Forschung und Technologie
Ständige Mitglieder: BMin des Auswärtigen, BMin der Finanzen, BMin für Wirtschaft, BMin der Verteidigung, BMin für Verkehr, BMin für Post und Telekommunikation

I Bundeskanzler (BK)

53113 Bonn, Adenauerallee 139-141; Tel (02 28) 56-0; Telex 88 67 50; Teletex 22 83 37 = BKamt BN; Fax (02 28) 56 23 57

Nach der Wahl zum 13. Deutschen Bundestag am 16. Oktober 1994 wurde am 15. November 1994 erneut zum Bundeskanzler gewählt:

Dr Helmut Kohl

Aufgabenkreis des Bundeskanzlers:
Nach dem Grundgesetz für die Bundesrepublik Deutschland bestimmt der Bundeskanzler die Richtlinien der Politik und trägt dafür die Verantwortung. Die Richtlinien des Bundeskanzlers sind für die Bundesminister verbindlich und von ihnen in ihrem Geschäftsbereich selbständig und unter eigener Verantwortung zu verwirklichen. Der Bundeskanzler leitet die Geschäfte der Bundesregierung; er hat dabei auf die Einheitlichkeit der Geschäftsführung in der Bundesregierung hinzuwirken.

01 Kanzlerbüro
Leiter: Dr Walter Neuer MinDir
Vertreter: Andreas Hermes RR

Ref 011: **Persönliches Büro des Bundeskanzlers** Juliane Weber VwAngestellte
Ref 012: **Eingaben und Petitionen** Dr Ulrich Gundelach VwAng

02 Arbeitsstab Öffentlichkeitsarbeit und Medienpolitik
Leiter: Andreas Fritzenkötter VwAng

Ref 021: **Öffentlichkeitsarbeit, Verbindung zu gesellschaftlichen Gruppen** Michael Roik VwAng
Ref 022: **Pressestelle; Besuchergruppen** Hans-Peter Gärtner MinR
Ref 023: **Medienbeobachtung** Dr Johannes Wolter VwAng

Staatsminister: Anton Pfeifer
Persönlicher Referent: Dirk Schwenzfeier VwAng

Staatsminister: Bernd Schmidbauer; zugleich Beauftragter und Koordinator für die geheimen Nachrichtendienste
Persönliche Referentin: Christa Sauer VwAngestellte

Dem Bundeskanzler unterstellt:

1 Bundeskanzleramt (BK)

53113 Bonn, Adenauerallee 139-141; Tel (02 28) 56-0; Telex 88 67 50 und 8 86 95 26; Teletex 17 22 83 37 = BKamt BN; Fax (02 28) 56 23 57

Aufgabenkreis:
Zur Durchführung seiner Aufgaben bedient der Bundeskanzler sich des Bundeskanzleramtes, das vom Chef des Bundeskanzleramtes geleitet wird.
Das Bundeskanzleramt hat den Bundeskanzler über die laufenden Fragen der allgemeinen Politik und die Arbeit in den Bundesministerien zu unterrichten. Es hat die Entscheidungen des Bundeskanzlers vorzubereiten und auf ihre Durchführung zu achten. Aufgabe des Bundeskanzleramtes ist es auch, die Arbeiten der Bundesministerien zu koordinieren.
Dem Bundeskanzleramt obliegt ferner die Durchführung der Sekretariatsgeschäfte der Bundesregierung. Es ist für die Vorbereitung der Sitzungen des Kabinetts und der Kabinettausschüsse sowie der Beschlüsse der Bundesregierung zuständig.

Chef des Bundeskanzleramtes: Friedrich Bohl Bundesminister für besondere Aufgaben

03 Leitungsgruppe; Ministerbüro
Leiter: Hammes VwAng

Ref 031: **Kabinett- und Parlamentreferat; Ständiger Protokollführer** Winands MinR
Ref 032: **Persönlicher Referent des Chefs des Bundeskanzleramtes** Stehl MinR
Ref 033: **Lagezentrum** Vogel Oberst im GenStab
Ref 034: **Pressearbeit ChefBK** Neumann VwAng

04 Arbeitsstab ChefBK neue Länder
Leiter: Dr Aretz VwAng

Ref 041: **Grundsatzfragen** NN
Ref 042: **Verbindung zu den Abgeordneten der neuen Länder; Sonderaufgaben** Dr Kontetzki VwAng

Abt 1 Zentralabteilung: Innen und Recht
Leiter: Dr Roll MinDir

Gruppe 11 Personalangelegenheiten der Bundesregierung
Leiter: Dr Malina MinDirig

Ref 111: **Personalangelegenheiten des Bundeskanzleramtes** Hütte RDir
Ref 112: **Organisation und Haushalt des Bundeskanzleramtes, Beihilfe, Vergabeprüfstelle des Bundeskanzleramtes und der Stiftung Wissenschaft und Politik** Heger RDirektorin
Ref 113: **Innerer Dienst** Thaysen MinR
Ref 114: **Informationstechnik** Grewenig MinR

Gruppe 12 Innere Sicherheit, Polizeiangelegenheiten, Rechtswesen
Leiterin: Braunöhler MinDirigentin

Ref 121: **Bundesministerium der Justiz, Justitiariat, Rehabilitierung** Germelmann MinR
Ref 122: **Geheimschutzbeauftragter, Sicherheitsbeauftragter** Wegesin RDir
Ref 123: **Innere Sicherheit, Polizei, Bundesgrenzschutz; zivile Verteidigung** Dr Kusch MinR

Gruppe 13 Beziehungen zwischen Bund und Ländern; Verfassungsrecht, staatliche Organisation, Aufgabenplanung der Bundesregierung
Leiter: Dr Busse MinDir

Ref 131: **Bund-Länder-Verhältnis, Bundesrat und Vermittlungsausschuß, Besprechungen des Bundeskanzlers mit den Regierungschefs der Länder** Storsberg MinRätin

Ref 132: **Verfassungsrecht, Arbeitsstab Berlin/ Bonn; Organisation und Geschäftsordnung der Bundesregierung, Statistik, Öffentlicher Dienst, Kommunalwesen** Hammerl MinR

Vorprüfungsstelle Hellingrath MinR

Abt 2 Auswärtige Beziehungen, Entwicklungspolitik, äußere Sicherheit
Leiter: Bitterlich MinDir

Gruppe 21 Auswärtiges Amt, Bundesministerium für wirtschaftliche Zusammenarbeit und Entwicklung
Leiter: Dr Duckwitz MinDirig

Ref 211: **Europäische Einigung, bilaterale Beziehungen zu den west- und südeuropäischen sowie nordischen Staaten und der Türkei; Kabinettausschuß für Europapolitik** Krekeler VortrLegR I. Kl

Ref 212: **Bilaterale Beziehungen zu den USA und Kanada; Sicherheits- und Abrüstungspolitik** Dr Blomeyer-Bartenstein VortrLegR I. Kl

Ref 213: **Bilaterale Beziehungen zu den Staaten Mittel-, Ost- und Südosteuropas, des Transkaukasus sowie zu den zentralasiatischen Republiken** Schäfers VortrLegR I. Kl

Ref 214: **Weltweite internationale Organisationen; bilaterale Beziehungen zu Asien, Afrika und Lateinamerika** Dr Hauswedell VortrLegR I. Kl

Ref 215: **Entwicklungspolitik; Nord-Süd-Fragen** Dr Baldus RDir

Gruppe 22 Bundesministerium der Verteidigung; Bundessicherheitsrat
Leiter: Sude Oberst im GenStab

Ref 221: **Wehrverwaltung, Rüstung** Kretschmer RDir

Ref 222: **Militärische Aspekte der Sicherheitspolitik; truppendienstliche Angelegenheiten der Bundeswehr** Marzi Oberst im GenStab

Abt 3 Soziales; Umwelt; Verkehr, Agrar; Forschung
Leiter: Wirmer MinDir

Gruppe 31 Grundsatzfragen der Sozial- und Gesellschaftspolitik; Kontakte zu den Gewerkschaften und Arbeitgeberverbänden
Leiter: Scherer MinR

Ref 311: **Bundesministerium für Arbeit und Sozialordnung** Hegerfeldt MinR

Ref 312: **Bundesministerium für Gesundheit** Jüchter-Bieber MinRätin

Gruppe 32 Umwelt-, Agrar-, Verkehrs- und Postpolitik; Medien- und Presserecht
Leiter: Dr Westerhoff VwAng

Ref 321: **Bundesministerium für Umwelt, Naturschutz und Reaktorsicherheit; Kabinettausschuß für Umwelt und Gesundheit** Gehring RDir

Ref 322: **Bundesministerium für Ernährung, Landwirtschaft und Forsten** Dr Kloos MinR

Ref 323: **Bundesministerium für Verkehr, Bundesministerium für Post und Telekommunikation** Trebesch MinRätin

Gruppe 33 Bildungs- und Forschungspolitik; Familien-, Senioren-, Frauen und Jugendpolitik
Leiter: Dr Born MinRätin

Ref 331: **Bundesministerium für Bildung, Wissenschaft, Forschung und Technologie; Kabinettausschüsse für Zukunftstechnologien und Raumfahrt** Steiner-Hoffmann RDirektorin

Ref 332: **Bundesministerium für Familie, Senioren, Frauen und Jugend; Sport; Vertriebenenfragen** Krannich MinR

Abt 4 Wirtschafts- und Finanzpolitik; Koordinierung neue Länder
Leiter: Dr Nehring MinDir

Gruppe 41 Wirtschaftspolitische Grundsatzfragen der Europapolitik; Außenwirtschaftspolitik; Bundesministerium für Wirtschaft: Abt E)
Leiter: Dr Zeppernick MinR

Ref 411: **Wirtschaftliche Aspekte der europäischen Integration; Europäischer Binnenmarkt; EG-rechtliche Fragen; Wirtschafts- und Währungsunion** Dr Hamann MinR

Ref 412: **Außenwirtschaft; Geld und Währung; Finanzmärkte; multinationale Organisationen; Bundesministerium für Wirtschaft, Abt V; Bundesministerium der Finanzen, Abt VII und IX teilweise** Dr Scheid RDir

Gruppe 42 Wirtschaftspolitik; Mittelstand, Wirtschaftsrecht; Koordinierung neue Länder; Bundesministerium für Wirtschaft (außer Abt E und V); Bundesministerium der Finanzen (Abt I teilweise und VIII teilweise); Kabinettausschuß neue Bundesländer
Leiter: Dr Pfaffenbach MinDirig

Ref 421: **Grundsatzfragen; wirtschaftspolitische Sonderaufgaben; gesamtwirtschaftliche Entwicklung; Kabinettausschuß für Wirtschaft** Homann MinR

Ref 422: **Koordinierung neue Länder** Annecke MinR

Ref 423: **Wirtschaftsrecht und Wettbewerbspolitik; offene Vermögensfragen in den neuen Ländern** Zilch MinR

Ref 424: **Mittelstand; regionale Wirtschaftspolitik; Wirtschaftsfragen neue Länder** Dr Sallandt RDir

Gruppe 43 Haushalts-, Finanz- und Steuerpolitik; Bundesministerium der Finanzen (Abt Z, II-VI, I teilweise und VIII teilweise)
Leiter: Klotz MinDirig

Ref 431: **Bundeshaushalt; Bund-Länder-Finanzbeziehungen; Bundesliegenschaften** Schröder RDir

Ref 432: **Steuerpolitik, Zölle** NN

Gruppe 44 Gewerbliche Wirtschaft, Raumordnungs- und Baupolitik
Leiter: Kindler MinR

Ref 441: **Industrie, Energiepolitik, Treuhand-Nachfolge** Dr Brandis RDir
Ref 442: **Bundesministerium für Raumordnung, Bauwesen und Städtebau; Mietrecht** Hilgen MinR

Abt 5 Gesellschaftliche und politische Analysen; kulturelle Angelegenheiten
Leiter: Mertes MinDir

Gruppe 51 Kommunikation; gesellschaftliche und politische Analysen
Leiter: Müller VwAng

Ref 511: **Mitwirkung bei der Öffentlichkeitsarbeit des Bundeskanzlers** Lübbering VwAng
Ref 512: **Auswertung von Programmen und Modellen politischer Problemlösung** Bierett VwAng
Ref 513: **Dokumentation; Pressematerialien** Wagenknecht VwAng

Gruppe 52 Kulturelle Angelegenheiten; Kirchen; politische Bildung
Leiter: Dr Laitenberger VwAng

Ref 521: **Verbindung zum Bereich von Kunst und Kultur sowie zu den Kirchen** Leibbrandt RDir
Ref 522: **Deutsche kulturelle und wissenschaftliche Einrichtungen im Ausland; Mittlerorganisationen** Dr Jacobs VortrLegR

Abt 6 Bundesnachrichtendienst, Koordinierung der Nachrichtendienste des Bundes
Leiter: Dr Hannig MinDirig
Ständiger Vertreter: Staubwasser MinDirig

Ref 601: **Bundesnachrichtendienst, Dienstaufsicht, Personal, Organisation, Haushalt, Recht der Informationsgewinnung, Sicherheit, Vergabeprüfstelle, parlamentarische Angelegenheiten** Friehe RDir
Ref 602: **Nachrichtendienstliche Lageinformation, Auftragssteuerung des Bundesnachrichtendienstes, Auslandsbeziehungen** Dr Vollmer MinRätin
Ref 603: **Koordinierung der Nachrichtendienste des Bundes; Staatssekretärsausschuß für das geheime Nachrichtenwesen; parlamentarische Kontrollgremien; Bundesamt für Verfassungsschutz; Militärischer Abschirmdienst** Radau MinR
Ref 604: **Nachrichtendienstliche Informationsverwertung; Proliferation, internationaler Waffen- und Rauschgifthandel, internationale Geldwäsche; internationaler Terrorismus; Nuklearschmuggel** Wenckebach MinR

Dienststelle Berlin des Bundeskanzleramtes
10117 Berlin, Mauerstr 34-38; Tel (0 30) 22 41-50; Fax (0 30) 22 41-55 39

Arbeitsgruppe Neubau Bundeskanzleramt Thaysen MinR; Grothues BauDir

2 Presse- und Informationsamt der Bundesregierung

53113 Bonn, Welckerstr 11; Tel (02 28) 2 08-0; Telex 88 67 41; Fax (02 28) 2 08 25 55; Internet: http://www.bundesregierung.de

Aufgabenkreis:
Das Presse- und Informationsamt der Bundesregierung hat den Bundespräsidenten und die Bundesregierung auf dem gesamten Nachrichtensektor laufend zu unterrichten. Zu diesem Zweck unterhält es die erforderlichen Verbindungen zu den Nachrichtenträgern des In- und Auslandes unter Einsatz moderner technischer Mittel. Zu seinen Aufgaben gehört die Erforschung und Darstellung der öffentlichen Meinung als Entscheidungshilfe für die politische Arbeit der Bundesregierung. Das Presse- und Informationsamt der Bundesregierung ist zuständig für die Unterrichtung der Bürger und der Medien über die Politik der Bundesregierung. Es erläutert und vertritt hierbei mit den Mitteln der Öffentlichkeitsarbeit und der Informationspolitik Tätigkeiten, Vorhaben und Ziele der Bundesregierung. Dem Presse- und Informationsamt der Bundesregierung obliegt im Zusammenwirken mit dem Auswärtigen Amt die Politische Öffentlichkeitsarbeit im Ausland, deren Ziel es ist, das Ansehen der Bundesrepublik Deutschland im Ausland zu stärken, ein umfassendes und wirklichkeitsnahes Deutschlandbild zu vermitteln und die deutsche Politik im Ausland verständlich zu machen. Hierzu bedient sich das Presse- und Informationsamt unter anderem des Vereins „INTER NATIONES eV" und des „Instituts für Auslandsbeziehungen".
Das Presse- und Informationsamt der Bundesregierung koordiniert die ressortübergreifende Öffentlichkeitsarbeit und die ressortbezogene Öffentlichkeitsarbeit der Bundesministerien bei Maßnahmen, die Angelegenheiten von allgemein-politischer Bedeutung betreffen.

Veröffentlichungen:
Bulletin, (Hrsg) Presse- und Informationsamtes der Bundesregierung
Vertrieb: DVG Deutsche Vertriebsgesellschaft für Publikationen und Filme mbH, Postfach 1149, 53333 Meckenheim, Bezugspreis 15,60 DM halbjährlich
Jahresbericht der Bundesregierung
Bonner Almanach
sowie zahlreiche periodische und nichtperiodische deutsche und fremdsprachige Publikationen.

Chef des Presse- und Informationsamtes: Peter Hausmann StSekr
Leiter Büro Staatssekretär und zugleich Leiter Büro Chef vom Dienst: Thomas Mund

Stellvertretender Chef des Presse- und Informationsamtes: Wolfgang G Gibowski MinDir
Stellvertretender Sprecher der Bundesregierung: Herbert Schmülling MinDir

Abteilung Z Zentralabteilung
Leiter: Dr Gerhard Kohnen MinDirig
Vertreter: Michael Sternecker MinR

Ref Z 1: **Haushalt, Controlling** Dr Walter MinR
Ref Z 2: **Personal** Böttcher RDir
Ref Z 3: **Innerer Dienst** Marx RDir
Ref Z 4: **Rechts- und Kabinettsachen, Kontraktmanagement** Schlesener RDir
Ref Z 5: **Organisation, Sicherheit** Adams MinR
Ref Z 6: **Nachrichtentechnik** Schmidt
Ref Z 7: **Informationstechnik** NN

Abteilung I Kommunikation
Leiter: Manfred H Obländer
Vertreter: Dr Gerd Pflaumer MinDirig

Arbeitsgruppe I 1: **Grundsatzfragen; Interministerielle Koordinierung von Öffentlichkeitsarbeit, Neue Medien** Haag MinR; **Vergabe- und Zuwendungsrecht; Controlling** Dr Merkel MinR
Ref I 2: **Bundesbildstelle, Herstellung und Vertrieb von Fernseh- und Filmbeiträgen** Barteld
Ref I 3: **Besucherdienst** Witte MinR
Ref I 4: **Staatsbesuche; Großveranstaltungen; Akkreditierung** Dr Meyhoeffer; **Messen und Ausstellungen Inland/Ausland; Expo 2000** Nehl RDir
Ref I 5: **Herstellung und Vertrieb von Informationsmaterial im Printbereich** Dr Just
Ref I 6: **Zentrales Dokumentationssystem; Pressearchiv, Bibliothek** Dr Findeisen RDir

Abteilung II Nachrichten
Leiter: Peter E Schumacher MinDir
Vertreter: Dr Werner Bruns, zugleich Beauftragter für den Datenschutz

Ref II 1: **Grundsatzfragen; Controlling; Sonderunterrichtungen, Aktuelle Unterrichtung** Hellack MinR
Ref II 2: **Nachrichtenzentrale (RvD)** Schulze-Koßmann M A
Ref II 3: **Presse, Agenturen, Inland** Dr Ludewigs
Ref II 4: **Fernsehen, Hörfunk, Inland** Wurm
Ref II 5: **Fernsehen, Hörfunk, Ausland** Bommersbach

Abteilung III Inland
Leiter: Dr Klaus Gotto MinDir
Vertreter: Bernhard Vogt MinR, zugleich Planungsbeauftragter

Ref III 1: **Grundsatzfragen; Planung; Konzeption; Controlling** Dr Frank MinR
Ref III 2: **Medienpolitische Angelegenheiten; Konzeption und Gestaltung von audiovisuellen ÖA-Maßnahmen** Dr Ströhm RDir; **Zentrale ÖA-Maßnahmen; Information an Print- und elektronischen Medien** Korber RDir
Ref III 3: **Meinungsforschung, Konzeption und Gestaltung von Periodika** Kreye M A; **Redaktion Bulletin** Dellmann
Ref III 4: **Kirchen und Religionsgemeinschaften, kirchliche Medien** Graf von Matuschka MinR
Ref III 5: **Bundestag; Bundesrat; Inneres; Justiz** Dr Schrötter RDir

Ref III 6: **Auswärtiges; Verteidigung; Europa** Hofmann
Ref III 7: **Finanzen; Wirtschaft; Verkehr; Raumordnung; Bauwesen und Städtebau** Schmitz M A MinR
Ref III 8: **Arbeit und Sozialordnung; Gesundheit** Dr Herber
Ref III 9: **Familie, Senioren, Frauen und Jugend; Bildung, Wissenschaft, Forschung und Technologie; Post und Telekommunikation** Kaiser-Bauer M A
Ref III 10: **Landwirtschaft; Umwelt; wirtschaftliche Zusammenarbeit** Dr Habel MinR

Abteilung IV Ausland
Leiter: Hagen Graf Lambsdorff MinR
Vertreter: Dr Reinhard Schwarzer; zugleich Leitung Verbindungsbüro

Ref IV 1: **Grundsatzfragen, Planung und Koordinierung; Überregionale Projekte, Controlling** Goeres MinR
Ref IV 2: **Redaktion, Nichtperiodika, BPA-Aktuell; Konzeption und inhaltliche Gestaltung der Messe- und Ausstellungsplanung** Zickgraf RDir; **Konzeption und inhaltliche Gestaltung von periodischen Printmedien und elektronischem Publizieren** Schuldenzucker RDir; **Konzeption und inhaltliche Gestaltung von audiovisuellen ÖA-Maßnahmen; Transtel** Rischmüller RDir
Arbeitsgruppe IV 3: **Frankreich, EU, OECD, G7-Gipfel** Dr Guérin-Fadé MinRätin **Italien, Österreich, Schweiz, Portugal, Spanien, Griechenland, Zypern, Malta** Dr Hackethal MinRätin; **Vereinigtes Königreich, Irland, Benelux, Nordische Staaten, Vereinte Nationen** Dr von Langermann MinRätin
Ref IV 4: **Nordamerika, Neuseeland, Australien, NATO, OSZE** Schlageter VortrLegR I Kl
Arbeitsgruppe IV 5: **Asien, Türkei, Israel, Maschrek** Stoldt; **Afrika, Maghreb, Entwicklungshilfe** Bühler; **Lateinamerika** Dr Kutzner RDir
Ref IV 6: **Mittel- und Osteuropa, Rußland, Kaukasus und Zentralasien** Schwandt VortrLegR I Kl

Koordination Umzug Berlin/Bonn; Dienststelle Berlin
10117 Berlin, Mohrenstr 36/37; Tel (0 30) 22 44-0; Fax (0 30) 22 44-13 65
Leiter: Joachim Zietschmann MinDirig

Ref AB P: **Planung und Realisierung** von Siegfried MinR
Ref AB Z/IV: **Bereich der Abteilungen Z/IV** Graf von der Schulenburg RDir
Ref AB I/II/III: **Bereich der Abteilungen I/II/III; Information und Kommunikation neue Länder** Wolter RDir

Bereich Chef vom Dienst Allardt

3 Bundesnachrichtendienst

82049 Pullach, Heilmannstr 30; Tel (0 89) 7 93 15 67

Präsident des Bundesnachrichtendienstes: Dr Hansjörg Geiger
Vizepräsident: Dr Rainer Keßelring

II Auswärtiges Amt (AA)

53113 Bonn, Adenauerallee 99-103; Tel (02 28) 17-0; Telex 88 65 91; Fax (02 28) 17 34 02

Aufgabenkreis:
Durch den Auswärtigen Dienst nimmt die Bundesregierung die auswärtigen Angelegenheiten wahr, über die der Bund nach Art 73 des Grundgesetzes der Bundesrepublik Deutschland die ausschließliche Gesetzgebung hat. Der Auswärtige Dienst besteht aus dem Auswärtigen Amt und den diplomatischen und berufskonsularischen Vertretungen der Bundesrepublik Deutschland im Ausland, die zusammen eine einheitliche oberste Bundesbehörde bilden.
Das Auswärtige Amt gliedert sich in die Abteilungen:
Zentralabteilung,
2 Politische Abteilungen,
Europaabteilung,
Abteilung für Vereinte Nationen, Menschenrechte und humanitäre Hilfe,
Beauftragter der Bundesregierung für Fragen der Abrüstung und Rüstungskontrolle,
Wirtschaftsabteilung,
Rechtsabteilung,
Kulturabteilung,
Protokoll.
Die Vertretungen des Bundes im Ausland setzen sich wie folgt zusammen:
150 Botschaften,
66 Generalkonsulate,
12 Vertretungen bei zwischen- und überstaatlichen Organisationen,
1 Schutzmachtvertretung,
1 Vertretungsbüro.
Außerdem ist dem Auswärtigen Amt das Deutsche Archäologische Institut in Berlin unterstellt.

Publikationsorgan: Gemeinsames Ministerialblatt (GMBl) des AA, BMI, BMF, BMWi, BML, BMFSFJ, BMG, BMU, BMBau, BMBF, BMZ, herausgegeben vom Bundesministerium des Innern. Erscheint nach Bedarf. Verlag:Carl Heymanns Verlag KG, Köln.
Verträge der Bundesrepublik Deutschland. Verlag:Carl Heymanns Verlag KG, Köln, Berlin, Bonn, München

Bundesminister des Auswärtigen: Dr Klaus Kinkel
Persönlicher Referent: Dr Peter Wittig VortrLegR I. Kl

Staatsminister: Helmut Schäfer
Persönlicher Referent: Dr Lampe VortrLegR

Staatsminister: Dr Werner Hoyer
Persönlicher Referent: Wnendt VortrLegR

Staatssekretär: Dr Hans Friedrich von Ploetz
Persönlicher Referent: Berger VortrLegR

Staatssekretär: Dr Peter Hartmann
Persönlicher Referent: Kochanke VortrLegR

Koordinator für die deutsch-französische Zusammenarbeit Dr h c Manfred Rommel
Persönlicher Referent: Klinger LegR I Kl

Koordinator für die deutsch-amerikanische zwischengesellschaftliche, kultur- und informationspolitische Zusammenarbeit Prof Dr Werner Weidenfeld
Persönlicher Referent: Klaßen VortrLegR

01 Leitungsstab
Leiter: Dr Westdickenberg MinDirig

Ref 010: **Ministerbüro** Dr Westdickenberg MinDirig
Ref 011: **Parlaments- und Kabinettsreferat** Dr Braun VortrLegR I. Kl
Ref 012: **Öffentlichkeitsarbeit, politische Kontakte** Dr Zeisler VortrLegR I. Kl
Ref 013: **Pressereferat** Erdmann VortrLegR I. Kl

02 Planungsstab
Leiter: Dr Klaiber MinDir

03 Kommunikation
Leiter: Erath Botschafter

Abt 1 Zentralabteilung
Leiter: von Nordenskjöld MinDir; zugleich Beauftragter für den Umzug nach Berlin

Ref 1-I: **Inspekteure**
Chefinspekteur: Lewalder Botschafter
Ref 1-AF: **Ausbildung und Fortbildung** Dr Kuhna Botschafter
Ref 1-DA: **Ausbildung von Diplomaten aus MOE-Staaten** Dr Kilian Botschafter a D
Ref 1-VP: **Vorprüfungsstelle** Weinberger VortrLegR
Ref 1-DSB: **Datenschutzbeauftragter** Bergner LegR I Kl
Ref AS ZAD: **Arbeitsstab, Zukunftsperspektiven des Auswärtigen Dienstes** Luy VortrLegR

U-Abt 10
Leiter: H Richter MinDirig

Ref 100: **Allgemeine Personalangelegenheiten** Dr Reyels VortrLegR I. Kl
Ref 101: **Höherer Dienst, Honorarkonsuln** Kraus VortrLegR I. Kl
Ref 1-KIP: **Koordinator für internationale Personalpolitik** Marquardt VortrLegR
Ref 103: **Gehobener, mittlerer und einfacher Dienst; Lohnempfänger** Peters VortrLegRätin I. Kl
Ref 105: **Sprachendienst** Siebourg VortrLegRätin I. Kl
Ref 106: **Gesundheitsdienst** Dr Benkel MedDir
Ref 108: **Belange der Familien und Ehepartner; Ansprechpartner der Bediensteten für Berlin-Umzug** Dr Kern VortrLegRätin

U-Abt 11
Leiter: Beyer MinDirig

Ref 110: **Organisation** Rothmann VortrLegR I. Kl
Ref 111: **Liegenschaften und Sachverwaltung der Vertretungen im Ausland** Dr Schneller VortrLegR I. Kl
Ref 112: **Haushalt und Finanzen, Beauftragter für den Haushalt** Flimm VortrLegR I. Kl
Ref 113: **Besoldung** von Kunow VortrLegR I. Kl
Ref 115: **Innerer Dienst** Dr Moser VortrLegR
Ref 116: **Bibliothek und Dokumentation, Geographischer Dienst** Dr Pretsch VortrLegR
Ref 117: **Politisches Archiv und Historisches Referat** Dr Pretsch VortrLegR
Ref 118: **Sicherheit und Geheimschutz** Dr Gentz VortrLegR I. Kl

U-Abt 12
Leiter: Dr Kruse MinDirig

Ref 120: **Informations- und Technologie (Grundsatz)** Wehrmann VortrLegR
Ref 121: **System- und Anwendungsentwicklung** Ziefer VortrLegR I. Kl
Ref 122: **Implementation IT-Systeme (Inland/Ausland)** Linder VortrLegR
Ref 123: **IT-Betrieb** Pfingsten
Ref 124: **Zentrale IT-Dienste; IT-Schulung und Benutzerbetreuung** Dr Ziegler VortrLegR

Abt 2 Politische Abteilung
Leiter: Ischinger MinDir

U-Abt 20
Leiter: Daerr MinDirig

Ref EU-KOR: **Europäischer Korrespondent, Gemeinsame Außen- und Sicherheitspolitik der EU (GASP), Unterstützung des Politischen Direktors, Vorbereitung GASP-Themen in den EU-Gremien, Steuerung Coreu-Verkehr** Dr Kölsch VortrLegR I. Kl
Ref 201: **Grundsatzfragen der Verteidigungs- und Sicherheitspolitik; Atlantisches Bündnis; Nordatlantischer Kooperationsrat und Partnerschaft für den Frieden; sicherheitspolitische Konsultationen (außer mit WEU-Staaten)** Dr Scharioth VortrLegR I. Kl
Ref 202: **Verteidigungspolitische Fragen der Europäischen Einigung; Westeuropäische Union (WEU), Sicherheits- und verteidigungspolitische Beziehungen zu den WEU-Mitgliedstaaten; deutsch-französischer Verteidigungs- und Sicherheitsrat; Rüstungszusammenarbeit** Dr Wegener VortrLegR I. Kl
Ref 203: **Gesamteuropäische politische Strukturen; OSZE** Dr Honsowitz VortrLegR I. Kl
Ref AS-OSZE: **Arbeitsstab OSZE-Gipfel Lissabon** Dr Honsowitz VortrLegR I. Kl

U-Abt 21
Leiter: Neubert MinDirig

Ref 212: **Kaukasus und Zentralasien** Dr Barker VortrLegR I. Kl
Ref 213: **Rußland, Weißrußland, Ukraine, Moldau, GUS** Peters VortrLegR I. Kl
Ref 214: **Polen, Tschechische Republik, Slowakische Republik, Ungarn** Vogel VortrLegR I. Kl
Ref 215: **Südosteuropa** Dr Haas VortrLegR I. Kl
Ref SO-BOS: **Sonderstab Internationale Friedensbemühungen Bosnien-Herzegowina** Pauls VortLegR I. Kl

U-Abt 22
Leiter: Horstmann VortrLegR I Kl

Ref 220: **Frankreich, Andorra, Monaco, Belgien, Niederlande, Luxemburg, Österreich, Schweiz, Liechtenstein** Dr Noumey VortrLegR I. Kl
Ref 221: **Vereinigte Staaten von Amerika mit den Außengebieten; Koordinierung der deutsch-amerikanischen zwischengesellschaftlichen, kultur- und informationspolitischen Zusammenarbeit; Kanada sowie britisches Überseegebiet Bermuda und französische Gebietskörperschaft St Pierre und Miquelon** Stoecker VortrLegR I. Kl
Ref 222: **Vereinigtes Königreich, Gemeinsame Fragen des Commonwealth, Irland, Nordische Staaten, Baltische Staaten, Ostseerat** Dr Schultheiß VortrLegR I. Kl
Ref 223: **Mittelmeerfragen; Portugal, Spanien, Italien, San Marino, Heiliger Stuhl, Griechenland, Türkei, Zypern, Malta, Malteser-Ritter-Orden** Gröning VortrLegR I. Kl

Abt E Europaabteilung
Leiter : Dr Schönfelder MinDir

U-Abt E 1
Leiter: Dohmes MinDirig

Ref E 10: **Europäische Union, Koordinierung, Europäischer Rat und gemeinsame Institutionen, Grundsatzfragen EU und EG, Institutionen und institutionelle Fragen von EU, EG, EGKS, EURATOM, Einbeziehung NBL** Dr Schweppe VortrLegR I. Kl
Ref AS-EU 96: **Operative und konzeptionelle Vorbereitung und Durchführung der Regierungskonferenz 1996 zur Fortentwicklung der Europäischen Union** Silberberg VortrLegR I. Kl
Ref E 11: **Europäisches Parlament, Ausschuß der Regionen; Wirtschafts- und Sozialausschuß; EU-Ausschuß von Bundestag und Bundesrat, Bund-Länder-Verhältnis in EU-Fragen** Dr Bruhn VortrLegR I. Kl
Ref E 12: **Europarat; EU-Zusammenarbeit in Kultur und Bildung; nichtstaatliche europäische Organisationen** Dr von Waldow VortrLegR I. Kl
Ref E 13: **Recht der EU und der EG, Europäischer Gerichtshof, Subsidiaritätsprinzip, Vertragsverletzungsverfahren, Rechtsangleichung; Europapolitische Aspekte der Zusammenarbeit bei Justiz und Innerem, Sprachenpolitik in Europäischen Organisationen, Unionsbürgerschaft** Dix VortrLegR I. Kl

U-Abt E 2
Leiter: Zepter MinDirig

Ref E 20: **Koordinierung der Außenbeziehungen in allen Bereichen des EUV; Institutionelle Fragen der GASP einschließlich Weiterentwicklung; Haushalts-**

fragen GASP (EG-Haushalt); EP/Außenbeziehungen EU; EU-Personalangelegenheiten Dr Seebode VortrLegR

Ref E 21: **EU-Außenhandelspolitik, EU-Außenbeziehungen zu Nordamerika und Fernost/Pazifik, zu EWR/EFTA-Staaten (einschließlich bilaterale Wirtschaftsbeziehungen, grenzüberschreitende Zusammenarbeit) zu Nachfolgestaaten ehem Jugoslawien und Albanien, multilaterale Welthandelspolitik, WTO** Leonberger VortrLegR I. Kl

Ref E 22: **EU-Außenbeziehungen zu Türkei, Maghreb, Naher und Mittlerer Osten, Asien (außer Japan, Korea, Taiwan, NUS), Lateinamerika (außer Mexiko), Afrikanische, Karibische und Pazifische Länder (AKP), Südafrika; EU-Fischereipolitik; EU-Nahrungsmittelhilfe; Allgemeines EU-Präferenzsystem** Dr Eichinger VortrLegR I. Kl

Ref E 23: **Europäischer Binnenmarkt, EU-Agrar-, Gesundheits-, Sozial-, Struktur-, Tourismus-, Verbraucher-, Verkehrs- und Raumordnungspolitik; bilaterale europolitische Wirtschaftsbeziehungen zu EU-Mitgliedstaaten; EU-Beauftragte** Dr Jessen VortrLegR I. Kl

Ref E 24: **Wirtschafts- und Währungsunion, EU-Wirtschafts-, Finanz-, Währungs- und Wettbewerbspolitik; EU-Finanzierung und -Haushalt; EU-Außenbeziehungen zu den NUS, EBWE** Möckelmann VortrLegR I. Kl

Abt VNMH Abt für Vereinte Nationen, Menschenrechte und humanitäre Hilfe
Leiter: NN

U-Abt VN
Leiter: Dr Pleuger MinDirig

Ref VN 10: **Grundsatzfragen der VN, Sicherheitsrat** Dr Altenburg VortrLegR I. Kl

Ref VN 11: **Generalversammlung einschließlich Grundsatzfragen der GV; 3. (Sozialfragen); 4. und 6. Ausschuß; ECOSOC (politische und soziale Fragen), Informationsfragen der VN; allgemeinpolitische und systemübergreifende Fragen der VN-Sonderorganisationen** Dr Hoffmann-Loß VortrLegR I. Kl

Ref VN 12: **Wirtschafts- und Entwicklungsfragen in den VN (insbesondere GV und ECOSOC), UNCTAD, UNDP mit UNV, UNFPA, FAO, WEP, IFAD, UNIDO, Regionalkommissionen der Vereinten Nationen** Mauch VortrLegR I. Kl

Ref VN 13: **Haushalt, Finanzen und Personal in den Vereinten Nationen; Genfer Gruppe; ACABQ** J Schmidt VortrLegR

U-Abt MH
Leiter: Graf von Bassewitz Botschafter

Ref AS HH: **AS Humanitäre Hilfe, Humanitäre Hilfe der Bundesregierung im Ausland** Dr von Rom VortrLegR I. Kl

Ref AS MR: **AS Menschenrechte, Menschenrechtskonvention, Minderheitenschutz, UNICEF, UNHCR, UNRWA** Gerz VortrLegR I.Kl

Abt 2 A Beauftragter der Bundesregierung für Fragen der Abrüstung und Rüstungskontrolle
Beauftragter: Dr R Hartmann Botschafter

Ref 240: **Abrüstung und Rüstungskontrolle (weltweit), insbesondere bezüglich Nuklearwaffen** Adam VortrLegR I. Kl

Ref 241: **Sicherheit, Abrüstung und Rüstungskontrolle, Vertrauensbildung in Europa, VN-Waffenübereinkommen (Landminen)** Dr W J Schmid VortrLegR I. Kl

Ref 242: **Nukleare Nichtverbreitung; Nuklearer Teststopp; Genfer Abrüstungskonferenz (CD); Abrüstung und Rüstungskontrolle in den VN; Kernwaffenfreie Zonen** Herold VortrLegR I. Kl

Ref 250: **Implementierung und Verifikation konventioneller Abrüstungs- und Rüstungskontrollabkommen** Dr Weiss VortrLegR I. Kl

Ref 252: **Chemiewaffenübereinkommen (CWÜ), Implementierung, Verifikation, Nationale Behörde, B-Waffenübereinkommen (BWÜ)** Boldt VortrLegR I. Kl

Abt 3 Politische Abteilung
Leiter: Dr Sudhoff MinDir

31 Beauftragter für Nah- und Mittelostpolitik Dingens MinDirig

32 Beauftragter für Afrikapolitik Ganns MinDirig

33 Beauftragter für Lateinamerikapolitik W Richter MinDirig

34 Beauftragter für Asienpolitik Dr Scheel MinDirig

Ref 300: **Grundsatz- und Koordinierungsfragen, Ausstattungshilfe, Demokratisierungshilfe, Fragen der Minenräumung in der Dritten Welt, Blockfreienbewegung, Islamische Konferenz, Deutsches Übersee-Institut** Dr Mulack VortrLegR I. Kl

Ref 301: **Koordinierung der internationalen Zusammenarbeit im Drogenbereich und Sicherheitsfragen** Woltmann VortrLegR I. Kl

Ref 310: **Naher Osten** von Hoessle VortrLegR I. Kl

Ref 311: **Mittlerer Osten, Maghreb** Dr Dassel VortrLegR I. Kl

Ref 320: **Südliches Afrika** Wenzl VortrLegR I. Kl

Ref 321: **West- und Zentralafrika** Nitzschke VortrLegR I. Kl

Ref 322: **Ostafrika, Zaire** Schramm VortrLegR I. Kl

Ref 330: **Argentinien, Bolivien, Brasilien, Chile, Ecuador, Paraguay, Peru, Uruguay** Boomgaarden VortrLegR I. Kl

Ref 331: **Zentralamerika, Karibik, Kolumbien, Mexiko, Panama, Venezuela** Dr Wentzel VortrLegR I. Kl

Ref 340: **Südasien: Vorderindien, Afghanistan** Dr Massing VortrLegR I. Kl

Ref 341: **Ostasien: China, Japan, Korea, Mongolei** Dr Rupprecht VortrLegR I. Kl

Ref 342: **Südostasien, Australien, Neuseeland, Pazifik** Staks VortrLegR I. Kl

Abt 4 Wirtschaftsabteilung
Leiter: Dr Ueberschaer MinDir

U-Abt 40
Leiter: Ackermann MinDirig; zugleich Beauftragter für Nord-Süd-Angelegenheiten

Ref 400: **Grundsatzfragen der Außenwirtschaftspolitik, Wirtschafts- und Währungsfragen, Wirtschaftsgipfel G7, IWF, OECD, BIZ; Grundsatzfragen der Internationalen Verschuldung, Umschuldungen, Forderungen der ehemaligen DDR, Transferrubelsalden, Bilaterale Wirtschaftbeziehungen zu Türkei, Zypern, Malta** Dr Bellinghausen VortrLegR I. Kl

Ref 401: **Außenwirtschaftsförderung, Gewährleistungen für Ausfuhren und Auslandsinvestitionen; Investitionsförderungsverträge; Messewesen** Dr Kaht VortrLegR I. Kl

Ref 402: **Grundsätze der Entwicklungspolitik, Grundsatzfragen der finanziellen und technischen Zusammenarbeit; Grundsatzfragen der Durchführungsorganisationen; Multilaterale Entwicklungsbanken einschließlich Weltbank; Entwicklungsausschuß der OECD (DAC), Beauftragter für Entwicklungspolitik** Wölker VortrLegR I. Kl

Ref 403: **Wirtschaftsbeziehungen zu Estland, Lettland und Litauen, Tschechische Republik, Slowakische Republik, Polen, Ungarn und Südosteuropa, Gruppe der 24** Dr von der Heyden VortrLegR I. Kl

Ref 404: **Wirtschaftsbeziehungen zu Rußland, Weißrußland, Ukraine, Moldau, Kaukasus, Zentralasien** Dr Göckel VortrLegR I. Kl

Ref 405: **Wirtschaftliche Beratung der MOE und GUS; Aus- und Weiterbildung von Fach- und Führungskräften der Wirtschaft und Wirtschaftsverwaltung der MOE und GUS** NN

U-Abt 41
Leiter: Dr Ritter von Wagner MinDirig

Ref 410: **Internationale Forschungs- und Technologiepolitik; Luft- und Raumfahrt; nicht-nukleare Energieforschung; naturwissenschaftliche UNESCO-Programme; Airbus; ICE** Dr Fulda VortrLegR I. Kl

Ref 411: **Internationale Zusammenarbeit bei der friedlichen Nutzung der Kernenergie, der Nichtverbreitung und der nuklearen Forschung; EURATOM, IAEO, OECD-NEA, Internationales Trägertechnologieregime** Blankenstein VortrLegR I. Kl

Ref 412: **Internationale und europäische Zusammenarbeit bei Telekommunikation und Post, Informations- und Kommunikationstechnologiepolitik, nichtnukleare Energiepolitik; Eutelsat, Inmarsat, IEA, Intelsat, Intersputnik, ITU, OECD-ICCP, UPU** Greineder VortrLegR I. Kl

Ref 413: **Internationale Verkehrspolitik und Internationale Tourismuspolitik** Dr Dodenberg VortrLegR I. Kl

Ref 414: **Rüstungsexporte: Grundsatzfragen; neues Exportkontrollarrangement** Dr Dr Loeschner VortrLegR I. Kl

Ref 415: **Internationale Umwelt- und Rohstoffpolitik; auch globale Umweltzusammenarbeit im Rahmen der VN, insbesondere CSD, UNEP, ECE; Globale Umweltfazilität (GEF); Umweltzusammenarbeit in der EU, OECD, NATO und OSZE; Klima-, Natur- und Artenschutz; regionale und bilaterale Umweltzusammenarbeit, Umweltschutzabkommen; Internationale Rohstofffragen und -abkommen** Dr Wulffen VortrLegR I. Kl

Abt 5 Rechtsabteilung
Leiter: Dr Hilgenberg MinDir; zugleich Völkerrechtsberater

U-Abt 50
Leiter: Dr Hilger VortrLegR I. Kl

Ref 500: **Allgemeines Völkerrecht** Kaul VortrLegR I. Kl

Ref 501: **Völkerrechtliche Verträge** Dr H-D Ziegler VortrLegR I. Kl

Ref 502: **Recht der diplomatischen und konsularischen Beziehungen und der Beziehungen zu internationalen Organisationen** Hartmann VortrLegR

Ref 503: **Rechtsstellung ausländischer Streitkräfte; Vermögensrechtliche Fragen, die aus den beiden Weltkriegen und NS-Unrecht herrühren; Grenzen der Bundesrepublik Deutschland** Gonzales-Schmitz VortrLegRätin I. Kl

Ref 504: **Antarktis und besondere Völkerrechtsgebiete (Seerecht, Luft und Weltraumrecht, Recht des internationalen Umweltschutzes, Recht internationaler Wasserläufe)** Dr Trebesch VortrLegR I. Kl

Ref 50 A: **Beauftragter für die Verhandlungen betreffend die Überleitung völkerrechtlicher Verträge der DDR und Verhandlungen von bilateralen Geheimschutzabkommen** Papenfuß VortrLegR I. Kl

U-Abt 51
Leiter: Dr Born VortrLegR I. Kl

Ref 510: **Staats- und Verwaltungsrecht** Dr Ohlraun VortrLegR I. Kl

Ref 511: **Strafrecht, Fragen des internationalen Steuerrechts und des Zollrechts** Dr Roever VortrLegR I. Kl

Ref 512: **Zivilrecht, Handels- und privates Wirtschaftsrecht** Dahlhoff VortrLegR I. Kl

Ref 513: **Arbeits- und Sozialrecht** Dr Platz VortrLegR I. Kl

Ref 514: **Ausländerrecht einschließlich Asylrecht; Visumangelegenheiten; Ausländerpolitik; Ausländisches Paßrecht** Westphal VortrLegR I. Kl

Abt 6 Kulturabteilung
Leiter: Dr Bertram MinDir; zugleich Beauftragter für internationale Medienpolitik

U-Abt 60
Leiter: Bald MinDirig

Ref 600: **Grundsatzfragen, Gesamtplanung, kulturpolitische Öffentlichkeitsarbeit; Rechts-, Status- und Sicherheitsfragen; Institut für Auslandsbeziehungen; deutsch-ausländische Kulturgesellschaften im Inland; Gästeprogramm der Bundesrepublik Deutschland** Dr Hiller VortrLegR I. Kl

Ref 601: **Goethe-Institut, Deutsch-ausländische Kulturgesellschaften im Ausland; Ausländische Kulturinstitute im Inland** Kaempffe VortrLegRätin I. Kl

Ref 602: **Darstellende Ton- und Bildende Kunst (mit Goethe-Institut, Institut für Auslandsbeziehungen, Deutschem Musikrat)** Dr Klingler VortrLegR I. Kl

Ref 603: **Bilaterale und multilaterale Medienpolitik, Fernsehen, Hörfunk, Film, Literatur (unter anderem Buchförderung, Publikationen); Inter Nationes** Schröder VortrLegR I. Kl

Ref 605: **Deutsche Sprache; Planung und Koordinierung der Sprachförderung und der Deutschlandkunde im Ausland; kulturelle Förderung deutscher Minderheiten; Fachberater für Deutsch; Lektoren für deutsche Sprache** Krebs VortrLegR I. Kl

U-Abt 61
Leiter: Dr Winkelmann MinDirig

Ref 610: **Planung und Koordinierung der regionalen und bilateralen kulturpolitischen Zusammenarbeit mit den Staaten Westeuropas und Nordamerikas; Kulturabkommen; Gemischte Kulturkommissionen; Kulturreferententagungen** Dr Merkel VortrLegR I. Kl

Ref 610 B: **Angelegenheiten des Bevollmächtigten der Bundesrepublik Deutschland für kulturelle Angelegenheiten im Rahmen des Vertrages über die deutsch-französische Zusammenarbeit – Arbeitseinheit I –** Brommer VortrLegR

Ref 611: **Regionale und bilaterale kulturpolitische Zusammenarbeit mit Staaten Asiens, Afrikas, Mittel- und Südamerikas sowie Australien, Neuseeland, Pazifik; Kulturabkommen und -kommissionen; Kulturerhalt; Sonderprogramm „Südliches Afrika"; UNESCO** Dr Truhart VortrLegR I. Kl

Ref 612: **Auslandsschulen und internationale Zusammenarbeit im Schulwesen; Zentralstelle für das Auslandsschulwesen im Bundesverwaltungsamt** Dr Rusnak VortrLegR I. Kl

Ref 613: **Wissenschaft und Hochschulen; Alexander von Humboldt-Stiftung; Deutscher Akademischer Austauschdienst, Fulbright-Kommission; Deutsches Archäologisches Institut** Dr Spiegel VortrLegR I. Kl

Ref 614: **Internationale Beziehungen in Bereichen Sport, Jugend, Religionsgemeinschaften** Dr Heinemann VortrLegR I. Kl

Ref 616: **Planung und Koordinierung der regionalen und bilateralen kulturpolitischen Zusammenarbeit mit den Staaten Mittel-, Ost- und Südosteuropas, im Kaukasus und in Zentralasien; Kulturabkommen; gemischte Kulturkommissionen und Konsultationen auf Direktorenebene; Kulturwochen; Kulturreferententagungen** Dr Heide VortrLegR I. Kl

Abt 7 Protokoll
Leiter: von der Planitz Botschafter

Ref 700: **Besuche von Staatsoberhäuptern, Regierungschefs und Außenministern sowie Reisen des Bundespräsidenten und des Bundesministers des Auswärtigen in das Ausland; Gästehaus Petersberg; VIP-Betreuung** Dr Steck VortrLegR I. Kl

Ref 701: **Fremde Missionen und Konsulate (einschließlich Berlin-Umzug, Veranstaltungen für das Diplomatische Korps), Zeremoniell, Orden** Oetter VortrLegR I. Kl

Ref 702: **Internationale Konferenzen, multilaterale Veranstaltungen, Gipfeltreffen und Reisen des Bundeskanzlers ins Ausland** Weerth VortrLegR I. Kl

Dienststelle Berlin
10117 Berlin, Werderscher Markt; Tel (0 30) 2 01 86-0; Fax (0 30) 2 01 86-1 69
Leiter: Dr Dane Gesandter

Beiräte, Ausschüsse, Kommissionen und sonstige Gremien, deren sich das AA bei Durchführung seiner Aufgaben bedient:

Völkerrechtswissenschaftlicher Beirat des AA
Aufgaben: Förderung des Kontakts zwischen der Völkerrechtswissenschaft und dem AA durch den laufenden Austausch fachlicher Erkenntnisse und Erfahrungen

VN-politischer Beirat des AA
Beim Auswärtigen Amt besteht seit 1988 ein VN-politischer Beirat. Er dient als institutioneller Rahmen dem laufenden Austausch fachlicher Erkenntnisse und Erfahrungen zwischen Wissenschaft und Praxis auf dem Gebiet der Vereinten Nationen.

Dem Auswärtigen Amt nachgeordnet:

1 Vertretungen der Bundesrepublik Deutschland im Ausland

Vorbemerkungen: Es wird empfohlen, Postsendungen und Telegramme an die Auslandsvertretungen – nicht an deren Leiter persönlich – zu richten, die Anschrift in lateinischen Buchstaben zu schreiben und das Land oder die geographische Lage des Dienstsitzes einer Vertretung genau anzugeben.

Bei Postsendungen an die Vertretungen in **Mittel- und Südamerika** empfiehlt es sich, die Anschrift in **spanischer Sprache** (z B Botschaft = Embajada; Generalkonsulat = Consulado General; der Bundesrepublik Deutschland = de la República Alemana) **für Brasilien in portugiesischer Sprache** (z B Botschaft = Embaixada; Generalkonsulat = Consulado Geral; Deutschland = Alemanha) zu wählen.

Die Bezeichnung der Vertretung z B **Botschaft, Konsulat** usw ist durch den Zusatz: „**der Bundesrepublik Deutschland**" zu ergänzen. Die vollständige Anschrift lautet daher: „**Botschaft der Bundesrepublik Deutschland in...**"
Die fremdsprachigen Ausdrücke „apartado, boîte postale, BP, caixa postal, P.O.B., Post Box" bedeuten Postfach. Wo ein Postfach angegeben ist, erübrigt sich die Angabe der Straße [(D) oder (C) hinter Fernsprechnummern bezeichnen die abgekürzten Telegrammanschriften „Diplogerma" oder „Consugerma" dieser Vertretungen.]

Die mit * gekennzeichneten diplomatischen und konsularischen Vertretungen sind auf Grund des § 9 Nr 2 des Seemannsgesetzes vom 26. Juli 1957 (BGBl II S 713) zum **Seemannsamt** bestimmt, die Honorargeneralkonsuln, Honorarkonsuln jedoch nur im Rahmen der Befugnisse gemäß §§ 15-17, 19-21, 49, 51, 52 und 76 des Gesetzes.
Die mit △ gekennzeichneten Vertretungen sind zur Aufnahme von Verklarungen berechtigt.
Bei den mit ◻ bezeichneten Vertretungen sind Beamte bestellt, die Eheschließungen von Deutschen vornehmen und beurkunden können.
Bei den mit ◻ ◻ bezeichneten Vertretungen können unter gewissen Voraussetzungen auch **Ehen zwischen einem Deutschen und einem Ausländer,** der nicht Staatsangehöriger des Gastlandes ist, geschlossen und beurkundet werden.
Die mit O gekennzeichneten Honorarkonsularbeamten üben **Paß- und Sichtvermerksfunktionen** aus.
Die mit x gekennzeichneten Honorarkonsularbeamten üben nur Paßfunktionen aus.
An den mit Ø gekennzeichneten Honorarkonsulposten gibt es beigeordnete Berufskonsularbeamte.

1.1 Botschaften, Gesandtschaften, Generalkonsulate, Konsulate

AFRIKA

Ägypten

* ◻ △ **Botschaft in Kairo**
Anschrift: 8 B, Sharia Hassan Sabri, Cairo-Zamalek; Tel (0 02 02) 3 39 96 00; Fax (0 02 02) 3 41 05 30; Telex (0 91) 92 023; *Kennung:* 92 023 aacai un; *Sichtvermerksstelle:* Tel (0 02 02) 3 40 53 31; Fax (0 02 02) 3 40 10 76; Telex (0 91) 23 419; *Kennung:* 23 419 aasv un
Leiter: Dr Wolf-Dietrich Schilling außerordentl und bevollm Botsch
Amtsbezirk: Ägypten
Konsularischer Amtsbezirk: Ägypten mit Ausnahme des dem Generalkonsulat Alexandria zugewiesenen Amtsbezirks

* ◻ **Generalkonsulat in Alexandria**
Anschrift: 5, Mina Street, Alexandria-Roushdy
Postanschrift: P.O. Bag, Alexandria 21511; Tel (0 02 03) 5 45 70 25/50; Fax (0 02 03) 5 45 59 99; Telex (0 91) 5 43 41; *Kennung:* 54341 aalus un
Leiter: Dr Klaus Osterloh GenKons
Amtsbezirk: Gouvernorate Alexandria, Beheira, Dakahliya, Damiette, Gharbiya, Kafr el Sheikh

Äquatorialguinea

(siehe Botschaft Jaunde, Seite 58)

Äthiopien

◻ * △ **Botschaft in Addis Abeba**
Anschrift: Khabana, Addis Abeba;
Postanschrift: POB 660 und 1267; Tel (00 25 11) 55 04 33; Fax (00 25 11) 55 13 11; Telex (09 80) 21 015; *Kennung:* 2 10 15 aaadd et
Leiterin: Wiltrud Holik außerordentl und bevollm Botschafterin
Amtsbezirk: Äthiopien

Algerien

* △ **Botschaft in Algier**
Anschrift: 165, chemin Sfindja (ex Laperlier), Algier;
Postanschrift: BP 664 Alger; Tel (00 21 32) 74 19 41, 74 19 56, 74 20 47; Fax (00 21 32) 74 05 21; Telex (04 08) 5 60 43; *Kennung:* 5 60 43 aaalg dz
Visastelle: Telex (0 4 08) 6 65 73; *Kennung:* 6 65 73 aasv dz
Leiter: Joachim Broudré-Gröger außerordentl und bevollm Botsch
Amtsbezirk: Algerien

Angola

Botschaft in Luanda
Anschrift: Embaixada da Republica Federal da Alemanha, Avenida 4 de Fevreiro, 120 Luanda/Republica Popular de Angola
Postanschrift: Caixa Postal 1295; Tel (00 24 42) 33 47 73, 33 45 16; Fax (00 24 42) 33 45 16; Telex (09 91) 20 96; *Kennung:* 20 96 aaluan an, 2096; *Kennung:* 2096 aaluan an
Leiter: Helmut van Edig außerordentl und bevollm Botsch
Amtsbezirk: Angola

Benin

* **Botschaft in Cotonou**
Anschrift: 7, Avenue Jean Paul II, Cotonou
Postanschrift: BP 504; Tel (0 02 29) 31 29 67/68; Fax (0 02 29) 31 29 62; Telex (09 72) 5 224, *Kennung:* 5 224 aactnou ben
Leiter: Volker Seitz außerordentl und bevollm Botsch
Amtsbezirk: Benin

Botsuana

Botschaft in Gaborone
Anschrift: Professional House, Broadhurst, Segodithsane Way
Postanschrift: POB 315; Tel (0 02 67) 35 31 43, 35 38 06; Fax (0 02 67) 35 30 38; Telex (09 62) 2 225, *Kennung:* 2 225 aaga bd
Leiter: Albert Gisy außerordentl und bevollm Botsch
Amtsbezirk: Botsuana

Burkina Faso

Botschaft in Ouagadougou
Postanschrift: 01 BP 600, Ouagadougou 01/Burkina Faso; Tel (0 02 26) 30 67 31/32; Fax (0 02 26) 31 39 91; Telex (09 78) 5 217, *Kennung:* aaouaga 5217 bf
Leiterin: Doretta Loschelder außerordentl und bevollm Botschafterin
Amtsbezirk: Burkina Faso

Burundi

Botschaft in Bujumbura
Anschrift: 22, Rue du 18 Septembre, Bujumbura;
Postanschrift: BP 480; Tel (0 02 57) 22 64 12, 22 64 16; Fax (0 02 57) 22 10 04; Telex (09 03) 50 68, *Kennung:* 5 068 aabuj bdi
Leiter: Dr Bernd Morast außerordentl und bevollm Botsch
Amtsbezirk: Burundi

Côte d'Ivoire

* **Botschaft in Abidjan**
Anschrift: Blvd Botreau Roussel Ave Nogues, Immeuble „Le Mans", Abidjan
Postanschrift: BP 1900; Tel (0 02 25) 21 47 27; Fax (0 02 25) 32 47 29; Telex (09 83) 23 642, *Kennung:* 23 642 aaabid ci
Leiter: Hans-Albrecht Schraepler außerordentl und bevollm Botsch
Amtsbezirk: Côte d'Ivoire

Dschibuti

(siehe Botschaft Sanaa Seite 83)

* **Honorargeneralkonsulat in Dschibuti**
Anschrift: 3 Rue de Pekin, Le Héron, Djibouti
Postanschrift: BP 177, Djibouti; Tel (0 02 53) 35 21 51, 35 27 31; Fax (0 02 53) 35 13 29
Leiter: Jean Montagné HonorarGenKons
Amtsbezirk: Republik Dschibuti
Übergeordnete Auslandsvertretung: Botschaft Sanaa

Eritrea

Botschaft in Asmara
Anschrift: Airport Road, Saba Development Bulding, 8. Stock, Asmara, Eritrea
Postanschrift: PO Box 4974, Asmara; Tel (00 29 11) 18 26 70/71, 18 29 01/02; Fax (00 29 11) 18 29 00
Leiter: Wolfgang Ringe außerordentl und bevollm Botsch
Amtsbezirk: Eritrea

Gabun

* **Botschaft in Libreville**
Anschrift: Boulevard de l'Indépendance, Immeuble les Frangipaniers, Libreville;
Postanschrift: BP 299; Tel (0 02 41) 76 01 88, 74 27 90; Fax (0 02 41) 72 40 12; Telex (09 73) 5 248, *Kennung:* aalbv 5248 go
Leiter: Horst Rudolf außerordentl und bevollm Botsch
Amtsbezirk: Gabun, São Thomé und Principe (Der Leiter der Vertretung ist zugleich als Botschafter in São Thomé und Principe mit Sitz in Libreville akkreditiert)

Gambia

(siehe Botschaft Dakar, Seite 60)

Ghana

* **Botschaft in Accra**
Anschrift: No 4, 7th Avenue Extension, North Ridge, Accra;
Postanschrift: POB 1757; Tel (0 02 33 21) 22 13 11, 22 13 26; Fax (0 02 33 21) 22 13 47; Telex (0 94) 20 25 *Kennung:* 2 025 aaaccr gh; *Paß- und Visastelle:* 28 53, *Kennung:* 2853 aaaccr gh

Leiter: Dr Hans-Joachim Heldt außerordentl und bevollm Botsch
Amtsbezirk: Ghana

Guinea

Botschaft in Conakry
Anschrift: Ambassade de la République fédérale d'Allemagne, Conakry, République de Guinée;
Postanschrift: BP 540; Tel (0 02 24) 44 15 06, 44 15 08; Fax (0 02 24) 41 22 18; Telex (09 95) 2 24 79, *Kennung:* 2 24 79 aacy gui
Leiter: Pius Fischer außerordentl und bevollm Botsch
Amtsbezirk: Guinea

Guinea-Bissau

(siehe Botschaft Dakar, Seite 60)

Kamerun

* Botschaft in Jaunde
Anschrift: Rue Charles de Gaulle, Jaunde
Postanschrift: BP 1160; Tel (0 02 37) 21 00 56, 22 05 66; Fax (0 02 37) 20 73 13; Telex (09 70) 8 238, *Kennung:* aayde 8238 kn
Leiter: Klaus Holderbaum außerordentl und bevollm Botsch
(Der Leiter der Vertretung ist zugleich als Botschafter in Äquatorialguinea und in Tschad mit Sitz in Jaunde akkreditiert)
Amtsbezirk: Kamerun sowie Äquatorialguinea und im Tschad

* Außenstelle Duala
Anschrift: Immeuble Flatters sis rue Flatters, Bonanjo
Postanschrift: BP 509; Tel (0 02 37) 42 86 00; Fax (0 02 37) 43 28 45; Telex (09 70) 60 01, *Kennung:* aa dla 6001 kn

Kap Verde

(siehe Botschaft Dakar, Seite 60)

Honorarkonsul in Praia
Anschrift: Praia/Kap Verde, Largo 5 de Outubro; Tel (0 02 38) 61 15 19; Fax (0 02 38) 61 24 66; Telex 60 39 camal cv
Leiter: Aquilino de Azevedo Camacho HonorarKons
Amtsbezirk: Inseln Sao Tiago, Brava, Fogo, Maio, Boa Vista
Übergeordnete Ausländervertretung: Botschaft Dakar

Kenia

Botschaft in Nairobi
Anschrift: Williamson House, 4 th Ngong Avenue, Nairobi/Kenya;
Postanschrift: POB 30180; Tel (00 25 42) 71 25 27; Fax (00 25 42) 71 48 86; Telex (09 87) 22 221, *Kennung:* 22 221 aanarb
Konsularreferat: Tel (00 25 42) 71 93 86; Fax (00 25 42) 71 54 99; Telex (09 87) 2 21 89, *Kennung:* 22 189 aanarb rk
Leiter: Michael Gerdts außerordentl und bevollm Botsch
(Der Leiter der Vertretung ist zugleich als Botschafter in den Seychellen und als Ständiger Vertreter beim Umweltprogramm der Vereinten Nationen (UNEP) sowie dem Zentrum der Vereinten Nationen für menschliche Siedlungen UNCHS/HABITAT mit Sitz in Nairobi akkreditiert.)
Amtsbezirk: Kenia sowie Seychellen

* Honorarkonsul in Mombasa
Anschrift: Mombasa, Pallihouse Nyerere Avenue
Postanschrift: POB 86779, Mombasa; Tel (0 02 54 11) 31 47 32; Fax (0 02 54 11) 31 45 04
Leiter: Gerhard Matthiesen HonorarKons
Amtsbezirk: Distrikte Mombasa, Kilifi, Kwale, Lamu
Übergeordnete Auslandsvertretung: Botschaft Nairobi

Komoren

(Siehe Botschaft Antananarivo, Seite 59)

Kongo

Botschaft in Brazzaville
Anschrift: Villa Marina (l'angle de la rue de Reims et de la rue de Pavie)
Postanschrift: BP 2022; Tel (0 02 42) 83 29 90, 83 11 27; Fax (0 02 42) 83 73 67; Telex (09 81) 5 235, *Kennung:* dipgerma 5 235 kg
Leiter: Adolf Ederer außerordentl und bevollm Botsch
Amtsbezirk: Kongo

Honorarkonsul in Pointe-Noire
Anschrift: s/c Congo Times (COTIM), Avenue Denis Loemba, Pointe-Noire/Congo
Postanschrift: BP 1162, Pointe-Noire, Congo; Tel (0 02 42) 94 13 14; Fax (0 02 42) 94 11 12
Leiter: Axel Schwaan HonorarKons
Amtsbezirk: Provinz Kouilu
Übergeordnete Auslandsvertretung: Botschaft Brazzaville

Lesotho

(siehe Botschaft Pretoria und Generalkonsulat Johannesburg/Südafrika, Seite 61)

Honorarkonsul in Maseru
Anschrift: 70c Maluti Road, Maseru West
Postanschrift: Post Office Box 75, Maseru 100/ Lesotho; Tel (0 02 66) 32 41 98, 31 33 12; Fax (0 02 66) 31 00 58

Leiter: Heinz Fiebig
Amtsbezirk: Lesotho
Übergeordnete Auslandsvertretung: Botschaft Pretoria, für Rechts- und Konsularangelegenheiten: Generalkonsulat Johannesburg

Liberia

* △ **Botschaft in Monrovia**
Anschrift: Oldest Congotown, Monrovia;
Postanschrift: POB 10-0034, 1000 Monrovia 10; Tel (0 02 31) 26 14 60, 26 15 16; Fax (0 02 31) 22 62 19; Telex (09 97) 44 230, *Kennung:* 44 230 aamonr ng
Leiter: NN
Amtsbezirk: Liberia
(z Zt nicht operativ tätig, die Wahrnehmung der konsularischen Aufgaben für den Amtsbezirk erfolgt durch die Botschaft in Abidjan/Cote d'Ivoire)

Libyen

* □ □ △ **Botschaft in Tripolis**
Anschrift: Sharia Hassan el Mashai, Tripolis;
Postanschrift: POB 302; Tel (0 02 18 21) 3 33 05 54, 33 3 38 27, 44 4 85 52; Fax (0 02 18 21) 44 4 89 68; Telex (09 01) 20 298; *Kennung:* 20 298 aatrp ly
Leiter: Peter Kiewitt außerordentl und bevollm Botsch
Amtsbezirk: Libyen

Madagaskar

* **Botschaft in Antananarivo**
Anschrift: 101, Rue du Pasteur Rabeony Hans (Ambodirotra), Antananarivo
Postanschrift: BP 516; Tel (00 26 12) 2 38 02/03, 2 16 91; Fax (00 26 12) 2 66 27; Telex (09 86) 22 203, *Kennung:* 22203 aaanta mg
Leiter: Dr Hubert Beemelmans außerordentl und bevollm Botsch
Amtsbezirk: Madagaskar sowie die Komoren und Mauritius
(Der Leiter der Vertretung ist zugleich als Botschafter in den Komoren und in Mauritius mit Sitz in Antananarivo akkreditiert)

Malawi

Botschaft in Lilongwe
Postanschrift: POB 30046, Lilongwe 3/Malawi; Tel (0 02 65) 78 25 55; Fax (0 02 65) 78 02 50; Telex (09 04) 44 124, *Kennung:* 44 124 aalilo mi
Leiter: Dr Jürgen Hellner außerordentl und bevollm Botsch
Amtsbezirk: Malawi

Mali

Botschaft in Bamako
Anschrift: Badalabougou Zone Est, Lotissement A 6, Bamako;
Postanschrift: BP 100; Tel (0 02 23) 22 32 99, 22 37 15; Fax (0 02 23) 22 96 50; Telex (09 85) 25 29, *Kennung:* aabama 25 29 mj
Leiter: Harro Adt außerordentl und bevollm Botsch
Amtsbezirk: Mali

Marokko

* △ **Botschaft in Rabat**
Anschrift: 7, Zankat Madnine, Rabat;
Postanschrift: Ambassade de la République fédérale d'Allemagne, BP 235; Tel (00 21 27) 70 96-62, 70 96-97, 70 96-85; Fax (00 21 27) 70 68 51; Telex (04 07) 36 026, *Kennung:* aarabat 36 026 m
Visastelle: Tel (00 21 27) 70 84 15; Telex (04 07) 3 27 47, *Kennung:* aavrab 3 27 47 m
Leiter: Dr Herwig Bartels außerordentl und bevollm Botsch
Amtsbezirk: Marokko
Konsularischer Amtsbezirk: Präfektur Rabat-Salé, Provinzen Boulemane, Errachidia, Fés, Figuig, Ifrane, Kénitra, Khémisset, Khénifra, Meknès, Nador, Oujda, Taza, Taounate

* **Generalkonsul in Casablanca**
Anschrift: 42, Avenue de l'Armée Royale, Casablanca;
Postanschrift: BP 13165; Tel (00 21 22) 31 48 72, 32 48 74, 31 34 27; Fax (00 21 22) 31 20 47; Telex (04 07) 21 990, *Kennung:* aa casa 21 990 m
Leiter: Hans Hengenstenberg von Borstell Gen-Kons
Amtsbezirk: Präfekturen Casablanca-Anfa, Ain Chok-Hay Hassani, Ben M'Sik-Sidi Othmane, Mohammedia-Zenata, Hay Mohammadi-Ain Sebaa, Mers Sultan El Fida. Provinzen Agadir, Al Hoceima, Azilal, Ben Slimane, Beni Mellal, Chefchaounen, El Jadida, El Kelâa-des Sraghna, Essaouira, Goulimime, Khouribga, Larache, Marrakesch, Ouarzazate, Safi, Settat, Tanger, Tan-Tan, Taroudant, Tata, Tetuan, Tiznit.

Außenstelle Vizekonsulat in Tanger
Anschrift: 5, Rue Cavendish/Californie, Tanger;
Postanschrift: BP 195; Tel (00 21 29) 93 87 00; Fax (00 21 29) 33 08 16; Telex (04 07) 33 767, *Kennung:* aatanger 33 767 m
Leiter: Walter Raum
Amtsbezirk: Provinzen AL Hoceima, Chefchaounen, Larache, Tanger und Tetuan

Mauretanien

* **Botschaft in Nouakchott**
Postanschrift: BP 372, Nouakchott; Tel (00 22 22) 5 17 29, 5 10 32; Fax (0 22 22) 5 17 22; Telex (0 09 74) 5555, *Kennung:* aanuak 5555 mtn
Leiter: Dr Johannes Westerhoff außerordentl und bevollm Botsch
Amtsbezirk: Mauretanien

Mauritius

(siehe Botschaft Antananarivo Seite 59)

x * **Honorargeneralkonsul in Port Louis**
Anschrift: 32 Bis, Rue Saint Georges, Port Louis/ Mauritius;
Postanschrift: 32 Bis, Rue Saint George; Tel (0 02 30) 2 11 41 11, 2 40 74 25; Fax (0 02 30) 2 08 53 30; Telex 44 93 hgk brd iw
Leiter: Wilhelm Wolfgang Rieth HonorarGenKons
Amtsbezirk: Mauritius
Übergeordnete Auslandsvertretung: Botschaft Antananarivo

Mosambik

* **Botschaft in Maputo**
Anschrift: Rua Damião de Góis 506, Maputo
Postanschrift: Caixa postal 1595; Tel (00 25 81) 49 27 14, 49 29 96; Fax (00 25 81) 49 28 88; Telex (0 09 92) 6 489, *Kennung:* 6 489 aalum mo
Leiter: Dr Helmut Rau außerordentl und bevollm Botsch
Amtsbezirk: Mosambik und Swasiland
(Der Leiter der Vertretung ist zugleich als Botschafter in Swasiland mit Sitz in Maputo akkreditiert)

Namibia

Botschaft in Windhuk
Anschrift: Sanlam Centre, 6th Floor, 154, Independence Avenue, Windhoek
Postanschrift: POB 231; Tel (0 02 64 61) 22 92 17-19; Fax (0 02 64 61) 22 29 81, 23 42 64; Telex (09 08) 4 82, *Kennung:* 482 WK
Leiter: Dr Hanns Heinrich Schumacher außerordentl und bevollm Botsch
Amtsbezirk: Namibia

Niger

Botschaft in Niamey
Anschrift: 71, Avenue du Général de Gaulle, Niamey;
Postanschrift: BP 629, Niamey; Tel (0 02 27) 72 25 34, 72 35 10; Fax (0 02 27) 72 39 85; Telex (09 75) 5 223, *Kennung:* aa niam 5 223 ni
Leiterin: Angelika Völkel außerordentl und bevollm Botschafterin
Amtsbezirk: Niger

Nigeria

* Δ **Botschaft in Lagos**
Anschrift: 15, Eleke Crescent, Victoria Island, Lagos
Postanschrift: POB 728; Tel (00 23 41) 2 61 10 11, 2 61 10 82, 2 61 11 73; Fax (00 23 41) 2 61 77 95; Telex (09 05) 21 229, *Kennung:* 21 229, aalags ng
Leiter: Dr Johannes Lohse außerordentl und bevollm Botsch
Amtsbezirk: Nigeria

Außenstelle Abuja
Europe House, Plat 553, Usuma Street, Maitama, Abuja, FCT, Postfach: PMB 280; Tel (00 23 49 52) 3 31 44, 3 31 45/46; Fax (00 23 49 52) 3 31 47, 3 38 02,; Telex (09 05) 9 14 84, *Kennung:* 91 484, europe ng
Amtsbezirk: Bundesstaat – Federal Capital Territory
Übergeordnete Auslandsvertretung: Botschaft Lagos

Honorarkonsul in Ibadan
Anschrift: Western Nigerian Technical CoLtd
Postanschrift: PMB 5148, Fajuiyi Road 22, Dugbe Ibadan/Oyo-State, Nigeria; Tel (00 23 42) 2 41 14 42, 2 41 36 22; privat 8 10 39 62
Leiter: Helmut-Otto Nau Honorarkons
Amtsbezirk: Staaten Oyo, Ogun, Ondo
Übergeordnete Auslandsvertretung: Botschaft Lagos

Ruanda

Botschaft in Kigali
Anschrift: 8, Rue de Bugarama, Kigali
Postanschrift: BP 355; Tel (0 02 50) 7 52 22, 7 51 41; Fax (0 02 50) 7 72 67; Telex (09 09) 22 520, *Kennung:* 22 520 aakgl rw
Leiter: August Hummel außerordentl und bevollm Botsch
Amtsbezirk: Ruanda

Sambia

Botschaft in Lusaka
Anschrift: United Nations Avenue, Stand No 5209, Lusaka
Postanschrift: POB 50120, 15101 Ridgeway; Tel (00 26 01) 25 06 44, 25 12 59, 25 12 62; Fax (00 26 01) 25 40 14; Telex (09 02) 41 410, *Kennung:* aalusk za 41 410
Leiter: Dr Peter Schmidt außerordentl und bevollm Botsch
Amtsbezirk: Sambia

São Tomé und Principe

(siehe Botschaft Libreville, Seite 57)

Senegal

* **Botschaft in Dakar**
Anschrift: 20, Avenue Pasteur, Angle Rue Mermoz, Dakar
Postanschrift: BP 2100, Dakar; Tel (0 02 21) 23 25 19, 23 48 84; Fax (0 02 21) 22 52 99; Telex (09 06) 2 16 86, *Kennung:* 2 16 86 aadaka sg
Leiterin: Dr Eleonore Linsmayer außerordentl und bevollm Botschafterin
Amtsbezirk: Senegal sowie Gambia, Guinea-Bissau und Kap Verde
(Die Leiterin der Vertretung ist zugleich als Botschafterin in Gambia, Guinea-Bissau und Kap Verde mit Sitz in Dakar akkreditiert)

Seychellen

(Siehe Botschaft Nairobi, Seite 58)

* Honorarkonsulin in Victoria
Anschrift: Mont Fleuri, Victoria Mahé
Postanschrift: POB 132, Victoria; Tel (0 02 48) 6 12 22; Fax (0 02 48) 26 12 33; Telex (09 65) 23 55
Leiterin: Maryse Eichler-Jorre de St Jorre Honorarkonsulin
Amtsbezirk: Seychellen
Übergeordnete Auslandsvertretung: Botschaft Nairobi

Sierra Leone

* Botschaft in Freetown
Anschrift: Santanno House, 10 Howe Street, Freetown
Postanschrift: POB 728; Tel (0 02 32 22) 22 25 11, 22 25 12, 22 25 13; Fax (0 02 32 22) 22 62 12; Telex (09 98) 3 248, *Kennung:* 32 48 aafree sl
Leiter: NN
Amtsbezirk: Sierra Leone

Simbabwe

Botschaft in Harare
Anschrift: 14, Samora Machel Avenue, Harare
Postanschrift: POB 2168, Harare; Tel (00 26 34) 73 19 56-58; Fax (00 26 34) 79 06 80; Telex (09 07) 24 609, *Kennung:* 24 609 aahara zw
Leiter: Dr Norwin Graf Leutrum von Ertingen außerordentl und bevollm Botsch
Amtsbezirk: Simbabwe

Somalia

(z Zt operativ nicht tätig)

* Botschaft in Mogadischu
Anschrift: Via Mohamud Harbi, Mogadischu;
Postanschrift: POB 17; Tel (00 25 21) 2 05 47, 2 05 48; Telex (09 00) 3 613, *Kennung:* 3 613 aamoga sm
Leiter: NN
Amtsbezirk: Somalia

Sudan

△ ☐ Botschaft in Khartoum
Anschrift: 53 Baladia Street, Block No 8 D, Plot No 2;
Postanschrift: POB 970 Khartoum; Tel (0 02 49 11) 7 79 95, 7 79 90, 7 79 79, 7 79 75; Fax (0 02 49 11) 7 76 22; Telex (09 84) 22 211, *Kennung:* 22 211 aaktm sd
Leiter: Dr Werner Daum außerordentl und bevollm Botsch
Amtsbezirk: Sudan

Südafrika

Botschaft in Pretoria
Anschrift: 180, Blackwood Street, Arcadia, Pretoria, 0083
Postanschrift: POB 2023, Pretoria, 0001; Tel (00 27 12) 3 44 38 54-59; Fax (00 27 12) 3 43 94 01; Telex (0 95) 3-21 386, 3-22 153; *Kennung:* 3-21 386 aapre sa, 3-22 153 aapre sa
Leiter: Dr Uwe Kaestner außerordentl und bevollm Botsch
Amtsbezirk: Südafrika, Lesotho
(Die Zuständigkeit bezieht sich nicht auf Rechts- und Konsularangelegenheiten)
(Der Leiter der Vertretung ist zugleich als Botschafter in Lesotho mit Sitz in Pretoria bzw Kapstadt akkreditiert)

Dienststelle in Kapstadt
Anschrift: 825, St Martini Gardens, Queen Victoria Street, Kapstadt, 8000;
Postanschrift: POB 4273, Cape Town, 8000; Tel (00 27 21) 24 24 10; Fax (00 27 21) 23 76 21; Telex (0 95) 527 799, *Kennung:* 527 799 aakap sa
(Die Dienststelle der Botschaft Pretoria ist während der Parlamentsaison in Kapstadt geöffnet.)

Generalkonsulat in Johannesburg
Anschrift: 16, Kapteijnstreet, Johannesburg
Postanschrift: POB 4551, Johannesburg 2000; Tel (00 27 11) 7 25-15 19; Fax (00 27 11) 7 25 44 75; Telex (0 95) 4-22 381, *Kennung:* 4-22 381 aajoh sa
Leiter: NN
Visastelle: Telex (0 95) 42 12 71, Kennung 42 12 71 aasv sa
Amtsbezirk: Provinzen Free State, Gauteng, Kwa Zulu/Natal, Northern Province, North West und Mpumalanga sowie Königreich Lesotho
(Die Zuständigkeit beschränkt sich auf Rechts- und Konsularangelegenheiten. Für alle übrigen Aufgaben ist die Botschaft Pretoria zuständig)

* △ Generalkonsulat in Kapstadt
Anschrift: 825, St Martini Gardens, Queen Victoria Road, Kapstadt 8001
Postanschrift: POB 4273, Cape Town, 8000; Tel (00 27 21) 24 24 10; Fax (00 27 21) 24 94 03; Telex (0 95) 527 799, *Kennung:* 527 799 aakap sa
Leiter: Friedrich Karl Bruns GenKons
Amtsbezirk: Provinzen Eastern Cape, Northern Cape und Western Cape sowie St Helena und Nebengebiete
(Der Leiter der Vertretung ist zugleich Konsul für die britische Kronkolonie St Helena und Nebengebiete mit Sitz in Kapstadt)

* Honorarkonsul in Durban
Anschrift: 4 th Floor, Deloitte und Touche House, 4 Devonshire Place, 4001 Durban; Tel (00 27 31) 3 05 56 77; Fax (00 27 31) 3 05 56 79
Leiter: Hans Heinrich Beier Honorarkons
Amtsbezirk: Provinz Kwa Zulu/Natal

Übergeordnete Auslandsvertretung: Generalkonsulat Johannesburg (Rechts und Konsularangelegenheiten) und Botschaft Pretoria

* Honorarkonsul in Port Elizabeth
Anschrift: Maritime House, Uitenhage Road, Port Elizabeth, 6001;
Postanschrift: POB 2159, Port Elizabeth, 6000; Tel (00 27 41) 54 28 40; Fax (00 27 41) 57 31 46; Telex (0 95) 24-23 81/82/83, *Kennung:* 24-23 81/82/83 sa
Leiter: Philip Stucken HonorarKons
Amtsbezirk: Magistratsbezirke Aberdeen, Albany, Alexandria, Bathurst, Bedford, Colesberg, Cradock, Graaff-Reinet, Hankey, Humansdorp, Jansenville, Joubertina, Kirkwood, Knysna, Maraisburg, Middelburg, Noupoort, Pearston, Port Elizabeth, Reinet, Sommerset East, Steynsburg, Steytlertville, Uitenhage, Uniondale, Venterstad, Willowmore
Übergeordnete Auslandsvertretung: Generalkonsulat Kapstadt

Swasiland
(siehe Botschaft Maputo, Seite 60)

Tansania
* △ Botschaft in Daressalam
Anschrift: NIC Investment House, Samora Avenue, Daressalam;
Postanschrift: POB 9541; Tel (0 02 55 51) 11 74 09-13; Fax (0 02 55 51) 11 29 44; Telex (09 89) 41 003, *Kennung:* 41 003 aadrsm
Leiter: Dr Burghart Nagel außerordentl und bevollm Botsch
Amtsbezirk: Tansania

Honorarkonsul in Moshi
Leiter: NN
Amtsbezirk: Arusha, Kilimanjaro
Übergeordnete Auslandsvertretung: Botschaft Daressalam

Togo
* Botschaft in Lomé
Anschrift: Boulevard de la République, Lomé;
Postanschrift: BP 1175; Tel (0 02 28) 21 23 70, 21 23 38; Fax (0 02 28) 22 18 88; Telex (09 77) 5 204, *Kennung:* 5 204 aalome to
Leiter: Dr Dieter Simon außerordentl und bevollm Botsch
Amtsbezirk: Togo

Tschad
Botschaft in N'Djamena
Anschrift: Avenue Félix Eboué, N'Djamena
Postanschrift: BP 893 N'Djamena-Tschad; Tel (0 02 35) 51 62 02, 51 56 47; Fax (0 02 35) 51 48 00; Telex (09 76) 5 246, *Kennung:* aandja 5 246 cd

Leiter: Klaus Holderbaum außerordentl und bevollm Botsch
Amtsbezirk: Tschad

Tunesien
* △ Botschaft in Tunis
Anschrift: 1, Rue el Hamra, Mutuelleville-Tunis (Belvédère)
Postanschrift: BP 35 Tunis; Tel (00 21 61) 78 64 55; Fax (00 21 61) 78 82 42; Telex (04 09) 15 463, *Kennung:* 15 463 aatuns tn
Sichtvermerksstelle: Telex (04 09) 15 311, *Kennung:* 15 311 aatusv tn
Leiter: Klaus Werndl außerordentl und bevollm Botsch
Amtsbezirk: Tunesien

Uganda
Botschaft in Kampala
Anschrift: 15, Philip Road. Kololo, Kampala
Postanschrift: POB 7016; Tel (0 02 56 41) 25 67 67/68, 23 64 21/22; Fax (0 02 56 41) 34 31 36; Telex (09 88) 61 005, *Kennung:* 61 005 aa kamp
Leiter: Christian Nakonz außerordentl und bevollm Botsch
Amtsbezirk: Uganda

Demokratische Republik Kongo
(Zaire)

* △ Botschaft in Kinshasa
Anschrift: 82, Avenue des Trois „Z" Kinshasa-Gombe
Postanschrift: BP 8400; Tel (0 02 43 12) 2 77 20, 2 15 29, 3 33 99; Fax (0 02 43 12) 2 15 27; Telex (0 09 82) 21 110, *Kennung:* 21 110 aa zaire zr
Leiter: Klaus Bönnemann außerordentl und bevollm Botsch
Amtsbezirk: Zaire

Honorarkonsul in Bukavu
Anschrift: Avenue de Kabare Nr 35, Muhumba, Zone Ibanda, Bukavu/Zaire
Postanschrift: BP 23 38, Bukavu; Tel (0 08 71) 6 82 62 63 96; Fax (0 08 71) 6 82 62 23 97; Telex (0 08 71) 6 82 62 23 98
Leiter: Achim Manfred Meisenberg Honorarkons
Amtsbezirk: Region Kivu
Übergeordnete Auslandsvertretung: Botschaft Kinshasa

Honorarkonsul in Lubumbashi
Anschrift: Avenue Mpale, Lubumbashi/Zaire
Postanschrift: BP 960; Tel (00 24 32) 22 42 63, 22 23 92 FONDAF, 22 40 66
Leiterin: Claudia Somville Honorarkonsulin
Amtsbezirk: Region Shaba
Übergeordnete Auslandsvertretung: Botschaft Kinshasa

* Honorarkonsul in Matadi
Leiter: NN
Amtsbezirk: Region Bas-Zaire
Übergeordnete Auslandsvertretung: Botschaft Kinshasa

Zentralafrikanische Republik

Botschaft in Bangui
Anschrift: Avenue du Président Gamal Abdel Nasser, Bangui/R. CA
Postanschrift: BP 901, Bangui; Tel (0 02 36) 61 47 65, 61 07 46; Fax (0 02 36) 61 19 89; Telex (09 71) 5 219, *Kennung:* aabgui 5 219 rc
Leiter: Reinhard Buchholz außerordentl und bevollm Botsch
Amtsbezirk: Zentralafrikanische Republik

Britische Überseegebiete St Helena und Nebengebiete

(siehe Generalkonsulat Kapstadt, Seite 61)

Französisches Übersee-Département

Honorarkonsul in Réunion (siehe Botschaft Paris, Seite 93)

Honorarkonsul in St Denis
Anschrift: 110, Rue Général-de-Gaulle, 97400 St Denis/Ile de la Réunion; Tel (0 02 62) 41 84 78, 51 30 84; Fax (0 02 62) 45 34 74
Leiter: Robert de Nas de Tourris HonorarKons
Amtsbezirk: Übersee-Departement Réunion
Übergeordnete Auslandsvertretung: Botschaft Paris

Gebietskörperschaft der Französischen Republik

Mayotte

(siehe Botschaft Paris, Seite 93)

AMERIKA

Antigua und Barbuda

(siehe Botschaft Port-of-Spain, Seite 74)

* **Honorarkonsul in St John's/Antigua**
Anschrift: Ocean View, Hodges Bay/Antigua, W I;
Postanschrift: PO Box 1259, St John's/Antigua W I; Tel (00 12 68) 46-2 31 74; Fax (00 12 68) 46-2 34 96; Telex cwtx agy 2145 for cee bee
Leiter: Carsten Biel HonorarKons
Amtsbezirk: Antigua und Barbuda
Übergeordnete Auslandsvertretung: Botschaft in Port-of-Spain

Argentinien

* △ **Botschaft in Buenos Aires**
Anschrift: Villanueva 1055, 1426 Buenos Aires;
Postanschrift: Casilla de correo 2979, 1000 Buenos Aires; Tel (0 05 41) 7 78 25 00; Fax (0 05 41) 7 78 25 50; Telex (0 33) 21 668, *Kennung:* 21 668 aabai ar
Leiter: Dr Wiegand Pabsch außerordentl und bevollm Botsch
Amtsbezirk: Argentinien

Honrarkonsul in Córdoba
Anschrift: Eliseo canton 1870, Barrio Villa Paez, RA-5000 Córdoba; Tel (00 54 51) 89 46 92, 89 33 57; Fax (00 54 51) 89 08 09
Leiter: Carlos Walter Oechsle Honorarkon
Amtsbezirk: Provinz Córdoba
Übergeordnete Auslandsvertretung: Botschaft Buenos Aires

Honorarkonsul in Eldorado
Anschrift: Calle San Juan 1595-1° piso Of 3, 3380 Eldorado/ Misiones/Argentinien;
Postanschrift: Casilla Correo 301; Tel (0 05 47 51) 2 32 14, privat: 9 40 34
Leiter: Frithjof Weström HonorarKons
Amtsbezirk: Von der Provinz Misiones die Departamentos Monte Carlo, Guarani, Eldorado, San Pedro, Iguazu und General Manuel Belgrano
Übergeordnete Auslandsvertretung: Botschaft Buenos Aires

Honorarkonsul in Mar del Plata
Anschrift: Formosa 550, 7600 Mar del Plata
Postanschrift: Casilla de Correo 1375; Tel (00 54 23) 51-30 53, 51-50 37; Fax (00 54 23) 51-50 37
Leiter: Dr Joachim Werner HonorarKons
Amtsbezirk: Von der Provinz Buenos Aires die Partidos Ayacucho, Azul, Bahia Blanca, Balcarce, Coronel de Marina Leonardo Rosales, Coronel Dorrego, Coronel Pringles, Dolores, Gral Alvarado, Gral Guido, Gral Lavalle, Gral J Madariaga, Gral Pueyrredon, Gonzales Chaves, Juarez, Laprida, Loberia, Maipú, Mar Chiquita, Necochea, Patagones, Rauch, San Cayetano, Tandil, Tordillo, Tormquist, Tres Arroyos, Villarino.
Übergeordnete Auslandsvertretung: Botschaft Buenos Aires.

Honorarkonsul in Mendóza
Anschrift: Calle Montevideo 127, 1 Piso Depto 6, 5500 Mendóza/Argentinien; Tel (00 54 61) 29 65 39
Leiter: Frederico Werner Hilbing HonorarKons
Amtsbezirk: Provinzen Mendóza, San Juan und San Luis
Übergeordnete Auslandsvertretung: Botschaft Buenos Aires

Honorarkonsul in Posadas
Anschrift: Cordoba 2251, piso 1 Of D 3300 Posadas/Misiones/Argentinien; Tel (0 05 47 52) 3 55 08, 3 05 70; Fax (0 05 47 52) 3 05 70

Leiter: Dr Roland Kegler HonorarKons
Amtsbezirk: von der Provinz Corrientes die Departamentos General Alvear, Ituzaingó, Páso de los Libres, San Martin und San Tomé; von der Provinz Misiones die Departamentos Capital, Concepción, Apóstoles, Candelaria, Leandro N, Alem, Oberá, Libertator Gral, San Martin, San Javier, San Ignacio, 25 de Mayo, Cainguas.
Übergeordnete Auslandsvertretung: Botschaft Buenos Aires

Honorarkonsul in Resistencia
Anschrift: Pueyrredon 270, 3500 Resistencia/Chaco/Argentinien; Tel (0 05 47 22) 2 34 06
Leiterin: Haydée Hüwel HonorarKonsulin
Amtsbezirk: Provinz Chaco, von der Provinz Corrientes die Departementos Bella Vista, Beron de Astrada, Capital, Concepción, Corrientes (ProvHpst), Empedrado, General Paz, Itati, Lavalle, Mercedes, Mburucuyá, Salados, San Cosme, San Luis del Palmar, San Miguel und San Roque, Provinz Formosa
Übergeordnete Auslandsvertretung: Botschaft Buenos Aires

* Honorarkonsul in Rosario
Anschrift: Córdoba 1437 piso 5, of 3, 2000 Rosario; Tel (00 54 41) 48 65 46; Fax (00 54 41) 49 59 90
Leiter: Dr Rodolfo Guillermo Enrique Herfarth HonorarKons
Amtsbezirk: Von der Provinz Santa Fé die Departamentos Belgrano, Caseros, Constitución, General López, Rosario, Iriondo, San Jerónimo, San Lorenzo, San Martin sowie die Stadt San Nicolas der Provinz Buenos Aires
Übergeordnete Auslandsvertretung: Botschaft Buenos Aires

Honorarkonsul in Salta
Anschrift: Calle Cordoba 202, 4400 Salta/Argentinien; Tel (00 54 87) 21 65 25
Leiter: Juan Christobal Kühl HonorarKons
Amtsbezirk: Provinzen Jujuy und Salta
Übergeordnete Auslandsvertretung: Botschaft Buenos Aires

Honorarkonsul in San Carlos de Bariloche
Anschrift: Ruiz Moreno 65, 8400 San Carlos de Bariloche/Rio Negro, Argentinien; Tel (0 05 49 44) 2 56 95
Leiter: Jürgen Linder HonorarKons
Amtsbezirk: Provinz Neuquén; von der Provinz Rio Negro die Departamentos El Cuy, Gral Roca, 9 de Julio, 25 de Mayo, Norquinco, Pilcaniyeu, Bariloche; von der Provinz Chubut die Departamentos Cushamen, Futaleufú, Gastre, Languiñeo, Paso de Indios und Teuelches
Übergeordnete Auslandsvertretung: Botschaft Buenos Aires

Honorarkonsul in San Miguel de Tucumán
Anschrift: 9, de Julio 1051, 4000 San Miguel de Tucumán

Postanschrift: Casilla de Correo 44, 4000 San Miguel de Tucumán; Tel (00 54 81) 24 20 00, 24 27 30, 24 28 19, 24 26 58; Fax (0 0 54 81) 24 66 20
Leiter: José Krautmann HonorarKons
Amtsbezirk: Provinzen Catamarca und Tucumán
Übergeordnete Auslandsvertretung: Botschaft Buenos Aires

Honorarkonsul in Sante Fé
Anschrift: Tucumán 3828, 3000 Santa Fé, Argentinien; Tel (00 54 42) 55 14 76; Fax (00 54 42) 55 14 76
Leiter: Carlos Enrique Meissner HonorarKons
Amtsbezirk: Von der Provinz Santa Fé die Departamentos Castellanos, Garay, La Capital, Los Colonias, San Cristóbal, San Justo, San Javier, General Obligado, Vera und 9 de Julio. Von der Provinz Corrientes Departamentos Curuzú Cuatiá, Esquina, Goya, Mónte Ceserós und Sauce, Provinz Entre Rios
Übergeordnete Auslandsvertretung: Botschaft Buenos Aires

Honorarkonsul in Ushuaia
Anschrift: Rosas 516, 9410 Ushuaia/Argentinien; Tel (0 05 49 01) 2 27 78
Leiter: Rodolfo Luciano Wantz HonorarKons
Amtsbezirk: Territorio Nacional de Tierra del Fuego und von der Provinz Santa Cruz die Departamentos Güer Aike, Lago Argentino, Carpen Aike und Magallanes
Übergeordnete Auslandsvertretung: Botschaft Buenos Aires

Bahamas

(siehe Botschaft Kingston, Seite 70)

* x Honorarkonsul in Nassau
Anschrift: Ocean Spray Hotel, West Bay, Nassau, Bahamas
Postanschrift: POBN, 3035 Nassau/Bahamas; Tel (00 12 42) 32-2 80 32 bis 34; Fax (00 12 42) 3 25 57 31; TA E Brokmeier Colony Investments Ltd Nassau
Leiter: Ernst Brokmeier HonorarKons
Amtsbezirk: Bahamas
Übergeordnete Auslandsvertretung: Botschaft Kingston

Barbados

(siehe Botschaft Port-of-Spain, Seite 74)

* Honorarkonsul in Bridgetown
Anschrift: Dayrell's Road, Pleasant Hall, Christ Church, Barbados
Postanschrift: PO Box 17 B, Brittons Hill, St Michael, Barbados WI; Tel (00 12 46) 4 27 18 76; Fax (00 12 46) 4 27 81 27
Leiter: Uwe Harrs HonorarKons
Amtsbezirk: Barbados
Übergeordnete Auslandsvertretung: Botschaft Port-of-Spain

Belize

(siehe Botschaft Kingston, Seite 70)

Honorarkonsul Belize-Stadt
Postanschrift: 57, Southern Forshore, Belize;
Tel (00 50 12) 7 72 82; Fax (00 50 12) 2 43 75
Leiter: Arsenio Burgos HonorarKons
Amtsbezirk: Belize
Übergeordnete Auslandsvertretung: Botschaft Kingston

Bolivien

Botschaft in La Paz
Anschrift: Avenida Arce 2395, La Paz;
Postanschrift: Casilla 5265; Tel (00 59 12) 43 08 50, 43 08 54, 43 18 51; Fax (00 59 12) 43 12 97; Telex (03 09) 3 303, *Kennung:* 33 03 aalapaz bv
Leiter: Dr Ulrich Spohn außerordentl und bevollm Botsch
Amtsbezirk: Bolivien

Honorarkonsul Cochabamba
Anschrift: Calla España Nr N-0149;
Postanschrift: Casilla 708, Cochabamba, Bolivien;
Tel (0 05 91 42) 5 40 23, 5 40 24 (privat: 4 46 79); Fax (0 05 91 42) 5 40 23; TA Berodt Cochabamba
Leiter: Jürgen Berodt HonorarKons
Amtsbezirk: Departamento Cochabamba
Übergeordnete Auslandsvertretung: Botschaft La Paz

Honorarkonsul in Oruro
Leiter: NN
Amtsbezirk: Departamentos Oruro und Potosi
Übergeordnete Auslandsvertretung: Botschaft La Paz

Honorarkonsul in Santa Cruz
Anschrift: Av de las Americas 241, Santa Cruz;
Postanschrift: Casilla 2101, Santa Cruz;
Tel (00 59 13) 32 48 25; Fax (00 59 13) 36 75 85
Leiter: Peter Klatt
Amtsbezirk: Departamento Santa Cruz
Übergeordnete Auslandsvertretung: Botschaft La Paz

Honorarkonsul in Sucre
Anschrift: Calle Rosendo Villa 54, Sucre, Bolivien;
Postanschrift: Casilla 191, Sucre, Bolivien;
Tel (0 05 91 64) 2 13 69
Leiterin: Eva Marianne Vilar Honorarkonsulin
Amtsbezirk: Departamento Chuquisaca
Übergeordnete Auslandsvertretung: Botschaft La Paz

Honorarkonsul in Tarija
Anschrift: Sucre No 665, Tarija/Bolivien
Postanschrift: Casilla 139, Tarija/Bolivien;
Tel (0 05 91 66) 4 20 62; Fax (0 05 91 66) 3 08 26; TA Methfessel Tarija
Leiter: Karl-Heinz Methfessel HonorarKons
Amtsbezirk: Departamento Tarija
Übergeordnete Auslandsvertretung: Botschaft La Paz

Brasilien

Botschaft in Brasilia
Anschrift: Avenida das Nações Lote 25 Quadra 807, 70415-900 Brasilia DF;
Postanschrift: Caixa Postal 0752-70 359-970 Brasilia DF; Tel (00 55 61) 2 44 72 73, 2 44 70 79, 2 44 70 89; Fax (00 55 61) 2 44 60 63; Telex (0 38) 611 183, *Kennung:* 611 183 blaa br
Leiter: Dr Claus-Jürgen Duisberg außerordentl und bevollm Botsch
Amtsbezirk: Brasilien
Konsularischer Amtsbezirk: Bundesdistrikt, Staaten Acre, Amapá, Amazonas, Goiás, Mato Grosso, Pará, Roraima, Rondonia, Tocantins

Generalkonsulat in Curitiba
Anschrift: Av João Gualberto, 1237, 80030-001 Curitiba/PR, Brasilien
Postanschrift: Caixa Postals 764 und 2281, 80001-970 Curitiba/PR, Brasilien; Tel (00 55 41) 2 52 42 44, 2 52 49 03, 2 52 49 48; Fax (00 55 41) 2 52 23 21; Telex (0 38) 415 065, *Kennung:* 41 5065 cwaa br
Leiter: Dieter Hertrampf GenKons
Amtsbezirk: Staaten Paraná und Santa Catarina

* △ Generalkonsulat in Porto Alegre
Anschrift: Rua Prof Annes Dias 112 11° andar, 90.020-090 Porto Alegre/RS, Brasilien
Postanschrift: Caixa Postal 2552, 90.001-970 Porto Alegre/RS, Brasilien; Tel (00 55 51) 2 24 95 92, 2 24 92 55; Fax (00 55 51) 2 26 49 09; Telex (0 38) 511 374, *Kennung:* 511 374 poaa br
Leiter: Dr Axel Gutmann GenKons
Amtsbezirk: Staat Rio Grande do Sul

* △ Generalkonsulat in Recife
Anschrift: Av Dantas Barreto, 191 Edf Sto Antônio, 4° andar, 50010-360 Recife;
Postanschrift: Caixa Postal 1604, 50 001-970 Recife; Tel (00 55 81) 4 24 34 88, 4 24 39 16, 4 24 18 40; Fax (00 55 81) 4 24 26 66; Telex (0 38) 81 1382, *Kennung:* 81 13 82 rcaa br
Leiter: Albert Graf GenKons
Amtsbezirk: Staaten Alagoas, Bahia, Ceará, Maranhão, Paraiba, Pernambuco, Piaui, Rio Grande de Norte, Sergipe

* △ Generalkonsulat in Rio de Janeiro
Anschrift: Rua Presidente Carlos de Campos 417, 22 231-080 Rio de Janeiro-RJ;
Postanschrift: Caixa Postal 64, 20001-970, Rio de Janeiro-RJ, Brasilien; Tel (00 55 21) 5 53-67 77; Fax (00 55 21) 5 53-01 84; Telex (0 38) 2 122 579, *Kennung:* 2 122 579 rjaa br
Leiter: Guido Heyemer GenKons
Amtsbezirk: Staaten Espirito Santo, Minas Gerais, Rio de Janeiro

* △ Generalkonsulat in São Paulo
Anschrift: Avenida Brigadeiro Faria Lima, 1383-12 andar, Jardim Paulistano, 01451-905 São Paulo/Brasil;

Postanschrift: Caixa Postal 41662, 05422-970 São Paulo-SP, Brasilien; Tel (00 55 11) 8 14-66 44; Fax (00 55 11) 8 15 75 38; Telex (0 38) 1 183 923, *Kennung:* 1 183 923 spaa br
Leiter: Peter von Jagow GenKons
Amtsbezirk: Staaten São Paulo, Mato Grosso do Sul

*Honorarkonsul in Belém
Anschrift: Travessa Campos Sales, 63, Conj 404, 66013-020 Belem/PA; *Postanschrift:* Caixa Postal 2, 66017-970 Belém; Tel (00 55 91) 2 22-56 66; Fax (00 55 91) 2 22 56 34
Leiterin: Helena Steffen Honorarkonsulin
Amtsbezirk: Staaten Pará und Amapá
Übergeordnete Auslandsvertretung: Botschaft Brasilia

Honorarkonsul in Belo Horizonte
Anschrift: Avenida do Contorno, 8000, Sala 1608-1613, 30110-120 Belo Horizonte-MG; Tel (00 55 31) 2 91 77 97; Fax (00 55 31) 3 37 82 11
Leiter: Georg Johannes Kampik HonorarKons
Amtsbezirk: Staat Minas Gerais
Übergeordnete Auslandsvertretung: Generalkonsulat Rio de Janeiro

Honorarkonsul in Blumenau
Anschrift: Rua Caetano Deeke, 20 Edificio Hering, 11° Andar, salas 1105/6, 89010-040 Blumenau; *Postanschrift:* Caixa Postal 1002, 89010-971 Blumenau/SC, Brasilien; Tel (0 05 54 73) 2 21-1 72, 2 13-5 44; Fax (0 05 54 73) 21 34 50; Telex 473 156, *Kennung:* 473 156 heri
Leiter: Hans Prayon HonorarKons
Amtsbezirk: Munizipien, Blumenau, Pomerode, Luiz Alves, Picarras, Penha, Navegantes, Itajai, Comboriú, Itapema, Brusque, Gaspar, Ilhota, Guabiruba, Botuverá, Indaial, Vidal Ramos, Presidente Nereu Ascurra, Florianópolis, Massaranduba, Rodeio, Benedito Novo, Rio dos Cedros und Timbó.
Übergeordnete Auslandsvertretung: Generalkonsulat Curitiba

Honorarkonsul in Campinas
Anschrift: Av Mercedes Benz, 679 Distrito Industrial, CEP 13055-720, Campinas-SP;
Postanschrift: 13001-970 Campinas, SP
Leiter: NN
Amtsbezirk: Munizipien Aguas de Lindoia, Americana, Amparo, Artur Nogueira, Campinas, Capivari, Cosmópolis, Elias Fausto, Indaiatuba, Itapira, Jaguariúna, Lindóia, Mogi-Guaçu, Mogi-Mirim, Mombuca, Monte Alegre do Sul, Monte Mor, Nova Odessa, Paulinia, Pedeira, Rafard, Santo Antonio da Posse, Serra Negra, Socorro, Sumaré, Valinhos, Vinhedo, Aguas de São Pedro, Charqueada, Iracemápolis, Piracicaba, Rio das Pedras, Santa Barbara d'Oeste, Santa Maria da Serra, São Pedro, Torrinha, Araras, Conchal, Cordeirópolis, Leme, Limeira, Pirassununga, Porto Ferreira, Santa Cruz da Conceição, Analândia, Brotas, Corumbatai, Ipeùna, Itirapina, Rio Claro, Santa Gertrudes, Aguai, Aguas de Prata, Divinolândia, Espirito Santo do Pinhal, Santo António do Jardim, São João da Boa Vista, São Sebastião da Grama, Vargem Grande do Sul, Caconde, Casa Branca, Itobi, Mococa, Santa Cruz das Palmeiras, São José do Rio Pardo, Tambaú, Tapiratiba, Campo Limpo Paulista, Itatiba, Itupeva, Jarinu, Jundiai, Louveira, Morungaba, Várzea Paulista, Atibaia, Bom Jesus dos Perdões, Bragança Paulista, Joanópolis, Nazaré Paulista, Pedra Bela, Pinhalzinho, Piracaia.
Übergeordnete Auslandsvertretung: Generalkonsulat São Paulo.

* Honorarkonsul in Fortaleza
Anschrift: Rua Pedro Borges 33, Ed Palácio Progresso, Conj 1135, 60055-110 Fortaleza/CE
Postanschrift: Caixa Postal 1115, 60001-970 Fortalezza/CE; Tel (00 55 85) 2 31-43 66, privat 2 64-19 60; Fax (00 55 85) 2 26 19 23; Telex 851 073, *Kennung:* 851 073 hsam br
Leiter: Gerhard Wichmann HonorarKons
Amtsbezirk: Staat Ceará
Übergeordnete Auslandsvertretung: Generalkonsulat Recife

Honorarkonsul in Joinville
Anschrift: Rua Princesa Isabel, 238-conj 716, 89201-270 Joinville-Santa Catarina
Postanschrift: Caixa Postal 1197, 89201-972 Joinville-SC; Tel (00 55 47) 33 86 79, 22 73 83; Privat 22 30 78; Fax (00 55 47) 4 22 35 22; Telex (0 38) 47 42 64, *Kennung:* 474264 pfolbr
Leiter: Udo Döhler HonorarKons
Amtsbezirk: Munizipien Joinville, São Francisco do Sul, Garuva, Campo Alegre, Jaragúa do Sul, Corupá, São Bento do Sul, Schroeder, Guaramirin, Araquarí, Barra Velha, Itaiópolis, Rio Negrinho und Mafra.
Übergeordnete Auslandsvertretung: Generalkonsulat Curitiba.

Honorarkonsul in Manaus
Anschrift: a/c Brasmar Represtaco es Ltda, Rua 24 de Maio 220, Ed Rio Negro Center, Sala 812, 69010-080 Manaus/Amazonas; Tel (00 55 92) 2 34 90 45, (privat) 2 36 12 96; Fax (00 55 92) 2 33 62 84; Telex 922 208, *Kennung:* 922208 exme br
Leiter: Martin Klenke HonorarKons
Amtsbezirk: Staaten Amazonas, Acre, Rondonia, Roraima.
Übergeordnete Auslandsvertretung: Botschaft Brasilia

Honorarkonsul in Panambi
Anschrift: 98280-000 Panambi-RS
Postanschrift: Caixa Postal 352, 98280-000 Panambi-RS
Leiter: NN
Amtsbezirk: Minizipien Ajuricaba, Alecrim, Augusto Pestana, Boa Vista do Burica, Boa Vista do Pestana, Braga, Caibaté, Caiçara, Campina das Missões, Campo Novo, Candido Godoy, Carazinho, Catuipe, Cerro Largo, Chapada, Chiapeta, Colorado, Não-Me Toque, Condor, Constantina, Coronel Bicaco, Criciumal, Cruz Alta, Frederico West-

falen, Giruà Guarani das Missões, Erval Seco, Horizontina, Humaita, Ilbiruba, Ijui, Independencia, Irai, Liberato Salzano, Miraguai, Palmeira das Missões, Palmitinho, Panambi, Planalto, Pôrto Lucena, Pôrto Xavier, Redentora, Rodeio Bonito, Rodinha, Roque Gonzales, Santa Rosa, Santa Barbara do Sul, Sarandi, Santo Angelo, Santo Augusto, Santo Christo, São Luiz Gonzaga, São Martinho, São Paulo das Missões, Seberi, Tenente Portela, Tucunduva, Tuparendi, Très de Maio, Tres Passos, Vicente Dutra.
Übergeordnete Auslandsvertretung: Generalkonsulat Porto Alegre

* Honorarkonsul in Paranaguá
Anschrift: Rua Domingos Peneda 3699, Jardim Guaraituba, 83209-510 Paranaguá-PR, Brasilien; Tel (00 55 41)   4 23-11 21;   Fax   (00 55 41) 4 23 68 46; Telex (0 38) 41 42 08, *Kennung:* 414208 webo
Leiter: Werner Bohling HonorarKons
Amtsbezirk: Hafenstadt Paranaguá
Übergeordnete Auslandsvertretung: Generalkonsulat Curitiba

* Honorarkonsul in Rio Grande
Anschrift: Rua Marechal Andréa 269, 2° andar, 96201-250 Rio Grande; Tel (0 05 55 32) 31 16 77; Fax (0 05 55 32) 31 13 81; Telex 38-532 100, *Kennung:* 532100 pesc br
Leiter: Hermann Werner Hädrich HonorarKons
Amtsbezirk: Munizipien Pedro Osório, Pelotas, São José do Norte, Arroio Grande, Santa Vitoria do Palmar, Jaguarao, Erval
Übergeordnete Auslandsvertretung: Generalkonsulat Porto Alegre

Honorarkonsul in Rolândia
Anschrift: Automolas Equipamentos SA, AV Inglaterra, 2, 86600-000 Cambé-PR
Postanschrift: Caixa Postal 70, 86600-000 Cambé-PR, Brasilien; Tel (00 55 43) 2 56 19 31, (privat) 2 54 54 73; Fax (00 55 43) 2 56 33 74; Telex (038) 43 23 39
Leiterin: Vera Tkotz HonorarKonsulin
Amtsbezirk: Munizipien Andirá, Apucarana, Bandeirantes, Barbosa Ferraz, Cambará, Cambira, Campina da Lagoa, Cândido Rondon, Cornelio Procópio, Fenix, Formosa, Goio Eré, Ibiporã, Iretama, Jataizinho, Kaloré, Londrina, Nova Cantú, Roncador, São Pedro do Ivai, Santa Amélia, Toledo, Ubiratá, Urai und alle Munizipien nördlich von den obengenannten, und zwar bis zu den Grenzen von Paraguay und den brasilianischen Staaten Mato Grosso und São Paulo
Übergeordnete Auslandsvertretung: Generalkonsulat Curitiba

*Honorarkonsul in Salvador
Anschrift: Rua Lucaia 281 Ed „WM", 2° andar 41940-660 Salvador, Brasilien
Tel (00 55 71) 3 34-71 06; Fax (00 55 71) 2 46-8542; Telex (038) 7 13 015; *Kennung:* 713015 tchm br
Leiter: Wolfgang Roddewig HonorarKons

Amtsbezirk: Staaten Bahia und Sergipe
Übergeordnete Auslansvertretung: Generalkonsulat Recife

* Honorarkonsul in Santos
Anschrift: Rua Frei Gaspar 22-10 and; sala 104, CEP11010-907, Santos-SP;
Postanschrift: Caixa Postal 978, 11001-970 Santos-SP; Tel (0 05 51 32) 34 40 69
Leiter: Joachim Stuth-Timm HonorarKons
Amtsbezirk: Munizipien Cananea, Santos, Iguape, Xiririca
Übergeordnete Auslandsvertretung: Generalkonsulat Sao Paulo

Honorarkonsul in São Luis
Anschrift: Harms und Cia Ltda, Praca Goncalves Dias 301, 65 020-240 São Luis/Maranhão;
Postanschrift: Caixa Postaol 234, 65001-970 São Luis; Tel (00 55 98) 2 32 77 66; Fax (00 55 98) 2 21 22 33; Telex (0 38) 21 48 harmbr
Leiter: Ernst Otto Pflüger HonorarKons
Amtsbezirk: Staat Maranhão
Übergeordnete Auslandsvertretung: Generalkonsulat Recife

* Honorarkonsul in Vitória
Anschrift: Praca Meyerfreund, 01, 29122-900 Vila Velha-ES
Postanschrift: Caixa Postal 127, 29.970 Vitória-ES, Brasilien; Tel (00 55 27) 3 39 59 34 (privat 2 39-17 35); Fax (00 55 27) 2 39-85 50
Leiter: Helmut Meyerfreund HonorarKons
Amtsbezirk: Staat Espirito Santo
Übergeordnete Auslandsvertretung: Generalkonsulat Rio de Janeiro

Chile

△ **Botschaft in Santiago de Chile**
Anschrift: Calle Agustinas 785, 7. Stock, Santiago de Chile;
Postanschrift: Casilla 9949;   Tel (0 05 62) 6 33 50 31-35; Fax (0 05 62) 6 33 61 19; Telex (0 34) 2 40 583, *Kennung:* 2 40 583 aasgo cl
Leiter: Dr Werner Reichenbaum außerordentl und bevollm Botsch
Amtsbezirk: Chile

* Honorarkonsul in Antofagasta
Anschrift: Calle Bolivar 374, Antofagasta;
Postanschrift: Casilla 454   Antofagasta/Chile; Tel (00 56 55) 25 16 91; Fax (00 56 55) 26 67 91
Leiter: Hans Schaefer HonorarKons
Amtsbezirk: Regionen Antofagasta und Atacama
Übergeordnete Auslandsvertretung: Botschaft Santiago de Chile

* Honorarkonsul in Arica
Anschrift: Calle 21 de Mayo, 639, of 8, Arica;
Postanschrift: Casilla 907,   Arica/Chile; Tel (00 56 58) 23 15 51; Fax (00 56 58) 23 17 02
Leiter: Klaus Eitner HonorarKons
Amtsbezirk: Region Tarapacá

Übergeordnete Auslandsvertretung: Botschaft Santiago de Chile

Honorarkonsul in Concepción
Anschrift: Chacabuco 856, Concepción; Tel (00 56 41) 24 25 91; Fax (00 56 41) 23 06 21
Leiter: Herbert Siller HonorarKons
Amtsbezirk: Region Bío-Bío
Übergeordnete Auslandsvertretung: Botschaft Santiago de Chile

Honorarkonsul in Osorno
Anschrift: Calle Mackenna Nr 987 entrepiso oficina Nr 4 Osorno
Postanschrift: Casilla 419, Osorno; Tel (00 56 64) 23 21 51; Fax (00 56 64) 23 21 51
Leiter: Hans Joachim Schmitz HonorarKons
Amtsbezirk: Provinz Osorno der Region Los Lagos
Übergeordnete Auslandsvertretung: Botschaft Santiago de Chile

Honorarkonsul in Puerto Montt
Anschrift: Benavente 342, Puerto Montt
Postanschrift: Casilla 2, Puerto Montt/Chile; Tel (00 56 65) 25 28 28; Fax (00 56 65) 25 28 28
Leiter: René Ernesto Schmidt-Gebauer HonorarKons
Amtsbezirk: Provinzen Llanquihue, Chiloe und Palena der Region Los Lagos, Region Aisén del General Carlos Ibanéz del Campo
Übergeordnete Auslandsvertretung: Botschaft Santiago de Chile

* Honorarkonsul in Punta Arenas
Anschrift: Deutsche Schule, Arda El Bosque 0398, Punta Arenas
Postanschrift: Casilla 229 Punta Arenas/Chile; Tel (00 56 61) 21 28 66; Tel (00 56 61) 21 65 32; Telex 28 00 07, *Kennung:* 28 00 07 ultra cl
Leiter: Horst George HonorarKons
Amtsbezirk: Region Magallanes y Antártica Chilena
Übergeordnete Auslandsvertretung: Botschaft Santiago de Chile

Honorarkonsul in Temuco
Anschrift: Caupolican 648, Temuco/Chile
Postanschrift: Casilla 34-D, Temuco/Chile; Tel (00 56 45) 21 23 87; Fax (00 56 45) 21 33 96
Leiter: Oswald Frindt HonorarKons
Amtsbezirk: Region La Araucania
Übergeordnete Auslandsvertretung: Botschaft Santiago de Chile

Honorarkonsul in Valdivia
Anschrift: Avenida Aranco 159, of 204, Valdivia; Tel (00 56 63) 20 37 91; Fax (00 56 63) 21 30 46
Leiter: Eduardo Schild HonorarKons
Amtsbezirk: Provinz Valdivia der Region Los Lagos
Übergeordnete Auslandsvertretung: Botschaft Santiago de Chile

* Honorarkonsul in Valparaiso
Anschrift: Blanco 1215, 11° piso oficina 1102 (Edifico Nautilus), Valparaiso/Chile;
Postanschrift: Casilla 167-V; Tel (00 56 32) 25 67 49; TA: consugerma Valparaiso
Leiter: Prof Dr Herbert Karlsruher HonorarKons
Amtsbezirk: Region Valparaiso
Übergeordnete Auslandsvertretung: Botschaft Santiago de Chile

Costa Rica

Botschaft in San José
Anschrift: Barrio Rohrmoser,de la residencia del Embajador de España, 200 m al norte y 50 m al oeste, San José
Postanschrift: Apartado 4017; Tel (0 05 06) 2 32 55 33, 2 32 54 50; Fax (0 05 06) 2 31 64 03; Telex (03 76) 2 183, *Kennung:* 2183 aajose cr
Leiter: Dr Wilfried Rupprecht außerordentl und bevollm Botsch
Amtsbezirk: Costa Rica
(Der Leiter der Vertretung ist zugleich Beobachter bei dem Interamerikanischen Institut für Agrarwissenschaften (IICA) mit Sitz in San José).

Dominica

(siehe Botschaft Port-of-Spain, Seite 74)

Dominikanische Republik

* Botschaft in Santo Domingo
Anschrift: Condomio Plaza Intercaribe 5 to Piso Esqlope de Vega con Rafael Aug Sanches, Ensanche Naco, Santo Domingo;
Postanschrift: Apartado 1235; Tel (00 18 09) 5 65-88 11 und 5 65-88 12, 5 65-80 47, 5 66-52 89; Fax (00 18 09) 5 67-50 14; Telex (02 01) 41 25, *Kennung:* 4 125 aasant dr
Leiter: Immo von Kessel außerordentl und bevollm Botsch
Amtsbezirk: Dominikanische Republik

Honorarkonsul in Puerto Plata
Anschrift: Calle Beller 51, Puerto Plata
Postanschrift: POB 535; Tel (00 18 09) 1-5 86-69 95, 1-5 86-57 61; Fax (00 18 09) 1-5 86-57 62
Leiter: Heinz Meder HonorarKons
Amtsbezirk: Provinzen Monte Christi, Puerto Plata, Espaillat, Maria Trinidad, Sanchez und Samaná
Übergeordnete Auslandsvertretung: Botschaft Santo Domingo

Ecuador

* △ ☐ Botschaft in Quito
Anschrift: Edificio „Banco de Colombia", 5° piso, Avenida Patria y 9 de Octubre (esquina) Quito
Postanschrift: Casilla 17-01-537; Tel (00 59 32) 22 56 60, 56 72 31/33; Fax (00 59 32) 56 36 97; Telex (3 08) 22 222, *Kennung:* 22 222 aaqto ed
Leiter: Dr Werner Pieck außerordentl und bevollm Botsch
Amtsbezirk: Ecuador

Honorarkonsul in Cuenca
Anschrift: c/o Pasamaneria SA, Avda Huayana Capac 1-97, Cuenca;
Postanschrift: Casilla 139 SC 2; Tel (00 59 37) 83 23 88; Fax (00 59 37) 83 36 10; Telex c/o Pasa 04-8578
Leiter: Otto Schneewind HonorarKons
Amtsbezirk: Provinzen Azuay, Cañar und Loja
Übergeordnete Auslandsvertretung: Botschaft Quito

* **Honorargeneralkonsul in Guayaquil**
Anschrift: Avenida Carlos Julio Arosemana, km 2,5 Edif Berlin, 2° piso, Guayaquil;
Postanschrift: Casilla 09-06-2003; Tel (00 59 34) 20 68 67, 20 68 68; Fax (00 59 34) 20 68 69; Telex (03 05) 4 25 91, *Kennung:* 4 25 91 invmar ed, 4 25 83, *Kennung:* 4 25 83 edgusa ed
Leiter: Burchard von Campe HonorarGenKons
Amtsbezirk: Provinzen El Oro, Guayas und Los Rios
Übergeordnete Auslandsvertretung: Botschaft Quito

Honorarkonsul in Manta
Anschrift: c/o Sefmann CA, Avenida 102, Manta, Los Esteros/Ecuador
Postanschrift: Casilla 13-05-48 72; Tel (00 59 35) 62 07 40, 62 50 51; Fax (00 59 35) 62 57 52; Telex 6 162 Sefman ed
Leiter: Wolf-Rüdiger Harten HonorarKons
Amtsbezirk: Provinz Manabi
Übergeordnete Auslandsvertretung: Botschaft Quito

El Salvador

* **Botschaft in San Salvador**
Anschrift: 7a Calle Poniente 3972, esqu 77a Avenida Norte, Colonia Escalon, San Salvador;
Postanschrift: Apartado Postal 693;
Tel (0 05 03) 2 23 61 40, 2 98 27 70; Fax (0 05 03) 2 98 33 68; Telex (03 73) 20 149, *Kennung:* 20 149 aassal
Leiter: Dr Richard Giesen außerordentl und bevollm Botsch
Amtsbezirk: El Salvador
(Der Leiter der Vertretung ist zugleich Beobachter bei der Organisation der Zentralamerikanischen Staaten (ODECA) mit Sitz in San Salvador)

Grenada
(Siehe Botschaft Port-of-Spain, Seite 74)

Guatemala

Botschaft in Guatemala-Stadt
Anschrift: 20 calle 6-20, Edificio Plaza Maritima, Zona 10, Ciudad de Guatemala;
Postanschrift: Apartado Postal 87 a; Tel (0 05 02) 3 37 00 28/29; Fax (0 05 02) 3 37 00 31; Telex (03 72) 5 209, *Kennung:* 5 209 aaguat gu
Leiter: Dr Joachim Neukirch außerordentl und bevollm Botsch
Amtsbezirk: Guatemala

Guyana
(Siehe Botschaft Port-of-Spain, Seite 74)

Honorarkonsul in Georgetown
Anschrift: 70, Quamina & Mn Sts, Georgetown/Guyana;
Postanschrift: PO Box 10647; Tel (00 59 22) 6 10 89; Fax (00 59 92) 6 10 89; Telex pbtlx 211
Leiter: Winfried Fries HonorarKons
Amtsbezirk: Guyana
Übergeordnete Auslandsvertretung: Botschaft Port of Spain

Haiti

* **Botschaft in Port-au-Prince**
Anschrift: 2, Impasse Claudinette, Bois Moquette, Pétion-Ville/Haiti
Postanschrift: PO Box 1147, Port-au-Prince/Haiti; Tel (0 05 09) 57 72 80; Fax (0 05 09) 57 41 31; Telex (02 03) 2 00 72, *Kennung:* 20072 aaprince hn
Leiter: Joachim-Richard Vogel außerordentl und bevollm Botsch
Amtsbezirk: Haiti.

* **Honorarkonsul in Cap Haitien**
Anschrift: 11, Rue A, Cap Haitien
Postanschrift: BP 10, Cap Haitien; Tel (0 05 09) 62 23 44, 62 03 81; Fax (0 05 09) 62 07 99
Telegrammanschrift: SCHUTT Cap Haitien
Leiter: Broder Schütt HonorarKons
Amtsbezirk: Departament du Nord
Übergeordnete Auslandsvertretung: Botschaft Port-au-Prince

Honduras

* **Botschaft in Tegucigalpa**
Anschrift: Edificio Paysen, Boulevard Morazán, Tegucigalpa, DC/Honduras C. A.
Postanschrift: Apartado Postal No 3145; Tel (0 05 04) 32 31 61/62; Fax (0 05 04) 32 95 18; Telex (03 74) 1 118, *Kennung:* 1 118 aa tguc ho
Leiter: Dr Christian Hausmann außerordentl und bevollm Botsch
Amtsbezirk: Honduras

* **Honorarkonsul in San Pedro Sula**
Anschrift: 6y7 Avenida NO, Circunvalacion, Local N°10, San Pedro Sula
Postanschrift: Apartado Postal No 588; Tel (0 05 04) 53 12 44; Fax (0 05 04) 53 18 68
Leiterin: Ruth Berkling Honorarkonsulin
Amtsbezirk: Departamentos, Atlántida, Colón, Copán, Cortes, Gracias à Diós, Santa Bárbara, Yoro
Übergeordnete Auslandsvertretung: Botschaft Tegucigalpa

Jamaika

* **Botschaft in Kingston**
Anschrift: 10 Waterloo Road Kingston 10
Postanschrift: POB 444; Tel (00 18 09) 9 26 56 65, 9 26 67 28/9; Fax (00 18 09) 9 29 82 82; Telex (02 91) 2 146, *Kennung:* 2 146 aakgn ja
Leiter: Dr Wilfried Bolewski außerordentl und bevollm Botsch
Amtsbezirk: Jamaika sowie die Bahamas, Belize, die Kaimaninseln, die Turks- und Caicosinseln
(Der Leiter der Vertretung ist zugleich als Botschafter in den Bahamas und in Belize mit Sitz in Kingston akkreditiert. Der Leiter der Vertretung ist zugleich Generalkonsul für die britischen Überseegebiete Kaimaninseln, Turks- und Caicosinseln mit Sitz in Kingston. Der Leiter der Vertretung ist zugleich als ständiger Vertreter der Bundesrepublik Deutschland bei der Internationalen Meeresbodenbehörde (IMB) mit Sitz in Kingston akkreditiert.)

Kanada

Botschaft in Ottawa
Anschrift: 1 Waverley-Street, Ottawa Ontario K2P 0T8
Postanschrift: POB 379 Postal Station „A" Ottawa, Ontario/K1N 8V4; Tel (00 16 13) 2 32-11 01; Fax (00 16 13) 5 94 93 30; Telex (0 21) 534 226, *Kennung:* 534226 aa ott ca
Leiter: Dr Hans-Guenther Sulimma außerordentl und bevollm Botsch
Amtsbezirk: Kanada
Konsularischer Amtsbezirk: Region „Communauté Urbaine de l'Outaouais" der Provinz Quebec sowie 6 Grafschaften der Provinz Ontario: Grafschaft Carleton, Grafschaft Prescott and Russell, Grafschaft Stormont, Dundas and Glengary, Grafschaft Renfrew, Grafschaft Lanark und Grafschaft Leeds and Grenville.

* △ **Generalkonsulat in Montreal**
Anschrift: 1250, Boulevard René-Lévesque Ouest, Suite 4315, Montreal Quebec H3B 4XL; Tel (00 15 14) 9 31 24 31, 9 31 22 77, 9 31 75 88; Fax (00 15 14) 9 31 72 39; Telex (0 21) 5-24 483, *Kennung:* 24 483 aa mtl ca
Leiter: Dr Fritz von Rottenburg GenKons
Amtsbezirk: Provinzen New Brunswick, Newfoundland, Nova Scotia, Quebec (mit Ausnahme der Region „Communauté Urbaine de l'Outaouais"), Prince-Eduard Insel

△ **Generalkonsulat in Toronto**
Anschrift: 77 Admiral Road, Toronto, Ontario, M5R2L4;
Postanschrift: Postal Station „P", Box 523, Toronto, Ontario M5S 2T1; Tel (00 14 16) 9 25-28 13; Fax (00 14 16) 9 25-28 18; Telex (0 21) 6-22 866, *Kennung:* 62 28 66 aator ca
Leiter: Roland Fournes GenKons
Amtsbezirk: Provinzen Manitoba, Ontario (mit Ausnahme der Grafschaft Carleton, der Grafschaft Prescott and Russell, der Grafschaft Stormont, Dundas and Glengary, der Grafschaft Renfrew, der Grafschaft Lanark und der Grafschaft Leeds and Grenville).

* **Generalkonsulat in Vancouver**
Anschrift: Suite 704-World Trade Centre, 999 Canada Place, Vancouver BC;
Postanschrift: Suite 704-World Trade Centre, 999 Canada Place, Vancouver BC V6C 3E1; Tel (00 16 04) 6 84-83 77; Fax (00 16 04) 6 84-83 34; Telex (0 21) 4 507 769, *Kennung:* 50 77 69 aavcr
Leiter: Peter Maier-Oswald GenKons
Amtsbezirk: Provinzen Alberta, British Columbia, Saskatchewan, die North West Territories (NWT) sowie das Yukon-Territorium

Honorarkonsul in Calgary
Anschrift: Suite 970, 700-4th Avenue SW Calgary, Alberta T2P 3J4; Tel (00 14 03) 2 69-59 00; Telex (02 13) 82 67 03; Fax (00 14 03) 2 69-59 01
Leiter: Osmar Beltzner HonorarKons
Amtsbezirk: Provinz Alberta
Übergeordnete Auslandsvertretung: Generalkonsulat Vancouver

Honorarkonsul in Fort St John
Anschrift: 9832-98A Avenue, Fort St John, BC V1J 1S2/Canada; Tel (00 16 04) 7 85-43 00; Fax (00 16 04) 7 85-50 28
Leiter: Fred E von Ilberg HonorarKons
Amtsbezirk: Regionaldistrikte Ford Nelson-Liard und Peace River
Übergeordnete Auslandsvertretung: Generalkonsulat Vancouver

* **Honorarkonsul in Halifax**
Anschrift: Holm Ritch, Penfound, Suite 708, Bank Of Commerce Building, 1809 Barrington Street, Halifax, Nova Scotia B3J 3K8/Canada; Tel (00 19 02) 4 20-15 99, privat 4 22 03 26; Fax (00 19 02) 4 22-47 13
Leiter: Prof Dr Edgar Gold HonorarKons
Amtsbezirk: Provinzen Nova Scotia und Prince Edward Island
Übergeordnete Auslandsvertretung: Generalkonsulat Montreal

Honorarkonsul in Kitchener
Anschrift: 385 Frederick Street, Kitchener, Ontario N2H2P2; Tel (00 15 19) 7 45 61 49
Leiter: Peter D Kruse HonorarKons
Amtsbezirk: Grafschaften Brant, Norfolk, Oxford, Perth, Waterloo und Wellington
Übergeordnete Auslandsvertretung: Generalkonsulat Toronto

Honorarkonsul in London/Ontario
Anschrift: 71 Wahrncliffe Road South, London Ontario N6J 2J81, Canada; Tel (00 15 19) 4 32-41 33; Fax (00 15 19) 6 67-51 87
Leiterin: Barbara Weis Honorarkonsulin
Amtsbezirk: Grafschaften Elgin, Essex, Kent, Lambton und Middlesex

Übergeordnete Auslandsvertretung: Generalkonsulat Toronto

Honorarkonsul in Regina (Saskatchewan)
Anschrift: 3534 Argyle Road, Regina, Saskatchewan/Canada S4S 2B8; Tel (00 13 06) 5 86-87 62; Fax (00 13 06) 5 86 87 62
Leiter: Dr Günter Kocks HonorarKons
Amtsbezirk: Provinz Saskatchewan
Übergeordnete Auslandsvertretung: Generalkonsulat Vancouver

* **Honorarkonsul in St John's (Neufundland)**
Anschrift: 22 Poplar Avenue, St John's, Nfld A1B 1C8; Tel (00 17 09) 7 53-77 77; Fax (00 17 09) 7 39-66 66
Leiter: Guenter K Sann HonorarKons
Amtsbezirk: Provinz Neufundland
Übergeordnete Auslandsvertretung: Generalkonsulat Montreal

Honorarkonsul in Winnipeg
Anschrift: 101-1200 Pembina Highway, Winnipeg, Manitoba R3T 2A7; Tel (00 12 04) 4 75 30 88
Leiter: Gerhard Spindler HonorarKons
Amtsbezirk: Provinz Manitoba
Übergeordnete Auslandsvertretung: Generalkonsulat Toronto

Kolumbien

* △ **Botschaft in Bogotá**
Anschrift: Carrera 4 No 72-35, Piso 6, Edificio Sisky, Santafé de Bogotá
Postanschrift: Apartado Aéreo 91808, Santafé des Bogotá/Kolumbien; Tel (0 05 71) 2-12 05 11; Fax (0 05 71) 2 10 42 56; Telex (0 35) 44 765, *Kennung:* 44 765 aabt co
Leiter: Dr Geert-Hinrich Ahrens außerordentl und bevollm Botsch
Amtsbezirk: Kolumbien

* **Honorarkonsul in Barranquilla**
Anschrift: Calle 80, No 78B-251, Edificio Tealco, Barranquilla;
Postanschrift: Apartado Aéreo 668; Barranquilla; Tel (00 57 53) 55 83 08 (auch Fax)
Leiter: Dierk Schnabel HonorarKons
Amtsbezirk: Departamentos Atlántico, Guajira und Magdalena
Übergeordnete Auslandsvertretung: Botschaft Bogotá

Honorarkonsul in Cali
Anschrift: Avda 4 a Norte Nr 14-107 Barrio Granada, Cali;
Postanschrift: Apartado Aéreo 1788; Tel (0 05 72) 6 68 53 11, 6 68 51 89; Fax (0 05 72) 8 83 16 39
Leiter: Peter Niessen HonorarKons
Amtsbezirk: Departamentos Valle del Cauca, Cauca, Nariño und Comisaria del Putumayo
Übergeordnete Auslandsvertretung: Botschaft Bogotá

* **Honorarkonsul in Cartagena**
Postanschrift: Carrera 2 No 43-58, El Cabrero, Cartagena/Kolumbien; Tel (0 05 75) 6 64 08 48, 6 64 81 27; Fax (0 05 75) 6 64 42 10
Leiter: Frank Bolle HonorarKons
Amtsbezirk: Departamentos Bolivar, Sucre und Córdoba sowie die zu Kolumbien gehörenden Inseln im Karibischen Meer San Andrés und Providencia
Übergeordnete Auslandsvertretung: Botschaft Bogotá

Honorarkonsul in Cúcuta
Anschrift: Avenida 4 No 7N-117, Zona Industrial;
Postanschrift: Apartado Aereo 501, Cúcuta/Kolumbien; Tel (00 57 75) 78 04 96; Fax (00 57 75) 78 08 94
Leiter: Peter Zahn HonorarKons
Amtsbezirk: Departamento Norte de Santander
Übergeordnete Auslandsvertretung: Botschaft Bogotá

Honorarkonsul in Manizales
Anschrift: Edificio ANDI, Via al Magdalena No 74-71, Piso 10, Manizales
Postanschrift: Apartado Aéreo 3232; Tel (00 57 68) 87 29 28; Fax (00 57 68) 87 30 63
Leiter: Guillermo Sanint Botero HonorarKons
Amtsbezirk: Departamentos Caldas, Risaralda und Quindio
Übergeordnete Auslandsvertretung: Botschaft Bogotá

Honorarkonsul in Medellin
Anschrift: Carrera 43 F No 17-419, Medellin;
Postanschrift: Apartado Aéreo 76100 und 51666 Medellin/Kolumbien; Tel (0 05 74) 2 62 17 56; Fax (0 05 74) 2 32 82 74
Leiter: Hellmuth E Lücker HonorarKons
Amtsbezirk: Departamentos Antioquia und Chocó
Übergeordnete Auslandsvertretung: Botschaft Bogotá

Kuba

Botschaft in Havanna
Anschrift: Calle B No 652, Esquina à 13, Vedado, La Habana
Postanschrift: Apartado 6610, La Habana/Cuba; Tel (0 05 37) 33 25 69, 33 25 39, 33 24 60; Fax (0 05 37) 33 15 86; Telex (0 28) 511 433, *Kennung:* 511 433 aa hav
Leiter: Dr Georg Trefftz außerordentl und bevollm Botsch
Amtsbezirk: Kuba

Mexiko

* △ **Botschaft in Mexiko-Stadt**
Anschrift: Calle Lord Byron 737, Col Polanco Chapultepec, 11560 Mexico D F;
Postanschrift: Apartado Postal M-1 07 92, 0600 México DF; Tel (0 05 25) 2 83 22 00; Fax (0 05 25)

2 81-25-88; Telex (0 22) 17 73 089, *Kennung:* 17 73 089 aamx me
Pressereferat: Calle Moliére No 118, Col Polanco, 11560 Mexico DF; Tel (0 05 25) 2 80-73-26; Fax (0 05 25) 2 80 78 50
Leiter: Horst Palenberg außerordentl und bevollm Botsch
Amtsbezirk: Mexiko

Honorarkonsul in Acapulco
Anschrift: Anton de Alaminos No 26, Casa Tres Fuentes, Col Costa Azul, 39850 Acapulco/Gro
Postanschrift: Apartado Postal C-46, 39650 Acapulco; Tel (00 52 74) 84 18 60, 84 74 37; Fax (00 52 74) 84 38 10
Leiter: Mario Wichtendahl HonorarKons
Amtsbezirk: Bundesstaat Guerrero
Übergeordnete Auslandsvertretung: Botschaft Mexiko-Stadt

Honorarkonsul in Cancún/Quintana Roo
Anschrift: Punta Conoca No 36, 77500 Cancún, QR;
Postanschrift: Apdo Postal 100, 77500 Cancún, Quintana Roo; Tel (00 52 98) 84 15 98, 84 18 98; Fax (00 52 98) 84 53 74
Leiter: Rudolf Bittorf HonorarKons
Amtsbezirk: Bundesstaat Quintana Roo
Übergeordnete Auslandsvertretung: Botschaft Mexiko-Stadt

Honorarkonsul in Chihuahua
Anschrift: Boulevard Fuentes Mares 8804, 31040 Chihuahua/Mexico;
Postanschrift: Apartado 4-40, 31 040 Chihuahua/Chih, Mexico; Tel (00 52 14) 20 20 30, 20 03 57; Fax (00 52 14) 20 09 45
Leiter: Klaus Herbert Kientzle HonorarKons
Amtsbezirk: Bundesstaat Chihuahua
Übergeordnete Auslandsvertretung: Botschaft Mexiko-Stadt

Honorarkonsul in Guadalajara
Anschrift: Casa Wagner de Guadalajara SA de CV, Ave Ramón Corona 202, Guadalajara, Jal;
Postanschrift: Apartado Postal 1-107, 44 100 Guadalajara, Jal México; Tel (0 05 23) 6 13 96 23, 6 13 14 14; Fax (0 05 23) 6 13 26 09
Leiterin: Gisela Tiessen HonorarKonsulin
Amtsbezirk: Bundesstaaten Aguascalientes, Guanajuato, Jalisco, Michoacan, Nayarit, San Luis Potosi, Zacatecas
Übergeordnete Auslandsvertretung: Botschaft Mexiko-Stadt

Honorarkonsul in Mazatlán
Anschrift: Jacaranda 10, Loma Linda, 82 000 Mazatlán, Sinaloa México; Tel (00 52 69) 82 28 09, 13 51 00; Fax (00 52 69) 14 34 22
Leiter: Guillermo Heimpel HonorarKons
Amtsbezirk: Bundesstaat Sinaloa
Übergeordnete Auslandsvertretung: Botschaft Mexiko-Stadt

Honorarkonsul in Méridia
Postanschrift: Calle 7 No 217, Entre 20 y 20 a, Juan B Sosa-Chubuma, 97200 Méridia, Yuc Mexico; Tel (00 52 99) 81 29 76; Fax (00 52 99) 81 29 76
Leiterin: Karin Tautorat de Chnaid Honorarkonsulin
Amtsbezirk: Bundesstaaten Campeche, Yucatán
Übergeordnete Auslandsvertretung: Botschaft Mexiko-Stadt

Honorarkonsul in Monterrey
Anschrift: Calzada del Valle 400-Local 77, 66220 Col del Valle, NL
Postanschrift: Apartado Postal 436, 66250 Col del Valle, NL; Tel (0 05 28) 3 35 17 84; Fax (0 05 28) 3 35 54 38
Leiter: Carlos Ross Schede HonorarKons
Amtsbezirk: Bundesstaaten Coahuila (ausschließlich Lagunengebiet), Nuevo León und nördlicher Teil von Tamaulipas
Übergeordnete Auslandsvertretung: Botschaft Mexiko-Stadt

Honorarkonsul in Puebla
Anschrift: Avenida Fuentes de San Miguel 5, Club de Golf Las Fuentes, 72110 Puebla, Pue-Mexico; Tel (00 52 22) 24 24 06; Fax (00 52 22) 24 09 24; Telex 17 18 43 keipme
Leiter: Gerhard Schreiber HonorarKons
Amtsbezirk: Bundesstaaten Puebla und Tlaxcala
Übergeordnete Auslandsvertretung: Botschaft Mexiko-Stadt

* Honorarkonsul in Tampico
Anschrift: Agencia Naviera de Mexico, SA de CV, 2 de Enero No 102-A Sur, 89000 Tampico, Tamps México; Tel (00 52 12) 12 98 17, 12 97 84; Fax (00 52 12) 14 11 47
Leiter: Dieter Schulze HonorarKons
Amtsbezirk: Gebiet des Bundesstaates Tamaulipas südlich des Wendekreises des Krebses
Übergeordnete Auslandsvertretung: Botschaft Mexiko-Stadt

Honorarkonsul in Tijuana
Anschrift: Cantera 400/304, Edificio Ole, Secc Terrazas de Mendoza, 22209 Playas de Tijuana, Mexico; Tel (00 52 66) 80 18 30; Fax (00 52 66) 80 18 30
Leiter: Lic Fernando Barona Sobrino HonorarKons
Amtsbezirk: Bundesstaaten Baja California Norte, Sonora, Baja California Sur Sonora
Übergeordnete Auslandsvertretung: Botschaft Mexiko-Stadt

* Honorarkonsul in Veracruz
Anschrift: Av Salvador Diaz Mirón No 1500, Col Zarageza, 91910
Postanschrift: Apdo Postal 185, 91910 Veracruz/Ver, México; Tel (00 52 29) 37 34 90, 37 55 54; Fax (00 52 29) 37 53 21
Leiter: Arturo Wenzel Villalobas HonorarKons
Amtsbezirk: Mittlere Zone des Bundesstaates Veracruz mit der Munizipalgrenze nördlich Nautia als

nördliche und den Munizipalgrenzen südlich des Papaloapan-Flusses als südliche Begrenzung
Übergeordnete Auslandsvertretung: Botschaft Mexiko-Stadt

Honorarkonsul in Villahermosa
Anschrift: Mango 17, Residencial Framboyanes, 86020 Villahermosa, Tab/Mexico; Tel (0 05 29 31) 2 53 40; Fax (0 05 29 31) 4 15 87
Leiterin: Elke Garcia HonorarKonsulin
Amtsbezirk: Bundesstaaten Tabasco und Chiapas
Übergeordnete Auslandsvertretung: Botschaft Mexiko-Stadt

Nicaragua

* Botschaft in Managua
Anschrift: Bolonia, de la Plaza España, 2 cuadras al Norte (contiguo a la Optica Nicaraguense), Managua;
Postanschrift: Apartado Postal 29, Managua, Nicaragua; Tel (0 05 05) 2 66 39 17, 2 66 39 18, 2 66 75 00, 2 66 79 44; Fax (0 05 05) 2 66 76 67, Telex (03 75) 1 070, *Kennung:* 1 070 aamngua
Leiter: Ulrich Schöning außerordentl und bevollm Botsch
Amtsbezirk: Nicaragua

Honorarkonsul in Corinto
Anschrift: Casa Cural No 101, Corinto, Nicaragua; Tel 4 16 *Telegrammanschrift:* Casa Cural Corinto
Leiter: Pfarrer Josef Schendel HonorarKons
Amtsbezirk: Departamentos León und Chinandega
Übergeordnete Auslandsvertretung: Botschaft Managua

Panama

* Botschaft in Panama
Anschrift: Calle 50 53 Esquina, Edificio „Bancomer", Piso 6, El Obarrio, Panama;
Postanschrift: Apartado 4228, Panama 5, R P; Tel (0 05 07) 2 63 77 33, 2 64 11 47; Fax (0 05 07) 2 23 66 64; Telex (03 79) 2 979, *Kennung:* 2 979 aapan pg
Leiter: Dr Volker Anding außerordentl und bevollm Botsch
Amtsbezirk: Republik Panama

* Honorarkonsul in Colón
Anschrift: c/o Boyd Steamship Corporation
Postanschrift: POBox 5077, Cristobal, RP; Tel (0 05 07) 4 45 33 44; Telex 3 482 031; *Telegrammanschrift:* Boydbros, Cristobal
Leiter: Jürgen Dorfmeier HonorarKons
Amtsbezirk: Provinz und Stadt Colón
Übergeordnete Auslandsvertretung: Botschaft Panama

* Honorarkonsul in David
Anschrift: Cerveceria Chiricana, SA, Via Boquete, David/Prov Chiriqui, Rep Panama
Postanschrift: Apartado 503, David/Chiriqui, Panama; Tel (0 05 07) 7 74 03 04 (privat: 7 75 44 97); *Telegrammanschrift:* Chiricanasa David
Leiter: Eckhard Schönleber HonorarKons
Amtsbezirk: Provinz Chiriqui
Übergeordnete Auslandsvertretung: Botschaft Panama

Paraguay

Botschaft in Asunción
Anschrift: Avda Venezuela 241, Asunción;
Postanschrift: Casilla de Correo 471; Tel (0 05 95 21) 21 40 09, 21 40 10, 21 40 11; Fax (0 05 95 21) 21 28 63; Telex (03 05) 22 068, *Kennung:* 22 068 py aaasun
Leiter: Joachim Kausch außerordentl und bevollm Botsch
Amtsbezirk: Paraguay

Honorarkonsul in Encarnación
Anschrift: Calle Jorge Memmel 631, Encarnación/ Paraguay; Tel (0 05 95 71) 40 41, 33 35; *Telegrammanschrift:* Carlos Memmel
Leiter: Carlos Memmel HonorarKons
Amtsbezirk: Departamento de Itapúa
Übergeordnete Auslandsvertretung: Botschaft Asunción

Honorarkonsul in Neu-Halbstadt/Colonia Neuland
Anschrift: Casilla de Correo 1153, Colonia Neuland/Chaco, Paraguay; Tel (0 05 95 91) 3 45, 2 01
Leiter: Heinrich Braun HonorarKons
Amtsbezirk: Departamento de Boquerón
Übergeordnete Auslandsvertretung: Botschaft Asunción

Peru

* △ Botschaft in Lima
Anschrift: Avenida Arequipa 4202-4210, Lima 18 Miraflores;
Postanschrift: Apartado 18-05 04, Lima 18/Peru; Tel (0 05 11) 4 42 49 19, 4 22 46 87; Fax (0 05 11) 4 22 64 75; Telex (0 36) 20 039, *Kennung:* 20 039 pe aalima
Leiter: Dr Dr Heribert Wöckel außerordentl und bevollm Botsch
Amtsbezirk: Peru

* Honorarkonsul in Arequipa
Anschrift: Colegio Peruano–Aleman Max Uhle, Sachaca, Arequipa;
Postanschrift: Casilla 743; Tel (00 51 54) 23 29 21, (Büro) 21 83 28; Fax (00 51 54) 23 41 36, 23 18 60; Telex 5 10 69 und 5 19 11
Leiter: Ulrich Gocht HonorarKons
Amtsbezirk: Departamentos Arequipa, Moquegua, Puno und Tacna einschließlich Städte und Häfen Matarani und Mollendro
Übergeordnete Auslandsvertretung: Botschaft Lima

Honorarkonsul in Cusco
Anschrift: San Agustin 307, Apartado 1128, Cusco/ Peru; Tel (00 51 84) 23 54 59, 23 20 96; Fax (00 51 84) 23 54 59
Leiterin: Maria-Sophia Jürgens de Hermoza HonorarKonsulin
Amtsbezirk: Departamentos Apurimac, Cusco, Ayacucho und Madre de Dios
Übergeordnete Auslandsvertretung: Botschaft Lima

Honorarkonsul in Iquitos
Anschrift: Yavari 660, Iquitos
Postanschrift: Casilla 475, Iquitos/Peru; Tel (00 51 94) 23 26 41; Fax (00 51 94) 23 63 64
Leiter: Max Axel Georg Druschke HonorarKons
Amtsbezirk: Departamento Loreto
Übergeordnete Auslandsvertretung: Botschaft Lima

* Honorarkonsul in Piura
Anschrift: Las Amapolas K 6, Urb Miraflores, Piura;
Postanschrift: Casilla 76; Tel (00 51 74) 33 29 20; Fax (00 51 74) 32 83 10
Leiterin: Jutta Moritz de Irazola Honorarkonsulin
Amtsbezirk: Departamentos Piura und Tumbes
Übergeordnete Auslandsvertretung: Botschaft Lima

Honorarkonsul in Trujillo
Anschrift: Calle Estados Unidos 105-107, Urb „El Recreo", Trujillo/Peru; Tel (00 51 44) 24 59 03, Büro 23 25 12; Fax (00 51 44) 24 59 03
Leiter: Dr Guillermo Guerra Cruz HonorarKons
Amtsbezirk: Departamentos Amazonas, Cajamarca, Lalibertad, Lambayaque, San Martin
Übergeordnete Auslandsvertretung: Botschaft Lima

St Kitts und Nevis

(siehe Botschaft Port-of-Spain Seite 74)

Honorarkonsul in Bathridge/Nevis, W.J.
Leiter: NN
Amtsbezirk: St Kitts und Nevis
Übergeordnete Auslandsvertretung: Botschaft Port-of-Spain

St Lucia

(siehe Botschaft Port-of-Spain Seite 74)

Honorarkonsul in Castries
Anschrift: 4 Manoel Street, Castries/St Lucia WJ
Postanschrift: POBox 233, Castries/St Lucia WJ; Tel (00 17 58) 4 52 37 37; Fax (00 17 58) 4 52 37 40; Telex 03 98-63 51 PMMSLU
Leiter: Lennox Alric Cave HonorarKons
Amtsbezirk: St Lucia
Übergeordnete Auslandsvertretung: Botschaft Port-of-Spain

St Vincent und die Grenadinen

(siehe Botschaft Port-of-Spain, Seite 74)

Honorarkonsul in Indian Bay/St Vincent und den Grenadinen
Anschrift: PO Box 848, Indian Bay/St Vincent and the Grenadines; Tel (00 18 09) 4 58 40 92; Fax (00 18 09) 4 57 48 87
Leiterin: Gisela Balcombe Honorarkonsulin
Amtsbezirk: St Vincent und die Grenadinen
Übergeordnete Auslandsvertretung: Botschaft Port-of-Spain

Suriname

(siehe Botschaft Port-of-Spain Seite 74)

Honorarkonsul in Paramaribo
Anschrift: c/o NV Katwijk, Kantoor & Direktie, Maagdenstraat 46 bov, Paramaribo
Postanschrift: POB 466, Paramaribo/Suriname, SA; Tel (0 05 97) 47 43 80; Fax (0 05 97) 47 15 07
Leiter: Nagib Nouh-Chaia HonorarKons
Amtsbezirk: Suriname
Übergeordnete Auslandsvertretung: Botschaft Port-of-Spain

Trinidad und Tobago

* Botschaft in Port-of-Spain
Anschrift: 7-9 Marli Street, Port-of-Spain/Trinidad; WI
Postanschrift: POB 828; Tel (00 18 68) 62-8 16 30-16 32; Fax (00 18 68) 6 28 52 78; Telex (02 94) 22 316, *Kennung:* 22 316 aaposp wg
Leiter: Gerhard Plückebaum außerordent und bevollm Botsch
Amtsbezirk: Trinidad und Tobago sowie Antigua und Barbuda, Barbados, Grenada, Guyana, Suriname, Dominica, St Lucia, St Vincent und die Grenadinen, Anguilla, Britische Jungferninseln, Montserrat, St Kitts und Nevis (Der Leiter der Vertretung ist zugleich als Botschafter in Antigua und Barbuda, Barbados, Dominica, Grenada, Guyana, St Kitts und Nevis, St Lucia, St Vincent und die Grenadinen sowie in Suriname mit Sitz in Port-of-Spain akkreditiert.
Der Leiter der Botschaft ist zugleich Generalkonsul für die britischen Überseegebiete Anguilla, Britische Jungferninseln und Montserrat mit Sitz in Port-of-Spain)

Uruguay

* ∆ Botschaft in Montevideo
Anschrift: La Cumparsita 1417/1435, Montevideo;
Postanschrift: Casilla de Correo 20014; Tel (00 59 82) 92 52 22; Fax (00 59 82) 92 34 22; Telex (0 32) 2 37 64, *Kennung:* 2 37 64 aamtvd uy
Leiter: Dr Ludger Buerstedde außerordentl und bevollm Botsch
Amtsbezirk: Uruguay

Venezuela

* △ Botschaft in Carácas
Anschrift: Edificio PANAVEN, 2. Stock, Avenida San Juan Bosco, Esquina 3a Transversal, Altamira, Carácas;
Postanschrift: Apartado 2078; Tel (0 05 82) 2 61 01 81, 2 61 12 05, 2 61 22 29, 2 61 32 53, 2 61 42 77; Fax (0 05 82) 2 61 06 41; Telex (0 31) 2 32 62, *Kennung:* 2 32 62 aaccs ve
Leiter: Dr Eike Bracklo außerordentl und bevollm Botsch
Amtsbezirk: Venezuela

* Honorarkonsul in Ciudad Guayana
Anschrift: Edificio Amazonas, Mezzanina, Local 4; Avenida Las Américas, Puerto Ordaz, Estado Bolivar; Tel (00 58 86) 23 13 61; Fax (00 58 86) 22 77 74; Telex 86 343 htm
Leiter: Wilfried Eisenfeller HonorarKons
Amtsbezirk: Staat Bolivar
Übergeordnete Auslandsvertretung: Botschaft Carácas

* Honorarkonsul in Maracaibo
Anschrift: Calle 77, No 3C-24, Edificio „Los Cerros" piso 8, Oficina C, Maracaibo, Estado Zulia;
Postanschrift: Apartado 578; Tel (00 58 61) 91 24 06; Fax (00 58 61) 91 25 06
Leiter: Dr Kurt Nagel HonorarKons
Amtsbezirk: Staaten Lara, Trujillo, Zulia und Falcon mit Ausnahme seiner Distrikte Acosta, Federación, Silva und Zamora
Übergeordnete Auslandsvertretung: Botschaft Carácas

Honorarkonsul in San Cristóbal
Anschrift: Edificio Torovega Carrera 8, La Concordia, San Cristóbal Edo Tàchira;
Postanschrift: Apartado No 358, 5001a San Cristóbal; Tel (00 58 76) 44 88 66, 46 54 04/05; Fax (00 58 76) 46 55 05; Telex 76 115 Torovega; *Telegrammanschrift:* Torovega San Cristóbal
Leiter: Joachim Funck HonorarKons
Amtsbezirk: Staaten Táchira und Mérida
Übergeordnete Auslandsvertretung: Botschaft Carácas

Honorarkonsul in Porlamar/Isla Margarita
Anschrift: Cale Tubores, Quinta „Raymivor", Porlamar, Isla Margarita, Estado Nueva Esparta, Veenzuela; Tel (00 58 95) 61 52 12; Fax (00 58 95) 61 51 34; Telex 95 416 Aquam
Leiter: Rainer Tominski HonorarKons
Amtsbezirk: Staat Nueva Esparta
Übergeordnete Auslandsvertretung: Botschaft Carácas

Vereinigte Staaten von Amerika

* △ Botschaft in Washington
Anschrift: 4645, Reservoir Road NW, Washington DC 20007-19 98/USA; Tel (00 12 02) 2 98-81 40; Telex (0 23) 64 418, *Kennung:* 64 418 aawn uw; 19 76 85, *Kennung:* 19 76 85 AAWN UT; Fax (00 12 02) 2 98 42 49, 3 33 26 53
Leiter: Jürgen Chrobog außerordentl und bevollm Botsch
Amtsbezirk: Vereinigte Staaten von Amerika
Konsularischer Amtsbezirk: District of Columbia, Staaten Delaware, Maryland, Virginia, West Virginia.
Der Leiter der Vertretung ist zugleich Beobachter bei der Organisation Amerikanischer Staaten (OAS).

Informationsbüro New York (German Information Center)
Anschrift: 950 Third Avenue, New York NY 10022; Tel (00 12 12) 8 88 98 40; Fax (00 12 12) 7 52 66 91; Telex (0 23) 6 801 465, *Kennung:* 6 80 14 65 gic aa uw

* Generalkonsulat in Atlanta
Anschrift: Marquis Two Tower-Suite 901, 285 Peachtree Center Avenue, NE, Atlanta, GA 30303-1221/USA; Tel (00 14 04) 6 59-47 60/62, 6 59 51 42; Fax (00 14 04) 6 59 12 80; *Visastelle:* Telex (0 23) 3 772 508, *Kennung:* 3 772 508 atlaasr ut
Leiter: Klaus Zehentner GenKons
Amtsbezirk: Staaten Alabama, Georgia, Mississippi, North Carolina, South Carolina, Tennessee

* △ Generalkonsulat in Boston
Anschrift: Three Copley Place, Suite 500, Boston, Mass 02116 USA; Tel (00 16 17) 5 36-44 14, 5 36-81 72; Fax (00 16 17) 5 36-85 73
Leiter: Dr Walter Gerhardt GenKons
Amtsbezirk: Staaten Connecticut (mit Ausnahme des Fairfield County), Maine, Massachusetts, New Hampshire, Rhode Island, Vermont

△ Generalkonsulat in Chicago
Anschrift: 676 North Michigan Avenue, Suite 3200, Chicago II 60611, Illinois USA; Tel (00 13 12) 5 80 11 99; Fax (00 13 12) 5 80-00 99
Leiterin: Dr Marie-Gabriele von Malsen-Tilborch GenKonsulin
Amtsbezirk: Staaten Illinois, Iowa, Kansas, Minnesota, Missouri, Nebraska, North Dakota, South Dakota, Wisconsin

Generalkonsulat in Detroit
Anschrift: Edison Plaza, Suite 2100, 660 Plaza Drive, Detroit, Michigan 48226 USA; Tel (00 13 13) 9 62-65 26; Fax (00 13 13) 9 62 73 45
Leiterin: Dr Marianne Wannow GenKonsulin
Amtsbezirk: Staaten Indiana, Kentucky, Michigan, Ohio

* △ Generalkonsulat in Houston
Anschrift: 1330 Post Oak Blvd, Suite 1850, Houston, Texas 77056-3018 USA; Tel (00 17 13) 6 27-77 70; Fax (00 17 13) 6 27 05 06
Leiter: Dr Klaus Aurisch GenKons
Amtsbezirk: Staaten Arkansas, Louisiana, New Mexico, Oklahoma, Texas

75

* △ **Generalkonsulat in Los Angeles**
Anschrift: 6222 Wilshire Boulevard Suite No 500, Los Angeles, California 90048/USA; Tel (00 12 13) 9 30 27 03; Fax (00 12 13) 9 30 28 05; Telex (0 23) 215 876, *Kennung:* 215 876 aala ur, *Visastelle:* Telex (0 23) 6 73 44 27, *Kennung:* 6 73 44 27 aasv ur
Leiter: Hans-Alard von Rohr GenKons
Amtsbezirk: Counties Imperial, Kern, Los Angeles, Orange, Riverside, San Bernardino, San Diego, San Luis Obispo, Santa Barbara und Ventura des Staates California sowie der Staat Arizona

* **Generalkonsulat in Miami**
Anschrift: 100 N, Biscayne Blvd, Miami, Florida 33132 USA; Tel (00 13 05) 3 58-02 90/1/2; Fax (00 13 05) 3 58-03 07; Telex (0 23) 1 53 159; *Kennung:* 1 53 159 aamia
Leiter: Claus Sönksen GenKons
Amtsbezirk: Staat Florida sowie Puerto Rico und die Amerikanischen Jungferninseln

* △ **Generalkonsulat in New York**
Anschrift: 460 Park Avenue, New York, NY 10022 USA; Tel (00 12 12) 3 08-87 00; Fax (00 12 12) 3 08 34 22
Leiter: NN
Amtsbezirk: Staaten New York, New Jersey und Pennsylvania sowie Fairfield County des Staates Connecticut, Bermuda
Der Leiter der Vertretung ist zugleich Generalkonsul für das britische Überseegebiet Bermuda. Informationsbüro siehe Botschaft Washington.

* **Generalkonsulat in San Francisco**
Anschrift: 1960 Jackson Street, San Francisco, California 94109/USA; Tel (00 14 15) 7 75-10 61; Fax (00 14 15) 7 75 01 87
Leiter: Ruprecht Henatsch GenKons
Amtsbezirk: Staaten California (mit Ausnahme der Counties Imperial, Kern, Los Angeles, Orange, Riverside, San Bernardino, San Diego, San Luis Obispo, Santa Barbara und Ventura), Colorado, Hawaii, Nevada, Utah, Wyoming sowie die amerikanischen Außengebiete Baker-, Howland-, Jarvis-, Johnstoninsel, Midway und Palmyrainsel

* **Generalkonsulat in Seattle**
Anschrift: One Union Square, Suite 25 00, 600 University Street, Seattle, Washington 98101 USA; Tel (00 12 06) 6 82-43 12; Fax (00 12 06) 6 82 37 24; Telex (02 30) 1 85 183, *Kennung:* 1 85 183 aasea ut
Leiter: Dr Manfred Birmelin GenKonsul
Amtsbezirk: Staaten Alaska, Idaho, Montana, Oregon und Washington

Honorarkonsul in Albuquerque
Anschrift: A Messersmith und Schuler, 5700 Harper NE, Suite 430, Albuquerque/New Mexico 87109/USA;
Postanschrift: Postbox 90640, Albuquerque, New Mexico/USA 87109; Tel (00 15 05) 8 22-88 26; Fax (00 15 05) 8 28 26 82
Leiter: Lanny D Messersmith HonorarKons
Amtsbezirk: Staat New Mexiko
Übergeordnete Auslandsvertretung: Generalkonsulat Houston

Honorarkonsul in Anchorage
Anschrift: 425 „G" Street, Suite 650, Anchorage, Alaska 99501; Tel (00 19 07) 2 74-65 37; Fax (00 19 07) 2 74-87 98
Leiter: Bernd Guetschow HonorarKons
Amtsbezirk: Staat Alaska
Übergeordnete Auslandsvertretung: Generalkonsulat Seattle

x **Honorarkonsul in Buffalo**
Anschrift: 135 Delaware Avenue, Buffalo, NY 14202 USA; Tel (00 17 16) 8 54 40 10; Fax (00 17 16) 8 54 78 60
Leiter: Michael A Barrel HonorarKons
Amtsbezirk: Counties des Staates New York: Niagara, Orleans, Erie, Genesee, Wyoming, Chautauqua, Cattaraugus und Allegany
Übergeordnete Auslandsvertretung: Generalkonsulat New York

Honorarkonsul in Charlotte
Anschrift: 330 Eastover Road, Charlotte, North Carolina 28207/USA; Tel (00 17 04) 3 73-07 74, 3 76-72 25; Telex 572-467
Leiter: Eckart Goette HonorarKons
Amtsbezirk: Counties des Staates North Carolina: Alexander Anson, Cabarrus, Catawba, Davidson; Davie, Forsyth, Gaston, Guilford, Iredell, Lincoln, Mecklenburg, Montgomery, Randolph, Richmond, Rowan, Stanly, Union und Yadkin
Übergeordnete Auslandsvertretung: Generalkonsulat Atlanta

Honorarkonsul in Cincinnati
Anschrift: Department of Germanic Languages and Literatures, University of Cincinnati, Clifton Avenue, Cincinnati Ohio 45221-0372 USA;
Postanschrift: PO BOX 210372; Tel (00 15 13) 5 56 27 26; Fax (00 15 13) 5 56 19 19
Leiter: Richard E Schade HonorarKons
Amtsbezirk: Counties des Staates Ohio: Adams, Brown, Butler, Clermont, Clinton, Fayette, Greene, Hamilton, Highland, Montgomery, Preble, Warren; Counties des Staates Kentucky:Boone, Campbell, Kenton, County des Staates Indiana: Dearborn
Übergeordnete Auslandsvertretung: Generalkonsulat Detroit

Honorarkonsul in Cleveland
Anschrift: 1100 Huntington Building, Cleveland, Ohio 44115; Tel (00 12 16) 6 96-11 00; Fax (00 12 16) 6 96-26 45; Telex 9 85 384
Leiterin: Diana M Thimmig HonorarKonsulin
Amtsbezirk: Counties des Staats Ohio: Ashland, Ashtabula, Belmont, Carroll, Columbiana, Cuyahoga, Erie, Geauga, Harrison, Holmes, Huron, Jefferson, Lake, Lorain, Mahoning, Medina, Portage, Sandusky, Seneca, Summit, Stark, Tuscarawas, Trumbull und Wayne
Übergeordnete Auslandsvertretung: Generalkonsulat Detroit

Honorarkonsul in Columbus
Anschrift: c/o Huntington National Bank, 41 South High Street, Columbus, Ohio 432 87 USA; Tel (00 16 14) 4 63-36 23; Telex 24 54 75
Leiter: Frank G Wobst HonorarKons
Amtsbezirk: Counties Athens, Champaign, Clark, Delaware, Fairfield, Franklin, Hocking, Knox, Likking, Logan, Madison, Marion, Morrow, Perry, Pickaway, Ross, Union des Staates Ohio
Übergeordnete Auslandsvertretung: Generalkonsulat Detroit

* Honorarkonsul in Corpus Christi
Anschrift: 5440 Old Brownsville Road, Corpus Christi, Texas 78469/USA;
Postanschrift: POBox 4897, Corpus Christi, Texas 78469/USA; Tel (00 15 12) 2 89-24 16
Leiter: Erich Wendl HonorarKons
Amtsbezirk: Counties des Staates Texas:Victoria Calhoun, Goliad, Bee, Duval, Webb, Jim Wells, San Patricio, Nueces, Kleberg, Kenedy, Wallacy, Cameron, Hidalgo, Starr, Brooks, Jim Hogg, Zapata, Refugio und Aransas Pass
Übergeordnete Auslandsvertretung: Generalkonsulat Houston

Honorarkonsulat in Dallas
Anschrift: 5580 Peterson Lane, Suite 160, Dallas/Texas 75240/USA; Tel (00 19 72) 2 39-07 07; Fax (00 19 72) 7 88 42 47
Leiter: Daniel Tomlin HonorarKons
Amtsbezirk: Counties des Staates Texas:Collin, Dallas, Denton, Ellis, Hood, Hunt, Johnson, Kaufmann, Parker, Rockwell, Tarant und Wise
Übergeordnete Auslandsvertretung: Generalkonsulat Houston

Honorarkonsul in Denver
Anschrift: 6th Avenue West Office Building, 350 Indiana Street, Suite 400, Golden, CO 80401; Tel (00 13 03) 2 79-15 51
Leiter: Hans Wiprecht von Barby HonorarKons
Amtsbezirk: Staaten Colorado und Wyoming
Übergeordnete Auslandsvertretung: Generalkonsulat San Francisco

Honorarkonsul in Des Moines
Anschrift: 115 South Howard Street, Indianola, IA 50125-0357;
Postanschrift: POBox 357, Indianola, IA 50125-0357; Tel (00 15 15) 9 61-25 09; Fax (00 15 15) 9 61-59 70
Leiter: Mark F Schlenker HonorarKons
Amtsbezirk: Iowa
Übergeordnete Auslandsvertretung: Generalkonsulat Chicago

* Honorarkonsul in Honolulu
Anschrift: 2005 Kalia Road, Suite 1 I, Honolulu, Hawaii 96815; Tel (00 18 08) 9 46-38 19; Fax (00 18 08) 9 46-38 19
Leiter: Peter Heinrich Schall HonorarKons
Amtsbezirk: Staat Hawaii
Übergeordnete Auslandsvertretung: Generalkonsulat San Francisco

Honorarkonsul in Indianapolis
Anschrift: 2314 N Meridian Street, Indianapolis, Indiana 46208, USA; Tel (00 13 17) 9 24-53 21
Leiter: Horst F Winkler HonorarKons
Amtsbezirk: Counties Marion, Hendricks, Boone, Clinton, Tippecanoe, Montgomery, Morgan, Johnson, Brown, Monroe, Putnam, Hamilton, Hancock und Shelby des Staates Indiana
Übergeordnete Auslandsvertretung: Generalkonsulat Detroit

Honorarkonsul in Jackson
Anschrift: c/o Deposit Guaranty Nationalbank, One Deposit Guaranty Plaza, Jackson, MS 39205/USA
Postanschrift: POBox 1200, Jackson MS 39215-1200/USA; Tel (00 16 01) 3 54 82 81; Fax (00 16 01) 3 54 81 92; Telex 5 85 431
Leiter: Emerson B Robinson jr HonorarKons
Amtsbezirk: Mississippi
Übergeordnete Auslandsvertretung: Generalkonsulat Atlanta

* Honorarkonsul in Jacksonville
Anschrift: 1510 Talleyrand Avenue, Jacksonville/Florida, USA;
Postanschrift: POB 3, Jacksonville, Florida 32206, USA; Tel (00 19 04) 3 53-17 41; Fax (00 19 04) 6 32 13 19; Telex TWX (810) 8 27-0208
Leiter: John Girvin Mc Giffin, III, HonorarKons
Amtsbezirk: Counties Baker, Brevard, Clay, Duval, Flagler, Nassau, St Johns, Volusia des Staates Florida
Übergeordnete Auslandsvertretung: Generalkonsulat Miami

Honorarkonsul in Kansas City
Anschrift: 8014 State Line, Leawood, KS 66208;
Postanschrift: POBox 1250, Kansas City, Kansas 66117/USA; Tel (00 19 13) 6 42-51 34; Fax (00 19 13) 6 42-53 48
Leiter: Willard B Snyder HonorarKons
Amtsbezirk: Staat Kansas sowie die Counties Jackson (Kansas City, Missouri), Clay, Cass, Platte und Buchanan des Staates Missouri
Übergeordnete Auslandsvertretung: Generalkonsulat Chicago

Honorarkonsul in Las Vegas
Anschrift: 925 E Desert Inn Road, Suite C, Las Vegas, Nevada 89109; Tel (00 17 02) 7 34-97 00; Fax (00 17 02) 7 35 46 92
Leiterin: Sigrid Sommer HonorarKonsulin
Amtsbezirk: Süd-Nevada, dh die Counties Clark, Nye, Lincoln, White Pine, Esmeralda
Übergeordnete Auslandsvertretung: Generalkonsulat San Francisco

Honorarkonsul in Louisville
Anschrift: The Starks Building-Suite 546, 455 South Fourth Avenue; Louisville, Kentucky 40202-2509 USA; Tel (00 15 02) 5 61 79 11, (00 18 00) 4 94 37 62; Fax (00 15 02) 5 61 79 12
Leiter: Frederick Zopp HonorarKons

Amtsbezirk: Counties Jefferson, Bullit, Hardin, Nelson, Spencer, Anderson, Woodford, Fayette, Scott, Franklin, Shelby, Oldham des Staates Kentucky
Übergeordnete Auslandsvertretung: Generalkonsulat Detroit

Honorarkonsul in Minneapolis
Anschrift: One Financial Plaza, Suite 1910, 120 S-6th Street, Minneapolis, MN 55402 USA; Tel (00 16 12) 33 9-75 66; Fax (00 16 12) 3 39-90 55
Leiter: Joseph E Hamilton HonorarKons
Amtsbezirk: Staaten Minnesota, North Dakota, South Dakota, Counties Pierce, St Croix und Polk des Staates Wisconsin
Übergeordnete Auslandsvertretung: Generalkonsulat Chicago

Honorarkonsul in Mobile
Anschrift: Degussa Road, Theodore, Alabama/ USA;
Postanschrift: POBox 606, Theodore, Alabama 36530 USA; Tel (00 12 05) 4 43-16 08, 4 43-40 00; Fax (00 12 05) 4 43-16 09
Leiter: Dr Sven-Peter Mannsfeld HonorarKons
Amtsbezirk: Staat Alabama
Übergeordnete Auslandsvertretung: Generalkonsulat Atlanta

Honorarkonsul in Nashville, Tennessee
Anschrift: 2700 First American Center, Nashville, 37238 Tennessee; Tel (00 16 15) 2 44 53 70; Fax (00 16 15) 7 42 62 93
Leiter: Edwin Warner Bass HonorarKons
Amtsbezirk: Staat Tennessee
Übergeordnete Auslandsvertretung: Generalkonsulat Atlanta

Honorarkonsul in New Orleans
Anschrift: Poydras Plaza – 8th Floor, 639 Loyola Avenue, New Orleans, LA 70113
Postanschrift: POBOX 61000, New Orleans, LA 70161; Tel (00 15 04) 5 76-42 89; Fax (00 15 04) 5 76-4269
Leiter: Edwin Lupberger HonorarKons
Amtsbezirk: Louisiana
Übergeordnete Auslandsvertretung: Generalkonsulat Houston

Honorarkonsul in Oklahoma City
Anschrift: 5801 North Broadway, Suite 120, Oklahoma City, Oklahoma 73118/USA, Tel (00 14 05) 8 42 01 00; Fax (00 14 05) 8 48 82 48
Leiter: Charles E Wiggin HonorarKons
Amtsbezirk: Staat Oklahoma
Übergeordnete Auslandsvertretung: Generalkonsulat Houston

* Honorargeneralkonsul in Philadelphia
Anschrift: c/o Obermyer, Rebmann, Maxwell&Hippel, 2000 One Penn Center, Suburban Station, 1617 JFK Boulevard, Philadelphia, Pa 19103 USA; Tel (00 12 15) 6 65 32 63; Fax (00 12 15) 6 65 31 65
Leiter: Charles M Taylor HonorarGenKons

Amtsbezirk: County Philadelphia des Staates Pennsylvania und County Camden des Staates New Jersey
Übergeordnete Auslandsvertretung: Generalkonsulat New York

Honorarkonsul in Phoenix
Anschrift: 1130 East Missouri Ave, Suite 200, Phoenix, AZ 85014; Tel (00 16 02) 2 64 25 06; Fax (00 16 02) 2 85 02 96
Leiter: William F Behrens HonorarKons
Amtsbezirk: Staat Arizona
Übergeordnete Auslandsvertretung: Generalkonsulat Los Angeles

Honorarkonsul in Pittsburgh
Anschrift: SMS Engineering, 100 Sandusky Street, Pittsburgh PA 15212-5852; Tel (00 14 12) 3 22 98 80; Fax (00 14 12) 3 21 76 34
Leiter: Michael Edmund Gerlach HonorarKons
Amtsbezirk: Stadt Pittsburgh, Allegheny County des Staates Pennsylvania
Übergeordnete Auslandsvertretung: Generalkonsulat New York

* Honorarkonsul in Portland
Anschrift: 200 SW Market Street, Suite 1695, Portland, Oregon 97201/USA; Tel (00 15 03) 2 22-04 90; Fax (00 15 03) 2 48 01 38
Leiter: Günther Hoffmann HonorarKons
Amtsbezirk: Staat Oregon
Übergeordnete Auslandsvertretung: Generalkonsulat Seattle

Honorarkonsul in Salt Lake City
Anschrift: 254 West 4th South, Suite 305, Salt Lake City, Utah 84101 USA; Tel (00 18 01) 3 64-95 73; Fax (00 18 01) 3 22 09 30
Leiter: Dr Herwig Glander HonorarKons
Amtsbezirk: Staat Utah
Übergeordnete Auslandsvertretung: Generalkonsulat San Francisco

Honorarkonsul in San Antonio
Anschrift: 1500 Alamo Building, 105 South St Mary's Street, San Antonio, Texas 78205/USA; Tel (00 15 12) 2 24-44 55; Fax (00 15 12) 2 24-64 30
Leiter: Thomas E Pawel HonorarKons
Amtsbezirke: Counties Atacosa, Bandera, Bastrop, Bexar, Blanco, Caldwell, Comal, Dewitt, Dimmit, Edwards, Frio, Gillespie, Gonzales, Guadalupe, Hays, Karnes, Kendall, Kerr, Kinney, LaSalle, Live Oak, Maverick, McMullen, Medina, Real, Travis, Uvalde, Val Verde, Wilson und Zavala des Staates Texas
Übergeordnete Auslandsvertretung: Generalkonsulat Houston

Honorarkonsul in San Diego
Anschrift: 6215 Ferris Square, Suite 125, San Diego, CA 92121-3251/USA; Tel (00 16 19) 4 55-14 23; Fax (00 16 19) 4 52-06 09
Leiter: Hermann Zillgens HonorarKons
Amtsbezirk: San Diego County und Imperial County des Staates California

Übergeordnete Auslandsvertretung: Generalkonsulat Los Angeles

Honorarkonsul in St Louis
Anschrift: 49 Orange Hills Drive, Chesterfield Missouri 63017; Tel (00 13 14) 5 76-47 86; Fax (00 13 14) 5 76 69 56
Leiterin: Anna Mayer Beck HonorarKonsulin
Amtsbezirk: Staat Missouri ausschließlich der Counties Buchanan, Cass, Clay, Jackson und Platte sowie East St Louis und County St Clair des Staats Illinois.
Übergeordnete Auslandsvertretung: Generalkonsulat Chicago.

* Honorarkonsul in St Petersburg/Florida
Anschrift: 4400 Central Avenue, St Petersburg/Florida 33711 USA;
Postanschrift: POBox 14567, St Petersburg/Florida 33733/USA; Tel (00 18 13) 3 27-44 44, 3 23-77 77; Fax (00 18 13) 3 23 - 49 37; Telex 49 57 42 35, Kennung: Travel Stb
Leiter: Hannes K Mittermayr HonorarKons
Amtsbezirk: Counties Citrus, De Soto, Hardee, Hernando, Hillsborough, Lake, Manatee, Marion, Orange, Osceola, Pasco, Pinellas, Polk, Sarasota, Seminole, Sumter des Staates Florida
Übergeordnete Auslandsvertretung: Generalkonsulat Miami

* Honorarkonsul in Savannah
Anschrift: 6001 Chatham Center, 3rd floor Orleans Building, Savannah, Georgia
Postanschrift: POB 2088, Savannah, GA 31402/USA; Tel (00 19 12) 2 32 55 81, 2 36 18 65; Fax (00 19 12) 2 38-55 24; Telex 8 04 702 SEMCO SAV TWX 810-784-5202; *Telegrammanschrift:* Semco Savannah, Georgia
Leiter: Frank Kohler Peeples HonorarKons
Amtsbezirk: Counties Beaufort, Berkeley, Charleston, Colleton, Dorchester, Hampton und Jasper des Staates South Carolina und die Counties Bryan, Chatham, Effingham und Liberty des Staates Georgia
Übergeordnete Auslandsvertretung: Generalkonsulat Atlanta

Honorarkonsul in Spartanburg
Anschrift: 290, Montgomery Drive, Spartanburg, SC 29302, USA;
Postanschrift: PoBox 5888, Spartanburg SC 29304/USA; Tel (00 18 03) 5 82 51 33, 5 79 52 06; Telex 53 07 99; Fax (00 18 03) 5 79 53 59
Leiter: Dr Paul-Friedrich Förster HonorarKons
Amtsbezirk: Counties Anderson, Cherokee, Chester, Greenville, Laurens, Oconee, Pickens, Spartanburg, Union und York des Staates South Carolina
Übergeordnete Auslandsvertretung: Generalkonsulat Atlanta

Honorarkonsul in Spokane
Anschrift: S 123 rd Post, Spokane, Washington 99204; Tel (00 15 09) 6 24 52 42

Leiter: Hubertus Günther HonorarKons
Amtsbezirk: Counties Adams, Asotin, Columbia, Franklin, Garfield, Lincoln, Pend/Oreille, Spokane, Stevens, Walla Walla, Whitman des Staates Washington; Staat Idaho; Counties Missoula, Sanders des Staates Montana
Übergeordnete Auslandsvertretung: Generalkonsulat Seattle

Honorarkonsul in Virginia Beach
Anschrift: Stihl Incorporated, 536 Viking Drive, Virginia Beach, VA 23452; Tel (00 18 04) 4 86 84 44; Fax (00 18 04) 4 86 92 49; Telex 823 436
Leiter: Manfred W Schwarz HonorarKons
Amtsbezirk: Counties oder Städte Accomack, Chesapeake (Norfolk), Gloucester, Isle of Wight, James, Lancester Mathews, Middlesex, Newport News, Northampton, Northumberland, Southampton, Suffolk, Surry, Virginia Beach, York des Staates Virginia.
Übergeordnete Auslandsvertretung: Botschaft Washington

Amerikanische Außengebiete

Amerikanische Jungferninseln
(siehe Generalkonsulat Miami, Seite 76)

Puerto Rico
(siehe Generalkonsulat Miami, Seite 76 Honorarkonsul in San Juan)

* Honorarkonsul in San Juan
Anschrift: Sta Bibiana St No 1618, Sagrado Corazón, Cupey, Rio Piedras, San Juan, Puerto Rico
Postanschrift: Apartado 3746 San Juan/Puerto Rico 00936; Tel (00 17 87) 7 55-82 28; Fax (00 17 87) 7 55-82 28; Telex 3 45 04 94 inducom
Leiter: Otto Egon Schulz HonorarKons
Amtsbezirk: Puerto Rico
Übergeordnete Auslandsvertretung: Generalkonsulat Miami

Britische Überseegebiete

Bermuda
(siehe Generalkonsulat New York, Seite 76)

Honorarkonsul in Hamilton
Anschrift: c/o Appleby, Spurling & Kempe, Cedar House, 41 Cedar Avenue, Hamilton HM 12, Bermuda;
Postanschrift: PoBox HM 1179, Hamilton HM Ex, Bermuda; Tel (00 14 41) 2 95 22 44; Fax (00 14 41) 2 92 86 66
Leiter: Peter Bubenzer Esq HonorarKons
Amtsbezirk: Bermuda
Übergeordnete Auslandsvertretung: Generalkonsulat in New York

Anguilla
(siehe Botschaft Port-of-Spain, Seite 74)

Britische Jungferninseln
(siehe Botschaft Port-of-Spain, Seite 74)

Kaimaninseln
(siehe Botschaft Kingston, Seite 70)

Montserrat
(siehe Botschaft Port-of-Spain, Seite 74)

Turks- und Calcosinseln
(siehe Botschaft Kingston, Seite 70)

Französische Übersee-Departements und Übersee-Territorien

Französisch-Guayana
(siehe Botschaft Paris, Seite 93)

Guadeloupe
(siehe Botschaft Paris, Seite 93 und Honorarkonsul in Fort-de-France, Seite 80)

Martinique
(siehe Botschaft Paris, Seite 93 und Honorarkonsul in Fort-de-France, Seite 80)

* **Honorarkonsul in Fort-de France/Martinique**
Anschrift: Acajou Lamentin, 97200 Fort-de-France/Martinique;
Postanschrift: BP 423, 97292 Le Lamentin Cedex 2/Martinique; Tel (0 05 96) 50 38 39; Fax (0 05 96) 50 38 75; Telex 91 26 07 (BAMEX)
Leiter: Bernard Hayot HonorarKons
Amtsbezirk: Martinique und Guadeloupe
Übergeordnete Auslandsvertretung: Botschaft Paris

Zweigstelle in Pointe-à-Pitre (Guadeloupe)
Anschrift: Petit Péron, 97139 Les Abymes;
Postanschrift: BP 637, 97168-Pointe-à-Pitre (Guadeloupe); Tel (0 05 90) 82 37 37; Fax (0 05 90) 83 04 29; Telex 919 864 GL

Gebietskörperschaft der Französischen Republik
St Pierre und Miquelon
(siehe Botschaft Paris, Seite 93/zuständige Sichtvermerksbehörde siehe Generalkonsulat Montreal, Seite 70)

Überseeische Teile der Niederlande

Aruba, Niederländische Antillen
(siehe Botschaft Den Haag; Generalkonsulat Amsterdam (rechtlich-konsularische Angelegenheiten) Seite 99

* **Honorarkonsul in Oranjestad, Aruba**
Anschrift: Scopetstraat 13, Oranjestad (Aruba);
Postanschrift: POB 15 Oranjestad, Aruba; Tel (0 02 97) 83 29 29, 83 26 22; Fax (0 02 97) 83 55 00
Leiter: Hans-Günther Jansen HonorarKons
Amtsbezirk: Aruba
Übergeordnete Auslandsvertretung: Botschaft Den Haag

* **Honorarkonsul in Willelmstad/Curaçao**
Anschrift: Kaya Kooyman 48, Willemstad/Curaçao NA;
Postanschrift: POB 3062, Willemstad, Curaçao NA; Tel (00 59 99) 61 50 86, 67 35 64 (privat); Fax (00 59 99) 61 50 86; Telex 33 14 KOOYMM NA
Leiter: Bastiaan Kooijmann HonorarKons
Amtsbezirk: Niederländische Antillen
Übergeordnete Auslandsvertretung: Botschaft Den Haag

ASIEN

Afghanistan

☐ △ **Botschaft in Kabul**
Anschrift: Wazir Akbar Khan Mena, Kabul;
Postanschrift: POB 83; Tel 2 24 32/33
Leiter: NN
Amtsbezirk: Afghanistan

Bahrain

* **Botschaft in Manama**
Anschrift: Alhasan Building, Sh Hamad Causeway, Building No 668 Diplomatic Area 317
Postanschrift: POBox 10306, Manama/Bahrain; Tel (0 09 73) 53 02 10; Fax (0 09 73) 53 62 82; Telex (04 90) 8 340, *Kennung:* 8 340 aamanbn
Leiter: Norbert Heinze außerordentl und bevollm Botsch
Amtsbezirk: Staat Bahrain

Bangladesh

* ☐ △ **Botschaft in Dhaka**
Anschrift: Gulshan Avenue 178, Dhaka 12, Bangladesh;
Postanschrift: POB 108 Dhaka 2; Tel (00 88 02) 88 47 34 bis 88 47 37, 88 35 96; Fax (00 88 02) 88 31 41; Telex (07 80) 6 42 331, *Kennung:* 642 331 aa dc bj
Leiter: Bruno Weber außerordentl und bevollm Botsch
Amtsbezirk: Bangladesh

Bhutan

(siehe Botschaft Neu Delhi, Seite 81)

Birma (jetzt Myanmar)

Brunei

Botschaft in Bandar Seri Begawan
Anschrift: 49-50 Jalan Sultan Bandar Seri Begawan, 2085 Brunei Darussalam
Postanschrift: PO Box 3050, Bandar Seri Begawan, 1930, Brunei Darussalam; Tel (00 67 32) 22 55 47/74; Fax (00 67 32) 22 55 83; Telex (08 09) 27 42, *Kennung:* 2 742 aabsb bu
Leiter: Ingmar Brentle außerordentl und bevollm Botsch
Amtsbezirk: Brunei

China

* Botschaft in Peking
Anschrift: 5, Dong Zhi Men Wai Da Jie, Peking 100600 People s Republic of China; Tel (00 86 10) 65 32 21 61/65; Fax (00 86 10) 65 32 53 36; Telex (0 85) 22 259, *Kennung:* 22 259 aapek cn
Leiter: Dr Konrad Seitz außerordentl und bevollm Botsch
Amtsbezirk: Volksrepublik China
Konsularischer Amtsbezirk: Volksrepublik China mit Ausnahme der den Generalkonsulaten Kanton und Schanghai zugewiesenen Amtsbezirke
Wirtschaftsabteilung mit Handelsförderungsstelle sowie Regionalarzt-Praxis:
Anschrift: 3, Dong Sie Jie, San Li Tun, Peking 100600; Tel (00 86 10) 65 32 55 56-59; Fax (00 86 10) 65 32 53 35; Telex (0 85) 210 250, *Kennung:* 210 250 aapkh cn
Rechts- und Konsularreferat:
Anschrift: 3, Dong Sie Jie, San Li Tun, Peking 100600/People s Republic of China; Tel (00 86 10) 65 32 55 60-61, 65 32 33 08; Fax (00 86 10) 65 32 53 55; Telex (0 85) 210 250, *Kennung:* 210 250 aapkh cn

Generalkonsulat in Kanton
Anschrift: White Swan Hotel, 5th Floor, Shamian Nan Jie 1, Guangzhou 510133, PR China; Tel (00 86 20) 8 88 69 68; Fax (00 86 20) 8 92 25 99; Telex (0 85) 44 688, *Kennung:* 44 688 wsh cn (Hotelanschluß)
Leiter: Jörg Zimmermann Genkons
Amtsbezirk: Provinzen Fujian, Guangdong, Hainan sowie das Autonome Gebiet des Zhuang-Nationalität Guangxi

* Generalkonsulat in Schanghai
Anschrift: Yong Fu Lu 181, Shanghai 200031; Tel (00 86 21) 64 33 69 53; Fax (00 86 21) 64 71 44 48; Telex (0 85) 33 140, *Kennung:* 33 140 aasgh cn
Leiter: Dr Rolf-Rüdiger Zirpel Genkons
Amtsbezirk: Die regierungsunmittelbare Stadt Schanghai sowie die Provinzen Jiangsu, Zhejiang und Anhui

Indien

Botschaft in New Delhi
Anschrift: No 6, Shantipath, Chanakyapuri, New Delhi-110021;
Postanschrift: POB 613, New Delhi 110001/India; Tel (00 91 11) 6 87 18 31; Fax (00 91 11) 6 87 31 17; Telex (0 81) 3 182 077, *Kennung:* 3 182 077 aand in
Konsularreferat und Visastelle: Tel (00 91 11) 6 87 18 91; Fax (00 91 11) 6 87 76 23; Telex (0 81) 3 17 21 01, *Kennung:* 3 17 21 01 aasv in
Leiter: Frank Elbe außerordentl und bevollm Botsch
Amtsbezirk: Indien

Konsularischer Amtsbezirk: Staaten Arunachal Pradesh, Assam, Haryana, Himachal Pradesh, Jammu und Kashmir, Manipur, Meghalaya, Mizoram, Nagaland, Punjab, Rajasthan, Sikkim, Tripura, Uttar Pradesh (nur die Distrikte Uttarkashi, Chamoli, Pithoragarh, Tehri-Garhwal, Garhwal, Almora, Nainital, Bijnor, Moradabad, Badaun, Rampur, Bareilly, Pilibhit, Shahjahanpur, Dehra Dun, Saharanpur, Muzaffarnagar, Meerut, Bulandshar, Aligarh, Mathura, Agra, Etah, Mainpuri, Farrukhabad, Etawah) sowie die Unionsterritorien Chandigarh, Delhi, Andamanen und Nikobaren, Lakkadiven, Minikoi und Amindiven, Bhutan

* △ Generalkonsulat in Kalkutta
Anschrift: 1 Hastings Park Road, Alipore, Calcutta 700027;
Postanschrift: POB 16711; Tel (00 91 33) 4 79-11 41, 4 79-11 42, 4 79-21 50; Fax (00 91 33) 4 79-30 28; Telex (0 81) 21 80 82, *Kennung:* 21 80 82 aaca in
Leiter: Dr Hans Gerhard Petersmann GenKons
Amtsbezirk: Staaten Bihar, Orissa, Uttar Pradesh (nur die Distrikte Kanpur, Tatepur, Allahabad, Jhansi, Jaluan, Hamipur, Banda, Kheri, Sitapur, Hardoi, Unnao, Lucknow, Rae Barelli, Bahraich, Gonda, Bara Banki, Faizabad, Sultanpur, Pratapgarh, Basti, Gorakhpur, Deoria, Azamgarh, Jaunpur, Ballia, Ghazipur, Varanasi, Mirzapur) und West Bengal

* △ Generalkonsulat in Madras
Anschrift: 22, Ethiray Road, Madras 600105;
Postanschrift: POB 6801; Tel (00 91 44) 8 27 17 47, 8 27 35 93, 8 27 76 37; Fax (00 91 44) 8 27 35 42; Telex (0 81) 41 82 14, *Kennung:* 41 82 14 aams in
Leiterin: Dr Gudrun Vogel GenKonsulin
Amtsbezirk: Staaten Andhra Pradesh, Karnataka, Kerala, Tamil Nadu und das Unionsterritorium Pondicherry

* △ Generalkonsulat in Mumbai
Anschrift: „Hoechst House", 10th Floor Nariman Point, 193 Backbay Reclamation, Mumbai 400 021; Tel (00 91 22) 2 83 24 22, 2 83 15 17, 2 83 26 61; Fax (00 91 22) 2 02 54 93; Telex (0 81) 11 82 900, *Kennung:* 11 82 900 aaboin
Sichtvermerkstelle: Tel (00 91 22) 2 83 03 01; Telex (0 81) 1 18 24 33, *Kennung:* 1 18 24 33 aasv
Leiter: Dietrich Granow GenKons
Amtsbezirk: Staaten Goa, Gujarat, Madhya Pradesh, Maharashtra sowie das Unionsterritorium Daman und Diu

Honorarkonsul in Goa
Anschrift: Care Cosme Matias Menezes Ltd, Rua de Ourem, Panjim (Panaji), Goa; Tel (0 09 18 32) 22 32 61 bis 22 32 64, 22 34 41; Fax (0 09 18 32) 22 32 65; Telex (0 81) 19 42 51, *Kennung:* 194 251 menz in
Leiter: David Lopes de Menezes HonorarKons
Amtsbezirk: Goa
Übergeordnete Auslandsvertretung: Generalkonsulat Mumbai

Indonesien

* △ Botschaft in Jakarta
Anschrift: Jalan MH Thamrin Nr 1, Jakarta 10310; Tel (00 62 21) 3 90 17 50; Fax (00 62 21) 3 90 17 57; Telex (0 73) 44 333, *Kennung:* aajaka ia 44 333
Leiter: Dr Heinrich Seemann außerordentl und bevollm Botsch
Amtsbezirk: Indonesien
Rechts- und Konsularreferat (Sichtvermerkstelle): Fax (00 62 21) 3 91 45 20; Telex (0 73) 6 11 01; *Kennung:* 6 11 01 aasv ia

* x Honorarkonsul in Medan
Anschrift: Il Karim MS4, Medan 20152;
Postanschrift: Il Karim MS4, Medan 20152, Indonesien; Tel (00 62 61) 53 71 08; Fax (00 62 61) 53 71 08
Leiter: Karl Schneider HonorarKons
Amtsbezirk: Aceh und Nordsumatra einschließlich der Mentawai-Inseln
Übergeordnete Auslandsvertretung: Botschaft Jakarta

x Honorarkonsul in Sanur
Anschrift: Jalan Pantai Karang 17, Batujimbar-Sanur/Bali
Postanschrift: PO Box 100; Denpasar/Bali; Tel (0 06 23 61) 28 85 35; Fax (0 06 23 61) 28 88 26
Leiter: Reinhold Jantzen HonorarKons
Amtsbezirk: Insel Bali und Lombok
Übergeordnete Auslandsvertretung: Botschaft Jakarta

Irak

* □ Botschaft in Bagdad
Anschrift: House Nr 40, Mahála 929, Zuqaq 2, Hay Babil, Bagdad;
Postanschrift: POB 2036 Bagdad, Irak; Tel (00 96 41) 7 19 20 37/39; Fax (00 96 41) 7 18 03 40; Telex (04 91) 212 262, *Kennung:* 212 262 aabagd ik
Leiter: NN
Amtsbezirk: Irak

Iran

* □ △ Botschaft in Teheran
Anschrift: Avenue Ferdowsi, No 324, Teheran;
Postanschrift: POB 11365-179 Teheran, Iran; Tel (00 98 21) 3 11 41 11-15; Fax (00 98 21) 39 84 74; Telex (0 88) 2 12 488, *Kennung:* 2 12 488 aatn ir
Sichtvermerkstelle: (0 88) 21 38 43, *Kennung:* 21 38 43 aasv ir; Fax (00 98 21) 39 11 44
Leiter: Dr Horst Bächmann außerordentl und bevollm Botsch
Amtsbezirk: Iran

Israel

* △ Botschaft in Tel Aviv
Anschrift: 3, Daniel Frisch Street, 19 Stock, 64731 Tel Aviv;
Postanschrift: POB 16038, 61160 Tel Aviv; Tel (00 97 23) 6 93 13 13/12; Fax (00 97 23) 6 96 92 17; Telex (06 06) 3 3 621, *Kennung:* 3 3 621 germa il, *Visastelle:* Telex (06 06) 371 227, *Kennung:* 271 227 aasvil
Leiter: Theodor Wallau außerordentl und bevollm Botsch
Amtsbezirk: Israel

Honorarkonsul in Eilat
Anschrift: Desert House, Flat 14, Los Angeles Street, 88100 Eilat, Israel
Postanschrift: POB 590, 88100 Eilat Israel; Tel (00 97 27) 6 33 42 77
Telegrammanschrift: Svensk Eilat; Tel (00 97 27) 33 42 77; Fax (00 97 27) 6 33 04 91; Telex Eilat 7775 (Hotel Moriah)
Leiter: Ya'acov Pri-Gal HonorarKons
Amtsbezirk: Gemeinde Eilat und Kreis (Regional Council) Eilat
Übergeordnete Auslandsvertretung: Botschaft Tel Aviv

* Honorargeneralkonsul in Haifa
Anschrift: 105, Ha'Tishbi Street, Haifa;
Postanschrift: POB 6240, 34455 Haifa; Tel (00 97 24) 38 14 08; Fax (00 97 24) 37 13 53; Telex 46 400 d bxha il
Leiter: Michael Pappe HonorarGenKons
Amtsbezirk: Stadt und Hafen Haifa
Übergeordnete Auslandsvertretung: Botschaft Tel Aviv

Japan

* □ △ Botschaft in Tokyo
Anschrift: 5-10, 4-chome Minami Azabu, Minato-ku, Tokyo 106;
Postanschrift: CPOBox 955, Tokyo 100-91/Japan; Tel (0 08 13) 34 73-01 51 bis 01 57; Fax (0 08 13) 34 73-42 44; Telex (0 72) 22 292, *Kennung:* aatkyo j 22 292
Leiter: Dr Heinrich-Dietrich Dieckmann außerordentl und bevollm Botsch
Amtsbezirk: Japan
Konsularischer Amtsbezirk: Präfekturen Akita, Aomori, Chiba, Fukushima, Hokkaido, Ibaraki, Iwate, Gumma, Kanagawa, Miyagi, Nagano, Niigata, Saitama, Shizuoka, Tokyo mit Ogasawara-Inseln, Yamagata, Yamanashi

* □ △ Generalkonsulat in Osaka-Kobe
Anschrift: Umeda Sky Building, Tower East, 35 Stock, 1-1-88-3501, Oyodonaka, Kita-ku, Osaka 531/Japan; Tel (0 08 16) 4 40 50 70; Fax (0 08 16) 4 40 50 80; Telex (0 72) 63 130, *Kennung:* aaosak j 63 130
Leiter: Dr Nils Grueber GenKons

Amtsbezirk: Präfekturen Aichi, Ehime, Fukuoka, Fukui, Gifu, Hiroshima, Hyogo, Ishikawa, Kagawa, Kagoshima, Kochi, Kumamoto, Kyoto, Mie, Miyazaki, Nagasaki, Nara, Oita, Okayama, Okinawa, Osaka, Saga, Shiga, Shimane, Tokushima, Tottori, Toyama, Yamaguchi, Wakayama

Honorarkonsul in Fukuoka
Anschrift: Saibu Gas Kabushiki Kaisha 812-91, Fukuoka-Shi, Hakata-ku Chigo 1-chome 17-1
Postanschrift: Saibu Gas Kabushiki Kaisha 810-91, Fukuoka-Shi, Chuo Yubinkyoku POBox 21; Tel (00 81 92) 6 33-22 11; Fax (00 81 92) 6 33-22 91
Leiter: Goro Wachi HonorarKons
Amtsbezirk: Präfekturen Fukuoka Saga, Nagasaki, Kumamoto, Oita, Miyazaki, Kagoshima
Übergeordnete Auslandsvertretung: Generalkonsulat Osaka-Kobe

Honorarkonsul in Nagoya
Anschrift: c/o Chubu Denryoku KK 461 Nagoyashi, Higashi-ku, Toshin-cho 1,
Postanschrift: POBox 158, Higashi Yubinkyoku, Nagoya 461-91; Tel (00 81 52) 9 51-82 11; Fax (00 81 52) 9 61 41 44; Telex 4 444 405 Chuden J
Leiter: Seiichi Tanaka HonorarKons
Amtsbezirk: Präfektur Aichi
Übergeordnete Auslandsvertretung: Generalkonsulat Osaka-Kobe

Honorarkonsul in Sapporo
Anschrift: Hokkaido Electric Power Co (Hokkaido Denryoku Kabushiki Gaisha), 2-banchi, Odori Higashi 1-chome Chuoku, Sapporo, Japan; Tel (00 81 11) 2 51-11 11
Leiter: Tamoo Nakano HonorarKons
Amtsbezirk: Präfektur Hokkaido
Übergeordnete Auslandsvertretung: Botschaft Tokyo

Jemen

* ☐ Botschaft in Sanaa
Anschrift: Near Hadda Road/Outer Ring Road, Sanaa/Jemen
Postanschrift: POB 2562, Sana'a, Republic of Yemen; Tel (00 96 71) 41 31 74/77/78; Fax (00 96 71) 41 31 79; Telex (08 95) 2 245, *Kennung:* 2 245 aa sana ye
Leiterin: Dr Helga Gräfin Strachwitz außerordentl und bevollm Botschafterin
Amtsbezirk: Republik Jemen und Republik Dschibuti
(Die Leiterin der Vertretung ist zugleich als Botschafterin in der Republik Dschibuti mit Sitz in Sanaa akkreditiert)

* Außenstelle der Botschaft Sanaa (z Zt nicht operativ tätig)
Anschrift: Radfan Street, Khormaksar, Aden
Postanschrift: POB 6100 Aden; Tel (00 96 72) 23 21 62, 23 36 07; Fax (00 96 72) 23 20 11
Leiter: NN
Amtsbezirk: Provinzen Aden, Hadramaut, Mahrah, Lahedj, Abyan, Shaba

Jordanien

* Botschaft in Amman
Anschrift: Bengasi Street 31, Jabal, Amman;
Postanschrift: POB 183, 11118 Amman, Jordanien; Tel (00 96 26) 68 93 51/67/79/92, Konsulat 68 94 81; Fax (00 96 26) 68 58 87; Telex (04 93) 21 235, *Kennung:* 21 235 aaamn jo
Sichtvermerksstelle: Telex (04 93) 22 233, *Kennung:* 22 233 aasv jo
Leiter: Peter Mende außerordentl und bevollm Botsch
Amtsbezirk: Jordanien

Honararkonsul in Aquaba
Anschrift: Coral Beach Hotel, Aquaba;
Postanschrift: POBox 71, Aquaba/Jordanien; Tel (00 96 23) 31 35 21; Fax (00 96 23) 31 36 14
Leiter: Abdulaziz Kabiriti HonorarKons
Amtsbezirk: Gouvernorate Aqaba und Ma'an
Übergeordnete Auslandsvertretung: Botschaft Amman

Kambodscha

Botschaft in Phnom Penh
Anschrift: Moha Vithei RSF Yougoslavie Sangkat „Boeung Pralit", Khan „7 Janvier", Phnom Penh
Postanschrift: Boite Postale No 60, Phnom Penh, Royaume du Cambodge; Tel (0 08 55 23) 42 63 81, 42 61 93; Fax (0 08 55 23) 42 77 46; Telex (05 83) 1 121 710 , *Kennung:* 1 121 710 aasc-x
Leiter: Dr Wiprecht von Treskow außerordentl und bevollm Botsch
Amtsbezirk: Königreich Kambodscha

Kasachstan

Botschaft in Almaty
Anschrift: Ulitza Furmanova 173, 480064 Almaty/Kasachstan; Tel (0 07 32 72) 50 61 55/56/57/60; Fax (0 07 32 72) 50 62 76; Telex (07 85) 251 409, *Kennung:* 251 409 aakas su
Leiter: Henning von Wistinghausen außerordentl und bevollm Botsch
Konsularreferent: Tel (0 07 32 72) 63 04 52; Fax (0 07 32 72) 63 04 49; Telex (07 85) 25 14 27, *Kennung:* 25 14 27 aa alm su
Amtsbezirk: Kasachstan

Katar

Botschaft in Doha
Anschrift: No 6, Al Jazira al Arabiya Street, Fareej Kholaib Area, Doha
Postanschrift: POBox 3064; Tel (0 09 74) 87 69 59; Fax (0 09 74) 87 69 49; Telex (04 97) 4 528, *Kennung:* 4 528 aadoha dh
Leiter: Klaus Schröder außerordentl und bevollm Botsch
Amtsbezirk: Katar

Kirgisistan

Botschaft in Bischkek
Anschrift: Uliza Razzakowa 28, Bischkek/Kirgisische Republik; Tel (0 07 33 12) 22 48 11, 22 48 03, 22 88 76; Fax (0 07 33 12) 62 00 07, 22 85 23; Telex (07 88) 24 51 48, *Kennung:* 24 51 48 aabik kh
Leiter: Dr Peter Wienand außerordentl und bevollm Botsch
Amtsbezirk: Kirgisistan

Korea

* △ **Botschaft in Seoul**
Anschrift: 4th Floor, Daehan Fire + Marine Insurance Building, 51-1 Namchang-Dong, Seoul 100/Korea;
Postanschrift: CPOBox 1289; Tel (0 08 22) 7 57 71 14; Fax (0 08 22) 7 57 71 41; Telex (08 01) 23 620, *Kennung:* aaseoul k 23 620
Rechts- und Konsularreferat: Telex (08 01) 35 184; *Kennung:* aaseoul k 35 184
Leiter: Dr Claus Vollers außerordentl und bevollm Botsch
Amtsbezirk: Republik Korea

* **Honorarkonsul in Pusan**
Anschrift: U-I-Dong 956-45, Haeundae-Ku, 612-021 Pusan Haeundae, Republik Korea
Postanschrift: POB 44 (Haeundae), 612-600 Pusan-Haeundae; Tel (00 82 51) 7 42-59 29; Fax (00 82 51) 7 41 - 59 20
Leiter: Kurt Karl Schmidtke HonorarKons
Amtsbezirk: Special City Pusan und Provinz Kyongsangnam-Do, Stadtbezirke Taegu und Pohang
Übergeordnete Auslandsvertretung: Botschaft Seoul

Korea, Demokratische Volksrepublik

Schutzmachtvertretung in Pjöngjang
Anschrift: Munsodung District, Pyongyang
Postanschrift: Embassy of the Kingdom of Sveden – Interest Section of the Federal Republic of Germany – Munsodung District, Pyongyang, Democratic People's Republic of Korea; Tel (00 85 02) 3 81 73 85, 3 81 74 89; Fax (00 85 02) 3 81 76 21; Telex (08 99) 3 50 45, *Kennung:* 3 50 45 aapjoe kp
Leiter: NN
Amtsbezirk: Demokratische Volksrepublik Korea

Kuwait

* □ **Botschaft in Kuwait**
Anschrift: Abdullah Salem Area, Plot 1, Street 14, Villa 13, Kuwait
Postanschrift: POB 805 Safat, 13009 Safat, Kuwait; Tel (0 09 65) 2 52 08 57/32/27; Fax (0 09 65) 2 52 07 63, *Wirtschaftsreferat:* 2 57 43 91; Telex (04 96) 22 097, *Kennung:* 22 097 aakt
Leiter: Dr Günter Held außerordentl und bevollm Botsch

Sichtvermerkstelle: Telex (04 96) 2 24 73, *Kennung:* aa sv 2 24 73 kt
Amtsbezirk: Kuwait

Laos

Botschaft in Vientiane
Anschrift: Rue Sokpalouang 26 (Sisattanek), Vientiane/Laos;
Postanschrift: BP 314, Vientiane Laos; Tel (0 08 56 21) 31 21 10/11; Fax (0 08 56 21) 31 43 22; Telex (0 08 04) 4 309, *Kennung:* 4 309 aavtan ls
Leiter: Ulrich Dreesen außerordentl und bevollm Botsch
Amtsbezirk: Laos

Libanon

* □ △ **Botschaft in Beirut**
Anschrift: in der Nähe Jesus and Mary High School, Rabieh Mtaileb
Postanschrift: BP 2820 Beyrouth/Liban; Tel (00 96 11) 40 69 50/51; Fax (00 96 11) 40 53 11; Telex (04 94) 4 80 40, *Kennung:* 4 80 40 aabeir le
Leiter: Wolfgang Erck außerordentl und bevollm Botsch
Amtsbezirk: Libanon

Honorarkonsul in Tripoli
Anschrift: Rue El Mina, Tripoli; Tel (00 96 16) 62 21 12 (Büro), 43 21 12 (privat)
Leiterin: Hilda Massaad Honorarkonsulin
Amtsbezirk: Stadt und Hafen Tripoli
Übergeordnete Auslandsvertretung: Botschaft Beirut

Malaysia

Botschaft in Kuala Lumpur
Anschrift: No 3 Jalan U Thant, 55000 Kuala Lumpur
Postanschrift: POB 10 023, 50700 Kuala Lumpur; Tel (0 06 03) 2 42 96 66, 2 42 98 25, 2 42 99 59, 2 42 97 30; Fax (0 06 03) 2 41 39 43
Leiter: Harald Norbert Nestroy außerordentl und bevollm Botsch
Amtsbezirk: Malaysia

Honorarkonsul in Penang
Anschrift: PKT Managing Director, OE Design Sdn Bhd, Bayan Lepas Free Trade Zone 3, 11900 Penang/Malaysia; Tel (0 06 04) 6 41 57 07, 6 41 57 10/11/12; Fax (0 06 04) 6 41 57 16
Leiter: Herbert Anton Weiler HonorarKons
Amtsbezirk: Bundesstaaten Penang, Kedah und Perlis
Übergeordnete Auslandsvertretung: Botschaft Kuala Lumpur

Malediven

(siehe Botschaft Colombo, Seite 86)

Honorarkonsul in Malé
Anschrift: 38, Orchid Magu, Malé 20-22, Republic of Maledives; Tel (0 09 60) 32 30 80, 32 35 12, 32 29 71; Fax (0 09 60) 32 26 78; Telex (08 96) 66 024, *Kennung:* 66 024 unient mf
Leiter: Dr Ibrahim U Maniku HonorarKons
Amtsbezirk: Republik Malediven
Übergeordnete Auslandsvertretung: Botschaft Colombo

Marshallinseln

(siehe Botschaft Manila, Seite 86)

Mikronesien

(siehe Botschaft Manila, Seite 86)

Mongolei

Botschaft in Ulan Bator
Anschrift: Straße der Vereinten Nationen, 210613 Ulan Bator
Postanschrift: PF 708, 210613 Ulan Bator, Mongolei; Tel (00 97 61) 32 33 25, 32 09 08, 32 39 15; Telex (0 08 00) 7 92 42, *Kennung:* 7 92 42 aaulu mh; Fax (00 97 61) 32 39 05
Leiter: Dr Cornelius Metternich außerordentl und bevollm Botsch
Amtsbezirk: Mongolei

Myanmar

* □ △ Botschaft in Rangun (Yangon)
Anschrift: 32, Nat Mauk Street, Rangoon (Yangon)
Postanschrift: POB 12, General Post Office Rangoon; Myanmar; Tel (0 09 51) 54 89 51-53; Fax (0 09 51) 54 88 99; Telex (0 83) 21 401, *Kennung:* aarang bm21 401
Leiter: Dr Wolfgang Wiesner außerordentl und bevollm Botsch
Amtsbezirk: Myanmar

Nepal

Botschaft in Kathmandu
Anschrift: Gyaneshwar, Kathmandu;
Postanschrift: POB 226, Kathmandu, Nepal; Tel (00 97 71) 41 27 86, 41 65 27, 41 68 32; Fax (00 97 71) 41 68 99; Telex (08 91) 2 213, *Kennung:* 22 13 aakath nn
Leiter: Dr Klaus Barth außerordentl und bevollm Botsch
Amtsbezirk: Nepal

Oman

* Botschaft in Maskat
Anschrift: near Al-Nahda Hospital, Stadtteil Ruwi, Maskat;
Postanschrift: POB 128-Ruwi; Postal Code 112; Tel (0 09 68) 70 21 64, 70 24 82; Fax (0 09 68) 70 56 90; Telex (04 98) 3 440, *Kennung:* 3440 aa muscat om
Leiter: Dr Kurt Messer außerordentl und bevollm Botsch
Amtsbezirk: Sultanat Oman

Pakistan

□ □ Botschaft in Islamabad
Anschrift: Ramma 5, Diplomatic Enclave, Islamabad;
Postanschrift: POB 1027; Tel (00 92 51) 27 94 30-35; Telex (0 82) 5 871, *Kennung:* 5 871 aaiba pk; Fax (00 92 51) 27 94 36; *Visastelle:* Tel (00 92 51) 27 94 41
Leiter: Jürgen Kleiner außerordentl und bevollm Botsch
Amtsbezirk: Pakistan
Konsularischer Amtsbezirk: Provinz Punjab und North-West Frontier Province

* □ □ △ Generalkonsulat in Karachi
Anschrift: F 95, Khayaban-e-Roomi, Block 7, Clifton, Karachi;
Postanschrift: POB 3701; Tel (00 92 21) 5 87 37 82, 5 87 37 83, 5 87 02 34; Fax (00 92 21) 5 87 40 09; Telex (0 82) 20 349, *Kennung:* 20 349 aakc pk
Leiter: Dr Axel Weishaupt GenKons
Amtsbezirk: Provinzen Sind und Baluchistan

Honorarkonsul in Lahore
Anschrift: 60, Main Gulberg, Lahore
Postanschrift: POBox 3151; Gulberg Postoffice, Lahore; Tel (00 92 42) 57 10 76; Fax (00 92 42) 5 76 06 95
Leiter: Waldemar Kroders HonorarKons
Amtsbezirk: Verwaltungsbezirke Lahore und Sargodha
Übergeordnete Auslandsvertretung: Botschaft Islamabad

Honorarkonsul in Peshawar
Leiter: NN
Amtsbezirk: Stadt Peshawar und North-West Frontier Province
Übergeordnete Auslandsvertretung: Botschaft Islamabad

Palau

(siehe Botschaft in Manila/Philippinen Seite 86)

Philippinen

* △ **Botschaft in Manila**
Anschrift: 777, Paseo de Roxas, 6/F Solidbank-Bldg, 1226 Makati, Metro-Manila, Philippines;
Postanschrift: POB 2190, CPO Makati, 1261 Makati Metro-Manila; Tel (0 06 32) 8 92 49 06-10, 8 92 10 01/2; Fax (0 06 32) 8 10 47 03; Telex (0 75) 22 655, *Kennung:* 22 655 aam ph
Sichtvermerksstelle: Telex (0 75) 2 23 10, *Kennung:* 2 23 10 aam ph
Leiter: Dr Karl Friedrich Gansäuer außerordentl und bevollm Botsch
Amtsbezirk: Philippinen, Marshallinseln, Föderierte Staaten von Mikronesien
(Der Leiter der Vertretung ist zugleich als Botschafter in der Republik Marshallinseln und in den Föderierten Staaten von Mikronesien mit Sitz in Manila akkreditiert)
(Ein Beamter der Vertretung ist zugleich Konsul für die amerikanischen Außengebiete Guam und Wake, für die mit einem Commonwealth-Pakt mit den USA verbundenen Nördlichen Marianen sowie für die Republik Palau mit Sitz in Manila)

Saudi-Arabien

☐ ☐ **Botschaft in Riad**
Anschrift: Diplomatic Quarter, Riyadh, Saudi-Arabien
Postanschrift: POBox 94001, Riyadh 11693/Saudi-Arabien; Tel (00 96 61) 4 88 07 00; Fax (00 96 61) 4 88 06 60; Telex (04 95) 4 02 297, *Kennung:* 40 22 97 aariad sj
Sichtvermerksstelle: Telex (04 95) 40 74 07, *Kennung:* 4 07 407 aasr sj
Leiter: Dr Rudolf Rapke außerordentl und bevollm Botsch
Amtsbezirk: Saudi Arabien
Konsularischer Amtsbezirk: Provinzen Qurayyat, Jawf, Northern Frontier, Eastern Province, Hail, Gasim, Piyadh

* ☐ ☐ **Generalkonsulat in Djidda**
Anschrift: Al Hamra'a Dist/6 N 17 W 5 Sector, Al Ibtehal-Street (49) 2, Jeddah/Saudi Arabia;
Postanschrift: POB 126, Jeddah 21411, Saudi-Arabien; Tel (00 96 62) 6 65 33 44, 6 65 35 45, 6 65 72 25, 6 65 72 26; Fax (00 96 62) 6 67 59 04; Telex (04 95) 601 013, *Kennung:* 60 10 13 aadjid sj
Sichtvermerksstelle: Telex (04 95) 60 65 53, *Kennung:* 6 06 553 aasv sj
Leiter: Wolfgang Gaerte GenKons
Amtsbezirk: Provinzen Tabuk, Medina, Mecca, Baha, Asir, Najran, Jaizan

Singapur

* △ **Botschaft in Singapur**
Anschrift: 545 Orchard Road, Far East Shopping Centre, No 14-01, Singapore 238882;
Postanschrift: Tanglin POB 94; Tel (00 65) 7 37 13 55; Fax (00 65) 7 37 26 53; Telex (0 87) 21 312, *Kennung:* aa spur rs 2 1 312
Leiter: Jürgen Oestreich außerordentl und bevollm Botsch
Amtsbezirk: Singapur

Sri Lanka

* △ **Botschaft in Colombo**
Anschrift: 40, Alfred House Avenue, Colombo 3;
Postanschrift: POB 658 Colombo, Sri Lanka; Tel (0 09 41) 58 04 31-34; Fax (0 09 41) 58 04 40; Telex (08 03) 21 119, *Kennung:* 21 119 aacolo ce
Leiter: Dr Michael Schmidt außerordentl und bevollm Botsch
Amtsbezirk: Sri Lanka sowie Malediven
(Der Leiter der Vertretung ist zugleich als Botschafter in den Malediven mit Sitz in Colombo akkreditiert)

Syrien

☐ **Botschaft in Damaskus**
Anschrift: 53 Rue Ibrahim Hanano, Damaskus, Syrien
Postanschrift: POB 2237; Tel (0 09 63 11) 3 32 38 00/01/02; Fax (0 09 63 11) 3 32 38 12; Telex (04 92) 411 065, *Kennung:* aa dam 411 065 sy;
Visastelle: Tel (0 09 63 11) 3 71 41 60
Leiter: Dr Heinrich Reiners außerordentl und bevollm Botsch
Amtsbezirk: Syrien

x **Honorarkonsul in Aleppo**
Anschrift: rue de la Banque Centrale, Aleppo;
Postanschrift: BP 495, Aleppo, Syrien; Tel (0 09 63 21) 22 15 64 (privat 21 11 81); Fax (0 09 63 21) 21 32 43; Telex (04 92) 331 269 (Damaszener Büro von Herrn Toutounji)
Leiter: Robert Toutounji HonorarKons
Amtsbezirk: Mouhafazet (Regierungsbezirk) Aleppo
Übergeordnete Auslandsvertretung: Botschaft Damaskus

Tadschikistan

Botschaft in Duschanbe
Anschrift: 2 Projesd Asisbekowa 21, 734013 Duschanbe Tadschikistan; Tel (0 07 37 72) 21 21 89, 21 21 98; Fax (0 07 37 72) 21 22 45; Telex (07 87) 20 11 18, *Kennung:* 20 11 18 aadus tj
Sichtvermerksstelle: Tel (0 07 37 72) 21 21 81
Leiter: Alexander Beckmann außerordentl und bevollm Botsch
Amtsbezirk: Tadschikistan

Thailand

* △ **Botschaft in Bangkok**
Anschrift: 9, South Sathorn Road, Bangkok 10120;
Postanschrift: POB 2595 Bangkok 10500, Thailand;
Tel (0 06 62) 2 13-23 31-36; Fax (0 06 62) 2 87 17 76; Telex (0 86) 87 348, *Kennung:* 87 348 aabkk th
Sichtvermerkstelle: Telex (0 86) 20 402, *Kennung:* 20 402 aasv th; Fax (0 06 62) 2 85 62 32
Leiter: Dr Dieter Siemes außerordentl und bevollm Botsch
Amtsbezirk: Thailand

Turkmenistan

Botschaft in Aschgabat
Anschrift: Magtumguli Avenue, Pobedy Park, Dzerjinsky Street, Aschgabat 744000/Turkmenistan;
Tel (0 07 36 32) 51 21 44-48; Fax (0 07 36 32) 51 09 23; Telex (07 89) 86 110, *Kennung:* 86 110 aaash su
Leiter: Hans-Jürgen Keilholz außerordentl und bevollm Botsch
Amtsbezirk: Turkmenistan

Usbekistan

Botschaft in Taschkent
Anschrift: Scharaf-Raschidow-Kutschasi 15, Taschkent;
Postanschrift: Postfach 4337, Taschkent;
Tel (0 07 37 12) 34 66 96, 34 47 25, 34 47 63; Fax (0 07 37 12) 89 16 93; Telex (07 86) 11 64 21, *Kennung:* 11 64 21 aatkt su
Paß- und Visastelle: Telex (07 86) 11 65 17, *Kennung:* 11 65 17 svtkt su
Leiter: Dr Reinhart Bindseil außerordentl und bevollm Botsch
Amtsbezirk: Usbekistan

Vereinigte Arabische Emirate

* ☐ ☐ **Botschaft in Abu Dhabi**
Anschrift: Al Nahyan Street, Abu Dhabi, United Arab Emirates;
Postanschrift: POBox 2591, Abu Dhabi; Tel (00 97 12) 43 56 30; Fax (00 97 12) 43 56 25; Telex (08 93) 22 202, *Kennung:* 22 202 aaabud em
Leiter: Dr Helmut Arndt außerordentl und bevollm Botsch
Amtsbezirk: Vereinigte Arabische Emirate

* ☐ ☐ **Generalkonsulat in Dubai**
Anschrift: Sharaf Building; Al Maukhool Road, opposite Ramada Hotel, Dubai
Postanschrift: POB 2247; Tel (00 97 14) 52 33 52; Fax (00 97 14) 52 81 38; Telex (08 93) 47 270, *Kennung:* 47 270 aadxb em
Leiter: Franz Ring GenKons
Amtsbezirk: Dubai, Schardscha, Adschman, Umm al Kaiwain, Ras al chaima, Fudschaira

Vietnam

Botschaft in Hanoi
Anschrift: 29 Tran Phu, Hanoi;
Postanschrift: BP 39; Tel (0 08 44) 8 45 38 36, 8 45 38 37, 8 43 02 45/46; Fax (0 08 44) 8 45 38 38; Telex (0 08 05) 4 11 428; *Kennung:* 4 11 428 aa hanvt
Leiter: Klaus Christian Kraemer außerordentl und bevollm Botsch
Amtsbezirk: Vietnam

* **Generalkonsulat in Ho-Chi-Minh-Stadt**
Anschrift: 126 Nguyen Dinh Chieu-Q 3, Ho-Chi-Minh-City SR Vietnam; Tel (0 08 48) 8 29 19 67, 8 22 43 85; Fax (0 08 48) 8 23 19 19; Telex (08 05) 8 13 025, *Kennung:* 8 13 025 aahcm vt
Leiter: Günter Overfeld GenKons
Amtsbezirk: Innenstadt und ländliche Umgebung von Ho-Chi-Minh-Stadt

Sonderstatus Hongkong

* △ **Generalkonsulat in Hongkong**
Anschrift: United Centre, 21th floor, 95 Queensway-Central, Hongkong;
Postanschrift: GPO 250; Tel (0 08 52) 5 29 88 55/58; Fax (0 08 52) 8 65 20 33; Telex (08 02) 73 288, *Kennung:* 73 288 aahon hx
Sichtvermerkstelle: (08 02) 7 04 61; *Kennung:* 7 04 61 aasv hx
Leiter: Dr Wolfgang Göttelmann GenKons
Amtsbezirk: Hongkong sowie Macau
(Der Leiter der Vertretung ist zugleich Generalkonsul für das Hoheitsgebiet unter portugiesischer Verwaltung Macau mit Sitz in Hongkong)

Palästinensisches Autonomiegebiet

Vertretungsbüro der Bundesrepublik Deutschland in Jericho
Anschrift: Palestine Street, Jericho;
Postanschrift: POBox 130, Jericho; Tel (00 97 22) 9 92 10 44, 9 92 12 97; Fax (00 97 22) 9 92 22 80
Leiter: Martin Kobler BotschR
Amtsbezirk: Palästinensisches Autonomiegebiet

Portugiesisches Hoheitsgebiet

Hoheitsgebiet unter portugiesischer Verwaltung Macau
(siehe Generalkonsulat Hongkong, Seite 87)

AUSTRALIEN/OZEANIEN

Australien

Botschaft in Canberra
Anschrift: 119 Empire Circuit, Yarralumla, ACT 2600, Australien; Tel (0 06 16) 2 70 19 11; Fax (0 06 16) 2 70 19 51; Telex (0 71) 6 2 035, *Kennung:* aacanb aa 62 035
Leiter: Dr Klaus Zeller außerordentl und bevollm Botsch
Amtsbezirk: Australischer Bund einschließlich der australischen Außengebiete
Konsularischer Amtsbezirk: Das Gebiet der australischen Bundeshauptstadt (Australian Capital Territory – ACT) sowie das Northern Territory und die australischen Außengebiete; Nauru
(Der Leiter der Vertretung ist zugleich als Botschafter in Nauru, Papua-Neuguinea, Salomonen und Vanatu mit Sitz in Canberra akkreditiert)

* △ Generalkonsulat in Melbourne
Anschrift: 480 Punt Road, South Yarra, Vic 3141;
Postanschrift: POB 76 South Yarra, Vic 3141 Australien; Tel (0 06 13) 98 28 68 88; Fax (0 06 13) 98 20 24 14
Leiter: Dr Günther Heisch GenKons
Amtsbezirk: Bundesstaaten Südaustralien, Tasmanien, Victoria, Westaustralien

* △ Generalkonsulat in Sydney
Anschrift: 13, Trelawney Street, Woollahra NSW 2025 Australien; Tel (0 06 12) 93 28-77 33; Fax (0 06 12) 93 27 96 49; Telex (0 71) 25 966, *Kennung:* aasyda aa 25 966
Leiterin: Dr Irene Gründer GenKonsulin
Amtsbezirk: Bundesstaaten New South Wales und Queensland

* Honorarkonsul in Adelaide
Anschrift: 1th Floor, 23 Peel Street, Adelaide SA 5000
Postanschrift: POBox 8131, Hindley Street, Adelaide SA 5000 Australien; Tel (0 06 18) 82 31 63 20
Leiter: James Robert Porter HonorarKons
Amtsbezirk: Bundesstaat Südaustralien
Übergeordnete Auslandsvertretung: Generalkonsulat Melbourne

* Honorarkonsul in Brisbane
Anschrift: 32 Floor, AMP Place, 10 Eagle Street, Brisbane, Qld, 4000 Australien; Tel (0 06 17) 32 21-78 19
Leiter: Erik Finger HonorarKons
Amtsbezirk: Bundesstaat Queensland
Übergeordnete Auslandsvertretung: Generalkonsulat Sydney

Honorarkonsul in Darwin
Anschrift: 2, Sheppard Street, Darwin, NT 0800
Postanschrift: PO Box 38995, Winnellie 0821, Darwin NT, Australien; Tel (0 06 18) 84 37 70, 84 37 69; Fax (0 06 18) 47 00 37
Leiter: Harry Maschke HonorarKons

Amtsbezirk: Gebiet der Northern Territories nördlich des 15. Grades südlicher Breite
Übergeordnete Auslandsvertretung: Botschaft Canberra

* Honorarkonsul in Hobart
Anschrift: 348, Sandy Bay Road, Hobart-Sandy Bay Tas 7005, Australien; Tel (0 06 13) 23 18 14; Fax (0 06 13) 25 07 52
Leiter: Barry Darrell Hedley Fisher HonorarKons
Amtsbezirk: Bundesstaat Tasmanien
Übergeordnete Auslandsvertretung: Generalkonsulat Melbourne

* x Ø Honorarkonsul in Perth
Anschrift: 8th Floor, 16 St George's Terrace, Perth WA 6000, Australien; Tel (0 06 19) ab September 1997 (0 06 18) 3 25-88 51; Fax (0 06 19) ab September 1997 (0 06 18) 2 21 32 00
Leiter: Alan Eric Blanckensee HonorarKons
Amtsbezirk: Bundesstaat Westaustralien
Übergeordnete Auslandsvertretung: Generalkonsulat Melbourne

Cookinseln

(siehe Botschaft Wellington, Seite 88)

Fidschi

(siehe Botschaft Wellington, Seite 88)

Honorarkonsul in Suva
Anschrift: Dominion House, 4th Floor, Thomson Street, Suva
Postanschrift: GPOBox 12007, Suva; Tel (0 06 79) 31 50 00; Fax (0 06 79) 30 38 20
Leiter: Danyl Valentine Tarte HonorarKons
Amtsbezirk: Fidschi
Übergeordnete Auslandsvertretung: Botschaft Wellington

Kiribati

(siehe Botschaft Wellington, Seite 88)

Nauru

(siehe Botschaft Canberra, Seite 88)

Neuseeland

* △ Botschaft in Wellington
Anschrift: 90-92 Hobson Street, Thorndon, Wellington;
Postanschrift: POB 1687 Wellington; Tel (0 06 44) 4 73 60 63; Fax (0 06 44) 4 73 60 69; Telex (0 74) 30 131, *Kennung:* aawelnz 30 131
Leiter: Eberhard Nöldeke außerordentl und bevollm Botsch
Amtsbezirk: Neuseeland, Neuseeländische Überseegebiete, Cookinseln, Niue, Fidschi, Kiribati, Samoa, Tonga, Tuvalu, das amerikanische Außengebiet Amerikanisch-Samoa und das britische Überseegebiet Pitcairn

(Der Leiter der Vertretung ist zugleich als Botschafter in Tonga, Samoa, Fidschi, Kiribati und Tuvalu mit Sitz in Wellington akkreditiert und in Amerikanisch-Samoa als Konsul angemeldet)

* Honorarkonsul in Auckland
Anschrift: Columbus House, 5th Floor, 52 Symonds Street, Auckland 1
Postanschrift: POB 3551, Auckland 1, Neuseeland; Tel (0 06 49) 3 77 34 60; Fax (0 06 49) 3 09 30 03; Telex 2 455 colmar nz; *Telegrammanschrift:* Colmar
Leiter: David Rex Brown HonorarKons
Amtsbezirk: Nord- und Süd-Auckland
Übergeordnete Auslandsvertretung: Botschaft Wellington

Honorarkonsul in Christchurch
Anschrift: Floor 2, Harley Chambers, 137 Cambridge Terrace, Christchurch
Postanschrift: POB 1915, Christchurch/New Zealand; Tel (0 06 43) 37 93-1 93; Fax (0 06 43) 3 79 31 93; *Telegrammanschrift:* TNL Christchurch
Leiter: Allan G Williams HonorarKons
Amtsbezirk: Nelson-Marlborough, Canterbury, West Coast, Otago, Southland.
Übergeordnete Auslandsvertretung: Botschaft Wellington.

Niue

(siehe Botschaft Wellington, Seite 88)

Papua-Neuguinea

* Botschaft in Port Moresby
Anschrift: 2nd Floor Pacific View Apartments, Pruth Street, 3 Mile Hill, Port Moresby;
Postanschrift: POB 36 31, Boroko/NCD, Papua-Neuguinea; Tel (0 06 75) 3 25 29 71, 3 25 29 88; Fax (0 06 75) 3 25 10 29; Telex (07 03) 23 037, *Kennung:* aapmby ne 23037
Leiter: Dr Klaus Zeller außerordentl und bevollm Botsch (mit Sitz in Canberra)
Geschäftsträger: Klaus Söring OAR
Amtsbezirk: Papua-Neuguinea, Salomonen, Vanuatu

Salomonen

(siehe Botschaft Port Moresby, Seite 89)

Honorarkonsul in Honiara
Postanschrift: PO Box 114, Honiara/Salomonen; Tel (0 06 77) 2 14 02 (Büro), 3 03 63 (Privat); Telex 66 313; *Kennung* TRADCO HQ 66 313
Telegrammanschrift: TRADCO
Leiter: Gerald Stenzel HonorarKons
Amtsbezirk: Provinzen Guadalcanal, Central und Malaita
Übergeordnete Auslandsvertretung: Botschaft Port Moresby

Samoa

(Siehe Botschaft Wellington Seite 88)

Honorarkonsul in Apia
Anschrift: National Provident Fund Building, Apia, Samoa
Postanschrift: POB 473, Apia, Samoa; Tel (0 06 85) 2 26 95, 2 36 99; Fax (0 06 85) 2 26 95; Telex 24 Morrished SX Apia/Samoa
Leiter: Wilhelm Viktor Albert Keil HonorarKons
Amtsbezirk: Samoa
Übergeordnete Auslandsvertretung: Botschaft Wellington

Tonga

(Siehe Botschaft Wellington, Seite 88)

Honorarkonsul in Nuku'alofa
Postanschrift: POB 32 Nuku'alofa, Tonga; Tel (0 06 76) 2 34 77; Fax (0 06 76) 2 31 54
Leiter: Ralph W Sanft HonorarKons
Amtsbezirk: Tonga
Übergeordnete Auslandsvertretung: Botschaft Wellington

Tuvalu

(siehe Botschaft Wellington, Seite 88)

Vanuatu

(siehe Botschaft in Moresby, Seite 89)

Amerikanische Außengebiete in Australien/Südpazifik (Amerikanisch Ozeanien)

Amerikanisch-Samoa
(siehe Botschaft Wellington, Seite 88)

Guam
(siehe Botschaft Manila, Seite 86)

Baker-, Howland-, Jarvis-, Johnstoninsel, Midway und Palmyrainsel
(siehe Generalkonsulat San Francisco, Seite 76)

Wake
(siehe Botschaft Manila, Seite 86)

Marianen
(durch einen Commonwealth-Pakt mit den USA verbunden)
(siehe Botschaft Manila, Seite 86)

Australische Außengebiete

Australisches Antarktis-Territorium, Heard- und McDonaldinseln, Kokosinseln, Norfolkinsel, Weihnachtsinsel
(siehe Botschaft Canberra, Seite 88)

Britische Überseegebiete

Pitcairn
(siehe Botschaft Wellington, Seite 88)

Französische Übersee-Territorien

Französisch-Polynesien
(siehe Botschaft Paris, Honorarkonsul in Papeete)
Zuständige Sichtvermerkbehörde: Botschaft Wellington

* Honorarkonsul in Papeete/Tahiti
Anschrift: B P 452, Papeete/Tahiti; Tel (0 06 89) 42 99 94 (privat 42 80 84); Fax (0 06 89) 42 96 89
Leiterin: Claude Weinmann HonorarKonsulin
Amtsbezirk: Französisch-Polynesien
Übergeordnete Auslandsvertretung: Botschaft Paris
Zuständige Sichtvermerkbehörde: Botschaft Wellington

Neukaledonien
(siehe Botschaft Paris, Seite 93)
Honorarkonsul in Nouméa/Neukaledonien
Anschrift: 19, Rue de la Gazelle, Magenta, BP 15122, 98804 Nouméa, Calédonie; Tel (0 06 87) 26 16 81; Fax (0 06 87) 26 16 81
Leiter: Wolfgang Förster HonorarKons
Amtsbezirk: Neukaledonien
Übergeordnete Auslandsvertretung: Botschaft Paris

Wallis und Futuna
(siehe Botschaft Paris, Seite 93)
Zuständige Sichtvermerkbehörde: Botschaft Wellington

Neuseeländische Überseegebiete

Tokelauinseln
(siehe Botschaft Wellington, Seite 88)

EUROPA

Albanien

Botschaft in Tirana
Anschrift: Rruga Skanderbeu Nr 8, Tirana (Albanien), Tel (0 03 55 52) 3 20 48, 3 20 50, 3 34 99, 3 33 75; Fax (0 03 55 52) 3 34 97; Telex (06 04) 22 54, *Kennung:* 22 54 aatira ch
Leiter: Hannspeter Disdorn außerordentl und bevollm Botsch
Amtsbezirk: Albanien

Andorra

(siehe Botschaft Madrid und Generalkonsulat Barcelona (konsularische Zuständigkeit), Seite 106)

Armenien

Botschaft in Eriwan
Anschrift: Hotel Hrazdan 7. Stock, Pionerakanstr 72, Yerevan/Armenien; Tel (00 37 42) 53 67 74, 15 17 09; Fax (00 37 42) 15 11 12; Telex (0 64) 24 31 38, *Kennung:* 24 31 38 aaeri su
Leiterin: Carola Müller-Holtkemper außerordentl und bevollm Botschafterin
Amtsbezirk: Armenien

Aserbaidschan

Botschaft in Baku
Anschrift: Ul Mamedalieva 15, 370005 Baku/Aserbeidschan;
Postanschrift: PON 28 und N 29, 370000 Baku-Zentrum; Tel (0 09 94 12) 98 78 19, 98 82 38, 98 79 18; Fax (0 09 94 12) 98 54 19; Telex (07 84) 14 21 43; *Kennung:* 14 21 43 aabak su; *Telegrammanschrift:* POBox N 28, 370095 Baku
Leiter: Michael Schmunk außerordentl und bevollm Botsch
Amtsbezirk: Aserbeidschan

Belgien

△ **Botschaft in Brüssel**
Anschrift: Avenue de Tervueren 190, B-1150 Brüssel; Tel (0 03 22) 7 74 19 11; Fax (0 03 22) 7 72 36 92; Telex (0 46) 21 382, *Kennung:* 21 382 aabru b
Leiter: Dr Rolf Hofstetter außerordentl und bevollm Botsch
Amtsbezirk: Belgien
Konsularischer Amtsbezirk: Provinz Brabant, Lüttich, Luxemburg, Hennegau, Namur

* △ Generalkonsulat in Antwerpen
Anschrift: De Keyserlei 5, B 2018 Antwerpen 1;
Postanschrift: bus 26, B-2018 Antwerpen; Tel (0 03 23) 2 34 89 11; Fax (0 03 23) 2 26 61 23; Telex (0 46) 35 556, *Kennung:* 35 556 aaantn b
Paß- und Sichtvermerkstelle: Tel (0 03 23) 2 34 89 61
Leiter: Hans-Georg Fein GenKons
Amtsbezirk: Provinzen Antwerpen, Limburg, Ost- und Westflandern

Honorarkonsul in Gent
Anschrift: Kouter 186, B-9000 Gent; Tel (0 03 29) 2 25 95 90; Fax (0 03 29) 3 47 49 13
Leiter: Norbert von Kunitzki-Neu Honorarkons
Amtsbezirk: Provinz Ostflandern
Übergeordnete Auslandsvertretung: Generalkonsulat Antwerpen

Honorarkonsul in Hasselt
Anschrift: Kredietbank NV, B-3500 Hasselt;
Postanschrift: Gouverneur Venwilgheningel 100, B-3500 Hasselt; Tel (00 32 11) 24 05 10; Fax (00 32 11) 24 15 59; Telex (0 46) 2 12 07, *Kennung:* kbcomp b
Leiter: Vincent Kun HonorarKons

Amtsbezirk: Provinz Limburg
Übergeordnete Auslandsvertretung: Generalkonsulat Antwerpen

Honorarkonsulat in Lüttich
Anschrift: Rue A Dumont, B-4051 Vaux-sous-Chevrémont; Tel (0 03 24) 3 61 75 01, 3 61 76 17; Fax (0 03 24) 3 61 75 50; Telex 41 407 FMLge
Leiter: Michael Hahn HonorarKons
Amtsbezirk: Provinz Lüttich
Übergeordnete Auslandsvertretung: Botschaft Brüssel

* Honorarkonsul in Ostende
Anschrift: Henri Baelskaai 12, B-8400 Ostende; Tel (00 32 59) 32 28 65;
Leiter: Charles Decrop HonorarKons
Amtsbezirk: Provinz Westflandern
Übergeordnete Auslandsvertretung: Generalkonsulat Antwerpen

Bosnien und Herzegowina

Botschaft in Sarajewo
Anschrift: c/o UNIS-Holding Company, Trascanska 7, 2. Etage, 71000 Sarajewo; Tel (0 03 87 71) 44 58 75; Fax (0 03 87 71) 65 29 78; Telex (06 00) 41 204, *Kennung:* 41 204 aasara bh
Leiter: Dr Johannes Preisinger außerordentl und bevollm Botsch
Amtsbezirk: Bosnien und Herzegowina

Bulgarien

Botschaft in Sofia
Anschrift: Ulica Joliot Curie 25, Sofia
Postanschrift: Postfach 869; Tel (00 35 92) 9 63 45 18; Fax (00 35 92) 9 63 16 58; Telex (0 67) 22 449, *Kennung:* 22 449 aasfia bg
Sichtvermerkstelle, Rechts- und Konsularabteilung: Tel (00 35 92) 9 63 41 01; Fax (00 35 92) 9 63 41 17; Telex (0 67) 24 214, *Kennung:* 24 214 hfs bg
Wirtschaftsabteilung und Handelsförderungsstelle: Fax (00 35 92) 9 63 08 92; Telex (0 67) 22 565, *Kennung:* 22 565 aasfia bg
Leiter: Peter Metzger außerordentl und bevollm Botsch
Amtsbezirk: Bulgarien

Dänemark

* △ Botschaft in Kopenhagen
Anschrift: Stockholmsgade 57, DK-2100 Kopenhagen-Ø
Postanschrift: Postfach 2712; Tel (00 45) 35 26 16 22; Fax (00 45) 35 26 71 05; Telex (0 55) 27 166, *Kennung:* 27 166 aakhgn dk
Leiter: Hermann Gründel außerordentl und bevollm Botsch
Amtsbezirk: Dänemark
Konsularischer Amtsbezirk: In Paß- und Sichtvermerksangelegenheiten: Dänemark mit Ausnahme von Jütland und der Insel Fünen mit Nebeninseln, in allen übrigen Angelegenheiten: Dänemark mit Ausnahme der Sønderjyllands Amtskommune

* Generalkonsulat in Apenrade
Anschrift: Kystvej 18, Apenrade;
Postanschrift: Postboks 149, DK-6200 Aabenraa oder 24904 Flensburg, Postfach 1437; Tel (00 45) 74 62 14 64, 74 62 14 65; Fax (00 45) 74 62 94 66; Telex (0 55) 52 136, *Kennung:* 52 136 aaape dk; *Visastelle:* Tel (00 45) 73 62 02 14
Leiter: Axel Schwirtz GenKons
Amtsbezirk: Sønderjyllands Amtskommune, für Paß- und Sichtvermerksangelegenheiten: Jütland, die Insel Fünen und deren Nebeninseln

* Honorarkonsul in Ålborg
Anschrift: Rings Møbler Danmarksgade 58-64, DK-9000 Alborg; Tel (00 45) 98 12 56 33; Fax (00 45) 98 12 61 69
Leiter: Jørn Bertelsen HonorarKons
Amtsbezirk: Nordjyllands Amtskommune
Übergeordnete Auslandsvertretung: Botschaft Kopenhagen

* Honorarkonsul in Århus
Anschrift: Havnegade 4, DK-8100 Århus C; Tel (00 45) 86 12 32 11; Fax (00 45) 86 12 39 99
Leiter: Sven Erik Nørholt HonorarKons
Amtsbezirk: Århus Amtskommune
Übergeordnete Auslandsvertretung: Botschaft Kopenhagen

* Honorarkonsul in Esbjerg
Anschrift: A/SJ Lauritzen's Eftf, Amerikavej 1, DK-6700 Esbjerg; Tel (00 45) 75 12 31 33; Fax (00 45) 75 13 58 06; Telex 54 133-54 155-54 238/ lauridk
Leiter: Lars Lindinger Honorarkons
Amtsbezirk: Amtskommune Ribe
Übergeordnete Auslandsvertretung: Botschaft Kopenhagen

Honorarkonsul in Middelfart
Anschrift: Strandvejen 5, DK-5500 Middelfart
Postanschrift: POB 71, DK-5500 Middelfart; Tel (00 45) 64 41 54 01; Fax (00 45) 64 41 53 01; Telex 58 253 dunkerdk
Leiter: Torben Oestergaard Nielsen HonorarKons
Amtsbezirk: Gemeinden Middelfart, Ejby, Noerre Aaby und Assens
Übergeordnete Auslandsvertretung: Botschaft Kopenhagen

* Honorarkonsul in Naestved
Anschrift: Vestre Kaj 6, DK-4700 Naestved; Tel (00 45) 53 72 20 00; Fax (00 45) 53 77 17 05; Telex 46 220 mchar dk
Leiter: Peter Moensted HonorarKons
Amtsbezirk: Kommunen Stevns, Fakse, Rønnede, Holmegård, Suså Naestved, Fladså, Praestø, Vordingborg, Langebaek, Møn
Übergeordnete Auslandsvertretung: Botschaft Kopenhagen

* Honorarkonsul in Nykøbing/Falster
Anschrift: Havnepladsen 2, DK-4800 Nykøbing/ Falster
Postanschrift: POB 154; Tel (00 45) 54 85 27 00; Fax (00 45) 54 82 27 72
Leiter: Knud Almegård Hansen HonorarKons
Amtsbezirk: Inseln Lolland und Falster mit Nebeninseln
Übergeordnete Auslandsvertretung: Botschaft Kopenhagen

* Honorarkonsul in Odense
Anschrift: Svendborgvey 90, DK-5260 Odense S; Tel (00 45) 66 14 14 14; Fax (00 45) 66 14 80 14
Leiter: Knud Thybo HonorarKons
Amtsbezirk: Nordteil der Insel Fünen bis einschließlich der Kommunen Assens, Glamsbjerg, Broby, Ringe, Ryslinge, Ørbaek, Nyborg
Übergeordnete Auslandsvertretung: Botschaft Kopenhagen

* Honorarkonsul in Rønne/Bornholm
Anschrift: Store Torv 12, DK-3700 Rønne, Bornholm; Tel (00 45) 56 95 22 11; Fax (00 45) 56 95 42 11
Leiter: Erik Ipsen HonorarKons
Amtsbezirk: Insel Bornholm
Übergeordnete Auslandsvertretung: Botschaft Kopenhagen

* Honorarkonsul in Svendborg
Anschrift: Kullinggade 31, DK-5700 Svendborg; Tel (00 45) 62 21 15 15; Fax (00 45) 62 21 12 15; Telex 58 151 obtec dk
Leiter: Caj Erik Carstens Honorarkons
Amtsbezirk: Kommunen Harby, Fäborg, Egebjerg, Gudme und Svendborg, der Insel Fünen sowie die Inseln Aerø, Langeland, Tasinge mit Nebeninseln
Übergeordnete Auslandsvertretung: Botschaft Kopenhagen

* Honorarkonsul in Torshavn
Postanschrift: P/F Jákup á Dul, POBox 1, FR-100 Torshavn, Färöer; Tel (0 02 98) 1 49 49 (privat 1 47 67); Fax (0 02 98) 1 13 30; Telex 81 314 jadul fa
Leiterin: Asa á Dul Jacobsen Honorarkonsulin
Amtsbezirk: Färöer
Übergeordnete Auslandsvertretung: Botschaft Kopenhagen

* Honorarkonsul in Vejle
Anschrift: Sydkajen 14, DK-7100 Vejle; Tel (00 45) 75 82 00 11; Fax (00 45) 75 82 08 39; Telex 61 102, *Kennung:* lauenb dk
Telegrammanschrift: Lauenborg Vejle
Leiter: Poul Melgaard Olesen HonorarKons
Amtsbezirk: Vejle Amtskommune
Übergeordnete Auslandsvertretung: Botschaft Kopenhagen

Estland

* Botschaft in Tallinn
Anschrift: Rävala pst 9, EE-001 Tallinn; Tel (00 37 26) 31 39 70/71; Fax (00 37 26) 45 58 35; Telex (05 37) 1 73 821, *Kennung:* 1 73 821 aatll su; *Sichtvermerkstelle:* Tel (00 37 26) 31 39 76; Telex (05 37) 17 36 31, *Kennung:* 17 36 31 aatll ee
Leiter: Bernd Mützelburg außerordentl und bevollm Botsch
Amtsbezirk: Estland

Finnland

* △ Botschaft in Helsinki
Anschrift: Kroguiksentie 2-4, 00340 Helsink;
Postanschrift: PL 5, FIN-00331 Helsinki; Tel (00 35 89) 4 58 23 55; Fax (00 35 89) 4 58 22 83; Telex (0 57) 124 568, *Kennung:* 124 568 aahki fi
Leiter: Karl Berthold Freiherr von Pfetten Arnbach außerordentl und bevollm Botsch
Amtsbezirk: Finnland

Honorarkonsul in Jyväskylä
Anschrift: Keskisuomalainen OY, Aholaidantie 3, SF-40320 Jyväskylä
Postanschrift: Keskisuomalainen OY, PL 159, SF-40101 Jyväskylä; Tel (0 03 58 41) 62 25 00; Fax (0 03 58 41) 62 24 20
Leiter: Eino Petäjäniemi HonorarKons
Amtsbezirk: Provinz Mittelfinnland (Keskisuomi)
Übergeordnete Auslandsvertretung: Botschaft Helsinki

* Honorarkonsul in Kotka
Anschrift: Kirkkokatu 1, SF-48100 Kotka 10
Postanschrift: PL 44; SF-48101 Kotka; Tel (00 35 85) 2 19 01 11; Fax (00 35 85) 2 19 03 92; Telex 53 128 bruca fi;
Leiter: Hartmut Zimmermann HonorarKons
Amtsbezirk: Provinz Kymi
Übergeordnete Auslandsvertretung: Botschaft Helsinki

Honorarkonsul in Kuopio
Anschrift: SO Oviteollisuus Oy, Sammonkatu 4, FIN-70500 Kuopio
Postanschrift: PL 1016, FIN-70501 Kuopio; Tel (0 03 58 71) 2 61 61 44; Fax (0 03 58 71) 2 61 67 56
Leiter: Paavo Lampinen HonorarKons
Amtsbezirk: Provinzen Kuopio und Nordkarelien
Übergeordnete Auslandsvertretung: Botschaft Helsinki

* Honorarkonsul in Mariehamn
Anschrift: Norra Esplanadgatan 4 B, SF-22100 Mariehamn;
Postanschrift: Postfach 49, SF-22101 Mariehamn, Finnland; Tel (0 03 58 18) 2 70 70, 2 71 10; Telex 63 122; *Kennung:* geson fi; Fax (0 03 58 18) 1 26 70
Leiterin: Gunvor Erikson-Hjerling HonorarKonsulin

Amtsbezirk: Åland-Inseln
Übergeordnete Auslandsvertretung: Botschaft Helsinki

Honorarkonsul in Mikkeli
Anschrift: Schaumann Wood Oy, FIN-52420 Pellosniemi; Tel (0 03 58 15) 4 10 10; Fax (0 03 58 15) 4 12 37; Telex 55 123 pelos fi
Leiter: Kari Mennander Honorarkons
Amtsbezirk: Provinz Mikkeli
Übergeordnete Auslandsvertretung: Botschaft Helsinki

Honorarkonsul in Oulu
Anschrift: Oulun Osuuspankki, Isokatu 14, SF-90100 Oulu; Tel (00 35 88) 3 10 61 11; Fax (00 35 88) 3 10 63 08
Leiter: Paavo Saari HonorarKons
Amtsbezirk: Provinz Oulu
Übergeordnete Auslandsvertretung: Botschaft Helsinki

Honorarkonsul in Rovaniemi
Anschrift: Asianajotoimisto von und zu Frauenberg ja Ylisuvanto OY, Pekankatu 4 B 16, FIN-96200 Rovaniemi;
Postanschrift: Pl 2213, FIN-96200 Rovaniemi/Finnland; Tel (0 03 58 16) 34 79 09; Fax (0 03 58 16) 34 43 06
Leiter: Seppo von und zu Frauenberg Honorar-Kons
Amtsbezirk: Lappland
Übergeordnete Auslandsvertretung: Botschaft Helsinki

Honorarkonsul in Tampere
Anschrift: Asianajotoimisto Markku Lehtola Ky Hämeenkatu 12 B7, FIN-33100 Tampere; Tel (00 35 83) 2 13 48 11; Fax (00 35 83) 2 22 63 40
Leiter: Markku Lehtola HonorarKons
Amtsbezirk: Provinz Häme
Übergeordnete Auslandsvertretung: Botschaft Helsinki

* Honorarkonsul in Turku
Anschrift: c/o Turun Suomalainen Säästöpankki, Yliopistonkatu 16, FIN-20101 Turku;
Postanschrift: Postfach 49; Tel (00 35 82) 64 22 11; Fax (00 35 82) 64 24 16
Leiter: Jorma Kuoppala HonorarKons
Amtsbezirk: Provinzen Turku-Pori
Übergeordnete Auslandsvertretung: Botschaft Helsinki

Honorarkonsul in Vaasa
Anschrift: Vaasa Oy, Pitkäkatu 37, FIN-65100 Vaasa
Postanschrift: PL 37, FIN-65101 Vaasa; Tel (00 35 86) 3 24 91 11; Fax (00 35 86) 3 24 93 56; Telex 7 42 12 ponen fi
Leiter: Martti Koski HonorarKons
Amtsbezirk: Provinz Vaasa
Übergeordnete Auslandsvertretung: Botschaft Helsinki

Frankreich

* ∆ Botschaft in Paris
Anschrift: 13/15 Avenue Franklin D Roosevelt, F-75008 Paris; Tel (0 03 31) 53 83 45 00; Fax (0 03 31) 43 59 74 18; Telex (0 42) 6 51 136, *Kennung:* aapa 6 51 136 f, *Sichtvermerkstelle:* (0 42) 65 09 22, *Kennung:* aasv 6 50 922 f
Leiter: Dr Immo Stabreit außerordentl und bevollm Botsch
Amtsbezirk: Frankreich
Konsularischer Amtsbezirk: Départements Aisne, Calvados, Cher, Côtes-du-Nord, Essonne, Eure, Eure-et-Loir, Finistère, Hauts-de-Seine, Ille-et-Vilaine, Indre, Indre-et-Loire, Loire-Atlantique, Loiret, Loir-et-Cher, Maine-et-Loire, Manche, Mayenne, Morbihan Nord, Oise, Orne, Pas-de-Calais, Sarthe, Seine-et-Marne, Seine Maritime, Seine-St-Denis, Somme, Val-de-Marne, Val-d'Oise, Vendée, Ville-de-Paris, Yvelines, ferner die Übersee-Départements Guadeloupe, Franz Guayana, Martinique und Réunion sowie die Übersee-Territorien Französisch-Polynesien, Neukaledonien, St Pierre und Miquelon, Wallis und Futuna sowie die Gebietskörperschaft Mayotte
Rechts- und Konsularreferat: 34, Avenue d'Iena, F-75116 Paris; Tel (0 03 31) 42 99 78 00; Fax (0 03 31) 47 20 01 60
Zuständige Sichtvermerkbehörde für St Pierre und Miquelon ist das Generalkonsulat in Montreal, für die französischen Hoheitsgebiete im Südpazifik die Botschaft Wellington

* Generalkonsulat in Bordeaux
Anschrift: 377, Boulevard du Président Wilson, F-33200 Bordeaux-Cauderan;
Postanschrift: BP 226, F-33021 Bordeaux-Cedex; Tel (0 03 35) 56 17 12 22; Fax (0 03 35) 56 42 32 65
Leiter: Erwin Starnitzky GenKons
Amtsbezirk: Départements Ariège, Aveyron, Charente, Charente-Maritime, Corrèze, Creuse, Deux-Sèvres, Dordogne, Gers, Gironde, Haute-Garonne, Hautes-Pyrénées, Haute-Vienne, Landes, Lot, Lot-et-Garonne, Pyrénées-Atlantiques, Tarn, Tarn-et-Garonne, Vienne

Generalkonsulat in Lyon
Anschrift: 33, Boulevard des Belges, F-69458 Lyon-Cedex 06; Tel (0 03 34) 78 93 54 73; Fax (0 03 34) 72 43 06 94; Telex (0 42) 370 517, *Kennung:* aalyo 370 517 f
Leiter: Günter Blaurock GenKons
Amtsbezirk: Départements Ain, Allier, Ardèche, Territoire de Belfort, Cantal, Côte-d'Or, Doubs, Drôme, Haute-Loire, Haute-Saône, Haute-Savoie, Isère, Jura, Loire, Nièvre, Puy-de-Dôme, Rhône, Saône-et-Loire, Savoie, Yonne

* ∆ Generalkonsulat in Marseille
Anschrift: 338, Avenue du Prado, F-13295 Marseille Cedex 8; Tel (0 03 34) 91 16 75 20, 91 77 08 98, 91 77 31 41; Fax (0 03 34) 91 16 75 28; Telex (0 42) 401 335, *Kennung:* aamars 401 335 f

Leiter: Dr Johst Wilmanns GenKons
Amtsbezirk: Départements Alpes-de-Haute-Provence, Alpes-Maritimes, Aude, Bouches-du-Rhône, Corse-du-Sud, Gard, Hautes-Alpes, Haute-Corse, Hérault, Lozère, Pyrénées-Orientales, Var, Vaucluse
(Der Leiter der Vertretung ist zugleich Generalkonsul für das Fürstentum Monaco mit Sitz in Marseille)

Generalkonsulat in Straßburg
Anschrift: 15, rue des Francs Bourgeois, F-67081 Strasbourg Cedex; Tel (0 03 33) 88 15 03 40; Fax (0 03 33) 88 75 79 82; Telex (0 42) 8 80 390, *Kennung:* 8 80 390 aas vstf
Leiter: Klaus Wilde GenKons
Amtsbezirk: Départements Ardennes, Aube, Bas-Rhin, Haute-Marne, Haut-Rhin, Marne, Meurthe-et-Moselle, Meuse, Moselle, Vosges

Honorarkonsul in Avignon
Anschrift: Automobile Club Vauclusion, 185, Route des Rémouleurs, Z I La Courtine Ouest; F-84095 Avignon;
Postanschrift: BP 1000, F-84095 Avignon Cedex 9; Tel (0 03 34) 90 86 28 71; Fax (0 03 34) 90 27 14 29
Leiter: Heinz Honisch HonorarKons
Amtsbezirk: Départements Vaucluse und Gard
Übergeordnete Auslandsvertretung: Generalkonsulat Marseille

x Honorarkonsul in Bastia
Anschrift: c/o Societé Corse de Destribution Pharmaceutique, Zone Industrielle RN 193, F-20200 Bastia; Tel (0 03 34) 95 33 03 56; Fax (0 03 34) 95 33 88 89
Leiter: Jean-Jacques Bozzano HonorarKons
Amtsbezirk: Insel Korsika (Départements Corse-du Sud und Haute-Corse)
Übergeordnete Auslandsvertretung: Generalkonsulat Marseille

* Honorarkonsul in Boulogne-sur-Mer
Anschrift: 127, Grande Rue, F-62200 Boulogne-sur-Mer;
Postanschrift: BP 78, F-62201 Boulogne-sur-Mer Cedex; Tel (0 03 34) 21 31 52 41; Telex 11 039 pecfroi boul; Fax (0 03 34) 21 30 48 06
Telegrammanschrift: Pecfroi Boulogne-sur-Mer
Leiter: Philippe Delpierre HonorarKons
Amtsbezirk: Stadt und Arrondissement Boulogne-sur-Mer
Übergeordnete Auslandsvertretung: Botschaft Paris

* Honorarkonsul in Brest
Anschrift: 9, Square Commandant l'Herminier, F-29200 Brest; Tel (0 03 32) 98 44 35 59
Leiter: Wolfgang Barfuss HonorarKons
Amtsbezirk: Départements Finistère
Übergeordnete Auslandsvertretung: Botschaft Paris

Honorarkonsul in Dijon
Anschrift: 21, Boulevard de Brosses, F-21000 Dijon;
Postanschrift: BP 2689, F 21058 Dijon Cedex; Tel (0 03 33) 80 58 94 42; Fax (0 03 33) 80 58 95 02

Leiter: Till Meyer HonorarKons
Amtsbezirk: Departements Côte-d'Or, Nièvre, Saône-et-Loire und Yonne
Übergeordnete Auslandsvertretung: Generalkonsulat Lyon

* Honorarkonsul in Dünkirchen
Anschrift: Chaussée des Darses, Mole 1 – Bat M 1/2, F-59240 Dunkerque;
Postanschrift: BP 2/100, F-59240 Dunkerque-Cedex; Tel (0 03 33) 28 58 77 00; Telex 820 947 Mayor Dunkerq; Fax (0 03 33) 28 59 09 99
Telegrammanschrift: Mayor Dunkerque
Leiter: Laurent Lemaire HonorarKons
Amtsbezirk: Stadt und Hafen Dünkirchen
Übergeordnete Auslandsvertretung: Botschaft Paris

* Honorarkonsul in Le Havre
Anschrift: 7 , Rue Pierre-Brossolette; F-76600 Le Havre Cedex; Tel (0 03 32) 35 21 11 22; Telex 190 159 Naute; Fax (0 03 32) 35 21 13 54
Leiter: Alexis Lobadowsky HonorarKons
Amtsbezirk: Départements Calvados, Manche, Seine-Maritime mit Ausnahme des Arrondissements Rouen
Übergeordnete Auslandsvertretung: Botschaft Paris

Honorarkonsul in Lille
Anschrift: 75, Rue Léon Gambetta, 59041 Lille Cedex; Tel (0 03 33) 20 63 04 19; Fax (0 03 33) 20 57 24 29
Leiterin: Catherine Wémeau HonorarKonsulin
Amtsbezirk: Départments Nord und Pas-de-Calais mit Ausnahme der Stadt und des Hafens Dünkirchen und der Stadt und des Arrondissements Boulogne-sur-Mer
Übergeordnete Auslandsvertretung: Botschaft Paris

Honorarkonsul in Lorient
Anschrift: 13 et 15, rue Auguste-Nayel,
Postanschrift: BP 325, F-56103 Lorient Cedex; Tel (0 03 32) 97 21 26 75; Fax (0 03 32) 97 21 90 13
Leiter: M Jean-Michel Pronost HonorarKons
Amtsbezirk: Départment Morbihan
Übergeordnete Auslandsvertretung: Botschaft Paris

Honorarkonsul in Montpellier
Anschrift: 35, Boulevard Rabelais, F-34000 Montpellier; Tel (0 03 34) 67 64 28 87; Fax (0 03 34) 67 64 29 77
Leiter: Martin Andersch HonorarKons
Amtsbezirk: Département Hérault
Übergeordnete Auslandsvertretung: Generalkonsulat Marseille

*Honorarkonsul in Nantes
Anschrift: 22, rue Crébillon, F-44000 Nantes;
Postanschrift: BP 336, F-44011 Nantes Cedex 01; Tel (0 03 32) 40 71 01 30; Telex 7 00 182; Fax (0 03 32) 40 71 01 34
Leiter: Dominique Houitte de la Chesnais HonorarKons
Amtsbezirk: Départements Loire-Atlantique, Maine-et-Loire und Vendée
Übergeordnete Auslandsvertretung: Botschaft Paris

x Honorarkonsul in Nizza
Anschrift: „Le Minotaure", 5e étage, 34, Avenue Henri Matisse, F-06200 Nice; Tel (0 03 34) 93 83 55 25; Fax (0 03 34) 93 83 05 50
Leiter: Gerd Ziegenfeuter HonorarKons
Amtsbezirk: Département Alpes-Maritimes
Übergeordnete Auslandsvertretung: Generalkonsulat Marseille

Honorarkonsul in Perpignan
Anschrift: 48, rue Claude Bernard, F-66000 Perpignan;
Postanschrift: BP 123 F-66001 Perpignan Cedex; Tel (0 03 34) 68 35 60 84; Fax (0 03 34) 68 51 03 35
Leiterin: Brigitte Planés Honorarkonsulin
Amtsbezirk: Départment Pyrénées-Orientales
Übergeordnete Auslandsvertretung: Generalkonsulat Marseille

Honorarkonsul in Reims
Anschrift: 42ter, rue de Capucins, F-51100 Reims; Tel (0 03 33) 26 47 12 34; Fax (0 03 33) 26 88 42 56; Telex STACOVA 830 486 F
Leiter: Christian Lefebvre HonorarKons
Amtsbezirk: Départements Marne und Aube
Übergeordnete Auslandsvertretung: Generalkonsulat Straßburg

* Honorarkonsul in Rouen
Anschrift: 22, rue Mustel, F-76000 Rouen;
Postanschrift: BP 651, F-76007 Rouen Cedex; Tel (0 03 32) 35 89 81 81; Fax (0 03 32) 35 88 40 13
Telegrammanschrift: Maritime-Rouen; Telex 77 905 Agents
Leiter: Francis C Humann HonorarKons
Amtsbezirk: Arrondissement Rouen sowie Département Eure
Übergeordnete Auslandsvertretung: Botschaft Paris

Honorarkonsul in Toulouse
Leiter: NN
Amtsbezirk: Départements Ariège, Aveyron, Gers, Haute-Garonne, Hautes-Pyrénées, Lot, Tarn, Tarn-et-Garonne
Übergeordnete Auslandsvertretung: Generalkonsulat Bordeaux

Georgien

Botschaft in Tiflis
Anschrift: David Agmashenebeli Prospekt 166, GE-380012, Tiflis Georgien; Tel (0 09 95 32) 95 33 26, 95 09 36; Fax (0 09 95 32) 95 89 10; Telex (0 64) 21 29 73, *Kennung:* 21 29 73 aatbs su
Sichtvermerkstelle: Telex (0 64) 21 29 33, *Kennung:* 21 29 33 aasv su
Leiter: Dr Norbert Baas außerordentl und bevollm Botsch
Amtsbezirk: Republik Georgien

Griechenland

* △ Botschaft in Athen
Anschrift: Karaoli Dimitriou 3, GR-10675 Athen-Kolonaki;
Postanschrift: POB 1175, GR-10110 Athen; Tel (0 03 01) 7 28 51 11; Fax (0 03 01) 7 25 12 05; Telex (06 01) 2 15 441, *Kennung:* 2 15 441 aaat gr
Leiter: Dr Friedrich Reiche außerordentl und bevollm Botsch
Amtsbezirk: Griechenland
Konsularischer Amtsbezirk: Griechenland außer Mazedonien und Thrazien

* Generalkonsulat in Thessaloniki
Anschrift: Odos Karolou Diehl 4a, GR-54623 Thessaloniki
Postanschrift: POB 10515, GR-54110 Thessaloniki; Tel (00 30 31) 23 63 15, 23 63 49, 23 63 59; Fax (00 30 31) 24 03 93; Telex (06 01) 418 299, *Kennung:* 418 299 aask gr
Leiter: Dr Mark-Ulrich von Schweinitz GenKons
Amtsbezirk: Mazedonien und Thrazien

x Honorarkonsul in Chania/Kreta
Anschrift: Odos Daskalogianni 64, GR 73100 Chania/Kreta;
Postanschrift: POB 1; Tel (0 03 08 21) 2 71 14, 2 81 14/15; Fax (0 03 08 21) 2 81 16; Telex (06 01) 2 91 168 GT;
Leiter: Georgios Tsirintanis HonorarKons
Amtsbezirk: Präfekturen Chania und Rethymnon
Übergeordnete Auslandsvertretung: Botschaft Athen

* x Honorarkonsul in Iraklion/Kreta
Anschrift: Odos Zografou 7, GR-71100 Iraklion/Kreta;
Postanschrift: POB 1083 GR-71110 Iraklion/Kreta; Tel (00 30 81) 22 62 88; Fax (00 30 81) 22 21 41; Telex (06 01) 262 207, *Kennung:* ghic gr
Leiterin: Marianne Zouridaki Honorarkonsulin
Amtsbezirk: Präfekturen Iraklion und Lasithii
Übergeordnete Auslandsvertretung: Botschaft Athen

Honorarkonsul in Komotini
Leiter: NN
Amtsbezirk: Präfekturen Xanthi, Rodopi, Evros
Übergeordnete Auslandsvertretung: Generalkonsulat Thessaloniki

x Honorarkonsul in Korfu
Anschrift: Odos Guilford 57, GR-49100, Korfu; Tel (0 03 06 61) 3 14 53; Fax (0 03 06 61) 3 14 50; Telex (06 01) 3 32 301 dimi gr
Leiter: Dimitrios Zervos HonorarKons
Amtsbezirk: Insel Korfu
Übergeordnete Auslandsvertretung: Botschaft Athen

x Honorarkonsul in Patras
Anschrift: Odos Mesonos 98, GR-26221 Patras; Tel (00 30 61) 22 19 43; Fax (00 30 61) 62 10 76
Leiter: Georgios Abatzis HonorarKons
Amtsbezirk: Peleponnes und die Ionischen Inseln, ausschließlich Korfu
Übergeordnete Auslandsvertretung: Botschaft Athen

* x Honorarkonsul in Rhodos
Anschrift: Parodos Issidou 12, GR-85100 Rhodos; Tel (0 03 02 41) 6 37 30, privat 2 97 30; Fax (0 03 02 41) 6 37 30, 4 16 57
Leiter: Athanasios Dilanas HonorarKons
Amtsbezirk: Insel Rhodos
Übergeordnete Auslandsvertretung: Botschaft Athen

Honorarkonsul in Samos
Anschrift: Odos Themistoklis Sofoulis 73, GR-83100 Samos/Samou; Tel (0 03 02 73) 2 72 60; Fax (0 03 02 73) 2 72 60
Leiter: Christos Capnoulas HonorarKons
Amtsbezirk: Präfektur Samos
Übergeordnete Auslandsvertretung: Botschaft Athen

* Honorarkonsul in Volos
Anschrift: Leoforos Dimitriados 251, Volos;
Postanschrift: POB 1030, GR-38110 Volos; Tel (0 03 04 21) 2 53 79, 2 84 41; Fax (0 03 04 21) 6 27 66; Telex (06 01) 28 21 36; *Kennung:* spvz gr
Telegrammanschrift: Scheffel Volos
Leiter: Günter Scheffel HonorarKons
Amtsbezirk: Präfekturen Karditsa, Larissa, Magnesia, Phthiotis und Trikala
Übergeordnete Auslandsvertretung: Botschaft Athen

Großbritannien

(siehe Vereinigtes Königreich)

Heiliger Stuhl

Botschaft in Heiliger Stuhl-Rom
Anschrift: Via di Villa Sacchetti 4-6, I-00197 Roma; Tel (0 03 96) 80 95 11; Fax (0 03 96) 80 95 12 27; Telex: über Botschaft Rom (0 43) 61 01 79, *Kennung:* 6 10 179 aarom i
Leiter: Dr Philipp Jenninger außerordentl und bevollm Botsch
Amtsbezirk: Vatikanstadt-Rom

Irland

* ∆ Botschaft in Dublin
Anschrift: 31, Trimleston Avenue, Booterstown, Blackrock/Co, Dublin; Tel (00 35 31) 2 69 30 11, 2 69 31 23, 2 69 37 72, 2 69 33 81; Fax (00 35 31) 2 69 39 46; Telex (05 00) 93 809, *Kennung:* 93 809 aadu ei
Leiter: Horst Pakowski außerordentl und bevollm Botsch
Amtsbezirk: Irland (Republik)

* Honorarkonsul in Cork
Anschrift: Camden House, Camden Quai, Cork/Irland; Tel (0 03 53 21) 50 93 67 (privat: 82 16 51); Fax (0 03 53 21) 50 59 78
Leiter: Michael Corkery HonorarKons
Amtsbezirk: Grafschaften Cork, Kilkenny, Waterford, Wexford und Tipperary
Übergeordnete Auslandsvertretung: Botschaft Dublin

Honorarkonsul in Galway
Anschrift: Kilroe-West, Inverin, Co Galway/Irland; Tel (0 03 53 91) 9 52 01, privat: 9 32 23; Fax (0 03 53 91) 9 53 76
Leiter: Philipp Hergett HonorarKons
Amtsbezirk: Grafschaften Galway, Roscommon und Clare
Übergeordnete Auslandsvertretung: Botschaft Dublin

Honorarkonsul in Killarney
Anschrift: Crohane-Fossa, Killarney, County Kerry/Irland; Tel (0 03 53 64) 3 15 11, privat: 3 26 28; Fax (0 03 53 64) 3 40 41
Leiter: Klaus Nölke HonorarKons
Amtsbezirk: County Kerry
Übergeordnete Auslandsvertretung: Botschaft Dublin

Island

* Botschaft in Reykjavik
Anschrift: Laufasvegur 31, IS-101 Reykjavik;
Postanschrift: POB 400, IS-121 Reykjavik; Tel (0 03 54) 5 51 95 31, 5 51 95 35/36; Fax (0 03 54) 5 52 56 99; Telex (05 01) 2 002, *Kennung:* 2 002 aarvk is
Leiter: Dr Reinhard Ehni außerordentl und bevollm Botsch
Amtsbezirk: Island

* Honorarkonsul in Akureyri
Anschrift: Heidarlundur 8A, IS-600 Akureyri, Iceland; Tel (0 03 54) 4 62 45 10 (Büro), 4 62 53 38 (privat); Fax (0 03 54) 4 62 45 10
Leiter: Svanur Eiriksson HonorarKons
Amtsbezirk: Akureyri, Eyjarfjardarsýsla, Sudurthingeyrarsýsla
Übergeordnete Auslandsvertretung: Botschaft Reykjavik

Honorarkonsul in Heimaey/Vestmannaeyjar
Anschrift: Túngata 5, IS-900 Heimaey/Vestmannaeyjar; Tel (0 03 54) 4 81 19 55 (Büro), 4 81 15 30 (privat); Fax (0 03 54) 4 81 10 72
Leiter: Dr Einar Valur Bjarnason HonorarKons
Amtsbezirk: Vestmannaeyjar
Übergeordnete Auslandsvertretung: Botschaft Reykjavik

* Honorarkonsul in Isafjördur
Anschrift: Seljalandsvegur 73, IS-400 Isafjördur/Island; Tel (0 03 54) 4 56 45 00 (Büro), 4 56 45 12 (Privat); Fax (0 03 54) 4 56 45 22
Leiter: Dr Thorsteinn Johannesson HonorarKons
Amtsbezirk: Nordur- und Westur-Isafjardarsýsla, Vestur- und Austur-Bardastrandarsjsla
Übergeordnete Auslandsvertretung: Botschaft Reykjavik

* Honorarkonsul in Seydisfjördur
Anschrift: Túngata 16, IS-710 Seydisfjördur; Tel (0 03 54) 4 72 14 02 (Büro), 4 72 13 39 (privat); Fax (0 03 54) 4 72 12 41

Leiter: Adolf Gudmundsson HonorarKons
Amtsbezirk: Austur-Skaftafellsýsla, Nordur-Múldasýsla, Sudur-Múldasýsla
Übergeordnete Auslandsvertretung: Botschaft Reykjavik

Italien

* △ **Botschaft in Rom**
Anschrift: Via Po 25 c, I-00198 Roma; Tel (0 03 96) 88 47 41; Telex (0 43) 610 179, *Kennung:* 610 179 aarom i; Fax (0 03 96) 8 54 79 56
Leiter: Dr Dieter Kastrup außerordentl und bevollm Botsch
Amtsbezirk: Italien
Konsularischer Amtsbezirk: Provinzen Ancona, Ascoli, Piceno, Campobasso, Chieti, Frosinone, Isernia, Latina, L'Aquila, Macerata, Perugia, Pesaro e Urbino, Pescara, Rieti, Rom, Teramo, Terni, Viterbo, Insel Sardinien
Rechts- und Konsularreferat: Via Tel Siacci 2/c, I-00197 Roma; Tel (0 03 96) 88 47 41; Fax (0 03 96) 88 47 43 20
(Der Leiter der Vertretung ist zugleich als Botschafter in San Marino mit Sitz in Rom akkreditiert.)

* △ **Generalkonsulat in Genua**
Anschrift: Via San Vincenzo 4/28, I-16100 Genua;
Postanschrift: Casella Postale 1296, I-16100 Genova; Tel (00 39 10) 5 76 74 11; Fax (00 39 10) 5 76 74 26; Telex (0 43) 271 138, *Kennung:* aagen i 271 138
Leiter: Hans-Burkhard Sauerteig GenKons
Amtsbezirk: Provinzen Arezzo, Florenz, Genua, Grosseto (mit dazugehörigen Inseln des Toskanischen Archipels), Imperia, La Spezia, Livorno (mit dazugehörigen Inseln des Toskanischen Archipels, u a Elba), Lucca, Massa-Carrara, Pisa, Pistoia, Prato, Savona, Siena

* △ **Generalkonsulat in Mailand**
Anschrift: Via Solferino 40, I-20121 Milano; Tel (0 03 92) 6 55 44 34; Fax (0 03 92) 6 55 42 13; Telex (0 43) 312 444, *Kennung:* 312 444 aamil i
Leiter: Michel Engelhard GenKons
Amtsbezirk: Provinzen Allessandria, Asti, Belluno, Bergamo, Biella, Bologna, Bozen, Brescia, Como, Cremona, Cuneo, Ferrara, Forli, Görz (Gorizia), Lecco, Lodi, Mailand, Mantua, Modena, Novara, Padua, Parma, Pavia, Piacenza, Pordenone, Ravenna, Reggio-Emilia, Rimini, Rovigo, Sondrio, Trento, Treviso, Triest, Turin, Udine, Varese, Venedig, Verbano-Cusio-Orsola, Vercelli, Verona, Vicenza, autonomes Gebiet des Aosta-Tals
(Der Leiter der Vertretung ist zugleich Generalkonsul für die Republik San Marino mit Sitz in Mailand)

* **Generalkonsulat in Neapel**
Anschrift: Via Crispi 69, I-80121 Napoli; Tel (00 39 81) 7 61 33 93; Fax (00 39 81) 7 61 46 87; Telex (0 43) 71 00 64, *Kennung:* 7 10 064 aanea i

Leiter: Günter Jacob GenKons
Amtsbezirk: Provinzen Avellino, Bari, Benevento, Brindisi, Caserta, Catanzaro, Cosenza, Crotone, Foggia, Lecce, Matera, Neapel, Potenza, Reggio-Calabria, Salerno, Tarent, Vibo Volentina und Sizilien (Provinzen Agrigento, Caltanissetta, Catania, Enna, Messina, Palermo, Ragusa, Syrakus, Trapani)

Honorarkonsul in Arezzo
Anschrift: Corso Italia 205, I-52100 Arezzo; Tel (0 03 95 75) 2 22 25; Fax (0 03 95 75) 2 22 25
Telegrammanschrift: Duranti, Corso Italia 205, Arezzo
Leiter: Gianfranco Duranti HonorarKons
Amtsbezirk: Provinz Arezzo
Übergeordnete Auslandsvertretung: Generalkonsulat Genua

* **Honorarkonsul in Bari**
Anschrift: Corso Cavour 40, I-70121, Bari; Tel (00 39 80) 5 24 40 59; Fax (00 39 80) 5 24 40 59
Leiter: Prof Dr Angelo D'Addabbo HonorarKons
Amtsbezirk: Provinzen Bari, Brindisi, Foggia, Lecce und Tarent
Übergeordnete Auslandsvertretung: Generalkonsulat Neapel

Honorarkonsul in Bologna
Anschrift: c/o Instituto di Cultura Germanica, Strada Maggiore 29, I-40125 Bologna; Tel (00 39 51) 22 56 58; Fax (00 39 51) 22 75 45
Leiter: Dr Lorenzo Pinotti-Quiri HonorarKons
Amtsbezirk: Provinz Bologna
Übergeordnete Auslandsvertretung: Generalkonsulat Mailand

x **Honorarkonsul in Cagliari**
Anschrift: Via R Garzia 9, I-09126 Cagliari; Tel (00 39 70) 30 72 29
Telegrammanschrift: Cagliari/Sardegna Via Copenaghen 7
Leiter: Leopold Bruder HonorarKons
Amtsbezirk: Insel Sardinien (Provinzen Cagliari, Nuoro, Oristano, Sassari)
Übergeordnete Auslandsvertretung: Botschaft Rom

* **Honorarkonsul in Catania**
Anschrift: Via Milano 10/A, I-95128 Catania; Tel (00 39 95) 38 69 28
Leiter: Ronald Seifert HonorarKons
Amtsbezirk: Provinz Catania
Übergeordnete Auslandsvertretung: Generalkonsulat Neapel

Ø **Honorarkonsul in Florenz**
Anschrift: Lungarno Vespucci 30, I-50123 Firenze; Tel (00 39 55) 29 47 22; Fax (00 39 55) 28 17 89
Leiter: Horst Dedecke HonorarKons
Amtsbezirk: Provinzen Florenz, Pistoia, Prato, Siena
Übergeordnete Auslandsvertretung: Generalkonsulat Genua

* **x Honorarkonsul in Livorno**
Anschrift: Piazza della Vittoria 56, I-57125 Livorno;
Postanschrift: Casella Postale 687, I-57125 Livorno;
Tel (0 03 95 86) 89 00 08; Fax (0 03 95 86) 88 73 81
Leiter: Ermanno Braun HonorarKons
Amtsbezirk: Provinzen Livorno und Grosseto mit Toskanischem Archipel, Provinzen Lucca und Pisa
Übergeordnete Auslandsvertretung: Generalkonsulat Genua

Honorarkonsul in Messina
Postanschrift: Via San Sebastiano 13, I-98122 Messina; Tel (00 39 90) 67 17 80
Leiter: Dr Paolo Turiaco HonorarKons
Amtsbezirk: Provinz Messina
Übergeordnete Auslandsvertretung: Generalkonsulat Palermo

* **Honorarkonsul in Rimini**
Anschrift: Viale Trieste 31E, I-47037 Rimini/Prov Forli; Tel (0 03 95 41) 2 77 84; Fax (0 03 95 41) 71 00 65
Leiter: Mario Imola HonorarKons
Amtsbezirk: Provinzen Forli, Pesaro e Urbino, Ravenna und Rimini
Übergeordnete Auslandsvertretung: Generalkonsulat Mailand für die Provinzen Forli, Ravenna und Rimini; Botschaft Rom für die Provinz Pesaro e Urbino

* **Honorarkonsul in Triest**
Anschrift: Via Beccaria, 8-III Stock, I-34100 Trieste; Tel (00 39 40) 36 43 96
Leiter: Dr Roberto Hausbrandt jun HonorarKons
Amtsbezirk: Provinzen Görz, Pordenone, Triest, Udine
Übergeordnete Auslandsvertretung: Generalkonsulat Mailand

Honorarkonsul in Turin
Anschrift: Via Bruno Buozzi 6, I-10121 Torino; Tel (00 39 11) 53 10 88; Fax (00 39 11) 53 11 21
Leiterin: Ivana Ariella Bonelli HonorarKonsulin
Amtsbezirk: Provinzen Alessandria, Asti, Biella, Cuneo, Novara, Turin, Verbano-Cusio-Ossola, Vercelli, autonomes Gebiet des Aosta-Tales
Übergeordnete Auslandsvertretung: Generalkonsulat Mailand

* **Honorarkonsul in Venedig**
Anschrift: Campo S Sofia, Cannaregio 4201, I-30131 Venezia; Tel (00 39 41) 5 23 76 75; Fax (00 39 41) 5 28 96 06
Leiter: Bruno Permutti HonorarKons
Amtsbezirk: Provinzen Belluno, Padua, Treviso und Venedig
Übergeordnete Auslandsvertretung: Generalkonsulat Mailand

Jugoslawien, Bundesrepublik

Botschaft in Belgrad
Anschrift: Ulica Kneza Miloša 74-76, YU 11000 Belgrad

Postanschrift: PF 304, YU-11001 Beograd; Tel (0 03 81 11) 64 57 55; Fax (0 03 81 11) 65 69 89; Telex (0 62) 11 107, *Kennung:* 11 107 yu aabeog, *Visastelle:* Tel (0 03 81 11) 64 24 79, 64 33 80; Fax (0 03 81 11) 64 17 80; Telex (0 62) 1 22 84; *Kennung:* 1 22 84 aabeog yu
Leiter: Wilfried Gruber außerordentl und bevollm Botsch
Amtsbezirk: Bundesrepublik Jugoslawien

Kroatien

△ **Botschaft in Zagreb**
Anschrift: Ulica grada Vukovara 64, HR-10000 Zagreb
Postanschrift: pp 207, HR-11001 Zagreb 2; Tel (00 38 51) 6 15 81 05; Fax (00 38 51) 6 15 81 03; Telex (05 99) 2 13 78, *Kennung:* 2 13 78 aazgb rh, *Paß- und Sichtvermerkstelle:* Tel (00 38 51) 6 15 81 04; Telex (05 99) 2 12 71, *Kennung:* 2 12 71 aazgsv rh
Leiter: Dr Volker Haak außerordentl und bevollm Botsch
Amtsbezirk: Republik Kroatien

Honorarkonsul in Split
Anschrift: Obala Hrvatskog Narodnog Preporoda 10, HR-21000 Split/Kroatien; Tel (0 03 85 21) 36 21 14; Fax (0 03 85 21) 36 21 15
Leiter: Karlo Grenc HonorarKons
Amtsbezirk: Gemeinden Split, Solin, Katela, Trogir, Brac, Hvar, Vis, Lastovo, Omis, Makarska, Imotski, Vrgorac, Sinj, Ploce, Sibinik, Biograd na moru, Zadar, Drnis, Knin, Benkovac, Obrovac und Graca
Übergeordnete Auslandsvertretung: Botschaft Zagreb

Lettland

* **Botschaft in Riga**
Anschrift: Basteja Bulvaris 14, LV-1050 Riga
Postanschrift: Postfach Nr 183, LV-1047 Riga/Lettland; Tel (00 37 17) 22 90 96, 22 48 56, 22 94 88; Fax (00 37 17) 82 02 23; Telex (05 38) 16 12 10, *Kennung:* 16 12 10 aarig lv
Sichtvermerkstelle: Telex (05 38) 16 12 99, *Kennung:* 16 12 99 aasv lv; Fax (00 37 17) 82 02 24
KfW-Koordinierungsstelle: Tel (00 37 17) 82 00 31; Fax (00 37 17) 82 00 32; Telex (05 38) 16 13 14, *Kennung:* 16 13 14 kslet
Leiter: Dr Horst Weisel außerordentl und bevollm Botsch
Amtsbezirk: Lettland

Liechtenstein

(siehe Botschaft Bern und Generalkonsulat Zürich, Seite 105)

Litauen

Botschaft in Wilna
Anschrift: Sierakausko Gatve 24/8, 2600 Wilna/Litauen; Tel (00 37 02) 65 02 72, 65 01 82; Fax (00 37 02) 23 18 12; Telex (05 39) 26 16 93, *Kennung:* 26 16 93 aawil lt
Rechts- und Konsularreferat und Visastelle: Tel (00 37 02) 65 01 89, 23 18 14; Telex (05 39) 26 12 22, *Kennung:* 26 12 22 aawil lt, Fax (00 37 02) 23 18 13
Leiter: Dr Ulrich Rosengarten außerordentl und bevollm Botsch
Amtsbezirk: Litauen

Luxemburg

Botschaft in Luxemburg
Anschrift: 20-22 Avenue Emile Reuter, L-2420 Luxemburg;
Postanschrift: Postfach 95, L 2010 Luxemburg; Postfach 1343, 54203 Trier; Tel (0 03 52) 45 34 45-1; Fax (0 03 52) 45 56 04; Telex (04 02) 3 413, *Kennung:* 3 413 aaluxb lu
Leiter: Rolf-Eberhard Jung außerordentl und bevollm Botsch
Amtsbezirk: Großherzogtum Luxemburg

Malta

* Botschaft in Valletta
Anschrift: IL PIAZETTA, Tower Road, Sliema; SLM16
Postanschrift: POB 48, Valletta CMR 01, Malta; Tel (0 03 56) 33 65 31, 33 65 20; Fax (0 03 56) 33 39 76; Telex (04 06) 1 224, *Kennung:* 1 224 aavale mw
Leiter: Gerhard Kunz außerordentl und bevollm Botsch
Amtsbezirk: Malta

Mazedonien

(ehemalige jugoslawische Republik)

Botschaft in Skopje
Anschrift: Veljko Vlajovic 26, 91000 Skopje; Tel (0 03 89 91) 11 77 99, 11 05 07; Fax (0 03 89 91) 11 77 13; Telex (05 97) 5 15 16, *Kennung:* 5 15 16 aaskop ma; *Visastelle:* Tel (0 03 89 91) 11 77 99, über Satellitenfunksystem: Tel (0 08 71) 6 82 62 28 64
Leiter: Dr Klaus Schrameyer außerordentl und bevollm Botsch
Amtsbezirk: Ehemalige jugoslawische Republik Mazedonien

Moldau

Botschaft in Chisinau
Anschrift: Hotel Seabeco, Strada MChibotaru Nr 37, Chisinau 277012; Tel (00 37 32) 23 73 63, 23 28 72, 23 46 07; Fax (00 37 32) 23 46 80; Telex (06 82) 16 32 69, *Kennung:* 16 32 69 aachi md

Leiterin: Irene Kohlhaas außerordentl und bevollm Botschafterin
Amtsbezirk: Moldau

Monaco

(siehe Generalkonsulat Marseille, Seite 93)

Honorarkonsul in Monte Carlo
Anschrift: Villa "Les Flots", 2 Rue des Giroflées, MC-98000 Monte Carlo/Monaco; Tel (0 03 77) 93 30 19 49; Fax (0 03 77) 93 50 39 58;
Leiterin: Christine Esswein Honorarkonsulin
Amtsbezirk: Fürstentum Monaco
Übergeordnete Auslandsvertretung: Generalkonsulat Marseille

Niederlande

Botschaft in Den Haag
Anschrift: Groot Hertoginnelaan 18-20, NL-2517 EG Den Haag; Tel (00 31 70) 3 42 06 00; Fax (00 31 70) 3 65 19 57; Telex (0 44) 31 012, *Kennung:* 31 012 aagv nl
Leiter: Eberhard von Puttkammer außerordentl und bevollm Botsch
Amtsbezirk: Niederlande; Aruba, Niederländische Antillen.
Zum konsularischen Amtsbezirk siehe Angaben beim Generalkonsulat Amsterdam

* Δ Generalkonsulat in Amsterdam
Anschrift: de Lairessestraat 172, Amsterdam Z;
Postanschrift: Postbus 75500, NL-1070 AM Amsterdam; Tel (00 31 20) 6 73 62 45-47; Fax (00 31 20) 6 76 69 51; Telex (0 44) 10 334, *Kennung:* 10 334 aaas nl
Sichtvermerkstelle: Telex (0 44) 1 00 46, *Kennung:* 1 00 46 aasv nl
Leiter: Werner Schmitz GenKons
Amtsbezirk: Das Generalkonsulat (in seiner Aufgabenstellung als Konsularreferat der Botschaft Den Haag) ist in konsularischen Angelegenheiten für die gesamten Niederlande sowie für Aruba und die Niederländischen Antillen zuständig.

Honorarkonsul in Arnheim
Anschrift: p/a Dirkzwager, Advocaten-Notarissen, Velperweg 26, 6824 BJ Arnheim;
Postanschrift: Postbus 3045, 6802 DA Arnheim; Tel (00 31 85) 53 83 00; Fax (00 31 85) 51 07 93
Leiter: Cornelius Venemans HonorarKons
Amtsbezirk: Provinz Gelderland
Übergeordnete Auslandsvertretung: Botschaft Den Haag

Honorarkonsul in Eindhoven
Anschrift: c/o Banning, von Kemenade & Holland, Begijnenhof 35, NL-5611 AA Eindhoven;
Postanschrift: Postbus 3, NL-5600 AA Eindhoven; Tel (00 31 40) 44 43 60; Fax (00 31 40) 44 45 25
Leiter: Aloysius Antonius Maria Deterink HonorarKons
Amtsbezirk: Provinz Noord-Brabant

Übergeordnete Auslandsvertretung: Botschaft Den Haag

Honorarkonsul in Enschede
Anschrift: De Hoeveler 25, NL-7547 SB Enschede; Tel (00 31 53) 83 52 21; Fax (00 31 53) 34 01 70
Leiter: Jakobus Kiers HonorarKons
Amtsbezirk: Provinz Overijssel
Übergeordnete Auslandsvertretung: Botschaft Den Haag

Honorarkonsul in Groningen
Anschrift: Leonard Springerlaan 15, NL-9700 AC Groningen;
Postanschrift: Postbus 134, NL-9700 AC Groningen; Tel (00 31 50) 20 58 63; Fax (00 31 50) 26 48 52
Leiter: Pieter Eeltje van der Zee HonorarKons
Amtsbezirk: Provinzen Groningen und Drenthe
Übergeordnete Auslandsvertretung: Botschaft Den Haag

Honorarkonsul in Leeuwarden
Anschrift: de Merodestraat 3, NL-8937 AA Leeuwarden;
Postanschrift: Postbus 407, NL-8901 BE Leeuwarden; Tel (00 31 58) 94 84 94; Telex 46 191, *Kennung:* 46 191 koopm nl
Telegrammanschrift: Koopmans Meel
Leiter: Gerardus Herman Willem Benes HonorarKons
Amtsbezirk: Provinz Friesland
Übergeordnete Auslandsvertretung: Botschaft Den Haag

Honorarkonsul in Maastricht
Anschrift: Papenstraat 8, 6211 LG Maastricht; Tel (00 31 43) 21 82 02; Fax (00 31 30) 31 54 21 12
Leiter: Peter Meyer Viol HonorarKons
Amtsbezirk: Provinz Limburg
Übergeordnete Auslandsvertretung: Botschaft Den Haag

* Honorargeneralkonsulat in Rotterdam
Anschrift: Parklaan 36, NL-3016 BC Rotterdam; Tel (00 31 10) 4 36 51 33; Fax (00 31 10) 4 36 55 87; Telex (0 44) 22 164, *Kennung:* 22 164 aarot nl
Leiter: Jaques Simon Cornelis Schoufour HonorarGenKons
Amtsbezirk: Provinz Südholland (südlich der Bahnlinie Katwjik-Leiden-Alphen-Woerden), Provinz Nordbrabant (Westteil)
Übergeordnete Auslandsvertretung: Botschaft Den Haag

* Honorarkonsul in Vlissingen
Anschrift: Jacob Catslaan 9, 4382 CC Vlissingen;
Postanschrift: Postbus 88, NL-4380 AB Vlissingen; Tel (00 31 11 84) 1 18 00; Fax (00 31 11 84) 1 15 50
Leiter: Dieter Hartmann HonorarKons
Amtsbezirk: Provinz Zeeland
Übergeordnete Auslandsvertretung: Botschaft Den Haag

Norwegen

* △ Botschaft in Oslo
Anschrift: Oscarsgate 45, N-0258 Oslo 2; Tel (00 47) 22 55 20 10-14; Fax (00 47) 22 44 76 72; Telex (0 56)71 173, *Kennung:* 71 173 aaosl n; *Visastelle:* Telex (0 56) 11 008, *Kennung:* 11 008 aasv n
Leiter: Dr Wilhelm Schürmann außerordentl und bevollm Botsch
Amtsbezirk: Norwegen

* Honorarkonsul in Ålesund
Anschrift: Tollbugate 6, N-6002 Ålesund
Postanschrift: Boks 438, N-6025 Ålesund; Tel (00 47) 71 02 40 78 (privat: 71 04 10 13); Telex 42 302 shipg n; Fax (00 47) 70 12 86 10
Telegrammanschrift: Shipping Ålesund
Leiter: Helge Hagenäs HonorarKons
Amtsbezirk: Der südlich des Romsdalfjordes gelegene Teil des Møre und Romsdal Fylke
Übergeordnete Auslandsvertretung: Botschaft Oslo

* Honorarkonsul in Bergen
Anschrift: Starvhusgaten 2, N-5014 Bergen; Tel (00 47) 55 31 53 80; Fax (00 47) 55 31 89 48
Leiter: Tor Teige HonorarKons
Amtsbezirk: Fylke Hordaland mit Ausnahme des südlich des Bømlafjords und des Akrafjords gelegenen Teils sowie Fylke Sogn und Fjordane.
Übergeordnete Auslandsvertretung: Botschaft Oslo

* Honorarkonsul in Bodø
Anschrift: Sjøgaten 19, N-8000 Bodø ;
Postanschrift: Postboks 394, N-8001 Bodø; Tel (00 47) 75 52 00 31 (privat: 75 56 05 00); Fax (00 47) 75 56 05 00; *Telegrammanschrift:* Jernjak Bodø
Leiter: Carl Johan Jakhelln HonorarKons
Amtsbezirk: Der südlich des Sørfolda-Fjords gelegene Teil des Nordland Fylke
Übergeordnetè Auslandsvertretung: Botschaft Oslo

* Honorarkonsul in Haugesund
Anschrift: Smedesundet 93, N-5501 Haugesund;
Postanschrift: Postboks 263, N-5501 Haugesund; Tel (00 47) 52 71 65 88 (privat: 52 71 76 52); Telex 42 851 havik n; Fax (00 47) 52 71 65 88
Telegrammanschrift: ship havik Haugesund
Leiter: Sigurd Haavik jun HonorarKons
Amtsbezirk: Nördlicher Teil des Rogaland Fylke zuzüglich eines unmittelbar daran anschließenden Teiles des Hordaland Fylke einschließlich der Südküste des Bømlafjordes und des Aakra-Fjords
Übergeordnete Auslandsvertretung: Botschaft Oslo

* Honorarkonsul in Kirkenes
Anschrift: Dr Wesselsgate 8, N-9900 Kirkenes;
Postanschrift: Postboks 13, N-9901 Kirkenes; Tel (00 47) 78 99 12 44; Fax (00 47) 78 99 16 44
Leiterin: Eva Margarethe Saue Honorarkonsulin
Amtsbezirk: Fylke Finnmark
Übergeordnete Auslandsvertretung: Botschaft Oslo

* **Honorarkonsul in Kristiansund N**
Anschrift: Strandgatan 78, N-6500 Kristiansund N;
Tel (00 47) 71 67 11 11 (privat: 71 67 47 85); Telex
55 202 backr n; Fax (00 47) 71 67 79 15
Telegrammanschrift: backership Kristiansund
Leiter: Halfdan Loennechen Backer HonorarKons
Amtsbezirk: Der nördlich des Romsdalfjordes gelegene Teil des Møre und Romsdal Fylke
Übergeordnete Auslandsvertretung: Botschaft Oslo

Honorarkonsul in Lillehammer
Anschrift: N-2600 Lillehammer;
Leiter: NN
Amtsbezirk: Fylke Oppland
Übergeordnete Auslandsvertretung: Botschaft Oslo

* **Honorarkonsul in Narvik**
Anschrift: Moveien 15, N-8520 Ankenesstrand;
Tel (00 47) 76 92 30 10 (privat: 76 95 67 07) ; Fax
(00 47) 76 95 67 07
Leiter: Björn Winther HonorarKons
Amtsbezirk: Fylke Nordland nördlich des Sørfoldafjords mit Ausnahme der Inselgruppen der Lofoten und Vesteralen sowie des zur Fylke Nordland gehörigen Teiles der Insel Hinnøy
Übergeordnete Auslandsvertretung: Botschaft Oslo

* **Honorarkonsul in Skien**
Anschrift: Hagebyveien 26, Graatenmoen, N-3700 Skien;
Postanschrift: Postboks 2560, N-3701 Skien;
Tel (00 47) 35 59 54 66 (privat: 35 52 51 61); Fax
(00 47) 35 59 51 88
Leiter: Erik Tanche Nilssen HonorarKons
Amtsbezirk: Fylke Telemark
Übergeordnete Auslandsvertretung: Botschaft Oslo

* **Honorarkonsul in Stavanger**
Anschrift: Kongsgt 10, Handelens Hus, N-4012 Stavanger;
Tel (00 47) 51 89 56 00 (privat: 51 52 61 86); Fax
(00 47) 51 89 53 52
Telegrammanschrift: law Stavanger
Leiter: Tore Helliesen HonorarKons
Amtsbezirk: Südlicher und mittlerer Teil des Rogaland Fylke, insbesondere die Hafenstädte Egersund und Stavanger
Übergeordnete Auslandsvertretung: Botschaft Oslo

Honorarkonsul in Svolvaer
Anschrift: Storgate 73, 8300 Svolvaer;
Postanschrift: Postboks 140, N-8301 Svolvaer;
Tel (00 47) 76 07 09 63 oder Mobiltel (00 47)
94 89 16 89; Fax (00 47) 76 07 27 55
Leiter: Karl M Johansen HonorarKons
Amtsbezirk: Insel Hinnøya sowie die Inselgruppe Lofoten und Vesteralen
Übergeordnete Auslandsvertretung: Botschaft Oslo

* **Honorarkonsul in Tromsø**
Anschrift: Stakkevollveien 7, N-9000 Tromsø;
Postanschrift: c/o HR Seaproducts, N-9005 Tromsø; Tel (00 47) 77 66 23 30; Fax (00 47)
77 68 79 69
Leiter: Helge Görrissen HonorarKons

Amtsbezirk: Fylke Troms mit Ausnahme des zu Troms gehörenden Teiles der Insel Hinnøy
Übergeordnete Auslandsvertretung: Botschaft Oslo

* **Honorarkonsul in Trondheim**
Anschrift: Lilleby Smelteverk, Lekvikensgate 2, N-7041 Trondheim;
Postanschrift: Postboks 5410 Jarlesletta, N-7002 Trondheim; Tel (00 47) 73 52 11 20 (privat: 73 91 92 42); Telex 55 044 ferro n; Fax (00 47) 73 51 50 97;
Telegrammanschrift: Ferro
Leiter: Erik Solberg HonorarKons
Amtsbezirk: Fylke Sor-Trøndelag
Übergeordnete Auslandsvertretung: Botschaft Oslo

Österreich

Botschaft in Wien
Anschrift: Metternichgasse 3, Wien 3;
Postanschrift: Postfach 160, A-1037 Wien;
Tel (0 04 31) 7 11 54; Fax (0 04 31) 7 13 83 66;
Telex (0 47) 134 261, *Kennung:* 134 261 aawie a
Leiterin: Ursula Seiler-Albring außerordentl und bevollm Botschafterin
Amtsbezirk: Österreich
Konsularischer Amtsbezirk: Bundesländer Wien, Niederösterreich, Oberösterreich, Burgenland
Paß- und Sichtvermerksstelle: Telex (0 47) 1 35 196, *Kennung:* 1 35 196 aasv a; Fax (0 04 31) 7 15 34 50

Generalkonsulat in Graz
Anschrift: Hamerlinggasse 6/I, A-8010 Graz;
Postanschrift: Postfach 368, A-8011 Graz;
Tel (0 04 33 16) 82 14 01-0, 82 14 02-0; Fax
(0 04 33 16) 8 21 40 14; Telex (0 47) 3 11 815, *Kennung:* 311 815 aagrz a; *Paß- und Sichtvermerkstelle:*
Tel (0 04 33 16) 82 14 02-16
Leiter: NN
Amtsbezirk: Bundesländer Steiermark und Kärnten

Generalkonsulat in Innsbruck
Anschrift: Adamgasse 5/V, A-6020 Innsbruck;
Postanschrift: Postfach 644, A-6021 Innsbruck;
Tel (0 04 35 12) 5 96 65; Fax (0 04 35 12)
5 96 65 85; Telex (0 47) 5 33 087, *Kennung:*
5 33 087 aainn a
Leiter: Arnulf Mattes GenKons
Amtsbezirk: Bundesländer Salzburg, Tirol und Vorarlberg

O Ø **Honorarkonsul in Bregenz**
Anschrift: Kasper-Hagen-Str 2, A-6900 Bregenz;
Postanschrift: Postfach 77, A-6901 Bregenz;
Tel (00 43 55 74) 4 31 80; Fax (00 43 55 74) 4 70 83
Leiter: Walter-Heinz Rhomberg HonorarKons
Amtsbezirk: Bundesland Vorarlberg
Übergeordnete Auslandsvertretung: Generalkonsulat Innsbruck

Honorarkonsul in Eisenstadt
Leiter: NN
Amtsbezirk: Bundesland Burgenland
Übergeordnete Auslandsvertretung: Botschaft Wien

○ Ø **Honorarkonsul in Klagenfurt**
Anschrift: Mießtaler Str 14, A-9020 Klagenfurt; Tel (0 04 34 63) 5 61 60; Fax (0 04 34 63) 50 32 38; Telex (0 47) 42 26 44, *Kennung:* 42 26 44 aasvkl a
Leiter: Dieter Kern HonorarKons
Amtsbezirk: Bundesland Kärnten
Übergeordnete Auslandsvertretung: Generalkonsulat Graz

○ Ø **Honorarkonsul in Linz**
Anschrift: Römerstr 4, A-4020 Linz/Donau; Tel (0 04 37 32) 79 77 01; Fax (0 04 37 32) 79 77 01 16
Leiter: Dr Hermann Bell HonorarKons
Amtsbezirk: Bundesland Oberösterreich
Übergeordnete Auslandsvertretung: Botschaft Wien

○ Ø **Honorarkonsul in Salzburg**
Anschrift: Bürgerspitalplatz 1, A-5020 Salzburg; Tel (0 04 36 62) 84 15 91-0; Fax (0 04 36 62) 84 15 91 85
Leiter: Alfons Schneider HonorarKons
Amtsbezirk: Bundesland Salzburg
Übergeordnete Auslandsvertretung: Generalkonsulat Innsbruck

Polen

Botschaft in Warschau
Anschrift: ul Dabrowiecka 30, 03-932 Warschau; Tel (00 48 22) 6 17 30 11-15; Fax (00 48 22) 6 17 35 82; Telex (0 63) 813 455, *Kennung:* 8 13 455 aaw pl
Leiter: Johannes Bauch außerordentl und bevollm Botsch
Amtsbezirk: Polen
Konsularischer Amtsbezirk: Woiwodschaften Warschau, Biala Podlaska, Bialystok, Cholm, Ciechanow, Konin, Lodz, Lomza, Lublin, Ostrleka, Petrikau, Plozk, Radom, Siedlce, Sieradz, Skierniewice, Wlozlawek
Wirtschaftsabteilung und Rechts- und Konsularreferat: ulica Jazdow 12b, 00-467 Warschau; Tel (00 48 22) 6 21 92 31-36, 6 29 96 80, 6 28 43 60; Fax (00 48 22) 6 29 48 03; Telex (0 63) 8 16 114, *Kennung:* 8 16 114 pst pl

Generalkonsulat in Breslau
Anschrift: Ul Podwale, 76, 50-449 Wroclaw; Tel (00 48 71) 44 20 06-07, 44 26 04, 44 78 21; Telex (0 63) 7 12 219, *Kennung:* 7 12 219 aabre pl; Fax (00 48 71) 44 20 06; *Visastelle:* Ul Dworcowa 16, 50-456 Wroclaw; Tel (00 48 71) 72 46 10, 72 46 12; Fax (00 48 71) 72 46 16; Telex (0 63) 71 26 65, *Kennung:* 71 26 65 aabre pl
Leiter: Dr Roland Kliesow GenKons
Amtsbezirk: Woiwodschaften Breslau, Grünberg, Hirschberg, Kalisch, Kattowitz, Liegnitz, Lissa, Oppeln, Tschenstochau, Waldenburg

Vizekonsulat in Oppeln als Außenstelle des Generalkonsulats Breslau
Anschrift: Ul Strzelcow Bytomskich 11, Pl-45-084 Opole; Tel (00 48 77) 54 21 84, 53 71 94; Fax (00 48 77) 53 19 63; Telex (0 63) 73 35 06, *Kennung:* 73 35 06 aaope pl
Amtsbezirk: Woiwodschaften Kattowitz, Oppeln, Tschenstochau

* **Generalkonsulat in Danzig**
Anschrift: Aleja Zwyciestwa 23, 80-219 Gdansk; Tel (00 48 58) 41 43 66, 41 49 80, 41 80 44/45; Fax (00 48 58) 41 22 45; Telex (0 63) 5 12 374, *Kennung:* 5 12 374 aadan pl
Leiterin: Dorothée Boden GenKonsulin
Amtsbezirk: Woiwodschaften Danzig, Allenstein, Bromberg, Elbing, Suwalki, Stolp, Thorn.

Generalkonsulat in Krakau
Anschrift: Ul Stolarska 7, 31-043 Krakow; Tel (00 48 12) 21 84 73, 21 89 80, 21 83 78, 21 80 88; Fax (00 48 12) 21 76 28; Telex (0 63) 32 56 90, *Kennung:* 32 56 90 aakra pl
Leiter: Dr Laurids Hölscher GenKons
Amtsbezirk: Woiwodschaften Krakau, Bielitz-Biala, Kielce, Krosno, Neu-Sandez, Przemysl, Rzeszow, Tarnobrzeg, Tarnow, Zamosc.

* **Generalkonsulat in Stettin**
Anschrift: Ul Krolowej Korony Polskiej 31, 70485 Szczecin;
Postanschrift: Postfach 16; D-17319 Loeckmitz, Kreis Pasewalk; Tel (00 48 91) 22 52 12, 22 52 13, 22 40 78; Fax (00 48 91) 22 51 33; Telex (0 63) 4 22 400, *Kennung:* 4 22 400 aaste pl
Leiter: Klaus Ranner GenKons
Amtsbezirk: Woiwodschaften Stettin, Köslin, Landsberg, Posen, Schneidemühl.

Honorarkonsulat in Posen
Anschrift: ul Ignacego Paderewskiego 7, PL 61-770 Pozan/Polen; Tel (00 48 61) 52 02 21; Fax (00 48 61) 52 94 28
Leiter: Krzysztof Twardowski HonorarKons
Amtsbezirk: Woiwodschaft Posen
Übergeordnete Auslandsvertretung: Generalkonsulat Stettin

Portugal

* △ **Botschaft in Lissabon**
Anschrift: Campo dos Mátires da Pátria 38, 1150 Lissabon;
Postanschrift: Apartado 1046 1001 Lissabon; Tel (00 35 11) 8 81 02 10; Fax (00 35 11) 8 85 38 46; Telex (04 04) 61 799, *Kennung:* 61 799 aaliss p.
Rechts-und Konsularreferat: Fax (00 35 11) 8 81 02 61 *Leiterin:* Dr Sabine Vollmar-Libal außerordentl und bevollm Botschafterin
Amtsbezirk: Portugal
Konsularischer Amtsbezirk: Distritos (Bezirke) Beja, Calstelo Branco, Ávora, Faro, Leiria, Lissabon, Portalegre, Santarém, Setúbal sowie die autonomen Regionen Azoren und Madeira

* Generalkonsulat in Porto
Anschrift: Avenida da Boavista 5004, 4100 Porto; Tel (00 35 12) 6 10 23 36-38 und 6 10 28 71; Fax (00 35 12) 6 10 28 70; Telex (04 04) 25 324, *Kennung:* 25 324 aaport p
Leiter: Günter Fuhrmann GenKons
Amtsbezirk: Distritos (Bezirke) Aveiro, Braga, Bragança, Coimbra, Guarda, Porto, Viana do Castelo, Vila Real, Viseu

* x Honorarkonsul in Faro
Anschrift: Avenida da República, 166-4° D, 8000 Faro; Tel (0 03 51 89) 80 31 48 und 80 31 81; Fax (0 03 51 89) 80 13 46; Telex 56 515 hkfar p
Leiter: Enzio Freiherr Baselli von Süssenberg HonorarKons
Amtsbezirk: Distritos (Bezirke) Beja, Faro, Evora, Portalegre, Setúbal
Übergeordnete Auslandsvertretung: Botschaft Lissabon

* Honorarkonsul in Funchal (Madeira)
Anschrift: Largo do Phelps 6-1°, 9000 Funchal (Madeira);
Postanschrift: Apartado 290, 9000 Funchal (Madeira); Tel (0 03 51 91) 22 03 38 (privat: 2 04 15); Fax (0 03 51 91) 22 03 08;
Telegrammanschrift: Gesche Funchal
Leiter: Elisabeth Gesche HonorarKonsulin
Amtsbezirk: Madeira
Übergeordnete Auslandsvertretung: Botschaft Lissabon

* Honorarkonsul in Ponta Delgada (Azoren)
Anschrift: Travessa do Dessterro 18, 9500 Ponta Delgada;
Postanschrift: Apartado 152, 9500 Ponta Delgada, São Miguel, Azoren; Tel (0 03 51 96) 2 39 35
Leiter: Leo M Weitzenbaur HonorarKons
Amtsbezirk: Azoren
Übergeordnete Auslandsvertretung: Botschaft Lissabon

Portugiesisches Hoheitsgebiet in Asien
Hoheitsgebiete unter portugiesischer Verwaltung Macau: Generalkonsulat Hongkong

Rumänien

* △ Botschaft in Bukarest
Anschrift: Strada Rabat 21, 71272 Bukarest; Tel (0 04 01) 2 12 22 15, 2 12 28 30, 2 12 25 80, 2 12 26 80; Fax (0 04 01) 3 12 98 46; Telex (0 65) 11 292, *Kennung:* 11 292 aabkb r
Sichtvermerksstelle: Tel (0 04 01) 2 12 03 32; Fax (0 04 01) 2 12 21 55; Telex (0 65) 11 684, *Kennung:* 11 684 aabkp r
Leiter: Leopold Bill von Bredow außerordentl und bevollm Botsch
Amtsbezirk: Rumänien
Konsularischer Amtsbezirk: Rumänien mit Ausnahme des dem Generalkonsul Hermannsatdt zugewiesenen Amtsbezirks

Außenstelle der Botschaft in Temesvar
Anschrift: c/o Oficiul ONT, B'dulRepublicii 6, RO-1900 Timisoara; Tel (00 40 56) 19 04 95; Fax (00 40 56) 19 04 87; Telex (0 65) 7 12 89, *Kennung:* 7 12 89 aatem r

Generalkonsulat in Hermannstadt
Anschrift: Strada Lucian Blaga 15-17, Sibiu (Hermannstadt), Rumänien;
Postanschrift: CP 117, RO-2400 Sibiu (Hermannstadt), Rumänien; Tel (00 40 69) 21 11 33, 21 22 41; Fax (00 40 69) 21 41 80; Telex (0 65) 69 356; *Kennung:* 69 356 aaher r; *Visastelle:* Strada Hegel 3, Sibiu (Hermannstadt); Tel (00 40 69) 21 41 66, 21 41 24 21; Fax (00 40 69) 21 41 77; Telex (0 65) 6 93 57, *Kennung:* 6 93 57 aaher r
Leiter: Ralf Breth GenKons
Amtsbezirk: Kreise Alba, Bistritz (Bistrita-Năsăud), Covasna, Harghita, Hermannstadt (Sibiu), Klausenburg (Cluj), Kronstadt (Brasov), Marmamures, Mures, Sălaj, Sathmar (Satu Mare)

Rußland

□ * △ Botschaft in Moskau
Anschrift: Mosfilmowskaja 56, 119285 Moskau/Rußland; Tel (00 70 95) 9 56 10 80; Fax (00 70 95) 9 38 23 54; Telex (0 64) 41 34 11, *Kennung:* 41 34 11 aamsk su
Leiter: Dr Ernst-Jörg von Studnitz außerordentl und bevollm Botsch
Rechts- und Konsularreferat: Leninskij Prospekt 95a; Tel (00 70 95) 9 36 24 01, 9 36 34 10, 9 36 24 38, 9 36 24 47, 9 36 24 56; Fax (00 70 95) 9 36 21 43; Telex (0 64) 4 14 309, *Kennung:* 4 14 309 aasv ru
Amtsbezirk: Rußland
Konsularischer Amtsbezirk: Rußland mit Ausnahme des den Generalkonsulaten Nowosibirsk, Saratow und St Petersburg zugewiesenen Amtsbezirks

Generalkonsulat in Nowosibirsk
Anschrift: Krasnij Prospekt 28, 630099 Nowosibirsk/Rußland; Tel (0 07 38 32) 23 14 11, 23 22 56, 23 34 54; Fax (0 07 38 32) 23 44 17; Telex (0 64) 13 31 76; *Kennung:* 13 31 76 aanow ru
Visastelle: Tel (0 07 38 32) 23 48 69, 23 36 74; Fax (0 07 38 32) 23 44 17
Leiter: Dr Uwe Neubauer GenKons
Amtsbezirk: Republiken Altai, Burjatien, Chakassien, Tuwa, Autonomer Bezirk Ust-Ordinsk, die regioenen Altai und Krasnojarsk sowie die Gebiete Irkutsk, Kemerowo, Nowosibirsk, Omsk, Tomsk und Tjumen.

Generalkonsulat in Saratow
Anschrift: Uliza Nemezkaja 34 (Hotel Wolga), 410600 Saratow/Russische Föderation; Tel (0 07 84 52) 24 27 49, 24 69 40; *Funktelefon:* (007-096) oder (007-501) 9 04 45 70, 9 04 45 80; Fax (0 07 84 52) 24 39 49; Telex (0 64) 24 11 41, *Kennung:* 24 11 41 aasar ru
Visastelle: Ul Moskowskaja Nr 64, 410600 Saratow; Tel (0 07 84 52) 24 56 17, 24 05 65

Leiter: Jürgen Steltzer GenKons
Amtsbezirk: Republiken Inguschetien, Kalmückien-Chalmg Tangtsch, Karatchai-Tscherkessien und Nord-Ossetien, die Region Stawropol sowie die Gebiete Astrachan, Wolgograd, Lipezk, Orenburg, Samara, Saratow, Tambow und Uljanowsk.

* △ **Generalkonsulat in St Petersburg**
Anschrift: Uliza Furschtadtskaja, Nr 39, St Petersburg/Russische Föderation; Tel (00 78 12) 3 27 31 11; Fax (00 78 12) 3 27 31 17; Telex (0 64) 12 15 29; *Kennung:* 12 15 29 aasstp ru; *Visastelle:* Telex (0 64) 12 17 91, *Kennung:* 12 1791 aasv ru; Fax (00 78 12) 2 79 32 42
Leiter: Dr Dieter Boden GenKons
Amtsbezirk: Stadt St Petersburg, Verwaltungsgebiete Archangelsk, Leningrad, Murmansk, Nowgorod, Pskow, Republik Karelien

San Marino

(siehe Botschaft Rom, Seite 97 und Generalkonsulat Mailand, Seite 97)

Schweden

* △ **Botschaft in Stockholm**
Anschrift: Skarpögatan 9, S-11527 Stockholm;
Postanschrift: Box 27832, S-11593 Stockholm;
Tel (0 04 68) 6 70 15 00; Fax (0 04 68) 6 61 52 94; Telex (0 54) 19 330, *Kennung:* 19 330 aasthm s; *Visastelle:* Telex (0 54) 1 00 49, *Kennung:* 1 00 49 aasv s
Rechts- und Konsularreferat: Fax (0 04 68) 6 63 45 69
Leiter: Harald Hofmann außerordentl und bevollm Botsch
Amtsbezirk: Schweden
Konsularischer Amtsbezirk: Stockholms Län, Gävleborgs Län, Gotlands Län, Jämtlands Län, Kopparbergs Län, Norrbottens Län, Södermanlands Län, Västerbottens Län, Västmanlands Län, Västernorrlands Län, Uppsala Län, Örebro Län, Ostergötlands Län

* △ **Generalkonsulat in Göteborg**
Anschrift: Drottninggatan 63, S-40121 Göteborg;
Postanschrift: Box 93, S-40121 Göteborg;
Tel (00 46 31) 17 83 65; Fax (00 46 31) 7 74 08 78; Telex (0 54) 27 461, *Kennung:* 27 461 aagoe S
Leiter: Egbert Krahé GenKons
Amtsbezirk: Göteborgs och Bohus Län, Älvsborgs Län, Hallands Län, Jönköpings Län, Skaraborgs Län, Värmlands Län, Blekinge Län, Kalmar Län, Kristianstads Län, Kronobergs Län, Malmöhus Län

* **Honorarkonsul in Halmstad**
Anschrift: Stationsgatan 74, S-30104 Halmstad;
Postanschrift: Box 209, S-30104 Halmstad;
Tel (00 46 35) 21 86 90; Fax (00 46 35) 10 45 85
Leiter: Eric Brolén HonorarKons
Amtsbezirk: Kommunen Falkenberg, Laholm und Halmstad in Hallands Län

Übergeordnete Auslandsvertretung: Generalkonsulat Göteborg

Honorarkonsul in Jönköping
Anschrift: Gula villan, Tomtebogatan 2, S-55112 Jönköping;
Postanschrift: Box 5, S-55112 Jönköping;
Tel (00 46 36) 16 91 20; Fax (00 46 36) 16 91 55
Leiter: Bo-Erland Sjöberg HonorarKons
Amtsbezirk: Jönköpings Län
Übergeordnete Auslandsvertretung: Generalkonsulat Göteborg

* **Honorarkonsul in Kalmar**
Anschrift: Violvägen 4 F, S-39353 Kalmar;
Tel (0 04 64 80) 2 75 85; Fax (0 04 64 80) 7 69 27
Leiter: Per Löwstedt HonorarKons
Amtsbezirk: Kalmar Län
Übergeordnete Auslandsvertretung: Generalkonsulat Göteborg

* **Honorarkonsul in Karlstad**
Anschrift: Östra Torggatan 16 c/o Advokaterna Carlström & Linderberg, S-65224 Karlstad;
Postanschrift: Box 95, S-65103 Karlstad;
Tel (00 46 54) 18 90 50; Fax (00 46 54) 15 38 47
Leiter: Mats Carlström HonorarKons
Amtsbezirk: Värmlands Län
Übergeordnete Auslandsvertretung: Generalkonsulat Göteborg

Honorarkonsul in Kristianstad
Anschrift: UULAS Architektkontor AB, Östra Storgatan 32, S-29131 Kristianstad; Tel (00 46 44) 12 32 50; Fax (00 46 44) 12 77 99
Leiterin: Gräfin Märta Wachtmeister Honorarkonsulin
Amtsbezirk: Kristianstad Län
Übergeordnete Auslandsvertretung: Generalkonsulat Göteborg

Honorarkonsul in Linköping
Anschrift: Låsblecksgatan 3 (Hackefors), S-58110 Linköping;
Postanschrift: Box 1084, S-58110 Linköping;
Tel (00 46 13) 28 85 00; Fax (00 46 13) 16 16 15
Leiter: Per Folke Lindberg HonorarKons
Amtsbezirk: Östergötlands Län mit Ausnahme der Kommunen Finspång, Norrköping, Söderköping und Valdemarsvik
Übergeordnete Auslandsvertretung: Botschaft Stockholm

* **Honorarkonsul in Luleå**
Anschrift: Timotejstigen 7, S-95400 Luleå;
Tel (0 04 69 20) 5 38 52
Leiter: Werner Jansen HonorarKons
Amtsbezirk: Norrbottens Län
Übergeordnete Auslandsvertretung: Botschaft Stockholm

Honorarkonsul in Malmö
Anschrift: Lundavägen 142, S-20570 Malmö;
Postanschrift: Skoogs Företagsgrupp AB, S-20570 Malmö; Tel (00 46 40) 38 03 80; Fax (00 46 40) 93 19 85

Leiter: Gunnar Skoog HonorarKons
Amtsbezirk: Malmöhus Län mit Ausnahme von Stadt und Hafen Trelleborg, Burlöv, Eslöv, Kävlinge, Landskrona, Lomma, Lund, Staffanstorp, Svalöv, Svedala und Vellingen, Helsingborg, Bjur und Höganäs in Malmöhus Län
Übergeordnete Auslandsvertretung: Generalkonsulat Göteborg

* **Honorarkonsul in Norrköping**
Anschrift: Saltängsgatan 31-33, S-60114 Norrköping;
Postanschrift: Box 602, S-60114 Norrköping; Tel (00 46 11) 25 08 00
Leiter: Mats Blom HonorarKons
Amtsbezirk: Kommunen Finspång, Norrköping, Söderköping und Valdemarsvik in Östergötlands Län, Nyköping und Oxelösund in Södermanlands Län
Übergeordnete Auslandsvertretung: Botschaft Stockholm

* **Honorarkonsul in Sundsvall**
Anschrift: Büro Lena Eriksson, c/o SCA Graphic Paper AB, 85188 Sundsvall; Tel (00 46 60) 19 31 14; Fax (00 46 60) 12 08 43
Leiter: Börje Nordenö HonorarKons
Amtsbezirk: Västernorrlands Län
Übergeordnete Auslandsvertretung: Botschaft Stockholm

Honorarkonsul in Trelleborg
Anschrift: Johan Kocksgatan 42, S-23153 Trelleborg;
Postanschrift: Box 1007, 23125 Trelleborg; Tel (0 04 64 10) 5 48 95; Fax (0 04 64 10) 4 31 76
Leiter: Rolf Skog HonorarKons
Amtsbezirk: Stadt und Hafen Trelleborg
Übergeordnete Auslandsvertretung: Generalkonsulat Göteborg

* **Honorarkonsul in Uddevalla**
Anschrift: Mattssonföretagen, Långhagsgatan, S-45124 Uddevalla;
Postanschrift: Box 667, S-45124 Uddevalla; Tel (0 04 65 22) 9 80 10; Fax (0 04 65 22) 3 74 20
Leiter: Stefan Mattsson HonorarKons
Amtsbezirk: Kommunen Uddevalla und Lysekil in Göteborgs och Bohus Län, Vänersborg und Trollhättan in Älvsborgs Län
Übergeordnete Auslandsvertretung: Generalkonsulat Göteborg

Honorarkonsul in Visby
Anschrift: Strandgatan 18, S-62156 Visby (Gotland); Tel (0 04 64 98) 21 77 98
Leiter: Åke Sjöberg HonorarKons
Amtsbezirk: Gotlands Län
Übergeordnete Auslandsvertretung: Botschaft Stockholm

Schweiz

Botschaft in Bern
Anschrift: Willadingweg 83, CH-3000 Bern 16
Postanschrift: Postfach 250, CH-3000 Bern 16; Tel (00 41 31) 3 59 41 11; Fax (00 41 31) 3 59 44 44; Telex (0 45) 9 11 565, *Kennung:* 9 11 565 aab ch; *Visastelle:* Fax (00 41 31) 3 52 11 94; Telex (0 45) 91 26 00, *Kennung:* 91 26 00 aasv ch
Leiter: Dr Lothar Wittmann außerordentl und bevollm Botsch
Amtsbezirk: Schweiz und Liechtenstein
Konsularischer Amtsbezirk: Kantone Bern, Freiburg, Neuenburg, Jura, Solothurn, Basel-Stadt, Basel-Land.
Der Leiter der Vertretung ist zugleich als Botschafter im Fürstentum Liechtenstein mit Sitz in Bern akkreditiert.

Generalkonsulat in Genf
Anschrift: 28C, chemin du Petit-Saconnex, CH-1209 Genève 19
Postanschrift: Case postale 171, CH-1209 Genève 19; Tel (00 41 22) 7 30 11 11; Fax (00 41 22) 7 34 30 43; ; Telex (0 45) 41 22 28, *Kennung:* 41 22 28 aage ch, *Visastelle:* Telex (0 45) 41 20 32, *Kennung:* 41 20 32 aasv ch
Leiter: Karl Flittner GenKons
Amtsbezirk: Kantone Genf, Waadt und Wallis

Generalkonsulat in Zürich
Anschrift: Kirchgasse 48, CH-8001 Zürich;
Postanschrift: CH-8024 Zürich, Postfach; Tel (0 04 11) 65 65 65; Fax (0 04 11) 65 65 00; Telex (0 45) 8 17 434, *Kennung:* 81 74 34 aa zu ch, Sichtvermerkstelle: Tel (0 04 11) 65 65 50; Telex (0 45) 8 13 166, *Kennung:* 8 13 166 aasv ch
Leiter: Michael Gerster GenKons
Amtsbezirk: Kantone Aargau, Appenzell A Rh, Appenzell I Rh, Glarus, Graubünden, Luzern, Schaffhausen, Schwyz, St Gallen, Thurgau, Obwalden, Nidwalden, Uri, Zürich, Zug, Fürstentum Liechtenstein

Honorargeneralkonsulat in Basel
Anschrift: Badischer Bahnhof, Schwarzwaldallee 200, CH-4058 Basel;
Postanschrift: Postfach 232, CH-4016 Basel; Tel (00 41 61) 6 93 33 03/05; Fax (00 41 61) 6 93 33 06
Leiter: Max Kühne HonorarGenKons
Amtsbezirk: Kantone Basel-Stadt und Basel-Land
Übergeordnete Auslandsvertretung: Botschaft Bern

Honorarkonsul in Lugano
Anschrift: Via Soave 9 II/, CH-6900 Lugano; Tel (00 41 91) 9 22 78 82
Leiterin: Bianca Maria Brenni-Wicki Honorarkonsulin
Amtsbezirk: Kanton Tessin
Übergeordnete Auslandsvertretung: Generalkonsulat Zürich

Slowakische Republik

Botschaft in Preßburg
Anschrift: Hviezdoslavovo Nam 10, 81303 Bratislawa/Slowakische Republik; Tel (0 04 27) 5 31 96 40-43; Fax (0 04 27) 5 31 96 34; Telex (06 66) 9 26 86, *Kennung:* 9 26 86 aapre c; Visastelle: Tel (0 04 27) 5 31 96 44; Telex (06 66) 9 27 32, *Kennung:* 9 27 32 aapr sk
Leiterin: Heike Zenker außerordentl und bevollm Botschafterin
Amtsbezirk: Slowakische Republik

Slowenien

Botschaft in Laibach
Anschrift: Presernova 27, 61000-Ljubljana/Slowenien;
Postanschrift: PP 85, 61101 Ljubljana/Slowenien; Tel (0 03 86 61) 21 61 66; Fax (0 03 86 61) 1 25 42 10; Telex (05 98) 3 91 80, *Kennung:* 3 91 80 aaliab si; *Visastelle:* Tel (0 03 86 61) 22 20 93; Fax (0 03 86 61) 1 25 08 99; Telex (05 98) 3 91 85, *Kennung:* 3 91 85 aasv si
Leiter: Dr Günther Seibert außerordentl und bevollm Botsch
Amtsbezirk: Republik Slowenien

Spanien

* Botschaft in Madrid
Anschrift: Calle de Fortuny 8, 28010 Madrid; Tel (0 03 41) 5 57 90 00; Fax (0 03 41) 3 10 21 04; Telex (0 52) 27 768, *Kennung:* 27 768 aamdr e
Leiter: Dr Henning Wegener außerordentl und bevollm Botsch
Amtsbezirk: Spanien und Andorra
Konsularischer Amtsbezirk: Provinzen Alava, Avila, Asturien (Asturias), Burgos, Cáceres, Ciudad-Real, Cuenca, Guadalajara, LaCoruña, Las Palmas de Gran Canaria (Inseln Alegranza, Fuerteventura, Graciosa, Gran Canaria, Guipuzcoa, Kantabrien (Cantabria), La Rioja, Lanzarote, Léon, Lobos, Montaña Clara), Lugo, Madrid, Navarra, Orense, Palencia, Pontevedra, Salamanca, Santa Cruz de Tenerife (Inseln Gomera, Hierro, La Palma, Tenerife), Segovia, Soria, Toledo, Valladolid, Vizcaya, Zamora
Der Leiter der Vertretung ist zugleich als Botschafter im Fürstentum Andorra mit Sitz in Madrid akkredidiert

* ∆ Generalkonsulat in Barcelona
Anschrift: Paseig de Gracia 111, 08008 Barcelona;
Postanschrift: Apartado 389, 08080 Barcelona; Tel (0 03 43) 2 92 10 00; Fax (0 03 43) 2 92 10 02; Telex (0 52) 54 768, *Kennung:* 54 768 aabcl e
Leiter: Klaus-Dieter Sommer GenKons
Amtsbezirk: Provinzen Albacete, Alicante, Barcelona, Balearen, Castellón, Gerona, Huesca, Lérida, Murcia, Tarragona, Teruel, Valencia, Zaragoza, Fürstentum Andorra

* Generalkonsulat in Sevilla
Anschrift: Avenida de la Palmera, 19-2.Stock, Edificio Winterthur, E-41011 Sevilla;
Postanschrift: Apartado 855, E 41080 Sevilla; Tel (0 03 45) 4 23 02 04, 4 23 02 62, 4 23 03 66, 4 23 04 90; Fax (0 03 45) 4 23 95 52; Telex (0 52) 72 446; *Kennung:* 72 446 aasev e
Leiter: NN
Amtsbezirk: Die autonome Region Andalusien mit den Provinzen Almeria, Cádiz, Granada, Cordoba, Huelva, Jaén, Malaga, Sevilla, Provinz Badajoz, Ceuta und Melilla.

* Konsulat in Las Palmas de Gran Canaria (als Außenstelle der Botschaft Madrid)
Anschrift: Calle Franchy y Roca, 5-2, 35007 Las Palmas de Gran Canaria; Tel (00 34 28) 27 57 00, 27 57 04; Fax (00 34 28) 26 27 31; Telex (0 52) 95 314 *Kennung:* 95 314 aapal e
Leiter: Hans-Jürgen Maletz
Amtsbezirk: Provinz Las Palmas de Gran Canaria (Inseln Alegranza, Fuerteventura, Graciosa, Gran Canaria, Lanzarote, Lobos und Montaña Clara)

* Konsulat in Palma de Mallorca (als Außenstelle des Generalkonsulats Barcelona)
Anschrift: Passeig des Born, 15, 6°, 07012 Palma de Mallorca, Baleares;
Postanschrift: Apartado 183, 07080 Palma de Mallorca; Tel (00 34 71) 72 29 97, 72 23 71; Fax (00 34 71) 72 80 89; Telex (0 52) 68 633, *Kennung:* 68 633 aapdm e
Leiter: Michael Göllner
Amtsbezirk: Balearen

* Konsulat in Santa Cruz de Tenerife (als Außenstelle der Botschaft Madrid)
Anschrift: Avènida Francisco la Roche, 45, 38001 Santa Cruz de Tenerife; Tel (00 34 22) 28 48 12, 28 48 16; Fax (00 34 22) 24 70 49; Telex (0 52) 92 026, *Kennung:* 92 026 aasct e
Leiter: Karl-Dieter Bögner
Amtsbezirk: Provinz Santa Cruz de Tenerife (Inseln Gomera, Hierro, La Palma und Tenerife)

* x Honorarkonsul in Alicante
Anschrift: Plaza Calvo Sotelo, 1-2, 5°, 03001 Alicante; Tel (0 03 46) 5 21 70 60
Leiter: Dieter Fahnebrock HonorarKons
Amtsbezirk: Provinzen Alicante und Murcia, Albacete
Übergeordnete Auslandsvertretung: Generalkonsulat Barcelona

Honorarkonsul in Almeria
Anschrift: Centro Comercial Satelites Park HSP, Carretera de Málaga s/n, E-04720 Aguadulce (Almeria); Tel (00 34 50) 34 05 55, 34 18 13; Fax (00 34 50) 34 18 13; Telex 78 945; *Kennung:* PRSO
Leiter: Joachim Prinzen HonorarKons
Amtsbezirk: Provinz Almeria
Übergeordnete Auslandsvertretung: Generalkonsulat Sevilla

x Honorarkonsul in Figueras
Leiter: NN
Amtsbezirk: Provinz Gerona
Übergeordnete Auslandsvertretung: Generalkonsulat Barcelona

x Honorarkonsul in Ibiza
Anschrift: Carrer d'Antoni Jaume 2-2°– 9 a, 07800 Ibiza;
Postanschrift: Apartado 437, Ibiza; Tel (00 34 71) 31 57 63
Leiter: Ekkehardt Boxberger HonorarKons
Amtsbezirk: Ibiza und Formentera
Übergeordnete Auslandsvertretung: Generalkonsulat Barcelona

Honorarkonsul in Jerez de la Frontera
Anschrift: Hnos Sandemann u Cia,c/Pizarro, 10, 11402 Jerez de la Frontera (Cádiz); Tel (00 34 56) 30 11 00; Fax (00 34 56) 30 00 07;
Leiter: Jürgen Mundt HonorarKons
Amtsbezirk: Provinz Cádiz
Übergeordnete Auslandsvertretung: Generalkonsulat Sevilla

Honorarkonsul in Mahón/Menorca
Anschrift: Carrer D'es Negres 32, 07703 Mahón/Menorca (Baleares); Tel (00 34 71) 36 16 68; Fax (00 34 71) 36 90 12
Leiter: Matthias Roters HonorarKons
Amtsbezirk: Insel Menorca
Übergeordnete Auslandsvertretung: Generalkonsulat Barcelona

* Ø Honorargeneralkonsul in Malaga
Anschrift: Paseo del Limonar 26, Villa Ibis, E-29016 Málaga; Tel (0 03 45) 2 22 78 66, 2 21 24 42; Fax (0 03 45) 2 30 97 00; Telex 77 766, *Kennung:* 77 766 cgrf e
Leiter: Hans Hoffmann HonorarGenKons
Amtsbezirk: Provinzen Granada, Jaén, Málaga
Übergeordnete Auslandsvertretung: Generalkonsulat Sevilla

* Honorarkonsul in Muriedas (Cantabria)
Anschrift: Avda de Bilbao, 39, Muriedas (Cantabria)
Postanschrift: Apartado de Correos 27, E-39600 Muriedas (Cantabria); Tel (00 34 42) 25 05 43
Leiter: Hans Roever jr HonorarKons
Amtsbezirk: Autonome Region Kantabrien (Cantabria)
Übergeordnete Auslandsvertretung: Botschaft Madrid

* x Honorarkonsul in San Sebastian
Anschrift: Calle Fuenterrabia, 15, 3 izda, 20005 San Sebastian/Guipúzcoa; Tel (00 34 43) 42 10 10
Leiter: Paul Schröder HonorarKons
Amtsbezirk: Guipúzcoa und Navarra
Übergeordnete Auslandsvertretung: Botschaft Madrid

Honorarkonsul in Santa Cruz de la Palma
Anschrift: Calle O'Daly, 39, (Oficina Inm PALMASOL), 38700 Santa Cruz de la Palma; Tel (00 34 22) 41 33 44; Fax (00 34 22) 41 32 78
Leiter: José Francisco Pérez Bravo HonorarKons
Amtsbezirk: Insel La Palma
Übergeordnete Auslandsvertretung: Botschaft Madrid

x Honorarkonsul in Tarragona
Anschrift: Avda President Lluis Companys, 14, 1° 3a, 43005 Tarragona; Tel (00 34 77) 23 03 96; Fax (00 34 77) 22 43 56
Leiter: Erich Büchen HonorarKons
Amtsbezirk: Provinzen Castellón und Tarragona
Übergeordnete Auslandsvertretung: Generalkonsulat Barcelona

* x Honorarkonsul in Valencia
Anschrift: Avenida Primado Reig 70, 10°, 40a, 46010 Valencia; Tel (0 03 46) 3 61 43 54; Fax (0 03 46) 3 60 69 62 59
Leiter: Wolfgang Buch HonorarKons
Amtsbezirk: Provinz Valencia
Übergeordnete Auslandsvertretung: Generalkonsulat Barcelona

* Honorarkonsul in Vigo
Anschrift: Avenida Garcia Barbón 1, 36001 Vigo;
Postanschrift: Apartado 95, 36001 Vigo; Tel (00 34 86) 43 78 79; Fax (00 34 86) 43 49 43
Leiter: Martin Esser HonorarKons
Amtsbezirk: Provinzen La Coruña, Lugo, Orense, Pontevedra
Übergeordnete Auslandsvertretung: Botschaft Madrid

Honorarkonsul in Zaragoza
Anschrift: Rothe Erde Ibérica, SA, Carretera Castillon, km 7, Poligono Industrial Insider, 50720 La Cartuja Baja-Zaragoza; Tel (00 34 76) 50 00 34; Fax (00 34 76) 50 08 30; Telex 5 82 82, *Kennung:* 5 82 82 rothe
Leiter: Hans Joachim Helmrich HonorarKons
Amtsbezirk: Provinzen Zaragoza, Huesca; Teruel
Übergeordnete Auslandsvertretung: Generalkonsulat Barcelona

Tschechische Republik

Botschaft in Prag
Anschrift: Vlašská 19, Prag 1, Malá Strana; *Postanschrift:* PO Boks C 88, 11801 Praha 1; Tel (00 42-2) 24 51 03 23; Fax (0 04 22) 24 51 01 56; Telex (06 63) 122 701, *Kennung:* 122 701 aapgc; Sichtvermerkstelle: Telex (06 63) 1 21 542, *Kennung:* 1 21 542 aapgc; Fax (0 04 22) 53 74 79
Leiter: Dr Anton Roßbach außerordentl und bevollm Botsch
Amtsbezirk: Tschechische Republik

Türkei

Botschaft in Ankara
Anschrift: 114 Atatürk Bulvari, TR 06540 Kavaklidere-Ankara;
Postanschrift: PK 54 TR-06552 Çankaya-Ankara; Tel (0 09 03 12) 4 26 54 65/51-53; Fax (0 09 03 12) 4 26 69 59, 4 27 89 27; Telex (06 07) 44 394, *Kennung:* 44 394 aank tr;
Rechts- und Konsularreferat und Visastelle: Paris Cadessi 29, TR-06540 Kavaklidere-Ankara; Tel (0 09 03 12) 4 68 59 06-07; Fax (0 09 03 12) 4 67 90 70; Telex (06 07) 46 413, *Kennung:* 46 413 afcb tr
Leiter: Dr Hans-Joachim Vergau außerordentl und bevollm Botsch
Amtsbezirk: Türkei
Konsularischer Amtsbezirk: Vilayets (Provinzen) Ankara, Adana, Adiyaman, Ağri, Aksaray, Amasya, Ankara, Ardahan, Artvin, Batman, Bartin, Bayburt, Bingöl, Bitlis, Çankiri, Çorum, Diyarbakir, Elâziğ, Erzincan, Erzurum, Gaziantep, Giresun, Gümüşhane, Hakkâri, Hatay (Antaya), Içel (Mersin), Igdir, Kahramanmaras, Karaman, Kars, Kastamonu, Kayseri, Kirikkale, Kirşehir, Konya, Mardin, Malatya, Muş, Neveşehir, Niğde, Ordu, Rize, Samsun, Sanliurfa, Siirt, Sinop, Sirnak, Sivas, Tokat, Trabzon, Tunceli, Van, Yozgat, Zonguldak

* Δ Generalkonsulat in Istanbul
Anschrift: Inönü Caddesi 16-18, Istanbul;
Postanschrift: PK 355, TR-60073 Istanbul-Beyoglu; Tel (0 09 02 12) 2 51 54 04-08; Fax (0 09 02 12) 2 49 99 20; Telex (06 07) 24 234, *Kennung:* 24 234 aais tr
Leiter: Christiane Geißler-Kuß GenKonsulin
Amtsbezirk: Vilayets (Provinzen) Balikesir, Bilecek, Bolu, Bursa, Çanakkale, Edirne, Eskişehir, Kirklareli, Koccaeli (Izmit), Istanbul, Sacarya (Adapazari), Tekirdağ
Sichtvermerksstelle: Selim Hatun Camii Cad 46, Istanbul-Ayazpasa; Tel (0 09 02 12) 2 93 41 20-22; Fax (0 09 02 12) 2 45 26 24; Telex (06 07) 25 941, *Kennung:* 25 941 aasv tr

* Generalkonsulat in Izmir
Anschrift: Atatürk Caddesi 260, TR 35220 Izmir;
Postanschrift: PK 156 TR 35212 Izmir; Tel (0 09 02 32) 4 21 69 95, 4 21 69 96; Telex (06 07) 5 14 03, *Kennung:* 5 14 03 aaim tr; Fax (0 09 02 32) 4 63 79 90; *Visastelle:* Fax (0 09 02 32) 4 63 40 23; Telex (06 07) 5 33 87, *Kennung:* 5 33 87 aaim tr
Leiter: Manfred Unger GenKons
Amtsbezirk: Vilayets (Provinzen) Afyonkarahisar, Antalya, Aydin, Burdur, Denizli, Isparta, Izmir, Kütahya, Manisa, Muğla, Uşak

Honorarkonsul in Antalya
Anschrift: Yeslbahce Mahalessi, Pasakavaklari Cad, 1447 sok B Gürkanlar Apt KAT: 5 No 14, TR 07050 Antalya/Türkei; Tel (0 09 02 42) 3 21 69 14, 3 22 94 66; Fax (0 09 02 42) 3 21 69 14

Leiter: Metin Gürkanlar HonorarKons
Amtsbezirk: Vilayets (Provinzen) Antalya, Burdur, Isparta
Übergeordnete Auslandsvertretung: Generalkonsulat Izmir

Honorarkonsul in Bursa
Anschrift: Cemal Nadir Cad 8/2, 16371 Bursa/Türkei; Tel (0 09 02 24) 2 22 20 97, 2 21 00 99; Fax (0 09 02 24) 2 21 89 48; Telex 32 118 cura tr
Leiter: Halit Davut Cura HonorarKons
Amtsbezirk: Vilayets (Regierungsbezirke) Bursa, Balikesir, Bilecik, Canakkale, Eskisekir
Übergeordnete Auslandsvertretung: Generalkonsulat Istanbul

Honorarkonsul in Edirne
Anschrift: Cavus Bey Mahallesi, Arif Pasa Cad 3/3, Edirne; Tel (0 09 02 84) 1 31 58; Telex 37 151, *Kennung:* 3 71 51 kka tr
Leiter: Rifat Culha Honorarkons
Amtsbezirk: Vilayets Edirne, Kirklareli, Tekirdag
Übergeordnete Auslandsvertretung: Generalkonsulat Istanbul

Honorarkonsul in Iskenderun
Anschrift: Atatürk Bulvari 83, TR 31200 Iskenderun; Tel (0 09 03 26) 6 12 16 66, 6 17 12 17; Fax (0 09 03 26) 6 12 25 92; TA Mülayim-Iskenderun
Leiter: Dr Besim Mülayim HonorarKons
Amtsbezirk: Vilayets (Provinzen) Adana und Hatay (Antakya).
Übergeordnete Auslandsvertretung: Botschaft Ankara

Honorarkonsul in Sivas
Anschrift: Sirer Cad, Saglik, Sitesi Kat 1, No 5, TR 58030 Sivas; Tel (0 09 03 46) 2 21 14 04, 2 21 61 41, 2 24 37 95; TA Akça Sivas
Leiter: Turhan Akça HonorarKons
Amtsbezirk: Vilayets (Provinzen) Sivas, Tokat, Yozgat, Erzincan, Kayseri, Malatya
Übergeordnete Auslandsvertretung: Botschaft Ankara

Ukraine

Botschaft in Kiew
Anschrift: Uliza Tschkalowa 84, 252054 Kiew/Ukraine; Tel (0 03 80 44) 2 16 67 94, 2 16 95 83, 2 16 14 77; Fax (0 03 80 44) 2 16 92 33; Telex (06 80) 13 11 22, *Kennung:* 13 11 22 aakie u; *Visastelle* Tel (0 03 80 44) 2 16 78 54; Fax (0 03 80 44) 2 16 23 89; Telex (06 80) 13 11 09, *Kennung:* 13 11 09 aakic u, *Wirtschaftsreferat:* Ul Chmelnitzkogo 55, 252054 Kiew; Tel (0 03 80 44) 2 19 14 25/27/29; Fax (0 03 80 44) 2 19 14 26
Leiter: Dr Eberhard Heyken außerordentl und bevollm Botsch
Amtsbezirk: Ukraine

Ungarn

Botschaft in Budapest
Anschrift: Stefania ut 101-103, Budapest XIV;
Postanschrift: Postfach 40, 1440-Budapest;
Tel (0 03 61) 2 51 89 99; Fax (0 03 61) 1 60 19 03;
Telex (0 61) 22 59 54, *Kennung:* 22 59 54 aabp h,
Visastelle: Telex (0 61) 22 59 55, *Kennung:* 22 59 55 aabu h
Leiter: Dr Otto-Raban Heinichen außerordentl und bevollm Botsch
Amtsbezirk: Ungarn

Vatikanstadt
(siehe Heiliger Stuhl)

Vereinigtes Königreich von Großbritannien und Nord-Irland

* △ Botschaft in London
Anschrift: 23, Belgrave Square, London SW 1 X 8 PZ; Tel (0 04 41 71) 8 24 13 00; Fax (0 04 41 71) 8 24 14 35; Telex (0 51) 2 16 50, *Kennung:* 2 16 50 aaldne g; *Paß- und Visastelle:* Telex (00 44 18 91) 33 11 66; Fax (0 04 41 71) 8 24 14 49; Telex (0 51) 92 90 28, *Kennung:* 92 90 28 aasv g
Leiter: Dr Jürgen Oesterhelt außerordentl und bevollm Botsch
Amtsbezirk: Vereinigtes Königreich von Großbritannien und Nord-Irland
Konsularischer Amtsbezirk: Avon, Badfordshire, Berkshire, Buckinghamshire, Cambridgeshire, Cornwall, Devon, Dyfed, Dorset, Essex, South Glamorgan, Mid Glamorgan, West Glamorgan, Gloucestershire, Gwent, Hampshire, Hereford and Worcester, Hertfordshire, Kent, Leicestershire, Greater London, Norfolk, Northhamptonshire, Oxfordshire, Powys, Somerset, Staffordshire, Suffolk, Surrey, East Sussex, West Sussex, Warwickshire, West Midlands, Isle of Wight, Wiltshire, Britische Kanalinseln, Gibraltar

* Generalkonsulat in Edinburgh
Anschrift: 16 Eglinton Crescent, Edinburgh, EH 12 5 DG, Scotland; Tel (0 04 41 31) 3 37 23 23; Fax (0 04 41 31) 3 46 15 78; Telex (0 51) 727 276, *Kennung:* 727 276 aaedi g
Leiter: Hanno von Graevenitz Genkons
Amtsbezirk: Schottland

* Generalkonsulat in Manchester
Anschrift: Westminster House, 11 Portland Street, Manchester M601HY; Tel (0 04 41 61) 2 37 52 55; Fax (0 04 41 61) 2 37 52 44; Telex (0 51) 66 84 79, *Kennung:* 66 84 79 aaman g
Leiter: Rolf Meyer-Olden GenKons
Amtsbezirk: Cheshire, Clywd, Cumbria, Derbyshire, Durham, Greater Manchester, Gwynedd, Humberside, Lancashire, Lincolnshire, Merseyside, Nottinghamshire, Northumberland, North Yorkshire, West Yorkshire, South Yorkshire, Salop, Cleveland (Teesside), Tyne and Wear (Tyneside), die Insel Man sowie Nordirland

* Honorarkonsul in Aberdeen
Anschrift: 12, Albert Street, Aberdeen AB1 1XQ, Scotland; Tel (00 44 12 24) 62 20 00; Fax (00 44 12 24) 64 33 96
Leiter: Andrew D F Lewis HonorarKons
Amtsbezirk: Stadt und Hafen Aberdeen
Übergeordnete Auslandsvertretung: Generalkonsulat Edinburgh

Honorarkonsul in Birmingham
Anschrift: c/o W H Doherti & Co Limited, Vulcan Road, Lode Lane Industrial Estate, Solihull B912 JY, West Midlands; Tel (0 04 41 21) 7 05 99 44; Fax (0 04 41 21) 7 05 48 01
Leiter: Patrick James Mortimore Doherty HonorarKons
Amtsbezirk: West Midlands
Übergeordnete Auslandsvertretung: Botschaft London

* Honorarkonsul in Bristol
Anschrift: 111/117 Victoria Street, Bristol BS 16 AX; Tel (0 04 41 17) 9 29 80 40; Fax (0 04 41 17) 9 25 15 28; Telex 44 220 COMTEL
Leiter: John Charles Langman HonorarKons
Amtsbezirk: Avon, Gloucestershire, Somerset
Übergeordnete Auslandsvertretung: Botschaft London

* Honorarkonsul in Cardiff
Anschrift: Pencoed House, Capel Llanilltern, Cardiff CF5 6JH, S Wales; Tel (00 44 12 22) 89 02 94; Telex 49 373 aerint g
Leiter: Kenneth Merlin David Johns HonorarKons
Amtsbezirk: Gwent, South-, Mid- und West Glamorgan, Dyfed sowie Distrikt Brecknock der Grafschaft Powys
Übergeordnete Auslandsvertretung: Botschaft London

* Honorarkonsul in Dover
Anschrift: Limekiln Street, Dover CT 17 9 EE; Tel (00 44 13 04) 20 12 01; Telex 96 115 ham ho g; fax (00 44 13 04) 24 03 73
Leiter: David C Ryeland HonorarKons
Amtsbezirk: Essex, Kent und East- und West-Sussex
Übergeordnete Auslandsvertretung: Botschaft London

Honorarkonsul in Falmouth
Anschrift: c/o GC Fox & Co, 48 Arwenack Street, Falmouth, Cornwall TR 11 3 SA; Tel (00 44 13 26) 31 13 00; Telex 45-237; Fax (00 44 13 26) 31 79 13
Leiter: Charles L Fox HonorarKons
Amtsbezirk: Cornwall westlich der Linie Padstow-St Austell unter Einschluß beider Städte
Übergeordnete Auslandsvertretung: Botschaft London

* Honorarkonsul in Glasgow
Anschrift: Sovereign House, 158 West Regent Street, Glasgow G2 4RL, Scotland; Tel (0 04 41 41) 2 21 03 04; Fax (0 04 41 41) 2 21 34 00
Leiter: Donald D M Frame HonorarKons

Amtsbezirk: Stadt und Hafen Glasgow
Übergeordnete Auslandsvertretung: Generalkonsulat Edinburgh

* **Honorarkonsul in Harwich**
Anschrift: c/o Euroatlantic Shipping Services Ltd, Haven House, Albemarle Street, Harwich, Essex CO12 3HL; Tel (00 44 12 55) 50 66 66; Telex 987 106; Fax (00 44 13 94) 67 58 76
Leiter: Richard Antony Coolen HonorarKons
Amtsbezirk: Grafschaft Suffolk, von der Grafschaft Essex der nördlich der (gedachten) Linie Malden-Saffron-Walden gelegene Teil, jedoch ohne Einschluß dieser beiden Städte.
Übergeordnete Auslandsvertretung: Botschaft London

* **Honorarkonsul in Hull (Humberside)**
Anschrift: Premier House, Ferensway, Hull/England, HU1 3 UF; Tel (00 44 14 82) 58 87 88; Fax (00 44 14 82) 21 19 20; Telex 59 24 50
Leiter: Andrew Good HonorarKons
Amtsbezirk: Humberside, Lincolnshire und Nottinghamshire
Übergeordnete Auslandsvertretung: Generalkonsulat Manchester

* **Honorarkonsul in King's Lynn (Norfolk)**
Anschrift: 11, New Conduit Street, King's Lynn, Norfolk PE30 1DG; Tel (00 44 15 53) 69 22 33; Fax (00 44 15 53) 76 73 18
Leiter: David Hume HonorarKons
Amtsbezirk: Norfolk
Übergeordnete Auslandsvertretung: Botschaft London

Honorarkonsul in Kirkwall (Orkney)
Anschrift: Shore Street, Kirkwall KW15 1LQ Orkney; Tel (00 44 18 56) 87 29 61; Fax (00 44 18 56) 87 50 43; Telex 75 498 SJDRBP G
Leiter: John D M Robertson HonorarKons
Amtsbezirk: Orkney-Inseln
Übergeordnete Auslandsvertretung: Generalkonsulat Edinburgh

* **Honorarkonsul in Larne (Belfast)**
Anschrift: c/o AVX Limited, 1, Ballyhampton Road, Larne/Northern Ireland BT 40 2ST; Tel (00 44 12 65) 4 41 88; Fax (00 44 12 65) 4 26 26
Leiter: Douglas Getty HonorarKons
Amtsbezirk: Nordirland
Übergeordnete Auslandsvertretung: Generalkonsulat Manchester

Honorarkonsul in Leeds
Anschrift: 18, Blind Lane, Shadwell, Leeds LS17 8HE; Tel (0 04 41 13) 2 73 70 90; Fax (0 04 41 13) 2 73 70 90
Leiter: Hubert Eichinger HonorarKons
Amtsbezirk: West Yorkshire und South Yorkshire
Übergeordnete Auslandsvertretung: Generalkonsulat Manchester

Honorarkonsul in Lerwick (Shetland)
Anschrift: Shearer Shipping Services Ltd, Garthspool, Lerwick, Shetland ZE 1 ONP; Tel (00 44 15 95) 69 25 56; Telex 75 176; Fax (00 44 15 95) 69 59 49
Leiter: Laurence John Smith HonorarKons
Amtsbezirk: Shetland Inseln
Übergeordnete Auslandsvertretung: Generalkonsulat Edinburgh

* **Honorarkonsul in Liverpool**
Anschrift: c/o Alsop Wilkinson, India Building, 7th Floor, Water Street, Liverpool L 2 0NH; Tel (0 04 41 51) 2 27 30 60; Fax (0 04 41 51) 2 36 92 08
Leiter: Stuart Christie HonorarKons
Amtsbezirk: Grafschaft Merseyside
Übergeordnete Auslandsvertretung: Generalkonsulat Manchester

* **Honorarkonsul in Middlesbrough**
Anschrift: 15 Bridge Street East, Middlesbrough, Cleveland TS2 1NA; Tel (00 44 16 42) 23 01 11; Fax (00 44 16 42) 23 16 51
Leiter: John Michael Knight HonorarKons
Amtsbezirk: Cleveland (Teesside)
Übergeordnete Auslandsvertretung: Generalkonsulat Manchester

* **Honorarkonsul in Newcastle upon Tyne**
Anschrift: c/o Swinburne and Jackson Solicitors 7, Walker Terrace, Gateshead, NE 8 1DH; Tel (0 04 41 91) 4 77 25 31; Fax (0 04 41 91) 4 90 03 71
Leiter: Lalage Sadler Honorarkonsulin
Amtsbezirk: Durham, Northumberland und Tyne und Wear (Tyneside)
Übergeordnete Auslandsvertretung: Generalkonsulat Manchester

* **Honorarkonsul in Plymouth**
Anschrift: Escombe Lambert Ltd, Victoria Wharves, Plymouth PL40RF; Tel (00 44 17 52) 66 31 75; Fax (00 44 17 52) 2 23 20 29; Telex 4 51 46
Leiter: Michael George East HonorarKons
Amtsbezirk: Devon und Cornwall östlich der Linie Padstow-St Austell ohne diese beiden Städte
Übergeordnete Auslandsvertretung: Botschaft London

* **Honorarkonsul in St Helier (Jersey)**
Anschrift: 9 The Esplanade, St Helier, Jersey, Channel Island JE2 3QA; Tel (00 44 15 34) 87 12 63; Telex 4 192 079, 4 192 215; Fax (00 44 15 34) 5 81 94
Leiter: Robert A Norman HonorarKons
Amtsbezirk: Insel Jersey (Bailiwick of Jersey)
Übergeordnete Auslandsvertretung: Botschaft London

Honorarkonsul in St Peter Port, Guernsey
Anschrift: c/o Isle of Sark Shipping Company, White Rock, St Peter Port, Guernsey, Channel Islands GY1 2LN; Tel (00 44 14 81) 72 40 59; Telex 41 91 549 CHANSH G; Fax (00 44 14 81) 71 20 81
Leiter: Peter Drake HonorarKons

Amtsbezirk: Autonomes Gebiet Guernsey (Bailiwick of Guernsey)
Übergeordnete Auslandsvertretung: Botschaft London

* Honorarkonsul in Southampton
Anschrift: Bowling Green House, 1 Orchard Place, Southampton SO14 3BR; Tel (00 44 17 03) 22 36 71; Telex 45 146; Fax (00 44 17 03) 33 08 80
Leiter: Roger V Thorton HonorarKons
Amtsbezirk: Dorset, Hampshire, Isle of Wight und Wiltshire
Übergeordnete Auslandsvertretung: Botschaft London

Weißrußland

Botschaft in Minsk
Anschrift: Uliza Sacharowa, 26, Minsk; Tel (00 37 51 72) 33 07 52, 33 03 57, 33 42 17, 33 24 09, 33 36 96; Fax (00 37 51 72) 36 85 52; Telex (06 81) 25 22 73, *Kennung:* 25 22 73 aamin by;
Visastelle: Tel (00 37 51 72) 34 00 87; Fax (00 37 51 72) 34 26 47; Telex 25 25 16 aamin by
Leiter: Gottfried Albrecht außerordentl und bevollm Botsch
Amtsbezirk: Weißrußland

Zypern

* Botschaft in Nikosia
Anschrift: 10, Nikitaras-Street (Ayii Omologhitae), CY-1080 Nicosia;
Postanschrift: POB 1795, CY-1513 Nicosia, Cyprus; Tel (00 35 72) 44 43 62-64, 44 43 68, 44 40 37; Fax (00 35 72) 36 56 94; Telex (06 05) 2 460, *Kennung:* 2 460 aanico cy
Leiter: Friedrich Garbers außerordentl und bevollm Botsch
Amtsbezirk: Zypern

Honorarkonsul in Limassol
Anschrift: 21 Archbishop Kyprianos Street, CY-3036 Limassol, Zypern
Postanschrift: POB 336, CY-3603 Limassol; Tel (00 35 75) 36 62 30; Fax (00 35 75) 34 13 61; Telex (06 05) 2 339, *Kennung:* Laniti Cy
Leiter: Costas Lanitis HonorarKons
Amtsbezirk: Verwaltungsdistrik Limassol und Paphos
Übergeordnete Auslandsvertretung: Botschaft Nikosia

1.2 Vertretungen bei zwischen- und überstaatlichen Organisationen

Ständige Vertretung der Bundesrepublik Deutschland bei den Vereinten Nationen, New York
Anschrift: Permanent Mission of the Federal Republic of Germany to the United Nations, 600 Third Avenue, 41th floor, New York, NY 10016; *Telegrammanschrift:* Unogerma New York; Tel (00 12 12) 8 56-62 00; Telex (0 23) 1 77 105, *Kennung:* 1 77 105 aaun ut; Fax (00 12 12) 8 56-62 80
Leiter: Prof Dr Antonius Eitel Botsch

Ständige Vertretung der Bundesrepublik Deutschland bei dem Büro der Vereinten Nationen und bei den anderen Internationalen Organisationen, Genf
Anschrift: 28 C, Chemin du Petit-Saconnex, CH-1211, Genève 19;
Postanschrift: Mission permanente de la République fédérale d'Allemagne auprès de l'Office des Nations Unies et des autres organisations internationales, Case postale 171, CH-1211 Genève 19; Tel (00 41 22) 7 30 11 11; Telex (0 45) 4 12 228, *Kennung:* 41 22 28 aage ch; Fax (00 41 22) 7 34 30 43
Leiter: Dr Wilhelm Höynck Botsch

Delegation der Bundesrepublik Deutschland bei der Genfer Abrüstungskonferenz (CD-Delegation), Genf
Anschrift: 47, Rue de Moillebeau, 1209 Genève;
Postanschrift: Case Postale 171, CH-1211 Genève 19; Tel (00 41 22) 7 33 22 55; Fax (00 41 22) 7 33 34 39
Leiter: Dr Wolfgang Hoffmann Botsch

Ständige Vertretung der Bundesrepublik Deutschland bei dem Büro der Vereinten Nationen und bei den anderen Internationalen Organisationen, Wien
Anschrift: Wagramer Str 14, A 1220 Wien
Postanschrift: Postfach 160, A-1037 Wien; Tel (0 04 31) 23 15 71-0; Telex (0 47) 1 32 755, *Kennung:* 1 32 755 aawiova; Fax (0 04 31) 2 31 57 16
Leiter: Dr Karl Borchard Botsch

Ständige Vertretung der Bundesrepublik Deutschland bei der Organisation für Sicherheit und Zusammenarbeit in Europa, Wien
Anschrift: Metternichgasse 3, Wien 3
Postanschrift: Postfach 160, A-1037 Wien; Tel (0 04 31) 7 11 54; Fax (0 04 31) 7 12 17 00; Telex (0 47) 1 34 261, *Kennung:* 1 34 261 aawie a
Leiter: Dr Hansjörg Eiff Botsch

Ständige Vertretung der Bundesrepublik Deutschland bei der Organisation der Vereinten Nationen für Erziehung, Wissenschaft und Kultur (UNESCO), Paris
Anschrift: Delegation permanente de la République fédérale d'Allemagne auprès de l'Organisation des Nations Unies pour l'éducation, la science et la culture, 13/15 Avenue Franklin D Roosevelt, F-75008 Paris; Tel (0 03 31) 53 83 45 00; Fax (0 03 31) 43 59 74 18; Telex über Botschaft Paris (0 42) 280 136, *Kennung:* aapa 280 136 f
Leiter: Dr Christoph Derix Botsch

Ständige Vertretung der Bundesrepublik Deutschland bei der Ernährungs- und Landwirtschaftsorganisation der Vereinten Nationen (FAO) und anderen internationalen Organisationen, Rom
Anschrift: Permanent Representation of the Federal Republic of Germany to FAO, Via Tel Siacci 2/C-4, I-00197 Roma; Tel (0 03 96) 88 47 42 80; Fax

(0 03 96) 88 47 42 81; Telex (0 43) 61 01 79, *Kennung:* 61 01 79 aarom i
Leiter: Dr Gerd Massmann Botsch

Ständige Vertretung der Bundesrepublik Deutschland beim Europarat, Straßburg
Anschrift: 12 Boulevard du Président Edwards, F-67000 Strasbourg; *Postanschrift:* Postfach 1170, 77671 Kehl/Rhein; Tel (0 03 33) 88 37 85 50; Fax (0 03 33) 88 25 50 41; Telex (0 42) 890 870, *Kennung:* 8 90 870 aastra f
Leiter: Dr Horst Schirmer Botsch

Ständige Vertretung der Bundesrepublik Deutschland bei der Organisation für wirtschaftliche Zusammenarbeit und Entwicklung (OECD), Paris
Anschrift: Mission permanente de la République fédérale d'Allemagne auprès de l'Organisation de coopération et de développement économiques, 5, rue Léonard da Vinci, F-75116 Paris; Tel (0 03 31) 44 17 16 00; Telex (0 42) 64 50 56, *Kennung:* 64 50 56 aapger f; Fax (0 03 31) 45 01 29 77
Leiter: Dr Werner Kaufmann-Bühler Botsch

Ständige Vertretung der Bundesrepublik Deutschland bei der Nordatlantikpakt-Organisation, Brüssel
Anschrift: Délégation permanente de la Republique fédérale d'Allemagne auprès de l'Organisation du Traite de l'Atlantique Nord, Boulevard Leopold III, B-1 110 Brüssel; Tel (0 03 22) 7 27 76 11; Fax (0 03 22) 7 26 49 48; Telex (0 46) 23 665, *Kennung:* 23 665 nabru b
Leiter: Dr Hermann Freiherr von Richthofen Botsch

Ständige Vertretung der Bundesrepublik Deutschland bei der Europäischen Union, Brüssel
Anschrift: Représentation permanente de la République fédérale d'Allemagne auprès de l'Union européenne, 19-21, Rue Jaques de Lalaing, B-1040 Brüssel; Tel (0 03 22) 2 38 18 11; Fax (0 03 22) 2 38 19 78, Delegationsbüro: Tel (0 03 22) 2 85 63 67; Telex (0 46) 6 28 20, *Kennung:* 6 28 20 egbru b
Leiter: Dr Dietrich von Kyaw Botsch

2 Deutsches Archäologisches Institut (DAI)

– Zentrale –

14195 Berlin, Podbielskiallee 69-71; Tel (0 30) 8 30 08-0; Fax (0 30) 83 00 81 68

Aufgabenkreis:
Das Deutsche Archäologische Institut, das aus dem 1829 in Rom gegründeten Institut für archäologische Korrespondenz hervorgegangen ist, hat die Aufgabe, Forschungen auf dem Gebiet der Archäologie und ihrer Nachbarwissenschaften vorzugsweise in den Ländern der antiken Kultur durchzuführen, zu fördern und zu veröffentlichen. Zum Arbeitsgebiet des Instituts gehören Klassische Archäologie, Ägyptologie, Vorderasiatische Altertumskunde, Vor- und Frühgeschichte, Alte Geschichte mit Epigraphik und Numismatik, Klassische Philologie in Verbindung mit Archäologie, Antike Bauforschung, Christliche, Byzantinische und Islamische Archäologie, Allgemeine und Vergleichende Archäologie.

Das Institut unterhält wissenschaftliche Bibliotheken, die Wissenschaftlern aller Nationen unentgeltlich offenstehen. Es ist bemüht um die Aufrechterhaltung der Einheit der deutschen archäologischen Wissenschaft im Zusammenhang mit der gesamten Altertumswissenschaft, die Pflege der Beziehungen zur internationalen Wissenschaft und die Förderung des Gelehrtennachwuchses. Vom Institut werden Stipendien gemäß seiner Satzung nach besonderen Richtlinien vergeben.

Das Institut ist gegliedert in die Zentrale in Berlin, die Römisch-Germanische Kommission in Frankfurt am Main, die Orient- und die Eurasien-Abteilung in Berlin, die Kommission für Alte Geschichte und Epigraphik in München, die Kommission für Allgemeine und Vergleichende Archäologie in Bonn, die Abteilungen in Rom, Athen, Kairo, Istanbul, Madrid (Außenstelle Lissabon) sowie die Außenstellen Bagdad, Teheran, Sanaa und Damaskus. Darüber hinaus führen wissenschaftliche Fachkräfte des Deutschen Archäologischen Instituts Forschungsaufgaben durch, die zum Teil von der Deutschen Forschungsgemeinschaft und anderen Stiftungen finanziert werden.

Veröffentlichungen:
Jährlich erscheinen 15 wissenschaftliche Zeitschriften und ca 50 Monographien, Grabungsveröffentlichungen und Corpora.

Präsident des Deutschen Archäologischen Instituts: Prof Dr h c Helmut Kyrieleis Präs und Prof
Vertreter: Dr Walter Trillmich Dir und Prof

Verwaltung Alexander Beckmann RDir

Orient-Abteilung
14195 Berlin, Peter-Lenné-Str 32-34; Tel (0 30) 8 30 08-0; Fax (0 30) 83 00 81 89
Erster Direktor: Prof Dr Ricardo Eichmann

Eurasien-Abteilung
14195 Berlin, Im Dol 2-6, Haus II; Tel (0 30) 8 30 08-0; Fax (0 30) 83 00 83 13
Erster Direktor: Prof Dr Dr Hermann Parzinger LtdWissDir

Römisch-Germanische Kommission
60325 Frankfurt am Main, Palmengartenstr 10-12; Tel (0 69) 97 58 18-0; Fax (0 69) 74 56 68
Erster Direktor: Prof Dr Siegmar von Schnurbein Dir und Prof

Kommission für Alte Geschichte und Epigraphik
80799 München, Amalienstr 73 b; Tel (0 89) 28 10 45, 28 10 46; Fax (0 89) 2 80 51 61
Erster Direktor: Dr Michael Wörrle Dir und Prof

Kommission für Allgemeine und Vergleichende Archäologie
53115 Bonn, Endenicher Str 41; Tel (02 28) 9 82 07-0; Fax (02 28) 9 82 07 49
Erster Direktor: Dr-Ing Wolfgang Wurster Dir und Prof

Ausland

Abt Rom
I-00187 Rom, Via Sardegna 79; Tel (0 03 96) 4 88 81 41; Fax (0 03 96) 4 88 49 73
Erster Direktor: Prof Dr Paul Zanker

Abt Athen
GR-10678 Athen, Phidiasstr 1; Tel (0 03 01) 3 82 02 70, 3 82 00 92; Fax (0 03 01) 3 81 47 62
Erster Direktor: Prof Dr Klaus Fittschen Dir und Prof

Abt Kairo
Kairo-Zamalek, 31, Abu el Feda; Tel (0 02 02) 3 40 14 60, 3 40 23 21; Fax (0 02 02) 3 42 07 70
Erster Direktor: Prof Dr Rainer Stadelmann Dir und Prof

Abt Istanbul
TR-80090 Istanbul, Gümüssuyu/Ayazpasa Camii Sk 48; Tel (0 09 02 12) 2 52 34 90, 2 44 07 14; Fax (0 09 01) 2 52 34 91
Erster Direktor: Prof Dr Harald Hauptmann Dir und Prof

Abt Madrid
E-28002 Madrid, Serrano 159; Tel (0 03 41) 5 61 09 04, 4 11 02 59; Fax (0 03 41) 5 64 00 54
Erster Direktor: Prof Dr Tilo Ulbert Dir und Prof

Außenstelle Lissabon/Portugal
P-1200 Lissabon, Avenida da Liberdade 244,7°; Tel (00 35 11) 3 53 39 64; Fax (00 35 11) 3 52 76 02
Leiter: Dr Thomas Schattner

Außenstelle Bagdad
Bagdad-Alwiyah, POB 2105; und 14195 Berlin, Podbielskiallee 69-71; Tel (0 30) 8 30 08-0

Außenstelle Teheran
Teheran, POB 11365-6371; und 14195 Berlin, Im Dol 2-6; Haus II; Tel (0 30) 8 30 08-0

Außenstelle Sanaa
c/o Botschaft der Bundesrepublik Deutschland, **Sanaa,** Republik Jemen oder POB 16967 Sanaa; Tel (00 96 71) 21 84 74; Fax (00 96 71) 20 32 26
Leiter: Dr Burkhard Vogt

Außenstelle Damaskus
Damaskus-Malki 54, Ahmed Shauki Street Bitar Building No 2, oder POB 11870; Tel (0 09 63 11) 3 33 82 80, 3 33 24 59; Fax (0 09 63 11) 3 33 65 97
Leiter: Dr Klaus Freyberger

III Bundesministerium des Innern (BMI)

53117 Bonn, Graurheindorfer Str 198; Tel (02 28) 6 81-1; Telex 88 68 96; Teletex 22 83 41 = BMI; Fax (02 28) 6 81-46 65
10117 Berlin, Mauerstr 34-38

Aufgabenkreis:
- Innenpolitische Grundsatzfragen,
- Angelegenheiten des Verfassungsrechtes, des Staatsrechtes und der Verwaltung,
- Angelegenheiten der inneren Sicherheit,
- Polizeiangelegenheiten,
- Angelegenheiten des öffentlichen Dienstes,
- Angelegenheiten der Vertriebenen, Flüchtlinge, Kriegsgeschädigten und Aussiedler einschließlich Mitfederführung bei der Lastenausgleichsgesetzgebung,
- Kulturelle Angelegenheiten des Bundes,
- Angelegenheiten des Zivilschutzes und der übrigen zivilen Verteidigung, soweit nicht andere Ressorts zuständig sind, sowie die Gesamtplanung und Koordinierung der zivilen Verteidigung,
- Angelegenheiten der Verwaltungsorganisation, der Informationstechnik, des Datenschutzes, des Kommunalwesens und der Statistik,
- Sportangelegenheiten und Medienpolitik,
- Angelegenheiten der Parteien und Massenorganisationen sowie des Staatssicherheitsdienstes der ehemaligen DDR,
- Abwicklung von Restaufgaben des früheren Bundesministeriums für innerdeutsche Beziehungen.

Publikationsorgane:
Gemeinsames Ministerialblatt (GMBl) des Auswärtigen Amtes (AA), des Bundesministeriums des Innern (BMI), des Bundesministeriums der Finanzen (BMF), des Bundesministeriums für Wirtschaft (BMWi), des Bundesministeriums für Ernährung, Landwirtschaft und Forsten (BML), des Bundesministeriums für Familie, Senioren, Frauen und Jugend (BMFSFJ), des Bundesministeriums für Gesundheit (BMG), des Bundesministeriums für Umwelt, Naturschutz und Reaktorsicherheit (BMU), des Bundesministeriums für Raumordnung, Bauwesen und Städtebau (BMBau), des Bundesministeriums für Bildung, Wissenschaft, Forschung und Technologie (BMBF), des Bundesministeriums für wirtschaftliche Zusammenarbeit und Entwicklung (BMZ).
Herausgeber: Bundesministerium des Innern
Das GMBl erscheint nach Bedarf, Abonnement durch Carl Heymanns Verlag KG, 50939 Köln, Luxemburger Str 449, oder durch den Buchhandel. Abonnementspreise: je 20 Hefte DM 56,80 zuzüglich DM 10,- Versandgebühren. Einzelhefte je angefangene 8 Seiten DM 2,30 zuzüglich Versandgebühren.
Informationsschriften „Schriftenreihe des BMI", Informationsdienste „Innere Sicherheit", „Innenpolitik", Infodienst sowie der Pressedienst, zu beziehen durch das Referat SG L 3 im Bundesministerium des Innern.

Bundesminister des Innern: Manfred Kanther

Parlamentarischer Staatssekretär: Eduard Lintner; zugleich Drogenbeauftragter der Bundesregierung
Persönlicher Referent: Dr Kai-Andreas Otto ORR
Zuständigkeitsbereich: Abt IS, P, BGS

Parlamentarischer Staatssekretär: Manfred Carstens
Persönlicher Referent: Dr Rahmann ORR
Zuständigkeitsbereich: Abt D, O, V, Vt, K

Staatssekretär: Dr Eckart Werthebach
Persönliche Referentin: Beate Raffelsiefen RDirektorin
Zuständigkeitsbereich: Abt Z, SG, D, O (außer O I 4 bis O I 6), Vt, K, Bundesakademie für öffentliche Verwaltung, Vorprüfungsstelle

Staatssekretär: Prof Dr Kurt Schelter
Persönlicher Referent: Dr Helmut Teichmann ORR
Zuständigkeitsbereich: Abt V, P, BGS, IS, A, Referate O I 4 bis O I 6

Beauftragter der Bundesregierung für Aussiedlerfragen: Dr Horst Waffenschmidt (MdB)
Büroleiter: Bernhard Unger AR

Vorprüfungsstelle Giernoth MinR

Abt Z Zentralabteilung
Leiter: Reinhold Haverkamp MinDir
Ständiger Vertreter: Gerhard Schindler MinR

Ref Z 1: **Personalangelegenheiten und Personalentwicklung (außer BGS)** Kann RDir
Ref Z 2: **Organisation, Informationstechnik (Grundsatz, Koordinierung)** Dr Thiel RDir
Ref Z 3: **Innerer Dienst, Informationstechnik (Realisierung, Betrieb)** Zander MinR; **Sprachendienst** Krauss-Fassbender MinRätin
Z 4: Personalausgaben im Geschäftsbereich des BMI (einschließlich BGS) Dr Frank MinR; **Justitiariat, Bibliothek** Dr Berndt MinR
Ref Z 5: **Haushalts-, Kassen- und Rechnungswesen** Dr Schmidt RDir
Prüfgruppe, Vergabeprüfstelle des BMI Geyer MinR
Ärztlicher und Sozialer Dienst der obersten Bundesbehörden: Dr med Heck MinR
Arbeitsstab Bn/B Umzug Bonn/Berlin
Leiter: Wellmann MinR; zugleich Umzugsbeauftragter und administrativer Leiter der Dienststelle Berlin

Abt SG Sport und Grundsatzfragen der Innenpolitik; Leitungsbereich
Leiter: Manfred Speck MinDir

U-Abt SG L Leitungsbereich
Leiter: Michael Scheuring MinDirig

Ref MB: **Ministerbüro** Scheuring MinDirig
Ref SG L 1: **Kabinett- und Parlamentsreferat** Köhnig VwAng
Ref SG L 2: **Pressereferat** Dauke MinR
Ref SG L 3: **Öffentlichkeitsarbeit; Informations- und Besucherdienst** Pracht MinR; Kühne MinR

U-Abt SG I Sport und Grundsatzfragen der Innenpolitik
Leiter: Gernot Witzlau MinDirig

Ref SG I 1: **Allgemeine Angelegenheiten des Sports, Sportrecht; NOK; Behindertensport; Sportwissenschaft** Hünefeld MinR
Ref SG I 2: **Internationale Sportangelegenheiten** Glass MinR
Ref SG I 3: **Förderung der Bundessportfachverbände** Emmerl MinR
Ref SG I 4: **Bundestrainer; hauptamtliche Führungskräfte, Aus- und Fortbildung, Talentförderung** Schreiber MinR
Ref SG I 5: **Förderung der Sportleistungszentralen (Olympiastützpunkte, Bundesleistungszentren), Internatsförderung** Dr Stock MinR
Ref SG I 6: **Förderung von Baumaßnahmen für den Hochleistungssport** Stubenrauch MinR
Arbeitsgruppe SG I 7: **Innenpolitische Grundsatzfragen; allgemeine Planungsangelegenheiten** van Bebber MinR; Dr Dolezal VwAng
Ref SG I 8: **Innenpolitische Aspekte der Wirtschafts-, Finanz- und Umweltpolitik** Dr Timmer MinR
Ref SG I 9: **Innenpolitische Aspekte der Frauen-, Jugend-, Familien- und Seniorenpolitik** Dr Kießler MinRätin

U-Abt SG II Deutsche Einheit; Politische Bildung
Leiter: Dr Christian von Hammerstein MinDirig

Ref SG II 1: **Angelegenheiten des Bundesbeauftragten für die Unterlagen des Staatssicherheitsdienstes der ehemaligen DDR; Rechtsanwendung in den neuen Bundesländern** Plewa MinR
Ref SG II 2: **Grundsatzangelegenheiten der Deutschen Einheit, Beratung neue Bundesländer** Hoesch MinR
Ref SG II 3: **Analyse des Einigungsprozesses** Kaack VwAng
Ref SG II 4: **Politische Bildung** Dr Linden MinR; Hering MinR
Ref SG II 5: **Deutschland- und Ostforschung** Stute VwAng; **Dokumentation der DDR-Realität** Kuhrt VwAng

Abt D Öffentlicher Dienst
Leiter: Dr Hans-Bernd Beus MinDir

U-Abt D I Grundsatzangelegenheiten und allgemeines Recht des öffentlichen Dienstes, Beamtenrecht; internationales Dienstrecht
Leiter: Dr Michael Fränkel MinDirig

Arbeitsgruppe D I 1: **Grundsatzangelegenheiten des öffentlichen Dienstrechts, Beamtenrecht, öffentliche Amtsverhältnisse** Nicksch MinR; Haferkamp RDirektorin
Arbeitsgruppe D I 2: **Laufbahnrecht, Personalstatistik; Geschäftsstelle Bundespersonalausschuß; Aus-/Fortbildung; Prüfungsamt für den gehobenen Dienst** Wurm MinR; Schneider RDir
Ref D I 3: **Personalvertretungsrecht, Disziplinarrecht, dienstliche Fürsorge, Gnadensachen** Hübner MinR
Ref D I 4: **Überstaatliches und zwischenstaatliches Dienstrecht, Deutsches Dienstrecht im internationalen Bereich** Dr Riegel MinR
Ref D I 5: **Reisekosten-, Umzugskosten- und Beihilferecht, dienstliche Fürsorge in besonderen Fällen** Dr Unverhau MinR

U-Abt D II Besoldungsrecht; Tarif-, Arbeits- und Sozialrecht; Versorgungsrecht
Leiter: Christian Fieberg MinDirig

Arbeitsgruppe D II 1: **Grundsatzangelegenheiten des Besoldungsrechts** Göser MinR; Lieven MinR
Ref D II 2: **Auslandsbesoldung, Besoldung der Soldaten, Polizeivollzugsbeamten, Sicherheitsdienste, Gesundheitsdienste und der Anwärter; besondere besoldungsrechtliche Vorschriften** Weinlich MinR
Ref D II 3: **Durchführung des Bundesbesoldungsgesetzes** Ried MinR
Arbeitsgruppe D II 4: **Grundsätzliche tarif-, arbeits- und sozialrechtliche Angelegenheiten des öffentlichen Dienstes, Tarifrecht des öffentlichen Dienstes** Thiel MinR; Heel MinR
Ref D II 5: **Grundsatzangelegenheiten des Versorgungsrechts** Schneider MinR
Ref D II 6: **Durchführung und Sonderregelungen des Versorgungsrechts, Wiedergutmachung, Gesetz zu Artikel 131 GG** Neu RDir
Ref D II 7: **Arbeitsschutz und Unfallverhütung im Bundesdienst** Breithaupt MinR

Abt O Verwaltungsorganisation, Protokoll, Zivile Verteidigung, Kommunalwesen, Statistik
Leiter: Gerhard Siegele MinDir

U-Abt O I Verwaltungsorganisation, Protokoll, Koordinierungs- und Beratungsstelle der Bundesregierung für Informationstechnik in der Bundesverwaltung (KBSt); Zivile Verteidigung
Leiter: Peter Limbach MinDirig

Arbeitsgruppe O I 1: **Rechts- und Verwaltungsvereinfachung, Vorschriftenorganisation; Geschäftsstelle des „Sachverständigenrates Schlanker Staat"** Metz MinR; Schmidt MinR; Vogelsberg MinR; Wuttke-Götz MinRätin
Ref O I 2: **Angelegenheiten Staatlicher und nationaler Repräsentation; Protokoll Inland** von Fircks MinR
Arbeitsgruppe O I 3: **Koordinierungs- und Beratungsstelle der Bundesregierung für Informationstechnik in der Bundesverwaltung (KBSt)** Dr Bihl MinR; Krost MinR; Landvogt BauDir
Ref O I 4: **Zivile Verteidigung und Zivilschutz; NATO-Angelegenheiten; Humanitäres Völkerrecht; Wehrerfassung; Katastrophenschutz** Wittschen MinR; Ahrens MinR

Ref O I 5: **Technisches Hilfswerk, humanitäre Hilfe, Selbstschutz** Dr Ammermüller MinR; Zander RDir
Ref O I 6: **Warnangelegenheiten, Schutzraumbau, Wassersicherstellung** NN

U-Abt O II Kommunalwesen, Statistik, Verwaltungshilfe
Leiter: Klaus-Henning Rosen MinDirig

Ref O II 1: **Kommunalwesen, Kommunale Wirtschafts-, Finanz- und Steuerfragen, Angelegenheiten der Raumordnung, des Verkehrs und der Agrarstruktur** Budrat MinR
Ref O II 2: **Öffentliches Auftragswesen, Vergabebeauftragter Ost** Seydel RDir
Ref O II 3: **Statistik** Mank MinRätin
Ref O II 4: **Meldewesen, Bevölkerungsfragen, Bibliothekswesen, Vorschlagwesen, Gemeinsames Ministerialblatt (GMBl)** Dr Rombach MinR
Ref O II 5: **Geodäsie; Verwaltungshilfe GUS (einschließlich baltischer Staaten) und MOE-Staaten** Dr Kaysers MinR; Dr Fuchs MinR

Abt Vt Deutsche Minderheiten; Spätaussiedler, Vertriebene; Kulturarbeit im Sinne von § 96 BVFG;
Leiter: Klaus Pöhle MinDir

U-Abt Vt I Aufnahme und Eingliederung der Spätaussiedler; Vertriebene; Kulturarbeit im Sinne von § 96 BVFG
Leiter: Werner Broschat MinDirig

Ref Vt I 1: **Rechtsstellung der Vertriebenen und Spätaussiedler; Lastenausgleich; Kriegsgefangenenentschädigungsrecht; Häftlingshilferecht** Dr Schomerus MinR; Harrer MinR
Ref Vt I 2: **Aufnahme von Spätaussiedlern, Suchdienste, Friedlandhilfe** Graß MinR
Ref Vt I 3: **Eingliederung und wirtschaftliche Angelegenheiten der Vertriebenen und Spätaussiedler, Deutsche Ausgleichsbank** von Knobloch MinR
Ref Vt I 4: **Grundsatzangelegenheiten der Kulturarbeit im Sinne von § 96 BVFG; Förderung zentraler kultureller Einrichtungen** Treeger MinR
Ref Vt I 5: **Kulturelle Breitenarbeit, Patenschaften, Kulturelle Betreuung heimatloser Ausländer sowie fremder Volksgruppen** Dammering MinR
Ref Vt I 6: **Wissenschaft und Kultur, Literatur, Musik, Bildende Kunst** Dr Buth RDir
Ref Vt I 7: **Landes- und Spezialmuseen** Dr Martens MinR
Ref Vt I 8: **Maßnahmen der Vertriebenen zur Förderung der Verständigung in Europa** Kuse VwAng

U-Abt Vt II Deutsche Minderheiten; Hilfen in den Herkunftsgebieten
Leiter: Frank Willenberg MinDirig

Ref Vt II 1: **Grundsatzangelegenheiten und Koordination der Hilfen für die deutschen Minderheiten in den Herkunftsgebieten** Meissner MinR
Ref Vt II 2: **Geschäftsstelle des Beauftragten der Bundesregierung für Aussiedlerfragen; Hilfen für die deutschen Minderheiten in Ungarn, der Tschechischen Republik und der Slowakischen Republik; Information, Statistik und Publikationen** Atzler MinR
Ref Vt II 3: **Hilfen für die deutschen Minderheiten in der Russischen Föderation; Breitenarbeit in und durch Begnungsstätten in der GUS** Adolfs MinR
Arbeitsgruppe Vt II 4: Hilfen für die deutschen Minderheiten in Kasachstan, in den übrigen Republiken der GUS (außer Russische Föderation, Ukraine und Moldawien) und dem Baltikum sowie republikübergreifende Hilfen Dr Bartsch VwAng; Johnen RDir
Ref Vt II 5: **Angelegenheiten des Minderheitenrechts und der deutschen Minderheiten** Goßmann VwAng
Ref Vt II 6: **Hilfen für die Republik Polen, in der Ukraine, in Rumänien und Moldawien; Besucherhilfen** Weiler MinR; Dr Reuter RDir

Abt K Kultur und Medien
Leiter: Prof Dr Wolfgang Bergsdorf MinDir

U-Abt K I Grundsatzfragen; Historische Vorhaben; Museen; Bildende Kunst; Musik; Darstellende Kunst; Internationale Angelegenheiten
Leiter: Dr Gerhard Köhler MinDirig

Ref K I 1: **Allgemeine und grundsätzliche kulturelle Angelegenheiten des Bundes** Tietmann MinR
Ref K I 2: **Pflege des Geschichtsbewußtseins** Dr Boos MinR
Ref K I 3: **Bildende Kunst, Stiftung Preußischer Kulturbesitz, Museen** Conrad MinR
Ref K I 4: **Musik, Internationale kulturelle Angelegenheiten** Dr Peters MinRätin
Ref K I 5: **Darstellende Kunst, Angelegenheiten des Films und des Theaters** Flotho MinR

U-Abt K II Künstlerförderung; Literatur; Denkmalschutz; Erhaltung von Kulturgut; Förderung der Einheit Deutschlands auf kulturellem Gebiet; Kirchen
Leiter: Dr Waldemar Ritter MinDirig

Ref K II 1: **Literatur und deutsche Sprache, berufliche und soziale Fragen der Künstler** Dr Palmen-Schrübbers MinRätin
Ref K II 2: **Denkmalschutz; Archivwesen, Bibliothekswesen** Kowalski MinR; Stiemke MinR
Ref K II 3: **Schutz, Erhaltung und Rückführung von Kulturgut** Trautmann RDir; Dr Güttler VwAng
Ref K II 4: **Förderung der Einheit Deutschlands auf kulturellem Gebiet** Dr Ackermann VwAng
Ref K II 5: **Kirchen und Religionsgemeinschaften** Kalinna RDirektorin

U-Abt K III Medien; Kulturelle Angelegenheiten der EU und anderer Staaten
Leiter: Dr Wilhelm Wemmer MinDirig

Ref K III 1: **Internationale Zusammenarbeit im Medienbereich** Dr Schmidt-Vockenhausen MinRätin
Ref K III 2: **Grundsätzliche Rechtsfragen in Medien, Presserecht, neuen Diensten; Medienforschung** Troppens MinR

Ref K III 3: **Deutsche Welle; Folgen der Neuordnung des bundesweiten Hörfunks** Dr Bücking MinR; Kissrow MinR

Ref K III 4: **Medienpolitik, neue Dienste** Platz MinR

Arbeitsgruppe K III 5: **Kulturelle Angelegenheiten der EU und anderer Staaten** Maurus VwAng; Fock MinR

Abt V Verfassung, Staatsrecht und Verwaltung
Leiter: Dr Klaus-Dieter Schnapauff MinDir

U-Abt V I Verfassung, Staatsrecht
Leiterin: Cornelia Rogall-Grothe MinDirigentin

Arbeitsgruppe V I 1: **Staatsrecht, Grundsatzfragen des Verfassungsrechts, staatsrechtliche Sonderbereiche** Krafft MinR; Laitenberger MinRätin; Baumann-Hendriks RDirektorin

Ref V I 2: **Grundrechte** Dr Bergmann MinR

Ref V I 3: **Verfassungsstreitigkeiten** Fendel MinR

Arbeitsgruppe V I 4: **Recht der Europäischen Union, Europa-Beauftragter; Verfassungsrecht mit völkerrechtlichem Bezug, Völkerrecht** Dr Nanz RDir; Dr Reinhard RDir

Ref V I 5: **Bundestagswahlrecht, Europawahlrecht, Parteienrecht, öffentliches Vereinsrecht, Versammlungsrecht** Weigl RDir

Ref V I 6: **Verfassungsrecht der Staatsorganisation und der Staatsfunktionen** Kind MinR

U-Abt V II Verwaltung
Leiter: Gerd-Dieter Schoen MinR

Ref V II 1: **Verwaltungsrecht und Verwaltungsverfahrensrecht, Verwaltungsgerichtsbarkeit, Personenstandswesen, Namensrecht und Beglaubigungsrecht** Dr Schmitz MinR

Ref V II 2: **Staatsangehörigkeits- und Einbürgerungsangelegenheiten** Neuser MinR

Ref V II 3: **Organisationsrecht, Anpassung des Bundesrechts an das Verwaltungsverfahrensgesetz, verwaltungsverfahrensrechtliche Sondergebiete, Staatshaftungsrecht** Weyershäuser MinRätin

Ref V II 4: **Referat Innenpolitik der Ständigen Vertretung bei der EU in Brüssel** Peters RDir

Ref V II 6: **Datenschutzrecht** Dr Weber RDirektorin

Abt P Polizeiangelegenheiten
Leiter: Bernd Schattenberg MinDir

Inspekteur der Bereitschaftspolizeien der Länder (IBPdL) Dr Rolf Morié

U-Abt P I Kriminalpolizeiliche und allgemeinpolizeiliche Angelegenheiten
Leiter: Günter Krause MinDirig

Ref P I 1: **Allgemeine Angelegenheiten der Verbrechensbekämpfung** Dr Flümann MinR

Ref P I 2: **Bekämpfung von Terrorismus und politisch motivierter Gewalt** Lenz MinR

Ref P I 3: **Luftsicherheit, Personen- und Objektschutz, Abwehr äußerer Gefahren im Bereich kerntechnischer Einrichtungen** Reimer MinR

Ref P I 4: **Bekämpfung der organisierten Kriminalität und der Rauschgiftkriminalität** Moog MinR

Ref P I 5: **Polizeiliches Informationswesen, Bundeskriminalamtgesetz** Daub MinR

Ref P I 6: **Geschäftsstelle des Beauftragten der Bundesregierung für Drogenfragen; Polizeiliche Ausstattungs- und Ausbildungshilfe** Seitz MinR

U-Abt P II Angelegenheiten der internationalen polizeilichen Zusammenarbeit, Grenzbeauftragter
Leiter: Horst Eisel MinDirig

Ref P II 1: **Grenzbeauftragter des Bundesministeriums des Innern** Eisel MinDirig

Ref P II 2: **Internationale polizeiliche Zusammenarbeit; UKPV; Untersuchungsausschüsse** Dr Rein MinR

Ref P II 3: **Angelegenheiten der Schengener Zusammenarbeit einschließlich der Gesamtkoordination innerhalb der Bundesregierung** Schultz RDir

Lagezentrum (LZ) Dippel PolDir (komm)

Abt BGS Bundesgrenzschutz
Leiter: Dr Rüdiger Kass MinDir

U-Abt BGS I Grundsatz-, Verwaltungs-, Wirtschafts- und Personalangelegenheiten des BGS
Leiter: Hans-Joachim Steig MinDirig

Ref BGS I 1: **Grundsatz-, Rechts- und Organisationsangelegenheiten des BGS** Runge MinR; Projektgruppe „Modernisierung und Effizienzsteigerung des BGS" Handke MinR

Ref BGS I 2: **Haushalts- und Wirtschaftsangelegenheiten, Bekleidung, Verpflegung; Bau- und Liegenschaftswesen** Dr Behder MinR

Arbeitsgruppe BGS I 3: **Personalangelegenheiten des BGS** Sirringhaus MinR; Trimborn RDir; Hesse RDirektorin

Ref BGS I 4: **Aus- und Fortbildung, Polizeisport, Prüfungswesen** Ohlsen PolDir

Ref BGS I 5: **Sanitätswesen des BGS und der BPdL** Dr Fischer MinR

U-Abt BGS II Einsatzangelegenheiten des BGS, Inspekteur des BGS
Leiter: Fredi Hitz Inspekteur des BGS

Ref BGS II 1: **Allgemeine Angelegenheiten des Einsatzes und der Führung** Hansen PolDir

Ref BGS II 2: **Grenzpolizei, Luftsicherheit** NN

Ref BGS II 3: **Verbände und Einheiten, Objektschutz** Schuol Dir im BGS

Ref BGS II 4: **Bahnpolizei** Hamann MinR

Ref BGS II 5: **Kraftfahrwesen im BGS und in den BPdL, Luftfahrtwesen im BGS; Waffenwesen, Technischer Einsatzdienst und ABC-Wesen im BGS und in den BPdL, Seewesen, Luftsicherheitstechnik und Diensthunde im BGS** Kimmerle LtdPolDir

Ref BGS II 6: **Information und Kommunikation (IuK)** Tebartz LtdPolDir

Abt IS Innere Sicherheit
Leiter: Reinhard Rupprecht MinDir
Ständiger Vertreter: Dr Dietrich Vaubel MinDirig

Ref IS 1: **Allgemeine und grundsätzliche Angelegenheiten der inneren Sicherheit** Bracht MinR

Ref IS 2: **Allgemeine und grundsätzliche Angelegenheiten des Verfassungsschutzes, Spionageabwehr** Dr

Even RDir; Extremismus, MfS-Vermögensabwicklung Grotefend MinR
Ref IS 3: **Bekämpfung von Terrorismus und politisch motivierter Gewalt** Lenz MinR
Ref IS 4: **Geheimschutzbeauftragter, Nationale Sicherheitsbehörde, Personeller Geheim- und Sabotageschutz** Denneborg MinR
Ref IS 5: **Waffen- und Sprengstoffrecht** Brenneke MinR
Ref IS 6: **Sicherheit in der Informationstechnik** Blattner-Zimmermann MinRätin
Ref IS 7: **Analysen und geistig-politische Auseinandersetzung im Bereich der inneren Sicherheit, Geschäftsstelle der Gewaltkommission** Hübsch-Barten MinRätin
Ref IS 8: **Rechtstatsachen-Sammlung im Bereich der Inneren Sicherheit; Paß- und Personalausweisrecht, Ordnungsrecht** Bennewitz MinR

Abt A Ausländer- und Asylangelegenheiten
Leiter: Olaf Reermann MinDir
Ständiger Vertreter: Dr Gerold Lehnguth MinDirig

Ref A 1: **Grundsatzfragen der Ausländer- und Asylpolitik, Nationale Minderheiten** Haberland MinR
Ref A 2: **Allgemeines Ausländerrecht** Gerhold MinR; **Internationales Ausländerrecht** Knackstedt RDirektorin
Ref A 3: **Asylrecht und Asylverfahrensrecht** Müller MinR
Ref A 4: **Durchführung des Asylverfahrensrechts; Fachaufsicht über das BAFl und über den Bundesbeauftragten für Asylangelegenheiten** Bartholdy MinR
Ref A 5: **Ausländerzentralregister (AZR); Sichtvermerksverfahren; Informationstechnik im Ausländer- und Asylbereich** Dr Streit MinR
Ref A 6: **Europäische Harmonisierung** Dr Löper MinR
Ref A 7: **Grundsatzfragen der Flüchtlingspolitik; Fluchtursachen; Aufnahme und Eingliederung von Flüchtlingen; Soziale Rahmenbedingungen** Stange MinR

Beiräte, Ausschüsse, Kommissionen und sonstige Gremien, deren sich das Bundesministerium des Innern bei Durchführung seiner Aufgaben bedient:

Gutachterausschuß des Deutschen Sports beim BMI
Aufgabe: Beratung des BMI bei der Vergabe von Sportförderungsmitteln
Zusammensetzung: 10 Verbandsvertreter

Beratender Ausschuß für Fragen der dänischen Minderheit beim BMI
Aufgabe: Beratung aller die dänische Volksgruppe betreffenden Fragen der Bundesinnenpolitik
Zusammensetzung: 12 Sachverständige

Interministerieller Ausschuß zur Förderung des Sports in den Entwicklungsländern

Auswahlausschuß für die Studiengäste und Ehrengäste in der Deutschen Akademie Villa Massimo
Zusammensetzung: 16 Fachjuroren, und zwar 7 für die Sektion bildende Künste, 3 für die Sektion Architektur, 3 für die Sektion Literatur und 3 für die Sektion Musik

Ankaufskommission für den Erwerb zeitgenössischer bildender Kunst zur kulturellen Repräsentation des Bundes
Zusammensetzung: 9 Mitglieder (4 freie Künstler, 4 Museumsfachleute, 1 Kunstkritiker)

Sachverständigenausschuß des Bundes für national wertvolles Kulturgut
Aufgabe: Beratung des BMI bei der Entscheidung über die Genehmigung der Ausfuhr von Kulturgut, das in das „Verzeichnis national wertvollen Kulturgutes" eingetragen ist.
Zusammensetzung: 5 Sachverständige

Sachverständigenausschuß des Bundes für national wertvolle Archive
Aufgabe: Beratung des BMI bei der Entscheidung über die Genehmigung der Ausfuhr von Archivgut, das in das „Verzeichnis national wertvollen Archivguts" eingetragen ist
Zusammensetzung: 5 Sachverständige

Kommission zur Beratung der Bundesregierung in Fragen der politischen Bildung
Zusammensetzung: 10 Wissenschaftler

Auswahlausschuß für die Förderung des deutschen Films
Aufgabe: Vorschläge für die Auszeichnung mit dem Deutschen Filmpreis, Kulturfilmprämien, Spielfilmprämien. Auswahl förderungswürdiger Filmvorhaben
Zusammensetzung: 25 Sachverständige

Schutzkommission beim Bundesministerium des Innern
Aufgabe: Beratung des BMI bei Maßnahmen zum Schutz der Zivilbevölkerung gegen atomare, biologische und chemische Waffen
Zusammensetzung: 63 Wissenschaftler

Beirat für Vertriebenen- und Flüchtlingsfragen
Aufgabe: Beratung der Bundesregierung in Vertriebenen- und Flüchtlingsfragen
Zusammensetzung: 32 Verbandsvertreter, 12 sonstige Sachverständige

Beirat für die Kriegsgeschädigten
Aufgabe: Beratung in Fragen der Kriegsgeschädigten
Zusammensetzung: 10 Verbandsvertreter

Wahlkreiskommission
Aufgabe: Die Kommission hat der Bundesregierung unter Berücksichtigung der Veränderung der Bevölkerungszahlen einen Bericht mit Vorschlägen über Änderungen der Wahlkreiseinteilung zu erstatten. Die Bundesregierung hat diesen Bericht dem Bundestag zuzuleiten und im Bundesanzeiger zu veröffentlichen.
Zusammensetzung: 7 Mitglieder

Der Rechtsaufsicht der Bundesregierung und der Dienstaufsicht des Bundesministeriums des Innern unterstehen:

1 Der Bundesbeauftragte für den Datenschutz

53175 Bonn, Riemenschneiderstr 11; Tel (02 28) 8 19 95-0; Fax (02 28) 8 19 95 50; E-Mail: poststelle@bfd.bund400.de

Staatsrechtliche Grundlage und Aufgabenkreis:
Die Institution des Bundesbeauftragten für den Datenschutz (BfD) ist durch das Gesetz zum Schutz vor Mißbrauch personenbezogener Daten bei der Datenverarbeitung (Bundesdatenschutzgesetz – BDSG) beim Bundesminister des Innern mit Wirkung vom 1. Juli 1977 eingerichtet worden, zuletzt geändert durch das Gesetz zur Fortentwicklung der Datenverarbeitung und des Datenschutzes vom 20. Dezember 1990 (BGBl I S 2954 ff).
Der Bundesdatenschutzbeauftragte hat die Aufgabe, die Einhaltung der Datenschutzregelungen des Gesetzes sowie anderer Vorschriften über den Datenschutz in allen Bereichen des Bundes zu kontrollieren.
Die Aufsicht des Bundesbeauftragten erstreckt sich, mit Ausnahme der Spruchtätigkeit der Gerichte, auf den gesamten öffentlichen Bereich des Bundes, also auf die bundeseigene Verwaltung mit den obersten Bundesbehörden und ihren nachgeordneten Stellen sowie die mittelbare Bundesverwaltung mit allen bundesunmittelbaren Körperschaften, Anstalten und Stiftungen des öffentlichen Rechts einschließlich der Sozialversicherung. Außerdem hat er insbesondere die Bundesregierung zu beraten. Auch Bundestag und Bundesrat können ihn um Beratung ersuchen; dem Bundestag hat er alle 2 Jahre einen Tätigkeitsbericht zu erstatten. Das am 1. August 1996 inkraft getretene Telekommunikationsgesetz – TKG – weist dem BfD als neue Aufgabe zu, die Einhaltung von Datenschutzvorschriften bei allen Unternehmen zu kontrollieren, die Telekommunikationsdienste anbieten.
Der Bundesbeauftragte für den Datenschutz wird auf Vorschlag der Bundesregierung vom Deutschen Bundestag mit der Mehrheit seiner Stimmen gewählt und vom Bundespräsidenten ernannt. Er ist für 5 Jahre im Amt, eine einmalige Wiederwahl ist möglich.

Bundesbeauftragter für den Datenschutz: Dr Joachim Wolfgang Jacob
Leitender Beamter: Roland Bachmeier Dir beim BfD

Ref I: **Grundsatzangelegenheiten, Internationales, nicht-öffentlicher Bereich, Meldewesen** Dr Dammann MinR
Ref II: **Rechtswesen, Finanzen, Arbeitsverwaltung, Verteidigung, Zivildienst, Auswärtiger Dienst** Dr Au MinR
Ref III: **Sozialwesen, Personalwesen** Spickschen MinR
Ref IV: **Wirtschaft und Verkehr, Multimedia, Forschung, Statistik, Archivwesen, Post, Umweltangelegenheiten** Dr Schmidt MinR
Ref V: **Polizei, Nachrichtendienste** Dr von Pommer Esche MinR
Ref VI: **Informationstechnik, Telekommunikation, Datensicherung** Alke MinR
Ref VII: **Aufarbeitung der MfS-Unterlagen, allgemeine innere Verwaltung, Strafrecht** Ottermann MinR

Zum Geschäftsbereich des Bundesministeriums des Innern gehören:

2 Bundesinstitut für ostdeutsche Kultur und Geschichte

26127 Oldenburg, Johann-Justus-Weg 147 a; Tel (04 41) 96 19 59; Fax (04 41) 9 61 95 33

Staatsrechtliche Grundlage und Aufgabenkreis:
Mit Erlaß des Bundesministeriums des Innern vom 27. Januar 1989 (GMBl S 47) wurde in seinem Geschäftsbereich das Bundesinstitut für ostdeutsche Kultur und Geschichte als nicht rechtsfähige Bundesanstalt errichtet.
Das Bundesinstitut hat die Aufgabe, die Bundesregierung auf der Grundlage eigener, in wissenschaftlicher Unabhängigkeit durchzuführender oder zu veranlassender Erhebungen, Dokumentationen und ergänzender Forschungen in allen die Durchführung des § 96 des Bundesvertriebenengesetzes (BVFG) vom 3. September 1971 betreffenden Angelegenheiten zu beraten und zu unterstützen.

Direktor des Bundesinstituts für ostdeutsche Kultur und Geschichte: NN

3 Der Bundesbeauftragte für die Unterlagen des Staatssicherheitsdienstes der ehemaligen DDR (BStU)

10117 Berlin, Glinkastr 35; Tel (0 30) 22 41 70; Fax (0 30) 22 41 77 62

Staatsrechtliche Grundlage und Aufgabenkreis:
Der Bundesbeauftragte für die Unterlagen des Staatssicherheitsdienstes der ehemaligen Deutschen Demokratischen Republik (Bundesbeauftragter) ist aufgrund des § 35 des Gesetzes über die Unterlagen des Staatssicherheitsdienstes der ehemaligen Deutschen Demokratischen Republik (Stasi-Unterlagen-Gesetz) vom 20. Dezember 1991 (BGBl I S 2272) errichtet worden. Er ist eine Bundesoberbehörde im Geschäftsbereich des Bundesministeriums des Innern. Er untersteht der Rechtsaufsicht der Bundesregierung; die Dienstaufsicht führt der Bundesminister des Innern.
Der Bundesbeauftragte hat nach Maßgabe des Stasi-Unterlagen-Gesetzes die Aufgabe,
– die Unterlagen des Staatssicherheitsdienstes zu erfassen, zu erschließen und zu verwalten,

- Auskünfte aus Unterlagen zu erteilen, Einsicht in Unterlagen zu gewähren und Unterlagen herauszugeben,
- die Tätigkeit des Staatssicherheitsdienstes durch Unterrichtung der Öffentlichkeit über seine Struktur, Methoden und Wirkungsweise aufzuarbeiten,
- Forschung und politische Bildung bei der historischen und politischen Aufarbeitung der Tätigkeit des Staatssicherheitsdienstes zu unterstützen und
- Dokumentations- und Ausstellungszentren einzurichten und zu unterhalten.

Der Bundesbeauftrage hat eine Zentralstelle in Berlin und Außenstellen in den Ländern Berlin, Brandenburg, Mecklenburg-Vorpommern, Sachsen, Sachsen-Anhalt und Thüringen.

Bundesbeauftragter für die Unterlagen des Staatssicherheitsdienstes der ehemaligen DDR: Joachim Gauck
Direktor: Dr Peter Busse

Pressestelle Johannes Legner

Abt ZV Zentral- und Verwaltungsaufgaben, Dienstaufsicht über die Außenstellen
Leiter: Alexander Fahland

Ref ZV 1: **Personalwesen Zentralstelle** Dr Schwarzenberger (komm)
Ref ZV 2: **Personalwesen Außenstellen** Dr Schwarzenberger
Ref ZV 3: **Organisation** Quednau
Ref ZV 4: **Haushaltswesen** Schramm-Wekel
Ref ZV 5: **Informationstechnik** Reusch
Ref ZV 6: **Innerer Dienst** Lübbehusen
Ref ZV 7: **Sicherheit; Beschaffung** Suchalla

Abt AR Archivbestände
Leiter: Dr Jürgen Hecht; Birgit Sündram

Ref AR 1: **Koordinierung der Archivaufgaben, Fachaufsicht über die Außenstellen in Archivfragen, Auffinden, Rückführen, Erfassen und Nachweisen von Unterlagen des Staatssicherheitsdienstes in Fremdbeständen** Dr Hecht
Ref AR 2: **Leitung der Karteien in der Zentralstelle; Fachaufsicht über die Karteien in den Außenstellen** Eisenberg
Ref AR 3: **Leitung des Magazins in der Zentralstelle; Fachaufsicht über die Magazine in den Außenstellen** Krüger
Ref AR 4: **Erschließung der Teilbestände der Bereiche Verwaltung, Ausbildung und Information, Internationale Verbindungen** Sündram
Ref AR 5: **Erschließung der Teilbestände Untersuchung, Überwachung, materiell-technische und finanzielle Sicherstellung** Finck
Ref AR 6: **Erschließung der Teilbestände der Bereiche Aufklärung, äußere und innere Abwehr** Wünsch
Ref AR 7: **Technische Erschließung der Teilbestände Tonträger, Sicherungsfonds, Bild- und Filmmaterial und DV-Datenträger** Peters
Ref AR 8: **Restaurierung, Konservierung, Schutz- und Ersatzverfilmung; archivtechnische Dienste** Dr Boeger
Ref AR 9: **Grobsichtung nichterschlossener Unterlagen** Dr Hecht (komm)

Abt AU Verwendung von Unterlagen des Staatssicherheitsdienstes
Leiter: Enno Limbach

Referatsgruppe AU I Grundsatzfragen; Rechte einzelner; Fachaufsicht über die Außenstellen; Verwendung für die Forschung, politische Bildung und für Presse, Rundfunk und Film
Leiter: Michael Zabel

Ref AU I.1: **Grundsatzangelegenheiten AU I, Fachaufsicht über die Außenstellen, Justitiariat** Pietrkiewicz
Ref AU I.2: **Anträge auf Auskunft, Einsicht in Unterlagen oder Herausgabe von Unterlagen** Richter
Ref AU I.3: **Anträge auf Auskunft, Einsicht in Unterlagen oder Herausgabe von Unterlagen** Albach
Ref AU I.4: **Anträge auf Auskunft, Einsicht in Unterlagen oder Herausgabe von Unterlagen** Bormann
Ref AU I.5: **Anträge auf Auskunft, Einsicht in Unterlagen oder Herausgabe von Unterlagen** Jeschke
Ref AU I.6: **Bekanntgabe von Namen** Polzin
Ref AU I.7: **Anträge für Zwecke der Forschung und der politischen Bildung sowie von Presse, Rundfunk und Film** Wierichs

Referatsgruppe AU II Verwendung durch öffentliche und nicht-öffentliche Stellen, Fachaufsicht über die Außenstellen
Leiter: Gerd-Dieter Hirsch

Ref AU II.1: **Grundsatzangelegenheiten AU II, Fachaufsicht über die Außenstellen, Ersuchen zu Abgeordneten, zu Rechtsanwälten, Notaren und ehrenamtlichen Richtern, aus den Bereichen der Parteien und Verbände, der Regierungen, aus der Wirtschaft und zu Betriebsräten; Mitteilungen zu Ersuchen an öffentliche und nicht-öffentliche Stellen** Griese
Ref AU II.2: **Verwendung von Unterlagen zur Strafverfolgung, Gefahrenabwehr, für Rehabilitation und Wiedergutmachung, für Zwecke parlamentarischer Untersuchungsausschüsse und für Nachrichtendienste; Mitteilungen ohne Ersuchen** Ziehm
Ref AU II.3: **Ersuchen zu Vermögensfragen der ehemaligen DDR, zu Rentenangelegenheiten, zu Sicherheitsüberprüfungen und zum Waffengesetz** Rothe
Ref AU II.4: **Ersuchen von Stellen des öffentlichen Dienstes** Trauensberger
Ref AU II.5: **Ersuchen von Stellen des öffentlichen Dienstes** Both
Ref AU II.6: **Ersuchen von Stellen des öffentlichen Dienstes** Schüler

Abt BF Aufarbeitung der Stasi-Tätigkeit; Unterstützung der politischen Bildung; wissenschaftliche Forschung
Leiter: Dr Siegfried Suckut

Fachbereich BF 1: **Wissenschaftliche Projekte zur Erforschung der Struktur und der Methoden des MfS; Publikationen** NN

Fachbereich BF 2: **Wissenschaftliche Projekte zur Erforschung der Wirkungsweise des MfS; Bibliothek und Dokumentationen** Dr Vollnhals
Fachbereich BF 3: **Außenstellen, Informations- und Dokumentationszentren; politische Bildung und Information der Öffentlichkeit; Verbindung zu den Außenstellen; Verwaltungsangelegenheiten der Abt BF** Ladwig

Außenstellen

Außenstelle Berlin
10318 Berlin, Zwieseler Str 10-15; Tel (0 30) 5 09 08 01; Fax (0 30) 5 08 02 18
Leiter: Lutz Stegemann

Außenstelle Chemnitz
09117 Chemnitz, Jagdschänkenstr 56; Tel (03 71) 8 00 10; Fax (03 71) 8 44 81 63
Leiter: Andreas Steiner

Außenstelle Dresden
01129 Dresden, Riesaer Str 7; Tel (03 51) 85 15 50; Fax (03 51) 8 51 56 00
Leiter: Günter Voigt

Außenstelle Erfurt
99084 Erfurt, Petersberger Haus 19; Tel (03 61) 6 77 50; Fax (03 61) 6 77 52 10
Leiter: Andreas Bley (komm)

Außenstelle Frankfurt (Oder)
15234 Frankfurt (Oder), Fürstenwalder Poststr 87; Tel (03 35) 5 54 70; Fax (03 35) 4 54 71 11
Leiterin: Elke Nowojski

Außenstelle Gera
07548 Gera, Hermann-Drechsler-Str 1; Tel (03 65) 62 00; Fax (03 65) 62 01 20
Leiter: Andreas Bley

Außenstelle Halle (Saale)
06122 Halle, Gimritzer Damm 4; Tel (03 45) 2 05 06; Fax (03 45) 2 05 07 80
Leiter: Peter Tietz

Außenstelle Leipzig
04109 Leipzig, Dittrichring 24; Tel (03 41) 96 47 20; Fax (03 41) 96 47 21 73
Leiterin: Regina Schild

Außenstelle Magdeburg
39116 Magdeburg, Wilhelm-Höpfner-Ring 3; Tel (03 91) 60 30 11; Fax (03 91) 60 30 10
Leiterin: Walburga Edel

Außenstelle Neubrandenburg
17033 Neubrandenburg, Neustrelitzer Str 120; Tel (03 95) 3 68 37 31; Fax (03 95) 3 68 37 35
Leiterin: Marita Pagels-Heineking

Außenstelle Potsdam
14480 Potsdam, Großbeerenstr 301; Tel (03 31) 6 45 40; Fax (03 31) 62 30 45
Leiterin: Gisela Rüdiger

Außenstelle Rostock
18196 Waldeck-Dummerstorf; Tel (03 82 08) 6 93; Fax (03 82 08) 6 95 00
Leiterin: Margitta Büttner

Außenstelle Schwerin
19065 Görslow; Tel (0 38 60) 50 00; Fax (0 38 60) 50 01 60
Leiterin: Erika Schröder

Außenstelle Suhl
98527 Suhl, Neuer Friedberg 1, Haus 17; Tel (0 36 81) 85 00; Fax (0 36 81) 85 02 98
Leiterin: Sigrun Gänßler

4 Der Oberbundesanwalt beim Bundesverwaltungsgericht in Berlin

Nähere Angaben hierzu siehe Abschnitt d „Organe der Rechtspflege", Seite 418

5 Der Bundesdisziplinaranwalt beim Bundesverwaltungsgericht in Frankfurt am Main

Nähere Angaben hierzu siehe Abschnitt d „Organe der Rechtspflege", Seite 418

6 Statistisches Bundesamt (StBA)

65189 Wiesbaden, Gustav-Stresemann-Ring 11; Tel (06 11) 75-1; Fax (06 11) 72 40 00; Btx *4 84 84#

Staatsrechtliche Grundlage und Aufgabenkreis:
Auf Grund des Gesetzes über die Statistik für Bundeszwecke (Bundesstatistikgesetz – BStatG) vom 22. Januar 1987 (BGBl I S 462, 565), zuletzt geändert durch Artikel 2 des Gesetzes vom 17. Januar 1996 (BGBl I S 34), hat das Statistische Bundesamt als selbständige Bundesoberbehörde im Geschäftsbereich des Bundesministers des Innern unter anderem folgende Aufgaben:
– Statistiken für Bundeszwecke (Bundesstatistiken) vorzubereiten und weiterzuentwickeln, auf ihre einheitliche und termingemäße Durchführung durch die Länder hinzuwirken, Ergebnisse für den Bund zusammenzustellen und für allgemeine Zwecke zu veröffentlichen und darzustellen,
– soweit gesetzlich angeordnet oder die beteiligten Länder zustimmen, Bundesstatistiken auch zu erheben und aufzubereiten,
– Volkswirtschaftliche Gesamtrechnungen aufzustellen,
– das Statistische Informationssystem des Bundes zu führen,
– an der Vorbereitung der Gesetzgebung auf dem Gebiet der Bundesstatistik mitzuwirken,
– im Auftrag der obersten Bundesbehörden Forschungsaufträge auszuführen und Gutachten

über statistische Fragen zu erstellen sowie sonstige Arbeiten statistischer Art durchzuführen.
Außerdem nimmt das Statistische Bundesamt gemäß § 9 des Gesetzes über die Bildung eines Sachverständigenrates zur Begutachtung der gesamtwirtschaftlichen Entwicklung vom 14. August 1963 (BGBl I S 685) die Aufgaben einer Geschäftsstelle des Sachverständigenrates wahr. Durch Erlaß des Bundesministers des Innern vom 28. Dezember 1971 ist dem Amt auch die entsprechende Aufgabe für den Rat der Sachverständigen für Umweltfragen übertragen worden.
In Verwaltungsgemeinschaft mit dem Statistischen Bundesamt wird das Bundesinstitut für Bevölkerungsforschung geführt.

Veröffentlichungen:
Die Veröffentlichungen des Statistischen Bundesamtes über Methoden, Organisation und Ergebnisse seiner Arbeit gliedern sich in drei große Kategorien:
– Zusammenfassende Veröffentlichungen
– Fachserien
– Klassifikationen.
Diese werden ergänzt um Veröffentlichungen zur Auslandsstatistik und fremdsprachige Veröffentlichungen.
Alle Veröffentlichungen sind erhältlich über den Buchhandel oder durch den Verlag Metzler-Poeschel, Verlagsauslieferung Hermann Leins, 72125 Kusterdingen, Postfach 11 52; Tel (0 70 71) 93 53 50; Fax (0 70 71) 3 36 53; Telex 7 26 28 91 mepo d

Präsident des Statstischen Bundesamtes: Johann Hahlen; zugleich Bundeswahlleiter
Vizepräsident: Dr Gerhard Bürgin
Vertreterin des Bundeswahlleiters: Marianne Jäger Direktorin beim StBA
Pressestelle: Angela Schaff RDirektorin
Datensicherheitsbeauftragter: Harald von Werder RAR

Allgemeine Verbindung zum Sachverständigenrat zur Begutachtung der gesamtwirtschaftlichen Entwicklung
Geschäftsführer: Ulrich Maurer LtdRDir

Geschäftsstelle des Rates von Sachverständigen für Umweltfragen
Generalsekretär: Prof Dr Wiggering Dir

Abt Z Verwaltung
Leiter: Paul Würzberger AbtPräs

Gruppe Z A Organisation, Koordinierung des Einsatzes der Informationstechnik, Kosten- und Leistungsrechung
Leiter: Horst Helmut Steiger LtdRDir

Gruppe Z B Haushalt, Innerer Dienst, Vertrieb
Leiter: Ernst Jungkenn RDir

Gruppe Z C Personal; Aus- und Fortbildung
Leiter: Dr Klaus Geyer-Schäfer RDir

Gruppe Z D Rechtsangelegenheiten
Leiterin: Marion Engelter RDirektorin

Zweigstelle Berlin
10178 Berlin, Otto-Braun-Str 70/72; Tel (0 30) 23 24-5; Fax (0 30) 23 24-64 00
Leiter: Hermann Glaab Dir beim StBA

Vorprüfungsstelle Peter Emde ROAR

Abt I Fachliche Grundsatzfragen der Bundesstatistik
Leiter: Günter Kopsch AbtPräs

Gruppe I A Konzeptionelle Fragen der Bundesstatistik
Leiter: Dr Roland Gnoss LtdRDir

Arbeitsgruppe für inter- und supranationale Zusammenarbeit, Übersetzungsdienst
Leiterin: Waltraud Moore

Gruppe I B Institut für Forschung und Entwicklung in der Bundesstatistik
Leiter: Jürgen Chlumsky RDir

Gruppe I C Veröffentlichungen, Zentrale Informationsdienste
Leiterin: Sybille von Oppeln-Bronikowski RDirektorin

Gruppe I D Bibliothek, Dokumentation, Archiv, GENESIS-Fachbüro
Leiter: Dr Karl Schoer RDir

Abt II Mathematisch-statistische Methoden, Datenverarbeitung
Leiter: Dr Joachim Kühn AbtPräs

Gruppe II A Mathematisch-statistische Methoden
Leiter: Jürgen Schmidt RDir

Gruppe II B Betrieb der ADV-Anlagen und Netze
Leiter: Klaus-Merten Teuscher LtdRDir

Gruppe II C ADV-Organisation und Anwendungsprogrammierung
Leiter: Dieter Sarreither LtdRDir

Gruppe II D Statistisches Informationssystem und IDV-Zentrum
Leiter: Ernst Schrey RDir

Verbindungsbüro Bonn, Beratungsstelle Statistisches Informationssystem
53177 Bonn, Deutschherrenstr 93; Tel (02 28) 33 27 30; Fax (02 28) 33 45 48

Abt III Volkswirtschaftliche Gesamtrechnungen
Leiter: Heinrich Lützel Dir beim StBA

Gruppe III A Entstehung und Verwendung des Inlandsprodukts
Leiter: Wolfgang Strohm LtdRDir

Gruppe III B Verteilung des Sozialprodukts, Staat, Außenwirtschaft
Leiter: Dr Hartmut Essig LtdRDir

Gruppe III C Input-Output-Rechnung, Vermögensrechnung, Satellitensysteme
Leiter: Dr Carsten Stahmer RDir

Abt IV Produzierendes Gewerbe, Umweltökonomische Gesamtrechnungen, Umweltstatistiken, Koordinierung der Unternehmensstatistiken
Leiter: Oswald Angermann AbtPräs

Gruppe IV A Konjunkturbeobachtung, Produktion
Leiter: Gunter Laux LtdRDir

Gruppe IV B Umweltökonomische Gesamtrechnungen
Leiter: Walter Radermacher RDir

Gruppe IV C Struktur im Bergbau und Verarbeitenden Gewerbe, Handwerk, Arbeitsstätten
Leiter: Wolfgang Reimann RDir

Gruppe IV D Energie, Umwelt
Leiter: Heinrich Spies LtdRDir

Gruppe IV E Koordinierung der Unternehmensstatistiken, Register, Klassifikationen
Leiter: Volkhard Polte RDir

Außenstelle Düsseldorf
40215 Düsseldorf, Hüttenstr 5 a; Tel (02 11) 3 84 11-0; Fax (02 11) 3 84 11-28

Eisen- und Stahlstatistik
Leiter: Ludwig Wallacher RDir

Abt V Handel und Verkehr
Leiter: Dr Werner Nowak AbtPräs

Gruppe V A Binnenhandel, Gastgewerbe, Tourismus
Leiterin: Karin Linkert RDirektorin

Gruppe V B Außenhandel
Leiter: Horst Mai LtdRDir

Gruppe V C Verkehr
Leiter: Hans Joachim Stede RDir

Abt VI Preise, Löhne, Dienstleistungen
Leiter: Wolfgang Buchwald AbtPräs

Gruppe VI A Preise
Leiter: Johann Szenzenstein RDir

Gruppe VI B Löhne und Gehälter
Leiter: Dr Alfred Dresch BauDir

Gruppe VI C Dienstleistungen
Leiter: Lothar Hake LtdRDir

Abt VII Finanzen und Steuern; Bildungs- und Gesundheitswesen
Leiter: Dr Ulrich Hoffmann LtdRDir

Gruppe VII A Öffentliche Haushalte, Fonds, Einrichtungen und wirtschaftliche Unternehmen
Leiter: Johann Rehm RDir

Gruppe VII B Steuern, Personal im öffentlichen Dienst
Leiter: Manfred Fürll LtdRDir

Gruppe VII C Bildung und Kultur, Rechtspflege
Leiter: Walter Hörner RDir

Gruppe VII D Gesundheitswesen, Sozialleistungen
Leiter: Volker Kordsmeyer RDir

Abt VIII Bevölkerung, Erwerbstätigkeit, Wohnungswesen, Wahlen
Leiterin: Marianne Jäger Direktorin beim StBA

Gruppe VIII A Volkszählungen, Gebäude- und Wohnungszählungen, -stichproben, Wahlen
Leiter: Dieter Bierau RDir

Gruppe VIII B Laufende Bevölkerungsstatistiken, Haushalte und Familien, Gebietsgliederungen
Leiter: Manfred Bretz LtdRDir

Gruppe VIII C Mikrozensus, Erwerbstätigkeit
Leiter: Hans Joachim Heidenreich RDir

Abt IX Landwirtschaft, Bautätigkeit, Wirtschaftsrechnungen, Auslandsstatistik, Zusammenarbeit mit Mittel- und Osteuropa
Leiter: Hermann Glaab Dir beim StBA

Gruppe IX A Land- und Forstwirtschaft, Fischerei
Leiter: Werner Griepenkerl LtdRDir

Gruppe IX B Bautätigkeit, Allgemeine Flächenstatistik, Bodenmarkt
Leiter: Klaus Kockel

Gruppe IX C Wirtschaftsrechnungen und Zeitbudgets
Leiter: Dr Jürgen Hertel RDir

Gruppe IX D Auslandsstatistik, Außenhandel, Umwelt
Leiter: Dr Joachim Bork RDir

Gruppe IX E Zentrum Mittel- und Osteuropa, Fortbildungszentrum Berlin
Leiter: Rudolf Janke RDir

Arbeitsgruppe IX Aufbereitung und Rückrechnung statistischer Daten für die frühere DDR, Kostenstruktur, Jugendhilfe
Leiter: Prof Dr Gerhard Werke (komm)

Beim Statistischen Bundesamt als organisatorisch selbstständiger Teil eingerichtet:

Bundesinstitut für Bevölkerungsforschung (BIB)

Staatsrechtliche Grundlage und Aufgabenkreis:
Das Bundesinstitut für Bevölkerungsforschung ist nach dem Erlaß des Bundesministeriums des Innern vom 28. Juli 1995 (GMBl Seite 578) eine nicht rechtsfähige Bundesanstalt; Sitz des Bundesinstituts ist der Sitz des Statistischen Bundesamtes.
Das Bundesinstitut hat die Aufgabe,
– wissenschaftliche Forschungen über Bevölkerungsfragen und damit zusammenhängende Familienfragen als Grundlage für die Arbeit der Bundesregierung zu betreiben,
– wissenschaftliche Erkenntnisse in diesem Bereich zu sammeln und nutzbar zu machen, insbesondere zu veröffentlichen,
– die Bundesregierung über wichtige Vorgänge und Forschungsergebnisse in diesem Bereich zu unterrichten und sie in Einzelfragen zu beraten,

- das Bundesministerium des Innern bei der internationalen Zusammenarbeit in Bevölkerungsfragen, insbesondere im Rahmen der Vereinten Nationen und des Europarates, zu unterstützen.

Geschäftsführende Direktorin: Dr Charlotte Höhn
Direktorin und Professorin

7 Bundesamt für Verfassungsschutz (BfV)

50765 Köln, Merianstr 100; Tel (02 21) 79 20; Fax (02 21) 79 83 65; Telex 8 88 22 11

Staatsrechtliche Grundlage und Aufgabenkreis:
Das Bundesamt für Verfassungsschutz ist aufgrund des Gesetzes über die Zusammenarbeit des Bundes und der Länder in Angelegenheiten des Verfassungsschutzes vom 27. September 1950 (BGBl Seite 682) in der Fassung des Änderungsgesetzes vom 29. Dezember 1990 (BGBl I Seite 2953) als Bundesoberbehörde errichtet worden; es ist Zentralstelle im Sinne des Art 87 Abs 1 Satz 2 GG.
Aufgabe des Bundesamtes für Verfassungsschutz ist die Sammlung und Auswertung von Auskünften, Nachrichten und sonstigen Unterlagen über
- Bestrebungen, die gegen die freiheitliche demokratische Grundordnung, den Bestand und die Sicherheit des Bundes oder eines Landes gerichtet sind oder eine ungesetzliche Beeinträchtigung der Amtsführung der Verfassungsorgane des Bundes oder eines Landes oder ihrer Mitglieder zum Ziele haben,
- sicherheitsgefährdende oder geheimdienstliche Tätigkeiten für eine fremde Macht,
- Bestrebungen, die durch Anwendung von Gewalt oder darauf gerichtete Vorbereitungshandlungen auswärtige Belange der Bundesrepublik Deutschland gefährden.

Ferner wirkt das Bundesamt für Verfassungsschutz mit
- bei der Sicherheitsüberprüfung von Personen, denen im öffentlichen Interesse geheimhaltungsbedürftige Tatsachen, Gegenstände oder Erkenntnisse anvertraut werden, die Zugang dazu erhalten sollen oder ihn sich verschaffen können,
- bei der Sicherheitsüberprüfung von Personen, die an sicherheitsempfindlichen Stellen von lebens- und verteidigungswichtigen Einrichtungen beschäftigt sind oder werden sollen,
- bei technischen Sicherheitsmaßnahmen zum Schutz von im öffentlichen Interesse geheimhaltungsbedürftigen Tatsachen, Gegenständen oder Erkenntnissen gegen die Kenntnisnahme durch Unbefugte.

Polizeiliche Befugnisse oder Kontrollbefugnisse stehen dem Bundesamt für Verfassungsschutz nicht zu. Zur Wahrnehmung seiner Aufgaben ist es befugt, nachrichtendienstliche Mittel anzuwenden. Das Amt darf einer polizeilichen Dienststelle nicht angegliedert werden.

Präsident des Bundesamtes für Verfassungsschutz:
Dr Peter Frisch
Vizepräsident: Klaus-Dieter Fritsche

Dem Bundesamt für Verfassungsschutz eingegliedert:

Schule für Verfassungsschutz
Aufgabenkreis:
Die Schule für Verfassungsschutz hat folgende Aufgaben:
- Laufbahnausbildung des mittleren und gehobenen Dienstes des Bundes (für die Ausbildung des gehobenen Dienstes ist die Schule gleichzeitig Abteilung „Verfassungsschutz" im Fachbereich „Öffentliche Sicherheit" der Fachhochschule des Bundes),
- Einführung von neu eingestellten Bediensteten der Verfassungsschutzbehörden in die Aufgaben des Verfassungsschutzes,
- Fortbildung der Bediensteten der Verfassungsschutzbehörden für die Zwecke des Verfassungsschutzes,
- angewandte nachrichtendienstliche Forschung.

8 Bundeskriminalamt (BKA)

65193 Wiesbaden, Thaerstr 11; Tel (06 11) 5 51; Telex 4 18 68 67 bka d; Fax (06 11) 55-21 41

53340 Meckenheim, Paul-Dickopf-Str 2; Tel (0 22 25) 89-0; Telex 88 55 38 bkame d; Fax (0 22 25) 89-20 95

10107 Berlin, Mauerstr 32-34; Tel (0 30) 3 93 40 23; Fax (0 30) 3 93 43 30

Staatsrechtliche Grundlage und Aufgabenkreis:
Das Bundeskriminalamt wurde auf Grund des Gesetzes über die Einrichtung eines Bundeskriminalpolizeiamtes (Bundeskriminalamtes) vom 8. März 1951 (BGBl I S 165) in der Fassung der Bekanntmachung vom 29. Juni 1973 (BGBl I S 704), zuletzt geändert durch Art 2 des Gesetzes über das Aufspüren von Gewinnen aus schweren Straftaten (Geldwäsche G-GwG) vom 25. Oktober 1993 (BGBl I S 1770) errichtet.
Seine Aufgabe ist die Bekämpfung des Straftäters, soweit er sich international oder über das Gebiet eines Landes hinaus betätigt oder voraussichtlich betätigen wird.
Das Bundeskriminalamt ist zugleich Nationales Zentralbüro der Internationalen Kriminalpolizeilichen Organisation (Interpol) für die Bundesrepublik Deutschland.
Als Zentralstelle hat das Bundeskriminalamt
- alle Nachrichten und Unterlagen für die polizeiliche Verbrechensbekämpfung zu sammeln und auszuwerten. Es ist insoweit auch Zentralstelle für den elektronischen Datenverbund zwischen Bund und Ländern,
- die Strafverfolgungsbehörden des Bundes und der Länder unverzüglich über die sie betreffenden Nachrichten und die in Erfahrung gebrach-

ten Zusammenhänge von Straftaten zu unterrichten;
- erkennungsdienstliche Einrichtungen zu unterhalten;
- die erforderlichen Einrichtungen für alle Bereiche kriminaltechnischer Untersuchungen und für kriminaltechnische Forschung zu unterhalten sowie die Zusammenarbeit der Polizei auf diesen Gebieten zu koordinieren;
- die Entwicklung der Kriminalität zu beobachten und daraus kriminalpolizeiliche Analysen und Statistiken zu erstellen;
- Forschung zur Entwicklung polizeilicher Methoden und Arbeitsweisen der Verbrechensbekämpfung zu betreiben;
- die Polizei der Länder in der Vorbeugungsarbeit zur Verbrechensverhütung zu unterstützen;
- Fortbildungsveranstaltungen auf kriminalpolizeilichen Spezialgebieten durchzuführen.

Des weiteren erstattet das Bundeskriminalamt erkennungsdienstliche und kriminaltechnische Gutachten für Strafverfahren auf Anforderung von Polizeidienststellen, Staatsanwaltschaften und Gerichten.

Auf dem Gebiet der Strafverfolgung nimmt das Bundeskriminalamt die polizeilichen Aufgaben wahr
- in Fällen des international organisierten ungesetzlichen Handels mit Waffen, Munition, Sprengstoffen oder Betäubungsmitteln und der international organisierten Herstellung oder Verbreitung von Falschgeld, die eine Sachaufklärung im Ausland erfordern, sowie damit im Zusammenhang begangener Straftaten einschließlich der international organisierten Geldwäsche; die Staatsanwaltschaft kann im Benehmen mit dem Bundeskriminalamt die Ermittlungen einer anderen sonst zuständigen Polizeibehörde übertragen;
- in Fällen von Straftaten, die sich gegen das Leben oder die Freiheit des Bundespräsidenten, von Mitgliedern der Bundesregierung, des Bundestages und des Bundesverfassungsgerichts oder der Gäste der Verfassungsorgane des Bundes aus anderen Staaten oder der Leiter und Mitglieder der bei der Bundesrepublik Deutschland beglaubigten diplomatischen Vertretungen richten, wenn anzunehmen ist, daß der Täter aus politischen Motiven gehandelt hat und die Tat bundes- oder außenpolitische Belange berührt.

Darüber hinaus nimmt das Bundeskriminalamt die polizeilichen Aufgaben auf dem Gebiet der Strafverfolgung wahr, wenn
- eine zuständige Landesbehörde darum ersucht oder
- der Bundesminister des Innern es aus schwerwiegenden Gründen anordnet oder
- der Generalbundesanwalt darum ersucht oder einen Auftrag erteilt.

Die Abteilung SG (Sicherungsgruppe) des Bundeskriminalamtes nimmt ferner Aufgaben des Schutzes und der Sicherung oberster Bundesorgane und ihrer Gäste wahr.

Präsident des Bundeskriminalamtes: Dr Klaus Ulrich Kersten
Vizepräsident: Bernhard Falk

9 Bundesakademie für öffentliche Verwaltung (BAköV)

53173 Bonn, Friedrich-Ebert-Str 1; Tel (02 28) 95 49-0; Teletex 22 83 36 = BAköV; Fax (02 28) 95 49-6 66

Staatsrechtliche Grundlage und Aufgabenkreis:
Erlaß des Bundesministers des Innern vom 28. August 1969 (GMBl S 370, BAnz Nr 158 vom 28. August 1969).

Die Bundesakademie für öffentliche Verwaltung im Bundesministerium des Innern ist Trägerin der zentralen Fortbildungsmaßnahmen der Bundesregierung, soweit die dienstliche Fortbildung nicht besonderen Fortbildungseinrichtungen einzelner oberster Dienstbehörden obliegt (§ 42 Abs 1 Bundeslaufbahnverordnung). Sie ist organisatorisch Teil des Bundesministeriums des Innern.

Die Bundesakademie hat die Aufgabe, Angehörige der öffentlichen Verwaltung in enger Zusammenarbeit mit Verwaltung, Wirtschaft und Wissenschaft praxisnah fortzubilden, insbesondere das Fachwissen zu aktualisieren, die Fähigkeit zu interdisziplinärer Zusammenarbeit zu fördern und neue Planungs- und Entscheidungstechniken sowie Führungsmethoden zu vermitteln.

Hierbei obliegt ihr insbesondere die zusammenfassende konzeptionelle Planung der Fortbildung sowie die Entwicklung und Koordinierung der Fortbildungsmethodik.

Der 1990 hinzugekommene Aufgabenbereich „Fortbildung im Rahmen der deutschen Einheit" umfaßt Veranstaltungen für in den Bundesdienst übernommene Verwaltungsangehörige aus dem Beitrittsgebiet. Außerdem leistet die Bundesakademie im Rahmen der Verwaltungshilfe des Bundes durch Lehrgänge zu den Grundlagen des Verwaltungshandelns im demokratischen Rechtsstaat sowie durch fachbezogene Aufbauseminare einen Beitrag für den Aufbau der Landes- und Kommunalverwaltungen in den neuen Bundesländern.

Das Fortbildungssystem der Bundesakademie gliedert sich wie folgt:
- Einführungsfortbildung
- Fach- und funktionsbezogene Fortbildung mit den Bereichen Personalwesen; Führung und Zusammenarbeit; Organisation und Planung; Informationstechnik; Haushalt, Wirtschaft und Finanzen; Gesetzgebung sowie besondere Rechtsgebiete; Kommunikation, Gesprächs- und Verhandlungsführung, Öffentlichkeitsarbeit, Methodik und Didaktik, Prüfungswesen
- Fortbildung für den Aufstieg in den höheren Dienst
- Fortbildung im Rahmen der internationalen Zusammenarbeit
- Fortbildung im Rahmen der deutschen Einheit
- Fortbildungshilfe für osteuropäische Staaten.

Dieses Fortbildungssystem kann ergänzt werden. Die Veranstaltungen werden von der Bundesakademie selbst oder in Zusammenarbeit mit anderen geeigneten Einrichtungen geplant, vorbereitet und durchgeführt. Die gastweise Teilnahme von Angehörigen anderer Verwaltungsbereiche und die Durchführung gemeinsamer Veranstaltungen ist möglich.
Die Bundesakademie verfügt über einen Wissenschaftlichen Dienst zur Erfassung und Auswertung der für ihre Arbeit wesentlichen Erkenntnisse im nationalen und internationalen Bereich. Sie arbeitet mit Einrichtungen der Wissenschaft, der Wirtschaft und der Verwaltung, die eine entsprechende Aufgabenstellung haben, zusammen und setzt Gastdozenten aus diesen Bereichen ein.
Die Bundesakademie gibt die Zeitschrift „Verwaltung und Fortbildung (VuF)" heraus. Die VuF ist eine Fachzeitschrift für Verwaltungspraktiker und Verwaltungsexperten. Die Zeitschrift informiert insbesondere über neue Entwicklungen in der Fortbildung und im Personalwesen.
Die Bundesakademie hat einen

Beirat
Zusammensetzung des Beirats: 15 Mitglieder (1 Vertreter des BMI als Vorsitzender, je ein Vertreter des BMF, BMWi, BMA und BMBF; 2 Vertreter der Länder; 1 Vertreter der Kommunalen Spitzenverbände, je 1 Vertreter des DBB und DGB; 5 Sachverständige). Aus der Mitte des Beirats ist ein Wissenschaftlicher Ausschuß gebildet worden.

Präsident der Bundesakademie für öffentliche Verwaltung: Günther Wurster

Verwaltung, Geschäftsstelle der Lehrgruppen Dr Wegener RDirektorin

Lehrgruppe I: **Fortbildung der Nachwuchskräfte des höheren und des gehobenen Dienstes sowie für den Aufstieg in den höheren Dienst** Rott LtdRDir

Lehrgruppe II: **Allgemeine berufsbegleitende Fortbildung** Dr Boehm LtdRDir; Dr Lanvermeyer RDir

Lehrgruppe III: **Fortbildung im Rahmen der internationalen Zusammenarbeit** Birker Dir; Pfeiffer LtdRDir

Lehrgruppe IV: **Fortbildung in den Bereichen Personalwesen, Führung und Zusammenarbeit, Information oberer Führungskräfte** Dr Adamascheck Ltd RDirektorin

Lehrgruppe V: **Fortbildung im Rahmen der deutschen Einheit, Koordinierung der Fortbildung in Berlin; Fortbildungshilfe für osteuropäische Staaten** Dr Vollmuth Dir

Wissenschaftlicher Dienst; Fortbildung in Methodik und Didaktik, Geschäftsstelle des Beirats, Bibliothek Dr Jäckering LtdRDir; Dr Kassel VwAng

10 Fachhochschule des Bundes für öffentliche Verwaltung

50321 Brühl, Willy-Brandt-Str 1; Tel (0 22 32) 9 29-0; Fax (0 22 32) 9 29-51 00

Staatsrechtliche Grundlage und Aufgabenkreis:
Vorläufiger Erlaß des Bundesministers des Innern vom 3. Oktober 1978 (GMBl Seite 582).
Für die Ausbildung der unmittelbaren und mittelbaren Bundesbeamten des gehobenen nichttechnischen Dienstes wird die Fachhochschule des Bundes für öffentliche Verwaltung als nichtrechtsfähige Körperschaft und ressortübergreifende staatliche Einrichtung des Bundes errichtet. Sie wird in gemeinsamer Verantwortung von allen Bundesressorts und nach Maßgabe der mit ihnen geschlossenen Vereinbarungen von der Bundesanstalt für Arbeit, der Bundesversicherungsanstalt für Angestellte, der Bundesknappschaft, der Landesversicherungsanstalt Oldenburg-Bremen getragen.
Zentrale Organe der Fachhochschule sind der Senat und der Präsident.
Die Fachhochschule führt unbeschadet gesetzlicher Regelungen auf der Grundlage der Ausbildungs- und Prüfungsordnungen
– im Rahmen des Vorbereitungsdienstes für Laufbahnbewerber des gehobenen nichttechnischen Dienstes,
– im Rahmen der Einführung für Aufstiegsbeamte die Fachstudien gemäß § 18 Abs 2 des Bundesbeamtengesetzes durch.
Die Fachhochschule kann ferner die Anforderungen des § 18 Abs 2 des Bundesbeamtengesetzes entsprechende Ausbildung von Angestellten der Bundesverwaltung übernehmen.
Die Fachhochschule kann im Rahmen ihres Bildungsauftrages anwendungsbezogene fachdidaktische und verwaltungswissenschaftliche Forschungs- und Entwicklungsaufgaben durchführen.
Der Fachhochschule können von den nach § 16 Abs 3 zuständigen Behörden ausnahmsweise weitere Aufgaben der Ausbildung und der fachbezogenen Fortbildung für besondere Bereiche übertragen werden.
Daneben nimmt die Fachhochschule des Bundes in Zusammenarbeit mit der Bundesakademie für öffentliche Verwaltung Fortbildungsaufgaben wahr.

Präsident der Fachhochschule des Bundes für öffentliche Verwaltung: Klaus Reichardt

Zentralbereich
Leiter: Klaus Reichardt Präs

Lehrbereich Grundstudium
Beauftragter: Dr Hans-Gerd Reiter ORR

Wissenschaftlicher Dienst, Hochschulverwaltung
Leiter: Ulrich Vogt RDir (komm)

Ref WD 1: **Didaktisches Zentrum, Studienberatung, Fortbildung** Blanke ORRätin

Ref WD 2: **Informationszentrum, Presse- und Öffentlichkeitsarbeit, Tagungsbüro, Zentralbibliothek**
Dr Gräfin zu Dohna-Lauck
Ref H 1: **Präsidial-, Grundsatz-, Auslandsangelegenheiten** Vogt RDir
Ref H 2: **Organisation, IT-Koordinierung, Rechenzentrum** von Mohnsdorf ROAR
Ref H 3: **Haushaltsangelegenheiten, Besoldungsrechtliche Nebengebiete** Schmitz ROAR
Ref H 4: **Personalangelegenheiten, Justitiariat** Siebolds RDirektorin
Ref H 5: **Innerer Dienst, Bau- und Liegenschaftsverwaltung, Technischer Betriebsdienst, Wohnheimverwaltung** Lorenz ROAR
Ref H 6: **Organisation des Lehr- und Fortbildungsbetriebes sowie der Zwischenprüfung, Studierendenangelegenheiten, Diplomierung, Lehrbereichssekretariat** Blau ARätin

Fachbereiche

Fachbereich Allgemeine Innere Verwaltung
50321 Brühl, Willy-Brandt-Str 1; Tel (0 22 32) 9 29 70 00; Fax (0 22 32) 9 29 92 16
Leiter: Dr Hans-Gerd Reiter ORR

Fachbereich Arbeitsverwaltung
68163 Mannheim, Seckenheimer Landstr 16; Tel (06 21) 42 09-0; Fax (06 21) 42 09-2 15
Leiter: Dr Dieter Klohe Dir

Fachbereich für Auswärtige Angelegenheiten
53127 Bonn, Gudenauer Weg 134-136; Tel (02 28) 17-11 28; Fax (02 28) 17-11 26
Leiterin: Angelika Storz-Chakarji VortrLegRätin

Fachbereich Bundeswehrverwaltung
68163 Mannheim, Seckenheimer Landstr 8-10; Tel (06 21) 41 80 91 bis 41 80 98; Fax (06 21) 41 84 63
Leiter: Peter Morgenstern Dir

Fachbereich Eisenbahnwesen
55122 Mainz, Wallstr 56; Tel (0 61 31) 3 25-0; Fax (0 61 31) 3 25-1 70
Leiter: Bernhardt Taubert Dir

Fachbereich Finanzen
48161 Münster, Gescherweg 100; Tel (02 51) 86 70-0; Fax (02 51) 86 70-6 66
Leiter: Wolfgang Strey Dir

Fachbereich Wetterdienst und Geophysikalischer Beratungsdienst
63225 Langen, Paul-Ehrlich-Str 39; Tel (0 61 03) 7 07-4 00; Fax (0 61 03) 7 07-4 03
Leiter: NN

Fachbereich Öffentliche Sicherheit
53913 Swisttal-Heimerzheim, Gabrielweg 4; Tel (0 22 54) 70 26; Fax (0 22 54) 10 24
mit

Abteilung Bundesgrenzschutz
23562 Lübeck, Ratzeburger Landstr 4; Tel (04 51) 50 67-0; Fax (04 51) 50 67-5 04
Abteilungsleiter: Horst Windisch Dir im BGS

Abteilung Kriminalpolizei
65193 Wiesbaden, Thaerstr 11; Tel (0 61 21) 55-59 00; Fax (0 61 21) 55-56 16
Abteilungsleiter: Hans-Werner Kühn LtdKrimDir

Abt Verfassungsschutz
53913 Swisttal-Heimerzheim, Gabrielweg 4; Tel (0 22 54) 70 26; Fax (0 22 54) 10 24
Abteilungsleiter: Andreas Hübsch LtdRDir

Fachbereich Sozialversicherung im Aus- und Fortbildungszentrum der BfA
10709 Berlin, Nestorstr 23-25; Tel (0 30) 8 65-1; Fax (0 30) 8 65-2 79 73
Abteilungsleiter: Lothar Frank Dir

Fachbereich Landwirtschaftliche Sozialversicherung
c/o Bundesverband der Landwirtschaftlichen Sozialversicherung
34131 Kassel, Weißensteinstr 70-72; Tel (05 61) 9 35 93 10
Leiter: Hubert Lohaus LtdVwDir

11 Bundesarchiv (BArch)

56075 Koblenz, Potsdamer Str 1; Tel (02 61) 5 05-0; Fax (02 61) 50 5-2 26

Staatsrechtliche Grundlage und Aufgabenkreis:
Das Bundesarchiv wurde auf Beschluß der Bundesregierung vom 24. März 1950 im Jahre 1952 als deren Zentralarchiv in Koblenz errichtet. Eine gesetzliche Grundlage für seine Arbeit erhielt es durch das „Gesetz über die Sicherung und Nutzung von Archivgut des Bundes (Bundesarchivgesetz BArchG)" vom 6. Januar 1988 (BGBl I S 62 ff). Der Einigungsvertrag dehnte die Zuständigkeit auf „Stellen der DDR" aus (Änderung von § 2 Abs 8 BArchG). Unterlagen der Parteien und Massenorganisationen der DDR gehören seit der Gesetzesänderung vom 13. März 1992 (BGBl I S 506) ebenfalls in die Zuständigkeit des Bundesarchivs.
Das Bundesarchiv verwaltet das zur dauernden Aufbewahrung bestimmte Schriftgut und sonstige historische Unterlagen von allen Bundeseinrichtungen mit zentralem Aufgabenbereich sowie von militärischen Dienststellen und Einheiten aller Ebenen; ferner bewahrt und erschließt es Archivalien des Heiligen Römischen Reiches deutscher Nation insbesondere des Reichskammergerichts, des Deutschen Bundes und der zentralen Behörden des Deutschen Reiches, der Besatzungszonen und der Deutschen Demokratischen Republik. Daneben verwahrt es die archivwürdige Überlieferung von Körperschaften, Verbänden, Institutionen und politischen Parteien von überregionaler Bedeutung. Es sammelt schriftliche Nachlässe bedeutender Persönlichkeiten, publizistische Quellen zur Zeitgeschichte, insbesondere Druckschriften, Flugblätter und Plakate, Karten, Pläne und technische Zeichnungen, Dokumentarfilme, Bildgut und Tonträger auch nichtstaatlicher Produktion, die für die deutsche Ge-

schichte von Belang sind, sowie Zeugenschrifttum über Zustände und Ereignisse in den Gebieten jenseits von Oder und Neiße. Seit der Gründung des „Verbunds kinemathekarischer Einrichtungen" im Dezember 1978, dem neben dem Bundesarchiv die Stiftung Deutsche Kinemathek und das Deutsche Institut für Filmkunde angehören, sichert das Bundesarchiv als zentrales Filmarchiv die deutsche Filmproduktion möglichst vollständig.

Durch das „Gesetz über die zentrale Archivierung von Unterlagen aus dem Bereich des Kriegsfolgenrechts" vom 6. Januar 1988 (BGBl I S 65) ist 1990 das ebenfalls zum Bundesarchiv gehörende Lastenausgleichsarchiv in Bayreuth begründet worden. Seit dem 4. Januar 1993 besteht im Bundesarchiv die unselbständige „Stiftung Archiv der Parteien und Massenorganisationen der DDR", die Unterlagen der SED, der ihr verbundenen Parteien und von Massenorganisationen der DDR zusammen mit einer großen wissenschaftlichen Bibliothek auf Dauer sichert. Am 1. Juli 1994 übernahm das Bundesarchiv die Bestände des Berlin Document Center.

Die Abteilungen „Deutsches Reich", „Deutsche Demokratische Republik" und „Filmarchiv" befinden sich in Berlin, ebenso die „Stiftung Archiv der Parteien und Massenorganisationen der DDR"; die Abteilung „Militärarchiv" befindet sich in Freiburg. Zum Bundesarchiv gehören auch die Außenstellen Frankfurt/Main (für Überlieferungen aus der Zeit vor 1867), Aachen-Kornelimünster (Zentralnachweisstelle), die Zwischenarchive Dahlwitz-Hoppegarten und St Augustin sowie die Erinnerungsstätte für die Freiheitsbewegungen in der deutschen Geschichte im Schloß Rastatt.

Veröffentlichungen:
Schriften des Bundesarchivs, bisher erschienene Bände 1 bis 50 (Boldt Verlag; seit 1996 Droste Verlag), darunter Band 10: Das Bundesarchiv und seine Bestände, Boppard 1977. Editionsreihen: Akten der Reichskanzlei (Boldt Verlag). Der Parlamentarische Rat 1948-1949 (ebd; seit 1996 Oldenbourg Verlag). Akten zur Vorgeschichte der Bundesrepublik Deutschland 1945-1949 (Oldenbourg Verlag). Die Kabinettsprotokolle der Bundesregierung (ab 1949), (Boldt Verlag).

Präsident des Bundesarchivs: Prof Dr Friedrich P Kahlenberg (Koblenz)
Vizepräsident: Dr Siegfried Büttner (Berlin)

Stabsstelle Presse und Öffentlichkeitsarbeit, Ausstellungen
Leiter: Ernst Eichengrün WissAng

Erinnerungsstätte für die Freiheitsbewegungen in der deutschen Geschichte in Rastatt
76437 Rastatt, Herrenstr 18, Schloß; Tel (0 72 22) 3 94 75; Fax (0 72 22) 3 34 21
Leiter: Dr Wolfgang Michalka WissOR

Abt Z Zentrale Verwaltungsangelegenheiten
Leiter: Siegfried Becker AbtPräs

Ref Z 1: **Personalangelegenheiten** Rail ORR
Ref Z 2: **Organisationsangelegenheiten** Dillgard ORR
Ref Z 3: **Justitiariat, Gebührnisse** Durwen RRätin
Ref Z 4: **Innerer Dienst** Lipski ROAR
Ref Z 5: **Haushalt; Beschaffungen** Giesel ORR

Ref-Gruppe Z A Datenverarbeitung
Leiter: Brust WissAng

Ref Z A 1: **DV-Organisation** Brust WissAng
Ref Z A 2: **DV-Systemtechnik** Valder WissAng

Außenstelle Aachen-Kornelimünster
– Zentralnachweisstelle –
52076 Aachen, Abteigarten 6; Tel (0 24 08) 1 47-0; Fax (0 24 08) 1 47-37
Verwaltung und Archivierung des personellen Schriftgutes von Angehörigen der Deutschen Wehrmacht, der Waffen-SS, des Reichsarbeitsdienstes und der Organisation Todt
Leiter: Hans-Georg Dillgard ORR

Abt G Fachliche Grundsatzangelegenheiten
Leiter: Dr Klaus Oldenhage AbtPräs

Ref G 1: **Archivfachliche Grundsatzangelegenheiten, Archivrecht, Archivstatistik, Allgemeine Fragen der historisch-wissenschaftlichen Arbeit des Bundesarchivs; archivfachliche Aus- und Fortbildung; archivarische Berufsangelegenheiten** Dr Lenz ArchDir
Ref G 2: **Internationale Beziehungen, Rückführung von Archivgut, Dienstbibliotheken und amtliche Druckschriften** Dr von Jena WissAng
Ref G 3: **Bestandsbildung; Erschließung; Findmittel; Archivische Anwendung der Informationstechnik im Bundesarchiv** Dr Kreikamp ArchDir
Ref G 4: **Allgemeine Fragen der Restaurierung, der Konservierung und der Lagerung von Archivalien, Schutz- und Sicherungsverfilmung; Archivische Reprographie; Restaurierung; Benutzungs- und Magazindienst in Koblenz** Dr Hofmann ArchOR

Editionsgruppe

Edition Kabinettsprotokolle der BRD; Protokolle des Ministerats der DDR; sonstige Quelleneditionen
Leiter: Dr Josef Henke ArchDir

Edition „Dokumente zur Deutschlandpolitik"
53757 St Augustin, Bundesgrenzschutzstr 100; Tel (0 22 41) 93 49-0; Fax (0 22 41) 93 49-30
Leiter: Dr Hanns Jürgen Küsters WissAng

Edition „Dokumentation der DDR-Realität"
12205 Berlin, Finckensteinallee 63; Tel (0 30) 8 43 50-0; Fax (0 30) 8 43 50-2 46 und 8 33 06 95
Leiter: Dr Gunter Holzweißig LtdRDir

Abt LS Lastenausgleichsarchiv, Maschinenlesbare Dateien; Sammlungen
Leiter: Wolf Buchmann LtdArchDir

Ref LS 1: **Lastenausgleich: Allgemeine Angelegenheiten; Bundesausgleichsamt; Ostdokumentation** Dr Ringsdorf ArchDir
Ref LS 2: **Lastenausgleich: Wissenschaftliche Angelegenheiten** Treisch ArchRätin z A

Ref LS 3: **Lastenausgleich: Benutzungs- und Magazindienst** Treisch ArchRätin z A (komm)
Ref LS 4: **Maschinenlesbare Dateien** Dr Wettengel ArchOR
Ref LS 5: **Schriftgut privater Herkunft; Zentraler Nachweis von Nachlässen, Zeitgeschichtliche Sammlungen** Dr Real ArchOR
Ref LS 6: **Bilder; Karten; Pläne; Technische Zeichnungen; Plakate; Tonträger** NN

Abt R Deutsches Reich (1867/71-1945)
12205 Berlin, Finckensteinallee 63; Tel (0 30) 8 43 50-0; Fax (0 30) 8 43 50-2 46 und 8 33 06 95
Leiter: Dr Siegfried Büttner VPräs

Ref R 1: **Parlamente, Oberste Organe der Staatsführung, Auswärtiges, Kolonialangelegenheiten, Parteien; Findmittel, Organisations- und Strukturunterlagen der Abteilungen R, DDR und der Stiftung** Dr Ritter ArchDir
Ref R 2: **Inneres, Justiz** Dr Naasner ArchOR
Ref R 2 – Pers: **Personenbezogene Unterlagen von Partei und Staat von 1933 bis 1945 (ehem BDC)** Stach WissAngestellte
Ref R 3: **Bildung und Wissenschaft; Kultus; Kunst und Kultur; Presse, Rundfunk, Propaganda** Blumberg ArchRätin z A
Ref R 4: **Finanzen; Wirtschaft; Ernährung, Landwirtschaft; Forsten; Post; Verkehr** Wagner ArchRätin z A
Ref R 5: **Arbeit und Soziales; Volkstum und Umsiedlung; Raumordnung; Bauwesen** Mokry WissAngestellte
Ref R 6: **Benutzungs- und Magazindienst der Abteilungen R, DDR und der Stiftung (Gruppe AG)** Schulz WissAng

Außenstelle Frankfurt am Main
60311 Frankfurt, Seckbächer Gasse 4; Tel (0 69) 21 23 52 20
Heiliges Römisches Reich Deutscher Nation, Deutscher Bund (1815-1866); Nationalversammlung; Provisorische Zentralgewalt 1848/49
Leiter: Dr Johann Schenk ArchDir

Abt B Bundesrepublik Deutschland
Leiter: Dr Wolfram Werner LtdArchDir

Ref B 1: **Schriftgutverwaltungen des Bundes; Zwischenarchive, Oberste Organe der Staatsführung; Auswärtige Angelegenheiten; Organisationsunterlagen** Dr Rest ArchOR
Ref B 2: **Inneres, Justiz** Dr E Büttner ArchOR
Ref B 3: **Bildung, Wissenschaft, Forschung und Technologie; Umwelt; Kunst und Kultur; Medien** Dr Koops ArchOR
Ref B 4: **Finanzen; Geld und Kredit; Post; Verkehr; Personal- und Versorgungsakten** Gronau WissAngestellte
Ref B 5: **Wirtschaft; Ernährung, Landwirtschaft und Forsten; Wirtschaftliche Zusammenarbeit** Dr Baumgarten ArchOR
Ref B 6: **Arbeit und Soziales; Jugend-, Familien- und Frauenfragen; Gesundheit, Raumordnung, Bauwesen; Vertriebene** Oldenhage ArchRätin z A

Außenstelle St. Augustin
53757 St. Augustin, Bundesgrenzschutzstr 100; Tel (0 22 41) 92 83-0; Fax (0 22 41) 92 83-33
Zwischenarchiv für die obersten Bundesbehörden im Großraum Bonn, Geheimarchiv für die Bundesverwaltung
Leiter: Hartmut Hagner ArchOAR

Außenstelle Dahlwitz-Hoppegarten
15366 Dahlwitz-Hoppegarten, Lindenallee 55-57; Tel (0 33 42) 2 36 80; Fax (0 33 42) 30 06 28
Zwischenarchiv für die obersten Bundesbehörden im Großraum Berlin

Abt DDR Deutsche Demokratische Republik (1945/49-1990)
12205 Berlin, Finckensteinallee 63; Tel (0 30) 8 43 50-0; Fax (0 30) 8 43 50-2 46 und 8 33 06 95
Leiter: Dr Hermann Schreyer WissAng

Ref DDR 1: **Oberste Organe der Staatsführung, Auswärtige Angelegenheiten** Dr Wagner WissAng
Ref DDR 2: **Inneres; Justiz; Kirchen** Fruth WissAngestellte
Ref DDR 3: **Finanzen; Post** Grünspek ArchRätin z A
Ref DDR 4: **Bildung; Kultur; Medien; Arbeit; Sozial- und Gesundheitswesen; Jugend und Sport** Müller ArchOR
Ref DDR 5: **Kontrolle; Statistik; Wissenschaft; Technik; Bauwesen; Verkehr; Karten und Luftbilder** Haker ArchORätin
Ref DDR 6: **Planung und Leitung der Wirtschaft; Industriezweige; Materialwirtschaft; Land- und Forstwirtschaft; Umweltschutz; Handel** Boissier WissAngestellte

Abt MA Militärarchiv
79115 Freiburg, Wiesentalstr 10; Tel (07 61) 4 78 17-0; Fax (07 61) 4 78 17-9 00
Leiter: Dr Manfred Kehrig LtdArchDir

Ref MA 1: **Bundeswehr: Schriftgutverwaltung im BMVg; Zwischenarchiv; Stäbe und Einrichtungen der Leitung; Personalwesen; Verwaltung und Recht; Unterbringung** Dr Gießler ArchDir
Ref MA 2: **Bundeswehr: Führung der Streitkräfte; Heer** Montfort ArchOR
Ref MA 3: **Bundeswehr: Luftwaffe und Marine; Sanitätswesen** Dr Borgert ArchOR
Ref MA 4: **Bundeswehr: Rüstung; Wehrtechnische Unterlagen; Militärische Karten; Nichtstaatliche Unterlagen; Amtliche Druckschriften; Dienstbibliothek; Benutzungs- und Magazindienst** Dr Ing Fetzer WissAng; Jansen OTL
Ref MA 5: **Nationale Volksarmee** Kästner WissAng
Ref MA 6: **Preußische und deutsche Streitkräfte 1867-1945; Einrichtungen und Dienststellen der Alliierten 1945-1949** Dr Fleischer ArchOR

Militärisches Zwischenarchiv
Zwischenarchiv für das Bundesministerium der Verteidigung und nachgeordneter Bereich

Abt FA Filmarchiv
10707 **Berlin,** Fehrbelliner Platz 3; Tel (0 30) 86 81-1; Fax (0 30) 86 81-3 10
Leiter: Karl Griep WissAng

Ref FA 1: **Filmarchivierung: Allgemeine Angelegenheiten; Kinematheksverbund; FIAF; Fachliche Zusammenarbeit mit anderen Institutionen; Zentrale Dokumentation der deutschen Filmproduktion; Beständenachweis; Filmbegleitmaterialien; Filmförderung; Dienstbibliothek** Morsbach WissAng
Ref FA 2: **Filmbenutzung** Voigt WissAng
Ref FA 3: **Dokumentarfilme** Werth-Mühl ArchORätin
Ref FA 4: **Spielfilme** Schütz WissAngestellte
Ref FA 5: **Filmrestaurierung und -konservierung** Brandes WissAng

Stiftung Archiv der Parteien und Massenorganisationen der DDR im Bundesarchiv
12205 **Berlin,** Finckensteinallee 63; Tel (0 30) 8 43 50-0; Fax (0 30) 8 43 50-2 46 und 8 33 06 95
Direktor der Stiftung: Dr Konrad Reiser LtdArchDir

Gruppe AG Archivgut
Leiterin: Dr Mühl-Benninghaus WissAngestellte

Ref AG 1: **Gremien der Stiftung; Nationale Front; Demokratischer Block; Parteien (ohne SED)** Räuber WissAngestellte
Ref AG 2: **Sozialistische Einheitspartei Deutschlands (SED)** Dr Walther WissAngestellte
Ref AG 3: **Gewerkschaften** Braun WissAng
Ref AG 4: **Gesellschaftliche Organisationen der DDR (ohne FDGB)** Lange WissAngestellte
Ref AG 5: **Sozialdemokratische, sozialistische sowie kommunistische Parteien und Organisationen bis 1945/46; Nachlässe; audiovisuelles Archivgut** Ulrich ArchRätin z A

Gruppe BG Bibliotheksgut
Leiterin: Dolatowski WissAngestellte

Ref BG 1: **Allgemeine Fragen der wissenschaftlichen Bibliotheken; Gremien der Stiftung; Erwerbung; Bestandspflege** Goldbeck WissAngestellte
Ref BG 2: **Formal- und Sacherschließung; Zentralkatalog** Kontny WissAngestellte
Ref BG 3: **Benutzungs- und Magazindienst** Voß WissAng

12 Bundesverwaltungsamt (BVA)

50753 **Köln,** Barbarastr 1; Tel (02 21) 7 58-0; Telex 88 84 88-0 bvd; Fax (02 21) 7 58-28 23

Staatsrechtliche Grundlage und Aufgabenkreis:
Das Bundesverwaltungsamt ist durch Gesetz vom 28. Dezember 1959 (BGBl I S 829) im Geschäftsbereich des Bundesministeriums des Innern als selbständige Bundesoberbehörde mit Sitz in Köln errichtet worden.
Das Bundesverwaltungsamt als zentrale Verwaltungsbehörde des Bundes erledigt in eigener Zuständigkeit Verwaltungsaufgaben, die ihm durch dieses Gesetz oder durch andere Bundesgesetze zugewiesen sind, sowie Verwaltungsaufgaben, die ihm auf Grund des Errichtungsgesetzes im Erlaßwege durch die Bundesressorts zur Erledigung in eigener Zuständigkeit oder als beauftragte Behörde übertragen wurden. Insgesamt werden etwa 80 unterschiedliche Aufgaben aus den Geschäftsbereichen nahezu aller oberster Bundesbehörden wahrgenommen.
Zum Aufgabenbereich des Bundesverwaltungsamtes gehören:
– Ausbildung für den mittleren und gehobenen nichttechnischen Dienst in der allgemeinen und inneren Verwaltung des Bundes sowie für den mittleren, gehobenen und höheren Bibliotheksdienst des Bundes – soweit nicht von der Fachhochschule des Bundes für öffentliche Verwaltung wahrgenommen. Das Bundesverwaltungsamt ist für diese Beamten im Vorbereitungsdienst Einstellungsbehörde.
– Informationstechnik,
– Förderungsmaßnahmen im Bereich Sport und Kultur – soweit nicht die Bundesländer zuständig sind –,
– Zuwendungen in den Aussiedlungsgebieten,
– Entschädigung nach dem Bundesentschädigungsgesetz (Renten, Beihilfen, Heilverfahren),
– Wiedergutmachung an frühere Bedienstete jüdischer Gemeinden,
– Mitwirkung bei der Kriegsgräberfürsorge,
– Gewährung von Personalkostenzuschüssen,
– Staatsangehörigkeitsangelegenheiten – soweit nicht die Zuständigkeit einer Länderbehörde gegeben ist – insbesondere
– Einbürgerung in den deutschen Staatsverband
– Feststellung der deutschen Staatsangehörigkeit,
– Mitwirkung bei der Visumerteilung durch die deutschen Auslandsvertretungen,
– Führung des Ausländerzentralregisters,
– Verwaltung und Einziehung von Ausbildungsdarlehen insbesondere nach dem Bundesausbildungsförderungsgesetz, Rückforderung von Ausbildungsbeihilfen an ehemalige Regierungsstipendiaten aus Entwicklungsländern,
– Erstellung von Berichten, Analysen und Evaluationen für die Bundesregierung zu dem Bereich „Sogenannte Jugendsekten und Psychogruppen" mit Blick auf notwendige gesetzgeberische Initiativen sowie Vorbereitung von Stellungnahmen und Berichten der Bundesregierung gegenüber dem Deutschen Bundestag und seinen Ausschüssen,
– Informationsstelle für Auswanderer und Auslandstätige,
– Betreuung der gewerblichen, handwerklichen und verwaltungsinternen Berufsausbildung in der Bundesverwaltung (zuständige Stelle nach § 84 Berufsbildungsgesetz),
– Berufsförderung der früheren Polizeivollzugsbeamten im Bundesgrenzschutz auf Widerruf,

- Berufliche Eingliederung nach dem Soldatenversorgungsgesetz,
- Zentralstelle für das Auslandsschulwesen,
- Durchsetzung von Unterhaltsansprüchen von im Ausland lebenden Gläubigern gegen inländische Unterhaltsschuldner (UN-Abkommen vom 20. Juni 1956),
- Wiedereinziehung von Konsularhilfen, die von den deutschen Auslandsvertretungen gewährt wurden,
- Aufnahme, Eingliederung und Verteilung der Aussiedler,
- Vermögens- und Rentenabwicklung des ehemaligen Staatssicherheitsdienstes.

Ohne Zuordnung zu einer Abteilung ist die Bundesstelle für Büroorganisation und Bürotechnik (BBB) in das Bundesverwaltungsamt eingegliedert. Außerdem werden die Aufgaben der Geschäftsstelle der Monopolkommission wahrgenommen.

Präsident des Bundesverwaltungsamtes: Dr Jürgen Hensen
Vizepräsident: Dr Goswin Lörken

Abt I Zentrale Verwaltungsaufgaben, Datenverarbeitung
Leiter: Bönders AbtPräs

Referatsgruppe I A Personalangelegenheiten, Datenschutz, Justitiariat
Leiter: Hencken LtdRDir

Ref I A 1: **Personalangelegenheiten** Maßolle ORR
Ref I A 2: **Aus- und Fortbildung der Beschäftigten, Personalentwicklung** Martius ORR
Ref I A 3: **Finanzielle Betreuung der Beschäftigten und der Beamten im Vorbereitungsdienst** Hyzak ORR
Ref I A 4: **Justitiariat** Hencken LtdRDir

Referatsgruppe I B Organisation, Haushalt, Innerer Dienst
Leiter: Flätgen RDir

Ref I B 1: **Organisation, Presseangelegenheiten** Kretschmar RDir
Ref I B 2: **Innerer Dienst, Beschaffungswesen** Weinsziehr ORR
Ref I B 3: **Gesamtplanung und Koordination der Informationstechnik** Keusekotten RDir
Ref I B 4: **Haushalt** Weber ORR
Ref I B 5: **Controlling** Flätgen RDir

Referatsgruppe I C Datenverarbeitung
Leiter: Dr Krichel LtdRDir

Ref I C 1: **Verfahrensentwicklung und -betreuung** Schreiber RDir
Ref I C 2: **Softwareproduktionsumgebung, Datenbank-/Datenkommunikations-Service, Verwaltung** Rieger RRätin z A
Ref I C 3: **Datenverarbeitungszentrum** Dr Krichel LtdRDir
Ref I C 4: **Systemtechnik, Betriebssysteme, Kommunikationssysteme** Slawski VwAng

Abt II Vertriebene, Spätaussiedler, Deutsche Minderheiten, Sport- und Kulturförderung, Entschädigung, Wiedergutmachung
Leiter: Peikert LtdRDir

Referatsgruppe II A Zuwendungen für Vertriebene, Spätaussiedler, deutsche Minderheiten und für Hilfen in Aussiedlungsgebieten
Leiter: Hagen LtdRDir

Ref II A 1: **Grundsatzangelegenheiten, Zuwendungen an die Suchdienste und für Maßnahmen der Vertriebenen** Hagen LtdRDir
Ref II A 2: **Zuwendungen für Hilfen in Aussiedlungsgebieten (Russische Föderation, Kasachstan, Kirgistan, Usbekistan, Georgien, Tadschikistan, Turkmenistan, Armenien)** Dicke ORR
Ref II A 3: **Zuwendungen für Hilfen in Aussiedlungsgebieten (sonstige Länder)** Dr Randerath ORR
Ref II A 4: **Zuwendungen für Kulturarbeit im Sinne von § 96 BVFG** Ehmann ORR

Referatsgruppe II B Sport- und Kulturförderung, Entschädigung, Wiedergutmachung, Beratung GUS- und MOE-Staaten
Leiterin: Liebing RDirektorin

Ref II B 1: **Förderungsmaßnahmen im Bereich Sport** Theurer RDir
Ref II B 2: **Förderungsmaßnahmen im Bereich Kultur** Niedernolte RDir
Ref II B 3: **Entschädigung, Wiedergutmachung** Liebing RDirektorin
Ref II B 4: **Ansprüche nach § 38 AtomG, Schadensersatzansprüche nach § 87 a BBG, § 38 Bundesangestelltentarifvertrag und § 43 Manteltarifvertrag Bund II, Erstattung von Fahrgeldausfällen nach dem Schwerbehindertengesetz, Beglaubigungen, Ordnungsaufgaben, Abwicklung des Hilfsfonds für schwangere Frauen in Not** Bader ORR
Ref II B 5: **Beratung GUS- und MOE-Staaten** Ringkamp ORR

Abt III Staatsangehörigkeits- und Visaangelegenheiten, Aufnahme jüdischer Emigranten aus der ehemaligen Sowjetunion, Ausländerzentralregister, Schengener Informationssystem
Leiterin: Wend LtdRDirektorin

Ref III 1: **Einbürgerungen in den deutschen Staatsverband, Feststellung der deutschen Staatsangehörigkeit** Schäfer ORRätin
Ref III 2: **Feststellung der deutschen Staatsangehörigkeit** Struck ORR
Ref III 3: **Feststellung der deutschen Staatsangehörigkeit** Lipski ORR
Ref III 4: **Visaangelegenheiten (Mitwirkung bei der Visumerteilung durch die deutschen Auslandsvertretungen), Aufnahme jüdischer Emigranten aus der ehemaligen Sowjetunion** Goebel RDirektorin
Ref III 5: **Ausländerzentralregister (Führung des Registers der in der Bundesrepublik Deutschland meldepflichtigen Ausländer), Schengener Informationssystem** Faßbender RR
Ref III 6: **Feststellung der deutschen Staatsangehörigkeit** Fiebig RRätin

Abt IV Verwaltung und Einziehung von Ausbildungsdarlehen
Leiter: Schütz AbtPräs

Ref IV 1: Grundsatzangelegenheiten Lumme ORR
Ref IV 2: Einzelfälle, Graduiertenförderung, Honnefer Modell, Rückforderung von Ausbildungsbeihilfen an ehemalige Regierungsstipendiaten aus Entwicklungsländern Dr Jung ORRätin
Ref IV 3: Einzelfälle Kordes RR
Ref IV 4: Einzelfälle Würtenberger ORR
Ref IV 5: Einzelfälle Wolter ORR
Ref IV 6: Einzelfälle Frank RR
Ref IV 7: Einzelfälle Palm ORRätin
Ref IV 8: Einzelfälle Cöster ORR
Ref IV 9: Einzelfälle Just RRätin
Ref IV 10: Einzelfälle Winther RRätin
Ref IV 11 (Außenstelle Nürnberg): Einzelfälle Rieke RR

Abt V Sogenannte Jugendsekten und Psychogruppen, Informationsstelle für Auswanderer und Auslandstätige, Ausbildung, Berufsbildung, Berufsförderung
Leiterin: Gaudig LtdRDirektorin
Ständiger Vertreter: Fellehner LtdRDir

Ref V 1: Sogenannte Jugendsekten und Psychogruppen Engels-Steinmetz ORRätin
Ref V 2: **Informationsstelle für Auswanderer und Auslandstätige; Auskunftserteilung über ausländisches Recht** Steinebach RDirektorin
Ref V 3: **Ausbildung** Wöllgens RR
Außenstelle Berlin-Mitte Ausbildungszentrum 10117 Berlin, Mauerstr 34-38; Tel (0 30) 22 41-50; Fax (0 30) 22 41-55 27
Ref V 4: **Wiedereinziehung von Konsularhilfen** Rölle RDir
Ref V 5: **Berufsbildung (zuständige Stelle nach § 84 Berufsbildungsgesetz), Berufsförderung früherer Polizeivollzugsbeamter im BGS, Berufliche Eingliederung nach dem Soldatenversorgungsgesetz** Dimper ORR
Ref V 6 (Bad Homburg v d Höhe): **Außergerichtliche Durchsetzung von Unterhaltsansprüchen nach UN-Übereinkommen vom 20. Juni 1956** Fellehner LtdRDir
Ref V 7 (Bad Homburg v d Höhe): **Außergerichtliche Durchsetzung von Unterhaltsansprüchen nach UN-Übereinkommen vom 20. Juni 1956, Zwangsvollstreckung** Mück RR

Abt VI Zentralstelle für das Auslandsschulwesen
Leiter: Schmidt AbtPräs

Referatsgruppe VI A Schulische Arbeit im Ausland
Leiter: Dr Allgaier LtdRSchulDir

Ref VI A 1: **Schulleiterauswahl, Statistik** Dr Allgaier LtdRSchulDir
Ref VI A 2: **Betreuung der deutschen Schulen und Bildungseinrichtungen im Ausland** Lauer RSchulDir
Ref VI A 3: **Prüfungen im Bereich Deutsch als Fremdsprache** Bieler RSchulDir

Ref VI A 4: **Vermittlung von Lehrkräften** Harmgardt RDir
Ref VI A 5: **Pädagogische und didaktisch-methodische Fragen des Auslandsschulwesens, Vorbereitung und Fortbildung, Dokumentation** von Rüden RSchulDir

Referatsgruppe VI B Verwaltung, Recht und Finanzen
Leiter: Gauf LtdRDir

Ref VI B 1: **Grundsatzangelegenheiten, Finanzen der deutschen Schulen/Bildungseinrichtungen, abteilungsinterne Datenverarbeitung** Gauf LtdRDir
Ref VI B 2: **Haushaltsangelegenheiten, Finanzielle Betreuung der Programmlehrkräfte** Huthmacher RDirektorin
Ref VI B 3: **Finanzielle Betreuung der Auslandsdienstlehrkräfte, Krisenmaßnahmen** Kraus ORR
Ref VI B 4: **Lehrgangs- und Reiseservice, Zuwendungen im Rahmen der auswärtigen Kulturpolitik** Hellenbrecht RRätin
Ref VI B 5: **Rechts- und Prozeßangelegenheiten des Auslandsschulwesens** Rohde RDir

Abt VIII Aufnahme, Verteilung und Eingliederung der Aussiedler
Leiter: Verenkotte LtdRDir

Referatsgruppe VIII A Grundsatzangelegenheiten, Schriftliches Aufnahmeverfahren, Prozeßangelegenheiten
Leiterin: Bechtold-Bönders LtdRDirektorin

Ref VIII A 1: **Grundsatzangelegenheiten, Beteiligung der Bundesländer** Sehmsdorf RDir
Ref VIII A 2: **Schriftliches Aufnahmeverfahren** Eckhardt RRätin
Ref VIII A 3: **Schriftliches Aufnahmeverfahren** NN
Ref VIII A 4: **Schriftliches Aufnahmeverfahren, Prozeßangelegenheiten** NN
Ref VIII A 5: **Schriftliches Aufnahmeverfahren, Prozeßangelegenheiten** Kretz ORR
Ref VIII A 6: **Schriftliches Aufnahmeverfahren** Heinz RR
Ref VIII A 7: **Prozeßangelegenheiten** Stanek ORRätin
Ref VIII A 8: **Integration der Spätaussiedler** Hübenthal RDir
Ref VIII A 9: **Sprachtests** Richter ORR
Ref VIII A 10: **Prozeßangelegenheiten** Blohm RRätin

Referatsgruppe VIII B Zentrale Aufgaben, Schriftliches und mündliches Aufnahmeverfahren in den Außenstellen
Leiter: Stührmann RDir

Ref VIII B 1: **Querschnittsaufgaben der Abteilung, Aufsicht über die Außenstellen, Führung des Informationssystems, Aussiedleraufnahmeverfahren** Sandvoß ORR

Außenstelle Dranse
16909 Dranse, Kuhlmühler Str; Tel (03 39 66) 6 03 80; Fax (0 33 66) 6 02 37

Außenstelle Empfingen
72186 Empfingen, Haigerlocher Str 127; Tel (0 74 85) 1 82-0; Fax (0 74 85) 13 71

Außenstelle Nürnberg
90461 Nürnberg, Frankenstr 210; Tel (09 11) 9 43-0; Fax (09 11) 9 43 89 99

Außenstelle Rastatt
76437 Rastatt, Leopoldplatz 10; Tel (0 72 22) 3 88-0; Fax (0 72 22) 38 82 16

Ref VIII B 2: **Außenstelle Bramsche** Kaufhold ORR
49565 Bramsche, Im Rehhagen 43; Tel (0 54 61) 8 84-0; Fax (0 54 61) 8 84-1 11

Ref VIII B 3: **Außenstelle Friedland** Mrugalla ROAR
37133 Friedland, Heimkehrerstr 16; Tel (0 55 04) 8 01-0; Fax (0 55 04) 8 01-3 91

Ref VIII B 4: **Außenstelle Gießen** Crass ROAR
35396 Gießen, Ursulum 20; Tel (06 41) 40 18-0; Fax (06 41) 40 18-40

Ref VIII B 5: **Außenstelle Hamm** Richter 0RR
59071 Hamm, Alter Uentroper Weg 2; Tel (0 23 81) 8 98-0; Fax (0 23 81) 89 81 50

Ref VIII B 6: **Organisation der Einreise und Erstaufnahme von Spätaussiedlern, Finanzielle Abwicklung, Koordinierungsstelle** Flätgen RDir

Abt IX (Außenstelle Berlin-Lichtenberg) Vermögens- und Rentenabwicklung des ehemaligen Staatssicherheitsdienstes
10365 Berlin, Gotlindestr 91/Haus 40; Tel (0 30) 5 51 33-0; Fax (0 30) 5 51 33-3 13
Leiter: Schütz AbtPräs
Ständiger Vertreter: Liebetanz LtdRDir

Ref IX 1: **Zentrale Aufgaben** NN
Ref IX 2: **Justitiariat** NN
Ref IX 3: **Vermögensaufklärung – unbewegliches Vermögen – Finanzvermögen – Vermögenserfassung** NN
Ref IX 4: **Grundsatzangelegenheiten, Rentenabwicklung, Überführung von Renten** Wrege RRätin
Ref IX 5: **Überführung von Renten** Göcke RR (mdWdGb)
Ref IX 6: **Überführung von Renten, Rentengewährung** Göcke RR

Bundesstelle für Büroorganisation und Bürotechnik (BBB)
Beratung und Unterstützung der Bundesverwaltung bei der Organisation
Kommissarischer Leiter: Hencken LtdRDir

13 Institut für Angewandte Geodäsie (IfAG)

60598 **Frankfurt am Main,** Richard-Strauss-Allee 11; Tel (0 69) 63 33-1; Telex 41 35 92 ifag-d; Fax (0 69) 6 33 32 35

Staatsrechtliche Grundlage und Aufgabenkreis:
Das Institut für Angewandte Geodäsie in Frankfurt (Main) ist durch Verordnung vom 1. Juli 1952 (BGBl I S 367) auf Grund des Art 130 des Grundgesetzes mit Wirkung vom 1. April 1952 in die Verwaltung des Bundes übergeführt und dem Bundesminister des Innern unterstellt worden.
Das Institut, das nach einer zwischen dem Bundesminister des Innern und dem Bayerischen Staatsministerium für Unterricht und Kultus geschlossenen Verwaltungsabrede vom 19. Oktober/ 19. November 1951 die Aufgaben der Abteilung II des Deutschen Geodätischen Forschungsinstituts in München wahrnimmt, dient in erster Linie der Erfüllung von Forschungsaufgaben auf den Gebieten der Geodäsie, Kartographie und Photogrammetrie.
Ihm obliegt weiterhin die Herstellung und Laufendhaltung von amtlichen Karten der Maßstäbe 1 :200 000 und kleiner, die Förderung der Zusammenarbeit mit gleichartigen Einrichtungen des Auslandes und die Durchführung von Sonderarbeiten auf Anforderung von Bundesbehörden.

Veröffentlichungen:
Die vom IfAG herausgegebenen Karten und Veröffentlichungen sind im „Kartenverzeichnis" und im „Verzeichnis der Veröffentlichungen des Instituts für Angewandte Geodäsie" aufgeführt, die auch die Bezugsbedingungen (Bestellung, Preis usw) enthalten. Diese Kataloge werden auf Anforderung an Interessenten kostenlos abgegeben.

Präsident des Instituts für Angewandte Geodäsie:
Prof Dr Ing Hermann Seeger Präs und Prof des IfAG

Abteilung Z Zentralabteilung
Leiter: Joachim Hoffmann LtdRDir

Gruppe Z 1: Personal, Besoldung, Vergütungen, Löhne, Gebührnisse, Aus und Fortbildung, Organisation (teilweise) Koch ROAR
Gruppe Z 2: Innerer Dienst, Haushalts-, Kassen- und Rechnungswesen, Beschaffungswesen, Dienstreisen, Sonderprojekte Falke ORR
Gruppe Z 3: Zentrale technisch-wissenschaftliche Angelegenheiten Dr-Ing Baer WissAngestellte
Gruppe Z 4: Verwaltung Leipzig Weiske VwAngestellte

Abteilung K Kartographie (mit Außenstellen Berlin und Leipzig)
Leiter: Dr-Ing Weichel LtdVmDir

Gruppe K 1: Topographisch-kartographische Informationssysteme Dipl-Ing Dipl-Geogr Bodingbauer TRAR

Gruppe K 2: **Außenstelle Berlin, Amtliche Kartenwerke gemäß Verwaltungsabkommen, Auftragsarbeiten, Vertrieb** Dipl-Ing Hoffmann TROAR
Gruppe K 3: **Topographische Informationsdienste, Geschäftsstelle des StAGN** Dipl-Ing Stoll TROAR
Gruppe K 4: **Außenstelle Leipzig, Kleinmaßstäbige Kartenwerke für den Bereich der östlichen Bundesländer** Dipl-Ing Melzer TROInspektorin

Abteilung GF Geodätische Forschung
Leiter: Prof Dr-Ing habil Ewald Reinhart Dir und Prof

Gruppe GF 1: **Auswertung und Analyse von GPS-Beobachtungen zur Erfassung von Kinematik zwecks Überwachung geodätischer Referenzsysteme** Dr-Ing Weber WissDir
Gruppe GF 2: **Auswertung von Satelliten-Beobachtungen in Geodätischen Netzen (Außenstelle Leipzig)** Dipl-Ing Rausch WissAng
Gruppe GF 3: **Mathematisch-geodätische Auswerteverfahren (Außenstelle Potsdam)** Dr-Ing Richter WissDir (m d W b)
Gruppe GF 4: **Fundamentalstation Wettzell** Dr-Ing Schlüter WissDir
Gruppe GF 5: **Geophysikalisch-geodätische Verfahren** Dr-Ing Richter WissDir
Gruppe GF 6: **Terrestrisch-geodätische Verfahren (Außenstelle Leipzig)** Dr-Ing Ihde WissOR
Gruppe GF 7: **Säkulare Schwereänderungen (Außenstelle Potsdam)** Dr-Ing Schäfer WissR

Abteilung PKF   Photogrammetrisch-kartographische Forschung
Leiter: Dr-Ing Weichel LtdVmDir (mdWb)

Gruppe PKF 1: **Geowissenschaftliche Informationsgewinnung und -darstellung** Dr-Ing Sievers WissDir
Gruppe PKF 2: **Auswertung digitaler Bildaufzeichnungen** Prof Dr-Ing Schulz WissDir
Gruppe PKF 3: **Bilddatenauswertung für photogrammetrische und kartographische Anwendungen** Dr-Ing Hanke WissAng
Gruppe PKF 4: **Kartographische Automationssysteme, Konzeption, Systemdesign** Wilski VmDir
Gruppe PKF 5: **Datenerfassung und Geo-Informationssysteme, Veränderung kartographischer Daten** NN
Gruppe PKF 6: **Allgemeine Softwareentwicklung und Datenverarbeitung** Dr-Ing Weber WissDir (mdWb)
Gruppe PKF 7: **Geo-Informationssysteme, ATKIS (Außenstelle Leipzig)** Dr-Ing Endrullis WissOR
Gruppe PKF 8: **Datenverarbeitung der Außenstelle Leipzig** Cramer WissAng

Fundamentalstation Wettzell
93444 **Kötzting**, Sackenrieder Str 25; Tel (0 99 41) 60 30; Fax (0 99 41) 60 32 22

Außenstellen des IfAG:

Außenstelle Berlin
10785 **Berlin**, Stauffenbergstr 13; Tel (0 30) 2 54 17-0; Fax (0 30) 2 54 17-1 99

Außenstelle Leipzig
04105 **Leipzig**, Karl-Rothe-Str 10-14; Tel (03 41) 5 63 40; Fax (03 41) 5 63 44 15

Außenstelle Potsdam
14473 **Potsdam**, Michendorfer Chaussee 23; Tel (03 31) 3 16-0; Fax (03 31) 3 16-6 02

14 Bundesinstitut für Sportwissenschaft (BISp)

50933 **Köln**, Carl-Diem-Weg 4; Tel (02 21) 49 79-0; Fax (02 21) 49 51 64

Staatsrechtliche Grundlage und Aufgabenkreis:
Das Bundesinstitut ist durch Erlaß des Bundesministers des Innern vom 10. Oktober 1970 (GMBl S 539), neugefaßt durch Erlaß vom 8. Juli 1996 (GMBl S 668), als nicht rechtsfähige Bundesanstalt im Geschäftsbereich des Bundesministeriums des Innern in Köln errichtet worden.
Im einzelnen sind die Aufgaben des Bundesinstituts durch Erlaß des Bundesministers des Innern vom 8. Juli 1996 wie folgt festgelegt worden:
– die wissenschaftliche Zweckforschung auf dem Gebiet des Sports, insbesondere in der Bewegungslehre, Biomechanik, Medizin, Ökonomie, Pädagogik, Psychologie, Soziologie sowie der Trainingslehre, vor allem durch Planung und Koordinierung sowie durch Finanzierung zu fördern, Forschungsergebnisse auszuwerten sowie den Transfer von Forschungsergebnissen vorzunehmen,
– Experten mit der Durchführung und Weiterentwicklung von Dopinganalytik sowie damit in Zusammenhang stehender biochemischer und biophysikalischer Forschung zu beauftragen,
– die Bundesregierung bei Sportförderungsprojekten, insbesondere in den Entwicklungsländern wissenschaftlich zu beraten,
– Forschungen auf dem Gebiet der Sportgeräte, der Sportanlagen und sonstigen Ausrüstungen zu veranlassen, zu fördern und zu koordinieren, Forschungsergebnisse und praktische Erfahrungen auszuwerten und zu verbreiten, Konzeptionen für den Bau von Sportanlagen zu entwickeln, bei Planung, Errichtung, Ausbau und Unterhaltung bundeszentraler und bundeseigener Sportanlagen mitzuwirken,
– eine bundeszentrale Dokumentations- und Informationsstelle auf dem Gebiete des Sports zu betreiben,
– das Bundesministerium des Innern bei der Koordinierung sportwissenschaftlicher Aktivitäten der Bundesregierung zu unterstützen.
Zur Erfüllung dieser Aufgaben arbeitet das BISp mit den entsprechenden Einrichtungen des In- und Auslands zusammen.
Das BISp wird bei der Erfüllung seiner Aufgaben durch ein Direktorium unterstützt. Es besteht aus vier Mitgliedern, die vom BMI für die Dauer von vier Jahren bestellt werden.

Zur fachlichen Beratung des BISp werden folgende Fachausschüsse gebildet:
- die Fachausschüsse „Medizin und Biologie", „Dopinganalytik und spezielle Biochemie", „Behindertensport", im Fachbeirat „Medizin, Dopinganalytik, Behindertensport",
- die Fachausschüsse „Trainings- und Bewegungswissenschaft", „Prozeßbegleitende Trainings- und Wettkampfforschung", „Sportgeräte- und Technologieentwicklung", im Fachbeirat „Trainings- und Bewegungswissenschaft, Sportgeräte- und Technologieentwicklung",
- die Fachausschüsse „Sozial- und Verhaltenswissenschaft", „Informations- und Kommunikationswissenschaft", „Sportstätten und Umwelt" im Fachbeirat „Sozial- und Verhaltenswissenschaft, Sportstätten".

Direktor des Bundesinstituts für Sportwissenschaft:
Dr Martin-Peter Büch

Verwaltung
Leiter: Bade ORR

SgL: **Internationale Aufgaben, Presse- und Öffentlichkeitsarbeit** Schulze RR

Fachbereich W 1 Naturwissenschaften und Medizin
Leiter: Dr-Ing Schumann Ang

Ref: **Medizin** Dr med Stehle VwAng
Ref: **Behindertensport/Biologie/Dopinganalytik** Dr Müller-Platz WissDir
Ref: **Trainingslehre** Dr Carl WissDir
Ref W 4: **Bewegungslehre** Dr Quade WissOR

Fachbereich W 2 Kulturwissenschaften und Fachinformation
Leiter: Dipl-Volksw Georg Anders WissDir

Ref: **Soziologie** NN
Ref: **Psychologie** NN
Ref: **Pädagogik** Kayser WissDir
Ref: **Literaturdokumentation** NN
Ref: **Datendokumentation** Dipl-Sozialwirt Fleischer Ang

Fachbereich W 3 Sportanlagen und Sportgeräte
Leiter: Dipl-Ing Hartmann TAng

Ref: **Umwelt/Sicherheit** NN
Ref: **Sporthochbauten** Dipl-Ing Szigeti BauOR
Ref: **Sportfreianlagen** NN
Ref: **Sportgeräte** Dipl-Sportlehrer Eule Ang

15 Bundesamt für Sicherheit in der Informationstechnik (BSI)

53175 Bonn, Godesberger Allee 183; Tel (02 28) 95 82-0; Fax (02 28) 95 82-4 00

Staatsrechtliche Grundlage und Aufgabenkreis:
Gesetz über die Errichtung des Bundesamtes für Sicherheit in der Informationstechnik (BSI-Errichtungsgesetz – BSIG) vom 17. Dezember 1990 (BGBl I Seite 2834 ff).

Das Bundesamt hat zur Förderung der Sicherheit in der Informationstechnik folgende Aufgaben:
- Untersuchung von Sicherheitsrisiken bei Anwendung der Informationstechnik sowie Entwicklung von Sicherheitsvorkehrungen, insbesondere von informationstechnischen Verfahren und Geräten für die Sicherheit in der Informationstechnik, soweit dies zur Erfüllung von Aufgaben des Bundes erforderlich ist,
- Entwicklung von Kriterien, Verfahren und Werkzeugen für die Prüfung und Bewertung der Sicherheit von informationstechnischen Systemen oder Komponenten,
- Prüfung und Bewertung der Sicherheit von informationstechnischen Systemen oder Komponenten und Erteilung von Sicherheitszertifikaten,
- Zulassung von informationstechnischen Systemen oder Komponenten, die für die Verarbeitung oder Übertragung amtlich geheimgehaltener Informationen (Verschlußsachen) im Bereich des Bundes oder bei Unternehmen im Rahmen von Aufträgen des Bundes eingesetzt werden sollen, sowie die Herstellung von Schlüsseldaten, die für den Betrieb zugelassener Verschlüsselungsgeräte benötigt werden,
- Unterstützung der für Sicherheit in der Informationstechnik zuständigen Stellen des Bundes, insbesondere soweit sie Beratungs- oder Kontrollaufgaben wahrnehmen; dies gilt vorrangig für den Bundesbeauftragten für den Datenschutz, dessen Unterstützung im Rahmen der Unabhängigkeit erfolgt, die ihm bei der Erfüllung seiner Aufgaben nach dem Bundesdatenschutzgesetz zusteht,
- Unterstützung
  - der Polizeien und Strafverfolgungsbehörden bei der Wahrnehmung ihrer gesetzlichen Aufgaben,
  - der Verfassungsschutzbehörden bei der Auswertung und Bewertung terroristischer Bestrebungen oder nachrichtendienstlicher Tätigkeiten, die im Rahmen der gesetzlichen Befugnisse nach den Verfassungsschutzgesetzen des Bundes und der Länder anfallen,
- Beratung der Hersteller, Vertreiber und Anwender in Fragen der Sicherheit in der Informationstechnik unter Berücksichtigung der möglichen Folgen fehlender oder unzureichender Sicherheitsvorkehrungen.

Präsident des Bundesamtes für Sicherheit in der Informationstechnik: Dr Dirk Henze
Vizepräsident: Michael Hange

Abt I Zentrale Aufgaben
Leiterin: Dr Werthebach LtdRDirektorin

Ref I 1: **Grundsatz, Organisation, Justitiariat, Dokumentation, Bibliothek, Pressestelle** Dickopf RDir
Ref I 2: **Personal und Fortbildung** Pieper ORR
Ref I 3: **Haushalt und Vorhabenbetreuung** Kesper RDir
Ref I 4: **Innerer Dienst** Vogel ROAR

Ref I 5: **IT-Koordination und Systemplanung, Beschaffung** Brockel VwAng (mdWdGb)
Ref I 6: **Geheim- und Objektschutz** Boos ROAR

Abt II Wissenschaftliche Grundlagen und Zertifizierung
Leiter: Dr Kersten LtdRDir

Ref II 1: **Grundsatz und Grundlagen der IT-Sicherheit** Ullmann VwAng
Ref II 2: **System-Zertifizierung** Schröder VwAng
Ref II 3: **Produkt-Zertifizierung** Jennen VwAngestellte
Ref II 4: **Akkreditierung und Lizenzierung** Keus VwAng
Ref II 5: **Technikfolgen-Abschätzung** Dr Ulrich RDir

Abt III Kryptographische Sicherheit
Leiter: Dr Heuser LtdRDir

Ref III 1: **Grundsatz, Evaluierung und Zulassung kryptographischer Systeme** Dr Hembach BauDir
Ref III 2: **Kryptographische Systemtechnik 1** Siedentop BauDir
Ref III 3: **Kryptographische Systemtechnik 2** Peters BauDir
Ref III 4: **Entwicklung kryptographischer Verfahren** Rein RDirektorin
Ref III 5: **Untersuchung kryptographischer Verfahren** Dr Liebetrau RDir
Ref III 6: **IT-Unterstützung und kryptographische Software** Böhm RR z A (mdWdGb)

Abt IV Technische Sicherheit
Leiter: Dr Dorst LtdBauDir

Ref IV 1: **Grundsatz und Technische Grundlagen** Dr Pütz BauDir
Ref IV 2: **Schlüsselmittel** Koos BauDir
Ref IV 3: **Abstrahlsicherheit** Hecker BauDir
Ref IV 4: **Lauschabwehr, Abstrahl- und Lauschabwehrprüfungen** Opfer BauOR

Abt V Sicherheit in Rechnersystemen
Leiter: Dr Kreutz LtdBauDir

Ref V 1: **Grundsatz und Evaluierung** Rudeloff RR z A (mdWdGb)
Ref V 2: **Technische Risiko-Analyse und -Abwehr** Felzmann RDir
Ref V 3: **Sicherheitskriterien und Prüfmethoden für Rechnersysteme** van Essen RDir
Ref V 4: **IT-Normung und IT-Standardisierung** Dr Daniel VwAng
Ref V 5: **Marktanalyse und Systemtechnik** Dr Ganser RDir
Ref V 6: **Materielle Sicherungstechnik** Schneider RDir

Abt VI Beratung und Unterstützung
Leiter: Hange VPräs

Ref VI 1: **Grundsatz und Beratungsdienst 1** Bahr RDir
Ref VI 2: **Informationsdienst und Beratungsdienst 2** NN

Ref VI 3: **Sicherheitsanalyse und Beratungsdienst 3** Dr Isselhorst ORR
Ref VI 4: **IT-Sicherheitsschulung** Klinner VwAng
Ref VI 5: **Unterstützung der Polizeien, Strafverfolgungs- und Verfassungsschutzbehörden** Dr Hoeffgen VwAng

16 Bundesgrenzschutz (BGS)

Staatsrechtliche Grundlage, Organisation, Aufgaben und Befugnisse:
Der Bundesgrenzschutz ist nach dem Gesetz über den Bundesgrenzschutz (Bundesgrenzschutzgesetz -BGSG-) vom 19. Oktober 1994 (BGBl I S 2978) eine Polizei des Bundes, die dem Bundesministerium des Innern untersteht.
Der Bundesgrenzschutz nimmt seine Aufgaben im Verband und in einzeldienstlicher Organisationsform wahr. Seine Aufgaben sind im wesentlichen
- der grenzpolizeiliche Schutz des Bundesgebietes,
- die Kontrolle des grenzüberschreitenden Verkehrs,
- die bahnpolizeilichen Aufgaben,
- die Wahrnehmung von Luftsicherheitsaufgaben,
- der Schutz von Bundesorganen,
- Aufgaben in Nord- und Ostsee einschließlich Umweltschutz,
- die Unterstützung des Bundeskriminalamtes bei der Wahrnehmung von Aufgaben des Personenschutzes,
- die Unterstützung der Länder bei der Bewältigung besonderer polizeilicher Gefahrenlagen,
- Hilfeleistungen bei Katastrophen und besonderen Unglücksfällen.

Zur Führung der Grenzschutzverbände und der einzeldienstlich organisierten Behörden und Dienststellen sind fünf **Grenzschutzpräsidien** als Grenzschutzmittelbehörden eingerichtet:
- Grenzschutzpräsidium Nord in Bad Bramstedt
- Grenzschutzpräsidium West in Bonn,
- Grenzschutzpräsidium Mitte in Kassel,
- Grenzschutzpräsidium Ost in Berlin,
- Grenzschutzpräsidium Süd in München.

Diesen sind insgesamt zugeordnet:
- 18 Grenzschutzeinsatzabteilungen
- 3 kombinierte Grenzschutzeinsatz-/ Technische Abteilungen
- 1 Objektschutzgruppe
- 5 Grenzschutzausbildungsabteilungen
- 4 Schulen der Grenzschutzpräsidien
- 1 Gruppe Fernmeldewesen
- 1 Führungsfernmeldeeinheit
- 1 Technische Hundertschaft
- 1 BGS See in Stärke einer Abteilung
- 1 Grenzschutz-Fliegergruppe mit 5 Grenzschutz-Fliegerstaffeln
- 1 Grenzschutzgruppe 9
- 1 BGS-Sportschule
- 4 Musikkorps
- 2 Grenzschutzverwaltungsstellen.

Den Grenzschutzpräsidien nachgeordnet:
18 Grenzschutzämter/Bahnpolizeiämter.

Die **Grenzschutzdirektion** in Koblenz ist eine Behörde für zentral wahrzunehmende Aufgaben des Bundesgrenzschutzes
mit den angegliederten Organisationseinheiten
- Grenzschutzdienste (Bonn)
- Fürsorge-/Versorgungsärztlicher Dienst.

Die **Grenzschutzschule** in Lübeck ist zentrale Aus- und Fortbildungsstätte des Bundesgrenzschutzes, der als Außenstellen
- die Schule für Grenzpolizei und Luftsicherheit sowie
- die Bahnpolizeischule
zugeordnet sind.
Der Bundesgrenzschutz wird bei seinen grenzpolizeilichen Aufgaben von der Zollverwaltung, der Bayerischen Grenzpolizei sowie den Wasserschutzpolizeien von Hamburg und Bremen unterstützt.

16.1 Grenzschutzpräsidien

16.1.1 Grenzschutzpräsidium Nord

24576 Bad Bramstedt, Raaberg 6; Tel (0 41 92) 502-0; Telex 2 180 232 und 2 180 242; Fax (0 41 92) 89 96 98
Präsident des Grenzschutzpräsidiums: Dieter Felber
Amtsbezirk: Freie Hansestadt Bremen, Freie und Hansestadt Hamburg, Länder Niedersachsen, Schleswig-Holstein und Mecklenburg-Vorpommern, soweit dort nicht das Grenzschutzpräsidium Ost zuständig ist, dazu auf See auch außerhalb des deutschen Küstenmeers sowie bahnpolizeiliche Aufgaben im Zuständigkeitsbereich der ehemaligen Bundesbahndirektionen Hamburg und Hannover und der ehemaligen Reichsbahndirektion Schwerin mit Ausnahme der Landkreise Barnim und Märkisch-Oderland des Landes Brandenburg

Dem Grenzschutzpräsidium Nord nachgeordnet:

Grenzschutzamt
24941 Flensburg, Schleswiger Str 42; Tel (04 61) 1 20 66 bis 1 20 68; Teletex 4 61-3 60; Fax (04 61) 2 35 43
Amtsbezirk: Land Schleswig-Holstein, soweit nicht das Grenzschutz- und Bahnpolizeiamt Hamburg zuständig ist

Grenzschutz- und Bahnpolizeiamt Hamburg
24576 Bad Bramstedt, Raaberg 6; Tel (0 41 92) 5 02-0; Telex 2 180 232 und 2 180 242; Fax (0 41 92) 89 97 71
Amtsbezirk: Freie und Hansestadt Hamburg und Stadt Norderstedt (Kreis Segeberg) und Insel Helgoland des Landes Schleswig-Holstein sowie die bahnpolizeilichen Aufgaben im Zuständigkeitsbereich der ehemaligen Bundesbahndirektion Hamburg

Grenzschutz- und Bahnpolizeiamt
30163 Hannover, Moeckernstr 30; Tel (05 11) 67 95-0; Telex 922 973; Fax (05 11) 63 12 85

Amtsbezirk: Länder Niedersachsen und Freie Hansestadt Bremen sowie die bahnpolizeilichen Aufgaben im Zuständigkeitsbereich der ehemaligen Bundesbahndirektion Hannover

Grenzschutz- und Bahnpolizeiamt
18057 Rostock, Ulmenstr 69; Tel (03 81) 49 52-0; Telex 398 127; Fax (03 81) 2 00 20 55
Amtsbezirk: Land Mecklenburg-Vorpommern, soweit nicht das Grenzschutzamt Frankfurt (Oder) zuständig ist, sowie die bahnpolizeilichen Aufgaben im Zuständigkeitsbereich der ehemaligen Reichsbahndirektion Schwerin mit Ausnahme der Landkreise Barnim und Märkisch-Oderland des Landes Brandenburg

16.1.2 Grenzschutzpräsidium West

53123 Bonn, Villemombler Str 80; Tel (02 28) 97 88-0; Telex 8 86 96 85; Fax (02 28) 97 88-2 68

Präsident des Grenzschutzpräsidiums: Joachim Mummenbrauer
Amtsbezirk: Länder Nordrhein-Westfalen, Rheinland-Pfalz und Saarland, die bahnpolizeilichen Aufgaben im Zuständigkeitsbereich der ehemaligen Bundesbahndirektionen Essen, Köln und Saarbrücken; ferner Schutz von Verfassungsorganen des Bundes in der Stadt Karlsruhe des Landes Baden-Württemberg

Dem Grenzschutzpräsidium West nachgeordnet:

Bahnpolizeiamt
51069 Köln, Bergisch Gladbacher Str 837, Morsle-de-Kaserne; Tel (02 21) 9 68 56-0; Fax (02 21) 96 85 61 32
Amtsbezirk: Bahnpolizeiliche Aufgaben im Zuständigkeitsbereich der ehemaligen Bundesbahndirektionen Köln und Essen

Grenzschutzamt Köln
47533 Kleve, Dorfstr 37; Tel (0 28 21) 44 61; Telex 81 18 29; Fax (0 28 21) 44 61
Amtsbezirk: Land Nordrhein-Westfalen, soweit nicht das Bahnpolizeiamt Köln zuständig ist

Grenzschutz- und Bahnpolizeiamt
66119 Saarbrücken, Hindenburgstr 59; Tel (06 81) 5 50 92; Telex 4 42 13 40; Fax (06 81) 5 50 75
Amtsbezirk: Länder Saarland und Rheinland-Pfalz, die bahnpolizeilichen Aufgaben im Zuständigkeitsbereich der ehemaligen Bundesbahndirektion Saarbrücken sowie Schutz von Verfassungsorganen des Bundes in der Stadt Karlsruhe des Landes Baden-Württemberg

16.1.3 Grenzschutzpräsidium Mitte

34119 Kassel, Graf-Bernadotte-Platz 5; Tel (05 61) 93 67-0; Telex 99 25 67 und 99 22 46; Fax (05 61) 93 67-1 63

Präsident des Grenzschutzpräsidiums: Walter Sperner

Amtsbezirk: Länder Hessen, Sachsen-Anhalt und Thüringen, in den Kreisen Delitzsch und Leipzig des Freistaates Sachsen sowie die bahnpolizeilichen Aufgaben im Zuständigkeitsbereich der ehemaligen Bundesbahndirektion Frankfurt/Main und der ehemaligen Reichsbahndirektionen Erfurt und Halle

Dem Grenzschutzpräsidium Mitte nachgeordnet:

Bahnpolizeiamt Frankfurt/Main
65760 Eschborn, Mergenthaler Allee 14-24; Tel (0 61 96) 4 39 90; Telex 4 07 25 25; Fax (0 61 96) 4 55 60
Amtsbezirk: Bahnpolizeiliche Aufgaben im Zuständigkeitsbereich der ehemaligen Bundesbahndirektion Frankfurt/Main

Grenzschutzamt Frankfurt/Main
60549 Frankfurt am Main, Flughafen; Tel (0 69) 6 95 09-0; Teletex 6 99 30 08; Fax (0 69) 69 30 75
Amtsbezirk: Land Hessen, soweit nicht das und Bahnpolizeiamt Frankfurt/Main zuständig ist

Grenzschutz- und Bahnpolizeiamt
06110 Halle, Merseburger Str 196/Haus Nr 11; Tel (03 45) 1 30 20; Telex 31 91 11; Fax (03 45) 1 20 65 00
Amtsbezirk: Länder Sachsen-Anhalt und Thüringen, in den Kreisen Delitzsch und Leipzig des Freistaates Sachsen sowie die bahnpolizeilichen Aufgaben im Zuständigkeitsbereich der ehemaligen Reichsbahndirektionen Erfurt und Halle

16.1.4 Grenzschutzpräsidium Ost

12439 Berlin, Schnellerstr 139 a; Tel (0 30) 6 39 81-0; Telex 30 28 92 und 30 24 52; Fax (0 30) 6 39 81-4 46 und 4 47

Präsident des Grenzschutzpräsidiums: Bernd Walter
Amtsbezirk: Länder Berlin und Brandenburg, Freistaat Sachsen mit Ausnahme der Kreise Delitzsch und Leipziger Land und Stadt Leipzig; Landkreis Uecker-Radow des Landes Mecklenburg-Vorpommern unter Beschränkung auf den Grenzschutz nach § 2 des Bundesgrenzschutzgesetzes an der Grenze zu Polen ohne die Eigengewässer des Oderhaffs und des Neuwarper Sees und des zugehörigen Uferstreifens mit den zugelassenen Grenzübergängen Ueckermünde und Altwarp sowie bahnpolizeiliche Aufgaben nach § 3 des Bundesgrenzschutzgesetzes im Zuständigkeitsbereich der ehemaligen Reichsbahndirektionen Berlin und Dresden und in den Landkreisen Barnim, Märkisch-Oderland, Havelland und Potsdam-Mittelmark und der Stadt Brandenburg des Landes Brandenburg

Dem Grenzschutzpräsidium Ost nachgeordnet:

Bahnpolizeiamt
12439 Berlin, Schnellerstr 139 a; Tel (0 30) 6 39 81-0; Telex 30 28 92 und 30 24 52; Fax (0 30) 6 39 81-5 56

Amtsbezirk: Bahnpolizeiliche Aufgaben nach § 3 des Bundesgrenzschutzgesetzes im Zuständigkeitsbereich der ehemaligen Reichsbahndirektionen Berlin und Dresden sowie in den Landkreisen Barnim, Märkisch-Oderland, Havelland und Potsdam-Mittelmark und der Stadt Brandenburg des Landes Brandenburg

Grenzschutzamt
12439 Berlin, Schnellerstr 139 a; Tel (0 30) 6 39 81-0; Telex 30 28 92 und 30 24 52; Fax (0 30) 6 39 81-6 33
Amtsbezirk: Länder Berlin und Brandenburg, soweit nicht das Bahnpolizeiamt Berlin oder das Grenzschutzamt Frankfurt/Oder zuständig sind, sowie Flughafen Dresden

Grenzschutzamt
15236 Frankfurt (Oder), Kopernikusstr 71; Tel (03 35) 56 24 50 ISDN und 5 62 46 12/13; Telex 37 11 91; Fax (03 35) 54 22 87
Amtsbezirk: Land Brandenburg, Landkreis Uecker-Radow des Landes Mecklenburg-Vorpommern ohne die Eigengewässer des Oderhaffs, des Neuwarper Sees und des zugehörigen Uferstreifens mit den zugelassenen Grenzübergängen Ueckermünde und Altwarp und im Freistaat Sachsen an der Grenze zu Polen und im vorläufigen Landkreis Löbau/Zittau, jeweils unter Beschränkung auf den Grenzschutz nach § 2 des Bundesgrenzschutzgesetzes

Grenzschutzamt
01796 Pirna, Rottwerndorfer Str 22; Tel (0 35 01) 55 76-0; Telex 32 91 76; Fax (0 35 01) 78 29 15
Amtsbezirk: Freistaat Sachsen mit Ausnahme der Kreise Delitzsch und Leipziger Land sowie der Stadt Leipzig, soweit nicht das Bahnpolizeiamt Berlin, das Grenzschutzamt Frankfurt (Oder) oder das Grenzschutzamt Berlin zuständig sind

16.1.5 Grenzschutzpräsidium Süd

80797 München, Infanteriestr 6; Tel (0 89) 1 21 49-0; Telex 52 96 84 und 5 21 53 13; Fax (0 89) 1 21 49-1 63

Präsident des Grenzschutzpräsidiums: Dieter Mechlinski
Amtsbezirk: Freistaat Bayern und Land Baden-Württemberg, soweit dort nicht das Grenzschutzpräsidium West zuständig ist, sowie die bahnpolizeilichen Aufgaben im Zuständigkeitsbereich der ehemaligen Bundesbahndirektionen Karlsruhe, München, Nürnberg und Stuttgart

Dem Grenzschutzpräsidium Süd nachgeordnet:

Grenzschutz- und Bahnpolizeiamt Stuttgart
71034 Böblingen, Sindelfinger Allee 52; Tel (0 70 31) 2 14-5; Fax (0 70 31) 21 44 90
Amtsbezirk: Land Baden-Württemberg, soweit nicht das Grenzschutz- und Bahnpolizeiamt Saarbrücken oder das Grenzschutzamt Weil am Rhein zuständig sind sowie die bahnpolizeilichen Auf-

gaben im Zuständigkeitsbereich der ehemaligen Bundesbahndirektionen Stuttgart und Karlsruhe

Grenzschutzamt
79549 Weil am Rhein, Basler Str 5; Tel (0 76 21) 7 00 51; Telex 77 39 97; Fax (0 76 21) 7 79 83
Amtsbezirk: Land Baden-Württemberg unter Beschränkung auf den Grenzschutz an der Grenze zu Frankreich und zur Schweiz

Grenzschutz- und Bahnpolizeiamt
80807 München, Domagkstr 33; Tel (0 89) 3 24 63-0; Teletex 89 81 32; Fax (0 89) 3 23 48 05
Amtsbezirk: Regierungsbezirke Oberbayern und Schwaben des Freistaates Bayern sowie die bahnpolizeilichen Aufgaben im Zuständigkeitsbereich der ehemaligen Bundesbahndirektion München

Grenzschutz- und Bahnpolizeiamt
92421 Schwandorf, Weinbergstr 47; Tel (0 94 31) 80 16; Telex 6 53 24; Fax (0 94 31) 97 75
Amtsbezirk: Regierungsbezirke Niederbayern, Oberfranken, Unterfranken, Mittelfranken und Oberpfalz des Freistaates Bayern sowie die bahnpolizeilichen Aufgaben im Zuständigkeitsbereich der ehemaligen Bundesbahndirektion Nürnberg

16.2 Grenzschutzdirektion

56068 Koblenz, Roonstr 13; Tel (02 61) 3 99-0; Telex 86 26 19; Teletex 2 61 99 59; Fax (02 61) 3 99-4 72

Direktor der Grenzschutzdirektion: Klaus Severin
Amtsbezirk: Die Grenzschutzdirektion ist im gesamten Geltungsbereich des Bundesgrenzschutzgesetzes zuständig für die Koordinierung und Lenkung bei Angelegenheiten von überregionaler Bedeutung sowie Zentralstelle im Bereich der Bekämpfung der illegalen Einreise von Ausländern, der Schleuserkriminalität und von Delikten im Zusammenhang mit der Fälschung, Verfälschung und mißbräuchlichen Verwendung von Grenzübertrittsdokumenten beim Grenzverkehr

mit

Grenzschutzdienste Bonn
53123 Bonn, Villemombler Straße 80; Tel (02 28) 97 88-0; Telex 8 86 96 84; Fax (02 28) 9 78 82 68

Fürsorge- und Versorgungsärztlicher Dienst
53123 Bonn, Villemombler Straße 80; Tel (02 28) 97 88-0; Telex 8 86 96 84; Fax (02 28) 9 78 82 68

16.3 Grenzschutzschule

23562 Lübeck, Ratzeburger Landstr 4; Tel (04 51) 50 67-0; Fax (04 51) 50 67-5 04

Leiter: Horst Windisch Dir im BGS

Fachbereiche
Führung und Einsatz
Recht und Verwaltung
Psychologie/Pädagogik/Politische Bildung
Sport
Kraftfahrwesen und Verkehr
Informations- und Kommunikationstechnik
Waffen/Technischer Dienst/ABC-Wesen
Sanitätswesen

Fachhochschule des Bundes für öffentliche Verwaltung
– Fachbereich Öffentliche Sicherheit, Abt BGS –
23562 Lübeck, Ratzeburger Landstr 4; Tel (04 51) 50 67-0; Fax (04 51) 50 67-5 04

ausgelagerte Teileinrichtungen:

Schule Grenzpolizei/Luftsicherheit
53913 Swisttal, Gabrielweg 5; Tel (0 22 54) 39-0; Telex 8 86 98 33; Fax (0 22 54) 39-3 59

Bahnpolizeischule
92421 Schwandorf, Weinbergstr 47; Tel (0 94 31) 80 16; Telex 6 53 24; Fax (0 94 31) 4 11 69

17 Beschaffungsamt des Bundesministeriums des Innern (BeschA)

53123 Bonn, Villemombler Straße 78; Tel (02 28) 6 10-0; Fax (02 28) 61 06 10

Staatsrechtliche Grundlage und Aufgabenkreis:
Das Beschaffungsamt des Bundesministeriums des Innern ist eine nichtrechtsfähige Anstalt des Bundes im Geschäftsbereich des Bundesministeriums des Innern mit Sitz in Bonn. Nach dem Erlaß des Bundesministeriums des Innern vom 10. März 1995 (GMBl S 327) erledigt es Aufgaben auf dem Gebiete der Beschaffung und der Materialwirtschaft für den Geschäftsbereich des Bundesministeriums des Innern.

Das Beschaffungsamt hat vor allem folgende Aufgaben:
– Zentrale Beschaffung von Lieferungen, Leistungen und Dienstleistungen nach der VOL einschließlich der Erstellung der Verdingungsunterlagen (Allgemeine Lieferbedingungen, Leistungsbeschreibungen, Technische Lieferbedingungen, Technische Richtlinien) sowie der Güteprüfung,
– Entwicklung und Erprobung von Material, Instandsetzung von Ausstattungsgegenständen des Bundesgrenzschutzes,
– Zulassung aller Kraftfahrzeuge und Kraftfahrzeug-Anlagen des Bundesgrenzschutzes und der Bundesanstalt Technisches Hilfswerk (Zulassungsstelle im Sinne von § 23 StVZO),
– Durchführung von Haltbarkeitsbeschüssen nach den Bestimmungen des Waffengesetzes (Beschußstelle),
– Lagerhaltung und Wartung von Ausstattungsgegenständen im Rahmen der Beschaffung sowie die Katalogisierung von Versorgungsartikeln,
– Sammlung, Auswertung und gegebenenfalls Weiterleitung der bei Beschaffungen anfallenden Daten einschließlich der Führung von Statistiken,

- Beratung des Bundesministeriums des Innern in allen Fragen des öffentlichen Auftragswesens.

Mit der Durchführung weiterer Aufgaben auf dem Gebiete der Beschaffung und der Materialwirtschaft kann das Beschaffungsamt vom Bundesministerium des Innern oder mit dessen Zustimmung von der sachlich zuständigen obersten Bundesbehörde beauftragt werden.

Leiter: Dipl-Volksw Roderich Egeler LtdRDir
Ständiger Vertreter: Dipl-Ing Gerhard Piesker BauDir

Ref I: Organisation, Informationstechnik, Beauftragte für den Haushalt, Liegenschaftsverwaltung, Geheimschutzbeauftragter, Öffentlichkeitsarbeit Dipl-Kfm Müller VwAngestellte
Ref II: **Justitiariat und Verwaltung** Krull RR
Ref III: **Grundsatzangelegenheiten, Beschaffungskoordination, Preis- und Vergabeangelegenheiten, Materialkatalogisierung** Urban RDir
Ref IV: **Bekleidung, Unterkunftsgerät, Strahlenschutzbeauftragter** Dipl-Chem Dr Sigmund ChemDir
Ref V: **Fernmeldewesen** Dr-Ing Janhsen BauOR
Ref VI: **Waffen, Munition und technisches Sondergerät** Dipl-Ing Kurzawa BauOR
Ref VII: **Sanitätswesen** Wilkening PharmDir
Ref VIII: **Kraftfahrwesen** Dipl-Ing Roessle BauDir
Ref IX: **Informationstechnik** Dipl-Ing Priegnitz BauOR
Ref X: **Dienstleistungen** Kock RR
Ref XI: **Gütesicherungsdienst** Dipl-Ing Schlauch BauDir

18 Bundesamt für die Anerkennung ausländischer Flüchtlinge (BAFl)

90343 Nürnberg, Zollhausstr 95; Tel (09 11) 9 43-0; Fax (09 11) 9 43-30 00

Staatsrechtliche Grundlage und Aufgabenkreis:
Das Bundesamt für die Anerkennung ausländischer Flüchtlinge ist nach dem Asylverfahrensgesetz (AsylVfG) in der Neufassung vom 27. Juli 1993 (BGBl I S 1361) als Bundesoberbehörde für die Durchführung des Asylverfahrens in der Bundesrepublik Deutschland zuständig. Ausländer, die auf der Grundlage des Art 16 a des Grundgesetzes (BGBl I S 1002) als politisch Verfolgte im Bundesgebiet die Gewährung von Asyl beanspruchen, sind dabei einem besonderen Anerkennungsverfahren unterworfen. Über die Anträge auf Asylgewährung entscheiden einzelne Bedienstete des zum Geschäftsbereich des Bundesministeriums des Innern gehörenden Bundesamtes für die Anerkennung ausländischer Flüchtlinge. Sie sind dabei nicht an Weisungen gebunden (§ 5 Abs 2 Asylverfahrensgesetz).

Präsident des Bundesamtes für die Anerkennung ausländischer Flüchtlinge: Hans-Georg Dusch
Vizepräsident: Wolfgang Weickhardt
Verwaltung Klaus-Peter Tiedtke AbtPräs

Außenstellen

in Baden-Württemberg
76139 Karlsruhe, Durlacher Allee 100; Tel (07 21) 96 53-0; Fax (07 21) 96 53-1 99

71636 Ludwigsburg, Schlieffenstr 30, Haus 1800; Tel (0 71 41) 4 71-0; Fax (0 71 41) 4 71-1 99

73037 Göppingen, Cooks-Kaserne; Tel (0 71 61) 97 62-0; Fax (0 71 61) 97 62-1 99

72766 Reutlingen, Am Heilbrunnen 99; Tel (0 71 21) 1 08-0; Fax (0 71 21) 1 08-1 99

79115 Freiburg, Wiesentalstr 20, Haus 50; Tel (07 61) 45 83-0; Fax (07 61) 45 83-1 99

in Bayern
90513 Zirndorf, Rothenburger Straße 29; Tel (09 11) 9 43-0; Fax (09 11) 9 43-56 99

81539 München, Untersbergstr 70; Tel (0 89) 6 20 29-0; Fax (0 89) 6 20 29-1 99

97080 Würzburg, Veitshöchheimer Straße 100, Emery-Kaserne; Tel (09 31) 98 07-0; Fax (09 31) 98 07-1 99

95447 Bayreuth, Wilhelm-Busch-Str 4; Tel (09 21) 75 64-0; Fax (09 21) 74 64-1 99

94469 Deggendorf, Östlicher Stadtgraben 30, Zentralhotel im City Center; Tel (09 91) 36 06-0; Fax (09 91) 36 06-1 99

86899 Landsberg, Schongauer Str 30 a, Ritter-von-Leeb-Kaserne, Gebäude 8 B; Tel (0 81 91) 9 12-0; Fax (0 81 91) 9 12-1 99

in Berlin
13587 Berlin, Streitstr 5; Tel (0 30) 3 55 82-0; Fax (0 30) 3 55 82-1 99

in Brandenburg
15890 Eisenhüttenstadt, Poststr 72; Tel (0 33 64) 4 92-0; Fax (0 33 64) 4 92-1 99

in Bremen
28279 Bremen, Steinsetzer Str 14; Tel (04 21) 83 91-0; Fax (04 21) 83 91-1 99

in Hamburg
20097 Hamburg, Amsinckstr 28; Tel (0 40) 2 35 01-0; Fax (0 40) 2 35 01-1 99

in Hessen
65824 Schwalbach, Am weißen Stein; Tel (0 61 96) 9 27-0; Fax (0 61 96) 9 27-1 99

35398 Gießen, Meisenbornweg 11; Tel (06 41) 97 63-0; Fax (06 41) 97 63-1 99

60549 Frankfurt am Main, Flughafen, Gebäude C 182, Flughafen 75; Tel (0 69) 7 22 10-2 11; Fax (0 69) 5 90 31

in Mecklenburg-Vorpommern
19258 Nostorf (Horst), Nostorfer Straße; Tel (03 88 47) 20-0; Fax (03 88 47) 20-1 99

in Niedersachsen
38108 Braunschweig, Im Holzmoor 10 b; Tel (05 31) 35 45-0; Fax (05 31) 3 54 51 99

26135 Oldenburg, Klostermark 70-80; Tel (04 41) 20 60-0; Fax (04 41) 20 60-1 99

30855 Langenhagen, Evershorster Str 65; Tel (05 11) 72 86-0; Fax (05 11) 72 86-1 99

in Nordrhein-Westfalen
44147 Dortmund, Huckarder Str 91; Tel (02 31) 90 58-0; Fax (02 31) 90 58-1 99

40008 Düsseldorf, Postfach 101 764; Tel (02 11) 98 63-0; Fax (02 11) 98 63-1 99

50676 Köln, Perlengraben 10; Tel (02 21) 9 24 26-0; Fax (02 21) 9 24 26-1 99

33609 Bielefeld, Am Stadtholz 24; Tel (05 21) 93 16-0; Fax (05 21) 93 16-1 99

in Rheinland-Pfalz
55218 Ingelheim, Konrad-Adenauer-Str 51; Tel (0 61 32) 78 05-0; Fax (0 61 32) 78 05-1 99

54292 Trier, Dasbach-Str 15 (Verwaltungszentrum); Tel (06 51) 14 63-0; Fax (06 51) 14 63-1 99

im Saarland
66822 Lebach, Schlesier Allee; Tel (0 68 81) 9 26-0; Fax (0 68 81) 9 26-1 99

in Sachsen
09117 Chemnitz, Gaußstr 5; Tel (03 71) 49 01-0; Fax (03 71) 49 01-1 99

02906 Kollm, Jahmener Weg 4; Tel (0 35 88) 2 62-0; Fax (0 35 88) 2 62-1 99

in Sachsen-Anhalt
38820 Halberstadt, Friedrich-List-Str 3; Tel (0 39 41) 6 76-0; Fax (0 39 41) 6 76-1 99

in Schleswig-Holstein
25524 Itzehoe, Langer Peter 27-29, Hanseatenkaserne; Tel (0 48 21) 95 93-0; Fax (0 48 21) 95 93-1 99

23560 Lübeck, Am Flugplatz 4, Hanseatenkaserne, Gebäude 3; Tel (04 51) 40 06-0; Fax (04 51) 40 06-1 99

in Thüringen
07745 Jena, Auf dem Forst 1, Jena-Forst; Tel (0 36 41) 6 82-0; Fax (0 36 41) 6 82-1 99

99974 Mühlhausen, Am Stadtwald 9; Tel (0 36 01) 4 57-0; Fax (0 36 01) 4 57-1 99

19 Bundesbeauftragter für Asylangelegenheiten beim Bundesamt für die Anerkennung ausländischer Flüchtlinge

90513 Zirndorf, Rothenburger Str 29; Tel (09 11) 9 43-10 61; Fax (09 11) 9 43-10 62

Staatsrechtliche Grundlage und Aufgabenkreis:
Die heutige Rechtsgrundlage für die Bundesoberbehörde des Bundesbeauftragten für Asylangelegenheiten beim Bundesamt für die Anerkennung ausländischer Flüchtlinge bildet § 6 des Asylverfahrensgesetzes (AsylVfG) in der Fassung vom 27. Juli 1993 (BGBl I S 1361).
Der an die Weisungen des Bundesministers des Innern gebundene Bundesbeauftragte für Asylangelegenheiten kann sich zur Wahrung des öffentlichen Interesses an den Anerkennungsverfahren vor dem Bundesamt und vor den Verwaltungsgerichten beteiligen. Ihm ist Gelegenheit zur Äußerung zu geben. Er kann gegen Entscheidungen des Bundesamtes Klage beim zuständigen Verwaltungsgericht erheben sowie gegen Entscheidungen der Verwaltungsgerichte Rechtsmittel einlegen.

Bundesbeauftragter für Asylangelegenheiten: Klaus Blumentritt

20 Bundesinstitut für ostwissenschaftliche und internationale Studien (BIOst)

50823 Köln, Lindenbornstr 22; Tel (02 21) 57 47-0; Fax (02 21) 57 47-1 10

Staatsrechtliche Grundlage und Aufgabenkreis:
Das Institut ist als nichtrechtsfähige Bundesanstalt im Geschäftsbereich des Bundesministeriums des Innern errichtet worden. Für die Organisationsform ist der Erlaß des Bundesministers des Innern vom 18. März 1970 (GMBl S 210) maßgebend (geändert durch Erlaß BMI Z 6 -006 101 – 034/1 vom 24. Februar 1992).
Das Bundesinstitut erforscht die politischen, gesellschaftlichen und wirtschaftlichen Entwicklungen in
- den Staaten Osteuropas
- den außereuropäischen Nachfolgestaaten der Sowjetunion
- der Volksrepublik China und den kommunistisch regierten Staaten der Dritten Welt sowie

die Auswirkungen dieser Entwicklungen auf die internationalen Beziehungen.
Die Forschungsergebnisse werden in aller Regel veröffentlicht.
Die wissenschaftliche Leitung nimmt das Wissenschaftliche Direktorium wahr, das dabei mit dem Geschäftsführenden Direktor zusammenwirkt. Das Wissenschaftliche Direktorium setzt sich aus vier ehrenamtlich tätigen Professoren verschiedener Fakultäten zusammen.

Veröffentlichungen:
Jahrbücher (alle zwei Jahre)
Schriftenreihe des Bundesinstituts für ostwissenschaftliche und internationale Studien
Einzelveröffentlichungen
Hektographierte Berichte, Aktuelle Analysen

Direktor und Professor des Bundesinstituts für ostwissenschaftliche und internationale Studien: Dr Heinrich Vogel
Vorsitzender des Wissenschaftlichen Direktoriums: Prof Dr Werner Link

Verwaltung
Leiter: Rüdiger Baierl RDir

Forschungsbereich I Rußland und andere Nachfolgestaaten der UdSSR
Leiter: Prof Dr Gerhard Simon WissDir

Forschungsbereich II Ostmittel- und Südosteuropa
Leiter: Dr Heinz Brahm LtdWissDir

Forschungsbereich III Wirtschaftsentwicklung, Wirtschaftssysteme, Wirtschaftspolitik
Leiter: Prof Dr Hans-Hermann Höhmann LtdWissDir

Forschungsbereich IV Außen- und Sicherheitspolitik der osteuropäischen Länder
Leiter: Dr Gerhard Wettig WissDir

Forschungsbereich V Nachfolgestaaten der UdSSR und Asien
Leiter: Dr Dieter Heinzig LtdWissDir

Bibliothek und Dokumentation
Leiter: Dr Jörg Streiter BiblR

21 Bundeszentrale für politische Bildung (BpB)

53111 Bonn, Berliner Freiheit 7; Tel (02 28) 51 50; Telex 8-8 63 92; Btx 5 15 11; Fax (02 28) 51 51 13

Staatsrechtliche Grundlage und Aufgabenkreis:
Die Bundeszentrale für politische Bildung ist eine nichtrechtsfähige Bundesanstalt im Geschäftsbereich des Bundesministers des Innern. Sie wurde als Bundeszentrale für Heimatdienst durch Erlaß vom 25. November 1952 (GMBl S 318) errichtet und durch Erlaß vom 18. Mai 1963 (GMBl S 214) in Bundeszentrale für politische Bildung umbenannt. Sie hat gemäß Erlaß vom 24. Juni 1992 die Aufgabe, auf überparteilicher Grundlage durch Maßnahmen der politischen Bildung im deutschen Volk das Verständnis für politische Sachverhalte zu fördern, das demokratische Bewußtsein zu festigen und die Bereitschaft zur politischen Mitarbeit zu stärken.
Dies geschieht durch die Förderung überregionaler Maßnahmen in den Bereichen Schule und Weiterbildung, insbesondere auch durch die Förderung wissenschaftlicher Entwicklung von kontrollierbaren Modellen politischen Lernens und den dazugehörigen Lehr- und Lernmitteln (Curricula).
Die Bundeszentrale bedient sich aller geeigneten Medien: fachwissenschaftlicher Schriften, Massenpublikationen und audiovisueller Techniken. Zur Wirkungssteigerung ihrer Maßnahmen fördert sie wissenschaftliche Erfolgskontrollen.
Die politische Bildung ist wesentlicher Teil des gesamten Bildungssystems. Als Lernprinzip durchdringt sie alle Bereiche dieses Systems; gleichzeitig wird sie als eigenständige Bildungsaufgabe verwirklicht.

Publikationen und weitere Sachaufgaben:
Wochenzeitung „DAS PARLAMENT" mit der Beilage „Aus Politik und Zeitgeschichte" und die „Informationen zur politischen Bildung" sowie Zeitschriften „PZ" und „Zeitlupe"; eigene Schriftenreihen, Filme, Tonbildträger und Diareihen; Wandzeitungen; Schülerwettbewerbe; Förderung politischer Tagungen; ausgewählte Verlagspublikationen; redaktionelle Beiträge für Presse, Funk und Fernsehen, Durchführung von Seminaren u. a.

Präsident der Bundeszentrale für politische Bildung: Dr Günter Reichert
Vizepräsidenten: Wolfgang Arnold; Dirk Hansen

Gruppe Z Verwaltung, Verlagswesen
Leiter: Klaus Anton LtdRDir

Gruppe I Massenmedien
Leiter: Dr Dieter Golombek

Gruppe II Publizistik
Leiter: Rüdiger Thomas Ang

Gruppe III Außerschulische politische Bildung, Tagungsförderung
Leiter: Dr Will Cremer

Gruppe IV Politische Bildung in der Schule
Leiter: Jürgen Faulenbach Ang

Gruppe V Innere Einheit, Außenstelle Berlin
Leiter: Arved Kendler

Gruppe VI Innere Einheit/Außenstelle Berlin
Leiter: Arved Kendler

Planung und Grundsatzfragen, Öffentlichkeitsarbeit, Medienangebot
Leiter: Holger Ehmke

Ost West Kolleg
50931 Köln, Stadtwaldgürtel 42; Tel (02 21) 4 00 74-0; Fax (02 21) 4 00 74 35
Aufgabenkreis:
Die Ost West Kolleg hat die Aufgabe, durch Tagungen über Ideologie, Wirtschaft, Recht, politisches System, gesellschaftliche Struktur und geschichtliche Grundlagen des Kommunismus in seinen verschiedenen Ausprägungen, vornehmlich in Osteuropa, umfassend zu informieren und zu orientieren. Ferner sollen durch Gegenüberstellung und Vergleich die Strukturen, Möglichkeiten und Probleme freiheitlich-demokratischer Ordnung bewußt gemacht werden.
Leiter: Dr Horst Müller Ang

22 Deutsche Akademie Villa Massimo

I-00161 Rom, Largo di Villa Massimo; Tel (0 03 96) 4 42 36-3 94; Fax (0 03 96) 4 42 36-7 71

Aufgabenkreis:
Förderung deutscher Künstler im Ausland.

Direktor: Dr Jürgen Schilling

23 Bundesausgleichsamt (BAA)

61348 Bad Homburg, Untere Terrassenstr 1;
Tel (0 61 72) 1 05-0; Fax (0 61 72) 10 53 47

Staatsrechtliche Grundlage und Aufgabenkreis:
Das Bundesausgleichsamt ist eine selbständige Bundesoberbehörde (§ 307 des Lastenausgleichsgesetzes – LAG –). Es untersteht der Dienstaufsicht des Bundesministeriums des Innern, das sie im Einvernehmen mit dem Bundesministerium der Finanzen ausübt (§ 312 Abs 3 LAG). Der Lastenausgleich wird in Bundes- und Bundesauftragsverwaltung durchgeführt.
Dem Bundesausgleichsamt obliegen die zentralen Aufgaben aus der Durchführung der Lastenausgleichsgesetze (LAG, Feststellungsgesetz, Beweissicherungs- und Feststellungsgesetz, Währungsausgleichsgesetz, Altsparergesetz, Reparationsschädengesetz, Flüchtlingshilfegesetz). Hierzu gehört seit dem Inkrafttreten des KGUG am 31. Juli 1992 auch die Steuerung der Rückforderung von Lastenausgleichsleistungen bei Schadensausgleich (§ 349 LAG). Die Einzelentscheidungen treffen in aller Regel die Ausgleichsämter (Dienststellen der Stadt- und Landkreise). Dem Bundesausgleichsamt sind ferner durch das Wertpapierbereinigungsschlußgesetz die Abwicklung der Wertpapierbereinigung sowie die durch das Ratifizierungsgesetz vom 25. Februar 1969 geregelte Durchführung des deutsch-italienischen Abkommens vom 19. Oktober 1967 übertragen. Es ist in die Durchführung des Westvermögen-Abwicklungsgesetzes als Treuhänder, ferner in die des Währungsumstellungsschlußgesetzes eingeschaltet. Den Ämtern zur Regelung offener Vermögensfragen in den neuen Bundesländern leistet es bei der Durchführung des Vermögensgesetzes Amtshilfe (§ 317 LAG n F).
Der Präsident des Bundesausgleichsamtes verwaltet den Ausgleichsfonds (§ 5 LAG) und verfügt über die Verwendung der Mittel (§ 319 Abs 1 LAG). Er nimmt die Befugnisse wahr, die nach Art 85 des Grundgesetzes der Bundesregierung und den zuständigen obersten Bundesbehörden zustehen (Weisungsrecht an die Landesausgleichsämter nach Art 120 a des Grundgesetzes und § 319 Abs 2 LAG). Bei der Verwaltung des Ausgleichsfonds wird er überwacht durch den Kontrollausschuß (§§ 313 und 320 LAG).
Das Bundesausgleichsamt nimmt mit seiner Verwaltungsgruppe die Verwaltungsaufgaben für die dort tätigen Bediensteten des Bundesverwaltungsamts wahr.

Publikationsorgan:
Amtliche Mitteilungen des Bundesausgleichsamtes (Mitt BAA). Erscheint nach Bedarf.
Herausgeber: Präsident des Bundesausgleichsamtes

Präsident des Bundesausgleichsamtes: Dr Jürgen Hensen
Vizepräsident: Andreas Kretschmar

Gruppe Verwaltung
Personal, Organisation, Haushalt, Allgemeine Verwaltung, Innerer Dienst, Öffentlichkeitsarbeit
Leiter: Amend LtdRDir

Abt I Finanzwirtschaft, Statistik, Leistungen ohne Rechtsanspruch, Betreuung von Aus- und Übersiedlern, Prüfung
Leiter: Amend LtdRDir

Ref I/1: **Grundsatzangelegenheiten der Finanzwirtschaft, Haushalts-, Kassen- und Rechnungswesen, Wertpapierrecht, Wertpapierbereinigung, Eingliederungsdarlehen, Härteregelungen** Amend LtdRDir
Ref I/2: **Wirtschafts- und Finanzplan, Verwaltung der Einnahmen und Ausgaben, Vermögens- und Schuldenverwaltung, Statistik, Planungsunterlagen, Dokumentation** Amend LtdRDir
Ref I/3: **Prüfung im Lastenausgleich, Prüfung von Zuwendungen, Leistungen ohne Rechtsanspruch, Haushaltsrechtliche Entscheidungen im Darlehnsbereich, Haftungs- und Schadensersatzfragen** Bartels RDir
Ref I/4: **Zentralkasse des Ausgleichsfonds, Zahlstelle** Jez RAR

Abt II Grundsatzangelegenheiten des Lastenausgleichsrechts, Schadensfeststellung, Leistungen mit Rechtsanspruch, Rückforderung von Lastenausgleich, Organisationsangelegenheiten der Ausgleichsbehörden in den Ländern
Leiter: Gallenkamp LtdRDir

Ref II/1: **Grundsatzangelegenheiten des Lastenausgleichsrechts, Rückforderung von Lastenausgleich, allgemeine Rechts- und Verfahrensfragen** Gallenkamp LtdRDir
Ref II/2: **Schadensfeststellung und Bewertung** Bischoff RDir
Ref II/3: **Hauptentschädigung und andere einmalige Entschädigungsleistungen, Umwandlung, Treuhandverwaltung, Verfolgungs-, Erwerber- und Rückerstattungsschäden** Waldinger RDir
Ref II/4: **Kriegsschadenrente, Koordinierung und Berechnung der laufenden Beihilfen, Elektronische Datenverarbeitung im Lastenausgleich** NN

Dem Präsidenten unmittelbar unterstellt:

Vertreter der Interessen des Ausgleichsfonds beim Bundesverwaltungsgericht Dr Breitkopf LtdRDir

Vorprüfungsstelle und Kassenaufsicht Fischer ROAR

24 Bundesamt für Zivilschutz (BZS)

53177 Bonn, Deutschherrenstr 93-95; Tel (02 28) 9 40-0; Telex 88 64 11; Fax (02 28) 9 40-14 24

Staatsrechtliche Grundlage und Aufgabenkreis:
Auf Grund des Gesetzes zur Errichtung des Bundesamtes für zivilen Bevölkerungsschutz vom 5. Dezember 1958 (BGBl I S 893) ist im Geschäftsbereich des Bundesministers des Innern das Bundesamt für zivilen Bevölkerungsschutz als Bundesoberbehörde errichtet worden. Mit Inkrafttreten des Gesetzes zur Änderung und Ergänzung des Gesetzes zur Errichtung des Bundesamtes für zivilen Bevölkerungsschutz und des Gesetzes über die Erweiterung des Katastrophenschutzes vom 10. Juli 1974 (BGBl I S 1441) führt es den Namen „Bundesamt für Zivilschutz (BZS)" (vgl nunmehr § 6 des Gesetzes über den Zivilschutz in der Fassung der Bekanntmachung vom 9. August 1976 BGBl I S 2109).

Das Bundesamt erledigt Verwaltungsaufgaben des Bundes auf dem Gebiete des Zivilschutzes, die ihm durch Gesetz oder Rechtsverordnung übertragen sind oder mit deren Durchführung es vom Bundesminister des Innern oder mit dessen Zustimmung von der sachlich zuständigen obersten Bundesbehörde beauftragt ist.

Ihm obliegen folgende Aufgaben:
- die Unterstützung der fachlich zuständigen obersten Bundesbehörden bei der einheitlichen Zivilverteidigungsplanung;
- die Mitwirkung bei der Warnung der Bevölkerung und bei der Strahlenschutzvorsorge (§ 2 Abs 1 c i V m § 11 Abs 1 Nr 3 StrVG);
- die Unterweisung des mit Fragen der zivilen Verteidigung befaßten Personals sowie die Ausbildung von Führungskräften des Katastrophenschutzes im Rahmen ihrer Zivilschutzaufgaben;
- die Information der Bevölkerung über den Zivilschutz, insbesondere über Schutz- und Hilfeleistungsmöglichkeiten;
- die Aufgabenstellung für technisch-wissenschaftliche Forschung und Auswertung von Forschungsergebnissen sowie die Sammlung und Auswertung von Veröffentlichungen auf dem Gebiet der zivilen Verteidigung;
- die Prüfung von ausschließlich oder überwiegend für den Zivilschutz bestimmten Geräten und Mitteln sowie die Mitwirkung bei der Zulassung, Normung und Qualitätssicherung dieser Gegenstände.

Das Bundesamt übt ferner die ihm auf den folgenden Gebieten des Zivilschutzes und der zivilen Verteidigung übertragenen Befugnisse des Bundesministeriums des Innern aus:
- Einbeziehung des Katastrophenschutzes in den Zivilschutz,
- Schutz von Kulturgut,
- Schutzbaumaßnahmen,
- Vorsorgemaßnahmen nach dem Wassersicherstellungsgesetz.
- Abwicklungsmaßnahmen der Sanitätsmittelbevorratung,
- Abwicklung der Hilfskrankenhäuser.

Präsident des Bundesamtes für Zivilschutz: Helmut Schuch

Abt I Zivilschutz
Leiter: Dr August Jürgen Maske AbtPräs

Ref I 1: **Grundsatzangelegenheiten des Zivilschutzes, nationales und internationales Zivilschutzrecht, Statistik**
Ref I 2: **Bund/Länder-Kontaktstelle, Geschäftsstelle der interministeriellen Koordinierungsstelle**
Ref I 3: **Helferangelegenheiten, Übungen**
Ref I 4: **Wirtschaftliche Angelegenheiten, Liegenschaften**
Ref I 5: **Beschaffungen, Ausstattungsverwaltung**
Ref I 6: **Warndienst-Einsatz, Warndienst-Technik**
Ref I 7: **Kulturgutschutz**
Ref I 8: **Gesundheitswesen, Wassersicherstellung, Baulicher Zivilschutz**
Ref I 9: **Öffentlichkeitsarbeit, Information der Bevölkerung, Selbstschutzangelegenheiten**

Abt II Akademie für Notfallplanung und Zivilschutz, Ausbildungsangelegenheiten
53474 Bad Neuenahr-Ahrweiler, Ramersbacher Str 95; Tel (0 26 41) 3 81-0; Fax (0 26 41) 3 81-2 18
Leiter: Dr Wolfgang Brunkow Dir im BZS

Ref II L: **Fachbereich Lehre**
Ref II 1: **Ausbildungsangelegenheiten**
Ref II 2: **Fachbereich Wissenschaft und Forschung, Schutzkommission**
Ref II 3: **Bibliothek, Dokumentation**

Abt III Dienststelle Marienthal
Leiter: Gerhard Kroll LtdBauDir

Abt IV Verwaltung
Leiter: Dietrich Gottwald LtdRDir

Ref IV 1: **Personal, Justitiariat**
Ref IV 2: **Haushalt/Personalkosten**
Ref IV 3: **Organisation/Informationstechnik**
Ref IV 4: **Innerer Dienst**

25 Unabhängige Kommission zur Überprüfung des Vermögens der Parteien und Massenorganisationen der DDR (UKPV)

10117 Berlin, Mauerstr 34-38; Tel (0 30) 22 41 50; Fax (0 30) 22 41 55 35

Staatsrechtliche Grundlage und Aufgabenkreis:
Die Unabhängige Kommission zur Überprüfung des Vermögens der Parteien und Massenorganisationen der DDR hat ihre Rechtsgrundlage in den §§ 20 a und 20 b Parteien-Gesetz der Deutschen

Demokratischen Republik vom 21. Februar 1990 (GBl I Nr 9 S 66) in der Fassung vom 22. Juli 1990 (GBl I Nr 49 S 904); diese Paragraphen bleiben gemäß Artikel 9 Absatz 2 des Einigungsvertrages mit den dort vorgesehenen Modifikationen in Kraft – vgl dort Anlage II, Kapitel II, Sachgebiet A, Abschnitt III (BGBl 1990 II S 885, 1150).
Die Unabhängige Kommission hat folgende Aufgaben:
- Erfassung der seit dem 8. Mai 1945 erlangten Vermögenswerte aller Parteien, der mit ihnen verbundenen Organisationen, juristischen Personen und der Massenorganisationen der DDR
- rechtliche Beurteilung der Vermögenssituation als Folge der gesetzlichen Rechenschaftslegungspflicht der Parteien, der mit ihnen verbundenen Organisationen, juristischen Personen und Massenorganisationen der DDR
- Erstellung von Berichten über die Vermögenswerte aller Parteien, der mit ihnen verbundenen Organisationen, juristischen Personen und der Massenorganisationen der DDR
- Herstellung des Einvernehmens bei der von der Treuhandanstalt durchzuführenden
  - treuhänderischen Verwaltung der Vermögenswerte der Parteien, der mit ihnen verbundenen Organisationen, juristischen Personen und Massenorganisationen der DDR
  - Rückführung an die früher Berechtigten und
  - soweit dies nicht möglich ist – Verwendung zugunsten gemeinnütziger Zwecke sowie
  - Freigabe des nachweislich nach materiellrechtsstaatlichen Grundsätzen erworbenen Vermögens.

Die Unabhängige Kommission besteht aus 16 Mitgliedern und wird von einem Sekretariat, das organisatorisch Bestandteil des Bundesministeriums des Innern ist, unterstützt.

Vorsitzender der Kommission: Prof Dr Hans-Jürgen Papier
Leiter des Sekretariats: Dr Christian von Hammerstein MinDirig

Ref PV 1: **Allgemeine und grundsätzliche Angelegenheiten, Massenorganisationen, FDGB, Grundstücke, Verwaltung** Fischer MinR
Ref PV 2: **PDS-Finanzen allgemein, echte PDS-Beteiligungen** von Laer MinR
Ref PV 3: **PDS-Beteiligungen über Darlehen, wirtschaftliches Eigentum der PDS an gewerblichen Unternehmen, PDS-Auslandsvermögen** Leonhard MinR
Ref PV 4: **Blockparteien, Freie Deutsche Jugend und andere jugendbezogene Organisationen, in Volkseigentum überführte Parteibetriebe der PDS** Haeseler MinR

Der Rechtsaufsicht des Bundesministeriums des Innern unterstehen die nachfolgenden Körperschaften, Anstalten, Stiftungen des öffentlichen Rechts:

Bundesanstalt Technisches Hilfswerk (THW)

– **Bundesunmittelbare Körperschaft des öffentlichen Rechts** –

53177 Bonn, Deutschherrenstr 93-95; Tel (02 28) 9 40-0; Fax (02 28) 9 40-15 20

Rechtsgrundlage und Aufgabenkreis:
Das Technische Hilfswerk (THW) ist eine nichtrechtsfähige Bundesanstalt mit eigenem Verwaltungsunterbau im Geschäftsbereich des Bundesministeriums des Innern.
Das THW nimmt gemäß § 1 Abs 2 des Gesetzes zur Regelung der Rechtsverhältnisse der Helfer der Bundesanstalt Technisches Hilfswerk (THW-Helferrechtsgesetz) vom 22. Januar 1990 (BGBl I S 120) folgende Aufgaben wahr:
- technische Hilfe im Zivilschutz,
- technische Hilfe im Auftrag der Bundesregierung außerhalb des Bundesgebietes. (Die operativen Einsatzkosten werden vom jeweiligen Auftraggeber getragen),
- technische Hilfe bei der Bekämpfung von Katastrophen, öffentlichen Notständen und Unglücksfällen größeren Ausmaßes auf Anforderung der für die Gefahrenabwehr zuständigen Stellen, insbesondere im Bergungs- und Instandsetzungsdienst.

Die Aufbauorganisation gliedert sich nach dem Zivilschutzneuordnungsgesetz vom 25. März 1997 (BGBl I S 726) nunmehr in
- den ehrenamtlichen Bereich mit 665 Ortsverbänden und ca 44 500 aktiven Helfern (17 000 Reservehelfer)
- den hauptamtlichen Bereich mit Leitung, Bundesschule, 8 Landesverbandsdienststellen und 66 Geschäftsstellen.

Leiter: Gerd Jürgen Henkel Dir der Bundesanstalt THW

THW-Leitung

Fachgruppe
Abteilungsleiter: Dipl-Ing Läpke VwAng

Ref F 1: **Einsatzorganisation** Protze ORR
Ref F 2: **Operative Einsatzleitung** Tiesler ORR
Ref F 3: **Ausbildung, Vorschriften, Fachaufsicht THW-Schule** Dr-Ing Kassner BauDir
Ref F 4: **Technik, STAN, Beschaffung** Cronenberg BauOR
Ref F 5: **Öffentlichkeitsarbeit, Helferwerbung** NN

Verwaltungsgruppe
Abteilungsleiter: Lutz VwAng

Ref Z 1: **Grundsatz, Organisation, Innerer Dienst, Informationstechnik** Derra RDir
Ref Z 2: **Personal** Bröckmann RDir
Ref Z 3: **Haushalt, Liegenschaften** Matten RDir
Ref Z 4: **Helferangelegenheiten, Justitiariat** Wauschkuhn RDir

THW-Bundesschule mit den Aus- und Fortbildungsstätten

THW-Bundesschule Hoya
27318 Hoya, Hasseler Steinweg 7; Tel (0 42 51) 8 29-0; Fax (0 42 51) 8 29-1 39
Leiter: Janke VwAng

THW-Bundesschule Neuhausen
73765 Neuhausen, Rupert-Mayer-Str 62; Tel (0 71 58) 9 31-0; Fax (0 71 58) 9 31-1 11
Leiter: Kuhn VwAng

Der Bundesanstalt Technisches Hilfswerk nachgeordnet:

Landesbeauftragte der Bundesanstalt Technisches Hilfswerk

Der Landesbeauftragte für Baden-Württemberg
70372 Stuttgart, König-Karl-Str 5; Tel (07 11) 9 55 55-0; Fax (07 11) 9 55 55-80
Beauftragter: Dipl-Ing Dirk Göbel

Der Landesbeauftragte für Bayern
80797 München, Heßstr 120/II; Tel (0 89) 12 00 54-0; Telex 5 21 60 80; Fax (0 89) 12 00 54-31
Beauftragter: Dipl-Ing Reiner Vorholz

Der Landesbeauftragte für Berlin, Brandenburg und Sachsen-Anhalt
14050 Berlin, Soorstr 84; Tel (0 30) 3 06 82-0; Fax (0 30) 3 06 82-1 55
Beauftragter: Dipl-Ing Manfred Metzger

Der Landesbeauftragte für Bremen, Niedersachsen
30161 Hannover, Kriegerstr 1; Tel (05 11) 3 36 90-0; Fax (05 11) 3 36 90-55
Beauftragter: Dipl-Ing Eckhard Leiser

Der Landesbeauftragte für Hamburg, Mecklenburg-Vorpommern, Schleswig-Holstein
24105 Kiel, Niemannsweg 52; Tel (04 31) 5 79 33-0; Fax (04 31) 5 79 33-25
Beauftragter: Dipl-Ing Ralf Dunger

Der Landesbeauftragte für Hessen, Rheinland-Pfalz, Saarland
55130 Mainz, Weberstr 12; Tel (0 61 31) 92 97-0; Fax (0 61 31) 92 97-2 00
Beauftragter: Dipl-Ing Hans-Albert Lossen

Der Landesbeauftragte für Nordrhein-Westfalen
40237 Düsseldorf, Schumannstr 35; Tel (02 11) 6 79 64-0; Fax (02 11) 6 79 64-1 55
Beauftragter: Dr Hans-Ingo Schliwienski ORR

Der Landesbeauftragte für Sachsen, Thüringen
04600 Altenburg, Geschwister-Scholl-Str 2; Tel (0 34 47) 56 84-0; Fax (0 34 47) 56 84-55
Beauftragter: Dipl-Ing Günter Trautvetter

Stiftung „Preußischer Kulturbesitz"

– Bundesunmittelbare Stiftung des öffentlichen Rechts –

10785 Berlin, Von-der-Heydt-Str 16-18; Tel (0 30) 2 54 63-0; Telex 18 31 60 staab d; Fax (0 30) 2 54 63-2 68

Rechtsgrundlage und Aufgabenkreis:
Die Stiftung „Preußischer Kulturbesitz" ist durch Bundesgesetz vom 25. Juli 1957 (BGBl I S 841) als bundesunmittelbare Stiftung des öffentlichen Rechts errichtet worden. Sie soll die ihr übertragenen preußischen Kulturgüter für das deutsche Volk bewahren und pflegen sowie den Ausbau und die Auswertung dieses Kulturbesitzes für die Allgemeinheit in Wissenschaft und Bildung und für den Kulturaustausch zwischen den Völkern gewährleisten.
Die Organe der Stiftung sind:
– der Stiftungsrat,
– der Präsident,
– der Beirat.
Der Stiftungsrat besteht aus Vertretern des Bundes und der Länder.

Präsident der Stiftung Preußischer Kulturbesitz: Prof Dr Werner Knopp
Vizepräsident: Norbert Zimmermann

Zur Stiftung gehören folgende Einrichtungen:

Staatliche Museen zu Berlin – Preußischer Kulturbesitz

– Generaldirektion –

10785 Berlin (Tiergarten), Stauffenbergstr 41/42; Tel (0 30) 2 66-6; Fax (0 30) 2 66-26 12

Generaldirektor: Prof Dr Wolf-Dieter Dube
Stellvertretender Generaldirektor: Prof Dr Günter Schade
Verwaltungsleiter: Gerd Lukoschik VwDir

mit folgenden Abteilungen und Museen

Ägyptisches Museum und Papyrussammlung
10178 Berlin, Bodestr 1-3, Bodemuseum; Tel (0 30) 20 90-50; Fax (0 30) 20 90-51 02
Direktor: Prof Dr Dietrich Wildung-Schoske

Antikensammlung
10178 Berlin (Mitte), Bodestr 1-3; Tel (0 30) 20 90-50; Fax (0 30) 20 90-52 02
Direktor: Prof Dr Wolf-Dieter Heilmeyer

Gemäldegalerie
10785 Berlin (Tiergarten), Stauffenbergstr 41/42; Tel (0 30) 2 66-6; Fax (0 30) 2 66-21 03
Direktor: Dr Jan Kelch

Kunstbibliothek
10785 Berlin (Tiergarten), Matthäikirchplatz 8; Tel (0 30) 2 66-6; Fax (0 30) 2 66-29 58
Direktor: Prof Dr Bernd Evers

Kunstgewerbemuseum
10785 Berlin (Tiergarten), Tiergartenstr 6; Tel (0 30) 2 66-6; Fax (0 30) 2 66-29 47
Direktorin: Prof Dr Barbara Mundt

Kupferstichkabinett
10785 Berlin (Tiergarten), Matthäikirchplatz 8; Tel (0 30) 2 66-6; Fax (0 30) 2 66-29 59
Direktor: Prof Dr Alexander Dückers

Münzkabinett
10178 Berlin (Mitte), Bodestr 1-3; Tel (0 30) 20 90-50; Fax (0 30) 20 90-57 02
Direktor: Prof Dr Bernd Kluge

Museum für Indische Kunst
14195 Berlin (Dahlem), Takustr 40; Tel (0 30) 83 01-1; Fax (0 30) 8 31 63 84
Direktorin: Prof Dr Marianne Yaldiz

Museum für Islamische Kunst
10178 Berlin (Mitte), Bodestr 1-3; Tel (0 30) 20 90-50; Fax (0 30) 20 90-54 02
Direktor: Dr Volker Enderlein

Museum für Ostasiatische Kunst
14195 Berlin (Dahlem), Takustr 40; Tel (0 30) 83 01-1; Fax (0 30) 8 31 63 84
Direktor: Prof Dr Willibald Veit

Museum für Spätantike und Byzantinische Kunst
10178 Berlin (Mitte), Bodestr 1-3; Tel (0 30) 20 90-50; Fax (0 30) 20 90-56 02
Direktor: Prof Dr Arne Effenberger

Museum für Völkerkunde
14195 Berlin (Dahlem), Arnimallee 27; Tel (0 30) 83 01-1; Fax (0 30) 8 31 59 72
Direktor: Prof Dr Klaus Helfrich

Museum für Volkskunde
14195 Berlin (Dahlem), Im Winkel 6; Tel (0 30) 8 39 01-01; Fax (0 30) 8 39 01-2 83
Leiterin: Dr Erika Karasek

Museum für Vor- und Frühgeschichte
14095 Berlin (Charlottenburg), Schloß, Spandauer Damm 19; Tel (0 30) 3 20 91-1; Fax (0 30) 3 22 64 22
Direktor: Prof Dr Wilfried Menghin

Nationalgalerie
Direktor: Prof Dr Peter-Klaus Schuster

Alte Nationalgalerie (Kunst des 19. Jh)
10178 Berlin (Mitte), Bodestr 1-3; Tel (0 30) 20 90-50; Fax (0 30) 20 90-58 02
Neue Nationalgalerie (Kunst des 20. Jh)
10785 Berlin (Tiergarten), Potsdamer Str 50; Tel (0 30) 2 66-6; Fax (0 30) 2 62 47 15

Skulpturensammlung
10178 Berlin (Mitte), Bodestr 1-3; Tel (0 30) 20 90-50; Fax (0 30) 20 90-56 02
Direktor: Prof Dr Arne Effenberger

Vorderasiatisches Museum
10178 Berlin (Mitte), Bodestr 1-3; Tel (0 30) 20 90-50; Fax (0 30) 20 90-63 70
Direktorin: Dr Evelyn Klengel

Außenamt
10785 Berlin (Tiergarten), Stauffenbergstr 41/42; Tel (0 30) 2 66-6; Fax (0 30) 2 66-29 95
Leiter: Christoffer Richartz

Rathgen-Forschungslabor
14059 Berlin (Charlottenburg), Schloßstr 1 a; Tel (0 30) 3 20 91-1; Fax (0 30) 3 22 16 14
Direktor: Prof Dr Josef Riederer

Institut für Museumskunde
14195 Berlin (Dahlem), In der Halde 1; Tel (0 30) 83 01-1; Fax (0 30) 8 31 81 62
Direktor: Dr Bernhard Graf

Gipsformerei
14059 Berlin (Charlottenburg), Sophie-Charlotten-Str 17-18; Tel (0 30) 3 21 70 11
Kaufmännischer Leiter: Axel Möller

Zentralarchiv
10178 Berlin (Mitte), Bodestr 1-3; Tel (0 30) 20 90-50; Fax (0 30) 20 90-63 70
Leiter: Dr Jörn Grabowski

Staatsbibliothek zu Berlin – Preußischer Kulturbesitz

10117 Berlin (Mitte), Unter den Linden 8; Tel (0 30) 20 15–0; Fax (0 30) 20 15-17 51
10785 Berlin (Tiergarten), Potsdamer Str 33; Tel (0 30) 2 66-1; Telex 18 31 60 staab d; Fax (0 30) 2 66 28 14

Generaldirektor: Dr Antonius Jammers
Stellvertreter: Dr Günter Baron Dir bei der Staatsbibliothek

mit folgenden Abteilungen:

Zentralabteilung
10785 Berlin (Tiergarten), Potsdamer Str 33; Tel (0 30) 2 66-1; Fax (0 30) 2 66-28 14
Leiter: Dr Günter Baron Dir bei der Staatsbibliothek

Informationstechnik
10785 Berlin (Tiergarten), Potsdamer Str 33; Tel (0 30) 2 66-1; Fax (0 30) 2 66-28 14
Leiter: Jann-Gerd Hans BiblDir

Erwerbungsabteilung
10785 Berlin (Tiergarten), Potsdamer Str 33; Tel (0 30) 2 66-1; Fax (0 30) 2 66-22 30
Leiter: Dr Gerhard Kanthak LtdBiblDir

Katalogabteilung
10785 Berlin (Tiergarten), Potsdamer Str 33; Tel (0 30) 2 66-1; Fax (0 30) 2 66-27 98
Leiter: Günter Hädrich LtdBiblDir

Abteilung Historische Drucke
10117 Berlin (Mitte), Unter den Linden 8; Tel (0 30) 20 15-0; Fax (0 30) 20 15-17 17
Leiterin: Annette Wehmeyer

Benutzungsabteilung
10785 Berlin (Tiergarten), Potsdamer Str 33; Tel (0 30) 2 66-1; Fax (0 30) 2 66-27 68
Leiterin: Dr Gisela Herdt LtdBiblDirektorin

Abteilung Überregionale Bibliographische Dienste
10785 Berlin (Tiergarten), Potsdamer Str 33; Tel (0 30) 2 66-1; Fax (0 30) 2 66-23 78
Leiter: Dr Hartmut Walravens LtdBiblDir

Abteilung Bestandspflege und Reprographie
10117 Berlin (Mitte), Unter den Linden 8; Tel (0 30) 20 15-0; Fax (0 30) 20 15-12 27
Leiter: Leonhard Penzold

Handschriftenabteilung
10785 Berlin (Tiergarten), Potsdamer Str 33; Tel (0 30) 2 66-1; Fax (0 30) 2 66-28 14
Leiter: Prof Dr Tilo Brandis LtdBiblDir

Musikabteilung mit Mendelssohn-Archiv
10117 Berlin (Mitte), Unter den Linden 8; Tel (0 30) 20 15-0; Fax (0 30) 20 15-16 24
Leiter: Dr Helmut Hell BiblDir

Kartenabteilung
10117 Berlin (Mitte), Unter den Linden 8; Tel (0 30) 20 15-0; Fax (0 30) 20 15-13 92
Leiter: Dr Lothar Zögner BiblDir

Osteuropa-Abteilung
10785 Berlin (Tiergarten), Potsdamer Str 33; Tel (0 30) 2 66-1; Fax (0 30) 2 66-24 04
Leiter: Dr Franz Görner BiblDir

Orientabteilung
10785 Berlin (Tiergarten), Potsdamer Str 33; Tel (0 30) 2 66-1; Fax (0 30) 2 66-28 14
Leiter: Dr Karl Schubarth-Engelschall

Ostasienabteilung
10785 Berlin (Tiergarten), Potsdamer Str 33; Tel (0 30) 2 66-1; Fax (0 30) 2 66-28 14
Leiter: Dr Rainer Krempien BiblDir

Abteilung Amtsdruckschriften und Internationaler Schriftentausch
10785 Berlin (Tiergarten), Potsdamer Str 33; Tel (0 30) 2 66-1; Fax (0 30) 2 66-23 41
Leiter: Dr Johannes Metz BiblDir

Zeitungsabteilung
10117 Berlin (Mitte), Unter den Linden 8; Tel (0 30) 20 15-0; Fax (0 30) 20 15-17 19
Leiter: Dr Wilfried Löschburg

Kinder- und Jugendbuchabteilung
10117 Berlin (Mitte), Unter den Linden 8; Tel (0 30) 20 15-0; Fax (0 30) 20 15-16 65
Leiterin: Carola Pohlmann

Bildarchiv Preußischer Kulturbesitz
10179 Berlin (Mitte), Märkisches Ufer 16-18; Tel (0 30) 27 87 92-0; Fax (0 30) 27 87 92-39
Leiter: Dr Karl Heinz Pütz

Geheimes Staatsarchiv Preußischer Kulturbesitz mit Abteilung Merseburg

14195 Berlin (Dahlem), Archivstr 12/14; Tel (0 30) 8 39 01-00; Fax (0 30) 8 39 01-1 80

Direktor: Dr Jürgen Kloosterhuis

Ibero-Amerikanisches Institut Preußischer Kulturbesitz

10785 Berlin (Tiergarten), Potsdamer Str 37; Tel (0 30) 2 66-5; Telex 18 31 60 staab d; Fax (0 30) 2 66-25 03

Direktor: Prof Dr Dietrich Briesemeister

Staatliches Institut für Musikforschung Preußischer Kulturbesitz

10785 Berlin (Tiergarten), Tiergartenstr 1; Tel (0 30) 2 54 81-0; Fax (0 30) 2 54 81-1 72

Leiter: Dr Thomas Ertelt (komm)

mit

Musikinstrumenten-Museum
Leiter: Dr Konstantin Restle (komm)

Bundesanstalt „Die Deutsche Bibliothek"

– **Bundesunmittelbare Anstalt des öffentlichen Rechts** –

60322 Frankfurt, Adickesallee 1; Tel (0 69) 15 25-0; Fax (0 69) 15 25-10 10; E-Mail: info@dbf.ddb.de
04103 Leipzig, Deutscher Platz 1; Tel (03 41) 22 71-0; Fax (03 41) 22 71-4 44; E-Mail: info@dbl.ddb.de

Rechtsgrundlage und Aufgabenkreis:
Mit dem Einigungsvertrag vom 3. Oktober 1990 wurde „Die Deutsche Bibliothek" als bundesunmittelbare Anstalt des öffentlichen Rechts mit Sitz in Frankfurt am Main und Leipzig errichtet (Anlage I, Kapitel II B, Abschnitt II Nr 3 zum Einigungsvertrag [BGBl II Seite 885 vom 23. September 1990]). Die Deutsche Bibliothek hat ihren Hauptsitz in Frankfurt am Main. Sie führt als Nationalbibliothek der Bundesrepublik Deutschland die bisher von der Deutschen Bücherei Leipzig (gegründet 1912) und der Deutschen Bibliothek Frankfurt am Main (gegründet 1947) getrennt wahrgenommenen Aufgaben fort.

Als Gesamtarchiv und nationalbibliographisches Zentrum der Bundesrepublik Deutschland hat „Die Deutsche Bibliothek" die Aufgabe, die seit 1913 in Deutschland verlegten oder, soweit es sich um Ton-

träger handelt, hergestellten Veröffentlichungen, die im Ausland verlegten oder hergestellten deutschsprachigen Druckwerke, die Übersetzungen deutscher Druckwerke in andere Sprachen und die fremdsprachigen Druckwerke über Deutschland sowie die zwischen 1933 und 1945 von deutschsprachigen Emigranten verfaßten oder veröffentlichten Druckwerke zu sammeln, zu inventarisieren und bibliographisch zu verzeichnen.
Die Bestände werden der Allgemeinheit zur Benutzung in den Lesesälen zur Verfügung gestellt.

Generaldirektor der Bundesanstalt „Die Deutsche Bibliothek": Prof Klaus-Dieter Lehmann
Ständiger Vertreter in Frankfurt am Main: Kurt Nowak
Ständige Vertreterin in Leipzig: Irmgard Spencker

Verwaltungsrat
Vorsitzender: Prof Dr Wolfgang Bergsdorf MinDir (BMI)

Beirat für Die Deutsche Bibliothek
Vorsitzender: Dr Gerhard Schlitt

Beirat für das Deutsche Musikarchiv
Vorsitzender: Dr Hartmut Schaefer

Abt Zentrale Datenverarbeitung
Leiterin: Christine Boßmeyer BiblDirektorin

Abt Zentrale Verwaltung und Rechtsangelegenheiten
Leiterin: Irene Fahrenheim LtdVwDirektorin

Abteilungen der Deutschen Bibliothek Frankfurt am Main

Abt 1 Neubauplanung, Aus- und Fortbildung
Leiter: Kurt Nowak Dir bei der Deutschen Bibliothek

Abt 3 Erwerbung
Leiter: Dr Bertold Picard BiblDir

Abt 4 Formalerschließung
Leiter: Rainer Erzepky BiblDir

Abt 5 Sacherschließung
Leiterin: Barbara Kelm BiblDirektorin

Abt 6 Dienstleistungen und Archivierung
Leiter: Werner Stephan BiblDir

Abt 7 Deutsches Musikarchiv
12207 Berlin, Gärtner Str 25-32; Tel (0 30) 77 00 20; Fax (0 30) 77 00 22 99; E-Mail: info@dma.ddb.de
Leiter: Dr Heinz Lanzke BiblDir

Deutsches Exilarchiv 1933 – 1945
Leiterin: Dr Brita Eckert BiblORätin

Abteilungen der Deutschen Bücherei Leipzig

Abt 1 Organisation und Sonderbereiche
Leiter: Johannes Jacobi

Abt 3 Erwerbung
Leiterin: Angela Matthias

Abt 4 Formalerschließung
Leiterin: Christa Pohlmann

Abt 5 Sacherschließung
Leiter: Joachim Kaubisch

Abt 6 Benutzung, Archivierung, Auskunft
Leiterin: Irmgard Spencker

Abt 7 Zentrum für Bucherhaltung
Leiter: Dr Wolfgang Wächter

Abt 8 Deutsches Buch- und Schriftmuseum
Leiter: Lothar Poethe

Deutsche Welle

– Anstalt des öffentlichen Rechts –

50968 Köln, Raderberggürtel 50; Tel (02 21) 3 89-0; Fax (02 21) 3 89-30 00; Internet: http://www.dwelle.de

Rechtsgrundlage und Aufgabenkreis:
Die Deutsche Welle ist eine gemeinnützige Anstalt des öffentlichen Rechts mit dem Sitz in Köln. Die Rechtsgrundlage bildet das Gesetz über die Errichtung von Rundfunkanstalten des Bundesrechts vom 29. November 1960 (BGBl I Seite 268) in der Fassung vom 30. April 1990 (BGBl I Seite 823), zuletzt geändert durch das Rundfunkneuordnungsgesetz vom 20. Dezember 1993 (BGBl I Seite 2246). Nach diesem Gesetz sollen die Sendungen der Deutschen Welle den Rundfunkteilnehmern im Ausland ein umfassendes Bild des Lebens in Deutschland vermitteln und ihnen die deutsche Auffassung zu wichtigen Fragen darstellen und erläutern.

Intendant: Dieter Weirich
Vorsitzender des Rundfunkrates: Günter Verheugen MdB
Vorsitzender des Verwaltungsrates: Dr Franz Schoser
Öffentlichkeitsarbeit: Dr Ralf Siepmann

Heimkehrerstiftung

– Bundesunmittelbare Stiftung des öffentlichen Rechts –

53179 Bonn, Konstantinstr 56; Tel (02 28) 9 57 43-0; Fax (02 28) 9 57 43-99

Rechtsgrundlage und Aufgabenkreis:
Gesetz über die Heimkehrerstiftung (HKStG) in der Bekanntmachung der Fassung vom 21. Dezember 1992 (BGBl I S 2101); Bekanntmachung der Satzung der Heimkehrerstiftung in der Fassung vom 18. März 1982 (BAnz Nr 64 vom 2. April 1982 S 2), geändert durch Bekanntmachung vom 1. April 1993 (BAnz Nr 63 S 3217).
Die Stiftung hat den Zweck, ehemalige Kriegsgefangene wirtschaftlich und sozial zu fördern oder bestehende Notlagen durch Unterstützungen zu mildern

und Nachteile in den gesetzlichen Rentenversicherungen zu mindern. Sie verfolgt unmittelbar und ausschließlich gemeinnützige Zwecke.

Vorsitzender des Stiftungsrats: Hans Neusel StSekr a D
Vorsitzender des Stiftungsvorstandes: Heinz Oppermann Abteilungsleiter a D (komm)

Stiftung für ehemalige politische Häftlinge

– **Rechtsfähige Stiftung des öffentlichen Rechts** –

53175 Bonn, Wurzerstr 106; Tel (02 28) 35 11 38 und 36 61 81; Fax (02 28) 36 41 31

Rechtsgrundlage und Aufgabenkreis:
Häftlingshilfegesetz (HHG) in der Bekanntmachung der Neufassung vom 2. Juni 1993 (BGBl I S 838), Artikel I (Strafrechtliches Rehabilitierungsgesetz [StrRehaG]), des 1. Gesetzes zur Bereinigung von SED-Unrecht (BGBl I S 1814) sowie Satzung der Stiftung für ehemalige politische Häftlinge vom 23. Juli 1970 (BAnz vom 30. Juli 1970 Nr 137) und der Bekanntmachung der Änderungen der Satzung vom 3. Mai 1976 (BAnz vom 29. Mai 1976 Nr 100), 1. Dezember 1981 (BAnz vom 24. April 1982 Nr 77) und Februar 1991.
Die Stiftung dient der Förderung ehemaliger politischer Häftlinge und Rehabilitierter durch Beratung und Gewährung von Unterstützungen nach § 18 HHG bzw nach § 18 StrRehaG.
Die Stiftung verfolgt unmittelbar und ausschließlich gemeinnützige Zwecke.

Vorsitzender des Stiftungsrates: Klaus Pöhle MinDir (BMI)
Vorsitzender des Stiftungsvorstandes: Roland Bude

Stiftung Bundeskanzler-Adenauer-Haus

– **Selbständige Stiftung des öffentlichen Rechts** –

53604 Bad Honnef, Konrad-Adenauer-Str 8 c; Tel (0 22 24) 9 21-0 ISDN; Fax (0 22 24) 9 21-1 11

Rechtsgrundlage und Aufgabenkreis:
Die Stiftung Bundeskanzler-Adenauer-Haus ist durch Gesetz vom 24. November 1978 (BGBl I S 1821) als selbständige Stiftung des öffentlichen Rechts errichtet worden; sie war zuvor seit Dezember 1967 zunächst eine unselbständige Stiftung bürgerlichen Rechts.
Die Stiftung hat den Zweck, das Andenken an den deutschen Staatsmann und Europäer Dr Konrad Adenauer zu bewahren, die Hinterlassenschaft, soweit sie nicht rein familiären Charakter hat, zu sammeln, zu pflegen, zu verwalten und für die Interessen der Allgemeinheit in Wissenschaft, Politik und Bildung zugänglich zu machen und auszuwerten, eine Gedenkstätte einzurichten, zu unterhalten und der Öffentlichkeit zugänglich zu machen, ein Archiv

mit Dokumentationsstelle, Bibliothek und Arbeitsräumen zu unterhalten und zur Benutzung zugänglich zu machen.

Vorsitzende des Kuratoriums: Dr Dorothee Wilms Bundesministerin a D
Vorsitzender des Vorstands: Dr Franz Möller Ldrt
Geschäftsführer: Dr Michael Krekel

Stiftung Reichspräsident-Friedrich-Ebert-Gedenkstätte

– **Stiftung des öffentlichen Rechts** –

69117 Heidelberg, Untere Str 27; Tel (0 62 21) 91 10 70; Fax (0 62 21) 91 07 10; Internet: http://www.hd.shuttle.de/stebert

Rechtsgrundlage und Aufgabenkreis:
Gesetz über die Errichtung einer Stiftung Reichspräsident-Friedrich-Ebert-Gedenkstätte vom 19. Dezember 1986 (BGBl I Seite 2553).
Die Stiftung hat den Zweck, das Andenken an das Wirken des ersten deutschen Reichspräsidenten Friedrich Ebert zu wahren und einen Beitrag zum Verständnis der deutschen Geschichte seiner Zeit zu leisten.
Der Erfüllung dieses Zweckes dienen insbesondere folgende Maßnahmen:
– Einrichtung, Unterhaltung und Ausbau der für die Öffentlichkeit zugänglichen „Reichspräsident-Friedrich-Ebert-Gedenkstätte" in Heidelberg, Pfaffengasse 18;
– Einrichtung und Unterhaltung eines Archivs nebst Forschungs- und Dokumentationsstelle in Heidelberg;
– wissenschaftliche Untersuchungen;
– Veranstaltungen im Sinne des Stiftungszweckes.

Vorsitzender des Kuratoriums: Dr h c Johannes Rau Ministerpräsident des Landes Nordrhein-Westfalen
Vorsitzender des Vorstands: Rudolf König MinR aD
Geschäftsführer: Ulrich Graf

Stiftung Bundespräsident-Theodor-Heuss-Haus

– **Stiftung des öffentlichen Rechts** –

70376 Stuttgart, Rommelstr 4; Tel (07 11) 95 59 85-0; Fax (07 11) 95 59 85-30

Rechtsgrundlage und Aufgabenkreis:
Gesetz über die Errichtung einer Stiftung Bundespräsident-Theodor-Heuss-Haus vom 27. Mai 1994 (BGBl I Seite 1166).
Zweck der Stiftung ist es,
– das Andenken an das Wirken des ersten Bundespräsidenten der Bundesrepublik Deutschland, Theodor Heuss, für Freiheit und Einheit des deutschen Volkes, für Europa, für Verständigung und Versöhnung unter den Völkern zu wahren und einen Beitrag zum Verständnis der jüngeren

Geschichte sowie der Entstehung der Bundesrepublik Deutschland zu leisten und
- den Nachlaß Theodor Heuss zu sammeln, zu pflegen, zu verwalten und für die Interessen der Allgemeinheit in Wissenschaft, Bildung und Politik auszuwerten.
Organe der Stiftung sind das Kuratorium und der Vorstand.

Vorsitzender des Kuratoriums: Lord Ralf Dahrendorf
Vorsitzende des Vorstands: Gabriele Müller-Trimbusch Bürgermeisterin
Geschäftsführung: Dr Thomas Hertfelder

Otto-von-Bismarck-Stiftung

– Stiftung des öffentlichen Rechts –

21521 Friedrichsruh, Am Museum 1; Tel (0 41 04) 9 77 10; Fax (0 41 04) 97 71 14

Rechtsgrundlage und Aufgabenkreis:
Erlaß des Bundesministeriums des Innern über die Errichtung einer „Otto-von-Bismarck-Stiftung" vom 14. November 1994 (GMBl S 37).
Aufgabe der unselbständigen Stiftung des öffentlichen Rechts „Otto-von-Bismarck-Stiftung" ist es, das Andenken an das Wirken des Staatsmannes Otto von Bismarck zu wahren, seinen Nachlaß zu sammeln und für die Interessen der Allgemeinheit in Kultur und Wissenschaft, Bildung und Poltik auszuwerten. Der Erfüllung dieser Aufgabe dienen insbesondere folgende Maßnahmen:
- Übernahme, Unterhaltung und Ausbau des Archives und der Bibliothek,
- Aufbau einer Forschungs- und Dokumentationsstelle in Friedrichsruh,
- wissenschaftliche Untersuchungen,
- Veranstaltungen im Sinne der Stiftungsaufgabe.

Geschäftsführer: Dr Michael Epkenhans

Haus der Geschichte der Bundesrepublik Deutschland

– Stiftung des öffentlichen Rechts –

53113 Bonn, Adenauerallee 250; Tel (02 28) 91 65-0; Fax (02 28) 91 65-3 02; Internet: http:/www.hdg.de

Rechtsgrundlage und Aufgabenkreis:
Gesetz zur Errichtung einer Stiftung „Haus der Geschichte der Bundesrepublik Deutschland" vom 28. Februar 1990 (BGBl I S 294) in der geänderten Fassung vom 20. August 1996.
Das Haus der Geschichte zeigt deutsche Zeitgeschichte mit internationalen Bezügen vom Ende des Zweiten Weltkrieges bis in die Gegenwart, Politik-, Wirtschafts-, Kultur- und Alltagsgeschichte im geteilten und vereinigten Deutschland. Originalobjekte – Gegenstände, Fotografien, Dokumente, Texte, Filme und Tondokumente – sind in Szene gesetzt. Neben der ständigen Ausstellung präsentiert das Museum für Zeitgeschichte wechselnde Sonderausstellungen.
Grundlage der Ausstellungen sind die Sammlungen zeitgeschichtlicher Objekte, die ständig ergänzt werden.
Das Informationszentrum des Hauses – Bibliothek und Mediathek – dient dem Museumsbesucher zur vertiefenden Information: Bücher, Zeitschriften, Zeitungen, Film- und Tondokumente stehen zur Verfügung. Die „Bibliothek zur Geschichte der DDR" ist eine Spezialbibliothek für die vergleichende Deutschland- und DDR-Forschung.
Als Ort lebendiger Auseinandersetzung mit Themen der Zeitgeschichte bietet das Haus auch ein umfangreiches Veranstaltungsprogramm an: Diskussionen, Symposien, Filme, Musik und Theater.

Direktor: Prof Dr Hermann Schäfer

Deutsche Ausgleichsbank (DtA)

– Anstalt des öffentlichen Rechts –

53179 Bonn, Ludwig-Erhard-Platz 1-3; Tel (02 28) 8 31-0; Telex 88 54 22 abank; Fax (02 28) 8 31-22 55; T-Online *dta#; Internet http://www.dta.de

Rechtsgrundlage und Aufgabenkreis:
Rechtsgrundlage ist das Gesetz über die Deutsche Ausgleichsbank in der Fassung vom 23. September 1986.
Finanzierungsaufgaben:
- im wirtschaftsfördernden Bereich, insbesondere für den gewerblichen Mittelstand und die Freien Berufe,
- im Umweltschutz,
- im sozialen Bereich,
- im Bereich der wirtschaftlichen Eingliederung der durch den Zweiten Weltkrieg und seine Folgen betroffenen Personen sowie heimatloser Ausländer und ausländischer Flüchtlinge und bei verbliebenen Aufgaben im Rahmen des Lastenausgleichs.
In Erfüllung dieses gesetzlichen Auftrags wird die Bank als Instrument der staatlichen Wirtschafts-, Umwelt- und Sozialpolitik dort ausgleichend tätig, wo wirtschaftspolitische Probleme durch das freie Spiel der Marktkräfte nur unzureichend gelöst werden.
Dies bewirkt die Bank, indem sie günstige Finanzierungshilfen zur Verfügung stellt, und zwar in der Regel nach dem sogenannten „Hausbankenprinzip", d h Kredite werden von der DtA über Kreditinstitute als Hausbanken ihrer Darlehnsnehmer ausgereicht. Dieses Verfahren unterstreicht die grundsätzliche Wettbewerbsneutralität der Fördertätigkeit der Bank.

Die Finanzierungsmittel der DtA werden etwa zur Hälfte aus dem ERP-Sondervermögen des Bundes bereitgestellt. Zum anderen nimmt die Bank Fremdmittel am Kapitalmarkt auf, um sie – verbilligt durch Zinszuschußmittel aus dem Bundeshaushalt oder zu Lasten des eigenen Ertrages – zur Mitfinanzierung förderungswürdiger Projekte als programmgebundene Darlehen auszuleihen.

Sprecher des Vorstands: Eckart von Reden

IV Bundesministerium der Justiz (BMJ)

53175 Bonn, Heinemannstr 6; Tel (02 28) 58-0; Teletex 22 85 06; Fax (02 28) 58-45 25

Aufgabenkreis:
Das Bundesministerium der Justiz ist innerhalb der Bundesregierung gemeinsam mit dem Bundesministerium des Innern für das Verfassungsrecht federführend zuständig. Ferner liegt bei ihm die federführende Zuständigkeit für die klassischen Bereiche des Rechts, beispielsweise für das Bürgerliche Recht, das Strafrecht, das Handels- und Gesellschaftsrecht, das Urheberrecht und den gewerblichen Rechtsschutz, das Gerichtsverfassungs- und Verfahrensrecht für die einzelnen Gerichtsbarkeiten (außer Arbeits- und Sozialgerichtsbarkeit) sowie das Dienst- bzw Berufsrecht der Richter, Staatsanwälte, Rechtsanwälte und Notare. Das Ministerium ist ferner zuständig für die mit der Herstellung der Einheit Deutschlands erwachsenen Aufgaben im Bereich der strafrechtlichen, verwaltungsrechtlichen und beruflichen Rehabilitierung und der „Offenen Vermögensfragen".

Das Ministerium überprüft die Gesetz- und Verordnungsentwürfe der anderen Bundesministerien sowie zwischenstaatliche Vereinbarungen auf ihre Vereinbarkeit mit dem Grundgesetz und anderen geltenden Rechtsnormen. Dabei wird auch auf die Beachtung der Gesetzestechnik und einer einheitlichen, klaren Gesetzessprache hingewirkt.

Schließlich bereitet das Ministerium die Wahl der Richter des Bundesverfassungsgerichts und der Richter an den obersten Gerichtshöfen des Bundes vor.

Veröffentlichungen:
Bundesgesetzblatt. *Verlag:* Bundesanzeiger Verlagsgesellschaft mbH, Bonn/Köln. – *Druck:* Bundesdruckerei.
Das Bundesgesetzblatt Teil I enthält Gesetze, Verordnungen und sonstige Bekanntmachungen von wesentlicher Bedeutung.
Das Bundesgesetzblatt Teil II enthält völkerrechtliche Übereinkünfte, die zu ihrer Inkraftsetzung oder Durchsetzung erlassenen Rechtsvorschriften und damit zusammenhängende Bekanntmachungen sowie Zolltarifvorschriften.
Bezugsbedingungen: Laufender Bezug nur im Verlagsabonnement. Postanschrift für Abonnementbestellungen sowie Bestellungen bereits erschienener Ausgaben: Bundesanzeiger Verlagsgesellschaft m b H, 53003 Bonn, Postfach 1320; Tel (02 28) 38 20 80; Fax (02 28) 38 20-8 36
Bezugspreis für Teil I und Teil II halbjährlich je DM 88,00. Einzelstücke je angefangene 16 Seiten DM 2,80 zuzüglich Versandkosten. Dieser Preis gilt auch für Bundesgesetzblätter, die vor dem 1. Januar 1997 ausgegeben worden sind. Lieferung gegen Voreinsendung des Betrages auf das Postgirokonto Bundesgesetzblatt Köln 3 99-5 09 (BLZ 370 100 50) oder gegen Vorausrechnung.

Bundesanzeiger. *Verlag:* Bundesanzeiger Verlagsgesellschaft m b H Köln. Erscheint dienstags bis sonnabends, mit Ausnahme gesetzlicher Feiertage und dem Tage danach, in vier Ausgaben.
Bestellungen sind an den Verlag zu richten. *Postanschrift:* 50445 Köln, Postfach 10 05 34. Bezugspreis der Ausgabe Amtlicher/Nichtamtlicher Teil, Gerichtliche und sonstige Bekanntmachungen Halbjahresabonnement DM 135,50, Einzelverkaufspreis DM 8,90 (DM 6,10 zuzüglich DM 2,80 Versandkosten).
Bei Einzelbestellungen Vorauszahlung auf Postgirokonto Köln 399-509 (BLZ 370 100 50). Postanschrift für Verlag und Redaktion: 50445 Köln, Postfach 10 05 34. Sammelnummer Köln (02 21) 2 02 90; Fax (02 21) 2 02 92 78 für Verkauf, (02 21) 2 02 92 73 für Anzeigenredaktion und (02 21) 2 24 28 91 für Redaktion Amtlicher Teil.

Bundesminister der Justiz: Prof Dr Edzard Schmidt-Jortzig
Ministerbüro: Dr Bollweg RDir
Persönlicher Referent: Dr Hansen Ang
Kabinett- und Parlamentsangelegenheiten, Grundsatzfragen des Gesetzgebungsprogramms, Planung: Dr Bösert RDir
Presse- und Öffentlichkeitsarbeit: Dr Böhm RDir

Parlamentarischer Staatssekretär: Rainer Funke
Persönlicher Referent: Dr Bollweg RDir

Staatssekretär: Heinz Lanfermann
Persönliche Referentin: Dr Grundmann RDirektorin

Abt Z Justizverwaltung
Leiter: Stein MinDir

U-Abt Z A
Leiter: Güther MinDirig

Ref Z A 1: **Personal (Höherer Dienst)** Dr Bernhardt MinR
Ref Z A 2: **Organisation; Sprachendienst** Dr Welp RDir
Ref Z A 3: **Personal (außer höherer Dienst)** Veith RDir
Ref Z A 4: **Besoldung** Ninnemann MinR
Ref Z A 5: **Verwaltungsangelegenheiten des Patentwesens; Patentinformationspolitik** Werner RDirektorin
Ref Z A 6: **Bibliothek** Schlag BiblDirektorin

U-Abt Z B
Leiter: Diesem MinDirig

Ref Z B 1: **Haushalt** Dittmann MinR
Ref Z B 2: **Justitiariat; Verkündungswesen; Automatisierte Normendokumentation** Stöhr MinR
Ref Z B 3: **Informationstechnik** Dipl-Volksw von Kempski Ang
Ref Z B 4: **Innerer Dienst** Stückrath MinR
Ref Z B 5: **Protokoll; Sicherheit** Dr Wagner RDir
Ref Z B 6: **Technischer Dienst (BMJ, BMBF)** Dipl-Ing Gerber MinR

Abt R Rechtspflege
Leiter: Dr Hilger MinDir

U-Abt R A
Leiter: Schubert MinR

Ref R A 1: **Gerichtsverfassung; Rechtspflegerrecht** Buhrow MinR
Ref R A 2: **Zivilprozeß; arbeitsgerichtliches Verfahren** Jaath MinR
Ref R A 3: **Verwaltungs-, Finanz- und Sozialgerichtsbarkeit – Verfassung und Verfahren –** Schmieszek MinR
Ref R A 4: **Richterrecht; Richterbesoldung; Ausbildung** Dr Staats MinR
Ref R A 5: **Freiwillige Gerichtsbarkeit** Dr Boeter MinR
Ref R A 6 (Berlin): **Justizreform; Recht der ehrenamtlichen Richter; Statistik** Schnigula OStAnw beim BGH

U-Abt R B
Leiter: Dr Ganten MinDirig

Ref R B 1: **Berufsrecht der Rechtsanwälte, Patentanwälte und Notare** Dr Franz RDir
Ref R B 2: **Strafverfahren (Gerichtliches Verfahren)** Siegismund MinR
Ref R B 3: **Strafverfahren (Ermittlungsverfahren; Zwangsmaßnahmen)** Schreiber MinR
Ref R B 4: **Zwangsvollstreckung; Zwangsversteigerung** Kniebes MinRätin
Ref R B 5: **Insolvenzrecht** Dr Wimmer MinR
Ref R B 6: **Kosten- und Gebührenrecht** Desch RDir

Abt E Europarecht; Völkerrecht; Rechtsentwicklung
Leiter: Dr Dierdorf MinDir

U-Abt E A
Leiter: Dr Jekewitz MinR

Ref E A 1: **Völkerrecht; Internationale Gerichtsbarkeit** Dr Birke MinR
Ref E A 2: **Recht der völkerrechtlichen Verträge** Oehler MinR
Ref E A 3: **Verfassung, Institutionen und Verfahren der EU** Dittrich MinR
Ref E A 4: **Rechtsetzung und justitielle Zusammenarbeit in der EU** Hofmann RDirektorin
Ref E A 5: **Innerpolitische Zusammenarbeit in der EU** Wasser RDir
Ref E A 6: **Europäische und multilaterale strafrechtliche Zusammenarbeit** Grotz MinR

U-Abt E B
Leiter: Nettersheim MinDirig

Ref E B 1: **Recht der neuen Kommunikationstechnologie** Brink RDir
Ref E B 2: **Neue Technologien in der Naturwissenschaft** Rudloff-Schäfer RDirektorin
Ref E B 3: **Datenschutzrecht** Stoltenberg MinR
Ref E B 4: **Rechtstatsachenforschung** NN
Ref E B 5: **Kriminologie** Dipl-Volksw Dr Blath RDir
Ref E B 6: **Kriminalprävention** Kiermeier MinR

Abt I Bürgerliches Recht
Leiter: Keck MinDir

U-Abt I A
Leiter: Dr Pirrung MinR

Ref I A 1: **Familienrecht; Erbrecht** Dr Wagenitz MinR
Ref I A 2: **Kindschaftsrecht** Mühlens MinRätin
Ref I A 3: **Unterhaltsrecht, Versorgungsausgleich; Schiedsgerichtsbarkeit** Dr Schumacher MinR
Ref I A 4 (Berlin): **Internationales Zivilprozeßrecht; Rechtshilfe** Adlerstein MinRätin
Ref I A 5: **Internationales Privatrecht** NN

U-Abt I B
Leiter: Peter Gass MinDirig

Ref I B 1: **Allgemeiner Teil des BGB** Dr Nissel MinR
Ref I B 2: **Schuldrecht, Verbraucherschutz** Dr Ekkert RDir
Ref I B 3: **Mietrecht** Schilling MinR
Ref I B 4: **Schadensersatzrecht, Recht der Umwelthaftung, Recht der Zivilluftfahrt** Frietsch MinR
Ref I B 5: **Sachenrecht** Kröger MinR
Ref I B 6: **Grundbuchrecht; Bodenrecht der neuen Länder** Dr Schmidt-Räntsch RDir
Ref I B 7: **Offene Vermögensfragen** Reichenbach MinR

Abt II Strafrecht
Leiter: Bendel MinDir

U-Abt II A
Leiter: Wilkitzki MinDirig

Ref II A 1: **Strafgesetzbuch (Allgemeiner Teil)** Fieberg MinR
Ref II A 2: **Strafgesetzbuch (Besonderer Teil)** Schulte MinR
Ref II A 3: **Gesetz über Ordnungswidrigkeiten; Betäubungsmittel- und Steuerstrafrecht** Dr Katholnigg MinR
Ref II A 4: **Bekämpfung der Wirtschafts- und Umweltkriminalität, Maßnahmen zur Bekämpfung der Korruption** Dr Möhrenschlager MinR
Ref II A 5: **Jugendstrafrecht, Täter-Opfer-Ausgleich** Viehmann MinR
Ref II A 6 (Berlin): **Verkehrsstrafrecht; Reform der Tötungstatbestände** Bönke MinR

U-Abt II B
Leiter: Christian Lehmann MinDirig

Ref II B 1 a: **Staatsschutzstrafrecht I** Böing MinR
Ref II B 1 b: **Staatsschutzstrafrecht II, Wehrstrafrecht; Wehrjustiz** Stiller MinR
Ref II B 2: **Strafvollzugsrecht; Bewährungshilfe** Kück RDir
Ref II B 3: **Bundeszentralregister; Gewerbezentralregister** Tolzmann RDirektorin
Ref II B 4: **Immunitätsrecht; Gnadenrecht; Entschädigung für Strafverfolgung; Strafrecht und Ordnungswidrigkeitenrecht in Nebengesetzen** Porz-Krämer MinRätin

Ref II B 5: **Internationales Strafrecht** Dr Landfermann MinR
Ref II B 6 (Berlin): **Internationale Strafrechtspflege** Dr Dr Hobe MinR

Abt III Handelsrecht und Wirtschaftsrecht
Leiter: Prof Dr Niederleithinger MinDir

U-Abt III A
Leiter: Schmid-Dwertmann MinDirig

Ref III A 1: **Internationales und Europäisches Gesellschaftsrecht; Konzernrecht; Recht der Umstrukturierung** Dr Neye MinR
Ref III A 2: **Gesellschaftsrecht; Unternehmensverfassung** Dr Seibert MinR
Ref III A 3: **Rechnungslegung; Publizität** NN
Ref III A 4 (Berlin): **Einigungsbedingte Fragen des Gesellschaftsrechts; Recht des Handelsstandes** Schaefer RDir
Ref III A 5 (Berlin): **Genossennschaftsrecht; Bankrecht und Börsenrecht** Ankele MinR
Ref III A 6: **Versicherungsrecht; Wertpapierrecht; UNCITRAL** Dr Renger MinR
Ref III A 7 (Berlin): **Recht der Handelsgeschäfte; Seehandelsrecht; Binnenschiffahrtsprivatrecht** Dr Czerwenka RDirektorin

U-Abt III B
Leiter: Schäfers MinDirig

Ref III B 1: **Wirtschaftsverwaltungsrecht; Atomrecht; Waffenrecht** Dr Hucko MinR
Ref III B 2: **Öffentliches Land- und Forstwirtschaftsrecht; Veterinärrecht; Lebensmittelrecht; Gewerberecht** Freytag RDir
Ref III B 3: **Urheberrecht und Verlagsrecht** Schöfisch RDir
Ref III B 4: **Patentrecht, Geschmacksmusterrecht; Erfinderrecht; Gebührenrecht auf dem Gebiet des gewerblichen Rechtsschutzes** Mühlens MinR
Ref III B 5: **Markenrecht; Recht gegen den unlauteren Wettbewerb** Schrock MinR

Abt IV Verfassung; Verwaltungsrecht; Rechtsprüfung
Leiter: Dr Wolfgang Heyde MinDir

IV M Beauftragte für Menschenrechtsfragen
Leiterin: Dr Voelskow-Thies MinDirigentin
Ständiger Vertreter: Weckerling RDir

U-Abt IV A
Leiter: Dr Gusseck MinDirig

Ref IV A 1: **Grundrechte** Dr Abmeier MinR
Ref IV A 2: **Verfassungsrecht der Staatsorganisation** Dr Weis MinR
Ref IV A 3: **Verfassungsgerichtsbarkeit** Büchel MinR
Ref IV A 4: **Besonderes Verwaltungsrecht** Dr Giesler MinR
Ref IV A 5: **Finanzverfassungsrecht; Finanz- und Steuerrecht** Dr Voth MinR

U-Abt IV B
Leiter: Dr Teske MinDirig

Ref IV B 1: **Grundsatzfragen der Rechtsprüfung; Entbürokratisierung; Frauenpolitik** Dr Lange-Klein MinRätin
Ref IV B 2: **Allgemeines Verwaltungsrecht; Umweltrecht; Baurecht** Dr Steinbeiß-Winkelmann RDirektorin
Ref IV B 3: **Arbeits- und Sozialrecht** Krägeloh MinR
Ref IV B 4: **Rehabilitierung (DDR-Unrecht)** W-J Lehmann MinR
Ref IV B 5: **Öffentliches Dienstrecht; Zivilrecht und Wehrrecht; Gesundheitsrecht; Sekten** Baumann RDir

Dienststelle Berlin
10117 Berlin, Jerusalemer Str 24-28; Tel (0 30) 20 25 70; Fax (0 30) 20 25 95 25
Leiterin: Möller-Goddehard MinDirigentin

Zum Geschäftsbereich des Bundesministeriums der Justiz gehören:

1 Bundesgerichtshof in Karlsruhe

Nähere Angaben hierzu siehe Abschnitt d „Organe der Rechtspflege", Seite 411

2 Der Generalbundesanwalt beim Bundesgerichtshof in Karlsruhe

Nähere Angaben hierzu siehe Abschnitt d „Organe der Rechtspflege", Seite 413

3 Bundesverwaltungsgericht in Berlin

Nähere Angaben hierzu siehe Abschnitt d „Organe der Rechtspflege", Seite 416

4 Bundesfinanzhof in München

Nähere Angaben hierzu siehe Abschnitt d „Organe der Rechtspflege", Seite 420

5 Bundespatentgericht in München

Nähere Angaben hierzu siehe Abschnitt d „Organe der Rechtspflege", Seite 414

6 Deutsches Patentamt

80331 München, Zweibrückenstr 12; Tel (0 89) 21 95-0; Fax (0 89) 21 95-22 21; Telex 0 52 35 34

Staatsrechtliche Grundlage und Aufgabenkreis:

Das Deutsche Patentamt ist auf Grund des Gesetzes vom 12. August 1949 (Gesetzblatt der Verwaltung des Vereinigten Wirtschaftsgebietes S 251) errichtet worden.

Das Patentamt nimmt die Aufgaben des gewerblichen Rechtsschutzes in den Hauptabteilungen Patentwesen, Information, Marken und Allgemeine Verwaltung sowie in der Dienststelle Berlin wahr.

Veröffentlichungen:
Blatt für Patent-, Muster- und Zeichenwesen. Format 21 x 29,7 cm; erscheint monatlich. Preise: jährlich DM 110,-, Quartalspreis DM 30,-, Einzelheft DM 10,50 zuzüglich Versandkosten. Verlag: Carl Heymanns Verlag KG, München, 80058 München.
Patentblatt. Bekanntmachungen auf Grund des Patentgesetzes und des Gebrauchsmustergesetzes. Format 21 x 29,7 cm; erscheint wöchentlich einmal am Donnerstag. Preise: Im Abonnement vierteljährlich DM 235,-, Einzelheft DM 19,- zuzüglich Versandkosten. Verlag Carl Heymanns Verlag KG, München, 80058 München.
Vierteljährliches Namensverzeichnis zum Patentblatt. Nach Namen geordnetes Verzeichnis der Offenlegungen, Bekanntmachungen und Erteilungen von Patenten, der Gebrauchsmustereintragungen und der „DD"- Patentveröffentlichungen. Format 21 x 29,7 cm; Preis pro Jahr DM 168,-; Einzelheft DM 42,-; zuzüglich Versandkosten. Verlag: Carl Heymanns Verlag KG, München, 80058 München.
Offenlegungs-, Auslege- und Patentschriften. Preis je Schrift: DM 7,50. Vertrieb:Deutsches Patentamt, Dienststelle Berlin − Schriftenvertrieb − , 10958 Berlin.
DEPAROM − Patentdokumente auf CD-ROM in verschiedenen Reihen: DEPAROM-ACT, Deutsche Offenlegungs-, Patent- und Übersetzungsschriften, Preis: DM 4900,-/Jahr; DEPAROM-U, Gebrauchsmusterschriften, Preis DM 1300,-/Jahr; DEPAROM-T2, Deutsche Übersetzungen europäischer Patentschriften, Preis DM 2200,-/Jahr; DEPAROM-KOMPAKT, Bibliographische Daten und recherchierbare Abstracts bzw erste Patentansprüche aller deutschen Patentpublikationen kumuliert über mehrere Jahre, Preis DM 1850,-/Jahr; DEPAROM-CLASS, Patentpublikationen des Deutschen Patentamts, des Europäischen Patentamts und der WIPO in 46 Sachgebiete der IPC aufgeteilt, Preis auf Anfrage; DEPAROM-PROFIL, Patentpublikationen des Deutschen Patentamts, des Europäischen Patentamts und der WIPO individuell nach Kundenwunsch zusammengestellt. Vertrieb: Bundesdruckerei GmbH, Oranienstr 91, 10958 Berlin.
Markenblatt. Veröffentlichungen auf Grund des Markengesetzes. Erscheint dreimal monatlich Preis: DM 180,-/Quartal, Einzelheft DM 32,-, Einzelheft Jahresregister Teil 1 DM 54,- zuzüglich Versandkosten. Verlag: Wila Verlag, Wilhelm Lampl GmbH, 80687 München, Landsberger Str 191 a.
Geschmacksmusterblatt, Bekanntmachungen auf Grund des Geschmacksmustergesetzes und des Schriftzeichengesetzes, erscheint zweimal monatlich. Preis: im Abonnement DM 60,-/Quartal, Einzelheft DM 12,50 zuzüglich Versandkosten. Verlag: Wila Verlag, Wilhelm Lampl GmbH, 80687 München, Landsberger Str 191 a.

Namensverzeichnis zum Geschmacksmusterblatt, nach Namen geordnetes Verzeichnis der Bekanntmachungen auf Grund des Geschmacksmustergesetzes und des Schriftzeichengesetzes, erscheint halbjährlich. Preis DM 60,-/Jahr, Einzelheft DM 35, zuzüglich Versandkosten. Verlag: Wila Verlag, Wilhelm Lampl GmbH, 80687 München, Landsberger Str 191 a.
Taschenbuch des gewerblichen Rechtsschutzes 1968 ff Loseblatt-Form, 3 Bände in 4 Leinenordnern; Preis 198,-. Verlag: Carl Heymanns Verlag KG, Köln.

Präsident des Deutschen Patentamtes: Dipl-Ing Norbert Haugg
Vizepräsident: Eduard Merz
Dem Präsidenten unmittelbar unterstellt:
Referat für Presse- und Öffentlichkeitsarbeit Fortuna RRätin
Schiedsstelle nach dem Gesetz über Arbeitnehmererfindungen Hellebrand LtdRDir
Schiedsstelle nach dem Gesetz über die Wahrnehmung von Urheberrechten und verwandten Schutzrechten Schaegger LtdRDir
Einigungsstelle nach dem Gesetz über die Erstreckung von gewerblichen Schutzrechten Heil Vors-Richter am BPatG a D
Vorprüfungsstelle Well ROAR

Hauptabteilung 1 Patente
Leiter: Georg Grimm AbtPräs
Allgemeiner Maschinenbau
PatAbt 1.11: **Vorprüfungsabteilung und Patentverwaltung** NN
PatAbt 1.12: **Maschinenelemente** Wagner LtdRDir
PatAbt 1.13: **Wärmekraftmaschinen, Kältetechnik** Tödte LtdRDir
PatAbt 1.14: **Werkzeugmaschinen, Werkstoffbearbeitung** Bode LtdRDir
PatAbt 1.15: **Arbeitsmaschinen, Holzbearbeitung, Waffen, Sportgeräte, Spiele** Sende RDir
PatAbt 1.16: **Kunststoffverarbeitung, Heizung, Haushaltsgeräte** Flad LtdRDir
Mechanische Technologie
PatAbt 1.21: **Landfahrzeuge** Geißendörfer LtdRDir
PatAbt 1.22: **Wasserfahrzeuge und Luftfahrzeuge, Fördertechnik** Wolber LtdRDir
PatAbt 1.23: **Landtechnik, allgemeine Verfahrenstechnik, Lebensmitteltechnologie** Dellinger LtdRDir
PatAbt 1.24: **Bergwesen und Hüttenwesen, Gießerei** Radek LtdRDir
PatAbt 1.25: **Bauwesen** Wehrberger LtdRDir
PatAbt 1.26: **Textiltechnik** NN
PatAbt 1.27: **Papier, Druck, Verpackung** Petzold LtdRDir
Elektrotechnik
PatAbt 1.31: **Elektrische Nachrichtentechnik, Kfz-Ausrüstungen** Dr Kellerer LtdRDir
PatAbt 1.32: **Elektrische Energieerzeugung und Energieverteilung** Menzel LtdRDir

PatAbt 1.33: **Elektrophysikalische Einrichtungen** Dr Bastian LtdRDir
PatAbt 1.34: **Elektrowärme, elektrische Leitungen, Schalter** Dr Joerges LtdRDir
PatAbt 1.35: **Hochfrequenztechnik und Meßtechnik, Heilbehandlung, Signalwesen** Dr Block LtdRDir

Chemie
PatAbt 1.41: **Anorganische Chemie, Lebensmittel** Dr Ipfelkofer LtdRDir
PatAbt 1.43: **Chemische Technologie I, Farbstoffe** Ulrich LtdRDir
PatAbt 1.44: **Organische Chemie VI und VII, Organische Makromolekulare Verbindungen** Dr Kellner LtdRDir
PatAbt 1.45: **Chemische Technologie II** Dr Winterfeldt LtdRDir

Physik
PatAbt 1.51: **Akustik, Optik, Fotographie** Huber LtdRDir
PatAbt 1.52: **Meßeinrichtungen und Prüfeinrichtungen, Stoffuntersuchungen** Dr Schneider LtdRDir
PatAbt 1.53: **Recheneinrichtungen und Kontrolleinrichtungen, Informationsspeicher** Dr Tauchert LtdRDir
PatAbt 1.42-S: **Teilbereiche aus Chemie, Physik, Elektrotechnik, Maschinenbau, Mechanische Technologie; Informationstechnik, Entwicklung** NN

Hauptabteilung 2 Information und Dokumentation
Leiter: Hammer AbtPräs

Abt 2.1: **Informationsdienste** Pretzsch BiblDir
Abt 2.2: **Klassifikation** Lang LtdRDir
Abt 2.3: **Dokumentation** Dr Sommer LtdRDir
Abt 2.4: **Gebrauchsmusterabteilung I** Dr Ossenberg RDir
Abt 2.5: **Gebrauchsmusterabteilung II** Dr Ossenberg RDir
Abt 2.6: **Topographieabteilung** Dr Ossenberg RDir

Hauptabteilung 3 Marken
Leiter: NN

Abt 3.1: **Chemie, Nahrungs- und Genußmittel, Getränke** NN
Abt 3.2: **Maschinen, Geräte** Miehle LtdRDir
Abt 3.3: **Sammelklassen, Textilien** NN
Abt 3.4: **Dienstleistungsklassen, Markenstelle, Verwaltungsbereich** NN

Hauptabteilung 4 Zentrale Verwaltung/Rechtsabteilung
Leiter: Dr Derday LtdRDir

Abt 4.1: **Verwaltung** NN
Abt 4.2: **Planung, Organisation, Datenverarbeitung** Dr Schuster LtdRDirektorin
Abt 4.3: **Rechtabteilung** Dr van Raden LtdRDir

Hauptabteilung 5 Dienststelle Berlin
10958 Berlin, Gitschiner Str; Tel (0 30) 2 59 92-0; Fax (0 30) 2 59 92-4 04; Telex 1 83 604
Leiter: Lutz AbtPräs

Abt 5.1: **Patentwesen** NN
Abt 5.2: **Information, Dokumentation** Stillger LtdRDir
Abt 5.3: **Marken, Muster, Rechtsangelegenheiten** NN
Abt 5.4: **Verwaltung** NN

7 Bundesdisziplinargericht in Frankfurt am Main

Nähere Angaben hierzu siehe Abschnitt d „Organe der Rechtspflege", Seite 417

Der Rechtsaufsicht des Bundesministeriums der Justiz unterstehen die nachstehenden Körperschaften des öffentlichen Rechts:

Bundesrechtsanwaltskammer

– **Körperschaft des öffentlichen Rechts** –

53113 Bonn, Joachimstr 1; Tel (02 28) 91 18 60; Fax (02 28) 26 15 38

Rechtsgrundlage und Aufgabenkreis:
Die Bundesrechtsanwaltskammer ist durch die Bundesrechtsanwaltsordnung vom 1. August 1959 (BGBl I S 565) errichtet worden (s §§ 175 ff). Sie vertritt die Gesamtheit der deutschen Anwaltschaft und hat deren Belange zu wahren und zu fördern. Sie bringt ihre Auffassung bei Gerichten, Behörden und zur Gesetzgebung beteiligten Körperschaften des Bundes zur Geltung. Sie koordiniert die Auffassungen ihrer 28 Mitgliedskammern, denen auch die Berufsaufsicht obliegt.

Präsident der Bundesrechtsanwaltskammer: Dr Eberhard Haas RA und Notar
Hauptgeschäftsführer: Elmar Gellner RA

Rechtsanwaltskammer beim Bundesgerichtshof

– **Körperschaft des öffentlichen Rechts** –

76133 Karlsruhe, Herrenstr 45 a; Tel (07 21) 2 26 56

Rechtsgrundlage und Aufgabenkreis:
§ 60 in Verbindung mit § 62 Abs 1 Bundesrechtsanwaltsordnung (BRAO).
Die Rechtsanwaltskammer hat
– die Mitglieder über Berufspflichten zu beraten und zu belehren,
– bei Streitigkeiten unter Mitgliedern zu vermitteln,
– die Erfüllung der den Mitgliedern obliegenden Pflichten zu überwachen,
– das Recht der Rüge zu handhaben,
– Mitglieder des Anwaltssenats beim Bundesgerichtshof vorzuschlagen und
– Gutachten in Angelegenheiten der Rechtsanwälte zu erstatten.

Präsident der Rechtsanwaltskammer: Dr Herbert Messer

Präsident der Patentanwaltskammer: Dipl-Ing Dr rer nat Manfred Rau PatentAnw
Geschäftsführerin: Elisabeth Reinhard RAnwältin

Bundesnotarkammer

− **Körperschaft des öffentlichen Rechts** −

50667 Köln, Burgmauer 53; Tel (02 21) 25 68 23; Fax (02 21) 25 68 08

Rechtsgrundlage und Aufgabenkreis:
Die Bundesnotarkammer ist eine Körperschaft des öffentlichen Rechts, errichtet auf der Grundlage der §§ 76 ff Bundesnotarordnung. Ihr obliegt auf Bundesebene die berufsständische Vertretung der Notare, die gemäß § 1 Bundesnotarordnung als unabhängige Träger eines öffentlichen Amtes für die Beurkundung und andere Aufgaben auf dem Gebiet der vorsorgenden Rechtspflege bestellt sind. Zu den Aufgaben der Bundesnotarkammer gehören insbesondere die Repräsentation der Gesamtheit der Notare in der Bundesrepublik Deutschland gegenüber Gerichten, Behörden und Organisationen, die Erstattung von Gutachten, die eine an der Gesetzgebung beteiligte Behörde oder Körperschaft des Bundes oder ein Bundesgericht in Angelegenheiten der Notare anfordert, sowie die Aufstellung einer Musterberufsordnung für die Berufsausübung der Notare.
Die Bundesnotarkammer gibt die Deutsche Notar-Zeitschrift heraus und unterhält mit dem **Deutschen Notarinstitut** eine wissenschaftliche Einrichtung, die fachliche Fragen einzelner Notare beantwortet und hierzu Gutachten erstellt.

Präsident der Bundesnotarkammer: Dr Hans-Dieter Vaasen Notar
Hauptgeschäftsführer: Dr Timm Starke Notar a D

Patentanwaltskammer

− **Körperschaft des öffentlichen Rechts** −

80469 München, Morassistr 2; Tel (0 89) 22 61 41; Fax (0 89) 29 98 41

Rechtsgrundlage und Aufgabenkreis:
Die Patentanwaltskammer ist eine bundesunmittelbare Körperschaft des öffentlichen Rechts und hat gemäß § 54 der Patentanwaltsordnung u a die Aufgabe, die Belange des Berufsstandes zu wahren und zu fördern sowie die Einhaltung der Berufspflichten der Patentanwälte zu überwachen, die gemäß § 1 der Patentanwaltsordnung mit den Rechten und Pflichten eines unabhängigen Organs der Rechtspflege ausgestattet sind. Ferner hat die Patentanwaltskammer die Aufgabe, Gutachten zu erstatten, ihre Auffassung gegenüber Behörden und gesetzgebenden Körperschaften im nationalen, europäischen und internationalen Rahmen zur Geltung zu bringen und die Patentanwaltschaft in ihrer Gesamtheit zu vertreten.

V Bundesministerium der Finanzen (BMF)

53117 Bonn, Graurheindorfer Str 108; Tel (02 28) 6 82-0; Telex 88 66 45 bmf; Fax (02 28) 6 82-44 20

Aufgabenkreis:
Der Geschäftsbereich des Bundesministeriums der Finanzen umfaßt zwei Gruppen von Aufgaben: die des Haushaltsministers und die eines Fachministers als Spitze der Bundesfinanzverwaltung.

Als Haushaltsminister obliegen ihm die in den Artikeln 110 bis 115 des Grundgesetzes aufgeführten Aufgaben, insbesondere die Aufstellung des Finanzplans, des Entwurfs des Bundeshaushaltsplans und die Rechnungslegung über Einnahmen und Ausgaben, Vermögen und Schulden. In engem Zusammenhang damit steht die Regelung der finanziellen Beziehungen zwischen Bund und Ländern sowie die Währungs-, Geld- und Kreditpolitik.

Ferner besteht bei ihm die Bundeshauptkasse. Sie nimmt die Aufgaben der Zentralkasse des Bundes wahr.

Als Fachminister steht er an der Spitze der Bundesfinanzbehörden, die nach Artikel 108 des Grundgesetzes Zölle, das Branntweinmonopol, die bundesgesetzlich geregelten Verbrauchsteuern einschließlich der Einfuhrumsatzsteuer und die Abgaben im Rahmen der Europäischen Gemeinschaft sowie das Bundesvermögen verwalten. Ihre Organisation ist im Finanzverwaltungsgesetz (zuletzt geändert durch Gesetz zur Änderung des Finanzverwaltungsgesetzes und anderer Gesetze vom 7. Juli 1992 (BGBl I S 1222) geregelt.

Außerdem untersteht ihm die Bundesfinanzakademie (§ 7 des Steuerbeamten-Ausbildungsgesetzes in der Fassung vom 14. September 1976, BGBl I S 2793).

Im übrigen hat er die Durchführung der Maßnahmen zur Wiedergutmachung, die Liquidation des 2. Weltkrieges in finanzieller Beziehung und die Durchführung des Lastenausgleichs wahrzunehmen.

Veröffentlichungen:
Gemeinsames Ministerialblatt (GMBl) des AA, BMI, BMF, BMWi, BML, BMFSFJ, BMG, BMU, BMBau, BMBF und BMZ, herausgegeben vom Bundesministerium des Innern. Erscheint nach Bedarf. *Verlag:* Carl Heymanns Verlag KG, Bonn/Köln

Bundessteuerblatt. Bezugspreis: jährlich DM 58,70 für die Ausgabe A (enthaltend die Teile I und II); DM 40,70 für die Ausgabe B (Teil I – Veröffentlichungen des Bundesministeriums der Finanzen und der obersten Finanzbehörden der Länder) und DM 39,80 für die Ausgabe D (Teil II – Entscheidungen des Bundesfinanzhofs). Verlag: Stollfuß Verlag, Bonn.

Vorschriftensammlung Bundesfinanzverwaltung (VSF); Loseblattausgabe, Stoffgebiete in Abschnitten beziehbar. Verlag: Bundesanzeiger-Verlagsgesellschaft mbH, Köln

Bundesminister der Finanzen: Dr Theodor Waigel

Leitungsstab
Leiterin: Ida M Aschenbrenner VwAngestellte

Ministerbüro: Ida M Aschenbrenner VwAngestellte
Parlaments- und Kabinettangelegenheiten: Christmann MinR
Sonderaufgaben: Stock *MinRätin*
Persönlicher Referent des Ministers: Dirk Kranen RR
Presse: Eckrich RRätin (mdWdGb)
Öffentlichkeitsarbeit: Ladener-Malcher MinRätin
Parlamentarischer Staatssekretär: Hansgeorg Hauser
Persönlicher Referent: Dr Misera RDir
Geschäftsbereich: Unterstützung des Ministers, insbesondere auf dem Gebiet der Steuerpolitik

Parlamentarische Staatssekretärin: Irmgard Karwatzki
Persönlicher Referent: Dr Offer RDir
Geschäftsbereich: Unterstützung des Ministers, insbesondere in Angelegenheiten des Bundeshaushalts

Staatssekretär: Dr Manfred Overhaus
Persönlicher Referent: Dr Schuy RDir
Geschäftsbereich: Abteilungen Z, II, V, VI und VIII, Ref III A 5, III A 7 und III B 9, Dienststelle Berlin

Staatssekretär: Dr Jürgen Stark
Persönliche Referentin: Hader ARätin
Geschäftsbereich: Abt I, III ohne Ref III A 5, III A 7, III A 8 und III B 9, Abt IV, VII und IX

Projektgruppe Steuerreform
Koordinator: Dr Roland MinR

Sekretariat der Steuerreform-Kommission
Leiter: Schultz-Söderlund RDir

Abt Z Zentralabteilung (Allgemeine Verwaltung)
Leiter: Dirk Kühnau MinDir

Frauenbeauftragte, Besondere Aufgaben im Geschäftsbereich der Abt Z Dr Möller MinRätin

U-Abt Z A Organisation und Personalien des Ministeriums, Angelegenheiten des öffentlichen Dienstes, Innerer Dienst, Umzugsbeauftragter des BMF
Leiter: Dr Fiedler MinDirig

Ref Z A 1: **Grundsatzfragen der Organisation sowie Geheimschutz in der Bundesfinanzverwaltung, Organisation des Ministeriums, Bibliothek** Kobsch MinR

Ref Z A 2: **Personalien des Ministeriums** Streeck MinR

Ref Z A 3: **Geschäftsstelle der Arbeitsgruppe Perspektivplanung BMF** Kobsch MinR

Ref Z A 4: **Vorbereitung und Durchführung von Maßnahmen der Abt Z an der Außenstelle, Innerer Dienst (ASt), Öffentliches Auftragswesen, Vergabeprüfstelle, Vorschlagwesen in der Bundesfinanzverwaltung** Mertins MinR

Ref Z A 5: **Innerer Dienst, Konferenzdienst und Besucherdienst, Repräsentationsangelegenheiten, Amtsblätter** Hugler MinR
Ref Z A 6: **Öffentliches Dienstrecht (Grundsatzfragen und Einzelfälle der Bundesfinanzverwaltung außer Ministerium), Personalvertretungsrecht** Anbuhl MinR
Ref Z A 7: **Besoldungsrecht des Bundes und der Länder (Grundsatzfragen und Einzelfälle der Bundesfinanzverwaltung außer Ministerium), internationales Dienstrecht** Lorenz MinR
Ref Z A 8: **Versorgungsrecht einschließlich Dienstunfall, G 131 (Grundsatzfragen; Einzelfälle der Bundesfinanzverwaltung ohne Ministerium), Sonderversorgung im Beitrittsgebiet, Haushalt Versorgung** Bueren MinR
Ref Z A 9: **Arbeits- und Tarifrecht der Arbeitnehmer des öffentlichen Dienstes (Grundsatzfragen und Einzelfälle der Bundesfinanzverwaltung außer Ministerium)** Plenge MinR
Vorprüfungsstelle Barg MinR

U-Abt Z B Berufliches Bildungswesen in der Finanzverwaltung, Sprachendienst, Fürsorge und soziale Betreuung, Arbeitnehmer bei den ausländischen Streitkräften, Bundesfinanzakademie, Koordinator Öffentlichkeitsarbeit bei der Verlagerung von Regierungsaufgaben im Rahmen des Bonn/Berlin-Gesetzes
Leiter: Dr von den Driesch MinDirig

Ref Z B 1: **Aus- und Fortbildung in der Bundesfinanzverwaltung sowie der Steuerbeamten (Koordinierung), Steuerbeamten-Ausbildungsgesetz, Maßnahmen für internationale Organisationen und ausländische Staaten** Meny MinR
Ref Z B 3: **Sprachendienst einschließlich Sprachausbildung** NN
Ref Z B 5: **Arbeitnehmer bei den ausländischen Streitkräften** Hempel MinR
Ref Z B 6: **Fürsorge und soziale Betreuung (Grundsatzfragen und Einzelfälle der Bundesfinanzverwaltung); Bezüge, Beihilfen, Umzugs- und Reisekosten (Ministerium), Frauenbeauftragte des BMF** Rieser MinR

U-Abt Z C Haushalt der Bundesfinanzverwaltung, Elektronische Datenverarbeitung, Organisation und Personalien der Bundesfinanzverwaltung (ohne Ministerium, Zoll und Bundesvermögensverwaltung)
Leiter: Kühn MinDirig

Ref Z C 1: **Haushalt der Bundesfinanzverwaltung, Unterbringung der Dienststellen (ohne Ministerium) Vollstreckung** Stähr MinR
Ref Z C 2: **Informationstechnik (Grundsatzfragen, Koordinierung, Fachaufsicht Rechenzentren IT-Kommunikation Bundesfinanzverwaltung, Realisierung der Bürokommunikation in der Bundesfinanzverwaltung, Besoldung, Datenschutz), IT-Controlling** Schneider RDir
Ref Z C 3: **Organisation der Bundesfinanzverwaltung (außer Ministerium, Zoll und Bundesvermögensverwaltung), Personalien der Bundesoberbehörden, Einzelfragen des Controlling** Dr Lehmann MinR
Ref Z C 4: **Grundsätzliche Personalfragen der Bundesfinanzverwaltung** Göttke MinR
Ref Z C 7: **Informationstechnik (Realisierung, Betrieb und Fortschreibung der Büroorganisation im Bundesfinanzministerium, Schulung der IT-Anwender, IT-Fachaufsicht über die Bundesoberbehörden (außer BfF), Personaldatenbanken)** Heinrichs MinR

Abt I Grundsatzfragen der Finanzpolitik, finanzpolitische Fragen einzelner Bereiche
Leiter: Dr Horst Schöberle MinDir

U-Abt I A Grundsatzfragen der Finanzpolitik
Leiter: Dr Walther Otremba MinDirig

Ref I A 1: **Generalreferat für volkswirtschaftliche Fragen** Meißner MinR
Ref I A 2: **Finanzen des Auslands, Koordinierung internationaler finanzpolitischer Aufgaben für Abt I** Dr Schloenbach MinRätin
Ref I A 3: **Grundsatzfragen der Finanzpolitik; Sonderaufgaben auf dem Gebiet der Finanz- und Wirtschaftspolitik/Ministerreden** Dr Kastrop RDir
Ref I A 4: **Öffentliche Haushalte, finanz- und gesamtwirtschaftliche Prognosen und Projektionen, Volkswirtschaftliche Gesamtrechnung** Dr Siebler MinR
Ref I A 5: **Auswirkungen der Steuerpolitik auf die öffentliche Haushalte und die Steuerlastverteilung, Gestaltung des Einkommensteuer-Tarifs** Dr Lietmeyer MinR
Ref I A 6: **Steueraufkommensschätzungen, Berichtsdienst über Steuereinnahmen** Dr Schoof MinR
Ref I A 7: **Volkswirtschaftliche Grundsatzfragen der Steuerpolitik, Steuern des Auslands; Finanzpolitische Fragen der Sozial- und Gesellschaftspolitik** Dr Thormählen MinR

U-Abt I B Finanzpolitische Fragen einzelner Bereiche, Wirtschaftsförderung
Leiter: J Krüger MinDirig

Ref I B 1: **Finanzpolitische Grundsatzfragen der Strukturpolitik, gewerblichen Wirtschaft einschließlich Mittelstand, Bau- und Wohnungswirtschaft; Technologiepolitik** Dr Bünning MinR
Ref I B 2: **Finanzpolitische Fragen der Energie- und Rohstoffversorgung, der Landwirtschaft und des Schiffbaus** Terjung MinR
Ref I B 3 a: **Finanzpolitische Fragen der Regionalpolitik und Raumordnung, regionalwirtschaftliche Fragen einzelner Regionen** Fretzdorff RDir
Ref I B 3 b: **Finanzpolitische Fragen des Umweltschutzes im nationalen Bereich** Wrany MinR
Ref I B 4: **Finanzpolitische Fragen des Verkehrswesens, Verkehrsbeteiligungen (Bahn AG, Post AG'en), Bundeseisenbahnvermögen, Bundesanstalt Post und Telekommunikation, Transrapid, EXPO 2000** Bick MinR
Ref I B 5: **Wirtschaftsförderung, finanzpolitische Fragen der Luft- und Raumfahrtindustrie und der**

Filmwirtschaft, Mitverwaltung des ERP-Sondervermögens Dr Wenzel MinR

Abt II Bundeshaushalt
Leiter: Dr Johannes Reckers MinDir

U-Abt II A Allgemeines Haushaltswesen, Teile des Bundeshaushalts, insbesondere Einzelpläne 20, 32, 33 und 60; Finanzplanung des Bundes
Leiter: Gerd Ehlers MinDirig

Ref II A 1: **Generalreferat für Aufstellung des Haushalts- und des Finanzplans** Steinmann MinR
Ref II A 2: **Grundsatzreferat für Haushaltsführung; Haushalt Nachrichtendienste, Einzelplan 20 (Bundesrechnungshof)** Ottenburger MinR
Ref II A 3: **Grundsatzreferat für Haushaltsrecht und Haushaltssystematik; Haushaltsfragen der Bundesbeteiligungen** Leber MinR
Ref II A 4: **Dienstpostenbewertung und Grundsatzfragen der Stellenpläne des Bundeshaushalts, Einzelplan 33 (Versorgung)** Wessels MinR
Ref II A 5: **Einzelplan 32 (Bundesschuld) und 60 (Allgemeine Finanzverwaltung)** Nowak MinR
Ref II A 6: **Kassen- und Rechnungswesen des Bundes; Fachaufsicht über die Bundeshauptkasse und die Bundeskassen; Geldversorgung; Haushalts und Vermögensensrechnung des Bundes** Helm RDir; **Bundeshauptkasse** Seegers RDir
Ref II A 7: **Automatisiertes Verfahren im Haushalts-, Kassen- und Rechnungswesen des Bundes** Dr Lohmann MinR
Ref II A 8: **Informationstechnik in der Haushaltsabteilung** Dr Brede RDir

U-Abt II B Teile des Bundeshaushalts, insbesondere Einzelpläne 09, 10, 12, 25 und 30
Leiter: Dr Lothar Weichsel MinDirig

Ref II B 1: **Einzelplan 09 (Wirtschaft), ERP-Wirtschaftsplan** Tschentke MinR
Ref II B 2: **Einzelplan 12 (Verkehr)** Dieck MinR
Ref II B 3: **Einzelplan 10 (Ernährung, Landwirtschaft und Forsten)** Wengler MinR
Ref II B 4: **Einzelplan 25 (Raumordnung, Bauwesen und Städtebau) ohne Kapitel 04** Stertz MinR
Ref II B 5: **Einzelplan 30 (Bildung, Wissenschaft, Forschung und Technologie)** Dr Casper MinR
Ref II B 6: **Haushalts- und Finanzierungsfragen in Berlin und im Raum Bonn, Kap 2504; Koordinierung im BMF für Arbeitsstab Berlin/Bonn** Gerusel MinR

U-Abt II C Teile des Bundeshaushalts, insbesondere Einzelpläne 06 bis 08, 11, 13, 15, 17 und 19
Leiter: Heinrich Sievers MinDirig

Ref II C 1: **Grundsatzreferat für den Sozialhaushalt, Einzelplan 11 (Arbeit und Sozialordnung)** Else MinR
Ref II C 2: **Einzelplan 17 (Familie, Senioren, Frauen und Jugend)** Scholz MinRätin
Ref II C 3: **Einzelplan 15 (Gesundheit), Kap 0610, 23 bis 26, 28 bis 31** Bremer MinR
Ref II C 4: **Einzelplan 06 (Inneres) ohne Kapitel 09, 10, 23 bis 26, 28 bis 31** Dr Dreßler MinR
Ref II C 5: **Einzelplan 07 (Justiz), 08 (Finanzen), 13 (Post und Telekommunikation), 19 (Bundesverfassungsgericht)** Diehl MinRätin

U-Abt II D Teile des Bundeshaushalts, insbesondere Einzelpläne 01 bis 05, 14, 16 und 23
Leiter: Alfred Basenau MinDirig

Ref II D 1: **Einzelplan 14 (Verteidigung): Grundsatzfragen, Gesamthaushalt, Kapitel 14 bis 20, Teile des Kapitels 02** Dr Teichmann MinR
Ref II D 2: **Einzelplan 14 (Verteidigung): Kapitel 01, 03 bis 07, 08, 21, 23, Teile des Kapitels 02; Wehrgesetzgebung** Bürgener MinR
Ref II D 3: **Einzelplan 01 (Bundespräsident), 02 (Bundestag), 03 (Bundesrat), 04 (Bundeskanzler) ohne Kapitel 04, 05 (Auswärtiges Amt)** Dr G Wolf MinR
Ref II D 4: **Einzelplan 23 (Wirtschaftliche Zusammenarbeit), Grundsatzfragen der deutschen Entwicklungshilfe, bilaterale Finanzielle und Technische Zusammenarbeit** Dr Notheis MinR
Ref II D 5: **Einzelplan 16 (Umwelt, Naturschutz und Reaktorsicherheit), Kapitel 6009 (Verteidigungslasten)** NN

Abt III Zölle, Verbrauchsteuern, Branntweinmonopol, Organisation und Personalangelegenheiten der Zollverwaltung, des Zollkriminalamtes und der Bundesmonopolverwaltung für Branntwein
Leiter: Siegfried Kunas MinDir

U-Abt III A Verbrauchsteuern, Organisation und Personalangelegenheiten der Zollverwaltung, des Zollkriminalamtes und der Bundesmonopolverwaltung für Branntwein
Leiter: Drees MinDirig

Ref III A 1: **Verbrauchsteuerrecht (Grundsatzfragen, Harmonisierung in der EG), umweltbezogene Verbrauchsteuern** Dr Schrömbges MinR
Ref III A 2: **Branntweinmonopol, Branntweinsteuer, Schaumweinsteuer, Zwischenerzeugnissteuer, steuerliche Überwachung des Weins, Biersteuer, Tabaksteuer, Kaffeesteuer, Zolltarif Kapital 24 (teilweise)** Jarsombeck MinR
Ref III A 4: **Mineralölsteuer, Gasölverbilligung für die Landwirtschaft, Zolltarif Kapitel 27 (teilweise)** NN
Ref III A 5: **Organisation und Verwaltung (Zoll)** Haake MinR
Ref III A 6: **Betriebsprüfung (Zoll), Sachgebiete Außenprüfung und Steueraufsicht, Grundsatzfragen der Abgabenordnung und der Finanzgerichtsordnung (Zoll), Straf- und Bußgeldsachen** L-J Brinkmann MinR
Ref III A 7: **Grenzaufsichtsdienst, Ausstattung und Beschaffung, Kraftfahrzeugangelegenheiten der Bundesfinanzverwaltung und anderer Verwaltungen** Duchstein MinRätin
Ref III A 8: **Personalangelegenheiten der Zollverwaltung, des Zollkriminalamtes und der Bundesmonopolverwaltung** Dr Zierl MinR

U-Abt III B Zölle, Durchführung des Außenwirtschaftsrechts (Warenverkehr), Durchführung der Agrarmarktordnungen, Verbote und Beschränkungen, internationale Zollbeziehungen, Zollfahndung, IT-Fachverfahren in der Zollverwaltung
Leiter: Axel Sohn MinDirig

Ref III B 1: **Zollrecht** F Lichtenberg MinR
Ref III B 2: **Binnenmarktfragen** (Warenverkehr); zollrechtliche Versandverfahren; internationale Zollfragen des Verkehrs; mobile Kontrollgruppen, verkehrsgewerbe- und versicherungsrechtliche Überwachung des Kraftfahrzeugverkehrs Ehmcke MinR
Ref III B 3: **Durchführung des EG-Marktordnungsrechts** NN
Ref III B 4: **Zollwertrecht,** Veredelung, Umwandlung, Einfuhrumsatzsteuer; Außenwirtschaftsrecht, Außenhandelsstatistik, Zollvordrucke Wewel MinR
Ref III B 5: **Generalreferat Zolltarif;** Zolltarif Kapitel 27 (teilweise), 41 bis 67 und 71 bis 97 Bille MinR
Ref III B 6: **Zolltarif** Kapitel 1 bis 23, 24 (teilweise), 25, 26, 28 bis 40, 68 bis 70, naturwissenschaftliche Fragen, Agrarabschöpfungen und Ausgleichsabgaben bei der Einfuhr Dr Hünten MinR
Ref III B 7: **Erlaß und Nacherhebung von Eingangsabgaben,** Truppenzollrecht, Verbote und Beschränkungen Rick MinR
Ref III B 8: **Zusammenarbeit im Zollwesen nach EU-Vertrag,** Ursprungs und Präferenzregelungen, Brüsseler Zollrat, Einheitspapier, internationale Zollzusammenarbeit, Zoll einschließlich EDV; Internationale Rechts- und Amtshilfe, Betrugsbekämpfungskoordination im Zollbereich, Zusammenarbeit im Zollwesen nach EU-Vertrag Dr R Schmidt MinR
Ref III B 9: **IT-Fachverfahren in der Zollverwaltung,** IT-Projektorganisation Münchenhagen RDir
Ref III B 10: **Zollfahndungsdienst** Dr D Hahn MinR

Abt IV Besitz- und Verkehrsteuern
Leiter: Rendels MinDir

U-Abt IV A Steuerpolitik, Grundsatzfragen des Steuerrechts, Abgabenordnung, Organisation und Automation, Steuervereinfachung, Steuerberatungswesen
Leiter: NN

Ref IV A 1: **Steuerpolitik,** Grundsatzfragen des Besitz- und Verkehrsteuerrechts Petersen MinR
Ref IV A 2: **Umweltbezogene Steuer- und Abgabenpolitik;** Grundsatzfragen der Unternehmensbesteuerung; Arbeitsgruppe Gewerbesteuerreform; Gemeindesteuern (ohne Gewerbesteuer und Grundsteuer); Personalangelegenheiten der Abt IV Dr Deiters MinR
Ref IV A 3: **Steuervereinfachung;** Abbau von Steuervergünstigungen (allgemeine Fragen); Organisation der Steuerverwaltung der Länder; Koordinationsaufgaben und allgemeine Verwaltungsangelegenheiten der Abt IV NN
Ref IV A 4: **Abgabenordnung,** Steuerberatungswesen Förster MinR
Ref IV A 5: **Rechtsbehelfsverfahren** (Abgabenordnung, Finanzgerichtsordnung), Steuer- und Wirtschaftskriminalität, Steuerfahndung, Steuerrechtsdokumentation, Billigkeitsregelungen Scheurmann-Kettner MinR
Ref IV A 6: **Automation in der Steuerverwaltung** (Allgemeine Angelegenheiten, Steuerfestsetzung, DV-Technik, Neukonzeption des Verfahrens, Kontrollsystem EG-Binnenmarkt), Organisation der Steuerverwaltung der Länder Popp MinR
Ref IV A 7: **Automation in der Steuerverwaltung** (Buchungsordnung, Steuererhebung, Kraftfahrzeugsteuer, Programmierverbund, Unterstützung der neuen Länder) NN
Ref IV A 8: **Außenprüfung,** Mitteilungsverordnung NN
KAS: **Koordinierungsstelle für die Neukonzeption der Automation in der Steuerverwaltung** Rockstroh MinR

U-Abt IV B Steuern vom Einkommen und Ertrag, Bewertung und Besteuerung des Vermögens
Leiter: Viktor Sarrazin MinDirig

Ref IV B 1: **Einkommensteuer** (Allgemeines, Sonderausgaben, Verlustabzug, Tarif, Außergewöhnliche Belastungen, Veranlagung), Solidaritätszuschlag Juchum MinR
Ref IV B 2: **Einkommensteuer** (Gewinnermittlung, Gewerbebetrieb), Bilanzsteuerrecht, Auslandsinvestitionsgesetz (§ 1), Umwandlungssteuergesetz (Einbringungstatbestände) Hahn MinRätin
Ref IV B 3: **Einkommensteuer** (Absetzungen für Abnutzung, Vermietung und Verpachtung, Förderung des Wohneigentums, sonstige Einkünfte außer Leibrenten), Berlin-/Zonenrandförderung, Förderung der neuen Länder, Investitionszulagen Dr Stuhrmann MinR
Ref IV B 4: **Einkommensteuer** (Steuerpflicht, Land- und Forstwirtschaft, selbständige Arbeit, Kapitalvermögen, Spenden), Investmentgesetze Weiß MinR
Ref IV B 5: **Einkommensteuer** (Ehegatten, Kinder, Außergewöhnliche Belastungen, soweit nicht IV B 1, im Alter bezogene Einkünfte) Oepen MinR
Ref IV B 6: **Lohnsteuer;** Vermögensbildung der Arbeitnehmer, Wohnungsbau-Prämie Reinhart MinR
Ref IV B 7: **Körperschaftsteuer,** (einschließlich Nebengesetze), Gemeinnützigkeit, Gewerbesteuer, Umwandlungssteuergesetz, soweit nicht bei IV B 2 Müller-Gatermann MinR
Ref IV B 8: **Vermögensteuer,** Erbschaftsteuer, Grundsteuer, Bewertung (ohne Land- und Forstwirtschaft) Halaczinsky MinR
Ref IV B 9: **Bewertung und Gewinnermittlung nach Durchschnittssätzen** (Land- und Forstwirtschaft), Bodenschätzung Dr Freund MinR

U-Abt IV C Umsatzsteuer, internationales Steuerrecht, Verkehrsteuern, Kirchensteuer
Leiter: Dr Kieschke MinDirig

Ref IV C 1: **Grundsatzfragen des internationalen Steuerpolitik;** EG-Steuerharmonisierung (soweit nicht IV C 2); Reformmaßnahmen im Außensteuerrecht Wolff MinR

Ref IV C 2: Umsatzsteuer (Grundsatzfragen, Harmonisierung innerhalb der EG, Mehrwertsteuer-Eigenmittel der EG, Beteiligung bei internationalen Verträgen – außer NATO und Offshore) Himsel MinRätin

Ref IV C 3: Umsatzsteuer (Steuergegenstand, Bemessungsgrundlagen, Steuersätze, Vorsteuerabzug, Land- und Forstwirtschaft, Berlinförderungsgesetz) Saß MinR

Ref IV C 4: Umsatzsteuer (Ort der sonstigen Leistungen, Befreiungen, Kleinunternehmer, Verfahren) Hinze MinR

Ref IV C 5: Allgemeine und grundsätzliche Fragen des internationalen Steuerrechts, Doppelbesteuerungsabkommen mit EU-Staaten (ohne Österreich), Polen, Tschechien, Slowakei, Ungarn Dr Krabbe MinR

Ref IV C 6: Doppelbesteuerungsabkommen mit der Schweiz, den Entwicklungsländern, den mittel- und osteuropäischen Staaten (soweit nicht IV C 5); internationale Organisationen; Außensteuergesetz (§§ 2 bis 6); Auslandsinvestitionsgesetz (§§ 2, 3 und 5) Krause MinR

Ref IV C 7: Doppelbesteuerungsabkommen (soweit nicht IV C 5 oder IV C 6); Außensteuergesetz (soweit nicht IV C 6); außensteuerliches Abgabenrecht Dr Runge MinR

Ref IV C 8: Verkehrsteuern und verwandte Abgaben, Kirchensteuer Keßler MinR

Ref IV C 9: Technische Zusammenarbeit mit den mittel- und osteuropäischen Staaten auf dem Gebiet des Steuerwesens, Umsatzsteuer (Sonderprüfungen, innergemeinschaftliche Kontrolle, bestimmte Mitwirkungspflichten, Identifikationsnnummer), Planspiele Dr Selling RDir

Abt V Finanzbeziehungen zu den Ländern und Gemeinden, Rechtsangelegenheiten, Abwicklung der finanziellen Auswirkungen des Krieges, offene Vermögensfragen
Leiter: Dr Quantz MinDir

U-Abt V A Finanzbeziehungen zu den Ländern und Gemeinden, Staatsrecht
Leiter: Dr Bleg MinR

Ref V A 1: Zentralstelle für die Koordinierung der bundesstaatlichen Finanzfragen, Finanzverfassung, rechtliche Grundsatzfragen der deutschen Einigung Kienemund MinR

Ref V A 2: Koordinierung der öffentlichen Haushalte, Beobachtung und Analyse der Länderfinanzen, Verteilung der Umsatzsteuer Engelmann MinR

Ref V A 3: Finanzielle Angelegenheiten der Gemeinden Thies RDir

Ref V A 4: Länderfinanzausgleich, Bundesergänzungszuweisungen, Clearingstelle für die Zerlegung von Lohn- und Körperschaftsteuer sowie Zinsabschlag, Investitionsförderungsgesetz Aufbau Ost, Länderbeteiligung an der Mineralölsteuer Dr Michalk RDir

Ref V A 5: Staatsrecht und Verfahren vor dem BVerfG Müller-Machens MinR

U-Abt V B Rechtsangelegenheiten (ohne Staatsrecht), Abwicklung der finanziellen Auswirkungen des Krieges (einschließlich Wiedergutmachung) und der vermögensrechtlichen Folgen der Vereinigung Deutschlands
Leiter: Dr Peter Laars MinDirig

Ref V B 1: Privat-, Wirtschafts-, Straf- und Prozeßrecht (ohne Prozeßführung); Prozeßführung des Bundesvermögens der Abt VI Schiffmeyer MinR

Ref V B 2: Verwaltungsrecht; Kriegsfolgenregelung; Auslandsschulden; Vermögen und Verbindlichkeiten des Reichs, Preußens und nicht mehr bestehender anderer öffentlicher Rechtsträger; Ausführungsgesetz zu Artikel 22 Abs 1 Einigungsvertrag Löffler MinR

Ref V B 3: Prozeßführung (ohne Prozesse des Bundesvermögens der Abt VI) H Schäfer MinR

Ref V B 4: Wiedergutmachung nationalsozialistischen Unrechts (außer Rückerstattung), Bundesentschädigungsgesetz, außergesetzliche Entschädigungsregelungen NN

Ref V B 5: Lastenausgleichsgesetz (Ausgleichsleistungen), Feststellungsgesetz, Altsparergesetz, Reparationsschädengesetz, Vertriebenenzuwendungsgesetz, Rückerstattungsrecht Holtz MinR

Ref V B 6: Regelung offener Vermögensfragen, Entschädigungsfonds, Fachaufsicht über das Bundesamt zur Regelung offener Vermögensfragen Prof Dr Motsch MinR

Ref V B 7: Ausgleichsleistungen für Enteignungsmaßnahmen in der ehemaligen sowjetischen Besatzungszone auf besatzungsrechtlicher oder besatzungshoheitlicher Grundlage; Forderungen der ehemaligen DDR Thöne MinRätin

Abt VI Liegenschaftsangelegenheiten der ausländischen Streitkräfte; Bundesliegenschaften, bewegliches Bundesvermögen; Organisation und Personalien der Bundesvermögensverwaltung
Leiter: Winfried Baldus MinDir

U-Abt VI A Allgemeines Grundvermögen sowie Liegenschaften des Finanzvermögens (Grundsatzfragen), Organisation und Personalien der Bundesvermögensverwaltung, Liegenschaftsangelegenheiten der Oberfinanzdirektionen Düsseldorf, Frankfurt und Köln, IT-Projektorganisation Vermögenszuordnung, Forstverwaltung
Leiterin: Roschig MinDirigentin

Ref VI A 1: Generalreferat für Bundesliegenschaften Lange MinR

Ref VI A 2: Grundsätze der Artikel 21 und 22 des Einigungsvertrages einschließlich der Verwertung des Finanzvermögens, Vermögenszuordnung Goßmann MinR

Ref VI A 3: Organisation und Personalien der Bundesvermögensverwaltung Schmitt MinR

Ref VI A 4: Liegenschaftsangelegenheiten im Bereich der Oberfinanzdirektionen Düsseldorf, Frankfurt und Köln Fliege MinR

Ref VI A 5: Forstwirtschaft und Landwirtschaft auf Bundesliegenschaften, forstwirtschaftliche und landwirtschaftliche Wertermittlung von Hirschheydt MinR

U-Abt VI B Liegenschaftsangelegenheiten im Bereich der Oberfinanzdirektionen Berlin, Chemnitz, Cottbus, Erfurt, Magdeburg und Rostock; Abgeltung von Truppen- und Belegungsschäden
Leiter: Meyer-Sebastian MinDirig; zugleich Leiter der Dienststelle Berlin

Ref VI B 1: Liegenschaftsangelegenheiten im Bereich der Oberfinanzdirektion Berlin Dr Krahe MinR
Ref VI B 2: Liegenschaftsangelegenheiten im Bereich der Oberfinanzdirektionen Magdeburg und Rostock B Müller MinR
Ref VI B 3: Truppenschäden, Besatzungsschäden, Abkommen Verteidigungslastenverwaltung; Liegenschaftsangelegenheiten im Bereich der Oberfinanzdirektionen Chemnitz und Erfurt Tinnacher MinR
Ref VI B 4: Liegenschaftsangelegenheiten im Bereich der Oberfinanzdirektion Cottbus, Geschäftsbesorgung durch TLG Leitschuh MinR

U-Abt VI C Liegenschaftsangelegenheiten im Bereich der Oberfinanzdirektionen Bremen, Freiburg, Hamburg, Hannover, Karlsruhe, Kiel, Koblenz, Münster, Nürnberg, Saarbrücken und Stuttgart; Grundsatzfragen im Zusammenhang mit der Stationierung der ausländischen Streitkräfte
Leiter: Kampmann MinDirig

Ref VI C 1: Generalreferat für die den ausländischen Streitkräften überlassenen Liegenschaften, Restwerterstattungen/Wertausgleiche, Belegungsschäden, Kapitel 6009 NN
Ref VI C 2: Liegenschaftsangelegenheiten im Bereich der Oberfinanzdirektionen Freiburg, Karlsruhe und Stuttgart, bewegliches Bundesvermögen de Fallois MinR
Ref VI C 3: Liegenschaftsangelegenheiten im Bereich der Oberfinanzdirektionen München und Nürnberg; Kulturgut, Westvermögen Leyendecker MinR
Ref VI C 4: Liegenschaftsangelegenheiten im Bereich der Oberfinanzdirektionen Bremen, Hamburg, Hannover und Kiel; allgemeine Liegenschaftsfragen des Aufenthalts und Abzugs der russischen Truppen; Grundstücksbeschaffung und -rückgabe (Grundsatzfragen) Dr Rohner MinR
Ref VI C 5: Liegenschaftsangelegenheiten im Bereich der Oberfinanzdirektionen Koblenz, Münster und Saarbrücken Cohrs RDir

Abt VII Geld und Kredit
Leiter: Dr Joachim Henke MinDir

U-Abt VII A Nationale Währungspolitik, Kapitalmarktpolitik, Finanzplatz Deutschland, Kreditaufnahme
Leiter: Dr Jabcke MinDirig

Ref VII A 1: Nationale Währungsfragen Dr Berger MinR
Ref VII A 2: Struktur und Durchführung der Kreditaufnahme, Liquiditätsposition Thorand MinR

Ref VII A 3: Erblastentilgungsfonds, Ausgleichsfonds Währungsumstellung Dr Kock MinR
Ref VII A 4: Nationale und Internationale Finanzmärkte, WTO; Außenwirtschaftsüberwachung (Kapitalverkehr) Dr Hanfland MinR
Ref VII A 5: Grundsatzfragen der Kreditaufnahme und des Schuldenwesens, Abwicklung Lellek MinR
Ref VII A 6: Abwicklung der DDR-Auslandsforderungen und Auslandsverbindlichkeiten; Münzwesen Herrmann MinR

U-Abt VII B Banken-, Versicherungs- und Wertpapierwesen
Leiter: Caspari MinDirig

Ref VII B 1: Grundsatzfragen des Bankwesens Majunke MinR
Ref VII B 2: Kreditinstitute des Bundes und mit Sonderaufgaben; Bausparkassen, Kreditinstitute des Genossenschaftssektors, Investmentwesen Schütte MinR
Ref VII B 3: Kreditinstitute des Bundes und mit Sonderaufgaben, Kreditinstitute des Sparkassensektors, Realkreditinstitute, Koordinierung der Beratung Osteuropas in den Bereichen Banken, Börsen, Versicherungen Dr Kage MinR
Ref VII B 4: Versicherungswesen (einschließlich VBL) Dr Lemmer MinR
Ref VII B 5: Börsen- und Wertpapierwesen, übergreifende Fragen der Aufsicht bei Finanzdienstleistungen im nationalen und internationalen Bereich, Internationale Wertpapier- und Börsenfragen, IOSCO Jahn RDir

Abt VIII Privatisierungs- und Beteiligungspolitik, Treuhandanstalt-Nachfolgeorganisationen
Leiter: Dr Rolle MinDir

U-Abt VIII A Privatisierungs- und Beteiligungspolitik
Leiter: Dr Ehrig MinDirig

Ref VIII A 1: Grundsatzfragen der Privatisierungs- und Beteiligungspolitik; Wahrnehmung der Aufgaben des für Bundesvermögen zuständigen Ministers (§§ 65, 68 BHO) Dr Siewert MinR
Ref VIII A 2: Grundsatzfragen der Zusammenarbeit Bund/Neue Bundesländer im Treuhand-Nachfolgebereich, Reprivatisierung von Unternehmen, Deutsche Bundesstiftung Umwelt, Stiftung Volkswagenwerk Dr Ströfer MinR
Ref VIII A 3: Unternehmenspolitische Grundsatzfragen der Treuhand-Nachfolgorganisationen, Beteiligungs-Management-Gesellschaft Berlin (BMGB), Arbeitsmarkt-, Sozial- und Lohnpolitik sowie regional- und strukturpolitische Fragen der Treuhand-Nachfolgeorganisationen NN
Ref VIII A 4: Beratung der MOE- und NUS der früheren Sowjetunion, Investitionsfonds der G-7 in der Russischen Föderation, Abwicklung von BvS-Unternehmen, Außenhandelsbetriebe, Finanzbereinigungsgesetz, DISOS Skowron VwAng
Ref VIII A 5: Chemieunternehmen der Treuhand-Nachfolgeorganisation, Einzelfragen des Vertrags-

managements der Bereiche Chemie, Energie, Bau, Steine, Erden, Textil, Leder sowie der BvS-Geschäftsstellen Dr Knoll MinR

Ref VIII A 6: Grundsatzfragen des Vertragsmanagements, Einzelfragen des Vertragsmanagements (soweit nicht VIII A 5 zuständig), Energiewerke Nord GmbH, VEBEG GmbH und Tochtergesellschaften Dr Hartmann RDir

U-Abt VIII B Rechtsangelegenheiten, Finanzen, Sondervermögen, Liegenschafts- und Umweltpolitik der Treuhand-Nachfolgeorganisationen
Leiter: Bierwirth MinDirig

Ref VIII B 1: Rechtliche Grundsatzfragen, organisatorische und personelle Angelegenheiten, hoheitliche Aufgaben der Bundesanstalt für vereinigungsbedingte Sonderaufgaben, Deutsche Kreditbank AG Schick MinR

Ref VIII B 2: Sondervermögen, Kommerzielle Koordinierung, Beteiligungen des Finanzvermögens (Art 22 Abs 1 EV), EU-Angelegenheiten, Koordinierung 2. UA DDR-Vermögen für Abt VIII, AG Koordinierte Ermittlungen, Metallurgiehandel – außer allgemeine Abwicklung als AHB –, Wahrnehmung der BMF-Interessen im Gläubigerausschuß IAI Wulf MinR

Ref VIII B 3: Grundsatzfragen der Liegenschaftspolitik der Treuhand-Nachfolgeorganisationen, Vermögen der Land- und Forstwirtschaft, TLG, BVVG Weidemann MinR

Ref VIII B 4: Finanzen und Haushaltsangelegenheiten der Treuhand-Nachfolgeorganisationen, Kredit- und Bürgschaftsausschuß, Beratungsprogramm Dr Otto MinRätin

Ref VIII B 5: Verwaltungsabkommen Bund/Länder zur Altlastenfinanzierung, Auslaufgesellschaften des Bergbaus, Bergwerkseigentum, Saarbergwerke AG, andere Beteiligungen Dr Danne MinR

Abt IX Internationale Währungs- und Finanzbeziehungen
Leiter: Klaus Regling MinDir

Arbeitsstab „Europäische Wirtschafts- und Währungsunion (ASW-WU)"
Leiter: Röskau MinDirig

U-Abt IX A Finanzbeziehungen zu der EU und zu anderen internationalen Organisationen
Leiter: Dr Saupe MinDirig

Ref IX A 1: Finanzielle Grundsatzfragen der internationalen Politik, EG-Recht Dr Schmidberger MinR

Ref IX A 2: Generalreferat für europäische Finanzfragen Dr Spiekermann MinR

Ref IX A 3: Haushaltsfragen der EU, EG-Eigenmittel (Zölle und Abschöpfungen), EG-Eigenmitteldurchführung (Mehrwertsteuer- und BSP-Mittel) Dr Sommer MinR

Ref IX A 4: Internationale Finanzfragen und Fragen der Weltwirtschaftsordnung im Nord-Süd-Verhältnis; Haushalts- und Finanzfragen der VN, ihrer Unter- und Sonderorganisationen sowie europäischer und multilateraler Organisationen, internationale Konferenzen, Umweltschutz im internationalen Bereich Koschorreck MinR

Ref IX A 5: Grundsatzfragen der EG-Agrarfinanzierung, Europäischer Agrarfonds (EAGFL, Abt Garantie) einschließlich nationaler Vorratshaltung, Koordinierung der Bekämpfung von Betrügereien zu Lasten des EU-Haushalts NN

Ref IX A 6: Finanzfragen des EG-Agrarbereichs (einschließlich EAGFL, Abt Ausrichtung) und der Fischereipolitik; internationale Agrarmaßnahmen; Hilfsmaßnahmen auf dem Ernährungsgebiet Dr Biskup MinR

U-Abt IX B Internationale Währungs- und Finanzbeziehungen
Leiter: Röskau MinDirig

Ref IX B 1: Internationale Währungsfragen, Wirtschaftsentwicklung im internationalen Bereich, Wirtschaftsgipfel Dr Wenzel RDir

Ref IX B 2: Europäische Währungsfragen, Wirtschaftsentwicklung im europäischen Bereich Dr Glomb MinR

Ref IX B 3: Entwicklungsbanken (einschließlich Europäische Bank für Wiederaufbau und Entwicklung) Rehm MinR

Ref IX B 4: Internationale Schuldenstrategie, Umschuldungen, Gewährleistung für ungebundene Finanzkredite Dr Ziese MinR

Ref IX B 5: Neue Staaten der früheren Sowjetunion Bettin MinR

Ref IX B 6: Finanz- und währungspolitische Fragen der mittel- und osteuropäischen Staaten, Transferrubelfragen Radermacher MinR

Ref IX B 7: Spezielle währungs- und finanzpolitische Fragen des Handels mit den osteuropäischen Ländern; Abwicklungsaufgaben Kortüm VwAng

Ref IX B 8: Grundsatzfragen und finanzwirtschaftliche Fragen der Gewährleistungen, Außenhandelsfinanzierung, Außenhandelsversicherung, Absicherung von Auslandsinvestitionen Hiller RDir

Dienststelle Berlin
10117 Berlin, Leipziger Str 5-7; Tel (0 30) 22 42-02; Fax (0 30) 22 42-60
Leiter: Meyer-Sebastian MinDirig

Organisatorisch in das Bundesfinanzministerium eingegliedert und dem Abteilungsleiter Z unterstellt:

Bundesfinanzakademie
50321 Brühl, Willy-Brandt-Str 10; Tel (0 22 32) 92 41-0
Präsident der Bundesfinanzakademie: Vogelgesang

Lehrgruppe I: Außenprüfung, Betriebliches Rechnungswesen, Betriebswirtschaftliche Steuerlehre, Finanzwissenschaft, Bilanzsteuerrecht, Informationstechnik, BFA-interne Datenverarbeitung, Schulungsmaßnahmen für ausländische Steuerverwaltungen Warth MinR

Lehrgruppe II: Allgemeines Abgabenrecht, Umsatzsteuer, Verkehrsteuern, Personalführung und Organisation, Lehrgänge für Richter und Staatsanwälte Dr Helsper MinR

Lehrgruppe III: **Einkommensteuer, Lohnsteuer, Körperschaftsteuer, Gewerbesteuer** Kläschen MinR
Lehrgruppe IV: **Bewertungsrecht, Vermögensteuer, Erbschaft- und Schenkungsteuer, Finanzverfassung, Finanzgeschichtliche Sammlung, Fortbildungsmaßnahmen für den höheren Dienst der Bundesfinanzverwaltung** Dr Kumpf MinR
Lehrgruppe V: **Internationales, ausländisches und europäisches Steuerrecht, Besteuerung der Personengesellschaften, Umwandlungssteuerrecht, Fortbildungsmaßnahmen für das Beitrittsgebiet** Dr Kramer MinR

Beiräte, Ausschüsse, Kommissionen und sonstige Gremien, deren sich der Bundesminister der Finanzen bei Durchführung seiner Aufgaben bedient:

Wissenschaftlicher Beirat beim BMF
Aufgabe: Beratung des BMF in allen Fragen der Finanzpolitik
Zusammensetzung: bis zu 25 Wissenschaftler

Arbeitskreis „Steuerschätzungen"
Aufgabe:
Kurz- und mittelfristige Vorausschätzungen des Steueraufkommens für Bund, Länder, Gemeinden und EG
Zusammensetzung: Federführung: BMF; daneben BMWi, Länderverbände, Deutsche Bundesbank, Statistisches Bundesamt, Sachverständigenrat zur Begutachtung der gesamtwirtschaftlichen Entwicklung sowie die fünf führenden wirtschaftswissenschaftlichen Forschungsinstitute

Bewertungsbeirat
Aufgabe:
Erarbeitung von Vorschlägen für die gesetzlich festzulegenden Ertragswerte der land- und forstwirtschaftlichen Nutzungen und für die durch Rechtsverordnung festzusetzenden Vergleichszahlen und -werte der Hauptbewertungsstützpunkte und für die durch Rechtsverordnung festzusetzenden Normalwerte und Ertragswerte der forstwirtschaftlichen Nutzung
Zusammensetzung: je 1 Vertreter des BMF und BML, 5 Wissenschaftler, in 4 Unterabteilungen 38 Sachverständige

Technischer Fachausschuß „Automatensichere Umlaufmünzen"
Aufgabe: Untersuchung der Möglichkeiten zur Umstellung des Münzsystems auf automatensichere Münzen
Zusammensetzung: 10 Sachverständige, 10 sonstige Berater

Börsensachverständigenkommission beim BMF
Aufgabe: Beratung des BMF in allen Börsen- und Wertpapierfragen, Ausarbeitung von Vorschlägen
Zusammensetzung: 1 Wissenschaftler, 11 sonstige Sachverständige

Versicherungsbeirat (beim Bundesaufsichtsamt für das Versicherungswesen)
Aufgabe: Beraten des Bundesamtes für das Versicherungswesen gutachtlich bei der Vorbereitung wichtiger Beschlüsse und Mitwirken mit Stimmrecht bei den Entscheidungen der Beschlußkammer (2 Mitglieder in der Beschlußkammer)
Zusammensetzung: Dem Beirat sollen angehören eine ausreichende Anzahl von Versicherern jedes Versicherungszweiges und Mitglieder, die Nicht-Versicherer sind, nämlich sachkundige Versicherungsnehmer aus den Kreisen von Industrie, Handel, Handwerk, Verkehrsgewerbe, Landwirtschaft, Hausbesitz, freien Berufen, Beamten, Angehörigen der Gewerkschaften, ferner Versicherungsvermittler, Versicherungsangestellte sowie Angehörige der Versicherungswissenschaft

Zum Geschäftsbereich des Bundesministeriums der Finanzen gehören:

1 Bundesamt für Finanzen

53225 Bonn, Friedhofstr 1; Tel (02 28) 4 06-0; Fax (02 28) 4 06-26 61

Staatsrechtliche Grundlage und Aufgabenkreis:
Das Bundesamt für Finanzen ist auf Grund des § 1 Abs 1 Nr 2 des Gesetzes über die Finanzverwaltung (Finanzverwaltungsgesetz) vom 30. August 1971 (BGBl I S 1426) durch Erlaß des Bundesministers für Wirtschaft und Finanzen vom 3. September 1971 als Bundesoberbehörde mit Sitz in Bonn errichtet worden. Seit dem 1. Januar 1991 besteht die Außenstelle des Bundesamtes in Berlin (ASt Berlin); seit 1992 besteht eine weitere Außenstelle in Saarlouis. Nach §§ 4, 5 des Finanzverwaltungsgesetzes obliegen ihm die folgenden hauptsächlichen Aufgaben:
- Mitwirkung an Außenprüfungen der Landesfinanzbehörden zur Wahrung der Einheitlichkeit der Besteuerung;
- Fachaufsicht Familienleistungsausgleich;
- zentrale Entlastung von deutschen Abzugsteuern auf Grund von Doppelbesteuerungsabkommen;
- zentrale Entlastung bei deutschen Besitz- und Verkehrsteuern gegenüber internationalen Organisationen, amtlichen zwischenstaatlichen Einrichtungen, ausländischen Missionen und deren Mitgliedern;
- Nachprüfung und Ermittlung der Erträge aus ausländischen Investmentanteilen;
- zentrale Sammlung und Auswertung von Unterlagen über steuerliche Auslandsbeziehungen;
- internationale Rechts- und Amtshilfe in Vollstreckungs- und Zustellungssachen;
- zentrale Vergütung von Körperschaftsteuer und Erstattung der Kapitalertragsteuer an nichtveranlagte Steuerpflichtige;
- zentrale Behörde zur Kontrolle grenzüberschreitender Warenbewegungen in der EG nach Wegfall der Steuergrenzen; Berechnung und Zahlbar-

machung der Beamten- und Versorgungsbezüge, der Angestelltenvergütungen sowie der Arbeiterlöhne für die Bundesfinanzverwaltung und den größten Teil der anderen Bundesressorts;
- Datenverarbeitung:automatisierte Verfahren des Amtes, zahlreiche DV-Aufgaben für das Bundesministerium der Finanzen und die Behörden der Bundesfinanzverwaltung;
- Koordinierungsstelle für die Neukonzeption des automatischen Besteuerungsverfahrens;
- Prüfung rechtswidriger Handlungen und Rückforderung bei der Umstellung von Mark der DDR in DM.

Präsident des Bundesamtes für Finanzen: Jochen Wendelstorf
Vizepräsident: Dr Horst-Dieter Höppner

Dem Präsidenten unmittelbar unterstellt:

Präsidialstelle
Leiter: NN

Ref P 1: Organisation, Datenschutz, Justitiariat – außer Steuer –, Öffentlichkeitsarbeit, Presseangelegenheiten, Geheimschutz, Aus- und Fortbildung, Nachwuchsgewinnung, BfFGO, Dienstanweisungen, Geschäftsstellen Berlin und Saarlouis
Ref P 2: Personalangelegenheiten
Ref P 3: Innere Dienste, Haushalt, Reisekosten, Trennungsgeld, Fürsorgeangelegenheiten, Beihilfen
Ref P 4: Koordinierungsstelle für die Neukonzeption des automatischen Besteuerungsverfahrens (KAS)

Vorprüfungsstelle Pischel ROAR

Abt St Steuern
Leiter: Dr Frank Ebermann LtdRDir

Gruppe St I Amtshilfe

Ref St I 1: Allgemeine Fragen der Abteilung (Organisation, Gerichtskosten, Schulung, Datenschutz, Besucherverkehr), Internationale Rechts- und Amtshilfe (Auskunftsersuchen, Spontanauskünfte, automatische Auskünfte, Internationale Vollstreckung und Zustellung), Verbindungsstelle zur ZU
Ref St I 2: Informationszentrale für steuerliche Auslandsbeziehungen: Bundeskartei für Auslandsbeziehungen (BKA), landesbezogene Auskünfte an Finanzämter, Staatsanwaltschaften und Gerichte, soweit nicht St I 3, Erfassung von Zwischengesellschaften ausländischer Personengesellschaften mit inländischen Beteiligten, Zuständigkeitsbestimmungen nach § 10 AStG, § 180 Abs 5 AO, Feststellungen nach AuslInvestmG
Ref St I 3: Informationszentrale für steuerliche Auslandsbeziehungen: Bundeskartei für Auslandsbeziehungen (BKA), landesbezogene Auskünfte an Finanzämter, Staatsanwaltschaften und Gerichte, Schweiz, Luxemburg, Bundeskartei für beschränkt steuerpflichtige und umsatzsteuerpflichtige ausländische Unternehmer (BEST-Datei) einschließlich Zuständigkeitsbestimmungen, Entwicklung und Pflege der ISAB-Datenbanken, Vergleichswerte (Lizenzkartei und Zinsdatensammlung)

Ref St I 4: **Familienleistungsausgleich; Fachaufsicht über die Familienkassen, § 5 (1) Nr 11 FVG; Feststellung der Länderanteile, § 5 (3) FVG; Geschäftsstatistik Kindergeld, § 4 StStatG**
Ref St I 5: Erstattung von Abzugsteuern (§ 50 a Abs 4 Nr 1 und Nr 2 EStG)) an Künstler, Sportler, Journalisten, Schriftsteller u a gemäß § 50 Abs 5 Nr 3 EStG

Gruppe St II Steuererstattung, Steuerfreistellung, Steuervergütung

Ref St II 1: Vergütung von Umsatzsteuer an internationale Organisationen, Botschaften, Konsulate und deren Mitglieder, Vergütung von Umsatzsteuer an ausländische Unternehmer
Ref St II 2: Vergütung von Umsatzsteuer an ausländische Unternehmer
Ref St II 3: Erstattung von Kapitalertragsteuer aufgrund von DBA, Freistellung bei Schachteldividenden, Rückforderung der französischen Steuergutschriften (avoir fiscal), Vergütung von KSt und Erstattung von Kapitalertragsteuer nach Einkommensteuergesetz/KSt, Prüfungen nach § 50 b Einkommensteuergesetz, Kontrolle der Freistellungsaufträge nach dem Zinsabschlaggesetz (§ 45 d EStG)
Ref St II 4: Entlastung von Abzugsteuern (§ 50 a EStG) aufgrund von DBA
Ref St II 5: Vergütung von Vorsteuern an ausländische Unternehmen in besonderen Verfahren, Neukonzeption des Umsatzsteuervergütungsverfahrens

Außenstelle Saarlouis, Zentrale Stelle Umsatzsteuer
Leiterin: Lindenberg RDirektorin

Sachgebiet ZU 1: Umsatzsteuer ohne zusammenfassende Meldungen
Sachgebiet ZU 2: Zusammenfassende Meldungen (ZM) und Datenerfassung, Datenschutz für die ZM, Bestätigungsverfahren

Abt Bp Bundesbetriebsprüfung
Leiter: Bürger AbtPräs

Ref Bp 1: Innendienst

Gruppe-Bp I

Ref Bp I 1: Einsatz der Datenverarbeitung in der Betriebsprüfung
Ref Bp I 2: Büromaschinen, Elektrotechnik, Uhren, EBM-Waren, Musikinstrumente, Spielwaren, Sportgeräte, Schmuck; Grundsatz: Bilanzsteuergruppe
Ref Bp I 3: Fahrzeugbau, Luft- und Raumfahrzeugbau, Fahrzeughandel, NE-Metalle, Kultur, Hörfunk, Fernsehen, Grundsatz: Steuer
Ref Bp I 4: Eisen, Stahl, Bergbau, Energiewirtschaft, Herstellung und Verarbeitung von Spalt- und Brutstoffen, Schiffbau, Grundsatz: Umsatzsteuer
Ref Bp I 5: Bau/Steine/Erden, Fernkeramik, Stahl- und Maschinenbau, Schiffahrt, Grundsatz: Einkommensteuer (ohne Bilanzsteuerrecht), Personengesellschaften
Ref Bp I 6: Beitrittsspezifisches Steuerrecht, Stahl- und Maschinenbau

Gruppe Bp II

Ref Bp II 1: **Allgemeine und grundsätzliche Angelegenheiten, Bilanzsteuerrecht**
Ref Bp II 2: **Grundsatz: Mathematische Statistik, Versicherungswesen, Betriebliche Altersversorgung**
Ref Bp II 3: **Versicherungsgewerbe (allgemein), Grundsatz: KStG § 27-47 (Anrechnungsverfahren)**
Ref Bp II 4: **Kreditinstitute, Grundsatz: Abgabenordnung, Finanzverwaltungsgesetz**
Ref Bp II 5: **Kreditinstitute, Abschreibungsgesellschaften, Grundsatz: Betriebsprüferordnung (St)**
Ref Bp II 6: **Spedition, Lagerei, Verkehr, Schiffahrt, Land- und Forstwirtschaft, Großhandel mit Landprodukten, Grundsatz: Sonderregelungen Ost**

Gruppe Bp III

Ref Bp III 1: **Gummi- und Asbestverarbeitung, Glasindustrie, Grundsatz: Außensteuerrecht**
Ref Bp III 2: **Erdgas/Mineralöl, Nahrungs- und Genußmittel, Grundsatz: Körperschaftsteuer (ohne Anrechnungsverfahren), UmwStG**
Ref Bp III 3: **Handel, Versand- und Kaufhäuser, Druckereien, Verlage, Leder, Textil, Bekleidung, Holzverarbeitung, Dienstleistungen, Grundsatz: Einheitsbewertung, Vermögensteuer**
Ref Bp III 4: **Chemie und Pharmazie, Kunststoffverarbeitung, Grundsatz: Außensteuer**
Ref Bp III 6: **Finanzdienstleistungen, Investment-, Leasing- und Factoringgesellschaften, Bausparkassen, Grundsatz: Finanzierungsinstrumente, Steuersparmodelle**

Abt Bes Bundesbesoldungsstelle
Leiter: Märker RDir

Gruppe Bes I (Bonn)

Kompetenzteam Bs I 1: **Zentrale Aufgaben**
Kompetenzteam Bs I 2: **Tarifbereich**
Kompetenzteam Bs I 3: **Besoldung, Versorgung**
Kompetenzteam Bs I 4: **VBl, SV, St und HKR, operative Aufgaben**
Kompetenzteam Bs I 5: **Entwicklung/Übernahme neuer Verfahren**

Gruppe Bes II

Hauptsachgebiet Bs II 1: **Besoldung**
Hauptsachgebiet Bs II 2: **Besoldung, Nachversicherung**
Hauptsachgebiet Bs II 3: **Angestelltenvergütung**
Hauptsachgebiet Bs II 4: **Versorgung, Löhne**

Außenstelle Berlin (Gruppe Bes III)

Angestelltenvergütungen, Arbeiterlöhne; Testgruppen B, VA, V, L

Abt IV Informationsverarbeitung
Leiter: Dipl-Math Dr Arndt Liesen VwAng

IV S – **Stabstelle**
IV P – **Projektbereich**

Ref IV 1: **Verfahrensentwicklung und -pflege: Personalausgaben, Stellenbewirtschaftung, Personalinformationssystem, Einheitsbewertung, ESt-Statistik, Bundesforstverwaltung**
Ref IV 2: **Verfahrensentwicklung und -pflege: Haushalts-, Kassen- und Rechnungswesen, Bundeskassen- und Zahlstellenverfahren, Informationssystem steuerliche Auslandsbeziehungen, IV-Unterstützung für die Bundesbetriebsprüfung, Kapitalertragsteuererstattung, Körperschaftsteuervergütung, Umsatzsteuervergütung, Zinsabschlag, Umsatzsteuerkontrollverfahren EG, Zahlungsüberwachungssystem, Zahlungsaufschub**
Ref IV 3: **Informationstechnik, (Grundsatzfragen, Koordination, Planung) Systemprogrammierung, APC-Benutzerservice, Methoden und Verfahren**
Ref IV 4: **Rechenzentrum, Koordinierung der Datenfernverarbeitung, Datenerfassung, Programmarchiv**

Gruppe Währungsumstellung
Leiter: Knaack LtdRDir

Ref W 1: **Grundsatzfragen, Rechtsbehelfe, Prozeßangelegenheiten, Billigkeitsangelegenheiten**
Ref W 2: **Strafanzeigen, Rückforderungen, Billigkeitsangelegenheiten**
Ref W 3: **Prüfung Währungsumstellung**

2 Bundesfinanzverwaltung

Zollverwaltung

Die Zollverwaltung nimmt die dem Bund nach Art 108 Abs 1 des Grundgesetzes obliegenden Aufgaben wahr. Sie verwaltet die Zölle, das Branntweinmonopol, die bundesgesetzlich geregelten Verbrauchsteuern einschließlich der Einfuhrumsatzsteuer und der Abgaben im Rahmen der Europäischen Gemeinschaften. Außerdem überwacht sie die Einhaltung der Verbote und Beschränkungen für den Warenverkehr über die Grenze. Sie erhebt die Agrarabgaben nach Maßgabe der Verordnungen der Europäischen Gemeinschaften über die Errichtung gemeinsamer Marktorganisationen für landwirtschaftliche Erzeugnisse und des Zollkodex der Gemeinschaft. Auf dem Gebiete der gemeinsamen Marktorganisationen der Europäischen Gemeinschaften gewährt die Zollverwaltung Ausfuhrerstattungen, Produktionserstattungen sowie Prämien für in der Gemeinschaft erzeugte Agrarwaren und erhebt die Produktionsabgaben auf Zucker und Milch (Garantiemengenabgabe). Sie wirkt mit bei der Gewährung von Beihilfen, Prämien für die Denaturierung sowie bei der Verwendungsüberwachung preisbegünstigt abgegebener Agrarwaren und führt bei der Ein und Ausfuhr von Agrarwaren das EG-Lizenzrecht durch.
Außerdem sind die Hauptzollämter die Vollstreckungsbehörden des Bundes gemäß § 4 Buchstabe b des Verwaltungs-Vollstreckungsgesetzes (einschließlich der Vollstreckung nach § 66 Sozialgesetzbuch X). Sie wirken darüber hinaus bei der Bekämpfung der illegalen Beschäftigung einschließlich des Leistungsmißbrauches nach §§ 150 a AFG, 2 AEntG und 107 SGB IV mit.

Als vom Bundesministerium des Innern übertragene Aufgabe nehmen Zollbeamte an der EU-Außengrenze (einschließlich Küste) allein oder im Personalverbund mit dem Bundesgrenzschutz die polizeiliche Kontrolle des grenzüberschreitenden Verkehrs wahr. Außerdem ist der Zollverwaltung die polizeiliche Überwachung der sogenannten Grünen Grenze (EU-Außengrenze einschließlich Küste) übertragen.
Ferner wirkt die Zollverwaltung mit im Auftrag des Bundesministeriums für Ernährung, Landwirtschaft und Forsten bei der Überwachung der Fischereizonen der Bundesrepublik Deutschland sowie bei der Qualitätskontrolle für Obst und Gemüse bei der Einfuhr, im Auftrag des Bundesministeriums für Wirtschaft bei der Überwachung des Festlandsockels nach dem Bundesberggesetz, im Auftrag des Bundesministeriums für Verkehr bei der Überwachung der Seeschiffahrt nach dem Gesetz über die Aufgaben des Bundes auf dem Gebiet der Seeschiffahrt.
Die 18 bei Oberfinanzdirektionen errichteten Bundeskassen haben gemäß § 57 Abs 1 HGrG und § 79 BHO die Aufgaben der Kassen bei der Annahme und der Leistung von Zahlungen für den Bund für alle Stellen innerhalb und außerhalb der Bundesverwaltung wahrzunehmen, soweit es sich nicht um die Erhebung von Steuern handelt, die von den Landesfinanzbehörden verwaltet werden.
Die Zollverwaltung gliedert sich in 21 Oberfinanzdirektionen (Zoll- und Verbrauchsteuerabteilungen) als Mittelbehörden und in 111 Hauptzollämter mit 412 Zollämtern und 54 Zollkommissariaten sowie 21 Zollfahndungsämter mit 29 Zweigstellen als örtliche Behörden.
Für die Warenuntersuchung stehen der Zollverwaltung 5 Zolltechnische Prüfungs und Lehranstalten und 12 Lehranstalten zur Verfügung. Die Bildungszentren Sigmaringen, Plessow und Münster, mit dem Fachbereich Finanzen der Fachhochschule des Bundes für öffentliche Verwaltung, die vorgenannten Anstalten, 2 Zollschulen und 2 Zollhundeschulen sorgen für die Aus- und Fortbildung.
Das **Zollkriminalamt Köln**, eine Bundesoberbehörde, als zentrales Zollfahndungsamt unterstützt die örtlichen Zollfahndungsämter bei der Erledigung ihrer Aufgaben, koordiniert bzw lenkt deren Ermittlungen und führt darüber hinaus kriminalwissenschaftliche Untersuchungen durch. Ihm obliegt auch das zentrale Zollnachrichtenwesen und die Schulung der Zollfahndungsbeamten.
Das **Beschaffungsamt** versorgt die Zollverwaltung mit den erforderlichen Geräten und Vordrucken; es nimmt außerdem die Aufgaben der Zollkleiderkasse wahr.

Bundesvermögensverwaltung
Der Bundesvermögensverwaltung obliegen die Verwaltung von Bundesvermögen, die Grundstücks- und Raumbeschaffung für Bundeszwecke, die Wohnungsfürsorge für Bundesbedienstete und sonstige ihr übertragene Aufgaben.

Gemäß § 8 Finanzverwaltungsgesetz (FVG) vom 6. September 1950 (BGBl I S 448), in der Fassung des Gesetzes zur Anpassung verschiedener Vorschriften über die Finanzbeziehungen zwischen dem Bund und den Ländern an die Neuregelung der Finanzverfassung (Finanzanpassungsgesetz) vom 30. August 1971 (BGBl I S 1426), bestehen bei 16 Oberfinanzdirektionen für diese Aufgaben Bundesvermögensabteilungen. Als örtliche Behörden unterstehen ihnen 38 Bundesvermögensämter und 56 Bundesforstämter mit 351 Forstrevieren.
Die Erledigung seiner Bauaufgaben hat der Bund durch Verwaltungsvereinbarungen mit den Ländern den Landesbauabteilungen der Oberfinanzdirektionen und örtlichen Landesbehörden übertragen (§ 8 Abs 7 des genannten Gesetzes). Der Bund hat in diesen Angelegenheiten ein Weisungsrecht. Für ihre Tätigkeit wird den Ländern eine Entschädigung gezahlt.
Im Land Berlin erledigt Bauaufgaben des Bundes die Bundesvermögensabteilung der Oberfinanzdirektion Berlin. Ihr unterstehen als örtliche Behörden 3 Bundesbauämter.

Oberfinanzdirektionen
Die Oberfinanzdirektionen wurden durch das Gesetz über die Finanzverwaltung (FVG) in der Fassung vom 30. August 1971 (Bundesgesetzbl I S 1427) als Mittelbehörden für die Bundesfinanzverwaltung und die Landesfinanzverwaltungen errichtet. Ihr Aufgabenkreis umfaßt die Leitung der Finanzverwaltung des Bundes und des Landes für ihren Bezirk, die Überwachung der Gleichmäßigkeit der Gesetzesanwendung und die Beaufsichtigung der Geschäftsführung aller nachgeordneten Dienststellen. Sie werden durch einen Oberfinanzpräsidenten geleitet, der sowohl Bundes- als auch Landesbeamter ist.
Nach § 8 des Gesetzes über die Finanzverwaltung (Finanzverwaltungsgesetz – FVG –) in der Fassung des Gesetzes zur Anpassung verschiedener Vorschriften über die Finanzbeziehungen zwischen dem Bund und den Ländern an die Neuregelung der Finanzverfassung (Finanzanpassungsgesetz – FAnpG –) vom 30. August 1971 (BGBl I S 1426) gliedert sich die Oberfinanzdirektion in eine Zoll- und Verbrauchsteuerabteilung, Bundesvermögensabteilung, Besitz- und Verkehrsteuerabteilung, Landesvermögens- und Bauabteilung. Durch Rechtsverordnung können Aufgaben der Oberfinanzdirektion für den ganzen Bezirk oder einen Teil davon auf andere Oberfinanzdirektionen übertragen werden, wenn dadurch der Vollzug der Aufgaben verbessert oder erleichtert wird.

Bundeskassen
Bei jeder Oberfinanzdirektion in den alten Bundesländern besteht außerdem eine Bundeskasse mit der Aufgabe, die Kassengeschäfte für den Bund für alle Stellen innerhalb und außerhalb der Bundesverwaltung für den Oberfinanzbezirk zu besorgen. Sie untersteht dem Oberfinanzpräsidenten unmittelbar. Darüber hinaus sind für die neuen Bundesländ-

der die Bundeskassen Berlin-Ost bei der Oberfinanzdirektion Berlin und Halle/Saale bei der Oberfinanzdirektion Magdeburg eingerichtet.

2.1 Oberfinanzdirektion Berlin

(Landesfinanzverwaltung in der Teilausgabe „Land Berlin")
10707 Berlin, Kurfürstendamm 193/194; Tel (0 30) 88 07-0; Teletex 30 85 24 ofdbld; Fax (0 30) 8 82 40 89 und 88 07 22 57

Oberfinanzpräsident: Ingo Trendelenburg
Amtsbezirk: Land Berlin

Zoll- und Verbrauchsteuerabteilung
Leiter: Dr Adalbert-Christian Hoffknecht FinPräs

Gruppe Z 1 Organisation, Haushalt, Informationstechnik
Leiter: Dr Wilhelm Bruns LtdRDir

Gruppe Z 2 Personalangelegenheiten
Leiter: Joachim Lache LtdRDir

Gruppe Z 3 Zölle, Verbrauchsteuern und Branntweinmonopol, Abgabenordnung und Prozeßsachen, Außenwirtschaftsrecht, Marktordnungsrecht
Leiter: Dr Ulrich Job RDir

Dem Leiter der Zoll- und Verbrauchsteuerabteilung unmittelbar unterstellt:

Vorprüfungsstelle (Zoll) Stein ZOAR

Bundesvermögensabteilung
10623 Berlin, Fasanenstr 87; Tel (0 30) 31 81-0; Fax (0 30) 31 81-14 60
Leiter: Klaus Jürgen Richter FinPräs

Gruppe V 1 Personal, Organisation, Haushalt, Datenschutz, Innerer Dienst, Aus- und Fortbildungsangelegenheiten, Verwaltung von Kunstgut
Leiter: Dieter Albrecht AbtDir

Gruppe 2 Liegenschaftsangelegenheiten, Unterbringung von Bundesdienststellen und Zuwendungsempfängern, Zivilschutz, Wohnraumbeschaffung und Wohnungsbauförderung für Bundesbeschäftigte, AFWOG-Angelegenheiten
Leiterin: Elke Schnurpheil RDirektorin

Gruppe V 3 Technische Aufsichtsbehörde in der Mittelinstanz
Leiter: Karl Tietze AbtDir

Gruppe V 4 Rückerstattung, Entschädigung (NS–VEntschG), Angelegenheiten nach dem Allgemeinen Kriegsfolgengesetz (AKG), Vermögensverwaltung, Rechtsangelegenheiten
Leiter: Jörgen Brieger-Lutter RDir

Gruppe V 5 Liegenschaftsangelegenheiten im Beitrittsgebiet, soweit nicht V 2 und V 6 zuständig
Leiter: Helmut John AbtDir

Gruppe V 6/VZOG Liegenschaftsangelegenheiten soweit nicht V 2 und V 5 zuständig, Verfahren nach dem Investitionsvorranggesetz, Verfahren nach dem Vermögenszuordnungsgesetz – dem Oberfinanzpräsidenten unmittelbar unterstellt –
Leiter: Henning Frey LtdR Dir

Gruppe V 7 Angelegenheiten der Forstinspektion Ost
Leiter: Dr Helmut Koschel AbtDir

Dem Leiter der Bundesvermögensabteilung unmittelbar unterstellt:

Vorprüfungsstelle (Bundesvermögen) Waelisch ROAR

Dem Oberfinanzpräsidenten unmittelbar unterstellt:

Bundeskasse Berlin-West
10409 Berlin, Grellstr 16-31; Tel (0 30) 42 43-5; Fax (0 30) 42 43-60 03
Leiter: Peter Rucht ZOAR

Bundeskasse Berlin-Ost
10409 Berlin, Grellstr 16-31; Tel (0 30) 42 43-5; Fax (0 30) 42 43-60 03
Leiter: Achim Laudamus ORR

Der Dienst- und Fachaufsicht der Oberfinanzdirektion Berlin unterstehen:

Zollehranstalt der Oberfinanzdirektion Berlin

10965 Berlin, Columbiadamm 7; Tel (0 30) 6 90 09-02; Fax (0 30) 6 90 09-5 69

Vorsteher: NN

Zollfahndungsamt Berlin

10965 Berlin, Columbiadamm 7; Tel (0 30) 6 90 09-02; Fax (0 30) 6 90 09-5 69

Vorsteher: Wilfried Wieloch RDir
Amtsbezirk: Oberfinanzbezirk Berlin

Hauptzollämter

Hauptzollamt Berlin Packhof
10409 Berlin, Grellstr 16-31; Tel (0 30) 42 43-5; Fax (0 30) 42 43-60 01
Leiter: Eberhard Müller RDir
Verwaltungsbezirke: Reinickendorf, Wedding, Tiergarten, Kreuzberg, Marzahn, Friedrichshain, Treptow, Pankow, Hellersdorf, Hohenschönhausen, Köpenick, Lichtenberg, Mitte, Prenzlauer Berg, Weißensee und das Gelände der Flughäfen Berlin-Tempelhof und Berlin-Schönefeld

Hauptzollamt Berlin-Süd
10965 Berlin, Mehringdamm 129 c; Tel (0 30) 6 90 09-01; Fax (0 30) 6 90 09-2 09
Leiter: Johannes Milewski ORR
Verwaltungsbezirke: Schöneberg, Neukölln, Tempelhof – ohne das Gelände des Flughafens Berlin-Tempelhof –, Charlottenburg, Spandau, Steglitz, Wilmersdorf und Zehlendorf

Hauptzollamt für Prüfungen
14050 Berlin, Soorstr 83; Tel (0 30) 3 06 87-0;
Fax (0 30) 3 06 87-5 55
Leiter: Jürgen Lamer ORR
Amtsbezirk: Oberfinanzbezirk Berlin

Bundesvermögensämter

Bundesvermögensamt Berlin I
10623 Berlin, Fasanenstr 87; Tel (0 30) 31 81-0;
Fax (0 30) 31 81-11 51
Leiter: Lothar Giese ORR
Amtsbezirk: Land Berlin (ohne Beitrittsgebiet)

Bundesvermögensamt Berlin II
10117 Berlin, Dorotheenstr 85; Tel (0 30)
2 26 64-0; Fax (0 30) 2 26 64-3 33
Leiter: Manfred Reuß RDir
Amtsbezirk: Land Berlin/Beitrittsgebiet

Bundesbauämter

Bundesbauamt Berlin I
14052 Berlin, Pommernallee 4; Tel (0 30) 3 06 84-0;
Fax (0 30) 3 06 84-1 90
Leiter: Rudolf Mälzer BauDir
Zuständigkeitsbereich: Bauaufgaben des Bundes in den Verwaltungsbezirken Charlottenburg, Tiergarten, Reinickendorf, Wedding und Spandau

Bundesbauamt Berlin II
12203 Berlin, Unter den Eichen 135; Tel (0 30)
8 30 05-0; Fax (0 30) 8 30 05-1 14
Leiterin: Rita Ruoff-Breuer Baudirektorin
Zuständigkeitsbereich: Bauaufgaben des Bundes in den Verwaltungsbezirken Steglitz, Zehlendorf, Tempelhof, Kreuzberg, Neukölln, Schöneberg und Wilmersdorf

Bundesbauamt Berlin III
10243 Berlin, Frankfurter Tor 8 a; Tel (0 30)
2 95 55-0; Fax (0 30) 2 95 55-2 22
Leiter: Horst-Albrecht Peters LtdBauDir
Zuständigkeitsbereich: Bauaufgaben des Bundes im Land Berlin (Beitrittsgebiet)

2.2 Oberfinanzdirektion Bremen

(Landesfinanzverwaltung in der Teilausgabe „Freie Hansestadt Bremen")
28195 Bremen, Haus des Reichs,
Rudolf-Hilferding-Platz 1; Tel (04 21) 32 21; Telex 24 45 66 ofdbr d; Fax (04 21) 3 22 24 35

Oberfinanzpräsident: Horst Kallenbach
Amtsbezirk: Freie Hansestadt Bremen

Zoll- und Verbrauchsteuerabteilung
Leiter: Dr Martin Peters FinPräs

Gruppe Z 1 Personalangelegenheiten, Organisations- und Grenzangelegenheiten, Zollfahndung, Beschaffung, Liegenschaften, Besoldung, Versorgung, Familienkasse, soziale Fürsorge, Haushalts-, Kassen- und Rechnungswesen, Arbeitssicherheit, Geheimschutz, zivile Alarmplanung, Presseangelegenheiten, Informationstechnik und Büroautomation, Personalbedarf, Stellenbewirtschaftung, PersBB-Untersuchungsgruppe, Zentrale Prüfungsstelle für überregional unvermutete Zollzahlstellenprüfungen
Leiter: Dr Wilhelm Seiffert AbtDir

Ref Z 11: Grundsatzfragen des Beamtenrechts, Personalangelegenheiten des höheren Dienstes, Organisation, Personalbedarfs-Untersuchungsgruppe, Bausachen, Liegenschaften, Vorschlagwesen, Presseangelegenheiten Dr Seiffert AbtDir
Ref Z 12: Personalangelegenheiten (ohne höheren Dienst) Neideck RDir
Ref Z 13: Einstellungen, Fortbildung, Schwerbehinderte, Besoldung, Versorgung, soziale Fürsorge, Reisekosten, Umzugskosten, Trennungsgeld, Nebenbezüge, Familienkasse (Kindergeldangelegenheiten) NN
Ref Z 14: Grenzaufsicht, Zollfahndung, Telekommunikationswesen, Funkwesen, Schiffs- und Kraftfahrzeugwesen, Beschaffung, Geheimschutz, zivile Alarmplanung, Arbeitssicherheit, Personalbedarf, Dienstpostenbewertung, Stellenbewirtschaftung Schultz-Mahnwitz RDir
Ref Z 15: Haushalts-, Kassen- und Rechnungswesen, Informationstechnik und Büroautomation, Zentrale Prüfungsstelle für überregional unvermutete Zollzahlstellenprüfungen Schmidt ORR

Gruppe Z 2 Zölle, Abschöpfung, Marktordnungsrecht, Außenwirtschaftsrecht, Statistik, VuB; Verbrauchsteuern und Branntweinmonopol, Prozeßführung, außergerichtliche Rechtsbehelfe (ohne Personalsachen), allgemeine Rechtsangelegenheiten, Beamtenunfallfürsorge, Angelegenheiten der Abgabenordnung, Erlaß, Erstattung, Nacherhebung nach EG-Recht, Rechts- und Amtshilfe in Abgabenangelegenheiten, Straf- und Ordnungswidrigkeitenrecht; Betriebsprüfung Zoll, Außenprüfung und Steueraufsicht, Datenschutz, Bekämpfung der illegalen Beschäftigung (Zoll), Mitwirkung bei Kontrolle der Sozialversicherungsausweise, Planung und Automation von Zollverfahren, Beamtenunfallfürsorge
Leiter: Joachim Kemner RDir

Ref Z 21: Einfuhrumsatzsteuer, Datenschutz, Verbrauchsteuern und Branntweinmonopol, Zolltarif, Statistik des Warenverkehrs, VuB; Betriebsprüfung Zoll, Außenprüfung und Steueraufsicht, Bekämpfung der illegalen Beschäftigung (Zoll) – BillBZ –, Mobile Kontrollgruppe Kemner RDir
Ref Z 22: Zollrecht, soweit nicht bei Z 21 und Z 23, fachbezogene Organisationsangelegenheiten, Planung und Automation von Zollverfahren Dr Bernhard RDir
Ref Z 23: Präferenzen, Ursprung, Marktordnungsrecht, Außenwirtschaftsrecht, Ausfuhrverfahren,

Wiederausfuhr sowie Überwachung des Verkehrs in diesen Bereichen (einschließlich Straf-, Bußgeld- und Gnadensachen), weinrechtliche Vorschriften, Veredelung, Umwandlung, vorübergehende Zollgutverwendung, Zollfreiheit und Zollermäßigung, Zollwert Kämena ORR
Ref Z 24: **Prozeßführung, außergerichtliche Rechtsbehelfe (ohne Personalsachen), allgemeine Rechtsangelegenheiten, Angelegenheiten der Abgabenordnung, Erlaß, Erstattung, Nacherhebung nach EG-Recht, Rechts- und Amtshilfe in Abgabenangelegenheiten, Straf- und Ordnungswidrigkeitenrecht, Beamtenunfallfürsorge** Deutschen ORRätin

Bundesvermögensabteilung
Siehe hierzu OFD Hannover

Dem Abteilungsleiter Zoll und Verbrauchsteuer unmittelbar unterstellt:

Vorprüfungsstelle (Bund)
Dem Oberfinanzpräsidenten unmittelbar unterstellt:
Bundeskasse Bremen
28195 Bremen, Haus des Reichs, Rudolf-Hilferding-Platz 1; Tel (04 21) 32 21; Fax (04 21) 3 2 24 43
Leiter: Giesa ZOAR

Der Dienst- und Fachaufsicht der Oberfinanzdirektion Bremen unterstehen:

Zollehranstalt Bremen
28195 Bremen, Haus des Reichs, Rudolf-Hilferding-Platz 1; Tel (04 21) 32 21; Fax (04 21) 3 22 24 43
Vorsteher: Dombrowski ZOAR
Zuständigkeitsbereich: Freie Hansestadt Bremen

Zollfahndungsamt Bremen
28199 Bremen, Große Sortillienstr 60; Tel (04 21) 5 09 91; Telex 24 40 31 zfagb d; Fax (04 21) 5 09 93 37
Vorsteher: Klaus Thoms ORR
Amtsbezirk: Freie Hansestadt Bremen
mit
Zweigstelle Bremerhaven
27568 Bremerhaven, Franziusstr 1 A; Tel (04 71) 9 47 62-0; Telex 23 85 82; Fax (04 71) 9 47 62 35
Amtsbezirk: Stadtgebiet Bremerhaven und stadtbremisches Überseehafengebiet Bremerhaven

Hauptzollämter

Hauptzollamt Bremen
28217 Bremen, Hans-Böckler-Str 56; Tel (04 21) 3 89 70; Telex 24 55 93; Fax (04 21) 3 89 71 16
Vorsteher: NN
Amtsbezirk: Stadtgebiet Bremen ohne stadtbremisches Überseehafengebiet Bremerhaven

Hauptzollamt Bremerhaven
27570 Bremerhaven, Kaistr 1; Tel (04 71) 92 48-0; Telex 23 88 55; Fax (04 71) 92 48-2 22
Vorsteherin: Gabriele Seber ORRätin
Amtsbezirk: Stadtgebiet Bremerhaven und stadtbremisches Überseehafengebiet Bremerhaven

Hauptzollamt für Prüfungen
28199 Bremen, Große Sortillienstr 60; Tel (04 21) 5 09 91; Fax (04 21) 5 09 93 45
Vorsteher: Ferdinand Frömming ORR
Amtsbezirk: Freie Hansestadt Bremen

2.3 Oberfinanzdirektion Chemnitz

(Landesfinanzverwaltung in der Teilausgabe „Freistaat Sachsen")
09111 Chemnitz, Brückenstr 10; Tel (03 71) 4 57-0; Telex 32 27 97; Fax (03 71) 4 57-22 34

Oberfinanzpräsident: Klaus Staschik
Präsidialbüro: Uwe Henkel RR z A
Amtsbezirk: Freistaat Sachsen

Zoll- und Verbrauchsteuerabteilung
01099 Dresden, Carusufer 3-5; Tel (03 51) 80 04-0; Telex 32 91 70; Fax (03 51) 80 04-3 31
Leiter: Henning Erbe FinPräs

Gruppe Z 1
Leiter: Harrybert Baumann LtdRDir

Ref Z 11: **Organisations- und Verwaltungsangelegenheiten (ohne Grenzaufsichtsdienst), Aufbau- und Ablauforganisation; Personalbedarf, Dienstpostenbewertung, Informationstechnik (IT), Datenschutz; Geheimschutz, Presse und Öffentlichkeitsarbeit** Baumann LtdRDir
Ref Z 12: **Organisations- und Verwaltungsangelegenheiten des Grenzaufsichtsdienstes, Kraftfahrzeuge, Zollboote, Funk- und Fernschreibbetrieb; Zollfahndung, Geheimschutz** Hinz RR
Ref Z 13: **Haushalts-, Kassen- und Rechnungswesen, Beschaffungswesen, Beauftragter für den Haushalt** Schlüter ZOAR
Ref Z 14: **Baumaßnahmen der Zollverwaltung, Zollliegenschaften, Grunderwerb; Arbeitssicherheit** Dirksen RDir

Dem Leiter der Zoll- und Verbrauchsteuerabteilung unterstellt:

Vorprüfungsstelle (Bund) Majewski ZOAR
Gruppe Z 2
Leiter: Ekkehard Schmidl RDir

Ref Z 21: **Grundsatzangelegenheiten des Dienst- und Personalvertretungsrechts; Personalangelegenheiten der Beamten des höheren und gehobenen Dienstes und der vergleichbaren Angestellten; Aus- und Fortbildung** Schmidl RDir
Ref Z 22: **Personalangelegenheiten der Beamten des mittleren und einfachen Dienstes sowie der Angestellten und Arbeiter, Disziplinarsachen, Dienstaufsichtsbeschwerden, Dienst- und Arbeitsunfallangelegenheiten, Schadenersatzansprüche** Lambertz RR

Ref Z 23: **Soziale Fürsorge, Beihilfe, Besoldung, Vergütung und Versorgung, Reisekosten, Trennungsgeld, Umzugskosten** Ehrmann RR z A

Gruppe Z 3
Leiter: Karl Jürgen Friedrich RDir

Ref Z 31: **Allgemeines Zollrecht, Sammelzollverfahren, Freigutverkehre, besondere Zollverkehre, Versandverfahren, Warenursprung und Präferenzen, außertarifliche Zollbefreiungen; Betriebs- und Außenprüfung, Datenschutz** Friedrich RDir

Ref Z 32: **Verbrauchsteuern, Branntweinmonopol, Zollwertrecht, Zollkostenrecht, Verbote und Beschränkungen, Einfuhrumsatzsteuer und Ausfuhrnachweise für Umsatzsteuerzwecke, Zollvordrucke** Hübner RRätin z A

Ref Z 33: **Außenwirtschaftsrecht, Außenhandelsstatistik, Marktordnungsrecht, Zolltarifrecht, Truppenzollrecht** NN

Ref Z 34: **Abgabenordnung, Steuerstrafrecht, Ordnungswidrigkeitenrecht; Finanzgerichtsordnung; Rechtsangelegenheiten; Verfahren vor ordentlichen Gerichten und Verwaltungsgerichten; Rechts- und Amtshilfe; Vollstreckung und Vollziehung** Horn RR z A

Bundesvermögensabteilung
Leiterin: Gerda Scherer AbtDirektorin

Gruppe BV 1
Leiterin: Gerda Scherer AbtDirektorin

Ref BV 11: **Personalangelegenheiten, Aus- und Fortbildung, Personaleinsatz, Planstellen- und Stellenbesetzung** Meyer ROAR (mdWdGb)

Ref BV 12: **Allgemeine Verwaltungsangelegenheiten der Bundesvermögensabteilung und der nachgeordneten Dienststellen, Organisation, Haushalt, Verwaltungsgrundvermögen im Oberfinanzbezirk, Unterbringung der Dienststellen der Bundesvermögensverwaltung, Dienstwohnungen, Dienstwohnungsvergütungen, AKG-Angelegenheiten, Öffentlichkeitsarbeit, Controlling für die Abteilung** Gintenreiter RDir

Ref BV 13: **Informationstechnik** Große-Wilde VwAngestellte

Ref BV 14: **Baufachliche Gutachten** Barthelt TVwAngestellte

Ref BV 15: **Forsteinrichtung** Böttcher FoR z A

Gruppe BV 2
Leiter: Johannes Tarnow AbtDir

Ref BV 21: **Allgemeine und Grundsatzangelegenheiten der Gruppe, Verwaltung bedingter Forderungen aus Veräußerungen, Wahrnehmung der Interessen des Bundes als Träger öffentlicher Belange** Tarnow AbtDir

Ref BV 22: **Verwaltung und Verwertung der bundeseigenen Wohnliegenschaften im OF-Bezirk, Förderung des Wohnungsbaues für Bundesbedienstete, Familiendarlehen, Verwaltung der Darlehen und Zuschüsse des Bundes, Bundeszuwendungen zur Schaffung von Unterkünften für Zivildienstleistende** Hampel VwAng

Ref BV 23: **Bundeseigene Liegenschaften (ohne Wohnliegenschaften) im Regierungsbezirk Chemnitz, Grundstücks- und Raumbeschaffung** Kraft RDir

Ref BV 24: **Bundeseigene Liegenschaften (ohne Wohnliegenschaften) in den Regierungsbezirken Dresden und Leipzig** Müller ORR

Ref BV 25: **Finanzvermögen nach Art 22 des Einigungsvertrages, Investitionsvorrangverfahren, Fiskalerbschaften der ehemaligen DDR** Schmidt RDirektorin

Gruppe BV 3
Leiter: Walter Schindler RDir

Ref BV 31: **Allgemeine und Grundsatzangelegenheiten der Gruppe, Abwicklung des Verwaltungsabkommens vom 11. August 1993 mit dem Freistaat Sachsen** Schindler RDir

Ref BV 32: **WGT-Liegenschaften im OF-Bezirk, Truppenschäden, Belegungsschäden, Wertausgleich** Breuer RR

Ref BV 33: **Beteiligung des Bundes bei Restitutionsverfahren mit Ansprüchen aus § 1 Abs 3 des Gesetzes zur Regelung offener Vermögensfragen und nach dem US-Pauschalentschädigungsabkommen, Mitwirkung in Grundsatzangelegenheiten** Dr Kreis RDir

Ref BV 34: **Feststellung von gesondertem Gebäudeeigentum in den Regierungsbezirken Chemnitz und Teil von Leipzig, Mitwirkung in Grundsatzangelegenheiten** Gruber RR

Ref BV 35: **Feststellung von gesondertem Gebäudeeigentum in den Regierungsbezirken Dresden und Teil von Leipzig** Bernardy RR

Gruppe VZ 1
Leiterin: Christine Siara LtdRDirektorin

Ref VZ 11: **Grundsatzangelegenheiten der Vermögenszuordnung, allgemeine Angelegenheiten der Gruppe, IT-Angelegenheiten** Siara LtdRDirektorin

Ref VZ 12: **Streitfälle der Vermögenszuordnung, Vermögenszuordnung nach dem Wismutgesetz, Mitwirkung in Grundsatzangelegenheiten** Schmidt RDir

Ref VZ 21: **Vermögenszuordnung im Regierungsbezirk Chemnitz, allgemeine Angelegenheiten der Vermögenszuordnungsstelle Chemnitz** Adler RRätin z A

Ref VZ 22: **Vermögenszuordnung im Regierungsbezirk Chemnitz** Elliger RRätin

Ref VZ 23: **Vermögenszuordnung im Regierungsbezirk Chemnitz** Philipps VwAng

Ref VZ 31: **Vermögenszuordnung im Regierungsbezirk Dresden, allgemeine Angelegenheiten der Vermögenszuordnungsstelle Dresden** Drohmann ORR

Ref VZ 32: **Vermögenszuordnung im Regierungsbezirk Dresden** Doleschal RR

Ref VZ 33: **Vermögenszuordnung im Regierungsbezirk Dresden** Menkel VwAngestellte

Ref VZ 34: **Vermögenszuordnung im Regierungsbezirk Dresden** Dr Althoff RR

Ref VZ 41: **Vermögenszuordnung im Regierungsbezirk Leipzig, allgemeine Angelegenheiten der Vermögenszuordnungsstelle Leipzig, Mitwirkung in der überbezirklichen Arbeitsgruppe „Nachschlagewerk"** Pronath ORR
Ref VZ 42: **Vermögenszuordnung im Regierungsbezirk Leipzig** Dr Böttcher VwAng

Der Dienst- und Fachaufsicht der Oberfinanzdirektion Chemnitz unterstehen:

Zollehranstalt Leipzig

04317 Leipzig, Täubchenweg 19; Tel (03 41) 68 27-2 59; Fax (03 41) 6 88 55 37
Vorsteher: NN

Zollfahndungsamt Dresden

01099 Dresden, Carusufer 3-5; Tel (03 51) 80 04-7 00; Telex 32 91 72; Fax (03 51) 80 04-7 07
Leiter: Horst Kanior ORR
Amtsbezirk: Freistaat Sachsen

mit

Zweigstelle Leipzig
04317 Leipzig, Täubchenweg 19; Tel (03 41) 68 27-2 59; Fax (03 41) 6 88 55 37

Zweigstelle Görlitz
02826 Görlitz, Schützenstr 7; Tel (0 35 81) 4 64-5 01; Fax (0 35 81) 4 64-5 55

Hauptzollämter

Hauptzollamt Plauen
08523 Plauen, Neundorfer Str 175, Haus 1; Tel (0 37 41) 30 50; Telex 32 18 08; Fax (0 37 41) 3 05-1 11
Vorsteher: Thomas Güßefeldt ORR
Amtsbezirk: Kreisfeie Städte Plauen und Zwickau, Landkreise Vogtlandkreis und Zwickauer Land

Hauptzollamt Pirna
01796 Pirna, Rottwerndorfer Str 45 i; Tel (0 35 01) 7 94-0; Fax (0 35 01) 7 94-2 22
Vorsteher: Siegfried Schmelich RDir
Amtsbezirk: Kreisstädte Pirna und Dippoldiswalde, Landkreise Sächsische Schweiz und Weißeritzkreis (Dippoldiswalde)

Hauptzollamt Löbau
02708 Löbau, Weststr 16; Tel (0 35 85) 86 76-0; Fax (0 35 85) 86 76-10
Vorsteher: Helmut Gülpers RDir
Amtsbezirk: Kreisfreie Stadt Görlitz, Landkreise Bautzen, Löbau-Zittau und Niederschlesischer Oberlausitzkreis

Hauptzollamt Leipzig
04317 Leipzig, Täubchenweg 19; Tel (03 41) 68 27-0; Telex 31 11 65; Fax (03 41) 68 27-4 31

Vorsteher: Michael Schwarzenberger ORR
Amtsbezirk: Kreisfeie Stadt Leipzig, Landkreise Delitzsch, Döbeln, Leipziger Land, Muldentalkreis, Torgau-Oschatz

Hauptzollamt Dresden
01099 Dresden, Stauffenbergallee 14; Tel (03 51) 81 61-0 und 81 61-1 20; Fax (03 51) 81 61-1 30
Vorsteher: Rudolf Below ORR
Amtsbezirk: Kreisfreie Stadt Dresden, Landkreise Meißen-Radebeul, Riesa-Großenhain, Westlausitz-Dresdner Land, Weißeritzkreis (Freital)

Hauptzollamt Chemnitz
09112 Chemnitz, Henriettenstr 4; Tel (03 71) 30 20 67, 30 25 07 und 30 15 64; Telex 32 29 30; Fax (03 71) 30 22 80
Vorsteher: Konrad Heinrich ORR
Amtsbezirk: Kreisfreie Stadt Chemnitz, Landkreise Annaberg, Aue-Schwarzenberg, Chemnitzer Land, Freiberg, Mittlerer Erzgebirgskreis, Mittweide und Stollberg

Hauptzollamt für Prüfungen
01099 Dresden, Carusufer 3-5; Tel (03 51) 80 04-6 57; Fax (03 51) 80 04-6 59
Vorsteher: Gerhard Miksch ORR
Amtsbezirk: Oberfinanzbezirk Chemnitz

Bundesvermögensämter

Bundesvermögensamt Chemnitz
09112 Chemnitz, Hohe Str 8; Tel (03 71) 36 81-0; Fax (03 71) 36 81 80
Vorsteher: Hartmann RR
Amtsbezirk: Regierungsbezirk Chemnitz

Bundesvermögensamt Dresden
01099 Dresden, Königsbrücker Str 117 b; Tel (03 51) 8 13 60; Fax (03 51) 81 36-2 26
Vorsteher: Grunewald RDir
Amtsbezirk: Regierungsbezirk Dresden

Bundesvermögensamt Leipzig
04107 Leipzig, Schwägrichenstr 15; Tel (03 41) 9 60 83 88, 9 60 83 89 und 9 60 39 60; Fax (03 41) 2 13 14 95
Vorsteher: Danziger RDir
Amtsbezirk: Regierungsbezirk Leipzig

Bundesforstämter

Bundesforstamt Erzgebirge
08280 Aue, Gellerstr 21;Tel (0 37 71) 2 02 80 und 2 03 82; Fax (0 37 71) 2 09 90
Vorsteher: Bruschke FoR z A (mdWdGb)
Amtsbezirk: Regierungsbezirk Chemnitz
Forstreviere: Schneeberg, Hartmannsdorf, Marienberg, Mittelschmiedeberg

Bundesforstamt Muskauer Heide
02943 Weißwasser, Straße des Friedens 20; Tel (0 35 76) 20 53 57; Fax (0 35 76) 20 53 50
Vorsteher: Röder FoR
Amtsbezirk: Regierungsbezirk Dresden
Forstreviere: Nochten, Haide, Brand, Skerbersdorf, Pechern, Klein-Pribus, Daubitz

Bundesforstamt Oberlausitz
02943 Weißwasser, Straße des Friedens 20; Tel (0 35 76) 20 53 72; Fax (0 35 76) 20 00 02
Vorsteher: Gundelach FoR z A (mdWdGb)
Amtsbezirk: Regierungsbezirk Dresden
Forstreviere: Neustadt, Lippen, Halbendorf, Dauban, Straßgräbchen

Bundesforstamt Torgau
04849 Duchwehna, Kurhutweg 1; Tel (03 42 43) 7 20 22; Fax (03 42 43) 7 20 39
Vorsteher: Martin Plessow FoR
Amtsbezirk: Regierungsbezirk Leipzig
Forstreviere: Bitterfeld, Bad Düben, Sollichau, Authausen, Weidenhain, Zeithain

2.4 Oberfinanzdirektion Cottbus

(Landesfinanzverwaltung in der Teilausgabe „Land Brandenburg")

03044 Cottbus, Am Nordrand 45; Tel (03 55) 8 65-0; Fax (03 55) 8 65-23 50 und 23 51

Oberfinanzpräsidentin: Dr Etta Schiller
Präsidialbüro/Pressesprecher: Martin Conrad ORR
Amtsbezirk: Land Brandenburg

Zoll- und Verbrauchsteuerabteilung
14480 Potsdam, Großbeerenstr 341-145; Tel (03 31) 64 61-0; Telex 15 61 59; Fax (03 31) 64 61-4 00
Leiter: Manfred Ehlert FinPräs

Gruppe Z 1 Organisation; Presseangelegenheiten; Öffentlichkeitsarbeit; Informationstechnik der Bundesabteilungen; Grenzangelegenheiten; Zollfahndung; Geheimschutz; Bau- und Liegenschaftsangelegenheiten; Kraftfahr- und Schiffsangelegenheiten; Haushalts-, Kassen- und Rechnungswesen; Arbeitsschutz und Unfallverhütung; Botendienst; Kanzlei; Schadenersatz- und betriebsärztliche Betreuungsangelegenheiten; Angelegenheiten nach dem VermG; VZOG und InVorG für die Liegenschaften der Zoll- und Verbrauchsteuer-Abteilung
Leiter: Schell RDir

Ref Z 11: Organisation; Verwaltungsangelegenheiten; Geschäftsverteilungspläne; Pressestelle Zoll; Öffentlichkeitsarbeit; Dienstauszeit; Dienstausweise; Geschäftsprüfungen; Kanzlei; Schadensersatzangelegenheiten; Botendienst; betriebsärztliche Betreuungsangelegenheiten, Informationstechnik Schell RDir

Ref Z 12: Grenz- und Fahndungsangelegenheiten; Kraftfahr- und Schiffsangelegenheiten; Funkangelegenheiten; Zollhundewesen; Arbeitsschutz und Unfallverhütung Hübers ORR

Ref Z 13: Haushalts-, Kassen- und Rechnungswesen; Beschaffungsangelegenheiten; Reise- und Umzugskosten, Interessenbekundungsverfahren Meier ORR

Ref Z 14: Bau- und Liegenschaftsangelegenheiten; Angelegenheiten nach dem VermG; VZOG und InVorG für die Liegenschaften der Zoll- und Verbrauchsteuer-Abteilung; Geheimschutz Rusch RDir

Gruppe Z 2 Personalangelegenheiten der Verwaltungsangehörigen; Besoldung, Vergütung und Löhne; Disziplinarangelegenheiten; Aus- und Fortbildung; Personalvertretungsrecht; Zentraler Sprachendienst
Leiter: NN

Ref Z 21: Grundsatzfragen des Beamtenrechts; Allgemeine und Einzelpersonalangelegenheiten des höheren und gehobenen Dienstes; Urlaubs- und Krankenangelegenheiten; Personaldatenbank; Personalregistratur; Personalvertretungsrecht; Aus- und Fortbildung; Angelegenheiten des Schwerbehindertenrechts; Dienstreisen; Frauenförderung, Wohnungsfürsorge und Koordinierung des Bedarfs; Zentraler Sprachendienst NN

Ref Z 22: Personalangelegenheiten des mittleren und des einfachen Dienstes; Dienstunfälle; Disziplinarsachen; Einstellungen Mai RDir

Ref Z 23: Personalangelegenheiten der Angestellten und Arbeiter (einschließlich der Vergütung und Entlohnung); Besoldungs- und Versorgungsangelegenheiten Bohnebuck RR

Gruppe Z 3 Zölle, Verbrauchsteuern und Branntweinmonopol, AO- und Prozeßrecht; Außenwirtschaftsrecht; Marktordnungsrecht; Verbote und Beschränkungen; Warenursprung und Präferenzen; Angelegenheiten der Prüfdienste; Vollstreckung; Prüfungen nach § 107 SGB IV; soziale Fürsorge; Datenschutz
Leiter: Grau LtdRDir

Ref Z 31: Abgabenordnung; Finanzgerichtsordnung; Gnadensachen; Straf- und Bußgeldsachen; Dienstaufsichtsbeschwerden; grenzüberschreitender Kfz-Verkehr Grau LtdRDir

Ref Z 32: Außenwirtschaftsrecht; Außenhandelsstatistik; EUSt; Versandverfahren; Zollverfahren mit wirtschaftlicher Bedeutung; Sammelzollverfahren; Schienen-, Schiffs-, Post- und Luftverkehr; Bekämpfung der illegalen Beschäftigung (BillBZ-Prüfungen); Mobile Kontrollgruppe; HZA PRÜF; Verbrauchsteuer und Branntweinmonopol; soziale Fürsorge Braunsdorf RDirektorin

Ref Z 33: Marktordnungsrecht; Allgemeines Zollrecht; Zolltarif-, Zollwert-, Zollkosten- und Truppenzollrecht; Warenursprung und Präferenzen; Nacherhebungen und Erstattungen; Völkerrechtliche Regelungen Dr Uhlig RR

Bundesvermögensabteilung
Leiter: Batzke AbtDir

Gruppe BV 1 Allgemeine Verwaltung, Organisations-, Haushalts-, Personalangelegenheiten; Informationstechnik der Bundesvermögensabteilung; Wohnungsfürsorge; baufachliche, landwirtschaftliche und forstwirtschaftliche Gutachten
Leiter: Radunski LtdRDir

Ref BV 11: Personalangelegenheiten einschließlich Rechtsstreitigkeiten; Aus- und Fortbildung Choschzik RRätin z A
Ref BV 12: Allgemeine Verwaltung, Organisationsangelegenheiten, Haushaltsangelegenheiten, Unterbringung und Verwaltung der Dienststellen, Dienstwohnungsangelegenheiten, Informationstechnik, Schriftgutbearbeitung und -verwaltung, Öffentlichkeitsarbeit Wagner RDir
Ref BV 13: Baufachliche Gutachten Witzsche VwAng
Ref BV 14: Landwirtschaftliche Gutachten Thomsen LandwOR
Ref BV 15: Forstwirtschaftliche Gutachten Reuter VwAng
Ref BV 16: Forsteinrichtungsgruppe Jüterbog beim Bundesforstamt Annaburger Heide Bethig VwAng
Ref BV 17: Forsteinrichtungsgruppe Neubrück beim Bundesforstamt Neubrück Busch FoRätin

Gruppe BV 2 Liegenschaftsverwaltung in Allgemeinsachen und Grundsatzfragen, Mietwertfestsetzung, Clearingstelle im Zusammenhang mit der Verwertung von Liegenschaften durch die TGL, Statistik zur Liegenschaftsverwaltung, Liegenschaftsbezogene EDV-Angelegenheiten, Einnahme-/Ausgabeverbund, Beteiligung an Raumordnungs- und Bauleitplanungen, Koordinierungsstelle WGT-Abkommen, Liegenschaftsverwaltung für den Bezirk des Bundesvermögensamtes Potsdam; Justitiariat
Leiter: Hummel RDir

Ref BV 21: Allgemeinsachen und Grundsatzangelegenheiten der Liegenschaftsverwaltung – soweit nicht BV 22 zuständig –, Clearingstelle im Zusammenhang mit der Verwertung von Liegenschaften durch die TGL, Statistik zur Liegenschaftsverwaltung und Überwachung von Kaufvertragsvereinbarungen, Liegenschaftsbezogene EDV-Angelegenheiten, Einnahme-/Ausgabeverbund, Beteiligung an Raumordnungsverfahren und Bauleitplanungen; Grundsatzfragen der Mietwertermittlung und Mietwertfestsetzung, Koordinierung der Baumaßnahmen des Bundes und Grundsatzangelegenheiten der RBBau, Koordinierung des Vollzugs und der finanziellen Abrechung des WGT-Abkommens Roller ORR
Ref BV 22: Grundsatzfragen der Eigentumsregelung nach dem Einigungsvertrag, Justitiariat zur Abwicklung des Volksvermögens und zur Regelung offener Vermögensfragen zum Zivil- und Bodenrecht sowie zum Grundstücksrecht Mauer , Bick ORR
Ref BV 23: Liegenschaftsverwaltung im Bereich des Bundesvermögensamtes Potsdam und zwar in der Stadt Potsdam Backes RR

Ref BV 24: Liegenschaftsverwaltung im Bereich des Bundesvermögensamtes Potsdam und zwar in der Stadt Brandenburg sowie den Kreisen Potsdam-Mittelmark und Teltow-Fläming Brockmann RRätin
Ref BV 25: Liegenschaftsverwaltung im Bereich des Bundesvermögensamtes Potsdam und zwar Havelland, Oberhavel, Ostprignitz-Ruppin und Prignitz Hering VwAngestellte
Ref BV 26: Rechtsgutachten auf Anforderung von BV 2 Ringel VwAngestellte

Gruppe BV 3 Truppenschäden, Grundstücks- und Raumbeschaffung, Wohnungsfürsorge, Förderung und Finanzierung des Darlehenswohnungsbaus, Familienheimdarlehen, Aufsicht über die Wohnungsvergabe, Angelegenheiten nach dem AKG, Fiskalerbschaften der ehemaligen DDR; Zuwendungen, grundbuchliche Löschungsbewilligungen, Bergbauzuschüsse
Leiterin: Lohmeyer LtdRDirektorin

Ref BV 31: Grundstücks- und Raumbeschaffung Lohmeyer LtdRDirektorin
Ref BV 32: Truppenschäden, Angelegenheiten nach dem AKG; Bergbauzuschüsse; Fiskalerbschaften der ehemaligen DDR; Dienstbarkeiten und Grundpfandrechte soweit nicht Liegenschaftsverwaltung zuständig Richter RRätin
Ref BV 33: Wohnungsfürsorge, Förderung und Finanzierung des Darlehenswohnungsbaues, Beschaffung von Belegungsrechten, Familienheimdarlehen, Aufsicht über die Wohnungsvergabe Scheidt VwAng
Ref BV 34: Belegungsschäden an von der WGT genutzten Drittliegenschaften einschließlich Besitzeinweisungsentschädigung und Wertausgleich Lachmann VwAng
Ref BV 35: Familienheimdarlehen Buschkühler VwAngestellte

Gruppe BV 4 Liegenschaftsverwaltung in den Bereichen der Bundesvermögensämter Cottbus und Frankfurt (Oder)
Leiter: NN

Ref BV 41: Liegenschaftsverwaltung im Bereich des Bundesvermögensamtes Cottbus und zwar in der Stadt Cottbus sowie in den Kreisen Elbe-Elster, Oberspreewald-Lausitz, Spree-Neiße und Dahme-Spreewald NN
Ref BV 42: Liegenschaftsverwaltung im Bereich des Bundesvermögensamtes Frankfurt (Oder) und zwar in den Kreisen Oder-Spree, Barnim und Uckermark Hakel RRätin
Ref BV 43: Liegenschaftsverwaltung im Bereich des Bundesvermögensamtes Frankfurt (Oder) und zwar in der Stadt Frankfurt (Oder) und im Kreis Märkisch-Oderland Lübke RDir

Der Oberfinanzpräsidentin unmittelbar unterstellt:

Vermögenszuordnungsstelle Cottbus
03044 Cottbus, Am Nordstrand 45; Tel (03 55) 8 65 26 11; Fax (03 55) 8 65-24 63

Gruppe VZ-Angelegenheiten der Vermögenszuordnung (VZOG) im Bereich der Oberfinanzdirektion Cottbus
Leiterin: Schammel RRätin z A

mit:

VZ 1 Vermögenszuordnungsstelle Frankfurt (Oder)
15236 Frankfurt (Oder), Kopernikusstr 27; Tel (03 35) 5 63-12 21 oder 12 18; Fax (03 35) 5 63-12 25
Leiter: Ludwig RRätin; Fischer RR

VZ 2 Vermögenszuordnungsstelle Potsdam
14469 Potsdam, Schlegelstr 11; Tel (03 31) 27 52 90; Fax (03 31) 29 40 09
Leiter: Rutkowski VwAng

Der Dienst- und Fachaufsicht der Oberfinanzdirektion Cottbus unterstehen:

Zollfahndungsamt Potsdam

14480 Potsdam, Großbeerenstr 341-345; Tel (03 32 03) 37-3; Fax (03 32 03) 37-4 44

Vorsteher: Schmidt ORR
Amtsbezirk: Land Brandenburg

mit

Zweigstelle Frankfurt (Oder)
15236 Frankfurt (Oder), Kopernikusstr 27; Tel (03 35) 5 63-20 46; Fax (03 35) 5 63-20 21

Zweigstelle Forst
03149 Forst, An der Bundesstraße 122; Tel (0 35 62) 9 52-0; Fax (0 35 62) 9 52-1 11

Hauptzollämter

Hauptzollamt Cottbus
03044 Cottbus, Drachhausener Str 72; Tel (03 55) 87 69-0; Fax (03 55) 87 69-1 11
Vorsteher: Stern RDir
Zuständigkeitsbereich: Kreisfreie Stadt Cottbus, vom Landkreis Dahme-Spreewald die Ämter Golßener Land, Heideblick, Lieberose, Luckau, Märkisch Heide, Staupitz, Unterspreewald, die amtsfreie Stadtverwaltung Lübben/Spreewald, Landkreis Elster-Elbe, Landkreis Oberspreewald-Lausitz, Landkreis Spree-Neiße

Hauptzollamt Frankfurt (Oder)
15230 Frankfurt (Oder), Klenksberg; Tel (03 35) 37 20; Fax (03 35) 2 41 79
Vorsteher: Dahm RDir
Zuständigkeitsbereich: Kreisfreie Stadt Frankfurt (Oder), vom Landkreis Märkisch-Oderland die Ämter Altlandsberg, Golzow, Hoppegarten, Lebus, Letschin, Märkische Schweiz, Müncheberg, Neuhardenberg, Rüdersdorf, Seelow-Land, die amtsfreien Stadtverwaltung Seelow und Strausberg, die amtsfreien Gemeindeverwaltungen Fredersdorf/Vogelsdorf, Neuenhagen bei Berlin, Petershagen/Eggersdorf, Landkreis Oder-Spree

Hauptzollamt Potsdam
14480 Potsdam, Kohlhasenbrücker Str 100; Tel (03 31) 64 61-0; Fax (03 31) 64 61-4 17
Vorsteher: Hecht ORR
Zuständigkeitsbereich: Kreisfreie Städte Potsdam und Brandenburg, vom Landkreis Dahme-Spreewald die Ämter Friedersdorf, Mittenwalde, Schenkenländchen, Schönfeld, Unteres Dahmland, die amtsfreie Stadtverwaltung Königs Wusterhausen, die amtsfreien Gemeindeverwaltungen Bestensee, Eichwalde, Schulzendorf, Wildau, Zeuthen, Landkreise Havelland, Oberhavel, Ostprignitz-Ruppin, Potsdam-Mittelmark, Prignitz und Teltow-Fläming

Hauptzollamt Schwedt
16303 Schwedt, Fabrikstr 3; Tel (0 33 32) 4 42-0; Fax (0 33 32) 4 42-1 14
Vorsteher: Tietz RDir
Zuständigkeitsbereich: Landkreis Barnim, vom Landkreis Märkisch-Oderland die Ämter Bad Freienwalde, Falkenberg-Höhe, Wriezen, Wriezen-Land, Landkreis Uckermark

Hauptzollamt für Prüfungen
14480 Potsdam, Großbeerenstr 341-345; Tel (03 31) 64 61-0; Fax (03 31) 64 61-4 00
Vorsteher: Benda ZOAR
Zuständigkeitsbereich: Oberfinanzbezirk Cottbus

Bundesvermögensämter

Bundesvermögensamt
03044 Cottbus, Heinrich-Hertz-Str 2; Tel (03 55) 87 78-0; Fax (03 55) 87 78 42
Vorsteherin: Petra Ollech ORRätin

Bundesvermögensamt
15236 Frankfurt (Oder), Kopernikusstr 28; Tel (03 35) 5 63 11 00; Fax (03 35) 5 63 11 99
Vorsteher: Christian Zens ORR

mit

Ortsverwaltung Strausberg
15344 Strausberg, Kastanienallee 40

Bundesvermögensamt
14403 Potsdam, Berliner Str 98-101; Tel (03 31) 3 70 20; Fax (03 31) 3 70 21 28
Vorsteher: Dr Wolfgang Puwalla LtdRDir

Bundesforstämter

Bundesforstamt Annaburger Heide
04895 Züllsdorf, Am Pechdamm 1; Tel (03 53 63) 2 41 und 2 42; Fax (03 53 63) 40 91 *Vorsteher:* Jürgen Reimann FoR

Bundesforstamt Brück
14822 Hackenhausen, Forsthaus; Tel (03 38 44) 4 72 und 3 72; Fax (03 38 44) 5 00 67
Vorsteher: Hans-Peter Damm FoR

Bundesforstamt Lieberose
15866 Lieberose, Cottbuser Str 30; Tel (03 36 71) 20 24; Fax (03 36 72) 20 93
Vorsteher: Wolfram Morenz FoR z A

Bundesforstamt Neubrück
15748 Klein Wasserburg, Wasserburger Str 5; Tel (03 37 65) 8 03 42; Fax (03 37 65) 8 03 43
Vorsteher: Thomas Schneider FoDir

Bundesforstamt Potsdam
14467 Potsdam, Berliner Str 98-101; Tel (03 31) 37 02-2 72; Fax (03 31) 37 02-2 71
Vorsteher: Hans-Joachim Weber FoDir

Bundesforstamt Ruppiner Heide
16816 Neuruppin, Wittstocker Allee 167; Tel (0 33 91) 50 44 88
Vorsteher: Friedrich Steinke VwAng

Bundesforstamt Niederlausitz
02943 Weißwasser, Straße des Friedens 20; Tel (0 35 76) 20 58 87; Fax (0 35 76) 20 53 38
Vorsteher: Uwe Gräbner FoR

Bundesforstamt Staakow
15868 Lieberose, Cottbuser Str 30; Tel (03 36 71) 20 80; Fax (03 36 71) 20 01
Vorsteher: NN

Bundesforstamt Strausberg
15344 Strausberg, Kastanienallee 26; Tel (0 33 41) 3 48 50; Fax (0 33 41) 2 27 70
Vorsteher: Günter Ahrens FoOR

Bundesforstamt Teltow
15741 Körbiskrug, Seestr 62-63; Tel (0 33 75) 90 02 58 und 90 02 59; Fax (0 33 75) 90 20 50
Vorsteher: Alexander Patt FoOR

Bundesforstamt Uckermark
16775 Häsen, Puschkinallee 5; Tel (03 30 84) 2 44; Fax (03 30 84) 2 45
Vorsteher: Thomas Schröder FoOR

Bundesforstamt Niederer Fläming
14913 Jüterbog, Lindenstr 1; Tel (0 33 72) 40 44 23 und 24; Fax (0 33 72) 40 44 24
Vorsteher: Jörg-Rüdiger Tilk FoOR

2.5 Oberfinanzdirektion Düsseldorf

(Landesfinanzverwaltung in der Teilausgabe „Land Nordrhein-Westfalen")
40219 Düsseldorf, Jürgensplatz 1; Tel (02 11) 82 22-0; Telex 8 58 27 67 ofd d; Teletex 2 11 44 87 OFDD; Fax (02 11) 82 22-5 28

Oberfinanzpräsident: Dr Meyer
Präsidialbüro: Fuchs SteuOAR
Amtsbezirk: Regierungsbezirk Düsseldorf

Abt Z
Leiter: NN

Gruppe Z 1

Ref Z 11: Allgemeine Organisation, Bewirtschaftung und Verteilung der Stellen, Ermittlung des Personalbedarfs, Dienstpostenbewertung, Finanzverwaltungsgesetz, Bauangelegenheiten Schwertle LtdRDir
Ref Z 12: Haushalts-, Kassen- und Rechnungswesen, Beschaffung, Reise und Umzugskosten, Trennungsgeld Walter ORR
Ref Z 13: Informationstechniken, Diagnose-, Entwicklungs- und Steuerungszentrum (DESZ) Kuhlmann RDir; Rechenzentrum der Bundesfinanzverwaltung Papendorf ZOAR
Ref Z 14: Zollfahndungswesen, Besoldung, Sicherheits- und Geheimschutzangelegenheiten, Arbeitssicherheit und Arbeitsmedizin, Behördenselbstschutz; Sammelaktei Zoll; soziale Fürsorge Krebs RDir

Gruppe Z 2

Ref Z 21: Allgemeine Personalangelegenheiten der Bundesbeamten und Einzelpersonalangelegenheiten der Beamten des gehobenen Zolldienstes und des höheren Zolldienstes Pelzl RDirektorin
Ref Z 22: Einzelpersonalangelegenheiten der Bundesbeamten des einfachen Zolldienstes und des mittleren Zolldienstes; Miet- und Dienstwohnungsangelegenheiten, Wohnungsplanung; Zurruhesetzung; Disziplinarangelegenheiten Jaeger RR z A
Ref Z 23: Einzelpersonalangelegenheiten der Angestellten und Arbeiter, Angestellten- und Tarifrecht, Einzelpersonalangelegenheiten der Beamten im Vorbereitungsdienst, Einstellung von Beamtenanwärtern, Aus- und Fortbildung; Kanzlei Wollschläger ORRätin
Ref Z 24: Versorgung, Nachversicherung Jedamzik ORR

Gruppe Z 3

Ref Z 31: Grundsatzfragen des Zoll-, Außenwirtschafts- und Verbrauchsteuerrechts, Abgabenordnung, Finanzgerichtsordnung; Betriebsprüfung Zoll; Außenprüfung- und Steueraufsicht Ansorge RDir
Ref Z 32: Zollbehandlung, Zollverfahren, Freizonen, Freilager, Zollwert, Erstattung und Nacherhebung von Eingangsabgaben; Zentralstelle Zollkontingente; Verbote und Beschränkungen Schulz-Loerbroks RDir
Ref Z 33: EG-Marktordnungsrecht; Warenursprung und Präferenzen, Zolltarif; EDV-Angelegenheiten im Zollbereich, Koordinierung im ZADAT-Verfahren, Internationaler Kraftfahrzeugverkehr, Kraftfahrzeugsteuer, Datenschutz Wellen RRätin
Ref Z 34: Überwachung des Außenwirtschaftsverkehrs und Verkehrs mit Marktordnungswaren, Auswertung der Prüfungsberichte; Bußgeld- und Strafverfahren; Inzoll, Außenhandelsstatistik Berger RRätin
Ref Z 35: Verbrauchsteuer, Branntweinmonopol, Steuerstrafrecht; Steuerliche Nebenleistungen, Zulassung von Steuerbürgern; Internationale Rechts- und Amtshilfe; Aufgaben der mobilen Kontrollgruppen Lepping-Spliesgart RRätin

Ref Z 36: **Vollstreckung, Verwertung, Niederschlagung, Schadenersatzansprüche und Zivilprozesse, Dienstunfallangelegenheiten; Mitwirkung der Zollverwaltung bei der Bekämpfung illegaler Beschäftigung** Hartmann RRätin

Bundesvermögensabteilung (Abt BV)
Siehe hierzu OFD Köln, Seite 200

Dem Leiter der Zoll- und Verbrauchsteuerabteilung unmittelbar unterstellt:

Vorprüfungsstelle (Bund)
40219 Düsseldorf, Erkrather Str 162; Tel (02 11) 7 38 35-0; Fax (02 11) 7 38 35-78
Leiter: Fischer ZOAR

Dem Oberfinanzpräsidenten unmittelbar unterstellt:

Bundeskasse Düsseldorf
40227 Düsseldorf, Fontanestr 2; Tel (02 11) 90 88-0; Fax (02 11) 90 88-4 07
Leiter: Austermann ORR

Der Dienst- und Fachaufsicht der Oberfinanzdirektion Düsseldorf unterstehen:

Zollehranstalt Düsseldorf

40233 Düsseldorf, Kettwiger Str 6; Tel (02 11) 7 38 35-0; Fax (02 11) 7 38 35-78

Vorsteher: NN

Zollfahndungsamt Düsseldorf

40233 Düsseldorf, Kettwiger Str 6; Tel (02 11) 7 38 35-0; Teletex 2 11 41 29 zofad; Fax (02 11) 7 38 35-78

Vorsteher: Köhler ORR
Amtsbezirk: Regierungsbezirk Düsseldorf

Zweigstelle Duisburg
47119 Duisburg, Ruhrorter Str 158; Tel (02 03) 8 09 19-0; Telex über 85 57 75 hzoll d; Fax (02 03) 8 09 19-99

Zweigstelle Mönchengladbach
41179 Mönchengladbach, Dahlener Heide 3; Tel (0 21 61) 59 86-00; Telex 85 25 85 zomoe d; Fax (0 21 61) 59 86-33

Hauptzollämter

Hauptzollamt Düsseldorf
40231 Düsseldorf, Am Stufstock 1-7; Tel (02 11) 21 01-0; Fax (02 11) 21 01-2 22; Telex 8 58 28 67 hza d
Vorsteher: Prill RDir
Amtsbezirk: Kreisfreie Stadt Düsseldorf, vom Kreis Mettmann die Städte Langenfeld, Hilden, Erkrath, Ratingen und Monheim

Hauptzollamt Duisburg
47058 Duisburg, Saarstr 6-8; Tel (02 03) 30 08-0; Telex 0 85 57 75 zoll duisb; Fax (02 03) 30 08-1 29
Vorsteher: Gabriel ORR
Amtsbezirk: Kreisfreie Städte Duisburg, Essen, Mühlheim (Ruhr) und Oberhausen, vom Kreis Wesel die Städte Wesel, Dinslaken und Voerde und die Gemeinden Hünxe, Schermbeck und Hamminkeln

Hauptzollamt Emmerich
46446 Emmerich, Parkring 6; Tel (0 28 22) 7 00 48; Telex 8 12 51 20 zoll d; Fax (0 28 22) 7 07 93
Vorsteher: Czemper ORR
Amtsbezirk: Kreis Kleve, vom Kreis Wesel die Stadt Xanten und die Gemeinde Sonsbeck

Hauptzollamt Krefeld
47799 Krefeld, Jungfernweg 40; Tel (0 21 51) 8 50-0; Telex 85 38 88 hzakr D; Fax (0 21 51) 8 50-1 11
Vorsteher: Mähleke ORR
Amtsbezirk: Kreisfreie Städte Krefeld und Mönchengladbach, die Kreise Neuss und Viersen, vom Kreis Wesel die Städte Rheinberg, Moers, Kamp-Lintfort und die Gemeinden Alpen und Neukirchen-Vluyn

Hauptzollamt Wuppertal
42103 Wuppertal, Zollstr 4; Tel (02 02) 45 90 93; Telex 8 59 22 36 hzaw d; Fax (02 02) 45 90 97
Vorsteher: Frind ZAR (mdWdGb)
Amtsbezirk: Kreisfreie Städte Wuppertal, Remscheid und Solingen, vom Kreis Mettmann die Städte Velbert, Heiligenhaus, Wülfrath, Mettmann und Haan

Hauptzollamt für Prüfungen
40233 Düsseldorf, Erkrather Str 343; Tel (02 11) 73 30-0; Fax (02 11) 73 30-1 90
Vorsteher: Dührhage ZOAR
Amtsbezirk: Oberfinanzbezirk Düsseldorf

2.6 Oberfinanzdirektion Erfurt

(Landesfinanzverwaltung in der Teilausgabe „Freistaat Thüringen")
99099 Erfurt, Jenaer Str 37; Tel (03 61) 5 07-0; Telex 34 11 05; Fax (03 61) 5 07-21 99

Oberfinanzpräsident: Dr Hartmut Schulz
Präsidialbüro: Runge RDir
Amtsbezirk: Land Thüringen

Zoll- und Verbrauchsteuerabteilung
Leiter: NN

Gruppe Z 1 Organisations- und Verwaltungsangelegenheiten, Personalbedarfsrechnung, Geschäftsverteilungspläne, Dienstpostenbewertung, Planstellen- und Stellenbewirtschaftung, Zollfahndung, Bau- und Liegenschaftsangelegenheiten, Hausverwaltung, Datenschutz, Informationstechnik, Personalangelegenheiten der Bundesabteilungen, Disziplinarange-

legenheiten, Aus- und Fortbildung, Besoldung und Versorgung, Soziale Fürsorge, Reisekosten, Trennungsgeld, Umzugskosten, Haushalts- und Kassenangelegenheiten, Kraftfahrzeuge
Leiter: NN

Ref Z 11: Organisations- und Verwaltungsangelegenheiten, Personalbedarfsrechnung, Geschäftsverteilungspläne, Dienstpostenbewertung, Planstellen- und Stellenbewirtschaftung, Öffentlichkeitsarbeit, Zollfahndung, Polizei- und Grenzangelegenheiten, Verschlußsachen, Bau- und Liegenschaftsangelegenheiten, Hausverwaltung, Datenschutz, Informationstechnik, Fernmeldewesen, zivile Alarmplanung Sobotzki RDir

Ref Z 12: Haushalts-, Kassen- und Rechnungswesen, Prüfungsmitteilungen des BRH, Kraftfahrzeugangelegenheiten, Arbeitssicherheit, Beschaffungswesen, VSF, Zahlstellenaufsicht über die Zahlstelle der Oberfinanzdirektion Büttner RR

Ref Z 13: Grundsatzfragen des Beamtenrechts, Einzelpersonalsachen des höheren und gehobenen Dienstes, Aus- und Fortbildung, Personalvertretungsrecht, Urlaub, Erkrankungen, Einstellungsverfahren für Nachwuchskräfte NN

Ref Z 14: Einzelpersonalsachen des mittleren und einfachen Dienstes, Arbeits- und Tarifrecht, Disziplinarsachen, Strafsachenrechtsschutz Raguse RDir

Ref Z 15: Besoldung, Versorgung, Vergütung und Entlohnung, Beihilfen, Dienstunfälle, Kindergeld, Vermögensbildung, Reisekosten, Trennungsgeld, Umzugskosten Göbel ORR

Dem Leiter der Zoll- und Verbrauchsteuerabteilung unmittelbar unterstellt:

Vorprüfungsstelle (Bund) Werner ZOAR

Gruppe Z 2 Zollrecht, Zollkostenrecht, Zolltarifrecht, Zollwertrecht, Einfuhrumsatzsteuer, Warenursprung und Präferenzen, EG-Marktorganisationen, Verbote und Beschränkungen, Verbrauchsteuern, Monopole, Außenprüfdienste Zoll, Abgabenrecht, Billigkeitsmaßnahmen, Vollstreckung und Sicherheitsleistungen, Allgemeine Rechtsangelegenheiten, Strafsachen, Bußgeld- und Gnadensachen, Außenwirtschaftsrecht, Außenhandelsstatistik
Leiter: Baier LtdRDir

Ref Z 21: Abgabenrecht, Allgemeine Rechtsangelegenheiten, Straf- und Bußgeldverfahren sowie Gnadensachen, Außenwirtschaftsrecht, Außenhandelsstatistik Baier LtdRDir

Ref Z 22: Angelegenheiten der Abgabenordnung für den Bereich der Außenprüfungsdienste Zoll, Verbrauchsteuern, Branntweinmonopol- und -steuer, Verbrauchsteuerstatistiken, Marktordnungsrecht, Weinrecht, Außenprüfungsdienste Zoll, Mitwirkung der Zollverwaltung bei Prüfungen nach dem SGB IV, mobile Kontrollgruppen NN

Ref Z 23: Allgemeines Zollrecht, Erfassung des Warenverkehrs, Zollwertrecht, Zolltarif und Abschöpfung, Truppenzollrecht, Einfuhrumsatzsteuer, Warenursprung und Präferenzen, Verbote und Beschränkungen für den Warenverkehr über die Grenze (VuB), Zollkostenordnung, Reiseverkehr Pause RR z A

Bundesvermögensabteilung
Leiterin: Doris Rottmann FinPräsidentin

Gruppe BV 1 Allgemeine Verwaltung, Organisation, Personal, Haushalt, Aus und Fortbildung, Wertermittlungen und Gutachten; Grundstücks- und Raumbeschaffung, Wohnungsfürsorge (Ermittlung des Wohnungsbedarfs, Familienheim- und Mietwohnungsbauförderung, Wohnungsvergabeaufsicht)
Leiter: Bauderer Ltd RDir

Ref BV 11: Allgemeine Verwaltungsangelegenheiten, Organisation, Personal, Haushalt, Vermögensrechnung, Aus- und Fortbildung, Öffentlichkeitsarbeit der Bundesvermögensabteilung, Presse-, Rundfunk- und Fernsehangelegenheiten in Abstimmung mit PB, Geschäftsprüfungen und Organisationsuntersuchungen Maier ORR

Ref BV 12: Wohnungsfürsorge, Ermittlung des Wohnbedarfs, Familienheim und Mietwohnungsbauförderung, Übersicht über die Wohnungsvergabe, Grundstücks und Raumbeschaffung Bauderer LtdRDir

Ref BV 13: Landwirtschaftliche Wertermittlungen und Gutachten, zugleich für den Bereich der OFD Chemnitz; Amtshilfe für das Land Thüringen Blänker LandwORätin

Ref BV 14: Forstwirtschaftliche Wertermittlungen und Gutachten, zugleich für den Bereich der OFD Chemnitz; Amtshilfe für die Freistaaten Thüringen und Sachsen Bamberger FoOR

Ref BV 15: Baufachliche Wertermittlungen und Gutachten Tantz BauR z A

Gruppe BV 2 Allgemeine Liegenschaftsverwaltung des Bundes (Erfassung, Verwaltung und Verwertung des Allgemeinen Grundvermögens einschließlich Beteiligung nach dem VZOG und VermG), Wahrnehmung des Liegenschaftsinteresses des Bundes, Geschäftsbesorgungsvertrag und Zusammenarbeit mit der Treuhandliegenschaftsgesellschaft (TLG); Betreuungsverwaltung (Rücknahme und Verwaltung ehemals sowjetisch genutzter Liegenschaften); Truppenschäden, Belegungsschäden, Allgemeines Kriegsfolgengesetz (AKG)
Leiter: Stellwag LtdRDir

Ref BV 21: Allgemeine und grundsätzliche Angelegenheiten der Liegenschaftsverwaltung des Bundes, Mitwirkung bei Modernisierungsmaßnahmen, Mietpreisbildung und Mietwertfestsetzung, Mitwirkung bei der Bewirtschaftung der Haushaltsmittel im Bereich der Liegenschaftsverwaltung, der Kosten- und Leistungsrechnung und Controlling; Festsetzung von Dienstwohnungsvergütung; Maßnahmen nach dem Mauergrundstücksgesetz Streubel RDir

Ref BV 22: Allgemeine Liegenschaftsverwaltung des Bundes (Erfassung und Verwaltung des Allgemeinen Grundvermögens, einschließlich Beteiligung nach dem VZOG und VermG) im Bereich des Bundesvermögensamtes Erfurt; Maßnahmen nach dem Mauergrundstücksgesetz nach Zuweisung Wieditz ORR

Ref BV 23: Allgemeine Liegenschaftsverwaltung des Bundes (Erfassung, Verwaltung und Verwertung des Allgemeinen Grundvermögens einschließlich Beteiligung nach dem VZOG und VermG) im Bereich der Bundesvermögensämter Erfurt – Ortsverwaltung Gera – und Suhl Stellwag LtdRDir

Ref BV 24: Allgemeine Liegenschaftsverwaltung des Bundes (Erfassung und Verwaltung des Allgemeinen Grundvermögens, einschließlich Beteiligung nach dem VZOG und VermG) im Bereich des Bundesvermögensamtes Suhl, Maßnahmen nach dem Mauergrundstücksgesetz nach Zuweisung NN

Ref BV 25: Grundsatzangelegenheiten Truppen- und Belegungsschäden, Allgemeines Kriegsfolgengesetz (AKG), Bearbeitung der Truppenschäden und Belegungsschäden, IT-Anwenderbetreuung für die Bundesvermögensabteilung Simon ORR

Gruppe BV 3 Treuhänderische Liegenschaftsverwaltung des Bundes gemäß Art 22 Abs 1 EV (einschließlich Erfassung, Antragstellung und Stellungnahme nach VZOG), Verwaltung und Verwertung, Wahrnehmung der Bundesliegenschaftsinteressen gegenüber den Ämtern zur Regelung offener Vermögensfragen, Aufgaben nach dem Investitionsvorranggesetz im gesamten Oberfinanzbezirk, Feststellung von Gebäudeeigentum

Leiter: Kraft RDir

Ref BV 31: Grundsatzfragen der Treuhandverwaltung, Treuhandverwaltung des Bundes im Bereich des Bundesvermögensamtes Erfurt – Ortsverwaltung Gera –, des Landkreises Saalfeld-Rudolstadt und des Wartburgkreises, Fiskalerbschaften des Bundes, US-Pauschal- und andere Entschädigungsabkommen, Aufgaben nach dem Investitionsvorranggesetz Zwanziger ORR

Ref BV 32: Treuhandverwaltung des Bundes im Bereich des Bundesvermögensamtes Erfurt (ohne Ortsverwaltung Gera) und des Bundesvermögensamtes Suhl (ohne Landkreis Saalfeld-Rudolstadt und Wartburgkreis) Brendgen RR

Fachlich dem Oberfinanzpräsidenten unterstellt:

Ref VZGB 11: Feststellung von Gebäudeeigentum Kraft RDir

Ref VZGB 12: Feststellung von Gebäudeeigentum Thyen RDir

Fachlich dem Oberfinanzpräsidenten unterstellt:

Gruppe VZ Vermögenszuordnung
Leiter: Hotop LtdRDir

Ref VZ 11: Allgemeine Angelegenheiten der Vermögenszuordnung (ohne Feststellung selbstständigen Gebäudeeigentums) einschließlich Informationstechnik, Fälle von besonderer politischer Bedeutung Hotop LtdRDir

Ref VZ 12: Besondere Fragen der Vermögenszuordnung, Bearbeitung schwieriger und streitiger Fälle im Bereich des Bundesvermögensamtes Erfurt (ohne Ortsverwaltung Gera) teilweise des Bundesvermögensamtes Suhl, einschließlich Prozeßvertretung, Feststellung von Gebäudeeigentum gemäß Art 233 § 8 EGBGB Albrecht ORR (mdWdGb)

Ref VZ 13: Grundsatzangelegenheiten der Vermögenszuordnung, Bearbeitung schwieriger und streitiger Fälle im Bereich der Bundesvermögensämter Erfurt – Ortsverwaltung Gera – und Suhl einschließlich Prozeßvertretung, Feststellung von Gebäudeeigentum gemäß Art 233 §8 EGBGB NN

Vermögenszuordnungsstelle Erfurt

Ref VZ 15: Bearbeitung der Anträge auf Vermögenszuordnung aus dem Bundesvermögensamtsbereich Erfurt (ohne Ortsverwaltung Gera) Fehr ORR

Ref VZ 16: Bearbeitung der Anträge auf Vermögenszuordnung aus dem Bundesvermögensamtsbereich Erfurt (ohne Ortsverwaltung Gera) und Suhl (Wartburgkreis) Stendtke ORR

Ref VZ 17: Bearbeitung der Anträge auf Vermögenszuordnung aus dem Bundesvermögensamtsbereich Erfurt (ohne Ortsverwaltung Gera) NN

Vermögenszuordnungsstelle Gera

Ref VZ 21: Bearbeitung der Anträge auf Vermögenszuordnung aus dem Bundesvermögensamtsbereich Erfurt, Ortsverwaltung Gera, und aus dem Bereich des Bundesvermögensamtes Suhl (Altkreis Rudolstadt), Feststellung von Gebäudeeigentum im Bereich der Referate VZ 21 – VZ 23 mit Ausnahme des Landkreises Weimarer Land, Aufgaben nach dem Wismut-Gesetz, Grundsatzangelegenheiten, allgemeine und IT-Angelegenheiten der Referate VZ 21 – VZ 23, Post- und Kfz-Stelle Martin ORR

Ref VZ 22: Bearbeitung der Anträge auf Vermögenszuordnung aus dem Bundesvermögensamtsbereich Erfurt, Ortsverwaltung Gera, und aus dem Bereich des Bundesvermögensamtes Suhl (Altkreis Saalfeld) Menkhaus VwAngestellte

Ref VZ 23: Bearbeitung der Anträge auf Vermögenszuordnung aus dem Bundesvermögensamtsbereich Erfurt (nur kreisfreie Stadt Weimar und Landkreis Weimarer Land) und Bundesvermögensbereich Erfurt, Ortsverwaltung Gera Füller VwAngestellte

Vermögenszuordnungsstelle Suhl

Ref VZ 31: Bearbeitung der Anträge auf Vermögenszuordnung und auf Feststellung von Gebäudeeigentum aus den Bundesvermögensamtsbereichen Suhl und Erfurt (Altkreis Arnstadt außer Crawinkel), Grundsatzangelegenheiten, allgemeine und IT Angelegenheiten des Referates VZ 31, Post- und Kfz-Stelle Mädrich ORR

Ref VZ 32: Both VwAngestellte

Der Dienst- und Fachaufsicht der Oberfinanzdirektion Erfurt unterstehen:

Zollfahndungsamt Erfurt

99099 Erfurt, Peter Vischer-Weg 18; Tel (03 61) 5 07-34 03 und 5 07-34 00; Telex 34 12 21; Fax (03 61) 5 07-34 08

Vorsteher: Busma RR
Amtsbezirk: Land Thüringen

Hauptzollämter

Hauptzollamt Erfurt
99099 Erfurt, Jenaer Str 37; Tel (03 61) 3 45 93 00; Telex 34 15 21; Fax (03 61) 3 45 93 14
Vorsteher: NN
Amtsbezirk: Kreisfreie Städte Erfurt und Weimar; Landkreise Eichsfeld, Gotha, Nordhausen, Sömmerda, Weimar-Land ohne die Gemeinde Drößnitz; vom Ilmkreis die Städte Arnstadt, Plaue, Stadtilm sowie die Gemeinden Alkersleben, Angelroda, Bittstädt, Bösleben-Wüllersleben, Dannheim, Dienstedt-Hettstedt, Dörnfeld, Dornheim, Ehrenstein, Eischleben, Elleben, Elxleben, Frankenhain, Geilsdorf, Gossel, Gösselborn, Gräfenroda, Griesheim, Großliebringen, Haarhausen, Holzhausen, Ichtershausen, Kettmannshausen, Kirchheim, Marlishausen, Nahwinden, Neuroda, Neusiß, Niederwillingen, Osthausen-Wülfershausen, Rehestädt, Reinsfeld, Rockhausen, Röhrensee, Rudisleben, Schmerfeld, Siegelbach, Singen a d Ilm, Sülzenbrücken, Traßdorf, Wipfra und Witzleben; Kyffhäuserkreis; Unstrut-Hainich-Kreis; vom Wartburgkreis die Städte Berka (Werra), Creuzburg, Eisenach, Ruhla, Treffurt sowie die Gemeinden Berka v d Hainich, Behringen, Beuernfeld, Bischofroda, Bolleroda, Buchenau, Burkardtroda, Craula, Dankmarshausen, Dippach, Ebenshausen, Eckardtshausen, Ettenhausen a d Nesse, Ettenhausen a d Suhl, Etterwinden, Fernbreitenbach, Förtha, Frankenroda, Gerstungen, Gospenroda, Großburschla, Großlupnitz, Großensee, Hallungen, Hastrungsfeld, Herda, Horschlitt, Hötzelsroda, Ifta, Kahlenberg, Kälberfeld, Kittelthal, Krauthausen, Kupfersuhl, Lauchröden, Lauterbach, Lerchenberg, Marksuhl, Mihla, Mosbach, Nazza, Neuenhof, Neustadt, Oberellen, Pfersdorf-Spichra, Reichenbach, Sallmannshausen, Sättelstädt, Scherbda, Schönau, Seebach, Stedtfeld, Stockhausen Thal, Tüngeda, Unterellen, Ütteroda, Vitzeroda, Wartha-Göringen, Wenigenlupnitz, Wolfsbehringen, Wolfsburg-Unkeroda, Wünschsuhl und Wutha-Farnroda

Hauptzollamt Gera
07548 Gera, Wiesestr 111; Tel (03 65) 73 93-0; Telex 33 14 45; Fax (03 65) 7 10 11 49
Vorsteher: Oberkalkofen ORR
Amtsbezirk: Kreisfreie Städte Gera und Jena; Landkreise Altenburger-Land, Greiz, Saalfeld-Rudolstadt ohne die Städte Gräfenthal, Oberweißbach sowie die Gemeinden Buchbach, Cursdorf, Deesbach, Gebersdorf, Großneundorf, Katzhütte, Lichte, Lichtenhain b Gräfenthal, Lichtenhain/Bergbahn, Lippelsdorf, Mellenbach-Glasbach, Meura, Meuselbach-Schwarzmühle, Piesau, Reichmannsdorf, Schmiedefeld und Unterweißbach; vom Landkreis Weimar-Land die Gemeinde Drößnitz; Saale-Holzland-Kreis; Saale-Orla-Kreis

Hauptzollamt Suhl
98527 Suhl, Neuer Friedberg 1/Haus 006; Tel (0 36 81) 8 88-0; Telex 33 88 92; Fax (0 36 81) 8 88-1 13
Vorsteher: NN
Amtsbezirk: Kreisfreie Stadt Suhl; Landkreise Hildburghausen, Schmalkalden-Meiningen, Sonneberg; vom Landkreis Saalfeld-Rudolstadt die Städte Gräfenthal, Oberweißbach sowie die Gemeinden Buchbach, Cursdorf, Deesbach, Gebersdorf, Großneundorf, Katzhütte, Lichte, Lichtenhain bei Gräfenthal, Lichtenhain/Bergbahn, Lippelsdorf, Mellenbach-Glasbach, Meura, Meuselbach-Schwarzmühle, Piesau, Reichmannsdorf, Schmiedefeld und Unterweißbach; vom Ilm-Kreis die Städte Gehren, Großbreitenbach, Ilmenau, Langewiesen sowie die Gemeinden Altenfeld, Böhlen, Bücheloh, Elgersburg, Frauenwald, Friedersdorf, Gehlberg, Geraberg, Geschwenda, Gillersdorf, Gräfinau-Angstedt, Herschdorf, Heyda, Mahnebach, Marinsroda, Möhrenbach, Neustadt am Rennsteig, Oberpörlitz, Oehrenstock, Pennewitz, Schmiedefeld am Rennsteig, Stützerbach, Wildenspring und Wümbach; vom Wartburgkreis die Städte Bad Liebenstein, Bad Salzungen, Geisa, Kaltennordheim, Stadtlengsfeld, Vacha sowie die Gemeinden Andenhausen, Barchfeld, Bermbach, Borsch, Bremen, Brunnhardtshausen, Buttlar, Dermbach, Diedorf (Rhön), Dietlas, Dönges, Dorndorf, Empfertshausen, Fischbach (Rhön), Frauensee, Gehaus, Geismar, Gerstengrund, Gumpelstadt, Immelborn, Kaltenlengsfeld, Ketten, Kieselbach, Klings, Kranlucken, Leimbach, Martinroda, Meimers, Merkers, Möhra, Motzlar, Neidhartshausen, Oberrohn, Oberzella, Oechsen, Otzbach, Pferdsdorf (Rhön), Schleid, Schweina, Spahl, Steinbach, Sünna, Tiefenort, Unterbreitzbach, Urnshausen, Völkershausen, Waldfisch, Weilar, Wenigentaft, Wiesenthal, Witzelroda, Wölfbütt, Zella und Zitters

Hauptzollamt für Prüfungen
99099 Erfurt, Jenaer Str 37; Tel (03 61) 3 45 93 00; Fax (03 61) 3 45 93 14
Vorsteher: NN
Amtsbezirk: Oberfinanzbezirk Erfurt

Bundesvermögensämter

Bundesvermögensamt
99096 Erfurt, Zeppelinstr 16; Tel (03 61) 34 82-0; Fax (03 61) 34 82-1 20
Vorsteher: Stefan Biermann ORR

Amtsbezirk: Kreisfreie Städte Erfurt, Weimar, Gera und Jena, Landkreise Altenburger Land, Eichsfeld, Gotha, Greiz, Kyffhäuserkreis, Nordhausen, Saale-Holzland-Kreis, Saale-Orla-Kreis, Sömmerda, Unstrut-Hainich-Kreis, Weimarer Land

mit Ortsverwaltung
07546 **Gera,** Comeniusstr 4; Tel (03 65) 4 37 43-0; Fax (03 65) 4 37 43-10

Bundesvermögensamt
98527 **Suhl,** Dombergweg 3; Tel (0 36 81) 2 00 02; Fax (0 36 81) 2 00 80
Vorsteher: Hermann Bogenreuther RDir
Amtsbezirk: Kreisfreie Stadt Suhl, Landkreise Hildburghausen, Ilmkreis, Saalfeld-Rudolstadt, Schmalkalden-Meiningen, Sonneberg, Wartburgkreis

Bundesforstämter

Bundesforstamt Holzland
07548 **Gera,** Wiesestr 111; Tel (03 65) 39 33 82; Fax (03 65) 7 39 33 36
Vorsteher: Heinrich Menkhaus FoOR
Amtsbezirk: Kreisfreie Städte Erfurt, Gera und Jena, Landkreise Altenburger Land, Greiz, Hildburghausen (östlich der B 4), Ilmkreis (östlich der B 4), Saale-Holzland-Kreis, Saale-Orla-Kreis, Saalfeld-Rudolstadt, Sömmerda (südlich der B 176), Sonneberg, Weimarer Land sowie Landkreis Zeitz des Landes Sachsen-Anhalt
Forstreviere: Bad Klosterlausnitz, Tautenhain, Neuärgerniß, Pöllwitz, Kalmberg, Ruppersdorf

Bundesforstamt Kyffhäuser
99706 **Sondershausen,** Martin-Andersen-Nexö-Str 78; Tel (0 36 32) 5 84 59; Fax (0 36 32) 60 19 84
Vorsteher: Andreas Krüger FoR z A
Amtsbezirk: Landkreise Eichsfeld (nördlich der b 80), Kyffhäuserkreis, Nordhausen, Sömmerda (nördlich der B 176) sowie aus dem Land Sachsen-Anhalt die kreisfreie Stadt Halle und die Landkreise Burgenlandkreis (teilweise), Mansfelder Land (teilweise), Merseburg-Querfurt, Saalkreis, Sangerhausen, Weißenfels
Forstreviere: Badra, Buchberg, Friedrichslohra, Mutzenbrunnen, Seehausen, Sondershausen

Bundesforstamt Mühlhausen
99986 **Kammerforst,** Am Nußgarten 2; Tel (03 60 28) 3 01 06; Fax (03 60 28) 3 64 00
Vorsteher: Constantin von Waldhausen FoOR
Amtsbezirk: Landkreise Eichsfeld (südlich der B 80), Gotha (nördlich der BAB 4), Unstrut-Hainich-Kreis, Wartburgkreis (nördlich der BAB 4)
Forstreviere: Bischofroda, Kammerforst, Lauterbach, Thiemsburg und Weberstedt

Bundesforstamt Thüringer Wald
36433 **Bad Salzungen,** Am See 25; Tel (0 36 95) 62 25 33; Fax (0 36 95) 62 80 85
Vorsteher: Hubert Strauß VwAng
Amtsbezirk: Kreisfreie Stadt Suhl, Landkreise Gotha (südlich der BAB 4), Hildburghausen (westlich der B 4), Ilmkreis (westlich der BAB 4), Schmalkalden-Meiningen, Suhl, Wartburgkreis (südlich der BAB 4)
Forstreviere: Arnstadt, Gerstungen, Hildburghausen, Immelborn, Kaltenborn, Langenfeld, Ohrdruf und Suhl

2.7 Oberfinanzdirektion Frankfurt am Main

(Landesfinanzverwaltung in der Teilausgabe „Land Hessen")

60322 **Frankfurt am Main,** Adickesallee 32; Tel (0 69) 15 60-0; Fax (0 69) 1 56 01 52

Oberfinanzpräsident: Hans Peter Engelhardt
Persönlicher Referent, Referent für Öffentlichkeitsarbeit, Leiter des Präsidialbüros: Schwarzer RR
Amtsbezirk: Land Hessen

Zoll- und Verbrauchsteuerabteilung
Leiter: Hans-Jürgen Henting FinPräs

Gruppe Z I Organisation und Verwaltung, Datenschutz, Grenzangelegenheiten, Kraftfahrwesen, Funkwesen, Öffentlichkeitsarbeit, Bauangelegenheiten, Beschaffungswesen, Haushalts-, Kassen- und Rechnungswesen, IT-Angelegenheiten, Soziale Fürsorge; Rechenzentrum der Bundesfinanzverwaltung bei der Oberfinanzdirektion Frankfurt am Main (Rechenzentrum Ffm)
Leiter: Deister RDir

Ref Z I 1: **Organisations- und Verwaltungsangelegenheiten, Datenschutz** Deister RDir
Ref Z I 2: **Grenzangelegenheiten, IT-Angelegenheiten, Arbeitssicherheit, Zollfahndungsstellen, Öffentlichkeitsarbeit, Funkwesen, Kraftfahrwesen; Geheimschutz, Ziviler Alarmplan, Zollhunde, Bewaffnung, Dienstkleidung, DV-Anwenderschulung und -betreuung** NN
Ref Z I 3: **Bauangelegenheiten und Unterbringung der Zolldienststellen, Beschaffungswesen, beauftragte Stelle gemäß § 37 I Geschäftsordnung der Oberfinanzdirektionen für die Bundesabteilung, Fernsprechwesen, Soziale Fürsorge, Beihilfen, Umzugskosten, Trennungsgeld, Reisekosten (einschließlich Fürsorge-Außenstelle)** Weber RRätin
Ref Z I 4: **Haushalts-, Kassen- und Rechnungswesen, Prüfungen des BRH, Kassenaufsicht über die Bundeskasse Frankfurt am Main** Handierk-Bartsch ORRätin

Gruppe Z II Personalsachen, Aus- und Fortbildung, Personalvertretung, Wohnungsangelegenheiten, Besoldung und Versorgung
Leiter: Neßler LtdRDir

Ref Z II 1: **Personalsachen (Allgemeines, höherer Dienst und BesGr A 11 bis A 13 des gehobenen Dienstes), Personalführung, Personalvertretung** Neßler LtdRDir
Ref Z II 2: **Personalsachen (BesGr A 9 und A 10 des gehobenen Dienstes), Aus- und Fortbildung, Nach-**

wuchswerbung für den gehobenen Zolldienst, Disziplinarangelegenheiten, Urlaub, Erkrankungen Karey RDir
Ref Z II 3: Personalsachen der Beamten des mittleren und einfachen Dienstes sowie der Angestellten und Arbeiter, Wohnungsangelegenheiten, Schwerbehindertengesetz NN
Ref Z II 4: Besoldung, Vergütung, Entlohnung, Vermögensbildung, Kindergeld, Versorgung Deister ORRätin

Gruppe Z III Zollrecht, Zolltarifrecht, Zollwertrecht, Verbote und Beschränkungen, Ursprungs- und Präferenzangelegenheiten, Marktordnungsrecht und Handelsregelungen; Überwachung des Marktordnungsverkehrs; Einfuhrumsatzsteuer, Koordinierung in den DV-Verfahren ALFA und DOUANE, Ersatattung und Nacherhebung von Einfuhrabgaben; Koordinierung im Verfahren ABONDA für den OF-Bezirk Frankfurt an Main
Leiter: Braun RDir

Ref Z III 1: Zolltarifrecht (einschließlich Bearbeitung der Rechtsbehelfe gegen verbindliche Zolltarifauskünfte), Antidumpingregelungen, Zollwertrecht, Erstattung und Nacherhebung von Einfuhrabgaben, Billigkeitsmaßnahmen nach der Abgabenordnung hinsichtlich steuerlicher Nebenleistungen, die bezüglich Einfuhrabgaben entstanden sind Braun RDir
Ref Z III 2: Zollrecht, Truppenzollrecht, Verbote und Beschränkungen (VuB), Koordinierung der zollfachlichen Angelegenheiten im DV-Verfahren ALFA und DOUANE (Koordinierende Stelle ALFA und Koordinierende Stelle DOUANE), Zollverwaltungsgesetz, Zollverordnung, Zollkodex (ausgenommen Art 5-10, 12, 15, 17, 20-36, 161-162, 183, 189-200, 223, 229-232, 235-246), Zollkodex-Durchführungsverordnung Werner RDir
Ref Z III 3: Marktordnungsrecht, Einfuhrumsatzsteuer, Ursprungs- und Präferenzangelegenheiten, Koordinierung im Verfahren ABONDA für den OF-Bezirk Frankfurt am Main NN

Gruppe Z IV Verbrauchsteuern, Branntweinmonopol; Außenprüfung und Steueraufsicht, Anwendung der VO (EWG) Nr 4045/89, Mitwirkung am Umsatzsteuerkontrollverfahren; Außenwirtschaftsverkehr, KOBRA-Koordination; Überwachung des Außenwirtschaftsverkehrs; Bußgeldverfahren und Mitwirkung bei Strafverfahren aus diesen Bereichen, Abfertigungsverfahren zum Zweck der Umsatzsteuerbefreiung bei der Ausfuhr; Abgabenordnung, Strafsachenteignungsverfahren zum Zweck der Umsatzsteuerbefreiung bei der Ausfuhr; Abgabenordnung, Strafsachen, Rechtsangelegenheiten, Vollstreckungsangelegenheiten, Bekämpfung der illegalen Beschäftigung, Internationale Rechts- und Amtshilfe zwischen den Zollverwaltungen, Schadenersatzangelegenheiten
Leiter: Mattausch RDir

Ref Z IV 1: Verbrauchsteuern einschließlich Branntweinmonopol; Außenprüfung und Steueraufsicht, Anwendung der VO (EWG) Nr 4045/89, Mitwirkung am Umsatzsteuerkontrollverfahren Mattausch RDir
Ref Z IV 2: Außenwirtschaftsverkehr, KOBRA-Koordination, Überwachung des Außenwirtschaftsverkehrs; Bußgeldverfahren und Mitwirkung bei Strafverfahren aus diesen Bereichen; Abfertigungsverfahren zum Zweck der Umsatzsteuerbefreiung bei der Ausfuhr Neubauer RDir
Ref Z IV 3: Rechtsangelegenheiten, Abgabenordnung (soweit nicht Referat Z IV 1 zuständig ist und ohne Billigkeitsmaßnahmen), Vollstreckungsangelegenheiten, Bekämpfung der illegalen Beschäftigung, Strafsachen, Bußgeldsachen, Internationale Rechts- und Amtshilfe zwischen den Zollverwaltungen (ohne Suchverfahren im gemeinschaftlichen Versand), Schadenersatzangelegenheiten Schuck RR

Bundesvermögensabteilung
Leiter: Kreße FinPräs

Gruppe BV I Allgemeine Verwaltungsangelegenheiten, baufachliche, forstwirtschaftliche und landwirtschaftliche Gutachten
Leiter: Ludewig LtdRDir

Ref BV I 1: Allgemeine Verwaltungsangelegenheiten (soweit nicht BV I 2 zuständig) Mohr ORR
Ref BV I 2: Allgemeine Verwaltungsangelegenheiten (soweit nicht BV I 1 zuständig) Ludewig LtdRDir
Ref BV I 3: Baufachliche Gutachtertätigkeit Firlus TAng
Ref BV I 4: Forstwirtschaftliche Gutachtertätigkeit Zimmermann FoOR
Ref BV I 5: Landwirtschaftliche Gutachtertätigkeit Dr Müller LandwORätin

Gruppe BV II Liegenschaftsverwaltung, bewegliches Vermögen, Zivilschutzangelegenheiten, Allgemeines Kriegsfolgengesetz (§ 19), Bundesfinanzhilfen, Koordinierungsstelle Verwertung bundeseigener Liegenschaften
Leiter: Hundt RDir

Ref BV II K: Koordinierungsstelle Verwertung bundeseigener Liegenschaften Hundt RDir
Ref BV II 1 bis BV II 4: Liegenschaftsverwaltung Hundt RDir; Waldeck RDirektorin; Armbrecht ORR; Schrecker ORRätin; Dr Lenz ORR

Gruppe BV III Wohnungsbauförderung für Bundesbedienstete und Darlehensverwaltung, Grundstücks- und Raumbeschaffung des Bundes, Betreuungsverwaltung, Bundesrückerstattungsgesetz, Reparationsschädengesetz. Vertreter des Finanzinteresses, Allgemeines Kriegsfolgengesetz (ohne § 19), Bundesfinanzhilfen (ohne Straßenausbau im Verteidigungslastenbereich), Fehlsubventionierungsabgabe
Leiter: Fehling LtdRDir

Ref BV III 1: Grundsatzfragen der Betreuungsverwaltung der Altlastenproblematik und der Grundstücks- und Raumbeschaffung, Liegenschaftsaufga-

ben nach dem NATO-Truppenstatut und dem Zusatzabkommen (Betreuungsverwaltung) soweit nicht BV III 4 zuständig Fehling LtdRDir
Ref BV III 2: Grundsatzfragen der Wohnungsbauförderung und Darlehensverwaltung, Überwachung der Ausübung der Wohnungsbesetzungsrechte, Förderung der Errichtung und Modernisierung von Mietwohnungen und deren Modernisierung, besondere Maßnahmen zur Sicherung von Wohnungsbesetzungsrechten und zur Wohnungsbauförderung, Erwerb und Verwaltung von Geschäftsanteilen an Wohnungsbaugenossenschaften, Förderung von Familienheimen und Eigentumswohnungen nach den Familienheimrichtlinien des Bundes und Verwaltung der gewährten Darlehen, Verwaltung von Mietwohnungsbaudarlehen, Bundesfinanzhilfen (ohne Straßenausbau im Verteidigungslastenbereich) Heister RDir
Ref BV III 3: Erhebung von Ausgleichszahlungen für mit Wohnungsfürsorgemitteln des Bundes geförderte Wohnungen und Familienheime zum Abbau der Fehlsubventionierung und der Mietverzerrung im Wohnungswesen (sogenannte Fehlsubventionierungsabgabe) nach dem Hessischen AFWoG, Bundesrückerstattungsgesetz, Reparationsschädengesetz, Allgemeines Kriegsfolgengesetz (ohne § 19), Verwaltung von Mietwohnungsbaudarlehen und Sonderdarlehen VwAng
Ref BV III 4: Grundstücks- und Raumbeschaffung des Bundes, Liegenschaftsaufgaben nach dem NATO-Truppenstatut und dem Zusatzabkommen (Betreuungsverwaltung) – soweit nicht BV III 1 zuständig –, Wahrnehmung der Aufgaben des Vertreters des Finanzinteresses Dr Eschmann ORR

Dem Oberfinanzpräsidenten unmittelbar unterstellt:

Bundeskasse Frankfurt am Main
Leiter: Schultz ORR

Bundesamt für Äußere Restitutionen
Leiter: Fehling LtdRDir

Dem Leiter der Zoll- und Verbrauchsteuerabteilung unmittelbar unterstellt:

Vorprüfungsstelle (Bund) Sachse ZOAR

Der Dienst- und Fachaufsicht der Oberfinanzdirektion Frankfurt unterstehen:

Zollfahndungsamt Frankfurt am Main

60320 Frankfurt am Main, Hansaallee 141; Tel (0 69) 5 60 01-0; Fax (0 69) 5 60 44 41

Vorsteher: Karl Rieder RDir
Amtsbezirk: Land Hessen

– Zweigstelle Kassel –
34131 Kassel, Hasselweg 20; Tel (05 61) 30 82-2 86; Telex 9 92 229 zoll; Fax (05 61) 30 82-2 84

Zolltechnische Prüfungs- und Lehranstalt der Oberfinanzdirektion Frankfurt am Main

60327 Frankfurt am Main, Gutleutstr 185; Tel (0 69) 2 38 01-0; Fax (0 69) 2 38 01-1 00

Vorsteher: Braun RDir
Leiter der Wissenschaftlichen Abteilung: Doßmann RDir
Leiter der Zolltechnischen Abteilung: Flohrer ORR

Beschaffungsamt der Bundeszollverwaltung

63067 Offenbach, Frankfurter Str 91; Tel (0 69) 80 07 23-0; Fax (0 69) 80 07 23-80

Leiter: Karl-Heinz Krüger ORR

Hauptzollämter

Hauptzollamt Darmstadt
64293 Darmstadt, Steubenplatz 17; Tel (0 61 51) 8 59-0; Fax (0 61 51) 8 59-2 00
Vorsteher: Schmidl ORR
Amtsbezirk: Kreisfreie Stadt Darmstadt, Landkreise Bergstraße und Darmstadt-Dieburg, hessischer Odenwaldkreis, Rheingau-Taunus-Kreis ohne den Ortsteil Niedernhausen der Gemeinde Niedernhausen, Landkreis Groß-Gerau ohne den nördlich der Autobahn Köln-Nürnberg gelegenen und zum Flughafen Frankfurt am Main gehörenden Teil des Landkreises, vom Main-Taunus-Kreis die Stadt Hochheim am Main, der Stadtteil Wallau der Stadt Hofheim am Taunus und die Gemeinde Flörsheim, von der kreisfreien Stadt Frankfurt am Main der südlich der Autobahn Köln-Nürnberg gelegene Teil, vom Landkreis Offenbach die Städte Dreieich, Langen und Neu-Isenburg (ohne zum Flughafen Frankfurt gehörende Teile) und Rödermark sowie die Gemeinde Egelsbach (ohne Flugplatz Egelsbach) und der Ortsteil Nieder-Roden der Gemeinde Rodgau

Hauptzollamt Frankfurt am Main-Flughafen
60549 Frankfurt am Main, Flughafen, Postfach 75 04 63; Tel (0 69) 6 90-21 73-1; Teletex 6 99 08 98 HZA FLGH; Fax (0 69) 6 90-5 01 51
Vorsteher: Wolfgang Hix RDir
Amtsbezirk: Flughafen Frankfurt am Main (Zivil- und Militärflughafen), Flugplatz Egelsbach

Hauptzollamt Frankfurt am Main
60320 Frankfurt am Main, Hansa-Allee 141; Tel (0 69) 5 60 01-0; Fax (0 69) 5 60 01-4 70
Vorsteher: Rummel ORR
Amtsbezirk: Gebiet der kreisfreien Stadt Frankfurt am Main – ohne die Stadtteile Harheim, Niedereschbach, Nieder-Erlenbach und den Flughafen Frankfurt am Main – Kreisfreie Stadt Offenbach am Main, Main-Kinzig-Kreis; Landkreis Offenbach

185

ohne den Flughafen Frankfurt am Main und den Flugplatz Egelsbach, ohne die Städte Dreieich, Langen, Neu-Isenburg und Rödermark sowie ohne die Gemeinde Egelsbach und den Ortsteil Nieder-Roden der Gemeinde Rodgau, Landkreis Groß-Gerau ohne den südlich der Autobahn Köln-Nürnberg gelegenen Teil, Main-Taunus-Kreis ohne die Stadt Hochheim am Main, den Stadtteil Wallau der Stadt Hofheim am Taunus und die Gemeinde Flörsheim, Hochtaunuskreis ohne den Ortsteil Hasselbach der Gemeinde Weilrod, vom Rheingau-Taunus-Kreis der Ortsteil Niedernhausen der Gemeinde Niedernhausen

Hauptzollamt Fulda
36037 Fulda, Lindenstr 6 c; Tel (06 61) 83 83-0; Telex 04 98 04 zoll d; Fax (06 61) 7 04 62
Vorsteherin: Rieckmann RRätin
Amtsbezirk: Landkreise Fulda und Hersfeld-Rotenburg, vom Schwalm-Eder-Kreis die Städte Neukirchen, Schwalmstadt und Schwarzenborn sowie die Gemeinden Frielendorf, Gilserberg, Oberaula, Ottrau, Schrecksbach und Willingshausen, vom Vogelsbergkreis die Städte Herbstein, Lauterbach (Hessen), Schlitz und Ulrichstein sowie die Gemeinden Freiensteinau, Grebenhain, Lautertal (Vogelsberg) und Wartenberg

Hauptzollamt Gießen
35390 Gießen, Liebigstr 8; Tel (06 41) 7 50 11; Telex 4 82 17 17; Fax (06 41) 7 33 61
Vorsteher: Wies ORR
Amtsbezirk: Kreisfreie Stadt Kassel; Lahn-Dill-Kreis, Landkreise Gießen, Kassel, Limburg-Weilburg, Marburg-Biedenkopf, Waldeck-Frankenberg, Werra-Meißner-Kreis; vom Schwalm-Eder-Kreis die Städte Borken (Hessen), Felsberg, Fritzlar, Gudensberg, Homberg (Efze), Melsungen, Niedenstein und Spangenberg sowie die Gemeinden Bad Zwesten, Edermünde, Cuxhagen, Jesberg, Knüllwald, Körle, Malsfeld, Morschen Neuental und Wabern; vom Vogelsbergkreis die Städte Alsfeld, Grebenau, Homberg (Ohm), Kirtorf, Romrod und Schotten sowie die Gemeinden Antriftal, Feldatal, Gemünden (Felda), Mücke und Schwalmtal; der Wetteraukreis ohne die Stadt Büdingen und die Gemeinden Kefenrod und Limeshain; von der kreisfreien Stadt Frankfurt am Main die Stadtteile Harheim, Nieder-Eschbach und Nieder-Erlenbach

Hauptzollamt für Prüfungen
60433 Frankfurt am Main, Homburger Landstr 364; Tel (0 69) 9 54 29-0; Fax (0 69) 9 54 29-1 11
Vorsteher: NN
Amtsbezirk: OFD-Bezirk Frankfurt am Main

Bundesvermögensämter

Bundesvermögensamt Frankfurt am Main
60322 Frankfurt am Main, Bockenheimer Anlage 11; Tel (0 69) 1 53 00 80; Fax (0 69) 15 30 08-10
Vorsteher: Brückmann RDir
Amtsbezirk: Kreisfreie Städte Darmstadt, Frankfurt am Main, Offenbach am Main, Wiesbaden; Landkreise Bergstraße, Darmstadt-Dieburg Groß-Gerau, Hochtaunuskreis, Main-Kinzig-Kreis, Main-Taunus-Kreis, Odenwaldkreis, Offenbach, Rheingau-Taunus-Kreis

Bundesvermögensamt Kassel
34131 Kassel, Hasselweg 20; Tel (05 61) 3 08 21; Fax (05 61) 30 82-2 59
Vorsteher: Pelzer RDir
Amtsbezirk: Kreisfreie Stadt Kassel; Landkreise Fulda, Hersfeld-Rotenburg, Kassel, Schwalm-Eder-Kreis, Waldeck-Frankenberg, Werra Meißner-Kreis

Ortsverwaltung Gießen
35390 Gießen, Bahnhofstr 83; Tel (06 41) 9 75 74-0; Fax (06 41) 9 75 74-10
Leiter: Schäfer RAR
Amtsbezirk: Landkreise Gießen, Lahn-Dill-Kreis, Limburg-Weilburg, Marburg-Biedenkopf, Vogelsbergkreis, Wetteraukreis

Bundesforstämter

Bundesforstamt Schwarzenborn
36280 Oberaula, Küppelstr 6; Tel (0 66 28) 80 28/29; Fax (0 66 28) 85 29
Vorsteher: Goebel FoOR
Amtsbezirk: Truppenübungsplatz Schwarzenborn, Forstsplitterbesitz im Oberfinanzbezirk Frankfurt am Main

Bundesforstamt Wildflecken
36129 Gersfeld, Berlinerstr 40; Tel (0 66 54) 70 31; Fax (0 66 54) 86 10
Vorsteher: Rudolf FoDir
Amtsbezirk: Truppenübungsplatz Wildflecken sowie Forstsplitterbezirk im Oberfinanzbezirk Frankfurt am Main

2.8 Oberfinanzdirektion Freiburg

(Landesfinanzverwaltung in der Teilausgabe „Land Baden-Württemberg")
79082 Freiburg, Stefan-Meier-Str 76; Tel (07 61) 2 04-0; Fax (07 61) 2 04-10 11
Oberfinanzpräsident: Klaus Altehoefer
Präsidialbüro: Dr Müller RDir
Amtsbezirk: Regierungsbezirk Freiburg

Zoll- und Verbrauchsteuerabteilung
79104 Freiburg, Stefan-Meier-Str 76, Dienstgebäude: Sautierstr 32; Tel (07 61) 2 04-0; T-Onlins Telexkennung 210295 = zoll d; Fax (07 61) 2 04-21 11
Leiter: Dr Rolf von der Lieth FinPräs

Gruppe Z 1 Organisations-, Verwaltungs-, Haushalts- und Kassenangelegenheiten, Zoll-Liegenschaften, Grenze, Kraftfahrzeuge, Geheimschutz, Datenschutz, Arbeitssicherheit, Ziviler Alarmplan, Informationstechnik, Zentrale Zollzahlstellenprüfung
Leiter: Dr Jürgen Spelten AbtDir

Ref Z 11: Öffentlichkeitsarbeit, Geheimschutz, Baumaßnahmen der Zollverwaltung, Organisations- und Verwaltungsangelegenheiten, Personalbedarf, Dienstpostenbewertung, Datenschutz, Zollliegenschaften einschließlich Bauunterhaltung Dr Spelten AbtDir

Ref Z 12: Organisations- und Verwaltungsangelegenheiten des Grenzzolldienstes, Zollfahndung, Kraftfahrzeuge Arbeitssicherheit, Informationstechnik Fritz RDir

Ref Z 13: Kassen- und Rechnungswesen, Haushalt, Beschaffungswesen, Dienstwohnungsrecht, Zentrale Zollzahlstellenprüfung Bartl RR

Gruppe Z 2 Personalangelegenheiten, Aus- und Fortbildung, Besoldung und Versorgung, soziale Fürsorge, Reisekosten, Trennungsgeld, Umzugskosten
Leiter: Gerhard Hägele LtdRDir

Ref Z 21: Allgemeine Personalangelegenheiten der Bundesbeamten, Einzelpersonalangelegenheiten der Beamten des höheren und gehobenen Dienstes, Einstellung von Beamten im höheren Dienst, Disziplinarsachen, Urlaubsrecht, Dienstaufsichtsbeschwerden, Schwerbehinderten- und Personalvertretungsrecht in Personalangelegenheiten Hägele LtdRDir

Ref Z 22: Personalangelegenheiten der Beamten des mittleren und einfachen Dienstes, Aus- und Fortbildung, Einstellung von Beamtenanwärtern, Personalangelegenheiten der Angestellten und Arbeiter, Schadenersatzansprüche (§ 43 MTB II und § 38 BAT) Knecht RR

Ref Z 23: Soziale Fürsorge, Dienstunfälle, Beihilfe, Schadenersatzansprüche (§ 87 a Bundesbeamtengesetz), Regresse (§ 78 Bundesbeamtengesetz), Reisekosten, Trennungsgeld, Umzugskosten und Fahrkostenzuschuß, Wohnungsfürsorge, Besoldung, Vergütung, Entlohnung und Versorgung Rützel RDir

Gruppe Z 3 Zollrecht, Warenursprung und Präferenzen, Verbote und Beschränkungen, Verbrauchsteuern, Rechtsangelegenheiten, Außenwirtschaft, Prüfungsdienste (HZA-PRÜF, Außenprüfung), Einfuhrumsatzsteuer, EG-Marktorganisationen, Finanzgerichtsordnung, Abgabenordnung, Bekämpfung der illegalen Beschäftigung
Leiter: Dr Gronarz LtdRDir

Ref Z 31: Abgabenordnung, Bekämpfung der illegalen Beschäftigung, HZA-PRÜF, Außenprüfung, Finanzgerichtsordnung, Verbrauchsteuerangelegenheiten, Branntweinmonopol Dr Gronarz LtdRDir

Ref Z 32: Marktordnungsrecht, Außenwirtschaftsrecht, Überwachung des Außenwirtschaftsverkehrs, Außenhandelsstatistik, Verbote und Beschränkungen Dr Durić RDir

Ref Z 33: Zolltarif, Zollrecht, Einfuhrumsatzsteuer, Warenursprung und Präferenzen, Schadensersatzansprüche, Verfahren vor ordentlichen Gerichten und Verwaltungsgerichten, Rechts- und Amshilfe Volkstorf RDir

Vorprüfungsstelle (Bund) Graf ZOAR

Bundesvermögensabteilung
79098 Freiburg, Bismarckallee 18-20; Tel (07 61) 2 04-0; Fax (07 61) 2 04-24 44
Leiter: Michael Sennekamp FinPräs

Gruppe BV 1 Allgemeine Verwaltung, Organisations-, Personal- und Haushaltsangelegenheiten, Kosten- und Leistungsrechnung, Vermögensrechnung, Aus- und Fortbildung, Baumaßnahmen in Dienstgebäuden der Bundesvermögensämter, Zuwendungen des Bundes, Förderung von Mehrzweckanlagen, Erhebung der Fehlbelegungsabgabe (LAFWoG Ba-Wü, AFWoG), Allgemeines Kriegsfolgengesetz, Vertreter des Finanzinteresses, Allgemeine und grundsätzliche Angelegenheiten der Grundstücks- und Raumbeschaffung, Grunderwerb und sonstige Sicherstellungen (außer Standort Immendingen), Abwicklung freigegebener angemieteter Liegenschaften einschließlich Restwerte/Wertausgleich, Rückeignungsverfahren; Ermittlung der Restwerte und Abgeltung Belegungsschäden der US-Streitkräfte; Rechtsangelegenheiten und Prozeßführung der Gruppe BV 2; Entschädigung von Wertminderungen an Grundstücken in der Nachbarschaft von Militärflughäfen, Direktbeschaffungen der ausländischen Streitkräfte einschließlich Prozeßführung, Wohnungsfürsorge des Bundes, Förderung des Wohnungsbaues für Bundesbedienstete, Mitwirkung bei der Modernisierung von Bundesdarlehnswohnungen, Darlehen des Bundes, Darlehensverwaltung, baufachliche, landwirtschaftliche und forstwirtschaftliche Wertermittlungen und Gutachten
Leiter: Hanns-Friedrich Fleischmann LtdRDir

Ref BV 11: Allgemeine Verwaltungsangelegenheiten, Organisations-, Personal- und Haushaltsangelegenheiten (ohne besondere Organisationsangelegenheiten und ohne Personalsachen des höheren Dienstes), Kosten- und Leistungsrechnung, Controlling, Vermögensrechnung, Archiv (Chronik), VS-Verkehr Gawron ROAR

Ref BV 12: Personalangelegenheiten des höheren Dienstes und Neuorganisationsangelegenheiten, Aus- und Fortbildung, Öffentlichkeitsarbeit, Verwaltung der für die Bundesvermögensabteilung angemieteten Diensträume, Unterbringung einschließlich Baumaßnahmen der Ortsdienststellen, Referent für Ausbildungsfragen; Förderung von Mehrzweckbauten, Unterbringung und die Unterbringung von Zivildienstleistenden Fleischmann LtdRDir

Ref BV 13: Erhebung der Fehlbelegungsabgabe nach dem AFWoG/LAfWoG Ba-Wü in Organleihe für das Land Baden-Württemberg und in diesem Zusammenhang Widerspruchsverfahren, Prozesse und die Einleitung von Zwangsvollstreckungsverfahren; Allgemeines Kriegsfolgengesetz, Vertreter des Finanzinteresses von Roeder RDirektorin

Ref BV 14: Allgemeine und grundsätzliche Angelegenheiten der Grundstücks- und Raumbeschaffung, Grunderwerb und sonstige Sicherstellungen (außer Standort Immendingen), Abwicklung freigegebener angemieteter Liegenschaften einschließlich Restwerte/Wertausgleich, Rückenteignungsverfahren; Ermittlung der Restwerte und Abgeltung Belegungsschäden der US-Streitkräfte; Rechtsangelegenheiten und Prozeßführung der Gruppe BV 2; Entschädigung von Wertminderungen an Grundstücken in der Nachbarschaft von Militärflughäfen, Direktbeschaffungen der ausländischen Streitkräfte einschließlich Prozeßführung Dr Hirsch ORR

Ref BV 15: Wohnungsfürsorge des Bundes, Förderung von Mietwohnungen, Familienheimen und Eigentumswohnungen für Bundesbedienstete nach dem II WoBauG; Darlehens-und Zuschußverwaltung, Aufsicht über die Wohnungsvergabe von Lieres ORR

Gruppe BV 2 Liegenschaftsverwaltung, Betreuungsverwaltung, Verlegung von Anlagen der ausländischen Streitkräfte, Zivilschutz, Wahrnehmung der Belange des Bundes bei Bauleitplanungs- und Raumordnungsverfahren, Beschaffung von Grundstücken, Wohnungen und Räumen für die Deutsch-Französische Brigade in Immendingen, Restwertverfahren, Abgeltung von Belegungsschäden, Verwaltung und Verwertung von Konversionsliegenschaften
Leiter: Föge AbtDir

Ref BV 21: Allgemeine und grundsätzliche Angelegenheiten der Liegenschafts- und Betreuungsverwaltung, Koordinierungsstelle Konversion, Mietwertfestsetzungsverfahren, Angelegenheiten der Raumordnung und Bauleitplanung sowie Gebäudeversicherung für alle Bundesvermögensämter Föge AbtDir

Ref BV 22: Liegenschaftsverwaltung und Betreuungsverwaltung im Bezirk der Bundesvermögensämter Freiburg (ohne Ortenaukreis) und Karlsruhe (ohne Ortsverwaltung Baden-Baden) einschließlich Verlegung von Anlagen der ausländischen Streitkräfte, Mitwirkung bei Baumaßnahmen der ausländischen Streitkräfte, Natur- und Umweltschutz bei militärischen Liegenschaften der ausländischen Streitkräfte, Zivilschutz Kästel ORR

Ref BV 23: Verwaltung und Verwertung der Konversionsliegenschaften in den Stadtkreisen Karlsruhe und Pforzheim sowie in den Landkreisen Karlsruhe (ohne Stadt Bruchsal) und Enzkreis und Calw (ohne Stadt Nagold) Hülsmann ORRätin

Ref BV 24: Verwaltung und Verwertung der von den kanadischen (Oberfinanzbezirk Freiburg) und den französischen (nur Standort Breisach) Streitkräften zurückgegebenen bundeseigenen Konversionsliegenschaften; Beschaffung von Grundstücken, Wohnungen und Räumen für die Deutsch-Französische Brigade in Immendingen Streuber RDir

Ref BV 25: Liegenschaftsverwaltung und Betreuungsverwaltung im Bezirk der Bundesvermögensämter Karlsruhe (nur Ortsverwaltung Baden-Baden) und Freiburg (nur Ortenaukreis) einschließlich Verlegung von Anlagen der ausländischen Streitkräfte, Mitwirkung bei Baumaßnahmen der ausländischen Streitkräfte, Natur- und Umweltschutz bei militärischen Liegenschaften der ausländischen Streitkräfte, Zivilschutz, Verwaltung und Verwertung der Konversionsliegenschaften in den Landkreisen Ortenaukreis, Freudenstadt, Rastatt und Rottweil sowie dem Stadtkreis Baden-Baden und der Stadt Nagold Bergmann ORRätin

Ref BV 26: Verwaltung und Verwertung der Konversionsliegenschaften in den Landkreisen Emmendingen, Lörrach, Waldshut, Schwarzwald-Baar-Kreis, Tuttlingen, Breisgau-Hochschwarzwald (ohne Breisach), Rhein-Neckar-Kreis und Neckar-Odenwald-Kreis sowie die Städte Bruchsal, Freiburg, Heidelberg und Mannheim, Vertragscontrolling für den gesamten Oberfinanzbereich NN

Dem Oberfinanzpräsidenten unmittelbar unterstellt:

Bundeskasse Freiburg
79104 Freiburg, Stefan-Meier-Str 76, Dienstgebäude: Sautierstr 32; Tel (07 61) 2 04-0; Fax (07 61) 2 04-21 10
Leiter: Wilhelm Hauser ZOAR

Der Dienst- und Fachaufsicht der Oberfinanzdirektion Freiburg unterstehen:

Zollehranstalt der Oberfinanzdirektion Freiburg

79104 Freiburg, Rheinstr 9; Tel (07 61) 3 87 81-0; Fax (07 61) 3 87 81-33
Vorsteher: Helmut Knebel ZOAR

Zollfahndungsamt

79104 Freiburg, Stadtstr 5; Tel (07 61) 2 82 98-0; Fax (07 61) 2 82 98 50
Vorsteher: Helmut Schwenk ORR
Amtsbezirk: Regierungsbezirk Freiburg

Zollfahndungszweigstellen
77654 **Offenburg**, Goethestr 1; Tel (07 81) 93 28-0; Fax (07 81) 93 28-2 99

78315 **Radolfzell**, Kapuzinerweg 3; Tel (0 77 32) 99 48-0; Telex 79 34 13 zoll d; Fax (0 77 32) 5 74 78

Hauptzollämter

Hauptzollamt Kehl
77694 **Kehl**, Herderstr 2; Tel (0 78 51) 9 43-0; Fax (0 78 51) 9 43-1 11
Vorsteher: Rainer Busche RR
Amtsbezirk: Landkreis Breisgau-Hochschwarzwald ohne die Gemeinde Löffingen, Landkreis Emmendingen, Ortenaukreis, Stadtkreis Freiburg im Breisgau, vom Landkreis Rottweil die Gemeinden Schenkenzell und Schiltach, vom Schwarzwald-Baar-Kreis die Gemeinden Schönwald, Schonach und Triberg

Hauptzollamt Konstanz
78462 Konstanz, Emmishofer Str 20; Tel (0 75 31) 1 24-0; Fax (0 75 31) 1 24-1 09
Vorsteher: Hubert Boschert ORR
Amtsbezirk: Vom Landkreis Konstanz die Gemeinden Allensbach, Bodman-Ludwigshafen, Eigeltingen, Hohenfels, Konstanz, Mühlingen, Orsingen-Nenzingen, Radolfzell, Reichenau, Steißlingen und Stockach, vom Landkreis Tuttlingen die Gemeinden Buchheim, Emmingen-Liptingen, Neuhausen ob Eck

Hauptzollamt Lörrach
79539 Lörrach, Mozartstr 32; Tel (0 76 21) 1 70-0; Fax (0 76 21) 17 01 79
Vorsteher: Roland Bähr RDir
Amtsbezirk: Landkreis Lörrach

Hauptzollamt Singen
78224 Singen, Bahnhofstr 25; Tel (0 77 31) 82 05-0; Fax (0 77 31) 82 05-76
Vorsteher: Hans Günter Kurz RDir
Amtsbezirk: Landkreis Konstanz ohne die Gemeinden Allensbach, Bodman-Ludwigshafen, Eigeltingen, Hohenfels, Konstanz, Mühlingen, Orsingen-Nenzingen, Radolfzell, Reichenau, Steißlingen und Stockach, Schwarzwald-Baar-Kreis ohne die Gemeinden Schönwald, Schonach und Triberg und ohne die Ortsteile Epfenhofen und Fützen der Stadt Blumberg, vom Landkreis Breisgau-Hochschwarzwald die Gemeinde Löffingen, Landkreis Tuttlingen ohne die Gemeinden Buchheim, Emmingen-Liptingen und Neuhausen ob Eck, Landkreis Rottweil ohne die Gemeinden Schenkenzell und Schiltach

Hauptzollamt Waldshut
79761 Waldshut-Tiengen, Bismarckstr 6; Tel (0 77 51) 8 77-0; Fax (0 77 51) 8 77-1 30
Vorsteher: Dr Volker Olbrich RDir
Amtsbezirk: Landkreis Waldshut, vom Schwarzwald-Baar-Kreis die Ortsteile Epfenhofen und Fützen der Stadt Blumberg

Hauptzollamt für Prüfungen
79104 Freiburg, Sautierstr 32; Tel (07 61) 2 04-23 20; Fax (07 61) 2 04 21 12
Vorsteher: Johann Brey ORR
Amtsbezirk: Bezirk der Oberfinanzdirektion Freiburg

Bundesvermögensämter

Bundesvermögensamt
79104 Freiburg, Stefan-Meier-Str 70; Tel (07 61) 2 04-0; Fax (07 61) 2 04-28 03
Vorsteher: Ruzanski RDir
Amtsbezirk: Stadtkreis Freiburg im Breisgau, Landkreise Breisgau-Hochschwarzwald, Emmendingen, Konstanz, Lörrach, Ortenaukreis, Rottweil, Schwarzwald-Baar-Kreis, Tuttlingen, Waldshut

Bundesvermögensamt
76185 Karlsruhe, Moltkestr 153; Tel (07 21) 55 49 71; Fax (07 21) 55 27 26
Vorsteher: Hesse ORR (mdWdGb)
Amtsbezirk: Stadtkreise Baden-Baden, Heidelberg, Karlsruhe, Mannheim, Pforzheim, Landkreise Calw, Enzkreis, Freudenstadt, Karlsruhe, Neckar-Odenwald-Kreis, Rastatt, Rhein-Neckar-Kreis

2.9 Oberfinanzdirektion Hamburg

(Landesfinanzverwaltung in der Teilausgabe „Land Freie und Hansestadt Hamburg")
20459 Hamburg, Rödingsmarkt 2; Tel (0 40) 37 06-0; Fax (0 40) 37 06-25 47

Oberfinanzpräsident: Dr Hans de la Motte
Präsidialbüro: Scheppner SteuOAR
Amtsbezirk: Land Freie und Hansestadt Hamburg; vom Land Schleswig-Holstein die Insel Helgoland, vom Land Niedersachsen die Stadt Cuxhaven

Zoll- und Verbrauchsteuerabteilung
Leiter: Dr Alois Schikora FinPräs

Gruppe Z 1 Organisations-, Grenz- und Haushaltsangelegenheiten, Liegenschaften, Rechenzentrum
Leiter: Sturies LtdRDir

Ref Z 11: **Organisation; Liegenschafts- und Bauangelegenheiten** Sturies LtdRDir
Ref Z 12: **Angelegenheiten des GZD und des Zollfahndungsdienstes; Küstenwache, Seeaufgaben, Fischereiaufsicht; Kraftfahrzeug-, Schiffs- und Funkwesen, Arbeitssicherheit, Katastrophenschutz, Geheimschutz; Haushaltsangelegenheiten, Kassen- und Rechnungswesen** Kramer RDir
Ref Z 13: **Informationstechnik, Rechenzentrum** NN
Ref Z 14: **EG-Marktordnungen** Willwater ORR

Gruppe Z 2 Personalangelegenheiten, Besoldung und Versorgung, Disziplinarsachen, Aus- und Fortbildung, Dienstaufsichtsbeschwerden mit personellem Schwerpunkt
Leiter: NN

Ref Z 21: **Grundsatzangelegenheiten auf dem Gebiet des Beamtenrechts und des Personalvertretungsrechts; Personalangelegenheiten der Beamten des höheren und des gehobenen Dienstes ab BesGr A 12, Dienstaufsichtsbeschwerden** NN
Ref Z 22: **Personalangelegenheiten der Beamten des gehobenen Dienstes bis BesGr A 11; Aus- und Fortbildung der Beamten des einfachen, mittleren und gehobenen Dienstes sowie der Angestellten; Dienst- und Arbeitsunfallangelegenheiten** Wulf RDir
Ref Z 23: **Personalangelegenheiten der Beamten des mittleren und einfachen Dienstes, der Angestellten und Lohnempfänger; Disziplinarsachen; Einstellungsangelegenheiten des mittleren und einfachen Dienstes** Bente RDir
Ref Z 24: **Besoldung der Beamten sowie Versorgung der Beamten und der Hinterbliebenen; soziale Fürsorge, Reise- und Umzugskostenvergütungen, Trennungsgeld** Wulf RDir

Gruppe Z 3 Zollrecht, Einfuhrumsatzsteuer, VuB; Präferenzen, Zollkostenrecht, marktordnungsrechtliche Regelungen bei der Einfuhr, Vordruckwesen; Datenschutz
Leiter: Klupsch LtdRDir

Ref Z 31: Sammelzollverfahren, Zollverfahren außer Versand, Freizonen, außertarifliche Zollfreiheiten, Verbote und Beschränkungen, Vordruckwesen; Zollkostenrecht Bartels ORRätin
Ref Z 32: Allgemeines Zollrecht, Versandverfahren, Präferenzen, Warenursprung, Zollkontingente Klupsch LtdRDir
Ref Z 33: Zolltarif, Zollwert, Einfuhrumsatzsteuer, marktordnungsrechtliche Regelungen bei der Einfuhr; Datenschutz Dr Starke RDir

Gruppe Z 4 EG-Marktordnungen; Verbrauchsteuern; Rechtssachen; Außenwirtschaft; Betriebsprüfung und Steueraufsicht; Sozialgesetzbuch IV
Leiter: Schmidt LtdRDir

Ref Z 41: EG-Marktordnungen, Betriebsprüfung und Steueraufsicht Schmidt LtdRDir
Ref Z 42: Außenwirtschaftsverkehr, Verbrauchsteuern, Monopole Schaade ORR
Ref Z 43: Rechtssachen Dr Starke RDir
Ref Z 44: Überwachung des Außenwirtschaftsverkehrs und des Verkehrs mit Marktordnungswaren; Lizenzrecht; INZOLL-Verfahren Trimborn ORR

Dem Oberfinanzpräsidenten unmittelbar unterstellt:

Bundeskasse Hamburg
20457 Hamburg, Katharinenstr 3; Tel (0 40) 37 06-0; Fax (0 40) 37 06-13 02
Leiter: Dieter Menzel ZOAR

Pressestelle Zoll Lüth ORRätin

Deutsches Zollmuseum
20457 Hamburg, Alter Wandrahm 15 a-16; Tel (0 40) 3 39 76-3 86 und 3 29; Fax (0 40) 3 39 76-3 89
Leiter: Bente RDir

Dem Abteilungsleiter Zoll unmittelbar unterstellt:

Vorprüfungsstelle (Bund)
22765 Hamburg, Klopstockstr 27; Tel (0 40) 39 86 42-0; Fax (0 40) 39 86 42-10
Leiter: Plauschinat ZOAR

Der Dienst- und Fachaufsicht der Oberfinanzdirektion Hamburg unterstehen:

Zolltechnische Prüfungs- und Lehranstalt der Oberfinanzdirektion Hamburg

22523 Hamburg, Baumacker 3; Tel (0 40) 5 72 11; Fax (0 40) 5 72 13 33
Vorsteher: Klupsch LtdRDir
Leiter der Wissenschaftlichen Abteilung: Dr Soldat RDir
Leiter der Zolltechnischen Abteilung: Liebert RR

Zollfahndungsamt

22143 Hamburg, Sieker Landstr 39; Tel (0 40) 6 75 71-0; Teletex 40 34 06 = ZFA Hmb; Fax (0 40) 6 75 71-2 01

Vorsteher: Rolf Zabel ORR

Hauptzollämter

Hauptzollamt Hamburg-Freihafen
20457 Hamburg, Brooktorkai 18; Tel (0 40) 3 39 76-0; Fax (0 40) 3 39 76-4 23
Vorsteher: Urban RDir
Amtsbezirk: Bereich der Hamburger Freihäfen

Hauptzollamt Hamburg-Harburg
21073 Hamburg, Buxtehuder Str 7; Tel (0 40) 7 67 48-0; Fax (0 40) 7 67 48-1 25
Vorsteher: Holger Engemann RDir
Amtsbezirk: Der Stadtbezirk Harburg (Ortsteil 701-721), vom Stadtbezirk Hamburg-Mitte das zollinländische Gebiet des Stadtteils Waltershof (Ortsteil 138) und die Stadtteile Finkenwerder (Ortsteil 139) und Neuwerk (Ortsteil 140); vom Land Niedersachsen die Stadt Cuxhaven; vom Land Schleswig-Holstein die Insel Helgoland

Hauptzollamt Hamburg-Jonas
mit Ausfuhrerstattung
20459 Hamburg, Holzbrücke 8; Tel (0 40) 37 06-0; Fax (0 40) 37 06 14 89
Vorsteher: von Reden RDir

Hauptzollamt Hamburg-St Annen
20457 Hamburg, Teerhof 1; Tel (0 40) 3 39 76-0; Fax (0 40) 3 39 76-3 47
Vorsteher: Baden-Berthold RDirektorin
Amtsbezirk: Die Bezirke Altona, Bergedorf, Eimsbüttel und Wandbek; der Bezirk Hamburg-Nord ohne das Gebiet des Flughafens Hamburg-Fuhlsbüttel; der Bezirk Hamburg-Mitte ohne die Ortsteile 103, 104, 116 und 136, soweit im Freihafen gelegen und die Stadtteile Steinwerder, Waltershof, Finkenwerder und Insel Neuwerk

Hauptzollamt Hamburg-Waltershof
21129 Hamburg, Finkenwerder Str 4; Tel (0 40) 7 41 81-0; Fax (0 40) 7 41 81-2 22
Vorsteher: Lausen RDir
Amtsbezirk: Das Hauptzollamt Hamburg-Waltershof und die Zollämter Hamburg-Ernst-August-Schleuse, Hamburg-Südbahnhof und Hamburg-Veddel einschließlich ihrer Amtsplätze

Hauptzollamt für Prüfungen Hamburg
20457 Hamburg, Alter Wandrahm 19/20; Tel (0 40) 3 39 76-0; Fax (0 40) 3 39 76-3 48
Vorsteher: Neuwerth ORR

2.10 Oberfinanzdirektion Hannover

(Landesfinanzverwaltung in der Teilausgabe „Land Niedersachsen")
30169 Hannover, Waterloostr 5; Tel (05 11) 1 01-1; Fax (05 11) 1 01-21 11

Oberfinanzpräsident: Dr Gerhard Zeller
Amtsbezirk: Land Niedersachsen (in Zoll- und Verbrauchsteuersachen ohne die Stadt Cuxhaven)

Zoll- und Verbrauchsteuerabteilung

Gruppe Z 1 Organisation, Grenzangelegenheiten, Haushalt, Bausachen, Informationstechnik, Rechenzentrum

Ref Z 11: Organisationsangelegenheiten, Personalbedarf, Dienstpostenbewertung, Presse
Ref Z 12: Informationstechnik, Datenschutz
Ref Z 13: Grenz- und Fahndungsangelegenheiten, Rechtsangelegenheiten – ohne Personal- und Fachangelegenheiten –, Kfz, Wasserfahrzeuge, Arbeitssicherheit
Ref Z 14: Haushalts-, Kassen- und Rechnungswesen, Bauangelegenheiten

Gruppe Z 2 Personalangelegenheiten der Bundesbeamten

Ref Z 21: Allgemeine Personalangelegenheiten, Personalsachen ab A 11 aufwärts, Personalvertretungsgesetz
Ref Z 22: Einstellung und Ausbildung; Disziplinarsachen; Fremdsprachen, Frauenförderung
Ref Z 23: Personalsachen A 9g-A 10; Fortbildung
Ref Z 24: Personalsachen mittlerer/einfacher Dienst, Dienstaufsichtsbeschwerden

Gruppe Z 3 Abgabenordnung, Verbrauchsteuern und Monopole; Personalangelegenheiten der Angestellten und Arbeiter, Besoldung, Versorgung, Fürsorge

Ref Z 31: Abgabenordnung, Finanzgerichtsordnung, Vollstreckung, Straf und Bußgeldsachen, Verbrauchsteuern (ohne Mineralölabgaben), Reise- und Umzugskosten
Ref Z 32: Mineralölabgaben, Unfallfürsorge, Schadenersatzansprüche, Versorgung, Beihilfen und Unterstützungen
Ref Z 33: Personalangelegenheiten der Angestellten und Arbeiter, Besoldung, Versorgung

Gruppe Z 4 Zollrecht und Marktordnungen, Außenwirtschaftsrecht, Betriebsprüfung Zoll

Ref Z 41: Zollrecht und Zollverfahren, Betriebsprüfung und Außenprüfung
Ref Z 42: Außenwirtschaftsrecht; Buß- und Strafverfahren
Ref Z 43: EG-Marktordnungen, Rechtssachen
Ref Z 44: Zollwert, Zolltarif, Verbote und Beschränkungen, Warenursprung und Präferenzen

Dem Leiter der Zoll- und Verbrauchsteuerabteilung unmittelbar unterstellt:

Vorprüfungsstelle (Bund)

Bundesvermögensabteilung

Gruppe V 1 Allgemeine Verwaltungs- und Organisationsangelegenheiten, Personal- und Haushaltsangelegenheiten, landwirtschaftliche und bautechnische Wertermittlungen, betriebswirtschaftliche und finanztechnische Gutachten und Wertermittlungen

Ref V 11: Personalangelegenheiten der Beamten (höherer Dienst) und Mitwirkung in Presseangelegenheiten; Ausbildung und Fortbildung (höherer Dienst)
Ref V 12: Allgemeine Verwaltungs- und Organisationsangelegenheiten, Mitwirkung im Vorschlagwesen, Personalangelegenheiten der Beamten (gehobener, mittlerer Dienst), Regierungsinspektor-Anwärter, Angestellten und Arbeiter; Haushalts-, Kassen- und Rechnungsangelegenheiten, Vermögensrechnung
Ref V 13: Betriebswirtschaftliche und finanztechnische Gutachten und Wertermittlungen
Ref V 14: Landwirtschaftliche Angelegenheiten
Ref V 15: Bautechnische Angelegenheiten

Gruppe V 2 Grundstücks- und Raumbeschaffung, gemeindefreie Bezirke, Wirtschaftsbetriebe Meppen, Wasserwerk Oerbke, Rechts- und Prozeßangelegenheiten, Allgemeines Kriegsfolgengesetz, Vertreter des Finanzinteresses

Ref V 21: Grundstücks- und Raumbeschaffung: Allgemeine und Einzelsachen
Ref V 22: Grundstücks- und Raumbeschaffung, gemeindefreie Bezirke, Wirtschaftsbetriebe Meppen, Wasserwerk Oerbke
Ref V 23: Grundstücks- und Raumbeschaffung
Ref V 24: Allgemeines Kriegsfolgengesetz, Vertreter des Finanzinteresses
Ref V 25: Rechts- und Prozeßangelegenheiten

Gruppe V 3 Liegenschaften

Ref V 31: Allgemeine Angelegenheiten
Ref V 31/1: Konversionsangelegenheiten
Ref V 32: Liegenschaften, Angelegenheiten nach dem Reichsvermögensgesetz
Ref V 33: Liegenschaften, zugleich Verwaltungsamt für innere Restitutionen
Ref V 34: Liegenschaften, Mietwertfestsetzungen
Ref V 35: Liegenschaften

Gruppe V 4 Forstangelegenheiten

Ref V 41: Forstinspektion Nord
Ref V 42: Forstinspektion Nord
Ref V 43: Forstinspektion Nord
Ref V 44: Forstinspektion Nord
Ref V 45: Forsteinrichtung im Bereich der Forstinspektion Nord
Ref V 46: Standortkartierung
Ref V 47: Forstliche Wertermittlungen

Gruppe V 5 Wohnungsbauförderung des Bundes, Gewährung und Verwaltung von Mietwohnungsbau- und Familienheimdarlehen, Bundesfinanzhilfen, Fehlbelegungsabgabe

Ref V 51: Wohnungsbauförderung; Allgemeine Angelegenheiten, Wohnungsvergabe
Ref V 52: Wohnungsbaufinanzierung für Bundesbedienstete, Gewährung von Familienheimdarlehen, Verwaltung von Mietwohnungsbau- und Familienheimdarlehen, Bundesfinanzhilfen, Fehlbelegungsabgabe
Ref V 53: Verwaltung von Mietwohnungsbaudarlehen, Fehlbelegungsabgabe
Ref V 54: Fehlbelegungsabgabe

Dem Oberfinanzpräsidenten unmittelbar unterstellt:

Bundeskasse Hannover
30169 Hannover, Waterloostr 4; Tel (05 11) 1 01-1; Fax (05 11) 1 01 22 95

Der Dienst- und Fachaufsicht der Oberfinanzdirektion Hannover unterstehen:

Zollehranstalt der Oberfinanzdirektion Hannover

30169 Hannover, Waterloostr 4; Tel (05 11) 1 01-24 75; Fax (05 11) 1 01-23 03

Leiter: Horstmann ZOAR

Zollfahndungsamt

30161 Hannover, Hamburger Allee 74; Tel (05 11) 34 05-1; Teletex 5 11 85 36 zoll d; Fax (05 11) 34 05-3 18

Leiter: Kling ORR

Zollfahndungszweigstellen
26121 Oldenburg, Zeughausstr 73; Tel (04 41) 77 00 50; Telex 02 58 19; Fax (04 41) 7 70 05-48

48527 Nordhorn, Parkstr 4; Tel (0 59 21) 88 04-0; Fax (0 59 21) 88 04-11

Zollhundeschule

21354 Bleckede, Breetzer Str 33; Tel (0 58 52) 97 98-0; Fax (0 58 52) 97 98-50

Leiter: Linke ZOAR

Hauptzollämter

Hauptzollamt Braunschweig
38106 Braunschweig, Kasernenstr 17; Tel (05 31) 3 80 90; Fax (05 31) 38 09-2 00
Vorsteher: Fasterling RDir
Amtsbezirk: Kreisfreie Städte Braunschweig, Salzgitter und Wolfsburg, Landkreise Helmstedt, Peine und Wolfenbüttel, vom Landkreis Goslar die Gemeinde Liebenburg, vom Landkreis Gifhorn die Stadt Gifhorn, die Gemeinde Sassenburg sowie die Samtgemeinde Boldecker Land, Brome, Isenbüttel, Meinersen und Papenteich

Hauptzollamt Emden
26721 Emden, Ringstr 7; Tel (0 49 21) 8 26-0; Fax (0 49 21) 8 26-1 45
Vorsteher: Schlamelcher ORR
Amtsbezirk: Kreisfreie Stadt Emden, Landkreise Aurich, Leer und Wittmund, vom Landkreis Emsland die Stadt Papenburg, die Gemeinde Rhede (Ems) sowie die Samtgemeinden Dörpen, Lathen, Nordhümmling, Sögel und Werlte, das niedersächsische Küstengewässer westlich der Linie, die durch den in nördlicher Richtung verlaufenden Damm an der Hafenausfahrt Harlesiel und den Längengrad 7 Grad 49 Minuten 10 Sekunden östlicher Länge bis zur seewärtigen Grenze des Küstenmeeres gebildet wird, sowie das niedersächsische Mündungsgebiet der Ems, soweit es nicht Gebiet eines Landkreises oder einer kreisfreien Stadt ist

Hauptzollamt Göttingen
37081 Göttingen, Hagenweg 4; Tel (05 51) 6 94 30; Fax (05 51) 69 43 22
Vorsteher: Klepper ORR
Amtsbezirk: Landkreise Göttingen, Goslar (ohne die Gemeinde Liebenburg), Hameln-Pyrmont, Hildesheim, Holzminden, Northeim und Osterode

Hauptzollamt Hannover
30161 Hannover, Hamburger Allee 74; Tel (05 11) 3 40 51; Fax (05 11) 3 40 52 09
Vorsteher: Spauschus RDir
Amtsbezirk: Kreisfreie Stadt Hannover, Landkreise Hannover (ohne die Gemeinden Pattensen und Springe), Schaumburg (ohne die Gemeinde Hessisch Oldendorf) und Celle

Hauptzollamt Lüneburg
21335 Lüneburg, Lindenstr 31; Tel (0 41 31) 7 51-0; Fax (0 41 31) 7 51-2 22
Vorsteherin: Lüth ORRätin
Amtsbezirk: Landkreise Harburg, Lüchow-Dannenberg, Lüneburg, Rotenburg (Wümme), Soltau-Fallingbostel, Stade, Uelzen und Verden, vom Landkreis Cuxhaven die Stadt Hemmoor, die Samtgemeinden Am Dobrock, Börde Lamstedt, Hadeln und Sietland, vom Landkreis Gifhorn die Stadt Wittingen und die Samtgemeinden Hankensbüttel und Wesendorf

Hauptzollamt Nordhorn
48527 Nordhorn, Stadtring 4; Tel (0 59 21) 7 87-0; Fax (0 59 21) 7 87 46
Vorsteher: Dierkes RDir
Amtsbezirk: Landkreis Grafschaft Bentheim, vom Landkreis Emsland die Städte Haren (Ems), Haselünne, Lingen (Ems) und Meppen, die Gemeinden Emsbüren, Geeste, Salzbergen und Twist und die Samtgemeinden Freren, Herzlake, Lengerich und Spelle

Hauptzollamt Oldenburg (Oldenburg)
26135 Oldenburg, Friedrich-Rüder-Str 2; Tel (04 41) 2 10 25-0; Fax (04 41) 2 10 25-26
Vorsteher: Funke ORR
Amtsbezirk: Kreisfreie Städte Delmenhorst, Oldenburg und Wilhelmshaven; Landkreise Ammerland, Cloppenburg, Friesland, Oldenburg (ohne Samtgemeinde Harpstedt), Osterholz und Wesermarsch; vom Landkreis Cuxhaven die Gemeinden Langen, Loxstedt, Nordholz und Schiffdorf sowie Samtgemeinden Bederkesa, Beverstedt, Hagen und Land Wursten

Hauptzollamt Osnabrück
49074 Osnabrück, Schloßstr 23; Tel (05 41) 34 93-0; Fax (05 41) 34 93-1 99
Vorsteher: Hansen ORR
Amtsbezirk: Kreisfreie Stadt Osnabrück, Landkreise Osnabrück, Diepholz, Nienburg und Vechta; vom Landkreis Oldenburg die Samtgemeinde Harpstedt

Hauptzollamt für Prüfungen
30169 Hannover, Lavesallee 10; Tel (05 11) 1 01-1; Fax (05 11) 1 01-36 56
Vorsteher: Müller ORR
Amtsbezirk: Land Niedersachsen (ohne Stadt Cuxhaven)

Bundesvermögensämter

Bundesvermögensamt
30163 Hannover, Möckernstr 30; Tel (05 11) 67 44-0; Fax (05 11) 67 44-2 50
Vorsteher: Gottfried Wilde RDir
Amtsbezirk: Kreisfreie Städte Braunschweig, Hannover, Salzgitter, Wolfsburg, Landkreise Diepholz, Gifhorn, Göttingen, Goslar, Hameln-Pyrmont, Hannover, Helmstedt, Hildesheim, Holzminden, Nienburg, Northeim, Osterode am Harz, Peine, Schaumburg, Wolfenbüttel

Bundesvermögensamt
26121 Oldenburg, Zeughausstr 73; Tel (04 41) 7 70 05-0; Fax (04 41) 7 70 05-48
Vorsteherin: Stefanie Buchholz ORRätin
Amtsbezirk: Kreisfreie Städte Delmenhorst, Oldenburg (Oldenburg), Osnabrück, Landkreise Ammerland, Cloppenburg, Emsland, Grafschaft Bentheim, Oldenburg, Osnabrück, Vechta, Wesermarsch, Land Freie Hansestadt Bremen

Bundesvermögensamt
29614 Soltau, Freudenthalstr 10/12; Tel (0 51 91) 9 33-0; Fax (0 51 91) 9 33-2 00
Vorsteher: Hans-Jürgen Brunkhorst RDir
Amtsbezirk: Landkreise Celle, Cuxhaven, Harburg, Lüchow-Dannenberg, Lüneburg, Osterholz, Rotenburg (Wümme), Soltau-Fallingbostel, Stade, Uelzen, Verden

Bundesvermögensamt
26382 Wilhelmshaven, Adalbertstr 18; Tel (0 44 21) 48 07-0; Fax (0 44 21) 48 07-53
Vorsteher: Andreas Jürgensen RDir
Amtsbezirk: Kreisfreie Städte Emden und Wilhelmshaven; Landkreise Aurich, Friesland, Leer und Wittmund

Bundesforstämter

Bundesforstamt Lübberstedt
27729 Axstedt, Am Buchenhain 8; Tel (0 47 93) 93 14-0; Fax (0 47 93) 93 14-18
Vorsteher: Meinert Rosendahl FoOR
Amtsbezirk: Streubesitz in den Regierungsbezirken Lüneburg, Weser-Ems und in der Freien Hansestadt Bremen

Bundesforstamt Munster-Heide
29633 Munster, Kohlenbissener Str 15; Tel (0 51 92) 24 46; Fax (0 51 92) 73 32
Vorsteher: Klaus Ziemer FoDir
Amtsbezirk: Truppenübungsplatz Munster-Süd und Streubesitz im Regierungsbezirk Lüneburg

Bundesforstamt Raubkammer
29633 Munster, Breloher Str 44; Tel (0 51 92) 28 21; Fax (0 51 92) 1 87 67
Vorsteher: Werner Tünsmeyer FoDir
Amtsbezirk: Truppenübungsplatz Munster-Nord und Streubesitz im Regierungsbezirk Lüneburg

Bundesforstamt Siebensteinhäuser
29303 Lohheide, Philosophenweg 70; Tel (0 50 51) 98 84-0; Fax (0 50 51) 98 84-40
Vorsteher: Dr Kurt Menzel FoDir
Amtsbezirk: Truppenübungsplatz Bergen (Südteil) und Streubesitz im Regierungsbezirk Lüneburg

Bundesforstamt Sprakelerheide
49716 Meppen, Haselünner Str 12, Postfach 11 50; Tel (0 59 31) 93 88-0; Fax (0 59 31) 93 88-50
Vorsteher: Klaus Pfennig FoDir
Amtsbezirk: Wehrtechnische Dienststelle 91 der Bundeswehr Meppen und Streubesitz im Regierungsbezirk Weser-Ems; Kanalforsten im Regierungsbezirk Weser-Ems

Bundesforstamt Südhannover
31134 Hildesheim, Wallstr 11; Tel (0 51 21) 16 09-27; Fax (0 51 21) 16 09-26
Vorsteher: Henning Bremer FoOR
Amtsbezirk: Streubesitz in den Regierungsbezirken Braunschweig, Hannover und Lüneburg sowie Kanalforsten in den Regierungsbezirken Braunschweig und Hannover

Bundesforstamt Wense
29683 Fallingbostel; Tel (0 51 63) 3 37; Fax (0 51 63) 14 22
Vorsteher: Dr Dietmar Götze FoOR
Amtsbezirk: Truppenübungsplatz Bergen (Nordteil)

2.11 Oberfinanzdirektion Karlsruhe

(Landesfinanzverwaltung in der Teilausgabe „Land Baden-Württemberg")
76133 Karlsruhe, Moltkestr 50; Tel (07 21) 9 26-0 (Staatszentrale); Teletex 7 82 58 55 OFDKA; Fax (07 21) 9 26-20 04

Oberfinanzpräsident: Hans Dieter Grub
Präsidialbüro: Dr Lang ORRätin
Amtsbezirk: Regierungsbezirk Karlsruhe

Zoll- und Verbrauchsteuerabteilung
Leiter: Klaus Koewel FinPräs (mdWdGb)

Gruppe Z 1 Personal- und Ausbildungswesen, Haushalts-, Kassen- und Rechnungswesen, Besoldung und Versorgung, Finanzmonopole, Verbrauchsteuer, soziale Fürsorge, Beihilfen
Leiter: Port AbtDir

Ref Z 11: **Personalangelegenheiten der Bundesbeamten** Port AbtDir
Ref Z 12: **Soziale Fürsorge, Beihilfen, Besoldung, Versorgung** Schreckenberger RRätin
Ref Z 13: **Haushalts-, Kassen- und Rechnungswesen, Reise- und Umzugskosten** NN
Ref Z 14: **Finanzmonopole, Verbrauchsteuern, Personalangelegenheiten der Angestellten und Arbeiter des Bundes, Ausbildungswesen** Hautzel RDir

Gruppe Z 2 Zollrecht, Marktordnungs- und Außenwirtschaftsrecht, Kontrolle der Sozialversicherungsausweise, Abgabenordnung, Allgemeine Rechtsangelegenheiten, Außenprüfung und Steueraufsicht, Allgemeine Verwaltung, Grenzzolldienst, Zollfahndungsdienst, Bausachen, Kraftfahrzeuge, Schiffe, Funk; angegliedert: Rechenzentrum der Bundesfinanzverwaltung bei der Oberfinanzdirektion Karlsruhe (RZ), Personalbedarfsberechnungs-Untersuchungsgruppe (PUG), Koordinierende Stelle ATLAS (KoSt ATLAS)
Leiter: Dr Römisch RDir

Ref Z 21: **EG-Zollrecht, Warenursprung und Präferenzen, Erlaß von Eingangsabgaben, Rechtsangelegenheiten, Völkerrechtliche Regelungen, Abgabenordnung, Kontrolle der Sozialversicherungsausweise, Verbote und Beschränkungen im grenzüberschreitenden Warenverkehr, Außenprüfung und Steueraufsicht, Zollwertrecht, Einfuhrumsatzsteuerrecht** Dr Römisch RDir
Ref Z 22: **Informationstechnik (IT), Verfahren der Bürokommunikation, Koordinierende Stelle ATLAS (KoSt ATLAS)** Rudow ORR
Ref Z 23: **Außenwirtschaftsrecht, Marktordnungsrecht, Außenhandelsstatistik** NN
Ref Z 24: **Organisation, allgemeine Verwaltung, Grenzzolldienst, Zollfahndungsdienst, Bausachen, Kraftfahrzeuge, Schiffe, Funk, PersBB-Untersuchungsgruppe (PUG)** Pirkmayr RDir

Dem Oberfinanzpräsidenten unmittelbar unterstellt:

Bundeskasse Karlsruhe
76187 Karlsruhe, Moltkestr 150; Tel (07 21) 79 09-2 00; Fax (07 21) 75 23 15
Leiter: Kurt Schützle ZOAR

Dem Leiter der Zoll- und Verbrauchsteuerabteilung unmittelbar unterstellt:

Vorprüfungsstelle (Bund) Weber ZOAR

Der Dienst- und Fachaufsicht der Oberfinanzdirektion Karlsruhe unterstellt:

Zollehranstalt der Oberfinanzdirektion Karlsruhe

76187 Karlsruhe, Hertzstr 16 Bau 31; Tel (07 21) 75 64 22
Vorsteher: Hans Beck ZOAR (komm)

Zollfahndungsamt

76133 Karlsruhe, Moltkestr 70; Tel (07 21) 97 29-0; Telex 78 25 353; Fax (07 21) 97 29-1 01
Vorsteher: Günter Zeus ORR
Amtsbezirk: Regierungsbezirk Karlsruhe

Zollfahndungsamt Karlsruhe
– Zweigstelle Heidelberg –
69115 Heidelberg, Kurfürstenanlage 25; Tel (0 62 21) 53 06-0; Telex 46 18 03; Fax (0 62 21) 53 06-62
Amtsbezirk: Stadtkreise Heidelberg, Mannheim, Odenwaldkreis und Rhein-Neckar-Kreis

Hauptzollämter

Hauptzollamt Baden-Baden
76530 Baden-Baden, Stephanienstr 15; Tel (0 72 21) 2 47 77-79; Fax (0 72 21) 2 64 92
Vorsteher: Manfred Constantin ORR
Amtsbezirk: Stadtkreis Baden-Baden, Landkreise Rastatt und Freudenstadt

Hauptzollamt Heidelberg
69115 Heidelberg, Kurfürstenanlage 25;
Tel (0 62 21) 53 06-0; Fax (0 62 21) 53 06 87
Vorsteher: Klaus Rosner ORR
Amtsbezirk: Stadtkreis Heidelberg, Odenwaldkreis und Teile des Rhein-Neckar-Kreises

Hauptzollamt Karlsruhe
76131 Karlsruhe, Rüppurrer Str 3 a; Tel (07 21) 37 10-0; Fax (07 21) 3 71 02 38
Vorsteher: Manfred Constantin ORR (mdWdGb)
Amtsbezirk: Stadtkreise Karlsruhe, Pforzheim, Landkreise Calw, Enzkreis, Karlsruhe

Hauptzollamt Mannheim
68159 Mannheim, C 7, 5; Tel (06 21) 18 01-0; Fax (06 21) 18 01-2 33

Vorsteher: Michael Völlm ORR
Amtsbezirk: Stadtkreis Mannheim und Teile des Rhein-Neckar-Kreises

Hauptzollamt für Prüfungen
76133 Karlsruhe, Moltkestr 50; Tel (07 21) 9 26-25 45; Fax (07 21) 9 26-20 04
Vorsteher: Rolf Gaisser ORR
Amtsbezirk: Regierungsbezirk Karlsruhe

2.12 Oberfinanzdirektion Kiel

(Landesfinanzverwaltung in der Teilausgabe „Land Schleswig-Holstein")
24105 Kiel, Adolfstr 14-28; Tel (04 31) 5 95-1; Telex 29 25 20 ofd; Fax (04 31) 5 95 25 51

Oberfinanzpräsident: Harro Muuss
Amtsbezirk: Land Schleswig-Holstein; Land Freie und Hansestadt Hamburg (nur hinsichtlich der Bundesvermögensverwaltung)

Zoll- und Verbrauchsteuerabteilung
Leiter: Dr Peter von Gerlach FinPräs

Gruppe Z 1 Organisation, DV-Angelegenheiten, Datenschutz (Bund), Grenzaufsichtsdienst, Zollfahndung, Geheimschutz, Haushalts- und Rechnungswesen; Bau und Liegenschaftsangelegenheiten, Wohnungsangelegenheiten
Gruppenleiter: Manfred Budrat LtdRDir

Ref Z 11: **Organisation, Personalbedarf, Bau- und Liegenschaftsangelegenheiten, Wohnungsangelegenheiten** Budrat LtdRDir
Ref Z 12: **Organisatorische Angelegenheiten des Grenzaufsichtsdienstes und des Zollfahndungsdienstes, grenzpolizeiliche Angelegenheiten, Schiffs- und Funkwesen, Geheimschutz, Alarmplanung** Nagel RDir
Ref Z 13: **Haushalts-, Kassen- und Rechnungswesen** NN
Ref Z 14: **DV-Angelegenheiten, Datenschutz (Bund)** NN

Gruppe Z 2 Personal, Versorgung, Disziplinarsachen, Aus- und Fortbildung, Tarif- und Arbeitsrecht
Gruppenleiter: Gerhard Schulte AbtDir

Ref Z 21: **Personalangelegenheiten für Beamte des höheren Dienstes, des gehobenen Dienstes – ohne Anwärter, Inspektoren und Inspektoren z A – und Disziplinarsachen** Schulte AbtDir
Ref Z 22: **Personalsachen der Anwärter für den gehobenen Dienst, der Inspektoren und Inspektoren z A sowie Personalsachen der Beamten des mittleren Dienstes, der Angestellten und Lohnempfänger; Bewerberauswahl für den gehobenen Dienst, Schwerbehinderte; Aus- und Fortbildung** Gramsch RDir
Ref Z 23: **Versorgung der Beamten und Hinterbliebenen, Unterstützungen nach den Richtlinien der MAUK; Dienstunfälle; Bewerberauswahl für den mittleren und einfachen Dienst; Fortbildung der Beamten aller Laufbahnen, der Angestellten und Arbeiter; Personalsachen des einfachen Dienstes; Arbeitssicherheit** Nagel RDirektorin

Gruppe Z 3 Zölle und Verbrauchsteuern, Zollfragen der EG'en, Warenursprung und Präferenzen, Ein- und Ausfuhrverfahren, Außenwirtschaftsverkehr, Verkehr mit Marktordnungs-Waren, Betriebsprüfung Zoll, Abgabenordnung, Rechtssachen, Presse- und Öffentlichkeitsarbeit, Vorschlagswesen der Zollverwaltung, Besoldung, Reisekosten, soziale Fürsorge, Vollstreckung
Gruppenleiter: Bollmann LtdRDir

Ref Z 31: **Zölle, Zoll- und Freigutverkehre, Verwendung gemäß VO (EWG) 4142/87, Wertzoll, Einfuhrumsatzsteuer, Zollkostenordnung, Außenhandelsstatistik, Nachwuchswerbung, Presse- und Öffentlichkeitsarbeit, Betriebsprüfung Zoll, Überwachung des grenzüberschreitenden Verkehrs in verkehrsgewerbe-, versicherungs- und steuerrechtlicher (Umsatzsteuer, Kfz-Steuer) Hinsicht; Vorschlagswesen der Zollverwaltung** Bollmann LtdRDir
Ref Z 32: **Zollfragen der Europäischen Gemeinschaften, Abschöpfungen, Ein- und Ausfuhrverfahren, Außenwirtschaftsverkehr, Verkehr mit Marktordnungs-Waren** Franke RDirektorin
Ref Z 33: **Verbrauchsteuern, Finanzmonopole, Abgabenordnung, Billigkeitsmaßnahmen, Vollstreckung, Justitiarangelegenheiten der Zollverwaltung, Besoldung, Vergütung, Entlohnung, Vollstreckung, Reisekosten, Beihilfen** Giesecke RDir

Dem Abteilungsleiter Zoll unmittelbar unterstellt:

Vorprüfungsstelle Bund David ZOAR

Bundesvermögensabteilung
Leiterin: Hildegard Kramer FinPräsidentin (mdWdGb)

Gruppe BV 1 Allgemeine Verwaltung, Organisations-, Personal- und Haushaltsangelegenheiten, Aus- und Fortbildung, maschinen- und elektrotechnische, hoch- und tiefbautechnische, landwirtschaftliche und forstwirtschaftliche Angelegenheiten, Zivilschutz, Vertreter des Finanzinteresses, Allgemeines Kriegsfolgengesetz, Maschinenzentrale Kiel-Wik
Gruppenleiter: Dr Ernst RDir

Ref BV 11: **Allgemeine Verwaltung, Organisationsangelegenheiten, Personalangelegenheiten (Verwaltungsangestellte und Lohnempfänger), Haushalts-, Kassen- und Rechnungswesen; Maschinenzentrale Kiel-Wik** Plocn ORR
Ref BV 12: **Personalangelegenheiten (Beamte), Aus- und Fortbildung, Allgemeines Kriegsfolgengesetz, Zivilschutz, Vertreter des Finanzinteresses, Prüfungsmitteilungen** Dr Ernst RDir
Ref BV 13: **Maschinen- und elektrotechnische Angelegenheiten, Überwachung aller technischen Einrichtungen in bundeseigenen Liegenschaften** Willumeit BauOAR
Ref BV 14: **Hoch- und tiefbautechnische Angelegenheiten** Dipl-Ing Lohmann TAngestellte
Ref BV 15: **Landwirtschaftliche Angelegenheiten** Dipl-Ing agr Stöven-Trede LTA

Ref BV 16: Forstwirtschaftliche Angelegenheiten Wolters FoR z A
Ref BV 17: Forsteinrichtungsaußenreferat Plön, Forsteinrichtung in den Oberfinanzbezirken Kiel und Hamburg (Bundesforstamt Plön) Tölle FoR

Gruppe BV 2 Verwaltung der bundeseigenen Liegenschaften (AGV und VGV der Bundesvermögensverwaltung), Wahrnehmung der Interessen des Bundes in öffentlich-rechtlichen Planungsangelegenheiten, Mietwertfestsetzung für bundeseigene Wohnungen, Amtshilfen für andere Bundesdienststellen (Festsetzung der Mietwerte für Wohnungen, Ermittlung der Mietwerte für gewerblich genutzte Liegenschaften, Entbehrlichkeitsprüfungen und Verkehrswertermittlungen; Abwicklungen nach dem Reichsvermögen-Gesetz; Verwaltung des beweglichen Vermögens; Fiskalerbschaften des Bundes; vorbereitende Aufgaben im Zusammenhang mit der künftigen Verwertung bisher militärisch oder vom BGS genutzter Liegenschaften (Konversionsobjekte) sowie der Verwertung nach Zuführung in das AGV, Grundstücks- und Raumbeschaffung, Betreuungsverwaltung
Gruppenleiter: Schubert LtdRDir

Ref BV 21: Allgemeine und grundsätzliche Liegenschaftsangelegenheiten, Reichsvermögen-Gesetz, bewegliches Vermögen, Liegenschaftsverwaltung für den Bereich der Ortsverwaltung Westerland Schubert LtdRDir
Ref BV 22: Allgemeine und grundsätzliche Angelegenheiten der Erbbaurechte, Liegenschaftsverwaltung für den Bereich der Ortsverwaltung Lübeck (Stadt Lübeck und Kreise Ostholstein, Segeberg, Stormarn und Herzogtum Lauenburg) Muschol VwAngestellte
Ref BV 23: Allgemeine und grundsätzliche Angelegenheiten der Mietwertermittlung/-festsetzung, Liegenschaftsverwaltung für den Bereich des Bundesvermögensamtes Flensburg und der Ortsverwaltung Kiel, Anmietung von Dienstwohnungen, Entschädigungsforderungen wegen Lärmemissionen; Landbeschaffung, Verwaltung von Vorratsland, Betreuungsverwaltung für ausländische Streitkräfte, Beteiligung an Schutzbereichsverfahren, Amtshilfe beim Grunderwerb auf Antrag anderer Dienststellen, Anmietung von Wohnungen als Dienstwohnungen Strunk ORR
Ref BV 24: Allgemeine und grundsätzliche Angelegenheiten der Liegenschaftsverwaltung für den Bereich des Landes Freie und Hansestadt Hamburg; Liegenschaftsverwaltung für den Bereich des Bundesvermögensamtes Flensburg und der Ortsverwaltung Rinderspacher RDir

Gruppe BV 3 Wohnungsfürsorge, Finanzierung und Modernisierung von Mietwohnungen, Ankauf von Belegungsbindungen, Verwaltung von Wohnungsbaudarlehen und -zuschüssen sowie Verwaltung von sonstigen Bundesdarlehen und von Beteiligungen an Wohnungsbaugenossenschaften, Gewährung von Familienheimdarlehen und Aufwendungszuschüssen an Angehörige ziviler Bundesdienststellen, der Bundeswehr und des Bundesgrenzschutzes und deren Verwaltung; Erhebung von Ausgleichszahlungen nach dem AFWoG SH und nach dem HmbAFWoG; Finanzhilfen und Zuwendungen (BGS und Zivildienst)
Gruppenleiter: Glüsing LtdRDir

Ref BV 31: Angelegenheiten des Mietwohnungsbaues, der Modernisierung und der Wohnungsfürsorge, Haushaltsmittelbewirtschaftung, Förderung von Mietwohnungen, Bauzustandsüberwachung, Verwaltung von Familienheim- und Reichsbaudarlehen Glüsing LtdRDir
Ref BV 32: Familienheimförderung, Verwaltung der Mietwohnungsbaudarlehen und -zuschüsse sowie sonstigen Darlehen des Bundes Cohrs RDir
Ref BV 33: Gewährung von Familienheimdarlehen und Aufwendungszuschüssen, Wohnungsbedarfsermittlung, Wohnungsvergabe, Verwaltung der besonderen Wohnungsbesetzungsrechte NN
Ref BV 34: Finanzierung von Mietwohnungen und Familienheimen, Verwaltung der Wohnungsfürsorgedarlehen für Angehörige der Bundeswehr und ziviler Bundesdienststellen in Hamburg; Erhebung von Ausgleichszahlungen nach dem AFWoGSH und dem HmbAFWoG Bolick ORR
Ref BV 35: Erhebung von Ausgleichszahlungen nach dem AFWoG SH, Widerspruchs- und Klageverfahren, Einleitung dr Vollstreckung Huber ORR

Dem Oberfinanzpräsidenten unmittelbar unterstellt:

Bundeskasse Kiel
24105 Kiel, Adolfstr 14-28; Tel (04 31) 5 95-1; Fax (04 31) 5 95-25 67
Leiter: Buddig ZOAR

Der Dienst- und Fachaufsicht der Oberfinanzdirektion Kiel unterstellt:

Zollehranstalt der Oberfinanzdirektion Kiel

24103 Kiel, Auguste-Viktoria-Str 6-8; Tel (04 31) 66 39-0; Telex 29 98 46; Fax (04 31) 6 63 92 02

Vorsteher: Paul Schöttler ZOAR

Zollfahndungsamt

24143 Kiel, Feldstr 223; Tel (04 31) 33 96-0; Teletex 43 17 58; Fax (04 31) 3 07 58

Vorsteher: Gert Schönknecht ORR
Amtsbezirk: Kreisfreie Städte Kiel und Neumünster; Kreise Plön, Pinneberg, Steinburg, Dithmarschen, Rendsburg-Eckernförde, Teile der Kreise Segeberg, Schleswig und Nordfriesland

Zollfahndungszweigstellen

23566 Lübeck, Meesenring 16; Tel (04 51) 6 69 27; Telex 2 65 04; Fax (04 51) 62 55 21
Amtsbezirk: Kreisfreie Stadt Lübeck; Kreise Ostholstein, Herzogtum Lauenburg, Stormarn und Teile des Kreises Segeberg

24939 Flensburg, Waldstr 20; Tel (04 61) 50 43-0; Telex 2 28 08; Fax (04 61) 50 43-2 80
Amtsbezirk: Kreisfreie Stadt Flensburg; Kreis Flensburg-Land, Teile der Kreise Schleswig und Nordfriesland

Hauptzollämter

Hauptzollamt Flensburg
24939 Flensburg, Waldstr 20; Tel (04 61) 50 43-0; Telex 2 28 08; Fax (04 61) 50 43-1 03
Vorsteher: Hans Peter Jepsen RR
Amtsbezirk: Kreisfreie Stadt Flensburg; Kreis Schleswig-Flensburg, Teile des Kreises Nordfriesland

Hauptzollamt Itzehoe
25524 Itzehoe, Kaiserstr 14 a; Tel (0 48 21) 9 02-0; Telex 2 82 77; Fax (0 48 21) 9 02 10
Vorsteher: Jürgen Thiele ORR
Amtsbezirk: Kreise Pinneberg, Steinburg, Dithmarschen, Teile der Kreise Segeberg, Rendsburg-Eckernförde, Schleswig-Flensburg und Nordfriesland

Hauptzollamt Kiel
24103 Kiel, Auguste-Viktoria-Str 6-8; Tel (04 31) 66 39-0; Telex 29 98 46; Fax (04 31) 6 63 92 02
Vorsteher: Feilke ORR
Amtsbezirk: Kreisfreie Städte Kiel und Neumünster; Kreis Plön und Teile der Kreise Segeberg und Rendsburg-Eckernförde

Hauptzollamt Lübeck
23552 Lübeck, Untertrave 55; Tel (04 51) 7 19 51/57, 7 17 51/53; Teletex 45 14 31; Fax (04 51) 7 08 02 50
Vorsteher: Uwe Peters RDir
Amtsbezirk: Kreisfreie Stadt Lübeck; Landkreise Ostholstein, Herzogtum Lauenburg, Stormarn und Teile des Kreises Segeberg

Hauptzollamt für Prüfungen
24103 Kiel, Auguste-Viktoria-Str 6-8; Tel (04 31) 66 39-0; Fax (04 31) 6 63 92 02
Vorsteher: NN
Amtsbezirk: Oberfinanzbezirk Kiel

Bundesvermögensämter

Bundesvermögensamt
24941 Flensburg, Alter Ochsenweg 3; Tel (04 61) 9 57 23-0; Fax (04 61) 9 52 87
Vorsteher: Winfried Lang RDir
Amtsbezirk: Kreisfreie Landeshauptstadt Kiel, kreisfreie Städte Flensburg und Neumünster; Landkreise Rendsburg-Eckernförde, Plön und Schleswig-Flensburg

mit
Maschinenzentrale Kiel-Wik
24106 Kiel, Zeyestr 1; Tel (04 31) 3 05 89-0; Fax (04 31) 3 05 89 42

Aufgabenkreis:
Versorgung des Marine-Stützpunktes, der Wehrbereichsverwaltung I, der Wasser- und Schiffahrtsdirektion Nord, der Universitätsklinik (Abteilung Neuro-Chirurgie), der Christian-Albrechts-Universität (Labor des Instituts für Kernphysik), der Nordmole der Hafen- und Verkehrsbetriebe, der Petrus-Kirche, des Bundesvermögensamtes Kiel, bundeseigener Mietwohnungen und gewerblicher Mietobjekte in Kiel-Wik, Schiffsversorgung; Versorgungsgüter: Strom, Dampf, Heizung, Wasser, Warmwasser, Kesselspeisewasser
Leiter: Helmut Willumeit BauOAR

Bundesvermögensamt Hamburg/Schleswig-Holstein-Süd
20148 Hamburg, Magdalenenstr 64 c; Tel (0 40) 4 19 07-0; Fax (0 40) 44 32 19
Vorsteher: Manfred Rowold ORR
Amtsbezirk: Land Freie und Hansestadt Hamburg, Kreise Pinneberg, Steinburg und Dithmarschen sowie Hansestadt Lübeck, Kreise Ostholstein, Herzogtum Lauenburg, Segeberg und Stormarn

Bundesforstamt Plön
24306 Plön, Steinberg 1; Tel (0 45 22) 90 16 und 90 17; Fax (0 45 22) 6 01 87
Vorsteher: Martin Pogoda FoDir
Amtsbezirk: Oberfinanzbezirke Kiel und Hamburg, forstliche, jagdrechtliche und fischereirechtliche Bewirtschaftung der Liegenschaften des Bundes

2.13 Oberfinanzdirektion Koblenz

(Landesfinanzverwaltung in der Teilausgabe „Land Rheinland-Pfalz")
56073 Koblenz, Ferdinand-Sauerbruch-Str 17; Tel (02 61) 4 93-0; Fax (02 61) 4 93-11 99

Oberfinanzpräsident: Konrad Laube
Amtsbezirk: Land Rheinland-Pfalz und der Ort Losheim der Gemeinde Hellenthal (Landkreis Euskirchen, Regierungsbezirk Köln)

Präsidialbüro Spira RR

Zoll- und Verbrauchsteuerabteilung
67434 Neustadt, Wiesenstr 32; Tel (0 63 21) 8 94-0; Fax (0 63 21) 8 94-2 19
Leiter: Harald Prowe FinPräs

Gruppe Z 1
Leiter: Harald Prowe FinPräs

Ref Z 11: **Organisations-, Verwaltungsangelegenheiten,** Personalbedarfsberechnung, Geschäftsverteilungspläne, Dienstpostenbewertung, Planstellen- und Stellenbewirtschaftung, Öffentlichkeitsarbeit, Vorschlagwesen, Zollfahndung Hofmann ORR
Ref Z 12: **IT-Organisation, IT-Koordinierung, IT-Planung und Fortschreibung, Systemverwaltung,** Benutzerbetreuung Veh ORR

Ref Z 13: Haushalts-, Kassen-, Rechnungs-, Beschaffungs-, Bau- und Kraftfahrzeugangelegenheiten, Fernmeldewesen, VSF, Prüfungsmitteilungen des Bundesrechnungshof, Arbeitssicherheit, Behördenselbstschutz, Beauftragter für den Haushalt, Kassenaufsichtsbeamter bei der Bundeskasse, Geheimschutzbeauftragter (Bund) Laubscher RDir
Ref Z 14: Allgemeine Rechtsangelegenheiten, Vollstreckung und Sicherheitsleistung, Bewirtschaftung des Bundesvermögens, Datenschutz, Wohnungsfürsorge, Hausverwaltung, Kantine Hofmann ORR; Veh ORR

Gruppe Z 2
Leiter: Werner Schulmeister RDir

Ref Z 21: Grundsatzfragen des Beamtenrechts, Einzelpersonalsachen des gehobenen und höheren Zolldienstes, Ausbildung wie vor, Fortbildung, Personalvertretungsrecht, Urlaubs- und Arbeitsbefreiung, Schwerbehindertenrecht Schulmeister RDir
Ref Z 22: Personalangelegenheiten des mittleren und einfachen Zolldienstes sowie aller Beamten der Bundesvermögensverwaltung, Personalsachen der Angestellten und Arbeiter, Ausbildung der Beamten des mittleren und einfachen Zolldienstes sowie der Beamten der Bundesvermögensverwaltung, Disziplinarsachen und Dienstunfälle Teutloff ORRätin
Ref Z 23: Besoldung, Bezüge der Arbeitnehmer, Beihilfen, Versorgung, Versorgungsausgleich, Reisekosten, Umzugskosten, Trennungsgeld, Kindergeld Teutloff ORRätin

Gruppe Z 3
Leiter: Reinhard Trendler RDir (komm)

Ref Z 31: Außenwirtschaftsrecht, Straf- und Bußgeldverfahren, Gnadensachen, Außenhandelsstatistik sowie Außenprüfungsdienste Zoll Trendler RDir
Ref Z 32: Abgabenrecht, Verbrauchsteuern, Branntweinmonopol und -steuer, Zollkostenordnung, Zollwertrecht, Truppenzollrecht, Einfuhrumsatzsteuer, Verbrauchsteuerstatistiken Humbert RRätin
Ref Z 33: Marktordnungsrecht einschließlich Straf- und Bußgeldverfahren sowie Gnadensachen, Zollverfahren mit wirtschaftlicher Bedeutung Trendler RDir
Ref Z 34: Zolltarif und Abschöpfung, Verbote und Beschränkungen für den Warenverkehr über die Grenze (VuB), Warenursprung und Präferenzen, Zollvorschriften, Dienststellenverzeichnis der Zollverwaltung Humbert RRätin

Bundesvermögensabteilung
56068 Koblenz, Schloß (Hauptgebäude);
Tel (02 61) 39 08-0; Telex über 08 62 823 (zolko d);
Fax (02 61) 39 08-2 02
Leiter: Dr Klaus Peter Grommes FinPräs

Gruppe BV 1
Leiter: Kurt Reichenberger LtdRDir

Ref BV 11: Allgemeine Verwaltung, Organisations-, Haushalts- und Personalangelegenheiten (ohne höheren Dienst), Datenschutz, Behördenselbstschutz Birkholz ORR
Ref BV 12: Personalangelegenheiten des höheren Dienstes, Aus- und Fortbildung, Planung, Koordinierung und Einsatz von Informationstechnik (IT) Reichenberger LtdRDir
Ref BV 13: Wertermittlungen und Gutachten in baufachlichen Angelegenheiten Klein VwAng
Ref BV 14: Wertermittlungen und Gutachten in landwirtschaftlichen und gartenbaulichen Angelegenheiten Nagel LandwRätin
Ref BV 15: Wertermittlungen und Gutachten in forstfachlichen Angelegenheiten Köhler FoOR
Ref BV 16: Forsteinrichtungsgruppe Bad Kreuznach Kellner FoOR

Gruppe BV 2
Leiter: Klaus Moeser RDir

Ref BV 21: Koordinierungsstelle Verwertung Moeser RDir
Ref BV 22: Allgemeine und grundsätzliche Angelegenheiten der Liegenschaftsverwaltung einschließlich Konversion – Verwertung – , Mitwirkung bei Modernisierungsmaßnahmen, Mietpreisbildung und Mietwertfestsetzung, Mitwirkung bei der Bewirtschaftung der Haushaltsmittel (Titelverwalter) – Liegenschaftsverwaltung im Bereich der Bundesvermögensämter Koblenz und Trier einschließlich Konversion – Verwertung – Hofmann RDir
Ref BV 23: Allgemeine und grundsätzliche Angelegenheiten der den ausländischen Streitkräften zur Benutzung überlassenen Liegenschaften (Betreuungsverwaltung), Betreuungsverwaltung im gesamten Oberfinanzdirektionsbezirk einschließlich Konversion – ohne Verwertung –; Umwelt- und Naturschutz einschließlich Altlasten, Raumordnung und Landesplanung Osselmann RRätin
Ref BV 24: Liegenschaftsverwaltung im Bereich der Bundesvermögensämter Landau und Trier einschließlich Konversion – Verwertung – Burdack RR
Ref BV 25: Liegenschaftsverwaltung im Bereich der Bundesvermögensämter Landau und Koblenz einschließlich Konversion – Verwertung – Börder RDir

Gruppe BV 3
Leiter: Hans Bayer RDir

Ref BV 31: Allgemeine und grundsätzliche Angelegenheiten des Grundstücks- und Raumbeschaffung, der Fluglärmschädigung, Mitwirkung bei der Bewirtschaftung der Haushaltsmittel (Titelverwalter), Anmietung von Räumen, Gestattungsrechte und Erwerbsmaßnahmen für POL-Einrichtungen, Umsiedlungsmaßnahmen Bayer RDir
Ref BV 32: Erhebung von Ausgleichszahlungen nach dem Gesetz über den Abbau der Fehlsubventionierung im Wohnungswesen (AFWoG) in Verbindung mit dem Ausführungsgesetz des Landes Rheinland-Pfalz hierzu (AGAFWoG) und den jeweiligen Ortssatzungen einzelner Gemeinden des Landes Rheinland-Pfalz einschließlich Vollstreckungsverfahren Völkel-Krebs ORRätin

Ref BV 33: Allgemeine und grundsätzliche Angelegenheiten der Darlehensbewilligung und Darlehensverwaltung, Darlehensbewilligung für Mietwohnungsbauvorhaben (Bundesdarlehenswohnungen), Zuschuß- bzw Darlehnsbewilligungen zur Schaffung von Unterkünften für Zivildienstleistende, Verwaltung von Bundesdarlehen und Bundesfinanzhilfen, Festsetzung und Erhebung außerplanmäßiger Zinsen bei Vermietung an Nichtwohnungsfürsorgeberechtigte, Forderungen des ehemaligen Deutschen Reiches, Rechte des Bundes am Wertvermögen, Verkauf von Vorratseigenheimen, Mitwirkung bei der Bewirtschaftung der Haushaltmittel (Titelverwalter), Schlußabwicklung der Großbaumaßnahme Koblenz-Karthause, Aufsicht in Angelegenheiten der Wohnungsfürsorge (Wohnungsvergabe), Vertreter des Finanzinteresses (VdF) Angelegenheiten nach dem AKG und den AKG-RL, Beseitigung von Gefahrenstellen an ehemaligen Westwall- und US-Anlagen, Angelegenheiten nach dem Bundesrückerstattungsgesetz, gutachtliche Stellungnahmen zu Entschädigungen gemäß Reparationsschädengesetz (wahrgenommen durch die OFD Köln) Cloeren VwAng
Ref BV 34: Bewilligung von Darlehen und Aufwendungszuschüssen zur Förderung von Familienheimen der Bundesbediensteten und Verwaltung dieser Darlehen, Verwaltung von Mietwohnungensbaudarlehen des Bundes, Bewilligung und Verwaltung von Darlehen zur Schaffung von Ersatzbetriebsräumen Straßenverdrängter, Entschädigungen nach dem Schutzbaugesetz und Zuschußgewährung für Mehrzweckanlagen, Grundstücksbeschaffung sowie Schutzbereichsverfahren, Widerspruchsverfahren nach dem AFWoG/AGAFWoG Rheinland-Pfalz Rudolph ORR

Bundeskasse Koblenz
56073 Koblenz, Ferdinand-Sauerbruch-Str 17; Tel (02 61) 4 93-0; Fax (02 61) 4 93-24 99
Leiter: Manfred Hans RR

Der Dienst- und Fachaufsicht der Oberfinanzdirektion Koblenz unterstehen:

Zollehranstalt der Oberfinanzdirektion Koblenz

67434 Neustadt, Wiesenstr 32; Tel (0 63 21) 8 94-0; Fax (0 63 21) 8 94-3 48

Vorsteher: Helmut Tschöpe ZOAR

Zollfahndungsamt

56068 Koblenz, Schloß; Tel (02 61) 39 08-0; Teletex 2 61 99 68; Fax (02 61) 39 08-2 59

Vorsteher: Volker Kerrutt ORR
Amtsbezirk: Hauptzollamt Koblenz

Zollfahndungszweigstellen

67657 Kaiserslautern, Morlauterer Str 21; Tel (06 31) 37 22-0; Telex 4 58 16 zolkl d; Fax (06 31) 37 22- 2 22
Amtsbezirk: Hauptzollämter Kaiserslautern und Ludwigshafen

54292 Trier, Dasbachstr 15; Tel (06 51) 14 48-01; Telex 47 27 34 zoltr d über Hauptzollamt; Fax (06 51) 14 48-2 26
Amtsbezirk: Hauptzollamt Trier

Hauptzollämter

Hauptzollamt Kaiserslautern
67657 Kaiserslautern, Morlauterer Str 21; Tel (06 31) 37 22-0; Telex 4 58 16 zolkl d; Fax (06 31) 37 22-2 22
Vorsteher: Hartmut Skoda RR
Amtsbezirk: Kreisfreie Städte Kaiserslautern, Mainz, Pirmasens und Zweibrücken; Landkreise Kaiserslautern, Kusel, Mainz-Bingen und Pirmasens, vom Landkreis Alzey-Worms die Verbandgemeinden Alzey-Land, Wöllstein, Wörrstadt und die Gemeinde Alzey-Stadt, Landkreis Bad-Kreuznach ohne die Verbandsgemeinde Kirn-Land und die Gemeinde Kirn-Stadt, vom Donnersbergkreis die Verbandsgemeinden Alsenz-Obermoschel, Kirchheimbolanden, Rockenhausen und Winnweiler

Hauptzollamt Koblenz
56068 Koblenz, Schloß-Hauptgebäude; Tel (02 61) 39 08-0; Telex 68 28 23; Fax (02 61) 39 08-2 57
Vorsteher: Wolfgang Grieshaber ORR
Amtsbezirk: Regierungsbezirk Koblenz ohne die Landkreise Bad Kreuznach und Birkenfeld und ohne die zum Rhein-Hunsrück-Kreis gehörende Verbandsgemeinde Kirchberg (Hunsrück) sowie die zum Landkreis Cochem-Zell gehörende Verbandsgemeinde Zell (Mosel)

Hauptzollamt Ludwigshafen
67061 Ludwigshafen, Zollhofstr 2; Tel (06 21) 52 01-0; Telex 46 45 00 zollu d; Fax (06 21) 52 01-1 00
Vorsteher: Manfred Casprowitz ORR
Amtsbezirk: Kreisfreie Städte Frankenthal, Landau/Pfalz, Ludwigshafen a R, Neustadt a d Weinstraße, Speyer a R und Worms; Landkreise Bad Dürkheim, Germersheim, Ludwigshafen a R und Südliche Weinstraße, vom Landkreis Alzey-Worms die Verbandsgemeinden Eich, Monsheim, Westhofen und die Gemeinde Osthofen Stadt, vom Donnersbergkreis die Verbandsgemeinden Eisenberg und Göllheim

Hauptzollamt Trier
54290 Trier, Johanniterufer 1-3; Tel (06 51) 46 06-0; Telex 47 27 34 zoltr d; Fax (06 51) 46 06 87
Vorsteher: Ulrich Starck ORR

199

Amtsbezirk: Regierungsbezirk Trier, Landkreis Birkenfeld, vom Landkreis Bad-Kreuznach die Verbandsgemeinde Kirn-Land und die Gemeinde Kirn-Stadt, vom Landkreis Cochem-Zell die Verbandsgemeinde Zell (Mosel), vom Rhein-Hunsrück-Kreis die Verbandsgemeinde Kirchberg (Hunsrück)

Hauptzollamt für Prüfungen
67434 Neustadt, Wiesenstr 32; Tel (0 63 21) 8 94-0; Fax (0 63 21) 8 94-2 19
Vorsteher: Werner Wollenberg ORR
Amtsbezirk: Oberfinanzbezirk Koblenz

Bundesvermögensämter

Bundesvermögensamt Koblenz
56068 Koblenz, Mainzer Str 89; Tel (02 61) 30 10-0; Telex 0 86 28 23 zolko d; Fax (02 61) 30 10-1 00
Vorsteher: Ulrich Thome RDir
Amtsbezirk: Stadtkreis Koblenz; Landkreise Ahrweiler, Altenkirchen (Ww), Bad Kreuznach, Cochem-Zell, Mayen-Koblenz, Neuwied, Rhein-Hunsrück-Kreis, Rhein-Lahn-Kreis, Westerwaldkreis

Bundesvermögensamt Landau
76829 Landau, Gabelsbergerstr 1; Tel (0 63 41) 2 88-0; Telex 45 33 40 zoll d; Fax (0 63 41) 2 88-1 15
Vorsteher: Bernd Michael Armbrüster ORR
Amtsbezirk: Stadtkreise Frankenthal-Pfalz, Kaiserslautern, Landau i d Pfalz, Ludwigshafen/Rhein, Mainz, Neustadt a d Weinstraße, Pirmasens, Speyer, Worms, Zweibrücken; Landkreise Alzey-Worms, Bad Dürkheim, Donnersbergkreis, Germersheim, Kaiserslautern, Kusel (ohne Teilbereich des Truppenübungsplatzes Baumholder), Ludwigshafen/Rhein, Mainz-Bingen, Pirmasens, Südliche Weinstraße

Bundesvermögensamt Trier
54292 Trier, Moltkestr 15; Tel (06 51) 14 40-0; Telex 47 27 34 zoltr d; Fax (06 51) 14 40-1 00
Vorsteher: Claus Niebelschütz ORR
Amtsbezirk: Stadtkreis Trier; Landkreise Bernkastel-Wittlich, Birkenfeld, Bitburg-Prüm, Daun, Kusel (nur Teilbereich des Truppenübungsplatzes Baumholder), Trier-Saarburg; Stadt- und Landkreise des Saarlandes

Bundesforstämter

Bundesforstamt Baumholder
55774 Baumholder, Ausweiler Str 1; Tel (0 67 83) 10 31 und 10 32; Fax (0 67 83) 51 25
Vorsteher: Dr Herbert Kraft FoDir
Amtsbezirk: Truppenübungsplatz Baumholder und Forstsplitterbesitz in den Landkreisen Birkenfeld und Kusel
mit Revierförstereien Burgwald, Hillschied, Kirchenbollenbach, Schönlauterbach, Steinalb, Totenalb

Bundesforstamt Rhein-Pfalz
55543 Bad Kreuznach, Rheingrafenstr 35; Tel (06 71) 6 35 79; Fax (06 71) 6 51 97
Vorsteher: Wolfgang Berg FoDir
Amtsbezirk: Forstsplitterbesitz in den Oberfinanzdirektionsbezirken Koblenz und Saarbrücken
mit Revierförstereien Eifel, Fröhnerhof, Langenscheiderhof, Hunsrück, Saar-Mosel, Sickinger Höhe, Westerwald

2.14 Oberfinanzdirektion Köln

(Landesfinanzverwaltung in der Teilausgabe „Land Nordrhein-Westfalen")
50668 Köln, Riehler Platz 2; Tel (02 21) 97 78-0; Telex 8 88 53 48 ofdk d; Fax (02 21) 97 78-39 80

Oberfinanzpräsident: Dr Klaus Manke
Persönlicher Referent: Max Troll ORR
Präsidialbüro: Karl-Josef Werner ORR
Amtsbezirk: Regierungsbezirk Köln

Zoll- und Verbrauchsteuerabteilung
Leiter: Klaus-Ernst Lohmann FinPräs

Gruppe Z 1, Organisations- und Verwaltungsangelegenheiten, Haushalts-, Kassen- und Rechnungswesen, Informationstechnik (IT)
Leiter: Hans Schendzielarz LtdRDir

Ref Z 11: **Organisations- und Verwaltungsangelegenheiten, Zollfahndung, große Baumaßnahmen, Informationstechnik (IT) – außer EVITA** – Schendzielarz LtdRDir
Ref Z 12: **Grenzangelegenheiten, Kraftfahrzeuge, Geheimschutz (Bund), Bau- und Liegenschaftsangelegenheiten, Öffentlichkeitsarbeit (Bund), Informationstechnik – EVITA** – Turek RR
Ref Z 13: **Haushalts-, Kassen- und Rechnungswesen, Beschaffung, Fernmeldewesen** Siegels ORR

Gruppe Z 2 Personalangelegenheiten der Beamten, der Angestellten und Lohnempfänger
Leiter: Ludger Epe AbtDir

Ref Z 21: **Grundsätzliche Personalangelegenheiten der Beamten, Personalsachen der Beamten des gehobenen und höheren Dienstes, Aus- und Fortbildung, Prüfungswesen** Epe AbtDir
Ref Z 22: **Personalangelegenheiten der Beamten bis Besoldungsgruppe A 9 m mit Zulage** Birkemeyer RR
Ref Z 23: **Disziplinarangelegenheiten, Dienstunfälle, Besoldung der Beamten, Billigkeitszuwendungen für im Dienst entstandene Sachschäden, Personalangelegenheiten der Verwaltungsangestellten und -arbeiter, Schadensersatzansprüche nach § 87 a BBG, § 38 BAT und § 43 MTArb (aktive Bedienstete)** Biedinger RDir
Ref Z 24: **Umzugskosten, Reisekosten, Trennungsgeld, Beihilfen, Unterstützungen, Vorschüsse, Versorgung, G 131, Wiedergutmachung (BWGöD), Unterstützung für Angehörige der ehemaligen Heeres- und Marineverwaltung, Wohnungsfürsorge für die Beschäftigten der OFD (Bund), Schadensersatzan-

sprüche nach § 87 a Bundesbeamtengesetz (Ruhestandsbeamte und Angehörige aktiver Beamter) Pehl ORR

Gruppe Z 3 Zölle, Verbrauchsteuern, EG-Marktorganisationen, Außenwirtschaftsrecht
Leiter: Lothar Funke LtdRDir

Ref Z 31: Abgabenordnung, Finanzgerichtsordnung, Vollstreckung, Grundsätze der Außenprüfung Funke LtdRDir
Ref Z 32: Zollrecht, Einfuhrumsatzsteuer, Warenursprung und Präferenzen Tiemann RDir
Ref Z 33: Verbrauchsteuern, Branntweinmonopol, EG-Marktorganisationen, Bekämpfung der illegalen Beschäftigung (Zoll) Hermann ORR
Ref Z 34: Außenwirtschaftsrecht, Außenhandelsstatistik Albrecht RRätin

Gruppe Z 4 Zollwertangelegenheiten, Zolltarif- und Datenschutzangelegenheiten für den Oberfinanzbezirk Köln
50668 Köln, Am Alten Ufer 45-47; Tel (02 21) 9 16 40-0; Telex 8 88 53 48; Fax (02 21) 9 16 40-22
Leiter: Hans Nürnberg LtdRDir

Ref Z 41: Wertzollrechtliche Grundsatzfragen; Bundesweite Mitwirkung bei der Ermittlung des Zollwerts für die Waren: Maschinen, Glaswaren, Sportschuhe und -bekleidung, elektrotechnische Waren, Tonaufnahme- oder Wiedergabegeräte, Bild- oder Tonaufzeichnungs- oder Wiedergabegeräte für das Fernsehen, Beförderungsmittel, Möbel, Kunststoff-, Kautschuk-, Leder- und Korbwaren, Schmuck, optische und Meßinstrumente, Uhrmacherwaren, Musikinstrumente, Bild- und Tonaufnahme- und Wiedergabegeräte, Spielzeug, Anlagen im Zusammenhang mit Leasing und Engineering; bei Einschaltung von Einkaufs- oder Verkaufsagenten im Zusammenhang mit Beförderungskosten, Umschließungs- und Verpackungskosten, Beistellungen und Umrechnungskursen Nürnberg LtdRDir
Ref Z 42: Bundesweite Mitwirkung bei der Ermittlung des Zollwerts für die Waren: Mineralische Stoffe, unedle Metalle und Waren daraus, Textilien, Erzeugnisse der pharmazeutischen und chemischen Industrie, kosmetische Waren, Nahrungs- und Genußmittel, Waffen und Munition, Automatische Datenverarbeitungs- und sonstige Büromaschinen; Mittelwerte, Zollwertangelegenheiten des Oberfinanzbezirks Köln Pfeiffer-Simon ORRätin
Ref Z 43: Altkontraktregelung, Zolltarifangelegenheiten des Oberfinanzbezirks Köln; Datenschutzangelegenheiten des Oberfinanzbezirks Köln Schmidt RRätin

Vorprüfungsstelle (Bund) Borok ZAR

Bundesvermögensabteilung
Leiter: Bernd-Rüdiger Kössler FinPräs

Gruppe BV 1 Allgemeine Verwaltungsangelegenheiten, Organisations-, Personal- und Haushaltsangelegenheiten, Aus- und Fortbildung, Wertermittlungen und Gutachten, Vertreter des Finanzinteresses, Abwicklung der Anmietungen und sonstiger Nutzungsverhältnisse für die Bundeswehr und andere Bundesbehörden
Leiter: Gerald Eichenauer AbtDir

Ref BV 11: Allgemeine Verwaltungsangelegenheiten, Organisations-, Personal- und Haushaltsangelegenheiten, Auslandsvermögen Pufahl ORR
Ref BV 12: Geschäftsprüfungen; Kosten-/Leistungsrechnungen, Mitwirkung bei der Öffentlichkeitsarbeit, Aus- und Fortbildung, IT-Angelegenheiten der BV-Abteilung und der nachgeordneten Ämter Eichenauer LtdRDir
Ref BV 13: Forstfachliche Wertermittlungen und Gutachten Pape FoDir
Ref BV 14: Baufachliche Wertermittlungen und Gutachten Krämer BauDir
Ref BV 15: Landwirtschaftliche Wertermittlungen und Gutachten, Fachaufsicht über landwirtschaftliche Geländebetreuungsmaßnahmen auf Übungsplätzen der ausländischen Streitkräfte Nagel RRätin z A

Gruppe BV 2 Liegenschaftsverwaltung, bewegliches Vermögen; Betreuung der den ausländischen Streitkräften überlassenen und für sie angemieteten Liegenschaften, Angelegenheiten des Mietwohnrechts
Leiter: Lutz Doben LtdRDir

Ref BV 21: Allgemeine und grundsätzliche Angelegenheiten der Liegenschaftsverwaltung Sieber RDir
Ref BV 22: Allgemeine und grundsätzliche Angelegenheiten der Betreuungsverwaltung, Bundesfinanzhilfen (soweit nicht bei BV 42), Verwaltung der ausländischen Streitkräften überlassenen Liegenschaften Hagedorn ORR
Ref BV 23: Liegenschaftsverwaltung und Verwertung der Konversionsliegenschaften im Bezirk des BV-Amtes Düsseldorf Zielinski ORR
Ref BV 24: Liegenschaftsverwaltung und Verwertung der Konversionsliegenschaften im Bezirk des BV-Amtes Köln Sieber RDir
Ref BV 25: Liegenschaftsverwaltung und Verwertung der Konversionsliegenschaften im Bezirk des BV-Amtes Bonn, IT-Angelegenheiten Lorenzen ORRätin

Gruppe BV 3 Erhebung von Ausgleichszahlungen nach den Gesetzen über den Abbau der Fehlsubventionierung im Wohnungswesen und Widerspruchsverfahren, Prozesse, Zwangsvollstreckungsangelegenheiten, Rückerstattung, Reparationsschäden, AFWoG NW
Leiter: Hans-Wilhelm Vleugels LtdRDir

Ref BV 31: Allgemeine und grundsätzliche Angelegenheiten des AFWoG, Widerspruchsverfahren nach dem AFWoG, Vorbereitung der Vollstreckungsverfahren nach dem AFWoG, aus dem Veranlagungsbereich BV 33, IT-Angelegenheiten, Zentraler AFWoG-Verwalter Vleugels LtdRDir
Ref BV 32: Erhebung der Fehlbelegungsabgabe Walber ORRätin
Ref BV 33: Erhebung der Fehlbelegungsabgabe, Widerspruchsverfahren und Einleitung der Vollstrek-

kungsverfahren aus dem Veranlagungsbereich
BV 32 Burkart RDir
Ref BV 34: Prozesse, Zwangsvollstreckungsangelegenheiten, Rückerstattung, Reparationsschäden Schöllhorn ORRätin

Gruppe BV 4 Wohnungsfürsorge für Bundesbedienstete; Darlehensverwaltung, Förderung von Zivilschutzmaßnahmen und Zivildienstunterkünften, Angelegenheiten des Westvermögens, AKG, Entschädigungen und Härteleistungen an Opfer nationalsozialistischen Unrechts – AKG/AKG-RL –; Grundstücks- und Raumbeschaffung, Fluglärmentschädigung, Planungsangelegenheiten, VdF, Dienstwohnrecht, Verwaltungskostenentschädigung, Amtshilfeersuchen nach dem BUKG
Leiter: Peter Brandhorst LtdRDir

Ref BV 41: Allgemeine und grundsätzliche Angelegenheiten der Wohnungsfürsorge, Wohnungsvergabeaufsicht, Planungsangelegenheiten, Dienstwohnrecht, Verwaltungskostenentschädigung, Amtshilfeersuchen nach dem BUKG, Vergabe und Verwaltung von Familienheimdarlehen Brandhorst LtdRDir
Ref BV 42: Verwaltung von Darlehen für Mietwohnungen und sonstigen Darlehen, Förderung des Mietwohnungsbaus und Erneuerung von Wohnungsbesetzungsrechten, Förderung von Zivildienstunterkünften und Zivilschutzmaßnahmen einschließlich Mehrzweckbauten, Angelegenheiten des Westvermögens NN
Ref BV 43: Allgemeine und Grundsätzliche Angelegenheiten der Wiedergutmachung, Zentrale Auskunftsstelle zur Wiedergutmachung nationalsozialistischen Unrechts, Härteleistungen an Opfer nationalsozialistischen Unrechts Giesen RDir
Ref BV 44: Angelegenheiten des AKG (ohne Renten) mit Westwallangelegenheiten, Entmunitionierung, Wertausgleichsgesetz, Widerspruchsverfahren nach den AKG-Härterichtlinien, Grundstücks- und Raumbeschaffung, Fluglärmentschädigung, VdF, Abwicklung der Anmietungen und sonstiger Nutzungsverhältnisse für die Bundeswehr und andere Bundesbehörden Riechert ORRätin

Dem Oberfinanzpräsidenten unmittelbar unterstellt:

Bundeskasse Bonn
53111 **Bonn,** Paulstr 22-30; Tel (02 28) 71 91; Fax (02 28) 7 19-2 22
Leiter: Klaus Peter Conrad ORR

Der Dienst- und Fachaufsicht der Oberfinanzdirektion Köln unterstehen:

Zollfahndungsamt Köln

50668 **Köln,** Merlostr 10; Tel (02 21) 77 17-0; Telex 8 88 11 15 zfa k; Fax (02 21) 77 17-1 00

Vorsteher: Peter Pallutt ZOAR
Amtsbezirk: Regierungsbezirk Köln

Zollfahndungszweigstelle Aachen
52066 **Aachen,** Eupener Str 125-127; Tel (02 41) 60 98-0; Telex 83 24 14; Fax (02 41) 60 98-1 99

Zolltechnische Prüfungs- und Lehranstalt der Oberfinanzdirektion Köln

50765 **Köln,** Merianstr 110; Tel (02 21) 9 79 50-0; Fax (02 21) 9 79 50-2 27

Vorsteher: Lothar Funke LtdRDir
Leiterin der Wissenschaftlichen Abteilung: Dr Ernestine Friedemann-Rotsch RDirektorin
Leiter der Zolltechnischen Abteilung: Dieter Pitz ORR
Amtsbezirk: Oberfinanzbezirke Düsseldorf, Köln und Münster

Hauptzollämter

Hauptzollamt
52064 **Aachen,** Bahnhofplatz 3; Tel (02 41) 47 68-0; Telex 83 28 46; Fax (02 41) 47 68-1 25
Vorsteher: Jörg Simon ORR
Amtsbezirk: Kreisfreie Stadt Aachen, die Kreise Aachen, Düren und Heinsberg, vom Kreis Euskirchen die Stadt Schleiden sowie die Gemeinden Blankenheim, Dahlem, Hellenthal, Kall, Mechernich und Nettersheim

Hauptzollamt Köln-Deutz
50679 **Köln,** Deutz-Kalker-Str 7; Tel (02 21) 82 88-0; Fax (02 21) 82 88-2 21
Vorsteher: Jörg Danschewitz-Ludwig ORR
Amtsbezirk: Städte Köln (rechtsrheinischer Teil), Bonn und Leverkusen, Oberbergischer Kreis, Rheinisch-Bergischer Kreis und Rhein-Sieg-Kreis

Hauptzollamt Köln-West
50828 **Köln,** Maarweg 165; Tel (02 21) 54 85-0; Fax (02 21) 54 85-1 04
Vorsteher: Peter Noben ORR
Amtsbezirk: Stadt Köln (linksrheinischer Teil), Erftkreis, vom Kreis Euskirchen die Gemeinden Euskirchen, Bad Münstereifel, Weilerswist und Zülpich

Hauptzollamt für Prüfungen
50668 **Köln,** Am Alten Ufer 45-47; Tel (02 21) 9 16 40-0; Fax (02 21) 9 16 40-21
Vorsteher: Martin Frenken ORR
Amtsbezirk: Regierungsbezirk Köln

Bundesvermögensämter

Bundesvermögensamt Bonn
53113 **Bonn,** Rheinweg 17; Tel (02 28) 54 03-0; Fax (02 28) 23 79 48
Vorsteher: Vinzenz Burkard RDir
Amtsbezirk: Kreisfreie Stadt Bonn, Kreise Rhein-Sieg-Kreis (ohne Truppenübungsplatz Wahnerheide) und Euskirchen

Bundesvermögensamt Düsseldorf
40470 Düsseldorf, Fontanestr 4; Tel (02 11) 90 88-0; Fax (02 11) 61 14 45
Vorsteher: Hubert Hoppe RDir
Amtsbezirk: Kreisfreie Städte Düsseldorf, Duisburg, Essen, Krefeld, Mönchengladbach, Mülheim (Ruhr), Remscheid, Oberhausen, Solingen, Wuppertal; Kreise Heinsberg, Kleve, Mettmann, Neuss, Viersen, Wesel

Bundesvermögensamt Köln
50679 Köln, Deutz-Kalker-Str 7; Tel (02 21) 82 88-0; Fax (02 21) 82 88-2 22
Vorsteher: Hans-Jürgen Berns RDir
Amtsbezirk: Kreisfreie Städte Köln, Leverkusen; Kreise: Erftkreis, Oberbergischer Kreis, Rheinisch-Bergischer-Kreis, vom Rhein-Sieg-Kreis der Truppenübungsplatz Wahnerheide sowie im Zuständigkeitsbereich der Oberverwaltung Aachen: die Stadt Aachen und die Kreise Aachen und Düren

Bundesforstämter

Bundesforstamt Wahnerheide
53842 Troisdorf, Schauenbergweg 2; Tel (0 22 46) 44 72 und 64 72; Fax (0 22 46) 1 88 71
Vorsteher: Jörg Pape FoDir
Amtsbezirk: Truppenübungsplatz Wahnerheide sowie Forstsplitterbesitz in den rechtsrheinischen Teilen der Oberfinanzdirektions-Bezirke Düsseldorf und Köln sowie im linksrheinischen Teil des Oberfinanzdirektions-Bezirks Düsseldorf nördlich der Linie Krefeld-Viersen-Brüggen

Bundesforstamt Nordrhein
52393 Hürtgenwald, Dürener Str 87; Tel (0 24 79) 10 71/72; Fax (0 24 79) 71 69
Vorsteher: Franz Graf von Plettenberg FoOR
Amtsbezirk: Forstsplitterbesitz im linksrheinischen Teil des Oberfinanzdirektions-Bezirks Köln sowie im linksrheinischen Teil des Oberfinanzdirektions-Bezirks Düsseldorf südlich der Linie Krefeld-Viersen-Brüggen

2.15 Oberfinanzdirektion Magdeburg

(Landesfinanzverwaltung in der Teilausgabe „Land Sachsen-Anhalt")
39104 Magdeburg, Otto-von-Guericke-Str 4; · Tel (03 91) 5 45-0; Fax (03 91) 5 45-15 00

Oberfinanzpräsident: Dr Jürgen Nolte
Präsidialbüro: Holzkämper RR
Amtsbezirk: Land Sachsen-Anhalt

Zoll- und Verbrauchsteuerabteilung
Leiter: von Alm FinPräs

Gruppe Z 1 Organisations- und Haushaltsangelegenheiten, Liegenschaften, Bausachen, IT-Angelegenheiten, Personalangelegenheiten der Beamten, Angestellten und Arbeiter, soziale Fürsorge, Reise- und Umzugskosten, Vergütungen, Löhne, Besoldung und Versorgung

Ref Z 11: Organisationsangelegenheiten, Personalbedarf, Planstellen-Stellenbewirtschaftung, Arbeitssicherheit, Dienstkraftfahrzeuge
Ref Z 12: Personalangelegenheiten der Bundesbeamten, der Angestellten und Arbeiter, Disziplinarsachen, Aus- und Fortbildung, Dienstjubiläen
Ref Z 13: Besoldung, Versorgung, Vergütungs- und Lohnangelegenheiten, Reisekosten, Urlaub, Erkrankungen
Ref Z 14: Haushaltsangelegenheiten, IT-Organisation

Gruppe Z 2 Zölle und andere Eingangsabgaben, Warenursprung und Präferenzen, EG-Marktordnungen, Außenwirtschaftsrecht, Abgabenordnung, Verbrauchsteuern, Steuerstrafrecht und Steuerordnungswidrigkeiten, Rechtsangelegenheiten (ohne Personal) Vollstreckung, Beihilfen

Ref Z 21: Verbrauchsteuern, Marktordnungen, Außenwirtschaft, Betriebsprüfung Zoll, Außenprüfung und Steueraufsicht
Ref Z 22: Zollrecht und Zollverfahren, Zolltarif, Warenursprung und Präferenzen, Verbote und Beschränkungen, Datenschutz
Ref Z 23: Abgabenordnung, Rechtsbehelfe, Prozeßführung, Beamtenunfallfürsorge, Schadenersatzansprüche, Vollstreckung, Straf- und Bußgeldsachen

Dem Leiter der Zoll- und Verbrauchsteuerabteilung unmittelbar unterstellt:

Vorprüfungsstelle Bund

Bundesvermögensabteilung
Leiter: Rolfes FinPräs

Gruppe BV 1 Allgemeine Verwaltungs- und Organisationsangelegenheiten, Personal und Haushaltsangelegenheiten, Wohnungsbauförderung, Darlehensverwaltung, Wohnungsvergabe, Forstangelegenheiten, IT-Gesamtkonzept

Ref BV 11: Mitwirkung in Personalangelegenheiten der Beamten (höherer Dienst) und in Presseangelegenheiten; Ausbildung und Fortbildung (höherer Dienst), Allgemeine Verwaltungs- und Organisationsangelegenheiten, Mitwirkung im Vorschlagwesen, Mitwirkung in Personalangelegenheiten der Beamten (gehobener, mittlerer, einfacher Dienst), Regierungsinspektor-Anwärter, Angestellten und Arbeiter, Mitwirkung in Haushalts-, Kassen- und Rechnungsangelegenheiten, Vermögensrechnung
Ref BV 12: Wohnungsförderung, Darlehnsverwaltung, Förderung von Eigenheimen und Eigentumswohnungen
Ref BV 13: Forstliche Wertermittlungen und Gutachten einschließlich Amtshilfe

Gruppe BV 2 Liegenschaftsverwaltung

Ref BV 21: Allgemeine Angelegenheiten, Liegenschaftsverwaltung
Ref BV 22: Liegenschaftsverwaltung
Ref BV 23: Allgemeine Angelegenheiten für Dienstwohnungen der Bundesfinanzverwaltung und bundeseigene Wohnungen, Liegenschaftsverwaltung

Ref BV 24: **Liegenschaftsverwaltung**
Ref BV 25: **Liegenschaftsverwaltung**

Gruppe BV 3 Belegungsschäden, Feststellung von Gebäudeeigentum, Angelegenheiten nach dem allgemeinen Kriegsfolgengesetz (AKG); Grundstücks- und Raumbeschaffung, Prozeßführung

Ref BV 31/BV 32: **Unrechts- und Belegungsschäden, Feststellung von Gebäudeeigentum, Prüfung und Abwicklung von Mauergrundstücken, Allgemeine Rechtsangelegenheiten, Kampfmittelbeseitigung auf nicht bundeseigenen Liegenschaften**

Gruppe BV 4 Landwirtschaftliche und bautechnische Angelegenheiten

Ref BV 41: **Landwirtschaftliche Wertermittlung und Gutachten**
Ref BV 42: **Bautechnische Angelegenheiten**

Gruppe VZO Bearbeitung und Abwicklung von Anträgen nach dem VZOG für den Bereich der Oberfinanzdirektion Magdeburg

Ref VZO 11: **Grundsatz und allgemeine Rechtsangelegenheiten nach dem VZOG**
Ref VZO 12: **Bearbeitung von VZO-Anträgen nach dem VZOG**
Ref VZO 13: **Bearbeitung von VZO-Anträgen nach dem VZOG**
Ref VZO 14: **Bearbeitung von VZO-Anträgen nach dem VZOG**
Ref VZO 15: **Bearbeitung von VZO-Anträgen nach dem VZOG**

Außenstelle Halle; Tel (03 45) 13 06-0; Fax (03 45) 1 30 63 99
Ref VZO 20: **Bearbeitung von VZO-Anträgen nach dem VZOG**
Ref VZO 21: **Bearbeitung von VZO-Anträgen nach dem VZOG**
Ref VZO 22: **Bearbeitung von VZO-Anträgen nach dem VZOG**
Ref VZO 23: **Bearbeitung von VZO-Anträgen nach dem VZOG**

Der Dienst- und Fachaufsicht der Oberfinanzdirektion Magdeburg unterstehen:

Zollfahndungsamt Magdeburg

39126 **Magdeburg,** August-Bebel-Damm 21; Tel (03 91) 50 74-0; Telex 35 16 67; Fax (03 91) 50 31 00

Vorsteher: Lieske ORR
Amtsbezirk: Land Sachsen-Anhalt

Hauptzollämter

Hauptzollamt Halle
06110 **Halle,** Merseburger Str 196, Haus 18; Tel (03 45) 13 64-0; Fax (03 45) 13 64-2 78
Vorsteher: Koloczek ORR

Amtsbezirk: Kreisfreie Städte Dessau und Halle; Landkreise Bitterfeld, Burgenlandkreis, Mansfelder Land, Merseburg-Querfurt, Saalkreis, Sangerhausen, Weißenfels, Wittenberg; vom Landkreis Anhalt-Zerbst die Städte Coswig (Anhalt), Oranienbaum, Roßlau (Elbe), Wörlitz sowie die Gemeinden Brambach, Brandhorst, Bräsen, Buko, Cobbelsdorf, Düben, Gohrau, Griebo, Griesen, Horstdorf, Hundeluft, Jeber-Bergfrieden, Kakau, Klieken, Köselitz, Luko, Möllendorf, Mühlstedt, Ragösen, Rehsen, Riesigk, Rodleben, Senst, Serno, Stackelitz, Streetz, Thießen, Vockerode, Wörpen, Zieko

Hauptzollamt Magdeburg
39126 **Magdburg,** August-Bebel-Damm 21; Tel (03 91) 50 74-0; Fax (03 91) 50 74-2 37
Vorsteher: Müller Seedorf ORR
Amtsbezirk: Kreisfreie Stadt Magdeburg; Landkreise Altmarkkreis Salzwedel, Aschersleben-Staßfurter Landkreis, Bernburg, Bördekreis, Halberstadt, Jerichower Land, Köthen, Ohre Kreis, Quedlinburg, Schönebeck, Stendal, Wernigerode; vom Landkreis Anhalt-Zerbst die Städte Lindau, Loburg und Zerbst sowie die Gemeinden Bias, Bornum, Buhlendorf, Deetz, Dobritz, Dornburg, Gehrden, Gödnitz, Grimme, Güterglück, Hobeck, Hohenlepte, Jütrichau, Ladeburg, Leitzkau, Leps, Lüps, Luso, Moritz, Nedlitz, Nutha, Polenzko, Prödel, Pulspforde, Reuden, Rosian, Schweinitz, Steutz, Straguth, Walternienburg, Zeppernick, Zernitz

Hauptzollamt für Prüfungen
39126 **Magdeburg,** August-Bebel-Damm 21; Tel (03 91) 50 74-0; Fax (03 91) 50 74-2 37
Vorsteher: NN
Amtsbezirk: Oberfinanzbezirk Magdeburg

Bundesvermögensämter

Bundesvermögensamt
06110 **Halle,** Merseburger Str 196, Haus 3 und 16; Tel (03 45) 13 06-0; Fax (03 45) 1 30 63 99
Vorsteher: Deyhle ORR
Amtsbezirk: Kreisfreie Städte Dessau und Halle; Landkreise Anhalt-Zerbst, Bernburg, Bitterfeld, Burgenlandkreis, Köthen, Mansfelder-Land, Merseburg-Querfurt, Saalkreis, Sangerhausen, Weißenfels, Wittenberg

Bundesvermögensamt
39126 **Magdeburg,** August-Bebel-Damm 21; Tel (03 91) 50 74-0; Fax (03 91) 5 07 42 37
Vorsteher: Herzog RDir
Amtsbezirk: Kreisfreie Stadt Magdeburg; Landkreise Aschersleben-Staßfurter Landkreis, Bördekreis, Halberstadt, Jerichower Land, Ohre-Kreis, Östliche Altmark, Quedlinburg, Schönebeck, Wernigerode, Westliche Altmark

Bundesforstämter

Bundesforstamt Letzlinger Heide
39517 **Dolle,** Steinberge 2; Tel (03 93 64) 93 00; Fax (03 93 64) 9 30 50
Vorsteher: Knüppel FoDir
Amtsbezirk: Ohre-Kreis und Östliche Altmark teilweise, Westliche Altmark
Revier: Lindenwald, Planken, Steinberge, Lüberitzer Soll, Hirschberge, Kaiserstein, Bauernheide, Stahrenberg, Berge

Bundesforstamt Klietz
39524 **Klietz,** Trübenweg 11; Tel (03 93 27) 2 05 und 230; Fax (03 93 27) 4 17 69
Vorsteher: Neumann FoR
Amtsbezirk: Östliche Altmark teilweise, Jerichower Land teilweise, Havelland teilweise
Revier: Klietz, Schollene, Wudicke, Göttlin, Schönhauser Damm, Tangerhütte, Bittkau

Bundesforstamt Möser
39291 **Möser,** Friedrich-Ebert-Str 11; Tel (03 92 22) 91 30; Fax (03 92 22) 9 13 33
Vorsteher: Aumann FoOR
Amtsbezirk: Jerichower Land teilweise, Ohre-Kreis teilweise, Magdeburg (Stadtkreis) teilweise, Schönebeck teilweise, Anhalt-Zerbst, Östliche Altmark teilweise, Potsdam Mittelmark teilweise
Revier: Gloinetal, Eichenquast, Schweinitz, Zipsdorf, Stegelitz, Wörmlitz, Angern

Bundesforstamt Roßlau
06862 **Roßlau,** Berliner Str 51; Tel (03 49 01) 8 41 37; Fax (03 49 01) 27 78
Vorsteher: Bretzing FoDir
Amtsbezirk: Anhalt-Zerbst, Dessau-Köthen teilweise, Bitterfeld teilweise, Wittenberg teilweise, Aschersleben, Halberstadt, Wernigerode, Jüterborg teilweise
Revier: Glücksburger Heide, Susigke, Schlangengrube, Raguhn, Oranienbaum, Königshütte, Tanne

2.16 Oberfinanzdirektion München

(Landesfinanzverwaltung in der Teilausgabe „Freistaat Bayern")
80333 **München,** Sophienstr 6; Tel (0 89) 59 95-00; Telex 5 21 42 67 of d; Fax (0 89) 59 95-18 88

Oberfinanzpräsident: Robert Seizinger
Präsidialbüro: Johann Schüller RDir
Amtsbezirk: Die Regierungsbezirke Oberbayern, Niederbayern und Schwaben

Zoll- und Verbrauchsteuerabteilung
Leiter: Hans-Ulrich Siede FinPräs

Gruppe Z 1 Organisation, Liegenschaften, Haushalt, Informationstechnik
Leiter: Detlef Gruber AbtDir

Ref Z 11: Organisation, Öffentlichkeitsarbeit Gruber AbtDir
Ref Z 12: Organisation des Grenzaufsichtsdienstes, Zollfahndungs- und Grenzangelegenheiten, Kraftfahrwesen, Geheimschutz, Liegenschaften, Arbeitssicherheit Dr Kertess RDir
Ref Z 13: Haushalts-, Kassen- und Rechnungswesen, Beschaffung (allgemein), Beauftragter für den Haushalt, Informationstechnik (§ 9 BHO) Seibold RDir

Gruppe Z 2 Personal, Bund, öffentliches Dienstrecht, soziale Fürsorge, Ausbildung
Leiter: Manfred Hätinger LtdRDir

Ref Z 21: Personal höherer und gehobener Dienst Hätinger LtdRDir
Ref Z 22: Personal des mittleren und einfachen Dienstes, Nachwuchswerbung, Reisekosten, Trennungsgeld, Umzugskosten Hahn ORR
Ref Z 23: Angestellte und Lohnempfänger, Disziplinarsachen, Unfälle, Beihilfen, soziale Fürsorge, Ausbildung, Fortbildung Klessinger RDir
Ref Z 24: Versorgung, Besoldung, Angestelltenvergütung, Arbeiterlöhne, Wohnungsfürsorge Mörtl RDir

Gruppe Z 3 Zölle, Einfuhrumsatzsteuer, Außenwirtschaft, Marktordnungen, Verbote und Beschränkungen
Leiter: Reinhart Pätsch LtdRDir

Ref Z 31: Zollrecht, soweit nicht andere Referate zuständig sind, Verbote und Beschränkungen, Weinrecht, Zentralstelle für den gewerblichen Rechtsschutz Pätsch LtdRDir
Ref Z 32: Zollverfahren (ohne freier Verkehr und Ausfuhr), Freizonen, Zollwert, Einfuhrumsatzsteuer, Nacherhebung, Erlaß, Erstattung, Zollbefreiungen grenzüberschreitender Kfz-Verkehr Beußel RDir
Ref Z 33: Marktordnungsrecht, Warenursprung und Präferenzen, Ausfuhrverfahren/Außenwirtschaftsrecht, Außenhandelsstatistik, Zolltarifrecht, Antidumpingrecht, Mindestpreisregelungen Steiner OR-Rätin

Gruppe Z 4 Verbrauchsteuern, Abgabenordnung und allgemeine Rechtssachen, Überwachung des Außenwirtschaftsverkehrs, Außenprüfung, zwischenstaatliche Rechts- und Amtshilfe, Aufgaben nach dem Sozialgesetzbuch IV
Leiter: NN

Ref Z 41: Abgabenordnung, allgemeine Verbrauchsteuerangelegenheiten, Finanzgerichtsordnung, Außenprüfung und Steueraufsicht, Branntweinmonopol, Kaffeesteuer, Tabaksteuer, zwischenstaatliche Rechts- und Amtshilfe NN
Ref Z 42: Überwachung des Außenwirtschaftsverkehrs, Biersteuer, Verwaltungsverfahrensgesetz, Außenprüfung, Bekämpfung der illegalen Beschäftigung, Datenschutz Lossau RDir
Ref Z 43: Rechtssachen und Prozeßführung, Erstattung von Sachschäden an dienstlich genutzten privaten Kraftfahrzeugen, Mineralölsteuer, Schaumweinsteuer Rittenauer ORR

Bundesvermögensabteilung
80333 München, Sophienstr 6; Tel (0 89) 59 95-00; Fax (0 89) 33 77
Leiterin: Friederike van Aalst FinPräsidentin

Gruppe BV 1 Allgemeine Verwaltung (Organisation/Personal/Haushalt), Fortbildung, Ausbildung für den gehobenen Dienst und Betreuung der Regierungsräte z A in der Einführungszeit, landwirtschaftliche und forstwirtschaftliche Gutachtertätigkeit, Kunstbesitz des Bundes, IT-Angelegenheiten
Leiter: NN

Ref BV 11: **Organisation, Personal, Haushalt, Vermögensrechnung, Verschlußsachen/Datenschutz, Fortbildung** Neuss ORR
Ref BV 12: **Ausbildung für den gehobenen Dienst und Betreuung der RR z A in der Einführungszeit, Kunstbesitz des Bundes, IT-Angelegenheiten** NN
Ref BV 13: **Landwirtschaftliche Gutachtertätigkeit** NN
Ref BV 14: **Forstwirtschaftliche Gutachtertätigkeit** Griesbach FoDir

Gruppe BV 2 Liegenschaftsverwaltung, Grundstücks- und Raumbeschaffung, Abwicklung nach § 57 LBG
Leiter: Anton Eisenkölbl LtdRDir

Ref BV 21: **Grundsatzangelegenheiten der Liegenschaftsverwaltung, Grundstücks- und Raumbeschaffung** Eisenkölbl LtdRDir
Ref BV 22: **Liegenschaftsverwaltung im Bereich des Bundesvermögensamtes Augsburg (Stadt- und Landkreise)** Schweller ORR
Ref BV 23: **Liegenschaftsverwaltung im Bereich des Bundesvermögensamtes Augsburg (Stadt- und Landkreise)** Emmrich RDir
Ref BV 24: **Liegenschaftsverwaltung im Bereich des Bundesvermögensamtes München (Ortsverwaltung Bad Reichenhall, Landshut und Passau)** Rehklau ORRätin
Ref BV 25: **Liegenschaftsverwaltung im Bereich des Bundesvermögensamtes München (Stadt München, Landkreis München), Grundsatzangelegenheiten Konversion, AKG** Busch ORRätin

Gruppe BV 3 Wohnungsbauförderung (Mietwohnungsbau, Familienheime), Darlehnsverwaltung, Wohnungsvergabeaufsicht, Vollzug des Gesetzes über den Abbau der Fehlsubventionierung im Wohnungswesen in Bayern (BayAFWoG), Entschädigung wegen Fluglärm im Bereich militärischer Flugplätze, Bundesfinanzhilfen, Allgemeines Kriegsfolgengesetz, NS-Gesetz, Forderungen des Deutschen Reiches, Verwaltung der den Ländern als Finanzhilfen zur Förderung des Wohnungs- und Städtebaues gewährten Darlehen des Bundes, Bautechnische Gutachtertätigkeit, Betreuungsverwaltung für die alliierten Streitkräfte
Leiter: Dr Erik Sayler RDir

Ref BV 31: **Wohnungsbauförderung (Mietwohnungen), AKG, Gesetz zur Regelung der NS-Verbindlichkeiten, Forderungen des Deutschen Reiches** Dr Sayler RDir
Ref BV 32: **Familienheimförderung, Bundesfinanzhilfen, Rechtsbehelfe beim Vollzug des BagAFWoG, Entschädigung wegen Fluglärm im Bereich militärischer Flugplätze, Betreuungsverwaltung** Maucher ORRätin
Ref BV 33: **Hoch- und tiefbautechnische Gutachtertätigkeit** Meyer BauDir
Ref BV 34: **Darlehnsverwaltung (Mietwohnungsbau, Familienheimdarlehen, Wohnungsvergabeaufsicht, Sonderdarlehen)** Müller ORR
Ref BV 35: **Vollzug des BayAFWoG für Bundesdarlehenswohnungen und Wohnungsfürsorgewohnungen von Zuwendungsempfängern des Bundes** Schmidt-Geierhaas RRätin

Dem Oberfinanzpräsidenten unmittelbar unterstellt:

Bundeskasse München
80333 München, Sophienstr 6; Tel (0 89) 59 95-00; Fax (0 89) 59 95-12 77
Leiter: Peter Beier ZAR

Dem Leiter der Zoll- und Verbrauchsteuerabteilung unmittelbar unterstellt:

Vorprüfungsstelle (Bund) Hanna Gernand ZOAR

Der Dienst- und Fachaufsicht der Oberfinanzdirektion München unterstehen:

Zolltechnische Prüfungs- und Lehranstalt der Oberfinanzdirektion München

80339 München, Landsberger Str 122; Tel (0 89) 51 09-01; Fax (0 89) 51 09-23 79

Vorsteher: Reinhard Pätsch LtdRDir

Zollschule

87561 Oberstdorf, Hubertushaus; Tel (0 83 22) 44 44; Fax (0 83 22) 87 22

Leiter: Der jeweilige Lehrgangsleiter

Zollfahndungsamt

80339 München, Landsbergerstr 124; Tel (0 89) 51 09-2; Fax (0 89) 51 09-11 80

Vorsteher: Palmer ORR
Amtsbezirk: Regierungsbezirke Oberbayern, Niederbayern und Schwaben

Zweigstelle Lindau
88131 Lindau, Bregenzer Str 5; Tel (0 83 82) 93 13-0; Fax (0 83 82) 68 62

Zweigstelle Bad Reichenhall
83435 Bad Reichenhall, Poststr 25; Tel (0 86 51) 7 00 02; Fax (0 86 51) 7 87 77

Zweigstelle Passau
94036 Passau, Neuburger Str 124; Tel (08 51) 3 80-03; Fax (08 51) 7 27 74

Hauptzollämter

Hauptzollamt Augsburg
86150 Augsburg, Prinzregentenplatz 3; Tel (08 21) 50 12-01; Fax (08 21) 50 12-1 88
Vorsteher: Wolfgang Zilk ORR
Amtsbezirk: Kreisfreie Städte Augsburg und Ingolstadt; Landkreise Aichach-Friedberg, Augsburg, Dillingen a d Donau, Donau-Ries, Eichstätt, Günzburg, Neuburg-Schrobenhausen, Neu-Ulm und Pfaffenhofen a d Ilm

Hauptzollamt Bad Reichenhall
83435 Bad Reichenhall, Poststr 4; Tel (0 86 51) 70 00-01; Fax (0 86 51) 87 79
Vorsteher: Josef Bruckner RDir
Amtsbezirk: Landkreise Berchtesgadener Land, Mühldorf a Inn und Altötting; Landkreis Traunstein ohne die Gemeinden Marquartstein, Reit im Winkl, Schleching und Unterwössen, die Abfertigungsplätze der Abfertigungsstelle Freilassing und des Zollamts Autobahn auf österreichischem Hoheitsgebiet

Hauptzollamt Landshut
84034 Landshut, Seligenthaler Str 62; Tel (08 71) 8 06-0; Fax (08 71) 8 06 50
Vorsteher: Rudolf Forstner ZOAR
Amtsbezirk: Kreisfreie Städte Landshut und Straubing; Landkreise Dachau, Deggendorf, Dingolfing-Landau, Erding, Freising (ohne Gebiet des Flughafens München Franz-Josef Strauß), Kelheim, Landshut und Straubing-Bogen; Landkreis Freyung-Grafenau ohne die Gemeinden Freyung, Grainet, Haidmühle, Hinterschmiding, Hohenau, Jandelsbrunn, Mauth, Neureichenau, Neuschönau, Philippsreut, Spiegelau, St Oswald-Riedlhütte und Waldkirchen; Landkreis Regen ohne die Gemeinden Arnsbruck, Bayerisch-Eisenstein, Bodenmais, Drachselried, Frauenau, Langdorf, Lindberg und Zwiesel

Hauptzollamt Lindau
88131 Lindau, Brettermarkt 2; Tel (0 83 82) 27 79-0; Fax (0 83 82) 27 79 39
Vorsteher: Reith RR
Amtsbezirk: Kreisfreie Städte Kaufbeuren, Kempten (Allgäu) und Memmingen; Landkreise Lindau (Bodensee), Oberallgäu, Ostallgäu und Unterallgäu, die österreichischen Gemeinden Jungholz und Mittelberg (Kleines Walsertal); der Abfertigungsplatz der Abfertigungsstelle des Zollamts Hörbranz-Autobahn auf österreichischem Hoheitsgebiet

Hauptzollamt München-Flughafen
85329 München-Flughafen, Postfach 23 20 53; Tel (0 89) 9 75-9 07 00; Fax (0 89) 9 75-9 07 06

Vorsteher: Knauer ORR
Amtsbezirk: Flughafen München-Franz Josef Strauß

Hauptzollamt München
80339 München, Landsberger Str 124; Tel (0 89) 51 09-00; Fax (0 89) 51 09 20 15
Vorsteher: Dr Stefan Els RDir
Amtsbezirk: Kreisfreie Stadt München; Landkreise Fürstenfeldbruck und München

Hauptzollamt Passau
94032 Passau, Rathausplatz 1; Tel (08 51) 3 80 01; Fax (08 51) 3 80-2 51
Vorsteher: Hans Meusel RDir
Amtsbezirk: Kreisfreie Stadt Passau; Landkreise Passau und Rottal-Inn; vom Landkreis Freyung-Grafenau die Gemeinden Freyung, Grainet, Haidmühle, Hinterschmiding, Hohenau, Jandelsbrunn, Mauth, Neureichenau, Neuschönau, Philippsreut, Spiegelau, St Oswald-Riedlhütte und Waldkirchen; vom Landkreis Regen die Gemeinden Arnsbruck, Bayerisch-Eisenstein, Bodenmais, Drachselried, Frauenau, Langdorf, Lindberg und Zwiesel; die Abfertigungsplätze des Zollamts Braunau und der Abfertigungsstelle des Zollamts Suben-Autobahn auf österreichischem Hoheitsgebiet

Hauptzollamt Rosenheim
83022 Rosenheim, Münchener Str 51; Tel (0 80 31) 30 06-0; Fax (0 80 31) 30 06 93
Vorsteher: Wilfried Schönebeck ORR
Amtsbezirk: Kreisfreie Stadt Rosenheim; Landkreise Bad Tölz-Wolfratshausen, Ebersberg, Garmisch-Partenkirchen, Landberg am Lech, Miesbach, Rosenheim, Starnberg und Weilheim-Schongau; vom Landkreis Traunstein die Gemeinden Marquartstein, Reit im Winkl, Schleching und Unterwössen

Hauptzollamt für Prüfungen
80336 München, Schwanthalerstr 95-97; Tel (0 89) 5 43 39-01; Fax (0 80 31) 5 43 39-1 11
Vorsteher: Lutz Pollack RR
Amtsbezirk: Oberfinanzdirektion München

Bundesvermögensämter

Bundesvermögensamt
86150 Augsburg, Prinzregentenplatz 3; Tel (08 21) 50 12-02; Fax (08 21) 50 12-2 15
Vorsteher: Otto Mayr ORR
Amtsbezirk: Kreisfreie Städte Augsburg, Kaufbeuren, Kempten (Allgäu), Memmingen, Ingolstadt sowie die Landkreise Aichach-Friedberg, Augsburg, Bad Tölz-Wolfratshausen, Dachau, Dillingen a d Donau, Donau-Ries, Eichstätt, Fürstenfeldbruck, Garmisch-Partenkirchen, Günzburg, Landsberg a Lech, Lindau (Bodensee), Neu-Ulm, Neuburg-Schrobenhausen, Oberallgäu, Ostallgäu, Pfaffenhofen a d Ilm, Starnberg, Unterallgäu, Weilheim-Schongau

Bundesvermögensamt
80335 München, Marsstr 30; Tel (0 89) 55 87 20; Fax (0 89) 5 58 72-2 07
Vorsteher: Eisenreich RDir
Amtsbezirk: Kreisfreie Städte München, Landshut, Passau, Rosenheim, Straubing sowie die Landkreise Altötting, Berchtesgadener Land, Deggendorf, Dingolfing-Landau, Ebersberg, Erding, Freising, Freyung-Grafenau, Kelheim, Landshut, Miesbach, Mühldorf a Inn, München, Passau, Regen, Rosenheim, Rottal-Inn, Straubing-Bogen, Traunstein

Bundesforstamt Stockdorf

82131 Stockdorf, Gautinger Str 34; Tel (0 89) 89 56 86-0; Fax (0 89) 89 56 86 56

Vorsteher: Eckehart Griesbach FoDir
Amtsbezirk: Forstsplitterbesitz in den Regierungsbezirken Schwaben, Oberbayern, Niederbayern

2.17 Oberfinanzdirektion Münster

(Landesfinanzverwaltung in der Teilausgabe „Land Nordrhein-Westfalen")
48145 Münster, Andreas-Hofer Str 50; Tel (02 51) 9 34-0; Fax (02 51) 9 34 25 81

Oberfinanzpräsident: Jürgen Himstedt
Persönlicher Referent, Öffentlichkeitsarbeit: Schwarzer ORR
Präsidialbüro: Kohne ROAR
Gleichstellungsbeauftragte: Kemper ORRätin
Koordinierungsstelle „Verwertung von Bundesliegenschaften": Dr Wichardt LtdRDir
Amtsbezirk: Die Regierungsbezirke Arnsberg, Detmold und Münster

Zoll- und Verbrauchsteuerabteilung (Abt Z)
Leiterin: Dr Monika Sievert FinPräsidentin

Gruppe Z 1 Organisation, soziale Fürsorge, Liegenschaften (Verwaltungsgrundvermögen), Haushalt, Kassenwesen, DV- und Informationstechnik, Daten- und Geheimschutz, Angelegenheiten der Arbeitssicherheit und Arbeitsmedizin
Leiter: Lindenau LtdRDir

Ref Z 11: Organisation, Datenschutz und Geheimschutz Lindenau LtdRDir
Ref Z 12: Informationstechnik, EDV- und Büroorganisation, Telekommunikation, elektonische Vordruckbearbeitung, Text- und Schriftgutbearbeitung, soziale Fürsorge Grohspietsch ZOAR
Ref Z 13: Haushalts-, Kassen- und Rechnungswesen, Arbeitssicherheit, Liegenschaften (Verwaltungsgrundvermögen), Fahrzeuge Fiedler ORR

Gruppe Z 2 Personalangelegenheiten, Schadenersatz, Rechtsangelegenheiten
Leiter: Stetskamp AbtDir

Ref Z 21: Beamtenrecht, Personalsachen höherer und gehobener Dienst, Personalvertretungs- und Schwerbehindertenrecht, PEBIS-BFV, Frauenförderung, Ausbildung gehobener Dienst Stetskamp AbtDir
Ref Z 22: Personalsachen mittlerer und einfacher Dienst, Ausbildung und Fortbildung, Disziplinarsachen, Rechtsschutz, Verwaltungsstreitsachen Scholz ORRätin
Ref Z 23: Arbeits- und Tarifrecht, Personalsachen der Verwaltungsangestellten und Verwaltungsarbeiter, Vergütungs- und Lohnangelegenheiten, Rechtsangelegenheiten, Schadenersatz Reckendrees RDir
Ref Z 24: Besoldung, Versorgung, Reise- und Umzugskosten, Trennungs- und Kindergeld, Untersuchungsführer in förmlichen Disziplinarsachen Bußmeyer ORR

Gruppe Z 3 Zölle, Einfuhrumsatzsteuer, Verbrauchsteuern, Branntweinmonopol, EWG-Marktordnungen, Verbote und Beschränkungen, Außenwirtschaft, Vollstreckung, Mitwirkung bei Prüfungen im Rahmen des SGB IV, Außenprüfung und Steueraufsicht, Abgabenordnung, Fachaufsicht über den Zollfahndungsdienst
Leiterin: Dr Janssen LtdRDirektorin

Zentralstelle Ursprungsnachprüfung Dr Sievert FinPräsidentin

Ref Z 31: Allgemeine und Verwaltungsangelegenheiten der Zölle, Erfassung des Warenverkehrs, Zollbehandlung, Zollschuldrecht, Zollerhebung, Zollverfahrensrecht, Einfuhrumsatzsteuer, Außenprüfung und Steueraufsicht, Versand Dr Janssen LtdRDirektorin
Ref Z 32: EG-Marktorganisation, Marktordnungen, Versand, Veredelung, Umwandlung, Anteilzoll, Zollwert, Warenursprung und Präferenzen, Kosten, Fachaufsicht Zollfahndung Hildebrand RRätin
Ref Z 33: Außenwirtschaftsrechnung, Außenwirtschaftliche Überwachung, VuB, Statistik Blumberg RDir
Ref Z 34: Abgabenordnung, Vollstreckung, Verbrauchsteuern, Branntweinmonopol, Mitwirkung bei Prüfungen nach § 107 SGB IV, AO- und Verbrauchsteuervordrucke Wedig RDir

Bundesvermögensabteilung (Abt BV)
Leiter: Bertrams FinPräs

Gruppe BV 1 Allgemeine Verwaltungsangelegenheiten, Organisation, Personal, Haushalt, Zivilschutzangelegenheiten, Allgemeines Kriegsfolgengesetz (AKG), forstwirtschaftliche, baufachliche und landwirtschaftliche Gutachten, Dienstwohnungsangelegenheiten
Leiterin: Gräbner LtdRDirektorin

Ref BV 11: Allgemeine Verwaltungs-, Organisations-, Haushalts- sowie Personalangelegenheiten (ohne höherer Dienst), fachbezogene Aus- und Fortbildung; Dienstwohnungsangelegenheiten Schwarze ORR
Ref BV 12: Personalangelegenheiten des höheren Dienstes, Schadensersatzansprüche gegen Bedienstete, Zivilschutz auf nichtbundeseigenen Liegenschaf-

ten, **Allgemeines Kriegsfolgengesetz (AKG)** Gräbner LtdRDirektorin

Ref BV 13: **Forstwirtschaftliche Gutachten im Bereich des Bundesvermögensamtes Bielefeld** Rummenie FoDir; **Forstwirtschaftliche Gutachten im Bereich des Bundesvermögensamtes Dortmund** Feuring FoR

Ref BV 14: **Baufachliche Gutachten** Dipl-Ing Ollefs VwAngestellte

Ref BV 15: **Landwirtschaftliche Gutachten** Dipl-Ing agr Deitert VwAng

Gruppe BV 2 Liegenschafts- und Betreuungsverwaltung, Ausgleich für Grundsteuermindereinnahmen, Entschädigung von Wertminderungen durch Fluglärm; Abgeltung von Belegungsschäden und Erstattung von Restwerten
Leiter: Dr Wichardt LtdRDir

Ref BV 21: **Allgemeinsachen Liegenschafts- und Betreuungsverwaltung, Belegungsschäden, Restwerterstattung, Entschädigung von Wertminderungen durch Fluglärm** NN

Ref BV 22: **Liegenschafts- und Betreuungsverwaltung im Bereich des Bundesvermögensamtes Bielefeld** Brümmer ORR

Ref BV 23: **Liegenschafts- und Betreuungsverwaltung im Bereich des Bundesvermögensamtes Dortmund** Ebmeier ORR

Gruppe BV 3 Wohnungsbaufinanzierung und Darlehensverwaltung, Wohnungsfürsorge, Durchführung des Gesetzes zum Abbau der Fehlsubventionierung im Wohnungswesen (AFWoG), Vertreter des Finanzinteresse, Betreuungsverwaltung (nur gemietete Wohnungen für britische Streitkräfte), Grundstücks- und Raumbeschaffung, Justitiariat der Abteilung
Leiter: Engels RDir

Ref BV 31: **Wohnungsbaufinanzierung und Wohnungsfürsorge, Betreuungsverwaltung (nur gemietete Wohnungen für Stationierungsstreitkräfte)** Engels RDir

Ref BV 32: **Verwaltung der Bundes- und Reichsbaudarlehen** Ameskamp VwAngestellte

Ref BV 33: **Durchführung des Gesetzes zum Abbau der Fehlsubventionierung im Wohnungswesen (AFWoG)** Grotefeld ORR

Ref BV 34: **Grundstücks- und Raumbeschaffung, Vertreter des Finanzinteresses, Justitiariat der Abteilung** Seidel VwAngestellte

Dem Oberfinanzpräsidenten unmittelbar unterstellt:
Bundeskasse Münster Killing ZOAR
Zollanstalt Münster Guntermann ZOAR
Vorprüfungsstelle (Bund) Deppe ZOAR

Der Dienst- und Fachaufsicht der Oberfinanzdirektion Münster unterstehen:

Zollehranstalt der Oberfinanzdirektion Münster

48155 Münster, Nieberdingstr 21; Tel (02 51) 6 07 01-05; Fax (02 51) 66 52 49
Vorsteher: Guntermann ZOAR

Zollfahndungsamt

48161 Münster, Gescherweg 90; Tel (02 51) 87 01-0; Fax (02 51) 8 70 11 99
Vorsteher: Minnemann ORR
Amtsbezirk: Oberfinanzbezirk Münster

Zollfahndungszweigstellen

33602 Bielefeld, Turnerstr 49; Tel (05 21) 96 38 02; Fax (05 21) 96 38 62

44139 Dortmund, Hainallee 1; Tel (02 31) 95 71-0; Fax (02 31) 52 78 81

48691 Vreden, Butenwall 79-81; Tel (0 25 64) 20 34; Fax (0 25 64) 42 95

Hauptzollämter

Hauptzollamt Bielefeld
33607 Bielefeld, Lohbreite 6; Tel (05 21) 30 47-0; Fax (05 21) 3 04 71 00
Vorsteher: König ORR
Amtsbezirk: Kreisfreie Stadt Bielefeld, Kreise Gütersloh, Herford, Lippe und Minden-Lübbecke

Hauptzollamt Bochum
44791 Bochum, Am Bergbaumuseum 43; Tel (02 34) 95 88-0; Fax (02 34) 58 14 35
Vorsteherin: Vermehr ORRätin
Amtsbezirk: Kreisfreie Städte Bochum, Bottrop, Gelsenkirchen, Herne, Kreis Recklinghausen ohne die Stadt Castrop-Rauxel, vom Ennepe-Ruhr-Kreis die Stadt Witten

Hauptzollamt Dortmund
44139 Dortmund, Hainallee 1; Tel (02 31) 95 71-0; Fax (02 31) 9 57 11 40
Vorsteher: Maier RDir
Amtsbezirk: Kreisfreie Städte Dortmund und Hamm, Kreis Unna, vom Kreis Recklinghausen die Stadt Castrop-Rauxel

mit
Nebenstelle Hagen
58089 Hagen, Berliner Platz; Tel (0 23 31) 91 93-0; Fax (0 23 31) 91 93 06
Amtsbezirk: Kreisfreie Stadt Hagen, Märkischer Kreis, Kreis Olpe und Siegen, Ennepe-Ruhr-Kreis ohne Stadt Witten

Hauptzollamt Münster
48143 Münster, Sonnenstr 85-87; Tel (02 51) 48 14-0; Telex 89 24 01; Fax (02 51) 4 81 41 09
Vorsteher: Hartwig ORR
Amtsbezirk: Kreisfreie Stadt Münster, Kreis Warendorf, Kreis Steinfurt ohne die Stadt Ochtrup und die Gemeinde Metelen, Kreis Coesfeld ohne die Städte Billerbeck und Coesfeld und die Gemeinde Rosendahl

Hauptzollamt Paderborn
33102 Paderborn, Bahnhofstr 4-6; Tel (0 52 51) 29 98-0; Fax (0 52 51) 29 98 20
Vorsteher: Hüttemann ORR
Amtsbezirk: Kreise Paderborn, Höxter und Soest sowie Hochsauerlandkreis

Hauptzollamt für Prüfungen
48143 Münster, Sonnenstr 85-87; Tel (02 51) 48 14-0; Fax (02 51) 4 81 41 09
Vorsteher: NN
Amtsbezirk: Oberfinanzbezirk Münster

Bundesvermögensämter

Bundesvermögensamt
33602 Bielefeld, Turnerstr 49; Tel (05 21) 96 38 01; Fax (05 21) 96 38 62
Vorsteher: Stolp-Göttges ORR
mit
Ortsverwaltung Soest
59494 Soest, Vor dem Schonekindtor 13; Tel (0 29 21) 35 84-0; Fax (0 29 21) 35 84 50
Leiter: Manderla ROAR

Bundesvermögensamt Dortmund
44147 Dortmund, Steinstr 34; Tel (02 31) 84 02-0; Fax (02 31) 84 02-2 00
Vorsteher: Dr Brummund ORR

Bundesforstämter

Bundesforstamt Senne
33175 Bad Lippspringe, Senne 4; Tel (0 52 52) 96 54-0; Fax (0 52 52) 96 54 24
Vorsteher: Delius FoDir
Amtsbezirk: Regierungsbezirke Detmold, Arnsberg (nur Kreis Soest und Hochsauerlandkreis)

Bundesforstamt Münsterland
48155 Münster, Lindberghweg 80; Tel (02 51) 6 01 91 und 6 01 92; Fax (02 51) 66 66 52
Vorsteher: Hans Rummenie FoDir
Amtsbezirk: Regierungsbezirke Münster, Arnsberg (ohne Kreis Soest und Hochsauerlandkreis)

2.18 Oberfinanzdirektion Nürnberg

(Landesfinanzverwaltung in der Teilausgabe „Land Freistaat Bayern")
90408 Nürnberg, Krelingstr 50; Tel (09 11) 3 76-0; Telex 62 22 57; Fax (09 11) 3 76-22 70 (Zoll), 3 76-24 49 (Bundesvermögensabteilung)

Oberfinanzpräsident: Dr Horst Seelig
Präsidialbüro: Heinz-Gerd Horlemann RR
Amtsbezirk: Regierungsbezirke Mittel-, Ober-, Unterfranken und Oberpfalz

Zoll- und Verbrauchsteuerabteilung
Leiter: Werner Josten FinPräs

Gruppe Z 1
Leiter: Walter Lengert LtdRDir

Ref Z 11: **Organisation und Verwaltung (ohne Angelegenheiten des Grenzaufsichtsdienstes), Vorschlagswesen, Öffentlichkeitsarbeit der Zollverwaltung** Lengert LtdRDir
Ref Z 12: **Grenzaufsichtsdienst, Arbeitssicherheit, Kraftfahrwesen, Geheimschutz, Funk- und Fernschreibwesen, Zollfahndung; Liegenschaften (Zoll), Bauangelegenheiten, Dienst- und Bundesmietwohnungen, Wohnungsfürsorge, Behördenselbstschutz** Semig ORRätin
Ref Z 13: **Haushalt, Beschaffungs-, Telekommunikations-, Kassen- und Rechnungswesen; Beauftragter für den Haushalt (§ 9 BHO), Kassenaufsichtsbeamter der Bundeskasse Nürnberg, Ansprechpartner für Teilzeitbeschäftigung, Zentrale Zahlstellenprüfung für die OF-Bezirke Nürnberg, Chemnitz und Erfurt** Müller RDir
Ref Z 14: **Informationstechnik (IT) und elektronische Datenverarbeitung (EDV)** NN

Gruppe Z 2
Leiter: Dr Georg Zirker LtdRDir

Ref Z 21: **Beamtenrechtliche Grundsatzfragen, Personalangelegenheiten des höheren und gehobenen Dienstes, Personaldatenbank, Personalangelegenheiten der Verwaltungsangestellten und -arbeiter, Vergütung der Angestellten, Löhne der Arbeiter, Kindergeld für Angestellte und Arbeiter** Dr Zirker LtdRDir
Ref Z 22: **Personalangelegenheiten des mittleren und des einfachen Dienstes, Umzugskosten, Reisekosten, Trennungsgeld** Fröhlich RDir
Ref Z 23: **Aus- und Fortbildung, Verwaltungsgerichtsverfahren in beamtenrechtlichen Streitigkeiten (ausgenommen Besoldung und Versorgung), Einstellung der Nachwuchsbeamten des gehobenen Dienstes der Zoll- und Bundesvermögensverwaltung, Disziplinarsachen, Dienstaufsichtsbeschwerden** Steiner RDir
Ref Z 24: **Besoldung, Versorgung, Familienleistungsausgleich (Kindergeld) durch die Familienkassen** NN

Gruppe Z 3
Leiterin: Karla Hoppe LtdRDirektorin

Ref Z 31: Allgemeines Zollrecht, Veredelung, DV-Abfertigungsverfahren, Umwandlungsverfahren, Einfuhrumsatzsteuer, Ausfuhrnachweis für Umsatzsteuerzwecke, Warenursprung und Präferenzen, Zollfragen der Europäischen Union (ohne Zolltarif und Zollwert), Reiseverkehr (ohne Zollbefreiungen), Außenprüfung und Steueraufsicht, Kontaktbeamter für mobile Kontrollgruppen der Zollverwaltung Hoppe LtdRDirektorin

Ref Z 32: Verbrauchsteuern und Branntweinmonopol; grenzüberschreitender Kraftfahrzeugverkehr; Zollwert; Verbote und Beschränkungen; internationale Rechts- und Amtshilfe; Versand; Zollager; vorübergende Verwendung; außertarifliche Zollbefreiungen; Truppenzollrecht, Zollkosten, Außenhandelsstatistik Wieber RDir

Ref Z 33: EG-Marktordnungsrecht, Zolltarif, Nacherhebung und Erstattung/Erlaß von Einfuhrabgaben (ausgenommen Verbrauchsteuern), einfuhrabgabenbegünstigte Verwendung, Zollbehandlung im Luftverkehr und im Binnenschiffsverkehr, Zollflugplatzzwang, Fürsorgeangelegenheiten einschließlich Unfallfürsorge, Pauschalierung von Eingangsabgaben, Bekämpfung der illegalen Beschäftigung Dr Klett RDir

Ref Z 34: Allgemeine Rechtsangelegenheiten, Ordnungswidrigkeiten nach dem Bundeskindergeldsetz; KOBRA-Koordinator, Abgabenordnung (ohne internationale Rechts- und Amtshilfe), Finanzgerichtsordnung, Außenwirtschaftsrecht einschließlich Ahndung von Verstößen; Ahndung nach dem Gesetz zur Durchführung der gemeinsamen Marktorganisationen; Beauftragter des Bundesdisziplinaranwalts; Beauftragter für die Umsetzung der Richtlinien zur Verbesserung von Verwaltungsvorschriften; Straf- und Ordnungswidrigkeitenrecht Papior RDir

Bundesvermögensabteilung
Leiter: Arnold Fester FinPräs

Gruppe BV 1
Leiter: Hans-Walter Hofmann LtdRDir

Ref BV 11: Allgemeine Verwaltungsangelegenheiten, Organisations- und Personalangelegenheiten, Mitwirkung in Haushaltsangelegenheiten, Vermögensrechnung, Tagungen und Dienstbesprechungen, Aus- und Fortbildung Engler ROAR

Ref BV 12: Grundsatzfragen der Allgemeinen Liegenschaftsverwaltung (ohne Konversion), der Betreuungsverwaltung und der Grundstücks- und Raumbeschaffung, Ausbildungsleiter; Wahrnehmung der Interessen des Bundes als Träger öffentlicher Belange Hofmann LtdRDir

Ref BV 13: Betreuungsverwaltung in den Regierungsbezirken Mittelfranken, Oberfranken und Unterfranken; Liegenschaftsverwaltung in den Regierungsbezirken Mittelfranken (teilweise) und Unterfranken Junker Angestellte

Ref BV 14: Betreuungsverwaltung im Regierungsbezirk Oberpfalz; Liegenschaftsverwaltung in den Regierungsbezirken Oberpfalz, Mittelfranken (teilweise) und Oberfranken; Mietwertfestsetzungen und Festsetzungen der Dienstwohnungsvergütungen im Oberfinanzbezirk Nürnberg, Restwertverfahren Mayer-Sörgel ORR

Gruppe BV 2
Leiter: Heinz Walker RDir

Ref BV 21: Grundsatzfragen der Veräußerung und Verwertung bundeseigener Liegenschaften, insbesondere vormals militärischer Objekte (Konversion); Altlasten; Vergabe/Controlling aller baufachlichen Wertermittlungsaufträge; Verwertung bundeseigener Konversionsliegenschaften im Markt Wildflecken; Forstliche Rechtsangelegenheiten; Vertreter des Finanzinteresses Walker RDir

Ref BV 22: Verwertung bundeseigener Konversionsliegenschaften in den Regierungsbezirken Unterfranken (ausgenommen Wildflecken) und Oberfranken sowie Mittelfranken (teilweise), Vergabe aller Altlastenuntersuchungsaufträge der Gruppen BV 2 und BV 1 Junker RR

Ref BV 23: Verwertung bundeseigener Konversionsliegenschaften in den Regierungsbezirken Mittelfranken (ausgenommen Stadt Fürth und Stadt Nürnberg mit Ausnahme der Wohnsiedlung Pastoriusstraße) und Oberpfalz Stephan RRätin

Ref BV 24: Baufachliche und landwirtschaftliche Gutachten Kastens BauDir

Gruppe BV 3
Leiter: Alfred Lehmann RDir

Ref BV 31: Wohnungsfürsorge; Familienheimförderung; Rückerstattung, Reparationsschädengesetz; Allgemeine Angelegenheiten des AFWoG Lehmann RDir

Ref BV 32: Darlehensverwaltung; Fehlbelegungsabgabe (Widersprüche/Klagen); Forderungen des Deutschen Reiches Schäfer RDir

Ref BV 33: Fehlbelegungsabgabe (ohne Widersprüche/Klagen), Bundesvermögen, Angelegenheiten des Zivilschutzes; Allgemeines Kriegsfolgengesetz; Systembetreuung AFWoG Dr Miener VwAng

Gruppe BV 4
Leiter: Günter Loschwitz LtdFoDir

Ref BV 41: Forstinspektion Süd, Allgemeine Angelegenheiten der Forstverwaltung (Oberfinanzdirektionsbezirke Frankfurt, Nürnberg, München, Stuttgart, Koblenz, Erfurt); Fachaufsicht über die Bundesforstämter Baumholder, Grafenwöhr, Holzland, Thüringer Wald, Mühlhausen und Bad Frankenhausen; Waldarbeitsangelegenheiten, Forststatistik, Mitwirkung bei OPH-Angelegenheiten Loschwitz LtdFoDir

Ref BV 42: Forstinspektion Süd, Fachaufsicht über die Bundesforstämter Hohenfels, Tennenlohe, Reußenberg, Stockdorf und Wildflecken; Forstliche Produktion, Jagd- und Fischereinutzung; Wildschadenssachen, Holzmarkt, Waldschutz, IT-Fachanwendung Schwartz FoOR

Ref BV 43: **Forstinspektion Süd, Fachaufsicht über die Bundesforstämter Schwarzenborn, Rhein-Pfalz, Neckargrund, Ludwigshöhe und Heuberg; Forstliche Rechtsangelegenheiten, Unfallschutz der Waldarbeiter, Walderschließung; Forsttechnik** Reitz FoOR
Ref BV 44: **Forstfachlicher Landschafts-, Natur- und Umweltschutz** Schmid FoR
Ref BV 45: **Allgemeine Forsteinrichtungsangelegenheiten, Forstflächennachweis** Schloz FoOR; **Forsteinrichtungsgruppe Amberg** Hornstein FoOR
Ref BV 46: **Forstwirtschaftliche Gutachten** Bäuml FoR
Ref BV 47: **Allgemeine Forstliche Standorterkundungsangelegenheiten** Fuchs FoOR

Dem Oberfinanzpräsidenten unmittelbar unterstellt:

Bundeskasse Nürnberg
90408 Nürnberg, Krelingstr 50; Tel (09 11) 3 76-0; Fax (09 11) 3 76-27 88
Leiter: Wieland ZOAR

Dem Leiter der Zoll- und Verbrauchsteuerabteilung unterstellt:

Vorprüfungsstelle (Bund) NN
90429 Nürnberg, Deutschherrnstr 37; Tel (09 11) 9 92 61-0; Fax (09 11) 9 92 61-19

Der Dienst- und Fachaufsicht der Oberfinanzdirektion Nürnberg unterstehen:

Zollehranstalt der Oberfinanzdirektion Nürnberg

90762 Fürth, Luisenstr 11; Tel (09 11) 77 88 58; Fax (09 11) 77 66 42
Vorsteher: Horst Reis ZOAR

Zollfahndungsamt

90478 Nürnberg, Weddigenstr 20; Tel (09 11) 94 63-0; Telex 1 79 11 80 40; Teletex 9 11 80 40; Fax (09 11) 94 63-4 99
Vorsteher: Ernst Walter ORR
Amtsbezirk: Oberfinanzbezirk Nürnberg

Zollfahndungsamt Nürnberg – Zweigstelle Würzburg –
97080 Würzburg, Veitshöchheimer Str 1 a; Tel (09 31) 30 82-0; Telex 6 88 74 zoll d; Fax (09 31) 30 82-1 72

Zollfahndungsamt Nürnberg – Zweigstelle Weiden –
92637 Weiden, Infanteriestr 1 a; Tel (09 61) 67 17-0; Fax (09 61) 67 17-20

Zollhundeschule

91564 Neuendettelsau, Breslauer Str 1; Tel (0 98 74) 7 10; Fax (0 98 74) 10 47
Leiter: Siegfried Bolten ZOAR

Hauptzollämter

Hauptzollamt Bamberg
96052 Bamberg, Luitpoldstr 5; Tel (09 51) 86 84-0; Fax (09 51) 86 84-1 33
Vorsteher: Vieth RR
Amtsbezirk: Die kreisfreien Städte Bamberg, Bayreuth, Coburg; Landkreise Bamberg, Bayreuth, Coburg, Forchheim, Kronach, Kulmbach, Lichtenfels

Hauptzollamt Hof
95030 Hof, Köditzer Str 1; Tel (0 92 81) 6 09-0; Telex 64 37 24; Fax (0 92 81) 6 09-63
Vorsteher: Sommerer ORR
Amtsbezirk: Kreisfreie Stadt Hof; Landkreise Hof, Wunsiedel

Hauptzollamt Nürnberg-Fürth
90478 Nürnberg, Weddigenstr 20; Tel (09 11) 94 63-0; Telex 1 79 11 80 40; Teletex 9 11 80 40; Fax (09 11) 94 63-4 98
Vorsteher: Papenfuß RDir
Amtsbezirk: Regierungsbezirk Mittelfranken

Hauptzollamt Regensburg
93047 Regensburg, Landshuter Str 6; Tel (09 41) 56 98-0; Fax (09 41) 56 98-1 11
Vorsteher: Moebus ORR
Amtsbezirk: Kreisfreie Städte Amberg, Regensburg; Landkreise Amberg-Sulzbach, Cham (westl Teil), Neumarkt, Regensburg, Schwandorf (westl Teil)

Hauptzollamt Schweinfurt
97421 Schweinfurt, Am Zollhof 1; Tel (0 97 21) 14 91-93; Fax (0 97 21) 18 67 51
Vorsteher: Habla ORR
Amtsbezirk: Regierungsbezirk Unterfranken

Hauptzollamt Weiden i d OPf
92637 Weiden i d OPf, Asylstr 17; Tel (09 61) 3 02-0; Telex 6 38 27; Fax (09 61) 3 02-1 80
Vorsteher: Bauer RDir
Amtsbezirk: Kreisfreie Stadt Weiden i d OPf; Landkreise Cham (östlicher Teil), Neustadt/Waldnaab, Schwandorf (östlicher Teil), Tirschenreuth

Hauptzollamt für Prüfungen
90478 Nürnberg, Weddigenstr 20; Tel (09 11) 94 63-0; Fax (09 11) 94 63-4 98
Vorsteher: NN
Amtsbezirk: Oberfinanzbezirk Nürnberg

Bundesvermögensämter

Bundesvermögensamt
92224 Amberg, Merianstr 9; Tel (0 96 21) 8 96-0; Fax (0 96 21) 8 96-19
Vorsteher: Dr Peter Fösel RDir
Amtsbezirk: Regierungsbezirk Oberpfalz

mit:
Ortsverwaltung Nürnberg
90429 Nürnberg, Deutschherrnstr 37; Tel (09 11) 9 92 61-0; Fax (09 11) 9 92 61-19
Amtsbezirk: Regierungsbezirk Mittelfranken

mit
Ortsverwaltung Bayreuth
95447 Bayreuth, Leuschnerstr 60; Tel (09 21) 6 50 61 und 6 50 62; Fax (09 21) 51 56 41
Amtsbezirk: Regierungsbezirk Oberfranken

Bundesvermögensamt
97080 Würzburg, Bismarckstr 16; Tel (09 31) 3 55 10-0; Fax (09 31) 3 55 10-40
Vorsteherin: Eva-Maria Gsänger ORRätin
Amtsbezirk: Regierungsbezirk Unterfranken

Bundesforstämter

Bundesforstamt Grafenwöhr
92249 Vilseck, Kellerweg 3; Tel (0 96 62) 41 01-0; Fax (0 96 62) 41 01-23
Vorsteher: Ulrich Maushake FoDir
Amtsbezirk: Truppenübungsplatz Grafenwöhr

Bundesforstamt Hohenfels
92287 Schmidmühlen, Kreuzbergstr 14; Tel (0 94 74) 2 30 und 83 50; Fax (0 94 74) 83 63
Vorsteher: Erich Wenzlik FoDir
Amtsbezirk: Truppenübungsplatz Hohenfels und Splitterbesitz in der südlichen Oberpfalz

Bundesforstamt Tennenlohe
91058 Erlangen, Turmberg 3; Tel (0 91 31) 77 36-0; Fax (0 91 31) 77 36-22
Vorsteher: Erik Badenheuer FoDir
Amtsbezirk: Forstsplitterbesitz in den Regierungsbezirken östliches Oberfranken, Mittelfranken und nördliche Oberpfalz

Bundesforstamt Reußenberg
97762 Hammelburg, Rommelstr 2; Tel (0 97 32) 20 45 und 20 46; Fax (0 97 32) 73 51
Vorsteher: Gunther Brinkmann FoOR
Amtsbezirk: Truppenübungsplatz Hammelburg und Forstsplitterbesitz im Regierungsbezirk westliches Oberfranken und Unterfranken

2.19 Oberfinanzdirektion Rostock

(Landesfinanzverwaltung in der Teilausgabe „Land Mecklenburg-Vorpommern")
18055 Rostock, Wallstr 2; Tel (03 81) 4 69-0; Telex (0 69) 39 84 24; Fax (03 81) 4 69-49 00 und 4 69-49 10

Oberfinanzpräsident: Dr Bernhard Schwarz
Präsidialbüro: Horst Progscha ORR
Amtsbezirk: Land Mecklenburg-Vorpommern

Zoll- und Verbrauchsteuerabteilung
18055 Rostock, Wallstr 2
Leiter: NN

Gruppe Z 1 Organisation, DV-Angelegenheiten, Datenschutz (Bund), Grenzaufsichtsdienst, Zollfahndung, Geheimschutz, Haushalts- und Rechnungswesen; Bau und Liegenschaftsangelegenheiten, Wohnungsangelegenheiten, Innere Verwaltungsangelegenheiten, Presse- und Öffentlichkeitsarbeit der Abteilung
Gruppenleiter: Gerhard Schulte AbtDir

Ref Z 11: **Personalbedarf und Dienstpostenbewertung, DV-Angelegenheiten, Innere Verwaltungsangelegenheiten, Datenschutz** Schulte AbtDir
Ref Z 12: **Organisatorische Angelegenheiten des Grenzaufsichtsdienstes und des Zollfahndungsdienstes, grenzpolizeiliche Angelegenheiten, Schiffs- und Funkwesen, Kraftfahrzeugwesen, Sicherheitsreferent, Geheimschutzbeauftragter** Möller RDir
Ref Z 13: **Haushalts-, Kassen- und Rechnungswesen, Bau- und Liegenschaftsangelegenheiten und Beschaffungswesen** NN

Gruppe Z 2 Personalangelegenheiten der Beamten, Angestellten und Arbeiter einschließlich Besoldung, Vergütung und Entlohnung, Versorgung, Reisekosten, Umzugskosten, soziale Fürsorge
Gruppenleiter: Rudolf Erb LtdRDir

Ref Z 21: **Personalangelegenheiten der Beamten des höheren und gehobenen Dienstes einschließlich Einstellungen** Erb LtdRDir
Ref Z 22: **Personalangelegenheiten der Beamten des mittleren und einfachen Dienstes einschließlich Einstellungen** NN
Ref Z 23: **Personalangelegenheiten der Angestellten und Arbeiter einschließlich der Vergütungs- und Lohnzahlungen, Besoldungsangelegenheiten, Kindergeld, Vermögenswirksame Leistungen, Beihilfen und Unterstützung, Reise- und Umzugskosten, Trennungsgeld, Versorgungsangelegenheiten** Schulz RDir

Gruppe Z 3 Zölle, Warenursprung und Präferenzen, Betriebsprüfung Zoll, Abgabenordnung, Finanzgerichtsordnung, Marktordnungsrecht, Außenwirtschaftsverkehr, Außenhandelsstatistik, Prüfungen nach § 107 SGB IV, Verbrauchsteuern, Justitiarangelegenheiten
Gruppenleiter: Jürgen Griepentrog RDir

Ref Z 31: **Abgabenordnung, Finanzgerichtsordnung, Prüfungen nach § 107 SGB IV, Verbrauchsteuern, Branntweinmonopol, Justitiarangelegenheiten** Griepentrog RDir
Ref Z 32: **Zölle (einschließlich Versand-, Zollwert-, Truppenzollrecht), Warenursprung und Präferenzen, VuB, Einfuhrumsatzsteuer, Zollkosten, Zolltarif, grenzüberschreitender Kraftfahrzeugverkehr, Betriebsprüfung Zoll, Rechtsbehelfe, soweit sie den Fachbereich des Referats betreffen** Hoffmann RDir
Ref Z 33: **Marktordnungsrecht, Außenwirtschaftsverkehr, Außenhandelsstatistik** Kraus ORR

Vorprüfungsstelle (Bund)
Leiter: Lindhorst ZOAR

Bundesvermögensabteilung
Leiterin: Kramer FinPräsidentin

Gruppe BV 1 Allgemeine Verwaltung, Organisations-, Personal- und Haushaltsangelegenheiten, Informationstechnik-Gesamtkonzept, Presseangelegenheiten der Abteilung, Aus- und Fortbildung, hoch- und tiefbautechnische, land- und forstwirtschaftliche Gutachten, Forsteinrichtungen
Gruppenleiterin: Kramer FinPräsidentin

Ref BV 11: **Allgemeine Verwaltungs- und Organisationsangelegenheiten (soweit nicht BV 12), Personalangelegenheiten der Angestellten und Arbeiter, Presseangelegenheiten der Abteilung** Nestler RR
Ref BV 12: **Personalangelegenheiten der Beamten, Aus- und Fortbildung, Haushaltsangelegenheiten, allgemeine Verwaltungs- und Organisationsangelegenheiten (soweit nicht BV 11)** Duggen LtdRDir
Ref BV 13: **Hoch- und tiefbautechnische Wertermittlungen und Gutachten, Amtshilfen** Hasse TAng
Ref BV 14: **Landwirtschaftliche Angelegenheiten** Hallmann LandwOR
Ref BV 15: **Forstwirtschaftliche Wertermittlungen und Gutachten, Amtshilfen** Wolters FoR z A
Ref BV 16: **Forsteinrichtungsgruppe Neubrandenburg** Müller VwAng
Ref BV 17: **Forsteinrichtungsgruppe Schwerin** Dinter VwAng

Gruppe BV 2 Liegenschaftsverwaltung einschließlich treuhänderische Verwaltung des Finanzvermögens nach Art 22 des Einigungsvertrages (soweit nicht BV 3 oder BV 4 zuständig), Durchführung von Verfahren nach dem InVorG und Beteiligung an Verfahren nach dem Vermögensgesetz und dem VZOG, Vertreter öffentlicher Belange bei Planungsverfahren, Mietwertfestsetzung für bundeseigene Wohnungen, bewegliches Vermögen, Amtshilfen für andere Bundesdienststellen
Gruppenleiter: Hartmann AbtDir

Ref BV 21: **Grundsatz Liegenschaftsverwaltung** Hartmann AbtDir
Ref BV 22: **Liegenschaftsverwaltung im Bereich des Bundesvermögensamtes Rostock (außer Altkreise Grevesmühlen, Wismar, Bad Doberan und Stadt Wismar), Wahrnehmung von Aufgaben aufgrund des Geschäftsbesorgungsvertrages mit der TLG, Durchführung von Verfahren nach dem InVorG, Verwaltung und Verwertung von Ferienobjekten des Bundesinnenministers, mitwirkende Bearbeitung von Grundsatzfragen des sechsten Teils des EGBGB, Schuldrechtsänderungs- und des Vermögensgesetzes** Karg RDir
Ref BV 23: **Liegenschaftsverwaltung im Bereich der Bundesvermögensämter Schwerin und Rostock (Altkreise Grevesmühlen, Wismar, Bad Doberan und Stadt Wismar), Wahrnehmung von Aufgaben aufgrund des Geschäftsbesorgungsvertrages mit der TLG, Durchführung von Verfahren nach dem InVorG, Grundsatzangelegenheiten (1. Erfassung des Bundesvermögens nach Art 21 und 22 EV, 2. Kampfmittelbeseitigung, 3. ehemalige Grenzstreifen – Durchführung des Gesetzes über den Verkauf von Mauer- und Grenzstücken an den früheren Eigentümer, 4. Maßnahmen nach § 249 h AFG** Hohmeyer ORRätin
Ref BV 24: **Liegenschaftsverwaltung im Bereich des Bundesvermögensamtes Neubrandenburg, Wahrnehmung von Aufgaben aufgrund des Geschäftsbesorgungsvertrages mit der TLG, Durchführung von Verfahren nach dem InVorG, mitwirkende Bearbeitung von Grundsatzangelegenheiten (1. VZOG, 2. InVorG, 3. Aufgaben der Bewilligungsstellen § 105 Abs 1 Nr 6 Grundbuchvfg)** Scheuffler ORR
Ref BV 25/26: **Fiskalerbschaften, Mietwertlung/-festsetzung (allgemeine und grundsätzliche Angelegenheiten), Treuhänder, Verwaltung des Finanzvermögens nach Art 22 EV soweit ehemalige genossenschaftliche Nutzung, Wahrnehmung der Aufgaben aufgrund des Geschäftsbesorgungsvertrages mit der TLG, Durchführung von Verfahren nach dem InVorG, Mitwirkende Bearbeitung von Grundsatzangelegenheiten (Treuhänderische Verwaltung des Finanzvermögens soweit generelle Nutzung, SachrechtsänderungsG), Völkerrechtliche Pauschalentschädigungsabkommen (Allgemeinsachen und Grundsatzfragen), Fachaufsicht in Einzelfällen des US-Pauschalentschädigungsabkommens** Reuter ORRätin

Gruppe BV 3 Betreuungsverwaltung einschließlich Verwaltung und Verwertung der ehemals von der WGT genutzten Liegenschaften, Belegungsschäden, Drittschäden
Gruppenleiter: Bödecker RDir (mdWdGb)

Ref BV 31: **Allgemeinsachen der Gruppe BV 3, Grundsatz: (1. Betreuungsverwaltung (außer Belegungs- und Drittschäden), 2. Verwaltung und Verwertung von ehemals der WGT zugewiesenen Liegenschaften, 3. Bewachungsverträge, 4. Sicherung und Sanierung belasteter Böden), Haushaltsangelegenheiten der Gruppe 3, Durchführung von Verfahren nach dem InVorG** Bödecker RDir
Ref BV 32: **In den Bezirken der Bundesvermögensämter Rostock und Schwerin: Verwaltung und Verwertung der von der WGT zurückgegebenen Liegenschaften einschließlich Regulierung der von der WGT verursachten Schäden/Umweltschäden an ehemaligen zurückgewiesenen Grundstücken (ohne Belegungsschäden), Durchführung von Verfahren nach dem InVorG** Huber ORR
Ref BV 33: **Grundsatzfragen zu Belegungs- und Drittschäden, Regulierung von Belegungsschäden (Art 24 AAV) und Drittschäden (Kfz-Schäden und Schäden im Zusammenhang mit nicht zugewiesenen Liegenschaften) sowie Vertragsparteischäden, Schadensersatzforderungen der WGT im Oberfinanzbezirk einschließlich haushaltsmäßige Abwicklung, Geltendmachung von Ansprüchen nach dem WAG im Oberfinanzbezirk: Im Bezirk des Bundesvermögensamtes Neubrandenburg: Verwaltung und Ver-

wertung der von der WGT zurückgegebenen Liegenschaften einschließlich Regulierung der von der WGT verursachten Schäden/Umweltschäden an ehemals zugewiesenen Grundstücken (ohne Belegungsschäden), Durchführung von Verfahren nach dem InVorG Naeven ORR

Gruppe BV 4 Wohnungsbauförderung, Gewährung von Familienheimdarlehen, Dienstaufsicht über die Wohnungsvergabe, Wahrnehmung der Aufgaben nach dem AKG, Zuwendungen für die Schaffung von Unterkünften für Zivildienstleistende, Unterbringung der Forstdienststellen, Verwaltung der Forstdienstliegenschaften, Grundstücks- und Raumbeschaffung, Unterarbeitsgruppe für die Entwicklung einer KLR-Bereich „Wohnungsfürsorge" – Teilbereich „Wohnungsvergabe" und „Förderung des Mietwohnungsbaus"
Gruppenleiterin: Kröger LtdRDirektorin

Ref BV 41: Allgemeine Angelegenheiten der Gruppe BV 4, Grundsätzliche Angelegenheiten der Wohnungsbauförderung und Darlehens- und Zuschußverwaltung, Grundsatz und Dienstaufsicht über die Wohnungsvergabe, Haushaltsmittelbewirtschaftung für den Wohnungsbau, Bautenstandsüberwachung, Zuwendungen zur Errichtung und Ausstattung von Unterkünften für Zivildienstleistende, Statistik und Nachweisungen, KLR Kröger LtdRDirektorin
Ref BV 42: Mietwohnungsbauförderung für Bundesbedienstete im Bezirk der Bundesvermögensämter Rostock und Neubrandenburg, Mitwirkung bei Verhandlungen zu geplanten Baumaßnahmen mit Investoren, Kommunalbehörden und Vertretern der Bundesministerien, Prüfung von Grundstücken auf deren Eignung für die Bedarfsträger, Prüfung von Wirtschaftlichkeitsberechnungen, Finanzierungsmodellen und Kostenansätzen, Vorbereitung der Vertragsentwürfe, Verwaltung der gewährten Darlehen und Zuschüsse Laws RR
Ref BV 43: Gewährung von Familienheimdarlehen im OF-Bezirk, Auskünfte zur Wohnungsbedarfslage bezüglich der Voraussetzung für die Gewährung von Familienheimdarlehen, Allgemeine Auskünfte an Antragsteller bei der Vorbereitung der Anträge auf Gewährung von Familienheimdarlehen sowie Vorprüfung der Unterlagen auf Vollständigkeit und Richtigkeit, Gewährung von Familienheimdarlehen und Aufwendungszuschüssen, Ermittlung des Bedarfs an entsprechenden HH-Mitteln, Familienheimkartei sowie Statistiken über Wohnungsbedarfsanfragen, Familienheimfinanzierung und Darlehensverwaltung, Verwahrung von Schulurkunden, Mietwohnungsbauförderung für Bundesbedienstete im Bezirk des Bundesvermögensamtes Schwerin wie bei BV 42 Schulze RRätin
Ref BV 44: Unterbringung der Bundesforstdienststellen und Verwaltung der Bundesforstdienstliegenschaften, Prozeßführung sowie Entscheidungen nach §§ 58, 59 BHO im Zusammenhang mit der Bundesforstverwaltung, Dienstwohnungsangelegenheiten, Wahrnehmung der Aufgaben nach dem AKG, Grundstücks- und Raumbeschaffung Niewisch ORR

Der Dienst- und Fachaufsicht der Oberfinanzdirektion Rostock unterstellt:

Zollehranstalt Rostock

18147 Rostock, Pressentinstr 83; Tel (03 81) 65 96-4 59; Telex 39 84 92; Fax (03 81) 65 96-3 79
Vorsteher: Dieter Nigbur ZOAR

Zollfahndungsamt Rostock

18119 Rostock, Am Strom 1-4; Tel (03 81) 51 96-5; Telex 39 86 38; Fax (03 81) 51 96-6 99

Vorsteher: Heinz Dieter Meyer ZOAR
Amtsbezirk: Land Mecklenburg-Vorpommern

mit

Zweigstelle Neubrandenburg
17235 Neustrelitz, Schlachthofstr 8 a; Tel (0 39 81) 20 63 60; Fax (0 39 81) 20 63 64

Hauptzollämter

Hauptzollamt Neubrandenburg
17034 Neubrandenburg, Ihlenfelder Str 112-114; Tel (03 95) 45 17-0; Telex 38 14 74; Fax (03 95) 45 17-2 19
Vorsteher: Udo Weidt RDir
Amtsbezirk: Kreisfreie Stadt Neubrandenburg; Landkreise Mecklenburg-Strelitz, Müritz und Uekker-Randow; vom Landkreis Demmin die Stadt Altentreptow sowie die Gemeinden Altenhagen, Bartow, Breesen, Breest, Burow, Gnerkow, Golchen, Grapzow, Grischow, Groß Teetzleben, Gültz, Knorrendorf, Kriesow, Mölln, Pinnow, Pripsleben, Reinberg, Röckwitz, Rosenow, Siedenbollentin, Tützpatz, Werder, Wildberg und Wolde

Hauptzollamt Schwerin
19053 Schwerin, Platz der Jugend 10; Tel (03 85) 53 90-0; Fax (03 85) 53 90-1 19
Vorsteher: Hans-Peter Wilms RR
Amtsbezirk: Kreisfreie Städte Rostock, Schwerin und Wismar; Landkreise Bad Doberan, Güstrow, Ludwigslust, Nordwestmecklenburg und Parchim; vom Landkreis Nordvorpommern die amtsfreie Gemeinde Ribnitz-Damgarten und die Gemeinden der Ämter Ahrenshagen, Bad Sülze, Barth-Land (ohne die Gemeinden Diritz, Kenz, Küstow und Löbnitz, Darß-Fischland und Marlow sowie die auf dem Darß gelegenen Teile der amtsfreien Gemeinde Barth; vom Landkreis Demmin die Gemeinden der Ämter Dargun, Malchin-Land und Stavenhagen-Land

Hauptzollamt Stralsund
18439 Stralsund, Hiddenseer Str 2; Tel (0 38 31) 2 58-30; Telex 39 81 11; Fax (0 38 31) 2 58-3 50
Vorsteher: Claus Pawlowski RDir

Amtsbezirk: Kreisfreie Städte Greifswald und Stralsund; Landkreise Ostvorpommern und Rügen; Landkreis Nordvorpommern ohne die zum Hauptzollamtsbezirk Schwerin gehörenden Gemeinden und Gemeindeteile; Landkreis Demmin ohne die zu den Hauptzollamtsbezirken Neubrandenburg und Schwerin gehörenden Gemeinden

Hauptzollamt für Prüfungen
18147 Rostock, Pressentinstr 72; Tel (03 81) 65 96-5 71; Fax (03 81) 65 96-4 02
Vorsteher: NN
Amtsbezirk: Amtsbezirk Mecklenburg-Vorpommern

Bundesvermögensämter

Bundesvermögensamt
18057 Rostock, Kopernikusstr 1 a; Tel (03 81) 3 36-0; Fax (03 81) 3 36-1 14
Vorsteher: Manfred Hoth RDir
Amtsbezirk: ehemaliger Bezirk Rostock

Bundesvermögensamt
19053 Schwerin, Bleicherufer 21; Tel (03 85) 30 33-0; Fax (03 85) 30 33-2 22
Vorsteher: Werner Pelzer RDir
Amtsbezirk: ehemaliger Bezirk Schwerin (außer Perleberg)

Bundesvermögensamt
17033 Neubrandenburg, John-Schehr-Str 13; Tel (03 95) 35 07-0; Fax (03 95) 35 07-1 33
Vorsteher: NN
Amtsbezirk: ehemaliger Bezirk Neubrandenburg (außer Prenzlau und Templin)

Bundesforstämter

Bundesforstamt Drögeheide
17367 Eggesin, Pasewalker Str 26 a; Tel (03 97 79) 2 03 63; Fax (03 97 79) 2 03 73
Vorsteher: Harry Köller
Dienstbezirk: Landkreis Uecker-Randow (soweit nicht Bundesforstämter Hintersee und Eggesin)

Bundesforstamt Eggesin
17373 Ueckermünde, Liepgartner Str 50; Tel (03 97 71) 2 35 07; Fax (03 97 71) 2 35 10
Vorsteher: Hubert Klaus FoOR
Dienstbezirk: Landkreis Uecker-Randow (soweit nicht Bundesforstämter Hintersee, Drögeheide, Neubrandenburg)

Bundesforstamt Goldberg
19399 Goldberg, Amtsstr 16; Tel (03 87 36) 4 19 03; Fax (03 87 36) 4 19 04
Vorsteher: Matthias Weber FoR
Dienstbezirk: Landkreise Güstrow (soweit nicht Bundesforstämter Prora, Neubrandenburg), Ludwigslust, Müritz (soweit nicht Bundesforstamt Neubrandenburg), Parchim (soweit nicht Bundesforstamt Parchim, Lübtheen), Kreisfreie Stadt Schwerin

Bundesforstamt Hintersee
17375 Hintersee, An der Jagdwirtschaft; Tel (03 97 76) 2 02 14 und 2 02 12; Fax (03 97 76) 2 02 49
Vorsteher: Jürgen Conrad FoOR
Dienstbezirk: Landkreise Uecker-Randow (soweit nicht Bundesforstamt Drögeheide), Ueckermünde (soweit nicht Bundesforstämter Eggesin, Neubrandenburg, Drögeheide)

Bundesforstamt Lübtheen
19249 Lübtheen, Lübbendorfer Chaussee; Tel (03 88 55) 20 32; Fax (03 88 55) 27 37
Vorsteher: Albert Schwertfeger FoR
Dienstbezirk: Landkreise Ludwigslust (soweit nicht Bundesforstamt Parchim und Goldberg), Nordwestmecklenburg (teilweise)

Bundesforstamt Neubrandenburg
17235 Neustrelitz, Parkstr 4; Tel (0 39 81) 20 57 30 und 20 31 68; Fax (0 39 81) 20 61 35
Vorsteher: Thomas Schroeder FoOR
Dienstbezirk: Kreisfreie Städte Greifswald und Neubrandenburg, Landkreise Bad Doberan (teilweise), Demmin, Güstrow (teilweise), Mecklenburg-Strelitz, Müritz, Nordvorpommern (teilweise) und Ostvorpommern

Bundesforstamt Parchim
19370 Parchim, Moltkeplatz 9; Tel (0 38 71) 21 23 55 und 26 70 29; Fax (0 38 71) 21 23 55
Vorsteher: Dirk Schübeler FoR z A (mdWdGb)
Dienstbezirk: Kreisfreie Stadt Schwerin, Landkreise Ludwigslust (soweit nicht Bundesforstamt Lübtheen), Parchim (soweit nicht Bundesforstamt Goldberg), Pritzwalk (Land Brandenburg)

Bundesforstamt Prora
18609 Prora, Proraer Chaussee; Tel (03 83 93) 24 05; Fax (03 83 93) 23 35
Vorsteher: Hannsjörg Abeler FoR z A
Dienstbezirk: Kreisfreie Stadt Stralsund, Landkreise Bad Doberan, Güstrow (soweit nicht Bundesforstamt Neubrandenburg), Nordvorpommern (soweit nicht Bundesforstamt Neubrandenburg)

2.20 Oberfinanzdirektion Saarbrücken

(Landesfinanzverwaltung in der Teilausgabe „Saarland")
66119 Saarbrücken, Präsident-Baltz-Str 5; Tel (06 81) 5 01-00; Telex 4 42 87 75 ofsb d; Fax (06 81) 5 01-63 83

Oberfinanzpräsident: Dr Gustav Eduard Michaelis
Präsidialbüro: Wolfgang Klein ZAR
Amtsbezirk: Saarland

Zoll- und Verbrauchsteuerabteilung
Leiter: Harald Prowe FinPräs

Gruppe Z 1
Leiter: Jürgen Schrinner LtdRDir

Ref Z 11: **Personalangelegenheiten der Beamten des höheren und gehobenen Dienstes sowie der Angestellten und Arbeiter, Aus- und Fortbildungswesen** Schrinner LtdRDir

Ref Z 12: **Personalangelegenheiten der Beamten des mittleren und einfachen Dienstes, Disziplinar- und Wohnungssachen, Trennungsgeld, Reise- und Umzugskosten** Friedrich RDir

Ref Z 13: **Grenz- und Zollfahndungsangelegenheiten, Amts- und Zollrechtshilfe, Geheimschutz, Arbeitsschutz, Kraftfahrzeug- und Funkwesen, Besoldung und Versorgung** NN

Ref Z 14: **Haushalts-, Kassen-, Rechnungs- und Beschaffungswesen** Schleppi ORR

Gruppe Z 2
Leiter: Köhler LtdRDir

Ref Z 21: **Zollrecht, Umsatzsteuer, Verbote und Beschränkungen, Zollkosten, grenzüberschreitender Kfz- und Straßengüterverkehr, Warenursprung und Präferenzen, Außenprüfung und Steueraufsicht, Beihilfen für Bedienstete und Versorgungsempfänger, Datenschutzangelegenheiten** NN

Ref Z 22: **Außenwirtschaft- und EG-Marktordnungsrecht, Außenhandels-Statistik, Zolltarif, Bußgeldverfahren** NN

Ref Z 23: **Abgabenordnung und Finanzgerichtsordnung, Erlaß, Erstattung und Nacherhebung von Abgaben, Zivilrechtsangelegenheiten, Verbrauchsteuern und Branntweinmonopol, Angelegenheiten der mobilen Kontrollgruppe (MKG), Angelegenheiten der Bekämpfung illegal Beschäftigter Zoll (BillBZ) und der Vollstreckung** Kiefer RDir

Ref Z 24: **Organisations-, Verwaltungs- und Bauangelegenheiten, Informationstechnik** Köhler LtdRDir

Dem Oberfinanzpräsidenten unmittelbar unterstellt:

Bundeskasse Saarbrücken
66119 Saarbrücken, Präsident-Baltz-Str 5; Tel (06 81) 5 01-00; Fax (06 81) 5 01 63 19
Leiter: Paul Eisenbart ZAR

Dem Leiter der Zoll- und Verbrauchsteuerabteilung unmittelbar unterstellt:

Vorprüfungsstelle Bund Bräutigam ZOAR

Der Dienst- und Fachaufsicht der Oberfinanzdirektion Saarbrücken unterstehen:

Zollfahndungsamt Saarbrücken

66111 Saarbrücken, Am Hauptbahnhof 6; Tel (06 81) 38 81-0; Telex 6 81 75 93 ZFA SB; Fax (06 81) 3 14 28
Vorsteher: Dieter Burg ORR

Hauptzollämter

Hauptzollamt Saarlouis
66740 Saarlouis, Pavillonstr 20; Tel (0 68 31) 45 05-0; Telex 44 31 20 zolls d; Fax (0 68 31) 4 50 51 77
Vorsteher: Barth ORR
Amtsbezirk: Saarland

Hauptzollamt für Prüfungen
66119 Saarbrücken, Präsident-Baltz-Str 5; Tel (06 81) 5 01-00; Fax (06 81) 5 01 64 33
Vorsteher: NN
Amtsbezirk: Saarland

2.21 Oberfinanzdirektion Stuttgart

(Landesfinanzverwaltung in der Teilausgabe „Land Baden Württemberg")
70173 Stuttgart, Rotebühlplatz 30; Tel (07 11) 66 08-0; Telex 0 72 25 48; Fax (07 11) 66 08-33 55

Oberfinanzpräsident: Dieter Riempp
Präsidialbüro: Johann-Paul Ott RDir
Amtsbezirk: Die Regierungsbezirke Stuttgart und Tübingen

Zoll- und Verbrauchsteuerabteilung
Leiter: NN

Gruppe Z 1 Organisation, Haushalt, Informationstechnik
Leiter: Werner Eberhardt LtdRDir

Ref Z 11: **Organisation, Verwaltung, Fahndung** Eberhardt LtdRDir

Ref Z 12: **Öffentlichkeitsarbeit, Grenzaufsicht, Kraftfahrzeuge, Informationstechnik** NN

Ref Z 13: **Haushalt, Beschaffung, Datenschutz** Bühler ORR

Gruppe Z 2 Personal, Besoldung, Versorgung
Leiter: Uwe Krümmel LtdRDir

Ref Z 21: **Beamte des gehobenen und höheren Dienstes** Krümmel LtdRDir

Ref Z 22: **Beamte des einfachen und mittleren Dienstes, Arbeiter, Angestellte** Künzle RDir

Ref Z 23: **Besoldung, Versorgung, Beihilfen** Klöble ORR

Gruppe Z 3 Zölle, Verbrauchsteuern, Bekämpfung der illegalen Beschäftigung
Leiter: NN

Ref Z 31: **Verwaltungsangelegenheiten der Zölle und Verbrauchsteuern, Prüfungsdienste** NN

Ref Z 32: **Allgemeine Angelegenheiten des Zollrechts, Zollbehandlung** NN

Ref Z 33: **Marktordnung, Warenursprung und Präferenzen** Flasch RDir

Ref Z 34: **Zollwert, Verbote und Beschränkungen, Zolltarif** Dr Sulzberger ORRätin

Ref Z 35: **Verbrauchsteuern und Monopole, Abgabenrecht, Rechtsangelegenheiten, Steuerstrafsachen** Kaag ORRätin

217

Ref Z 36: **Außenwirtschaftsverkehr, innerdeutscher Wirtschaftsverkehr** Schmid RDir

Bundesvermögensabteilung
70188 Stuttgart, Talstr 40; Tel (07 11) 9 22-0; Fax (07 11) 9 22-28 23
Leiter: Dr Paul FinPräs

Gruppe BV 1 Allgemeine Verwaltungsangelegenheiten, Mitwirkung in Personal-, Organisations- und Haushaltsangelegenheiten, Gutsbezirk Münsingen, Informationstechnik, Aus- und Fortbildung, Förderung von Wohnungen für Bundesbedienstete, Fachaufsicht über die Wohnungsvergabe, Darlehensverwaltung, Fehlbelegungsabgabe, Reparationsschädengesetz, Rückerstattungsangelegenheiten, Zuwendungen, Zivilschutzangelegenheiten, Allgemeines Kriegsfolgengesetz, Vertreter des Finanzinteresses, Grundstücks- und Raumbeschaffung, Liegenschafts- und Betreuungsverwaltung in den Landkreisen Reutlingen, Tübingen und im Zollernalbkreis, landwirtschaftliche und forstliche Gutachten, Forsteinrichtungsgruppe Heilbronn
Leiter: Findling LtdRDir

Ref BV 11: **Organisations-, Personal- und Haushaltsangelegenheiten, Gutsbezirk Münsingen, Informationstechnik** Lindinger ORR
Ref BV 12: **Aus und Fortbildung, Grundstücks- und Raumbeschaffung, Vertreter des Finanzinteresses** Findling LtdRDir
Ref BV 13: **Darlehensverwaltung, Rückerstattungsangelegenheiten, Fehlbelegungsabgabe, Wohnungsvergabe, Familienheimförderung** Huttenlocher ORR
Ref BV 14: **Zivilschutzangelegenheiten, Zuwendungen, Liegenschafts- und Betreuungsverwaltung in den Landkreisen Reutlingen, Tübingen und im Zollernalbkreis** Braun ORRätin
Ref BV 15: **Landwirtschaftliche Gutachten** Graf LandwDir
Ref BV 16: **Forstwirtschaftliche Gutachten** Flogaus FoOR
Ref BV 17: **Forsteinrichtung im Oberfinanzbezirk Stuttgart** Meyer-Wenke FoR

Gruppe BV 2 Liegenschafts- und Betreuungsverwaltung, Bauleitplanung, Mietwertfestsetzung, Dienstgebäude, Vertreter des Bundes- und Finanzinteresses, Bautechnische Gutachten
Leiter: Reichelt RDir

Ref BV 20: **Koordinierungsstelle Verwertung von Konversionsliegenschaften** Scharf RDir
Ref BV 21: **Grundsatz und allgemeine Angelegenheiten der Liegenschaftsverwaltung, Bauleitplanung, Liegenschaftsverwaltung im Landkreis Ludwigsburg** Reichelt RDir
Ref BV 22: **Liegenschafts- und Betreuungsverwaltung im Stadtkreis Stuttgart sowie in den Kreisen Böblingen, Esslingen und im Bereich der Ortsverwaltung Heilbronn, Göppingen und Rems-Murr-Kreis** Harbrecht ORRätin

Ref BV 23: **Liegenschafts- und Betreuungsverwaltung im Bereich Ulm und Friedrichshafen** Scharf RDir
Ref BV 24: **Verwertung von entbehrlichen bundeseigenen Liegenschaften** Babler VwAng
Ref BV 25: **Wertermittlung in Hoch- und Tiefbauangelegenheiten** Wendt BauDir

Dem Oberfinanzpräsidenten unmittelbar unterstellt:

Bundeskasse Stuttgart
70190 Stuttgart, Hackstr 85; Tel (07 11) 9 22-0; Fax (07 11) 9 22-24 45
Leiter: Heinz Haspel ZOAR

Dem Leiter der Zoll- und Verbrauchsteuerabteilung unmittelbar unterstellt:

Vorprüfungsstelle (Bund)
70178 Stuttgart, Marienplatz 1; Tel (07 11) 60 53 63
Leiter: Karl Weiger ZOAR

Der Dienst- und Fachaufsicht der Oberfinanzdirektion Stuttgart unterstehen:

Zollehranstalt der Oberfinanzdirektion Stuttgart

70190 Stuttgart, Hackstr 85; Tel (07 11) 9 22-0; Fax (07 11) 9 22-25 20
Vorsteher: Rolf Langjahr ZOAR

Zollfahndungsamt

70190 Stuttgart, Hackstr 83; Tel (07 11) 9 22-0; Fax (07 11) 9 22-27 15
Vorsteher: Kurt Maier ORR
Amtsbezirk: Oberfinanzbezirk Stuttgart

Hauptzollämter

Hauptzollamt Friedrichshafen
88045 Friedrichshafen, Schanzstr 14; Tel (0 75 41) 9 24-0; Telex 73 43 78; Fax (0 75 41) 9 24-1 80
Vorsteher: Werner Kasel ORR
Amtsbezirk: Bodenseekreis, Landkreise Ravensburg und Sigmaringen

Hauptzollamt Heilbronn
74072 Heilbronn, Bahnhofstr 2; Tel (0 71 31) 96 19-0; Telex 72 87 27; Fax (0 71 31) 96 19-1 99
Vorsteher: Manfred Wiest RR
Amtsbezirk: Stadtkreis Heilbronn, Landkreise Heilbronn, Schwäbisch Hall, Hohenlohekreis, Main-Tauber-Kreis und Ludwigsburg

Hauptzollamt Reutlingen
72760 Reutlingen, Burkhardt-Weber-Str 34; Tel (0 71 21) 3 28-0; Telex 72 98 40; Fax (0 71 21) 3 28-1 70
Vorsteher: Klaus-Eckhardt Baur ORR

Amtsbezirk: Landkreise Reutlingen und Tübingen, Zollernalbkreis, vom Landkreis Esslingen die Gemeinden Aichtal, Altdorf, Altenried, Bempflingen, Beuren, Bissingen a d Teck, Dettingen und Teck, Erkenbrechtsweiler, Frickenhausen, Großbettlingen, Holzmaden, Kirchheim und Teck, Kohlberg, Lenningen, Neckartailfingen, Neckartenzlingen, Neidlingen, Neuffen, Notzingen, Nürtingen, Oberboihingen, Ohmden, Owen, Schlaitdorf, Unterensingen, Weilheim a d Teck, Wendlingen a N, Wolfschlugen

Hauptzollamt Stuttgart
70190 Stuttgart, Hackstr 85; Tel (07 11) 9 22-0; Fax (07 11) 9 22-22 09
Vorsteher: Udo Kohlschreiber RDir
Amtsbezirk: Stadtkreis Stuttgart, Landkreis Böblingen, Rems-Murr-Kreis, vom Landkreis Esslingen die Gemeinden Aichwald, Altbach, Baltmannsweiler, Deizisau, Denkendorf, Esslingen a N, Filderstadt, Hochdorf, Köngen, Leinfelden-Echterdingen, Lichtenwald, Neuhausen a d Fildern, Ostfildern, Plochingen, Reichenbach a d Fils, Wernau (Neckar), vom Landkreis Ludwigsburg die Gemeinden Ditzingen, Gerlingen, Hemmingen, Korntal-Münchingen

Hauptzollamt Ulm
89073 Ulm, Schaffnerstr 3; Tel (07 31) 96 48-0; Telex 71 23 34; Fax (07 31) 96 48-2 99
Vorsteher: Hartmut Sabionski ORR
Amtsbezirk: Stadtkreis Ulm, Landkreise Biberach, Heidenheim, Alb-Donaukreis, Ostalbkreis und Göppingen

Hauptzollamt für Prüfungen
70190 Stuttgart, Hackstr 85; Tel (07 11) 9 22-0; Fax (07 11) 9 22-22 09
Vorsteher: NN
Amtsbezirk: Oberfinanzbezirk Stuttgart

Bundesvermögensamt

70190 Stuttgart, Sickstr 80; Tel (07 11) 9 22-0; Telex 72 21 01
Vorsteherin: Hiltraud Tomaschek RDirektorin
Amtsbezirk: Stadtkreis Stuttgart; die Landkreise Böblingen, Esslingen, Ludwigsburg, Göppingen, Rems-Murr-Kreis, Tübingen, Reutlingen, Zollernalbkreis

mit
Ortsverwaltung Heilbronn
74074 Heilbronn, Lenaustr 2; Tel (0 71 31) 17 70 61 und 17 70 62; Fax (0 71 31) 17 70 63
Leiter: Jörn Golisch RAR
Amtsbezirk: Stadtkreis Heilbronn; die Landkreise Heilbronn, Schwäbisch Hall, Hohenlohekreis, Main-Tauber-Kreis

Ortsverwaltung Ulm
89073 Ulm, Grüner Hof 2; Tel (07 31) 1 89-0; Fax (07 31) 1 89-30 50

Leiter: Wilfried Langjahr ROAR
Amtsbezirk: Stadtkreis Ulm; die Landkreise Biberach, Heidenheim, Sigmaringen, Ostalbkreis, Alb-Donaukreis

Ortsverwaltung Friedrichshafen
88046 Friedrichshafen, Schwabstr 50; Tel (0 75 41) 7 16 33; Fax (0 75 41) 3 44 63
Leiter: Adolf Kujas RAR
Amtsbezirk: Landkreise Ravensburg und Bodenseekreis

Bundesforstämter

Bundesforstamt Neckargrund
74072 Heilbronn, Badstr 10; Tel (0 71 31) 93 28-0; Fax (0 71 31) 93 28-16
Vorsteher: Wolfgang Löwe FoOR
Amtsbezirk: Forstsplitterbesitz in den Oberfinanzbezirken Stuttgart und Karlsruhe

Bundesforstamt Ludwigshöhe
72525 Gutsbezirk Münsingen, Königstr 9; Tel (0 73 81) 7 17 und 7 18; Fax (0 73 81) 66 57
Vorsteher: Ernst Hördler FoOAR
Amtsbezirk: Truppenübungsplatz Münsingen, Muna Haid, Standortübungsplätze Tübingen und Reutlingen sowie Liegenschaft Riedlingen-Pflummern

Bundesforstamt Heuberg
72469 Meßstetten, Zeurenstr 79; Tel (0 74 31) 6 22 30; Fax (0 74 31) 6 10 30
Vorsteher: Klaus Suchanka FoOAR
Amtsbezirk: Truppenübungsplatz Heuberg, Forstsplitterbesitz im Regierungsbezirk Freiburg

3 Bundesaufsichtsamt für das Versicherungswesen (BAV)

10719 Berlin, Ludwigkirchplatz 3-4; Tel (0 30) 8 89 31; Fax (0 30) 88 93-4 94

Staatsrechtliche Grundlage und Aufgabenkreis:
Zur Durchführung der dem Bund zustehenden Aufsicht über Versicherungsunternehmen wurde durch Bundesgesetz vom 31. Juli 1951 (BGBl I S 480), zuletzt geändert durch § 7 Abs 1 Buchstabe d des Gesetzes vom 26. April 1994 (BGBl I S 918), das Bundesaufsichtsamt für das Versicherungswesen mit dem Sitz in Berlin errichtet.
Die Aufgaben des Bundesaufsichtsamtes sind im wesentlichen im Gesetz über die Beaufsichtigung der Versicherungsunternehmen (Versicherungsaufsichtsgesetz – VAG) in der Fassung der Bekanntmachung vom 17. Dezember 1992 (BGBl I S 2), zuletzt geändert durch Artikel 8 des Gesetzes vom 28. Oktober 1994 (BGBl I S 3210), und den zu seiner Ergänzung und Durchführung erlassenen Vorschriften sowie in den gesetzlichen Bestimmungen zur Währungsumstellung auf dem Gebiet des Versicherungswesens geregelt. Neben den durch Gesetz vorgeschriebenen Aufgaben – Zulassung und Überwachung des ganzen Geschäftsbetriebs der Versicherungsunternehmen, insbesondere der Befolgung

der gesetzlichen Vorschriften und der Einhaltung des Geschäftsplans – gehört zum Tätigkeitsbereich des Amtes die Bearbeitung von Anfragen und Beschwerden der Versicherungsnehmer, geschädigter Dritter und die gutachtliche Äußerung über Fragen des Versicherungswesens gegenüber obersten Bundesbehörden, anderen Verwaltungsbehörden des Bundes und der Länder, gegenüber den ordentlichen Gerichten, Verwaltungsgerichten und Steuerbehörden. Das Bundesaufsichtsamt wirkt ferner als sachverständige Behörde bei den ministeriellen und parlamentarischen Ausschußberatungen von Bundesgesetzentwürfen mit, die das Versicherungswesen betreffen. Es nimmt Aufgaben nach dem Gesetz gegen Wettbewerbsbeschränkungen wahr. Durch das Gesetz zur Verbesserung der betrieblichen Altersversorgung vom 19. Dezember 1974 (BGBl I S 3610) ist das Amt neben der laufenden Aufsicht über den Pensions-Sicherungs-Verein auch als Verwaltungsbehörde für die Ahndung von Ordnungswidrigkeiten auf Grund dieses Gesetzes zuständig.

Auf dem Gebiet des internationalen Versicherungswesens ist das Bundesaufsichtsamt als Berater der Regierungsvertreter in der Organisation für wirtschaftliche Zusammenarbeit und Entwicklung (OECD) und in den Fachgremien der Europäischen Wirtschaftsgemeinschaft (EWG) tätig.

Veröffentlichungen: Veröffentlichungen des Bundesaufsichtsamtes für das Versicherungswesen (monatlich), Einzelheft 6,00 DM, jährlich 72,– DM Geschäftsbericht des Bundesaufsichtsamtes (jährlich): Selbstkostenpreis 60,– DM

Präsident des Bundesaufsichtsamtes für das Versicherungswesen: Dr Knut Hohlfeld
Vizepräsident: Dr Helmut Müller

Abt Z Zentralabteilung, Haushalt, Organisation, Personal, Rechtsangelegenheiten, Informationstechnik, Auslandsangelegenheiten, Presse- und Öffentlichkeitsarbeit
Leiter: Joachim-Friedrich Golz AbtPräs

Ref Z 1: Haushalts-, Kassen- und Beschaffungswesen, Organisation des Amtes, Register der beaufsichtigten Versicherungsunternehmen, Versicherungsbeirat und Tagungsdienst, Geheimschutz, Innerer Dienst, Treuhandangelegenheiten, Dienstanweisungen Lorsch RDir
Ref Z 2: Personalangelegenheiten, Aus- und Fortbildung, Reise- und Umzugskosten, Gesundheitsfürsorge, Wohnungsfürsorge, Prozeßvertretung in Personalangelegenheiten, Bearbeitung staatsanwaltschaftlicher Ermittlungsverfahren in dienstlichen Angelegenheiten, Hausverwaltungen H Richter RDir
Ref Z 3: Versicherungsaufsichtsrecht, Versicherungsvertragsrecht, Mitwirkung an der Gesetzgebung (soweit nicht Ref VI 1 zuständig), Verwaltungsstreitverfahren, Koordinierungsaufgaben, Versicherungsvermittlerwesen und Versicherungsaußendienst, Kartellrecht, Fragen aus dem Versicherungsrecht der früheren DDR und aus der Abwicklung von Altverträgen, sonstige allgemeine Rechtsangelegenheiten Lorenzen RDir
Ref Z 4: Informationstechnik, IT-Organisation, Systemtechnik, Anwendungsentwicklung, Benutzer-Service-Zentrum Stiller-Gutschwager RDirektorin
Ref Z 5 Ausland: Mitwirkung bei internationalen und supranationalen Organisationen (ohne OECD und UNCTAD), Zusammenarbeit mit ausländischen Versicherungsaufsichtsbehörden (außerhalb der Fachaufsicht über Versicherungsunternehmen) und sonstige internationale Angelegenheiten, soweit nicht Ref Z 7 zuständig, Besucherdienst (Ausland, soweit nicht Ref Z 7 zuständig) Janotta-Simons RDir
Ref Z 6: Presse- und Öffentlichkeitsarbeit, Geschäftsbericht BAV und Veröffentlichungen BAV, Zusammenarbeit mit Verbraucherschutzorganisationen und -verbänden, Bibliothek, Besucherdienst (Inland) Washausen-Richter RDirektorin
Ref Z 7: Zusammenarbeit in Angelegenheiten der Versicherungsaufsicht mit mittel- und osteuropäischen sowie asiatischen und afrikanischen Staaten, Mitwirkung bei der OECD und der UNCTAD in Versicherungsangelegenheiten, Besucherdienst (mittel- und osteuropäische sowie asiatische und afrikanische Staaten), Übersetzungen Wohlfeld RDirektorin

Abt I Grundsatzfragen sowie allgemeine Vorgänge der Lebensversicherung, Unternehmensverträge und Funktionsausgliederungen, Aktuarangelegenheiten (Grundsatzfragen), Durchführung des Geldwäschegesetzes, Fachaufsicht über Personenversicherungsunternehmen (einschließlich aller Lebensversicherungsunternehmen mit Sitz im EU- und EWR-Ausland)
Leiter: Braa AbtPräs

Ref I 1: Grundsatzfragen sowie allgemeine Vorgänge juristischer Art der Lebensversicherung, Aktuarangelegenheiten (Grundsatzfragen), Juristische Fachaufsicht über Personenversicherungsunternehmen der im Dienstleistungsverkehr tätigen Lebensversicherungsunternehmen mit Sitz im EU- und EWR-Ausland Möllhoff RDir
Ref I 2: Grundsatzfragen sowie allgemeine Vorgänge versicherungsmathematischer Art der Lebensversicherung, mathematische Fachaufsicht über Personenversicherungsunternehmen Vogel RDir
Ref I 3: Versicherungsmathematische Fragen der Kollektivversicherung, besondere Tariffragen, Mathematische Fachaufsicht über Personenversicherungsunternehmen, Betreuung und Kontrolle der DV-Projekte der Abt I A Herde RDir
Ref I 4: Besondere Fragen der Überschußbeteiligung in der Lebensversicherung, insbesondere der Beispielrechnungen (Werbung mit der Überschußbeteiligung) und des Finanzierbarkeitsnachweises, versicherungsmathematische Fragen der Rückversicherung in der Lebensversicherung, mathematische Fachaufsicht über Personenversicherungsunternehmen Mikolajczyk RDir

Ref I 5: Unternehmensverträge und Funktionsausgliederungen (Grundsatzfragen), juristische Fachaufsicht über Personenversicherungsunternehmen Felk RDir

Ref I 6: Angelegenheiten im Zusammenhang mit der Bekämpfung von Versicherungsbetrug (financial fraud) einschließlich Durchführung des Geldwäschegesetzes, juristische Fachaufsicht über Personenversicherungsunternehmen H-Chr Richter RDir

Abt II Grundsatzfragen sowie allgemeine Vorgänge der Krankenversicherung sowie der Pensions- und Sterbekassen, Treuhänderangelegenheiten (Grundsatzfragen), Fachaufsicht über Personenversicherungsunternehmen (einschließlich aller Krankenversicherungsunternehmen mit Sitz im EU- und EWR-Ausland)
Leiter: Dr Peter Ollick AbtPräs

Ref II 1: Grundsatzfragen sowie allgemeine Vorgänge juristischer Art der Krankenversicherung, juristische Fachaufsicht über Personenversicherungsunternehmen Präve RDir

Ref II 2: Grundsatzfragen sowie allgemeine Vorgänge juristischer Art der Pensions- und Sterbekassen, Treuhänderangelegenheiten gemäß §§ 11 b und d, 12 bVAG (Grundsatzfragen), juristische Fachaufsicht über Personenversicherungsunternehmen Bolte RDir

Ref II 3: Grundsatzfragen sowie allgemeine Vorgänge versicherungsmathematischer Art der Krankenversicherung, Betreuung und Kontrolle der DV-Projekte der Abt II, mathematische Fachaufsicht über Personenversicherungsunternehmen Sommer RDir

Ref II 4: Grundsatzfragen sowie allgemeine Vorgänge versicherungsmathematischer Art der Pensions- und Sterbekassen, mathematische Fachaufsicht über Personenversicherungsunternehmen Hein RDir

Ref II 5: Vorgänge versicherungsmathematischer Art des Standardtarifs (Grundsatzfragen), mathematische Fachaufsicht über Personenversicherungsunternehmen H Herde RDir

Ref II 6: Vorgänge versicherungsmathematischer Art der Pflegepflichtversicherung (Grundsatzfragen), mathematische Fachaufsicht über Personenversicherungsunternehmen M Volkmann RDirektorin

Abteilung III Grundsatzfragen sowie allgemeine Vorgänge der Haftpflicht-, Unfall- und Kraftfahrtversicherung sowie der Kernenergie-Risikoversicherung, mathematische Vorgänge der Schaden- und Unfallversicherung, Bestandsübertragungen, Umwandlungen, Verschmelzungen, Vermögensübertragungen, Gemeinschaftsstatistik in der Kraftfahrzeug-Haftpflichtversicherung, Fachaufsicht über Schaden- und Unfallversicherungsunternehmen
Leiter: Gerlach AbtPräs

Ref III 1: Grundsatzfragen sowie allgemeine Vorgänge juristischer Art der Kraftfahrzeug-Haftpflicht- und Fahrzeugversicherung, Fachaufsicht über Schaden- und Unfallversicherungsunternehmen Dr Schmidt-Hidding LtdRDir

Ref III 2: Rechtliche Tariffragen grundsätzlicher Art in der Kraftfahrversicherung, Grundsatzfragen der Kraftfahrzeug-Haftpflicht-Schadenregulierung und -reservierung, Fachaufsicht über Schaden- und Unfallversicherungsunternehmen R Schacht RDir

Ref III 3: Grundsatzfragen sowie allgemeine Vorgänge der Unfall- und Kraftfahrtunfallversicherung, Fachaufsicht über Schaden- und Unfallversicherungsunternehmen Giesecke RDir

Ref III 4: Grundsatzfragen sowie allgemeine Vorgänge der Haftpflichtversicherung und der Versicherung des Kernenergie-Risikos, Fachaufsicht über Schaden- und Unfallversicherungsunternehmen Hubbert RDir

Ref III 5: Bestandsübertragungen, Umwandlungen, Verschmelzungen, Vermögensübertragungen (Grundsatzfragen), Fachaufsicht über Schaden- und Unfallversicherungsunternehmen Lentz RDir

Ref III 6: Mathematische Vorgänge der Schaden- und Unfall-Versicherung, Gemeinschaftsstatistik in der Kraftfahrzeug-Haftpflichtversicherung, Mathematische Tariffragen in der Kraftfahrversicherung, Betreuung und Kontrolle der DV-Projekte der Abt III Teske RDir

Abt IV Grundsatzfragen sowie allgemeine Vorgänge der Schaden- und Unfallversicherung (Sach-, Transport-, Kredit-, Rechtsschutz-, Beistandsleistungs und sonstige Vermögensschadenversicherungen), Versicherungsschutz als obligatorische Verbindung mit Waren- und Dienstleistungsgeschäften, Zulassung von Kompositversicherungsunternehmen, Satzungsangelegenheiten, Geschäftsleiterangelegenheiten, Aktionärskontrolle, Fachaufsicht über Schaden- und Unfallversicherungsunternehmen (einschließlich der Schaden- und Unfallversicherungsunternehmen mit Sitz im EU- und EWR-Ausland)
Leiter: Koch AbtPräs

Ref IV 1: Grundsatzfragen sowie allgemeine Vorgänge der privaten Sachversicherung, Zulassung von Komposit-Versicherungsunternehmen, Fachaufsicht über Schaden- und Unfallversicherungsunternehmen Jeschke RDir

Ref IV 2: Grundsatzfragen sowie allgemeine Vorgänge der gewerblichen Sachversicherung sowie der Transport-, Kredit-, Kautions-, Insolvenz-, Beistandsleistungs- und sonstigen Vermögensschadenversicherung, Versicherungsschutz als obligatorische Verbindung mit Waren- und Dienstleistungsgeschäften, Fachaufsicht über Schaden- und Unfallversicherungsunternehmen von Wick RDir

Ref IV 3: Grundsatzfragen sowie allgemeine Vorgänge der Rechtsschutzversicherung, Fachaufsicht über Schaden- und Unfallversicherungsunternehmen Rekittke RDir

Ref IV 4: Satzungsangelegenheiten (Grundsatzfragen), Fachaufsicht über Schaden- und Unfallversicherungsunternehmen Eichelbaum RDir

Ref IV 5: Geschäftsleiterangelegenheiten (Grundsatzfragen), Fachaufsicht über Schaden- und Unfallversicherungsunternehmen NN

Ref IV 6: Aktionärskontrolle (Grundsatzfragen), Fachaufsicht über Schaden- und Unfallversicherungsunternehmen Post RDir

Abt V Finanzaufsicht über Unternehmensgruppen mit einem Personenversicherungsunternehmen an – ehemals – führender Stelle sowie über einzelne Personenversicherungsunternehmen, Allgemeine Vorgänge und Grundsatzfragen der Vermögensanlagen und des Deckungsstocks sowie des Prüfungswesens, Steuerrecht
Leiter: Dr Joachim Tiltag AbtPräs

Ref V 1: Allgemeine Fragen der Finanzaufsicht über Personenversicherungsunternehmen, Abschlußprüferwesen, Steuerrecht, Betreuung und Kontrolle der DV-Projekte der Abt V, Finanzaufsicht über Unternehmensgruppen und einzelne Personenversicherungsunternehmen Gruschinske RDir

Ref V 2: Solvabilität der Personenversicherungsunternehmen (Grundsatzfragen), Besondere Fragen der Finanzaufsicht über Lebensversicherungsunternehmen, Finanzaufsicht über Unternehmensgruppen und einzelne Personenversicherungsunternehmen Nickel RDir

Ref V 3: Mitwirkung bei der Zulassung von Personenversicherungsunternehmen, Besondere Fragen der Finanzaufsicht über Krankenversicherungsunternehmen, Finanzaufsicht über Unternehmensgruppen und einzelne Personenversicherungsunternehmen Dr Block RDir

Ref V 4: Allgemeine Vorgänge und Grundsatzfragen der Vermögensanlagen und des Deckungsstocks (einschließlich Treuhänderwesen) sowie der Kautionen, Grundsatzfragen des Einsatzes derivativer Finanzinstrumente und anderer Finanzinnovationen K-G Hummel RDir

Ref V 5: Fragen der Finanzaufsicht über kleinere Personen-VVaG, Finanzaufsicht über Unternehmensgruppen und einzelne Personenversicherungsunternehmen Twyhues RDir

Ref V 6: Allgemeine Vorgänge und Grundsatzfragen von örtlichen Prüfungen gemäß § 83 VAG, Prüfungsrichtlinien, Prüfungspläne, Frühwarnsystem bei Personenversicherungsunternehmen (Grundsatzfragen), Finanzaufsicht über Unternehmensgruppen und einzelne Personenversicherungsunternehmen Wücke ORR

Abt VI Finanzaufsicht über Unternehmensgruppen mit einem Schaden- und Unfallversicherungsunternehmen an – ehemals – führender Stelle sowie über einzelne Schaden- und Unfallversicherungsunternehmen und Rückversicherungsunternehmen, Allgemeine Vorgänge und Grundsatzfragen der Finanzaufsicht sowie der Rückversicherung, Unternehmensstatistik
Leiter: Horst Macht AbtPräs

Ref VI 1: Grundsatzfragen sowie allgemeine Vorgänge der Finanzaufsicht, Mitwirkung an der Gesetzgebung zur Rechnungslegung, Fragen der Finanzaufsicht der Schaden- und Unfallversicherungsunternehmen sowie der Rückversicherungsunternehmen, Finanzaufsicht über Unternehmensgruppen, einzelne Schaden- und Unfallversicherungsunternehmen sowie Rückversicherungsunternehmen Radunski LtdRDir

Ref VI 2: Betreuung und Kontrolle der DV-Projekte der Abt VI, Statistik (einschließlich internationale Statistik) ohne Beschwerde- und Schadenstatistiken, Erfassung aller Meldungen gemäß § 25 BerVersV, Finanzaufsicht über Unternehmensgruppen sowie einzelne Schaden- und Unfallversicherungsunternehmen sowie Rückversicherungsunternehmen Knappe RDir

Ref VI 3: Mitwirkung bei der Zulassung von Schaden- und Unfallversicherungsunternehmen, Versicherungstechnische Rückstellungen nach § 341 h HGB (Grundsatzfragen), Finanzaufsicht über Unternehmensgruppen, einzelne Schaden- und Unfallversicherungsunternehmen sowie Rückversicherungsunternehmen NN

Ref VI 4: Rückversicherung (Grundsatzfragen), Finanzaufsicht über Unternehmensgruppen, einzelne Schaden- und Unfallversicherungsunternehmen sowie Rückversicherungsunternehmen Weiß RDir

Ref VI 5: Frühwarnsystem bei Schaden- und Unfallversicherungsunternehmen (Grundsatzfragen), Fragen der Finanzaufsicht über kleinere Schaden- und Unfall-VVaG, Finanzaufsicht über Unternehmensgruppen, einzelne Schaden- und Unfallversicherungsunternehmen sowie Rückversicherungsunternehmen Janke RDir

Ref VI 6: Solvabilität der Schaden- und Unfallversicherungsunternehmen (Grundsatzfragen), Finanzaufsicht über Unternehmensgruppen, einzelne Schaden- und Unfallversicherungsunternehmen sowie Rückversicherungsunternehmen Struck RDir

Beirat, dessen sich das BAV bei Durchführung seiner Aufgaben bedient:

Versicherungsbeirat
Zielsetzung: Anhörung beim Erlaß von Rechnungslegungsvorschriften, bei der Schaffung und Gestaltung der Statistik über die Art der Zählnachweise, gutachtliche Beratung bei der Vorbereitung wichtiger Beschlüsse, Mitwirkung bei Beschlußkammerentscheidungen des Bundesaufsichtsamtes.
Zusammensetzung: 60 Mitglieder

4 Bundesaufsichtsamt für den Wertpapierhandel

60318 Frankfurt am Main, Nibelungenplatz 3; Tel (0 69) 95 95 20; Fax (0 69) 95 95 21 23

Staatsrechtliche Grundlage und Aufgabenkreis:
Das Bundesaufsichtsamt für den Wertpapierhandel ist am 1. August 1994 als selbständige Bundesoberbehörde aufgrund des § 3 Abs 1 des Gesetzes über den Wertpapierhandel (Wertpapierhandelsgesetz – WpHG) vom 26. Juli 1994 (BGBl I S 1746) in Frankfurt am Main errichtet worden. Es wirkt im Rahmen der ihm zugewiesenen Aufgaben Mißständen im Wertpapierhandel entgegen, die die ord-

nungsgemäße Durchführung des Wertpapierhandels beeinträchtigen oder erhebliche Nachteile für den Kapitalmarkt bewirken können.
Wesentliche Aufgaben nach dem Gesetz über den Wertpapierhandel (WpHG) sind insbesondere
- die Verfolgung und präventive Bekämpfung von Insidergeschäften,
- die Überwachung der Veröffentlichung kursbeeinflussender Tatsachen durch börsennotierte Unternehmen,
- die Kontrolle der Einhaltung von Veröffentlichungspflichten bei Veränderungen des Stimmrechtsanteils an börsennotierten Gesellschaften,
- die Überwachung der den Wertpapierdienstleistungsunternehmen obliegenden Verhaltensregeln,
- die internationale Zusammenarbeit mit ausländischen Wertpapieraufsichtsbehörden und die Vertretung deutscher Interessen in internationalen Gremien,
- die Überwachung der Hinterlegung und Veröffentlichung von Verkaufsprospekten für Wertpapiere, die nicht zum Börsenhandel zugelassen sind.

Präsident des Bundesaufsichtsamtes für den Wertpapierhandel: Georg Wittich

5 Bundesaufsichtsamt für das Kreditwesen (BAKred)

12203 Berlin, Gardeschützenweg 71-101; Tel (0 30) 84 36-0; Fax (0 30) 84 36-15 50

Staatsrechtliche Grundlage und Aufgabenkreis:
Das Bundesaufsichtsamt für das Kreditwesen ist am 1. Januar 1962 als selbständige Bundesoberbehörde auf Grund des § 5 Abs 1 des Gesetzes über das Kreditwesen – KWG – vom 10. Juli 1961 (BGBl I Seite 881), in Berlin errichtet worden.
Das Bundesaufsichtsamt für das Kreditwesen überwacht die Tätigkeit der Kreditinstitute nach Maßgabe des Kreditwesengesetzes in der Fassung der Bekanntmachung vom 22. Januar 1996 (BGBl I S 64), des Hypothekenbankgesetzes in der Neufassung der Bekanntmachung vom 19. Dezember 1990 (BGBl I S 2898), zuletzt geändert durch Art 85 des Einführungsgesetzes zur Insolvenzordnung (EGInsO) vom 5. Oktober 1994 (BGBl I S 2911), des Gesetzes über Schiffspfandbriefbanken – Schiffsbankgesetz– in der Fassung der Bekanntmachung vom 8. Mai 1963 (BGBl I Seite 302), zuletzt geändert durch Art 86 des Einführungsgesetzes zur Insolvenzordnung (EGInsO) vom 5. Oktober 1994 (BGBl I S 2911), des Gesetzes über die Pfandbriefe und verwandten Schuldverschreibungen öffentlichrechtlicher Kreditanstalten in der Fassung der Bekanntmachung vom 8. Mai 1963 (BGBl I Seite 312), zuletzt geändert durch Art 54 EGInsO, des Gesetzes über Kapitalanlagegesellschaften KAGG – in der Fassung der Bekanntmachung vom 14. Januar 1970 (BGBl I Seite 127), zuletzt geändert durch Art 45 EGInsO sowie des Gesetzes über Bausparkassen in der Fassung der Bekanntmachung vom 15. Februar 1991 (BGBl I S 454), zuletzt geändert durch Art 89 EGInsO.
Es hat insbesondere folgende Aufgaben:
- Erteilung und Versagung der Erlaubnis zum Betreiben von Bankgeschäften
- Überwachung der Qualifikation der Geschäftsleiter der Kreditinstitute
- Überwachung der Eigentümerstruktur der Kreditinstitute
- Überwachung der Eigenkapitalausstattung, der Liquidität und des Kredit und Geschäftsgebarens von Kreditinstituten, Kreditinstitutsgruppen und Finanzholdinggruppen,
- Überwachung der Deckungsmassen für Pfandbriefe und Kommunalschuldverschreibungen der Hypothekenbanken sowie der Schiffspfandbriefe und Schiffskommunalschuldverschreibungen der Schiffspfandbriefbanken sowie der Einhaltung besonderer Geschäftsbereichsbeschränkungen
- Überwachung der Bausparbedingungen und Geschäftsgrundsätze, der Zuteilungsmassen und des Zuteilungsverfahrens der Bausparkassen sowie der Einhaltung besonderer Geschäftsbereichsbeschränkungen
- Entgegennahme und Auswertung von Meldungen, Jahresabschlüssen und Prüfungsberichten der Kreditinstitute
- Entgegenwirkung von Mißständen im Kreditwesen
- Ergreifung von Maßnahmen bei wirtschaftlichen Schwierigkeiten von Kreditinstituten
- Bearbeitung von Petitionen und Kundenbeschwerden.

Darüber hinaus obliegen dem Bundesaufsichtsamt verschiedene Aufgaben nach dem Dritten Umstellungsergänzungsgesetz – 3. UEG– vom 22. Januar 1964 (BGBl I Seite 33) sowie nach dem Gesetz zur Abwicklung der unter Sonderverwaltung stehenden Vermögen von Kreditinstituten, Versicherungsunternehmen und Bausparkassen vom 21. März 1972 (BGBl I Seite 465), geändert durch Artikel 1 des Gesetzes vom 31. Januar 1974 (BGBl I Seite 133).
Die für die obengenannten Aufgaben entstehenden Kosten des Bundesaufsichtsamtes sind, soweit sie nicht durch Gebühren oder durch besondere Kosten nach § 51 Abs 3 KWG gedeckt sind, dem Bund von den Kreditinstituten zu 90 vH zu erstatten.
Außerdem nimmt das Bundesaufsichtsamt die Aufgaben nach den Vorschriften des Gesetzes über den Vertrieb ausländischer Investmentanteile, über die Besteuerung ihrer Erträge sowie zur Änderung und Ergänzung des Gesetzes über Kapitalanlagegesellschaften vom 28. Juli 1969 (BGBl I Seite 986), zuletzt geändert durch Art 4 des Zweiten Finanzmarktförderungsgesetzes vom 26. Juli 1994 (BGBl I S 1749), sowie auf Grund des Art 8 § 5 der Anlage I des Vertrags vom 18. Mai 1990 über die Schaffung einer Währungs-, Wirtschafts- und Sozialunion zwischen der Bundesrepublik Deutsch-

land und der Deutschen Demokratischen Republik (BGBl 1990 II S 537) sowie des Art 28 des Gesetzes zu diesem Vertrag vom 25. Juni 1990 (BGBl 1990 II S 518) und dem Gesetz über das Aufspüren von Gewinnen aus schweren Straftaten (Geldwäschegesetz) vom 25. Oktober 1993 (BGBl I S 1770) wahr.

Das Bundesaufsichtsamt wirkt ferner als sachverständige Behörde bei ministeriellen und parlamentarischen Beratungen von Gesetzentwürfen sowie bei der Entwicklung internationaler Aufsichtsstandards durch den Baseler Ausschuß für Bankenaufsicht und bei der Harmonisierung von Rechtsvorschriften der Mitgliedstaaten der Europäischen Union mit, die das Kreditwesen betreffen. Darüber hinaus arbeitet das Bundesaufsichtsamt für das Kreditwesen mit ausländischen Bankenaufsichtsbehörden zusammen.

Präsident des Bundesaufsichtsamtes für das Kreditwesen: Wolfgang Artopoens
Vizepräsident: Jochen Sanio

Gruppe D Allgemeine Fragen der „Zulassung" von Risikomeß- und steuerungsmodellen für Aufsichtszwecke, Fortentwicklung des Aufsichtsrechts hinsichtlich der Verwendung dieser Modelle
Leiter: Traber RDir

Ref D 1: **Grundsatzfragen der Prüfung der qualitativen Anforderungen, des „Backtestings" und der Modellierung des spezifischen Risikos; Kreditinstitute aus dem Bereich BdB** Traber RDir
Ref D 2: **Grundsatzfragen der Statistik und der Durchführung von „Stress Tests"; Kreditinstitute aus dem Bereich des VöB, DSGV, BVR** NN
Ref D 3: **Grundsatzfragen der Finanzmathematik und der derivativen Finanzinstrumente; Kreditinstitute aus dem Bereich des Verbandes der Auslandsbanken** NN

Abt Z Organisation, Personalwesen, allgemeine Verwaltungsaufgaben; Informationstechnik; Verfolgung verbotener oder ohne Erlaubnis betriebener Bankgeschäfte; Aufgaben nach dem Geldwäschegesetz
Leiterin: Margret Schlüter AbtPräsidentin

Ref Z 1: **Organisation, Haushalt, Hausbewirtschaftung, Beschaffung, Presse- und Öffentlichkeitsarbeit, Information und Dokumentation, Sprachendienst, Bibliothek** Schubö RDir
Ref Z 2: **Personalwesen, Aus- und Fortbildung, Innerer Dienst, Arbeitssicherheit, AR-Angelegenheiten** Piro RDir
Ref Z 3: **Informationstechnik; IT-Grundsatzfragen, IT-Planung und Koordinierung; DV-Technik, IT-Anwendungen und Datenbanken, Benutzerberatung und -schulung, Arbeitsplatzcomputer** Buchholz RDir
Ref Z 4: **Verfolgung verbotener oder ohne Erlaubnis betriebener Bankgeschäfte von Personen mit Wohnsitz bzw Sitz in den Ländern Berlin, Brandenburg, Bremen, Hamburg, Mecklenburg-Vorpommern, Niedersachsen, Nordrhein-Westfalen, Sachsen-Anhalt und Schleswig-Holstein; Registerverfahren, Firmenrechts- und Bezeichnungsschutzfragen sowie Anfragen und Beschwerden über nichtkonzessionierte Kreditinstitute aus den vorgenannten Ländern, Beurteilung der Werbung** Behle RDir
Ref Z 5: **Verfolgung verbotener oder ohne Erlaubnis betriebener Bankgeschäfte von Personen mit Wohnsitz bzw Sitz in den Ländern Baden-Württemberg, Bayern, Hessen, Rheinland-Pfalz, Saarland, Sachsen und Thüringen; Registerverfahren, Firmenrechts- und Bezeichnungsschutzfragen sowie Anfragen und Beschwerden über nichtkonzessionierte Kreditinstitute aus den vorgenannten Ländern; Anfragen und Beschwerden aus dem Ausland, die keinem bestimmten Bundesland zugeordnet werden können** Moritz RDir
Ref Z 6: **Aufgaben nach dem Geldwäschegesetz im Bereich der Länder Berlin, Brandenburg, Bremen, Hamburg, Mecklenburg-Vorpommern, Niedersachsen, Nordrhein-Westfalen, Sachsen-Anhalt, Schleswig-Holstein, Rheinland-Pfalz, Saarland, Sachsen und Thüringen sowie Zweigstellen von Unternehmen mit Sitz in einem anderen Staat und die nach § 2 Abs 4 KWG freigestellten Unternehmen** Dr Schieferstein ORR
Ref Z 7: **Aufgaben nach dem Geldwäschegesetz im Bereich der Länder Baden-Württemberg, Bayern und Hessen sowie für die Deutsche Postbank AG mit Ausnahme der Zweigstellen von Unternehmen mit Sitz in einem anderen Staat sowie der gemäß § 2 Abs 4 KWG freigestellten Unternehmen** Schreiber RDirektorin

Abt I Grundsatzfragen der Bankenaufsicht, der internationalen Bankenaufsicht; Rechtsfragen, volkswirtschaftliche und betriebswirtschaftliche Fragen, Grundsatzfragen im Zusammenhang mit dem Geldwäschegesetz, Mitwirkung bei der Rechtsangleichung des Bankenaufsichtsrechts im EU-Bereich und bei Projekten anderer internationaler Einrichtungen (Rechtsangleichung)
Leiter: Dohr AbtPräs

Ref I 1: **Volkswirtschaftliche Grundsatzfragen der Bankenaufsicht; Analyse der Bankrisiken, Finanzmärkte und -instrumente; Fragen der Einlagensicherung, der Konditionen und des Zahlungsverkehrs, Rechtsangleichung im EU-Bereich und Mitwirkung bei Vorhaben anderer internationaler Gremien im Rahmen der Inlandszuständigkeit** Dr Neumann RDir
Ref I 2: **Widerspruchsverfahren, Ordnungswidrigkeitsverfahren nach Einspruch, Prozeßführung vor den Verwaltungsgerichten und ordentlichen Gerichten sowie sonstige Verfahren und Rechtsfragen gemäß Geschäftsverteilungsplan; Wettbewerbs- und Kartellrechtsfragen, Rechtsangleichung im Rahmen der Inlandszuständigkeit** Dr Bauer RDir
Ref I 3: **Auslegungsfragen zum KWG, Mitwirkung bei der gesetzgeberischen Fortentwicklung des KWG; Erlaß von Rechtsverordnungen, zu denen das Bundesaufsichtsamt für das Kreditwesen ermächtigt

ist, und Mitwirkung bei Rechtsverordnungen aufgrund des KWG, die vom BMF erlassen werden, soweit nicht ein anderes Referat zuständig ist, Rechtsangleichung im Rahmen der Inlandszuständigkeit Poppe RDir

Ref I 4: Betriebswirtschaftliche Fragen, Bilanzierung, Prüfung, Steuern, Rechtsangleichung im Rahmen der Inlandszuständigkeit Cebulla RDir

Ref I 5: Grundsatz- und Auslegungsfragen im Zusammenhang mit der Bekämpfung der Geldwäsche im Bankensektor Findeisen RDir

Ref I 6: Internationale Kontakte im Bereich der Banken- und Wertpapieraufsicht; Koordinierungsaufgaben, bilaterale Kontakte zu Bank- und Wertpapieraufsichtsbehörden im EU/EWR-Bereich, Erfahrungsaustausch mit ausländischen Bank und Wertpapieraufsichtsbehörden, Rechtsangleichung, soweit kein anderes Referat zuständig ist Cebulla RDir

Ref I 7: Erarbeitung und Fortentwicklung der Grundsätze I, I a, II und III über das Eigenkapital und die Liquidität der Kreditinstitute, Rechtsangleichung im Rahmen der Inlandszuständigkeit Conert ORR

Abt II Aufsicht über Kreditbanken
Leiter: Weiland LtdRDir

Ref II 1: Allgemeine Fragen der Kreditbanken, soweit nicht die Referate II 2 bis II 6 zuständig sind, Aufsicht über die Konzerne Commerzbank AG, die Dresdner Bank AG, BfG-Bank AG und Deutsche Direktbank AG sowie über private Kreditinstitute mit Sonderaufgaben und Bürgschaftsbanken Ulrich-Rzondetzko RDirektorin

Ref II 2: Allgemeine Fragen des Factoringgeschäfts, Aufsicht über Regionalbanken (in der Rechtsform der KGaA, AG oder GmbH) in Berlin (ehemaliger Westteil), Bremen, Hessen, Rheinland-Pfalz, Schleswig-Holstein und im Saarland sowie deren gruppenangehörige Kreditinstitute Schilling RDir

Ref II 3: Allgemeine Fragen der Länderrisiken, Aufsicht über Regionalbanken in Baden-Württemberg, Bayern, Hamburg, Niedersachsen und Nordrhein-Westfalen sowie deren gruppenangehörige Kreditinstitute Kopplin RDir

Ref II 4: Allgemeine Fragen des haftenden Eigenkapitals bei stillen Gesellschaften und freiem Vermögen, Aufsicht über Privatbankiers sowie deren gruppenangehörige Kreditinstitute Zimmermann RDir

Ref II 5: Allgemeine Fragen der Ratenkredite und des Leasinggeschäfts, Aufsicht über die Deutsche Bank AG sowie deren gruppenangehörige Kreditinstitute und über Teilzahlungskreditinstitute, Werksfinanzierer und sonstige teilkonzessionierte Kreditinstitute Pürsten RDir

Ref II 6: Allgemeine Fragen der Kredit- und Bürgschaftsbanken, Aufsicht über die Deutsche Postbank AG und einzelne Regionalbanken gemäß GVPI sowie über Kredit- und Bürgschaftsbanken mit Sitz in Brandenburg, Mecklenburg-Vorpommern, Sachsen-Anhalt, Thüringen, Sachsen und Berlin (ehemaliger Ostteil) Köhler RDir

Abt III Aufsicht über Sparkassen, Landesbanken, Hypothekenbanken und Schiffspfandbriefbanken, öffentlich-rechtliche Realkreditinstitute, Bausparkassen sowie öffentlich-rechtliche und privatrechtliche Sonderinstitute; Grundsatzfragen des Hypothekenbank- und Bausparkassenrechts
Leiter: Volkher Kerl AbtPräs

Ref III 1: Allgemeine Fragen des Sparkassenwesens soweit nicht Referat III 5 zuständig ist, Aufsicht über Landesbanken, öffentlich-rechtliche Kreditanstalten mit Sonderaufgaben, private Kreditinstitute mit langfristigem Geschäft jeweils einschließlich gruppenangehöriger Kreditinstitute soweit die Aufsicht nicht in den Abteilungen II oder V erfolgt Beham RDir

Ref III 2: Aufsicht über Sparkassen in Rheinland-Pfalz, Schleswig-Holstein, Nordrhein-Westfalen, Bayern und im Saarland Lamprecht RDir

Ref III 3: Auslegungsfragen zum Bausparkassengesetz; Mitwirkung bei der gesetzgeberischen Fortentwicklung der BSpKG und der BSpKVO; Grundsatzfragen des Bausparkassenwesens; Aufsicht über Bausparkassen und Landesbausparkassen Happel RDir

Ref III 4: Auslegungsfragen zum Hypothekenbankgesetz, Schiffsbankgesetz und ÖPG; Mitwirkung bei der gesetzgeberischen Fortentwicklung von HBG, SchBG und ÖPG; grundsätzliche Fragen des Hypotheken-, Schiffsbank- und Pfandbriefwesens; Aufsicht über Hypothekenbanken, Schiffsbanken und öffentlich-rechtliche Grundkreditanstalten sowie über Wohnungsunternehmen mit Bankgeschäft Dr Burmeister LtdRDir

Ref III 5: Allgemeine Fragen des Sparkassenwesens in den neuen Bundesländern und Aufsicht über Sparkassen in Brandenburg, Mecklenburg-Vorpommern, Sachsen-Anhalt, Sachsen, Hessen und Thüringen, Baden-Württemberg, Niedersachsen, Hamburg und Bremen Runge RDir

Abt IV Aufsicht über Kreditinstitute in der Rechtsform der eingetragenen Genossenschaft – ausgenommen Teilzahlungskreditinstitute –, und in anderer Rechtsform, wenn sie genossenschaftliche Zentralkassenfunktionen wahrnehmen, wenn sie einem genossenschaftlichen Prüfungsverband angehören oder wenn eingetragene Genossenschaften oder Kreditinstitute mit genossenschaftlicher Zentralkassenfunktion mindestens zur Hälfte an ihnen beteiligt sind
Leiter: Dr Klaus Beckmann AbtPräs

Ref IV 1: Aufsicht über die vorbezeichneten Kreditinstitute mit Sitz in Bayern Katsantonis-Paulsen RDirektorin

Ref IV 2: Aufsicht über die vorbezeichneten Kreditinstitute mit Sitz in Berlin sowie mit Sitz im Bereich des Norddeutschen Genossenschaftsverbandes (Raiffeisen- Schulze-Delitzsch) EV, des Genossenschaftsverbandes Weser-Ems EV, des Genossenschaftsverbandes Berlin-Hannover EV; Aufsicht über Kreditinstitute, die Mitglied im Verband der

Sparda-Banken EV oder im Verband der Post-, Spar- und Darlehnsvereine EV sind Herrmann RDir
Ref IV 3: Aufsicht über die vorbezeichneten Kreditinstitute mit Sitz im Bereich des Genossenschaftsverbandes Rheinland EV, des Westfälischen Genossenschaftsverbandes EV und des Genossenschaftsverbandes Hessen/Rheinland-Pfalz Thüringen EV (außer Institute in Thüringen und im Bereich des ehemaligen Genossenschaftsverbandes Kurhessen-Thüringen EV) Bluemcke ORR
Ref IV 4: Allgemeine Fragen des Genossenschaftswesens, Fragen grundsätzlicher Bedeutung; Aufsicht über die vorbezeichneten Kreditinstitute mit Sitz im Bereich des Saarländischen Genossenschaftsverbandes EV, des Württembergischen Genossenschaftsverbandes EV und des Badischen Genossenschaftsverbandes EV sowie über die DG Bank Deutsche Genossenschaftsbank Hartmann RDir
Ref IV 5: Aufsicht über vorbezeichnete Kreditinstitute in Sachsen-Anhalt und Sachsen Czapla RDir
Ref IV 6: Aufsicht über vorbezeichnete Kreditinistute in Brandenburg, Thüringen und im Bereich des ehemaligen Genossenschaftsverbandes Kurhessen-Thüringen EV Dr Schindler RDirektorin

Abt V Aufsicht über Kapitalanlagegesellschaften, Wertpapier- und Grundstücksfonds, Tochtergesellschaften und Zweigstellen ausländischer Banken, Wertpapiersammelbanken, freigestellte Unternehmen und Berliner Altbanken; Grundsatzfragen der internationalen Investmentaufsicht; Überwachung des Vertriebs ausländischer Investmentanteile sowie der Westvermögensabwicklung; Depotprüfungen; Repräsentanzen ausländischer Banken
Leiterin: Bärbel Tamm AbtPräsidentin

Ref V 1: Allgemeine Fragen des inländischen Investmentwesens, Grundsatzfragen des KAGG hinsichtlich: Publikums-Wertpapiersondervermögen und Grundstückssondervermögen, Aufsicht über folgende Kapitalanlagegesellschaften und die von diesen aufgelegten Sondervermögen: mit Grundstückssondervermögen, mit Geldmarkt- und/oder Wertpapier- und/oder Beteiligungssondervermögen, soweit sie der Firmengruppe der Commerzbank AG oder der Firmengruppe der Dresdner Bank AG zuzuordnen sind, sowie mit Geldmarkt- und/oder Wertpapier- und/oder Beteiligungssondervermögen und Sitz in Baden-Württemberg, Bayern, Berlin, Bremen, Hamburg, Niedersachsen oder Schleswig-Holstein Krug RDir
Ref V 2: Allgemeine Fragen des ausländischen Investmentwesens, Überwachung des Vertriebs ausländischer Investmentfonds Neumann RDir
Ref V 3: Allgemeine Fragen des Wertpapiergeschäfts, Aufsicht über Wertpapiersammelbanken, Anordnung und Auswertung der Depotprüfungen, Überwachung des Effektengeschäfts der Kreditinstitute, Aufgaben nach dem Dritten Umstellungsergänzungsgesetz (3.UEG), dem Westvermögen-Abwicklungsgesetz (WAbwG) und dem Altspargesetz (ASpG), Beaufsichtigung von Berliner Altbanken und verlagerten Geldinstituten, Freistellung von Unternehmen nach § 2 Abs 4 KWG und Überwachung der freigestellten Unternehmen Dr Miletzki RDir
Ref V 4: Grundsatzfragen des KAGG hinsichtlich Spezial-Wertpapiersondervermögen und Beteiligungssondervermögen, Grundsatzfragen der internationalen Investmentaufsicht, Aufsicht über folgende Kapitalanlagegesellschaften und die von diesen aufgelegten Sondervermögen: mit Geldmarkt- und/oder Wertpapier und/oder Beteiligungssondervermögen, soweit sie der Firmengruppe der Deutschen Bank AG, der Sparkassenorganisation oder dem Genossenschaftsbereich zuzuordnen sind, sowie mit Geldmarkt- und/oder Wertpapier- und/oder Beteiligungssondervermögen und Sitz in Hessen, Nordrhein-Westfalen, Rheinland-Pfalz oder im Saarland Dr Kruppa RDir
Ref V 5: Allgemeine Fragen der Auslandsbanken, soweit nicht das Referat V 6 zuständig ist; Zusammenarbeit mit Aufsichtsbehörden: der EWG im Rahmen der Gastlandsaufsicht und Vor-Ort-Prüfungen von Zweigstellen im Sinne von § 53 b KWG sowie bei der Zulassung und laufenden Aufsicht über Tochtergesellschaften; der früheren RGW-Staaten, Afrikas, des Nahen und Mittleren Ostens bei der Zulassung und laufenden Aufsicht über Tochtergesellschaften; Aufsicht über Tochtergellschaften gemäß GVPI; Überwachung und Registrierung von Repräsentanzen im Sinne von § 53 a KWG aus den Ländern der vorgenannten Regionen; Unterstützung der für die Heimatlandkontrolle zuständigen Referate der Abteilungen II Brennecke RDir
Ref V 6: Allgemeine die Auslandsbanken betreffende Fragen der Länderrisiken, des haftenden Eigenkapitals und der Finanzinnovationen; Zusammenarbeit mit Aufsichtsbehörden außerhalb der EU, soweit nicht Referat V 5 zuständig ist, bei der Zulassung, laufenden Aufsicht und Prüfung von Zweigstellen und bei der Beaufsichtigung von Tochtergesellschaften; Gastlandsaufsicht über Zweigstellen von Unternehmen aus Ländern, mit denen Abkommen zur EWG bestehen (§ 53 c KWG); Aufsicht über Tochtergesellschaften ausländischer Unternehmen gemäß GVPl; Überwachung und Registrierung von Repräsentanzen (§ 53 a KWG), soweit nicht das Referat V 5 zuständig ist; Aufsicht über Zweigstellen von Unternehmen außerhalb der EWG (§ 53 KWG); Unterstützung der für die Heimatlandkontrolle zuständigen Referate der Abteilungen III und IV Bartels RDir

Abt VI Fragen der Währungsumstellung und der Bilanzierung in DM bei Geldinstituten und Außenhandelsbetrieben (AHB) in der ehemaligen DDR, Prüfung und Bestätigung der Umstellungsrechnung, Zuteilung von Ausgleichsforderungen, Regeln des Verfahrens hierzu
Leiter: von Saldern AbtPräs

Ref VI 1: Grundsatzfragen der Währungsumstellung und Bilanzierung in DM, Regelungen des Verfahrens zur Zuteilung und des Erwerbs von Ausgleichsforderungen, Widerspruchs- und Verwaltungsstreitverfahren aus dem Arbeitsgebiet der Abt VI Kraner RDir

Ref VI 2: **Fragen der Währungsumstellung der Außenhandelsbetriebe (AHB), der Volksbanken, der Geldinstitute in der Rechtsform der AG und Anstalt des öffentlichen Rechts, Zuteilung von Ausgleichsforderungen bezüglich der genannten Unternehmen** Heicken RDir

Ref VI 3: **Fragen der Währungsumstellung und Zuteilung von Ausgleichsforderungen bezüglich der Sparkassen** Piepel RDir

Ref VI 4: **Fragen der Währungsumstellung und Zuteilung von Ausgleichsforderungen bezüglich der Raiffeisenbanken** Langfeld RDir

6 Bundesmonopolverwaltung für Branntwein

63069 Offenbach am Main, Friedrichsring 35; Tel (0 69) 83 02-1; Fax (0 69) 83 02-2 41

Staatsrechtliche Grundlage und Aufgabenkreis:
Die Bundesmonopolverwaltung für Branntwein (BMonV) wurde aufgrund des Gesetzes vom 8. August 1951 (BGBl I S 491) zur Verwaltung des Branntweinmonopols im Bundesgebiet im Rahmen der Bundesfinanzverwaltung errichtet. Durch den Einigungsvertrag vom 31. August 1990 ist das genannte Gesetz seit dem 3. Oktober 1990 auf das ganze Gebiet der Bundesrepublik Deutschland anzuwenden. Auf die Bundesmonopolverwaltung für Branntwein finden nach § 1 des genannten Gesetzes die für die Reichsmonopolverwaltung für Branntwein erlassenen Vorschriften Anwendung. Diese Vorschriften enthält das Gesetz über das Branntweinmonopol vom 8. April 1922 (Reichsgesetzbl I S 405) – BranntwMonG – in der zur Zeit gültigen Fassung mit den dazu auf Grund des § 178 BranntwMonG erlassenen Durchführungsbestimmungen. Die Bestimmungen über die Organisation und die Wirtschaftsführung der Bundesmonopolverwaltung für Branntwein enthalten das Gesetz selbst und die Grundbestimmungen vom 12. September 1922 (Zentralblatt für das Deutsche Reich 1922 S 707) – GB – in der zur Zeit gültigen Fassung. Die Bundesmonopolverwaltung für Branntwein ist Bundesoberbehörde im Geschäftsbereich des Bundesministers der Finanzen. Sie hat das Branntweinmonopol zu verwalten (§ 4 BranntwMonG), mit dem traditionell agrar- und sozialpolitische Ziele (Förderung der Branntweinerzeugung in den landwirtschaftlichen Betrieben zur Hebung der Bodenkultur und Erhaltung zahlreicher Klein- und Mittelbetriebe der Branche) verfolgt werden. Die Bundesmonopolverwaltung besteht aus dem Bundesmonopolamt (§ 8 BranntwMonG) und der Verwertungsstelle (§ 9 BranntwMonG). Die Bundesmonopolverwaltung wird von einem Präsidenten geleitet (§§ 4 und 7 BranntwMonG). Ihr Geschäftsjahr läuft vom 1. Oktober bis zum 30. September des folgenden Jahres (§ 1 GB). Die Erträge, die Aufwendungen und die Finanzvorhaben der Bundesmonopolverwaltung werden in einem Wirtschaftsplan dargestellt, der aus dem Erfolgsplan und dem Finanzplan besteht.

Die Verwertungsstelle führt die kaufmännischen Geschäfte der Bundesmonopolverwaltung für Branntwein. Sie hat sich hierbei nach den grundsätzlichen Weisungen des Bundesmonopolamts zu richten. Der Verwertungsstelle angegliedert sind 10 Außenabteilungen in Berlin-Reinickendorf, Berlin-Tempelhof, Düsseldorf, Hamburg, Leipzig, München, Neu-Isenburg, Nürnberg, Regensburg und Wittenberg. Bei den Außenabteilungen Berlin-Reinickendorf, München, Nürnberg und Wittenberg befinden sich außerdem Reinigungsanstalten.

Präsident der Bundesmonopolverwaltung für Branntwein: Kurt Teichner
Vertreter: Manfred Müller Dir

Präsidialstelle Dipl-Volksw Arnold VwAng

Vorprüfungsstelle Indorf VwAng

6.1 Bundesmonopolamt (BMonA)

63069 Offenbach am Main, Friedrichsring 35; Tel (0 69) 83 02-0; Fax (0 69) 83 02-2 41

Leiter: Gerhard Groß Dir
Vertreter: Ulrich Metzen ORR

Ref A 1: **Grundsatzfragen des Branntweinmonopols, Jahresbrennrechte, Übernahmepreise, Gewerbeausschuß, Betriebsprüfungsdienst, Steueraufsicht** Metzen ORR

Ref A 2: **Einzelfragen des Branntweinmonopols, Brennrechtsverwaltung, Branntweinsteuer und sonstige Verbrauchsteuern, allgemeines Steuerrecht, Zollrecht** Beck ORR

Ref A 3: **Festsetzung des Branntweinübernahmegeldes, Beihilfen für Selbstvermarkter, Marktordnungen, Destillationsmaßnahmen, Statistik** Hoffmann ORR

Ref A 4: **Sicherungstechnik, Brennereiprüfung, Meßuhrwesen, Alkoholometrie** Kinser ORR

Ref A 5: **Chemisch-technische Untersuchungen, Qualitätsmanagementsystem (QMS)** Dr Fuchs RDir

6.2 Verwertungsstelle

63069 Offenbach am Main, Friedrichsring 35; Tel (0 69) 83 02-1; Fax (0 69) 83 02-2 41

Leiter: Manfred Müller Dir
Vertreter: Dipl-Volksw Kurt Erlwein VwAng

Abt V I Investitionsplanungen, Verträge, Revision u a
Leiter: Dipl-Volksw Kurt Erlwein VwAng

Abt V II Produktionsleitung und -steuerung, Disposition
Leiter: Hubert Heller VwAng

Abt V III Verkaufsleitung
Leiter: Hans-Werner Schnierle VwAng

Abt V IV Betriebstechnik
Leiter: Dipl-Ing Günther Müller VwAng

Abt V V Rechnungswesen
Leiter: Rolf Rau VwAng

Der Verwertungsstelle angegliedert:

6.2.1 Außenabteilungen der Verwertungsstelle

13409 Berlin-Reinickendorf, Provinzstr 40; Tel (0 30) 49 97 96-0; Fax (0 30) 49 97 96-90
Leiter: Albrecht Jung VwAng

12099 Berlin-Tempelhof, Ringbahnstr 10,12,14; Tel (0 30) 7 50 11-3; Fax (0 30) 7 51 00 63
Leiter: Helmut Vollborn ZOAR

40221 Düsseldorf, Hamburger Str 41; Tel (02 11) 9 01 39-0; Fax (02 11) 9 01 39-90
Leiter: Hans-Jürgen Albrecht VwAng

20539 Hamburg, Billwerder Neuer Deich 28; Tel (0 40) 78 04 56-0; Fax (0 40) 7 89 38 81
Leiter: Winfried Schneider VwAng

04129 Leipzig, Haferkornstr 15; Tel (03 41) 9 04 20-0; Fax (03 41) 9 04 20-90
Leiter: Peter Goldschmidt VwAng

81673 München, Neumarkter Str 1; Tel (0 89) 43 66 31-0; Fax (0 89) 43 66 31-90
Leiter: Peter Nees VwAng

63263 Neu-Isenburg, Schleussnerstr 6; Tel (0 61 02) 20 00-0; Fax (0 61 02) 20 00 90
Leiter: Jürgen Boos VwAng

90491 Nürnberg, Äußere Sulzbacher Str 182; Tel (09 11) 9 19 93-0; Fax (09 11) 9 19 93-49
Leiter: Hans-Joachim Klump VwAng

93055 Regensburg, Donaulände 22; Tel (09 41) 79 40 87; Fax (09 41) 79 17 63
Leiter: Friedrich Simmerl VwAng

06886 Lutherstadt Wittenberg, Bahnstr 10; Tel (0 34 91) 41 54-0; Fax (0 34 91) 41 54 80
Leiter: Dipl-Ing Dieter Gutewort VwAng

7 Bundesbeauftragter für die Behandlung von Zahlungen an die Konversionskasse

10623 Berlin, Fasanenstr 87; Tel (0 30) 31 81-0; Teletex 30 85 24 = ofdbld; Fax (0 30) 31 81-14 60

Staatsrechtliche Grundlage und Aufgabenkreis:
Gemäß § 37 des Gesetzes zur Ausführung des Abkommens über deutsche Auslandsschulden vom 24. August 1953 (Bundesgesetzbl S 1003) hat der Bundesminister der Finanzen einen Beauftragten für die Behandlung von Zahlungen an die Konversionskasse für deutsche Auslandsschulden bestellt. Der Bundesbeauftragte ist für die Abwicklung der Erstattungsverfahren verantwortlich und vertritt den Bund in diesen Angelegenheiten. Er hat, gegebenenfalls nach Richtlinien des Bundesministers der Finanzen, über die Erstattungsanträge zu entscheiden und verbindliche Auskunft über alle Umstände zu geben, die für die Beurteilung der Frage, ob der Schuldner nach Anlage V des Abkommens durch die Zahlungen an die Konversionskasse von seiner Schuld befreit worden ist, erheblich sind.

Bundesbeauftragter: Jörgen Brieger-Lutter RDir

8 Bundesschuldenverwaltung (BSV)

61352 Bad Homburg, Bahnhofstr 16-18; Tel (0 61 72) 1 08-0; Telex Bad Homburg 04 15 147; TA Bundesschulden Badhomburg; Fax (0 61 72) 10 84 50

Dienststelle Berlin
12101 Berlin, Platz der Luftbrücke 1-3; Tel (0 30) 6 90 34-0; Fax (0 30) 6 90 34-1 05; TA Bundesschulden Berlin 42

Staatsrechtliche Grundlage und Aufgabenkreis:
Die Bundesschuldenverwaltung ist nach § 1 des Finanzverwaltungsgesetzes in der Fassung des Finanzanpassungsgesetzes vom 30. August 1971 (Bundesgesetzbl I S 1426) eine selbständige Bundesoberbehörde im Bereich der Bundesfinanzverwaltung. Nach §§ 23–25 der Reichsschuldenordnung vom 13. Februar 1924 (RGBl I S 574) in Verbindung mit dem Gesetz über die Errichtung einer Schuldenverwaltung des Vereinigten Wirtschaftsgebietes vom 13. Juli 1948 (WiGBl S 73) und der Verordnung über die Bundesschuldenverwaltung vom 13. Dezember 1949 (BGBl 1950 S 1) bildet die Bundesschuldenverwaltung ein Kollegium, das bei der Durchführung der gesetzlichen Aufgaben nicht den Weisungen des Bundesministers der Finanzen unterliegt. Das Kollegium besteht aus dem Präsidenten, dem Vizepräsidenten und zwei Direktoren. Zu den gesetzlichen Aufgaben der Bundesschuldenverwaltung gehören insbesondere die Beurkundung der Schulden des Bundes und seiner Sondervermögen im Rahmen der gesetzlichen Ermächtigungen, die Beurkundung der Gewährleistungen des Bundes sowie die Bedienung der Schulden (Zahlung von Zinsen und Kapital bei Fälligkeit). Die Bundesschuldenverwaltung führt das Bundesschuldbuch nach Maßgabe des Reichsschuldbuchgesetzes vom 31. Mai 1910 (RGBl S 840).

Präsidentin der Bundesschuldenverwaltung: Dr Gudrun Schlitzberger
Vizepräsident: Frank Mergenthaler

Kollegium der Bundesschuldenverwaltung: Dr Schlitzberger Präsidentin; Mergenthaler VPräs; Dr Koschwanez Dir bei der BSV; Dr Dress RDir

Der Präsidentin unmittelbar unterstellt:
Vorprüfungsstelle Wahl ROAR
Datenschutz Bauer RRätin

Abteilung Zentralverwaltung (ZV), Haushalts- und Personalangelegenheiten, Organisation, Projektarbeit, EURO, Innerer Dienst; Beauftragter für den Haushalt
Leiter: Peters RDir

Ref ZV 11: Haushalts-, Kassen- und Rechnungswesen, Organisation, Beschaffungen, Reise- und Umzugskosten, Beihilfe, Dienst- und Arbeitsunfälle Bauer RRätin
Ref ZV 12: Personal- und Disziplinarangelegenheiten, Aus- und Fortbildung, Bücherei, Hausmitteilungen Dr Stoltenberg ORR
Ref ZV 13 (Koordinierungsstelle): Vorbereitung, Steuerung und Kontrolle von Projekten, Ablaufplanungen bei der Einführung neuer Techniken, Personalbedarfsberechnung, Arbeitsplatzuntersuchungen, Presse- und Öffentlichkeitsarbeit NN
Ref ZV 14: EWWU; Vorbereitungs-, Koordinierungs- und Umstellungsarbeiten und Arbeitsgruppe EURO Lohmann VwAng
Haupsachgebiet ZV 15: Innerer Dienst, Technischer Dienst, Haus- und Grundstücksverwaltung, Arbeitssicherheit Busch ROAR

Abt 1 Altschulden (einschließlich Rechtsfragen), Archiv, Münzangelegenheiten, Verkaufsstelle für Sammlermünzen, Ordnungswidrigkeiten, Sonderaufgaben
Leiter: Frank Mergenthaler VPräs

Hauptsachgebiet 11 (Dienststelle Berlin): **Prüfstelle für Auslandsbonds, Fundierungsschuldverschreibungen (Londoner Schuldenabkommen), Archiv der Reichs- und Bundesschuld** Borawski ROAR
Hauptsachgebiet 12: **Münzangelegenheiten; Ordnungswidrigkeiten nach dem Münzgesetz und der Medaillenverordnung, Zahlstelle, Tresorverwaltung, Verkaufsstelle für Sammlermünzen** Hartwig ROAR

Abt 2 Elektronische Datenverarbeitung, Rechenzentrum, Bundesschuldenausschuß, Berichtswesen nach § 34 RSchO, Statistiken, Vermögensrechnung, Kredit- und Ermächtigungskontrolle, Schuldscheindarlehen; Bedienung der Bundesschuld (ohne Schuldbuchforderungen), Gewährleistungen, Wertpapierwesen
Leiter: Dr Koschwanez Dir bei der Bundesschuldenverwaltung

Ref 21: **Planung und Konzeption des IT-Einsatzes, IT-Rahmenkonzept, Systembetreuung (PC); Rechenzentrum, Systembetrieb und -betreuung (Großrechner), Datenträgerarchiv** Schul RDir
Ref 22: **Anwendungsentwicklung und Anwendungstests, Qualitätssicherung** Schul RDir
Ref 23: **Rechts- und Grundsatzfragen des Schuldenwesens und der Kreditaufnahme, Bundesschuldenausschuß, Berichtswesen nach § 34 RSchO, Jahresbericht, Statistiken, Vermögensrechnung, ausgewählte Veröffentlichungen der BSV** Friederichs-Krug ORRätin
Ref 24: **Kreditkontrolle, Schuldscheindarlehen (einschließlich Führung Darlehenskonten), Beteiligungsschuldscheine, Bedienung der Bundesschuld (ohne Schuldbuchforderungen), Betriebsmittelanforderung** Friederichs-Krug ORRätin
Ref 25: **Ermächtigungskontrolle und Beurkundung von Gewährleistungen, Ausfertigung von Wertpapieren einschließlich Schatzwechseln), Abrechnung der Marktpflegegeschäfte** Jachan RDir

Abt 3 Bundesschuldbuch, Koordinierung der Umstellung auf die EWWU
Leiter: Dr Dress RDir

Ref 31: **Rechts- und Grundsatzfragen, Rechtsstreitigkeiten, allgemeine Schuldbuchbedingungen, Standardtexte, Innenrevision, Entwicklung und Koordinierung der Arbeitsabläufe im Schuldbuch, Schulungsmaßnahmen, Schuldbuchstatistik, Arbeitsanweisungen (einschließlich Datenbank)** Bamberg RR z A
Ref 32: **Zentralangelegenheiten des Bundesschuldbuchs, Schuldbuchkonten unpersönlicher Gläubiger, Bedienung der Schuldbuchforderungen, Neuemissionen, Mikrofilmstelle, Entschädigungs- und Ausgleichsleistungsgesetz (EALG)** Lohmann VwAng
Hauptsachgebiet 33: **Schuldbuchkonten persönlicher Gläubiger der Sachgebiete 3310, 3320, 3330 und 3340** Dreßler ROAR
Hauptsachgebiet 34: **Schuldbuchkonten persönlicher Gläubiger der Sachgebiete 3410 und 3420, Weiterentwicklung und Betreuung der CTV** Seidel RA-Rätin
Hauptsachgebiet 35: **Schuldbuchkonten persönlicher Gläubiger der Sachgebiete 3510 und 3520, 3530 und 3540** Barth ROAR
Hauptsachgebiet 36: **Schuldbuchkonten persönlicher Gläubiger des Sachgebietes 3610 sowie „Zentrale Kontenbearbeitung", Projekte zur Optimierung von NAVIS** Ruckelshausen ROAR
Schuldbuch Berlin: **Schuldbuchkonten persönlicher Gläubiger** Nowikow VwAngestellte

Bundesschuldenausschuß
Die Aufsicht über die Bundesschuldenverwaltung wird nach § 31 der Reichsschuldenordnung durch den Bundesschuldenausschuß ausgeübt, der aus drei Mitgliedern des Bundestages, drei vom Bundesrat zu bestimmenden Mitgliedern und der Präsidentin des Bundesrechnungshofes als Vorsitzenden besteht.

Vorsitzende: Dr Hedda von Wedel Präsidentin des BRH
Mitglieder des Bundestages: Michael von Schmude (CDU); Professorin Gisela Frick (FDP); Karl Diller (SPD)
Mitglieder des Bundesrates: Dieter Söllner SenDirig bei der Senatsverwaltung für Finanzen Berlin; Hella Hesse Ministerium der Finanzen Brandenburg; Jürgen Schanz SenR beim Senator für Finanzen der Freien Hansestadt Bremen

9 Zollkriminalamt

50676 Köln, Tel-Aviv-Str 1; Tel (02 21) 20 60-0;
Telex 8 88 29 10; Teletex 2 21 41 13 = ZKA,
22 14 11 31 = ZKA; Fax (02 21) 20 60-3 10

Staatsrechtliche Grundlage und Aufgabenkreis:
Das Zollkriminalamt ist aufgrund § 1 Nr 2 des Gesetzes für die Finanzverwaltung (Finanzverwaltungsgesetz) in der Fassung des Gesetzes zur Änderung des Finanzverwaltungsgesetzes und anderer Gesetze vom 7. Juli 1992 (BGBl I S 1222) als Bundesoberbehörde errichtet worden.

Nach § 5 a des Finanzverwaltungsgesetzes obliegen dem Zollkriminalamt im wesentlichen folgende Aufgaben:
- Unterstützung der Zollfahndungsämter und anderer Dienststellen der Zollverwaltung bei der Verfolgung und Verhütung von Straftaten und Ordnungswidrigkeiten nach der Abgabenordnung und anderen Gesetzen,
- Sammeln von Informationen für den Zollfahndungsdienst; Auswertung und Unterrichtung der Zollfahndungsämter und anderer Zollstellen;
- Erfassung und Übermittlung von Daten in Informationssystemen der Zollverwaltung und in solchen Systemen, an die die Zollverwaltung angeschlossen ist,
- Mitwirkung bei der Überwachung des Wirtschaftsverkehrs mit fremden Wirtschaftsgebieten,
- Mitwirkung bei der Bekämpfung des illegalen Technologietransfers, des Subventionsbetrugs im Agrarbereich und des Rauschgiftschmuggels,
- zentrale Abwicklung des Verkehrs der Zollverwaltung mit ausländischen Gerichten und Ermittlungsbehörden,
- Koordinierung und Lenkung der Ermittlungen der Zollfahndungsämter und anderer Dienststellen,
- Kriminalwissenschaftliche Forschung und Erstellung von kriminalwissenschaftlichen Gutachten,
- fachliche Fortbildung der Zollfahndungsbeamten.

In Fällen von überörtlicher Bedeutung kann das Zollkriminalamt auch selbständig ermitteln. Es ist gegenüber den Zollfahndungsämtern und anderen Dienststellen fachlich weisungsbefugt und hat ein Mitwirkungsrecht bei deren Ermittlungen.

Präsident des Zollkriminalamtes: Karl-Heinz Matthias
Vizepräsident: Paul Wamers
Amtsbezirk: Bundesgebiet

10 Bundesamt zur Regelung offener Vermögensfragen (BARoV)

– **Bundesoberbehörde** –

10117 Berlin, Mauerstr 39-40; Tel (0 30) 2 32 60-0;
Fax (0 30) 2 32 60-2 60

Staatsrechtliche Grundlage und Aufgabenkreis:
Das Bundesamt zur Regelung offener Vermögensfragen (BARoV) wurde am 1. Juli 1991 als Bundesoberbehörde im Geschäftsbereich des Bundesministeriums der Finanzen eingerichtet.

Rechtsgrundlagen sind das Gesetz zur Regelung offener Vermögensfragen (Vermögensgesetz) in der Bekanntmachung der Neufassung vom 2. Dezember 1994 (BGBl I S 3610) sowie das Entschädigungs- und Ausgleichsleistungsgesetz (EALG) vom 27. September 1994 (BGBl I S 2624).

Zu den Hauptaufgaben des BARoV gehört die Sicherung der einheitlichen Durchführung des Vermögensgesetzes. Die Bearbeitung vermögensrechtlicher Anträge ist allerdings im wesentlichen Aufgabe der Ämter und Landesämter zur Regelung offener Vermögensfragen (ÄRoV/LÄRoV) im Beitrittsgebiet.

Im Rahmen seiner Koordinierungsaufgabe veranstaltet das BARoV vielfältige Fortbildungslehrgänge, insbesondere für die Mitarbeiter in den ÄRoV und LÄRoV. Daneben erarbeitet das BARoV u a Dokumentationen, Broschüren, Merkblätter und Arbeitsanleitungen, mit deren Hilfe die Antragsbearbeitung in den Ämtern erleichtert und beschleunigt wird.

Hervorzuheben ist auch der Einsatz der sogenannten Task Force des BARoV, einer Arbeitsgruppe besonders geschulter Mitarbeiter zur Beratung der ÄRoV vor Ort.

Eine weitere wichtige Koordinierungsaufgabe hat das BARoV im Bereich des EALG, die die Länder im Auftrag des Bundes durchführen. Das BARoV veranstaltet und bewirtschaftet zudem den Entschädigungsfonds, aus dem sämtliche Leistungen nach dem EALG erbracht werden.

Ferner unterstützt das BARoV die für die Gesetzgebung zuständigen Bundesressorts; dazu gehört auch die Unterstützung des Bundesministeriums der Finanzen bei der Durchführung des Entschädigungsgesetzes und der Regelung der Ausgleichsleistungen im Rahmen der Auftragsverwaltung.

Daneben obliegt dem BARoV die Abwicklung von Vermögensangelegenheiten, die dem Amt für den Rechtsschutz des Vermögens der DDR übertragen waren. Dazu gehört auch die Entscheidung über Anträge auf Herausgabe von Altwertpapieren. Im Einvernehmen mit der Unabhängigen Kommission entscheidet das BARoV auch über die Restitution des Vermögens der Parteien- und Massenorganisationen der DDR.

Seit September 1993 verfügt das BARoV über einen Beirat, in dem die neuen Bundesländer und Berlin, Interessenverbände und Sachverständige vertreten sind. Den Vorsitz des Beirates führt der frühere

Vizepräsident des Bundesausgleichsamtes, Dr Bernward Hotze. Der Beirat unterstützt das Bundesamt bei der Erfüllung seiner Aufgaben. Ihm kommt insoweit eine allgemeine beratende Funktion zu. Der Beirat nimmt diese Aufgabe als weisungsunabhängiges Gremium wahr.

Präsident des Bundesamtes zur Regelung offener Vermögensfragen: Dr Hansjürgen Schäfer
Vizepräsident: Dr Horst-Dieter Kittke

Abt I Allgemeine Fragen des Vermögensgesetzes, Justitiariat, Aus- und Fortbildung, Öffentlichkeitsarbeit, EDV
Leiter: Dr Horst-Dieter Kittke VPräs

Abt II Aufhebung der staatlichen Verwaltung, Rückgängigmachung von Enteignungen, Rückführungsentscheidungen über das Partei- und Massenorganisationsvermögen
Leiter: Ulrich Söffing LtdRDir

Abt III Entschädigungsfonds
Leiter: Dr Albert Jaekel LtdRDir

Der Amtsleitung unmittelbar unterstellt:

Präsidialstelle mit den Sachgebieten Personal, Organisation, Innerer Dienst, Haushalt, Bibliothek Heß RDir
Pressestelle Schöneberg ORRätin

Der Rechtsaufsicht des Bundesministeriums der Finanzen unterstehen die nachstehenden Körperschaften und Anstalten des öffentlichen Rechts:

DG Bank Deutsche Genossenschaftsbank – KdöR –

60325 **Frankfurt am Main,** Platz der Republik; Tel (0 69) 74 47-01; Telex 41 22 91; Fax (0 69) 74 47-16 85

Rechtsgrundlage und Aufgabenkreis:
Gesetz über die Deutsche Genossenschaftsbank in der Fassung vom 22. Dezember 1975 (BGBl I Seite 3171 ff).
Die DG BANK Deutsche Genossenschaftsbank ist eine Körperschaft des öffentlichen Rechts und das Spitzenkreditinstitut der deutschen Genossenschaftsorganisation. Sie hat den gesetzlichen Auftrag, das Genossenschaftswesen zu fördern. Als große international operierende Geschäftsbank mit Emissionsrecht betreibt sie Bankgeschäfte aller Art. Gemeinsam mit den regionalen genossenschaftlichen Zentralbanken und den Spezialunternehmen des genossenschaftlichen Finanzverbundes stärkt die DG BANK die Wettbewerbsposition der über 2 550 Volksbanken, Raiffeisenbanken und anderer Kreditgenossenschaften, die mit rund 20 000 Bankstellen über eines der dichtesten nationalen Bankstellennetze in Europa verfügen. Ende 1995 waren mehr als die Hälfte der Volksbanken und Raiffeisenbanken unmittelbar mit der DG BANK verbunden.

Vorsitzender des Vorstandes: Dr Bernd Thiemann

Pensionskasse Deutscher Eisenbahnen und Straßenbahnen – KdöR –

50677 **Köln,** Volksgartenstr 54a; Tel (02 21) 93 18 17-0; Fax (02 21) 32 45 48

Rechtsgrundlage und Aufgabenkreis:
Gesetz zur Neuordnung der Pensionskasse Deutscher Eisenbahnen und Straßenbahnen vom 5. März 1956 mit Ergänzungen 1961 und 1970. Altersversorgung für die Arbeitnehmer der nichtbundeseigenen Eisenbahnen und angeschlossenen Kraftverkehrsbetriebe.

Vorstand: Hubert Roth (Vors); Falkobert Obst (stellv Vors)

Versorgungsanstalt des Bundes und der Länder (VBL) – AdöR –

76133 **Karlsruhe,** Hans-Thoma-Str 19; Tel (07 21) 1 55-0; Fax (07 21) 1 55-6 66

Rechtsgrundlage und Aufgabenkreis:
Die Versorgungsanstalt des Bundes und der Länder ist eine rechtsfähige, von Bund und Ländern gemeinsam getragene Anstalt des öffentlichen Rechts. Zweck der Anstalt ist es, Arbeitnehmern der Beteiligten im Wege privatrechtlicher Versicherung eine zusätzliche Alters- und Hinterbliebenenversorgung nach Maßgabe ihrer Satzung zu gewähren. An der Anstalt sind beteiligt: Die Bundesverwaltung (mit Ausnahme des Bundeseisenbahnvermögens und des Bereichs der Deutschen Post AG), die Länder (mit Ausnahme von Hamburg, dem Saarland), Gemeindeverwaltungen, Träger der Sozialversicherung und zahlreiche andere Einrichtungen und Unternehmen, an denen die öffentliche Hand maßgeblich beteiligt ist.

Hauptamtliche Vorstandsmitglieder: Dr Rolf Schmid (Präs); Guido Brunner; Bettina Stebel

Deutsche Girozentrale – Deutsche Kommunalbank –

60329 **Frankfurt (Main),** Taunusanlage 10; Tel (0 69) 26 93-0; Fax (0 69) 26 93-24 90
10625 **Berlin,** Bismarckstr 101; Tel (0 30) 31 59 67-0; Fax (0 30) 31 59 67-30

Rechtsgrundlage und Aufgabenkreis:
Verordnung vom 6. Oktober 1931 (RGBl Seite 555). Die Bank dient den Zwecken der deutschen Sparkassenorganisation und der ihr nahestehenden Kreditinstitute und Einrichtungen und betreibt Bankgeschäfte aller Art und sonstige Geschäfte, die ihren Zwecken dienen.

Vorstand: Ernst-Otto Sandvoß (Vors); Dr Dieter Goose; Hans-Joachim Reichert; Manfred Zaß

Deutscher Sparkassen- und Giroverband – KdöR – Berlin

60329 Frankfurt (Main), Taunusanlage 10; Tel (0 69) 26 93-26 85; Fax (0 69) 26 93-22 10

Rechtsgrundlage und Aufgabenkreis:
Gesetz vom 6. April 1933 (RGBl I Seite 166). Zur Zeit nur eingeschränkt aktiver Verband; Gewährträger der Deutschen Girozentrale – Deutschen Kommunalbank -.

Präsident des Deutschen Sparkassen- und Giroverbandes: Dr Horst Köhler

Kreditanstalt für Wiederaufbau (KfW) – KdöR –

60325 Frankfurt am Main, Palmengartenstr 5-9; Tel (0 69) 7 43 10; Telex 41 52 560 kwd; Fax (0 69) 74 31-29 44

Rechtsgrundlage und Aufgabenkreis:
Die KfW wurde 1948 durch Gesetz als Körperschaft des öffentlichen Rechts gegründet. Sie ist eine Bank mit wirtschaftspolitischer Aufgabenstellung, die den Typus einer Entwicklungsbank für die Volkswirtschaft der Bundesrepublik Deutschland und die der Entwicklungsländer verkörpert. Als Kreditinstitut des Bundes und der Länder liegen die Schwerpunkte ihrer Tätigkeit in:
– der inländischen Investitionsfinanzierung (Mittelstand, Umweltschutz, Infrastruktur, Wohnungsbau mit Schwerpunkt in den neuen Ländern),
– der Export- und Projektfinanzierung,
– der Vergabe von Krediten und Zuschüssen im Rahmen der finanziellen Zusammenarbeit der Bundesrepublik Deutschland mit den Entwicklungsländern und in
– der Unterstützung des Reformprozesses in den NUS und MOE-Staaten durch Finanzierungsleistungen und wirtschaftliche Beratung.

Die Refinanzierung ihrer Mittel erfolgt an in- und ausländischen Kapitalmärkten sowie durch Haushaltsmittel des Bundes.

Vorsitzender des Verwaltungsrates: Dr Theo Waigel Bundesminister der Finanzen
Vorstand: Rudolf Klein; Hans W Reich; Dr Manfred Schüler; Dr Gert Vogt; Dr Friedrich Voss

Bundessteuerberaterkammer – KdöR –

53115 Bonn, Poppelsdorfer Allee 24; Tel (02 28) 72 63 90; Fax (02 28) 7 26 39 52

Rechtsgrundlage und Aufgabenkreis:
Gesetzlicher Zusammenschluß der 21 Steuerberaterkammern der Bundesrepublik Deutschland nach § 85 des Steuerberatungsgesetzes (StBerG). Die Aufgaben bestehen in der Wahrung und Förderung der Belange des steuerberatenden Berufs, insbesondere Vertretung gegenüber Bundesorganen (Bundestag, Bundesrat, Bundesministerien) und gutachtlichen Stellungnahmen gegenüber Bundesgerichten. Weitere Aufgaben sind in Fragen, welche die Gesamtheit der Berufskammern angehen, die Auffassung der einzelnen Kammern zu ermitteln und im Wege gemeinschaftlicher Aussprache die Auffassung der Mehrheit festzustellen und diese gegenüber den zuständigen Gerichten und Behörden zur Geltung zu bringen, sie gegenüber Behörden und Organisationen zu vertreten und die berufliche Fortbildung in den steuerberatenden Berufen zu fördern (§ 86 StBerG).

Präsident der Bundessteuerberaterkammer: Dr Wilfried Dann
Hauptgeschäftsführer: Dr Horst Gehre RA

Versorgungsanstalt der deutschen Bezirksschornsteinfegermeister – AdöR–

81925 München, Denninger Str 37; Tel (0 89) 92 35-6; Fax (0 89) 92 35-88 50

Rechtsgrundlage und Aufgabenkreis:
Bundesunmittelbare rechtsfähige Anstalt des öffentlichen Rechts gemäß Gesetz über das Schornsteinfegerwesen vom 15. September 1969 (BGBl I S 1634, 2432), zuletzt geändert durch Gesetz vom 20. Juli 1995 (BGBl I S 1624), mit der Aufgabe, den deutschen Bezirksschornsteinfegermeistern und ihren Hinterbliebenen eine Zusatzversorgung (Berufsunfähigkeits-, Alters-, Witwen-, Witwer- und Waisenrente) zu gewähren. Der Tätigkeitsbereich der Anstalt umfaßt das Gebiet der Bundesrepublik Deutschland. Die Geschäftsführung obliegt der Bayerischen Versorgungskammer.

Vorsitzender des Vorstands der Geschäftsführung: Gerhard Luther
Leiter des Bereichs Bühnen-, Orchester- und Schornsteinfegerversorgung: Maximilian Mayer Dir

Versorgungsanstalt der deutschen Bühnen – AdöR –

81925 München, Denninger Str 37; Tel (0 89) 92 35-6; Fax (0 89) 92 35-88 50

Rechtsgrundlage und Aufgabenkreis:
Tarifordnung für die deutschen Theater vom 27. Oktober 1937 (Reichsarbeitsblatt Vl S 1080), die als staatliche Rechtsverordnung weitergilt; Art 3 und 8 des Einigungsvertrages vom 31. August 1990 (BGBl 1990 II S 889) in Verbindung mit Nr 2 der Anlage I Kapitel VIII Sachgebiet H Abschnitt III zu diesem Vertrag; das Gesetz über die Beaufsichtigung der Versorgungsanstalt der deutschen Bühnen und der Versorgungsanstalt der deutschen Kulturorchester vom 17. Dezember 1990 (BGBl I S 2864), geändert durch Art 12 des Gesetzes vom 21. Juli 1994 (BGBl I S 1630); Art 45 des Gesetzes über das

öffentliche Versorgungswesen vom 25. Juni 1994 (BayGVBl S 466), geändert durch Gesetz vom 23. Juli 1994 (BayGVBl S 603), und Satzung der Anstalt vom 12. Dezember 1991 (Bundesanzeiger S 8326 und 1992 S 546), zuletzt geändert durch Satzung vom 20. Februar 1996 (Bundesanzeiger S 3027).

Die Versorgungsanstalt der deutschen Bühnen ist eine bundesunmittelbare rechtsfähige Anstalt des öffentlichen Rechts mit dem Zweck, allen Bühnenangehörigen eine den Besonderheiten ihres Berufes angepaßte Versorgung zu gewähren. Sie wurde im Jahre 1925 errichtet und hatte zunächst nur die Aufgabe, den staatlichen und kommunalen Bühnen im Deutschen Reich die Lasten gegenseitig auszugleichen, die ihnen aus der Versorgung der an ihrem Theater beschäftigten Bühnenangehörigen entstanden. Ab 1. März 1938 wurde die Pflichtversicherung für alle an deutschen Theatern beschäftigten Bühnenangehörigen eingeführt. Der Anstalt gehört seither jeder Rechtsträger eines Theaters in der Bundesrepublik Deutschland als Mitglied und jeder bei einem Mitglied beschäftigte Bühnenangehörige als Versicherter an.

Die Geschäftsführung obliegt der Bayerischen Versorgungskammer.

Vorsitzender des Vorstands der Geschäftsführung: Gerhard Luther
Leiter des Bereichs Bühnen-, Orchester- und Schornsteinfegerversorgung: Maximilian Mayer Dir

Versorgungsanstalt der deutschen Kulturorchester – AdöR –

81925 München, Denninger Str 37; Tel (0 89) 92 35-6; Fax (0 89) 92 35-88 50

Rechtsgrundlage und Aufgabenkreis:
§§ 1 und 20 der Tarifordnung für die deutschen Kulturorchester vom 30. März 1938 (Reichsarbeitsblatt Vl S 597) und die Tarifordnung zur Ergänzung der Tarifordnung für die Mitglieder von Kurkapellen vom 1. August 1939 (Reichsarbeitsblatt Vl S 1343), die als staatliche Rechtsverordnungen weitergelten; Art 3 und 8 des Einigungsvertrages vom 31. August 1990 (BGBl 1990 II S 889) in Verbindung mit Nr 2 der Anlage I Kapitel VIII Sachgebiet H Abschnitt III zu diesem Vertrag; das Gesetz über die Beaufsichtigung der Versorgungsanstalt der deutschen Bühnen und der Versorgungsanstalt der deutschen Kulturorchester vom 17. Dezember 1990 (BGBl I S 2866), geändert durch Art 12 des Gesetzes vom 21. Juli 1994 (BGBl I S 1630); Art 45 des Gesetzes über das öffentliche Versorgungswesen vom 25. Juni 1994 (BayGVBl S 466), geändert durch Gesetz vom 23. Juli 1994 (BayGVBl S 603), und Satzung der Anstalt vom 12. Dezember 1991 (Bundesanzeiger S 8323 und 1992 S 546), zuletzt geändert durch Satzung vom 20. Februar 1996 (Bundesanzeiger S 3026).

Nach dem Vorbild der Versorgungsanstalt der deutschen Bühnen wurde im Jahre 1938 die Versorgungsanstalt der deutschen Kulturorchester errichtet. Bei ihr sind alle Musiker pflichtversichert, die in der Bundesrepublik Deutschland bei einem öffentlich-rechtlichen Kulturorchester beschäftigt sind.

Die Geschäftsführung obliegt der Bayerischen Versorgungskammer.

Vorsitzender des Vorstands der Geschäftsführung: Gerhard Luther
Leiter des Bereichs Bühnen-, Orchester- und Schornsteinfegerversorgung: Maximilian Mayer Dir

DBV Versicherungen

– DBV Öffentliche-Anstalt für Beteiligungen –

65178 Wiesbaden, Frankfurter Str 50; Tel (06 11) 3 63-0; Fax (06 11) 3 63-65 65

Aufgabenkreis:
Die Anstalt ist gemeinnützig. Ihr Vermögen und ihre Einnahmen dürfen nur im Interesse der Anstalt und der bei der Anstalt zuletzt Versicherten Verwendung finden. In erster Linie dient die Anstalt den Zwecken der Selbsthilfe der deutschen Beamtenschaft. Sie überwacht die Erfüllung der Rechte und die Wahrung der Interessen der bei der Anstalt zuletzt Versicherten. Sie fördert ferner die Versicherungsinteressen der Angehörigen des Öffentlichen Dienstes innerhalb der DBV-Gruppe.

Vorstandsvorsitzender: Dr Hans-Peter Nickisch
Vorstand: Manfred Ruhe; Herbert Falk

Landwirtschaftliche Rentenbank

60313 Frankfurt am Main, Hochstr 2; Tel (0 69) 2 10 70; Telex 41 14 14; Fax (0 69) 21 07-4 44

Rechtsgrundlage und Aufgabenkreis:
1949 durch Gesetz als Zentralbank zur Beschaffung und Gewährung von Krediten für die Land- und Ernährungswirtschaft errichtet.

Vorstand: Karl-Ingo Bruns, Hans Jürgen Ploog, Dipl-Kfm Uwe Zimpelmann

Bundesanstalt für vereinigungsbedingte Sonderaufgaben (BvS)

– Anstalt des öffentlichen Rechts –

10100 Berlin, Alexanderplatz 6; Tel (0 30) 24 51-0; Fax (0 30) 24 51-15 02

Rechtsgrundlage und Aufgabenkreis:
Nach Beendigung der Tätigkeit der Treuhandanstalt zum 31. Dezember 1994 hat am 1. Januar 1995 die Bundesanstalt für vereinigungsbedingte Sonderaufgaben (BVS) ihre Arbeit aufgenommen (vgl § 1 der TreuhandanstaltumbenennungsVO vom 20. Dezember 1994, BGBl I S 3913). Die BVS ist rechtlich mit der Treuhandanstalt identisch. Rechtsgrundlage für ihre Tätigkeit ist Art 25 des Eini-

gungsvertrages in Verbindung mit dem Treuhandgesetz vom 17. Juni 1990 (GBl I Nr 33 S 300), zuletzt geändert am 9. August 1994 (BGBl I S 2062). Die BVS ist eine rechtsfähige bundesunmittelbare Anstalt des öffentlichen Rechts. Durch die Treuhandliegenschaftsübertragungsverordnung vom 20. Dezember 1994 (BGBl I S 3908) und die Treuhandunternehmensübertragungsverordnung vom 20. Dezember 1994 (BGBl I S 3910) wurden einzelne Aufgabenbereiche der ehemaligen Treuhandanstalt auf das Bundesministerium der Finanzen übertragen.
Wesentliche Aufgaben der BVS sind die Überwachung der abgeschlossenen Privatisierungsverträge (Vertragsmanagement), die Reprivatisierung von Unternehmen und Unternehmensteilen sowie die Liquidation stillgelegter Betriebe und Betriebsteile.
Darüber hinaus ist die BVS gemäß § 20 b des Parteiengesetzes der DDR in Verbindung mit Anlage II, Kapitel II, Sachgebiet A, Abschnitt III, Buchstabe d des Einigungsvertrages treuhänderische Verwalterin des Vermögens der Parteien der ehemaligen DDR und der diesen verbundenen Organisationen, juristischen Personen und Massenorganisationen. Die treuhänderische Verwaltung wird im Einvernehmen mit der Unabhängigen Kommission wahrgenommen. Ferner verwaltet und verwertet die BVS im Auftrag des Bundesministers der Finanzen Vermögenswerte des Finanzvermögens nach Art 22 Abs 2 des Einigungsvertrages.
Zu den hoheitlichen Aufgaben der BVS gehören die Durchführung von Investitionsvorrangverfahren gemäß § 4 Abs 2, § 25 Abs 2 Investitionsvorranggesetz in Verbindung mit § 2 TreuhUmbenV und die Erteilung von Grundstücksverkehrsgenehmigungen gemäß § 3 TreuhUmbenV in Verbindung mit § 8 Satz 2 GVO.
Dem Präsidenten der BVS, der insoweit als Bundesbehörde tätig wird, obliegt die Wahrnehmung der Aufgaben nach §§ 1 und 4 VZOG in der Fassung vom 29. März 1994 (BGBl I S 709 ff).

Vorstand: Günter Himstedt (Präs); Rudolf Bohn; Dr Peter Breitenstein

Vorstandsbereich 1 Vermögenszuordnung/Kommunalisierung, Sonder- und Bundesfinanzvermögen, DISOS, TGG – 1. Treuhand Güterbewirtschaftungsgesellschaft mbH, VVG-VEAG-Vermögensverwaltungsgesellschaft mbH, BVVG Bodenverwertungs- und Verwaltungs GmbH
Leiter: Günter Himstedt Präs

Generalbevollmächtigter: Dr Klaus-Peter Wild

Vorstandsbereich 2 Vertragsmanagement, Geschäftsstellen
Leiter: Rudolf Bohn

Vorstandsbereich 3 Reprivatisierung, Abwicklung, Chemie   BVS-Grundstückssanierungsgesellschaft mbH
Leiter: Dr Peter Breitenstein

VI Bundesministerium für Wirtschaft (BMWi)

53123 Bonn, Villemombler Str 76; Tel (02 28) 6 15-1; Telex 8-8 67 47; Fax (02 28) 6 15-44 36; Teletex 22 83 40 = BMWi

Aufgabenkreis:
Das Bundesministerium für Wirtschaft hat alle Aufgaben wahrzunehmen, die sich für den Bund auf dem Gebiet der Wirtschaft ergeben. Es hat die Federführung auf dem Gebiet der gesamten Wirtschaftspolitik.

Veröffentlichungen:
Gemeinsames Ministerialblatt (GMBl) des AA, BMI, BMF, BMWi, BML, BMFSFJ, BMG, BMU, BMBau, BMBF und BMZ, herausgegeben vom Bundesministerium des Innern. Erscheint nach Bedarf. Verlag: Carl Heymanns Verlag KG, Bonn/Köln
„Ministerialblatt des Bundesministers der Finanzen und des Bundesministers für Wirtschaft" (erscheint halbmonatlich); der Verlag des Bundesanzeigers Köln/Bonn, halbjährlich DM 24,-, Einzelheft DM 1,- plus Versand.
„Die wirtschaftliche Lage in der Bundesrepublik Deutschland" (erscheint monatlich), Bundeswirtschaftsministerium.
„Zeitschrift für Bergrecht" (erscheint 4mal jährlich), Carl Heymanns Verlag KG, Köln-Bonn-Berlin, jährlich DM 54,-, Einzelheft DM 14,50.
Die „Tagesnachrichten" des BMWi (erscheinen werktäglich), Bundeswirtschaftsministerium.

Bundesminister für Wirtschaft: Dr Günter Rexrodt

M Ministerbüro
Leiter: Dr Schuseil MinR

Ref PR/KR: **Parlaments- und Kabinettsreferat** Dr Brauner RDir
Persönlicher Referent des Ministers M Ogilvie VwAng

LKI Kommunikation und Information, Pressesprecher
Leiter: Franzen MinR

Ref L P: **Pressereferat** Wierig RDirektorin
Ref LSI: **Längerfristige Informationsarbeit, Reden** Franzen MinR
Ref L I: **Öffentlichkeitsarbeit/Besucherdienst** Medler MinR

Parlamentarischer Staatssekretär: Dr Heinrich L Kolb
Persönlicher Referent: Ulrich Schönleiter RDir
Geschäftsbereich: Unterstützung des Ministers bei der Erfüllung seiner politischen und fachlichen Aufgaben; Beauftragter der Bundesregierung für den Mittelstand

Staatssekretär: Rudolf Geil
Persönlicher Referent: NN
Geschäftsbereich: Abt I, II, IV, VI, Beauftragter für die neuen Bundesländer

Staatssekretär: Dr Lorenz Schomerus
Persönlicher Referent: NN
Geschäftsbereich: Abt Z, E, III, IV und V, Berlin-Ost

Beauftragter der Bundesregierung für die Beratung in Osteuropa (BerOst): Walter Kittel StSekr a D

Abt Z Zentralabteilung
Leiter: Dr Axel Gerlach MinDir

U-Abt Z A Personal, Organisation; Umzugsbeauftragter
Leiter: Dr Wolf Günther MinR

Ref Z A 2: **Personal des Ministeriums; Dienstrechtsangelegenheiten** Dr Maurer MinR
Ref Z A 3: **Personal der nachgeordneten Behörden; Sondergebiete der Personalverwaltung des BMWi; Rechtsangelegenheiten der Unterabteilung Z A** Verbeek MinR
Ref Z A 4: **Organisation der Bundeswirtschaftsverwaltung, Koordinierung der Informationstechnik im BMWi; Bibliothek, Sprachendienst** Dr Mühl RDirektorin
Ref Z A 5: **Innerer Dienst** Koller RDir
Ref Z A 6: **Elektronische Datenverarbeitung; IT-Benutzerbetreuung; IT-Fachaufsicht im Geschäftsbereich** Richardt MinR
Ref Z V: **Berlin** NN
Ref Z V 1: **Personal; Dienstreisen; Rechtsangelegenheiten Dienstbereich Berlin** NN
Ref Z V 2: **Innerer Dienst; Informationstechnik Dienstbereich Berlin** Wagner MinR

U-Abt Z B Haushalt, Datenschutz, Geheimschutz
Leiter: Dr Greif MinR

Ref Z B 1: **Haushalt** Messing RDir
Ref Z B 2: **Wirtschaftspolitische Fragen der Verteidigung, Notfallvorsorge; Datenschutz** Dr Schreiber MinR
Ref Z B 4: **Allgmeine Fragen des Geheimschutzes einschließlich internationaler Abkommen; Geheim- und Objektschutz in der Bundeswirtschaftsverwaltung** NN
Ref Z B 5: **Geheimschutz in der Wirtschaft; Personenüberprüfung, Inspektion; Schulung und Information** Albach MinR
Ref Z B 6: **Geheimschutz in der Wirtschaft; Grundsatz- und Rechtsfragen; internationale Zusammenarbeit, Firmenberatung und Firmenbetreuung** Dr Westbomke MinR
Ref Z BW: **Betriebswirtschaft** Bank MinR
Vorprüfungsstelle Wantzen RDir

U-Abt Z C Wirtschaftliche Fragen des Umweltschutzes
Leiter: Dr Heitzer MinR

Ref Z C 1: **Umweltschutz: Wirtschaftspolitische Grundsatzfragen** NN; **Allgemeine Fragen, Immissionsschutz einschließlich Kraftfahrzeuge, Umweltrecht** Dr Muttelsee MinR; **Umweltökonomie, Stoffwirtschaft, Ökobilanzen** Dr Maier-Rigaud MinR
Ref Z C 2: **Umweltschutz: Gewässerschutz, Wasserwirtschaft, Naturschutz** Walter MinR
Ref Z C 3: **Umweltschutz: Chemikaliensicherheit, Erdatmosphären- und Klimaschutz, Wirtschaftlichkeitsfragen** Dr Wilhelm MinR
Ref Z C 4: **Umweltschutz: Abfallwirtschaft, umweltfreundliche Technologien** König MinR
Ref Z C 5: **Umweltschutz: Altlasten, Bodenschutz** Dr Schierloh MinR

Dem Abteilungsleiter unmittelbar unterstellt:

Ref Z R: **Rechtsreferat** Dr von Portatius MinR

Abt E Europapolitik
Leiter: von Dewitz MinDirig

U-Abt E A Europarecht; Institutionen; Zusammenarbeit in der EU; Beziehungen zu den Mitgliedstaaten und Drittländern
Leiterin: Selz MinDirigentin

Ref E A 1: **Recht der Europäischen Union und anderer europäischer Organisationen; Vertragsverletzungsverfahren** von Borries MinR
Ref E A 2: **Vertretungen der Bundesrepublik Deutschland vor dem Europäischen Gerichtshof, dem EuG und dem EFTA-Gerichtshof** Dr Röder MinR
Ref E A 3: **Europäische Außenwirtschaftspolitik (Koordinierung); Europäischer Wirtschaftsraum, Beziehungen zu den EFTA-Staaten und zu Finnland, Österreich und Schweden, EU-Ostseekooperation** Dr Streit MinR
Ref E A 4: **Beziehungen zu den Mitgliedstaaten der Europäischen Union** Dr Burkert MinR
Ref E A 5: **Zollpolitik und handelspolitische Schutzverfahren** Dr Becher MinR
Ref E A 6: **Erweiterungspolitik, Assoziierungs- und Präferenzpolitik; Malta und Zypern; Europäische Entwicklungspolitik** Dr Kuschel MinR
Ref E A 7: **Institutionelle Fragen; Organisation und Verfahren der Zusammenarbeit in der Europäischen Union; Sekretariat Staatssekretärsausschuß für Europafragen** von Massow MinR

U-Abt E B Europäische Integrationspolitik; Gemeinsamer Markt; Sachpolitiken
Leiter: Dr Witt MinDirig

Ref E B 1: **Grundsatzfragen der europäischen Wirtschafts- und Währungspolitik** Herres RDir
Ref E B 2: **Beihilfekontrollpolitik** Dr E Kruse MinR
Ref E B 3: **Binnenmarkt: Waren- und Dienstleistungsverkehr, Niederlassungsrecht** Dr Winkel MinR
Ref E B 4: **Grundsatzfragen der Integrationspolitik; Koordinierung von Sachpolitiken (einschließlich Strukturpolitik und transeuropäische Netze); Koordinierung der Strukturfonds in NBL** Kaiser MinR; **Koordinierung von speziellen Sachpolitiken** Dr von Arnim MinR
Ref E B 5: **Europäische Mittelstandspolitik** NN
Ref E B 6: **Europäische Agrarpolitik** Dr Paulssen MinR
Ref E B 7: **Beziehungen Bund-Länder bei Vorhaben der Europäischen Union; Europäisches Parlament, Wirtschafts- und Sozialausschuß, Ausschuß der Regionen; Europarat** Dr Langner RDir
Ref E B 8: **Europäische Wettbewerbspolitik** Dr Groger MinR
Ref E B 9: **EU-Koordinierung, Zusammenarbeit mit NBL; Kohäsionsfons; Europäische Investitionsbank; Euroinformation** Dr Hillmann MinR

Dem Abteilungsleiter unmittelbar unterstellt:

Ref E 1: **Europäische Verfassungsentwicklung** Prof Dr Seidel MinR

Abt I Wirtschaftspolitik
Leiter: Bünger MinDir

U-Abt I A Grundsatzfragen der Wirtschaftspolitik, Konjunkturpolitik und Wachstumspolitik; Beauftragter für die Wirtschafts- und Währungsunion
Leiter: Dr Schürgers MinDirig

Ref I A 1: **Grundsatzfragen der Wirtschaftsordnung und Wirtschaftspolitik** Schuster MinR
Ref I A 2: **Internationale Wirtschaftspolitik und -entwicklung** Dr Reinsch MinR
Ref I A 3: **Steuerpolitik** Höfer RDir
Ref I A 4: **Haushaltspolitik, Mittelfristige Finanzpolitik; Konjunkturpolitische Koordinierung** Dr Füchsel MinR
Ref I A 5: **Wirtschaftspolitische Grundsatzfragen der Außenwirtschaft, der internationalen Währungspolitik und der europäischen Wirtschafts- und Währungspolitik** Herres RDir
Ref I A 6: **Geld und Kredit** Dr Nehring MinR

U-Abt I B Wettbewerbspolitik und Preispolitik; Grundsatzfragen der Strukturpolitik
Leiterin: Brigitte Krause-Sigle MinDirigentin

Ref I B 1: **Grundsatzfragen der Strukturpolitik** Dr Sandermann MinR
Ref I B 2: **Wirtschaftspolitische Fragen des Postwesens und der Telekommunikation** NN
Ref I B 3: **Öffentliche Aufträge, nationales und internationales Vergaberecht; Preisrecht bei öffentlichen Aufträgen** Dr Marx MinR
Ref I B 4: **Preispolitiken, Honorar- und Gebührenordnungen; Bürokratiekosten** Dr Vogler MinR
Ref I B 5: **Wettbewerbspolitik (insbesondere Mißbrauchsaufsicht über marktbeherrschende Unternehmen; Kartelle)** Dr Groger MinR
Ref I B 6: **Wettbewerbspolitik (insbesondere Fusionskontrolle; Unternehmenskonzentration); Privatisierung und Deregulierung** Baron MinR

U-Abt I D Gesamtwirtschaftliche Analysen und Projektionen, Konjunkturbeobachtungen, Wirtschaftsstatistik; Sozial- und Arbeitsmarktpolitik
Leiter: Süsser MinDirig

Ref I D 1: **Wirtschaftsstatistik** Möller MinR
Ref I D 2: **Analysen und Projektionen der kurzfristigen Wirtschaftsentwicklung** Dr Caspers RDir
Ref I D 3: **Analysen und Projektionen der mittel- und langfristigen Wirtschaftsentwicklung, Bereichsanalysen; Ökonometrie** Weber MinR
Ref I D 4: **Konzeptionelle Fragen der Wirtschaftsentwicklung und Wirtschaftsbeobachtung; Strukturberichterstattung** Hoekstra RDir
Ref I D 5: **Konjunkturbeobachtung und -analysen** Dr Bröhl MinR
Ref I D 6: **Einkommens- und Transferpolitik; Beschäftigungspolitik; Familienpolitik; Frauenpolitik; Verbindung zu Gewerkschaften und Arbeitgeberverbänden** NN
Ref I D 7: **Sozialversicherung; Gesundheitspolitik; Betriebs- und Unternehmensverfassung; Arbeitsrecht** Dr Klocker MinR

Abt II Mittelstand; Freie Berufe; Gewerbliche Wirtschaft; Handwerk; Dienstleistungswirtschaft; Bildungspolitik
Leiter: Ulrich Geisendörfer MinDir

U-Abt II A Grundsatzfragen der Mittelstandspolitik; Freie Berufe; Bildungspolitik
Leiter: Dr Andersen MinDirig

Ref II A 1: **Grundsatzfragen der Mittelstandspolitik und der Mittelstandsförderung; Innovation, Produktivität und Rationalisierung in der mittelständischen Wirtschaft** Dr Koll MinR
Ref II A 2: **Europäische Mittelstandspolitik** NN
Ref II A 3: **Freie Berufe** Pohnke RDir
Ref II A 4: **Bildungspolitik** Bittner-Kelber RDirektorin
Ref II A 5: **Ordnung der beruflichen Bildung** Fehling RDir
Ref II A 6: **Spezielle Mittelstandsfragen bei öffentlichen Aufträgen, insbesondere bei Beschaffungen der Bundeswehr – Verbindungsstelle Koblenz; Vergabeprüfstelle** Dr Hartmann MinR

U-Abt II B Handwerk, Handel, Gewerberecht, Verbraucherpolitik
Leiter: Dr Ter-Nedden MinDirig

Ref II B 1: **Handwerkswirtschaft** Dr Solveen MinR
Ref II B 2: **Handwerksrecht, Recht der Industrie- und Handelskammern, Genossenschaften** Schulze MinR
Ref II B 3: **Gewerbeförderung** Dr Wegner MinR
Ref II B 4: **Binnenhandel, Inlandsmessen** Dr Warm MinR
Ref II B 5: **Gewerberecht, Rechtsfragen kleiner und mittlerer Unternehmen** Dr Marcks MinR
Ref II B 7: **Verbraucherpolitik** Wiest MinR

U-Abt II C Mittelstandsfinanzierung, ERP-Sondervermögen, Inlandsbürgschaften und -finanzierungen
Leiter: Pöpping MinDirig

Ref II C 1: **Mittelstandsrelevante Finanzierungsfragen, Existenzgründungsförderung** Dr Groß MinR
Ref II C 2: **ERP: Grundsatz- und Rechtsfragen; Programmgestaltung** Dr Knischewski MinR
Ref II C 3: **ERP: Programmdurchführung** Faas MinR
Ref II C 4: **ERP: Haushalt, Bürgschaften, Kasse; Kreditanstalt für Wiederaufbau, Deutsche Ausgleichsbank** Rieck MinR
Ref II C 5: **Inlandsbürgschaften und -finanzierungen** Dr Hirsch RDir
Ref II C 6: **Weltausstellung Expo 2000** M Schmidt MinR

U-Abt II D Dienstleistungswirtschaft
Leiterin: Hammers-Strizek MinDirigentin

Ref II D 1: **Grundsatzfragen der Dienstleistungswirtschaft; Aufbau mittelständischer Strukturen in den NBL** Jörissen MinR
Ref II D 2: **Tourismuspolitik** NN
Ref II D 3: **Binnenhandel in den NBL** Jörissen MinR
Ref II D 4: **Medien- und Filmwirtschaft, Verlagswesen, kulturwirtschaftliche Fragen; Frauenförderung im Mittelstand** Dr Dehmel MinR

Abt III Energiepolitik, mineralische Rohstoffe
Leiter: Dr Becker MinDir

U-Abt III A Allgemeine Fragen der Energiepolitik; Energie und Umwelt; Mineralöl
Leiter: Dr Böge MinDirig

Ref III A 1: **Grundsatzfragen und Energiepolitik** Dr Flath MinR
Ref III A 2: **Allgemeine Fragen der Energiepolitik des Auslandes, Internationale Energieagentur, Wirtschaftsordnung auf dem Energiegebiet** Dr Brock MinR
Ref III A 3: **Langfristaspekte der Energiepolitik, Analysen des Energiemarktes, Koordinierung der Energieforschung** Dr Kübler MinR
Ref III A 4: **Umwelt- und Klimaschutz im Energiebereich** Ressing MinR
Ref III A 5: **Mineralöl: deutsche und europäische Märkte** Dr Mohnfeld MinR
Ref III A 6: **Mineralöl: Erdölversorgung, Beziehungen zu den Förderländern, Krisenvorsorge** Johanssen MinR

U-Abt III B Elektrizitäts- und Gaswirtschaft, erneuerbare Energien, rationelle Energieverwendung
Leiter: Dr Leyser MinDirig

Ref III B 1: **Recht der Versorgungswirtschaft** Cronenberg MinR
Ref III B 2: **Elektrizitätswirtschaft, Fernwärme** Mund MinR
Ref III B 3: **Kernenergiewirtschaft, Uranbergbausanierung (Wismut)** Beschorner MinR
Ref III B 4: **Gaswirtschaft** Dr Waschke RDir
Ref III B 5: **Energieeinsparung** Müller-Kulmann MinR
Ref III B 6: **Erneuerbare Energien; Kohleveredlung** Dr Gutermuth MinR

U-Abt III C Bergbau, Kohle; mineralische Rohstoffe; industrielle Bundesbeteiligungen
Leiter: Dr Brandes MinDirig

Ref III C 1: **Sicherheit, Personal und Ausbildung im Bergbau; Forschung und Innovation im Steinkohlenbergbau** Dr Mager RDir
Ref III C 2: **Bergrecht; nationale und internationale Rechtsfragen des Abbaus mineralischer Rohstoffe** Dr Kullmann MinR
Ref III C 3: **Kohlemarkt, Kohleverstromung, bergbauliche Sozialpolitik, Wirtschafts- und Sozialangelegenheiten der EGKS** Schneider MinR
Ref III C 4: **Bergwirtschaft und Bergtechnik des Stein- und Braunkohlenbergbaus** Dr Grabowski MinR
Ref III C 5: **Mineralische Rohstoffe einschließlich Uran, Geowissenschaften, Bergwirtschaft (außer Kohle); Fachaufsicht Bundesanstalt für Geowissenschaften und Rohstoffe** Stiepel MinR
Ref III C 6: **Beteiligung des Bundes an erwerbswirtschaftlichen Unternehmen; Projektabwicklung "Jamburg"** Dr Junk RDir
Ref III C 7: **Braunkohlenbergbau; Energieentwicklung in den NBL** Pieloth VwAng

Abt IV Gewerbliche Wirtschaft, Industrie; Informationsgesellschaft
Leiter: Dr Ollig MinDir

U-Abt IV A Luft- und Raumfahrt, Bauwirtschaft, Eisen und Stahl, EBM, Textilwirtschaft; Industriepolitische Fragen des Umweltschutzes
Leiter: Mannherz MinDirig

Ref IV A 1: **Bauwirtschaft, Steine und Erden, Glas** Vogel-Middeldorf RDirektorin
Ref IV A 2: **Industriestruktur; industriepolitische Fragen von Umweltschutz, Innovation und Forschung** Pitzer MinR
Ref IV A 3: **Textilien, Bekleidung, Leder, Pelze, Schule, Keramik** Dr Schraven MinR
Ref IV A 4: **Luftfahrtindustrie** Meyer MinR
Ref KoorLR/IV A 5: **Arbeitsgruppe des Koordinators für die deutsche Luft- und Raumfahrt; Raumfahrtindustrie** Urban MinR
Ref IV A 6: **Eisen- und Stahlwirtschaft, Röhren und Gießereiindustrie** Weirauch RDir
Ref IV A 7: **Stahlaußenwirtschaft, Stahlverformung, Ziehereien und Kaltwalzwerke, Eisen-, Blech-, Metallwaren; NBL-spezifische Fragen der Verbrauchsgüterindustrie sowie Eisen und Stahl** Dr Rösch MinR

U-Abt IV B Industriepolitik; Außenwirtschafts- und Mittelstandsfragen der Industrie; Investitionsgüterwirtschaft, Chemie einschließlich Pharmaindustrie
Leiterin: Dr Büchner-Schöpf MinDirigentin

Ref IV B 1: **Industriepolitik, national, international und EU; industrielle Mittelstandsfragen** Dr Herz RDir
Ref IV B 2: **Chemische Industrie einschließlich Pharmaindustrie** Klein MinR

Ref IV B 3: **Kautschukindustrie; Programmabwicklung, Programm zur Absatzförderung; NBL-spezifische Fragen der Industriestruktur** Dr Bopp MinR
Ref IV B 4: **Außenwirtschaftsfragen der Industrie; industrielle Kooperation (ohne EU-Staaten)** Engel MinR; **Spezielle Fragen, insbesondere der Projektabwicklung "Kriwoi-Rog"** Dr Merkel MinR
Ref IV B 5: **Schiffbau, Meerestechnik, Fahrzeugbau** Dr Hasselberg MinR
Ref IV B 6: **Maschinen- und Anlagenbau, Stahlbau, Schienenfahrzeuge, Feinmechanik, Optik, Uhren, Schmuck** Dr Muldau MinR
Ref IV B 7: **Möbel, Holz, Zellstoff, Papier, Druck, Tropenholz; Kunststoffverarbeitung; Kaffee, Tabak** Frost MinR

U-Abt IV C Informationsgesllschaft; Bio- und Gentechnologie; NE-Metalltechnik
Leiter: Dr Berger MinDirig

Ref IV C 1: **Grundsatzfragen der Informationsgesellschaft** Weismann RDir
Ref IV C 2: **Informationswirtschaft; elektronische Medien; IT-Anwendung** Dr Hochreiter RDir
Ref IV C 3: **Elektroindustrie; Informationstechnik; Telekommunikationswirtschaft** Friske MinR
Ref IV C 4: **Bio- und Gentechnologie; Ernährungswirtschaft** Dr Wandel MinR
Ref IV C 5: **NE-Metalltechnik, Ferrolegierungen; Wehrtechnik** Ockenfels MinR

Abt V Außenwirtschaftspolitik und Entwicklungszusammenarbeit
Leiter: Dr Schill MinDir

U-Abt V A Allgemeine Fragen der Außenwirtschaftspolitik, Handelspolitik
Leiter: Dr Schlögl MinR

Ref V A 1: **Außenwirtschaftspolitik; OECD; Auslandshandelskammern, Fachaufsicht über die Bundesstelle für Außenhandelsinformation; Protokollaufgaben** Krause MinR
Ref V A 2: **Grundsatzfragen der Handelspolitik (insbesondere GATT/WTO); außenwirtschaftliche Aspekte der handelspolitischen Zusammenarbeit in der EU** Dr Schirmer MinR
Ref V A 3: **Zollpolitik** Dr Becher MinR
Ref V A 4: **Internationales Messewesen, Beteiligung an Messen und Ausstellungen im Ausland** Kreienkamp-Rabe MinR
Ref V A 5: **Amerika** Dr M Kruse MinR
Ref V A 6: **Sonderbereiche des GATT; insbesondere Handel mit Dienstleistungen, Textil; handelspolitische Fragen von Schutzrechten** Dr Barth MinR
Ref V A 7: **Internationale Rohstoffpolitik; Handel und Umwelt** Röben MinR

U-Abt V B Außenwirtschaftsrecht und Außenwirtschaftskontrollen; entwicklungspolitische und wirtschaftliche Zusammenarbeit
Leiter: Dr Dr Stahl MinDirig

Ref V B 1: **Entwicklungspolitik, Weltbank, Nord-Süd-Beziehungen, Vereinte Nationen einschließlich UNCTAD** Dr Kurth MinR
Ref V B 2: **Außenwirtschaftsrecht und Außenwirtschaftsverkehr; Kriegswaffenkontrollrecht** Hantke MinR
Ref V B 4: **Außenwirtschaftskontrolle nach dem Außenwirtschaftsgesetz (AWG); illegaler Technologietransfer, Fachaufsicht Bundesausfuhramt** Hahn MinR
Ref V B 5: **Afrika südlich der Sahara, ECA** Dr Hachmeier MinR
Ref V B 6: **Südasien; Türkei, Israel** Welte MinRätin
Ref V B 7: **Arabischer Raum; Iran; wirtschaftliche Aspekte des Nahost-Friedensprozesses; EU-Golfstaaten** Dr von Horn MinR
Ref V B 8: **Internationale Ausfuhrkontrollpolitik; Außenwirtschaftsgesetz-Genehmigungsverfahren; technische Grundsätze; B- und C-Waffen-Übereinkommen** Gaymann MinR
Ref V B 9: **Meereswirtschaftspolitik, Rechtsfragen der wirtschaftlichen Nutzung der Hohen See, der Polargebiete und des Weltraums; Spezielle Rohstoff-Fragen in FAO und NATO** Koch MinR
Ref V B 10: **Spezielle Fragen des Außenwirtschaftsverkehrs** Dr Sprögel MinR

U-Abt V C Bilaterale wirtschaftliche Zusammenarbeit einschließlich multilateraler Aspekte; Finanzierungen
Leiter: Dr Burkhardt MinDirig

Ref V C 1: **China, Hongkong, Taiwan, Macao, Mongolei, Demokratische Volksrepublik Korea** Dr von Lingelsheim-Seibicke RDir
Ref V C 2: **Rußland, Ukraine, Weißrußland** Mohrmann RDir
Ref V C 3: **Außenwirtschaftliche Fragen der internationalen Verschuldung, Umschuldungen; internationale Finanzierungen** Dr Borggrefe MinR
Ref V C 4: **Außenhandelsfinanzierung; Außenhandelsversicherung** Graf von Korff-Schmising MinR
Ref V C 5: **Auslandsinvestitionen; Auslandsvermögen; Auslandsinvestitionsversicherungen** Dr Zimmer MinR
Ref V C 6: **Pazifischer Raum; Japan, Republik Korea, Südostasien; Australien, Neuseeland, ASEAN, ESCAP, APEC** Dr Dr Reichel MinR

U-Abt V D Außenwirtschaftsförderung und -beratung NBL; bilaterale wirtschaftliche Zusammenarbeit
Leiter: S Müller MinDirig

Ref V D 1: **Fragen der Außenwirtschaftsförderung für die NBL; spezielle Außenwirtschaftsfragen** Manneck MinRätin
Ref V D 2: **Zentralasiatische Republiken; kaukasische Republiken; Südosteuropa; Beziehungen zur ECE** Dr Lucas MinR
Ref V D 3: **Baltische Staaten; Polen, Tschechische Republik, Slowakische Republik, Ungarn, Slowenien** Dr Seufert RDir

Ref V D 4: **Grundsatzfragen der Wirtschaftsbeziehungen zu Mittel- und Osteuropa einschließlich GUS-Länder und Analyse der Wirtschaftsentwicklung und Wirtschaftsordnung; supranationale und multilaterale Aspekte in diesen Ländern** Häusle MinR

Dem Abteilungsleiter unmittelbar unterstellt:

V/Arbeitsgruppe – BerOst Beratung/Technische Hilfe zugunsten Osteuropas und GUS
Leiter: M Müller MinR

V/Arbeitsgruppe – BerOst-Int Beratung/Technische Hilfe für die EU, internationalen Organisationen und ausländischer Staaten Dr Knote MinR

Abt VI Neue Bundesländer; Strukturpolitik; Forschungs-, Innovations- und Technologiepolitik
Leiter: Dr Röhling MinDir

U-Abt VI A Neue Bundesländer
Leiter: Claßen MinR

Ref VI A 1: **Wirtschaftliche Zusammenarbeit mit den NBL** Dr Veltrup MinR
Ref VI A 2: **Wirtschaftsordnung und -politik in den NBL** Schuster MinR
Ref VI A 3: **Spezielle Fragen der wirtschaftlichen Entwicklung** Dr Jaekel MinR
Ref VI A 4: **Angelegenheiten der Bundesanstalt für vereinigungsbedingte Sonderaufgaben (BvS), Bundesliegenschaften in den NBL** Plessing MinR
Ref VI A 5: **Bundesbeteiligungen in den NBL, Beteiligungs-Management-Gesellschaft-Berlin (BMGB)** Dr Köpernik MinR
Ref VI A 6: **Spezielle Fragen der NBL; Einzelprobleme von Unternehmen; Bürgertelefon** Fried RDir
Ref VI A 7: **Rechts- und Verfahrensfragen** Dr Döring MinR

U-Abt VI B Strukturpolitik
Leiter: Dr Funkschmidt MinDirig

Ref VI B 1: **Regionale Wirtschaftspolitik; Gesamtwirtschaftliche Fragen; Gemeinschaftsaufgabe** Dr Tetsch MinR
Ref VI B 2: **Regionale Wirtschaftspolitik in der EU, Internationale Zusammenarbeit; Regionale Strukturfragen im Raum Bonn** Dr Drerup MinR
Ref VI B 3: **Regionalförderung NBL; Regionale grenzüberschreitende Zusammenarbeit mit Polen und der Tschechischen Republik; Fragen der Berliner Wirtschaft** Senftleben MinR
Ref VI B 4: **Verkehrspolitik; Wohnungswesen; Städtebau und Raumordnung** NN
Ref VI B 5: **Agrar- und Ernährungspolitik; ländlicher Raum** Dr Paulssen MinR

U-Abt VI C Forschungs-, Innovations- und Technologiepolitik
Leiter: NN

Ref VI C 1: **Grundsatzfragen der Forschungs-, Innovations- und Technologiepolitik** Dr Kampmann RDir
Ref NI C 2: **Industrielle Gemeinschaftsforschung; Fachaufsicht PTB, BAM** Dr Schöttler MinR

Ref VI C 3: **Normungs- und Zertifizierungspolitik, Recht der Technik; gesetzliches Meßwesen** Dr Krischker MinR
Ref VI C 4: **Forschungs- und Technologiepolitik in den NBL; Wirtschaftspolitische Fragen der gewerblichen Schutzrechte; Design-Förderung** von Baggehufwudt MinR

Den Unterabteilungsleitern V D und VI A gleichzeitig unterstellt:

Arbeitsgruppe Zentrum für Betreuung von Auslandsinvestoren
Leiterin: Manneck MinRätin

Arbeitsstab Post und Telekommunikation
Vorsitzender: Dr Greif MinR

Arbeitsstab Strukturelle Aspekte
Leiter: Dr Fest MinDirig

Arbeitsstab EU/Mittel- und Osteuropa
Vorsitzende: Selz MinDirigentin

Arbeitsgruppe des Mittelstandsbeauftragten
Leiter: Dr Wittstock MinR

Ausführendes Organ Airbus, Paris
Leiter: Spengler MinR

Dienstbereich Berlin
10115 Berlin, Scharnhorststr 36; Tel (0 30) 20 14-9; Fax (0 30) 20 14-70 10
Leiter: S Müller MinDirig

Gremien, deren sich der BMWi bei Durchführung seiner Aufgaben bedient:

Wissenschaftlicher Beirat beim BMWi
Aufgabe: Beratung des BMWi in allen Fragen der Wirtschaftspolitik
Zusammensetzung: 32 Hochschulprofessoren

Beirat gemäß § 10 des Dritten Verstromungsgesetzes
Aufgaben: Beratung des BMWi bei der Festsetzung des Prozentsatzes nach § 4 Abs 1 und Beratung des BAW bei der Durchführung des Gesetzes
Zusammensetzung: 18 Sachverständige

Beirat für Fragen des Tourismus
Aufgabe: Beirat der den Bundesminister für Wirtschaft in Fragen des Tourismus berät.
Zusammensetzung: 2 Wissenschaftler, 6 Verbandsvertreter, 7 Vertreter der Privatwirtschaft, 1 Gewerkschafter, 4 Sonstige

Verbraucherbeirat beim BMWi
Aufgabe: Der Beirat soll zu grundsätzlichen verbraucherpolitischen Fragen der Politik der Bundesregierung die Auffassung der Verbraucher darlegen, Stellungnahmen abgeben und von sich aus Anregungen an die Bundesregierung herantragen.
Zusammensetzung: 2 Wissenschaftler, 7 Verbandsvertreter, 4 Gewerkschafter, 5 Sonstige

Beirat für Fragen des gewerblichen Mittelstandes beim BMWi
Aufgabe: Beratung in Fragen, die für kleine und mittlere Unternehmen von Bedeutung sind sowie Empfehlungen für die Mittelstandspolitik
Zusammensetzung: 3 Wissenschaftler, 38 Vertreter der gewerblichen Wirtschaft

Arbeitskreis für Fragen der Luft- und Raumfahrtindustrie
Aufgabe: Aussprachegremium zwischen Regierung und Luft- und Raumfahrtindustrie; Erarbeitung eines langfristigen Konzepts für die genannten Industrien
Zusammensetzung: 1 Wissenschaftler, 6 Verbandsvertreter, 8 sonstige Sachverständige

Außenwirtschaftsbeirat beim BMWi
Aufgabe: Beratung des BMWi in Fragen der Außenhandelspolitik
Zusammensetzung: 26 Vertreter der Privatwirtschaft und 9 Verbands- bzw Kammervertreter, davon 2 Gewerkschafter

Besprechungen mit Spitzenverbänden der deutschen Wirtschaft über zollpolitische Fragen
Aufgabe: Unterrichtung der Spitzenverbände der Wirtschaft über aktuelle zollpolitische Fragen

Zum Geschäftsbereich des Bundesministeriums für Wirtschaft gehören:

1 Physikalisch-Technische Bundesanstalt (PTB)

38116 Braunschweig, Bundesallee 100; Tel (05 31) 59 20; Fax (05 31) 5 92 92 92; Internet: http://www.ptb.de/; e-mail (Pressestelle): helmut klages@ptb.de

Staatsrechtliche Aufgabe und Aufgabenkreis:
Die Physikalisch-Technische Bundesanstalt – eine Bundesoberbehörde – ist eine bundesunmittelbare nichtrechtsfähige Anstalt des öffentlichen Rechts im Geschäftsbereich des Bundesministeriums für Wirtschaft.
Die PTB ist das nationale Metrologieinstitut der Bundesrepublik Deutschland mit wissenschaftlich-technischen Dienstleistungsaufgaben.
Zu den Aufgaben der Physikalisch-Technischen Bundesanstalt gehören:
– Forschung und Entwicklung auf allen Gebieten des physikalisch-technischen Meßwesens, insbesondere Entwicklung nationaler Normale, Darstellung und Bewahrung der Einheiten physikalischer Größen;
– Bestimmung von Fundamental- und Naturkonstanten, Nutzung von Quanteneffekten für die Darstellung physikalischer Einheiten;
– Bestimmung von Stoffeigenschaften und Schaffung von Referenzmaterialien zur Sicherung der nationalen und internationalen Einheitlichkeit der Maße.

Gesetzlich vorgeschriebene Prüfungen und Zulassungen verbunden mit intensiver technischer Beratung:
- Prüfung und Zulassung von Meßgeräten im geschäftlichen Verkehr
- Bauartprüfungen auf dem Gebiet der Sicherheitstechnik, des Strahlenschutzes, der Überwachung des Straßenverkehrs, gutachterliche Bewertung und Baumusterprüfungen für Medizinprodukte mit Meßfunktion
- Bauartprüfung und Zulassung von Spielgeräten
- Bauartprüfung, Zulassung und Ausnahmebewilligung nach dem Waffengesetz
- Prüfung von Wahlgeräten (Stimmzählgeräte) nach der Bundeswahlgeräte-Verordnung.

Prüfungen von Meßgeräten, Apparaten und Werkstoffen ohne gesetzliche Verpflichtungen, soweit nicht anderen Stellen vorbehalten.
Förderung der meßtechnischen Infrastruktur zur Qualitätssicherung und Steigerung der Wettbewerbsfähigkeit der nationalen Industrie:
- Weitergabe der SI-Einheiten durch Kalibrierungen
- Akkreditierung von Laboratorien des DKD
- Mitarbeit in nationalen und internationalen Organisationen und Gremien, in denen Fragen des Meß- und Einheitenwesens behandelt werden, Beteiligung an internationalen Forschungsprogrammen
- Mitwirkung bei Entwürfen von Gesetzen und anderen Vorschriften auf den obengenannten Gebieten
- Bearbeitung physikalischen Schrifttums und Berichterstattung über physikalisch-technische Ergebnisse der Bundesanstalt
- Mitwirkung bei der Technischen Zusammenarbeit mit Entwicklungsländern im Meß-, Normen-, Prüf- und Qualitätssicherungswesen.

Veröffentlichungen:
Jahresbericht der PTB: Erscheint im Eigenverlag im 1. Quartal des auf das Berichtsjahr folgenden Jahres.
PTB-Mitteilungen (– Forschen und Prüfen –) Zweimonatlich erscheinendes wissenschaftliches und amtliches Fachorgan der PTB; Verlag: Friedrich Vieweg & Sohn Verlagsges mbH, Faulbrunnenstr 13, 65183 Wiesbaden.
PTB-Prüfregeln: Einzelhefte mit Regeln für die Prüfung von Meßgeräten und Betriebsmitteln; im Eigenverlag der Bundesanstalt.
PTB-Berichte: Als Manuskript gedruckte wissenschaftliche Arbeiten und Zusammenstellungen.
Wissenschaftliche Veröffentlichungen in Fachzeitschriften: In den Literatur-Berichten „PTB-L" enthalten, die beim Referat Presse- und Öffentlichkeitsarbeit (PÖ) angefordert werden können.
Eichanweisung (Herausgeber)
Allgemeine Verwaltungsvorschriften für die Eichung von Meßgeräten.
Eichordnung (Herausgeber)
Technische Rechtsvorschriften für die Eichung von Meßgeräten.

Technische Richtlinien (Eigenverlag)
Informationen und Empfehlungen für die staatlich anerkannten Prüfstellen für Meßgeräte.
Das internationale Einheitensystem (SI)
Informationsbroschüren
Presse-Informationen.

Präsident der Physikalisch-Technischen Bundesanstalt: Prof Dr Ernst Otto Göbel
Vizepräsident: Prof Dr Volkmar Kose
Mitglied des Präsidiums: Dr Manfred Kochsiek Dir und Prof

Dem Präsidenten unmittelbar unterstellt:
Präsidiale Stabsstelle Dr B Güttler
Presse- und Öffentlichkeitsarbeit Dipl-Phys Klages

Abt Z Verwaltung und Betrieb
Leiter: Jürgen Röthke AbtDir

Gruppe Z 1: **Verwaltung** Tampier RDir
Gruppe Z 2: **Innere und Technische Dienste** Dr Weiß RDir

Abt 1 Mechanik und Akustik
Leiter: Dr Hermann de Boer Dir und Prof

Fachbereich 1.1: **Festkörpermechanik** Dr Peters Dir und Prof, Dr Volkmann Dir und Prof
Fachbereich 1.2: **Kinematik** Dr Goydke Dir und Prof
Fachbereich 1.3: **Fluidmechanik** Dr Dopheide Dir und Prof
Fachbereich 1.4: **Akustik** Dr Reibold Dir und Prof

Abt 2 Elektrizität
Leiter: Dr Hans Bachmair Dir und Prof

Fachbereich 2.1: **Gleichstrom und Niederfrequenzen** Dr Braun Dir und Prof
Fachbereich 2.2: **Hochfrequenz und Magnetismus** Dr Bliek Dir und Prof
Fachbereich 2.3: **Elektrische Energiemeßtechnik** Dr Braun Dir und Prof
Fachbereich 2.4: **Quantenelektronik** Dr Niemeyer Dir und Prof

Abt 3 Thermodynamik und Explosionsschutz
Leiter: Dr Wolfgang Hemminger Dir und Prof

Fachbereich 3.1: **Thermodynamische Größen** Dr Bauer Dir und Prof
Fachbereich 3.2: **Chemische Physik** Dr Richter Dir und Prof
Fachbereich 3.3: **Physikalische Sicherheitstechnik** Dr Krämer Dir und Prof
Fachbereich 3.4: **Explosionsschutz elektrischer Betriebsmittel** Dr Wehinger Dir und Prof

Abt 4 Optik
Leiter: Dr Klaus Dorenwendt Dir und Prof

Fachbereich 4.1: **Licht und Strahlung** Prof Dr Metzdorf Dir und Prof
Fachbereich 4.2: **Bild- und Wellenoptik** Dr Hoeschen Dir und Prof
Fachbereich 4.3: **Länge und Zeit** Dr Helmcke Dir und Prof, Dr Weiß Dir und Prof

Abt 5 Fertigungsmeßtechnik
Leiter: Dr Horst Kunzmann Dir und Prof

Fachbereich 5.1: **Mikrometrologie** Dr Wilkening Dir und Prof
Fachbereich 5.2: **Industrielle Meßtechnik** Dr Beyer Dir und Prof, Dr Hasche
Fachbereich 5.3 **Koordinatenmeßtechnik und Meßgerätebau** Dr Wäldele Dir und Prof

Abt 6 Ionisierende Strahlung
Leiter: Dr Günther Dietze Dir und Prof

Fachbereich 6.1: **Radioaktivität** Dr Janßen ORR
Fachbereich 6.2: **Photonen- und Elektronendosimetrie** Dr Hohlfeld Dir und Prof
Fachbereich 6.3: **Neutronen- und Ionendosimetrie** Dr Alberts Dir und Prof
Fachbereich 6.4: **Neutronenmetrologie** Dr Klein Dir und Prof
Fachbereich 6.5: **Strahlenschutzmetrologie** Dr Böhm Dir und Prof

Abt 7 Temperatur und Synchrotonstrahlung
Leiter: Prof Dr Burkhard Wende Dir und Prof

Fachbereich 7.1: **Photonenradiometrie** Dr Ulm Dir und Prof
Fachbereich 7.2: **Hochtemperaturphysik und Vakuum** Dr Ulm Dir und Prof
Fachbereich 7.3: **Temperatur und Wärme** Prof Dr Kühne Dir und Prof

Abt 8 Medizinphysik und Informationstechnik
Leiter: Prof Dr Günter Sauerbrey LtdDir und Prof

Fachbereich 8.1: **Medizinische Meßtechnik** Prof Dr Rinneberg
Fachbereich 8.2: **Biosignale** Dr Koch Dir und Prof
Fachbereich 8.3: **Metrologische Informationstechnik** Prof Dr Richter Dir und Prof; Dr Schumny Dir und Prof
Fachbereich IB.T: **Technisch-Wissenschaftliche Infrastruktur Berlin** Dr Buck RDir

Abt Q Wissenschaftlich-Technische Querschnittsaufgaben
Leiter: Dr Klaus Brinkmann Dir und Prof

Fachbereich Q.1: **Physikalische Grundlagen** Dr Lübbig Dir und Prof
Fachbereich Q.2: **Experimentelle Forschungsschwerpunkte** Prof Dr Keyser Dir und Prof
Fachbereich Q.3: **Akkreditierung, Zertifizierung und Qualitätssicherung** Dr Schulz Dir und Prof
Fachbereich Q.4: **Informationstechnologie** Dr Gitt Dir und Prof
Fachbereich Q.5: **Technische Zusammenarbeit** Dr Seiler

2 Bundesausfuhramt (BAFA)

65760 Eschborn, Frankfurter Str 29-35; Tel (0 61 96) 9 08-0; Telex 4 072 666 bafa d; Fax (0 61 96) 9 08-8 00

Staatsrechtliche Grundlage und Aufgabenkreis:
Das Bundesausfuhramt in Eschborn wurde durch Gesetz vom 28. Februar 1992 (BGBl I S 376) mit Wirkung vom 1. April 1992 errichtet.
Es erledigt Verwaltungs- und Überwachungsaufgaben des Bundes, die ihm durch das Außenwirtschaftsgesetz, das Kriegswaffenkontrollgesetz, das Atomgesetz oder andere Bundesgesetze oder aufgrund dieser Gesetze zugewiesen werden. Ferner führt es Aufgaben des Bundes auf diesen Gebieten durch, die ihm vom Bundesministerium für Wirtschaft oder mit seiner Zustimmung von der sachlich zuständigen obersten Bundesbehörde übertragen werden.
In diesem Rahmen obliegen dem Bundesamt im wesentlichen folgende Aufgaben:
– Entscheidung über Anträge für Genehmigungen im Außenwirtschaftsverkehr (z B Ausfuhr-, Transit-, Durchfuhrgenehmigungen, Genehmigungen für bestimmte Dienstleistungen im Ausland)
– Entscheidung über Anträge für internationale Einfuhrbescheinigungen
– Fachliche Stellungnahmen in Ermittlungs- und Strafverfahren auf dem Gebiet des Außenwirtschaftsrechts
– Überwachungsaufgaben nach dem Kriegswaffenkontrollgesetz (insbesondere Überwachung der Herstellung, der Beförderung und der Veräußerung von Kriegswaffen)
– Entscheidung über Anträge für atomrechtliche Ein- und Ausfuhrgenehmigungen
– Mitwirkung in diversen internationalen Gremien (z B Missile Technology Control Regime-MTCR, Nuclear Suppliers Group-NSG, Australische Gruppe, Wassenaar Arrangement).

Präsident des Bundesausfuhramtes: Dr Danner
Vizepräsident: Corvinus
Presse- und Öffentlichkeitsarbeit: Dr Goworr RDir

Abt I Zentralabteilung
Leiter: Unbehauen AbtPräs

Ref I 1: **Personal** Müller LtdRDir
Ref I 2: **Recht** Sauer RDir
Ref I 3: **Haushalt, Innerer Dienst** Stromeyer ROAR
Ref I 4: **Datenverarbeitung, RZ-Betrieb** Etzin RDir
Ref I 5: **Organisation** Dr Vater RDirektorin
Ref I 6: **Geheimschutz** Niepold RDir

Abt II Ausfuhr-Verfahren
Leiter: Corvinus VPräs

U-Abt II A Grundsatz und Genehmigungen
Leiter: Simonsen LtdRDir

Ref II A 1: **Grundsatz- und Verfahrensfragen** Steiger RDir
Ref II A 2: **Genehmigungen I** Krakowka RDir
Ref II A 3: **Informationsanalyse, Statistik, Zuverlässigkeitsprüfung** Dr Hirt RDir
Ref II A 4: **Antragsein- und -ausgang** Noll ROAR
Ref II A 5: **Genehmigungen II, Auffangnormen** Pietsch RDir

Ref II A 6: Genehmigungen III, Sonderverfahren, SAG, AGG, NSL Schuster RDir

U-Abt II B Ausfuhrüberwachung
Leiter: Gehrig LtdRDir

Ref II B 1: **Zusammenarbeit mit Überwachungs- und Ermittlungsbehörden** Cruse RDir
Ref II B 2: **Kriegswaffenkontrolle** Niepold RDir
Ref II B 3: **Technische Unterstützung Zoll** Dipl-Ing Riesel

Dem Unterabteilungsleiter II B unterstellt:

Außenstelle Berlin
10115 Berlin, Scharnhorststr 36; Tel (0 30) 20 14-9; Fax (0 30) 20 14-51 06
Leiter: Jänsch RDir
Internationale Einfuhrbescheinigungen, Wareneingangsbescheinigungen
Technische Unterstützung Zoll
Kriegswaffenkontrolle
Abwicklungsaufgaben

Abt III Ausfuhr-Technik
Leiter: Dr-Ing Gerth

U-Abt III B Elektrotechnik, Maschinenbau
Leiter: Dipl-Ing Marci

Ref III B 1: **Nachrichtentechnik; Meßtechnik** Esselborn RR
Ref III B 2: **Elektronik** Dipl-Ing Martin
Ref III B 3: **Rechner, Software** Dipl-Phys Dr Dudel
Ref III B 4: **Produktionstechnik** Dipl-Ing Kauer
Ref III B 5: **Industrieausrüstung, militärisches Gerät** Hartmann RR

U-Abt III C Chemie; Biologie; Kerntechnik
Leiter: Prof Dr Pfirschke LtdRDir

Ref III C 1: **Chemikalien, biologische Agenzien; Werkstoffe** – Australische Gruppe – Dr Weinberg RR
Ref III C 2: **Chemieanlagen; biotechnische Anlagen** Dr Melin RDir
Ref III C 3: **Kerntechnische Anlagen; Radioaktive Stoffe** – NSG – Dr Hauschild RRätin

U-Abt III D Luft- und Raumfahrt
Leiter: Müller-Lindemann LtdRDir

Ref III D 1: **Luft- und Raumfahrtkomponenten – Trägertechnologie** – Rosenthal RDir
Ref III D 2: **Luft- und Raumfahrtsysteme** Dipl-Ing Leidig

Dem Abteilungsleiter III direkt unterstellt:

Stabsstelle III a – Grundsatz Technik – Dipl-Ing Wahren

Gruppe Chemiewaffenübereinkommen
– Inspektionen, Meldewesen, Genehmigungen – Gehrig LtdRDir
OVCW-Kontakte Dr Ruck RDir

3 Bundesamt für Wirtschaft (BAW)

65760 Eschborn, Frankfurter Str 29-31;
Tel (0 61 96) 4 04-0; Telex 4 07 26 66 baw d;
Teletex 6 19 67 27 BAW; Fax (0 61 96) 94 22 60

Staatsrechtliche Grundlage und Aufgabenkreis:
Das Bundesamt für Wirtschaft (BAW) in Eschborn wurde durch Gesetz vom 9. Oktober 1954 (BGBl I S 281) als selbständige Bundesoberbehörde im Geschäftsbereich des Bundeswirtschaftsministers unter dem Namen „Bundesamt für gewerbliche Wirtschaft" errichtet und gemäß Artikel 3 des Ersten Gesetzes zur Änderung des Filmförderungsgesetzes vom 18. November 1986 (BGBl I S 2040) umbenannt.
Auf dem Gebiet des Außenwirtschaftsverkehrs hat das Bundesamt Rechtsvorschriften im Einfuhrbereich auszuführen, insbesondere den Warenverkehr zu überwachen, statistisch zu erfassen und erforderliche Einfuhrgenehmigungen zu erteilen.
Mit Errichtung des Bundesausfuhramtes zum 1. April 1992 gemäß Gesetz vom 28. Februar 1992 (BGBl I S 376) sind Verwaltungs- und Überwachungsaufgaben des Bundesamtes im Ausfuhrbereich auf die neue Behörde übertragen worden.
Im Rahmen der Wirtschaftsförderung gewährt das Bundesamt kleinen und mittleren Unternehmen sowie Existenzgründern Zuschüsse zur Teilnahme an Beratungs- und Schulungsveranstaltungen und Energieeinsparberatungen. Außerdem ist das Bundesamt für die Förderung der Nutzung erneuerbarer Energien, die Absatzförderung ostdeutscher Produkte in Form der Bezuschussung von Inlandsmessebeteiligungen und die Filmförderung zuständig. Desweiteren betreut das BAW Maßnahmen zur Leistungssteigerung kleiner und mittlerer Unternehmen, insbesondere im Bereich der Handwerksförderung.
Auf dem Gebiet der Energieversorgung liegt der Schwerpunkt der Arbeiten bei der Durchführung der Verstromungsgesetze einschließlich der Verwaltung des Sondervermögens. Darüber hinaus werden Aufgaben im Zusammenhang mit den Absatz- und Anpassungshilfen für den Steinkohlenbergbau, der Mineralölbevorratung sowie im Bereich der Energieeinsparung erledigt.

Präsidentin des Bundesamtes für Wirtschaft: Dr Ria Kemper
Vizepräsident: Güth
Presse- und Öffentlichkeitsarbeit: Brosch RR

Abt I Zentralabteilung
Leiter: NN

Ref I 1: **Personal** Waldmann RDir
Ref I 2: **Haushalt** Eckel RDir
Ref I 3: **Rechtsangelegenheiten** Gerecke RDir
Ref I 4: **Innerer Dienst** Lamprecht RDir
Ref I 5: **Organisation** Enders RDir
Ref I 6: **Datenverarbeitung** Foerster RDir

Abt II Besondere Wirtschaftsbereiche
Leiter: Habermann LtdRDir

Ref II 1: **Besondere Förderaufgaben; Film** Brenneke RDir
Ref II 2: **Gewerbeförderung** Angersbach RDir
Ref II 3: **Handwerksförderung** Noack ORRätin
Ref II 4: **Förderung erneuerbarer Energien** Kratsch RDir
Ref II 5: **Messeförderung** Dietz RDir
Ref II 6: **Berichtswesen** Hoffmann ORR

Abt III Einfuhr
Leiter: Fischer LtdRDir

Ref III 1: **Grundsatzfragen der Einfuhr; DV-Angelegenheiten; Sekretariat des Interministeriellen Einfuhrausschusses** Reuter RDir
Ref III 2: **Textil: Berichtswesen und Überwachung; EG-Dat Verfahren** Schallenberg ORR
Ref III 3: **Textil: Länderbereich I** Schydlo RDir
Ref III 4: **Textil: Länderbereich II; Messen** Bomba RRätin
Ref III 6: **Eisen und Stahl; sonstige nichttextile Einfuhren** Bittner RR

Abt IV Energie
Leiter: Puzicha LtdRDir

Ref IV 1: **Grundsatzfragen der Kohlebeihilfen** Mittendorf RDir
Ref IV 2: **Steinkohlebeihilfen ohne Verstromungsförderung; Außenstelle Bochum** Dipl-Ing Pohle
Ref IV 3: **Verstromungszuschüsse** Hueck RDir
Ref IV 4: **Ausgleichsabgabe** Kuhn RDir
Ref IV 5: **Fondsverwaltung; Prüfungswesen** Schäfer RDir
Ref IV 6: **Mineralöl und Gase** Möller RDir

4 Bundesstelle für Außenhandelsinformation (BfAI)

50676 Köln, Agrippastr 87-93; Tel (02 21) 20 57-0; Telex 8 88 27 35 bfa d; Fax (02 21) 20 57-2 12 und 20 57-2 75; Internet: http://www.bfai.com

Staatsrechtliche Grundlage und Aufgabenkreis:
Die Bundesstelle für Außenhandelsinformation wurde durch Erlaß des für die Wirtschaft zuständigen Bundesministers vom 1. März 1951, zuletzt geändert durch Erlaß vom 21. Juni 1995 (Bundesanzeiger Nr 123 vom 5. Juli 1995), errichtet.
Die Bundesstelle hat die Aufgabe, die Außenwirtschaft durch Informationen über außenwirtschaftliche Tatbestände und Vorgänge zu fördern, die sie den mit Außenwirtschaftsfragen befaßten deutschen amtlichen Stellen und der deutschen Wirtschaft zur Verfügung stellt. Das Informationsangebot der BfAI reicht von Kontaktanschriften, Wirtschaftsdaten, Projekt-, Rechts- und Zollinformationen bis hin zu geschäftspraktischen Tips und Marktanalysen, die als Publikationen, auf CD-ROM und im Internet zur Verfügung stehen.

Direktor der Bundesstelle für Außenhandelsinformation: Hanns Diether Dammann

Arbeitsgruppe Marketing und Öffentlichkeitsarbeit
Winter VwAngestellte

Abt Z Zentrale Dienste; Geschäftsführung für die Gesellschaft für Außenhandelsinformation (GfAI)
− Berlin-Koordinator −
Leiter: Hans Walter Goergen RDir

Abt I Grundsatzfragen der Außenwirtschaftsinformation, GfAI-Geschäftsführung, Redaktionsleitung
Leiter: Friedbert Schönfeld LtdRDir

Abt II Auslandsmärkte, Wirtschaftsdaten, Branchen, Außenhandelsvorschriften
Leiterin: Angela Bley ORRätin

Abt III Geschäftskontakte, Projekte, Recht und Zoll, GfAI-Geschäftsführung
Leiter: Dr Gerhard Prasch LtdRDir

Außenstelle Berlin
10115 Berlin, Scharnhorststr 36; Tel (0 30) 20 14-52 01; Fax (0 30) 20 14-52 04
Leiter der Außenstelle: Dr Gerhard Behnke ORR

5 Bundesanstalt für Materialforschung und -prüfung (BAM)

12205 Berlin, Unter den Eichen 87; Tel (0 30) 81 04-0; Telex 1 83 261 bamb d; Fax (0 30) 8 11 20 29; Internet http://www.bam.de

Staatsrechtliche Grundlage und Aufgabenkreis:
Die Bundesanstalt für Materialforschung und -prüfung ist als Bundesoberbehörde im Geschäftsbereich des Bundesministeriums für Wirtschaft und technisch-wissenschaftliches Staatsinstitut der Bundesrepublik Deutschland für Materialtechnologien, Prüftechnik, Chemische Analytik und Sicherheitstechnik zuständig.
Ihre Urprünge reichen bis in das Jahr 1870 zurück, in dem durch Erlaß des damaligen Preußischen Ministeriums für Handel, Gewerbe und öffentliche Arbeiten die Gründung einer Mechanisch-Technischen Versuchsanstalt bei der Gewerbeakademie beschlossen wurde. 1895 erfolgte die Angliederung der im Jahre 1875 eingerichteten Prüfungsstation für Baumaterialien als neue Abteilung der Versuchsanstalt. Im Jahre 1904 kam es darüber hinaus zur Zusammenlegung mit der 1877 errichteten Chemisch-Technischen Versuchsanstalt zum Königlichen Materialprüfungsamt. Es bestand nach dem I. Weltkrieg als Staatliches Materialprüfungsamt (MPA) − bei ständiger Erweiterung seiner Aufgabenbereiche und Angliederung anderer Institutionen, wie z B der Reichs-Röntgenstelle − bis 1945.
Nach dem Zweiten Weltkrieg wurde dem MPA die im Jahre 1889 errichtete Chemisch-Technische Reichsanstalt (CTR) angeschlossen. Diese vereinigten Institutionen erhielten im Jahre 1954 den Status einer Bundesanstalt im Geschäftsbereich des Bundesministers für Wirtschaft, die seit 1956 den Na-

men „Bundesanstalt für Materialprüfung (BAM)" trug und seit 1. Januar 1987 „Bundesanstalt für Materialforschung und -prüfung (BAM)" heißt. Die Aufgaben der BAM wurden durch einen Erlaß des Bundesministers für Wirtschaft vom 13. Oktober 1995 letztmalig festgelegt. Danach hat die Bundesanstalt die Aufgabe, Sicherheit und Zuverlässigkeit in Chemie- und Materialtechnik weiter zu entwickeln. Die Ergebnisse ihrer Arbeiten hat die Bundesanstalt der Allgemeinheit zugänglich und nutzbar zu machen. Auf Antrag steht die BAM Industriefirmen, Wirtschaftsverbänden, Verbrauchereinrichtungen sowie privaten Antragstellern zur Verfügung. Außerdem berät sie Bundesministerien und unterstützt Verwaltungsbehörden sowie Gerichte. Mit Institutionen ähnlicher Zielsetzung des In und Auslandes, insbesondere den nationalen Schwesterinstituten, arbeitet die BAM eng zusammen. Daneben ist sie in die technische Zusammenarbeit mit verschiedenen Entwicklungsländern eingebunden. Die Mitarbeiter der Bundesanstalt wirken in zahlreichen Fachgremien, gesetzgebenden Körperschaften und normensetzenden Institutionen an der Aufstellung von technischen Regeln und Sicherheitsbestimmungen mit und vertreten die Bundesrepublik Deutschland in internationalen und supranationalen Einrichtungen.

Aufgrund des Gesetzes über explosionsgefährliche Stoffe, des Gesetzes über die internationale Beförderung gefährlicher Güter auf der Straße, des Waffengesetzes sowie einer Reihe weiterer gesetzlicher Regelungen und Verordnungen hat die Bundesanstalt den Status einer Bundesoberbehörde. Damit erhalten die in diesem Zusammenhang erteilten Zulassungen, Richtlinien und Auflagen bundesweit gesetzlichen Charakter. Im Rahmen der genannten Gesetze obliegen der BAM u a die Prüfung von Stoffen und Konstruktionen für die Zulassung explosionsgefährlicher Stoffe und Sprengzubehör, die Zulassung der Bauart von Verpackungen und die Genehmigung der Beförderung von gefährlichen Gütern ohne Schutzbehälter. Ferner läßt die Bundesanstalt Raketenmunition und Geschosse mit pyrotechnischer Wirkung im zivilen Bereich zu und prüft eine Vielzahl weiterer Produkte und Gegenstände im öffentlichen Interesse.

Mit nahezu 1 700 Mitarbeitern, darunter etwa 700 Wissenschaftlern und Ingenieuren unterschiedlicher naturwissenschaftlichen und technischer Fachrichtungen, befaßt sich die BAM in mehr als 90 Laboratorien damit, die chemischen, physikalischen und technologischen Eigenschaften von Werkstoffen zu bestimmen und Zusammenhänge zwischen Stoffkennwerten und Materialverhalten beim praktischen Einsatz aufzuklären. Dadurch werden Rohstoffe und Werte erhalten, Schäden vermindert und Unfälle verhütet. Das Arbeitsgebiet umfaßt alle technischen Materialien: Metalle, anorganische nichtmetallische Stoffe, auch Baustoffe und keramische Werkstoffe, organische Stoffe, Kunststoffe, Naturstoffe, Verbundwerkstoffe, technische Fluide und Gase sowie feste, flüssige und gasförmige explosionsfähige Stoffe. Für die Untersuchung von Materialien unter den verschiedensten Beanspruchungen, z B mechanischer, thermischer, tribologischer, chemischer, korrosiver oder biologischer Art, werden unterschiedlichste Meß-, Prüf- und Analysentechniken einschließlich zerstörungsfreier Prüfverfahren und Computertechniken eingesetzt. Durch Forschung und Entwicklung, Prüfung, Analyse, Zulassung sowie Beratung und Information dient die BAM dem Ziel, die Leistungsfähigkeit der Wirtschaft zu fördern, die technisch-wissenschaftliche Erkenntnisse zu erweitern sowie die Lebensbedingungen zu sichern und zu verbessern. Auf dem Gebiet der Akkreditierung von Prüfstellen wurde durch die BAM das „Deutsche Akkreditierungssystem Prüfwesen" (DAP) aufgebaut. Mitte 1994 wurde das DAP in eine GmbH überführt. Als übergeordnetes Gremium des DAP wurde Anfang 1991 der "Deutsche Akkreditierungsrat" (DAR) gebildet (Geschäftsstelle an der BAM), welcher eine gemeinsame Handlungsweise aller deutschen Akkreditierungssysteme im europäischen und internationalen Rahmen sichert.

Die BAM ist Mitglied im Exekutiv-Komitee von EUROLAB, einer Organisation zur Förderung der Zusammenarbeit der europäischen Prüfinstitute zur Harmonisierung der Prüfverfahren und Prüfbedingungen in Europa.

Die Arbeiten der BAM stehen unter der Leitlinie: Sicherheit und Zuverlässigkeit in Chemie und Materialtechnik.

Präsident der Bundesanstalt für Materialforschung und -prüfung: Prof Dr-Ing Dr h c H Czichos
Vizepräsident: Prof Dr rer nat M Hennecke
Miglied des Präsidiums: Prof Dr-Ing K-H Habig Dir
Ref G 1: **Präsidialreferat** Dr-Ing Wilfried Metasch RDir
Ref G 2: **Strategische Planung, Controlling** Dipl-Kfm R Jann RDir
Ref G 3: Öffentlichkeitsarbeit und Marketing Dr-Ing J Lexow ORR
Ref G 4: **Internationales Normenwesen** Prof Dr-Ing H Terstiege Dir

Abt Z Verwaltung und Betrieb
Leiter: J Thomas AbtDir

Ref Z 01: **Berufliche Ausbildung** Dipl-Phys Wutzke RDir
Fachgruppe Z.1: **Verwaltung** Fischer RDir
Fachgruppe Z.2: **Betrieb** Dr-Ing Plauk RDir

Abt I Analytische Chemie; Referenzmaterialien
Leiter: Prof Dr sc nat A Zschunke Dir

Ref I.01: **Qualitätssicherung und Methoden der chemischen Analytik** Dr rer nat Hässelbarth
Fachgruppe I.01: **Anorganisch-chemische Analytik; Referenzmaterialien** Prof Dr rer nat Meyer
Fachgruppe I.2: **Organisch-chemische Analytik; Referenzmaterialien** Prof Dr rer nat Nahels Direktorin
Fachgruppe I.3: **Strukturanalytik** Dr rer nat Reich
Fachgruppe I.4: **Nuklearanalytik** Prof Dr rer nat Görner Dir

Abt II Chemische Sicherheitstechnik
Leiter: Dr rer nat N Pfeil Dir und Prof

Fachgruppe II.1: **Heterogene Verbrennungsreaktionen** Dr rer nat Hattwig Dir und Prof
Fachgruppe II.2: **Reaktionsfähige Stoffe und Stoffsysteme** Dr rer nat Pfeil Dir und Prof
Fachgruppe II.3: **Explosivstoffe** Dr rer nat Steidinger Dir und Prof
Fachgruppe II.4: **Gasanlagen** Dr-Ing Karl RDir

Abt III Gefahrgutumschließungen
Leiter: Dr-Ing B Schulz-Forberg Dir und Prof

Ref III.01: **Konstruktive Gefahrgutsicherheit; Fertigungsüberwachung** Dipl-Ing Hübner RDir
Fachgruppe III.1: **Transportsicherheit von Verpakkungen und Schüttgutbehältern** Dipl-Ing Wieser Dir und Prof
Fachgruppe III.2: **Gefahrguttanks und Unfallmechanik** Dipl-Ing Ludwig Dir und Prof
Fachgruppe III.3: **Sicherheit von Transport- und Lagerbehältern** Dr-Ing Droste Dir und Prof

Abt IV Umweltverträglichkeit von Materialien
Leiter: Dr-Ing K-H Habig Dir und Prof

Ref IV.01: **Grundsatzfragen des Umweltschutzes; Koordinierung** Dr rer nat Günther ORR
Fachgruppe IV.1: **Biologie im Umwelt- und Materialschutz** Dr rer nat Rudolph Dir und Prof
Fachgruppe IV.2: **Emissionen aus Materialien** Dr-Ing Böcker
Fachgruppe IV.3: **Deponietechnik und Altlastensanierung** Dr-Ing August Dir und Prof

Abt V Werkstofftechnik der Konstruktionswerkstoffe
Leiter: Dr-Ing A Hampe LtdDir und Prof

Fachgruppe V.1: **Struktur und Gefüge von Konstruktionswerkstoffen** Dr-Ing Portella ORR
Fachgruppe V.2: **Werkstoffmechanik** Dr-Ing Ziebs Dir und Prof
Fachgruppe V.3: **Betriebsfestigkeit und Bauteilsicherheit** Dr-Ing Veith Dir und Prof
Fachgruppe V.4: **Werkstofftechnik der Hochleistungskeramik und Verbundwerkstoffe** Prof Dr sc nat Hähnert
Fachgruppe V.5: **Sicherheit in der Fügetechnik** Dr-Ing Krause Dir und Prof

Abt VI Funktion von Polymeren
Leiter: Dr-Ing A Hampe Dir und Prof

Fachgruppe VI.1: **Beständigkeit von Polymerwerkstoffen** Dr-Ing Mielke Dir und Prof
Fachgruppe VI.2: **Mechanik der Polymere und Faserverbundwerkstoffe** Dr-Ing Hampe Dir und Prof
Fachgruppe VI.3: **Analyse und Struktur von Polymeren** Dr rer nat Friedrich Dir und Prof

Abt VII Bauwerkssicherheit
Leiter: Dr-Ing A Plank Dir und Prof

Fachgruppe VII.1: **Baustoffe** Dr-Ing Maultzsch RDir
Fachgruppe VII.2: **Ingenieurbau** Dr-Ing Rücker RDir
Fachgruppe VII.3: **Zerstörungsfreie Prüfung; Bauwerkschutz** Dr-Ing Plank Dir und Prof
Fachgruppe VII.4: **Korrosion und Korrosionsschutz** Dr-Ing Isecke Dir und Prof

Abt VIII Materialschutz; zerstörungsfreie Prüfung
Leiter: Dr-Ing W Paatsch Dir und Prof

Fachgruppe VIII.1: **Tribologie und Verschleißschutz** Dr rer nat Santner Dir und Prof
Fachgruppe VIII.2: **Oberflächentechnologien** Dr rer nat Reiners Dir und Prof
Fachgruppe VIII.3: **Zerstörungsfreie Prüfung und Qualitätssicherung; Strahlenverfahren** Dr-Ing Schnitger Dir und Prof
Fachgruppe VIII.4: **Zerstörungsfreie Prüfungen; akustische und elektrische Verfahren** Pof Dr-Ing Wüstenberg Dir

Abt S Technisch-wissenschaftliche Querschnittsfunktionen
Leiter: Dr-Ing H-U Mittmann Dir und Prof

Fachgruppe S.1: **Meß- und Prüftechnik; Sensorik** Dr-Ing Daum RDir
Fachgruppe S.2: **Angewandte Mathematik und Informationstechnik** Dipl-Inf Zimpfer RDir
Fachgruppe S.3: **Wissenschaftlicher Gerätebau** Prof Dr-Ing Findeisen RDir
Fachgruppe S.4: **Qualität im Prüfwesen** Dr rer nat Steffen Dir und Prof

6 Bundeskartellamt (BKartA)

10965 Berlin, Mehringdamm 129; Tel (0 30) 6 95 80-0; Telex 18 43 21; Fax (0 30) 6 95 80-4 00

Staatsrechtliche Grundlage und Aufgabenkreis:
Das Bundeskartellamt ist gemäß § 48 Abs 1 des Gesetzes gegen Wettbewerbsbeschränkungen (GWB) vom 27. Juli 1957 (BGBl I S 1081) – Neufassung vom 20. Februar 1990 (BGBl I S 235), zuletzt geändert durch Art 11 des Gesetzes zur Bereinigung des Umwandlungsrechts (UmwBerG) vom 28. Oktober 1994 (BGBl I S 3210) eine selbstständige Bundesoberbehörde im Geschäftsbereich des Bundesministeriums für Wirtschaft mit Sitz in Bonn. Derzeitiger Dienstsitz ist Berlin. Das GWB soll als eine der wichtigsten Grundlagen zur Förderung und Erhaltung der Marktwirtschaft die Freiheit des Wettbewerbs und die wirtschaftliche Bewegungsfreiheit der Marktbeteiligten sicherstellen.
Die Aufgaben des Bundeskartellamtes sind insbesondere
– Durchsetzung des Kartellverbots und des Verbots anderer wettbewerbsbeschränkender Verträge
– Legalisierung von Kartellverträgen nach §§ 2-7 GWB

- Durchsetzung des Verbots aufeinander abgestimmten Verhaltens und anderer wettbewerbsbeschränkender Verhaltensweisen
- Mißbrauchsaufsicht über marktbeherrschende Unternehmen, legalisierte Kartelle und sonstige wettbewerbsbeschränkende Verträge, Preis-, Mittelstands- und Konditionenempfehlungen sowie in den Ausnahmebereichen
- Durchsetzung des für Kartelle, marktbeherrschende und marktstarke Unternehmen geltenden Diskriminierungs- und Behinderungsverbots
- Durchführung der Fusionskontrolle
- Prüfung von Wettbewerbsregeln sowie die Mißbrauchsaufsicht über eingetragene Wettbewerbsregeln
- Beteiligung an Zivilrechtsstreitigkeiten nach dem GWB
- Durchführung der gesetzlichen Aufgaben des Vergabeüberwachungsausschusses des Bundes
- Führung des Registers nach § 20 des Gesetzes zur Regelung des Rechts der Allgemeinen Geschäftsbedingungen (AGB-Gesetz) vom 9. Dezember 1976 und die Auskunftserteilung aus dem Register
- Zusammenarbeit mit der Kommission der Europäischen Union bei der Anwendung und Auslegung der Wettbewerbsvorschriften des Vertrages zur Gründung der Europäischen Wirtschaftsgemeinschaft nach Art 10 ff der VO Nr 17 zur Durchführung der Art 85 ff des Vertrages
- Anwendung der Art 85 ff des Vertrages nach Art 9 Abs 3 der VO Nr 17 in Verbindung mit Art 88 des Vertrages
- Zusammenarbeit mit der Kommission der Europäischen Union bei der Anwendung und Auslegung der VO Nr 4064/89 über die Europäische Fusionskontrolle
- Zusammenarbeit mit der Organisation für wirtschaftliche Zusammenarbeit und Entwicklung (OECD)
- Zusammenarbeit mit den Kartellbehörden anderer Staaten auf dem Gebiet der Wettbewerbsbeschränkungen.

Präsident des Bundeskartellamtes: Dieter Wolf
Vizepräsident: Dr Kurt Stockmann

Dem Präsidenten unmittelbar unterstellt:
L/P: **Presse** Zeise RRätin

Dem Vizepräsidenten unmittelbar unterstellt:
Ref Z 1: **Verwaltung** Lorentschk ORR
Ref Z 2: **Information** Brannemann BiblOR
Ref P: **Prozeßführung und allgemeine Rechtsangelegenheiten** Dr Seifert LtdRDirektorin

Abt E Europäisches und internationales Kartellrecht
Leiter: Dr Hans-Jürgen Ruppelt Dir beim Bundeskartellamt

Ref E 1: **Europäisches Kartellrecht** Reh RDir
Ref E 2: **Internationale Wettbewerbsfragen** Gollan ORRätin
Ref E 3: **Europäische Fusionskontrolle** Dr Wagemann ORR

Ref EG 1: **Harmonisierung der Kartellrechtspraxis** Dobler LtdRDir

Abt G Grundsatzfragen
Leiter: Dr Hans-Jürgen Ruppelt Dir beim Bundeskartellamt

Ref G 1: **Allgemeine Fragen, Öffentlichkeitsarbeit** NN
Ref G 2: **Kartelle** Burchardi LtdRDir
Ref G 3: **Marktbeherrschung** Dr Hansen LtdRDir
Ref G 4: **Fusionskontrolle** Dr Wagemann ORR
Ref G 5: **Dokumentation** NN

Beschlußabteilungen

Abt B 1 Steine und Erden (ohne Düngemittel), Asbestwaren, Schleifmittel; feinkeramische Erzeugnisse; Glas und Glaswaren; Schnittholz, Sperrholz und sonstiges bearbeitetes Holz; Holzwaren; Bauwirtschaft, Grundstückswesen
Leiter: Klaus Reiniger Dir beim Bundeskartellamt

Abt B 2 Leder; Lederwaren und Schuhe; Textilien; Bekleidung; Erzeugnisse des Ernährungsgewerbes; Land- und Forstwirtschaft, Garten- und Weinbau, Fischerei und Jagd; Konditionenkartelle und -empfehlungen
Leiter: Gerhard Harms Dir beim Bundeskartellamt

Abt B 3 Chemische Erzeugnisse (ohne Fotochemie); Düngemittel; Kunststofferzeugnisse; Gummiwaren
Leiter: Dr Frank Segelmann Dir beim Bundeskartellamt

Abt B 4 Maschinenbauerzeugnisse; feinmechanische und optische Erzeugnisse, Uhren; Musikinstrumente, Spielwaren, Sportgeräte, Schmuck, Füllhalter und ähnliches; fotochemische Erzeugnisse
Leiter: Reinhard Vieth Dir beim Bundeskartellamt

Abt B 5 Erze; Eisen und Stahl, NE-Metalle und NE-Metallhalbzeug; Gießereierzeugnisse, Erzeugnisse der Ziehereien, der Kaltwalzwerke und der Stahlverformung, Stahlbauerzeugnisse (ohne Schienenfahrzeuge); Straßenfahrzeuge; Wasserfahrzeuge; Eisen-, Blech- und Metallwaren; Lizenzverträge; Nachfragemacht der öffentlichen Hand
Leiter: Silvio Malitius Dir beim Bundeskartellamt

Abt B 6 Druckereierzeugnisse, Vervielfältigungen; Tabakwaren; kulturelle Leistungen; Filmwirtschaft; Werbewirtschaft
Leiter: Horst Nölkensmeier Dir beim Bundeskartellamt

Abt B 7 Luft- und Raumfahrzeuge; Schienenfahrzeuge; elektrotechnische Erzeugnisse; Büromaschinen, Datenverarbeitungsgeräte und -einrichtungen; Fernmeldewesen
Leiter: Dr Harald Lübbert Dir beim Bundeskartellamt

Abt B 8 Bergbauliche Erzeugnisse (ohne Erze); Mineralölerzeugnisse; Spalt- und Brutstoffe; Geld-, Bank- und Börsenwesen, Kapitalbeteiligungsgesellschaften; Wasser- und Energieversorgung

Leiter: Prof Dr Kurt Markert Dir beim Bundeskartellamt

Abt B 9 Groß- und Einzelhandel mit Konsumgütern (ohne Straßenfahrzeuge, Mineralöl- und Presseerzeugnisse); Touristik; Verkehrwesen (ohne Fernmeldewesen); Nachfragemacht Handel/Industrie
Leiter: Andreas Knochenhauer LtdRDir

Abt B 10 Holzschliff, Zellstoff, Papier und Pappe; Papier und Pappewaren; einzelne Formen des Handels, Handelshilfsgewerbes, z B Messen und Ausstellungen; gewerbliche Leistungen im Gesundheitswesen; sonstige Dienstleistungen; freie Berufe; Versicherungen (einschließlich Sozialversicherung)
Leiter: Klaus-Peter Schultz Dir beim Bundeskartellamt

7 Bundesanstalt für Geowissenschaften und Rohstoffe (BGR)

30655 Hannover, Stilleweg 2; Tel (05 11) 64 30; Telex 92 37 30 (bgr) ha d; Fax (05 11) 6 43 23 04

Staatsrechtliche Grundlage und Aufgabenkreis:
Im Jahre 1873 wurde in Berlin die Königliche Preußische Geologische Landesanstalt gegründet, die zugleich Forschungs- und Beratungsaufgaben für die Reichsregierung wahrnahm; 1939 ging sie in der Reichsstelle für Bodenforschung (ab 1941 Reichsamt für Bodenforschung) auf. Nach Gründung der Bundesrepublik Deutschland übertrug die Bundesregierung derartige Aufgaben zunächst dem Amt für Bodenforschung, Hannover. Am 1. Dezember 1958 wurde die Bundesanstalt für Bodenforschung durch Erlaß des Bundesministers für Wirtschaft vom 26. November 1958 (Bundesanzeiger Nr 230 vom 29. November 1958) aus dem Bestand des Amtes für Bodenforschung errichtet. Sie wurde am 17. Januar 1975 in Bundesanstalt für Geowissenschaften und Rohstoffe umbenannt, um den zunehmend wirtschaftsorientierten Aufgaben Rechnung zu tragen und ihre Stellung als zentrale Institution der Bundesregierung auf dem Gebiet der geologischen Wissenschaften zu unterstreichen. Die Bundesanstalt arbeitet eng mit dem Niedersächsischen Landesamt für Bodenforschung in Hannover zusammen. Beide Behörden werden in Personalunion geleitet. Der Bundesanstalt obliegen folgende Aufgaben:
- Beratung der Bundesministerien in allen geowissenschaftlichen und rohstoffwirtschaftlichen Fragen.
- Mitwirkung bei der Sicherung der Versorgung der Bundesrepublik Deutschland mit mineralischen und Energierohstoffen durch Beratung der deutschen Wirtschaft sowie Durchführung von Prospektions- und Explorationsvorhaben im In- und Ausland einschließlich der geowissenschaftlichen Meeresforschung.
- Mitwirkung bei geowissenschaftlichen und rohstoffwirtschaftlichen Maßnahmen der Bundesregierung:Mitwirkung bei Projekten der technischen Zusammenarbeit mit Entwicklungsländern.
- Mitwirkung bei Maßnahmen für die geotechnische Sicherheit (z B Endlagerung radioaktiver Abfälle, Standortfragen von Kernkraftwerken).
- Bearbeitung geowissenschaftlicher Fragen des Umweltschutzes.
- Methodische und instrumentelle Entwicklungsarbeiten auf allen Gebieten der Geowissenschaften sowie deren Umsetzung in die Praxis.
- Internationale geowissenschaftliche Zusammenarbeit:Antarktis-Forschung, Beobachtung seismischer Ereignisse, geologische Kartenwerke, Tiefseebohrprogramm; Zusammenarbeit mit geowissenschaftlichen Diensten des Auslandes.

Veröffentlichungen:
Ein „Verzeichnis verkäuflicher Veröffentlichungen der Bundesanstalt für Geowissenschaften und Rohstoffe und des Niedersächsischen Landesamtes für Bodenforschung" ist durch die BGR unmittelbar zu beziehen.

Präsident der Bundesanstalt für Geowissenschaften und Rohstoffe: Prof Dr-Ing Friedrich-Wilhelm Wellmer Präs und Prof
Vizepräsident: Dr Jens Dieter Becker-Platen VPräs und Prof

Ref 0.1: **Öffentlichkeitsarbeit** Dr Müller GeolDir
Ref 0.2: **Aufgabenplanung** Dr Ranke GeolOR

Abt Z Zentrale Angelegenheiten
Leiter: Jörg Hammann AbtDir

Informationszentrum Rohstoffgewinnung – Geowissenschaften – Wasserwirtschaft Reibold-Spruth WissORätin

U-Abt Z 1 Verwaltung
Leiter: Helmut Erveling RDir

Ref Z 1.1: **Personal** Damm RDir
Ref Z 1.2: **Betriebswirtschaft** Jahn RR z A
Ref Z 1.3: **Organisation** Jahn RR z A
Ref Z 1.4: **Haushalt** Jung ORR
Ref Z 1.5: **Beschaffung, Materialverwaltung, Buchhaltung** Bähre RR
Ref Z 1.6: **Rechts- und Vertragsangelegenheiten** Franken RR
Ref Z 1.7: **Innerer Dienst** Broll ROAR

U-Abt Z 2 Zentrale Fachdienste
Leiter: Dr Wilhelm Struckmeier GeolDir

Ref Z 2.1: **Bibliothek, Dokumentation** Crönert BiblOR
Ref Z 2.2: **Archiv, Zentrale Dateien** Dr Preuß GeolDir
Ref Z 2.3: **Schriftpublikationen** Dr Schubert GeolOR
Ref Z 2.4: **Zentrale Datenverarbeitung** Dr Schimpf WissDir
Ref Z 2.5: **Karten, Kartographie, Reprotechnik** Dr Voges GeolDir

Abt 1 Wirtschaftsgeologie, Internationale Zusammenarbeit
Leiter: NN

Fachgruppe 1.1 Internationale Zusammenarbeit
Leiter: Dr Michael Schmidt-Thomé Dir und Prof

Ref 1.11: **Grundlagen der Internationalen Zusammenarbeit** Dr Ranke GeolOR
Ref 1.12: **Amerika** Dr Weber GeolDir
Ref 1.13: **Afrika südlich der Sahara** Dr Paulsen GeolDir
Ref 1.14: **Vorder- und Mittelasien** Haut WissOR
Ref 1.15: **Süd- und Ostasien, Australien, Ozeanien** Dr Siebenhüner GeolOR
Ref 1.16: **Europa, Mittelmeerraum** Dr Dalheimer WissOR

Fachgruppe 1.2 Lagerstätten und Rohstoffwirtschaft
Leiter: Dr Fritz Barthel Dir und Prof

Ref 1.21: **Allgemeine Rohstoffwirtschaft** Dr Dalheimer WissOR (komm)
Ref 1.22: **Metallrohstoffe, Kernenergierohstoffe** Dr Barthel Dir und Prof
Ref 1.23: **Industrieminerale, Steine und Erden** Dr Lorenz GeolDir
Ref 1.24: **Kohlenwasserstoffe** Dr Hiller GeolDir
Ref 1.25: **Kohle, Torf** Dr Kelter GeolOR

Fachgruppe 1.3 Explorationsmethoden, Projektbewertung
Leiter: Dr Klaus Fesefeldt Dir und Prof

Ref 1.31: **Lagerstättenexploration** Dr Leifeld WissOR
Ref 1.32: **Fernerkundung** Dr Bannert GeolDir
Ref 1.33: **Internationale Kartierung** Dr Lahner GeolDir
Ref 1.34: **Bergwirtschaft, Projektbewertung** Kippenberger BergDir
Ref 1.35: **Mathematische Methoden der Rohstofferkundung** Günther WissOR

Abt 2 Technische Geologie, Umweltgeologie
Leiter: Dr Georg Blümel Dir und Prof

Fachgruppe 2.1 Ingenieurgeologie und Geotechnik
Leiter: Prof Dr Michael Langer Dir und Prof

Ref PM: **Projektmanagement, Endlageraufgaben** Mente WissAng
Ref 2.11: **Felsmechanik, Baugeologie** Dr-Ing Wallner WissDir
Ref 2.12: **Bodenmechanik, Ingenieurseismologie** Dr Lüdeling GeolDir
Ref 2.13: **Salzmechanik** Dr Hunsche WissDir
Ref 2.14: **Gebirgsmechanik im Bergbau** Dr-Ing Meister WissDir
Ref 2.15: **Salzgeologie** Dr Bornemann GeolOR
Ref 2.16: **Theoretische Grundlagen der Geomechanik, Großnumerik** Dr-Ing Heusermann WissDir

Fachgruppe 2.2 Grundwasser
Leiter: Dr Hellmut Vierhuff Dir und Prof

Ref 2.21: **Grundwassererkundung, -nutzung** Dr Bender GeolDir
Ref 2.22: **Grundwasserschutz, Grundwasserbeschaffenheit** Dr Söfner WissAng
Ref 2.23: **Grundwassergeophysik** Dr Fielitz WissDir
Ref 2.24: **Geohydraulik** Schelkes WissDir

Fachgruppe 2.3 Umweltschutz, Bodenkunde
Leiter: Dr Wolf Eckelmann Dir und Prof

Ref 2.31: **Umweltgeologie, Umweltverträglichkeit** Dr Stoppel GeolDir
Ref 2.32: **Bodenkartierung, Bodenschutz, Bodennutzung** Dr Utermann WissR
Ref 2.33: **Bodenwasser, Stoffhaushalt** Dr Duijnisveld WissOR
Ref 2.34: **Geologie der Abfallentsorgung** Dr Stoppel GeolDir

Abt 3 Geologische und geophysikalische Forschung
Leiter: Dr Karl Hinz Dir und Prof

Fachgruppe 3.1 Geophysikalische Grundlagen
Leiter: Dr Burkhard Buttkus Dir und Prof

Ref 3.11: **Seismologie** Henger WissDir
Ref 3.12: **Seismologisches Zentral-Observatorium Gräfenberg** Dr Seidl WissAng
Ref 3.13: **Lagerstättengeophysik** Dr Greinwald WissDir
Ref 3.14: **Hubschraubergeophysik** Dr Sengpiel WissDir
Ref 3.15: **Magnetotellurik** Dr Greinwald WissDir (komm)
Ref 3.16: **Elektromagnetik, Geophysik im Bergbau** Dr Grissemann WissAng

Fachgruppe 3.2 Marine Geophysik, Polarforschung
Leiter: Dr Christian Reichert

Ref 3.21: **Seismische Methodenentwicklung und Processing** Dr H Meyer WissDir
Ref 3.22: **Seegeophysik-Meßverfahren** Dr Roeser WissDir
Ref 3.23: **Seegeophysik-Interpretation** Dr Fritsch WissDir
Ref 3.24: **Polarforschung** Dr Tessensohn GeolDir

Fachgruppe 3.3 Geologische Grundlagen, Meeresgeologie
Leiter: Dr Helmut Beiersdorf Dir und Prof

Ref 3.31: **Meeresgeologie, Meeresgeochemie** Dr von Stackelberg GeolDir
Ref 3.32: **Strukturgeologie** Dr Schlüter GeolDir
Ref 3.33: **Stratigraphie, Paläontologie** Dr Beiersdorf Dir und Prof (komm)
Ref 3.34: **Geodynamische Modelle, Geothermik** Delisle GeolOR

Abt 4 Geochemie, Mineralogie, Lagerstättenforschung
Leiter: Dr Wolfgang Stahl Dir und Prof

Fachgruppe 4.1 Anorganische Geochemie
Leiter: Dr Thomas Wippermann Dir und Prof

Ref 4.11: **Geochemie der Gesteine und Erze** Dr Wippermann Dir und Prof
Ref 4.12: **Geochemie Wasser und Boden** Dr Kantor WissDir
Ref 4.13: **Spektrochemie** Dr Siewers WissAng
Ref 4.14: **Verfahrensentwicklung** Dr Dumke WissDir
Ref 4.15: **Geochemische Grundlagen** Dr Rammlmair WissOR

Fachgruppe 4.2 Mineralogie, Lagerstättenforschung
Leiter: Dr Bernhard Stribrny Dir und Prof

Ref 4.21: **Allgemeine Mineralogie** Dr Rösch WissDir
Ref 4.22: **Petrographie und Aufbereitung** Dr Burgath WissOR
Ref 4.23: **Anorganische Isotopengeochemie** Dr Höhndorf WissDir
Ref 4.24: **Sedimentologie** Dr Dietrich WissAng
Ref 4.25: **Lagerstättenforschung** Dr Oberthür WissOR

Fachgruppe 4.3 Organische Geochemie, Kohlenwasserstoff-Forschung
Leiter: Prof Dr Alfred Hollerbach Dir und Prof

Ref 4.31: **Organische Petrologie** Dr J Koch GeolDir
Ref 4.32: **Organische Geochemie** Dr Wehner GeolDir
Ref 4.33: **Organische Isotopengeochemie** Dr Faber WissDir
Ref 4.34: **Geomikrobiologie** Dr Bosecker WissDir
Ref 4.35: **Erdölgeologische Forschung** Dr Kockel GeolDir

Außenstelle Berlin – AB –
13593 Berlin, Wilhelmstr 25-30; Tel (0 30) 3 69 93; Fax (0 30) 3 69 93-1 00
Leiter: Dr Helmut Raschka Dir und Prof

Gruppe AB Z 3 Zentrale Angelegenheiten

Ref AB Z 3.1: **Verwaltung** Winter GeolOR
Ref AB Z 3.2: **Zentrale Fachdienste** Winter GeolOR

Fachgruppe AB 1.4 Internationale Zusammenarbeit mit Osteuropa und China, Beratung und Wirtschaft
Leiter: Dr Peter Kehrer Dir und Prof

Ref AB 1.41: **Internationale Zusammenarbeit** Dr Kehrer Dir und Prof
Ref AB 1.42: **Rohstoffwirtschaft** Dr Häußer GeolORätin
Ref AB 1.43: **Bergwirtschaft und Umwelt** Dr Kehrer Dir und Prof

Fachgruppe AB 2.4 Geotechnische Sicherheit und Methodenentwicklung im Umweltschutz (Beitrittgebiet)
Leiter: Dr Siegfried Putscher WissAng

Ref AB 2.41: **Ingenieurgeologie im Umweltschutz** Dr Albrecht GeolDir
Ref AB 2.42: **Hydrogeologie im Umweltschutz** Dr Krampe GeolDir
Ref AB 2.43: **Bodenkontamination, Altlasten** Dr Adler WissOR
Ref AB 2.44: **Informationsgrundlagen Boden und Umweltschutz** Dr Adler WissOR

Fachgruppe AB 3.4 Geophysikalische und Geochemische Umwelt-Forschung und Methodenentwicklung (Beitrittgebiet)
Leiter: Dr Helmut Raschka Dir und Prof

Ref AB 3.41: **Geophysikalische Umweltforschung** Dr Knödel WissDir
Ref AB 3.42: **Geochemische Umweltforschung** Dr Birke GeolOR
Ref AB 3.43: **Mineralogische Umweltforschung** NN
Ref AB 3.44: **Nutzung des tieferen Untergrundes** Dr Krull GeolOR

Kuratorium, dessen sich die Bundesanstalt für Geowissenschaften und Rohstoffe bei Durchführung ihrer Aufgaben bedient:

Kuratorium der Bundesanstalt für Geowissenschaften und Rohstoffe
Zielsetzung: Das Kuratorium berät den Bundesminister für Wirtschaft und die Leitung der BGR in wichtigen Fragen, die die Tätigkeit und Entwicklung der Bundesanstalt betreffen. Dem Kuratorium gehören 17 Vertreter der Geowissenschaften aus dem Hochschulbereich sowie aus der Wirtschaft an.

Der Rechtsaufsicht des Bundesministeriums für Wirtschaft unterstehen die nachstehenden Körperschaften und Anstalten des öffentlichen Rechts:

Filmförderungsanstalt (FFA)

– **Bundesanstalt des öffentlichen Rechts** –

10787 Berlin, Budapester Str 41; Tel (0 30) 25 40 90-0; Fax (0 30) 25 40 90-57;
Online-Homepage: http://www.ffa.de

Rechtsgrundlage und Aufgabenkreis:
Gesetz über Maßnahmen zur Förderung des deutschen Films – Filmförderungsgesetz (FFG) – vom 21. Dezember 1992 (BGBl I Seite 2135) in der Fassung der Bekanntmachung vom 25. Januar 1993 (BGBl I S 66).
Zweck der Filmförderungsanstalt (FFA) ist die wirtschaftliche Förderung des deutschen Films. Sie hat die Aufgaben, die Qualität des deutschen Films auf breiter Grundlage zu steigern, die Struktur der Filmwirtschaft zu verbessern, die gesamtwirtschaftlichen Belange der Filmwirtschaft zu unterstützen und die Zusammenarbeit zwischen Film und Fernsehen zu pflegen.

Vorsitzender des Verwaltungsrates: Herbert Strate
Vorstand: Rolf Bähr; Dr Karl Guhlke
Leiter der Verwaltung: Frank Völkert

Erdölbevorratungsverband

— **Körperschaft des öffentlichen Rechts** —

20354 Hamburg, Jungfernstieg 38; Tel (0 40) 35 00 12-0; Fax (0 40) 35 00 12-49

Rechtsgrundlagen und Aufgabenbereich:
Der Verband wurde durch das Erdölbevorratungsgesetz vom 25. Juli 1978 in der Fassung der Bekanntmachung vom 8. Dezember 1987 (BGBl I S 2509) errichtet mit dem Zweck der Erfüllung der Vorratspflicht.

Vorstand: Sanders Schier; Jürgen Jansing
Vorsitzender des Beirates: Burkhard Genge

VII Bundesministerium für Ernährung, Landwirtschaft und Forsten (BML)

53123 Bonn, Rochusstr 1; Tel (02 28) 5 29-0; Telex 8 86 844; Teletex 2 283 655; Fax (02 28) 5 29-42 62; *Telegrammanschrift:* bundesernähr bn

Aufgabenkreis:
Die Agrarwirtschaft erfüllt im dicht besiedelten, hochindustrialisierten Deutschland vielfältige Funktionen. Die wichtigste ist die Versorgung der Bevölkerung mit qualitativ hochwertigen und gesunden Lebensmitteln zu angemessenen Preisen. Daneben gewinnen andere Aufgaben zunehmend an Bedeutung:
Die Landwirtschaft
- erhält und pflegt die natürlichen Lebensgrundlagen,
- sichert eine in Jahrhunderten gewachsene, attraktive Kulturlandschaft als Siedlungs-, Wirtschafts- und Erholungsraum,
- liefert agrarische Rohstoffe für Nichtnahrungszwecke und
- nutzt regenerative Energie- und Rohstoffquellen.

Von daher ergeben sich vier agrarpolitische Hauptziele:
- Verbesserung der Lebensverhältnisse im ländlichen Raum und Teilnahme der in der Land- und Forstwirtschaft Tätigen an der allgemeinen Einkommens- und Wohlstandsentwicklung,
- Versorgung der Bevölkerung mit hochwertigen Produkten der Agrarwirtschaft zu angemessenen Preisen; Verbraucherschutz im Ernährungsbereich,
- Verbesserung der agrarischen Außenwirtschaftsbeziehungen und der Welternährungslage,
- Sicherung und Verbesserung der natürlichen Lebensgrundlagen; Erhaltung der biologischen Vielfalt, Verbesserung des Tierschutzes.

Veröffentlichungen:
Agrarpolitische Mitteilungen und andere Veröffentlichungen, kostenlos zu beziehen bei BML, Referat Öffentlichkeitsarbeit, Postfach 140270, 53107 Bonn. Berichte über Landwirtschaft. *Ausgabe:* 4 Hefte jährlich. Sonderhefte (in unregelmäßiger Folge); *Ausgabe:* nach Bedarf; *Bezug:* Landwirtschaftsverlag GmbH, 48165 Münster-Hiltrup, Hülsebrockstr 2; *Preis:* Jahresabonnement 486,- DM
Außerdem Gemeinsames Ministerialblatt (GMBl) des AA, BMI, BMF, BMWi, BML, BMFSFJ, BMG, BMU, BMBau, BMBF und BMZ, herausgeben vom Bundesministerium des Innern. Erscheint nach Bedarf. *Verlag:* Carl Heymanns Verlag KG, Bonn/Köln.
Statistisches Jahrbuch über Ernährung, Landwirtschaft und Forsten; *Ausgabe:* jährlich; *Bezug:* Landwirtschaftsverlag GmbH, 48165 Münster-Hiltrup, Hülsebrockerstr 2; *Preis:* nach Umfang verschieden.
Statistischer Monatsbericht des Bundesministeriums für Ernährung, Landwirtschaft und Forsten: *Ausgabe:* monatlich; *Bezug:* Bundesanstalt für Landwirtschaft und Ernährung, 60322 Frankfurt, Adickesallee 40; *Preis:* DM 190,- jährlich.
Agrarbericht (agrar- und ernährungspolitischer Bericht der Bundesregierung über die Lage der Landwirtschaft gemäß § 4 des Landwirtschaftsgesetzes und Maßnahmen der Bundesregierung gemäß § 5 des Landwirtschaftsgesetzes); *Ausgabe:* jährlich; *Alleinvertrieb:* Bundesanzeiger Verlagsgesellschaft mbH, Postfach 1320, 53003 Bonn; *Preis:* nach Umfang verschieden.
Die Verbesserung der Agrarstruktur in der Bundesrepublik Deutschland; *Ausgabe:* alle 2 Jahre; *Bezug:* Bundesministerium für Ernährung, Landwirtschaft und Forsten, Referat 521, Postfach 14 02 70, 53107 Bonn; *Preis:* nach Umfang verschieden.
Schriftenreihe des Bundesministers für Ernährung, Landwirtschaft und Forsten
Reihe A „Angewandte Wissenschaft";Ausgabe: nach Bedarf; *Bezug:* Köllen Druck und Verlag GmbH, Ernst-Robert-Curtius-Str 14, 53117 Bonn; *Preis:* nach Umfang verschieden.
Reihe B „Flurbereinigung"; *Ausgabe:* nach Bedarf; *Bezug:* Köllen Druck und Verlag GmbH, Ernst-Robert-Curtius-Str 14, 53117 Bonn; *Preis:* nach Umfang verschieden.
Reihe C „Agrarpolitische Berichte der OECD"; *Ausgabe:* nach Bedarf; Köllen Druck und Verlag GmbH, Ernst-Robert-Curtius-Str 14, 53117 Bonn; *Preis:* nach Umfang verschieden.
Jahresbericht über die deutsche Fischwirtschaft; *Ausgabe:* jährlich; *Bezug:* Köllen Druck & Verlag GmbH, Postfach 41 03 54, 53025 Bonn; *Preis:* unterschiedlich.
Informationen über die Fischwirtschaft des Auslandes; *Ausgabe:* 6 Hefte jährlich; *Bezug:* Bundesforschungsanstalt für Fischerei, Palmaille 9, 22767 Hamburg; *Preis:* DM 40,- pro Jahr.
Forschungsreport Ernährung, Landwirtschaft, Forsten; *Ausgabe:* zweimal jährlich; *Bezug:* Zentralstelle für Agrardokumentation und Information, Postfach 20 14 15, 53177 Bonn; *Preis:* kostenfrei.
Tierschutzbericht; *Ausgabe:* alle 2 Jahre; *Bezug:* Bundesministerium für Ernährung, Landwirtschaft und Forsten, Referat 321, Postfach 140270, 53107 Bonn; *Preis:* kostenfrei
Die Molkereistruktur im Bundesgebiet; *Ausgabe:* alle 3 Jahre; *Bezug:* Bundesministerium für Ernährung, Landwirtschaft und Forsten, Referat 215, Postfach 140270, 53107 Bonn; *Preis:* kostenfrei.
Milch- und Molkereiwirtschaft Bundesrepublik Deutschland, EG-Mitgliedstaaten; *Ausgabe:* nach Bedarf; *Bezug:* Bundesministerium für Ernährung, Landwirtschaft und Forsten, Referat 215, Postfach 140270, 53107 Bonn; *Preis:* kostenfrei.

Bundesminister für Ernährung, Landwirtschaft und Forsten: Jochen Borchert
Persönlicher Referent: Cramer RDir

Parlamentarischer Staatssekretär: Wolfgang Gröbl
Persönlicher Referent: Dr Stürmer RDir

Staatssekretär: Dr Franz-Josef Feiter
Persönlicher Referent: Mülder RDir

Abt 1 Zentralabteilung
Leiter: Dr Lesch MinDir

U-Abt 11 Verwaltung I
Leiterin: Annemarie Dopatka MinDirigentin

Ref 111: **Organisation, Sprachendienst, Bibliothek** Dr Hermkes MinR
Ref 112: **Personal** Dr Wolter MinR
Ref 113: **Informationstechnik** Dr Perrevort MinR
Ref 114: **Organisation, Personal des Forschungsbereiches** Bietke MinR
Ref 115: **Haushalt des Forschungsbereiches** Neikes MinR

U-Abt 12 Verwaltung II
Leiter: Dr Pruns MinDirig

Ref 121: **Haushalt, Vergabeprüfstelle** Johannes MinR
Ref 122: **Grundsatzrechtsfragen, Rechtsangelegenheiten der Abt 1, 2 und 6, Datenschutz, Geheimschutz, Sicherheit** Oesterhelt RDirektorin; Steinhauser RDirektorin
Ref 124: **Innerer Dienst** Pilger RDir
Ref 126: **Messen und Ausstellungen** Weiers MinR

Dem Abteilungsleiter 1 unmittelbar unterstellt:

Ref 100: **Vorprüfungsstelle** Erdmann RDir

Abt KB Koordinierung und Kommunikation, Außenstelle Berlin
Leiter: Dr P Schmidt MinDir

Ref K 1: **Ministerbüro** Dr P Schmidt MinDir
Ref K 2: **Kabinett-, Parlament- und Protokollangelegenheiten** Dr Eiden MinR
Ref K 3: **Pressestelle** Reuß
Ref K 4: **Öffentlichkeitsarbeit und Besucherdienst** Dr Jeub RDir
Ref K 5: **Kommunikation und Meinungsforschung** Dr Kloos RDir

Außenstelle Berlin
Leiter: Dr Blaschke MinDirig

Ref B 1: **Verwaltung** Dr Hesse MinR
Ref B 2: **Allgemeine agrarpolitische, ernährungswirtschaftliche und verbraucherpolitische Angelegenheiten in den neuen Bundesländern** Dr Wendt MinR
Ref B 3: **Angelegenheiten der Produktion und des Marktes in den neuen Bundesländern** Dr Deckwitz MinR
Ref B 4: **Besondere struktur- und gesellschaftspolitische Angelegenheiten des ländlichen Raumes in den neuen Bundesländern** Dr von Graevenitz MinR
Ref B 5: **Besondere Angelegenheiten der Wirtschaftsbeziehungen zu den MOE- und NUS-Ländern, forstliche Angelegenheiten in den neuen Bundesländern** Dr Bammel MinR

Abt 2 Allgemeine Angelegenheiten der Agrarpolitik
Leiter: Dr Lohmann MinDir

U-Abt 21 Planungskoordination und -grundlagen
Leiter: Prof Dr Schlagheck MinR

Ref 211: **Grundsätzliche Angelegenheiten der Agrarpolitik, Koordination der agrar- und ernährungspolitischen Planung** Dr Seegers MinR
Ref 212: **Statistik und Planungsgrundlagen** M Schmidt MinR
Ref 213: **Koordination allgemeiner agrarpolitischer Angelegenheiten, Nutzen-Kosten-Untersuchungen, wirtschaftliche Angelegenheiten** Dr Wachhorst MinR
Ref 214: **Ertragslage und Betriebserhebungen, Sondereinkommen** Dr Hauser RDir
Ref 215: **Marktbeobachtung – Inland und EG –, Langfristenanalysen** Dr Haase MinR
Ref 216: **Preisbeobachtung, Außenhandelsstatistik, Wirtschaftsbeobachtung – Ausland –** Dr Rauth MinR

U-Abt 22 Ernährungs- und Verbraucherpolitik
Leiter: Dr Braun MinDirig

Ref 221: **Grundsätzliche Angelegenheiten der Ernährungs- und Verbraucherpolitik** von Uechtritz und Steinkirch MinR
Ref 222: **Ernährungsaufklärung, wissenschaftliche Angelegenheiten und Grundlagen der Ernährung** Dr Blatt RDirektorin
Ref 223: **Verbraucherschutz und Lebensmittelqualität unter Verbraucheraspekten** Dr Trenkle MinR
Ref 224: **Ernährungsvorsorge, Vorratshaltung** Solmecke MinR
Ref 225: **Steuerangelegenheiten, Boden- und Betriebsbewertung** Reintzsch MinR

Abt 3 Agrarische Erzeugung, Veterinärwesen
Leiter: Dr Padberg MinDir

U-Abt 31 Pflanzliche Erzeugung und Agrartechnik
Leiter: Schulze-Weslarn MinR

Ref 311: **Programmplanung und grundsätzliche Angelegenheiten der Abt 3, Agrarinformatik und Agrardokumentation** Dr Reinicke MinR
Ref 312: **Acker- und Pflanzenbau** Dr Däschner MinR
Ref 313: **Pflanzenschutz** Dr Petzold MinR
Ref 315: **Technik, Bau- und Verkehrswesen** Dr Rech RDir
Ref 316: **Gartenbauliche Erzeugung, Sonderkulturen** Dr Rahner MinR

U-Abt 32 Allgemeine Angelegenheiten des Veterinärwesens, Tierische Erzeugung, Tierschutz
Leiter: Dr Voetz MinDirig

Ref 321: **Tierschutz** Dr Baumgartner MinR
Ref 322: **Tierzucht und Tierhaltung** Dr von Ledebur MinR
Ref 324: **Tierernährung, Verkehr mit Futtermitteln, Tierarzneimittel** Dr Petersen MinR
Ref 325: **Rechtsangelegenheiten der Abt 3** Richter MinR
Ref 326: **Allgemeine Angelegenheiten des Veterinärwesens** Dr Voetz MinDirig

Projektgruppe 33 EG- und nationale Koordinierung der Tierseuchenangelegenheiten und des Veterinärwesens, Nationales Krisenzentrum, Tierseuchenbekämpfung
Leiter: Dr Zwingmann MinR

Ref 331: **EG-Tierseuchenangelegenheiten, EG-Veterinärwesen** Dr Zwingmann MinR
Ref 332: **Tierseuchenangelegenheiten beim Handel** Dr Valder MinR
Ref 333: **Nationales Krisenzentrum, Tierseuchenbekämpfung** Dr Pittler MinR
Institut für Epidemiologie Wusterhausen

Abt 4 Marktpolitik
Leiter: Dr Josef Scherer MinDirig

U-Abt 41 Grundsätzliche Angelegenheiten des Marktes
Leiter: Dr Goeman MinDirig

Ref 411: **Programmplanung der Abt 4, grundsätzliche Angelegenheiten der Marktpolitik** Maaß MinR
Ref 412: **Rechtsangelegenheiten der Abt 4, Anwendung und Durchführung von Rechtsakten des Gemeinschaftsrechts, Wettbewerb** Dr Eimer MinR
Ref 413: **Marktstruktur, Ernährungswirtschaft, Absatzförderung, Staatliche Beihilfen** Dr Schmidt-Volkmar MinR
Ref 414: **Allgemeine Durchführungsangelegenheiten der Marktordnungen, Verwaltungsangelegenheiten der Agrarreform** Frechen MinRätin
Ref 415: **Allgemeine und besondere Angelegenheiten des Milchmarktes** Belitz MinR
Ref 416: **Garantiemengenregelung Milch** Roggenkamp MinR

U-Abt 42 Besondere Angelegenheiten des Marktes
Leiter: Dr Willer MinDirig

Ref 421: **Getreide, Pflanzliche Fette** Dr Engelhardt MinR
Ref 422: **Zucker und Süßwaren, Alkohol und Spirituosen** von Gruben MinR
Ref 423: **Eier, Geflügel und Schaffleisch** Wilde MinR
Ref 424: **Wein, Marktangelegenheiten bei Hopfen, Bier, Mineralwasser und Erfrischungsgetränken** Wilms MinR
Ref 425: **Vieh und Fleisch** Dr Husemeyer MinR
Ref 427: **Obst und Gemüse, sonstige Gartenbauerzeugnisse und Kartoffeln, Zollangelegenheiten, EG-Handelsmechanismen bei Marktordnungswaren** Dr Mönning RDir

Abt 5 Entwicklung des ländlichen Raumes
Leiter: Dr Friedrich Quadflieg MinDir

U-Abt 51 Gesellschafts- und Sozialpolitik im ländlichen Raum
Leiter: Schiffner MinDirig

Ref 511: **Programmplanung der Abt 5, allgemeine und grundsätzliche Angelegenheiten der Entwicklung des ländlichen Raumes** Dr Bühner MinR
Ref 512: **Bildung, Beratung, Landjugend** Dr Blasum MinR
Ref 514: **Sozialordnung** Lehle MinR
Ref 515: **Rechtsangelegenheiten der Abt 5, Agrar-, Bau- und Bodenrecht, Genossenschaftswesen** Dr Lörken MinR
Projekteinheit 516: **Besondere Rechtsangelegenheiten in den neuen Bundesländern, Treuhandangelegenheiten** Dr Kuhlmann MinR

U-Abt 52 Agrarstrukturpolitik
Leiter: Dr Schopen MinDirig

Ref 521: **Gemeinschaftsaufgabe, Agrarstrukturpolitik der EG** Wacker MinR
Ref 522: **Landentwicklung** Dr Thöne RDir
Ref 523: **Einzelbetriebliche Angelegenheiten, Banken und Kredit** Dr Paasch MinR
Ref 524: **Wasserwirtschaft, Kulturbautechnik, Küstenschutz** Dr Lübbe RDir
Ref 525: **Einkommenskombinationen, Angelegenheiten der Landfrauen** Roggendorf MinRätin

Abt 6 Forst- und Holzwirtschaft, Jagd, Forschung und Entwicklung
Leiter: Dr Paul Breloh MinDir

U-Abt 61 Forstwirtschaft, Holzwirtschaft, Jagd
Leiter: Wermann MinDirig

Ref 611: **Jagd, allgemeine und grundsätzliche Angelegenheiten der Forstpolitik** Dr Lammel MinR
Ref 612: **Angelegenheiten der Holzwirtschaft, Holzmarktpolitik** Dr Stinshoff MinR
Ref 613: **Waldbau, Forstschutz, Rohholzmarkt** Dörflinger MinR
Ref 614: **Nachhaltige Forstwirtschaft, Foststruktur, internationale Walderhaltung** Dr Hoenisch MinR
Ref 615: **Neuartige Waldschäden, forstliche Inventuren** Splett MinR

U-Abt 62 Forschung und Entwicklung
Leiter: Dr Lückemeyer MinR

Ref 621: **Programmplanung der Abt 6, grundsätzliche Angelegenheiten der Forschung und Entwicklung** Dr Herbsleb MinR
Ref 622: **Koordination der Umweltangelegenheiten des Agrarbereichs** Weirauch MinR
Ref 623: **Alternative Flächennutzung, Energie und Rohstoffe** Dr Jördens MinR
Ref 624: **Forschungsplanung und -koordination** Busch MinR
Ref 625: **Biotechnologie und Sicherung genetischer Ressourcen im Agrar und Ernährungsbereich** Dr Himmighofen MinR

Abt 7 Allgemeine EG-Agrarpolitik, Internationale Agrarpolitik, Fischereipolitik
Leiter: Detken MinDirig

U-Abt 71 Allgemeine EG-Agrarpolitik, Internationale Agrarpolitik
Leiter: Schwinne MinR

Gruppe Allgemeine EG-Agrarpolitik
Leiter: Dr Heynen MinR

Ref 712: **Allgemeine und grundsätzliche EG-Angelegenheiten, Gemeinschaftsrecht, Programmplanung der Abteilung 7** Dr Heynen MinR
Ref 713: **Verbindung zu Organen der EU, Beziehungen zu den EU-Mitgliedstaaten, EG-Rechtsharmonisierung** Leroy MinR
Ref 714: **EG-Haushalt, EG-Agrarfinanzierung** Heitmann MinR
Ref 715: **Besondere Wirtschafts- und Handelsbeziehungen, EFTA, EWR, Mittelmeerdrittländer, AKP, Zollpräferenzen, afrikanische Entwicklungsländer** Lache MinR
Ref 716: **Internationale Handelsangelegenheiten, Grundstoffpolitik, Handelsorganisationen** Witt MinR
Ref 717: **Internationale Ernährungs- und Landwirtschaftsorganisationen, Entwicklungszusammenarbeit, Nahrungsmittelhilfe** Dr Garcke MinR

U-Abt 72 Fischereipolitik, Außenwirtschaftspolitik
Leiter: Dr Jörg Wendisch MinDirig

Ref 721: **Grundsätzliche und marktpolitische Angelegenheiten der Fischereiwirtschaft** Schlapper MinR
Ref 722: **Erhaltung und Bewirtschaftung lebender Meeresschätze, EG-Fischereiregelungen, Meeres- und Fischereiforschung** Kleeschulte MinR
Ref 723: **See- und Binnenfischerei** Beil MinR
Ref 725: **Wirtschaftsbeziehungen zu den MOE- und NUS-Ländern sowie den Staatshandelsländern** Dr Dickas MinR
Ref 726: **Wirtschaftsbeziehungen zu außereuropäischen Industrieländern, Lateinamerika, zum Mittleren Osten und zu Ländern Asiens und Ozeaniens** Altpeter MinR
Ref 727: **Seerecht, Koordination des Meeresumweltschutzes im Agrar- und Fischereibereich, Rechtsangelegenheiten der Abt 7** Dr Gottsmann MinR
Ref 728: **Hilfsmaßnahmen zugunsten der MOE- und NUS-Länder** Eberle MinR

Außenstelle Berlin
10178 Berlin, Scharrenstr 2-3; Tel (0 30) 2 32 65-0; Fax (0 30) 2 03 65-32 23

Referat Landwirtschaft bei der Ständigen Vertretung der Bundesrepublik Deutschland bei der FAO und den anderen internationalen Organisationen in Rom Dr Link MinR
Referat Landwirtschaft bei der Ständigen Vertretung der Bundesrepublik Deutschland bei der Europäischen Union in Brüssel Guth MinR

Beratungsgremien beim Bundesministerium für Ernährung, Landwirtschaft und Forsten:

Wissenschaftlicher Beirat
Aufgaben: Beratung bei Fragen der Agrarpolitik und Agrarwirtschaft
Mitglieder: 15 Wissenschaftler

Wissenschaftlicher Beirat für Düngungsfragen
Aufgaben: Beratung in Düngungsfragen durch gutachtliche Stellungnahmen
Mitglieder: 7 Wissenschaftler

Bundesausschuß für Weinforschung
Aufgaben: Beratung in Fragen der Weinbauwissenschaft und der Weinforschung
Mitglieder: 11 Wissenschaftler und Sachverständige

Beraterausschuß „Integrierter Pflanzenschutz"
Aufgaben: Fachliche Beratung
Mitglieder: 8 Wissenschaftler und Sachverständige

Beirat für Tierseuchenbekämpfung
Aufgaben: Beratung in Fragen der Verhütung und Bekämpfung von Tierseuchen und -krankheiten
Mitglieder: 2 Wissenschaftler und 12 Sachverständige sowie Vorsitzender

Tierschutzkommission beim Bundesminister für Ernährung, Landwirtschaft und Forsten
Aufgaben: Anhörung vor dem Erlaß von Rechtsverordnungen und allgemeinen Verwaltungsvorschriften nach dem Tierschutzgesetz
Mitglieder: 12 Wissenschaftler und Sachverständige

Sachkenner nach § 17 des Milch- und Margarinegesetzes
Aufgaben: Anhörung vor dem Erlaß von Rechtsverordnungen aufgrund des Milch- und Margarinegesetzes
Mitglieder: Sachkenner aus der Wissenschaft, der Verbraucherschaft und der beteiligten Wirtschaft (keine festgelegte Mitgliederzahl)

Deutsche Wissenschaftliche Kommission für Meeresforschung
Aufgaben: Planung, Überwachung, Koordinierung und Auswertung der Forschungsarbeiten auf dem Gebiet der nationalen und internatonalen marinen Fischerei- und Umweltforschung und Beratung des Ministeriums auf diesem Gebiet, nationale Verbindungsstelle zum Internationalen Rat für Meeresforschung (ICES), Kopenhagen
Mitglieder: 50 Wissenschaftler

Deutsche Pappelkommission
Aufgaben: Beratung bei wissenschaftlichen, technischen und wirtschaftlichen Fragen des Pappel- und Weidenanbaues, insbesondere für die Internationale Pappel-Kommission der FAO
Mitglieder: 3 Wissenschaftler und 8 Sachverständige

Beirat zur Feststellung der Lage der Agrar- und Ernährungswirtschaft
Aufgaben: Beratung des Bundesministers für Ernährung, Landwirtschaft und Forsten bei der Anlage, Durchführung und Auswertung der Erhebungen

und Unterlagen zur Feststellung der Ertragslage der Landwirtschaft gemäß dem Landwirtschaftsgesetz vom 05. September 1955
Mitglieder: 20 Sachverständige

Sachverständigenausschuß für die Auswertung der Viehzählungsergebnisse
Aufgaben: Auswertung der Viehzählungsergebnisse; Erstellung eines Berichtes über die bisherige und voraussichtliche Produktions- und Preisentwicklung
Mitglieder: 15 Sachverständige

Verbraucherausschuß beim BML
Aufgaben: Beratung des BML in allen Fragen seines Zuständigkeitsbereichs, die Verbraucherbelange von allgemeiner Bedeutung betreffen, Darstellung der Auffassung der Verbraucher zu grundsätzlichen verbraucherpolitischen Fragen der Ernährungs- und Agrarpolitik sowie Abgabe von Anregungen und Stellungnahme dazu.
Mitglieder: 16 Sachverständige

Wirtschaftsausschuß für Außenhandelsfragen
Aufgaben: Beratung in Grundsatzfragen und wichtigen Angelegenheiten auf dem Gebiet des Außenhandels
Mitglieder: 36 Sachverständige aus den Bereichen der Landwirtschaft, der Ernährungsindustrie, des Außenhandels und der Verbraucher

Ausschuß für Entwicklung und Zusammenarbeit der Forst- und Holzwirtschaft beim BML
Aufgaben: Förderung einer verstärkten Zusammenarbeit der Forst- und Holzwirtschaft. Beratung des BML.
Mitglieder: 33 Sachverständige

Gutachterkommission für Waldinventur beim BML
Aufgaben: Beratung in Fragen der Vorbereitung und Durchführung einer Waldinventur auf Bundesebene
Mitglieder: 6 Sachverständige

Zum Geschäftsbereich des Bundesministeriums für Ernährung, Landwirtschaft und Forsten gehören:

1 Bundessortenamt (BSA)

30627 Hannover, Osterfelddamm 80; Tel (05 11) 95 66-5; Fax (05 11) 56 33 62

Staatsrechtliche Grundlagen und Aufgabenkreis:
Das im Jahre 1949 gegründete Sortenamt für Nutzpflanzen hatte die Aufgaben des im Jahre 1934 errichteten Reichssortenregisters in Berlin übernommen und ging durch die Verordnung zur Auflösung oder Überführung von Einrichtungen der Verwaltung des Vereinigten Wirtschaftsgebietes vom 8. September 1950 (BGBl I S 678) in die Verwaltung des Bundes über. Seine Aufgaben wurden am 1. November 1953 vom Bundessortenamt übernommen, das durch das Saatgutgesetz vom 27. Juni 1953 (BGBl I S 450) als Bundesoberbehörde errichtet worden war. Mit Wirkung vom 3. Oktober 1990

wurden wesentliche Einrichtungen der Zentralstelle für Sortenwesen der ehemaligen DDR in das Amt integriert.
Staatsrechtliche Grundlagen für die Arbeiten des Bundessortenamtes sind das
– Gesetz zu dem Internationalen Übereinkommen vom 2. Dezember 1961 zum Schutz von Pflanzenzüchtungen vom 10. Mai 1968 (BGBl II S 428),
– Gesetz zu der Zusatzakte vom 10. November 1972 zur Änderung des Internationalen Übereinkommens zum Schutz von Pflanzenzüchtungen vom 24. März 1976 (BGBl II S 437),
– Gesetz zu der in Genf am 23. Oktober 1978 unterzeichneten Fassung des internationalen Übereinkommens zum Schutz von Pflanzenzüchtungen vom 28. August 1984 (BGBl I S 809),
– Sortenschutzgesetz vom 11. Dezember 1985 (BGBl I S 2170), geändert durch Art 7 des Gesetzes vom 7. März 1990 (BGBl I S 422), das Erste Gesetz zur Änderung des SortG vom 27. März 1992 (BGBl I S 727), Art 2 des Gesetzes vom 23. Juli 1992 (BGBl I S 1367), Art 72 des Gesetzes vom 27. April 1993 (BGBl I S 512), Art 18 des Gesetzes vom 2. September 1994 (BGBl I S 2278) und Art 40 des Gesetzes vom 25. Oktober 1994 (BGBl I S 3082),
– Saatgutverkehrsgesetz vom 20. August 1985 (BGBl I S 1633), geändert durch Art 14 des Gesetzes vom 28. Juni 1990 (BGBl I S 1221), Art 1 des Gesetzes vom 23. Juli 1992 (BGBl I S 1367), Art 69 des Gesetzes vom 27. April 1993 (BGBl I S 512), Art 2 und 3 des Gesetzes vom 25. November 1993 (BGBl I S 1917), Art 12 des Gesetzes vom 2. August 1994 (BGBl I S 2018) und Art 39 des Gesetzes vom 25. Oktober 1994 (BGBl I S 3082),
– Verordnung über Verfahren vor dem Bundessortenamt vom 30. Dezember 1985 (BGBl I S 23), geändert durch Art 2 der Verordnung vom 18. Dezember 1986 (BGBl I S 2527), Art 2 der Verordnung vom 11. Mai 1988 (BGBl I S 595), Art 2 der Verordnung vom 27. Juli 1988 (BGBl I S 1192), Art 73 des Gesetzes vom 27. April 1993 (BGBl I S 512) und Verordnung vom 7. November 1994 (BGBl I S 3493),
– Verordnung über das Artenverzeichnis zum Saatgutverkehrsgesetz vom 27. August 1985 (BGBl I S 1762), geändert durch Art 1 der Verordnung vom 11. Mai 1988 (BGBl I S 595), Art 1 der Verordnung vom 16. November 1989 (BGBl I S 2025), Art 1 der Verordnung vom 12. Juli 1990 (BGBl I S 1414), Art 1 der Verordnung vom 17. August 1992 (BGBl I S 1532) und Art 1 der Verordnung vom 18. Dezember 1995 (BGBl I S 2056),
– Verordnung über den Verkehr mit Saatgut landwirtschaftlicher Arten und von Gemüsearten (Saatgutverordnung) vom 21. Januar 1986 (BGBl I S 146), geändert durch Art 3 der Verordnung vom 11. Mai 1988 (BGBl I S 595), Verordnung vom 27. April 1989 (BGBl I S 878),

Art 2 der Verordnung vom 16. November 1989 (BGBl I S 2025), Verordnung vom 9. März 1990 (BGBl I S 470), Art 2 der Verordnung vom 12. Juli 1990 (BGBl I S 1414), Verordnung vom 17. Oktober 1990 (BGBl I S 2248), Verordnung vom 17. Juli 1991 (BAnz S 4744), Verordnung vom 17. Oktober 1991 (BAnz S 7205), Art 2 der Verordnung vom 17. August 1992 (BGBl I S 1532), Art 70 des Gesetzes vom 27. April 1993 (BGBl I S 512), Art 1 der Verordnung vom 16. Februar 1995 (BGBl I S 217) und Art 2 der Verordnung vom 18. Dezember 1995 (BGBl I S 2056),
- Pflanzkartoffelverordnung vom 21. Januar 1986 (BGBl I S 1992), geändert durch Art 4 der Verordnung vom 11. Mai 1988 (BGBl I S 595), Art 3 der Verordnung vom 16. November 1989 (BGBl I S 2025), Art 3 der Verordnung vom 17. August 1992 (BGBl I S 1532), Art 71 des Gesetzes vom 27. April 1993 (BGBl I S 512), Art 2 der Verordnung vom 16. Februar 1995 (BGBl I S 217) und Art 3 der Verordnung vom 18. Dezember 1995 (BGBl I S 2056),
- Rebenpflanzgutverordnung vom 21. Januar 1986 (BGBl I S 204), geändert durch Art 5 der Verordnung vom 11. Mai 1988 (BGBl I S 595) und Art 4 der Verordnung vom 17. August 1992 (BGBl I S 1532),
- Saatgutaufzeichnungsverordnung vom 21. Januar 1986 (BGBl I S 214), geändert durch Art 33 des Gesetzes vom 2. August 1994 (BGBl I S 2018).

Die Aufgaben des Bundessortenamtes sind:
- Erteilung eines Sortenschutzrechtes (ein dem Patent ähnliches privates Schutzrecht) für Neuzüchtungen von Pflanzensorten an den Züchter oder Entdecker. Der Schutz wird nach einer mehrjährigen Prüfung der Sorte auf Unterscheidbarkeit, Homogenität und Beständigkeit durch Versuchsanbau an Prüfstellen des Amtes und gegebenenfalls weiteren Untersuchungen (z B Labor) erteilt. Die Schutzerteilung obliegt 13 Prüfabteilungen, die jeweils aus einem fachwissenschaftlichen Mitglied des BSA bestehen. Rechtsweg über den Widerspruchsausschuß für Sortenschutzsachen des BSA zum Bundespatentgericht und BGH.
- Nachprüfung des Fortbestehens der geschützten Sorten während der Schutzdauer (25 Jahre, einzelne Arten 30 Jahre) durch fortlaufende Anbauprüfung.
- Zulassung von Pflanzensorten als öffentlich-rechtliche Voraussetzung für das Inverkehrbringen von Saat- und Pflanzgut der betreffenden Sorten. Der Zulassung geht eine mehrjährige Prüfung der Sorte auf Unterscheidbarkeit, Homogenität und Beständigkeit sowie bei landwirtschaftlichen Arten auf landeskulturellen Wert voraus. Über die Zulassung entscheiden 6 Sortenausschüsse, die aus jeweils 3 fachwissenschaftlichen BSA-Mitgliedern bestehen. Rechtsweg über die 6 Widerspruchsausschüsse des BSA für Sortenzulassungssachen zum Verwaltungsgericht und Bundesverwaltungsgericht.
- Überwachung der Erhaltung der in der Sortenliste eingetragenen Sorten während der Zulassungsdauer (10 Jahre mit Verlängerungsmöglichkeit) durch fortlaufende Anbauprüfung.
- Herausgabe von Beschreibenden Sortenlisten. Sie dienen dem Saat- und Pflanzgutverbraucher, der Offizialberatung, der Ernährungsindustrie und dem Konsumenten zur Information. Beschreibende Sortenlisten werden veröffentlicht für landwirtschaftliche Pflanzenarten, Reben, Rasengräser, Gemüse, Obstarten, Ziersträucher und Straßenbäume.
- Mitwirkung an der Klassifizierung von Rebsorten im Rahmen der EG-Weinmarktordnung durch Auswertung von Rebsortenversuchen.
- Wahrnehmung aller im Zusammenhang mit den OECD-Saatgutsystemen stehenden Aufgaben als zuständige nationale Stelle.
- Wahrnehmung aller mit der ECE- (Wirtschaftskommission der Vereinten Nationen für Europa) Pflanzkartoffelstandardisierung in Zusammenhang stehenden Aufgaben.
- Wahrnehmung von Aufgaben der EG-Rechtsharmonisierung auf dem Sorten- und Saatgutsektor.
- Wahrnehmung von Aufgaben im Internationalen Verband zum Schutz von Pflanzenzüchtungen (UPOV).
- Wahrnehmung von Bundesaufgaben bei der Zusammenarbeit mit den Bundesländern bei der Saatgutanerkennung und der Saatgutverkehrskontrolle.
- Statistische Erfassung der Saatgutvermehrungsflächen.
- Vorbereitung sortenschutz- und saatgutverkehrsrechtlicher Vorschriften nach Abstimmung mit den Berufsverbänden.

Es besteht eine ständige enge Zusammenarbeit im Rahmen des Internationalen Übereinkommens zum Schutz von Pflanzenzüchtungen mit den Sortenämtern der Mitgliedsstaaten des Internationalen Verbandes zum Schutz von Pflanzenzüchtungen (Sitz Genf) sowie mit den Sortenämtern der übrigen EG-Mitgliedsstaaten.

Veröffentlichungen:
- Broschüre „Das Bundessortenamt, Aufgaben, Organisation, Einrichtungen", herausgegeben vom Bundessortenamt
- „Blatt für Sortenwesen", Amtsblatt des Bundessortenamts; Herausgeber: Bundessortenamt; Verlag: Landbuch Verlagsgesellschaft mbH, 30179 Hannover, Kabelkamp 6; Tel (05 11) 6 78 06-0; Fax (05 11) 6 78 06-68
- „Beschreibende Sortenlisten" für die einzelnen Pflanzenarten; Herausgeber: Bundessortenamt; Bezug durch: Landbuch Verlagsgesellschaft mbH, 30179 Hannover, Kabelkamp 6; Tel (05 11) 6 78 06-0; Fax (05 11) 6 78 06-68

Präsident des Bundessortenamtes: Rudolf Elsner

Abt 1 Zentralabteilung
Leiter: Henning Kunhardt LtdRDir

Ref 101: **Organisation, Innerer Dienst** Wehking ROAR
Ref 102: **Personal** Hartmann ORRätin
Ref 103: **Haushalt, Liegenschafts- und Bauangelegenheiten** Weitzenberg ORR
Ref 104: **Rechtsangelegenheiten** Köller ORR
Ref 105: **Antragsstelle, Sortenverwaltung, Gebühren, Amtsblatt** Behm RAR
Ref 111: **Biometrie, Bioinformatik, Informationstechnik** Dipl-Ing agr Dr Laidig
Ref 112: **Biochemische, biophysikalische und molekularbiologische Sortenprüfung** Dr Ohms RDir
Ref 113: **Grundsätzliche und übernationale Angelegenheiten des Sorten und Saatgutwesen** Dr Rutz RDir
Ref 114: **Dokumentation, Bibliothek, Öffentlichkeitsarbeit, Besucherdienst** NN

Abt 2 Landwirtschaft
Leiter: Dr Josef Steinberger LtdRDir

Ref 201: **Grundsätzliche Angelegenheiten der Registerprüfung** Dr Fuchs RDir
Ref 202: **Registerprüfung Getreide** Schneider RDir
Ref 203: **Registerprüfung Hackfrüchte (außer Kartoffel)** Dr Borg ORR
Ref 204: **Registerprüfung Leguminosen, Öl- und Faserpflanzen** Dr Ritz RDir
Ref 205: **Registerprüfung Mais, Tabak, Sonnenblume, Hopfen; Register und Wertprüfung Rebe** Dr Becher RDir
Ref 206: **Registerprüfung Gräser, Klee** Dr Freudenstein ORR
Ref 211: **Grundsätzliche Angelegenheiten der Wertprüfung und der Beschreibenden Sortenlisten und des Saatgutverkehrs, Saatgutzentrale** Schnock RDirektorin
Ref 212: **Wertprüfung Getreide, Mais** Rentel RR
Ref 213: **Register- und Wertprüfung Kartoffel** Dipl-Ing agr Schumann
Ref 214: **Wertprüfung Leguminosen, Öl- und Faserpflanzen, Hackfrüchte (außer Kartoffel)** Dr Manthey ORR
Ref 215: **Wertprüfung Gräser, Klee** Klemm ORR
Ref 216: **Pflanzenarten für Produktions- und Verwendungsalternativen** Schnock RDirektorin

Prüfstellen

Prüfstelle 221 Dachwig
99100 Dachwig, Kirchstr 28; Tel (03 62 06) 24 50; Fax (03 62 06) 2 45 99
Leiter: Eger RR

Prüfstelle 222 Eder am Holz
85452 Moosinning, Eder am Holz 1; Tel (0 81 23) 24 26; Fax (0 81 23) 82 57
Leiter: Ippi TAng

Prüfstelle 223 Haßloch
67454 Haßloch, Böhler Str 100; Tel (0 63 24) 9 24 00; Fax (0 63 24) 92 40 30
Leiter: Dr Becher RDir

Prüfstelle 224 Kalteneber
37318 Kalteneber, Mittelstr 29; Tel (03 60 83) 23 59; Fax (03 60 83) 23 59
Leiter: Eger RR

Prüfstelle 225 Neuhof
19370 Neuhof, An der Schweriner Chaussee 1; Tel (0 38 71) 6 30 60; Fax (0 38 71) 63 06 36
Leiter: Maschmeier TAng

Prüf- und Verwaltungsstelle 226 Nossen
01683 Nossen, Waldheimer Str 219; Tel (03 52 42) 4 53-0; Fax (03 52 42) 4 53-20
Leiter: Dipl-Ing agr Moritz

Prüfstelle 227 Olvenstedt
39130 Magdeburg, Agrarstr 16; Tel (03 91) 7 27 05 02; Fax (03 91) 7 21 83 03
Leiter: Dr Borg ORR

Prüfstelle 228 Prenzlau
17291 Augustenfelde; Tel (03 98 58) 60 80; Fax (03 98 58) 6 08 60
Leiter: Dipl-Ing agr Mokulies

Prüfstelle 229 Rethmar
31319 Sehnde, Hauptstr 1; Tel (0 51 38) 6 08 60; Fax (0 51 38) 60 86 70
Leiter: Schneider RDir

Prüfstelle 230 Scharnhorst
31535 Neustadt; Tel (0 50 32) 9 61-0; Fax (0 50 32) 9 61-1 99
Leiter: Dr Ritz RDir

Abt 3 Gartenbau
Leiter: Dr Johann Habben LtdRDir

Ref 301: **Grundsätzliche Angelegenheiten der Sortenprüfungen und der Beschreibenden Sortenlisten, Registerprüfung Heil- und Gewürzpflanzen** Dipl-Ingenieurin agr Klose
Ref 302: **Wertprüfung Gemüse, Heil- und Gewürzpflanzen, Beschreibende Sortenlisten** Heine RDirektorin
Ref 303: **Registerprüfung Hülsenfrüchte, Kohl- und Wurzelgemüse** Pfülb RR
Ref 304: **Registerprüfung Blatt-, Zwiebel- und Fruchtgemüse** Baur RDir
Ref 305: **Register- und Wertprüfung Obst, Stauden** NN
Ref 305.1: **Steinobst, Wildobst, Stauden** Dipl-Ingenieurin Klose
Ref 305.2: **Kernobst, Beerenobst** Dipl-Ing agr Wildenhain
Ref 306: **Register- und Wertprüfung Zierpflanzen (außer Stauden)** Löscher RDirektorin
Ref 307: **Register- und Wertprüfung Ziergehölze, Registerprüfung Forstgehölze** Dr Spellerberg ORR

Prüfstellen

Prüfstelle 311 Bamberg
96050 Bamberg, Am Sendelbach 15; Tel (09 51) 91 60 20; Fax (09 51) 9 16 02 30
Leiter: Baur RDir

Prüfstelle 312 Hannover
30627 **Hannover,** Osterfelddamm 80; Tel (05 11) 95 66-5; Fax (05 11) 56 33 62
Leiter: Dr Habben LtdRDir

Prüfstelle 313 Marquardt
14476 **Marquardt,** Hauptstr 36; Tel (03 32 08) 5 72 34; Fax (03 32 08) 5 72 07
Leiterin: Wiggert TAngestellte

Prüfstelle 314 Rethmar
31319 **Sehnde,** Hauptstr 1; Tel (0 51 38) 6 08 60; Fax (0 51 38) 60 86 70
Leiter: Pfülb RR

Prüfstelle 315 Wurzen
04808 **Wurzen,** Torgauerstr 100; Tel (0 34 25) 9 04 00; Fax (0 34 25) 90 40 20
Leiter: Dipl-Ing agr Wildenhain

2 Bundesforschungsanstalten

Staatsrechtliche Grundlage und Aufgabenkreis:
Zum Geschäftsbereich des Bundesministeriums für Ernährung, Landwirtschaft und Forsten gehören zehn Bundesforschungsanstalten und die Zentralstelle für Agrardokumentation und -information. Die Bundesforschungsanstalten sind in der Rechtsform der unselbständigen Anstalt des öffentlichen Rechts organisiert mit Ausnahme der Biologischen Bundesanstalt für Land- und Forstwirtschaft und der Bundesforschungsanstalt für Viruskrankheiten der Tiere, die aufgrund hoheitlicher Aufgaben Bundesoberbehörden sind. Die Bundesforschungsanstalten haben die Aufgabe, wissenschaftliche Entscheidungshilfen für die Ernährungs-, Land- und Forstwirtschaftspolitik sowie die Verbraucherpolitik zu erarbeiten und damit zugleich die wissenschaftlichen Erkenntnisse auf diesen Gebieten zum Nutzen des Gemeinwohls zu erweitern.

2.1 Bundesforschungsanstalt für Landwirtschaft Braunschweig-Völkenrode (FAL)

38116 **Braunschweig,** Bundesallee 50; Tel (05 31) 5 96-1; Fax (05 31) 59 68 14

Staatsrechtliche Grundlage und Aufgabenkreis:
Die Bundesforschungsanstalt für Landwirtschaft wurde am 18. Dezember 1947 durch Beschluß des Wirtschaftsrates als nachgeordnete Dienststelle der damaligen Verwaltung für Ernährung, Landwirtschaft und Forsten des Vereinigten Wirtschaftsgebietes errichtet. Sie wurde am 1. September 1949 durch Beschluß des Niedersächsischen Staatsministeriums in eine Anstalt des öffentlichen Rechts umgewandelt.
Am 1. Juli 1966 wurde sie durch ein Verwaltungsabkommen zwischen der Bundesrepublik Deutschland und dem Land Niedersachsen unter voller Erhaltung ihrer inneren Selbständigkeit und wissenschaftlichen Selbstverwaltung von der Bundesregierung in die Verantwortung ihres Ministeriums für Ernährung, Landwirtschaft und Forsten übernommen.
Aufgrund einer Vereinbarung zwischen der Bundesrepublik Deutschland und der Max-Planck-Gesellschaft zur Förderung der Wissenschaften vom 18./24. Juni 1974 wurde das Max-Planck-Institut für Tierzucht und Tierernährung Mariensee mit Wirkung vom 1. Juni 1974 als Institut für Tierzucht und Tierverhalten in die Bundesforschungsanstalt für Kleintierzucht eingegliedert. Ferner wurde im Zuge der Neuorientierung der Forschung im Geschäftsbereich des Bundesministers für Ernährung, Landwirtschaft und Forsten die Bundesforschungsanstalt für Kleintierzucht in Celle mit Wirkung vom 1. Juli 1974 als nicht rechtsfähige Anstalt aufgelöst und mit dem derzeitigen Standort als Institut für Kleintierzucht in die Bundesforschungsanstalt für Landwirtschaft eingegliedert (vgl im einzelnen Erlaß des Bundesministers für Ernährung, Landwirtschaft und Forsten vom 2. Juli 1974; Bundesanzeiger Nr 131 vom 19. Juli 1974).
Im Zusammenhang mit der Wiederherstellung der Einheit Deutschlands wurde die FAL mit Wirkung vom 1. Januar 1992 um das Institut für agrarrelevante Klimaforschung in Müncheberg/Mark, eine Außenstelle des Instituts für Kleintierforschung in Merbitz/Nauendorf und um zusätzliche Arbeitsgruppen in den Instituten für Tierzucht und Tierverhalten sowie für Tierernährung erweitert.
Zur FAL gehören sechzehn Forschungsinstitute. Davon bearbeiten 6 Institute Fragestellungen aus dem Forschungsbereich Boden/Pflanze, 3 Institute sind mit Fragen aus der tierischen Produktion befaßt, 4 Institute sind dem technischen Bereich zugeordnet und 3 gehören zum Forschungsbereich Ökonomie.
Die Bundesforschungsanstalt wird nach ihrer Satzung in der Fassung vom 9. Juni 1969 (Bundesanzeiger Nr 122 vom 9. Juli 1969), zuletzt geändert durch Erlaß vom 3. Februar 1977, im Rahmen eines Kollegialsystems geleitet und verwaltet. Ihre Organe sind das Kuratorium, der Senat und das Präsidium.
Die FAL betreibt Forschung auf dem Gebiet der Landbauwissenschaften und verwandter Wissenschaften. Sie veröffentlicht ihre Forschungsergebnisse und pflegt die internationale Zusammenarbeit mit wissenschaftlichen Persönlichkeiten und Einrichtungen. Zu ihren Aufgaben gehört die Erarbeitung wissenschaftlicher Grundlagen als Entscheidungshilfen für die Ernährungs-, Land- und Forstwirtschafts sowie die Verbraucherpolitik und die Erweiterung der wissenschaftlichen Erkenntnisse auf diesen Gebieten zum Nutzen des Gemeinwohls. Die FAL bearbeitet derzeit folgende Schwerpunkte: Erhaltung und Pflege natürlicher Ressourcen agrarischer Ökosysteme, pflanzengenetischer Ressourcen

– Nachhaltiger Schutz von Boden, Wasser, Luft und Biota unter Berücksichtigung klimatischer Gegebenheiten

- Erhaltung der Artenvielfalt und Vielgestaltigkeit der Kulturlandschaft und deren Pflege bei Aufgabe der landwirtschaftlichen Nutzung
- Extensive Formen der Landwirtschaft
- Erhaltung und Pflege tiergenetischer Ressourcen.

Weiterentwicklung der pflanzlichen und tierischen Nahrungs- und Rohstoffproduktion sowie der Produktqualität unter Berücksichtigung des Umwelt- und Tierschutzes und zukünftiger Perspektiven für den Agarstandort Deutschland
- hinsichtlich der Produkte: Produktvielfalt von Nahrungsmitteln bei hoher Produktqualität, Vermeidung von Belastungen durch unerwünschte Stoffe, pflanzliche Produktions- und Verwendungsalternativen im Nichtnahrungsbereich,
- hinsichtlich der Produktionsmethoden: Erhaltung und Entwicklung natürlicher Ressourcen, Verringerung der Schadstoffbelastung in der agrarischen Produktion, Anpassung an die sich ändernde Agrarstruktur, Senkung der arbeitsbedingten Gesundheitsrisiken in der Landwirtschaft, tiergerechte Nutztierhaltung, Verbesserung der Wettbewerbsfähigkeit.

Sozioökonomische Untersuchungen zum Handeln der Zielgruppen der Agrarpolitik
- Ökonomische Untersuchungen zur internationalen Wettbewerbsfähigkeit der deutschen Agarwirtschaft
- Erarbeitung und Beurteilung von Vorschlägen zur Weiterentwicklung der Agrarmarkt-, Preis-, Steuer- und Sozialpolitik

Verstärkte Einbeziehung neuer Wissensgebiete und Forschungsmethoden
- Biotechnologie, z B Molekularbiologie, Zell- und Gewebetechnologie, Bioverfahrenstechnik, Ethologie, Verhaltensphysiologie, Gentechnik, gentechnische Sicherheitsforschung
- Mikroelektronik und Informationstechnologie, d h Sensortechnik, rechnergestützte Systemanalyse, Anwendung der Informations- und Kommunikationstechnik zur rechnergestützten Umweltüberwachung, Produktionssteuerung und Tierzüchtung,
- Ökosystemare Forschung im Agrarbereich
- quantitative Politikfolgenabschätzung mit ökonomischen Modellen

Analyse, Folgenabschätzung und Bewertung von zukünftigen Entwicklungen für die Landwirtschaft und in ländlichen Räumen
- Biologische und technische Entwicklungen
- Umweltfolgen, Klimaeinflüsse
- Veränderungen des Ernährungsverhaltens und sozialer Verhaltensweisen
- Veränderung der Nahrungs- und Rohstoffmärkte
- Auswirkungen politischer Maßnahmen
- Internationale Verflechtungen
- Demographische, siedlungsstrukturelle und gesamtwirtschaftliche Veränderungen
- Untersuchungen zur ökonomischen Bewertung ökologischer Sachverhalte

Veröffentlichungen:
Landbauforschung Völkenrode. Diese Zeitschrift enthält Originalbeiträge über Forschungsergebnisse der verschiedenen Institute der FAL. Sie gibt einen Überblick über die Forschungsaktivität der FAL und findet in 40 europäischen und außereuropäischen Ländern Verbreitung. Außerdem erscheinen nach Bedarf Sonderhefte.
Mitteilungen und Informationen der FAL. In diesem vierteljährlich erscheinenden Mitteilungsblatt wird unter anderem in Form von Autorenreferaten über die wichtigsten in anderen Zeitschriften veröffentlichten Arbeiten berichtet.
Jahresbericht der FAL. Der Jahresbericht der FAL erscheint in eigener Redaktion im Selbstverlag der Bundesforschungsanstalt für Landwirtschaft Braunschweig-Völkenrode (FAL). Neben den Berichten über die Forschungstätigkeit der Institute und Gemeinschaftseinrichtungen enthält der Jahresbericht eine Zusammenstellung aller Veröffentlichungen der Mitarbeiter der Anstalt.
FAL-Broschüre. Die Broschüre wird nach Bedarf veröffentlicht. Sie soll den Mitarbeitern, Freunden und Besuchern der FAL zur Information dienen.

Präsident der Bundesforschungsanstalt für Landwirtschaft: Prof Dr-Ing Axel Munack Dir und Prof
Vizepräsidenten: Prof Dr agr habil Gerhard Flachowsky Dir und Prof; Prof Dr sc agr Folkhard Isermeyer Dir und Prof
Leiter des Präsidialbüros: Dipl-Biol Christopher Otto WissR z A

Verwaltung Horst Gottfried LtdRDir
Öffentlichkeitsarbeit Ing agr Ferdinand Frhr von Elverfeldt

Institute im Bereich Boden/Pflanze:

Institut für Pflanzenernährung und Bodenkunde
Leiter: Dr sc agr Dr rer nat habil Ewald Schnug Dir und Prof

Institut für Bodenbiologie
Leiter: Prof Dr rer nat habil Klaus-Dieter Vorlop Dir und Prof (komm)

Institut für Grünland- und Futterpflanzenforschung
Leiter: Prof Dr agr habil Friedrich Weißbach

Institut für Pflanzenbau
Leiter: Prof Dr agr habil Friedrich Weißbach (komm)

Institut für Produktions- und Ökotoxikologie
Leiter: Dr rer nat habil Hans-Joachim Weigel Dir und Prof

Institut für agrarrelevante Klimaforschung
15374 Müncheberg, Eberswalder-Str 84;
Tel (03 34 32) 8 38-0; Fax (03 34 32) 8 38-24
Leiter: Dr rer nat Ulrich Dämmgen Dir und Prof

Institute im Bereich Tier:

Institut für Tierernährung
Leiter: Prof Dr agr habil Gerhard Flachowsky Dir und Prof

Institut für Tierzucht und Tierverhalten
31535 Neustadt 1, Höltystr 10; Tel (0 50 34) 87 10; Fax (0 50 34) 87 11 43
Leiter: Prof Dr sc agr Dr habil Franz Ellendorff (M Sc) Dir und Prof (komm)

Institut für Kleintierforschung
29223 Celle, Dörnbergstr 25-27; Tel (0 51 41) 38 46-0; Fax (0 51 41) 38 18 49
Leiter: Prof Dr sc agr Dr habil Franz Ellendorff (M Sc) Dir und Prof

Institute im Bereich Technik:

Institut für Biosystemtechnik
Leiter: Prof Dr-Ing Axel Munack Dir und Prof

Institut für Betriebstechnik
Leiter: Dr-Ing Claus Sommer Dir und Prof

Institut für Technologie
Leiter: Prof Dr rer nat habil Klaus-Dieter Vorlop Dir und Prof

Institut für landwirtschaftliche Bauforschung
Leiter: Prof Dr agr habil Franz-Josef Bockisch Dir und Prof

Institute im Bereich Ökomonie:

Institut für Betriebswirtschaft
Leiter: Prof Dr sc agr Folkhard Isermeyer Dir und Prof

Institut für landwirtschaftliche Marktforschung
Leiter: Dr sc agr Hans Eberhard Buchholz LtdDir und Prof

Institut für Strukturforschung
Leiter: Dr sc agr Eckhart Neander LtdDir und Prof

Gemeinschaftliche Einrichtungen:

Datenverarbeitungsstelle Dr rer nat Siegfried Hackel WissR
Versuchsstation Dipl-Ing agr Karl Klein
Zentrale Informations- und Dokumentationsstelle Dr agr Gerhard Englert
Zentralbücherei Dipl-Landw Friedrich-Wilhelm Probst

2.2 Biologische Bundesanstalt für Land- und Forstwirtschaft Berlin und Braunschweig (BBA)

– Bundesoberbehörde –

38104 Braunschweig, Messeweg 11/12; Tel (05 31) 2 99-5; Fax (05 31) 2 99-30 00

14195 Berlin, Königin-Luise-Str 19; Tel (0 30) 8 30 41; Fax (0 30) 8 30 42 84

Staatsrechtliche Grundlage und Aufgabenkreis:
Am 28. Januar 1898 beschloß der Reichstag, am Kaiserlichen Gesundheitsamt eine „Biologische Abteilung für Land- und Forstwirtschaft" einzurichten, die 1905 als „Kaiserliche Biologische Anstalt für Land- und Forstwirtschaft" selbständig wurde. Die Namensgebung verdeutlicht, daß die Gründer der Meinung waren, eine Bekämpfung der Krankheiten und Schädlinge sei nur möglich, wenn die Biologie von Wirtspflanzen und Schadorganismen sowie ihr Zusammenwirken erschöpfend erforscht werden. Nach 1945 waren als Nachfolgeeinrichtungen die Biologische Zentralanstalt in Berlin und die Biologische Zentralanstalt in Braunschweig-Gliesmarode zunächst getrennt. Letztere ist durch die Verordnung der Bundesregierung vom 8. September 1950 (BGBl S 678) in die Verwaltung des Bundes eingegliedert worden und führt nach Zusammenschluß mit dem Berliner Anstaltsteil (1954) die obengenannte Bezeichnung (BBA). Mit der Wiedervereinigung sind 1991 und 1992 rund 190 Stellen zur BBA gekommen, die zum überwiegenden Teil in der Außenstelle Kleinmachnow, dem ehemaligen Sitz des 1949 zur DDR abgespaltenen Teils der Biologischen Zentralanstalt, angesiedelt sind.
Die Biologische Bundesanstalt für Land- und Forstwirtschaft (BBA) ist eine Bundesforschungsanstalt und selbständige Bundesoberbehörde mit im Pflanzenschutzgesetz, im Gentechnikgesetz und im Bundesseuchengesetz festgelegten Aufgaben. Die BBA ist Prüfungs- und Zulassungsbehörde für Pflanzenschutzmittel, Einvernehmensbehörde bei der Freisetzung gentechnisch veränderter Organismen und wirkt mit bei der Bewertung von Umweltchemikalien. Die von der BBA durchgeführten Hoheits- und die sie begleitenden Forschungsaufgaben erfolgen mit dem Ziel, die Agrar-, Ernährungs- und Forstpolitik des Staates entsprechend der ihnen zugrunde liegenden Vorsorgeprinzipien zu unterstützen.
Die Arbeiten der BBA erfüllen die Zielvorgaben des Forschungsrahmenplanes des Bundesministeriums für Ernährung, Landwirtschaft und Forsten (BML) und sind folgenden übergeordneten Forschungsfeldern bzw Arbeitsbereichen zuzuordnen:

– obligatorische Prüfung und Zulassung von Pflanzenschutzmitteln und Erklärungsverfahren für Pflanzenschutzgeräte;
– Erforschung der Ursachen von parasitären und nichtparasitären Schäden an Pflanzen;
– Untersuchungen zur Biologie der Schadorganismen;
– Erarbeitung von Verfahren zum Schutz von ackerbaulichen, gärtnerischen und forstwirtschaftlichen Kulturen und Pflanzen;
– Diagnose von Pflanzenkrankheiten;
– Erforschung und Förderung natürlicher Regelmechanismen und Schaffung neuer Möglichkeiten der Schadensabwehr – integrierter Pflanzenschutz;
– Entwicklung biologischer Bekämpfungsverfahren;

- Abschätzung und Bewertung der Folgen von Pflanzenschutzverfahren und -strategien;
- Untersuchungen über mögliche Risiken bei der Freisetzung gentechnisch veränderter Organismen;
- Untersuchungen zu Resistenzeigenschaften gegen Schaderreger an Kultur- und Wildpflanzen sowie gentechnische Verfahren zur Erzeugung resistenter Pflanzen;
- Verfahren zur Abwehr vorratsschädlicher Insekten und Milben;
- Prüfung von Unterlagen über Wirkungen von Stoffen auf Mikroorganismen, Pflanzen, Tiere und den Naturhaushalt;
- Belastung terrestrischer Ökosysteme durch Fremdstoffe;
- Auswirkungen von Pflanzenschutzmaßnahmen auf den Naturhaushalt;
- Maßnahmen zum Schutz gegen die Einschleppung neuer und die weitere Verbreitung bereits vorhandener Schadorganismen von Pflanzen;
- Bereitstellen von Literatur und Informationen über Phytomedizin und Pflanzenschutz;
- tropischer und subtropischer Pflanzenschutz.

Veröffentlichungen:
„Bekanntmachungen der Biologische Bundesanstalt"
über die Zulassung von Pflanzenschutzmitteln, der Pflanzenschutzgeräteliste,
über die Anerkennung von Pflanzenschutz- und Vorratsschutzgeräten und -geräteteilen (Saphir Verlag, 38551 Ribbesbüttel, Gutsstr).
„Nachrichtenblatt des Deutschen Pflanzenschutzdienstes"
Wissenschaftliche Aufsätze und Nachrichten über aktuelle Fragen des Pflanzenschutzes Verlag: Eugen Ulmer, 70574 Stuttgart, Postfach 700561.
„Mitteilungen aus der Biologischen Bundesanstalt für Land- und Forstwirtschaft"
Wissenschaftliche Veröffentlichungen aus den Instituten der Biologischen Bundesanstalt Parey Buchverlag Berlin, 10707 Berlin, Kurfürstendamm 57, Berichte aus der Biologischen Bundesanstalt für Land- und Forstwirtschaft, Arbeitsergebnisse aus Instituten und Verwaltung der BBA, Saphir Verlag
„Amtliche Pflanzenschutzbestimmungen", Neue Folge
Sammlung internationaler Verordnungen und Gesetze zum Pflanzenschutz – BBA –.
„Datenbank PHYTOMED/PHYTOSEL"
Datenbank für die internationale Fachliteratur auf dem Gebiet der Phytomedizin (Pflanzenschutz, Phytopathologie, Vorratsschutz) – BBA Berlin – Via DIMDI/Köln.
„Bibliographie der Pflanzenschutzliteratur", Neue Folge
Titelbibliographie des internationalen Fachschrifttums von Phytomedizin und Pflanzenschutz Bd 1, 1970 – Bd 31, 1996, Blackwell Wissenschafts-Verlag Berlin/Wien, Kurfürstendamm 57, 10707 Berlin.

„Merkblätter" Gesetze, Verordnungen und Richtlinien zum Pflanzenschutz. Biologie und Bekämpfung von Pflanzenkrankheiten und -schädlingen mit längerer Aktualität. Saphir Verlag (siehe oben).
„Trichogramma News" Mitteilungen der „IOBC Working Group on Trichogramma" in englischer Sprache – BBA –.
Richtlinien für die amtliche Prüfung von Pflanzenschutzmitteln – Teil der Beschreibenden Pflanzenschutzliste –, Saphir Verlag (siehe oben).
„Jahresbericht der Biologischen Bundesanstalt" Berichte über Forschungsarbeiten, Veröffentlichungen, Personal sowie Organisation der Biologischen Bundesanstalt – BBA –.
„Pflanzenschutzmittel-Verzeichnis" – Teil der Beschreibenden Pflanzenschutzliste –, Teil 1-7, Saphir Verlag (siehe oben).
Verzeichnis der zugelassenen Pflanzenschutz- und Pflanzenbehandlungsmittel mit den Angaben über Wirkstoff, Anwendungsgebiet, Giftabteilung sowie der anerkannten Pflanzenschutzgeräte.

Präsident der Biologischen Bundesanstalt für Land- und Forstwirtschaft: Prof Dr Fred Klingauf
Vizepräsident: Dr Gerhard Gündermann
Verwaltungsleiter: NN

Institute in Braunschweig:

Institut für Pflanzenschutz in Ackerbau und Grünland mit Außenstelle in Kleinmachnow
Leiter: Dr Gerhard Bartels

Insitut für Biochemie und Pflanzenvirologie
Leiter: Dr Günther Deml

Institut für Pflanzenschutz im Forst
Leiter: Dr Alfred Wulf

Institut für Pflanzenschutz im Gartenbau mit Außenstelle in Dresden-Pillnitz und Kleinmachnow
Leiter: Dr Georg Backhaus

Institut für Unkrautforschung
Leiter: Dr Peter Zwerger

Abt für Pflanzenschutzmittel und Anwendungstechnik mit Außenstelle in Kleinmachnow
Leiter: Dr-Ing Heinrich Kohsiek

Fachgruppe Chemische Mittelprüfung
Leiter: Dr Hans-Gerd Nolting

Fachgruppe Biologische Mittelprüfung
Leiter: Dr Helmut Rothert

Fachgruppe Anwendungstechnik
Leiter: Dr-Ing Heinz Ganzelmeier

Gemeinsame Einrichtungen:

Hauptverwaltung NN
Dienststelle für wirtschaftliche Fragen und Rechtsangelegenheiten im Pflanzenschutz mit Außenstelle in Kleinmachnow Dr Unger
Bibliothek Scholz
Versuchsfeld Dr Garbe

Institute in Berlin:

Vertreter des Präsidenten in Berlin: Prof Dr Wolfrudolf Laux

Institut für Mikrobiologie
Leiter: Dr Günther Deml

Institut für ökologische Chemie
Leiter: Prof Dr Wilfried Pestemer

Institut für Vorratsschutz
Leiter: Dr Christoph Reichmuth

Gemeinsame Einrichtungen:

Bibliothek mit Dokumentationsstelle für Phytomedizin und Informationszentrum für tropischen Pflanzenschutz Prof Dr Laux
Versuchsfeld Dr Berndt-Dieter Traulsen

Außenstelle
14532 Kleinmachnow, Stahnsdorfer Damm 81; Tel (03 32 03) 2 24 23 bis 2 24 25, 2 25 86, 2 21 28; Fax (03 32 03) 2 22 78
Leiter: Prof Dr Ulrich Burth

Institut für Folgenabschätzung im Pflanzenschutz
Leiter: Dr Volker Gutsche

Institut für integrierten Pflanzenschutz
Leiter: Prof Dr Ulrich Burth

Institut für Ökotoxikologie im Pflanzenschutz
Leiter: Dr Hans Becker

Außeninstitute:

Institut für biologischen Pflanzenschutz
64287 Darmstadt, Heinrichstr 243; Tel (0 61 51) 40 70; Fax (0 61 51) 4 07 90
Leiter: Dr Jörg Huber

Institut für Nematologie und Wirbeltierkunde mit Außenstellen in Elsdorf und Kleinmachnow
48161 Münster, Toppheideweg 88; Tel (02 51) 8 71 06-0; Fax (02 51) 8 71 06 33; Btx 87 10 60
Leiter: Dr Joachim Müller

Institut für Pflanzenschutz im Obstbau
69221 Dossenheim, Schwabenheimer Str 101; Tel (0 62 21) 8 52 38; Fax (0 62 21) 86 12 22
Leiter: Dr Erich Dickler

Institut für Pflanzenschutz im Weinbau
54470 Bernkastel-Kues, Brüningstr 84; Tel (0 65 31) 23 64 und 27 04; Fax (0 65 31) 49 36; Btx 0 65 31 27 04
Leiter: Dr Wolf Dieter Englert

2.3 Bundesanstalt für Milchforschung

24103 Kiel, Hermann-Weigmann-Str 1; Tel (04 31) 60 91; Fax (04 31) 6 09 22 22

Staatsrechtliche Grundlage und Aufgabenkreis:
Die Bundesanstalt für Milchforschung ist aus der im Jahre 1877 in Kiel vom Schleswig-Holsteinischen Landwirtschaftlichen Generalverein gegründeten Milchwirtschaftlichen Versuchsstation hervorgegangen, die 1922 vom Preußischen Staat als Preußische Versuchs- und Forschungsanstalt für Milchwirtschaft übernommen wurde. Nach dem zweiten Weltkriege wurde sie zunächst vom Land Schleswig-Holstein finanziert und ist dann durch Verordnung der Bundesregierung zur Auflösung und Überführung von Einrichtungen der Verwaltung des Vereinigten Wirtschaftsgebietes vom 8. September 1950 (BGBl S 678) in die Verwaltung des Bundes übernommen worden. Durch Erlaß des Bundesministers für Ernährung, Landwirtschaft und Forsten vom 29. August 1966 erhielt sie den jetzigen Namen.

Das Aufgabengebiet der Anstalt erstreckt sich auf die Erforschung der milchwirtschaftlichen Probleme von der Produktion der Milch, ihrer Verarbeitung zu Milchprodukten und anderen Lebensmitteln sowie der Verwendung dieser Erzeugnisse für eine gesunde Ernährung einschließlich ökonomischer Fragestellungen.

Veröffentlichungen:
Kieler Milchwirtschaftliche Forschungsberichte, Milchwissenschaft, Jahresbericht

Leiter: Prof Dr Dr E Schlimme Dir und Prof

Daten- und Informationsverarbeitung Dr Rathjen WissOR
Bibliothek, Dokumentation und Öffentlichkeitsarbeit Dr habil Ordolff WissOR
Presse- und Öffentlichkeitsarbeit Dr Pabst WissOR
Verwaltung Lammertz ORR

Institut für Mikrobiologie
Leiter: Prof Dr K J Heller Dir und Prof

Institut für Chemie und Physik
Leiter: Prof Dr Dr E Schlimme Dir und Prof

Institut für Hygiene
Leiter: Dr G Hahn Dir und Prof (komm)

Institut für Verfahrenstechnik
Leiter: Dr W Buchheim Dir und Prof

Institut für Physiologie und Biochemie der Ernährung
Leiter: Prof Dr J Schrezenmeir Dir und Prof

Institut für Betriebswirtschaft und Marktforschung der Lebensmittelverarbeitung
Leiter: Prof Dr F Hülsemeyer Dir und Prof

Versuchsstation Schaedtbek
24232 Schaedtbek; Tel (0 43 07) 2 58; Fax (0 43 07) 2 58
Leiter: Dr G Hahn Dir und Prof (komm)

Abt für Experimentelle Zoonosen- und Mastitisforschung
Leiter: Dr G Hahn Dir und Prof (komm)

Ernährungsphysiologische Versuchsstation
Leiter: Prof Dr J Schrezenmeir Dir und Prof

2.4 Bundesforschungsanstalt für Fischerei

22767 **Hamburg,** Palmaille 9; Tel (0 40) 3 89 05-0; Fax (0 40) 3 89 05-2 00

Staatsrechtliche Grundlage und Aufgabenkreis:
Die Bundesforschungsanstalt für Fischerei ist die Funktionsnachfolgerin der im Jahre 1938 gegründeten ehemaligen Reichsanstalt für Fischerei in Berlin-Friedrichshagen. Die Bundesforschungsanstalt ist durch Verordnung der Bundesregierung zur Auflösung und Überführung von Einrichtungen der Verwaltung des Vereinigten Wirtschaftsgebietes vom 8. September 1950 (BGBl S 678) in die Verwaltung des Bundes übernommen worden.

Die Aufgaben der Anstalt umfassen alle Fragen der See-, Küsten- und zum Teil Binnenfischerei, insbesondere die Erforschung der Biologie der Nutzfische, der jahreszeitlichen Standortveränderungen der Fischschwärme, der Bestandsveränderungen in den einzelnen Fanggebieten, der Erschließung neuer Fanggebiete und mariner Nutztiere, der Entwicklung der Aquakultur im Süß- und Seewasser sowie neuer bzw energieeinsparender Fangtechniken, ferner Untersuchungen der Verschmutzung der Flußmündungen und der Meere und ihr Einfluß auf die Fischbestände, die die Verarbeitung zu Fischereierzeugnissen betreffenden Probleme, zum Beispiel Qualitätserhaltung und -verbesserung, Entwicklung neuer Produkte aus bisher ungenutzten Ressourcen und Bearbeitung von lebensmittelrechtlichen Fragen. Grundlagenerarbeitung für Entscheidungen an Bundesbehörden.

Veröffentlichungen:
Archive of Fishery an Marine Research,
Informationen für die Fischwirtschaft,
Informationen über die Fischwirtschaft des Auslandes,
Deutscher Beitrag zu „Aquatic Sciences and Fisheries Abstracts",
Schriften der Bundesforschungsanstalt für Fischerei, Jahresbericht der Bundesforschungsanstalt für Fischerei.

Leiter: Dr Gerd Hubold Dir und Prof
Verwaltungsleiter: Lothar Krafft ORR

Institut für Seefischerei
Leiter: Dr Gerd Hubold Dir und Prof

Institut für Ostseefischerei
18069 **Rostock,** An der Jägerbäk 2; Tel (03 81) 8 10-3 44; Fax (03 81) 8 10-4 45
Leiter: Dr Otto Rechlin

Institut für Fischereiökologie
22589 **Hamburg,** Wüstland 2; Tel (0 40) 31 90-0; Fax (0 40) 31 90-86 03
Leiter: Dr Hans-Stephan Jenke Dir und Prof

Institut für Fischereitechnik
Leiter: Dr Otto Gabriel Dir und Prof

Institut für Biochemie und Technologie
Leiter: Dr Hartmut Rehbein WissDir (komm)

Informations- und Dokumentationsstelle einschließlich Bibliothek
Leiter: Dr Wulf-Peter Kirchner WissDir

2.5 Bundesforschungsanstalt für Forst- und Holzwirtschaft

21031 **Hamburg,** Leuschnerstr 91; Tel (0 40) 7 39 62-0; Fax (0 40) 73 96 24 80

Staatsrechtliche Grundlage und Aufgabenkreis:
Die Bundesforschungsanstalt für Forst- und Holzwirtschaft ist aus dem im Jahre 1939 zum Reichsinstitut erhobenen Institut für ausländische und koloniale Forstwirtschaft in Reinbek und der 1939 errichteten Reichsanstalt für Holzforschung in Eberswalde sowie aus dem 1943 in Altbunzlau gegründeten Reichsinstitut für Forstpflanzenzüchtung hervorgegangen. Die Anstalt ist durch die Verordnung der Bundesregierung zur Auflösung oder Überführung von Einrichtungen der Verwaltung des Vereinigten Wirtschaftsgebietes vom 8. September 1950 (BGBl S 678) in die Verwaltung des Bundes übernommen worden.

Die Bundesforschungsanstalt hat die Aufgabe, wissenschaftliche Grundlagen als Entscheidungshilfen für die Bundesregierung im Bereich der Forst- und Holzwirtschaft zu erarbeiten, durch wissenschaftliche Untersuchungen zur Leistungssteigerung in der Forst- und Holzwirtschaft beizutragen und diesen Wirtschaftszweigen durch Beratung sowie durch Ausbildung von Fachkräften zu dienen.

Diese Aufgaben beinhalten die Durchführung von Forschungsarbeiten im Hinblick auf:
- die Erfassung der Wälder und Waldökosysteme in ihrer Struktur und ihrer Entwicklung,
- die Erkennung von Wirkungszusammenhängen zwischen Wald, Umwelt und wirtschaftlichem Handeln,
- die Erhaltung der Wälder in ihrer Vielfalt und die Sicherung ihres genetischen Potentials,
- die Steigerung der Leistungsfähigkeit der Wälder für den Schutz der natürlichen Umwelt und für die Versorgung mit dem nachwachsenden Rohstoff Holz,
- die Verbesserung der Wettbewerbsfähigkeit der Forst- und Holzwirtschaft sowie die Gestaltung und Organisation von Arbeitsprozessen,
- die Bestimmung, Erhaltung, Verbesserung und Standardisierung der Eigenschaften von Holz und Holzprodukten,
- die Weiterentwicklung und Rationalisierung von Verfahrenstechniken der Holzbe- und Holzverarbeitung sowie der Zellstoff- und Papierproduktion im Hinblick auf eine Qualitätsverbesserung der Endprodukte,
- die Erfassung möglicher Umweltbelastungen bei der Holzbe- und Holzverarbeitung sowie durch Holzerzeugnisse und die Entwicklung umweltschonender Technologien,

– die Auswirkungen von Umweltveränderungen (Immissionen, Klima etc) auf die Wälder, die Waldbewirtschaftung, die Leistungen der Wälder und deren Nutzungsmöglichkeiten.

Die Forschungs- und Beratungstätigkeit erstreckt sich hierbei nicht nur auf den nationalen Bereich, sondern gilt in starkem Maße auch internationalen Problemstellungen.

Die Institute der Bundesforschungsanstalt stehen in enger personeller Verbindung mit dem Fachbereich Biologie der Universität Hamburg. Die Inhaber der Ordinariate für Weltforstwirtschaft, Holzbiologie und Holztechnologie sind gleichzeitig Leiter entsprechender Institute der Bundesforschungsanstalt. Außerdem gehören mehrere Wissenschaftler als Dozenten und Lehrbeauftragte der Universität an. Im Rahmen dieser Verbindung erfüllt die Bundesforschungsanstalt umfangreiche Lehraufgaben bei der Durchführung des neunsemestrigen Studiums der Holzwirtschaft.

Leiter: Prof Dr Carsten Thoroe Dir und Prof

Verwaltung Rohwer ORR

Institut für Weltforstwirtschaft
Leiter: Univ-Prof Dr Jochen Heuveldop

Institut für Forstgenetik
22927 **Großhansdorf**, Sieker Landstr 2; Tel (0 41 02) 6 96-0; Fax (0 41 02) 6 96-2 00
Leiter: Dr Hans-J Muhs Dir und Prof

Institut für Ökonomie
Leiter: Prof Dr Carsten Thoroe Dir und Prof

Institut für Holzbiologie und Holzschutz
Leiter: Uni-Prof Dr Dieter Eckstein

Institut für Holzchemie und chemische Technologie des Holzes
Leiter: Prof Dr Oskar Faix Dir und Prof

Institut für Holzphysik und mechanische Technologie des Holzes
Leiter: Univ-Prof Dr Arno Frühwald

Institut für Forstökologie und Walderfassung
16225 **Eberswalde**, Alfred-Möller Str 1; Tel (0 33 34) 6 53 00; Fax (0 33 34) 6 53 54
Leiter: Dr habil Siegfried Anders Dir und Prof

Institut für Forstpflanzenzüchtung
15377 **Waldsieversdorf**, Eberwalder Chaussee 6; Tel (03 34 33) 66-1 60; Fax (03 34 33) 66-1 99
Leiter: Prof Dr Norbert Kohlstock Dir und Prof

2.6 Bundesanstalt für Getreide-, Kartoffel- und Fettforschung

32756 **Detmold**, Schützenberg 12; Tel (0 52 31) 7 41-0; Fax (0 52 31) 74 11 00

48147 **Münster**, Piusallee 68/76; Tel (02 51) 4 35 10; Fax (02 51) 51 92 75

Staatsrechtliche Grundlage und Aufgabenkreis:
Mit Wirkung vom 1. Januar 1991 (Errichtungserlaß vom 25. September 1990) kam es an der Bundesforschungsanstalt für Getreide- und Kartoffelverarbeitung in Detmold sowie an der Bundesanstalt für Fettforschung in Münster zu einer Neustrukturierung. Aus einer Zusammenlegung der beiden bisherigen Anstalten ist die neue Bundesanstalt für Getreide-, Kartoffel- und Fettforschung hervorgegangen. Unter Beibehaltung der bestehenden Standorte Detmold und Münster hat die neue Bundesanstalt ihren Hauptsitz künftig in Detmold.

Die Bundesanstalt betreibt Forschung auf dem Gebiet der Getreide- und Kartoffelverarbeitung und verwandter Wissenschaften, der Nahrungsfette (außer Butter) sowie der technischen Fette und deren Rohstoffe. Zur Erfüllung dieser Aufgaben werden die biologischen, chemischen und physikalischen Eigenschaften der Rohstoffe, ihrer Bestandteile und der Endprodukte erforscht, neue analytische Methoden entwickelt und technologische Verfahren erarbeitet und erprobt, um sie der Praxis zugänglich zu machen.

Auch bislang weniger beachtete Agrarprodukte, beispielsweise aus dem Bereich der Hülsenfrüchte und Ölsaaten, werden künftig auf ihre Inhaltsstoffe und Verwendungsmöglichkeiten untersucht.

Die Erkenntnisse aus der Forschungstätigkeit über Getreide, Kartoffeln und Fette dienen sowohl als Entscheidungshilfe der Agrar- und Ernährungspolitik der Bundesregierung als auch den Interessen der Allgemeinheit.

Der Anstaltsleiter wird jeweils für zwei Jahre aus dem Kreis der Institutsleiter gewählt.

Leiter: Dr Meinolf G Lindhauer Dir und Prof

Institut für Getreide-, Kartoffel- und Stärketechnologie in Detmold
Leiter: Dr Meinolf G Lindhauer Dir und Prof

Institut für Biochemie von Getreides und Kartoffeln in Detmold
Leiter: Dr Thomas Betsche Dir und Prof

Institut für Biochemie und Technologie der Fette (H P Kaufmann-Institut) in Münster
Leiter: Prof Dr S Warwel Dir und Prof

Institut für Chemie und Physik der Fette in Münster
Leiter: Dr Kurt Aitzetmüller Dir und Prof

Informations- und Dokumentationstelle Themann WissR
Verwaltung Willer RAR

2.7 Bundesforschungsanstalt für Viruskrankheiten der Tiere

– Bundesoberbehörde –

72076 **Tübingen**, Paul-Ehrlich-Str 28; Tel (0 70 71) 9 67-0; Fax (0 70 71) 9 67-3 03 und 9 67-1 05

265

Staatsrechtliche Grundlage und Aufgabenkreis:
Die Bundesforschungsanstalt für Viruskrankheiten der Tiere ist errichtet worden, um die Volkswirtschaft, insbesondere die Landwirtschaft, vor den durch Viren hervorgerufenen Tierseuchen und den damit verbundenen Schäden zu schützen.

Ihre Aufgaben bestehen in der Erforschung der Viruskrankheiten der Tiere, in der Entwicklung neuer Impfstoffe sowie neuer Diagnose- und Bekämpfungsverfahren, ferner in der Prüfung bestimmter von der privaten Impfstoffindustrie hergestellter Impfstoffe sowie der Diagnose exotischer Viruskrankheiten der Tiere.

Leiter: Dr T C Mettenleiter Dir und Prof
Beauftragter der Veterinärpolizei: Dr Frank Weiland WissDir

Verwaltung Herpel ORR

Institut für Mikrobiologie
Leiter: Dr E Pfaff Dir und Prof (komm)

Institut für Klinische Virologie
Leiter: Dr K K Conzelmann WissDir (komm)

Institut für Impfstoffe
Leiter: Prof Dr Lothar Stitz Dir und Prof

Standort Insel Riems
17498 Insel Riems; Tel (03 83 51) 7-0; Fax (03 83 51) 7-2 19

Institut für molekulare und zelluläre Virologie
Leiter: Dr T C Mettenleiter Dir und Prof

Institut für Virusdiagnostik
Leiter: Prof Dr H Wege Dir und Prof

Institut für angewandte Virologie
Leiter: Dr med vet Volker Kaden Dir und Prof

Standort Wusterhausen
16868 Wusterhausen, Seestr 55; Tel (03 39 79) 80-0; Fax (03 39 79) 80-2 00

Institut für Epidemiologie
Leiter: Dr H Schlüter WissAng

Institut für Epidemiologische Diagnostik
Leiterin: Dr F J Conraths Dir und Prof

2.8 Bundesanstalt für Züchtungsforschung an Kulturpflanzen

06484 Quedlinburg, Neuer Weg 22/23; Tel (0 39 46) 47-0; Fax (0 39 46) 47-2 55

Staatsrechtliche Grundlage und Aufgabenkreis:
Erlaß über die Erweiterung der Bundesanstalt für Züchtungsforschung an Kulturpflanzen in Quedlinburg vom 2. Dezember 1992 (GMBl Seite 30).
Die Bundesanstalt betreibt Forschung auf dem Gebiet der Züchtungsforschung an Kulturpflanzen sowie verwandter Wissenschaften; sie veröffentlicht Forschungsergebnisse und pflegt die nationale und internationale Zusammenarbeit mit wissenschaftlichen Persönlichkeiten und Einrichtungen. Die Bundesanstalt hat ihren Hauptsitz in Quedlinburg.

Sie gliedert sich in folgende Institute:
Institut für Gemüse-, Heil- und Gewürzpflanzenzüchtung in Quedlinburg
Institut für Qualitätsanalytik in Quedlinburg
Institut für Züchtungsmethodik bei Gemüse in Quedlinburg
Institute für Resistenzforschung und Pathogendiagnostik in Aschersleben
Institut für Epidemiologie und Resistenz in Aschersleben
Institut für Züchtung landwirtschaftlicher Kulturpflanzen in Groß Lüsewitz
Institut für Züchtungsmethodik landwirtschaftlicher Kulturpflanzen in Groß Lüsewitz
Institut für Streßphysiologie und Rohstoffqualität in Groß Lüsewitz
Institut für Obstzüchtung in Dresden-Pillnitz
Institut für Rebenzüchtung Geilweilerhof in Siebeldingen
Institut für Zierpflanzenzüchtung in Ahrensburg
Institut für Resistenzgenetik in Grünbach.
Die Bundesanstalt ist eine nichtrechtsfähige Anstalt des öffentlichen Rechts im Geschäftsbereich des Bundesministeriums für Ernährung, Landwirtschaft und Forsten (BML).

Leiter: Dr habil M Neumann Dir und Prof
Verwaltungsleiter: H Vogt RDir

2.9 Bundesanstalt für Fleischforschung

95326 Kulmbach, E-C-Baumann-Str 20; Tel (0 92 21) 80 31; Fax (0 92 21) 80 32 44

Staatsrechtliche Grundlage und Aufgabenkreis:
Die Bundesanstalt für Fleischforschung in Kulmbach hat die Aufgaben der im Jahre 1938 errichteten Reichsanstalt für Fleischwirtschaft in Berlin übernommen. Sie ist durch Verordnung der Bundesregierung zur Auflösung und Überführung von Einrichtungen der Verwaltung des Vereinigten Wirtschaftsgebietes vom 8. September 1950 (BGBl S 678) in die Verwaltung des Bundes eingegliedert worden und seit 1950 eine Forschungseinrichtung des Bundesministeriums für Ernährung, Landwirtschaft und Forsten.
Die Anstalt hat die Aufgabe, durch Forschung und Entwicklung zur Versorgung der Bevölkerung mit Fleisch und Fleischerzeugnissen – einschließlich Geflügel, tierischen Fetten und Eiern – von hohem Nähr- und Gesundheitswert und weitgehend frei von unerwünschten Stoffen und gesundheitsschädigenden Rückständen beizutragen.

Leitung: Kollegialverwaltung

Institut für Fleischerzeugung und Vermarktung
Leiter: Dr Wolfgang Branscheid Dir und Prof

Institut für Technologie
Leiter: Prof Dr Klaus Troeger Dir und Prof

Institut für Mikrobiologie und Toxikologie
Leiter: Dr Dr habil Manfred Gareis Dir und Prof

Institut für Chemie und Physik
Leiter: Dr Karl Otto Honikel Dir und Prof

2.10 Bundesforschungsanstalt für Ernährung

76131 Karlsruhe, Engesserstr 20; Tel (07 21) 66 25-0; Fax (07 21) 66 25-1 11

Staatsrechtliche Grundlage und Aufgabenkreis:
Durch den Erlaß des Bundesministers für Ernährung, Landwirtschaft und Forsten vom 3. Oktober 1974 – 114 – 1505 – 34 – wurden die Bundesforschungsanstalt für Hauswirtschaft, die Bundesforschungsanstalt für Lebensmittelfrischhaltung und die Bundesanstalt für Qualitätsforschung pflanzlicher Erzeugnisse mit ihren damaligen Standorten organisatorisch zur Bundesforschungsanstalt für Ernährung zusammengefaßt.

Die Forschungsarbeiten haben das Ziel, einerseits Entscheidungshilfen für Maßnahmen der Bundesregierung im Bereich der Ernährungs- und Verbraucherpolitik zu liefern, andererseits den wissenschaftlichen Fortschritt im Interesse des Gemeinwohls zu fördern. Die Anstalt betreibt Forschung auf dem Gebiet der Ernährungs-, Lebensmittel- und Haushaltswissenschaften sowie auf verwandten Fachgebieten. Folgende Schwerpunkte werden gegenwärtig bearbeitet:

- Charakterisierung von Lebensmitteln durch objektive Methoden
- Sensorische, ernährungsphysiologische, toxikologische, technologische und ökonomische Bewertung von Lebensmitteln
- Produktion, Lagerung, Transport, Verarbeitung sowie Zubereitung und Qualität von Lebensmitteln
- Verbesserung der Qualität von Lebensmitteln durch biotechnische Verfahren
- Nacherteschutz von Lebensmitteln
- Wichtige Inhaltsstoffe von Lebensmitteln wie Vitamine, Spurenelemente, Mineralstoffe und deren ernährungsphysiologische Wirkungen in Organen und Zellen
- Fremdstoffe und Radionuklide in Lebensmitteln
- Entwicklung von Untersuchungsmethoden für die Ernährungsforschung
- Hygienische Absicherung der Lebensmittel und die Entwicklung von entsprechenden biologischen Konzepten
- Neue Konzepte zur Lebensmittelkonservierung
- Entwicklung und Erprobung von Modellen zur Risikoabschätzung bei Lebensmitteln
- Gentechnik im Ernährungsbereich
- Bewertung der für die Gemeinschaftsverpflegung bedeutsamen Verpflegungssysteme
- Qualität und Kosten der Ernährung
- Ernährungsverhalten der Bevölkerung und seine Bestimmungsgründe
- Erfolgskontrolle von Maßnahmen zur Beeinflussung des Ernährungsverhaltens
- Dokumentation und Information auf dem Gebiet der Ernährungs- und Haushaltswissenschaften
- Mitwirkung an Richtlinien und Verordnungen zur Überwachung der Umweltradioaktivität.

Veröffentlichungen:
In unregelmäßigen Abständen erscheinen die „Berichte der Bundesforschungsanstalt für Ernährung", die Bibliographie „Bestrahlung von Lebensmitteln" und jährlich die Bibliographie „Haushalt und Verbrauch". Die Ergebnisse der Forschungsarbeiten werden ferner in wissenschaftlichen Zeitschriften und im „Jahresbericht der Bundesforschungsanstalt für Ernährung" veröffentlicht.

Leiter: Dr-Ing Walter E L Spieß Dir und Prof

Institut für Ernährungsphysiologie
Leiter: Prof Dr Gerhard Rechkemmer Dir und Prof

Institut für Chemie und Biologie
Leiter: Prof Dr habil Bernhard Tauscher Dir und Prof

Institut für Ernährungsökonomie und -soziologie
Leiter: Dr habil Ulrich Oltersdorf Dir und Prof

Institut für Hygiene und Toxikologie
Leiter: Prof Dr Wilhelm H Holzapfel Dir und Prof

Institut für Verfahrenstechnik
Leiter: Prof Dr-Ing Walter E L Spieß Dir und Prof

Verwaltung Dipl-Verwaltungswirt (FH) Wagner RAR

Informationszentrum und Bibliotheken Dr Storck WissR

Technischer Dienst Dipl-Ing (FH) Ringel

2.11 Zentralstelle für Agrardokumentation und -information (ZADI)

53177 Bonn, Villichgasse 17; Tel (02 28) 95 48-0; Fax (02 28) 95 48-1 49; E-Mail: zadi@zadi.de; Internet: http://www.dainet.de/zadi/

Aufgabenkreis:
Die ZADI ist eine nichtrechtsfähige Anstalt des öffentlichen Rechts im Geschäftsbereich des Bundesministeriums für Ernährung, Landwirtschaft und Forsten. Sie ist eine Informationseinrichtung mit der Aufgabe des Managements von Informationsressourcen für die Ernährungs-, Land- und Forstwirtschaft. Aufgabenschwerpunkte liegen in den Bereichen Information, Beratung, Koordination sowie Forschung und Entwicklung. Die ZADI besteht aus den drei Abteilungen Informationsmanagement, Entwicklung und dem Informationszentrum für Genetische Ressourcen (IGR).

Leiter: Dr Jan Mark Pohlmann (komm)

Der Rechtsaufsicht des Bundesministeriums für Ernährung, Landwirtschaft und Forsten unterstehen die nachstehenden Anstalten des öffentlichen Rechts:

Bundesanstalt für Landwirtschaft und Ernährung (BLE)

– Anstalt des öffentlichen Rechts –

60322 Frankfurt am Main, Adickesallee 40;
Tel (0 69) 15 64-0; Telex 411 727 balm d; Fax (0 69) 15 64-4 44 bis 4 46

Rechtsgrundlage und Aufgabenkreis:
Durch Gesetz vom 2. August 1994 (BGBl I S 2018) wurde die Bundesanstalt für Landwirtschaft und Ernährung als bundesunmittelbare rechtsfähige Anstalt des öffenlichen Rechts errichtet.
Organe der Bundesanstalt sind der Präsident und der Verwaltungsrat.
Zu den Aufgaben der Bundesanstalt gehören:
- die Regelung und Ordnung der landwirtschaftlichen Märkte und Durchführung der gemeinsamen Marktorganisationen, soweit ihr die Zuständigkeit hierfür durch Gesetz oder Verordnung übertragen ist,
- die Aufnahme von Kassenkrediten zur Durchführung von Maßnahmen nach den Artikeln 2 und 3 der Verordnung (EWG) Nr 729/70 des Rates vom 21. April 1970 über die Finanzierung der gemeinsamen Agrarpolitik (ABl EG Nr L 94 S 13) in der jeweils geltenden Fassung, auch soweit die Bundesanstalt für die Durchführung der Maßnahmen zuständig ist,
- die Wahrnehmung von Aufgaben der Ernährungssicherstellung und Ernährungsvorsorge, soweit ihr die Zuständigkeit hierfür durch Gesetz oder Verordnung übertragen ist,
- die Beschaffung, Haltung und Verwertung von Vorräten an Ernährungsgütern und Futtermitteln zur Sicherung der Versorgung,
- im Rahmen ihrer Tätigkeit die Untersuchung, Entwicklung und Erprobung neuer Formen und Wege der Vermarktung zur Verbesserung der Marktabläufe,
- das Erteilen von Genehmigungen und die Ausführung sonstiger Rechtsvorschriften für den grenzüberschreitenden Waren- und Dienstleistungsverkehr mit Erzeugnissen der Ernährungs-, Land- und Forstwirtschaft, soweit ihr die Zuständigkeit hierfür durch Gesetz oder Verordnung übertragen ist,
- die Durchführung sonstiger durch Gesetz oder Verordnung übertragener Aufgaben,
- die Erledigung von Verwaltungsaufgaben des Bundes, für die keine andere Zuständigkeit gesetzlich festgelegt ist und mit deren Durchführung sie vom Bundesministerium für Ernährung, Landwirtschaft und Forsten beauftragt wird.

Präsident der Bundesanstalt für Landwirtschaft und Ernährung: Dr Günter Drexelius
Vizepräsident: Apel

Ständiger Vertreter des Präsidenten: Dr Blanckertz AbtDir

Dem Präsidenten unmittelbar unterstellt:
Prüfungsangelegenheiten 01 Maniak VwDir
Bescheinigende Stelle 011 Selg
Interne Revision 012 Dr Grebner VwOR

Abt 1 Verwaltung, Informationstechnik
Leiter: Epping

Ref 111: **Organisation, Öffentlichkeitsarbeit, Sekretariat** Empacher
Ref 112: **Personalangelegenheiten I** Weseloh VwDir
Ref 113: **Personalangelegenheiten II** Soucek VwO-Rätin
Ref 114: **Haushalt** Lotz
Ref 115: **Innerer Dienst** Leibold VwOAR; Lotz
Ref 116: **Allgemeine Rechtsangelegenheiten** Berke VwDir

Gruppe 12 Informationstechnik
Leiter: Raddatz VwDir

Ref 121: **IT-Koordination** Dr Maul VwR
Ref 122: **IT-Anwendungsentwicklung** Gundermann (mdWdGb)
Ref 123: **Rechenzentrum und Datenkommunikation** Raddatz VwDir

Abt 2 Finanz- und Rechnungswesen, Marktordnungsrecht, Betriebsprüfung, Absatzfonds
Leiter: Dr Blanckertz AbtDir

Gruppe 21 Finanz- und Rechnungswesen
Leiter: Alles

Ref 211: **Grundsatzangelegenheiten der Gruppe 21, EG-Abrechnungen** Micheli
Ref 212: **EG-Ländermaßnahmen** von Zuccalmaglio
Ref 213: **Kredite und Zahlungsverkehr** Hinz VwOR
Ref 214: **Wirtschaftsplan, Jahresabschluß, Kontokorrentbuchhaltung** H Philipp VwOR
Ref 215: **Stammdatenverwaltung, Buchhaltung** Wagner

Gruppe 22 Marktordnungsrecht, Betriebsprüfung, Absatzfonds
Leiter: Dr Belde LtdVwDir

Ref 221: **Marktordnungsrecht** Heymann VwDirektorin
Ref 222: **Betriebsprüfung Region Nord** Baumann VwDir
Ref 223: **Betriebsprüfung Region Süd** F L Schneider VwOR
Ref 224: **Absatzfonds** Arenz VwDirektorin

Abt 3 Planzliche Erzeugnisse
Leiter: Dr Drexelius

Gruppe 31 Getreide, nachwachsende Rohstoffe
Leiter: Winkler

Ref 311: **Grundsatzangelegenheiten der Abt 3, nationale Nahrungsmittelhilfe** D Philipp VwDir
Ref 312: **Einkauf Getreide** Lyhs
Ref 313: **Verkauf Getreide** Hinz VwORätin
Ref 314: **Lagerhaltung, Labor** Lange; Kirsch
Ref 315: **Verwendungskontrolle nachwachsender Rohstoffe** Bausch VwORätin

Gruppe 32 Andere pflanzliche Erzeugnisse
Leiter: Dr Markert LtdVwDir

Ref 321: **Wein, Weinalkohol, Hopfen, Flachs und Hanf, Trockenfutter** Harupka VwDir
Ref 322: **Obst und Gemüse, Kartoffeln, Zierpflanzen** Eufinger VwOR
Ref 323: **Qualitätskontrolle, Qualitätsnormen** Dr Bickelmann VwORätin
Ref 324: **Saat- und Pflanzgut, Holz, forstliches Vermehrungsgut** Dr Uhlmann VwORätin
Ref 325: **Zucker und pflanzliche Fette, Lizenzen und Kontingente für pflanzliche Erzeugnisse (außer Obst und Gemüse)** Straub VwR (mdWdGb)

Abt 4 Tierische Erzeugnisse
Leiter: Apel VPräs

Projektgruppe 04: Vernetzungsstelle LEADER II Klenner

Gruppe 41 Fleisch und Fleischerzeugnisse
Leiter: Konopka

Ref 411: **Grundsatzangelegenheiten Gruppe 41, Förderungsmaßnahmen von Rindfleisch und Milch** Klenner
Ref 412: **Lizenzen und Kontingente für tierische Erzeugnisse, Embargo** Schwieck VwDir
Ref 413: **Ein- und Verkauf, Beihilfen Fleisch, Lizenzen für Milch und Milcherzeugnisse** Keller
Ref 414: **Lagerhaltung, Markt- und Preisberichterstattung für Fleisch, Eier und Geflügel** Thormeyer

Gruppe 42 Milch und Milcherzeugnisse
Leiter: Born

Ref 421: **Grundsatzangelegenheiten Gruppe 42, Markt- und Preisbeobachtung** Komarek VwDir
Ref 422: **Butter, Butterfett, Rahm** Hohn
Ref 423: **Magermilchpulver, Magermilch, Käse, Kasein und Kaseinate** Häßel VwR z A
Ref 424: **Aufgabe der Milcherzeugung, Garantiemengenregelung** Komarek VwDir

Abt 5 Agrar- und Ernährungsangelegenheiten, Fischerei, Bereederung
Leiter: Fabry LtdVwDir

Ref 511: **Agrarstatistik, allgemeine und internationale Agrarangelegenheiten** Dr Vockert VwDir
Ref 512: **Agrarstruktur, Futtermittelzulassung, Tierschutz** Dr Dittmer VwR z A
Ref 513: **Ernährungsvorsorge und Energiesicherung** Holz VwDir
Ref 514: **Projektträger Agrarforschung und – entwicklung, Agarökologie** Dr Natt VwORätin

Ref 521: **Fischwirtschaft** Kremer
22767 Hamburg, Palmaille 9; Tel (0 40) 38 90 51 64; Fax (0 40) 3 89 05-1 28
Ref 522: **Bereederung, Fangregulierung** Link VwOR
22767 Hamburg, Palmaille 9; Tel (0 40) 38 90 51 73; Fax (0 40) 3 89 05-1 28
Heuerabrechnungsstelle Cuxhaven; Tel (0 47 21) 79 62-0; Fax (0 47 21) 79 62-20
Heuerabrechnungsstelle Rostock; Tel (03 81) 8 11-33 62; Fax (03 81) 8 11-33 62
Fischereiforschungsschiff WALTHER HERWIG III
Fischereiforschungskutter SOLEA
Fischereiforschungskutter CLUPEA
Fischereischutzboot SEEFALKE
Fischereischutzboot MEERKATZE
Fischereischutzboot FRITHJOF
Fischereischutzboot WARNEMÜNDE

Außenstellen
Außenstelle Neustrelitz
17235 Neustrelitz, Augustastr 18 a; Tel (0 39 81) 20 38 54; Fax (0 39 81) 20 38 58
Leiter: Dr Ingwersen

Außenstelle Hamburg
22765 Hamburg, Haubachstr 86; Tel (0 40) 30 68 60-0; Fax (0 40) 30 68 60-60
Leiter: Kleffel

Außenstelle Mülheim
45468 Mülheim, Adolfstr 87-89; Tel (02 08) 3 20 61; Fax (02 08) 3 29 81
Leiter: Beil

Außenstelle Mannheim
68159 Mannheim, Rheinvorlandstr 5; Tel (06 21) 2 39 17; Fax (06 21) 15 44 65
Leiter: Hudelmaier

Außenstelle München
81371 München, Thalkirchner Str 81, Kontorhaus 2; Tel (0 89) 74 63 47-0; Fax (0 89) 74 63 47 15
Leiter: G Schneider

Außenstelle Weimar
99427 Weimar, Schwanseestr 93; Tel (0 36 43) 5 91 50; Fax (0 36 43) 41 98 22
Leiter: Jeuck

Deutscher Weinfonds

— Anstalt des öffentlichen Rechts—

55116 Mainz, Gutenbergplatz 3-5; Tel (0 61 31) 28 29-0; Fax (0 61 31) 28 29 20

Rechtsgrundlage und Aufgabenkreis:
Anstalt des öffentlichen Rechts gemäß § 37 ff des Weingesetzes in der Fassung vom 8. Juli 1994 (BGBl I S 1467 ff).
Der Weinfonds hat die Aufgabe, im Rahmen der ihm zur Verfügung stehenden Mittel, insbesondere

des Aufkommens aus der Abgabe (§ 43 Nr 1 und Nr 2 Weingesetz), die Qualität des Weines sowie durch Erschließung und Pflege des Marktes den Absatz des Weines zu fördern (vgl § 2 der Satzung des Deutschen Weinfonds vom 27. Juni 1995, Bundesanzeiger Nr 181 vom 23. September 1995).

Hauptamtliche Vorstandsmitglieder: Dr Franz Werner Michel; Carl Michael Baumann RA
Vorsitzender des Verwaltungsrates und des Aufsichtsrates: Dr Reinhard Muth

Absatzförderungsfonds

der deutschen Land- und Ernährungswirtschaft
– AdöR –

53121 Bonn, Euskirchener Str 52; Tel (02 28) 61 28 44 und 61 21 98; Fax (02 28) 62 61 87

Rechtsgrundlage und Aufgabenkreis:
Anstalt des öffentlichen Rechts gemäß § 1 des Gesetzes über die Errichtung eines zentralen Fonds zur Absatzförderung der deutschen Land- und Ernährungswirtschaft (Absatzfondsgesetz) vom 26. Juni 1969, in der Bekanntmachung der Neufassung des Absatzfondsgesetzes vom 21. Juni 1993 (BGBl 1993, Teil I S 998).
Der Absatzfonds hat den Absatz und die Verwertung von Erzeugnissen der deutschen Land- und Ernährungswirtschaft durch Erschließung und Pflege von Märkten im In- und Ausland mit modernen Mitteln und Methoden zentral zu fördern.
Zur Durchführung seiner Aufgaben bedient sich der Absatzfonds der Centralen Marketinggesellschaft der deutschen Agrarwirtschaft mbH (CMA) und der Zentralen Markt- und Preisberichtstelle für Erzeugnisse der Land-, Forst- und Ernährungswirtschaft GmbH (ZMP).

Vorstandsvorsitzender: Rudolf Müller
Stellvertreter: Uwe Zimpelmann; Egon Susset MdB
Vorsitzender des Verwaltungsrates: Constantin Freiherr von Heereman
Stellvertreter: Manfred Härtl
Leiter der Dienststelle: Dr Dieter Breit

Absatzförderungsfonds

der deutschen Forstwirtschaft – AdöR –

53175 Bonn, Godesberger Allee 142-148; Tel (02 28) 37 20 40; Fax (02 28) 37 80 53

Rechtsgrundlage und Aufgabenkreis:
Anstalt des öffentlichen Rechts gemäß § 1 des Gesetzes über den Forstabsatzfonds (Forstabsatzfondsgesetz – FAfG) vom 13. Dezember 1990 (BGBl I S 2760).
Der Forstabsatzfonds hat den Absatz und die Verwertung von Erzeugnissen der deutschen Forstwirtschaft durch Erschließung und Pflege von Märkten im In- und Ausland mit modernen Mitteln und Methoden zentral zu fördern.

Vorsitzender des Verwaltungsrates: Reinhard Frhr von Schorlemer MdB
Vorsitzender des Vorstandes: Philipp Frhr von Boeselager
Leiter des Geschäftsbereichs: Stefan Herwig

DSL Bank Deutsche Siedlungs- und Landesrentenbank

– Anstalt des öffentlichen Rechts –

53175 Bonn, Kennedyallee 62-70; Tel (02 28) 88 90; Telex 8 869 973 dsld; Btx-Nr *67889#; Teletex 228 324 DSL-Bank; Fax (02 28) 88 96 24

Rechtsgrundlage und Aufgabenkreis:
Anstalt des öffentlichen Rechts gemäß § 1 des Gesetzes über die Deutsche Siedlungs- und Landesrentenbank vom 11. Juli 1989 (BGBl S 1421) in der Fassung des Gesetzes zur Änderung dieses Gesetzes vom 21. Dezember 1992 (BGBl I S 2094), die der gemeinsamen Aufsicht des Bundesministers der Finanzen und des Bundesministers für Ernährung, Landwirtschaft und Forsten untersteht.
Aufgabe der Bank ist die Finanzierung öffentlicher und privater Vorhaben, insbesondere solcher, die unmittelbar oder mittelbar der Verbesserung oder Erhaltung der wirtschaftlichen oder strukturellen Verhältnisse des ländlichen Raums dienen.
Die Bank hat ferner im öffentlichen Auftrag Maßnahmen zur Strukturverbesserung des ländlichen Raums einschließlich der ländlichen Siedlung, zur Verbesserung der Infrastruktur und des Umweltschutzes sowie zur Eingliederung der aus der Landwirtschaft stammenden Vertriebenen, Flüchtlinge und Spätaussiedler zu fördern. Sie kann mit Zustimmung der aufsichtführenden Bundesminister auch andere Aufgaben durchführen, mit denen sie von obersten Bundes- oder Landesbehörden beauftragt wird.
Die Bank darf alle Geschäfte betreiben, die mit der Erfüllung ihrer Aufgaben im Zusammenhang stehen. In diesem Rahmen darf sie insbesondere
– das Kredit-, das Diskont- und das Garantiegeschäft betreiben,
– Einlagen annehmen,
– Darlehen aufnehmen sowie Pfandbriefe, Kommunalobligationen und sonstige Schuldverschreibungen ausgeben,
– treuhänderisch Mittel weiterleiten und verwalten,
– bankübliche Dienstleistungen erbringen,
– Beteiligungen erwerben, erhöhen und veräußern.

Vorstandsmitglieder: Dr Dieter Boening (Vors); Stefan Jütte; Werner Albert Schuster; Ernst Seulen

VIII Bundesministerium für Arbeit und Sozialordnung (BMA)

53123 Bonn, Rochusstr 1; Tel (02 28) 5 27-0; Telex 8 86 641; Fax (02 28) 5 27-29 65

Aufgabenkreis:
Arbeitsmarktpolitik, Ausländerpolitik, Arbeitsförderung, Arbeitslosenversicherung, Rentenversicherung, Pflegesicherung und Unfallversicherung, Kriegsopferversorgung, Versorgungsmedizin, Rehabilitation, Arbeitsschutz, Arbeitsrecht, Betriebsverfassungsrecht, internationale Sozialpolitik sowie Sozialbudget und Statistik.
Das Ministerium ist außerdem für die Gerichtsverfassung und das gerichtliche Verfahren der Arbeits- und Sozialgerichtsbarkeit zuständig.

Veröffentlichungen:
Bundesarbeitsblatt
Erscheint monatlich. *Bezugspreis:* Das Jahresabonnement kostet 200,– DM (einschließlich Versandkosten), Einzelpreis 22,– DM (zuzüglich Versandkosten). Die angegebenen Preise enthalten die gesetzliche Mehrwertsteuer.
Bezugsbedingungen: Bestellungen und Abbestellungen sind zu richten an: Verlag W Kohlhammer GmbH, Postfach 800430, Heßbrühlstr 69, 70565 Stuttgart, Telefon (07 11) 78 63-1. Die Zeitschrift kann auch über den Buchhandel bezogen werden.
Schriftenreihe des Bundesministeriums für Arbeit und Sozialordnung (BMA):
In dieser Schriftenreihe werden vor allem die Ergebnisse wissenschaftlicher Forschungsarbeiten aus dem Aufgabenbereich des Ministeriums veröffentlicht. Sie erscheinen im Selbstverlag des Ministeriums. Bestellungen an das Ministerium.

Bundesminister für Arbeit und Sozialordnung: Dr Norbert Blüm

Leitungsstab
Leiter: Hecken MinDir

Ref L 1: **Ministerbüro** Hecken MinDir
Ref: **Persönlicher Referent** Gratzel-Pielorz
Ref L 6: **Parlaments- und Kabinettsangelegenheiten** Koch RDir

Gruppe LP Presse, Öffentlichkeitsarbeit und Kommunikation
Leiter und Pressesprecher: Reuber VwAng

Ref LP 1: **Presse** Fischels VwAng
Ref LP 2: **Kommunikation, Information, Verbindung zu den autonomen Gruppen** Köppen RRätin z A
Ref LP 3: **Öffentlichkeitsarbeit** Ast MinR

Beauftragter der Bundesregierung für die Belange der Behinderten Otto Regensburger MdB
Beauftragte der Bundesregierung für die Belange der Ausländer Cornelia Schmalz-Jabobsen MdB

Ref AS 1: **Interministerieller Arbeitsstab** Schneider MinR
Ref AS 2: **Interministerieller Arbeitsstab** Geiß MinR
Ref AB AS 2: **Interministerieller Arbeitsstab (Kontakte zu Regierungen und Organisationen im Beitrittsgebiet und den Staaten in Osteuropa)** Dr Klepp MinR

Bundeswahlbeauftragter für die Sozialversicherungswahlen Otto Zink

Parlamentarischer Staatssekretär: Horst Günther
Persönlicher Referent: Fessmann RDir
Geschäftsbereich: Unterstützung des Ministers im Bereich der Abt I, II, III und U-Abt VII a und VIII a

Parlamentarischer Staatssekretär: Rudolf Kraus
Persönliche Referentin: Hoffmann ORRätin
Geschäftsbereich: Unterstützung des Ministers im Bereich der Abt IV, V, VI und U-Abt VII b und VIII b

Staatssekretär: Dr Werner Tegtmeier
Persönlicher Referent: Horst RDir
Geschäftsbereich: Abt I, II, III, VII und U-Abt VIII a

Staatssekretär: Wilhelm Hecker
Persönliche Referentin: Bade
Geschäftsbereich: Abt Z, IV, V, VI und U-Abt VIII b

Zentralabteilung – Personal, Verwaltung, Haushalt, Informationsverarbeitung
Leiter: Jürgen Becker MinDirig

U-Abt Z a Personal, Innerer Dienst, Recht
Leiter: Heller MinR

Ref Z a 1: **Personalangelegenheiten des BMA, Aus- und Fortbildung** Reudenbach RDir
Ref Z a 2: **Personal der obersten Gerichtshöfe, Körperschaften und nachgeordneten Dienststellen im Geschäftsbereich, Disziplinar- und Ordensangelegenheiten** Süsterhenn RDir
Ref Z a 3: **Personalausgaben und soziale Angelegenheiten** Burke RDir
Ref Z a 4: **Rechtsfragen** Kreis MinRätin; Kröner-Moosmann MinRätin
Ref Z a 5: **Innerer Dienst, Bibliothek** Hermsen MinR
Ref Z a 6: **Bau- und Liegenschaftsangelegenheiten** Kremp MinR

U-Abt Z b Haushalt, Organisation, Informationsverarbeitung, Datenschutz
Leiter: Paland MinR

Ref Z b 1: **Haushalt und Finanzplanung von BMA, Haushalt BMA (Kapitel 1112), Haushalt BA** Stadié MinR
Ref Z b 2: **Haushalt BMA Ministerium, Zuwendungen, Haushalte im Geschäftsbereich (Kapitel 1104 bis 1106)** Feckler MinR
Ref Z b 3: **Haushalt BMA – Sozialversicherung –, Haushalte im Geschäftsbereich (Kapitel 1103 und 1107)** Bald RDir

Ref Z b 4: **Organisation, Sicherheit** Fahnauer RDir
Ref Z b 5: **Informationsverarbeitung** d'Hone MinR
Ref Z b 6: **Datenschutz, Rechtsfragen der Informationsverarbeitung** Hartleb MinR

Dem Abteilungsleiter Z unmittelbar unterstellt:
VPSt-Vorprüfungsstelle Dr Dickschen RDir

Abt I Grundsatz- und Planungsabteilung
Leiter: Dr Rosenberg MinDir

U-Abt I a Gesellschafts-, wirtschafts- und finanzpolitische Fragen der Sozialpolitik
Leiter: Dr Fendrich MinDirig

Ref I a 1: **Grundsatzfragen der Sozial- und Gesellschaftspolitik, Sozialbericht** Dr Neifer-Dichmann
Ref I a 2: **Forschungspolitik** Dr Bethge MinR
Ref I a 3: **Gesamtwirtschaftliche Fragen der Sozialpolitik** Hofmann MinR
Ref I a 4: **Vermögenspolitik** Glatzel MinR
Ref I a 5: **Soziale Aspekte der Finanz- und Steuerpolitik** Pfitzner MinR
Ref I a 6: **Sektorale und regionale Strukturpolitik** Lampersbach MinRätin

U-Abt I b Mathematische und finanzielle Fragen der Sozialpolitik, Sozialbudget
Leiter: Knoblich MinDirig

Ref I b 1: **Grundsatz- und Methodenfragen der Finanzierung der Rentenversicherungen der Arbeiter und Angestellten, Rentenversicherungsbericht (hinsichtlich der Zuständigkeit bei rentenrechtlichen Fragen des Rentenversicherungsberichts der Abt IV fachlich unterstellt), Bevölkerungsfragen** Dabringhausen MinR
Ref I b 2: **Sozialbudget, Finanzierung sozialer Sicherungssysteme im Ausland** Breier MinR
Ref I b 3: **Grundsatzfragen der Statistik, Erwerbsstatistik, Finanzierungsfragen besonderer sozialer Sicherungssysteme** Heyer RDir
Ref I b 4: **Rechnungswesen und Statistik der Sozialversicherung** Dr Dünnwald RDirektorin
Ref I b 5: **Einkommensverteilung und Lohnstatistik, Soziale Indikatoren** Dr Sausen MinR; Klebula RDir
Ref I b 6: **Vermögensverteilung und Vermögensstatistik, Sonderfragen der Systeme der sozialen Sicherung** Bischoff MinR
Ref I b 7: **Knappschaftliche Rentenversicherung, Sondersysteme und Zusatzsysteme, Versicherungsmathematik** Salthammer RDir

Abt II Arbeitsmarktpolitik, Arbeitslosenversicherung
Leiter: Clever

U-Abt II a Arbeitsmarktpolitik
Leiter: Dr Kreuzaler MinDirig

Ref II a 1: **Grundsatzfragen der Arbeitsmarktpolitik** Dr Gröbner MinR
Ref II a 2: **Einzel- und Sonderfragen des Arbeitsmarktes, Arbeitsmarktforschung, Internationale Arbeitsmarktpolitik** Dr Jahn MinR

Ref II a 3: **Bildungs- und Beschäftigungssystem, Arbeitsmarktfragen besonderer Personengruppen** Dr Breuer MinRätin
Ref II a 4: **Arbeitsvermittlung, Ausländerbeschäftigung und Arbeitsmarkt** Restle MinR
Ref II a 5: **Berufsberatung, Ausbildungsstellenvermittlung, Ausbildungsförderung** Schauer RDir

U-Abt II b Arbeitsförderung, Arbeitslosenversicherung
Leiter: Irlenkaeuser MinDirig

Ref II b 1: **Grundsatzfragen des Arbeitsförderungsgesetzes, individuelle Förderung der beruflichen Bildung, Angelegenheiten der Bundesanstalt für Arbeit** Voß-Gundlach MinRätin
Ref II b 2: **Arbeitslosenversicherung** Rockstroh RDir
Ref II b 3: **Erhaltung und Schaffung von Arbeitsplätzen** Kinder RDirektorin
Ref II b 4: **Arbeitslosenhilfe, Konkursausfallversicherung** Dr Hupfer MinR
Ref II b 5: **Kindergeld, Arbeitnehmerüberlassung, Bekämpfung illegaler Beschäftigung** Dr Marschall MinR

Abt III Arbeitsrecht, Arbeitsschutz
Leiter: Dr Achenbach MinDir

U-Abt III a Arbeitsrecht
Leiter: Kaiser MinDirig

Ref III a 1: **Lohn- und Tarifwesen, Tarifregister, Sonderfragen des Arbeitsrechts** Lorenz MinR
Ref III a 2: **Betriebsverfassung, Heimarbeit** Dr Engels MinR
Ref III a 3: **Kollektives Arbeitsrecht, Allgemeinverbindlicherklärung** Wolters RDir
Ref III a 4: **Recht des Arbeitsverhältnisses** Viethen RDir
Ref III a 5: **Grundsatzfragen des Arbeitsrechts, Beendigung des Arbeitsverhältnisses, Seearbeitsrecht, Arbeitsgerichtsbarkeit** Dr Schwedes MinR
Ref III a 6: **Internationales Arbeitsrecht, Schutz des Arbeitnehmereinkommens** Schneider-Sievers RDirektorin
Ref III a 7: **Mitbestimmung, Gleichbehandlung im Arbeitsrecht, Verfassungsrechtliche Fragen des Arbeitsrechts, Beziehungen zu anderen Rechtsgebieten** Koberski MinR

U-Abt III b Arbeitsschutz, Arbeitsmedizin
Leiterin: Streffer MinDirigentin

Ref III b 1: **Rechtsfragen des Arbeitsschutzes** Dr Fischer MinRätin
Ref III b 2: **Allgemeiner technischer und hygienischer Arbeitsschutz, Aufsicht über die bundesunmittelbaren Träger der gesetzlichen Unfallversicherung auf dem Gebiet der Unfallverhütung** Opfermann MinR
Ref III b 3: **Sozialer Arbeitsschutz** Anzinger MinR
Ref III b 4: **Gefahrstoffe, Chemikaliensicherheit, Bio- und Gentechnik** Dr Klein MinR
Ref III b 5: **Anlagensicherheit, Technische Überwachung, Druck- und Explosionsschutz** Mattes MinR

Ref III b 6: **Technische Arbeitsmittel, Prüf- und Zertifizierwesen, Elektrische Anlagen, Physikalische Einwirkungen** Ulrich Becker MinR
Ref III b 7: **Ergonomie, Menschengerechte Gestaltung der Arbeit, Fachliche Angelegenheiten der Bundesanstalt für Arbeitsschutz und Arbeitsmedizin, Innerbetriebliche Arbeitsschutzorganisation** Bieneck MinR
Ref III b 8: **Arbeitsmedizin** Dr Giesen MinR

Abt IV Sozialversicherung, Sozialgesetzbuch
Leiter: Werner Niemeyer MinDir

U-Abt IV a Grundsatzfragen der Sozialversicherung, Unfallversicherung
Leiter: Vielhaber MinDirig

Ref IV a 1: **Sozialgesetzbuch** Dr André MinR
Ref IV a 2: **Europäische und internationale Angelegenheiten in der Sozialversicherung, Sozialversicherung besonderer Personengruppen** Rieger MinR
Ref IV a 3: **Beziehungen der Sozialversicherung zu anderen Rechtsgebieten, Beitrags- und Melderecht, Künstlersozialversicherung** Freischmidt MinR
Ref IV a 4: **Unfallversicherung** Thomas MinR
Ref IV a 5: **Landwirtschaftliche Unfallversicherung, Unfallversicherung der öffentlichen Hand** Graeff MinR
Ref IV a 6: **Selbstverwaltungs- und Aufsichtsrecht, Sozialgerichtsbarkeit** Spätling-Fichtner RDirektorin
Ref IV a 7: **Verfassungs- und Sonderfragen der Sozialversicherung** Dr Preuß MinR

U-Abt IV b Rentenversicherung
Leiter: Wilmerstadt MinR

Ref IV b 1: **Grundsatzfragen und Leistungsrecht der Rentenversicherung** Recht MinR
Ref IV b 2: **Finanzierung der Rentenversicherung, Rentenanpassungen** Flecken RDir
Ref IV b 3: **Leistungen für Hinterbliebene und Kindererziehungszeiten in der Rentenversicherung** Krauthausen RDir
Ref IV b 4: **Alterssicherung der Landwirte, Betriebliche Alterversorgung, Berufsständische Versorgung** Dr Beyer MinR
Ref IV b 5: **Versicherter Personenkreis, Versorgungsausgleich, Organisation und Datenschutz in der Rentenversicherung** Walloth MinR
Ref IV b 6: **Knappschaftliche Rentenversicherung, Rehabilitation in der Rentenversicherung, Fremdrentenrecht, Auslandsrentenrecht** Hoffmann RDir

Abt V Pflegesicherung, Prävention und Rehabilitation
Leiter: Gondeck MinDir

U-Abt V a Pflegesicherung
Leiter: Hauschild MinDirig

Ref V a 1: **Grundsatzfragen, Verhältnis zu anderen Leistungsbereichen** Bader MinR
Ref V a 2: **Personenkreis, Leistungsrecht, Beiträge, Soziale Sicherung der Pflegepersonen** Lutter MinRätin
Ref V a 3: **Medizinische Fragen, Pflegeberufe** Dr Petrich
Ref V a 4: **Modellprogramm „Förderung von Pflegeeinrichtungen"** Dr Winkler MinR
Ref V a 5: **Rechtsbeziehungen der Pflegeeinrichtungen, Verbindung zu verwandten Rechtsgebieten, Internationale Fragen** Dr Vollmer MinR

U-Abt V b Prävention und Rehabilitation
Leiter: Dr Volz MinDirig

Ref V b 1: **Recht zur Eingliederung Behinderter, Grundsatzfragen der Prävention und Rehabilitation** Dr Haines MinR
Ref V b 2: **Förderung und Sicherung der Eingliederung Schwerbehinderter, Schwerbehindertenrecht, Recht der Werkstätten für Behinderte** Dr Cramer MinR
Ref V b 3: **Medizinische Rehabilitation, Förderung von Einrichtungen der medizinischen Rehabilitation** Dr Fuhrmann MinR
Ref V b 4: **Berufliche Rehabilitation, Förderung von Einrichtungen der beruflichen Rehabilitation, Ausgleichsfonds, Berufliche Bildung Behinderter** Eickhoff MinR
Ref V b 5: **Förderung von Werkstätten und Wohnstätten für Behinderte, Einzelfragen der Eingliederung besonderer Behindertengruppen** Wolfgang Assmann MinR

Abt VI Kriegsopferversorgung, Versorgungsmedizin
Leiter: Hecken MinDir

Ref VI 1: **Grundsatzfragen der Kriegsopferversorgung und des sozialen Entschädigungsrechts** Held MinR
Ref VI 2: **Kriegsopferfürsorge** Hoffmann-Loß MinR
Ref VI 3: **Recht der Heilbehandlung nach dem sozialen Entschädigungsrecht, Auslandsversorgung, Internationale Fragen** Dr Eckhard Assmann MinR
Ref VI 4: **Ärztliche Fragen der Heilbehandlung nach dem sozialen Entschädigungsrechts** Dr Kock MinR
Ref VI 5: **Begutachtungen im sozialen Entschädigungsrecht und nach dem Schwerbehindertenrecht** Dr Rösner MinR
Ref VI 6: **Orthopädische Versorgung** Dr Franzen MinR

Abt VII Europäische und Internationale Sozialpolitik
Leiterin: Voskuhl MinDirektorin

U-Abt VII a Europäische Union, Europäische Sozialpolitik
Leiter: Dr Schulz MinDirig

Ref VII a 1: **Europäische Union** Dr Ohndorf MinR
Ref VII a 2: **Multilaterale Beziehungen in der sozialen Sicherheit, Bilaterale Beziehungen zu den EU-Mitgliedstaaten** Dr Bokeloh MinR
Ref VII a 3: **Europäische Sozialfonds und sonstige Strukturfonds der EU** Brüß MinR
Ref VII a 4: **Gemeinschaftsprogramme und -initiativen** Sasdrich MinR

Ref VII a 5: **Europäisches Parlament, Europäische Verbände, EU-Außenbeziehungen, Beitritte** Husemann

U-Abt VII b Internationale Sozialpolitik
Leiter: Maaßen MinDirig

Ref VII b 1: **Internationaler Besucherdienst, Sprachendienst** Dr Pompe RDir
Ref VII b 2: **Internationale und Europäische Rechtsangelegenheiten** Dr Brinkmann MinR
Ref VII b 3: **Vereinte Nationen, Internationale Arbeitsorganisation (IAO)** Willers MinR
Ref VII b 4: **Europarat, OECD und OSZE** Dr Hempel MinR
Ref VII b 5: **Bilaterale Beziehungen in der sozialen Sicherheit außerhalb der EU** Kalmund MinR

Abt VIII Beschäftigung und soziale Integration von Ausländern; Sozialpolitische Beratung; öffentliches Dienstrecht, Sonderfragen des Arbeitsschutzes und der Arbeitsmedizin
Leiter: Heyden MinDir

U-Abt VIII a Beschäftigung und soziale Integration von Ausländern, Sozialpolitische Beratung
Leiter: NN

Ref VIII a 1: **Arbeits- und Sozialministerkonferenz, Arbeitsmarkt- und Sozialpolitik in den neuen Bundesländern** Dörnmann
Ref VIII a 2: **Grundsatzfragen der Ausländerpolitik** Schütte MinR
Ref VIII a 3: **Beschäftigung ausländischer Arbeitnehmer** Höfler MinR
Ref VIII a 4: **Soziale Integration von Ausländern, Sozialberatung, Deutsche im Ausland** Hinken RDir
Ref VIII a 5: **Sozialpolitische Beratung der Staaten Mittel- und Osteuropas** Dr Hagen MinR

U-Abt VIII b Öffentliches Dienstrecht, Sonderfragen des Arbeitsschutzes und der Arbeitsmedizin
Leiter: Anderson MinDirig

Ref VIII b 1: **Verwaltung, Haushalt, Innerer Dienst, Informationsverarbeitung, Presse, Öffentlichkeitsarbeit** Dr Palt
Ref VIII b 2: **Öffentliches Dienstrecht** Dr Fröhlich MinR
Ref VIII b 3: **Sonderfragen des Arbeitsschutzes** Horneffer MinR
Ref VIII b 4: **Modellprogramm „Arbeitsmedizinische Diagnose- und Beratungszentren"; Sozialpolitische Aspekte des Umweltschutzes** Dr Stopp
Ref VIII b 5: **Ionisierende Strahlung** Reichow RDir

Beiräte, Ausschüsse und sonstige Gremien, deren sich der Bundesminister für Arbeit und Sozialordnung bei Durchführung seiner Aufgaben bedient:

Abstimmungskreis für Vorausberechnungen der finanziellen Entwicklung der Rentenversicherung der Arbeiter und der Angestellten
Aufgabe:
Abstimmung der Grundannahmen für die im BMA zu erstellenden Vorausberechnungen über die finanzielle Entwicklung der Rentenversicherungen für die Rentenversicherungsberichte.

Ärztlicher Sachverständigenbeirat beim BMA
Aufgabe:
Beratung des BMA in wissenschaftlichen Fragen der Arbeits- und Sozialmedizin und in allgemeinen zum Geschäftsbereich des Ministeriums gehörenden gesundheitspolitischen Fragen.

Arbeitsgemeinschaft für die Rehabilitation von Blinden und wesentlich Sehbehinderten
Aufgabe:
Förderung der beruflichen Ausbildung sowie die Eingliederung und Wiedereingliederung Blinder in Arbeit, Beruf und Gesellschaft.

Arbeitsgemeinschaft für die Rehabilitation der Hör- und Sprachgeschädigten
Aufgabe:
Förderung der beruflichen Eingliederung und Wiedereingliederung der Hör und Sprachbehinderten sowie der vorberuflichen Rehabilitation.

Arbeitskreis „Arbeitsmarktreferenten der Länder"
Aufgabe:
Meinungsaustausch zwischen Bund und Ländern über grundsätzliche und aktuelle Fragen der Arbeitsmarkt- und Beschäftigungspolitik.

Arbeitskreis „Datenverarbeitung und Informationssysteme" der Arbeitsressorts von Bund und Ländern
Aufgabe:
Informations-, Erfahrungsaustausch- und Koordinierungsgremien zur effizienten Gestaltung computergestützter Sozialpolitik.

Arbeitskreis „Selbstverwaltung"
Aufgabe:
Fragen der Neuordnung und Weiterentwicklung des Selbstverwaltungsrechts; Empfehlung zweckmäßiger Änderungen des Selbstverwaltungsrechts u a unter Auswertung der Erfahrungen bei den Wahlen in der Sozialversicherung.

Ausschüsse nach § 11 Abs 2 Gerätesicherheitsgesetz

Deutscher Aufzugsausschuß (DAA)
Aufgabe:
Beratung des BMA in technischen Fragen und Erarbeitung von Vorschlägen für entsprechende Vorschriften nach dem jeweiligen Stand von Wissenschaft und Technik sowie Ermittlung von dem Stand der Technik entsprechenden Regeln (Technische Regeln).

Deutscher Ausschuß für brennbare Flüssigkeiten (DAbF)
Aufgabe:
Beratung des BMA in technischen Fragen und Erarbeitung von Vorschlägen für entsprechende Vorschriften nach dem jeweiligen Stand von Wissenschaft und Technik sowie Ermittlung von dem Stand der Technik entsprechenden Regeln (Technische Regeln).

Deutscher Ausschuß für explosionsgeschützte elektrische Anlagen
Aufgabe:
Beratung des BMA in technischen Fragen der elektrischen Anlagen in explosionsgefährdeten Bereichen und Erarbeitung von Vorschlägen für entsprechende Vorschriften nach dem jeweiligen Stand von Wissenschaft und Technik.

Deutscher Acetylenausschuß (DAcA)
Aufgabe:
Beratung des BMA in technischen Fragen und Erarbeitung von Vorschlägen für entsprechende Vorschriften nach dem jeweiligen Stand von Wissenschaft und Technik sowie Ermittlung von dem Stand der Technik entsprechenden Regeln (Technische Regeln).

Deutscher Dampfkesselausschuß (DDA)
Aufgabe:
Beratung des BMA in technischen Fragen und Erarbeitung von Vorschlägen für entsprechende Vorschriften nach dem jeweiligen Stand von Wissenschaft und Technik sowie Ermittlung von dem Stand der Technik entsprechenden Regeln (Technische Regeln).

Deutscher Druckbehälterausschuß (DBA)
Aufgabe:
Beratung des BMA und BMWi in technischen Fragen und Erarbeitung von Vorschlägen für entsprechende Vorschriften nach dem jeweiligen Stand von Wissenschaft und Technik sowie Ermittlung von dem Stand der Technik entsprechenden Regeln (Technische Regeln).

Ausschuß für Gashochdruckleitungen (AGL)
Aufgabe:
Beratung des BMA in technischen Fragen und Erarbeitung von Vorschlägen für entsprechende Vorschriften nach dem jeweiligen Stand von Wissenschaft und Technik sowie Ermittlung von dem Stand der Technik entsprechenden Regeln (Technische Regeln).

Ausschuß für Gefahrstoffe (AGS)
Aufgabe:
Beratung des BMA, insbesondere in technischen Fragen und Vorschlag von Vorschriften nach dem jeweiligen Stand von Wissenschaft, Technik und Medizin; Ermittlung der sicherheitstechnischen Anforderungen insbesondere für den Umgang mit Gefahrstoffen, der einschlägigen allgemein anerkannten sicherheitstechnischen, arbeitsmedizinischen und hygienischen Regeln sowie der sonstigen gesicherten arbeitswissenschaftlichen Erkenntnisse.

Deutscher Ausschuß für Getränkeschankanlagen
Aufgabe:
Beratung des BMA in technischen Fragen und Erarbeitung von Vorschlägen für entsprechende Vorschriften nach dem jeweiligen Stand von Wissenschaft und Technik sowie Ermittlung von dem Stand der Technik entsprechenden Regeln (Technische Regeln).

Ausschuß für technische Arbeitsmittel
Aufgabe:
Beratung des BMA bei der Durchführung des Gesetzes über technische Arbeitsmittel (Gerätesicherheitsgesetz).

Beirat für die Rehabilitation der Behinderten
Aufgabe:
Beratung des BMA in Fragen der Arbeits- und Berufsförderung der Behinderten; Unterstützung des BMA bei den Aufgaben der Koordinierung nach § 62 Arbeitsförderungsgesetz (AFG), insbesondere auch bei der Förderung von Rehabilitationseinrichtungen; Mitwirkung bei der Vergabe der Mittel des Ausgleichsfonds.

Beirat für Orthopädie-Technik beim BMA
Aufgabe:
Beratung des BMA in medizinischen, technischen und allgemeinen Fragen der Versorgung mit Hilfsmitteln im Bereich des sozialen Entschädigungsrechts (Kriegsopferversorgung u a); Prüfung und Begutachtung von Neukonstruktionen orthopädischer Hilfsmittel.

Bundesausschuß der Kriegsbeschädigten- und Kriegshinterbliebenenfürsorge, (Körperschaft des öffentlichen Rechts)
Aufgabe:
Beratung des BMA in allen grundsätzlichen Fragen der Kriegsopferfürsorge.

Bundeswahlausschuß für die Durchführung der Wahlen in der Sozialversicherung.
Aufgabe:
Der Bundeswahlausschuß entscheidet über Beschwerden gegen Entscheidungen der Wahlausschüsse bundesunmittelbarer Sozialversicherungsträger (§ 4 Abs 5 SVWO, § 48 b Abs 3 SGB IV) und gegen Entscheidungen des Bundeswahlbeauftragten im Verfahren zur Feststellung der allgemeinen Vorschlagsberechtigung (§ 48 c Abs 3 SGB IV).

Fachausschuß für die Unterbringung der Besatzungsmitglieder auf Kauffahrteischiffen
Aufgabe:
Erstellung technischer Regeln für Bau und Ausrüstung von Unterkunftsräumen und sonstigen der Unterbringung dienenden Einrichtungen; Beratung der zuständigen Bundesminister (BMA und BMV) in Unterbringungsfragen und Vorschlag von Vorschriften nach dem Stand der Wissenschaft und Technik; Stellungnahmen vor den Entscheidungen der See-Berufsgenossenschaft nach §§ 5 und 11 Abs 2 der Verordnung.

Hauptausschuß für Mindestarbeitsbedingungen
Aufgabe:
Mitwirkung bei der Bestimmung der Wirtschaftszweige oder Beschäftigungsarten, für die Mindestarbeitsbedingungen zu erlassen oder aufzuheben sind; Vorschläge zur Festsetzung, Änderung oder Aufhebung von Mindestarbeitsbedingungen.

Heimarbeitsausschüsse
Aufgabe:
Bindende Festsetzungen über Entgelte und sonstige Vertragsbedingungen in Anlehnung an tarifvertragliche Bedingungen (§ 19 Heimarbeitsgesetz (HAG)); Gleichstellung von Personen mit in Heimarbeit Bechäftigten wegen Schutzbedürftigkeit (§ 1 HAG); Festsetzung von Arbeitsmengen bei ungleichmäßiger Verteilung der Heimarbeit (§ 11 HAG).

Entgeltausschüsse
Aufgabe:
Festsetzung der Mindestarbeitsbedingungen für fremde Hilfskräfte der Heimarbeit (§ 22 HAG).

Interministerieller Arbeitskreis zur Unterstützung des Beauftragten der Bundesregierung für die Integration der ausländischen Arbeitnehmer und ihrer Familienangehörigen
Aufgabe:
Unterstützung des Beauftragten der Bundesregierung für die Integration der ausländischen Arbeitnehmer und ihrer Familienangehörigen.

Koordinierungskreis „Ausländische Arbeitnehmer"
Aufgabe:
Koordinierung der Maßnahmen zur Eingliederung ausländischer Arbeitnehmer; Erarbeitung von gemeinsamen Grundsätzen und von Sonderprogrammen; internationaler Erfahrungsaustausch.

Bund-Länderausschuß „Ausländerpolitik"
Aufgabe:
Koordinierung der Maßnahmen zur Förderung der Eingliederung ausländischer Arbeitnehmer in die Wirtschaft und die Gesellschaft der Bundesrepublik Deutschland; Abstimmung gemeinsamer Finanzierungsprogramme; Erfahrungsaustausch.

Sozialbeirat
Aufgabe:
Insbesondere alljährliche Erstattung eines Gutachtens, in dem zum Rentenversicherungsbericht der Bundesregierung (§ 154 SGB VI), der auch die Vorausberechnungen der Einnahmen, der Ausgaben und des Vermögens der gesetzlichen Rentenversicherungen für die künftigen 15 Kalenderjahre enthält, Stellung genommen wird (§ 155 SGB VI).

Tarifausschuß
Aufgabe:
Mitwirkung bei der Allgemeinverbindlicherklärung von Tarifverträgen.

Verwaltungsbeirat für die Höhenklinik Valbella Davos in Davos-Dorf (Schweiz)
Aufgabe:
Beratende Unterstützung der satzungsmäßigen Organe der Genossenschaft schweizerischen Rechts durch Anregungen und Vorschläge sowie gutachtliche Unterstützung des BMA.

Zum Geschäftsbereich des Bundesministeriums für Arbeit und Sozialordnung gehören:

1 Bundesausführungsbehörde für Unfallversicherung (BAfU)

26384 Wilhelmshaven, Gökerstr 14; Tel (0 44 21) 4 07-0; Fax (0 44 21) 40 71 32

Staatsrechtliche Grundlage und Aufgabenkreis:
Die Bundesausführungsbehörde für Unfallversicherung in Wilhelmshaven wurde nach der Überführungsverordnung vom 14. März 1951 (BGBl I S 190) mit Wirkung vom 1. April 1950 in die Verwaltung des Bundes übernommen.
Nach § 115 I SGB VII nimmt die Bundesausführungsbehörde für Unfallversicherung insbesondere folgende Aufgaben wahr:
- nach §§ 125, 114 I Nr 3 SGB VII die Durchführung der gesetzlichen Unfallversicherung in den Unternehmen des Bundes und in Unternehmen, die in selbständiger Rechtsform betrieben werden und an denen der Bund allein oder zusammen mit einem Land oder einer Gemeinde überwiegend beteiligt und für die der Bund als Träger der Unfallversicherung bestimmt worden ist,
- für die Betriebskrankenkassen der Dienstbetriebe des Bundes,
- für Personen, die im Zivilschutz tätig sind oder an Ausbildungsveranstaltungen im Zivilschutz teilnehmen,
- für die in den Gemeinschaften des DRK ehrenamtlich Tätigen sowie für sonstige beim DRK Tätige,
- für Entwicklungshelfer im Sinne des Entwicklungshelfer-Gesetzes,
- für die Bundesanstalt für Arbeit und für Personen, die als Meldepflichtige nach dem AFG oder dem BSHG versichert sind.

Sie hat Leistungen festzustellen und zu gewähren:
- nach § 9 Abs 2 und 3 des Fremdrentengesetzes in der Fassung vom 25. Februar 1960 (BGBl I S 93), zuletzt geändert durch das Gesetz zur Änderung und Ergänzung der Vorschriften über die Wiedergutmachung nationalsozialistischen Unrechts in der Sozialversicherung vom 22. Dezember 1970 (BGBl I S 1846) und Art 11 Haushaltsbegleitgesetz 1984 vom 22. Dezember 1983 (BGBl I S 1532), für Versicherungsfälle, für deren Entschädigung nicht eine gewerbliche Berufsgenossenschaft oder die See-Berufsgenossenschaft zuständig ist;
- nach Artikel 6 § 1 Abs 2 des Fremdrenten- und Auslandsrenten-Neuregelungsgesetzes vom 25. Februar 1960 (BGBl I S 93), zuletzt geändert durch das Erste Gesetz zur Reform des Strafrechts vom 25. Juni 1969 (BGBl I S 645), soweit bis zum 8. Mai 1945 die Eigenunfallversicherung der Nationalsozialistischen Deutschen Arbeiterpartei für die Entschädigung von Arbeitsunfällen zuständig war.

Ihr obliegen
- nach der Überführungsverordnung die unfallversicherungsrechtliche Betreuung der Bediensteten der ehemaligen Unternehmen des Reiches, soweit die Ansprüche im Hoheitsbereich der Bundesrepublik Deutschland entstanden sind, der Unternehmen der früheren britischen Zone und des früheren Vereinigten Wirtschaftsgebietes;
- die unfallversicherungsrechtliche Betreuung der zivilen Bediensteten bei den Stationierungsstreitkräften und bei den im Bundesgebiet gelegenen NATO-Hauptquartieren, für die der Bund nach Art 56 Abs 3 des Zusatzabkommens zum NATO-Truppenstatut und Art 8 Abs 2 des Abkommens zwischen der Bundesrepublik Deutschland und dem Obersten Hauptquartier der Alliierten Mächte Träger der gesetzlichen Unfallversicherung ist;
- kraft besonderen Auftrages die Gewährung von Leistungen entsprechend der gesetzlichen Unfallversicherung an die Ortskräfte des Auswärtigen Amtes, der Bundeswehr, des Goethe-Instituts und des Deutschen Akademischen Austauschdienstes sowie an die deutschen Auslandslehrer, deutschen wissenschaftlichen Lehrkräfte und Lektoren deutscher Sprache im Ausland;
- Arbeitsunfälle, die aufgrund von § 1 der Verordnung über die Erweiterung des Versicherungsschutzes vom 11. April 1973 entschädigt werden;
- Arbeitsunfälle, die bis zum 31. Dezember 1990 in der ehemaligen DDR eingetreten und dem Bund nach dem Verteilungsschlüssel des Einigungsvertrages übertragen worden sind.

Die Aufgaben der Prävention, mit Ausnahme des Erlasses von Unfallverhütungsvorschriften in den Unternehmen, für die der Bund Unfallversicherungsträger ist, nimmt die Zentralstelle für Arbeitsschutz beim BMI wahr, in deren Auftrag die Bundesausführungsbehörde für Unfallversicherung handelt (§ 115 V SGB VII).

Als Sonderaufgabe hat sie die Geschäfte der Betriebskrankenkasse des Reichs abzuwickeln.

Geschäftsführer: Günter Märtins Dir

Dem Geschäftsführer unmittelbar unterstellt:

Abt Z Allgemeine Organisation, Personal, Datenverarbeitung, Haushalts-, Kassen- und Rechnungswesen
Leiter: Bohlken ROAR

Abt I
Leiter: NN

Dez I a: **Grundsatzangelegenheiten; Rechtsangelegenheiten** Schweers-Sander ORRätin
Dez I b: **Gesetzliche Unfallversicherung im Beitrittsgebiet, Ausland, Entwicklungshelfer** Fischer ORR

Abt II
Leiter: NN

Dez II a: **Gesetzliche Unfallversicherung A – K, Fremdrenten** Arnold RR z A
Dez II b: **Gesetzliche Unfallversicherung L – Z, Berufshilfe** Zimmermann ORR

Abt III Unfallverhütung
Leiter: Dr Worpenberg BauDir

Vorprüfungsstelle Otto RAR

2 Bundesanstalt für Arbeitsschutz und Arbeitsmedizin

44149 Dortmund, Friedrich-Henkel-Weg 1-25; Tel (02 31) 90 71-0; Fax (02 31) 90 71-4 54

10317 Berlin, Nöldnerstr 40/42; Tel (0 30) 5 15 48-0; Fax (0 30) 5 15 48-1 70

Staatsrechtliche Grundlage und Aufgabenkreis:
Die Bundesanstalt für Arbeitsschutz und Arbeitsmedizin mit Hauptsitz in Dortmund, Sitz in Berlin und Außenstellen in Dresden, Bremen und Chemnitz ist eine nicht rechtsfähige Anstalt des öffentlichen Rechts. Sie untersteht unmittelbar dem Bundesministerium für Arbeit und Sozialordnung.
Die Bundesanstalt für Arbeitsschutz und Arbeitsmedizin wird von einem Präsidenten geleitet. Sie unterhält einen Fachbereich Arbeitsschutz am Hauptsitz in Dortmund und einen Fachbereich Arbeitsmedizin am Sitz in Berlin.
Der Aufgabenbereich der Bundesanstalt für Arbeitsschutz und Arbeitsmedizin ist wie folgt festgelegt:
Die Bundesanstalt für Arbeitsschutz und Arbeitsmedizin unterstützt das Bundesministerium für Arbeit und Sozialordnung in allen Fragen des Arbeitsschutzes, einschließlich des medizinischen Arbeitsschutzes. Dabei arbeitet sie eng zusammen:
- mit den für den Arbeitsschutz zuständigen Behörden der Länder,
- mit den Trägern der gesetzlichen Unfallversicherung,
- mit allen nationalen und internationalen Institutionen und Personen, die mit Aufgaben der Arbeitssicherheit, der Arbeitsmedizin, der Ermittlung und Verhinderung von arbeitsbedingten Erkrankungen und der menschengerechten Gestaltung der Arbeitsbedingungen befaßt sind, insbesondere Betrieben mit ihren betrieblichen Führungskräften, Betriebsräten, Sicherheitsfachkräften, Betriebsärzten, Gewerkschaften, Unternehmens- und Industrieverbänden, Akademien der Arbeitsmedizin, Hochschulinstituten für Arbeitsmedizin und einschlägigen wissenschaftlichen Vereinigungen.

Die Bundesanstalt für Arbeitsschutz und Arbeitsmedizin beobachtet und analysiert die Arbeitssicherheit, die Gesundheitssituation und die Arbeitsbedingungen in Betrieben und Verwaltungen. Durch die Anwendung epidemiologischer und anderer arbeitsmedizinischer Methoden werden die Auswirkungen der Arbeitsbedingungen auf die Gesundheit der Arbeitnehmer in Betrieben und Verwaltungen beobachtet und analysiert. Ferner werden die wissenschaftlichen und praktischen Entwicklungen auf dem Gebiet des Arbeitsschutzes im In- und Ausland verfolgt und diese regelmäßig von Amts wegen ausgewertet.

Die Bundesanstalt für Arbeitsschutz und Arbeitsmedizin entwickelt Problemlösungen unter Anwendung sicherheitstechnischer, ergonomischer und sonstiger arbeitswissenschaftlicher Erkenntnisse. Weiterhin bearbeitet sie unter Anwendung epidemiologischer und anderer arbeitsmedizinischer Methoden Probleme, die sich aus der Belastung und Beanspruchung durch Arbeitsstoffe, komplexe Arbeitsplatzeinflüsse und die Gestaltung der Arbeitsplätze und Arbeitsabläufe im Hinblick auf die Gesundheit der Beschäftigten ergeben. Sie leitet aus den Ergebnissen dieser Arbeit Beiträge für die präventive Gestaltung von Arbeitsbedingungen, für die Bekämpfung arbeitsbedingter Erkrankungen einschließlich Berufskrankheiten und für die arbeitsmedizinischen Vorsorgeuntersuchungen ab. Dabei finden arbeitsmedizinische, ergonomische und sonstige arbeitswissenschaftliche Erkenntnisse Berücksichtigung und Anwendung. Die Bundesanstalt für Arbeitsschutz und Arbeitsmedizin forscht hierzu im notwendigen Umfang selbst oder vergibt Forschungsaufträge an Dritte.

Die Bundesanstalt für Arbeitsschutz und Arbeitsmedizin fördert die Anwendung der gewonnenen Erkenntnisse, Grundsätze und Lösungsvorschläge in der Praxis durch: .
- Veröffentlichung von Informationsmaterialien und Berichten,
- Mitarbeit bei der Regelsetzung,
- Entwicklung von Aus- und Fortbildungsmaterialien, modellhafte Durchführung von Aus- und Fortbildungsveranstaltungen für Fachkräfte für Arbeitssicherheit sowie von Fortbildungsmaterialien für die modellhafte Durchführung von Fortbildungsmaßnahmen für Betriebsärzte und arbeitsmedizinisches Fachpersonal,
- modellhafte Beratung,
- Ausstellungen, insbesondere die Deutsche Arbeitsschutzausstellung (DASA),
- Fachveranstaltungen.

Die Bundesanstalt für Arbeitsschutz und Arbeitsmedizin ist Anmeldestelle nach dem Chemikaliengesetz.

Sie nimmt die ihr nach dem Gerätesicherheitsgesetz übertragenen Aufgaben wahr.

Sie ist deutsches Zentrum der Internationalen Dokumentationsstelle für Arbeitsschutz (CIS) beim Internationalen Arbeitsamt in Genf.

Die Bundesanstalt führt Sekretariate für die im Geschäftsbereich des Bundesministeriums für Arbeit und Sozialordnung errichteten Sachverständigenausschüsse im Bereich des Arbeitsschutzes.

Die Bundesanstalt für Arbeitsschutz und Arbeitsmedizin unterhält in Dortmund eine Deutsche Arbeitsschutzausstellung (DASA) als ständige Einrichtung, um die Öffentlichkeit über den Stellenwert des Arbeitsschutzes in der Gesellschaft und die menschengerechte Gestaltung der Arbeitswelt aufzuklären und zu unterrichten.

Der Bundesanstalt für Arbeitsschutz und Arbeitsmedizin ist mit Wirkung vom 1. Oktober 1996 der medizinische Datenbestand des ehemaligen Gesundheitswesens der Wismut GmbH gesetzlich übertragen worden.

Die Bundesanstalt für Arbeitsschutz und Arbeitsmedizin unterhält für ihre Aufgaben
- Laboratorien,
- eine öffentliche Fachbibliothek sowie
- Dokumentationseinrichtungen.

Die Bundesanstalt für Arbeitsschutz und Arbeitsmedizin wird durch einen Beirat beraten, der aus 27 Mitgliedern besteht. Die Gewerkschaften, die Arbeitgeberverbände und Fachverbände der Unternehmen sowie die für den Arbeitsschutz zuständigen Minister und Senatoren der Länder benennen für den Beirat je neun Mitglieder. Zur Erfüllung seiner Aufgaben kann der Beirat im Einvernehmen mit dem Bundesministerium für Arbeit und Sozialordnung Fachausschüsse einsetzen.

Veröffentlichungen:
Forschungsberichte, Informations- und Aufklärungsmaterial, Broschüren:
- Amtliche Mitteilungen,
- Schriftenreihe, unterteilt u a in Sonderschriften, Forschungsberichte, Forschungsanwendung, Gefährliche Arbeitsstoffe, Tagungsberichte, Regelwerke,
- Schriftenreihe „Arbeitssicherheit in der beruflichen Ausbildung"
- Profildienste zu Standardthemen der Literaturdokumentation,
- Reihe „Arbeitswissenschaftliche Erkenntnisse",
- zahlreiche Einzelveröffentlichungen,
- Filme und Diapositive.

Präsident der Bundesanstalt für Arbeitsschutz und Arbeitsmedizin: Wolfram Jeiter Präs und Prof

Ständiger Vertreter: Dr Fritz Kochan Dir und Prof

Gruppe Öffentlichkeitsarbeit und Presse Sonderkötter RDir, Dr Wolff RDir

Zentralabteilung
Leiter: Dr Hans-Christian Knüppel LtdRDir

Gruppe Z 1: **Personal, Organisation** Bürgener RDir
Gruppe Z 2: **Haushalt, Forschungsverträge, Zuwendungen, Beschaffung,** Brenken ORR, Mundt RR
Gruppe Z 3: **Rechtsfragen, Technische Angelegenheiten, Innerer Dienst** Froese RDir
Gruppe Z 4: **IT-Koordinierung, Informationsverarbeitung, Nationales Zentrum des CIS, Bibliothek, Dokumentation** Hölke Ang, Pisula Ang

Grundsatzabteilung
Leiter: Ulrich Riese LtdWissDir

Gruppe G 1: **Koordinierung Arbeitsschutz** Dr Wölfel WissR
Gruppe G 2: **Koordinierung Arbeitsschutz** Janzen WissR, Dr I Zeller Ang
Gruppe G 3: **Soziale und wirtschaftliche Rahmenbedingungen** Dr Kuhn Dir und Prof
Gruppe G 4: **Europäische und internationale Zusammenarbeit** Dr Schlombach Ang

Fachbereich Arbeitsschutz (AS)

Abteilung AS 1 Sicherheitstechnik, Normung
Leiter: Norbert Zimmermann Dir und Prof

Gruppe AS 1.1: **Gerätesicherheitsgesetz, Prüf- und Zertifizierwesen** Dr Poppendick Ang
Gruppe AS 1.2: **Anlagen und Verfahren, Bio- und Gentechnik** Dr Schreiber WissDir
Gruppe AS 1.3: **Transport und Verkehr** von Keitz WissDir
Gruppe AS 1.4: **Regelwerke, Ausschüsse** Dr Illgen WissDir

Abteilung AS 2 Gefährliche Stoffe, Bewertungsstelle ChemG
Leiter: Dr Uwe Wölcke Dir und Prof

Gruppe AS 2.1: **Stoffbelastungen am Arbeitsplatz** Dr Auffarth Dir und Prof
Gruppe AS 2.2: **Stoffgrenzwerte, Toxikologie** Dr Wardenbach Dir und Prof
Gruppe AS 2.3: **Umgang mit Chemikalien** Dr Neustadt Dir und Prof
Gruppe AS 2.4: **Altstoffe, Risikobewertung, Koordinierung ChemG und EG-AltstoffV** Dr Rupprich Dir und Prof

Abt AS 3 Menschengerechte Arbeitsgestaltung, Ergonomie
Leiter: Dr Peter Mehlem Dir und Prof

Gruppe AS 3.1: **Arbeitsstätten** Kühs WissDir
Gruppe AS 3.2: **Arbeitsplätze, Arbeitsmittel, persönliche Schutzausrüstungen** Dr Heinze WissDir
Gruppe AS 3.3: **Lärmschutz, Arbeitswissenschaftliche Fragen** Dr Lazarus Dir und Prof
Gruppe AS 3.4: **Klima und Beleuchtung** Dr Hahne WissDir

Abteilung AS 4 Technische Arbeitsschutzmaßnahmen
Leiter: Dr Dieter Uhlig Ang

Gruppe AS 4.1: **Technischer Gefahrstoffschutz** Dr Lotze Ang
Gruppe AS 4.2: **Schwingungsschutz** Dr Melzig-Thiel Ang
Gruppe AS 4.3: **Gefährdungsanalyse, mechanische Gefährdungen** Dr Kirchberg Ang
Gruppe AS 4.4: **Psychische Anforderungen** B Weißgerber WissORätin
Gruppe AS 4.5: **Branchenschwerpunkt Bauarbeiten, Baustellen** Dr Steinborn Ang
Gruppe AS 4.6: **Information, Vermittlung von Arbeitsschutzwissen** NN

Abteilung AS 5 Forschungsanwendung, Betriebliche Arbeitsschutzorganisation
Leiterin: Dr Gisela Kiesau Direktorin und Professorin

Gruppe AS 5.1: **Forschungsanwendung, Wissenstransfer, Unterstützung der Organisation und Qualität des betrieblichen Arbeitsschutzes** Wettberg Ang
Gruppe AS 5.2: **Aus- und Fortbildung, Qualifizierungskonzepte** Dr A Weißgerber Ang
Gruppe AS 5.3: **Schiffahrt und Häfen** Dr Pensky Ang

Fachbereich Arbeitsmedizin (AM)

Abteilung AM 1 Epidemiologie
Leiter: Dr Gerd Heuchert Ang

Gruppe AM 1.1: **Arbeitsbezogene Morbidität und Mortalität** Dr Bräunlich WissORätin
Gruppe AM 1.2: **Planung epidemiologischer Studien, Risikoabschätzung** Dr Enderlein Ang
Gruppe AM 1.3: **Epidemiologische Datenbanken und Datenanalysen** Dr Bräuer Ang
Gruppe AM 1.4: **Berufskrankheiten** Lorenz WissORätin

Abteilung AM 2 Betrieblicher Gesundheitsschutz
Leiterin: Dr Brigitte Froneberg Direktorin und Professorin

Gruppe AM 2.1: **Betriebsärztliche Methoden** Dr Matschke WissORätin
Gruppe AM 2.2: **Organisation und Qualität betriebsärztlicher Dienste** Dr Gille Ang
Gruppe AM 2.3: **Modellhafte Umsetzung arbeitsmedizinischer Erkenntnisse, Fortbildung** Dr Kopske WissOR
Gruppe AM 2.4: **Arbeitsmedizinische Meßmethodik** Dr Keitel Ang

Abt AS 3 Wirkung von Gefahrstoffen
Leiter: Prof Dr Dietmar Schneider Ang

Gruppe AM 3.1: **Arbeitsmedizinische Fragen der Bio- und Gentechnik** Schöneich WissOR
Gruppe AM 3.2: **Allergische Erkrankungen** Dr Wallenstein Ang
Gruppe AM 3.3: **Erkrankungen durch organische und anorganische Stäube** Dr Tittelbach WissORätin
Gruppe AM 3.4: **Erkrankungen durch krebserzeugende, erbgutverändernde und reproduktionstoxische Substanzen** Dr Krutz WissORätin
Gruppe AM 3.5: **Erkrankungen durch Gefahrstoffe** Dr H-J Zeller Ang

Abteilung AM 4 Wirkung physikalischer und psychosozialer Faktoren
Leiterin: Dr Gunda Maintz Direktorin und Professorin

Gruppe AM 4.1: **Wirkung von Streß und psychosozialer Faktoren, Medizinische Aspekte des sozialen Arbeitsschutzes** Dr Ullsperger Ang
Gruppe AM 4.2: **Erkrankungen des Stütz- und Bewegungsapparates** Dr
Gruppe AM 4.3: **Biologische Wirkung von Vibration und Lärm** Dr Seidel WissDir

Gruppe AM 4.4: **Wirkung von nichtionisierender und ionisierender Strahlung** Dr Ruppe WissDirektorin

Gesundheitsdatenarchiv Wismut NN

Anmeldestelle Chemikaliengesetz
Leiter: Dr Reiner Arndt LtdChemDir

AMST 1: **Meldeverfahren für neue Stoffe/Altstoffe, Chemikalienprüfung** Dr Goedecke Dir und Prof
AMST 2: **Chemikalieninformation** Dr Böhlen ChemOR
AMST 3: **Chemikalienrecht, Verfahrensfragen** Kowalski ORRätin

Deutsche Arbeitsschutzausstellung (DASA) der Bundesanstalt für Arbeitsschutz und Arbeitsmedizin
Leiter: Dr Gerhard Kilger LtdWissDir

Außenstellen
01219 Dresden, Gerhart-Hauptmann-Str 1; Tel (03 51) 47 33-60; Fax (03 51) 47 33-6 10
28209 Bremen, Parkstr 58; Tel (04 21) 3 47 96; Fax (04 21) 3 49 81 60
09117 Chemnitz, Jagdschänkenstr 33; Tel (03 71) 81 47-0; Fax (03 71) 81 47-2 22

3 Bundesversicherungsamt (BVA)

10785 Berlin, Reichpietschufer 74-76; Tel (0 30) 2 69 99-0; Fax (0 30) 2 69 99-2 14

Staatsrechtliche Grundlage und Aufgabenkreis:
Das Bundesversicherungsamt führt als selbständige Bundesoberbehörde nach
- dem Bundesversicherungsamtsgesetz (BVAG) vom 9. Mai 1956 (BGBl I S 415), geändert durch Gesetz vom 23. Dezember 1976 (BGBl I S 3845),
- §§ 87 bis 90 der Gemeinsamen Vorschriften für die Sozialversicherung des Sozialgesetzbuchs (SGB IV) vom 23. Dezember 1976 (BGBl I S 3845),
- §§ 18 und 22 des Gesetzes über eine Altershilfe für Landwirte (GAL) in der Fassung der Bekanntmachung vom 14. September 1965 (BGBl I S 1448), §§ 148, 274 des 5. Buches zum SGB vom 20. Dezember 1988 (BGBl I S 2477),
- §§ 44 und 56 des Gesetzes über die Krankenversicherung der Landwirte (KVLG) vom 10. August 1972 (BGBl I S 1433) in Verbindung mit dem Erlaß des Bundesministers für Arbeit und Sozialordnung vom 20. September 1972 (BArbBl S 689),
- § 891a Reichsversicherungsordnung (RVO) in der Fassung vom 16. Oktober 1972 (BGBl I S 1965),
- § 1 des Gesetzes über die Errichtung einer Zusatzversorgungskasse für Arbeitnehmer in der Land- und Forstwirtschaft (ZVALG) vom 31. Juli 1974 (BGBl I S 1660) und
- § 46 des Künstlersozialversicherungsgesetzes (KSVG) vom 27. Juli 1981 (BGBl I S 705)

die Aufsicht über die bundesunmittelbaren Träger, Verbände und die weiteren Einrichtungen der Sozialversicherung sowie die Künstlersozialkasse und die Zusatzversorgungskasse für Arbeitnehmer in der Forst- und Landwirtschaft.

Im Rahmen der Mitwirkung entscheidet das Bundesversicherungsamt über die Genehmigung der
- Dienstordnungen und der Satzungen der Versicherungsträger,
- festen Sätze und der Pauschbeträge nach § 41 Abs 1 und 3 SGB IV,
- Gefahrtarife, Rücklageansammlungen, Errichtung von Haftpflichtversicherungsanstalten für die Unternehmer sowie von Einrichtungen für die Auslandsunfallversicherung in der Unfallversicherung,
- Zusammenlegung der Entschädigungslast mehrerer Berufsgenossenschaften,
- Durchschnittsheuern und der durchschnittlichen Jahreseinkommen in der See-Unfallversicherung,
- durchschnittlichen Jahresarbeitsverdienste in der landwirtschaftlichen Unfallversicherung,
- im Ausland durchzuführenden Rehabilitationsleistungen in der Rentenversicherung (§ 14 SGB VI) sowie
- Beteiligungen an gemeinnützigen Einrichtungen, der Darlehen für gemeinnützige Zwecke, des Erwerbs von Grundstücken und von grundstücksgleichen Rechten sowie der Errichtung, Erweiterung und des Umbaues von Gebäuden (§ 85 SGB IV),
- von § 83 SGB IV abweichenden Anlegung der Rücklage in Ausnahmefällen (§ 86 SGB IV).

Ferner entscheidet es über die Errichtung, Ausdehnung, Vereinigung, Auflösung und Schließung von bundesunmittelbaren Betriebs- und Innungskrankenkassen (§§ 148-153, 158-163 SGB V), über die Auflösung und Schließung von Ersatzkassen (§§ 169, 170 SGB V).

Das Bundesversicherungsamt bewirtschaftet die Mittel der Einzelpläne 11, 15, 18, 33 und 60 des Bundeshaushaltsplanes (insoweit obliegt ihm auch die Vorprüfung). Hierzu gehört unter anderem:
- Erstattung der Aufwendungen für die Krankenhilfe an Heimkehrer und durch Gesetz gleichgestellte Personengruppen (§ 27 HkG, § 13 HHG, Art 8 Nr 2 KVMG),
- Zahlung des Bundeszuschusses an die Künstlersozialkasse (§ 34 KSVG),
- Durchführung der Erstattungen des Bundes an die Träger der gesetzlichen Krankenversicherung für Aufwendungen nach dem Mutterschaftsgesetz und für das Mutterschaftsgeld nach der RVO und dem KVLG,
- Zahlung des Mutterschaftsgeldes an Frauen, die nicht Mitglied einer Krankenkasse sind, nach § 13 Abs 2 des Mutterschutzgesetzes für die Zeit der Schutzfristen,
- Erstattung der Aufwendungen für Fremdrenten in der Unfallversicherung (vgl § 9 Abs 2 und 3 FRG und Art 6 § 1 Abs 2 FANG),
- Anweisung der monatlichen Abschläge auf Zuschußzahlungen des Bundes an die Träger

der Rentenversicherung nach §§ 213, 215 SBG VI,
- Erstattung der Nachversicherungen nach Art 6 §§ 19 und 23 FANG und nach §§ 20 und 23a des Gesetzes vom 25. Juni 1969 (BGBl I S 645),
- Erstattung von Beiträgen zur Rentenversicherung bei Behinderten nach § 168 Abs 1 Nr 2 SGB VI,
- Erstattungen an die Träger der AV/ArV nach §§ 290 a, 291 a SGB VI, Art 40 RÜG und Art 8 RÜ-Ergänzungsgesetz,
- Erstattungen an die BfA für Zusatz- und Sonderversorgungsleistungen nach dem AAÜG und für Entschädigungsrenten (einschließlich Verwaltungskosten).

Das Bundesversicherungsamt führt die Abrechnungen zwischen dem Bund, der Deutschen Bundespost und den Trägern der Arbeiterrentenversicherung und der Angestelltenversicherung durch (§ 227 SGB VI). Ihm obliegt die Durchführung der verschiedenen Finanzausgleichsverfahren sowohl zwischen der Arbeiterrenten- und der Angestelltenversicherung als auch innerhalb der Arbeiterrentenversicherung einschließlich der Festsetzung von Vorschüssen (§§ 218 Abs 1 a, 219 Abs 3 SGB VI). Die Festsetzung der Postvorschüsse in der Arbeiterrentenversicherung ist dem Bundesversicherungsamt ebenfalls übertragen (§ 119 Abs 5 und 6 SGB VI). In Fragen des Rentenzahlverfahrens der Deutschen Bundespost wirkt es mit.

Auf dem Gebiet der beruflichen Bildung hat das Bundesversicherungsamt folgende Aufgaben:
- Zuständige Stelle des Bundes im Sinne des § 84 Berufsbildungsgesetz (BBiG) für den Ausbildungsberuf „Sozialversicherungsfachangestellte/r", Fachangestellte/r für Bürokommunikation sowie für Auszubildende der eigenen Behörde im Ausbildungsberuf „Verwaltungsfachangestellte/r" gemäß Anordnung vom 15. November 1971 (BGBl I S 1841) und insoweit unter anderem auch zuständig für die
  - Beratung der an der Ausbildung Beteiligten nach § 45 Berufsbildungsgesetz (BBiG),
  - Durchführung der Zwischen- und Abschlußprüfungen nach §§ 41, 42 BBiG,
  - Feststellung der berufs- und arbeitspädagogischen Eignung von Ausbildern nach den Ausbilder-Eignungsverordnungen vom 16. Juli 1976 (BGBl I S 1825) und vom 26. April 1977 (BGBl I S 660),
  - Aufbereitung statistischen Materials für die Berufsbildungsstatistik gemäß § 5 Abs 2 Berufsbildungsförderungsgesetz vom 23. Dezember 1981 (BGBl I S 1692) in der Fassung vom 4. Dezember 1986 (BGBl I S 2190),
  - Verfolgung und Ahndung von Ordnungswidrigkeiten nach § 99 BBiG gemäß Verordnung vom 23. Juni 1975 (BGBl I S 1474).
- Prüfungsamt für die Laufbahn des gehobenen nichttechnischen Dienstes in der Sozialversicherung (LAPO vom 9. Mai 1980 – BArbBl S 52 in der Fassung vom 19. Juli 1993).

Daneben obliegen dem Bundesversicherungsamt unter anderem noch folgende Aufgaben:

- Zahlung und Überwachung der Betriebsmittel für die Leistung des Kindergeldes nach § 45 Bundeskindergeldgesetz (BKGG) an bundesunmittelbare Kindergeldträger im Bereich des Bundesministers für Arbeit und Sozialordnung.
- Erstattung des von den gesetzlichen Rentenversicherungsträgern getragenen Aufwandes für Kinderzuschüsse zu Versichertenrenten in Höhe des Kindergeldes (§ 21 SGB VI).
- Entscheidungen der obersten Dienstbehörde gemäß § 60 G 131 (12., 14., 19., 21., 22., 23. und 24. Durchführungsverordnung zum G 131).
- Berechnung und Bestimmung der für Soldaten auf Zeit vorbehaltenen Stellen (§ 10 Soldatenversorgungsgesetz (SVG) in Verbindung mit der Verordnung vom 16. Dezember 1969 – BGBl I S 2347 –).
- Prüfung der Anzeigen der Sozialversicherungsträger beim Ankauf und der Anmietung von Datenverarbeitungsanlagen und Datenverarbeitungssystemen (§ 85 SGB IV).
- Durchführung von Prüfungen im Auftrag des Bundesministers für Arbeit und Sozialordnung bei Verbänden und Einrichtungen, die der Aufsicht des Bundesministers unterstehen.
- Prüfungen im Auftrag des Bundesministers für Ernährung, Landwirtschaft und Forsten bei den bundesunmittelbaren landwirtschaftlichen Krankenkassen, Berufsgenossenschaften und Alterskassen sowie dem Bundesverband der landwirtschaftlichen Krankenkassen, dem Gesamtverband der landwirtschaftlichen Alterskassen und der Zusatzversorgungskasse für Arbeitnehmer in der Land- und Forstwirtschaft hinsichtlich der Inanspruchnahme und Verwendung der Bundesmittel.
- Entscheidungen über die Befreiung von der knappschaftlichen Versicherungspflicht gemäß § 3 RKG.
- Entscheidungen über Anträge auf Aufschub der Nachentrichtung von Beiträgen gemäß § 1403 § 125 AVG und § 159 RKG (auf Grund der Verwaltungsvorschriften vom 28. Mai 1969 Bundesanzeiger Nr 102 2 – und vom 26. August 1970 Bundesanzeiger Nr 160 60 –).
- Durchführung der Vermögensverwaltung und Abwicklung nach dem Rechtsträger-Abwicklungsgesetz vom 6. September 1965 (BGBl I S 1065).
- Festsetzung vierteljährlicher Abschlagszahlungen und endgültige Abrechnung der Kranken- und Rentenversicherungsbeiträge für Wehrdienst-, Zivildienst und Grenzschutzpflichtdienstzeiten nach den Verordnungen vom 13. November 1973 (BGBl I S 1664) und vom 30. Oktober 1991 (BGBl I S 2055).
- Durchführung des Belastungsausgleichs für die Aufwendungen der Krankenversicherung der Rentner nach § 272 SGBV und der Krankenver-

sicherung der Rentner (KVdR)-Ausgleichsverordnung vom 8. November 1989 (BGBl I S 1949).
- Durchführung des Risikostrukturausgleiches in der gesetzlichen Krankenversicherung nach §§ 266, 267 SGB V.
- Beim Bundesversicherungsamt ist zudem die Geschäftsstelle der nach § 3 des Versorgungsruhensgesetzes eingesetzte Kommission eingerichtet, die deren Arbeit unterstützt.
- Entscheidungen über die Bewilligung, Kürzung bzw Aberkennung von Entschädigungsrenten und das Ruhen von Leistungen aus Sonder- und Zusatzversorgungssystemen nach Maßgabe der Vorschläge der unabhängigen Kommission (§§ 3 und 5 des Gesetzes über Entschädigungen für Opfer des Nationalsozialismus im Beitrittsgebiet vom 22. April 1992, BGBl I S 906; § 1 Versorgungsruhensgesetz im Art 4 des Renten-Überleitungsgesetzes vom 25. Juli 1991 (BGBl I S 1606).
- Feststellung und Festsetzung der Beitragszuschüsse der Länder mit Küstenbezirken für die in § 837 RVO genannten Unternehmen der Küstenfischer (§ 878 Abs 1 und § 882 Abs 2 RVO).
- Genehmigung des Haushaltsplans und des Kontenrahmens sowie Prüfung der Jahresrechnung der Künstlersozialkasse (§ 43 KSVG).
- Abstimmung der Musterkassenordnungen (§ 2 SVRV in Verbindung mit Erl des BMA vom 11. September 1981 Bundesanzeiger Nr 176)6).
- Prüfung der Geschäfts-, Rechnungs- und Betriebsführung der bundesunmittelbaren Krankenkassen (§ 274 Abs 1 SGBV).
- Durchführung der Erstattung des Bundes nach § 15 AAÜG.
- Durchführung der Erstattungen der Sonderversorgungssysteme.
- Durchführung des Finanzausgleiches der Pflegekassen (PflegeVG vom 1. Januar 1995).
- Ermittlung der von den Pflegekassen an die Krankenkassen zu zahlende Verwaltungspauschale (§ 46 Abs 3 SGB XI).

Veröffentlichungen:
Tätigkeitsbericht.
Jahresrückblick des BVA als Zuständiger Stelle nach dem BBiG.

Präsident des Bundesversicherungsamtes: Dr Rainer Daubenbüchel
Vizepräsident: Eckhart Eitner

Abt Z Zentrale Dienste im BVA
Leiter: Gerd Binder AbtPräs

Ref Z 1: **Personal** Zieher RDir
Ref Z 2: **Bundesmittel, Mutterschaftsgeldstelle, Kassenwesen** Kuhn RDirektorin
Ref Z 3: **Haushalt, (BVA und Aufsichtsbereich)** Schäfer RDirektorin
Ref Z 4: **Innerer Dienst** Wrana ROAR
Ref Z 5: **Datenverarbeitung** Laabs RDir
Ref Z 6: **Organisation, Fortbildung, Bibliothek, Öffentlichkeitsarbeit** Laabs RDir

Abt I Gemeinsame Angelegenheiten der Sozialversicherung
Leiterin: Ahlborn LtdRDirektorin

Ref I 1: **Gemeinsame Grundsatzfragen der Sozialversicherung, Justitiariat** Spereiter RDir
Ref I 2: **Recht der Selbstverwaltung und der Aufsicht** Eisenträger RDir
Ref I 3: **Personal- und Verwaltungsangelegenheiten der Sozialversicherungsträger und -verbände** Schneider-Schahn ORR
Ref I 4: **Datenverarbeitung und Datenschutz im BVA, Datenschutz einschließlich Prüfungen des Aufsichtsbereichs** Müller ORR
Ref I 5: **Prüfung von Personal und Verwaltungsangelegenheiten im Aufsichtsbereich** Zeh ORR
Ref 03: **Geschäftsstelle der Kommission nach dem Versorgungsruhens- und Entschädigungsrentengesetz** Zeh ORR (mdWdGb)

Abt II Krankenversicherung
Leiter: Rüdiger Heinrichs LtdRDir

Ref II 1: **Grundsatzfragen** Rexroth ORRätin
Ref II 2: **Aufsichtsangelegenheiten der Ersatzkassen, Krankenversicherung der Künstler** Grabowski RDir
Ref II 3: **Aufsichtsangelegenheiten der Betriebskrankenkassen, Seekrankenkasse, Bundesknappschaft (Krankenversicherung), Landwirtschaftliche Krankenkassen, Innungskrankenkassen** Wahle RDir
Ref II 4: **Finanzierung, Prüfung der Ersatzkassen, Innungskrankenkassen und Seekrankenkasse, der Bundesknappschaft und der Künstlersozialkasse** Pfohl RR z A
Ref II 5: **Prüfung der landwirtschaftlichen Krankenkassen einschließlich Bundesverband und der Betriebskrankenkassen** Meier ORR

Abt III Unfallversicherung, Alterssicherung in der Landwirtschaft, Sondersicherung der Seeleute
Leiter: Helmut Weiß AbtPräs

Ref III 1: **Grundsatzfragen** Kohlbrügge RDir
Ref III 2: **Allgemeine Unfallversicherung** Bontjes ORRätin
Ref III 3: **Landwirtschaft und See-Unfallversicherung; Alters/Sondersicherung, Prüfung für das BML** NN
Ref III 4: **Prüfung der Unfallversicherungsträger, landwirtschaftlichen Alterskassen und besonderen Einrichtungen** Langer ORR

Abt IV Rentenversicherung, Internationales Sozialversicherungsrecht
Leiter: Dr Fred Schneider LtdRDir

Ref IV 1: **Grundsatzfragen, Rentenversicherung der Künstler** Pfeiffer ORRätin
Ref IV 2: **Rentenversicherung der Arbeiter und der Angestellten** Fischer ORRätin
Ref IV 3: **Knappschaftliche Rentenversicherung, Rehabilitation, Fremdrentenrecht (Rentenversicherung)** Mollenhauer RDir

Ref IV 4: **Internationales Sozialversicherungsrecht, Fremdrentenrecht (Unfallversicherung)** Krombacher-Bachem ORRätin
Ref IV 5: **Prüfungen der Rentenversicherungsträger** Dr Wolny RDir
Ref 01: **Sonderrentenrecht im Beitrittsgebiet** NN

Abt V Finanzen und Vermögen der Sozialversicherungsträger
Leiter: Dr Fudickar LtdRDir

Ref V 1: **Grundsatzfragen, Grundstücksgeschäfte** Nickel RDirektorin
Ref V 2: **Risikostrukturausgleich, Finanzausgleich in der Krankenversicherung der Rentner, Rechnungswesen** Korf RRätin
Ref V 3: **Vermögenswirtschaft, Mitwirkung bei Bauangelegenheiten** Mast RDir
Ref V 4: **Finanzierung der Rentenversicherung** Gerloff RDir
Ref V 5: **Prüfung des Haushalts-, Kassen- und Rechnungswesens sowie der Vermögenswirtschaft** Kroll RDirektorin
Ref 04: **Regelung von Vermögensfragen der Sozialversicherung im Beitrittsgebiet** Mund-Heller RDirektorin

Abt VI Berufliche Bildung, Prüfungsamt
Leiter: Siegfried Rost AbtPräs (zugleich Pressesprecher)

Ref VI 1: **Grundsatzfragen, Geschäftsführung für den Berufsbildungsausschuß** Eberenz RDir
Ref VI 2: **Berufsbildung in der Krankenversicherung** Langer ORRätin
Ref VI 3: **Berufsbildung in der Unfallversicherung, Altershilfe für Landwirte, Renten- und Knappschaftliche Versicherung** Banse ORR
Ref VI 4: **Prüfungsamt für den gehobenen Dienst in der Sozialversicherung** Lange RDir

Abt K Prüfdienst Krankenversicherung
Leiter: Peter Schmidt LtdRDir

Ref K 1: **Koordination von Arbeitsabläufen** Pliske RDir
Ref K 2: **Fachliche Koordination und Datenverarbeitung im PdK** Kamp RRätin
Ref K 3: **Außenstelle (Cloppenburg), Prüfungen in Bremen, Hamburg, Niedersachsen (ohne Süd), Schleswig-Holstein** Kalina ORR
Ref K 4: **Außenstelle Fulda, Prüfungen in Hessen, Thüringen, Rheinland-Pfalz (Ost), Bayern (Unterfranken), Nordrhein-Westfalen (Nord-Ost), Niedersachsen (Süd)** Rimpl ORR
Ref K 5: **Außenstelle Duisburg, Prüfungen Nordrhein-Westfalen (ohne Nord-Ost), Rheinland-Pfalz (West), Saarland** Czuidai ORR
Ref K 6: **Prüfstelle Berlin, Prüfungen in Berlin, Mecklenburg-Vorpommern, Brandenburg, Sachsen-Anhalt, Sachsen** Waiczies RDir
Ref K 7: **Außenstelle Ingolstadt, Prüfungen in Baden-Württemberg, Bayern (ohne Unterfranken)** Debus ORR

Dem Präsidenten unmittelbar unterstellt:
Vorprüfungsstelle Graf ORR

Der allgemeinen Dienstaufsicht des Bundesministers für Arbeit und Sozialordnung unterstehen:

4 Bundesarbeitsgericht

Nähere Angaben hierzu siehe Abschnitt d „Organe der Rechtspflege", Seite 421

5 Bundessozialgericht

Nähere Angaben hierzu siehe Abschnitt d „Organe der Rechtspflege", Seite 422

Der Rechtsaufsicht des Bundesministeriums für Arbeit und Sozialordnung unterstehen die nachstehenden Körperschaften, Anstalten und Stiftungen des öffentlichen Rechts:

Bundesanstalt für Arbeit (BA)

– Körperschaft des öffentlichen Rechts –

90478 Nürnberg, Regensburger Str 104; Tel (09 11) 1 79-0; Fax (09 11) 1 79 21 23; T-Online *69100#

Rechtsgrundlage und Aufgabenkreis:
Der Bundesanstalt für Arbeit obliegen nach dem Arbeitsförderungsgesetz (AFG) vom 25. Juni 1969 (BGBl I S 582) und den jeweiligen Änderungsgesetzen
– die Berufsberatung,
– die Arbeitsvermittlung und Arbeitsberatung,
– die Förderung der beruflichen Bildung, soweit sie ihr in diesem Gesetz übertragen ist,
– die Gewährung von berufsfördernden Leistungen zur Rehabilitation, soweit sie ihr in diesem Gesetz übertragen ist,
– die Gewährung von Leistungen zur Erhaltung und Schaffung von Arbeitsplätzen,
– die Gewährung von Arbeitslosengeld,
– die Gewährung von Konkursausfallgeld.
Sie hat Arbeitsmarkt- und Berufsforschung zu betreiben und ist verpflichtet, die Bevölkerung über die Rechte und Pflichten nach dem AFG aufzuklären. Sie gewährt im Auftrag des Bundes die Arbeitslosenhilfe. Die Bundesregierung kann der Bundesanstalt durch Rechtsverordnung weitere Aufgaben übertragen, die im Zusammenhang mit ihren Aufgaben nach diesem Gesetz stehen.
Ihr obliegt – unter der Bezeichnung „Familienkasse" – die Durchführung des Familienleistungsausgleichs. In der Regel ist das Kindergeld als Steuervergütung nach dem Einkommens-Steuergesetz und nach den fachlichen Weisungen des Bundesamtes für Finanzen zu zahlen. Außerdem führt sie noch für einen zahlenmäßig geringen Personenkreis das Bundeskindergeldgesetz nach den fachlichen Weisungen des Bundesministeriums für Arbeit und Sozialordnung durch.

Sie führt auch das Gesetz zur Regelung der gewerbsmäßigen Arbeitnehmerüberlassung (Arbeitnehmerüberlassungsgesetz – AÜG) vom 7. August 1972 (BGBl I S 1393) nach fachlichen Weisungen des Bundesministers für Arbeit und Sozialordnung durch.

Die Bundesanstalt ist eine Körperschaft des öffentlichen Rechts mit Selbstverwaltung. Sie hat ihren Sitz in Nürnberg. Sie gliedert sich in die Hauptstelle, die Landesarbeitsämter und die Arbeitsämter. Als besondere Dienststellen im Sinne des § 189 Abs 4 AFG sind der Hauptstelle das „Zentralamt der Bundesanstalt für Arbeit" in Nürnberg, die „Zentralstelle für Arbeitsvermittlung der Bundesanstalt für Arbeit" in Frankfurt am Main, das „Vorprüfungsamt der Bundesanstalt für Arbeit" elf Verwaltungsschulen sowie der Fachbereich Arbeitsverwaltung der Fachhochschule des Bundes für öffentliche Verwaltung in Mannheim unmittelbar nachgeordnet.

Organe der Bundesanstalt sind
- der Verwaltungsrat,
- der Vorstand,
- die Verwaltungsausschüsse der Landesarbeitsämter,
- die Verwaltungsausschüsse der Arbeitsämter.

Die Satzung der Bundesanstalt vom 27. März 1980 ist im Bundesanzeiger Nr 128 vom 16. Juli 1980 veröffentlicht worden.

Publikationsorgan:
Amtliche Nachrichten der Bundesanstalt für Arbeit (ANBA):Erscheinen monatlich.
Herausgeber und Verlag: Bundesanstalt für Arbeit, Nürnberg.

Verwaltungsrat
Vorsitzende: Christiane Bretz
Stellvertretender Vorsitzender: Harald Richter

Vorstand
Vorsitzender: Dr Josef Siegers RA
Stellvertretende Vorsitzende: Dr Ursula Engelen-Kefer

Hauptstelle der Bundesanstalt für Arbeit

90478 Nürnberg, Regensburger Str 104; Tel (09 11) 1 79-0; Fax (09 11) 1 79 21 23; Z-Online *69100 #

Präsident der Bundesanstalt für Arbeit: Bernd Jagoda
Leiter des Büros des Präsidenten: Herbert Bauer VwOR

Vizepräsident: Dr Klaus Leven
Leiter des Büros des Vizepräsidenten: Detlef Blunk VwOR

Pressesprecher: Eberhard Mann LtdVwDir
Leiter des Büros der Selbstverwaltung: NN

Abt I Arbeitsvermittlung und Arbeitsberatung, Arbeitsmarktpolitik, Arbeitsmarktpolitische Maßnahmen, Förderung der beruflichen Bildung, berufliche Rehabilitation, Berufsbildungspolitik, Berufsberatung (Orientierung, Beratung, Vermittlung, Förderung der Berufsausbildung benachteiligter Jugendlicher), Berufs und arbeitskundliche Information und Dokumentation, bilaterale und internationale Zusammenarbeit, Ärztlicher Dienst, Psychologischer Dienst
Leiter: Dr Leve ODir

U-Abt I a Arbeitsvermittlung und Arbeitsberatung, Arbeitsmarktpolitik, Arbeitsmarktbeziehungen zum Ausland und internationale Zusammenarbeit
Leiter: Kurt Morchner LtdVwDir

Ref I a 1: **Organisation und Informationsverarbeitung in der Arbeitsvermittlung und Arbeitsberatung** Kubiak LtdVwDir
Ref I a 2: **Arbeitsmarktbeobachtung, Qualitätsmanagement, Marketing und Grundsatzfragen in der Arbeitsvermittlung und Arbeitsberatung** Baunach LtdVwDir
Ref I a 3: **Allgemeine Rechtsfragen der Arbeitsvermittlung und Arbeitsberatung, Arbeitsvermittlung und Arbeitnehmerüberlassung mit Erlaubnis der Bundesanstalt für Arbeit, Datenschutzangelegenheiten der U-Abt I a und I b** Weinzierl VwDir
Ref I a 4: **Zielgruppen des Arbeitsmarktes einschließlich spezieller arbeitsmarktpolitischer Maßnahmen wie § 62 d, START** u a von Lüpke LtdVwDirektorin
Ref I a 5: **Zusammenarbeit im Rahmen der EU, Arbeitsvermittlung im internationalen Bereich, AE-Recht** Seidel VwDir
Ref I a 6: **Aufbau und Reform ausländischer Arbeitsverwaltungen** Berlinger VwDir

U-Abt I b Arbeitsmarktpolitische Maßnahmen, Förderung der beruflichen Bildung; Durchführung des Schwerbehindertengesetzes, berufliche Rehabilitation; Technischer Beratungsdienst, Ärztlicher Dienst
Leiter: Wilhelm Schickler LtdVwDir

Ref I b 1: **Organisation, Grundsatzfragen, Haushalt und Informationsverarbeitung bei den arbeitsmarktpolitischen Instrumenten; Technischer Beratungsdienst** NN
Ref I b 2: **Fortbildung und Umschulung** Steckel LtdVwDir
Ref I b 3: **Allgemeine Maßnahmen zur Arbeitsbeschaffung; Lohnkostenzuschüsse; Förderung der Arbeitsaufnahme** Gutsche LtdVwDir
Ref I b 4: **Berufliche Rehabilitation; Eingliederung von Schwerbehinderten** Schneider LtdVwDir
Ref I b 5: **Europäischer Sozialfonds, Institutionelle Förderung; ADAPT** Seidl VwDir
I b/ÄD: **Ärztlicher Dienst** Dr Vetter LtdMedDir

U-Abt I c Berufsbildungspolitik; Berufsberatung (Orientierung, Beratung, Vermittlung, Förderung der Berufsausbildung benachteiligter Jugendlicher), Psychologischer Dienst
Leiter: Meyer-Haupt Dir

Ref I c 1: **Organisation und Informationsverarbeitung der Berufsberatung, Datenschutzangelegenheiten der U-Abt 1 c** Schwägerl LtdVwDir
Ref I c 2: **Berufsorientierung und berufliche Beratung** Schober
Ref I c 3: **Ausbildungsvermittlung** Hirsch VwDir
Ref I c 4: **Selbstinformationseinrichtungen zur Berufswahl** Perrey VwDir
Ref I c 5: **Berufsberatung bestimmter Personengruppen, Berufsberatung Behinderter, Förderung der beruflichen Ausbildung, internationale Zusammenarbeit** Dr Thiel LtdVwDir
Ref I c 6: **Berufs- und arbeitskundliche Information und Dokumentation** Stothfang LtdVwDir
I c/PD: **Psychologischer Dienst** Dr Hilke LtdVwDir
Zentrale Arbeitsgruppe für Grundlagenarbeiten im Psychologischen Dienst Hustedt VwDir

Abt II Arbeitslosenversicherung; Arbeitslosenhilfe; Konkursausfallgeld; Kurzarbeitergeld; Leistungen zur individuellen Förderung der beruflichen Bildung und zur Rehabilitation; Altersteilzeitgesetz; Sozialgesetzbuch; Sozialgerichtsbarkeit; Straf- und Bußgeldverfahren, Bekämpfung der illegalen Beschäftigung; Kindergeld; Finanzwesen
Leiter: Dr Klaus Leven VPräs

U-Abt II a Arbeitslosenversicherung, Arbeitslosenhilfe, Konkursausfallgeld, Kurzarbeitergeld, Förderung der ganzjährigen Beschäftigung in der Bauwirtschaft, Vorruhestandsgesetz, Sozialgesetzbuch, Sozialgerichtsgesetz, Straf- und Bußgeldverfahren, Bekämpfung der illegalen Beschäftigung
Leiter: Breunig Dir

Ref II a 1: **Organisation für die Leistungsabteilung; Informationsverarbeitung für die Fachaufgaben der U Abt II a (einschließlich DV-Verfahren Uhg)** Schirmer LtdVwDir
Ref II a 2: **Beitragspflicht zur Bundesanstalt für Arbeit, Beitragserstattung, Unfallversicherung, Krankenversicherung, Rentenversicherung der Leistungsempfänger, Sozialgesetzbuch IV (zwischen- und überstaatliche Vorschriften über Arbeitslosenversicherung und Arbeitslosenhilfe); Allgemeine Angelegenheiten, übergreifender Datenschutz** Montfort VwDir
Ref II a 3: **Widerspruchsverfahren; Verfahren der Sozialgerichtsbarkeit; Straf- und Bußgeldsachen, Bekämpfung der illegalen Beschäftigung** Weber LtdVwDir
Ref II a 4: **Arbeitslosengeld, Arbeitslosenhilfe, Erstattungsansprüche nach §§ 128 a und b AFG, §§ 115 bis 119 Sozialgesetzbuch X** M Müller LtdVwDir
Ref II a 5: **Kurzarbeitergeld, Förderung der ganzjährigen Beschäftigung im Baugewerbe; Konkursausfallgeld; Vorruhestandsgeld, Anpassungsmaßnahmen im Bergbau und in der Stahlindustrie; Erstattungsansprüche nach § 128 Arbeitsförderungsgesetz** NN
Ref II a 6: **Sozialgesetzbuch I, Sozialgesetzbuch X (§§ 39 bis 52, 102 bis 114), §§ 143, 145 bis 154 Arbeitsförderungsgesetz; allgemeine Verfahrensangelegenheiten** P Wagner VwDir

U-Abt II b Kindergeld, Leistungen zur individuellen Förderung der beruflichen Bildung, individuelle berufsfördernde Leistungen zur Rehabilitation, sonstige Geldleistungen, Europäischer Sozialfonds
Leiterin: Heller-Grunewald Direktorin

Ref II b 1: **Informationsverarbeitung für die Fachaufgaben der U-Abt II b** Dr Genßler VwDir
Ref II b 2: **Leistungsrecht nach dem EStG/Bundeskindergeldgesetz und über- und zwischenstaatlichem Recht** Dr Vial LtdVwDir
Ref II b 3: **Leistungsverfahren Kindergeld** Wallstab VwDir
Ref II b 4: **Leistungen zur individuellen Förderung der beruflichen Bildung, individuelle berufsfördernde Leistungen zur Rehabilitation, Eingliederungshilfe für Spätaussiedler; sonstige Geldleistungen, Europäischer Sozialfonds** Rubner VwDir

U-Abt II c Finanzwesen; Beauftragter für den Haushalt
Leiter: Wagon Dir

Ref II c 1: **Organisation und Informationsverarbeitung für Finanzwesen, Infrastruktur und Sachverwaltung** Dr Wöhl
Ref II c 2: **Aufstellung und Ausführung des Gesamthaushalts der Bundesanstalt für Arbeit, Finanzstatistik und Finanzplanung** Dr Maurus LtdVwDir
Ref II c 3: **Beauftragter für den Haushalt, Nutzen-Kosten-Untersuchungen, Zusammenarbeit mit dem Bundesrechnungshof** Dorn VwDir
Ref II c 4: **Kassen- und Rechnungswesen, Forderungseinzug, Niederschlagungen, Haftungsverfahren** Brandl VwDirektorin
Ref II a 5: **Sicherstellung der Zahlungsfähigkeit der Bundesanstalt für Arbeit, Rücklagevermögen, Gelddisposition, Finanzhilfen des Bundes, Beiträge und Umlagen** Fürst VwDir

Abt III Arbeitsmarktbeobachtung; Presse- und Öffentlichkeitsarbeit, Statistik, Infrastruktur, Sachverwaltung, Informationsverarbeitung
Leiter: Dr Dannhäuser ODir

U-Abt III a Statistik; Arbeitsmarktbeobachtung; Presse- und Öffentlichkeitsarbeit
Leiter: Mann LtdVwDir (mdWdGb)

Ref III a 1: **Organisation und Informationsverarbeitung für die Fachaufgaben der U Abt III a** Gottauf
Ref III a 2: **Arbeitsmarktbeobachtung und -berichterstattung** Dr Möller LtdVwDir
Ref III a 3: **Presse- und Öffentlichkeitsarbeit** Dr Schütz
Ref III a 4: **Statistik der Arbeitsvermittlung und Arbeitsbeschaffung sowie der Leistungen zur Erhaltung und Schaffung von Arbeitsplätzen und bei Arbeitslosigkeit; Berufs- und Wirtschaftssystematik** Parsch VwDir
Ref III a 5: **Grundsatzfragen der Statistik, Statistik der Berufsberatung vor der Förderung der beruf-**

lichen Bildung, Regionalisierungssysteme, externe Statistiken Dr Berger LtdVwDir
Ref III a 6: **Beschäftigungsstatistik, Erwerbsstatistik** Wermter VwDir

U-Abt III b Bauinfrastruktur, Bereitstellung und Betrieb der Informationstechnik, Sächliche Beschaffungen
Leiter: Sticht Dir

Ref III b 1: **Allgemeine Büroorganisation, Arbeitsplatzgestaltung und -ausstattung, Sachverwaltung, Bibliothekswesen** Hecker
Ref III b 2: **Bau- und Liegenschaftswesen** Feuchtmüller
Ref III b 3: **Infrastruktur der Informations- und Kommunikationstechnik** Schumacher LtdVwDir

U-Abt III c Informationsverarbeitung
Leiter: Decker

Ref III c 1: **Sicherheit und Datenschutz beim Einsatz der Informationstechnik: IT-Sicherheitsbeauftragter, Datenschutzangelegenheiten im Bereich der Abt III** Scherf VwDir
Ref III c 2: **Softwareproduktionsumgebung; Softwareunterstützung, Datenmanagement** Schulz
Ref III c 3: **Fachübergreifende IT-Anwendungsplanung; fachübergreifende IT-Vorhaben, IT-Services** Möck VwDir
Ref III c 4: **IT-Controlling und IT-Projektunterstützung** Sievers LtdVwDir
Ref III c 5: **Planung der informationstechnischen Infrastruktur** Dr Faleschini

Abt IV Personalangelegenheiten, allgemeine Verwaltung; Aus- und Fortbildung des Personals, Nachwuchsfragen; Verwaltungsschulen; Organisation und Controlling; Personalbemessung; Prüfdienst
Leiter: Dr Herbst ODir

U-Abt IV a Personalangelegenheiten, allgemeine Verwaltungsangelegenheiten
Leiter: Steinherr Dir

Ref IV a 1: **Organisation und Informationsverarbeitung für Personalangelegenheiten** Schwimmbeck VwDir
Ref IV a 2: **Personalplanung für den höheren Dienst, Personalangelegenheiten der nachgeordneten Dienststellen** Wagener LtdVwDir
Ref IV a 3: **Dienstrecht des Personals, Versorgungsrecht, datenschutzrechtliche Angelegenheiten** Anhalt LtdVwDir
Ref IV a 4: **Personalangelegenheiten der Hauptstelle einschließlich Personalhaushalt, Poststelle, Zentralregistratur, Fernschreibstelle, Kanzlei, Druckerei** Schröder VwDir
Ref IV a 5: **Justitiariat, grundsätzliche Angelegenheiten der Selbstverwaltungsorgane der Bundesanstalt für Arbeit** Schweitzer LtdVwDir
Ref IV a 6: **Personalhaushalt, Personalwirtschaft, Personalstatistik, Dienstpostenbewertung** Walczak LtdVwDir
Ref IV a 7: **Personalplanung für den gehobenen und mittleren Dienst; Beurteilungswesen; Bundespersonalvertretungsgesetz; Schwerbehindertengesetz** Behrens VwRätin

U-Abt IV b Aus- und Fortbildung des Personals; IV-Ang der Aus- und Fortbildung, Nachwuchsfragen, Fachhochschule, Verwaltungsschulen, Berufsbildungsausschuß der Bundesanstalt für Arbeit
Leiter: Ellrodt Dir

Ref IV b 1: **Allgemeine und organisatorische Angelegenheiten, Org/IV-Angelegenheiten der Aus- und Fortbildung, Aus- und Fortbildung des höheren Dienstes; Schulungsstätten** Kellinghaus VwDir
Ref IV b 2: **Aus- und Fortbildung des gehobenen Dienstes, Fachbereich Arbeitsverwaltung der Fachhochschule Bund, Belegung der Schulungsstätten der Bundesanstalt für Arbeit** Dr Münz LtdVwDir
Ref IV b 3: **Aus- und Fortbildung des mittleren Dienstes; Durchführung des Berufsbildungsgesetzes und der Ausbildereignungsverordnungen** Weichert VwDir
Ref IV b 4: **Anpassungsfortbildung innerhalb und außerhalb der Bundesanstalt für Arbeit; Fortbildung für erstmals neu angesetzte Fachkreise, Aufbaumaßnahme, Produktion und Beschaffung von Medien** Theuerkauf VwDir

U-Abt IV c Organisation und Controlling; Personalbemessung; Prüfdienst
Leiter: Seeger Dir

Ref IV c 1: **Prüfdienst; Vorschlagwesen; übergreifender Datenschutz** Krellner LtdVwDir
Ref IV c 2: **Personalbemessung; Aufgaben-Struktur-Planung** Roß
Ref IV c 3: **Organisation und Controlling** Pielenz LtdVwDir

Abt V Institut für Arbeitsmarkt- und Berufsforschung (IAB)
Leiter: NN

U-Abt V/P Abwicklung des allgemeinen Forschungsprogramms, Querschnittsaufgaben
Leiter: Dr Leikeb Dir

Arbeitsbereich V/1: **Mittel- und langfristige Vorausschau** Dr Walwei LtdWissDir
Arbeitsbereich V/2: **Kurzfristige Arbeitsmarktanalyse, Arbeitszeitforschung, Querschnittsaufgaben** Dr Leikeb Dir
Arbeitsbereich V/3: **Soziologie** Dr Blaschke LtdWissDir
Arbeitsbereich V/4: **Berufs- und Qualifikationsforschung** Dr Tessaring LtdWissDir
Arbeitsbereich V/5: **Technologie und Betriebswirtschaft** Ulrich
Arbeitsbereich V/6: **Analytische Statistik; internationale und regionale Arbeitsmarktforschung** Dr Karr
Arbeitsbereich V/7: **Dokumentation und Information** Peters
Arbeitsbereich V/8: **Publizistische Umsetzung und allgemeine Forschungsorganisation (einschließlich

Datenschutzangelegenheiten) Dr Kühlewind LtdWissDir
Arbeitsbereich V/9: **Informationsverarbeitung und Systementwicklung** Dr Dostal LtdWissDir
Arbeitsbereich V/10: **Wissenschaftliche Praxisbegleitung** Brinkmann LtdWissDir

Der Hauptstelle der Bundesanstalt für Arbeit unmittelbar nachgeordnet:

Zentralamt
der Bundesanstalt für Arbeit

90478 Nürnberg, Regensburger Str 106; Tel (09 11) 1 79-0; Fax (09 11) 1 79-21 23

Direktor: Hartmut Beckert LtdVwDir

Abt I Zentrale Informationsverarbeitung
Leiter: Bär VwDir

U-Abt I 1 Produktionssteuerung und -kontrolle, zentrales Rechenzentrum
Leiter: Helmut Schulte Ang

Abt II Dezentrale Informationsverarbeitung
Leiter: Schmitt VwDir

Abt III Hauptkasse
Leiter: Uffmann VwR

Abt IV Verwaltung, Beihilfen
Leiter: Studinski VwOR

Abt V Personal- und Versorgungsbezüge
Leiter: Müller VwDir

AGIS – Arbeitsgruppe für zentrale Schulung
Leiter: Kellinghaus VwDir

Besondere Vermittlungseinrichtungen der Bundesanstalt für Arbeit:

Zentralstelle für Arbeitsvermittlung
der Bundesanstalt für Arbeit

60325 Frankfurt am Main, Feuerbachstr 42-46; Tel (0 69) 71 11-0; Fax (0 69) 71 11-5 55

Direktor: Dr Peter Jacobi LtdVwDir

Büro Führungskräfte der Wirtschaft NN

Abt 1 Inland
Leiter: Michael Göschel VwDir

Abt 2 Ausland
Leiter: Helmut Westkamp VwDir

Abt 3 Zentrale und Internationale Fachvermittlung für Hotel- und Gaststättenpersonal – ZIHOGA–
Leiter: Dietrich Schnell Ang

Abt 4 Zentrale Bühnen-, Fernseh- und Filmvermittlung (ZBF)
Leiterin: Ursula Geller VwDirektorin

Abt 6 Zentralabteilung mit Pressestelle, Büro für zusammengefaßte Aufgaben. Bundesausgleichsstelle, Statistik
Leiter: Gerd Lambert VwOR

Abt 7 Verwaltung
Leiter: Norbert Röder VwOAR

Fachvermittlung für Künstler
– **Zentrale Bühnen-, Fernseh- und Filmvermittlung (ZBF)** –

Generalagentur
60325 Frankfurt am Main, Feuerbachstr 42; Tel (0 69) 71 11-0; Fax (0 69) 71 11-5 92

Agentur
12099 Berlin, Ordensmeisterstr 15-16; Tel (0 30) 75 76 00; Fax (0 30) 7 57 60 49

Agentur-Bühnenvermittlung
20148 Hamburg, Mittelweg 41; Tel (0 40) 4 14 79 70; Fax (0 40) 44 55 93

Agentur Film- und Fernsehvermittlung
22045 Hamburg, Jenfelder Allee 80, K IV; Tel (0 40) 66 88 54 00 und 66 88 54 01; Fax (0 40) 66 88 54 08

Agentur
04155 Leipzig, Schillerweg 34a; Tel (03 41) 5 64 59 50; Fax (03 41) 5 64 59 66

Agentur
80802 München, Leopoldstr 19; Tel (0 89) 3 81 70 70; Fax (0 89) 38 17 07 38

– **Künstlerdienste** –

10719 Berlin, Kurfürstendamm 210; Tel (0 30) 88 43 05-0; Fax (0 30) 88 43 05 13

40476 Düsseldorf, Schwannstr 3; Tel (02 11) 43 06-0; Fax (02 11) 43 06-6 43

60528 Frankfurt am Main, Saonestr 2-4; Tel (0 69) 66 70-0; Fax (0 69) 66 70-4 68

06110 Halle, Merseburger Str 196; Tel (03 45) 50 04-0; Fax (03 45) 50 04-3 99

20097 Hamburg, Nagelsweg 9; Tel (0 40) 24 85-0; Fax (0 40) 24 85-14 57

30169 Hannover, Hildesheimer Str 47; Tel (05 11) 98 85-0; Fax (05 11) 98 85-7 66

80331 München, Sonnenstr 2/IV; Tel (0 89) 54 45-0; Fax (0 89) 54 45-11 75

18057 Rostock, Kopernikusstr 1 a, Block 4; Tel (03 81) 45 99-0; Fax (03 81) 45 99-2 88

70174 Stuttgart, Jägerstr 14-18; Tel (07 11) 9 41-0; Fax (07 11) 9 41-24 01

Fachvermittlung für Hotel- und Gaststättenpersonal

09456 Annaberg-Buchholz, Paulus-Jenisius-Str 43; Tel (0 37 33) 1 33-0; Fax (0 37 33) 1 33-10 86

76530 Baden-Baden, Lange Str 75; Tel (0 72 21) 21 10-0; Fax (0 72 21) 21 10-70

12165 Berlin, Wrangelstr 11-12; Tel (0 30) 84 44-0; Fax (0 30) 84 44-18 88

40237 Düsseldorf, Grafenberger Allee 300; Tel (02 11) 6 92-13 15; Fax (02 11) 6 92-16 10

20097 Hamburg, Nagelsweg 9; Tel (0 40) 24 85-13 61; Fax (0 40) 24 85-13 60

30169 Hannover, Brühlstr 4; Tel (05 11) 9 19-15 12; Fax (05 11) 9 19-17 02

83607 Holzkirchen, Herdergarten 2; Tel (0 80 24) 90 47-20; Fax (0 80 24) 90 47-25

90443 Nürnberg, Richard-Wagner-Platz 5; Tel (09 11) 2 42-29 99; Fax (09 11) 2 42-29 99

18437 Stralsund, Carl-Heydemann-Ring 67; Tel (0 38 31) 2 59-2 57; Fax (0 38 31) 2 59-2 03

98527 Suhl, Gutenbergstr 4; Tel (0 36 81) 3 82-12 21 und 12 22; Fax (0 36 81) 82-15 39

65197 Wiesbaden, Klarenthaler Str 34; Tel (06 11) 94 94-2 48; Fax (06 11) 94 94-4 81

Fachvermittlung für Seeleute

– Heuerstellen –

26919 Brake, Weserstr 2; Tel (0 44 01) 93 87-0; Fax (0 44 01) 93 87-93

28195 Bremen, Doventorsteinweg 48-52; Tel (04 21) 1 78-0; Fax (04 21) 1 78-15 55

Vermittlungsstelle für Seeschiffahrt und Hochseefischerei
27568 Bremerhaven, Franziusstr 79; Tel (04 71) 94 49-0; Fax (04 71) 94 49-4 44

25541 Brunsbüttel, Kautzstr 36; Tel (0 48 52) 96 91-0; Fax (0 48 52) 96 91-22

27472 Cuxhaven, Balsenstr 2; Tel (0 47 21) 7 10-1 17; Fax (0 47 21) 7 10-1 25

26723 Emden, Schlesierstr 10-12; Tel (0 49 21) 8 08-3 09; Fax (0 49 21) 8 08-8 08

24939 Flensburg, Waldstr 2; Tel (04 61) 8 19-4 54; Fax (04 61) 8 19-3 45

20097 Hamburg, Nagelsweg 9; Tel (0 40) 24 85-13 13; Fax (0 40) 24 85-13 35

24143 Kiel, Adolf-Westphal-Str 2; Tel (04 31) 7 09-16 08; Fax (04 31) 7 09-16 08

26789 Leer, Jahnstr 6; Tel (04 91) 92 70-1 55; Fax (04 91) 92 70-5 00

23560 Lübeck, Hans-Söckler-Str 1; Tel (04 51) 5 88-2 75; Fax (04 51) 5 88-4 90

18057 Rostock, Schweriner Str 50/51 (Haus 2); Tel (03 81) 8 04-0; Fax (03 81) 8 04-19 09

Fachvermittlung für Binnenschiffer

28195 Bremen, Doventorsteinweg 48-52; Tel (04 21) 1 78-15 11; Fax (04 21) 1 78-15 55

47015 Duisburg, Am Buchenbaum 40-42; Tel (02 03) 3 02-5 38/5 36

20097 Hamburg, Nagelsweg 9; Tel (0 40) 24 85-13 13; Fax (0 40) 24 85-13 35

44628 Herne, Schleuse Herne-Ost; Tel (0 23 23) 5 95-2 02

56073 Koblenz, Rudolf-Virchow-Str 5; Tel (02 61) 4 05-3 14; Fax (02 61) 4 05-2 21

68159 Mannheim, Hafenstr 23; Tel (06 21) 1 65-7 31; Fax (06 21) 1 65-7 60

32423 Minden, Hermannstr 1; Tel (05 71) 88 67-42

93055 Regensburg, Donaulände 20; Tel (09 41) 78 08-3 59

Zentrale Fachvermittlung für Berufe des Reit- und Fahrwesens und der Pferdezucht

27283 Verden, Lindhooper Str 9; Tel (0 42 31) 8 09-3 13 bis 3 15; Fax (0 42 31) 8 09-2 32 und 3 84

Zentrale Fachvermittlung für Kneipp-Bademeister und Masseure

87700 Memmingen, Dr Berndl-Platz 2; Tel (0 83 31) 9 71-2 21; Fax (0 83 31) 9 71-4 90

Fachvermittlung für landwirtschaftliche Fachkräfte

16227 Eberswalde, Schicklerstr 14-20; Tel (0 33 34) 37-11 75 und 11 76; Fax (0 33 34) 37-10 02

61169 Friedberg, Leonhardtstr 17; Tel (0 60 31) 1 64-0

30169 Hannover, Brühlstr 4; Tel (05 11) 9 19-15 21 und 15 22; Fax (05 11) 9 19-17 02

06886 Wittenberg, Melanchthonstr 3 a; Tel (0 34 91) 4 38-2 84 und 2 85; Fax (0 34 91) 4 38-5 67

97072 Würzburg, Ludwigkai 3; Tel (09 31) 79 49-5 04 und 5 06; Fax (09 31) 79 49-7 00

Fachhochschule des Bundes für öffentliche Verwaltung

– Fachbereich Arbeitsverwaltung –

68163 Mannheim, Seckenheimer Landstr 16; Tel (06 21) 42 09-0; Fax (06 21) 42 09-2 15

Direktor: Dr Dieter Klohe Dir

Außenstelle
19063 Schwerin, Magdeburger Str 20; Tel (03 85) 39 85-0; Fax (03 85) 39 85-2 15

Vorprüfungsamt

der Bundesanstalt für Arbeit

90459 Nürnberg, Wirthstr 16-18; Tel (09 11) 1 79-0; Fax (09 11) 1 79-38 19
Leiter: Rainer Dietz LtdVwDir

Verwaltungsschulen

der Bundesanstalt für Arbeit

73431 Aalen, Brandenburger Str 2; Tel (0 73 61) 9 34-0; Fax (0 73 61) 9 34-60
Direktor: Peter Buchholz VwDir

54550 Daun, Am Hunert 1; Tel (0 65 92) 9 32-0; Fax (0 65 92) 9 32-1 50
Direktor: Karlernst Fey VwDir

82538 Geretsried, Johann-Seb-Bach-Str 16; Tel (0 81 71) 9 20-0; Fax (0 81 71) 9 20-1 11
Direktor: Josef Hölzle VwDir

97346 Iphofen, Anton-Sabel-Str 2; Tel (0 93 23) 8 41-0; Fax (0 93 23) 8 41-2 00
Direktor: Kämmereit VwDir

91207 Lauf, Schützenstr 50; Tel (0 91 23) 9 58-0; Fax (0 91 23) 9 58-1 49
Direktor: Dr Franz Prast VwDir

40822 Mettmann, Goldberger Str 34; Tel (0 21 04) 9 83-0; Fax (0 21 04) 9 83-1 66
Direktor: Norbert Franken VwDir

48163 Münster, Am Getterbach 55/57; Tel (02 51) 9 71 27-0; Fax (02 51) 9 71 27-72
Direktor: Dr Franz Josef Götte VwDir

37154 Northeim, Schuhwall 24/25; Tel (0 55 51) 9 68-0; Fax (0 55 51) 9 68-1 85
Direktor: Hartmut Gauß VwDir

61440 Oberursel, Königsteiner Str 24; Tel (0 61 71) 63 93-0; Fax (0 61 71) 6 39-3 99
Direktor: Karl Josef Kettel VwDir

66386 St Ingbert, Spitalstr 9; Tel (0 68 94) 9 19-0; Fax (0 68 94) 9 19-45
Direktor: Hans-Hartwig Felsch VwOR

23669 Timmendorfer Strand, Rodenbergstr 34; Tel (0 45 03) 8 94-0; Fax (0 45 03) 8 94-2 00
Direktor: Heinz-Georg Becher VwDir

Schulungsstätte
16868 Bantikow, Dorfstr 34; Tel (03 39 79) 1 42 94; Fax (03 39 79) 1 42 95
Direktorin: Irma Kaiser Angestellte

Der Hauptstelle der Bundesanstalt für Arbeit nachgeordnet:

Landesarbeitsamt Nord

24106 Kiel, Projensdorfer Str 82; Tel (04 31) 33 95-0; Telex 2 99 836; Fax (04 31) 3 39 52 62

Präsident des Landesarbeitsamtes: Georg Fiedler
Vizepräsident: Helmut Machleidt
Landesarbeitsamtsbezirk: Länder Schleswig-Holstein, Freie und Hansestadt Hamburg und Mecklenburg-Vorpommern

Pressestelle Marzian Ang
Ref: **Beauftragte für Frauenbelange** Parsch-Haertel Ang
Ref: **Arbeitsmarkt- und Berufsforschung** Mehnert VwOR

Abt I Arbeitsvermittlung und Arbeitsberatung, Arbeitsmarktberichterstattung, Ärztlicher Dienst
Leiter: Heinrich Alt LtdVwDir

Ref: Grundsatz- und Rechtsfragen, Organisation und Verfahren, Arbeitssicherstellungsgesetz, überbezirkliche Arbeitsvermittlung; Ausländerangelegenheiten (einschließlich Arbeitsvermittlung von und nach dem Ausland), Arbeitsvermittlung nach Wirtschaftszweigen, Arbeitsvermittlung und Betreuung besonderer Personengruppen (außer Schwerbehinderten und Rehabilitanden), Arbeitssicherstellungsgesetz, Frauenerwerbsarbeit Alt LtdVwDir
Ref: Arbeitsmarktbeobachtung; Raumordnung und Wirtschaftsstruktur; anzeigepflichtige Entlassungen; Arbeitnehmerüberlassung; Unterbindung unerlaubter Arbeitsvermittlung und Anwerbung; Erteilung von Erlaubnissen zur Arbeitsvermittlung; Aufhebung von Erlaubnissen (§§ 23 Abs 2 bis 6, 23 a und 24 Abs 1 und 2 AFG) Petersen Ang
Ref: Förderung der Arbeitsaufnahme, Förderung der beruflichen Bildung, Förderung des Baues von Wohnheimen, Wohnungen und Kindertagesstätten, Maßnahmen zur Arbeitsbeschaffung, Berufs- und Wirtschaftskunde, Schlüsselsysteme für computerunterstützte Arbeitsvermittlung Struve VwDir
Ref: Berufliche Rehabilitation, Arbeitsvermittlung Schwerbehinderter, Durchführung des Schwerbehindertengesetzes, Technischer Beratungsdienst, Ersatzansprüche gegen private Schädiger oder deren Versicherer (Reha-Regreß) Preuschoft VwOR
Ref: Ärztlicher Dienst NN

Abt II Berufsberatung und Ausbildungsvermittlung, Psychologischer Dienst
Leiter: Jürgen Massute LtdVwDir

Ref: Grundsatz- und Querschnittsaufgaben; Arbeitsplanung; Organisation und Informationsverarbeitung der Berufsberatung; Mitwirkung in Verwaltungsangelegenheiten sowie bei der Aus- und Fortbildung des Personals und im Ämterprüfdienst; Ausbildungsvermittlung, Berufsnachwuchsfragen Massute LtdVwDir

Ref: Berufsorientierung, berufliche Beratung; Berufs- und Bildungskunde; berufskundliche Dokumentation; Selbstinformationseinrichtungen, Ausstellungsbeteiligungen Fobian VwOR
Ref: Berufsberatung Behinderter, junger Ausländer und anderer Personengruppen, die besonderer Hilfe bedürfen; berufsvorbereitende Bildungsmaßnahmen; Förderung der beruflichen Rehabilitation und der beruflichen Ausbildung; Förderung der Arbeitsaufnahme; Benachteiligtenförderung; Sonderprogramme Rönnefahrt VwOR
Psychologischer Dienst Arlt VwDir

Abt III Leistungsabteilung
Leiter: Helmut Machleidt VPräs

Ref: Grundsatzfragen; Organisation und Informationsverarbeitung der Leistungsabteilung; Mitwirkung in Verwaltungsangelegenheiten sowie bei der Aus und Fortbildung des Personals Machleidt VPräs
Ref: Leistungen an Arbeitslose, Leistungen zur individuellen Förderung der beruflichen Bildung (FuU, BAB) und zur beruflichen Rehabilitation; Angelegenheiten nach dem Sozialgesetzbuch Günther VwR
Ref: Kurzarbeitergeld, Winterbauförderung, Altersteilzeitgesetz und Vorruhestandsgeld; Kindergeld; Konkursausfallgeld; Sozialgerichtsbarkeit; Bekämpfung der illegalen Beschäftigung (einschließlich Leistungsmißbrauch); Straf und Bußgeldvorschriften; Außendienst; Ermittlungsrecht und Auskunftspflicht Dritter nach § 144 Arbeitsförderungsgesetz NN

Abt IV Verwaltung
Leiter: Bernhard Faß LtdVwDir

Ref: Organisation, allgemeine Verwaltung, Datenschutz und Datensicherheit, Angelegenheiten der Selbstverwaltung, Ämterprüfdienst, Justitiariat Faß LtdVwDir
Ref: Finanzwesen, zentraler Forderungseinzug Seifert VwOR
Ref: Personalangelegenheiten Fock VwOR
Ref: Aus- und Fortbildung Becher VwDir
Ref: Statistik und Arbeitsmarktberichterstattung Dr Hameister Ang
Ref: Infrastruktur Siepe VwR

Arbeitsämter
im Landesarbeitsamtsbezirk Nord

Arbeitsamt
23843 Bad Oldesloe, Berliner Ring 8-10; Tel (0 45 31) 1 67-0; Fax (0 45 31) 1 67-4 99
Arbeitsamtsdirektor: Klaus Schreiber VwDir
Arbeitsamtsbezirk: Teilweise Kreise Herzogtum Lauenburg und Stormarn

Arbeitsamt
25335 Elmshorn, Bauerweg 23; Tel (0 41 21) 4 80-0; Fax ((0 41 21) 4 80-5 00
Arbeitsamtsdirektorin: Margit Haupt-Koopmann LtdVwDirektorin
Arbeitsamtsbezirk: Kreis Pinneberg, Kreis Steinburg, Raum Norderstedt

Arbeitsamt
24939 Flensburg, Waldstr 2; Tel (04 61) 8 19-0; Fax (04 61) 8 19-3 45
Arbeitsamtsdirektor: Gottfried Klitzsch LtdVwDir
Arbeitsamtsbezirk: Die kreisfreie Stadt Flensburg und der Kreis Schleswig-Flensburg, teilweise Kreise Rendsburg-Eckernförde und Nordfriesland ohne die Halbinsel Eiderstedt

Arbeitsamt
20097 Hamburg, Kurt-Schumacher-Allee 16; Tel (0 40) 24 85-0; Fax (0 40) 24 85-40 04
Arbeitsamtsdirektor: Dr Olaf Koglin LtdVwDir
Arbeitsamtsbezirk: Freie und Hansestadt Hamburg

Arbeitsamt
25746 Heide, Rungholtstr 1; Tel (04 81) 98-0; Fax (04 81) 98-2 75
Arbeitsamtsdirektor: Norbert Vierhock VwDir
Arbeitsamtsbezirk: Kreis Dithmarschen, vom Kreis Nordfriesland den Teil Eiderstedt

Arbeitsamt
24143 Kiel, Adolf-Westphal-Str 2; Tel (04 31) 7 09-0; Fax (04 31) 7 09 15 61
Arbeitsamtsdirektor: Rolf Steil LtdVwDir
Arbeitsamtsbezirk: Kreisfreie Stadt Kiel, teilweise Kreise Plön und Rendsburg-Eckernförde

Arbeitsamt
23560 Lübeck, Hans-Böckler-Str 1; Tel (04 51) 5 88-0; Fax (04 51) 58 85 00; Teletex 4 51 407 = AALUEB
Arbeitsamtsdirektor: Dr Norbert Hahn LtdVwDir
Arbeitsamtsbezirk: Kreisfreie Stadt Lübeck, Kreis Ostholstein, teilweise Kreise Segeberg und Herzogtum Lauenburg

Arbeitsamt
17034 Neubrandenburg, Passage 2; Tel (03 95) 4 62-0; Fax (03 95) 4 62-29 50
Arbeitsamtsdirektor: Günther Lenz
Amtsbezirk: Kreisfreie Stadt Neubrandenburg; Landkreise Demmin, Mecklenburg-Strelitz, Müritz und Uecker-Randow

Arbeitsamt
24534 Neumünster, Wittorfer Str 22-26; Tel (0 43 21) 9 43-0; Fax (0 43 21) 9 43-4 76
Arbeitsamtsdirektor: Helmut Nickel VwDir
Arbeitsamtsbezirk: Kreisfreie Stadt Neumünster; teilweise Kreise Rendsburg-Eckernförde, Plön, Schleswig-Flensburg, Segeberg und Steinburg

Arbeitsamt
18057 Rostock, Kopernikusstr 1 a; Tel (03 81) 8 04-0; Fax (03 81) 8 04-40 09
Arbeitsamtsdirektor: Horst Backes LtdVwDir
Arbeitsamtsbezirk: Kreisfreie Stadt Rostock; Landkreise Bad Doberan, Güstrow und Nordvorpommern (teilweise)

Arbeitsamt
19055 Schwerin, Karl-Marx-Str 20; Tel (03 85)
4 50-0; Fax (03 85) 4 50-60 00
Arbeitsamtsdirektor: Hans-Uwe Stern LtdVwDir
Arbeitsamtsbezirk: Kreisfreie Städte Schwerin und
Wismar; Landkreise Parchim, Ludwigslust und
Nordwestmecklenburg

Arbeitsamt
18437 Stralsund, Carl-Heydemann-Ring 67;
Tel (0 38 31) 2 59-0; Fax (0 38 31) 25 92 03
Arbeitsamtsdirektor: Dr Norbert Jens Regg VwDir
Arbeitsamtsbezirk: Kreisfreie Städte Stralsund und
Greifswald; Landkreise Ostvorpommern und
Nordvorpommern (teilweise)

Landesarbeitsamt Niedersachsen-Bremen

30173 Hannover, Altenbekener Damm 82;
Tel (05 11) 98 85-0; Telex 9 22 722 laa d; Fax
(05 11) 98 85-3 60
Präsident des Landesarbeitsamtes: Karsten Koppe
Vizepräsidentin: Gudrun Link
Landesarbeitsamtsbezirk: Länder Niedersachsen
und Freie Hansestadt Bremen

Ref: **Arbeitsmarkt- und Berufsforschung** Brück-Klingenberg VwORätin
Ref: **Beauftragte für Frauenbelange** Trillhaas VwO-Rätin
Stelle für Presse- und Öffentlichkeitsarbeit Nicolaysen VwAmtsrätin

Abt I Arbeitsvermittlung und Arbeitsberatung
Leiter: Günter Pahre LtdVwDir

Ref: **Grundsatzfragen der Arbeitsmarktpolitik, Verbindung zu den Ministerien, Grundsatz- und Rechtsfragen der Arbeitsvermittlung und Arbeitsberatung, Organisation und Technik, Personal- und Haushaltsangelegenheiten, Ämterprüfdienst, Informationstechnik** Pahre LtdVwDir
Ref: **Arbeitsvermittlung nach Wirtschaftszweigen, Berufen und besonderen Personengruppen (ohne Schwerbehinderte), Vermittlungsausgleich und Fachvermittlung, Künstlerdienst, anzeigepflichtige Entlassungen, Berufs- und Wirtschaftskunde, Arbeitssicherstellungsgesetz, Ausländerangelegenheiten, Wirtschafts und Strukturförderung, Raumordnung** Karrasch VwDir
Ref: **Individuelle Förderung der beruflichen Bildung, Arbeitnehmerüberlassung, Arbeitsvermittlung mit Erlaubnis der Bundesanstalt, Unterbindung unberechtigter Arbeitsvermittlung, Maßnahmen zur Arbeitsbeschaffung, Finanzielle Vermittlungshilfen an Arbeitnehmer und Arbeitgeber, Sonderprogramme des Bundes und der Länder** Rose VwORätin
Ref: **Arbeits- und Berufsförderung Behinderter, Arbeitsvermittlung von Schwerbehinderten, Durchführung des Schwerbehindertengesetzes, Technischer Beratungsdienst, institutionelle Förderung der beruf-lichen Bildung sowie von Rehabilitationseinrichtungen und von Werkstätten für Behinderte, Geltendmachung und Verfolgung von Ersatzansprüchen gegen private Schädiger** Dr Andres VwOR
Ref: **Ärztlicher Dienst** Dr Harai LtdMedDir

Abt II Berufsberatung
Leiterin: Gudrun Link VPräsidentin

Ref: **Organisation, Gesamtplanung, Grundsatzfragen, Ausbildungsvermittlung** NN
Ref: **Berufsorientierung, berufliche Beratung, Berufs- und Bildungskunde, Selbstinformationseinrichtungen** Hoffmann VwOR
Ref: **Berufsberatung behinderter Jugendlicher, junger Ausländer und anderer bestimmter Personengruppen, berufsvorbereitende Maßnahmen, finanzielle Förderung** Dieterich VwORätin
Psychologischer Dienst Hippmann VwDir

Abt III Leistungsabteilung
Leiter: Manfred Ochsmann LtdVwDir

Ref: **Grundsatzfragen, Organisation und Verfahren** Ochsmann LtdVwDir
Ref: **Leistungen an Arbeitslose, zwischen- und überstaatliche Vorschriften über Arbeitslosengeld und Arbeitslosenhilfe, Sozialgerichtsbarkeit, Leistungen zur individuellen Förderung der beruflichen Bildung, Konkursausfallgeld, Leistungen zur beruflichen Rehabilitation** Steffen VwOR
Ref: **Kindergeld, Kurzarbeitergeld, Winterbauförderung, Montanunionvertrag, Leistungen nach dem Altersteilzeitgesetz, Angelegenheiten nach dem Gesetz über Ordnungswidrigkeiten und dem Arbeitnehmerüberlassungsgesetz, Bekämpfung der illegalen Beschäftigung, Fragen zum Sozialgesetzbuch (SGB) I und X, Straf und Bußgeldvorschriften** Kaul VwDir

Abt IV Verwaltung
Leiter: Gerd-Dieter Brüggemann LtdVwDir

Ref: **Organisation, allgemeine Verwaltung, Angelegenheiten der Selbstverwaltung, Ämterprüfdienst, Datenschutz** Brüggemann LtdVwDir
Ref: **Finanzwesen** Ritter VwOR
Ref: **Personalangelegenheiten** Stier VwDir
Ref: **Aus- und Fortbildung** Höltzen-Schoh Ang
Ref: **Statistik und Arbeitsmarktberichterstattung** Henze VwOR
Ref: **Infrastruktur** Thomas VwDirektorin

Arbeitsämter

im Landesarbeitsamtsbezirk Niedersachsen-Bremen

Arbeitsamt
38118 Braunschweig, Cyriaksring 10; Tel (05 31)
2 07-0; Fax (05 31) 2 07-18 50
Arbeitsamtsdirektor: Stephan Gildemeister LtdVwDir
Arbeitsamtsbezirk: Kreisfreie Städte Braunschweig und Salzgitter; Landkreis Wolfenbüttel mit Samtgemeinde Schladen; vom Landkreis Peine die Gemeinden Vechelde und Wendeburg; vom Landkreis Helmstedt die Gemeinde Lehre

Arbeitsamt
28195 Bremen, Doventorsteinweg 48-52;
Tel (04 21) 1 78-0; Fax (04 21) 1 78-24 50
Arbeitsamtsdirektor: Christian Hawel LtdVwDir
Arbeitsamtsbezirk: Landkreis Osterholz, Freie Hansestadt Bremen (ohne Bremerhaven)

Arbeitsamt
27512 Bremerhaven, Postfach 10 12 50; Tel (04 71) 94 49-0; Fax (04 71) 94 49-4 49
Arbeitsamtsdirektor: Bernd Gerke VwDir
Arbeitsamtsbezirk: Kreisfreie Stadt Bremerhaven und bremisches Hafengebiet, Landkreis Cuxhaven teilweise

Arbeitsamt
29223 Celle, Georg-Wilhelm-Str 14; Tel (0 51 41) 9 61-0; Fax (0 51 41) 9 61-7 13
Arbeitsamtsdirektor: Klaus Stietenroth VwDir
Arbeitsamtsbezirk: Landkreis Celle und Teil des Landkreises Soltau-Fallingbostel (ehemals Landkreis Fallingbostel) und Landkreis Hannover (ehemals Landkreis Burgdorf)

Arbeitsamt
26723 Emden, Schlesierstr 10/12; Tel (0 49 21) 8 08-0; Fax (0 49 21) 8 08-2 00
Arbeitsamtsdirektor: Rudolf Sievers VwDir
Arbeitsamtsbezirk: Kreisfreie Stadt Emden; Landkreise Aurich/Ostfriesland, Landkreis Wittmund und teilweise Landkreis Leer (Nordseebad Borkum)

Arbeitsamt
37081 Göttingen, Bahnhofsallee 5; Tel (05 51) 5 20-0; Fax (05 51) 5 20-5 50
Arbeitsamtsdirektor: Dr Dieter Hunecke LtdVwDir
Arbeitsamtsbezirk: Landkreise Göttingen, Northeim (außer Gemeinden Kreiensen und Bad Gandersheim) und Osterode am Harz (außer Samtgemeinde Walkenried

Arbeitsamt
38642 Goslar, Robert-Koch-Str 11; Tel (0 53 21) 5 57-0; Fax (0 53 21) 55 74 34
Arbeitsamtsdirektor: Jürgen Kickbusch VwDir
Arbeitsamtsbezirk: Landkreis Goslar, Teile der Landkreise Osterode am Harz, Northeim und Wolfenbüttel

Arbeitsamt
31785 Hameln, Süntelstr 6; Tel (0 51 51) 9 09-0; Fax (0 51 51) 90 92 54
Arbeitsamtsdirektor: Bernard Grote
Arbeitsamtsbezirk: Landkreise Hameln-Pyrmont, Schaumburg, Holzminden ohne die Orte Delligsen und Duingen, vom Landkreis Hannover die Stadt Springe

Arbeitsamt
30169 Hannover, Brühlstr 4; Tel (05 11) 9 19-0; Fax (05 11) 9 19 17 02

Arbeitsamtsdirektor: Hans-Henning Pape VwDir
Arbeitsamtsbezirk: Landeshauptstadt Hannover, Landkreis Hannover (teilweise)

Arbeitsamt
38350 Helmstedt, Magdeburger Tor 18;
Tel (0 53 51) 5 22-0; Fax (0 53 51) 5 22-1 76
Arbeitsamtsdirektorin: Marianne Gersdorf VwDirektorin
Arbeitsamtsbezirk: Kreisfreie Stadt Wolfsburg; Landkreise Gifhorn und Helmstedt (ohne die Gemeinde Lehre)

Arbeitsamt
31134 Hildesheim, Am Marienfriedhof 3;
Tel (0 51 21) 9 69-0; Fax (0 51 21) 9 69-3 60
Arbeitsamtsdirektor: Dr Reinhard Moog
Arbeitsamtsbezirk: Landkreis Hildesheim, Landkreis Peine ohne Vechelde und Wendeburg, vom Landkreis Holzminden die Gemeinde Delligsen, vom Landkreis Northeim die Gemeinde Kreiensen

Arbeitsamt
26789 Leer, Jahnstr 6; Tel (04 91) 92 70-0; Fax (04 91) 92 70-8 00
Arbeitsamtsdirektor: Jens Springhorn VwDir
Arbeitsamtsbezirk: Aus dem Landkreis Emsland die Stadt Papenburg, die Samtgemeinden Dörpen, Lathen, Nordhümmling, Sögel, Werlte und Einheitsgemeinde Rhede, Landkreis Leer außer Stadt Borkum

Arbeitsamt
21335 Lüneburg, An den Reeperbahnen 2;
Tel (0 41 31) 7 45-0; Fax (0 41 31) 7 45-3 42
Arbeitsamtsdirektor: Michael Großnick VwDir
Arbeitsamtsbezirk: Landkreis Lüneburg und Landkreis Harburg

Arbeitsamt
31582 Nienburg, Verdener Str 21; Tel (0 50 21) 9 07-0; Fax (0 50 21) 9 07-4 70
Arbeitsamtsdirektor: Walter Bücker VwDir
Arbeitsamtsbezirk: Teilweise Landkreise Grafschaft Diepholz, Nienburg (Weser) und Hannover

Arbeitsamt
48527 Nordhorn, Stadtring 9/15; Tel (0 59 21) 8 70-0; Fax (0 59 21) 8 70-3 50
Arbeitsamtsdirektor: Dr Albert Genrich VwDir
Arbeitsamtsbezirk: Landkreis Grafschaft Bentheim sowie Altkreise Lingen und Meppen

Arbeitsamt
26122 Oldenburg, Stau 70; Tel (04 41) 2 28-0; Fax (04 41) 2 28-11 09
Arbeitsamtsdirektor: Dr Heinz Ruitman LtdVwDir
Arbeitsamtsbezirk: Kreisfreie Städte Oldenburg (Oldenburg) und Delmenhorst; Landkreis Oldenburg (Oldenburg), Landkreise Ammerland und Wesermarsch

Arbeitsamt
49080 Osnabrück, Johannistorwall 56; Tel (05 41) 9 80-0; Fax (05 41) 98 07 65
Arbeitsamtsdirektor: Gotthard Czekalla LtdVwDir
Arbeitsamtsbezirk: Kreisfreie Stadt Osnabrück; Landkreis Osnabrück

Arbeitsamt
21680 Stade, Wiesenstr 10; Tel (0 41 41) 9 26-0; Fax (0 41 41) 9 26-3 91
Arbeitsamtsdirektor: Rudolf Hempfling VwDir
Arbeitsamtsbezirk: Landkreis Stade, teilweise Landkreise Cuxhaven, Rotenburg/Wümme

Arbeitsamt
29525 Uelzen, Lüneburger Str 72; Tel (05 81) 9 39-0; Fax (05 81) 9 39-7 21
Arbeitsamtsdirektor: Ernst Niemann VwDir
Arbeitsamtsbezirk: Landkreis Lüchow-Dannenberg, Altkreis Soltau und Landkreis Uelzen

Arbeitsamt
49377 Vechta, Neuer Markt 30; Tel (0 44 41) 9 46-0; Fax (0 44 41) 9 46-1 20
Arbeitsamtsdirektor: Gerhard Kellner VwDir
Arbeitsamtsbezirk: Landkreise Cloppenburg und Vechta

Arbeitsamt
27283 Verden, Lindhooper Str 9; Tel (0 42 31) 8 09-0; Fax (0 42 31) 8 09-2 32
Arbeitsamtsdirektor: Klaus Herzberg VwDir
Arbeitsamtsbezirk: Landkreise Verden sowie Teile der Landkreise Rotenburg (Wümme), Diepholz und Nienburg

Arbeitsamt
26382 Wilhelmshaven, Schillerstr 43-49; Tel (0 44 21) 2 98-0; Fax (0 44 21) 29 83 77
Arbeitsamtsdirektor: Dr Rolf Lienau VwDir
Arbeitsamtsbezirk: Kreisfreie Stadt Wilhelmshaven, Landkreis Friesland

Landesarbeitsamt Berlin-Brandenburg

10969 Berlin, Friedrichstr 34; Tel (0 30) 25 32-0; Fax (0 30) 25 32-49 99

Präsident des Landesarbeitsamtes: Klaus Clausnitzer
Vizepräsident: Rolf Seutemann
Landesarbeitsamtsbezirk: Länder Berlin und Brandenburg

Ref: **Beauftragte für Frauenbelange** Kummer VwORätin
Ref: **Arbeitsmarkt- und Berufsforschung** Dr Bogai WissOR
Pressestelle Röhlinger

Abt I Arbeitsvermittlung und Arbeitsberatung, Ärztlicher Dienst
Leiter: Rolf Seutemann VPräs
Ref: **Organisation, Informationsverarbeitung, allgemeine Fragen, Arbeitsmarktbeobachtung, Arbeitsmarktpolitische Maßnahmen, Arbeitsbeschaffungsmaßnahmen, Arbeitnehmerüberlassung** Lück VwDir
Ref: **Raumordnung und Wirtschaftsstruktur, Besondere Personengruppen des Arbeitsmarktes, Ausländerangelegenheiten, überbezirkliche Arbeitsvermittlung, Fachvermittlung** Lorenz VwORätin
Ref: **Förderung der Arbeitsaufnahme, individuelle und institutionelle Förderung der beruflichen Bildung, Berufskunde** Herzer VwORätin
Ref: **Berufliche Rehabilitation, Schwerbehindertenangelegenheiten, institutionelle Förderung von Rehabilitationseinrichtungen, Technischer Beratungsdienst** Woythe VwRätin z A
Ref: **Ärztlicher Dienst** Dr Mc Cullough MedDirektorin

Abt II Berufsberatung und Ausbildungsvermittlung, Psychologischer Dienst
Leiter: Dr Bernhard Jenschke LtdVwDir
Ref: **Organisation, allgemeine Fragen, Ausbildungsvermittlung, Informationsverarbeitung, Berufsnachwuchsfragen** Dr Jenschke LtdVwDir
Ref: **Berufsorientierung, Berufliche Beratung, Berufskundliche Dokumentation, Berufsinformationszentrum** Siebert VwOR
Ref: **Berufsberatung Behinderter, Individuelle und institutionelle Förderung der beruflichen Rehabilitation Jugendlicher, Berufsberatung von Ausländern, Förderung der beruflichen Ausbildung** Gordon VwORätin
Ref: **Psychologischer Dienst** Treziak-König VwDirektorin

Abt III Leistungsabteilung
Leiter: Klaus-Peter Fleck LtdVwDir
Ref: **Organisation, Informationsverarbeitung, allgemeine Fragen** Fleck LtdVwDir
Ref: **Arbeitslosenversicherung, individuelle Förderung der beruflichen Bildung, Kindergeld, Kurzarbeitergeld, Winterbauförderung, Konkursausfallgeld, Vorruhestandsleistungen** Schwarz VwOR
Ref: **Sozialgerichtsbarkeit, Berufungen und Revisionen, Bekämpfung der illegalen Beschäftigung und des Leistungsmißbrauchs, Ordnungswidrigkeitsverfahren** Paulick VwOR

Abt IV Verwaltung
Leiter: Albrecht Sudermann LtdVwDir
Ref: **Organisation, allgemeine Verwaltung, Datenschutz, Angelegenheiten der Selbstverwaltung, Ämterprüfdienst** Sudermann LtdVwDir
Ref: **Finanzwesen** Zutz VwDir
Ref: **Personalangelegenheiten** Steinherr VwOR
Ref: **Aus- und Fortbildung** Baumgardt VwDir
Ref: **Statistik, Arbeitsmarktberichterstattung** Dr Fitzner VwOR
Ref: **Infrastruktur** Blome VwOR

Arbeitsämter
im Landesarbeitsamtsbezirk Berlin-Brandenburg

Arbeitsamt Berlin Süd
12057 Berlin, Sonnenallee 262; Tel (0 30) 68 33-0; Fax (0 30) 68 33-44 44
Arbeitsamtsdirektor: Koeppen VwDir
Arbeitsamtsbezirk: Berliner Verwaltungsbezirke Neukölln, Tempelhof, Treptow und Köpenick

Arbeitsamt Berlin West
14059 Berlin, Königin-Elisabeth-Str 49; Tel (0 30) 30 34-0; Fax (0 30) 30 34 44 44
Arbeitsamtsdirektorin: Dr Ursula Schadt
Arbeitsamtsbezirk: Berliner Verwaltungsbezirke Charlottenburg und Spandau

Arbeitsamt Berlin Südwest
10969 Berlin, Charlottenstr 90; Tel (0 30) 25 32-0; Fax (0 30) 25 32-33 33
Arbeitsamtsdirektor: Norbert Grabitz LtdVwDir
Arbeitsamtsbezirk: Berliner Verwaltungsbezirke Kreuzberg, Schöneberg, Steglitz, Wilmersdorf und Zehlendorf

Arbeitsamt Berlin Nord
13353 Berlin, Müllerstr 16; Tel (0 30) 46 03-0; Fax (0 30) 46 03-44 44
Arbeitsamtsdirektor: NN
Arbeitsamtsbezirk: Berliner Verwaltungsbezirke Reinickendorf, Tiergarten, Wedding, Weißensee, Prenzlauer Berg und Pankow

Arbeitsamt Berlin Mitte
10365 Berlin, Gotlindestr 93; Tel (0 30) 55 55-0; Fax (0 30) 55 55-46 00
Arbeitsamtsdirektor: Jürgen Bogdahn VwDir
Verwaltungsbezirk: Berliner Verwaltungsbezirke Friedrichshain, Lichtenberg und Mitte

Arbeitsamt Berlin Ost
12681 Berlin, Murtzaner Ring 68; Tel (0 30) 42 82-0; Fax (0 30) 42 82-49 99
Arbeitsamtsdirektor: Bruno-Friedrich Pilgrimm
Arbeitsamtsbezirk: Berliner Verwaltungsbezirke Hohenschönhausen, Marzahn und Hellersdorf

Arbeitsamt
03046 Cottbus, Bahnhofstr 24; Tel (03 55) 6 19-0; Fax (03 55) 6 19-19 99
Arbeitsamtsdirektor: Schur
Arbeitsamtsbezirk: Kreisfreie Stadt Cottbus, Landkreise Spree-Neiße, Oberspreewald-Lausitz, Elbe-Elster und Dahme-Spreewald

Arbeitsamt
16227 Eberswalde, Eberswalder Str 106; Tel (0 33 34) 37-0; Fax (0 33 34) 37 47 01
Arbeitsamtsdirektorin: D Hofmann-Ahrberg
Arbeitsamtsbezirk: Landkreise Barnim und Uckermark

Arbeitsamt
15236 Frankfurt (Oder), Robert-Havemann-Str 6; Tel (03 35) 5 70-0; Fax (03 35) 5 70-49 99
Arbeitsamtsdirektorin: Christa Friedemann Angestellte
Arbeitsamtsbezirk: Kreisfreie Stadt Frankfurt (Oder); Landkreise Oder-Spree, Oberhavel und Märkisch-Oderland (teilweise)

Arbeitsamt
16816 Neuruppin, Karl-Gustav-Str 1; Tel (0 33 91) 69-0; Fax (0 33 91) 69-25 00
Arbeitsamtsdirektor: Corte LtdVwDir
Arbeitsamtsbezirk: Landkreise Oberhavel, Ostprignitz-Ruppin, Havelland und Prignitz (teilweise)

Arbeitsamt
14462 Potsdam, Horstweg 96; Tel (03 31) 8 80-0; Fax (03 31) 8 80-44 44
Arbeitsamtsdirektor: Jörg Michel
Arbeitsamtsbezirk: Kreisfreie Städte Potsdam und Brandenburg sowie die Landkreise Potsdam-Mittelmarck und Teltow-Fläming

Landesarbeitsamt Nordrhein-Westfalen

40474 Düsseldorf, Josef-Gockeln-Str 7; Tel (02 11) 43 06-0; Fax (02 11) 43 06-3 77

Präsident des Landesarbeitsamtes: Dr Karl Pröbsting
Vizepräsident: Dr Andreas Stöhr
Landesarbeitsamtsbezirk: Land Nordrhein-Westfalen

Abt I Arbeitsvermittlung/Arbeitsberatung
Leiter: Peter Ewert LtdVwDir

Ref I 1: **Grundsatz- und Rechtsfragen, Querschnittsaufgaben, EDV** Ewert LtdVwDir
Ref I 2: **Arbeitsvermittlung und -beratung, überbezirkliche Arbeitsvermittlung, Fachvermittlungsdienst, Altersteilzeitgesetz, Frauenerwerbsarbeit, Arbeitsmittel, Künstlerdienst, Informations- und Werbemaßnahmen, Arbeitssicherstellung** Fourmond Ang
Ref I 3: **Arbeitsmarktbeobachtung, Arbeitsmarktpolitische Maßnahmen, Fragen der Wirtschaftsstruktur und Raumplanung, Anzeigepflichtige Entlassungen, Ausländerangelegenheiten** Altevogt VwORätin
Ref I 4: **Durchführung des Schwerbehinderten-Gesetzes, Arbeitsvermittlung Schwerbehinderter, Individuelle und institutionelle Förderung der beruflichen Bildung, Technischer Beratungsdienst** Schilson VwDir
Ref I 5: **Berufs- und Wirtschaftskunde, Individuelle Förderung der beruflichen Fortbildung und Umschulung, Institutionelle Förderung der beruflichen Bildung** Heidinger Ang
Ref I 6: **Arbeitsvermittlung mit Erlaubnis der Bundesanstalt, unerlaubte Arbeitsvermittlung, Arbeitnehmerüberlassung** Döring VwOR
Ärztlicher Dienst Dr Bahemann

Abt II Berufsberatung
Leiter: Dr Andreas Stöhr VPräs

Ref II 1: **Grundsatz- und Rechtsfragen der Berufsberatung, Querschnittsaufgaben und Arbeitsplanung einschließlich Datenverarbeitung, Ausbildungsstellenvermittlung** Dornseifer Ang
Ref II 2: **Berufsorientierung und berufliche Beratung, Zusammenarbeit mit den Institutionen des Bildungswesens und anderen Beratungsdiensten** Schmickler-Herriger VwORätin
Ref II 3: **Berufsorientierende/berufskundliche Ausstellungen, Selbstinformationseinrichtungen, Mittel und Medien der Berufsorientierung, Hochschulkoordination, Berufs- und Bildungskunde** Funken Ang
Ref II 4: **Förderung der beruflichen Ausbildung, Berufsberatung besonderer Personengruppen und ihre Förderung, Zusammenarbeit mit Trägern der beruflichen Bildung** Weitzel VwOR
Psychologischer Dienst Raabe VwDir

Abt III Leistungsabteilung
Leiter: Bernhard Nimscholz LtdVwDir

Ref III 1: **Querschnittsaufgaben und Grundsatzfragen, Organisation und Verfahren** Nimscholz LtdVwDir
Ref III 2: **Arbeitslosengeld, Arbeitslosenhilfe, Fortbildung und Umschulung, Eingliederungsgeld (1, 2, 4), Eingliederungshilfe, Kranken- und Rentenversicherung der Leistungsempfänger (Arbeitslosengeld, Arbeitslosenhilfe, Unterhaltsgeld, Eingliederungsgeld, Eingliederungshilfe), Sozialgesetzbuch IV** Axler VwDir
Ref III 3: **Kurzarbeitergeld, Winterbauförderung, Montanunionvertrag, Vorruhestandsgeld, Altersteilzeitgesetz, Berufsaufbildungsbeihilfe/Rehabilitation, Übergangsgeld, Eingliederungsgeld 3, Konkursausfallgeld, Kindergeld, Europäischer Sozialfonds, Sozialgesetzbuch I und X, Kranken- und Rentenversicherung der Leistungsempfänger (Kurzarbeitergeld, Schlechtwettergeld, Übergangsgeld, Eingliederungsgeld 3), Unfallversicherung der Leistungsempfänger** Lechtenberg VwORätin
Ref III 4: **Verfahren nach dem Sozialgerichtsgesetz** Hans VwORätin
Ref III 5: **Straf- und Bußgeldverfahren, Bekämpfung illegaler Beschäftigung, Verwaltungszwang** Rack VwDir

Abt IV Verwaltung
Leiter: Ulf Höltkemeier LtdVwDir

Ref IV 1: **Ämterprüfdienst, Vorschlagwesen in der Bundesanstalt** Lehnert VwOR
HauptRef IV a: **Organisation, Allgemeine Verwaltung, Finanzwesen, Infrastruktur, Datenschutz** Hauschildt VwDir
Ref IV a 1: **Organisation, allgemeine Verwaltung, Datenschutz, Innerer Dienstbetrieb** Hauschildt VwDir
Ref IV a 2: **Finanzwesen** Dr Glück VwDir
Ref IV a 3: **Infrastruktur** Ehrenstein VwORätin

HauptRef IV b: **Personalangelegenheiten, Personalhaushalt, Aus- und Fortbildung, Justitiariat** Czymoch VwDir
Ref IV b 1: **Personalangelegenheiten der Mitarbeiter des Landesarbeitsamtes, der Direktoren der Arbeitsämter, Personalhaushalt** Czymoch VwDir
Ref IV b 2: **Personalangelegenheiten der Beschäftigten der Arbeitsämter, Dienstrecht der Beamten** Akkerschott VwORätin
Ref IV b 3: **Personalangelegenheiten der Beschäftigten der Arbeitsämter, Dienstrecht der Angestellten und Arbeiter** Ulka VwOR
Ref IV b 4: **Aus- und Fortbildung des Personals** Klapper Ang
Ref IV b 5: **Justitiariat, Klageverfahren** Schmischke VwR z A

Ref A 1: **Arbeitsinformation** Dr Kronnenwett-Löhrlein VwDir

Arbeitsämter

im Landesarbeitsamtsbezirk Nordrhein-Westfalen

Arbeitsamt
52072 Aachen, Roermonder Str 51; Tel (02 41) 8 97-0; Fax (02 41) 8 97-15 89
Arbeitsamtsdirektorin: Gabriele Hilger LtdVwDirektorin
Arbeitsamtsbezirk: Kreisfreie Stadt Aachen, Kreise Aachen, Heinsberg

Arbeitsamt
59229 Ahlen, Bismarckstr 10; Tel (0 23 82) 9 59-0; Fax (0 23 82) 9 59-4 70
Arbeitsamtsdirektor: Johannes Wilhelm Schmitz VwDir
Arbeitsamtsbezirk: Kreis Warendorf

Arbeitsamt
51465 Bergisch Gladbach, Bensberger Str 85; Tel (0 22 02) 93 33-0; Fax (0 22 02) 93 33-6 35
Arbeitsamtsdirektorin: Eva Strobel LtdVwDirektorin
Arbeitsamtsbezirk: Kreise Oberbergischer Kreis und Rheinisch Bergischer Kreis, Stadt Leverkusen

Arbeitsamt
33595 Bielefeld, Werner-Bock-Str 8; Tel (05 21) 5 87-0; Fax (05 21) 5 87 19 99
Arbeitsamtsdirektor: Werner Schickentanz LtdVwDir
Arbeitsamtsbezirk: Stadt Bielefeld und Kreis Gütersloh mit den Städten Bielefeld, Gütersloh, Halle, Werther, Rheda-Wiedenbrück, Harsewinkel, Borgholzhausen, Versmold, Rietberg und den Gemeinden Steinhagen, Verl, Langenberg, Herzebrock und Schloß Holte-Stukenbrock

Arbeitsamt
44782 Bochum, Universitätsstr 66; Tel (02 34) 3 05-0; Fax (02 34) 3 05-13 49

Arbeitsamtsdirektor: Heinz Wilken VwDir
Arbeitsamtsbezirk: Kreisfreie Städte Bochum und Herne

Arbeitsamt
53104 Bonn, Villemombler Str 101; Tel (02 28) 9 24-0; Fax (02 28) 9 24 14 37
Arbeitsamtsdirektor: Dr Werner Martin LtdVwDir
Arbeitsamtsbezirk: Kreisfreie Stadt Bonn und Rhein-Sieg-Kreis

Arbeitsamt
50321 Brühl, Wilhelm-Kamm-Str 1; Tel (0 22 32) 94 61-0; Fax (0 22 32) 94 61-2 40
Arbeitsamtsdirektorin: Dorothee Lentzen LtdVwDirektorin
Arbeitsamtsbezirk: Erftkreis, Kreis Euskirchen

Arbeitsamt
48653 Coesfeld, Holtwicker Str 1; Tel (0 25 41) 9 19-0; Fax (0 25 41) 9 19-2 54
Arbeitsamtsdirektor: Leschniok VwDir
Arbeitsamtsbezirk: Kreise Coesfeld und Borken

Arbeitsamt
32758 Detmold, Wittekindstr 2; Tel (0 52 31) 6 10-0; Fax (0 52 31) 6 10-9 99
Arbeitsamtsdirektor: Dr Harald Hiltl VwDir
Arbeitsamtsbezirk: Kreis Lippe

Arbeitsamt
44147 Dortmund, Steinstr 39; Tel (02 31) 8 42-0; Fax (02 31) 8 42-16 20
Arbeitsamtsdirektor: Ehrenfried Kulozik LtdVwDir
Arbeitsamtsbezirk: Kreisfreie Stadt Dortmund, Städte Lünen, Selm und Schwerte (aus Kreis Unna)

Arbeitsamt
52351 Düren, Moltkestr 49; Tel (0 24 21) 1 24-0; Fax (0 24 21) 12 42 88
Arbeitsamtsdirektor: Dirk Hohenböken VwDir
Arbeitsamtsbezirk: Kreis Düren

Arbeitsamt
40237 Düsseldorf, Grafenberger Allee 300; Tel (02 11) 6 92-0; Fax (02 11) 6 92-16 10
Arbeitsamtsdirektor: Hans Jürgen Rothscheroth LtdVwDir
Arbeitsamtsbezirk: Kreisfreie Stadt Düsseldorf; teilweise Kreis Düsseldorf-Mettmann

Arbeitsamt
47058 Duisburg, Wintgensstr 29-33; Tel (02 03) 3 02-0; Fax (02 03) 30 23 51
Arbeitsamtsdirektorin: Christiane Schönefeld LtdVwDirektorin
Arbeitsamtsbezirk: Kreisfreie Stadt Duisburg

Arbeitsamt
45116 Essen, Berliner Platz 10; Tel (02 01) 1 81-0; Fax (02 01) 1 81-44 44
Arbeitsamtsdirektor: Hans Gerhard Dohle LtdVwDir
Arbeitsamtsbezirk: Kreisfreie Stadt Essen

Arbeitsamt
45879 Gelsenkirchen, Vattmannstr 12; Tel (02 09) 1 64-0; Fax (02 09) 16 44 63
Arbeitsamtsdirektor: Klaus Buchholz LtdVwDir
Arbeitsamtsbezirk: Kreisfreie Städte Gelsenkirchen, Bottrop; Stadt Gladbeck aus dem Kreis Recklinghausen

Arbeitsamt
58095 Hagen, Körnerstr 98-100; Tel (0 23 31) 2 02-0; Fax (0 23 31) 2 02-5 45
Arbeitsamtsdirektor: Winfried Herbold LtdVwDir
Arbeitsamtsbezirk: Kreisfreie Stadt Hagen, Kreis Ennepe-Ruhr-Kreis

Arbeitsamt
59065 Hamm, Bismarckstr 2; Tel (0 23 81) 9 10-0; Fax (0 23 81) 9 10-26 26
Arbeitsamtsdirektor: Bernd Farwick LtdVwDir
Arbeitsamtsbezirk: Kreisfreie Stadt Hamm; Kreis Unna ohne die Städte Selm, Lünen und Schwerte

Arbeitsamt
32049 Herford, Hansastr 33; Tel (0 52 21) 9 85-0; Fax (0 52 21) 9 85-5 91
Arbeitsamtsdirektor: Dr Thomas Baecker LtdVwDir
Arbeitsamtsbezirk: Kreise Herford und Minden-Lübbecke

Arbeitsamt
58634 Iserlohn, Postfach 11 63; Tel (0 23 71) 9 05-0; Fax (0 23 71) 9 05-3 97
Arbeitsamtsdirektor: NN
Arbeitsamtsbezirk: Märkischer Kreis

Arbeitsamt
50939 Köln, Luxemburger Str 121; Tel (02 21) 94 29-0; Fax (02 21) 94 29-41 23
Arbeitsamtsdirektor: Karl Peter Fuß LtdVwDir
Arbeitsamtsbezirk: Kreisfreie Stadt Köln

Arbeitsamt
47799 Krefeld, Philadelphiastr 2; Tel (0 21 51) 92-0; Fax (0 21 51) 92-24 00
Arbeitsamtsdirektor: Peter Welters
Arbeitsamtsbezirk: Kreisfreie Stadt Krefeld; Kreis Viersen

Arbeitsamt
59872 Meschede, Steinstr 26; Tel (02 91) 2 04-0; Fax (02 91) 2 04-6 69
Arbeitsamtsdirektor: Baldur Wienke VwDir
Arbeitsamtsbezirk: Hochsauerlandkreis

Arbeitsamt
41049 Mönchengladbach, Lürriper Str 78-80; Tel (0 21 61) 4 04-0; Fax (0 21 61) 4 04-10 15
Arbeitsamtsdirektor: Dieter Dominick LtdVwDir
Arbeitsamtsbezirk: Kreisfreie Stadt Mönchengladbach; Kreis Neuss

Arbeitsamt
48135 Münster, Wolbecker Str 45-47; Tel (02 51)
6 98-0; Fax (02 51) 69 83 00
Arbeitsamtsdirektor: Wolf-Rüdiger Schwedhelm VwDir
Arbeitsamtsbezirk: Kreisfreie Stadt Münster

Arbeitsamt
46045 Oberhausen, Mülheimer Str 36; Tel (02 08)
85 06-0; Fax (02 08) 8 50 68 70
Arbeitsamtsdirektorin: Adelheid Sagemüller VwDirektorin
Arbeitsamtsbezirk: Kreisfreie Städte Oberhausen und Mülheim a d Ruhr

Arbeitsamt
33102 Paderborn, Bahnhofstr 26; Tel (0 52 51)
1 20-0; Fax (0 52 51) 1 20-6 66
Arbeitsamtsdirektorin: Karin Trübner VwDirektorin
Arbeitsamtsbezirk: Kreise Paderborn und Höxter

Arbeitsamt
45655 Recklinghausen, Görresstr 15; Tel (0 23 61)
40-0; Fax (0 23 61) 40-29 00
Arbeitsamtsdirektor: Josef Heptner LtdVwDir
Arbeitsamtsbezirk: Kreis Recklinghausen ohne die Stadt Gladbeck

Arbeitsamt
48431 Rheine, Dutumer Str 5; Tel (0 59 71) 9 30-0; Fax (0 59 71) 9 30-9 00
Arbeitsamtsdirektor: Reinhold Strunck-Erpenstein VwDir
Arbeitsamtsbezirk: Kreis Steinfurt

Arbeitsamt
57072 Siegen, Emilienstr 45; Tel (02 71) 23 01-0; Fax (02 71) 23 01-4 48
Arbeitsamtsdirektor: Roland Sagasser VwDir
Arbeitsamtsbezirk: Landkreise Siegen-Wittgenstein und Olpe

Arbeitsamt
59494 Soest, Heinsbergplatz 6; Tel (0 29 21) 1 06-0; Fax (0 29 21) 1 06-6 62
Arbeitsamtsdirektor: Heinz Wilken VwDir
Arbeitsamtsbezirk: Landkreis Soest

Arbeitsamt
42699 Solingen, Kamper Str 35; Tel (02 12)
23 55-0; Fax (02 12) 23 55-4 81
Arbeitsamtsdirektorin: Hildegard Richter VwDirektorin
Arbeitsamtsbezirk: Kreisfreie Städte Solingen und Remscheid

Arbeitsamt
46483 Wesel, Reeser Landstr 61; Tel (02 81)
96 20-0; Fax (02 81) 96 20-4 44
Arbeitsamtsdirektor: Karl-Dieter Stöckmann LtdVwDir
Arbeitsamtsbezirk: Landkreise Wesel und Kleve

Arbeitsamt
42285 Wuppertal, Hünefeldstr 3-17; Tel (02 02)
28 28-0; Fax (02 02) 28 28-4 46
Arbeitsamtsdirektor: Winfried Herbold LtdVwDir
Arbeitsamtsbezirk: Kreisfreie Stadt Wuppertal einschließlich der kreisangehörigen Städte Velbert, Heiligenhaus und Wülfrath

Landesarbeitsamt Hessen

60528 Frankfurt am Main, Saonestr 2-4; Tel (0 69)
66 70-0; Fax (0 69) 6 67 04 59; Telex 4 11 601 laa d
Präsident des Landesarbeitsamtes: Dietrich Oldenburg
Vizepräsident: Bernd Wildgrube
Pressereferent: Brosig VwOAR
Landesarbeitsamtsbezirk: Land Hessen

Ref: **Arbeitsmarkt- und Berufsforschung** Dr Klems Ang
Ref: **Frauenfragen** Lorenz VwORätin

Abt I Arbeitsvermittlung und Arbeitsberatung, Ärztlicher Dienst
Leiter: Manfred Kretschmer LtdVwDir

Ref: **Grundsatzfragen und Rechtsgrundlagen,** Koordinierungsaufgaben, Organisation und Verfahren, Arbeitssicherstellungsgesetz, Wirtschafts- und Strukturförderung, Arbeitsbeschaffungsmaßnahmen, Arbeitsmarktbeobachtung, anzeigepflichtige Entlassungen Kretschmer LtdVwDir
Ref: **Arbeitsvermittlung Schwerbehinderter,** Anerkennung von Werkstätten für Behinderte, Durchführung des Schwerbehindertengesetzes, Ausländerangelegenheiten (einschließlich Arbeitsvermittlung von und nach dem Ausland), Ausgleich und Fachvermittlung, Berufs- und Wirtschaftskunde, Frauenerwerbsarbeit, Jugendlichenvermittlung Groh VwOR
Ref: **Förderung der beruflichen Bildung,** Förderung der Arbeitsaufnahme, Maßnahmen zur Arbeitsbeschaffung für ältere Arbeitnehmer, Institutionelle Förderung, Arbeitsvermittlung mit Erlaubnis der Bundesanstalt, unberechtigte Arbeitsvermittlung, Arbeitnehmerüberlassung, Berufliche Rehabilitation, Technischer Beratungsdienst Schuchmann VwOR
Ärztlicher Dienst Dr Heipertz

Abt II Berufsberatung, Ausbildungsvermittlung, Psychologischer Dienst
Leiter: Bernd Wildgrube VPräs

Ref: **Grundsatzfragen,** Organisation, Personal- und Haushaltsangelegenheiten, Zusammenarbeit mit Institutionen in Fragen der Berufsausbildung Spelling VwDir
Ref: **Zusammenarbeit mit anderen Beratungsdiensten** und Institutionen des Bildungswesens, berufliche Beratung, Berufskunde, Dokumentation, Selbstinformationseinrichtung Geierhaas VwOR
Ref: **Spezifische Fragen der Berufsberatung Behinderter** und anderer Personengruppen, die Hilfe be-

297

dürfen, Förderung der beruflichen Rehabilitation, Förderung der Arbeitsaufnahme, Benachteiligtenförderung Hofbauer VwOR
Psychologischer Dienst Rissom VwDir

Abt III Leistungsabteilung
Leiter: Erhard LtdVwDir
Ref: Organisation und Technik, Konkursausfallgeld, MUV-Beihilfen, Kurzarbeitergeld, Winterbauförderung, Altersteilzeitgesetz, Grundsatzfragen, Sozialgerichtsbarkeit Erhard LtdVwDir
Ref: Leistungen an Arbeitslose, internationales Recht der Arbeitslosenversicherung, Beitragspflicht und -freiheit, Leistungen der beruflichen Bildung, Leistungen an Arbeitslose nach dem Arbeitsförderungsgesetz und nach anderen Gesetzen, Kranken-, Unfall- und Rentenversicherung der Leistungsbezieher, Beitragspflicht und -freiheit, Bekämpfung der illegalen Beschäftigung und des Leistungsmißbrauchs, Strafverfolgung, Ordnungswidrigkeitsverfahren, Kindergeld Reinhardt VwDir

Abt IV Verwaltung
Leiter: Tilmann Eckrich LtdVwDir
Ref: Organisation, Allgemeine Verwaltung, Angelegenheiten der Selbstverwaltung, Ämterprüfdienst, Datenschutz und Datensicherheit Eckrich LtdVwDir
Ref: **Finanzwesen** Kleinschmidt VwOR
Ref: **Infrastruktur** Kuhnke VwOR
Ref: **Personalangelegenheiten, Justitiariat** Forell VwDir
Ref: **Aus- und Fortbildung** Kettel VwDir
Ref: **Statistik und Arbeitsmarktberichterstattung** Hempel VwOR

Arbeitsämter

im Landesarbeitsamtsbezirk Hessen

Arbeitsamt
36251 **Bad Hersfeld,** Vitalisstr 1; Tel (0 66 21) 2 09-0; Fax (0 66 21) 20 92 73
Arbeitsamtsdirektor: Karlheinz Renner VwDir
Arbeitsamtsbezirk: Kreise Hersfeld/Rotenburg und Eschwege (Altkreis)

Arbeitsamt
64295 **Darmstadt,** Groß-Gerauer-Weg 7; Tel (0 61 51) 30 40; Fax (0 61 51) 3 04-6 66
Arbeitsamtsdirektor: Dr Gert Mittmann LtdVwDir
Arbeitsamtsbezirk: Kreisfreie Stadt Darmstadt; Landkreise Darmstadt-Dieburg, Bergstraße, Odenwaldkreis und Groß-Gerau (außer Mörfelden-Walldorf)

Arbeitsamt
60311 **Frankfurt am Main,** Fischerfeldstr 10-12; Tel (0 69) 21 71-0; Fax (0 69) 21 71-24 30 und 21 71-26 61
Arbeitsamtsdirektor: Hans-Peter Griesheimer LtdVwDir

Arbeitsamtsbezirk: Kreisfreie Stadt Frankfurt am Main; Landkreis Hochtaunuskreis; Landkreis Main-Taunus-Kreis; teilweise Landkreise Wetteraukreis, Groß-Gerau, Offenbach

Arbeitsamt
36037 **Fulda,** Rangstr 4; Tel (06 61) 17-0; Fax (06 61) 17-3 03
Arbeitsamtsdirektor: Eymelt VwDir
Arbeitsamtsbezirk: Landkreis Fulda

Arbeitsamt
35390 **Gießen,** Nordanlage 60; Tel (06 41) 93 93-0; Fax (06 41) 93 93-4 48
Arbeitsamtsdirektor: Wolfgang Dohmen LtdVwDir
Arbeitsamtsbezirk: Landkreise Gießen, Vogelsbergkreis, Wetteraukreis (außer Bad Vilbel und Karben)

Arbeitsamt
63450 **Hanau,** Am Hauptbahnhof 1; Tel (0 61 81) 67 20; Fax (0 61 81) 67 26 53
Arbeitsamtsdirektor: Christian R Greiner VwDir
Arbeitsamtsbezirk: Main-Kinzig-Kreis

Arbeitsamt
34117 **Kassel,** Grüner Weg 46; Tel (05 61) 7 01-0; Fax (05 61) 7 01-29 10
Arbeitsamtsdirektor: Wolfgang Koch LtdVwDir
Arbeitsamtsbezirk: Kreisfreie Stadt Kassel, Landkreise Kassel, Kreisteile Fritzlar-Homberg und Melsungen des Schwalm-Eder-Kreises, Kreisteil Witzenhausen des Werra-Meißner-Kreises

Arbeitsamt
34497 **Korbach,** Louis-Peter-Str 49-51; Tel (0 56 31) 9 57-0; Fax (0 56 31) 9 57-5 00
Arbeitsamtsdirektor: Dr Hans-Ulrich Hauschild
Arbeitsamtsbezirk: Landkreis Waldeck-Frankenberg

Arbeitsamt
65549 **Limburg,** Ste-Foy-Str 23; Tel (0 64 31) 2 09-0; Fax (0 64 31) 2 09-4 44
Arbeitsamtsdirektor: Heinrich Badmann VwDir
Arbeitsamtsbezirk: Landkreis Limburg-Weilburg

Arbeitsamt
35039 **Marburg,** Afföllerstr 25; Tel (0 64 21) 6 05-0; Fax (0 64 21) 6 05-3 99
Arbeitsamtsdirektorin: Anne-Marie Hase VwDirektorin
Arbeitsamtsbezirk: Teile der Landkreise Marburg-Biedenkopf und Schwalm-Eder

Arbeitsamt
63067 **Offenbach,** Domstr 68-72; Tel (0 69) 8 29 97-0; Fax (0 69) 8 29 97-2 91
Arbeitsamtsdirektor: Dr Hermann Klaas VwDir
Arbeitsamtsbezirk: Kreisfreie Stadt Offenbach am Main; Landkreis Offenbach ohne Dreieich, Egelsbach, Langen und Neu-Isenburg

Arbeitsamt
35576 Wetzlar, Sophienstr 19; Tel (0 64 41) 9 09-0; Fax (0 64 41) 9 09-4 43
Arbeitsamtsdirektor: Hans Bernhard Baumstieger VwDir
Arbeitsamtsbezirk: Lahn-Dillkreis und ehemaliger Kreis Biedenkopf

Arbeitsamt
65197 Wiesbaden, Klarenthaler Str 34; Tel (06 11) 94 94-0; Fax (06 11) 94 94-4 81
Arbeitsamtsdirektorin: Anne-Christel Töllner VwDirektorin
Arbeitsamtsbezirk: Kreisfreie Stadt Wiesbaden; Landkreis Rheingau-Taunus-Kreis

Landesarbeitsamt Rheinland-Pfalz-Saarland

66121 Saarbrücken, Eschberger Weg 68; Tel (06 81) 8 49-0; Telex 4 421 233 laad; Fax (06 81) 8 49-1 80

Präsident des Landesarbeitsamtes: Otto Semmler
Vizepräsident: Volkhard Seraphim
Landesarbeitsamtsbezirk: Länder Rheinland-Pfalz und Saarland

Abt I Arbeitsvermittlung und Arbeitsberatung, Ärztlicher Dienst
Leiter: Volkhard Seraphim VPräs

Ref Ia: Grundsatzfragen, Organisation und Informationsverarbeitung in der Arbeitsvermittlung und Arbeitsberatung; Mitwirkung in Verwaltungsangelegenheiten und im Ämterprüfdienst; Durchführung der Arbeitsvermittlung einschließlich Vermittlungsausgleich und Fachvermittlung, Arbeitsvermittlung aus und nach Ländern der europäischen Regionen – insbesondere EURES in den Grenzregionen –, Sonderfragen der Frauenvermittlung, Arbeitsvermittlung für besondere Personengruppen, Arbeitsvermittlung nach Wirtschaftszweigen und Berufen; Gemeinnützige Arbeitnehmerüberlassung (AÜGRi); Arbeitsmarktbeobachtung und -orientierung, struktur- und kreditpolitische Maßnahmen; Anzeigen nach § 17 KSchG und § 8 AFG; Arbeitssicherstellungsgesetz Haßdenteufel Ang
Ref Ib: Ausländerangelegenheiten; Förderung des Wohnungs- und Wohnheimbaues; gewerbliche Arbeitnehmerüberlassung und unberechtigte Arbeitsvermittlung; Erteilung von Erlaubnissen zur Arbeitsvermittlung nach § 23 ff AFG; Justitiarangelegenheiten der Abteilung I Graus VwOR
Ref Ic: Individuelle Förderung der beruflichen Fortbildung und Umschulung einschließlich EZ; institutionelle Förderung der beruflichen Bildung; Förderung der Arbeitsaufnahme einschließlich Maßnahmen der Arbeitsberatung, Beschäftigungshilfen für Langzeitarbeitslose, Sonderprogramm des Landes im Bereich berufliche Bildung/ABM (Förderung von Projekten für Langzeitarbeitslose), Sprachförderung, Förderung der beruflichen Eingliederung von Aussiedlern etc; Europäischer Sozialfonds (AFG plus); Maßnahmen zur Eingliederung von besonders schwer vermittelbaren Arbeitnehmern in das Berufsleben (§ 62 d); Maßnahmen zur Arbeitsbeschaffung einschließlich LKZ für ältere Arbeitnehmer; Lohnkostenzuschuß (West) § 242 s, Fragen der Raumordnung und Wirtschaftsstruktur, Wirtschaftsförderung Sauerbrey VwORätin
Ref Id: Arbeits- und Berufsförderung Behinderter (berufliche Rehabilitation) einschließlich institutionelle Förderung der beruflichen Bildung Behinderter; Durchführung des Schwerbehindertengesetzes; Durchsetzung von Ersatzansprüchen gegen private Schädiger oder deren Versicherer Schupp VwOR
Ärztlicher Dienst Dr Moses MedDirektorin

Abt II Berufsberatung, Psychologischer Dienst
Leiter: Jürgen Goecke LtdVwDir

Ref IIa: Grundsatz- und Querschnittsaufgaben; Arbeitsplanung, Organisation und Informationsverarbeitung der Berufsberatung; Mitwirkung in Verwaltungsangelegenheiten und im Ämterprüfdienst; Ausbildungsvermittlung; Berufsnachwuchsfragen; Zusammenarbeit in Europaangelegenheiten Goecke LtdVwDir
Ref IIb: Berufsorientierung; berufliche Beratung; Selbstinformationseinrichtungen; Ausstellungsbeteiligung; Berufs- und Bildungskunde; Zusammenarbeit mit dem Bildungswesen Meiers VwOR
Ref IIc: Berufliche Beratung behinderter Jugendlicher, junger Ausländer und anderer bestimmter Personengruppen; berufsvorbereitende Maßnahmen; Förderung der beruflichen Rehabilitation und der beruflichen Ausbildung; Förderung der Arbeitsaufnahme; Benachteiligtenförderung; Sonderprogramme Stauch VwOR
Psychologischer Dienst Werner VwDir

Abt III Leistungsabteilung
Leiter: Harm Schwalb LtdVwDir

Ref IIIa: Grundsatzfragen, Organisation und Verfahren; Leistungen an Arbeitslose; Leistungen zur individuellen Förderung der beruflichen Bildung; Leistungen außerhalb des AFG; zwischen- und überstaatliche Vorschriften bei Arbeitslosigkeit; Mitwirkung im Ämterprüfdienst; Informationsverarbeitung in der Leistungsabteilung Schwalb LtdVwDir
Ref IIIb: Verfahren nach dem Sozialgerichtsgesetz; Kindergeld, Leistungen zur Erhaltung und Schaffung von Arbeitsplätzen; Altersteilzeit; Europäischer Sozialfonds; Bekämpfung der illegalen Beschäftigung, Verfahren bei Verstößen gegen das Arbeitnehmerüberlassungsgesetz und bei unerlaubter Arbeitsvermittlung, Straf- und Bußgeldvorschriften; Arbeitnehmerentsendegesetz NN

Abt IV Verwaltung
Leiter: Hans-Diether Severin LtdVwDir

Ref IVa: Allgemeine Organisationsfragen und Verwaltungsangelegenheiten, Datenschutz und Datensicherheit, Selbstverwaltung, Ämterprüfdienst Severin LtdVwDir

Ref IVb: **Finanzwesen, Haushalts-** (ohne Personalhaushalt)**, Kassen- und Rechnungswesen, Beitragseinzug und Einziehung der Umlage nach § 186a Arbeitsförderungsgesetz, Kasse mit Forderungseinzug** Schätter VwOR
Ref IVc: **Personalangelegenheiten, Personalhaushalt, Zentralkanzlei, Poststelle** Becker VwDir
Ref IVd: **Aus- und Fortbildung des Personals, Einstellung von Nachwuchskräften** Felsch VwDir
Ref IVe: **Arbeitsmarktberichterstattung, Statistik** Scherer VwOR
Ref IVf: **Infrastruktur, Liegenschaften und Bauangelegenheiten, Beschaffungswesen und Infrastruktur der allgemeinen Bürotechnik und Büroausstattung, Infrastruktur der Informations- und Kommunikationstechnik** NN

Dem Präsidenten unmittelbar unterstellt:

Pressestelle Fuchs VwOAR
Ref: Arbeitsmarkt- und Berufsforschung Kohn Ang
Ref: Beauftragte für Frauenbelange Varnhagen VwORätin
Büro der Selbstverwaltung Pfirrmann VwAR

Arbeitsämter

im Landesarbeitsamtsbezirk Rheinland-Pfalz-Saarland

Arbeitsamt
55543 Bad Kreuznach, Bosenheimer Str 16;
Tel (06 71) 8 50-0; Fax (06 71) 8 50-4 85
Arbeitsamtsdirektor: Rolf Habekost VwDir
Arbeitsamtsbezirk: Landkreise Bad Kreuznach und Birkenfeld sowie Verbandsgemeinden Rheinböllen, Simmern, Kirchberg, Kastellaun

Arbeitsamt
67655 Kaiserslautern, Augustastr 6; Tel (06 31) 36 41-0; Fax (06 31) 36 41-5 35
Arbeitsamtsdirektor: Hanswilli Jung VwDir
Arbeitsamtsbezirk: Kreisfreie Stadt Kaiserslautern; Landkreise Kaiserslautern, Kusel, Donnersbergkreis

Arbeitsamt
56073 Koblenz, Rudolf-Virchow-Str 5; Tel (02 61) 4 05-0; Fax (02 61) 4 05-4 29
Arbeitsamtsdirektor: Hans Roth VwDir
Arbeitsamtsbezirk: Kreisfreie Stadt Koblenz; teilweise Landkreise Cochem/Zell, Rhein-Hunsrück-Kreis, Mayen/Koblenz

Arbeitsamt
67059 Ludwigshafen, Berliner Str 23a; Tel (06 21) 59 93-0; Fax (06 21) 59 93-4 44
Arbeitsamtsdirektor: Schwartz VwDir
Arbeitsamtsbezirk: Kreisfreie Städte Ludwigshafen, Speyer und Frankenthal; Landkreis Ludwigshafen; teilweise Landkreis Bad Dürkheim

Arbeitsamt
55131 Mainz, Untere Zahlbacher Str 27;
Tel (0 61 31) 2 48-0; Fax (0 61 31) 2 48-2 48
Arbeitsamtsdirektor: Dr Heinrich Angermann
Arbeitsamtsbezirk: Kreisfreie Städte Mainz und Worms; Landkreise Alzey-Worms und Mainz-Bingen

Arbeitsamt
56727 Mayen, Katzenberger Weg 31-33;
Tel (0 26 51) 9 50-0; Fax (0 26 51) 9 50-5 97
Arbeitsamtsdirektorin: Johanna Mayer VwDirektorin
Arbeitsamtsbezirk: Landkreise Ahrweiler, Cochem/Zell (teilweise), Mayen-Koblenz und Daun

Arbeitsamt
56410 Montabaur, Tonnerrestr 1; Tel (0 26 02) 1 23-0; Fax (0 26 02) 12 32 01
Arbeitsamtsdirektor: Erwin Spiekermann VwDir
Arbeitsamtsbezirk: Westerwaldkreis, Rhein-Lahn-Kreis

Arbeitsamt
66538 Neunkirchen, Ringstr 1; Tel (0 68 21) 2 04-0; Fax (0 68 21) 20 43 43
Arbeitsamtsdirektor: Günther Ludwig VwDir
Arbeitsamtsbezirk: Landkreis Neunkirchen, Landkreis St Wendel, teilweise Saar-Pfalz-Kreis

Arbeitsamt
76829 Landau, Johannes-Kopp-Str 2; Tel (0 63 41) 9 58-0; Fax (0 63 41) 9 58-4 66
Arbeitsamtsdirektor: Gerhard Peitz
Arbeitsamtsbezirk: Kreisfreie Städte Neustadt a d Weinstraße und Landau in der Pfalz; Landkreise Südliche Weinstraße, Germersheim und Bad Dürkheim (teilweise)

Arbeitsamt
56564 Neuwied, Julius-Remy-Str 4; Tel (0 26 31) 8 91-0; Fax (0 26 31) 89 13 65
Arbeitsamtsdirektor: Kurt-Willi Jung VwDir
Arbeitsamtsbezirk: Landkreise Neuwied und Altenkirchen

Arbeitsamt
66954 Pirmasens, Schachenstr 70; Tel (0 63 31) 5 30-0; Fax (0 63 31) 5 30-1 00
Arbeitsamtsdirektor: Hans-Jürgen Kratz VwOR (mdWdGb)
Arbeitsamtsbezirk: Stadt- und Landkreis Pirmasens, Kreisfreie Stadt Zweibrücken

Arbeitsamt
66111 Saarbrücken, Hafenstr 18; Tel (06 81) 9 44-0; Fax (06 81) 9 44-50 00
Arbeitsamtsdirektor: Wolf Stegmaier LtdVwDir
Arbeitsamtsbezirk: Stadtverband Saarbrücken, Saar-Pfalz-Kreis ausschließlich Homburg, Kirkel, Bexbach

Arbeitsamt
54295 Trier, Schönbornstr 1; Tel (06 51) 2 05-0; Fax (06 51) 2 05-2 60
Arbeitsamtsdirektor: Hans Eckart Schmitt-Wallraff LtdVwDir
Arbeitsamtsbezirk: Kreisfreie Stadt Trier; Landkreise Bitburg-Prüm, Trier-Saarburg, Bernkastel-Wittlich und teilweise Landkreis Daun

Landesarbeitsamt Sachsen-Anhalt/Thüringen

06110 Halle, Merseburger Str 196; Tel (03 45) 13 32-0; Fax (03 45) 1 33 25 55

Präsident des Landesarbeitsamtes: Dr Martin Heß
Vizepräsident: Dieter Böttcher
Landesarbeitsamtsbezirk: Land Sachsen-Anhalt und Freistaat Thüringen

Pressestelle Dr Bianka Kleschtschow
Arbeitsmarkt- und Berufsforschung Vogel
Beauftragte für Frauenbelange Dr Slomka VwRätin

Abt I Arbeitsvermittlung und Arbeitsberatung, Ärztlicher Dienst
Leiter: Dähne LtdVwDir

Ref: Grundsatz- und Rechtsfragen, Organisation und Verfahren, Personal und Haushaltsangelegenheiten; DV-Verfahren; Aus- und Fortbildung der Mitarbeiter der Arbeitsvermittlung und Arbeitsberatung, Arbeitsmarktbeobachtung; Wirtschaftsförderung, ABM; § 249 h AFG; § 8 AFG; § 17 KSchG; Arbeitssicherstellungsgesetz (ArbSG) Dähne LtdVwDir
Ref: Arbeitsvermittlung nach Berufen und Wirtschaftszweigen; Arbeitsvermittlung besonderer Personengruppen; Ausgleich und Fachvermittlung; Berufs- und Wirtschaftskunde; Ausländerangelegenheiten/Arbeitserlaubnisverfahren; Bekämpfung der Langzeitarbeitslosigkeit; Maßnahmen nach § 62 d AFG; Beschäftigungshilfe für Langzeitarbeitslose; GzA (Förderung von Gesellschaften zur Arbeitnehmerüberlassung – AÜGRi) Dr Linde
Ref: Individuelle Förderung der beruflichen Fortbildung und Umschulung (FuU); Förderung der Arbeitsaufnahme (FdA), Wohnheimbau, ABM für ältere Arbeitnehmer; MUV, HHG, HKG, ESF; AÜG; Durchführung des Erlaubnisverfahrens zur privaten Arbeitsvermittlung; unberechtigte Arbeitsvermittlung Ossyra VwRätin z A
Ref: Individuelle Förderung der beruflichen Rehabilitation; institutionelle Förderung der beruflichen Rehabilitation; Institutionelle Förderung der beruflichen Bildung; Reha-Regreß; Arbeitsvermittlung Schwerbehinderter, Durchführung des Schwerbehindertengesetzes (SchwbG); Technischer Beratungsdienst Dr Landmann VwOR
Ärztlicher Dienst Dr Ueberschär MedDirektorin

Abt II Berufsberatung, Psychologischer Dienst
Leiter: Lehmann

Ref: Grundsatzfragen, Organisation und Informationsverarbeitung; Mitwirkung in Haushaltsangelegenheiten sowie der Aus- und Fortbildung der Mitarbeiter der Berufsberatung; Ausbildungsvermittlung, Berufsnachwuchsfragen Lehmann
Ref: Berufsorientierung, berufliche Beratung, Berufs- und Bildungskunde, Selbstinformationseinrichtungen, Ausstellungsbeteiligungen; Fragen der Berufsberatung für Abiturienten und Hochschüler Kuhlmann VwORätin
Ref: Berufsberatung behinderter Jugendlicher, junger Ausländer und anderer bestimmter Personengruppen, Berufsvorbereitende Bildungsmaßnahmen; Benachteiligtenförderung; Fragen der Berufsberatung für Abiturienten und Hochschüler Gulde
Psychologischer Dienst Wendling VwDir

Abt III Leistungsabteilung
Leiter: Senius VwDir

Ref: Grundsatzfragen, Organisation, Arbeitstechnik und Verfahren der Leistungsabteilung; Mitwirkung bei Personal-, Haushalts- und Verwaltungsangelegenheiten; Aus- und Fortbildung des Personals der Leistungsabteilung; Mitwirkung im Ämterprüfdienst Senius VwDir
Ref: Leistungen an Arbeitslose, Fortbildung und Umschulung (FuU); Berufsausbildungsbeihilfe (BAB); Reha; Konkursausfallgeld (Kaug); SGB I, IV, X, Kurzarbeitergeld (Kug); Winterbauförderung; Vorruhestandsleistungen/ Altersteilzeitgesetz (AtG) Jonas
Ref: Kindergeld, Sozialgerichtsbarkeit, Finanzgerichtsordnung (FGO); Straf- und Bußgeldvorschriften, Gesetz zur Bekämpfung der illegalen Beschäftigung (BillBG); Verfolgung und Ahndung von Verstößen bei unerlaubter Arbeitsvermittlung; Verstöße gegen das Arbeitnehmer-Entsendegesetz (AEntG), Maßnahmen zur Verhütung unerlaubten Leistungsbezuges Wahl VwR z A

Abt IV Verwaltung
Leiter: Dieter Böttcher VPräs

Ref: Bezirkliche Organisation und allgemeine Verwaltungsangelegenheiten, Angelegenheiten der Selbstverwaltung, Datenschutz und Datensicherheit, Ämterprüfdienst, Controlling Knorr VwDir
Ref: Finanzwesen Nunnenmacher VwR
Ref: Personalangelegenheiten Knorr VwDir
Ref: Aus- und Fortbildung des Personals NN
Ref: Statistik und Arbeitsmarktberichterstattung Mirtschin
Ref: Infrastruktur Uzarek

Arbeitsämter

im Landesarbeitsamtsbezirk Sachsen-Anhalt – Thüringen

Arbeitsamt
04600 Altenburg, Theaterplatz 7/8; Tel (0 34 47) 5 80-0; Fax (0 34 47) 5 80-5 97
Arbeitsamtsdirektorin: Ingrid Meineck VwDirektorin
Arbeitsamtsbezirk: Altenburg

Arbeitsamt
06839 Dessau, Elisabethstr 15; Tel (03 40) 5 02-0; Fax (03 40) 5 02-29 99
Arbeitsamtsdirektorin: Sabine Edner VwORätin
Arbeitsamtsbezirk: Kreisfreie Stadt Dessau; Landkreise Anhalt-Zerbst, Köthen und Bernburg

Arbeitsamt
99085 Erfurt, Altonaer Str 25; Tel (03 61) 65 70-0; Fax (03 61) 6 57 07 89
Arbeitsamtsdirektor: Kurt Keiner LtdVwDir
Arbeitsamtsbezirk: Kreisfreie Städte Erfurt und Weimar; Landkreise Erfurt, Sömmerda, Apolda, Weimar und Altkreis Arnstadt

Arbeitsamt
07548 Gera, Hermann-Drechsler-Str 1; Tel (03 65) 8 57-0; Fax (03 65) 85 74 44
Arbeitsamtsdirektorin: Kristina Voigt VwDirektorin
Arbeitsamtsbezirk: Kreisfreie Stadt Gera; Landkreise Greiz und Saale-Orla-Kreis außer ehemaliger Kreis Pößneck

Arbeitsamt
99867 Gotha, Schöne Aussicht 5; Tel (0 36 21) 42-0; Fax (0 36 21) 42-25 55
Arbeitsamtsdirektor: Waldemar Droß
Arbeitsamtsbezirk: Landkreise Gotha, Unstrut-Hainich Kreis und Wartburg-Kreis

Arbeitsamt
38820 Halberstadt, Schwanebecker Str 14; Tel (0 39 41) 40-0; Fax (0 39 41) 40-2 22
Arbeitsamtsdirektor: Thomas Wünsche
Arbeitsamtsbezirk: Landkreise Halberstadt, Wernigerode und Quedlinburg

Arbeitsamt
06114 Halle, Maxim-Gorki-Str 13; Tel (03 45) 52 49-0; Fax (03 45) 52 49-4 71
Arbeitsdirektor: Rolf Kübler LtdVwDir
Arbeitsamtsbezirk: Kreisfreie Stadt Halle; Landkreise Bitterfeld und Saalkreis

Arbeitsamt
07747 Jena, Fritz-Ritter-Str 44; Tel (0 36 41) 3 79-0; Fax (0 36 41) 3 79-8 83
Arbeitsamtsdirektor: Bernd Hofmann LtdVwDir
Arbeitsamtsbezirk: Kreisfreie Stadt Jena; Landkreise Saale-Holzland-Kreis, Saalfeld-Rudolstadt und Teile des Landkreises Saale-Orla-Kreis (ehemaliger Landkreis Pößneck)

Arbeitsamt
39085 Magdeburg, Nachtweide 82; Tel (03 91) 2 57-0; Fax (03 91) 2 57-14 32
Arbeitsamtsdirektor: Wolfgang Meyer LtdVwDir
Arbeitsamtsbezirk: Landeshauptstadt Magdeburg; Gemeinden Burg und Genthin des Landkreises Jerichower Land; die Gemeinden Haldensleben und Wolmirstedt des Ohrekreises; die Gemeinden Wanzleben und Ochersleben des Bördekreises und die Gemeinde Schönebeck des Landkreises Schönebeck

Arbeitsamt
06217 Merseburg, Hallesche Str 99; Tel (0 34 61) 5 79-0; Fax (0 34 61) 5 79-5 65
Arbeitsamtsdirektor: Dipl-Volksw Gerald Wanke VwDir
Arbeitsamtsbezirk: Landkreise Merseburg-Querfurt, Weißenfels und Burgenlandkreis

Arbeitsamt
99734 Nordhausen, Ludolfingerstr 11; Tel (0 36 31) 6 50-0; Fax (0 36 31) 65 03 88
Arbeitsamtsdirektor: Dr Gert Kuhnert VwOR
Arbeitsamtsbezirk: Landkreise Nordhausen, Kyffhäuserkreis und Eichsfeld

Arbeitsamt
06526 Sangerhausen, Göpenstr 37; Tel (0 34 64) 5 54-0; Fax (0 34 64) 5 54-5 55
Arbeitsamtsdirektor: Hans-Jürgen Vogt VwDir
Arbeitsamtsbezirk: Landkreise Sangerhausen, Mansfelder Land, Aschersleben/Staßfurt

Arbeitsamt
39576 Stendal, Lüneburger Str 2-7; Tel (0 39 31) 6 40-0; Fax (0 39 31) 6 40-6 66
Arbeitsamtsdirektor: Konrad Bräuer VwDir
Arbeitsamtsbezirk: Landkreise Westliche Altmark und Östliche Altmark

Arbeitsamt
98527 Suhl, Gutenbergstr 2-4; Tel (0 36 81) 82-00; Fax (0 36 81) 82-44 36
Arbeitsamtsdirektor: Horst Illmer Ang
Arbeitsamtsbezirk: Kreisfreie Stadt Suhl; Landkreise Hildburghausen, Schmalkalden-Meiningen, Sonneberg, Teile des Wartburgkreises, Teile des Ilmkreises

Arbeitsamt
06886 Lutherstadt Wittenberg, Melanchthonstr 3 a; Tel (0 34 91) 4 38-0; Fax (0 34 91) 4 38-5 67
Arbeitsamtsdirektor: Dr Rainer Haseloff VwDir
Arbeitsamtsbezirk: Landkreis Wittenberg

Landesarbeitsamt Sachsen

09114 Chemnitz, Paracelsusstr 12; Tel (03 71) 91 18-0; Fax (03 71) 9 11 86 97

Präsident des Landesarbeitsamtes: Dr Alois Streich
Vizepräsident: Manfred Germann
Landesarbeitsamtsbezirk: Freistaat Sachsen

Pressestelle Welz VwOAR
Ref: **Arbeitsmarkt- und Berufsforschung** Dr Gerber
Ref: **Beauftragte für Frauenbelange** Mellin-Lieber VwORätin

Abt I Arbeitsvermittlung und Arbeitsberatung, Ärztlicher Dienst
Leiter: Manfred Germann VPräs

Ref: Grundsatzfragen der Arbeitsvermittlung und Arbeitsberatung, Organisation und Verfahren, Personal- und Verwaltungsangelegenheiten, Aus- und Fortbildung; Ämterprüfdienst; Arbeitsmarktbeobachtung; Wirtschaftsförderung; Anzeigepflichtige Entlassungen; Allgemeine Maßnahmen zur Arbeitsbeschaffung Hansen VwR
Ref: Arbeitsvermittlung und Arbeitsberatung nach Wirtschaftszweigen und Berufen, besondere Personengruppen; Fachvermittlung und Vermittlungsausgleich; Ausländerangelegenheiten; Frauenerwerbsarbeit; Altersteilzeitgesetz; Arbeitsvermittlung im Auftrag; unberechtigte Arbeitsvermittlung; Arbeitnehmerüberlassung Hoffmann VwORätin
Ref: Individuelle Förderung; Fortbildung und Umschulung; Förderung der Arbeitsaufnahme; Arbeitsbeschaffungsmaßnahmen für ältere Arbeitnehmer; Europäischer Sozialfonds; Montanunionvertrag; Heimkehrergesetz; Arbeits- und Berufsförderung Behinderter; Reha-Regreß Dr Hahn
Ref: Institutionelle Förderung, Fortbildung, Umschulung und Rehabilitation; Arbeitsvermittlung und Arbeitsberatung Schwerbehinderter, Durchführung des Schwerbehindertengesetzes, Technischer Beratungsdienst; Berufs- und Wirtschaftskunde Strohschein
Ärztlicher Dienst Dr med Hildebrandt

Abt II Berufsberatung und Ausbildungsvermittlung, Psychologischer Dienst
Leiterin: Beate Bickes LtdVwDirektorin

Ref: Grundsatzfragen; Organisation und Informationsverarbeitung der Berufsberatung; Mitwirkung in Haushaltsangelegenheiten sowie bei der Aus- und Fortbildung des Personals; Ausbildungsvermittlung, Berufsnachwuchsfragen Bickes LtdVwDirektorin
Ref: Berufsorientierung, berufliche Beratung, Berufs- und Bildungskunde; Selbstinformationseinrichtungen; Ausstellungsbeteiligungen; Fragen der Berufsberatung für Abiturienten und Hochschüler Ehrlich VwOR
Ref: Berufsberatung behinderter Jugendlicher, junger Ausländer und anderer Personengruppen; berufsvorbereitende Bildungsmaßnahmen; Benachteiligtenförderung; finanzielle Förderung Conrad
Psychologischer Dienst Behr VwDirektorin

Abt III Leistungsabteilung
Leiterin: von Bönninghausen LtdVwDirektorin

Ref: Grundsatzfragen; Organisation und Verwaltung der Leistungsabteilung; Mitwirkung in Verwaltungsangelegenheiten sowie bei der Aus- und Fortbildung des Personals von Bönninghausen LtdVwDirektorin
Ref: Leistungen an Arbeitslose; Leistungen zur individuellen Förderung der beruflichen Bildung und beruflichen Rehabilitation; Konkursausfallgeld; Angelegenheit der Sozialversicherung und des Verwaltungsverfahrens; Kurzarbeitergeld; Winterbauförderung; Leistungen nach dem Vorruhestandsgesetz und Altersteilzeitgesetz Hartrampf-Hirschberg VwORätin
Ref: Leistungen nach dem Einkommensteuergesetz; Sozialgerichtsbarkeit; Straf- und Bußgeldvorschriften, Gesetz zur Bekämpfung der illegalen Beschäftigung; Verfolgung und Ahndung von Verstößen bei unerlaubter Arbeitsvermittlung; Maßnahmen zur Vermutung unberechtigten Leistungsbezuges Dambach VwOR

Abt IV Verwaltung
Leiter: Klaus-Peter Weichenhain

Ref: Bezirkliche Organisation, allgemeine Verwaltungsangelegenheiten; Angelegenheiten der Selbstverwaltung; Datenschutz und Datensicherheit, Ämterprüfdienst Weichenhain
Ref: Finanzwesen Chaberny VwOR
Ref: Personalangelegenheiten Keil VwDir
Ref: Aus- und Fortbildung des Personals Burggraf
Ref: Statistik und Arbeitsmarktberichterstattung Kärst
Ref: Infrastruktur David

Arbeitsämter
im Landesarbeitsamtsbezirk Sachsen

Arbeitsamt
09456 Annaberg-Buchholz, Paulus-Jenisius-Str 43; Tel (0 37 33) 1 33-40 01; Fax (0 37 33) 1 33-40 02 und 1 33-61 33
Arbeitsamtsdirektor: Dr Wolfgang Bührer VwDir
Arbeitsamtsbezirk: Landkreise Annaberg, Aue, Marienberg, Schwarzenberg und Zschopau

Arbeitsamt
02619 Bautzen, Otto-Nagel-Str 1; Tel (0 35 91) 34-0; Fax (0 35 91) 34-24 90
Arbeitsamtsdirektor: Dr Günter Irmscher
Arbeitsamtsbezirk: Kreisfreie Städte Görlitz und Hoyerswerda; Landkreise Bautzen, Niederschlesischer Oberlausitzkreis, Löbau-Zittau und Kamenz

Arbeitsamt
09111 Chemnitz, Brückenstr 12; Tel (03 71) 6 91-0; Fax (03 71) 6 91-21 11
Arbeitsamtsdirektor: Wolfgang Handschuch LtdVwDir
Arbeitsamtsbezirk: Kreisfreie Stadt Chemnitz; Landkreise Freiberg und Mittwerda

Arbeitsamt
01069 Dresden, Semperstr 2; Tel (03 51) 46 71-0; Fax (03 51) 46 71-14 04
Arbeitsamtsdirektor: Hans Dieter Kaeswurm LtdVwDir
Arbeitsamtsbezirk: Kreisfreie Stadt Dresden

Arbeitsamt
04159 Leipzig, Georg-Schumann-Str 150; Tel (03 41) 9 13-0; Fax (03 41) 9 13-44 44

Arbeitsamtsdirektor: Dr Lothar Meyer LtdVwDir
Arbeitsamtsbezirk: Kreisfreie Stadt Leipzig; Landkreise Leipziger Land und Delitzsch

Arbeitsamt
04758 Oschatz, Oststr 3; Tel (0 34 35) 9 80-0; Fax (0 34 35) 9 80-1 93
Arbeitsamtsdirektor: Dr Dieter Torke VwDir
Arbeitsamtsbezirk: Landkreise Oschatz, Döbeln, Torgau, Grimma und Wurzen

Arbeitsamt
01796 Pirna, Seminarstr 7; Tel (0 35 01) 79 10; Fax (0 35 01) 79 13 33
Arbeitsamtsdirektor: Horst Kinitz Ang
Arbeitsamtsbezirk: Landkreise Sächsische Schweiz und Weißeritzkreis

Arbeitsamt
08523 Plauen, Engelstr 8; Tel (0 37 41) 23-0; Fax (0 37 41) 2 31-4 10
Arbeitsamtsdirektorin: Helga Lutz
Arbeitsamtsbezirk: Kreisfreie Stadt Plauen; Vogtlandkreis

Arbeitsamt
01587 Riesa, Chemnitzer-Str 26; Tel (0 35 25) 71 10; Fax (0 35 25) 71 16 32
Arbeitsamtsdirektorin: Dr Baerbel Gericke
Arbeitsamtsbezirk: Landkreise Riesa, Großenhain und Meißen

Arbeitsamt
08058 Zwickau, Leipziger Str 160; Tel (03 75) 3 14-0; Fax (03 75) 3 14-14 44
Arbeitsamtsdirektor: Paul Lieber VwDir
Arbeitsamtsbezirk: Kreisfreie Stadt Zwickau; Landkreise Glauchau, Hohenstein-Ernstthal, Stollberg, Werdau und Zwickau

Landesarbeitsamt Baden-Württemberg

70174 Stuttgart, Hölderlinstr 36; Tel (07 11) 9 41-0; Fax (07 11) 9 41-16 40
Präsident des Landesarbeitsamtes: Otto Werner Schade
Vizepräsidentin: Dr Christa Mantel
Landesarbeitsamtsbezirk: Land Baden-Württemberg

Dem Präsidenten unmittelbar unterstellt:
Presse- und Öffentlichkeitsarbeit Eckardt VwAng
Ref ABF: **Arbeitsmarkt- und Berufsforschung** Brujmann VwAngestellte

Abt I Arbeitsvermittlung und -beratung, Statistik, Arbeitsmarktberichterstattung, Ärztlicher Dienst
Leiterin: Dr Christa Mantel VPräsidentin

Ref Ia: Grundsatz-, Rechtsfragen, Organisation und Technik, Personal und Haushaltsangelegenheiten, Prüfung der Arbeitsämter, Arbeitsmarkt beobachtung und -orientierung, Arbeitsbeschaffungsmaßnahmen, Raumordnung und Wirtschaftsstruktur, strukturpolitische Maßnahmen, Angelegenheiten nach den Kündigungsschutzgesetzen, Aus- und Fortbildung in der Arbeitsvermittlung und Arbeitsberatung, Durchführung des Arbeitssicherstellungsgesetzes, Berufs- und Wirtschaftskunde, Schlüsselsysteme für die coArb Heckmann VwOR
Ref Ib: Arbeitsvermittlung nach Wirtschaftszweigen und Berufen (außer Schwerbehinderte), Fachvermittlung und Ausgleich, Arbeitsvermittlung von und nach dem Ausland, Ausländerangelegenheiten, Förderung der Arbeitsaufnahme einschließlich Förderung der Arbeitsaufnahme Berlin, Maßnahmen nach Art 56 § 2 Montanunionsvertrag, Erstattungen aus dem Europäischen Sozialfonds, Förderung für ältere Arbeitnehmer, Pendlerwohnungsbau, Kindertagesstätten, Arbeitnehmerwohnheime, Unterkünfte für ausländische Arbeitnehmer, Wohnungsbau für alleinstehende Mütter mit Kindern Hennig Ang
Ref Ic: Arbeitnehmerüberlassungsgesetz (ohne unerlaubte ANÜ), Arbeitsvermittlung im Auftrag der Bundesanstalt für Arbeit, Aufsicht, Verfolgung unberechtigter Arbeitsvermittlung, individuelle Förderung der beruflichen Fortbildung und Umschulung Markschat VwOR
Ref Id: Arbeits- und Berufsförderung Behinderter, individuelle Förderung der beruflichen Fortbildung und Umschulung für Behinderte (A Reha), Rehabilitationsregreß, Durchführung des Schwerbehindertengesetzes, Arbeitsvermittlung von Behinderten, Zusammenarbeit mit Rehabilitationsträgern und Einrichtungen, finanzielle Förderung von Rehabilitationsstätten und Werkstätten für Behinderte, institutionelle Fortbildung und Umschulung Dr Dill VwDir
Ref I ÄD: **Ärztlicher Dienst I/ÄD** Dr Toumi VwAng

Abt II Berufsberatung und Ausbildungsvermittlung, Psychologischer Dienst
Leiter: Ludwig Zettl LtdVwDir

Ref IIa: Grundsatzfragen, Maßnahmen der Vermittlung von Ausbildungsstellen, Berufsnachwuchsfragen Zettl LtdVwDir
Ref IIb: Maßnahmen der beruflichen Beratung für Abiturienten und Hochschüler, Mittel und Maßnahmen zur Berufsorientierung, Ausstellungen zur Berufswahl (Berufsinformationszentrum – BIZ –, Mobiles Informationszentrum – MOBIS –) Rempp VwORätin
Ref IIc: Berufskunde; Beratung Behinderter und weiterer besonderer Personenkreise, Maßnahmen zur Förderung der beruflichen Ausbildung Volz VwR
Ref II PD: **Leitender Psychologe** Wanke VwOR

Abt III Leistungsabteilung
Leiterin: Cravaack LtdVwDirektorin

Ref IIIa: Organisation, Verfahren, Haushaltsangelegenheiten, Personalansatz, Dienstaufsicht, Anpassungsfortbildung, Mitwirkung im Ämterprüfdienst, Vorschriften des Sozialgesetzbuches I und X zum Leistungsrecht der Abt, gemeinsame Vorschriften für die Gewährung von Leistungen nach dem Arbeitsförderungsgesetz mit Ausnahme der Kranken-, Renten- und Unfallversicherung der Empfänger von Kurzarbeitergeld, Schlechtwettergeld und Übergangsgeld, Konkursausfallgeld, Mitwirkung bei Anwendung der Haftungsvorschriften auf Fälle aus dem Referat Cravaack LtdVwDirektorin

Ref IIIb: Arbeitslosengeld, Arbeitslosenhilfe und Arbeitslosenbeihilfe, Arbeitslosengeld und Arbeitslosenhilfe nach anderen Gesetzen (z B nach dem Heimkehrergesetz und Häftlingshilfegesetz), Vorschriften des Sozialgesetzbuches IV zum Leistungsrecht der Abt, Beitragspflicht und Beitragsfreiheit, Beitragsrückzahlungen, Durchführung zwischenstaatlicher und überstaatlicher Abkommen über Arbeitslosenversicherungen (ohne Montanunionsvertrag), Mitwirkung bei Anwendung der Haftungsvorschriften auf Fälle aus dem Referat, Angelegenheiten nach dem Sozialgerichtsgesetz, Ordnungswidrigkeitengesetz und Arbeitnehmerüberlassungsgesetz und sonstige Vorgänge im Rahmen der Bekämpfung illegaler Beschäftigung, Ersatz- und Erstattungsstreitigkeiten, Bearbeitung der Widerspruchssachen in Angelegenheiten des Widerspruchausschusses nach § 39 Schwerbehindertengesetz Bauer VwDir

Ref IIIc: Kurzarbeitergeld, Winterbauförderung, Arbeitsbeschaffungsmaßnahmensleistungen, Kranken-, Unfall- und Rentenversicherung der Empfänger von Kurzarbeitergeld, Schlechtwettergeld und Übergangsgeld, Berufsausbildungsbeihilfe, Fortbildung und Umschulung, berufliche Rehabilitation, Beihilfen nach dem Montanunionvertrag und anderen Gesetzen (z B Heimkehrergesetz, Häftlingshilfegesetz), Aufgaben im Rahmen des europäischen Sozialfonds, Bundeskindergeldgesetz sowie zwischen- und überstaatliche Abkommen über Familienbeihilfen, Mitwirkung bei Anwendung der Niederschlagungs- und Haftungsvorschriften auf Fälle aus dem Referat Gneiting VwOR

Abt IV Verwaltung
Leiter: Günter Jöckel LtdVwDir

Ref IVa: Organisation, Allgemeine Verwaltung, Angelegenheiten der Selbstverwaltung, Ämterprüfdienst, dezentrale Datenverarbeitung, Datenschutz Jöckel LtdVwDir

Ref IVb: **Finanzwesen** Müller VwDir
Ref IVc: **Personalreferat, Justitiariat** Schwab VwDir
Ref IVd: **Aus- und Fortbildung, Nachwuchsfragen** Gerlach VwDir
Ref IVe: **Statistik und Arbeitsmarktberichterstattung, Betriebsnummernstelle** Schmidt VwOR
Ref IVf: **Infrastruktur** Leibe VwOR

Arbeitsämter
im Landesarbeitsamtsbezirk Baden-Württemberg

Arbeitsamt
73430 **Aalen,** Julius-Bausch-Str 12; Tel (0 73 61) 5 75-0; Fax (0 73 61) 5 75-5 45
Arbeitsamtsdirektor: Alwin Badstieber VwDir

Arbeitsamtsbezirk: Landkreis Heidenheim und Ostalbkreis

Arbeitsamt
72336 **Balingen,** Stingstr 17; Tel (0 74 33) 9 51-0; Fax (0 74 33) 9 51-2 52
Arbeitsamtsdirektor: Anton Mayer VwDir
Arbeitsamtsbezirk: Zollernalbkreis und Landkreis Sigmaringen

Arbeitsamt
79106 **Freiburg,** Lehener Str 77; Tel (07 61) 27 10-0; Fax (07 61) 2 71 04 99
Arbeitsamtsdirektor: Dr Hans Grewe LtdVwDir
Arbeitsamtsbezirk: Stadtkreis Freiburg; Landkreise Emmendingen und Breisgau-Hochschwarzwald

Arbeitsamt
73033 **Göppingen,** Mörikestr 15; Tel (0 71 61) 97 70-0; Fax (0 71 61) 97 70-6 06
Arbeitsamtsdirektor: Manfred Vogel LtdVwDir
Arbeitsamtsbezirk: Landkreise Göppingen und Esslingen

Arbeitsamt
69115 **Heidelberg,** Kaiserstr 69/71; Tel (0 62 21) 5 24-0; Fax (0 62 21) 5 24-7 39
Arbeitsamtsdirektor: Alfred Netzold VwDir
Arbeitsamtsbezirk: Stadtkreis Heidelberg; vom Rhein-Neckar-Kreis 36 Gemeinden (siehe auch Arbeitsamt Mannheim)

Arbeitsamt
74074 **Heilbronn,** Rosenbergstr 50; Tel (0 71 31) 9 69-0; Fax (0 71 31) 9 69-4 48
Arbeitsamtsdirektor: Norbert Kluftinger VwDir
Arbeitsamtsbezirk: Stadt- und Landkreis Heilbronn

Arbeitsamt
76135 **Karlsruhe,** Brauerstr 10; Tel (07 21) 8 23-0; Fax (07 21) 8 23-20 00
Arbeitsamtsdirektor: Hartmut Pleier LtdVwDir
Arbeitsamtsbezirk: Stadt- und Landkreis Karlsruhe

Arbeitsamt
78467 **Konstanz,** Stromeyersdorfstr 1; Tel (0 75 31) 5 85-0; Fax (0 75 31) 5 85-5 29
Arbeitsamtsdirektor: Josef Paul Gampp VwDir
Arbeitsamtsbezirk: Landkreis Konstanz; vom Bodenseekreis 15 Gemeinden (siehe auch Arbeitsamt Ravensburg)

Arbeitsamt
79539 **Lörrach,** Brombacher Str 2; Tel (0 76 21) 1 78-0; Fax (0 76 21) 17 83 24
Arbeitsamtsdirektor: Peter Biwer VwDir
Arbeitsamtsbezirk: Landkreise Lörrach und Waldshut

Arbeitsamt
71638 **Ludwigsburg,** Stuttgarter Str 53/55; Tel (0 71 41) 1 37-0; Fax (0 71 41) 1 37-5 50

Arbeitsamtsdirektor: Ferdinand Lautenbacher VwOR
Arbeitsamtsbezirk: Landkreis Ludwigsburg

Arbeitsamt
68161 Mannheim, M 3 a; Tel (06 21) 1 65-0; Fax (06 21) 1 65-5 30
Arbeitsamtsdirektor: Dr Rudolf Friedrich LtdVwDir
Arbeitsamtsbezirk: Stadtkreis Mannheim, vom Rhein-Neckar-Kreis 18 Gemeinden (siehe auch Arbeitsamt Heidelberg)

Arbeitsamt
72202 Nagold, Bahnhofstr 37; Tel (0 74 52) 8 29-0; Fax (0 74 52) 8 29-6 99
Arbeitsamtsdirektor: Dr Reinhardt Dutt VwDir
Arbeitsamtsbezirk: Landkreise Calw und Freudenstadt

Arbeitsamt
77654 Offenburg, Weingartenstr 3; Tel (07 81) 93 93-0; Fax (07 81) 93 93-5 04
Arbeitsamtsdirektor: Dr Manfred Arendt VwDir
Arbeisamtsbezirk: Ortenaukreis

Arbeitsamt
75172 Pforzheim, Luisenstr 32; Tel (0 72 31) 3 04-0; Fax (0 72 31) 30 43 39
Arbeitsamtsdirektor: NN
Arbeitsamtsbezirk: Stadtkreis Pforzheim und Enzkreis

Arbeitsamt
76437 Rastatt, Karlstr 18; Tel (0 72 22) 9 30-0; Fax (0 72 22) 93 02 95
Arbeitsamtsdirektor: Dr Herbert Ernst Tutas VwOR
Arbeitsamtsbezirk: Stadtkreis Baden-Baden und Landkreis Rastatt

Arbeitsamt
88212 Ravensburg, Schützenstr 69; Tel (07 51) 8 05-0; Fax (07 51) 8 05-3 70
Arbeitsamtsdirektor: Heinz Schnäbele LtdVwDir
Arbeitsamtsbezirk: Landkreise Biberach und Ravensburg, vom Bodenseekreis 8 Gemeinden (siehe auch Arbeitsamt Konstanz)

Arbeitsamt
72764 Reutlingen, Albstr 83; Tel (0 71 21) 3 09-0; Fax (0 71 21) 30 93 06
Arbeitsamtsdirektorin: Karin Oppermann VwDirektorin
Arbeitsamtsbezirk: Landkreise Reutlingen und Tübingen

Arbeitsamt
78628 Rottweil, Marxstr 12; Tel (0 77 41) 4 92-0; Fax (07 41) 4 92-1 79
Arbeitsamtsdirektor: Bruno Stehle VwDir
Arbeitsamtsbezirk: Landkreise Rottweil und Tuttlingen

Arbeitsamt
74523 Schwäbisch Hall, Bahnhofstr 18; Tel (07 91) 97 58-0; Fax (07 91) 97 58-2 09
Arbeitsamtsdirektor: Eberhard Bauer VwDir
Arbeitsamtsbezirk: Landkreis Schwäbisch Hall, Hohenlohekreis

Arbeitsamt
70190 Stuttgart, Neckarstr 155; Tel (07 11) 9 20-0; Fax (07 11) 9 20-23 02
Arbeitsamtsdirektor: Dr Heribert Rottenecker LtdVwDir
Arbeitsamtsbezirk: Stadtkreis Stuttgart und Landkreis Böblingen

Arbeitsamt
97941 Tauberbischofsheim, Dr-Burger-Str 1; Tel (0 93 41) 87-0; Fax (0 93 41) 87-3 30
Arbeitsamtsdirektorin: Ingund Preußler VwDirektorin
Arbeitsamtsbezirk: Neckar-Odenwald- und Main-Tauber-Kreis

Arbeitsamt
89073 Ulm, Wichernstr 5; Tel (07 31) 1 60-0; Fax (07 31) 16 04 99
Arbeitsamtsdirektor: Johannes Rettig VwDir
Arbeitsamtsbezirk: Stadtkreis Ulm und Alb-Donau-Kreis

Arbeitsamt
78050 Villingen-Schwenningen, Lantwattenstr 2; Tel (0 77 21) 2 09-0; Fax (0 77 21) 2 09-2 00
Arbeitsamtsdirektor: Horst Billing VwDir
Arbeitsamtsbezirk: Schwarzwald-Baar-Kreis

Arbeitsamt
71332 Waiblingen, Mayenner Str 60; Tel (0 71 51) 95 19-0; Fax (0 71 51) 95 19-2 66
Arbeitsamtsdirektor: Gottlieb Hawner VwDir
Arbeitsamtsbezirk: Rems-Murr-Kreis

Landesarbeitsamt Nordbayern

90478 Nürnberg, Regensburger Str 100; Tel (09 11) 1 79-0; Fax (09 11) 1 79-42 02

Präsident des Landesarbeitsamtes: Dr jur utr Richard Wanka
Vizepräsident: Dr jur Kurt Schall
Landesarbeitsamtsbezirk: Vom Freistaat Bayern die Regierungsbezirke Oberpfalz, Oberfranken, Mittelfranken, Unterfranken sowie vom Regierungsbezirk Niederbayern ein Teil des Landkreises Kelheim

Dem Präsidenten unmittelbar unterstellt:

Pressestelle Rasmussen VwR z A
Ref: **Arbeitsmarkt- und Berufsforschung** Bisping VwOR
Referat für Frauenbelange Stehlik-Paul VwORätin

Abt I Arbeitsvermittlung und Arbeitsberatung, Ärztlicher Dienst
Leiter: Dr jur Kurt Schall VPräs

Ref: **Grundsatzfragen, Organisation und Verfahren, Allgemeine Maßnahmen zur Arbeitsbeschaffung (ABM), Arbeitsmarktbeobachtung, Raumordnung und Wirtschaftsstruktur, anzeigepflichtige Entlassungen, Wohnheim- und Wohnungsbau, Arbeitssicherstellungsgesetz** Maidhof VwOR

Ref: **Arbeitsvermittlung nach Wirtschaftszweigen und Berufen einschließlich Fachvermittlung, Arbeitsvermittlung besonderer Personengruppen (außer Schwerbehinderte), überbezirkliche Arbeitsvermittlung, Arbeitnehmerüberlassung, Arbeitsvermittlung im Auftrag der Bundesanstalt für Arbeit, Ausländerangelegenheiten, Berufs- und Wirtschaftskunde, Vorruhestandsgesetz, Altersteilzeit, Erlaubnisverfahren für private Arbeitsvermittlung** Lehmeier VwDir

Ref: **Individuelle und institutionelle Förderung der beruflichen Bildung (FuU), Europäischer Sozialfonds, Förderung von Aussiedlern, Förderung der Arbeitsaufnahme (FdA), Lohnkostenzuschüsse, § 103 b Arbeitsförderungsgesetz, Angelegenheiten in Zusammenhang mit dem Montanunionvertrag** Hain VwOR

Ref: **Berufliche Rehabilitation, Arbeitsvermittlung Schwerbehinderter, Durchführung des Schwerbehindertengesetzes, Technischer Beratungsdienst, Ersatzansprüche gegen private Schädiger oder deren Versicherer (Reha-Regreß)** Göbel VwOR
Ärztlicher Dienst Dr Ohneberg MedDir

Abt II Berufsberatung, Psychologischer Dienst
Leiter: Dr phil Günther Schauenberg LtdVwDir

Ref: **Grundsatzfragen, Organisation und Verfahren, Ausbildungsvermittlung, Berufsnachwuchsfragen** Dr Schauenberg LtdVwDir

Ref: **Berufsorientierung, berufliche Beratung, Berufskunde, Dokumentation, Selbstinformationseinrichtungen, berufsorientierende Ausstellungen** Daubenmerkl VwOR

Ref: **Berufsberatung Behinderter, junger Ausländer und anderer Personengruppen, berufsvorbereitende Bildungsmaßnahmen, finanzielle Förderung** Kieper VwORätin
Psychologischer Dienst Wenger VwDir

Abt III Leistungsabteilung
Leiter: Leo Taplick LtdVwDir

Ref: **Grundsatzfragen, Organisation und Verfahren, Sozialgesetzbuch** Taplick LtdVwDir

Ref: **Kurzarbeitergeld, Winterbauförderung, Leistungen nach dem Vorruhestands- und Altersteilzeitgesetz, Kindergeld, Angelegenheiten der Familienkasse, Sozialgerichtsbarkeit, Straf- und Bußgeldsachen** NN

Ref: **Leistungen an Arbeitslose, Konkursausfallgeld, Leistungen zur individuellen Förderung der beruflichen Bildung, zwischen- und überstaatliche Vorschriften über Arbeitslosenversicherung und Arbeitslosenhilfe, Durchführung von Aufgaben aus dem Bereich des internationalen Rechts der Arbeitslosenversicherung, Bekämpfung der illegalen Beschäftigung** Glos VwORätin

Abt IV Verwaltung
Leiter: Wolf Palige LtdVwDir

Ref: **Allgemeine Organisationsfragen und Verwaltungsangelegenheiten, Selbstverwaltung, Ämterprüfdienst, Datenschutz und Datensicherheit, Zentraler Ausstellungsdienst** Palige LtdVwDir

Ref: **Finanzwesen (einschließlich Kasse mit Forderungseinzug für die Arbeitsämter im Bezirk des Landesarbeitsamtes Nordbayern mit Dienstsitz in Weiden), Justitiariat** Hopp VwOR

Ref: **Personalangelegenheiten** Spieler VwOR

Ref: **Aus- und Fortbildung des Personals** Dirmeier VwDir

Ref: **Statistik und Arbeitsmarktberichterstattung** Brüning VwOR

Ref: **Infrastruktur** Krause VwDir

Arbeitsämter

im Landesarbeitsamtsbezirk Nordbayern

Arbeitsamt
91522 Ansbach, Schalkhäuser Str 40; Tel (09 81) 1 82-0; Fax (09 81) 1 82-4 56
Arbeitsamtdirektor: Wolfgang Wille VwDir
Arbeitsamtsbezirk: Kreisfreie Stadt Ansbach; Landkreise Ansbach, Neustadt a d Aisch/Bad Windsheim

Arbeitsamt
63739 Aschaffenburg, Memeler Str 15; Tel (0 60 21) 3 90-0; Fax (0 60 21) 3 90-2 63
Arbeitsamtdirektor: Walter Fries VwDir
Arbeitsamtsbezirk: Kreisfreie Stadt Aschaffenburg; Landkreise Aschaffenburg und Miltenberg

Arbeitsamt
96050 Bamberg, Schildstr 79; Tel (09 51) 91 28-0; Fax (09 51) 91 28-2 61
Arbeitsamtdirektor: Peter Haberecht VwDir
Arbeitsamtsbezirk: Kreisfreie Stadt Bamberg; Landkreis Bamberg; Stadt und Landkreis Forchheim

Arbeitsamt
95444 Bayreuth, Casselmannstr 6; Tel (09 21) 8 87-0; Fax (09 21) 8 87-4 14
Arbeitsamtdirektor: Günter Bergmann VwDir
Arbeitsamtsbezirk: Stadtkreis Bayreuth; Landkreise Bayreuth und Kulmbach

Arbeitsamt
96450 Coburg, Kanonenweg 25; Tel (0 95 61) 93-0; Fax (0 95 61) 93-2 83
Arbeitsamtdirektor: Ulrich Kanzok VwDir
Arbeitsamtsbezirk: Stadtkreis Coburg; Landkreise Coburg, Kronach und Lichtenfels

Arbeitsamt
95032 Hof, Äußere Bayreuther Str 2; Tel (0 92 81) 7 85-0; Fax (0 92 81) 7 85-3 80
Arbeitsamtsdirektor: Wolfgang Winter VwDir
Arbeitsamtsbezirk: Kreisfreie Stadt Hof; Landkreise Hof und Wunsiedel im Fichtelgebirge, teilweise Landkreis Tirschenreuth

Arbeitsamt
90443 Nürnberg, Richard-Wagner-Platz 5; Tel (09 11) 2 42-0; Fax (09 11) 2 42-29 99
Arbeitsamtsdirektor: Peter Wülk LtdVwDir
Arbeitsamtsbezirk: Kreisfreie Städte Nürnberg, Erlangen, Fürth und Schwabach; Landkreise Nürnberger Land, Erlangen-Höchstadt, Fürth und teilweise Roth

Arbeitsamt
93053 Regensburg, Galgenbergstr 24; Tel (09 41) 78 08-0; Fax (09 41) 78 08-2 22
Arbeitsamtsdirektor: NN
Arbeitsamtsbezirk: Kreisfreie Stadt Regensburg; Landkreise Neumarkt, Regensburg sowie Teillandkreis Kelheim

Arbeitsamt
92421 Schwandorf, Garrstr 1 b; Tel (0 94 31) 2 00-0; Fax (0 94 31) 2 00-2 99
Arbeitsamtsdirektor: Klemens Stehmann VwDir
Arbeitsamtsbezirk: Kreisfreie Stadt Amberg; Landkreise Schwandorf, Amberg-Sulzbach und Cham

Arbeitsamt
97421 Schweinfurt, Kornacherstr 6; Tel (0 97 21) 5 47-0; Fax (0 97 21) 5 47-4 98
Arbeitsamtsdirektor: Walter Bühl VwDir
Arbeitsamtsbezirk: Stadt- und Landkreis Schweinfurt; Landkreise Rhön-Grabfeld, Bad Kissingen und Haßberge

Arbeitsamt
92637 Weiden, Weigelstr 24; Tel (09 61) 4 09-0; Fax (09 61) 4 09-5 78
Arbeitsamtsdirektor: Siegfried Bühner VwDir
Arbeitsamtsbezirk: Kreisfreie Stadt Weiden i d OPf; Landkreis Neustadt a d Waldnaab und Teillandkreis Tirschenreuth

Arbeitsamt
91781 Weißenburg i Bay, Schwärzgasse 1; Tel (0 91 41) 8 71-0; Fax (0 91 41) 8 71-4 44
Arbeitsamtsdirektor: Eberhard Schneider VwDir
Arbeitsamtsbezirk: Landkreise Weißenburg-Gunzenhausen und Roth (teilweise)

Arbeitsamt
97072 Würzburg, Ludwigkai 3; Tel (09 31) 79 49-0; Fax (09 31) 79 49-7 00
Arbeitsamtsdirektorin: Dr Mechthild König LtdVwDirektorin
Arbeitsamtsbezirk: Kreisfreie Stadt Würzburg; Landkreise Würzburg, Kitzingen und Main-Spessart

Landesarbeitsamt Südbayern

80337 München, Thalkirchner Str 54; Tel (0 89) 54 45-0; Telex 5 215 695 laa d; Fax (0 89) 54 45-15 60

Präsident des Landesarbeitsamtes: Dr Herbert Pfuhlmann
Vizepräsident: NN
Landesarbeitsamtsbezirk: Vom Freistaat Bayern die Regierungsbezirke Oberbayern, Niederbayern (ausgenommen ein Teil des Landkreises Kelheim) und Schwaben

Abt I Arbeitsvermittlung/Arbeitsberatung, Ärztlicher Dienst
Leiter: NN

Ref: **Grundsatz- und Rechtsfragen, Organisation und Verfahren, EDV, Arbeitsmarktbeobachtung, Raumordnung, Wirtschaftsstruktur und -förderung, Berufs- und Wirtschaftskunde, Maßnahmen zur Arbeitsbeschaffung, anzeigepflichtige Entlassungen, Arbeitssicherstellungsgesetz** Peschel VwDir
Ref: **Ausländerangelegenheiten, Arbeitsvermittlung im Auftrag der Bundesanstalt, Verfolgung unberechtigter Arbeitsvermittlung, Arbeitnehmerüberlassung** Blättermann VwOR
Ref: **Individuelle und institutionelle Förderung der beruflichen Bildung, Förderung der Arbeitsaufnahme, Frauenerwerbsarbeit, Arbeitsvermittlung und Betreuung besonderer Personengruppen (ohne Schwerbehinderte und Rehabilitanden), Ausgleich, Fachvermittlung** Dr Hahn
Ref: **Berufliche Rehabilitation, institutionelle Förderung von Rehabilitationseinrichtungen, Arbeitsvermittlung Schwerbehinderter, Durchführung des Schwerbehindertengesetzes, Technischer Beratungsdienst, Ersatzansprüche gegen private Schädiger oder deren Versicherer (Reha-Regreß)** Schmidt VwOR
Ärztlicher Dienst Dr Gröschel MedDir

Abt II Berufsberatung/Ausbildungsvermittlung, Psychologischer Dienst
Leiter: NN

Ref: **Grundsatzfragen, Organisation, Gesamtplanung, Ausbildungsvermittlung** NN
Ref: **Berufsberatung behinderter Jugendlicher, junger Ausländer und anderer bestimmter Personengruppen, berufsvorbereitende Maßnahmen, finanzielle Förderung** Eder VwOR
Ref: **Berufsorientierung, berufliche Beratung, Selbstinformationseinrichtungen/berufsorientierende Ausstellungen, Berufs- und Bildungskunde** Hesse VwOR
Psychologischer Dienst NN

Abt III Leistungsabteilung
Leiter: Werner Walzel LtdVwDir

Ref: **Grundsatzfragen, Organisation und Verfahren, Sozialgesetzbuch, Kurzarbeitergeld, Winterbauförderung, Vorruhestandsleistungen, Leistungen an Arbeitslose, zwischen- und überstaatliche Vorschriften über Arbeitslosenversicherung und Arbeitslosenhilfe, Konkursausfallgeld** Walzel LtdVwDir
Ref: **Sozialgerichtsbarkeit, Straf- und Bußgeldverfahren, Kindergeld, Leistungen zur individuellen Förderung der beruflichen Bildung und Rehabilitation, Bekämpfung der illegalen Beschäftigung** NN

Abt IV Verwaltung
Leiter: Wolf Palige LtdVwDir

Ref: **Organisation, allgemeine Verwaltung, Ämterprüfdienst, Angelegenheiten der Selbstverwaltung, Datenschutz** Palige LtdVwDir
Ref: **Finanzwesen** Bückle VwOR
Ref: **Personalangelegenheiten** Ließmann VwDir
Ref: **Aus- und Fortbildung des Personals** Zöllner VwDir
Ref: **Infrastruktur** Oest VwOR
Ref: **Statistik und Arbeitsmarktberichterstattung** Dr Tutas VwOR
Ref: **Beauftragte für Frauenbelange** Agricola Ang
Stelle für Presse und Öffentlichkeitsarbeit Dr Tutas VwOR
Ref: **Arbeitsmarkt- und Berufsforschung** Steltzer VwORätin

Arbeitsämter
im Landesarbeitsamtsbezirk Südbayern

Arbeitsamt
86153 Augsburg, Wertachstr 28; Tel (08 21) 31 51-0; Fax (08 21) 31 51-4 99
Arbeitsamtsdirektor: Erich Blume LtdVwDir
Arbeitsamtsbezirk: Kreisfreie Stadt Augsburg; Landkreise Aichach-Friedberg und Augsburg

Arbeitsamt
94469 Deggendorf, Hindenburgstr 32; Tel (09 91) 31 01-0; Fax (09 91) 31 01-2 06
Arbeitsamtsdirektorin: Dr Barbara Röll
Arbeitsamtsbezirk: Stadtkreis Straubing; Landkreise Deggendorf, Regen und Straubing-Bogen

Arbeitsamt
86609 Donauwörth, Zirgesheimer Str 9; Tel (09 06) 7 88-0; Fax (09 06) 7 88-2 30
Arbeitsamtsdirektor: Dr Günther-Heinz Dietrich VwDir
Arbeitsamtsbezirk: Landkreise Donau-Ries und Dillingen a d Donau

Arbeitsamt
85356 Freising, Parkstr 11; Tel (0 81 61) 1 71-0; Fax (0 81 61) 1 71-2 08
Arbeitsamtsdirektor: Winfried Höfelmayr VwDir
Arbeitsamtsbezirk: Landkreise Freising und Erding

Arbeitsamt
85049 Ingolstadt, Heydeckplatz 1; Tel (08 41) 93 38-0; Fax (08 41) 93 38-9 99
Arbeitsamtsdirektor: Dr Joerg Moenninghoff VwDir
Arbeitsamtsbezirk: Kreisfreie Stadt Ingolstadt; Landkreise Eichstätt, Neuburg-Schrobenhausen und Pfaffenhofen

Arbeitsamt
87439 Kempten, Rottachstr 26; Tel (08 31) 20 56-0; Fax (08 31) 20 56-3 56
Arbeitsamtsdirektor: Dietrich Vergho VwDir
Arbeitsamtsbezirk: Stadtkreise Kempten und Kaufbeuren; Landkreise Oberallgäu, Ostallgäu und Lindau

Arbeitsamt
84034 Landshut, Leinfelderstr 6; Tel (08 71) 6 97-0; Fax (08 71) 6 97-3 60
Arbeitsamtsdirektor: Eckhard Dreher VwDir
Arbeitsamtsbezirk: Stadtkreis Landshut; Landkreise Landshut, Dingolfing-Landau und Kelheim (teilweise)

Arbeitsamt
87700 Memmingen, Dr Berndl-Platz 2; Tel (0 83 31) 9 71-0; Fax (0 83 31) 9 71-4 90
Arbeitsamtsdirektor: Hans Dieter Jagella VwDir
Arbeitsamtsbezirk: Stadtkreis Memmingen; Landkreise Neu-Ulm, Günzburg und Unterallgäu

Arbeitsamt
80337 München, Kapuzinerstr 26; Tel (0 89) 51 54-0; Fax (0 89) 51 54-66 69
Arbeitsamtsdirektor: Erich Blume LtdVwDir
Arbeitsamtsbezirk: Stadt- und Landkreis München; Landkreise Ebersberg, Fürstenfeldbruck, Dachau und Starnberg

Arbeitsamt
94032 Passau, Innstr 30; Tel (08 51) 5 08-0; Fax (08 51) 5 08-4 40
Arbeitsamtsdirektor: Jakob Schöpf VwDir
Arbeitsamtsbezirk: Kreisfreie Stadt Passau; Landkreise Passau und Freyung/Grafenau

Arbeitsamt
84347 Pfarrkirchen, Ringstr 23; Tel (0 85 61) 9 82-0; Fax (0 85 61) 9 82-4 08
Arbeitsamtsdirektor: Johann Krämer VwDir
Arbeitsamtsbezirk: Landkreise Altötting, Mühldorf a Inn und Rottal-Inn

Arbeitsamt
83022 Rosenheim, Wittelsbacherstr 57; Tel (0 80 31) 2 02-0; Fax (0 80 31) 2 02-4 00
Arbeitsamtsdirektorin: Barbara Teismann VwDirektorin
Arbeitsamtsbezirk: Kreisfreie Stadt Rosenheim; Landkreise Rosenheim, Bad Tölz-Wolfratshausen und Miesbach

Arbeitsamt
83278 Traunstein, Chiemseestr 35; Tel (08 61) 70 30; Fax (08 61) 7 03-5 50
Arbeitsamtsdirektor: Johann Bauer VwDir
Arbeitsamtsbezirk: Landkreise Traunstein und Berchtesgadener Land

Arbeitsamt
82362 Weilheim, Karwendelstr 1; Tel (08 81) 9 91-0; Fax (08 81) 9 91-1 46
Arbeitsamtsdirektor: Johannes Edbauer VwDir
Arbeitsamtsbezirk: Landkreise Garmisch-Partenkirchen, Weilheim-Schongau und Landsberg a Lech

Bundesversicherungsanstalt für Angestellte (BfA)
– Körperschaft des öffentlichen Rechts –

10709 Berlin, Ruhrstr 2; Tel (0 30) 86 51; Fax (0 30) 86 52 72 40; Telex 01 83 366 bfa d

Rechtsgrundlage und Aufgabenkreis:
Gesetz über die Errichtung der Bundesversicherungsanstalt für Angestellte (Errichtungsgesetz) vom 7. August 1953 (BGBl I S 857). Die BfA ist Trägerin der gesetzlichen Rentenversicherung der Angestellten in der Bundesrepublik Deutschland.

Vorsitzende des Vorstandes: Lutz Freitag; Hans Dieter Richardt (im Wechsel)
Vorsitzende der Vertreterversammlung: Dr Jürgen Paulsdorff; Viktor Fisch (im Wechsel)
Präsident der Bundesversicherungsanstalt für Angestellte: Dr Herbert Rische

Landesversicherungsanstalt Oldenburg-Bremen
– Körperschaft des öffentlichen Rechts –

26135 Oldenburg, Huntestr 11; Tel (04 41) 9 27-0; Fax (04 41) 9 27-25 63

Rechtsgrundlage und Aufgabenkreis:
Rentenversicherung der Arbeiter und Künstlersozialkasse. Durch das Gesetz zur finanziellen Sicherung der Künstlersozialversicherung vom 18. Dezember 1987 ist die Künstlersozialkasse (KSK) seit dem 1. Januar 1988 eine mit Sondervermögen ausgestattete Abteilung der Landesversicherungsanstalt Oldenburg-Bremen. Die Landesversicherungsanstalt führt von diesem Zeitpunkt an das Künstlersozialversicherungsgesetz unter der Bezeichnung „Künstlersozialkasse" durch. Durch den Einigungsvertrag vom 31. August 1990 erstreckt sich das Aufgabengebiet der „Künstlersozialkasse" ab dem 01. Januar 1991 auch auf die neuen Bundesländer.
Die KSK hat die Aufgabe festzustellen, wer nach dem Künstlersozialversicherungsgesetz als Künstler/Publizist in der Kranken- und Rentenversicherung versicherungspflichtig ist und wer als Verwerter künstlerischer/publizistischer Leistungen abgabepflichtig ist. Die KSK meldet die versicherungspflichtigen Künstler/Publizisten bei der Bundesversicherungsanstalt für Angestellte (BfA) und bei der zuständigen Krankenkasse an und führt die Versicherungsbeiträge für diese ab.
Sie berät die Künstler und Publizisten und die abgabepflichtigen Verwerter in allen Fragen des Künstlersozialversicherungsgesetzes.
Die KSK zieht zur Finanzierung der Versicherungsbeiträge die Beitragsanteile der Versicherten, die Künstlersozialabgabe und den Bundeszuschuß ein.

Vorsitzende des Vorstandes: Arno Kalkowski; Eberhard Schodde (im jährlichen Wechsel)
Geschäftsführer: Rüdiger vom Ende

Abt Künstlersozialkasse (KSK)
26384 Wilhelmshaven, Langeoogstr 12; Tel (0 44 21) 3 08-0; Fax (0 44 21) 30 82 06
Leiter: Rüdiger vom Ende

Bahnversicherungsanstalt
– Körperschaft des öffentlichen Rechts –

60329 Frankfurt am Main, Karlstr 4-6; Tel (0 69) 2 65-0; Telex 4 11 124 db d; Fax (0 69) 2 65-41 70

Aufgabenkreis:
Die Bahnversicherungsanstalt ist Trägerin der gesetzlichen Rentenversicherung der Arbeiter und Angestellten und einer Renten-Zusatzversicherung.

Vorsitzender: Norbert Heger
Stellv Vorsitzender: Robert Bäumler
Geschäftsführer: Hartmut Janzer

See-Berufsgenossenschaft und Seekasse
– Körperschaft des öffentlichen Rechts –

20457 Hamburg, Reimerstwiete 2; Tel (0 40) 3 61 37-0; Fax (0 40) 3 61 37-7 70

Aufgabenkreis:
See-Sozialversicherung und staatliche Schiffssicherheit.

Vorsitzende des Vorstandes: Eike Eulen; Dr Henning Winter (im dreijährigen Wechsel)
Vorsitzender der gemeinsamen Geschäftsführung: Reimer Göttsch

Landwirtschaftliche Berufsgenossenschaft Berlin
– Körperschaft des öffentlichen Rechts –

15366 Hönow, Mahlsdorfer Str. 61 B; Tel (0 30) 99 230-0; Fax (0 30) 99 230-230

Rechtsgrundlage und Aufgabenkreis:
Sozialgesetzbuch VII, verkündet als Art 1 des Gesetzes zur Einordnung des Rechts der gesetzlichen Unfallversicherung in das Sozialgesetzbuch (Unfallversicherungs-Einordnungsgesetz – UVEG – vom 7. August 1996 (BGBl I S 1254).

Die Landwirtschaftliche Berufsgenossenschaft Berlin – zuständig für die Bundesländer Mecklenburg-Vorpommern, Brandenburg, Berlin, Sachsen-Anhalt und Freistaat Thüringen – ist eine Körperschaft des öffentlichen Rechts mit Selbstverwaltung. Sie ist Trägerin der gesetzlichen Unfallversicherung für Versicherte in den Unternehmen, die vom Umfang der landwirtschaftlichen Unfallversicherung erfaßt werden oder für die sich kraft Gesetzes die Zuständigkeit ergibt, sowie für die in ihnen tätigen gegen Arbeitsunfall Versicherten, soweit nicht die Zuständigkeit der Gartenbau-Berufsgenossenschaft gegeben ist oder gesetzliche Ausnahmen der sachlichen Zuständigkeit vorgesehen sind.

Die Aufgaben der Berufsgenossenschaft werden von den Selbstverwaltungsorganen (Vertreterversammlung und Vorstand) und von dem Geschäftsführer durchgeführt.

Vorstandsvorsitzender: Joachim Kühne; Günter Scheibe (im Wechsel)
Geschäftsführer: Werner Melzer

Bundesknappschaft Bochum Hauptverwaltung

Bundesunmittelbarer Träger der knappschaftlichen Kranken-, Pflege- und Rentenversicherung
– Körperschaft des öffentlichen Rechts –

44781 Bochum, Pieperstr 14/28; Tel (02 34) 3 04-0; Fax (02 34) 3 04-52 05

Rechtsgrundlage und Aufgabenkreis:
Die Bundesknappschaft ist als Körperschaft des öffentlichen Rechts Träger der Knappschaftsversicherung mit Sitz in Bochum. Die Knappschaftsversicherung umfaßt die knappschaftliche Krankenversicherung, die Pflegeversicherung und die knappschaftliche Rentenversicherung (§ 167 SGB-Teil V, § 1 Abs 3 SGB – Teil XI, § 136 SGB – Teil VI).

Vorsitzender des Vorstandes: Fritz Kollorz
Vorsitzender der Geschäftsführung: Dr Rüdiger Wirth

Gesamtverband der landwirtschaftlichen Alterskassen

– Körperschaft des öffentlichen Rechts –

34131 Kassel, Weißensteinstr 70-72; Tel (05 61) 93 59-0; Fax (05 61) 93 59-2 05

Rechtsgrundlage und Aufgabenkreis:
Gesetz über die Alterssicherung der Landwirte (ALG) – Artikel 1 des Gesetzes vom 29. Juli 1994 (BGBl I Seite 1890) –, zuletzt geändert durch das Wachstums und Beschäftigungsförderungsgesetz – WFG vom 25 September 1996 (BGBl I S 1461).
Versicherungspflichtig sind
- Landwirte (Unternehmer, die ein auf Bodenbewirtschaftung beruhendes Unternehmen der Landwirtschaft betreiben) sowie deren Ehegatten und
- mitarbeitende Familienangehörige.

Unternehmen der Landwirtschaft sind dabei Unternehmen der Land- und Forstwirtschaft einschließlich des Gartenbaues sowie der Fischzucht und der Teichwirtschaft.

Dem Gesamtverband obliegt die Erteilung des Einvernehmens zu den Beschlüssen über die Festsetzung der Grenzwerte für die Mindestgröße; die Beschlußfassung der Richtlinien über die Gewährung von Rehabilitationsmaßnahmen; die Förderung der gemeinsamen Aufgaben der landwirtschaftlichen Alterskassen, insbesondere die Durchführung des finanziellen Ausgleichs unter den landwirtschaftlichen Alterskassen; die Verteilung der Bundesmittel auf die landwirtschaftlichen Alterskassen; die Zusammenarbeit mit den landwirtschaftlichen Alterskassen zum Zwecke der Regelung und Durchführung der stationären Heilbehandlung einschließlich der Gewährung von Betriebs- und Haushaltshilfe sowie von allgemeinen Maßnahmen und gesundheitsfördernden oder betriebserhaltenden Einzelmaßnahmen, insbesondere für landwirtschaftliche Unternehmer und ihre Angehörigen; die Durchführung der ihm durch Gesetz und Satzung weiterhin zugewiesenen Aufgaben.

Vorstandsvorsitzender: Klaus Alte
Geschäftsführer: Harald Deisler

Landwirtschaftliche Alterskasse Berlin

– Körperschaft des öffentlichen Rechts –

15366 Hönow, Mahlsdorfer Str 61 B; Tel (0 30) 2 56 32-5 01; Fax (0 30) 2 56 32-5 55

Rechtsgrundlage und Aufgabenkreis:
Gesetz über die Alterssicherung der Landwirte (ALG), verkündet als Artikel 1 des Gesetzes zur Reform der agrarsozialen Sicherung (Agrarsozialreformgesetz 1995 – ASRG 1995) vom 29. Juli 1994 (BGBl I Seite 1890), zuletzt geändert durch Artikel 8 Wachstums- und Beschäftigungsförderungsgesetz (WFG) vom 25. September 1996 (BGBl I S 1476).
Die Landwirtschaftliche Alterskasse Berlin – zuständig für die Bundesländer Mecklenburg-Vorpommern, Brandenburg, Berlin, Sachsen-Anhalt und Freistaat Thüringen – ist eine Körperschaft des öffentlichen Rechts mit Selbstverwaltung. Sie ist Trägerin der gesetzlichen Alterssicherung für landwirtschaftliche Unternehmer, ihre Ehegatten und mitarbeitenden Familienangehörigen, sofern nicht Versicherungsfreiheit besteht oder von der Versicherung auf Antrag befreit wird.
Die Aufgaben der Alterskasse werden von den Selbstverwaltungsorganen (Vertreterversammlung und Vorstand) und von dem Geschäftsführer durchgeführt.

Vorstandsvorsitzender: Joachim Kühne; Klaus Griepentrog (im Wechsel)

Landwirtschaftliche Krankenkasse Berlin

– **Körperschaft des öffentlichen Rechts** –

15366 Hönow, Mahlsdorfer Str 61 B; Tel (0 30) 9 92 30-0; Fax (0 30) 9 92 30-2 30

Rechtsgrundlage und Aufgabenkreis:
Gesetz zur Weiterentwicklung des Rechts der gesetzlichen Krankenversicherung (Gesetz über die Krankenversicherung der Landwirte – KVLG) vom 10. August 1972 (BGBl I S 1433), grundlegend geändert durch das Zweite Gesetz über die Krankenversicherung der Landwirte (KVLG 1989), verkündet als Artikel 8 des Gesetzes zur Strukturreform im Gesundheitswesen (Gesundheitsreformgesetz – GRG) vom 20. Dezember 1988 (BGBl I S 2477, 2557), zuletzt geändert durch Artikel 9 des Gesetzes zur sozialrechtlichen Behandlung von einmalig bezahltem Arbeitsentgelt vom 12. Dezember 1996 (BGBl S 1859).
Die Landwirtschaftliche Krankenkasse Berlin – zuständig für die Bundesländer Mecklenburg-Vorpommern, Brandenburg, Berlin, Sachsen-Anhalt und Freistaat Thüringen – ist eine Körperschaft des öffentlichen Rechts mit Selbstverwaltung. Sie ist Trägerin der Krankenversicherung für landwirtschaftliche Unternehmer und mitarbeitenden Familienangehörigen, sofern nicht Versicherungsfreiheit besteht. Es besteht Familienversicherung.
Die Aufgaben der Krankenkasse werden von den Selbstverwaltungsorganen (Vertreterversammlung und Vorstand) und von dem Geschäftsführer durchgeführt.

Vorstandsvorsitzender: Joachim Kühne; Klaus Griepentrog (im Wechsel)

Landwirtschaftliche Pflegekasse Berlin

– **Körperschaft des öffentlichen Rechts** –

15366 Hönow, Mahlsdorfer Str. 61 B; Tel (0 30) 99 230-0; Fax (0 30) 99 230-230

Rechtsgrundlage und Aufgabenkreis:
Gesetz zur sozialen Absicherung des Risikos der Pflegebedürftigkeit (Pflege-Versicherungsgesetz PflegeVG) vom 26. Mai 1994 (BGBl I Seite 1014, 2797).
Die Landwirtschaftliche Pflegekasse Berlin – zuständig für die Bundesländer Mecklenburg-Vorpommern, Brandenburg, Berlin, Sachsen-Anhalt und Freistaat Thüringen – ist eine Körperschaft des öffentlichen Rechts mit Selbstverwaltung. Sie ist Trägerin der Pflegeversicherung nach den Vorschriften des Pflege-Versicherungsgesetzes.
Die Pflegekasse stellt die pflegerische Versorgung ihrer Versicherten sicher. Sie koordiniert mit den Trägern der ambulanten und stationären gesundheitlichen und sozialen Versorgung die für die Pflegebedürftigen zur Verfügung stehenden Hilfen.
Die Mitglieder der Landwirtschaftlichen Krankenkasse Berlin sind Mitglieder der bei ihr errichteten Pflegekasse, sofern sie nicht von der Versicherungspflicht in der sozialen Pflegeversicherung befreit sind.
Die Aufgaben der Pflegekasse werden von den Selbstverwaltungsorganen (Vertreterversammlung und Vorstand) und von dem Geschäftsführer durchgeführt.

Vorstandsvorsitzender: Joachim Kühne; Klaus Griepentrog (im Wechsel)
Geschäftsführer: Werner Melzer

Zusatzversorgungskasse für Arbeitnehmer in der Land- und Forstwirtschaft

– **Anstalt des öffentlichen Rechts** –

34131 Kassel, Druseltalstr 51; Tel (05 61) 9 32 79-0; Fax (05 61) 9 32 79-70

Rechtsgrundlage und Aufgabenkreis:
Der Zusatzversorgungskasse obliegt die Zahlung von Ausgleichsleistungen an Arbeitnehmer der Land- und Forstwirtschaft sowie die Durchführung anderer Aufgaben im Sinne des § 16 ZVALG.

Vorstandsvorsitzender: Willi Lojewski; Wolf von Buchwaldt (im jährlichen Wechsel)
Geschäftsführer: Harald Deisler

IX Bundesministerium für Verkehr (BMV)

53175 Bonn, Robert-Schuman-Platz 1; Tel (02 28) 3 00-0; Telex 885 700 bmv d; Fax (02 28) 3 00-34 28 und 3 00-34 29

Aufgabenkreis:
Das Bundesministerium für Verkehr leitet das gesamte Verkehrswesen der Bundesrepublik Deutschland, soweit es nach dem Grundgesetz zuständig ist. Sein Geschäftsbereich erstreckt sich auf das Eisenbahnwesen, den Straßenverkehr, die Binnenschiffahrt, den Seeverkehr, die Luftfahrt, den Straßenbau, die Wasserstraßen und den Wetterdienst (GG Art 73 Ziff 6, Art 74 Ziff 21 und Ziff 22, Art 74 Ziff 23, Art 87 Abs 1, Art 89 und 90).

Veröffentlichungen:
Verkehrsblatt – Amtsblatt des Bundesministers für Verkehr der Bundesrepublik Deutschland – (VkBl)
Verlag und Vertrieb: Verkehrsblatt-Verlag Borgmann GmbH & Co, Hohe Str 39, 44139 Dortmund, Postscheckkonto: Dortmund 160-466, Bankleitzahl 440 100 46 Erscheint zweimal monatlich.
Bezugspreis einschließlich 7 % Mehrwertsteuer und Versandkosten DM 148,60; halbjährliche und vierteljährliche Berechnung ist nicht möglich; Jahresbezugspreis innerhalb Europas DM 166,00, außerhalb Europas DM 175,00 (zuzüglich Luftpostzuschlag). Einzelstücke DM 6,20 für die ersten 16 Seiten, je weitere angefangene 8 Seiten DM 2,20 zuzüglich Versandspesen.
Verkehrsnachrichten
Bürger und Verkehr
Verlag und Gestaltung: Druck und Verlagshaus Hermann Daniel Grünewaldstr 15, 72336 Balingen Erscheint monatlich, kostenloser Bezug auf schriftliche Anforderung
Internationales Signalbuch
Herausgeber: Bundesamt für Seeschiffahrt und Hydrographie, im Auftrag des Bundesministers für Verkehr. Preis DM 59,90 einschließlich Mehrwertsteuer zu beziehen durch die Vertriebs- und Auslieferungsstellen.
Entscheidungen des Bundesoberseeamtes und der Seeämter
werden in Druckheften vom Bundesamt für Seeschiffahrt und Hydrographie, 20359 Hamburg, Bernhard-Nocht-Str 78, herausgeben und verlegt, jährlich 12 Hefte, unverbindliche Preisempfehlung DM 11,60 ohne Postzustellungsgebühr, inklusive DM 127,60 inklusive Mehrwertsteuer. Zu beziehen durch die Vertriebs- und Auslieferungsstellen sowie durch den Buchhandel.
Seeschiffahrtsstraßen-Ordnung und andere Seeverkehrsvorschriften
Handausgabe der Gesetze, Verordnungen und Bekanntmachungen der Bundesrepublik Deutschland mit Hinweisen und farbiger Bildtafel

Herausgegeben in Verbindung mit dem Bundesverkehrsministerium im Verlag E S Mittler und Sohn GmbH, 32052 Herford, Steintorwall 17, 29. Auflage, 733 Seiten, Preis DM 48,00.
Deutscher Küsten-Almanach
– Ein Nachschlagwerk für die Berufs- und Sportschiffahrt in Nord- und Ostsee und auf den deutschen Seeschiffahrtsstraßen – Herausgegeben unter fachlicher Beratung des Bundesverkehrsministeriums, Abteilung Seeverkehr und des Bundesministeriums für Ernährung, Landwirtschaft und Forsten, Abteilung Fischereipolitik, Carl Heymanns Verlag KG, 50939 Köln, Luxemburger Str 449; Preis 1.–30. Lieferung DM 112,–.
Kollisionsverhütungsregeln 1972
Ausgabe des amtlichen Textes in englischer und deutscher Sprache mit Einleitung, bildlichen Darstellungen und Sachregister und ergänzenden Bekanntmachungen für die Schiffsführung sowie dem Genfer Seerechtsabkommen.
Herausgeben von MinDirig a D Kurt Graf, MinR Dr Dietrich Steinicke im Bundesverkehrsministerium, Abteilung Seeverkehr und RDir Kapitän Peter Hübschmann im Bundesamt für Seeschiffahrt und Hydrographie, Carl Heymanns Verlag KG, 50939 Köln, Luxemburger Str 449; Preis DM 32,80.
Brücken- und Maschinenwachdienst auf See und im Hafen
Herausgegeben unter fachlicher Beratung des Bundesverkehrsministeriums, Carl Heymanns Verlag, 50939 Köln, Luxemburger Str 449, Preis DM 25,-
Handbuch für Suche und Rettung
Handbuch für Handelsschiffe, herausgegeben vom Bundesamt für Seeschiffahrt und Hydrographie, 20359 Hamburg, Bernhard-Nocht-Str 78 in Zusammenarbeit mit der DGzRS im Auftrag des Bundesverkehrsministeriums; Preis DM 23,40.
Luftfahrthandbuch für die Bundesrepublik
Schriftleitung: Deutsche Flugsicherung GmbH, Büro der Nachrichten für Luftfahrer, 63067 Offenbach, Kaiserleistr 29-35.
Vertrieb: Firma R Eisenschmidt GmbH, 60327 Frankfurt am Main, Frankenallee 25, Postfach 110761.
Bekanntmachungen für die Luftfahrt/Nachrichten für Luftfahrer
Schriftleitung: Deutsche Flugsicherung GmbH, 63067 Offenbach, Kaiserleistr 29-35.
Vertrieb: R Eisenschmidt GmbH, 60327 Frankfurt am Main, Frankenallee 25.

Bundesminister für Verkehr: Matthias Wissmann
Persönlicher Referent: Dr Frank Waltmann Ang

Parlamentarischer Staatssekretär: Dr Norbert Lammert; zugleich Koordinator für die Deutsche Luft- und Raumfahrt
Persönlicher Referent: Fries RR

Parlamentarischer Staatssekretär: Johannes Nitsch
Persönlicher Referent: Dr Martin Henke RDir

Staatssekretär: Hans Jochen Henke
Persönlicher Referent: Michael Odenwald RDir

Leitungsstab
Leiter: Dr Veit Steinle Ang

Ref: **Politische Analysen** Dr Hinricher RDirektorin
Ministerbüro Martin Seyfahrt RDir
Ref: **Presse** Schneiders Ang
Ref: **Öffentlichkeitsarbeit, Protokollangelegenheiten** Fritton Ang
Ref: **Kabinett- und Parlamentsangelegenheiten** Weibrecht RDir

Dem Staatssekretär unmittelbar unterstellt:

Vorprüfungsstelle Reichelt Ang

Zentralabteilung (Z)
Leiter: Hans Friedrich Ewald MinDir

U-Abt Z 1
Leiter: Gröger MinDirig

Ref Z 10: Beamten- und Besoldungsrecht, Personalangelegenheiten des BMV, Frauenförderung, Sprachendienst Janowski MinR
Ref Z 11: Laufbahn- und Versorgungsrecht, Personalangelegenheiten der Bundesverkehrsverwaltung (ohne Wasser- und Schiffahrtsverwaltung Kodal MinR
Ref Z 12: Personal- und Sozialangelegenheiten der Wasser- und Schiffahrtsverwaltung Jung MinR
Ref Z 13: Arbeits- und Sozialrecht, Personalvertretungsrecht, Beihilfe, Reise- und Umzugskosten, Fortbildung, Arbeitsschutz Dr Zumpe MinR
Ref Z 14: Allgemeine Organisationsangelegenheiten der Bundesverkehrsverwaltung (ohne BEV), Organisation des BMV und der nachgeordneten Behörden (ohne Wasser- und Schiffahrtsverwaltung) Scheumann MinR
Ref Z 15: Allgemeine Angelegenheiten der Informationstechnik, Informationstechnik in der Bundesverkehrsverwaltung (ohne BMV) Levin RDir
Ref Z 16: Organisation der Wasser- und Schiffahrtsverwaltung (WSV), Vorschlagswesen Scholz MinR
Ref Z 17: Einsatz der Informationstechnik im BMV von Ammon MinR

U-Abt Z 2
Leiter: Eckhardt MinDirig

Ref Z 20: Haushalt – Beauftragter für den Haushalt – Guercke MinR
Ref Z 21: Erfolgskontrolle, Kassen- und Rechnungswesen, Rechnungsprüfung, Bundeshaushalts- und Vermögensrechnung, Geheimschutz- und Sicherheitsangelegenheiten (Geheimschutzbeauftragter) Weber BauDir
Ref Z 22 I: Bundesbeteiligungen: Grundsatzfragen, DLH-Konzern, Flughafengesellschaften, DB AG-Konzern Nöthe RDir
Ref Z 22 III: Bundesbeteiligungen (ohne DLH, Flughafengesellschaften und DB AG); Bundesbürgschaften Hendrichs MinR
Ref Z 23: Innerer Dienst, Bibliothek Witte Ang
Ref Z 24: Nationale und internationale Angelegenheiten der zivilen Verteidigung Rauw MinR

Dem Abteilungsleiter Z unmittelbar unterstellt:

Ref Z R: **Rechtsreferat und Justitiariat, Datenschutz** Dr Stukenberg MinR

Verkehrspolitische Grundsatzabteilung (A)
Leiter: Dr Sandhäger MinDir

U-Abt A 1
Leiter: Stamm MinDirig

Ref A 10 (BN): Grundsatzfragen der Verkehrspolitik, Koordinierung der Ordnungspolitik im Verkehr; Verkehrspolitische Beiträge, Länderverkehrsministerkonferenz Näke MinR
Ref A 11: Internationaler Verkehr I; bilaterale Verkehrsbeziehungen; Völkerrecht, Außenwirtschaft Heese MinR
Ref A 12: Internationaler Verkehr II, Europäische Union, CEMT, OECD, Europarat, ECE, OSZE, Europabeauftragter Dr Mückenhausen MinR
Ref A 13: Beförderung gefährlicher Güter NN
Ref A 14: Kombinierter Verkehr, Spedition, Logistik Edler von Peter MinR
Ref A 15 (BN): Wirtschaftspolitische Verkehrsfragen, Abgaben- und Mittelstandsfragen; Wegekostenrechnung Dr Ruidisch MinR
Ref A 16: Umweltschutz im Verkehr Schröder MinR

U-Abt A 2
Leiter: Lohrberg MinDirig

Ref A 20 (BN): Grundsatzfragen der Investitionspolitik, Investitionsprogramme Stolle MinR
Ref A 21: Investitionen in öffentliche Fernverkehrssysteme, Magnetschwebebahn Dr Marburger MinR
Ref A 22: Grundsatzfragen und Koordinierung des Öffentlichen Personennahverkehrs, Verkehrsverhältnisse der Gemeinden, mobilitätseingeschränkte Menschen Vogt MinR
Ref A 24: Grundsatzfragen der Forschung und Technik im Verkehr, Forschungsbeauftragter Hofer MinR
Ref A 25: Verkehrs- und volkswirtschaftliche Untersuchungen, Prognosen, Statistik Dr Pföhler MinR
Ref A 26: Internationale Investitionsprogramme, Raumordnung Dörries BauDir
Ref A 27: Telematik im Verkehr, neue Verkehrstechnologien Hahn MinR

Dem Abteilungsleiter A unmittelbar unterstellt:

Arbeitsgruppe Verkehrspolitik
Leiter: Dr Sandhäger MinDir

Abt Eisenbahnen (E)
Leiter: Gern MinDir
Ständiger Vertreter: Harting MinDirig

Ref E 10: Eisenbahnpolitik Holst MinR
Ref E 11: Eisenbahnrecht NN
Ref E 12: Bundeseisenbahnvermögen (BEV), Eisenbahn-Bundesamt (EBA) Becker-Grüll MinR
Ref E 13: Investitionsplanung und -finanzierung Hörster RDir

Ref E 14 (BN): **Investitionshilfen für den ÖPNV, Spurgebundene öffentliche Nahverkehrssysteme, Schienenpersonennahverkehr, Regionalisierung** Schulz MinR
Ref E 15: **Eisenbahntechnik Betriebssicherheit, Umweltschutz** Prof Dr-Ing Séché MinR
Ref E 16: **Bundesbeteiligung am DB AG-Konzern** NN

Dem Abteilungsleiter E unmittelbar unterstellt:

Arbeitsgruppe „Umsetzung der Bahnreform"
Leiter: Harting MinDirig

Abt Straßenverkehr (StV)
Leiter: Grupe MinDir
Ständiger Vertreter: Dr Jagow MinDirig

Ref StV 10: **Verkehrssicherheit im Straßenverkehr** Bialleck MinR
Ref StV 11: **Vorschriften des Straßenverkehrsrechts, Zulassung von Personen zum Straßenverkehr, Fahrlehrerrecht** Dr Jagow MinDirig
Ref StV 12: **Vorschriften zur Ordnung des Straßenverkehrs – Verhaltensrecht** Kramer MinRätin
Ref StV 13: **Kraftfahrzeugtechnik – Fahrzeugsicherheit** Konitzer MinR
Ref StV 14: **Kraftfahrzeugtechnik – Umweltschutz** Löffelholz RDir
Ref StV 15: **Vorschriften des Straßenverkehrsrechts (Zulassung von Fahrzeugen zum Straßenverkehr), Kraftfahrt-Bundesamt** Rang MinR
Ref StV 16: **Straßengüterverkehr** Bolln MinR
Ref StV 17: **Straßenpersonenverkehr** Dr Ipsen MinR

Abt Luftfahrt und Raumfahrt (LR)
Leiter: Dr Joerss MinDir
Ständiger Vertreter: Lischka MinDirig

Ref LR 10: **Recht der Luftfahrt** Dr Graumann MinR
Ref LR 11: **Flugplätze, Luftaufsicht** von Glisczynski MinR
Ref LR 12: **Luftverkehr** Bartkowski MinR
Ref LR 13: **Luftverkehrspolitik und -wirtschaft** Lischka MinDirig
Ref LR 14: **Wetterdienst** Breuch-Moritz RDirektorin
Ref LR 15: **Luftfahrttechnik, Luftfahrtforschung, Luftfahrt-Bundesamt, Umweltschutz, Raumfahrtnutzung** Busacker MinR
Ref LR 16: **Flugsicherung** Liedhegener BauDir
Ref LR 17: **Flugbetrieb, Luftfahrtpersonal, Flugunfallwesen** Garbers MinR
Ref LR 18: **Internationale Zusammenarbeit in der Luftfahrt** Münz MinR
Deutsche Vertretung bei der ICAO Montreal Schmidt RDir

Dem Abteilungsleiter LR unmittelbar unterstellt:

Arbeitsgruppe LR-S Luftsicherheit (Abwehr äußerer Gefahren)
Leiter: Hemmer RDir

Abt Seeverkehr
Leiter: Hinz MinDir
Ständiger Vertreter: Keidel MinDirig

Ref See 10: **Recht des Seeverkehrs** Werbke MinR
Ref See 11: **Wirtschafts- und Finanzfragen der Seeschiffahrt, Schiffahrtsförderung** Dr Pusch MinR
Ref See 12: **Seehafenpolitik und Angelegenheiten der Seehafenwirtschaft, Zivilverteidigung im Seeverkehr** Dr Krieg MinR
Ref See 13: **Internationale Seeverkehrspolitik, auswärtige schiffahrtspolitische Beziehungen, Seetransportangelegenheiten der Bundesregierung** Bethkenhagen MinR
Ref See 15: **Schiffahrtspolizei (Seeschiffahrt), Seelotswesen, Schiffssicherheitsverordnung, Hafenstaatkontrolle** Keidel MinDirig
Ref See 16: **Schiffstechnik im Seeverkehr, technische Schiffssicherheit** Witt MinR
Ref See 17: **Seemannsrecht, Schiffsbesetzung, Ausbildung und soziale Angelegenheiten der Seeleute** Junge MinR
Ref See 18: **Umweltschutz in der Seeschiffahrt, Seenot- und Sicherheitsfunk, Meeresforschung** Kehden MinR
Ref See 19: **Nautik, nautische Schiffssicherheit, Verkehrsvorschriften, Seeunfalluntersuchungen, Seenotrettung, Sportschiffahrt (See)** Dr Steinicke MinR

Abt Binnenschiffahrt und Wasserstraßen (BW)
Leiter: Kraft MinDir

U-Abt BW 1
Leiter: NN

Ref BW 10: **Recht der Binnenschiffahrt; Internationale Binnenschiffahrt; Stromkommissionen** Bormuth MinR
Ref BW 11: **Ordnungspolitische Angelegenheiten des Binnenschiffsverkehrs, Wirtschafts- und Finanzfragen der nationalen Binnenschiffahrt, Binnenhäfen** Dr Vogt MinR
Ref BW 12: **Schiffahrtspolizei (Binnenschiffahrt)** Dr Lehmann MinR
Ref BW 13: **Schiffstechnik und -sicherheit (Binnenschiffahrt)** Jungmann MinR
Ref BW 14: **Recht der Bundeswasserstraßen** Dr Reinhardt MinR
Ref BW 15: **Umweltschutz, Gewässerkunde, Wasserwirtschaft** Seus BauDir

U-Abt BW 2
Leiter: Krause MinDirig

Ref BW 20: **Wasserstraßenplanung** Mester MinR
Ref BW 21: **Grundsatzangelegenheiten der Bautechnik, Vertrags- und Verdingungswesen** Tschucke MinR
Ref BW 22: **Gebietsaufgaben Nord und Nordwest** Dr-Ing Hovers MinR
Ref BW 23: **Gebietsaufgaben West und Südwest** Ernst MinR
Ref BW 24: **Gebietsaufgaben Mitte und Süd** Rumpf MinR

Ref BW 25: **Schiffahrtszeichenwesen** Dr-Ing Klinge MinR
Ref BW 26: **Maschinenwesen der Wasser- und Schiffahrtsverwaltung** NN
Ref BW 27: **Vermessungs- und Kartenwesen, Liegenschaften** Pöhls MinR
Ref BW 28 (BN): **Gebietsaufgaben Ost** Dehn MinR

Abt Straßenbau (StB)
Leiter: Dr Huber MinDir

U-Abt StB 1
Leiter: Jungblut MinDirig

Ref StB 10: **Straßenplanung** Reschke MinR
Ref StB 11: **Umweltschutz im Straßenbau** Dr-Ing Breuer MinR
Ref StB 12: **Bauvertrags- und Verdingungswesen, Bauwirtschaft** Poppinga BauDir
Ref StB 13: **Straßenverkehrstechnik, kommunaler Straßenbau** Dr Behrendt MinR
Ref StB 14: **Straßenbauforschung und -entwicklung, internationale Zusammenarbeit im Straßenbau, Bundesanstalt für Straßenwesen** Deffke MinR
Ref StB 15: **Straßenbaurecht, Straßenverwaltung** Rinke RDir
Ref StB 16: **Grunderwerb, Straßennachbarrecht, Gemeingebrauch** Hölder MinRätin
Ref StB 17 (BN): **Rechtsfragen des Bauvertrags- und Verdingungswesens; Kreuzungsrecht, Leitungsrecht, Ausbildung** Dieter Hinz MinR

U-Abt StB 2
Leiter: Will MinR

Ref StB 20: **Gebietsaufgaben Niedersachsen, Schleswig-Holstein, Hamburg, Bremen** Züll MinR
Ref StB 21: **Gebietsaufgaben Nordrhein-Westfalen** Ullrich BauDir
Ref StB 22: **Gebietsaufgaben Baden-Württemberg, Rheinland-Pfalz und Saarland** Wittemann MinR
Ref StB 23: **Gebietsaufgaben Bayern und Hessen** Bartsch MinR
Ref StB 24: **Bundesfernstraßenhaushalt** Dr-Ing Müller BauDir
Ref StB 25: **Brücken- und Ingenieurbau** Standfuß MinR
Ref StB 26: **Straßenbautechnik** Hahn BauDir
Ref StB 27: **Betrieb und Unterhaltung, Elektrotechnik, zivile Verteidigung** Dr Höcker MinR
Ref StB 28: **Gebietsaufgaben Mecklenburg-Vorpommern, Brandenburg und Berlin** Firk BauDir
Ref StB 29: **Gebietsaufgaben Sachsen-Anhalt, Sachsen, Thüringen** Manfred Hinz MinR
Ref StB 30: **Sonderbauprogramme im Straßenbau** Keppel BauDir

Dienststelle Berlin
10117 Berlin, Krausenstr 17-20; Tel (0 30) 20 97-0; Fax (0 30) 20 97-14 00; Telex 30 55 67
Leiter: Dr Klimke MinDirig

Ministerbüro, Pressereferat, Öffentlichkeitsarbeit Schild ORR

SG Z: **Zentrale Dienste** Rademacher BauDir
Ref A 10 (B): **Grundsatzfragen der Verkehrspolitik; Koordinierung der Ordnungspolitik im Verkehr; verkehrspolitische Beiträge; Länderverkehrsministerkonferenz** Näke MinR
Ref A 15 (B): **Wirtschaftpolitische Verkehrsfragen; Abgaben- und Mittelstandsfragen, Wegekostenrechnung** Dr Ruidisch MinR
Ref A 20 (B): **Grundsatzfragen der Investitionspolitik; Investitionsprogramme** Stolle MinR
Ref E 14 (B): **Investitionshilfen für den ÖPNV, spurgebundene öffentliche Nahverkehrssysteme** Schulz MinR
Ref E 17 (B): **Eisenbahnmaßnahmen neue Bundesländer (einschließlich Berlin)** NN
Ref StV 18 (B): **Kfz-Technik – Umsetzung internationaler Vorschriften und Entwicklungen** Niggestich BauDir
Ref See 20 (B): **Seeverkehr und Seehafenwirtschaft in den neuen Bundesländern** Dr Höllrigl RDir
Ref BW 28 (B): **Gebietsaufgaben Ost/Sonderaufgaben Neue Bundesländer** Dehn MinR
Ref StB 17 (B): **Rechtsfragen des Bauvertrags- und Verdingungswesens; Kreuzungsrecht, Leitungsrecht, Ausbildung, Straßenbau in den neuen Ländern, soweit nicht bei StB 29 und StB 30** Hinz MinR
Ref P 3: **Luftfahrt** Janetzke RDir

Beiräte und sonstige Gremien, deren sich der Bundesminister für Verkehr bei Durchführung seiner Aufgaben bedient:

Wissenschaftlicher Beirat beim Bundesminister für Verkehr
Zielsetzung: Beratung in Fragen der allgemeinen Verkehrspolitik und bei Entscheidungen über wichtige Einzelprobleme des Verkehrs
Zusammensetzung: Wissenschaftler mit besonderen Erfahrungen auf dem Gebiet des Verkehrswesens

Seeverkehrsbeirat
Zielsetzung: Beratung des Bundesministers für Verkehr in Seeverkehrsangelegenheiten.
Zusammensetzung: Die Vertreter der Verkehrsministerien der Küstenländer und der vom Bundesminister für Verkehr berufenen, mit dem Seeverkehr befaßten Organisationen, Dachverbände und Gewerkschaften.

Gemeinsamer Beirat für Verkehrsmedizin bei den Bundesministern für Verkehr und für Gesundheit
Zielsetzung: Beratung des Bundesministers für Verkehr und des Bundesministers für Gesundheit in Fragen der Verkehrsmedizin durch gutachtliche Stellungnahme in Grundsatz- und Einzelfragen. Der Beirat ist als „Gemeinsamer Beirat" vom Bundesminister für Verkehr und Bundesminister für Jugend, Familie und Gesundheit gebildet worden
Zusammensetzung: 19 ordentliche Mitglieder aus dem Bereich der medizinischen und psychologischen Wissenschaft sowie der ärztlichen und psy-

chologischen Praxis auf dem Gebiet der Verkehrsmedizin

Gefahrgut-Verkehrs-Beirat beim Bundesminister für Verkehr
Zielsetzung: Beratung des Bundesministers für Verkehr in Fragen der Beförderung gefährlicher Güter von grundsätzlicher Bedeutung und in Einzelfragen soweit deren Klärung von grundsätzlicher Bedeutung ist im Eisenbahn-, Straßen-, Binnenschiffs-, Seeschiffs- und Luftverkehr.
Zusammensetzung: Neun Bundesbehörden und mit Sicherheitstechnik befaßte Organisationen wie Bundesanstalt für Materialprüfung, Bundesinstitut für chemisch-technische Untersuchungen, Physikalisch-Technische Bundesanstalt, Bundesgesundheitsamt, Umweltbundesamt, Bundesanstalt für Arbeitsschutz, Technische Überwachungsvereine, Berufsgenossenschaften, Germanischer Lloyd, 2 Bundesländer, DIHT, acht Verbände der Industrie, des Handels, der Versicherungswirtschaft und des Brandschutzes, fünf Verkehrsunternehmen und Verbände aus dem Verkehrsbereich, drei Gewerkschaften.

Länderfachausschuß für Stadtbahnen und andere spurgebundene Ortsverkehrssysteme (LSO)
Zielsetzung: Auswertung der im Stadtbahnbetrieb gewonnenen Erfahrungen, Beratung über die Fortentwicklung der Verordnung über den Bau und Betrieb der Straßenbahnen sowie der notwendigen Richtlinien und Allgemeinen Verwaltungsvorschriften
Zusammensetzung: Vertreter der Verkehrsminister der Länder unter Vorsitz des Vertreters des Bundesministers für Verkehr; Verband deutscher Verkehrsunternehmen (VdV), Deutscher Städtetag (DST) und Berufsgenossenschaften nehmen als ständige Gäste an den Sitzungen teil

Fachausschuß Kraftfahrzeugtechnik (FKT)
Zielsetzung: Beratung in Fragen der Kraftfahrzeugtechnik/Fahrzeugsicherheit
Zusammensetzung: Vertreter des Bundesministers für Verkehr (Federführung), Bundesministers für Ernährung, Landwirtschaft und Forsten, Bundesministers der Finanzen, Bundesministers des Innern, Bundesministers der Verteidigung, Bundesministers für Wirtschaft, der Verkehrsminister der Länder, der Technischen Prüfstellen für den Kraftfahrzeugverkehr (TÜV), der Technischen Kommission der Polizeien des Bundes und der Länder, der Bundesanstalt für Straßenwesen, der Fahrzeughersteller sowie der gewerblichen Berufsgenossenschaft

Bund-Länder-Fachausschuß „Technisches Kraftfahrwesen" (BLFA-TK)
Zielsetzung: Grundsatzprobleme und Koordinierung von Einzelentscheidungen in Fragen der Kraftfahrzeugtechnik und der technischen Kraftfahrzeugüberwachung
Zusammensetzung: Vertreter des Bundesministers für Verkehr (Federführung), Bundesministers des Innern, Bundesministers der Finanzen, Bundesministers der Verteidigung, Kraftfahrt-Bundesamtes, der Verkehrsminister der Länder und als ständige Gäste die Vereinigung der Technischen Überwachungs-Vereine (VdTÜV) und der Dekra

Länderausschuß für Eisenbahnen und Bergbahnen
Zielsetzung: Beratung in Fragen, die sich aus dem Eisenbahnneuordnungsgesetz vom 27. Dezember 1993 (BGBl I S 2378) und den entsprechenden Regelungen der Länder ergeben, soweit die nichtbundeseigenen Eisenbahnen oder ihre Zusammenarbeit mit den Eisenbahnen des Bundes betroffen sind
Zusammensetzung: Vertreter der Verkehrsministerien der Länder, des Verbandes Deutscher Verkehrsunternehmen (VDV), des Bundesverkehrsministeriums, des Eisenbahn-Bundesamtes (EBA) und der Zentrale der Deutschen Bahn AG

Bund-Länder-Fachausschuß „Straßenpersonenverkehr"
Zielsetzung:
– Einheitliche Auslegung und Anwendung des Personenbeförderungsgesetzes sowie der darauf beruhenden Verordnungen und Verwaltungsvorschriften
– Abstimmung von Grundsatzfragen und Vorbereitung von Änderungsvorschlägen zu rechtlichen Regelungen
Zusammensetzung: Vertreter des Bundesministers für Verkehr (Vorsitz) und der obersten Verkehrsbehörden der Länder

Zum Geschäftsbereich des Bundesministeriums für Verkehr gehören:

1 Wasser- und Schiffahrtsverwaltung des Bundes

– **Bundeswasserstraßen** –

Staatsrechtliche Grundlage und Aufgabenkreis:
Nach Art 89 des Grundgesetzes verwaltet der Bund die Bundeswasserstraßen und nimmt die über den Bereich eines Landes hinausgehenden staatlichen Aufgaben der Binnenschiffahrt sowie die Aufgaben der Seeschiffahrt, die ihm durch Gesetz übertragen worden sind, wahr. Die hierfür zuständigen bundeseigenen Behörden sind 7 Wasser- und Schiffahrtsdirektionen (Mittelbehörden) sowie 39 Wasser und Schiffahrtsämter, 6 Wasserstraßen-Maschinenämter und jeweils erforderliche Neubauämter (Unterbehörden). Auf Grund besonderer Verträge und Verwaltungsvereinbarungen nimmt die Wasser- und Schiffahrtsverwaltung des Bundes auch Aufgaben der Länder in deren Auftrag wahr und führt außerdem Bauaufgaben für den Bundesminister der Verteidigung durch.
Die Verwaltung umfaßt die Unterhaltung, die Planung, den Ausbau und den Neubau der Bundeswasserstraßen mit den dazugehörigen Anlagen und der bundeseigenen Häfen und Talsperren sowie der Schiffahrtszeichen und den Betrieb ihrer Anlagen.

317

Die Verwaltung umfaßt ferner die Wahrnehmung aller hoheitlichen Aufgaben, die der Erhaltung der Bundeswasserstraßen in einem für die Schiffahrt erforderlichen Zustand dienen (insbesondere Strompolizei, Planfeststellung, Plangenehmigung), die Verwertung der Wasserkräfte an den Bundeswasserstraßen und die Verwaltung des wasserbaufiskalischen Bundesvermögens. Außerdem obliegen den Behörden der Wasser- und Schiffahrtsverwaltung des Bundes die Wahrnehmung der Schiffahrtshoheit, die Aufsicht über das Lotsenwesen, die Regelung des Verkehrs auf den Bundeswasserstraßen (Schiffahrtspolizei), nautische Nachrichten, Wirtschafts-, Sozial-, Tarif- und Devisenangelegenheiten sowie die Behandlung internationaler und völkerrechtlicher Angelegenheiten, soweit diese nicht ausschließlich Aufgaben der Zentralbehörde sind; auch obliegen ihnen die Verwaltung von Bundesbeteiligungen und Darlehen an Schiffahrtsgesellschaften, die Bearbeitung technischer und nautischer Fragen der Schiffahrt und die Schiffahrtsstatistik.

1.1 Wasser- und Schiffahrtsdirektion Nord

24106 Kiel, Hindenburgufer 247; Tel (04 31) 33 94-0; Fax (04 31) 33 94-3 48

Direktionsbereich: Bestimmte betonnte Schiffahrtswege auf der Hohen See in der Nord- und Ostsee aufgrund internationaler Abmachungen; Deutscher Festlandsockel in Nord- und Ostsee; Bundeswasserstraßen: Seewasserstraße Nordsee von der dänischen Grenze bis Niedersachsen (Zuständigkeitsgrenze der Wasser- und Schiffahrtsdirektion Nord und der Wasser- und Schiffahrtsdirektion Nordwest); Binnenwasserstraßen Eider, Elbe bis zur Grenze des Hamburger Hafens, Este, Freiburger Hafenpriel, Gieselaukanal, Krückau, Lühe, Nord-Ostsee-Kanal, Oste, Pinnau, Schwinge, Sorge, Stör, Trave; Seewasserstraße Ostsee von der dänischen Grenze bis zur polnischen Grenze; Binnenwasserstraßen Peene, Unterwarnow, Recknitz, Ryck und Ücker.
Zu den Bundeswasserstraßen gehören auch die bundeseigenen Schiffahrtsanlagen, besonders Schleusen, Wehre, Schutz-, Sicherheits- und Bauhäfen wie in Helgoland, Wittdün, Hörnum, Brunsbüttel, Kiel-Holtenau, Schleimünde, Stadersand sowie die ihrer Unterhaltung dienenden bundeseigenen Ufergrundstücke, Außenbezirke und Bauhöfe.

Bundesaufgaben:
Bereitstellen der Bundeswasserstraßen als Verkehrswege, Ausbau, Neubau, Unterhaltung der Wasserstraßen sowie der Betrieb der bundeseigenen Schiffahrtsanlagen, insbesondere:
Setzen und Betreiben von Schiffahrtzeichen, Maßnahmen zur Gefahrenabwehr, Strom- und Schiffahrtspolizei, Pegelwesen, Seelotswesen, Erteilung von Befähigungszeugnissen für die See- und Binnenschiffahrt, Verkehrsstatistik, Wrackbeseitigung,
Eisbrechwesen, Auswertung von Seeamtsansprüchen in nautischer und technischer Sicht, Verkehrsberatung, Verkehrsregelung, Ausbau, Umbau, Instandsetzung und Neubau von Hafen- und Umschlagsanlagen sowie Ausrüstungskajen für Bundeswehr und Bundesgrenzschutz; Betrieb der Sperrwerke im Mündungsgebiet der Eider, Pinnau, Krükkau, Stör und Oste sowie der Fähren am Nord-Ostsee-Kanal.
Die Wasser- und Schiffahrtsdirektion Nord ist ferner Genehmigungsbehörde für Verkehrsrechte (einschließlich Kabotage) von tschechischen, slowakischen und polnischen Binnenschiffen, auch für den Bereich des Hamburger Hafens.

Präsident der Wasser- und Schiffahrtsdirektion:
Georg-Wilhelm Keil
Vertreter: Jürgen Sprengel AbtPräs

Dem Präsidenten unmittelbar unterstellt:
Seeämter Kiel, Hamburg Stokmann RDir
Seeamt Rostock Rapphahn VwAng

Dem Präsidenten dienstaufsichtlich unterstellt:
Sonderstelle des Bundes „Ölunfälle See/Küste"
Schroh RDir
Arbeitssicherheitsstelle Pröwrock BauOAR
Vorprüfungsstelle Richter BauOAR

Abt A Allgemeine Verwaltung, Schiffahrt
Leiter: Jürgen Sprengel AbtPräs
Dez A 1: **Organisation** Weber BauDir
Dez A 2: **Personal, Haushalt, Lohnrechnungsstelle** NN
Dez A 3: **Allgemeine Rechtsangelegenheiten** Meyer RDir
Dez A 4: **Wasserwegerecht** Seidel RDir
Dez A 5: **Ordnung des Schiffsverkehrs** Wempe RDir
mit
Sonderstelle für Schiffsicherung
23730 Neustadt, Achterwiek 2; Tel (0 45 61) 81 91; Fax (0 45 61) 1 74 60

Dez A 6: **Wirtschaftsfragen der Schiffahrt** Rings LtdRDir
mit
Außenstelle für das Seelotswesen
25541 Brunsbüttel, Cuxhavener Str 13; Tel (0 48 52) 8 85-0; Fax (0 48 52) 80 53

Außenstelle für das Seelotswesen
18146 Rostock, Dierkower Damm 45; Tel (03 81) 45 63-5; Fax (03 81) 4 56-39 70

Abt T Technische Verwaltung, Liegenschaften
Leiter: Bedke BauDir
Dez T 1: **Wasserstraßen, Allgemeines** Paulsen BauDir
Dez T 2: **Schiffahrtszeichen** Schröder BauDir
Dez T 3: **Gewässerkunde, Wasserbewirtschaftung** Dipl-Ing Dr Barthel
Dez T 4: **Wasserstraßen; Elbe mit Nebenflüssen, Nordsee (AE I)** Schlüter LtdBauDir

Dez T 5: **Wasserstraßen; Nordsee, Ostsee** Hollmer LtdBauDir
Dez T 6: **Wasserstraßen; Nord-Ostsee-Kanal, Brückenanlagen** Seifert BauDir
Dez T 7: **Maschinenwesen** Kannowski BauDir
Dez T 8: **Vermessung, Liegenschaften** Tepel VmDir

Der Wasser- und Schiffahrtsdirektion Nord nachgeordnet:

1.1.1 Wasser- und Schiffahrtsämter, Wasserstraßen-Maschinenamt, Neubauamt und Sonderstellen

Wasser- und Schiffahrtsamt Tönning
25832 Tönning, Am Hafen 40; Tel (0 48 61) 6 15-0; Fax (0 48 61) 6 15-3 25
Vorstand: Rolf Nolte BauDir
Außenbezirke in: Wittdün/Amrum, Tönning und Helgoland
Amtsbezirk: Bundeswasserstraßen an der schleswig-holsteinischen Westküste von der deutsch-dänischen Grenze bis südlich Friedrichskoog einschl Helgoland; Eider von Rendsburg bis zur Mündung, Sorge unterhalb der Sandschleuse, Schiffahrts-Wege in der Nordsee vor der schleswig-holsteinischen Westküste bis 7° 30' Ost (westlich Helgoland).

Wasser- und Schiffahrtsamt Kiel-Holtenau
24159 Kiel, Schleuseninsel 2; Tel (04 31) 36 03-0; Fax (04 31) 36 03-4 14; Telex 29 28 36
Vorstand: Heiner Helms BauDir
Außenbezirke in: Kiel-Holtenau und Rendsburg; Bauhof in Rendsburg
Amtsbezirk: Nord-Ostsee-Kanal von km 49,50 (Fähre Breiholz) bis km 98,637 (Kiel-Holtenau) einschließlich Kanalzufahrt Holtenau (Kieler Förde), Obereidersee mit Enge, Borgstedter See, Flemhuder See, Achterwehrer Schiffahrtskanal; Hafenbehörde für den bundeseigenen Schutz- und Sicherheitshafen Holtenau und die bundeseigenen Lösch- und Ladeplätze Sehestedt und Landwehr.

Wasser- und Schiffahrtsamt Brunsbüttel
25541 Brunsbüttel, Alte Zentrale 4; Tel (0 48 52) 8 85-0; Fax (0 48 52) 8 85-4 08 (Amt), 8 85-4 07 (Hafenkapitän)
Vorstand: Dieter Goos BauDir
Außenbezirke in: Brunsbüttel und Hochdonn
Amtsbezirk: Nord-Ostsee-Kanal von Brunsbüttel bis zur Fähre Breiholz einschl der Brunsbütteler Zufahrt zum Nord-Ostsee-Kanal sowie Gieselaukanal einschließlich Gieselauschleuse.

Neubauamt Nord-Ostsee-Kanal
24768 Rendsburg, Kanalufer 16; Tel (0 43 31) 5 94-0; Fax (0 43 31) 5 94-2 03
Vorstand: Bernhard Meyer BauOR
Aufgabenkreis: Neubauaufgaben am Nord-Ostsee-Kanal; Grundinstandsetzung und Unterhaltung der Eisenbahnhochbrücken Rendsburg und Hochdonn

Wasserstraßen-Maschinenamt Rendsburg
24768 Rendsburg, Blenkinsopstr; Tel (0 43 31) 5 94-0; Fax (0 43 31) 5 94-4 48
Vorstand: Harald Pahling BauDir
Aufgabenkreis: Fachangelegenheiten für Schiffbau, Maschinenbau, Elektro- und Nachrichtentechnik im Bereich der Wasser- und Schiffahrtsdirektion Nord

Wasser- und Schiffahrtsamt Lübeck
23566 Lübeck, Moltkeplatz 17; Tel (04 51) 62 08-0; Fax (04 51) 62 08-1 90
Vorstand: Heinz-Jürgen Pohl BauDir
Außenbezirke in: Kappeln, Kiel, Lübeck, Wismar
Amtsbezirk: Bundeswasserstraßen an der Ostküste Schleswig-Holsteins von der deutsch-dänischen Grenze mit Schlei bis Buk (Mecklenburger Bucht), Untertrave von Lübeck bis Travemünde, Kanaltrave von km 0,0 bis zu den Hubbrücken.

Wasser- und Schiffahrtsamt Cuxhaven
27472 Cuxhaven, Am Alten Hafen 2; Tel (0 47 21) 5 67-0; Telex 232 205 rvzcx; Fax (0 47 21) 5 67-1 03
Vorstand: Karl-Otto Zacher BauDir
Außenbezirke in: Cuxhaven
Amtsbezirk: Unter- und Außenelbe von St Margarethen bis zur See (UFS Elbe); Schiffahrtswege in der Nordsee (Deutsche Bucht), Oste unterhalb des ehemaligen Mühlenwehres in Bremervörde

Wasser- und Schiffahrtsamt Hamburg
20148 Hamburg, Moorweidenstr 14; Tel (0 40) 4 41 10-0; Telex 21 64 132 bwhhd; Fax (0 40) 4 41 10-3 65
Vorstand: Jörg Osterwald BauDir
Außenbezirke in: Wedel, Stade, Glückstadt, Bauhof Wedel, Verkehrszentrale Brunsbüttel
Sonderstellen: Schiffuntersuchungskommission, Schiffseichamt, Eichstation Hamburg-Harburg
Amtsbezirk: Unterelbe von der Hamburger Landesgrenze bis St Margarethen mit linksseitigen Nebenelben (Hahnöfer Nebenelbe, Lühesander Süderelbe, Bützfletherer Süderelbe, Unterläufe des Ruthenstromes und der Wischhafener Süderelbe) und rechtsseitigen Nebenelben (Unterlauf Haseldorfer Binnenelbe, Pagensander Nebenelbe, Glückstädter Fahrwasser) sowie Lühe, Freiburger Hafenpriel und die Unterläufe der Este, Schwinge, Pinnau, Krückau und Stör

Wasser- und Schiffahrtsamt Stralsund
18439 Stralsund, Greifswalder Chaussee 65 b; Tel (0 38 31) 2 49-0; Fax (0 38 31) 24 93 09
Vorstand: Falk Meyer BauDir
Außenbezirke in: Warnemünde, Stralsund, Karlshagen

Betriebskrankenkasse des Bundesverkehrsministeriums
20359 Hamburg, Bernhard-Nocht-Str 78; Tel (0 40) 31 90-80 00; Fax (0 40) 31 90-80 10

Aufgabenkreis: Krankenversicherung für die Behörden, Betriebe und Einrichtungen des Bundesverkehrsministeriums mit Ausnahme der Bahn AG.
Vostand: Alex Stender
Außenstelle: Berlin
Bezirksstellen: Berlin, Emden, Hamburg, Mainz, München und Münster (Westf)

Der Rechtsaufsicht der Wasser- und Schiffahrtsdirektion Nord unterstehen:

1.1.2 Lotsenbrüderschaften

Lotsenbrüderschaft Elbe KdöR
22609 Hamburg, Elbchaussee 330; Tel (0 40) 82 40 75; Fax (0 40) 82 27 81 75
Aufgabenkreis:
Belange des Seelotsreviers zu fördern und zu wahren. Die Lotsenbrüderschaft Elbe vertritt gemäß Gesetz über das Seelotswesen Angelegenheiten des Seelotsreviers Elbe gegenüber Behörden und Organisationen und regelt alle inneren Angelegenheiten der Brüderschaft.
Ältermann: Hein Mehrkens

Lotsenbrüderschaft Nord-Ostsee-Kanal I KdöR
25541 Brunsbüttel, Neue Schleuse; Tel (0 48 52) 96 92-0; Fax (0 48 52) 30 59
Aufgabenkreis:
Lotswesen am Nord-Ostsee-Kanal
Ältermann: Werner Keitsch

Lotsenbrüderschaft Nordostseekanal II Kiel/Lübeck/Flensburg KdöR
24159 Kiel, Schleuseninsel 6; Tel (04 31) 36 12 12; Fax (04 31) 36 33 43
Aufgabenkreis:
Geleiten und Sichern der internationalen Schiffahrt.
Ältermann: Udo Hintze Kapitän

1.2 Wasser- und Schiffahrtsdirektion Nordwest

26603 Aurich, Schloßplatz 9; Tel (0 49 41) 6 02-0; Fax (0 49 41) 6 02-3 78

Direktionsbezirk: Leda von Elisabethfehn (km 0,0) bis Leer (km 24,73), Unterems von Papenburg (km 0,0) bis Emden (km 40,77) Außenems von Emden (km 40,767) bis zur See (km 118) Ems-Seitenkanal von Oldersum (DEK-km 255,82) bis Emden/ km 265,33) Ems-Jade-Kanal von km 61,963 bis km 67,400, Mittelweser von km 354,19 bis km 366,72; km 366,72 (Mittelweser) = km (Unterweser) = Bremen Wilhelm-Kaisen-Brücke; Unterweser von km 0,0 bis km 65,0 (Bremerhaven Geestemündung), Außenweser von km 65,0 bis 125,0, Kleine Weser in Bremen, Wümme von Borgfeld bis zur Hamme, Lesum vom Zusammenfluß von Hamme und Wümme bis zur Weser. Untere Hunte von Oldenburg bis zur Weser, Küstenkanal km 0,0 bis km 8,054, Rechter Nebenarm gegenüber und Schweiburg unterhalb Brake, See- und Küstengebiet zwischen Ems, Jade einschließlich Jadebusen und Weser; Verkehrstrennungsgebiete und andere Schiffahrtswege einschließlich der Aufgaben nach dem Bundesberggesetz in der Nordsee, soweit nicht Wasser- und Schiffahrtsdirektion Nord zuständig; seeseitiger Schutz der Inseln Borkum und Wangerooge; Pegelwesen; Seelotswesen; Verkehrsstatistik; Wrackbeseitigung; Strom- und Schiffahrtspolizei; Bau, Unterhaltung, Betrieb und Verwaltung des Schutzhafens Borkum; Bau und Unterhaltung von Hafen- und Umschlaganlagen sowie Ausrüstungskajen für die Bundeswehr; Angelegenheiten der Schiffsbesetzung und der Schiffssicherheit; Schiffseichung.

Sonderaufgaben: Überwachungsaufgaben nach § 31 a BSchVG;
Verfolgung und Ahndung von Ordnungswidrigkeiten auf Binnen- und Seeschiffahrtsstraßen;
nur für das Wesergebiet – auch für den zur Wasser- und Schiffahrtsdirektion Mitte gehörenden Teil – in Fragen der Organisationen der Binnenschiffahrt, in den Aufgaben der Verkehrsleitung, in Sozial-, Finanz- und Wirtschaftsfragen der Binnenschiffahrt.

Angeschlossene Stelle (Bund): Betriebskrankenkasse des BMV-Bezirks Emden

Präsident der Wasser- und Schiffahrtsdirektion: Horst Hans Kaiser
Vertreter: Siegfried von Lilienfeld-Toal AbtPräs

Abt A Allgemeine Verwaltung, Schiffahrt
Leiter: NN

Dez A1: **Organisation** Huismann LtdBauDir
Dez A2: **Personal, Haushalt** Hentschel RDir
Dez A3: **Allgemeine Rechtsangelegenheiten** Michael RDir
Dez A4: **Wasserwegerecht** Schulze RDir
Dez A5: **Ordnung des Schiffsverkehrs** Arndt RDir
Dez A6: **Wirtschaftsfragen der Schiffahrt** Fischbeck ORR

Abt T Technische Verwaltung, Liegenschaften
Leiter: Siegfried von Lilienfeld-Toal AbtPräs

Dez T1: **Wasserstraßen – Allgemeines** Dirksen BauDir
Dez T2: **Schiffahrtszeichen** Wolters BauDir
Dez T3: **Gewässerkunde, Wasserbewirtschaftung, Umweltschutz** Franzius BauDir
Dez T4: **Wasserstraßen Untere Ems, Nordsee** Janssen BauDir
Dez T5: **Wasserstraßen Unterweser, Küstenkanal, Hunte, Jade** Thielecke BauDir
Dez T6: **Neubau Weserwehr, Ausbau Unter-/Außenweser, Hunte** Thielecke BauDir
Dez T7: **Maschinenwesen** Krüger BauDir
Dez T8: **Vermessung, Liegenschaften** Dr Ing Schleider VmDir

Außenstelle für das Seelotswesen
27568 Bremerhaven, Am Radarturm 3; Tel (04 71) 48 35-0; Fax (04 71) 48 35-2 10

Wasser- und Schiffahrtsdirektion Nordwest
– Vorsitzender der Seeämter –
26603 Aurich, Schloßplatz 9; Tel (0 49 41) 6 02-0; Fax (0 49 41) 6 02-3 78
Vorsitzender: Graf RDir

Wasser- und Schiffahrtsdirektion Nordwest
– Seeamt Bremerhaven –
27568 Bremerhaven, Keilstr 3; Tel (04 71) 48 35-2 12; Fax (04 71) 48 35-2 10
Geschäftsführer: Spielmann Seehauptkapitän

Wasser- und Schiffahrtsdirektion Nordwest
– Seeamt Emden –
26725 Emden, Am Eisenbahndock 3; Tel (0 49 21) 8 02-3 07; Fax (0 49 21) 8 02-3 79
Geschäftsführer: Seiwald Seehauptkapitän

Der Wasser- und Schiffahrtsdirektion Nordwest nachgeordnet:

1.2.1 Wasser- und Schiffahrtsämter

Wasser- und Schiffahrtsamt Bremen
28199 Bremen, Franziuseck 5; Tel (04 21) 53 78-0; Fax (04 21) 53 78-4 01; Telex 2-44 83 7 bw h b d
Vorstand: Frerichs BauDir
Außenbezirke in: Bremen-Habenhausen, Bremen-Farge, Oldenburg
Angeschlossene Stellen: Sonderstelle Schiffsuntersuchungskommission und Schiffseichamt; örtlicher und überörtlicher Bauhof Brake; Revierzentrale Bremen
Amtsbezirk: Mittelweser von Weser-Kilometer 354,19 bis km 362,72. Unterweser km 362,72 bis km 366,72 und unterhalb der Wilhelm-Kaisen-Brücke von Unterweser km 0,00 bis Brake km 40,04. Kl Weser in Bremen. Lesum, Wümme von km 0,0 bis zur Mündung. Küstenkanal km 0,00 bis km 8,054. Untere Hunte von km 0,0 bis zur Mündung. Westergate, Rechter Nebenarm von Rade bis Amtsgrenze des Wasser- und Schiffahrtamtes Bremerhaven und Rekumer Loch

Wasser- und Schiffahrtsamt Bremerhaven
27568 Bremerhaven, Am Alten Vorhafen 1; Tel (04 71) 48 35-0; Fax (04 71) 4 83 52 10
Vorstand: Wilfried Rodiek BauDir
Außenbezirk in: Nordenham-Blexen mit Stützpunkt in Klippkanne
Amtsbezirk: Unter- und Außenweser von Brake bis in See mit den Nebenfahrwassern Wurster Arm, Tegeler Rinne, Fedderwarder Priel sowie kleineren Wattfahrwassern und Mündungsgebiet der Weser: Alte Weser und Neue Weser

Wasser- und Schiffahrtsamt Emden
26725 Emden; Tel (0 49 21) 8 02-1; Telex 27 939; Fax (0 49 21) 8 02-3 79

Vorstand: Sönke Meesenburg BauDir
Angeschlossene Stellen: Schiffseichamt, Schiffsuntersuchungskommission
Außenbezirke (Bund) in: Leer, Emden, Borkum, Bauhof Emden und Bauhof Emden, Außenstelle Norderney
Amtsbezirk: Ems von Papenburg bis zur Mündung, mit den Haupt- und Nebenfahrwassern, Wattfahrwasser von der Ems bis Spiekeroog. Leda von km 0 bis zur Mündung in die Ems. Ledasperrwerk. Ems-Seitenkanal Oldersum-Emden mit Schleuse Oldersum, Insel Borkum mit Schutzhafen

Wasser- und Schiffahrtsamt Wilhelmshaven
26382 Wilhelmshaven, Mozartstr 32; Tel (0 44 21) 1 86-0; Fax (0 44 21) 18 63 08
Vorstand: Dipl-Ing Holger Alker BauDir
Außenbezirk: Wilhelmshaven, Stützpunkt Wangerooge
Amtsbezirk:
Bundesaufgaben: Seeschiffahrtsstraße Jade mit Neben- und Wattenfahrwasser einschließlich Harle. Verkehrstrennungsgebiet „German Bight Western Approach", „Jade Approach" und „Terschelling – German Bight"; Tiefwasserreede. Inseln Wangerooge (Inselschutz) und Minsener Oog. Hafen- und Wasserbau für die Bundeswehr

Der Rechtsaufsicht der Wasser- und Schiffahrtsdirektion Nordwest unterstehen:

1.2.2 Lotsenbrüderschaften

Lotsenbrüderschaft Emden KdöR
26721 Emden, Am Delft 24; Tel (0 49 21) 2 19 48; Fax (0 49 21) 2 28 39
Aufgabenkreis:
Lotsung von Schiffen auf dem Seelotsrevier Ems und im Emder Hafen
I. Ältermann: Gerd Köhler

Lotsenbrüderschaft Weser I Bremen KdöR
28217 Bremen, Überseehafen, Hafenkopf II, Nr 2; Tel (04 21) 39 40 44/45; Fax (04 21) 38 22 43
Aufgabenkreis:
Miterfüllung der Verkehrssicherung auf dem Revier gemäß §§ 27 und 28 des Gesetzes über das Seelotswesen. Revier- und Hafenlotsungen für Seeschiffe im Bereich der Unterweser zwischen Bremen und Blexen.
Ältermann: Holger Tessenow

Lotsenbrüderschaft Weser II/Jade KdöR
27568 Bremerhaven, Am Alten Vorhafen; Tel (04 71) 94 42 44, 94 42 42; Fax (04 71) 9 44 24 39, 9 44 24 59
Aufgabenkreis:
Lotsendienste auf Außenweser und Jade für alle Fahrtstrecken zwischen Bremerhaven/Wilhelmshaven und der Lotsenversetzposition bei Feuerschiff „Deutsche Bucht". Distanzlotsungen zwischen Weser/Jade und Elbe und Weser/Jade und Ems sowie

321

Hafenlotsdienst für den Hafenbereich von Wilhelmshaven.
1. Ältermann: Heiko Rose

1.3 Wasser- und Schiffahrtsdirektion Mitte

30169 Hannover, Am Waterlooplatz 5; Tel (05 11) 91 15-0; Fax (05 11) 91 15-4 00

Direktionsbezirk: Weser von Hann Münden km 0,00 bis zur bremisch-niedersächsischen Landesgrenze oberhalb Bremen km 354,19; Aller vom Mühlenwehr in Celle km 0,25 bis zur Mündung in die Weser km 117,16; Fulda unterhalb Meckler km 0,00 bis Hann Münden km 108,78; Werra von km 0,78 bei Falken bis Hann Münden km 89,00; Ihme einschließlich Schneller Graben vom Wehr am Schnellen Graben in Hannover bis zur Mündung in die Leine, Leine ab Ihmemündung bis zur Mündung in die Aller; Mittellandkanal vom Dortmund-Ems-Kanal bei Bergeshövede km 0,00 bis km 318,4 bei Magdeburg mit dem Stichkanal nach Osnabrück, den Verbindungskanälen Nord und Süd zur Weser in Minden, dem Stichkanal nach Hannover-Linden, dem Verbindungskanal zur Leine, dem Stichkanal nach Misburg, dem Stichkanal nach Hildesheim und dem Stichkanal nach Salzgitter; Eder- und Diemeltalsperren, Elbe-Seitenkanal vom Mittellandkanal bei Gifhorn km 0,00 bis zur Mündung in die Elbe bei km 115,20.

Sonderstellen: Drucksachenstelle der Wasser- und Schiffahrtsverwaltung, Hochbaubüro der Wasser- und Schiffahrtsverwaltung, Sonderstelle für Aus- und Fortbildung in der Wasser- und Schiffahrtsverwaltung, Arbeitssicherheitsstelle, Lohnrechnungsstelle (für die WSD-Bezirke Nordwest und Mitte).

Präsident der Wasser- und Schiffahrtsdirektion: Prof Dierk Schröder
Vertreter: Jürgen Mechelhoff AbtPräs
Dem Präsidenten unmittelbar unterstellt:

Hochbaubüro der Wasser- und Schiffahrtsverwaltung Beuke LtdBauDir
Sonderstelle für Aus- und Fortbildung in der Wasser- und Schiffahrtsverwaltung Lindert RDir
Vorprüfungsstelle Schreiber ROAR

Abt A Allgemeine Verwaltung, Schiffahrt
Leiter: Jürgen Mechelhoff AbtPräs

Dez A 1: **Organisation** Beckmann LtdBauDir
Dez A 2: **Personal, Haushalt** Jenner RDir
Dez A 3: **Allgemeine Rechtsangelegenheiten** Janssen RDir
Dez A 4: **Wasserwegerecht** Delisle RDir
Dez A 5: **Ordnung des Schiffsverkehrs** Sudmeyer RDir
Dez A 6: **Wirtschaftsfragen der Schiffahrt** Sudmeyer RDir

Abt T Technische Verwaltung, Liegenschaften
Leiter: Hans Heimann AbtPräs

Dez T 1: **Wasserstraßen – Allgemeines, Schiffahrtszeichen** Siefke LtdBauDir
Dez T 3: **Gewässerkunde, Wasserbewirtschaftung** Heeren BauDir
Dez T 4: **Wasserstraßen, Weser und Nebenflüsse** Döhl BauDir
Dez T 5: **Wasserstraßen, Mittellandkanal, Elbe-Seitenkanal, Brückenunterhaltung** Harries BauDir
Dez T 7: **Maschinenwesen** Laaß BauDir
Dez T 8: **Vermessung, Liegenschaften** Strauß VmDir

Abt N Allgemeine Neubauangelegenheiten, Grundsatzangelegenheiten der Bautechnik
Leiter: Schmidt-Vöcks LtdBauDir

Dez N 1: **Streckenausbau Mittellandkanal, Mittelweseranpassung** Früke BauDir
Dez N 2: **Brücken und Anlagen – Mittellandkanal** Struckmeyer BauDir
Dez N 3: **Vermessung, Liegenschaften– Mittellandkanal** Rautenberg VmDir
Dez N 4: **Ausbau Mittellandkanal km 238,0 bis 318,4** Reiner BauDir

Der Wasser- und Schiffahrtsdirektion Mitte nachgeordnet:

1.3.1 Wasser- und Schiffahrtsämter, Wasserstraßen-Maschinenamt, Neubauämter

Wasser- und Schiffahrtsamt Hann. Münden
34346 Hann. Münden, Kasseler Str 5; Tel (0 55 41) 9 52-0; Fax (0 55 41) 95 24 00
Vorstand: Klemm BauDir
Außenbezirke in: Edertal (Edertalsperre, Diemeltalsperre), Rotenburg (Werra und Fulda), Hann. Münden (Fulda, Werra und Weser), Höxter (Weser), Hameln (Weser)
Amtsbezirk: Werra von km 0,78 bis km 89,00, Fulda von km 0,00 bis 108,78, Weser von km 0,00 bis 154,00, Edertalsperre und Diemeltalsperre

Wasser- und Schiffahrtsamt Verden
27283 Verden, Hohe Leuchte 30; Tel (0 42 31) 8 98-0; Fax (0 42 31) 8 98-44
Vorstand: Manfred Olbricht BauDir
Außenbezirke in: Windheim (Weser), Nienburg (Weser), Hoya (Weser), Verden (Aller), Oldau (Aller), Bauhof in Hoya
Amtsbezirk: Weser von km 213,0 bis km 354,19, Aller vom Mühlenwehr in Celle km 0,00 bis zur Mündung in die Weser km 117,10, Betriebshäfen Verden (Aller), Nienburg (Weser) und Hoya (Weser), Leine von km 68,00 bis zur Mündung in die Aller km 112,11

Wasser- und Schiffahrtsamt Minden
32425 Minden, Am Hohen Ufer 1; Tel (05 71) 64 58-0; Fax (05 71) 64 58-1 05
Vorstand: Reinhard Henke BauDir

Außenbezirke in: Bramsche, Bad Essen, Minden-Kanal, Minden-Weser, Bauhof Minden
Amtsbezirk: Mittellandkanal von km 0,00 bis 128,140 mit den Verbindungskanälen Nord und Süd zur Weser; Stichkanal Osnabrück von km 0,00 −12,990; Weser von km 154,00 bis km 213,00

Wasser- und Schiffahrtsamt Braunschweig
38120 Braunschweig, Ludwig-Winter-Str 5; Tel (05 31) 8 66 03-0; Fax (05 31) 8 66 03-40
Vorstand: Wilfried Klingelhöfer BauDir
Außenbezirke in: Thune, Sehnde, Lohnde und Bauhof Anderten
Amtsbezirk: Mittellandkanal von km 128,140 bis 230,2; Stichkanäle nach Linden, Hildesheim, ferner die „Leine" im Stadtbereich Hannover bis Neustadt am Rbg; Stichkanal nach Salzgitter, Ihme, Schneller Graben und Stichkanal Misburg sowie Verbindungskanal zur Leine

Wasser- und Schiffahrtsamt Uelzen
29525 Uelzen, Greyerstr 12; Tel (05 81) 90 79-0; Fax (05 81) 90 79-2 77; Notfall-Meldestelle: (0 41 36) 6 70
Vorstand: Helmut Trapp BauDir
Amtsbezirk: Bau, Betrieb, Unterhaltung, Verwaltung einschließlich Strom- und Schiffahrtspolizei am Elbe-Seitenkanal (km 0-115,2) und Mittellandkanal (km 230,200 bis 318,400)

Wasserstraßen-Maschinenamt Minden
32425 Minden, Am Hohen Ufer 3; Tel (05 71) 64 58-0; Fax (05 71) 64 58-2 77
Vorstand: Harald Back BauDir

Neubauamt für den Ausbau des Mittellandkanales in Minden
32425 Minden, Sympherstr 14; Tel (05 71) 94 57-0; Fax (05 71) 94 57-2 90
Vorstand: Paul-Manfred Klimpel BauDir
Amtsbezirk: Ausbau des Mittellandkanales von km 0 bis km 138,00 und Vorhäfen des Nord- und Südabstieges zur Weser sowie Anpassungsmaßnahmen an der Mittelweser von km 204,45 bis km 354,19

mit
Außenstelle Osnabrück
49078 Osnabrück, Arndtstr 15; Tel (05 41) 4 04 43-0; Fax (05 41) 4 04 43-45
Amtsbezirk: Ausbau des Mittellandkanales von km 0,00 bis km 68,50 und des Stichkanales nach Osnabrück von km 0,00 bis km 12,988

Neubauamt für den Ausbau des Mittellandkanales in Hannover
30159 Hannover, Nikolaistr 23/25; Tel (05 11) 1 63 89-0; Fax (05 11) 1 63 89-40
Vorstand: Röben BauDir
Amtsbezirk: Ausbau des Mittellandkanals von km 138,00 bis km 238,00, Stichkanäle nach Linden, Misburg, Hildesheim und nach Salzgitter; Neubau von Schleusen am Mittellandkanal bis km 238,00, Elbeseitenkanal und Mittelweser

1.4 Wasser- und Schiffahrtsdirektion West

48147 Münster, Cheruskerring 11; Tel (02 51) 27 08-0; Fax (02 51) 27 08-1 16

Direktionsbezirk: Rhein von km 642,21 linkes Ufer und 639,26 rechtes Ufer bis km 865,52 linkes Ufer und 857,67 rechtes Ufer (Niederländische Grenze); Schiffahrtsweg Rhein-Kleve km 1,78 bis 10,24; Rhein-Herne-Kanal von km 0,16 bis 45,60 mit zweiter Mündung zum Rhein; Ruhrwasserstraße von km 0,0 bis 12,21 einschließlich Altarm der Ruhr unterhalb Mülheim; Wesel-Datteln-Kanal von km 0,24 bis 60,23; Datteln-Hamm-Kanal von km 0,0 bis 47,20; Dortmund-Ems-Kanal von km 1,44 bis 225,82; obere Ems von km 0,0 (Schöneflieth) bis 82,65 Dortmund-Ems-Kanal bei Hanekenfähr); nicht schiffbare Ems von Hanekenfähr bis Meppen; Emsschleifen der kanalisierten Ems unterhalb Meppen mit Wehren; Hase unterhalb der Einmündung des Ems-Hase-Kanals; Küstenkanal von km 8,05 bis 69,63; Elisabeth-Fehn-Kanal von km 0,0 bis 14,83.

Sonderdienststellen: Betriebskrankenkasse des BMV − Bezirksstelle Münster − , Ausführungsbehörde für Unfallversicherung des BMV, Pensionsfestsetzungs- und -regelungsbehörde im Dienstbereich des BMV

Präsident der Wasser- und Schiffahrtsdirektion West:
Dipl-Ing Ulrich Machens
Vertreter: Christian Respondek AbtPräs

Abt Allgemeine Verwaltung, Schiffahrt
Leiter: Christian Respondek AbtPräs

Dez A 1: **Organisation** Hillermann RDir
Dez A 2: **Personal, Haushalt** Hillermann RDir
Dez A 3: **Allgemeine Rechtsangelegenheiten** Hermann RDir
Dez A 4: **Wasserwegerecht** Rosendahl RDir
Dez A 5: **Ordnung des Binnenschiffsverkehrs** Kehl RDir
Dez A 6: **Wirtschaftsfragen der Binnenschiffahrt** Bickhoff RDir

Abt Technische Verwaltung, Liegenschaften
Leiter: Dieter Haendel AbtPräs

Dez T 1: **Wasserstraßen allgemein, Schiffahrtszeichen** Kawe BauDir
Dez T 3: **Gewässerkunde, Wasserbewirtschaftung** Krüger BauDir
Dez T 4: **Wasserstraßen Rhein** Schonlau BauDir
Dez T 5: **Wasserstraßen Westdeutsche Kanäle, Ems** Köhnlein LtdBauDir
Dez T 6: **Bergbau, Brücken** Schulz BauDir
Dez T 7: **Maschinenwesen** Brüggemann BauDir
Dez T 8: **Vermessung, Liegenschaften** Mortell VmDir

Gruppe Neubau
Leiter: Dietrich Feske LtdBauDir

Dez N 1: **Neu- und Ausbau, Gewässerbett** Coudray BauDir

Dez N 2: **Neu- und Ausbau, Anlagen** Buchwald BauDir

Der Wasser- und Schiffahrtsdirektion West nachgeordnet:

1.4.1 Wasser- und Schiffahrtsämter, Wasserstraßen-Maschinenamt, Neubauamt

Wasser- und Schiffahrtsamt Rheine
48431 Rheine, Münster Str 77; Tel (0 59 71) 9 16-0; Fax (0 59 71) 91 62 22
Vorstand: Nogatz BauDir
Außenbezirke in: Rheine, Altenrheine, Münster, Lüdinghausen, Hamm
Zuständigkeitsbereich: Dortmund-Ems-Kanal von km 21,500 bis 138,30 und obere Ems von km 0,0 (Schöneflieth) bis 82,600 (Dortmund-Ems-Kanal bei Hanekenfähr); Datteln-Hamm-Kanal km 0,000 bis 47,190

Wasser- und Schiffahrtsamt Meppen
49716 Meppen, Herzog-Arenberg-Str 66; Tel (0 59 31) 4 94-0; Fax (0 59 31) 4 94-2 22
Vorstand: Bernd Lüllau BauDir
Außenbezirke in: Lingen, Lathen, Edewechterdamm
Zuständigkeitsbereich: Dortmund-Ems-Kanal von km 138,30 bis 225,82; nicht schiffbare Ems von Hanekenfähr bis Meppen; Emsschleifen der kanalisierten Ems unterhalb Meppen mit Wehren; Hase unterhalb der Einmündung des Ems-Hase-Kanals bis Mündung in die Ems; Küstenkanal von km 8,054 bis 69,610; Elisabethfehn-Kanal von km 0,0 bis km 14,83; Seitenkanal Gleesen-Papenburg (nicht fertiggestellt) von km 0,0 bis km 79,90

Wasser- und Schiffahrtsamt Duisburg-Meiderich
47138 Duisburg, Emmericher Str 201; Tel (02 03) 45 04-0; Fax (02 03) 4 50 43 33
Vorstand: Paulheinz Gursch BauDir
Außenbezirke in: Duisburg-Meiderich, Herne, Friedrichsfeld, Dorsten, Datteln; Bauhof in Herne
Zuständigkeitsbereich: Rhein-Herne-Kanal von km 0,16 bis 45,60 mit zweiter Mündung zum Rhein; Ruhr von km 0,0 bis 12,21 einschließlich Altarm der Ruhr unterhalb Mülheims; Wesel-Datteln-Kanal km 0,0 bis 60,25; Dortmund-Ems-Kanal km 1,4 bis 21,50

Wasser- und Schiffahrtsamt Köln
50668 Köln, An der Münze 8; Tel (02 21) 9 73 50-0; Fax (02 21) 9 73 50-2 22
Vorstand: Jürgen Landgrebe BauDir
Außenbezirke in: Bonn, Köln und Neuss
Zuständigkeitsbereich: Rhein von km 642,23 linkes Ufer und km 639,24 rechtes Ufer bis km 759,7

Wasser- und Schiffahrtsamt Duisburg-Rhein
47198 Duisburg, Königstr 84; Tel (0 20 66) 20 06-0; Fax (0 20 66) 20 06 44
Vorstand: Hauke Hansen BauDir
Außenbezirke in: Duisburg, Wesel, Emmerich
angeschlossene Stelle: Schiffseichamt, Schiffsuntersuchungskommission, Revierzentrale
Zuständigkeitsbereich: Rhein von km 759,7 bis km 865,45 linkes Ufer und km 857,68 rechts Ufer, Schiffahrtsweg Rhein-Kleve

Wasserstraßen-Maschinenamt Herne
44628 Herne, Pöppinghauser Str 10; Tel (0 23 23) 98 50-0; Fax (0 23 23) 98 50-2 22
Vorstand: Reinhardt Haase BauOR
Aufgabenbereich: Instandsetzung der schwimmenden Fahrzeuge und Geräte, Unterhaltung der maschinellen, elektrischen und nachrichtentechnischen Anlagen der Wasser- und Schiffahrtsdirektion West (Münster) im Rahmen von Ersatzinvestitionen

Wasserstraßen-Neubauamt Datteln
45711 Datteln, Speeckstr 1; Tel (0 23 63) 1 04-0; Fax (0 23 63) 10 42 22
Leiter: Rinker LtdBauDir
Aufgabenbereich: Besondere Neubaumaßnahmen im Bereich der Wasser- und Schiffahrtsdirektion West

1.4.2 Sonderstellen

Ausführungsbehörde für Unfallversicherung des Bundesministeriums für Verkehr
48147 Münster, Cheruskerring 14; Tel (02 51) 27 08-0; Fax (02 51) 27 08-2 40
Aufgabenkreis:
Unfallangelegenheiten der Angestellten und Lohnempfänger einschließlich ihrer Hinterbliebenen des Bundesverkehrsministeriums und der nachgeordneten Ober und Mittelbehörden sowie der Deutschen Flugsicherung GmbH.
Unfallangelegenheiten der ehemaligen Bediensteten einschließlich ihrer Hinterbliebenen der früheren Reichswasserstraßenverwaltung
Geschäftsführer: Lothar Schnaubelt RDir

Wasser- und Schiffahrtsdirektion West
– **Pensionsfestsetzungs- und -regelungsbehörde im Dienstbereich des Bundesministeriums für Verkehr** –
48147 Münster, Cheruskerring 11; Tel (02 51) 27 08-3 20; Fax (02 51) 27 08-1 77
Aufgabenkreis: Festsetzung und Regelung der Alters- und Hinterbliebenenversorgung der Beamten aus dem Bereich der Bundesverkehrsverwaltung und der früheren Reichswasserstraßenverwaltung und Beihilfefestsetzungsstelle für Eisenbahn-Bundesamt
Leiter: Friedbert Hillermann RDir

1.5 Wasser- und Schiffahrtsdirektion Südwest

55127 Mainz, Brucknerstr 2; Tel (0 61 31) 9 79-0; Fax (0 61 31) 9 79-1 55

Direktionsbezirk: Rhein von km 170,00 rechtes Ufer (Bundesgrenze unterhalb Basel) bis km 639,24 rechtes Ufer bzw km 642,23 linkes Ufer (Rolandseck), (von km 170,00 bis km 352,07 – Lautermündung– nur rechtes Ufer), Neckar von km 203,011 (Plochingen) bis zur Mündung, Mosel von km 242,21 rechtes Ufer (Bundesgrenze Frankreich) bzw km 205,87 linkes Ufer (Bundesgrenze Luxemburg) bis zur Mündung, Saar von der Bundesgrenze bis zur Mündung, Lahn von km – 11,075 (Wehr Badenburg, oberhalb Gießen) bis zur Mündung

Präsident der Wasser- und Schiffahrtsdirektion: Dipl-Ing Claus Rost

Abt A Allgemeine Verwaltung, Schiffahrt
Leiter: Seibold AbtPräs

Dez A1: **Organisation** Dipl-Ing Schaefer BauDir
Dez A2: **Personal, Haushalt** König RDir
Dez A3: **Allgemeine Rechtsangelegenheiten** Fraas RDir
Dez A4: **Wasserwegerecht** Blicke RDir
Dez A5: **Ordnung des Schiffsverkehrs** Farwig RDir
Dez A6: **Wirtschaftsfragen der Schiffahrt** Krüger LtdRDir

Abt T Technische Verwaltung, Liegenschaften
Leiter: Dipl-Ing Henneberg AbtPräs

Dez T1: **Wasserstraßen-Allgemeines, Schifffahrtszeichen** Dipl-Ing Krajewski LtdBauDir
Dez T3: **Gewässerkunde, Wasserbewirtschaftung** Dipl-Ing Kelber BauDir
Dez T4: **Wasserstraße Rhein** Dipl-Ing Mahr BauDir
Dez T5: **Wasserstraßen Mosel, Saar, Lahn** Dipl-Ing Knobloch BauDir
Dez T6: **Wasserstraße Neckar** Dipl-Ing Mews BauDir
Dez T7: **Maschinenwesen** Dipl-Ing Saalmann BauOR
Dez T8: **Vermessung, Liegenschaften** Dipl-Ing Gündner VmDir

Abt N Neubaugruppe
Leiter: Dipl-Ing Donau LtdBauDir

Dez N1: **Streckenausbau (Saar)** Dipl-Ing Kripzak BauDir
Dez N2: **Staustufenbau (Saar/Mosel)** Dipl-Ing Wegner BauDir
Dez N3: **Rheinausbau** Dipl-Ing Meier TAng
Dez N4: **Vermessung, Liegenschaften (Saar/Mosel)** Dipl-Ing Ziebe VmDir

Sonderstellen:

Betriebskrankenkasse des BMV – Bezirksstelle Mainz
55127 Mainz, Brucknerstr 2; Tel (0 61 31) 9 79-0; Fax (0 61 31) 9 79-1 51

Zentralstelle Schiffsuntersuchung/ Schiffseichung
Rustemeyer BauDir

Der Wasser- und Schiffahrtsdirektion Südwest angegliedert:

Seezeichenversuchsfeld der Wasser- und Schiffahrtsverwaltung des Bundes
56070 Koblenz, Weinbergstr 11-13; Tel (02 61) 98 19-0; Fax (02 61) 98 19-1 56
Aufgabenkreis: Planung und Entwicklung von Geräten und Anlagen des Schiffahrtszeichenwesens an den Bundeswasserstraßen im Binnen- und Seebereich sowie auf der Hohen See zur Verbesserung der Schiffsverkehrstechnik. Zentrale Beschaffung und Güteprüfung von Schiffahrtszeichen.
Leiter: Dipl-Ing H Kuhlbrodt LtdBauDir

Berufsbildungszentrum Koblenz
56070 Koblenz, Hafenstr 1; Tel (02 61) 98 19-0; Fax (02 61) 98 19-1 59
Leiter: Dipl-Ing (FH) Dieter Kothe BauOAR

Der Wasser- und Schiffahrtsdirektion Südwest nachgeordnet:

1.5.1 Wasser- und Schiffahrtsämter, Wasserstraßen-Maschinenamt

Wasser- und Schiffahrtsamt Freiburg
79104 Freiburg, Stefan-Meier-Str 4-6; Tel (07 61) 27 18-0; Fax (07 61) 27 18-155
Vorstand: Dipl-Ing Hasso Klose BauDir
Amtsbezirk: Oberrhein rechtes Ufer von km 170,00 (Bundesgrenze unterhalb Basel) bis km 352,07 (Lautermündung)
Außenbezirke in: Neuenburg, Breisach, Kehl, Plittersdorf

Wasser- und Schiffahrtsamt Mannheim
68159 Mannheim, C 8, 3; Tel (06 21) 15 05-0; Fax (06 21) 1 50 51 55
Vorstand: Dipl-Ing Joachim Gährs BauDir
Amtsbezirk: Rhein von km 352,07 bis km 493,50; Lampertheimer Altrhein 4,7 km; Erfelder-Altrhein 9,8 km; Ginsheimer Altrhein 1,5 km; Neckarmündungsstrecke 4,6 km
Außenbezirke: Karlsruhe, Speyer, Worms, Oppenheim
Angeschlossene Stellen: Schiffsuntersuchungskommission und Schiffseichamt

Wasser- und Schiffahrtsamt Bingen
55411 Bingen, Schloßstr 36; Tel (0 67 21) 3 06-0; Fax (0 67 21) 3 06-1 55
Vorstand: Gerhard Behlke BauDir
Amtsbezirk: Rhein von km 493,50 bis km 642,20 linkes Ufer bzw 639,24 rechtes Ufer und Lahn von km 136,30 bis zur Mündung

Außenbezirke in: Wiesbaden, St Goar, Koblenz, Brohl
Schutz- und Sicherheitshäfen: Bingen, Loreley
mit
Revierzentrale Oberwesel; Tel (0 67 44) 93 01-0; Fax (0 67 44) 93 01-19

Wasser- und Schiffahrtsamt Stuttgart
70191 Stuttgart, Birkenwaldstr 38; Tel (07 11) 2 57 26 11; Fax (07 11) 2 57 26 14
Vorstand: Hans Hermening BauDir
Amtsbezirk: Neckar von km 203,11 (Plochingen) bis km 116,440 (Horkheim)
Außenbezirke in: Stuttgart, Marbach am Neckar und Lauffen am Neckar

Wasser- und Schiffahrtsamt Heidelberg
69115 Heidelberg, Vangerowstr 12; Tel (0 62 21) 5 07-0; Fax (0 62 21) 50 71 55
Leiter: Dipl-Ing Ernst-Udo Lenz BauDir
Amtsbezirk: Neckar von km 116,440 (Heilbronn) bis km 4,6 (Mannheim-Feudenheim)
Angeschlossene Stellen:
Bauhof Neckarsteinach
Außenbezirke in: Heidelberg-Schlierbach, Eberbach und Bad Friedrichshall

Wasser- und Schiffahrtsamt Trier
54290 Trier, Pacelliufer 16; Tel (06 51) 36 09-0; Fax (06 51) 36 09-1 55
Vorstand: Karl-Heinz Kippe BauDir
Amtsbezirk: Mosel von km 115,6 (Kinheim) bis km 205,88 und von km 205,88 bis km 242,20 gemeinsam mit Großherzogtum Luxemburg (Kondominium).
Außenbezirke in: Wincheringen, Detzem, Bernkastel, Bauhof Trier
Sicherheitshäfen: Trier, Bernkastel

Wasser- und Schiffahrtsamt Koblenz
56070 Koblenz, Schartwiesenweg 4; Tel (02 61) 98 19-0; Fax (02 61) 98 19-1 57
Vorstand: Jens Stenglein BauDir
Amtsbezirk: Mosel von km 115,60 (Kinheim) bis km 0,0 (Koblenz)
Lahn von km -11,075 (Wehr Badenburg, oberhalb Gießen) bis km 136,30 (Lahnstein)
Außenbezirke der Lahn in: Wetzlar, Diez
Außenbezirke der Mosel in: Brodenbach, Cochem, Bullay
Bauhof in: Koblenz
Sicherheitshäfen: Traben, Senheim
mit
Schiffsuntersuchungskommission

Wasser- und Schiffahrtsamt Saarbrücken
66121 Saarbrücken, Bismarckstr 133; Tel (06 81) 60 02-0; Fax (06 81) 60 02-1 55
Vorstand: Dipl-Ing Udo Goetzcke BauDir
Amtsbezirk: Saar von der Bundesgrenze bis km 0,0 (Mündung in die Mosel)
Außenbezirke in: Saarburg, Dillingen, Saarbrücken

Wasserstraßen-Maschinenamt Koblenz
56070 Koblenz, Schartwiesenweg 3; Tel (02 61) 98 19-0; Fax (02 61) 98 19-1 55
Vorstand: Dr-Ing Friedrich Ulbricht BauDir
Aufgabenkreis: Verwaltung der Schiffe und Geräte sowie der maschinen-, elektro- und nachrichtentechnischen Anlagen im Bezirk der Wasser- und Schiffahrtsdirektion Südwest

mit
Fernmeldetechnisches Zentralbüro
56070 Koblenz, Schartwiesenweg 3; Tel (02 61) 98 19-0; Fax (02 61) 98 19-1 54
Aufgabenkreis:
Planung, Kontrolle und Abnahme von Einrichtungen des bundesweiten Wasserstraßen-Fernmeldenetzes (WF-Netz), Kabel-, Übertragungs-, Vermittlungstechnik, Funktechnik, Fernwirk-, Fernmeß- und Datenübertragungstechnik.
Leiter: Hans-Jürgen Büma BauOAR

1.6 Wasser- und Schiffahrtsdirektion Süd

97082 Würzburg, Wörthstr 19; Tel (09 31) 41 05-0; Fax (09 31) 41 05-380

Direktionsbezirk: Main von der Mündung in den Rhein (km 0,00) bis Bamberg (km 387,69), Main-Donau-Kanal einschließlich Regnitz von Bamberg (km 0,0) bis zur Mündung in die Donau, Donau von Kelheim (km 2 414,72) bis zur deutsch-österreichischen Grenze (km 2 201,77).

Präsident der Wasser- und Schiffahrtsdirektion: Dipl-Ing Wolfgang Paul
Vertreter: Wolfgang Hülsen AbtPräs

Abt Allgemeine Verwaltung, Schiffahrt
Leiter: Wolfgang Hülsen AbtPräs

Organisation, Sicherheit, Öffentlichkeitsarbeit Eujen BauDir
Personal, Haushalt Solger RDir
Allgemeine Rechtsangelegenheiten Gojny LtdRDir
Wasserwegerecht Kutschkow ORRätin
Ordnung des Schiffsverkehrs Dr Fleskes RDir
Wirtschaftsfragen der Schiffahrt Dr Fleskes RDir

Abt Technische Verwaltung, Liegenschaften
Leiter: Kirchdörfer AbtPräs

Wasserstraßenwesen – Allgemeines – Schiffahrtszeichen Gabriel BauDir
Gewässerkunde, Wasserbewirtschaftung Beckmann BauDir
Wasserstraße Main Eujen BauDir
Wasserstraßen Main-Donau-Kanal, Donau Busch BauDir
Maschinenwesen Reise
Vermessung, Liegenschaften Steinhuber VmDir
Neubau Rätzke LtdBauDir

Der Wasser- und Schiffahrtsdirektion Süd nachgeordnet:

1.6.1 Wasser- und Schiffahrtsämter, Wasserstraßen-Maschinenamt, Neubauamt

Wasser- und Schiffahrtsamt Aschaffenburg
63739 Aschaffenburg, Obernauer Str 6;
Tel (0 60 21) 3 85-0; Fax (0 60 21) 3 85-101
Vorstand: Harald Wöhler BauDir
Außenbezirke in: Frankfurt, Hanau, Erlenbach, Hasloch
Amtsbezirk: Main von km 0,00 bis km 185,20

Wasser- und Schiffahrtsamt Schweinfurt
97422 Schweinfurt, Mainberger Str 8; Tel (0 97 21) 2 06-0; Fax (0 97 21) 2 06-1 01
Vorstand: Sönke Wegner BauDir
Außenbezirke in: Gemünden, Marktbreit, Volkach, Haßfurt, Bauhof in Würzburg
Amtsbezirk: Main von km 185,2 bis km 387,69

Wasser- und Schiffahrtsamt Nürnberg
90402 Nürnberg, Marientorgraben 1; Tel (09 11) 20 00-0; Fax (09 11) 20 00-1 01; Notfall-Meldestelle Beilngries: Tel (0 84 61) 64 11-0
Vorstand: Klaus Uwe Kiehne BauDir
Außenbezirke in: Bamberg, Nürnberg, Hilpolstein und Riedenburg
Bauhof in: Nürnberg
Amtsbezirk: Main-Donau-Kanal von km 0,0 bis 171,0

Wasser- und Schiffahrtsamt Regensburg
93059 Regensburg, Erlanger Str 1; Tel (09 41) 81 09-0; Fax (09 41) 81 09-1 60
Vorstand: Jan Reche BauDir
Außenbezirke in: Regensburg, Straubing, Deggendorf, Passau, Bauhof in Passau
Amtsbezirk: Donau von km 2 414,72 bis 2 201,77

Wasserstraßen-Maschinenamt Nürnberg
90402 Nürnberg, Gleißbühlstr 7; Tel (09 11) 2 06 45-0; Fax (09 11) 2 06 45-17
Aufgabenkreis: Ersatz von maschinen-, elektro- und nachrichtentechnischen Teilen an den Bundeswasserstraßen Main, Main-Donau-Kanal und Donau sowie Erwerb und Umbau von Wasserfahrzeugen.
Vorstand: Rolf Kühlewind BauDir

Wasserstraßen-Neubauamt Aschaffenburg
63743 Aschaffenburg, Hockstr 10; Tel (0 60 21) 3 12-0; Fax (0 60 21) 3 12-1 01
Aufgaben: Neubaumaßnahmen am Main, Fahrrinnenausbau Aschaffenburg-Bamberg
Leiter: Klaus Schwersenz BauDir

1.7 Wasser- und Schiffahrtsdirektion Ost

10963 Berlin, Stresemannstr 92; Tel (0 30) 2 69 90-20; Fax (0 30) 2 69 90-2 70

Direktionsbezirk: Elbe Grenze Tschechien bis Hamburg, Elbe-Lübeck-Kanal (ELK), Saale bis Merseburg, Mecklenburgische Wasserstraßen, Märkische Wasserstraßen und Oderregion

Präsident der Wasser- und Schiffahrtsdirektion: Achim Pohlman
Vertreter: Dipl-Ing Heinz-Josef Recker AbtPräs

Abt A Allgemeine Verwaltung, Schiffahrt
Leiter: Heinz Weiß AbtPräs

Dez A 1: **Organisation** Dipl-Ing Scholz BauDir
Dez A 2: **Personal, Haushalt** Putzschke ORRätin
Dez A 3: **Allgemeine Rechtsangelegenheiten** Creydt RDir
Dez A 4: **Wasserwegerecht** NN
Dez A 5: **Ordnung des Schiffsverkehrs** Putzschke RDir
Dez A 6: **Wirtschaftsfragen der Schiffahrt** Krause ORRätin

Abt T Technische Verwaltung, Liegenschaften
Leiter: Dipl-Ing Heinz-Josef Recker AbtPräs

Dez T 1: **Wasserstraßen − allgemein, Schiffahrtszeichen** Dipl-Ing Baumgarten BauDir
Dez T 3: **Gewässerkunde, Umweltschutz** Dipl-Ing Scholz BauDir
Dez T 4: **Wasserstraßen Elbe** Dipl-Ing Faist
Dez T 5: **Märkische Wasserstraßen** Dipl-Ing Kögel BauDir
Dez T 6: **Konstruktive Anlagen, Hochbau** Dipl-Ing Katsch BauDir
Dez T 7: **Maschinenwesen** Dr-Ing Voß BauDir
Dez T 8: **Vermessung/Liegenschaften** Dipl-Ing Oettrich VmDir

Neubaugruppe
Leiter: Dipl-Ing Koop LtdBauDir

Dez N 1: **Berliner Wasserstraßen/HvK/UHW, Schleuse Spandau** Dipl-Ing Zantz BauDir
Dez N 2: **Wasserstraßenkreuz ohne Kanalbrücke Magdeburg einschließlich Hafenanbindung/EHK** Dipl-Ing Neugebauer BauDir
Dez N 3: **Brücken Magdeburg-Berlin, Kanalbrücke Magdeburg, Abstiegsbauwerk Niederfinow** Dipl-Ing Wutschke
Dez N 4: **Vermessungs- und Liegenschaftsangelegenheiten bei Neu- und Ausbaumaßnahmen** Dipl-Ing Pilger VmDir

Sonderstellen:

Betriebskrankenkasse des BMV
12439 Berlin, Schnellerstr 140; Tel (0 30) 63 95 25 50; Fax (0 30) 63 95 25 13

Berufsbildungszentrum
14532 Kleinmachnow, Stahnsdorfer Damm 1;
Tel (03 32 03) 5 81-0; Fax (03 32 03) 5 81-12

Der Wasser- und Schiffahrtsdirektion Ost nachgeordnet:

1.7.1 Wasser- und Schiffahrts- ämter, Neubauämter

Wasser- und Schiffahrtsamt Dresden
01127 Dresden, Moritzburger Str 1; Tel (03 51)
84 32-50; Fax (03 51) 8 48 90 20
Vorstand: Ulrich Finke BauDir
Außenbezirke in: Dresden, Mühlberg, Torgau, Wittenberg
Amtsbezirk: Grenze Tschechische Republik, Elbe-km 0,0 bis Saalemündung, Elbe-km 290,7

Wasser- und Schiffahrtsamt Magdeburg
39104 Magdeburg, Fürstenwallstr 19/20;
Tel (03 91) 5 30-0; Fax (03 91) 5 30 24 17 und
5 30 24 18
Vorstand: Rolf Lack BauDir
Außenbezirke in: Niegripp, Tangermünde, Wittenberge, Bernburg, Merseburg
Bauhof in: Schiffshebewerk Rothensee
Amtsbezirk: Aken (Elbe km 290,7) bis Dömitz (Elbe km 502,25), Saale km 0,0 (Elbe) bis Merseburg (Saale km 124,2), Mittellandkanal km 312,4 (Vorhafen) bis km 321,4 (toter Arm)

mit
Außenstelle Halle
06108 Halle, Wilhelm-Külz-Str 22; Tel (03 45)
77 44 00; Fax (03 45) 7 74 40 19

Wasser- und Schiffahrtsamt Lauenburg
21481 Lauenburg, Grünstr 16; Tel (0 41 53) 5 94-0;
Fax (0 41 53) 33 32
Vorstand: Hans Dieter Dudziak BauDir
Außenbezirke in: Mölln, Hitzacker, Geesthacht, Grabow, Parchim, Waren
Bauhof in: Geesthacht und Grabow
Amtsbezirk: Elbe von Dömitz (km 502,25) bis Hafengrenze Hamburg (km 607,5), Ilmenau von Lüneburg bis zur Mündung in die Elbe (km 0,00-28 84), Elbe-Lübeck-Kanal von Lübeck bis Lauenburg, Müritz-Elde-Wasserstraße MEW km 0,0 bis km 180,0 mit Stör-Wasserstraße und Schweriner See von km 0,0 bis km 44,7

Wasser- und Schiffahrtsamt Brandenburg
14770 Brandenburg an der Havel; Tel (0 33 81)
2 66-0; Fax (0 33 81) 2 66-3 21
Vorstand: Dieter Venzke BauDir
Außenbezirke in: Potsdam, Brandenburg, Rathenow, Genthin
Bauhof in: Brandenburg
Amtsbezirk: Havelkanal (HvK) km 0,74 bis 34,9 – Straßenbrücke Nieder Neuendorf bis Einmündung in die UHW bei Paretz, Potsdamer-Havel (PHv)

km 29,9 bis 0,0 – Jungfernsee bis Einmündung in die UHW bei Paretz, Untere Havel-Wasserstraße (UHW) km 16,31 bis 148,5 einschließlich Mündungsstrecke, Elbe-Havel-Kanal (EHK) km 381,098 bis 326,67 – Vorhafen der Schleuse Niegripp bis Plauer See bei Kirchmöser, Pareyer Verbindungskanal (PVK) km 3,308 bis 0,0 – Einmündung in den EHK bis Mündung in die Elbe

Wasser- und Schiffahrtsamt Berlin
10178 Berlin, Poststr 21/22; Tel (0 30) 29 79-0;
Fax (0 30) 29 79 43 97
Vorstand: Thomas Menzel BauDir
Außenbezirke in: Berlin-Spandau, Berlin-Neukölln, Erkner, Kummersdorf und Fürstenwalde
Bauhof in: 12557 Berlin
Amtsbezirk: Havel-Oder-Wasserstraße (HOW) km 0,0 bis 10,45, Untere Havel (UHW) km 0,0 bis 16,4, Spandau-Potsdam und Nebengewässer, Spree-Oder-Wasserstraße (SOW) km 0,0 bis 130,15, Spandau-Eisenhüttenstadt und Nebengewässer, Müggelspree (MgS) km 0,0 bis 11,4, Berlin-Spandauer-Schiffahrtskanal (BSK) km 0,0 bis 12,2, Westhafenkanal (WHK) km 0,0 bis 3,05, Charlottenburger Verbindungskanal (CVK) km 0,0 bis 1,65, Britzer-Verbindungskanal (BVK) km 0,0 bis 3,44, Teltow-Kanal (TeK) km 0,0 bis 37,83, Landwehrkanal (LWK) km 0,0 bis 10,74, Dahme Wasserstraße (DaW) km 0,0 bis 26,10 mit Nebengewässern, Storkower Gewässer (StG) km 0,0 bis 34,44 mit Nebengewässern (Teupitzer Gewässer)

Wasser- und Schiffahrtsamt Eberswalde
16225 Eberswalde, Grabowstr 1; Tel (0 33 34)
2 20 53; Fax (0 33 34) 2 20 53
Vorstand: Dr-Ing Christian Straube
Außenbezirk in: Oranienburg, Finowfurt, Zehdenick, Canow, Frankfurt (Oder), Hohensaaten, Schwedt
Bauhof in: Niederfinow
Amtsbezirk: Havel-Oder-Wasserstraße (HOW) km 10,58 bis WOd-km 17,10, Henningsdorf-Mescherin einschließlich Hohensaaten-Friedrichsthaler Wasserstraße (HFW) und Westoder (WOd) ab HFW mit Veltener Stichkanal (VSK), Oranienburger Kanal (OrK), Friedrichsthaler Havel (FHv), Malzer Kanal (MzK), Oranienburger Havel (OHv), Finowkanal (FiK) nebst Mäckerseekanal (MsK), Werbelliner Gewässer (WbG), Wriezener Alte Oder (WAO), Verbindungskanal Hohensaaten Ost (VKH), Verbindungskanal Schwedter Querfahrt (SQF), Westoder (WOd) Oder bis HFW;
Obere Havel-Wasserstraße (OHW) MzK-km 43,95 bis OHW-km 94,40, HOW-Neustrelitz mit Wentow-Gewässer (WtG) nebst Tornowfließ, Templiner Gewässer (TIG) nebst Gr Lankensee und Gleuensee, Lychener Gewässer (LyG), Schwedtsee, Menowsee, Wangnitzsee, Obere Havel;
Müritz-Havel-Wasserstraße (MHW) km 0,0 bis 31,80, Priepert-Kl Müritz mit Großer Pälitzsee Südwestteil, Rheinsberger Gewässer (RbG), Großer Peetschsee, Mirower Adlersee und Vilzsee Westteil, Mirower See, Bolter Kanal (BoK);

328

Oder (Od) km 542,40 bis km 704,10, Ratzdorf − Abzweigung der Westoder mit Lausitzer Neiße (LsN)

2 Bundesoberseeamt (BOSeeA)

20359 Hamburg, Bernhard-Nocht-Str 78; Tel (0 40) 31 90 83 21; Telex 02 11 138; Fax (0 40) 31 90-50 00

Staatsrechtliche Grundlage und Aufgabenkreis:
Gesetz über die Untersuchung von Seeunfällen (Seeunfalluntersuchungsgesetz − SeeUG) vom 6. Dezember 1985 (BGBl I S 2146), zuletzt geändert durch das Ausführungsgesetz zum Seerechtsübereinkommen vom 6. Juni 1995 (BGBl I S 778), Verordnung zur Durchführung des Seeunfalluntersuchungsgesetzes (DVSeeUG) vom 7. Juni 1986 (BGBl I S 860), zuletzt geändert durch die Zweite Verordnung zur Änderung seeverkehrsrechtlicher Vorschriften vom 7. Dezember 1994 (BGBl I S 3744, 3752).
Die Untersuchung von Seeunfällen obliegt den Wasser- und Schiffahrtsdirektionen Nord und Nordwest. Sie bilden Untersuchungsausschüsse (Seeämter) in Hamburg, Kiel, Rostock, Bremerhaven und Emden; nähere Angaben hierzu siehe auf den Seiten 318 und 321.
Über den Widerspruch gegen Entscheidungen der Untersuchungsausschüsse entscheidet der Widerspruchsausschuß (Bundesoberseeamt), eine Bundesoberbehörde im Geschäftsbereich des Bundesministeriums für Verkehr.
Hinsichtlich der Mitwirkung der diplomatischen und berufskonsularischen Auslandsvertretungen der Bundesrepublik Deutschland an den Ermittlungen wird auf die Verordnung über die Bestimmung der zur Aufnahme von Verklarungen berechtigten Auslandsvertretungen der Bundesrepublik Deutschland vom 14. Mai 1974 (BGBl I S 1189), zuletzt geändert durch die Verordnung vom 29. April 1988 (BGBl I S 607), verwiesen.

Vorsitzender: Bodo Schwarzenberg
Stellvertretende Vositzende: Dr Fritz Frantzioch, Hansjürgen Koschnitzke, Prof Dr Werner von Unruh
Ständiger Beisitzer und Geschäftsstellenleiter: Horst Nowak ORR und Kpt

3 Bundesanstalt für Wasserbau (BAW)

76187 Karlsruhe, Kußmaulstr 17; Tel (07 21) 97 26-0; Telex 7 21 324 = BAW; Fax (07 21) 97 26-4 54

Aufgabenkreis:
Die Bundesanstalt für Wasserbau (BAW) ist eine Bundesoberbehörde mit Sitz in Karlsruhe und mit Außenstellen in Hamburg-Rissen und Berlin. Die Anstalt ist das zentrale Institut der Wasser- und Schiffahrtsverwaltung (WSV) des Bundes für die gesamte praktische und wissenschaftliche Versuchs- und Forschungsarbeit auf dem Gebiet des Wasser-, Erd- und Grundbaues und der Bautechnik sowie die zentrale Dokumentationsstelle für diese Fachgebiete. Ihr sind Aufgaben der Datenverarbeitung in der WSV übertragen.
Die BAW nimmt im einzelnen diese Aufgaben in folgenden Arbeitsschwerpunkten wahr:
− Die BAW führt Grundsatzuntersuchungen auf den Gebieten der Bautechnik, Geotechnik, des wasserbaulichen Versuchswesens und der Hydromechanik durch;
− die BAW wertet wissenschaftliche Erkenntnisse und Ergebnisse aus den Grundsatzuntersuchungen aus und stellt sie in Verbindung mit eigenen Erfahrungen und problembezogenen Untersuchungen der WSV in Form von Gutachten und Einzelberatungen zur Verfügung;
− die BAW führt Forschungsvorhaben durch, die der WSV für die Erfüllung anstehender Aufgaben dienen;
− die BAW gibt dem BMV wissenschaftlich gestützte Entscheidungshilfen zu Normen, Richtlinien und Empfehlungen.
Im Rahmen der Vereinigung Deutschlands ist ein Teil der Forschungsanstalt für Schiffahrt, Wasser- und Grundbau in Berlin wegen gleichartiger Aufgaben der BAW als Außenstelle zugeordnet worden.

Leiter: Dipl-Ing Hans-Gerhard Knieß Dir und Prof

Informationstechnik
Leiter: Dipl-Informatiker Wolfgang Bruns RDir

Abt Bautechnik
Leiter: Dipl-Ing Reiner Wagner BauDir

Abt Wasserbau, Hydraulik
Leiter: Dr Hans Heinrich Witte LtdBauDir

Abt Geotechnik
Leiter: Prof Dr-Ing Hartmut Schulz LtdBauDir

Abt Außenstelle Küste
22559 Hamburg, Wedeler Landstr 157; Tel (0 40) 8 19 08-0; Fax (0 40) 8 19 08-3 73
Leiter: Dr-Ing Gerd Flügge BauDir

Abt Außenstelle Berlin
10245 Berlin, Alt-Stralau 44; Tel (0 30) 55 23-0
Leiter: Dr-Ing Bernd Schuppener BauDir

4 Bundesanstalt für Gewässerkunde (BfG)

56068 Koblenz, Kaiserin-Augusta-Anlagen 15-17; Tel (02 61) 13 06-0; Telex 8-62 499; Fax (02 61) 13 06-3 02

Staatsrechtliche Grundlage und Aufgabenkreis:
Die Anstalt wurde mit Erlaß der Hauptverwaltung der Binnenschiffahrt der amerikanischen und britischen Besatzungsgebietes vom 10. Januar 1948 eingerichtet und durch Verordnung der Bundesregierung vom 4. September 1951 (BGBl I S 826) mit

Wirkung vom 1. April 1950 in die Verwaltung des Bundes übergeführt.

Die BfG ist im Geschäftsbereich des Bundesministeriums für Verkehr die zuständige gewässerkundliche Dienststelle der Wasser- und Schiffahrtsverwaltung des Bundes (WSV). Sie berät bei Planung, Unterhaltung, Ausbau und Neubau der Bundeswasserstraßen. Sie nimmt insbesondere folgende Aufgaben wahr:
- Klärung und Lösung von Zielkonflikten zwischen Verkehrsaufgaben einerseits und wasserwirtschaftlichen und ökologischen Funktionen von Bundeswasserstraßen andererseits,
- Weiterentwicklung und Anwendung wissenschaftlicher Methoden zur Verbesserung der Wirtschaftlichkeit des Verwaltungshandelns,
- Aufstellen wasserwirtschaftlicher und ökologischer Problem-Prognosen,
- Erarbeitung anwendungsorientierter Empfehlungen,
- Durchführung der Hauptnivellements an den Bundeswasserstraßen,
- Erarbeitung von Grundlagen für Umweltverträglichkeitsuntersuchungen.

Die BfG ist das wissenschaftliche Institut des Bundes für die Forschung auf den Gebieten der Gewässerkunde, der Verkehrswasserwirtschaft und des Gewässerschutzes und sie arbeitet in dieser Funktion auch für Aufgaben des Bundesministeriums für Umwelt, Naturschutz und Reaktorsicherheit.

Der BfG angeschlossen ist das Sekretariat des Deutschen Nationalkomitees für die Internationale Hydrologische Progarmm (IHP) der UNESCO und für das Operationelle Hydrologie Programm (OHP) der WMO.

Im Rahmen des Weltklimaprogramms führt die BfG das Weltdatenzentrum Abfluß (GRDC).

Publikationsorgan: Jahresbericht, der jährlich veröffentlicht wird, Mitteilungen der BfG, BfG Informationen

Leiter der Bundesanstalt für Gewässerkunde: Dipl-Ing Volkhard Wetzel Dir und Prof
Stellvertreter: Dipl-Ing Manfred Tippner LtdBauDir

Abt M Quantitative Gewässerkunde, Geodäsie
Leiter: Dipl-Ing Manfred Tippner LtdBauDir

Ref M 1: **Wassermenge, Wasserstände, Abflußmodelle** Engel BauDir
Ref M 2: **Wasserhaushalt, Vorhersageverfahren, GRDC (Weltdatenzentrum Abfluß)** Dr Wilke RDir
Ref M 3: **Grundwasser, Geologie** Dr Bertsch RDir
Ref M 4: **Gewässermorphologie** Dröge BauDir
Ref M 5: **Geodäsie** Dr Behrens VwDir
MK: **Koordinierung der Küstenaufgaben** Paul BauDir

Abt G Qualitative Gewässerkunde, Radiologie
Leiter: Prof Dr Hans-Jürgen Liebscher LtdRDir

Ref G 1: **Anorganische Chemie, Chemisches Laboratorium** Dr rer nat Keller RDir
Ref G 2: **Organische Chemie** Dr phil nat Bergmann RDir
Ref G 3: **Radiologie** Dr Krause ORR
Ref G 4: **Physik, Geräte- und Meßwesen** Günneberg RDir

Abt U Ökologie
Leiter: Dr Kohmann LtdRDir

Ref U 1: **Ökologische Grundsatzfragen, Umweltschutz, Umweltverträglichkeit** Dr Wildenhahn BauDir
Ref U 2: **Landschaftspflege, Vegetationskunde** Kolb RDir
Ref U 3: **Tierökologie** Dr Tittizer
Ref U 4: **Mikrobiologie, Stoffhaushalt, Ökotoxikologie** Dr Müller RDir
Ref U 5: **Fischökologie, Fischerei** Dr Nöthlich RDir

Projektgruppe Elbe-Ökologie des BMBF Dr Janssen

Abt AB – Außenstelle Berlin –
12439 Berlin, Schnellerstr 140; Tel (0 30) 6 39 86-0; Telex 11 23 68; Fax (0 30) 6 39 86-2 26
Aufgabenkreis:
Die Abteilung Außenstelle Berlin übernimmt die Aufgaben der BfG an den Bundeswasserstraßen auf dem Gebiet der ehemaligen DDR. Sie besteht deshalb aus vier Referaten, die in zusammengefaßter Form die Organisationsstruktur der BfG in Koblenz widerspiegelt.
Leiter: Dipl-Ing Hartmut Rödiger LtdBauDir

Ref AB 1: **Wassermenge und Wasserbewirtschaftung** Dr Oppermann RDir
Ref AB 2: **Grundwasser, Geologie, Gewässermorphologie** Dr-Ing Herrmann BauDir
Ref AB 3: **Chemie und Radiologie** Dr Heininger RDir
Ref AB 4: **Naturschutz und Ökologie** Dr Winiarski

Dem Leiter der Bundesanstalt unmittelbar unterstellt:

Ref Z 1: **Planung, Dokumentation** NN
Ref Z 2: **Informationstechnik** Dr Neuhaus RDir
Ref Z 3: **Verwaltung** Flöck ROARätin

IHP-OHP-Sekretariat, Sekretariat des Deutschen Nationalkomitees für das Internationale Hydrologische Programm (IHP) der UNESCO und das Operationelle Hydrologie-Programm (OHP) der WMO; Tel (02 61) 13 06-3 13; Fax (02 61) 13 06-4 22
Leiter: Prof Dr Karl Hofius

5 Bundesamt für Seeschiffahrt und Hydrographie (BSH)

20359 Hamburg, Bernhard-Nocht-Str 78; Tel (0 40) 31 90-0; Telex 2 11 138 bsh hh d; Fax (0 40) 31 90-50 00

18146 Rostock, Dierkower Damm 45; Tel (03 81) 45 63-5; Telex 39 83 52 bshro d; Fax (03 81) 45 63-9 48

Staatsrechtliche Grundlage und Aufgabenkreis:
Das Bundesamt für Seeschiffahrt und Hydrographie ist eine Bundesoberbehörde für zentrale maritime Aufgaben im Geschäftsbereich des Bundesministeriums für Verkehr. Es wurde am 1. Juli 1990 durch die Zusammenlegung des Deutschen Hydrographischen Instituts und des Bundesamtes für Schiffsvermessung gebildet.
Die wesentlichen Aufgaben des Bundesamtes sind:
- Allgemeine Schiffahrtsaufgaben wie Flaggenrechtsangelegenheiten, Schiffsvermessung, technische Aufsicht über die Schiffseichämter und Maßnahmen der Schiffahrtsförderung;
- Prüfung und Zulassung der nautischen Instrumente und Geräte der Schiffsausrüstung;
- Seevermessung und Wracksuche, Herausgabe amtlicher Seekarten und nautischer Veröffentlichungen;
- meereskundliche Untersuchungen zur Verbesserung der Kenntnisse über das Meer;
- nautische und hydrographische Dienste wie Gezeitenberechnungen, Wasserstandsvorhersage- und Sturmflutwarndienst, Eisnachrichtendienst und Erdmagnetischer Dienst;
- Angelegenheiten des Meeresumweltschutzes, insbesondere die Überwachung der Veränderungen der Meeresumwelt;
- Förderung der Seeschiffahrt und Seefischerei durch naturwissenschaftliche und nautisch-technische Forschungen.

Präsident des Bundesamtes für Seeschiffahrt und Hydrographie: Prof Dr Ehlers
Vizepräsident: Rühl Dir und Prof

Abt M Meereskunde
Leiter: Rühl Dir und Prof

Ref M 1: **Meereskundliche Dienste** Dr Huber Dir und Prof
Ref M 2: **Physik des Meeres** Dr Becker Dir und Prof
Ref M 3: **Chemie des Meeres** Nies Dir und Prof
Ref M 4: **Technisch-wissenschaftliche Verfahren** Kohnke Dir und Prof
Ref M 5: **Meereskundliche Querschnittsaufgaben, Planung** Dr Salchow Dir und Prof

Abt N Nautische Hydrograhie
Leiter: Hecht LtdRDir

Ref N 1: **Seevermessung und Geodäsie** Berger VmDir
Ref N 2: **Nautischer Informationsdienst** Fraider RDir
Ref N 3: **Nautische Kartographie** Kappel TROAR
Ref N 4: **Graphische Technik** Görsch TRAR

Abt S Schiffahrt
Leiter: Fuchs LtdRDir

Ref S 1: **Schiffsvermessung** Schultz BauDir
Ref S 2: **Optische, akustische Hilfsmittel der Navigation, Flaggenrecht, Überwachung** Hübschmann RDir
Ref S 3: **Funknavigation, integrierte Navigation** NN
Ref S 4: **Magnetische, kreiseltechnische Hilfsmittel der Navigation, ABA** Uhlig ORR

Abt Z Zentralabteilung
Leiter: Roth LtdRDir

Ref Z 1: **Rechtsangelegenheiten, Schiffahrtsförderung** Goebel RDir
Ref Z 2: **Personal, Haushalt** Schellhammer RDir
Ref Z 3: **Schiffe und Geräte** Bartscher TROAR
Ref Z 4: **Bibliothek, Öffentlichkeitsarbeit** Heise RDir
Ref Z 5: **Informationstechnik** Brockmann RDir
Ref Z 6: **Organisation, Innerer Dienst** Murken BauDir

6 Bundesanstalt für Straßenwesen (BASt)

51427 Bergisch Gladbach, Brüderstr 53; Tel (0 22 04) 4 30; Fax (0 22 04) 4 36 73

Staatsrechtliche Grundlage und Aufgabenkreis:
Art 130 GG und Einführungserlaß des Bundesministers für Verkehr vom 8. Juli 1951 − StBl/St B 7 − Ob − 190/824/51, geändert durch Erlasse vom 10. August 1967 − StB 8/StV 1-Iest 4210 Vms 67 − und 27. November 1974 − StB 15/02.04 60-10 −.
Die Bundesanstalt für Straßenwesen ist eine technisch-wissenschaftliche Einrichtung des Bundes. Sie hat die Aufgabe, die Entwicklung des Straßenwesens zu fördern, indem sie praxisbezogene Forschung betreibt und wissenschaftliche Erkenntnisse und Erfahrungen des In- und Auslandes sammelt, auswertet und für die Anwendung aufbereitet. Die Bundesanstalt stellt dem Bundesministerium für Verkehr auf wissenschaftliche Erkenntnisse gestützte Unterlagen zur Verfügung, die er zur Wahrnehmung seiner Aufgaben benötigt. Sie soll insbesondere auf eine Verbesserung der Wirtschaftlichkeit des Baues und der Unterhaltung der Bundesfernstraßen sowie auf eine Erhöhung der Sicherheit und Leichtigkeit des Verkehrs hinwirken und zu diesem Zweck Untersuchungen, Forschungen und Entwicklungen im Zusammenwirken mit anderen Institutionen durchführen. Die Bundesanstalt wirkt an der Prüfung von Baustoffen, Bauteilen und Gegenständen der Straßenausrüstung sowie an der Verbesserung der Prüfgeräte und Prüfverfahren im Straßenwesen und deren Anwendung mit. Dabei ist die Bundesanstalt gehalten, mit den Stellen des In- und Auslandes zusammenzuarbeiten, die gleichartige Ziele verfolgen. Die Bundesanstalt kann auf Verlangen auch andere Behörden des Bundes, der Länder und sonstige interessierte Stellen beraten. 1970 wurde sie aufgrund eines Beschlusses des Deutschen Bundestages als zentrale Stelle für die Unfallforschung im Straßenverkehr bestimmt. Das Re-

chenzentrum der Bundesanstalt für Straßenwesen ist gleichzeitig das Rechenzentrum des Bundesministeriums für Verkehr. Es wird auch von anderen Institutionen aus dem Verkehrsbereich in Anspruch genommen.

Präsident der Bundesanstalt für Straßenwesen: Dr Karl-Heinz Lenz Präs und Prof
Vertreter: Dr Reichelt

Abt Z Zentralabteilung
Leiter: Ralf Schweinsberg AbtPräs

Ref Z 1: **Personal** Dr Strunk LtdRDir
Ref Z 2: **Organisation** Weißbrodt RDir
Ref Z 3: **Haushalt, Beschaffungen** Klauß RDir
Ref Z 4: **Innerer Dienst** König RDir
Ref Z 5: **Forschungskoordinierung, Forschungsprogramme** Dr Krupp LtdRDir
Ref Z 6: **Öffentlichkeitsarbeit, Internationale Zusammenarbeit** Kuchenbecker BauDir
Ref Z 7: **Informationstechnik** Elsner RDir
Ref ZD: **Ständige Arbeitsgruppe DV-KOA/BISS** Rook RDir

Abt U Verhalten und Sicherheit im Verkehr
Leiter: Prof Dr Kroj Dir und Prof

Ref U 1: **Sicherheitskonzeptionen** Dr Keller LtdRDir
Ref U 2: **Unfallstatistik, Unfallanalyse** Dr Brühning RDir
Ref U 3: **Einstellung und Verhalten der Verkehrsteilnehmer** Dr Pfafferott RDir
Ref U 4: **Verkehrserziehung, Verkehrsaufklärung** Dr Heinrich RDir
Ref U 5: **Verkehrsregelung, Wegweisung, Lichttechnik** Hotop RDir

Abt V Straßenverkehrstechnik
Leiter: Hartkopf LtdRDir

Ref V 1: **Grundlagen der Straßenplanung, Straßenentwurf** Steinhoff RDir
Ref V 2: **Verkehrsablauf, Verkehrsbeeinflussung, Verkehrsstatistik** Dr Bolte BauDir
Ref V 3: **Immissionsschutz, Naturschutz, Landschaftspflege** Dr Ullrich RDir
Ref V 4: **Schutz- und Leiteinrichtungen** Dr Schulte LtdRDir
Ref V 5: **Straßenunterhaltungs- und Winterdienst** Dr Breitenstein RDir

Abt F Fahrzeugtechnik
Leiter: Dr Friedel Dir und Prof

Ref F 1: **Aktive Fahrzeugsicherheit, Emissionen, Energie** Dr Sievert RDir
Ref F 2: **Passive Fahrzeugsicherheit, Biomechanik** Faerber RDir
Ref F 3: **Fahrzeug/Fahrbahn** Dr Glaeser ORR
Ref F 4: **Verkehrsmedizin** Dr Joó

Abt S Straßenbautechnik
Leiter: Dr Reichelt

Ref S 1: **Grundsatzfragen der Straßenerhaltung** Sulten RDir
Ref S 2: **Erdbau, Mineralstoffe** Toussaint RDir
Ref S 3: **Betonbauweisen, Lärmmindernde Texturen** Kamplade BauDir
Ref S 4: **Straßenbeanspruchung, Straßenbemessung** Werner RDir
Ref S 5: **Bituminöse Bauweisen** Halfmann LtdRDir
Ref SL: **Labordienst** Haag

Abt B Brücken- und Ingenieurbau
Leiter: Dr Großmann LtdRDir

Ref B 1: **Betonbau** Hörner RDir
Ref B 2: **Stahlbau, Korrosionsschutz** Sczyslo
Ref B 3: **Tunnelbau, Bauwerksgründungen** Dr Thamm RDir
Ref B 4: **Grundsatzfragen der Bauwerkserhaltung** Krieger ORR
Ref B 5: **Chemische Grundlagen, Umweltschutz** Schaedel RDir

Abt N Außenstelle Berlin
Leiter: Dr Dilling Dir und Prof

Sachgebiet N 1: **Verwaltung** Haberstroh
Sachgebiet N 2: **Unfallverhütung** Bochynek
Sachgebiet N 4: **Straßenbau** Noske

7 Kraftfahrt-Bundesamt (KBA)

24932 Flensburg; Tel (04 61) 3 16-0; Telex 22 872; Fax (04 61) 3 16 16 50 und 3 16 14 95

Staatsrechtliche Grundlage und Aufgabenkreis:
Das Kraftfahrt-Bundesamt wurde als Bundesoberbehörde für den Straßenverkehr durch Gesetz vom 4. August 1951 (BGBl I S 488) errichtet. Durch § 2 dieses Gesetzes und dessen Ergänzungen vom 16. Juli 1957 (BGBl I S 710) und vom 22. Dezember 1971 (BGBl I S 2086) sind dem Amt übertragen worden:
– Die Aufgaben der „Reichsstelle für Typprüfungen von Kraftfahrzeugen und Kraftfahrzeugteilen in Berlin",
– die Aufgaben der „Sammelstelle für Nachrichten über Kraftfahrzeuge",
– die Sammlung und Auswertung der Erfahrungen im kraftfahrtechnischen Prüfwesen und Überwachungswesen,
– die statistische Bearbeitung der bei dem Amt gesammelten Meldungen und Nachrichten im Rahmen der für die Bundesstatistik geltenden Bestimmungen und entsprechend den Anforderungen der Länder,
– die Führung des Zentralen Fahrzeugregisters (Speichern und registrieren der Fahrzeug- und Halterdaten, insbesondere der zugelassenen Fahrzeuge mit amtlichem Kennzeichen, der vorübergehend stillgelegten Fahrzeuge, Ausfuhrkennzeichen, Versicherungskennzeichen, rote Kennzeichen zur wiederkehrenden Verwendung und der Saisonkennzeichen),

- die Führung des Verkehrszentralregisters (Registrieren der Fahrerlaubnisentziehungen und Fahrerlaubnisversagungen, der Fahrverbote, der Verkehrsordnungswidrigkeiten sowie der Verkehrsstrafen; Auskunftserteilung an Justiz- und Verwaltungsbehörden sowie an Privatpersonen),
- Führung eines zentralen Fahrerlaubnisregisters (ab 1998).

Ferner obliegt dem Amt die Speicherung der Mitteilungen über
- Fahrerlaubnisse auf Probe
- Fahrlehrer und Fahrlehrerausbildungsstätten (Fahrlehrergesetz vom 25. August 1969 – BGBl I S 1336 – §§ 2, 23 und 25 der Allgemeinen Verwaltungsvorschriften hierzu vom 10. September 1969 Bundesanzeiger 1969 Nr 182)2),
- Sachverständige und Prüfer (Kraftfahrsachverständigen-Gesetz vom 22. Dezember 1971 – BGBl I S 2086 – §§ 2, 5 und 7 der Allgemeinen Verwaltungsvorschriften hierzu vom 24. Mai 1972 Nr 100),

sowie die Auskunftserteilung aus den Registern und zu den in den letzten drei Anstrichen angegebenen Bereichen an die zuständigen Verwaltungsbehörden.

Leiter des Kraftfahrt-Bundesamtes: Dipl-Ing Wolfgang Barth
Vertreter: Ekhard Zinke

Beauftragte für den Datenschutz Regina Meyer

Abt I Zentrale Dienste
Leiter: Ekhard Zinke

Abt II Zentrale Register
Leiter: Götz Krutein

Abt III Statistik
Leiter: Heinrich Lönneker

Abt IV Technik (u a Betriebserlaubnisse für Fahrzeuge und Fahrzeugteile nach nationalem und übernationalem Recht sowie Bauartgenehmigungen für Fahrzeugteile, Unfallforschung)
Leiter: Klaus Strupp

Außenstelle Dresden
01187 Dresden, Bernhardstr 62; Tel (03 51) 4 73 85-0; Fax (03 51) 4 73 85 36
Leiter: Dr Uhlemann

8 Oberprüfungsamt für die höheren technischen Verwaltungsbeamten (OPA)

60322 Frankfurt am Main, Bockenheimer Anlage 13; Tel (0 69) 55 04 27; Fax (0 69) 5 96 21 80

Staatsrechtliche Grundlage und Aufgabenkreis:
Das Oberprüfungsamt, eine Bundesoberbehörde, dient der Abnahme der Großen Staatsprüfung für den höheren technischen Verwaltungsdienst. Es findet seine Rechtsgrundlage in dem „Übereinkommen über die Errichtung eines gemeinschaftlichen Oberprüfungsamtes deutscher Länder und Verwaltungen für die höheren technischen Verwaltungsbeamten" vom 16. September 1948 in der Neufassung vom 20. Februar 1964.
Nach Art 5 (1) des Übereinkommens übt der Bundesminister für Verkehr die persönliche und haushaltsrechtliche Aufsicht aus und trägt auch die Kosten des Oberprüfungsamtes. Im übrigen wird die Aufsicht über das Oberprüfungsamt von einem Kuratorium, bestehend aus Vertretern der Mitgliedsverwaltungen, wahrgenommen.
Auf Grund einer Vereinbarung mit den dem vorgenannten Übereinkommen beigetretenen Ländern des Bundesgebiets leistet das Oberprüfungsamt ferner Amtshilfe bei der Abnahme der Prüfung der Betriebsleiter von Straßenbahnbetrieben nach der Verordnung über die Bestätigung und Prüfung der Betriebsleiter von Straßenbahnbetrieben vom 23. Dezember 1953 (BGBl I S 1590).

Mitgliedsverwaltungen:
Die Länder Berlin, Brandenburg, Freie Hansestadt Bremen, Freie und Hansestadt Hamburg, Hessen, Mecklenburg-Vorpommern, Niedersachsen, Nordrhein-Westfalen, Rheinland-Pfalz, Saarland, Sachsen-Anhalt, Schleswig-Holstein, Freistaat Thüringen, die Bundesministerien für Verkehr, der Verteidigung, der Finanzen, für Wirtschaft, für Raumordnung, Bauwesen und Städtebau, der Deutsche Städtetag, der Deutsche Städte- und Gemeindebund und der Deutsche Landkreistag.

Vorsitzer des Kuratoriums: Dr-Ing Jürgen Huber MinDir im Bundesministerium für Verkehr
Präsident des Oberprüfungsamtes: Dipl-Ing Klaus Neven

Allgemeine Rechts- und Verwaltungsangelegenheiten Dipl-Ing Peter Neu BauDir
Büroleitender Beamter Ingolf Rauch ROAR

9 Deutscher Wetterdienst (DWD)

63067 Offenbach, Frankfurter Str 135; Tel (0 69) 80 62-22 00; Fax (0 69) 80 62-24 83; Internet http://www.dwd.de

Staatsrechtliche Grundlage und Aufgabenkreis:
Gesetz über den deutschen Wetterdienst vom 11. November 1952 (BGBl I S 738), zuletzt geändert durch die Dritte Zuständigkeitsanpassungs-Verordnung vom 26. November 1986 (BGBl I S 2089). Strahlenschutzvorsorgesetz – StrVG vom 19. Dezember 1986 (BGBl I S 2610).
Der Deutsche Wetterdienst ist eine Bundesoberbehörde im Geschäftsbereich des Bundesministeriums für Verkehr (BMV).
Die Aufgaben des Deutschen Wetterdienstes nach § 3 Abs 1 des Gesetzes über den deutschen Wetterdienst und § 11 Abs 1 Nr 1 des Strahlenschutzvorsorgesetzes sind
- die meteorologischen Erfordernisse, insbesondere auf den Gebieten des Verkehrs, der Land- und

Forstwirtschaft, der gewerblichen Wirtschaft, des Bauwesens und des Gesundheitswesens für den Bereich der Bundesrepublik Deutschland zu erfüllen,
- die meteorologische Sicherung der Luftfahrt und der Seefahrt zu gewährleisten,
- die Atmosphäre auf radioaktive Beimengen und deren Verfrachtung zu überwachen, einschließlich der Messung (großräumige Ermittlung der Radioaktivität in Luft und Niederschlägen) sowie die Erstellung der Ausbreitungsprognose,
- durch Forschungsarbeiten die Erkenntnisse auf dem Gebiet der Meteorologie zu fördern,
- an der internationalen Zusammenarbeit auf diesem Gebiet der Meteorologie teilzunehmen und die sich daraus ergebenden internationalen Verpflichtungen auf dem Gebiet des Wetterdienstes und des Wetterfernmeldedienstes zu erfüllen.

Veröffentlichungen des DWD – Offenbach:

Periodische Veröffentlichungen:
Agrarmeteorologische Bibliographie (jährlich)
Agrarmeteorologischer Wochenhinweis
Deutsches Meteorologisches Jahrbuch
Europäischer Wetterbericht (täglich)
Die Großwetterlagen Europas (monatlich)
Jahresbericht des Deutschen Wetterdienstes (jährlich)
Jahreszeitenbericht
Klima-Eilinformationen (monatlich)
Klimatologische Werte (monatlich)
Monatlicher Witterungsbericht (monatlich)
Promet-Meteorologische Fortbildung (vierteljährlich)
Thermopluviogramm (monatlich)
Wetterdaten Deutschlands (täglich)
Wetterkarte des Deutschen Wetterdienstes (täglich)
Zugänge der Bibliothek des Deutschen Wetterdienstes (monatlich)
Analen der Meteorologie
Geschichte der Meteorologie in Deutschland
Berichte des Deutschen Wetterdienstes
Bibliographien des Deutschen Wetterdienstes
Leitfäden für die Ausbildung im Deutschen Wetterdienst

Sonstige Veröffentlichungen:
Das Klima der Bundesrepublik Deutschland
Klimatlanten der Länder
Verdunstung
Klimadaten von Europa
Agrarmeteorologische Monats- und Wochenberichte

Veröffentlichungen des Geschäftsfeldes Seeschiffahrt:
Periodische Veröffentlichungen:
Der Wetterlotse (monatlich)
Die Witterung in Übersee (monatlich)
Marine climatological summary (10 jährig)

Schriftreihe Einzelveröffentlichungen:
Wetterkundliche Lehrmittel
Meteorologische Arbeitsunterlagen für die Schiffahrt.

Präsident des Deutschen Wetterdienstes: Udo Gärtner
Vizepräsident: Horst Julich

Dem Präsidenten unmittelbar unterstellt:

Büro des Präsidenten und Stabsstelle Internationale Angelegenheiten Frömming
Öffentlichkeitsarbeit/Pressesprecher Wesp
Datenpolitik Jung

Geschäftsbereich PB Personal und Betriebswirtschaft
Leiter: Horst Julich VPräs

Abt PB 1 Personal und Recht
Leiter: Hans-Gerd Nitz

Ref: **Personalwirtschaft**
Ref: **Personalentwicklung (Bildungs- und Tagungszentrum BTZ)**
Ref: **Personalverwaltung**
Ref: **Recht**

Abt PB 2 Haushalt und Innere Verwaltung
Leiter: Dietrich Häntzsche

Ref: **Haushalt**
Ref: **Innerer Dienst**
Ref: **Zentrale Beschaffung**
Ref: **Liegenschaften und Bauwesen**
Ref: **Bibliothek**
Ref: **Sicherheitsangelegenheiten mit Verwaltungsstellen in Essen, Hamburg, Potsdam, Leipzig, München und Stuttgart**

Geschäftsbereich Technische Infrastruktur
Leiter: Stefan Mildner

Abt TI 1 Systeme und Betrieb
Leiter: Dr Benno Barg

Ref: **Betrieb**
Ref: **Datenmanagement**
Ref: **Anwenderunterstützung**
Ref: **Anwendungsprogrammierung**
Ref: **Systembetreuung**
Ref: **Kommunikation**

Abt TI 2 Meßnetze und Daten
Leiter: Dr Gerhard Steinhorst

Ref: **Meßnetze mit Regionalen Meßnetzgruppen in Essen, Hamburg, Leipzig, München, Offenbach, Potsdam und Stuttgart**
Ref: **Meßtechnik**
Ref: **Radioaktivitätsüberwachung**
Ref: **Meßsysteme**

Abt TI 3 Service und Logistik
Leiter: Stefan Mildner

Ref: Koordination und Steuerung
Ref: Service und Logistik-West (Offenbach)
Ref: Service und Logistik-Nord (Hamburg)
Ref: Service und Logistik-Ost (Potsdam)
Ref: Service und Logistik-Süd (München)

Geschäftsbereich Meteorologische Forschung und Entwicklung
Leiter: Dr Eberhard Müller

Abt FE 1 Meteorologische Analyse und Modellierung
Leiter: Dr Dieter Frühwald

Ref: Satellitenmeteorologie
Ref: Datenassimilation
Ref: Numerische Modelle
Ref: Physikalische Prozesse
Ref: Interpretation und Verifikation

Abt FE 2 Klima und Umwelt
Leiter: NN

Ref: Grundlagen der Klimaüberwachung
Ref: Internationale Datenzentren
Ref: Nationales Klimadatenzentrum
Ref: Klimaanalyse und Klimadiagnose
Ref: Ausbreitungsrechnung

Abt FE 3 FE-Koordination und Observatorien
Leiter: Jochen-U Schwirner

mit Observatorien in Hohenpeißenberg, Lindenberg und Potsdam

Geschäftsbereich Vorhersage/Medien
Leiter: Manfred Kurz

Geschäftsfeld LF Luftfahrt
Leiter: Dr Herbert Leykauf

mit Regionalzentren (RZ) mit Flugwetterwarten in Hamburg, Potsdam, Essen, Leipzig, Offenbach, München und Stuttgart sowie Meteorologischen Hafendiensten in Hamburg, Bremen, Rostock und Bremerhaven

Geschäftsfeld SF Seefahrt
Leiter: Dr Georg Duensing

Ref: Wettervorhersage See und Küsten Bordwetterwarten
Ref: Schiffahrtsroutenberatung
Ref: Auskünfte/Gutachten
Ref: Maritimes Klima und Klimadaten
Ref: Maritime Entwicklung und Anwendung

Geschäftsfeld M Medien
Leiter: Wolfgang Kusch

Ref: Produktion
Ref: Vertrieb

mit Außenstellen in Berlin, Hamburg, Essen, Leipzig, Stuttgart und München

Geschäftsbereich KL Klima und Landwirtschaft
Leiter: Dr Karsten Heger

Geschäftsbereich KB Klima und Umweltberatung
Leiter: Dr Wilfried Thommes

Ref: Zentrales Gutachtenbüro
Ref: Marketing
mit Mobilen Meßeinheiten in Essen, Potsdam und München sowie Regionalen Gutachtenbüros in Offenbach, Dresden, Essen, Hamburg, Hannover, München, Nürnberg, Potsdam, Rostock, Stuttgart, Trier und Weimar

Geschäftsbereich MM Medizin-Meteorologie
Leiter: Dr Gerd Jendritzky
mit Außenstellen in Essen, Hamburg, München, Offenbach, Potsdam sowie Erprobungsstelle Heiligendamm

Geschäftsfeld HM Hydrometeorologie
Leiterin: Helene Bartels

Ref: Hydrometeorologischer Nutzservice
Ref: Hydrometeorologische Entwicklung und Anwendung in Berlin-Buch mit 2 Meß- und Erprobungsstellen in Harzgerode und Neuglobsow

Geschäftsfeld LW Landwirtschaft
Leiter: Helmuth Dommermuth

Ref: Beratung und Gutachten
Ref: Marketing
Ref: Agrarmeteorologische Forschung in Braunschweig mit Außenstellen in Bonn, Freiburg, Potsdam, Schleswig, Geisenheim, Halle und Weihenstephan

10 Luftfahrt-Bundesamt (LBA)

38110 **Braunschweig,** Flughafen; Tel (05 31) 23 55-0; Telex 952 749; Fax (05 31) 23 55-2 54

Staatsrechtliche Grundlage und Aufgabenkreis:
Das Luftfahrt-Bundesamt ist durch Gesetz vom 30. November 1954 (BGBl I S 354) als Bundesoberbehörde für Aufgaben der Zivilluftfahrt errichtet worden. Es besteht aus der Zentralstelle in Braunschweig und 6 Außenstellen in Düsseldorf, Frankfurt am Main, Hamburg, München, Stuttgart und Berlin.
Nach Art 2 des Gesetzes zur Änderung des Luftverkehrsgesetzes (7. Änderung) und des Gesetzes über das Luftfahrt-Bundesamt (1. Änderung) vom 16. Mai 1968 (BGBl I S 397) obliegen dem Luftfahrt-Bundesamt folgende Aufgaben:
Bereich Gerät (z B Prüfordnung für Luftfahrtgerät):
– Zulassung der Muster des Luftfahrtgerätes (Musterzulassung)
– Zulassung des Luftfahrtgerätes zum Luftverkehr (Verkehrszulassung)
– Führung der Luftfahrzeugrolle sowie sonstiger Verzeichnisse für Luftfahrtgerät
– Prüfung oder Überwachung der Prüfung zur Feststellung der Verkehrssicherheit (Lufttüchtigkeit) des Luftfahrtgerätes
– Anerkennung und Überwachung von Entwicklungs- und Herstellerbetrieben sowie von Instandhaltungsbetrieben

- Herausgabe von Lufttüchtigkeitsanweisungen (LTA)
- Lärmzulassung der Luftfahrzeuge, Anerkennung und Überwachung der Lärmmeßstellen
- Aufsicht über Luftsportverbände, die vom BMV mit Aufgaben der Luftsportverwaltung betraut sind

Bereich Personal (z B Verordnung über Luftfahrtpersonal):
- Erlaubniserteilung für Verkehrsflugzeugführer, Führer von Drehflüglern, Flugnavigatoren, Flugingenieure und Führer von Luftschiffen sowie Erteilung von Berechtigungen
- Anerkennung und Überwachung fliegerärztlicher Untersuchungsstellen für die unter 1. genannten Luftfahrer
- Erlaubniserteilung für die Ausbildung der vorgenannten Luftfahrer sowie Überwachung der Ausbildungsstellen
- Erlaubniserteilung für Prüfer von Luftfahrtgerät und Flugdienstberater
- Erteilung von Besatzungsausweisen für Fluglinienpersonal
- Anerkennung ausländischer Erlaubnisse
- Abnahme der Prüfungen für die Instrumentenflugberechtigung der nicht vorgenannten Luftfahrer

Bereich Unternehmen (z B Betriebsordnung für Luftfahrtgerät):
- Prüfung des technischen und flugbetrieblichen Zustandes sowie der finanziellen Leistungsfähigkeit der Luftfahrtunternehmen und Luftfahrerschulen, für deren Genehmigung das Luftfahrt-Bundesamt zuständig ist
- Auf Antrag Erstattung von Gutachten über den technischen und flugbetrieblichen Zustand sowie die finanzielle Leistungsfähigkeit der Luftfahrtunternehmen und Luftfahrerschulen, für deren Genehmigung die Länder zuständig sind
- Genehmigung und Überwachung der Eigensicherungsmaßnahmen der oben genannten Luftfahrtunternehmen
- Überwachung des Lufttransports gefährlicher Güter

Bereich Flugunfalluntersuchung:
- Fachliche Untersuchung von Störungen und Unfällen bei dem Betrieb von Luftfahrzeugen und die Mitwirkung bei der Verhütung von Luftfahrzeugunfällen
- Mitwirkung bei der Durchführung des Such- und Rettungsdienstes für Luftfahrzeuge. Die Flugunfalluntersuchungsstelle beim Luftfahrt-Bundesamt untersteht der unmittelbaren Fachaufsicht des Bundesministers für Verkehr

Sonstige Aufgaben:
- Herausgabe von Flugsicherheitsmitteilungen zur Verhütung von Unfällen und zur allgemeinen Verbesserung der Sicherheit in der Luftfahrt
- Vorarbeiten für den Erlaß der Bau-, Prüf- und Betriebsvorschriften für Luftfahrtgerät und der Ausbildungs- und Prüfvorschriften für Luftfahrtpersonal
- Sammlung von Nachrichten über Luftfahrtpersonal und Luftfahrtgerät sowie die Auskunftserteilung über diese Nachrichten
- Sammlung und Sichtung von Berichten und sonstigen Unterlagen über die Luftfahrttechnik, den Betrieb von Luftfahrtgerät und das Luftfahrtpersonal, soweit sie für die Aufgaben des Luftfahrt-Bundesamtes notwendig sind.

Direktor des Luftfahrt-Bundesamtes: Dipl-Ing Dieter Horst

Abt I Technik
Leiter: Dipl-Ing Franzmeyer LtdBauDir

Ref I 1: **Grundsatzangelegenheiten Technik** Dipl-Ing Schmaljohann BauOR
Ref I 2: **Musterzulassung der großen Flugzeuge** Dr-Ing Wittmann BauDir
Ref I 3: **Musterzulassung der kleinen Flugzeuge und der Drehflügler** Dipl-Ing Niehaus BauDir
Ref I 4: **Musterzulassung der Segelflugzeuge, Motorsegler, Luftschiffe, Ballone, Startgeräte und Flugmodelle** Dipl-Ing Frieß BauDir
Ref I 5: **Musterzulassung der sonstigen Geräte** Dr Lohl BauDir
Ref I 6: **Herstellung** Dipl-Ing Wenders BauDir

Abt II Betrieb
Leiter: NN

Ref II 1: **Grundsatzangelegenheiten Betrieb, Vorschriften, Übersetzungsdienst** Dipl-Ing Samek BauDir
Ref II 2: **Wirtschaftliche Leistungsfähigkeit der Luftfahrtunternehmen und Luftfahrerschulen** Dipl-Kfm Koch RDir
Ref II 3: **Luftfahrtpersonal und Luftfahrerschulen** Krüger Flugkapitän
Ref II 4: **Flugbetrieb der Luftfahrtunternehmen** Zimmermann Flugkapitän
Ref II 5: **Instandhaltung** Dipl-Ing Schulze-Marmeling BauDir
Ref II 6: **Flugmedizin** Dr med Wurster VwAng
Ref II 7: **Genehmigung von Luftfahrtunternehmen, Luftsicherheit** Dipl-Kfm Mühlke ORR

Abt III Zentrale Dienste, Öffentlichkeitsarbeit, Verkehrszulassung
Leiter: Dr jur Bley LtdRDir

Ref III 1: **Recht und Personalwesen** Thiele-Bark RDirektorin
Ref III 2: **Haushalts-, Kassen- und Rechnungswesen, Innerer Dienst** Rogge ROAR
Ref III 3: **Organisation, Informationsverarbeitung** Ruhe RDir
Ref III 4: **Verkehrszulassung, Luftfahrzeugrolle** Ebert ROAR
Ref III 5: **Flugsicherheits- und Öffentlichkeitsarbeit** Dipl-Ing Neufeldt BauDir

Abt IV Flugunfalluntersuchungsstelle beim Luftfahrt-Bundesamt
Leiter: Dipl-Ing P Schlegel LtdBauDir

Ref IV 1: **Menschliche und betriebliche Faktoren**
Schuberdt Flugkapitän
Ref IV 2: **Technische Faktoren** Dipl-Ing Kruse VwAng
Ref IV 3: **Ursachenanalyse und Gesamtauswertung**
Dipl-Ing Schlegel LtdBauDir

Abt V Flugsicherung
63067 Offenbach, Kaiserleistr 29-35
Leiter: K Fritz AbtPräs

Ref V 1: **Organisation und Haushalt** Rechtsteiner RDir
Ref V 2: **Beschäftigungsverhältnisse** Knierim RDir
Ref V 3: **Ordnungswidrigkeiten** König RDir
Ref V R: **Rechtsangelegenheiten** Dölp RDir

Außenstellen des Luftfahrt-Bundesamtes:

Außenstelle Berlin
12527 Berlin-Schönefeld, Flughafen; Tel (0 30) 60 91-43 60
Leiter: Dipl-Ing (FH) Kirchbach TAng

Außenstelle Hamburg
22335 Hamburg, Flughafen; Tel (0 40) 59 57 34 und 59 56 02
Leiter: Jürgen Mollnau BauOR

Außenstelle Düsseldorf
40468 Düsseldorf, Flughafen; Tel (02 11) 42 40 98 und 42 40 99
Leiter: Dipl-Ing (FH) Richter TAng

Außenstelle Frankfurt
60549 Frankfurt am Main, Flughafen; Tel (0 69) 69 79 09-0
Leiter: Dipl-Ing Georg Hardt VwAng

Außenstelle Stuttgart
70629 Stuttgart, Flughafen; Tel (07 11) 9 48-45 79
Leiter: NN

Außenstelle München
85356 München, Flughafen; Tel (0 89) 9 75 90-3 50
Leiter: Dipl-Ing (FH) Gruner TROAR

11 Bundesamt für Güterverkehr

50672 Köln, Werderstr 34; Tel (02 21) 57 76-0; Fax (02 21) 57 76-4 44

Staatsrechtliche Grundlage und Aufgabenkreis:
Mit Inkrafttreten des Tarifaufhebungsgesetzes (BGBl I Seite 1489) am 1. Januar 1994 wurde die Bundesanstalt für den Güterfernverkehr in das neue Bundesamt für Güterverkehr umgewandelt.
Das Bundesamt ist eine selbstständige Bundesoberbehörde im Geschäftsbereich des Bundesministeriums für Verkehr mit Sitz in Köln und Außenstellen in den Bundesländern.
Das Bundesamt für Güterverkehr erledigt Verwaltungsaufgaben des Bundes auf dem Gebiet des Güterkraftverkehrs, die ihm durch das Güterkraftverkehrsgesetz oder andere Bundesgesetze zugewiesen werden.

Präsident des Bundesamtes für Güterverkehr: Ernst Vorrath
Ständiger Vertreter: Rolf Kreienhop

Außenstellen

Baden-Württemberg
70178 Stuttgart, Rotebühlstr 59; Tel (07 11) 61 20 76; Fax (07 11) 61 71 17

Bayern
80539 München, Herzog-Rudolf-Str 1; Tel (0 89) 23 18 11-0; Fax (0 89) 29 64 71

Berlin/Brandenburg
10117 Berlin, Schiffbauerdamm 13; Tel (0 30) 2 80 89 00-9 05; Fax (0 30) 2 82 92 62

Bremen
28195 Bremen, Bürgermeister-Smidt-Str 55-61; Tel (04 21) 1 50 11-13; Fax (04 21) 1 50 14

Hessen
65189 Wiesbaden, Hohenstaufenstr 1 a; Tel (06 11) 70 28 65; Fax (06 11) 70 11 37

Mecklenburg-Vorpommern
19053 Schwerin, Bleicherufer 11; Tel (03 85) 56 97 28; Fax (03 85) 56 97 29

Niedersachsen
30159 Hannover, Goseriede 6; Tel (05 11) 1 31 91 46 bis 1 31 91 49; Fax (05 11) 1 75 65

Rheinland-Pfalz
55116 Mainz, Augustiner Str 64-66; Tel (0 61 31) 23 27 77; Fax (0 61 31) 23 14 92

Saarland
66119 Saarbrücken, Talstr 15; Tel (06 81) 5 60 61; Fax (06 81) 5 60 86

Sachsen
01187 Dresden, Bamberger Str 48; Tel (03 51) 4 71 03 24; Fax (03 51) 4 72 89 27

Sachsen-Anhalt
06112 Halle, Grenzstr 21; Tel (03 45) 5 60 02 16 und 5 60 02 17; Fax (03 45) 5 60 02 19

Schleswig-Holstein
24103 Kiel, Willestr 5-7; Tel (04 31) 9 20 80; Fax (04 31) 97 89 28

Thüringen
99089 Erfurt, Mittelhäuser Str 28; Tel (03 61) 7 92 15 92; Fax (03 61) 7 91 12 80

Westfalen-Lippe
48143 Münster, Mauritzstr 4-6; Tel (02 51) 4 04 24; Fax (02 51) 4 71 83

12 Eisenbahn-Bundesamt

53119 Bonn, Vorgebirgsstr 49; Tel (02 28) 98 26-0; Fax (02 28) 98 26-1 99

Staatsrechtliche Grundlage und Aufgabenkreis:
Das Eisenbahn-Bundesamt wurde durch Art 3 des Eisenbahnneuordnungsgesetzes vom 27. Dezem-

ber 1993 (BGBl I S 2378) als selbständige, dem Bundesministerium für Verkehr unmittelbar nachgeordnete Bundesoberbehörde für Aufgaben der Eisenbahnverkehrsverwaltung errichtet.
Das Eisenbahn-Bundesamt ist Aufsichts- und Genehmigungsbehörde im Sinne des Allgemeinen Eisenbahngesetzes vom 27. Dezember 1993 (BGBl I S 2378, 2396) für Eisenbahnen des Bundes und Eisenbahnverkehrsunternehmen mit Sitz im Ausland für das Gebiet der Bundesrepublik Deutschland. Das Amt ist Vergabeprüfstelle für Vergabeverfahren im Bereich der Eisenbahnen des Bundes und nimmt die Landeseisenbahnaufsicht auf Antrag eines Landes nach dessen Weisung und auf dessen Rechnung wahr, soweit das Gesetz nichts anderes bestimmt.
Dem Amt obliegen folgende Aufgaben:
- Planfeststellung für die Schienenwege von Eisenbahnen des Bundes,
- Ausübung der Eisenbahnaufsicht, einschließlich der technischen Aufsicht sowie der Bauaufsicht für Betriebsanlagen der Eisenbahnen des Bundes,
- Erteilung und Widerruf einer Betriebsgenehmigung,
- Ausübung hoheitlicher Befugnisse sowie von Aufsichts- und Mitwirkungsrechten nach Maßgabe anderer Gesetze und Verordnungen,
- Vorbereitung und Durchführung von Vereinbarungen gemäß § 9 des Bundesschienenwegeausbaugesetzes,
- Aufgaben nach § 4 Abs 2 des Allgemeinen Eisenbahn-Gesetzes,
- fachliche Untersuchung von Störungen im Eisenbahnbetrieb,
- Vergabeprüfstelle für Vergabeverfahren im Bereich der Eisenbahnen des Bundes,
- Landeseisenbahnaufsicht auf Antrag eines Landes nach dessen Weisung und auf dessen Rechnung.

Präsident des Eisenbahn-Bundesamtes: Horst Stuchly
Vizepräsident: Richard Meister

Abt 1 Recht, Planfeststellung, Zentrale Dienste
Leiter: Richard Meister VPräs

Ref 11: **Rechtsaufsicht, Planfeststellung** Kalwey
Ref 12: **Netzzugang** NN
Ref 13: **Betriebsgenehmigungen, Ordnungswidrigkeiten** Hennes
Ref 14: **Zentrale Dienste** Thoenes

Abt 2 Fahrweg, Betrieb
Leiter: Dr-Ing Jens Böhlke

Ref 21: **Bauaufsicht, Ingenieurbau, Oberbau, Hochbau** Siebecke
Ref 22: **Bauaufsicht, Signal- und Telekommunikationsanlagen, elektrotechnische Anlagen** Suwe
Ref 23: **EBO, ESBO, ESO** Dr-Ing Zehme
Ref 24: **Aufsicht über den Eisenbahnbetrieb** Grauf

Abt 3 Fahrzeuge, Werke
Leiter: Horst Fiedler

Ref 31: **Zulassung und Abnahme von Triebfahrzeugen** Günther
Ref 32: **Zulassung und Abnahme von Wagen** Schade
Ref 33: **Zulassung und Überwachung von Werkstätten und Anlagen** Höfer
Ref 34: **Überwachungsbedürftige Anlagen** Dr-Ing Thomasch
Ref 35: **Transport gefährlicher Güter** Kachel

Abt 4 Investitionen Fahrweg
Leiter: Peter Schäfer

Ref 41: **Grundsatzfragen Finanzierungsvereinbarungen, Projekt- und Verwendungsprüfung – Nord –** Putjenter
Ref 42: **Abwicklung Haushalt** Vianden
Ref 43: **Grundsatzfragen Investitionsrechnung, Projekt- und Verwendungsprüfung – Ost –** Gerhard
Ref 44: **Grundsatzfragen Nahverkehr, Verwendungsprüfung, Projekt- und Verwendungsprüfung – Süd –** Sonntag

Außenstellen des Eisenbahn-Bundesamtes:

Außenstelle Berlin
10963 Berlin, Hallesches Ufer 74-76; Tel (0 30) 2 64 26-0; Fax (0 30) 2 64 26-2 12
Leiter: Prof Rolf Schädlich

Außenstelle Essen
45127 Essen, Am Hauptbahnhof 3; Tel (02 01) 17 50-0; Fax (02 01) 17 50-1 20
Leiter: Helmut Marsch

Außenstelle Hamburg
20099 Hamburg, Hachmannplatz 16; Tel (0 40) 3 28 13-1 00; Fax (0 40) 3 28 13-3 99
Leiter: Uwe Lemm

Außenstelle Köln
50668 Köln, Konrad-Adenauer-Ufer 3-5; Tel (02 21) 9 16 57-0; Fax (02 21) 9 16 57-4 90
Leiter: Helfried Schmittgen

Außenstelle Saarbrücken
60329 Frankfurt am Main, Am Hauptbahnhof 16; Tel (0 69) 23 85 51-0; Fax (0 69) 23 85 51-1 84
Leiter: Ekkehard Kempf

Außenstelle Dresden
01069 Dresden, Bergstr 2; Tel (03 51) 87 33-0; Fax (03 51) 87 33-2 00
Leiter: Dr-Ing Dieter Hänel

Außenstelle Frankfurt am Main
60329 Frankfurt am Main, Am Hauptbahnhof 16; Tel (0 69) 23 85 51-0; Fax (0 69) 23 85 51-1 84
Leiter: Ekkehard Kempf

Außenstelle Hannover
30159 Hannover, Joachimstr 8; Tel (05 11) 36 57-0; Fax (05 11) 36 57-3 90
Leiter: Prof Dr-Ing Jörg Jansen

Außenstelle München
80335 München, Arnulfstr 9: Tel (0 89) 5 48 56-0;
Fax (0 89) 5 48 56-2 49
Leiter: Gert Gehrke

Außenstelle Schwerin
19053 Schwerin, Wismarsche Str 159-161;
Tel (03 85) 52 19-0; Fax (03 51) 52 19-1 03
Leiter: Harald Lührs

Außenstelle Erfurt
99084 Erfurt, Weimarische Str 44; Tel (03 61) 3 49 63-0; Fax (03 61) 3 49 63-2 01
Leiter: Detlef Hommel

Außenstelle Halle
06112 Halle, Ernst-Kamieth-Str 2; Tel (03 45) 21 10-0; Fax (03 45) 21 10-2 01
Leiter: Ernst Demele

Außenstelle Karlsruhe
76133 Karlsruhe, Lammstr 19; Tel (07 21) 18 09-0; Fax (07 21) 18 09-1 22
Leiter: Rudolf Bienstock

Außenstelle Nürnberg
90443 Nürnberg, Richard-Wagner-Platz 1; Tel (09 11) 24 93-0; Fax (09 11) 24 93-1 50
Leiter: Adolf Pöhlmann

Außenstelle Stuttgart
70174 Stuttgart, Heilbronner Str 7; Tel (07 11) 2 28 16-0; Fax (07 11) 2 28 16-6 99
Leiter: Günter Kurz

13 Bundeseisenbahnvermögen (BEV)

60327 Frankfurt am Main, Frankenallee 2-4;
Tel (0 69) 9 73 60-0; Fax (0 69) 9 73 60-4 09

Staatsrechtliche Grundlage und Aufgabenkreis:
Aufgrund des Artikels 1 des Eisenbahnneuordnungsgesetzes vom 27. Dezember 1993 (BGBl I S 2378) wurden das unter dem Namen „Deutsche Bundesbahn" als nicht rechtsfähiges Sondervermögen verwaltete Bundeseisenbahnvermögen sowie das Sondervermögen „Deutsche Reichsbahn" zu einem nicht rechtsfähigen Sondervermögen des Bundes zusammengeführt und vom Bund unter dem Namen „Bundeseisenbahnvermögen" verwaltet.
Das Bundeseisenbahnvermögen war zunächst in zwei Bereiche gegliedert:
– 1. Unternehmerischer Bereich, der das Erbringen von Eisenbahnverkehrsleistungen sowie das Betreiben der Eisenbahninfrastruktur umfaßt
– 2. Verwaltungsbereich, der die hoheitlichen Aufgaben umfaßt, die bisher von den beiden Sondervermögen Deutsche Bundesbahn und Deutsche Reichsbahn wahrgenommen worden sind, die Verwaltung des nicht zu dieser Aktiengesellschaft überwechselnden Personals und der beim Bundeseisenbahnvermögen verbleibenden Verpflichtungen sowie die Verwaltung und Verwertung der nicht bahnnotwendigen Liegenschaften.

Aufgrund des Artikels 2 des Eisenbahnneuregelungsgesetzes wurden zwischenzeitlich die Teile, die zum Erbringen von Eisenbahnverkehrsleistungen und zum Betreiben der Eisenbahnstruktur notwendig sind, auf eine neu gegründete Aktiengesellschaft ausgegliedert. Die Aktiengesellschaft führt den Namen „**Deutsche Bahn Aktiengesellschaft**".

Präsident des Bundeseisenbahnvermögens: Rolf Heine
Vizepräsident: Albrecht Linder

Dem Präsidenten unmittelbar unterstellt:

Datenschutzbeauftragter Klaus Schmunk
Immobilien Wilfried Erbach
Vorprüfungsstelle Walter Jung

Abt 1 Personalverwaltung, Personalwirtschaft, Bezügeabrechnung
Leiter: Albrecht Linder VPräs

Ref 11: **Beamten-, Laufbahn- und Versorgungsrecht** Dessau
Ref 12: **Haushaltsrecht, Personalwirtschaft, Dienstpostenbewertung, Arbeitszeitrecht** Winkelmann
Ref 13: **Personalkostenabrechnung, Besoldungsrecht, Reise- und Umzugskosten** Borndörfer
Ref 14: **Personalangelegenheiten höherer Dienst, Aus- und Fortbildung, Vorschlagswesen** Leonhardt

Fachhochschule des Bundes für öffentliche Verwaltung
Fachbereich Eisenbahnwesen
Leiter: Taubert

Abt 2 Arbeits- und Tarifrecht, Sozialwesen, BPersVG, Wohnungsfürsorge
Leiter: Günther von Niebelschütz

Ref 21: **Arbeits- und Tarifrecht, DÜV-Kräfte, BPersVG** Kunz
Ref 22: **Wohnungswesen, Eisenbahn-Landwirtschaft** Korb
Ref 23: **Angelegenheiten der Bahnärzte, Medizinischer Dienst** Dr Domnick
Ref 24: **Sozialwesen, Arbeitsschutz und Unfallverhütung** Kaletsch

Chefarzt des BEV
Leitender Betriebsarzt: Dr Brinkrolf

Abt 3 Organisation, Finanzen, Controlling, Zentrale Dienste
Leiter: Dietrich Gaebel

Ref 31: **Wirtschaftsführung und Controlling** Kroll
Ref 32: **Organisation, Informationstechnik, Objekt-Management** Roth
Ref 34: **Kredit- und Cash-Management** Dunckert
Ref 35: **Kassen-, Finanz und Rechnungswesen, Bezügeabrechnung, Familienkasse** Steiling

Der Rechtsaufsicht des Bundesministeriums für Verkehr untersteht nachfolgende Köperschaft des öffentlichen Rechts:

Bundeslotsenkammer
– **Körperschaft des öffentlichen Rechts** –

22761 Hamburg, Nikischstr 8; Tel (0 40) 8 90 34 35; Fax (0 40) 8 90 52 50

Rechtsgrundlage und Aufgabenkreis:
Errichtung aufgrund des Gesetzes über das Seelotswesen in der Fassung vom 13. September 1084 (BGBl I S 1213).
Die Bundeslotsenkammer vertritt satzungsgemäß Angelegenheiten des Seelotsenwesens in den Revieren und die Gesamtheit aller Lotsenbrüderschaften gegenüber Behörden und Organisationen.

Vorsitzender: Klaus Firnhaber

X Bundesministerium für Post und Telekommunikation (BMPT)

53175 Bonn, Heinrich-von-Stephan-Str 1;
Tel (02 28) 14-0; Telex 8 861 101 bpm d; Teletex
22 859 = BPM; Fax (02 28) 14 88 72; Btx
02 28 14-1

Aufgabenkreis:
Die Aufgaben der Bundesrepublik Deutschland auf dem Gebiet des Post- und Fernmeldewesens werden nach den Bestimmungen des Postneuregelungsgesetzes vom 14. September 1994 (BGBl I S 2325) vom Bundesministerium für Post und Telekommunikation und den aus den Teilsondermögen der Deutschen Bundespost hervorgegangenen Aktiengesellschaften erfüllt. Das Bundesministerium für Post und Telekommunikation nimmt politische und hoheitliche Aufgaben wahr; es übt die Rechte des Bundes auf dem Gebiet des Post- und Fernmeldewesens aus. Den Gesellschaften obliegen unternehmerische und betriebliche Aufgaben des Post- und Fernmeldewesens.

Publikationsorgan: Amtsblatt des Bundesministeriums für Post und Telekommunikation (erscheint 14-täglich). Bezugspreis: Halbjährlich DM 30,00. Einzelexemplare sind für DM 1,50 erhältlich.

Bundesminister für Post- und Telekommunikation:
Dr Wolfgang Bötsch
Persönlicher Referent: Reichle MinR

Parlamentarischer Staatssekretär: Dr Paul Laufs
Persönliche Referentin: Angelika Westermann RDirektorin

Staatssekretär: Gerhard O Pfeffermann
Persönlicher Referent: Boettcher RDir

Regulierungsrat
Vorsitzender: Elmar Müller

Leitungsbereich
Ref 010: **Ministerbüro, Protokoll** Reichle MinR
Ref 011: **Kabinetts- und Parlamentsangelegenheiten** Schmalenbach MinRätin
Ref 012: **Presse und Öffentlichkeitsarbeit** Hoppe Ang

Vorprüfungsstelle Weber RDir

Abt Z Zentralabteilung
Leiter: Dürig MinDirig

U-Abt Z 1 Organisation, Personalangelegenheiten, Haushalt
Leiter: Rottmann MinR

Ref Z 11: **Organisation, Betriebswirtschaft, Personalwirtschaft** Goebbels MinR
Ref Z 12: **Personal des BMPT, Arbeits- und Tarifrecht, Personalvertretungsrecht, Rationalisierungsschutz** Seydel MinRätin
Ref Z 13: **Öffentliches Dienstrecht, Personalpolitik, Aufsicht über die Aktiengesellschaften in beamtenrechtlichen Fragen** Adrian MinR
Ref Z 14: **Frauenfragen, Berufliche Bildung, Besoldungs-, Reise- und Umzugskostenrecht, Versorgung** Dr Reiche MinRätin
Ref Z 15: **Haushalt, Angelegenheiten des Bundesrechnungshofes** Lichterfeld MinR
Ref Z 21: **Zentrale Rechtsangelegenheiten, Angelegenheiten des Museumswesens** Ruppert MinR
Ref Z 23: **Informationstechnik, Innerer Dienst BMPT, Bibliothek** Nöhles MinR
Ref Z 24: **Datenschutz, Statistik, Aufsicht Unfallkasse, Arbeitsschutz, Sozialangelegenheiten** Schadow RDir
Ref Z 25: **Sicherheit der Telekommunikation und der Informationssysteme** Wagner MinR
Ref Z 26: **Zivile Verteidigung, Geheimschutz, Notfallbewältigung** Gesterkamp RDir
Ref Z 27: **Postwertzeichen** Rekittke MinR

Abt 1 Grundsatzangelegenheiten, Internationale Angelegenheiten
Leiter: Scheurle MinDir

U-Abt 11 Grundsätze und Planung
Leiter: Dr Sander MinDirig

Ref 111: **Gesetzgebung im ordnungspolitischen Bereich, Regelungen für die Beschlußkammern** Ulmen MinR
Ref 112: **Grundsatzangelegenheiten der Post und Telekommunikation, Forschungs- und Technologiepolitik** Dr Witte MinR
Ref 113: **Telekommunikationspolitik (ohne Mobil- und Satellitenfunk)** Quander MinR
Ref 114: **Telekommunikationspolitik für Mobil- und Satellitenfunk** Heringer MinR
Ref 115: **Postpolitik** Dr Fickel MinR

U-Abt 12 Privatisierungs- und Beteiligungspolitik, Internationale Angelegenheiten
Leiter: Mohr MinR

Ref 121: **Grundsatzangelegenheiten der Bundesbeteiligungen, allgemeine und betriebswirtschaftliche Aufsicht über die BAnst PT** Reuter ORR
Ref 122: **Beteiligung am Deutschen Telekom AG-Konzern** Hartkorn MinRätin
Ref 123: **Beteiligung am Deutschen Post AG-Konzern und Postbank AG-Konzern, Sonstige Beteiligungen** Busch MinR
Ref 124: **Internationale Politik und internationale Angelegenheiten der Telekommunikation** Klein MinR
SoSt 1240: **Sprachendienst** Schmidt RDir
Ref 125: **Europäische Politik und europäische Angelegenheiten der Telekommunikation, Entwicklungszusammenarbeit** Dr Seidel MinR
Ref 126: **Internationale Politik und internationale Angelegenheiten im Post- und Postbankwesen** Dr Engelke MinR

U-Abt 13 Außenstelle Berlin
10117 Berlin, Mauerstr 69-75; Tel (0 30) 2 20 77-0;
Fax (0 30) 2 20 77-68 52
Leiter: NN

Abt 2 Regulierungen
Leiter: Feier MinDir

U-Abt 21 Regulierung Telekommunikation
Leiter: Masson MinDirig

Reg 211: **Regulierung Telekommunikation, Genehmigungen für Festnetze und Dienste, Numerierung** Knobloch MinR
Ref 212: **Tarifregulierung Monopol- und Pflichtleistungen Telekommunikation** Kuhrmeyer MinR
Ref 213: **Preis- und Verhaltenskontrolle, Telekommunikation** Schmidt MinR
Ref 214: **Regulierung im Mobilfunk und Satellitenfunk** Dr Hahn RDir

U-Abt 22 Regulierung Postwesen
Leiter: Hempell MinR

Ref 221: **Rechtsangelegenheiten der Regulierung, regulierungsbezogene Rechtssetzung, Prozeßführung** Stengel MinR
Ref 222: **Regulierung Postwesen** NN
Ref 223: **Netzzugänge und Zusammenschaltungen** Dommermuth RDir
Ref 224: **Preis- und Verhaltenskontrolle sowie Tarifregulierung von Monopol- und Pflichtleistungen im Postwesen** NN

Abt 3 Frequenzverwaltung, Standardisierung, Zulassungen, Genehmigungen
Leiter: Ehrnsperger MinDir

U-Abt 31 Funkfrequenzordnung, Genehmigungen
Leiter: Becker MinR

Ref 311: **Allgemeine Regelungen für Funkanwendungen, feste Funkdienste, Funkdienste über Satelliten** NN
Ref 312: **Öffentliche Mobilfunkdienste, nationales Frequenzmanagement** Kowalewski MinR
Ref 313: **Internationale Funkfrequenzangelegenheiten, Frequenzbereichszuweisungsplan, Ortungsfunkdienste** George MinR
Ref 314: **Allgemeine Regelungen für Genehmigungen, Amateurfunk, Funküberwachung, Funkmeßdienst, nicht öffentliche Mobilfunkdienste** Werkhausen MinR
Ref 315: **Rundfunkdienste, Gebühren und Beiträge nach § 48 TKG** Weber RDirektorin
Ref 321: **Standardisierung Post und Telekommunikation; Innovative Techniken, Übertragungsverfahren; Zulassung von Funkanlagen** von Schilling MinR
Ref 322: **Zulassung von Endeinrichtungen; Beleihung und Akkreditierung nach TKG** Liepe Ang
Ref 323: **Elektromagnetische Verträglichkeit zwischen Geräten und von Geräten zur Umwelt** Schön MinR
Ref 324: **Rechtsangelegenheiten, Medienfragen, Ordnungswidrigkeiten** Dr Ritter MinR

Beschlußkammer 1 Telekommunikation
Beschlußkammer 2 Postwesen

Beiräte, deren sich der BMPT bei Durchführung seiner Aufgaben bedient:

Beirat zur Bestimmung der Anlässe für die Ausgabe von Sonderpostwertzeichen ohne Zuschlag der Deutschen Bundespost (Programmbeirat)
Aufgaben: Beratung des Ministers bei Entscheidungen über die Ausgabe von Sonderpostwertzeichen ohne Zuschlag
Zusammensetzung: 10 Mitglieder; davon 3 auf Vorschlag des Deutschen Bundestages und je 1 auf Vorschlag des Bundesministeriums des Innern, der Ständigen Konferenz der Kultusminister der Länder, des Bundes Deutscher Philatelisten, des Bundesverbandes des Deutschen Briefmarkenhandels EV, des Deutschen Presserats, des Bundesministeriums für Post und Telekommunikation und der Generaldirektion der Deutschen POST AG

Beirat für die graphische Gestaltung der Postwertzeichen der Deutschen Bundespost (Kunstbeirat)
Aufgaben: Beratung des Ministers bei Entscheidungen über die Gestaltung von Postwertzeichen
Zusammensetzung: 7 Fachleute auf dem Gebiet der Graphik; 7 sonstige Sachverständige

Zum Geschäftsbereich des Bundesministeriums für Post und Telekommunikation gehört:

1 Bundesamt für Post und Telekommunikation (BAPT)

55112 Mainz, Canisiusstr 21; Tel (0 61 31) 18-0;
Telex 4 18 74 04 moni d; Fax (0 61 31) 18-56 00

Aufgabenkreis:
Das Bundesamt für Post und Telekommunikation (BAPT) ist eine Bundesoberbehörde und hat seinen Sitz in Mainz. Es führt Hoheitsaufgaben, die die Regulierung der Telekommunikation, der Frequenzordnung und des Postwesens umfassen, aus. Die Aufgaben des BAPT lassen sich in Aufgabenbereiche untergliedern, die insbesondere auf dem Telekommunikationsgesetz (TKG), dem Gesetz über das Postwesen (Postgesetz), dem Gesetz über die elektromagnetische Verträglichkeit von Geräten (EMVG), dem Amateurfunkgesetz (AFuG) und dem Gesetz zur Sicherstellung des Postwesens und der Telekommunikation (PTSG) basieren. 54 Außenstellen, verteilt über das gesamte Bundesgebiet, sind die Kontaktstellen für die Bürger.
Das BAPT nimmt insbesondere folgende Aufgaben wahr:
- Erteilung von Lizenzen und Zuteilung von Frequenzen im Bereich des Postwesens und der Telekommunikation,
- Verwaltung und Zuteilung von Rufnummernkontingenten,
- Erarbeitung von Technischen Vorschriften und Standards sowie

- Aufgaben der Funkfrequenzverwaltung.
- Im Rahmen der Marktbeobachtung werden Daten und Fakten gesammelt, die für hoheitlich-politische Entscheidungen erforderlich sind.

Das BAPT ist zuständig für die Durchführung des Gesetzes über die elektromagnetische Verträglichkeit von Geräten (EMVG). Es informiert die Bürger über die neuen gesetzlichen Bestimmungen, klärt elektromagnetische Unverträglichkeiten von Geräten auf und überprüft Geräte am Markt auf Einhaltung von Vorgaben der Europäischen Union. Für Meldungen von Funkstörungen steht jedermann die bundeseinheitliche Rufnummer 01 80/ 3 23 23 23 zur Verfügung.

Die Akkreditierung von Prüflabors und zuständigen Stellen, die Sicherung einer ausreichenden Versorgung mit Dienstleistungen des Post- und Fernmeldewesens in Notsituationen, die Erarbeitung von Maßnahmen zum Schutz von Telekommunikationsdienstleistungen, der Kundenschutz sowie die Diensteregistrierung sind ebenfalls Aufgaben des BAPT. Für Sendenfunkanlagen werden Standortbescheinigungen über deren elektromagnetische Umweltverträglichkeit ausgestellt.

Die BAPT führt See-, Flug- und Amateurfunkprüfungen durch und stellt die entsprechenden Zeugnisse und Genehmigungen aus.

Das BAPT ist benannte Stelle nach der Endgeräterichtlinie und dem EMVG. Es erteilt Zulassungen für Personen, Telekommunikationsendeinrichtungen und Funkanlagen, zertifiziert Qualitätsmanagement-Systeme der Produktion und testet (prüft) Telekommunikationsendeinrichtungen, Funkanlagen und elektrische und elektronische Geräte. Das BAPT ist eine der zuständigen Stellen nach dem EMVG.

Präsident des Bundesamtes für Post und Telekommunikation: Dipl-Ing Hans Meierhofer
Vizepräsident: Dipl-Ing Gert Lehning

Außenstellen:

Außenstelle Augsburg
86159 Augsburg, Morellstr 33; Tel (08 21) 25 77-0; Fax (08 21) 25 77-1 80

Außenstelle Bayreuth
95444 Bayreuth, Josephsplatz 8; Tel (09 21) 75 57-0; Fax (09 21) 75 57-1 80

Außenstelle Berlin
10117 Berlin, Mauerstr 69-75; Tel (0 30) 2 24 80-0; Fax (0 30) 2 24 80-1 80

Außenstelle Bonn
53175 Bonn, Dreizehnmorgenweg 6; Tel (02 28) 95 83-0; Fax (02 28) 95 83-1 80

Außenstelle Braunschweig
38122 Braunschweig, Theodor-Heuss-Str 5 a; Tel (05 31) 28 29-0; Fax (05 31) 28 29-1 80

Außenstelle Bremen
28205 Bremen, Bennigsenstr 3; Tel (04 21) 4 34 44-0; Fax (04 21) 4 34 44-1 80

Außenstelle Chemnitz
09111 Chemnitz, Straße der Nationen 2-4; Tel (03 71) 45 82-0; Fax (03 71) 45 82-1 80

Außenstelle Cottbus
03044 Cottbus, Hutungstr 51; Tel (03 55) 87 75-0; Fax (03 55) 87 75-1 80

Außenstelle Darmstadt
64283 Darmstadt, Neckarstr 8-10; Tel (0 61 51) 1 35-0; Fax (0 61 51) 1 35-1 80

Außenstelle Detmold
32758 Detmold, Heidenoldendorferstr 136; Tel (0 52 31) 9 13-0; Fax (0 52 31) 9 13-1 80

Außenstelle Dortmund
44379 Dortmund, Alter Hellweg 56; Tel (02 31) 99 55-0; Fax (02 31) 99 55-1 80

Außenstelle Dresden
01069 Dresden, Semperstr 15; Tel (03 51) 47 36-0; Fax (03 51) 47 36-1 80

Außenstelle Düren
52351 Düren, Arnoldsweilerstr 23; Tel (0 24 21) 1 87-0; Fax (0 24 21) 1 87-1 80

Außenstelle Erfurt
99091 Erfurt, Zur alten Ziegelei 16; Tel (03 61) 73 98-0; Fax (03 61) 73 98-1 80

Außenstelle Eschborn
65760 Eschborn, Mergenthaler Allee 35-37; Tel (0 61 96) 9 65-0; Fax (0 61 96) 9 65-1 80

Außenstelle Freiburg
79106 Freiburg, Engelbergerstr 41 K; Tel (07 61) 28 22-0; Fax (07 61) 28 22-1 80

Außenstelle Fulda
36043 Fulda, Rangstr 39; Tel (06 61) 97 30-0; Fax (06 61) 97 30-1 80

Außenstelle Göttingen
37085 Göttingen, Berta-von-Suttner-Str 1; Tel (05 51) 50 71-0; Fax (05 51) 50 71-1 80

Außenstelle Halle
06110 Halle, Philipp-Müller-Str 44/1; Tel (03 45) 23 15-0; Fax (03 45) 23 15-1 80

Außenstelle Hamburg
20097 Hamburg, Sachsenstr 12 und 14; Tel (0 40) 2 36 55-0; Fax (0 40) 2 36 55-1 80

Außenstelle Hannover
30173 Hannover, Willestr 2; Tel (05 11) 28 55-0; Fax (05 11) 28 55-1 80

Außenstelle Karlsruhe
76135 Karlsruhe, Steinhäuserstr 20; Tel (07 21) 98 28-0; Fax (07 21) 98 28-1 80

Außenstelle Kassel
34117 Kassel, Königstor 20; Tel (05 61) 72 92-0; Fax (05 61) 72 92-1 80

Außenstelle Kiel
24109 Kiel, Wittland 10; Tel (04 31) 58 53-0; Fax (04 31) 58 53-1 80

Außenstelle Koblenz
56072 Koblenz, Im Acker 23; Tel (02 61) 92 29-0; Fax (02 61) 92 29-1 80

Außenstelle Köln
50933 Köln, Stolberger Str 112; Tel (02 21) 9 45 00-0; Fax (02 21) 9 45 00-1 80

Außenstelle Konstanz
78467 Konstanz, Robert-Gerwig-Str 12; Tel (0 75 31) 5 89-0; Fax (0 75 31) 5 89-1 80

Außenstelle Krefeld
47805 Krefeld, Dießemer Bruch 61; Tel (0 21 51) 5 58-0; Fax (0 21 51) 5 58-1 80

Außenstelle Landshut
84030 Landshut, Liebigstr 3; Tel (08 71) 97 21-0; Fax (08 71) 97 21-1 80

Außenstelle Leer
26789 Leer, Hermann-Lange-Ring 28; Tel (04 91) 92 98-0; Fax (04 91) 92 98-1 80

Außenstelle Leipzig
04277 Leipzig, Arno-Nitzsche-Str 43-45; Tel (03 41) 86 60-0; Fax (03 41) 86 60-1 80

Außenstelle Lübeck
23617 Stockelsdorf, Daimlerstr 1; Tel (04 51) 49 02-0; Fax (04 51) 49 02-1 80

Außenstelle Magdeburg
39110 Magdeburg, Hohendodeleber Str 4; Tel (03 91) 73 80-0; Fax (03 91) 73 80-1 80

Außenstelle Meschede
59872 Meschede, Nördeltstr 5; Tel (02 91) 99 55-0; Fax (02 91) 99 55-1 80

Außenstelle Mettmann
42781 Haan, Fuhr 4; Tel (0 21 04) 96 94-0; Fax (0 21 04) 96 94-1 80

Außenstelle Mülheim
45473 Mülheim, Aktienstr 1-7; Tel (02 08) 45 07-0; Fax (02 08) 45 07-1 80

Außenstelle München
80802 München, Maria-Josepha-Str 13-15; Tel (0 89) 3 86 06-0; Fax (0 89) 3 86 06-1 80

Außenstelle Münster
48155 Münster, Hansaring 66; Tel (02 51) 60 81-0; Fax (02 51) 60 81-1 80

Außenstelle Neubrandenburg
17033 Neubrandenburg, Voßstr 6; Tel (03 95) 55 83-0; Fax (03 95) 55 83-1 80

Außenstelle Neustadt
67433 Neustadt, Schütt 13; Tel (0 63 21) 9 34-0; Fax (0 63 21) 9 34-1 80

Außenstelle Nürnberg
90471 Nürnberg, Breslauer Str 396; Tel (09 11) 98 04-0; Fax (09 11) 98 04-1 80

Außenstelle Oldenburg
26135 Oldenburg, Eylersweg 9; Tel (04 41) 92 03-0; Fax (04 41) 92 03-1 80

Außenstelle Potsdam
14557 Wilhelmshorst, Eichenweg 5-7; Tel (03 32 05) 55-0; Fax (03 32 05) 55-1 80

Außenstelle Recklinghausen
45665 Recklinghausen, August-Schmidt-Ring 9; Tel (0 23 61) 9 47-0; Fax (0 23 61) 9 47-1 80

Außenstelle Regensburg
93059 Regensburg, Im Gewerbepark A 15; Tel (09 41) 46 26-0; Fax (09 41) 46 26-1 80

Außenstelle Reutlingen
72762 Reutlingen, Gustav-Schwab-Str 34; Tel (0 71 21) 9 26-0; Fax (0 71 21) 9 26-1 80

Außenstelle Rosenheim
83026 Rosenheim, Arnulfstr 13; Tel (0 80 31) 2 60-0; Fax (0 80 31) 2 60-1 80

Außenstelle Rostock
18059 Rostock, Nobelstr 55; Tel (03 81) 40 22-0; Fax (03 81) 40 22-1 80

Außenstelle Saarbrücken
66111 Saarbrücken, Beethovenstr 1; Tel (06 81) 93 30-0; Fax (06 81) 93 30-1 80

Außenstelle Schäbisch Hall
74523 Schwäbisch Hall, Einkornstr 109; Tel (07 91) 94 24-0; Fax (07 91) 94 24-1 80

Außenstelle Schwerin
19055 Schwerin, Pappelgrund 16; Tel (03 85) 50 04-0; Fax (03 85) 50 04-1 80

Außenstelle Stuttgart
70565 Stuttgart, Schockenriedstr 8 c; Tel (07 11) 78 32-0; Fax (07 11) 78 32-1 80

Außenstelle Würzburg
97074 Würzburg, Barbarastr 10; Tel (09 31) 79 41-0; Fax (09 31) 79 41-1 80

Der Rechtsaufsicht des Bundesministeriums für Post und Telekommunikation unterstehen nachfolgende Körperschaften, Anstalten und Stiftungen des öffentlichen Rechts:

Bundesanstalt für Post und Telekommunikation Deutsche Bundespost (BAnstPT)

– Anstalt des öffentlichen Rechts –

53227 Bonn, Heinrich-Konen-Str 1; Tel (02 28) 97 44-0; Fax (02 28) 97 44-8 70; Btx (02 28) 97 44-1

Rechtsgrundlage und Aufgabenkreis:
Die Unternehmen der Deutschen Bundespost (Postdienst, Postbank und Telekom) wurden aufgrund des Artikels 3 des Postneuordnungsgesetzes vom 14. September 1994 (BGBl I S 2325) in Aktiengesellschaften mit den Namen
- Deutsche Post AG,
- Deutsche Postbank AG und
- Deutsche Telekom AG
umgewandelt.
Zur Wahrnehmung der sich aus dem Postneuordnungsgesetz ergebenden Rechte und Pflichten der Bundesrepublik Deutschland in bezug auf die aus den Teilsondervermögen der Deutschen Bundespost hervorgegangenen Aktiengesellschaften wurde die Bundesanstalt für Post und Telekommunikation errichtet.
Sie hält, erwirbt und veräußert im Namen und für Rechnung der Bundesrepublik Deutschland Anteile an diesen Aktiengesellschaften. In diesem Rahmen hat sie folgende Zuständigkeiten:
- Wahrnehmung der dem Bund nach dem Aktiengesetz zustehenden Aktionärsrechte,
- Einführung der Aktiengesellschaften am Kapitalmarkt,
- Entscheidung über die Verwendung von Dividenden.

Aufgaben der Bundesanstalt u a:
- Unternehmerbezogene Aufgaben,
  - Koordinierung der Unternehmen durch Beratung,
  - Abschluß von Manteltarifverträgen,
  - Prüfung von Entscheidungen der Unternehmen im Personalbereich,
  - Mitwirkung beim Erlaß von Rechtsverordnungen,
  - Mitwirkung bei der Genehmigung der Stellenpläne der Aktiengesellschaften,
  - Grundsätze der Wohnungsfürsorge.
- Soziale Aufgaben gemäß BAPostG:
  - Sozialeinrichtungen,
  - Selbsthilfeeinrichtungen.

Die Bundesanstalt nimmt am operativen Geschäft der Aktiengesellschaften nicht teil.

Vorstand: Hans Gottfried Bernrath (Vors); Wolfgang Reimann

Geschäftsbereich 1 Eigentümeraufgaben, Finanzwesen

Fachbereich 101: **Verwendung der Erlöse aus Aktienverkäufen und Dividenden, Finanzmanagement, Unterstützungskassen der Postaktiengesellschaften**
Fachbereich 102: **Allgemeine Angelegenheiten, Grundsätze Wirtschaftsführung, Beauftragter für die Wirtschaftsführung, Wirtschaftsplan, Angelegenheiten BRH**
Fachbereich 103: **Aktien und Kapitalmarkt**
Fachbereich 104: **Bilanzpolitik, Finanzbuchführung, Jahresabschluß**
Fachbereich 105: **Leistungs- und Kostenrechnung, Controlling**

Geschäftsbereich 2 Unternehmensbezogene Aufgaben, Rechtsangelegenheiten

Fachbereich 201: **Allgemeine Angelegenheiten, Stabsaufgaben für den Geschäftsbereich, Mitwirkung bei Rechtsverordnungen, Mitwirkung bei Stellenplänen, Koordinierung, Beratung der Aktiengesellschaften, Grundsätze der Wohnungsfürsorge**
Fachbereich 202: **Prüfen von Entscheidungen der Aktiengesellschaften in Disziplinarverfahren, von Entlassungen und Zurruhesetzungen (§§ 15, 16 BAPostG in Verbindung mit § 1 Abs 6 und 7 PostPersRG), Datenschutz**
Fachbereich 203: **Manteltarifverträge der Aktiengesellschaften, Tarifangelegenheiten der BAnstPT, Prozeßführung, Arbeits- und Tarifrecht**

Geschäftsbereich 3 Soziale Aufgaben

Fachbereich 301: **Grundsatzangelegenheiten Sozialwesen, Rechtsfragen, Grundsätze Beihilferecht, Postunterstützungskasse**
Fachbereich 302: **Angelegenheiten Krankenversicherungen, Pflegeversicherung, Betreuungswerk, Zentrale Beihilfebearbeitung**
Fachbereich 303: **Angelegenheiten der Versorgungsanstalt der DBP, Erholungswerk, Studienstiftung, Postkleiderkasse, Tonband Fachzeitschrift, Selbsthilfeeinrichtungen**

Sozialeinrichtungen

Besondere Dienststelle 31: **Versorgungsanstalt der Deutschen Bundespost**
Besondere Dienststelle 32: **Die BKK Post, Hauptverwaltung/Landesverwaltungen**
Besondere Dienststelle 33: **Postbeamtenkasse Hauptverwaltung/Bezirksstellen**
Besondere Dienststelle 34: **Postkleiderkasse Hauptverwaltung**
Besondere Dienststelle 35: **Erholungswerk der DBP EV**
Besondere Dienststelle 36: **Betreuungswerk der DBP**
Besondere Dienststelle 37: **Studienstiftung**

Geschäftsbereich 4 Organisation, Personal, Zentrale Aufgaben

Fachbereich 401: **Stabsaufgaben, Sonderaufgaben, Grundsätze Arbeitsschutz, Geheimschutz**
Fachbereich 402: **Zentrale Organisation, Personalwirtschaft, Betriebliches Vorschlagswesen**
Fachbereich 403: **Grundsätze Personalwesen, Dienstrecht, höherer Dienst, Personalvertretungs- und Schwerbehindertenrecht, Frauenrecht**

Geschäftsgebiet 41

Fachbereich 410: **Immobilien**
Fachbereich 411: **Einkauf, Logistik, Kraftfahrzeuge**
Fachbereich 412: **Informationstechnik, Informationsverarbeitung**
Fachbereich 413: **Innerer Dienst, Hausverwaltung, Technischer Dienst**
Fachbereich 414: **Personalangelegenheiten I (Beamte – ohne höheren Dienst), Besoldungskassenange-**

genheiten, Kindergeld, Umzugs- und Reisekostenrecht, Angelegenheiten der Beamtenversorgung
Fachbereich 415: **Personalangelegenheiten II (Arbeitnehmer ohne höheren Dienst vergleichbare Vergütungsgruppen), Sozialangelegenheiten**
Fachbereich 416: **Berufliche Bildung, Lehrstätte**

Unfallkasse Post und Telekom

– Körperschaft des öffentlichen Rechts –

72072 Tübingen, Europaplatz 2; Tel (0 70 71) 9 33-0; Fax (0 70 71) 9 33-4 99

Rechtsgrundlage und Aufgabenkreis:
Artikel 2 und 12 des Postneuordnungsgesetzes vom 14. September 1994 (BGBl I S 2325, 2382).
– Träger der gesetzlichen Unfallversicherung für alle Unternehmen, Behörden, Körperschaften, Anstalten usw, die aus der früheren Deutschen Bundespost hervorgegangen sind (§ 657 b RVO).
– Durchführung weiterer Aufgaben im Zusammenhang mit Unfällen gemäß § 2 Abs 1 PostSVOrgG .
– Unfallfürsorge einschließlich Prävention für die Beamten
– Gewährung von Sachschadenersatz usw für Beamte und Tarifkräfte
– Geltendmachung von Haftpflichtansprüchen des Arbeitgebers, Dienstherrn, Verletzten usw nach Dienst-,Arbeits-und Privatunfällen.

Geschäftsführer: Gerd Ferdinand

Museumsstiftung Post und Telekommunikation

– rechtsfähige Stiftung des öffentlichen Rechts –

53175 Bonn, Heinrich-von-Stephan-Str 1; Tel (02 28) 1 85-0; Fax (02 28) 1 85-1 90

Rechtsgrundlage und Aufgabenkreis:
Artikel 11 des Postneuordnungsgesetzes vom 14. September 1994 (BGBl I S 2325, 2382).
Zweck der Stiftung ist die Erschließung, Sammlung und Darstellung der gesamten Entwicklung der Nachrichtenübermittlung und des damit im Zusammenhang stehenden Bank-, Güter-, und Personenverkehrs im Post- und Fernmeldewesen.
Dazu gehört insbesondere die Aufgabe,
– die ihr übertragenen Sammlungsgegenstände zu bewahren, zu pflegen, zu ergänzen und der Öffentlichkeit zu erschließen,
– einen sinnvollen Zusammenhang dieser Sammlung zu erhalten,
– die Auswertung der Sammlung für die Interessen der Allgemeinheit in Bildung und Wissenschaft sowie im Gesamtzusammenhang der Wirtschaftsgeschichte zu gewährleisten,
– die Zusammenarbeit mit postgeschichtlich tätigen Vereinigungen zu pflegen sowie
– mit Museen und Stiftungen gleicher Zielrichtung national und international zusammenzuarbeiten.

Organe der Stiftung sind das Kuratorium und der Kurator.
Die Stiftung betreibt in Berlin, Frankfurt am Main, Hamburg und Nürnberg je ein Museum für Post und Kommunikation.

Vorsitzender des Kuratoriums: Gerhard O Pfeffermann Staatssekretär im Bundesministerium für Post und Telekommunikation
Kurator: Dr Hartwig Lüdtke

XI Bundesministerium der Verteidigung (BMVg)

53003 Bonn, Hardthöhe; Tel (02 28) 12-1; Telex 08 86 575 und 08 86 576; Fax (02 28) 12-23 69

Gliederung und Organisation:
Das Verteidigungsressort entspricht in seiner organisatorischen Gliederung der im Grundgesetz verankerten Forderung nach der Unterstellung der gesamten Bundeswehr unter die einheitliche politische Leitung eines dem Parlament verantwortlichen zivilen Bundesministers. Dieser übt im Frieden die Befehls- und Kommandogewalt über die Streitkräfte aus.

Im Bundesministerium der Verteidigung unterstehen dem Minister, dem zwei Parlamentarische Staatssekretäre zur Unterstützung beigegeben sind, zwei Staatssekretäre. Der Minister, die Parlamentarischen Staatssekretäre und die Staatssekretäre bilden die Leitung.

I. Der Leitung sind im ministeriellen Aufgabenbereich unmittelbar unterstellt:
- Presse- und Informationsstab, Planungsstab, Organisationsstab
- Der Generalinspekteur der Bundeswehr mit seinem Stab, dem Führungsstab der Streitkräfte.
- Dem Generalinspekteur der Bundeswehr als ministerieller Instanz unterstehen in seinem Aufgabenbereich:
  - Der Inspekteur des Heeres mit dem Führungsstab des Heeres,
  - der Inspekteur der Luftwaffe mit dem Führungsstab der Luftwaffe,
  - der Inspekteur der Marine mit dem Führungsstab der Marine,
  - der Inspekteur des Sanitätsdienstes der Bundeswehr mit der Inspektion des Sanitätsdienstes.
- Der Hauptabteilungsleiter Rüstung mit dem Abteilungsleiter Rüstung.
  In ihrem Schwerpunkt konzentriert sich diese Abteilung auf Planungs-, Lenkungs- und Kontrollfunktionen sowie auf Managementaufgaben für Waffensysteme.
- Die Abteilungen, Personal, Haushalt, Recht, Wehrverwaltung, Infrastruktur und Umweltschutz und Sozialabteilung.

II. Dem Minister als Inhaber der Befehls- und Kommandogewalt unterstehen truppendienstlich unmittelbar:
- Der Stellvertreter des Generalinspekteurs der Bundeswehr mit den im truppendienstlich unterstellten Zentralen Militärischen Dienststellen der Bundeswehr,
- die Inspekteure des Heeres, der Luftwaffe und der Marine mit den ihnen truppendienstlich unterstellten Teilstreitkräften,
- der Inspekteur des Sanitätsdienstes der Bundeswehr mit dem ihm truppendienstlich unterstellten Zentralen Sanitätsdienststellen der Bundeswehr.

Publikationsorgan: Ministerialblatt des Bundesministers der Verteidigung (VMBl), *Verlag:* Bundesanzeiger Verlagsges mbH, 50445 Köln, Postfach 10 05 34. Das Amtsblatt erscheint nach Bedarf, in der Regel monatlich zweimal.
Das Ministerialblatt BMVg kann von der Bundesanzeiger Verlagsgesellschaft mbH bezogen werden.
Der Bezugspreis beträgt einschließlich Mehrwertsteuer für ein Halbjahr 50,00 DM und für ein Jahr 100,00 DM.
Der Vertrieb von Einzelnummern erfolgt ebenfalls durch den Verlag des Bundesanzeigers. Der Preis beträgt DM 3,50 für je angefangene 16 Seiten zuzüglich Versandkosten. Einzelnummern können gegen Voreinsendung des erforderlichen Betrages auf Postgirokonto „Bundesanzeiger" Köln 834 00-502 mit Angabe der Bestellung auf dem Postabschnitt oder nach Bezahlung auf Grund einer Vorausrechnung bezogen werden.

Bundesminister der Verteidigung: Volker Rühe
Leiter des Ministerbüros: Heinrich Rentmeister

Parlamentarischer Staatssekretär: Bernd Wilz
Persönlicher Referent: Werner Heidemann Oberst i G

Parlamentarischer Staatssekretär: Dr Klaus Rose
Persönliche Referentin: Monika Dickes

Staatssekretär: Gunnar Simon
Persönlicher Referent: Harald Stein MinR

Staatssekretär: Dr Peter Wichert
Persönlicher Referent: Jörg Sohst Oberst i G

Generalinspekteur der Bundeswehr: Hartmut Bagger General
Stellvertreter des Generalinspekteurs der Bundeswehr: Hans Frank VAdm

Presse- und Informationsstab (Pr-/InfoStab)
Leiter: Dr Hans-Dieter Wichter MinDirig

Planungsstab (PlStab)
Leiter: Ulrich Weisser VAdm

Organisationsstab (OrgStab)
Leiter: Gerhard Quiske MinDirig

Abt Personal (P)
Leiter: Dr Hartmut Olboeter GenLt

Abt Haushalt (H)
Leiter: Adolf Fischer MinDir

Führungsstab des Heeres (Fü H)
Inspekteur des Heeres: Helmut Willmann GenLt

Führungsstab der Luftwaffe (Fü L)
Inspekteur der Luftwaffe: Bernhard Mende GenLt

Führungsstab der Marine (Fü M)
Inspekteur der Marine: Hans-Rudolf Boehmer VAdm

Inspektion des Sanitätsdienstes der Bundeswehr (InSan)
Inspekteur des Sanitätsdienstes der Bundeswehr: Dr Gunter Desch GenOStArzt

Hauptabteilung Rüstung (Rü)
Hauptabteilungsleiter: Dr Martin Guddat MinDir
Abteilungsleiter: Hans-Jürgen Hofer MinDir

Abt Recht (R)
Leiter: Dr Klaus Dau MinDir

Abt Wehrverwaltung, Infrastruktur und Umweltschutz
Leiter: Karl-Heinrich Orten MinDir

Sozialabteilung (S)
Leiter: Dr Karl Johanny MinDir

Außenstelle Berlin des BMVg
15344 Strausberg, Prötzeler Chaussee; Tel (0 33 41) 58-0; Fax (0 33 41) 58-45 69; Telex 030-37 16 33

Beiräte, deren sich das Bundesministerium der Verteidigung bei Durchführung seiner Aufgaben bedient:

Beirat für Fragen der Inneren Führung
Aufgabe: Beratung des BMVg in Fragen der Inneren Führung der Bundeswehr

Wissenschaftlicher Beirat für das Sanitäts- und Gesundheitswesen der Bundeswehr beim Bundesminister der Verteidigung
Aufgabe: Beratung des BMVg in Fragen des Gesundheitswesens der Bundeswehr

Dem Bundesministerium der Verteidigung als Zentrale Militärische Bundeswehrdienststellen nachgeordnet:

Streitkräfteamt

53177 **Bonn,** Deutschherrenstr 89-91, Postfach 20 50 03; Tel (02 28) 84 50; Fax (02 28) 84 55 43

Amt für den Militärischen Abschirmdienst

50997 **Köln,** Brühler Str 300, Postfach 10 01 06; Tel (02 21) 37 00-1; Fax (02 21) 34 13 61

Amt für Studien und Übungen der Bundeswehr

51545 **Waldbröl,** Schaumburgweg 3; Tel (0 22 91) 20 22; Fax (0 22 91) 20 28

Militärgeschichtliches Forschungsamt

14471 **Potsdam,** Zeppelinstr 127-128; Tel (03 31) 97 14; Fax (03 31) 9 71 44 71

Amt für Militärkunde

80939 **München,** Heidemannstr 50; Tel (0 89) 30 69-1; Fax (0 89) 7 93 06 20

Bundesakademie für Sicherheitspolitik

53115 **Bonn,** Rosenburgweg; Tel (02 28) 9 17 51; Fax (02 28) 54 93 10

Akademie der Bundeswehr für Information und Kommunikation

15344 **Strausberg,** Prötzeler Chaussee; Tel (0 33 41) 58-21 00; Fax (0 33 41) 58-45 81

Schule für Diensthundewesen der Bundeswehr

56070 **Koblenz,** St Sebastianerstr 12; Tel (02 61) 8 96-1; Fax (02 61) 61 19

BigBand der Bundeswehr

53879 **Euskirchen,** Frauenbergerstr 250; Tel (0 22 51) 7 09-2432; Fax (0 22 51) 7 09-24 31

Personalstammamt der Bundeswehr

51149 **Köln,** Kölner Str 262; Tel (0 22 03) 1 20 21; Fax (0 22 03) 12 04 69

Amt für Nachrichtenwesen der Bundeswehr

53474 **Bad Neuenahr-Ahrweiler,** Wilhelmstr 87; Tel (0 26 41) 32 91; Fax (0 26 41) 32 91-6 00

Amt für Fernmelde- und Informationssysteme der Bundeswehr

53359 **Rheinbach,** Münstereifeler Str 75; Tel (0 22 26) 82-1; Fax (0 22 26) 82-5 26

Amt für Militärisches Geowesen

53879 **Euskirchen,** Frauenberger Str 250; Tel (0 22 51) 70 91; Fax (0 22 51) 7 09-23 11

Materialamt der Bundeswehr

53757 **St Augustin,** Alte Heerstr 81; Tel (0 22 41) 1 51; Fax (0 22 41) 15 26 57

Sozialwissenschaftliches Institut der Bundeswehr

15344 **Strausberg,** Prötzeler Chaussee; Tel (0 33 41) 58-42 52; Fax (0 33 41) 58-42 54

Führungsakademie der Bundeswehr

22587 Hamburg, Manteuffelstr 20; Tel (0 40) 8 66 71; Fax (0 40) 86 67-21 52

Zentrum Innere Führung

56076 Koblenz, von-Witzleben-Str 17; Tel (02 61) 7 80-1; Fax (02 61) 7 80-21 85

Logistikschule der Bundeswehr

22589 Hamburg, Osdorfer Landstr 365; Tel (0 40) 86 59 41; Fax (0 40) 86 67-37 57

Sportschule der Bundeswehr

48231 Warendorf, Dr-Rau-Allee 32; Tel (0 25 81) 50 11-13; Fax (0 25 81) 50 11-2 24

Schule für Nachrichtenwesen der Bundeswehr

56130 Bad Ems, Alte Kemmenauer Str 17-19; Tel (0 26 03) 7 97-2 00; Fax (0 26 03) 7 97-2 25

Universität der Bundeswehr Hamburg

22043 Hamburg, Holstenhofweg 85; Tel (0 40) 6 54 11; Fax (0 40) 6 53 04 13

Universität der Bundeswehr München

85579 Neubiberg, Werner-Heisenberg-Weg 39; Tel (0 89) 6 00 41; Fax (0 89) 60 04 20 09

Zentrum für Verifikationsaufgaben der Bundeswehr

52503 Geilenkirchen, Postfach 1391; Tel (0 24 51) 7 19-1; Fax (0 24 51) 7 19-2 55

Streitkräfte

Zu den Streitkräften gehören:

Heer

Führungsstab des Heeres
Inspekteur: Helmut Willmann GenLt

Heeresführungskommando und Korpskommandos

Heeresführungskommando
56068 Koblenz, Am Wöllershof 12; Tel (02 61) 1 09-1; Fax (02 61) 3 07 20 35

Korpskommando I. Deutsch-Niederländisches Korps
48149 Münster, Einsteinstr 40-44; Tel (02 51) 50 61; Fax (02 51) 5 06-24 75

Korpskommando II. Korps
89075 Ulm, Kienlesbergstr; Tel (07 31) 1 69-1; Fax (07 31) 59 21-3 77

Korpskommando IV. Korps
14524 Potsdam/Wildpark West II, Werderscher Damm; Tel (03 31) 97 15-1; Fax (03 31) 34 08 und 34 09

mit Truppen Oberste Bundeswehrführung/Heerestruppen und Korpstruppen:

Kommando Luftbewegliche Kräfte/4. Panzergrenadierdivision mit 2 Luftlandebrigaden
Oberste Bundeswehrführung:
1 Führungsunterstützungsbrigade
1 Fernmeldeelektronische Aufklärungsbrigade
Heerestruppen:
1 Heeresfliegerbrigade
Korpstruppen:
3 Führungsunterstützungsbrigaden
1 Luftmechanisierte Brigade
6 Wehrbereichskommandos/Divisionen (WBK/Div)
1 Wehrbereichskommando (WBK)
1 Divisionskommando (Div)

Wehrbereichskommandos/ Divisionen

Wehrbereichskommando I
24106 Kiel, Niemannsweg 220; Tel (04 31) 38 01; Fax (04 31) 3 84-61 49

Wehrbereichskommando II/1. Panzerdivision
30173 Hannover, Hans-Böckler-Allee 18; Tel (05 11) 53 11; Fax (05 11) 2 84-16 16

Wehrbereichskommando III/7. Panzerdivision
40470 Düsseldorf, Lenaustr 29; Tel (02 11) 6 19-1; Fax (02 11) 6 19-21 92

Wehrbereichskommando IV/5. Panzerdivision
55131 Mainz, Freiligrathstr 6; Tel (0 61 31) 56-1; Fax (0 61 31) 56-20 25

Wehrbereichskommando V/10. Panzerdivision
72488 Sigmaringen, Binger Str 28; Tel (0 75 71) 1 22 78; Fax (0 75 71) 76-13 08

Wehrbereichskommando VI/1. Gebirgsdivision
80797 München, Heidemannstr 50; Tel (0 89) 31 61-1; Fax (0 89) 31 68-36 45

Wehrbereichskommando VII/13. Panzergrenadierdivision
04157 Leipzig, Viertelsweg 57; Tel (03 41) 5 95-0; Fax (03 41) 5 95-26 90

14. Panzergrenadierdivision
17033 Neubrandenburg, Am Hang 35; Tel (03 95) 3 72-0; Fax (03 95) 3 72-34 08

23 Kampfbrigaden
Deutsch-Französische Brigade
7 Pionierbrigaden
Truppenübungsplatzkommandanturen
41 Verteidigungsbezirkskommandos

Heeresamt

50997 Köln, Brühler Str 300; Tel (02 21) 37 00-1; Fax (02 21) 37 00-29 56

mit
Stammdienststelle des Heeres
sowie Schulen

Truppengattungen:
- Jäger-, Gebirgsjäger- und Fallschirmjägertruppe
- Panzergrenadiertruppe
- Panzertruppe
- Panzerjägertruppe
- Panzeraufklärungstruppe
- Artillerietruppe
- Heeresflugabwehrtruppe
- Heeresfliegertruppe
- Pioniertruppe
- ABC-Abwehrtruppe
- Fernmeldetruppe OpInfo
- Fernmeldetruppe
- Fernspähtruppe
- Topographietruppe
- Sanitätstruppe
- Nachschubtruppe
- Instandsetzungstruppe
- Feldjägertruppe
- Feldnachrichtentruppe

Heeresunterstützungskommando

41063 Mönchengladbach, Niederrhein-Kaserne, Kaldenkirchener Str 131; Tel (0 21 61) 29 74 91; Fax (0 21 61) 29 72 08

mit
3 Logistikbrigaden
1 Sanitätsbrigade
Materialamt des Heeres
Zentraler Militärkraftfahrtstelle

Luftwaffe

Führungsstab der Luftwaffe
Inspekteur der Luftwaffe: Bernhard Mende GenLt

Die Luftwaffe umfaßt drei, dem BMVg unmittelbar nachgeordnete (Höhere) Kommandobehörden:
Luftwaffenführungskommando
Luftwaffenunterstützungskommando
Luftwaffenamt

Luftwaffenführungskommando

51140 Köln, Postfach 90 25 00/5 04; Tel (0 22 03) 60 21; Fax (0 22 03) 6 02-22 40

mit
2 Luftwaffenkommandos mit Verbindungskommandos, deutschen Anteilen in NATO-Dienststellen
4 Luftwaffendivisionen
mit Einsatzverbänden, taktischen Ausbildungskommandos
Lufttransportkommando
mit Lufttransportverbänden, Flugbereitschaft des BMVg, SAR-Leitstelle
Luftwaffenführungsdienstkommando
mit Fernmelderegimentern, Fernmeldebereichen und Amt für Flugsicherung der Bundeswehr

Luftwaffenunterstützungskommando

51140 Köln, Postfach 90 25 00/5 02; Tel (0 22 03) 60 21; Fax (0 22 03) 6 02-6 93 32

mit
Luftwaffenversorgungsverbände
Materialamt der Luftwaffe

Luftwaffenamt

51140 Köln, Postfach 90 25 00/5 01; Tel (0 22 03) 60 21; Fax (0 22 03) 6 02-21 92

mit Luftwaffenausbildungsregimentern und Schulen
Generalarzt der Luftwaffe mit Flugmedizinischem Institut
Amt für Wehrgeophysik
Stammdienststelle der Luftwaffe
Deutschem Luftwaffenkommando USA/CA

Marine

Führungsstab der Marine
Inspekteur der Marine: Hans-Rudolf Boehmer VAdm

Die Marine umfaßt drei Höhere Kommandobehörden:
Flottenkommando
Marineunterstützungskommando
Marineamt

Flottenkommando

24956 Glücksburg, Postfach 11 63; Tel (0 46 31) 6 66-0; Fax (0 46 31) 3 97

mit
6 Flottillen (Marineflieger, Zerstörer, Schnellboote, Minenstreitkräfte, Uboote, Marineführungsdienste)

Marineunterstützungskommando

26379 Wilhelmshaven, Postfach 20 25; Tel (0 44 21) 6 80; Fax (0 44 21) 45 95

mit

3 Marineabschnittskommandos mit landgebundenen Unterstützungsverbänden und -einrichtungen
Kommando für Truppenversuche,
Kommando Marineführungssyssteme

Marineamt

26379 Wilhelmshaven, Postfach 20 05; Tel (0 44 21) 4 70; Fax (0 44 21) 2 44

mit

Ausbildungseinrichtungen,
Schiffahrtmedizinisches Institut,
Stammdienststelle der Marine,
2 Marinemusikkorps
Dienststellen/Einheiten des Sanitätsdienstes der Marine
Marinesicherungseinheiten

Sanitätsamt der Bundeswehr

53225 Bonn, Platanenweg 29; Tel (02 28) 46 00 61

Akademie des Sanitäts- und Gesundheitswesens der Bundeswehr

80937 München, Neuherbergstr 11; Tel (0 89) 3 18 50 70; Fax (0 89) 35 03

Zentrale Sanitätsdienststellen der Bundeswehr

- 10 Bundeswehrkrankenhäuser in Koblenz, Hamburg, Ulm, Berlin, Gießen, Amberg, Hamm, Kiel, Bad Zwischenahn, Leipzig
- 4 Zentrale Institute in Koblenz, München, Kiel, Berlin
- 1 Institut für Wehrmedizinalstatistik und Berichtswesen in Remagen
- 1 Bundeswehrsanitätszentrum Bonn

Rüstung

Dem Bundesministerium der Verteidigung – Hauptabteilung Rüstung – untersteht als Bundesoberbehörde:

Bundesamt für Wehrtechnik und Beschaffung (BWB)

56073 Koblenz, Ferdinand-Sauerbruch-Str 1; Tel (02 61) 4 00-1; Fax (02 61) 4 00-76 30

Aufgabenkreis:
Dem Bundesamt für Wehrtechnik und Beschaffung (BWB) obliegen im Rahmen der unmittelbaren Deckung des Sachbedarfs der Streitkräfte die Vorhabenführung im Bereich der Forschung und Technologie, das Management bei der Entwicklung und Beschaffung von Rüstungsvorhaben, die Durchführung der technischen Entwicklung und der Erprobung von Wehrmaterial, die Fertigungsvorbereitung, die zentrale Beschaffung von Wehrmaterial, die Gütesicherung und Güteprüfung von Lieferungen und Leistungen, die Steuerung der dezentralen Beschaffung und die Instandsetzung von Schiffen der Bundesmarine sowie die Bereitstellung von Instandsetzungskapazitäten der Industrie. Das BWB ist die zentrale Ausbildungsstelle für den höheren, gehobenen und mittleren technischen Dienst der Bundeswehrverwaltung.

Dem BWB unterstellte Dienststellen:

- Marinearsenal mit 2 Arsenalbetrieben
- 7 Wehrtechnische Dienststellen
- 3 Wehrwissenschaftliche Dienststellen
- Deutsche Verbindungsstelle des Rüstungsbereiches USA/KANADA

mit:

Außenstelle Berlin
12639 Berlin, Oberspreestr 61 h; Tel (0 30) 6 35 24 21

Militärseelsorge

Die Militärseelsorge wird von hauptamtlichen evangelischen und katholischen Militärgeistlichen ausgeübt; deren zeitlich befristetes Rechtsverhältnis zum Staat ist auf beamtenrechtlicher Grundlage geregelt. In kirchlichen Angelegenheiten sind sie von staatlichen Weisungen unabhängig.
Die kirchliche Leitung der Militärseelsorge liegt in den Händen eines evangelischen und eines katholischen Militärbischofs. Sie sind Beauftragte der Kirchen und stehen in keinem Dienstverhältnis zum Staat.
Als zentrale Dienststellen für den Bereich Militärseelsorge sind das Evangelische Kirchenamt für die Bundeswehr und das Katholische Militärbischofsamt eingerichtet. Neben ihrem kirchlichen Auftrag obliegen beiden Ämtern als Bundesoberbehörden auch die staatlichen Verwaltungsaufgaben; insoweit sind sie dem Bundesminister der Verteidigung unmittelbar nachgeordnet.
Die Militärseelsorge ist vorwiegend territorial gegliedert (z B Wehrbereichsdekane, Standortpfarrer).
Für mindestens 1 500 evangelische oder katholische Soldaten ist ein Militärgeistlicher ihres Bekenntnisses vorgesehen. Die Militärgeistlichen sind den militärischen Dienststellen zur Zusammenarbeit zugeordnet. Sie stehen in keinem militärischen Vorgesetzten- oder Untergebenenverhältnis und haben keinen militärischen Rang. Sie kehren in der Regel

nach 8 Jahren in ihre Landeskirchen/Diözesen oder Orden zurück.
In besonderen Fällen kann die Militärseelsorge auch durch örtliche Geistliche nebenamtlich wahrgenommen werden.

Evangelischer Militärbischof
53113 Bonn, Fritz-Erler-Str 4; Tel (02 28) 22 80 60; Fax (02 28) 2 28 06 66
Bischof Dr Hartmut Löwe

Evangelisches Kirchenamt für die Bundeswehr
53115 Bonn, Argelanderstr 105; Tel (02 28) 9 47-0; Fax (02 28) 9 47-25 99

Katholischer Militärbischof, Bischof von Fulda
36037 Fulda, Michaelsberg 5; Tel (06 61) 8 72 11 und 8 73 47
Erzbischof Dr Dr Johannes Dyba

Katholisches Militärbischofsamt
53113 Bonn, Adenauer-Allee 115; Tel (02 28) 91 21-0; Fax (02 28) 91 21-1 05

Wehrbereich I
Evangelischer Wehrbereichsdekan I; Tel (04 31) 3 84-69 65; Fax (04 31) 3 84-69 69
Katholischer Wehrbereichsdekan I: Tel (04 31) 3 84-69 70
24106 Kiel, Parkstr 2; Tel (04 31) 3 84-0; Fax (04 31) 3 84-69 74

Wehrbereich II
Evangelischer Wehrbereichsdekan II; Tel (05 11) 2 84-15 10; Fax (05 11) 2 84-15 19
Katholischer Wehrbereichsdekan II; Tel (05 11) 2 84-15 20; Fax (05 11) 2 84-15 29
30173 Hannover, Hans-Böckler-Allee 18; Tel (05 11) 2 84-0

Wehrbereich III
Evangelischer Wehrbereichsdekan III; Tel (02 11) 6 19-22 81; Fax (02 11) 6 19-23 82
Katholischer Wehrbereichsdekan III; Tel (02 11) 6 19-22 97; Fax (02 11) 6 19-21 37
40470 Düsseldorf, Lenaustr 29; Tel (02 11) 6 19-1

Wehrbereich IV
Evangelischer Wehrbereichsdekan IV; Tel (0 61 31) 56-20 30; Fax (0 61 31) 56-20 39
Katholischer Wehrbereichsdekan IV; Tel (0 61 31) 56-20 40; Fax (0 61 31) 56-20 49
55131 Mainz, GFZ-Kaserne, Freiligrathstr 6; Tel (0 61 31) 56-1

Wehrbereich V
Evangelischer Wehrbereichsdekan V
70374 Stuttgart, Nürnberger Str 184; Tel (07 11) 5 21-1 und 5 21-4 26; Fax (07 11) 5 21-2 80
Katholischer Wehrbereichsdekan V
72488 Sigmaringen, Graf-Stauffenberg-Kaserne, Binger Str 28; Tel (0 75 71) 76-0 und 76-10 80; Fax (0 75 71) 76-10 88

Wehrbereich VI
Evangelischer Wehrbereichsdekan VI; Tel (0 89) 31 68-27 18; Fax (0 89) 31 68-25 98
Katholischer Wehrbereichsdekan VI; Tel (0 89) 31 68-27 61; Fax (0 89) 31 68-32 57
80939 München, Heidemannstr 50; Tel (0 89) 31 68-1

Wehrbereich VII
Katholischer Wehrbereichsdekan VII
14542 Geltow; Tel (0 33 27) 50-22 50; Fax (0 33 27) 25 26

Bereich See
Evangelischer Dekan beim Flottenkommando; Tel (0 46 31) 6 66-3 47; Fax (0 46 31) 3 47-6 63
Katholischer Dekan beim Flottenkommando; Tel (0 46 31) 6 66-3 46; Fax (0 46 31) 3 46-7 55
24956 Glücksburg, Postfach 11 63, Flottenkommando; Tel (0 46 31) 6 66-0

Truppendienstgerichte

Truppendienstgericht Nord

48145 Münster, Hohenzollernring 40; Tel (02 51) 9 36-0; Fax (02 51) 9 36-24 55

Zuständigkeitsbereich:
Truppenteile und Dienststellen
- des I. Korps,
- des Korps und der Territorialkommandos Ost mit Ausnahme des Bereichs Division und Wehrbereichskommando VII,
- des Flottenkommandos,
- sonstige Truppen und Dienststellen der 3. und 4. Luftwaffendivision sowie
- im Wehrbereich I, II, III und VIII

Truppendienstkammern

1. Kammer Münster
48145 Münster, Hohenzollernring 40

2. Kammer Münster
48145 Münster, Hohenzollernring 40

3. Kammer Hannover
30175 Hannover, Bristoler Str 8

4. Kammer Potsdam
14469 Potsdam, Alleestr 6 a

6. Kammer Neumünster
24537 Neumünster, Justus-von-Liebig-Str 8-10

7. Kammer Neumünster
24537 Neumünster, Justus- von-Liebig-Str 8-10

8. Kammer Oldenburg
26135 Oldenburg, Bremer Str 69 a

9. Kammer Hamburg
20149 Hamburg, Mittelweg 110

10. Kammer Hamburg
20149 Hamburg, Mittelweg 110

11. Kammer Hannover
30175 Hannover, Bristolerstr 8

12. Kammer Münster
48145 Münster, Hohenzollernring 40

Truppendienstgericht Süd

89077 Ulm, Zinglerstr 70; Tel (07 31) 1 69-1; Fax (07 31) 1 69-73 14

Zuständigkeitsbereich: Truppenteile und Dienststellen
– des II. Korps
– des Bereichs Division und Wehrbereichskommando VII
– der 1. und 2. Luftwaffendivision sowie für
– sonstige Truppen und Dienststellen im Wehrbereich IV, V, VI und VII
– für Soldaten im Ausland

Truppendienstkammern

1. Kammer Kassel
34121 Kassel, Rubensstr 10

2. Kammer Koblenz
56068 Koblenz, Bismarckstr 6 a

3. Kammer Koblenz
56068 Koblenz, Kaiserin-Augusta-Anlagen 12

5. Kammer Karlsruhe
76137 Karlsruhe, Kantstr 1 a

6. Kammer Karlsruhe
76137 Karlsruhe, Kantstr 1 a

7. Kammer Regensburg
90053 Regensburg, Bajuwarenstr 1, Geb 14

8. Kammer Ulm
89077 Ulm, Zinglerstr 70

9. Kammer München
80637 München, Dachauer Str 128, Haus 18

10. Kammer München
80637 München, Dachauer Str 128, Haus 18

Der Bundeswehrdisziplinaranwalt beim Bundesverwaltungsgericht

80797 München, Schwere-Reiter-Str 37; Tel (0 89) 30 69-1; Fax (0 89) 30 69-27 66

Staatsrechtliche Grundlage und Aufgabenkreis:
Gesetzliche Grundlage für die Errichtung des Amtes ist die Wehrdisziplinarordnung (WDO) i d F der Bekanntmachung vom 4. September 1972 (BGBl I S 1665), zuletzt geändert durch das Gesetz zur Änderung wehrpflichtiger, soldatenrechtlicher, beamtenrechtlicher und anderer Vorschriften vom 24. Juli 1995 (BGBl I S 962).

Der Bundeswehrdisziplinaranwalt gehört zum Geschäftsbereich des Bundesministers der Verteidigung.
Der Bundeswehrdisziplinaranwalt ist als Behörde der Rechtspflege bei dem Bundesverwaltungsgericht errichtet. In disziplinargerichtlichen Verfahren vertritt er den Bundesminister der Verteidigung und die anderen Einleitungsbehörden, in Antragsverfahren nach der Wehrbeschwerdeordnung vertritt er den Bundesminister der Verteidigung und die Inspekteure vor diesem Gericht. Er übt die Dienstaufsicht über die Wehrdisziplinaranwälte aus.

Bundeswehrdisziplinaranwalt: Peter Wolf

Der Dienstaufsicht des Bundeswehrdisziplinaranwalts unterstehen:

Wehrdisziplinaranwälte

Staatsrechtliche Grundlage und Aufgabenkreis:
Gesetzliche Grundlage für die Bestellung von Wehrdisziplinaranwälten ist die Wehrdisziplinarordnung i d F der Bekanntmachung vom 4. September 1972 (BGBl I S 1665), zuletzt geändert durch das Gesetz zur Änderung wehrpflichtiger, soldatenrechtlicher, beamtenrechtlicher und anderer Vorschriften vom 24. Juli 1995 (BGBl I S 962).
Die Wehrdisziplinaranwälte gehören zum Geschäftsbereich des Bundesministers der Verteidigung.
Die Wehrdisziplinaranwälte bei den Truppendienstgerichten vertreten den Bundesminister der Verteidigung und die nachgeordneten Einleitungsbehörden im disziplinargerichtlichen Verfahren; sie sind Ermittlungs-, Anschuldigungs- und Vollstreckungsbehörde sowie Gnadenstelle.
Im Hauptamt sind die Wehrdisziplinaranwälte Rechtsberater bei der Truppe.

Bundeswehrverwaltung

Die Wehrverwaltung als bundeseigene Verwaltung mit eigenem Verwaltungsunterbau dient den Aufgaben des Personalwesens und der unmittelbaren Deckung des Sachbedarfs der Streitkräfte (Art 87 b Abs 1 GG), ferner sind ihr die Aufgaben des Wehrersatzwesens mit Ausnahme der Erfassung übertragen (Art 87 b Abs 2 GG, § 14 Abs 1 Wehrpflichtgesetz).
Die der Wehrverwaltung des Bundes zugeordneten Aufgaben werden wahrgenommen
– Im Bereich der Territorialen Wehrverwaltung von den Ober-, Mittel- und Ortsbehörden,
– im Bereich der Wehrtechnik und Beschaffung vom Bundesamt für Wehrtechnik und Beschaffung mit den nachgeordneten Dienststellen
– im Bereich der Streitkräfte von Abteilungen Verwaltung, Truppenverwaltungen und Bundeswehrkrankenhäuser, die Bestandteile der Kommandobehörden, Truppenteile usw sind.

Territoriale Wehrverwaltung

Der Territorialen Wehrverwaltung stehen für die Wahrnehmung der ihr zugeordneten Aufgaben zur Verfügung:

Bundesamt für Wehrverwaltung (BAWV)

– Bundesoberbehörde –

53129 Bonn, Bonner Talweg 177; Tel (02 28) 9 47-0; Fax (02 28) 9 47-21 01

Bundeswehrverwaltungsstellen im Ausland

Aufgabenkreis:
Aufgaben der mittleren und unteren Verwaltungsebene

Belgien
NMR Germany bei SHAPE
B-7010 SHAPE – Belgien; Tel (00 32 65) 65 44-49 69; Fax (00 32 65) 65 44-51 49

Frankreich
F-77309 Fontainebleau; 23. Rue des Archives; Tel (00 33) 1-6 47 04-3 60; Fax (00 33) 1-6 47 04-3 78

Großbritannien
RAF Cottesmore/Oakham, 45/47 Heythrop Road; Leics LE 15/7 BL; Tel (00 44) 15 72-8 12-9 13 oder 2 41; Fax (00 44) 15 72-8 12-3 29

USA/Kanada
11150 Sunrise Valley Drive, Reston, VA 22091; Tel (0 01) 7 03-7 15-81 00 oder 82 50; Fax (0 01) 7 03-7 15-82 38

Italien
I-09033 Decimomannu/CA, FAT Aeroporto Militare; Tel (00 39) 70-9 66-26 00; Fax (00 39) 70-9 66-22 19

Niederlande
NL-6000 AZ Weert, Postbus 984; Tel (00 31) 49 59-8-8 00; Fax (00 31) 49 59-8-7 13

Kleiderkasse für die Bundeswehr

56073 Koblenz, Franz-Weis-Str 6; Tel (02 61) 40 41 40; Fax (02 61) 4 04 94 60

Aufgabenkreis:
Betrieb gemäß § 26 Bundeshaushaltsordnung

Wehrbereichsverwaltungen

– Bundesmittelbehörden –

Den Wehrbereichsverwaltungen sind als Ortsbehörden folgende Behörden/Dienststellen nachgeordnet:

Kreiswehrersatzämter
Standortverwaltungen
Wehrbereichsbekleidungsämter
Verpflegungsämter
Wehrbereichsgebührnisämter
Bundeswehrfachschulen

Wehrbereichsverwaltung I

24106 Kiel, Feldstr 234; Tel (04 31) 3 84-0; Fax (04 31) 3 84-54 54

Amtsbezirk: Die Länder Schleswig-Holstein und Freie und Hansestadt Hamburg
Zuständig für: Die Amtsbereiche der Kreiswehrersatzämter Bad Oldesloe, Hamburg, Itzehoe, Kiel und Schleswig

Kammern für Kriegsdienstverweigerer
bei der Wehrbereichsverwaltung I, Kiel
Zuständig für: Die Amtsbereiche der Kreiswehrersatzämter Bad Oldesloe, Itzehoe, Kiel, Hamburg und Schleswig

Kreiswehrersatzämter

23843 **Bad Oldesloe**, Berliner Ring 13-15; Tel (0 45 31) 8 40 03; Fax (0 45 31) 88 50 43

20149 **Hamburg**, Sophienterrasse 1 a; Tel (0 40) 41 50; Fax (0 40) 41 56 88

25524 **Itzehoe**, Langer Peter 29; Tel (0 48 21) 9 03-0; Fax (0 48 21) 9 03-3 18

24103 **Kiel**, Küterstr 8-12; Tel (04 31) 3 84-0; Fax (04 31) 3 84-78 03

24837 **Schleswig**, Moltkestr 36-38; Tel (0 46 21) 82-1; Fax (0 46 21) 98 87 45

Standortverwaltungen

Wehrbereich I

24340 **Eckernförde**, Kieler Str 78; Tel (0 43 51) 50 58; Fax (0 43 51) 20 41

24939 **Flensburg**, Meiereistr 4; Tel (04 61) 4 81 34; Fax (04 61) 47 04 33

20149 **Hamburg**, Sophienterrasse 14; Tel (0 40) 41 50; Fax (0 40) 41 50-5 39

25746 **Heide**, Waibelstr 1; Tel (04 81) 9 00-0; Fax (04 81) 9 00-2 53

25813 **Husum**, Industriestr 15; Tel (0 48 41) 70 51; Fax (0 48 41) 70 51-4 62

25524 **Itzehoe,** Langer Peter 29; Tel (0 48 21) 9 03-0; Fax (0 48 21) 9 03-2 22

24106 **Kiel,** Warnemünder Str 22; Tel (04 31) 3 84-0; Fax (04 31) 3 84-58 05

25917 **Leck,** Klixbüller-Chaussee 21; Tel (0 46 62) 9 21-0; Fax (0 46 62) 6 15

24537 **Neumünster,** Memellandstr 15; Tel (0 43 21) 9 16-0; Fax (0 43 21) 9 16-2 34

23730 **Neustadt,** Wieksbergstr 16; Tel (0 45 61) 60 54; Fax (0 45 61) 1 78 54

25421 **Pinneberg,** Eggerstedter Str 1; Tel (0 41 01) 6 02-8; Fax (0 41 01) 6 02-4 12

24306 **Plön,** Stadtheide 10-11; Tel (0 45 22) 90 71-6; Fax (0 45 22) 90 71-2 19

24768 **Rendsburg,** Kaiserstr 9-19; Tel (0 43 31) 52 61; Fax (0 43 31) 2 16 36

24837 **Schleswig,** Moltkestr 22-26; Tel (0 46 21) 8 21-0; Fax (0 46 21) 98 89 92

24963 **Tarp,** Wiekier Acker 1; Tel (0 46 38) 87-0; Fax (0 46 38) 87-19 14

Wehrbereichsbekleidungsamt I
24768 **Rendsburg,** Alte Kieler Landstr 95; Tel (0 43 31) 52 61; Fax (0 43 31) 2 16 36

Bundeswehrfachschulen

24944 **Flensburg,** Foerdestr 18; Tel (04 61) 3 17-0; Fax (04 61) 3 17-25 74

22589 **Hamburg,** Osdorfer Landstr 365; Tel (0 40) 86 67-0; Fax (0 40) 86 67-39 43

24106 **Kiel,** Herthastr 7/9; Tel (04 31) 3 84-0; Fax (04 31) 3 84-51 79

Wehrbereichsverwaltung II

30173 **Hannover,** Hans-Böckler-Allee 16; Tel (05 11) 28 40; Fax (05 11) 2 84-43 80

Amtsbezirk: Die Länder Niedersachsen und Freie Hansestadt Bremen
Der Wehrbereichsverwaltung II unterstehen unmittelbar die Kreiswehrersatzämter Braunschweig, Bremen, Göttingen, Hannover, Lüneburg, Nienburg, Stade, Aurich, Meppen und Oldenburg

Kammer für Kriegsdienstverweigerer
bei der Wehrbereichsverwaltung II, Hannover
Zuständig für: Die Amtsbereiche der Kreiswehrersatzämter Braunschweig, Göttingen, Hameln, Hannover, Goslar, Bremen, Nienburg, Lüneburg und Stade

Kreiswehrersatzämter

26603 **Aurich,** Skagerrakstr 12; Tel (0 49 41) 41 01; Fax (0 49 41) 1 83 57

38104 **Braunschweig,** Grünewaldstr 12; Tel (05 31) 2 71 50; Fax (05 31) 27 15-7 77

28195 **Bremen,** Falkenstr 45; Tel (04 21) 1 42 52; Fax (04 21) 16 39-1 45

37085 **Göttingen,** Breslauer Str 2; Tel (05 51) 79 10 11; Fax (05 51) 5 07 46 80

30179 **Hannover,** Alter Flughafen 2; Tel (05 11) 6 79 81; Fax (05 11) 67 98-2 79

21337 **Lüneburg,** Meisterweg 75; Tel (0 41 31) 8 00; Fax (0 41 31) 80 75 00

49716 **Meppen,** Herzog-Ahrenberg Str 12; Tel (0 59 31) 30 31; Fax (0 59 31) 67 81

31582 **Nienburg,** Berliner Ring 98; Tel (0 50 21) 6 60 51; Fax (0 50 21) 6 51 38

26135 **Oldenburg,** Bremer Str 71; Tel (04 41) 92 90; Fax (04 41) 9 29-22 93

21680 **Stade,** Albert-Schweitzer-Str 16; Tel (0 41 41) 52 20; Fax (0 41 41) 52 21 66

Standortverwaltungen

Wehrbereich II

29303 **Bergen-Lohheide,** Tel (0 50 51) 80 21-2; Fax (0 50 51) 80 21-5 44

28195 **Bremen,** Falkenstr 45; Tel (04 21) 1 42 52; Fax (04 21) 17 15 86

31675 **Bückeburg,** Petzer Str 47; Tel (0 57 22) 50 87; Fax (0 57 22) 2 76 88

29221 **Celle,** Alte Grenze 7; Tel (0 51 41) 97 00; Fax (0 51 41) 9 70-5 02

27478 **Cuxhaven,** Heinrich-Wilhelm-Kopf-Kaserne; Tel (0 47 21) 30 12; Fax (0 47 21) 71 82 51

27753 **Delmenhorst,** Brauenkamper Str 76 B; Tel (0 42 21) 80 41; Fax (0 42 21) 8 77 33

49356 **Diepholz,** Bahnhofstr 31/32; Tel (0 54 41) 30 91; Fax (0 54 41) 78 09

29328 **Faßberg,** Fliegerhorst; Tel (0 50 55) 50 21-5; Fax (0 50 55) 50 21-73 87

38644 **Goslar,** Marienburger Str 100; Tel (0 53 21) 8 00 81

30179 **Hannover,** Alter Flughafen 2; Tel (05 11) 6 79 81; Fax (05 11) 67 98-5 88

37603 **Holzminden,** Dammstr 24; Tel (0 55 31) 50 55

26441 **Jever,** Rahrdumer Str 133; Tel (0 44 61) 18-0; Fax (0 44 61) 18-29 80

26789 Leer, Osseweg 31; Tel (04 91) 1 20 78; Fax (04 91) 1 32 56

49808 Lingen, Gelgöskenstiege 88; Tel (05 91) 40 61-68; Fax (05 91) 4 94 54

21337 Lüneburg, Rabensteinstr 1; Tel (0 41 31) 8 01; Fax (0 41 31) 80-22 80

29633 Munster, Emminger Weg 61; Tel (0 51 92) 1 21; Fax (0 51 92) 12-41 08

31582 Nienburg, Berliner Ring 98; Tel (0 50 21) 6 60 51; Fax (0 50 21) 6 48 94

26135 Oldenburg, Bremer Str 69; Tel (04 41) 92 90; Fax (04 41) 9 29-25 35

27356 Rotenburg, Zevener Str 142; Tel (0 42 61) 18 80; Fax (0 42 61) 24 76

28790 Schwanewede, An der Kaserne 42; Tel (0 42 09) 9 20; Fax (0 42 09) 92-27 18

27404 Seedorf, Twistenberg 119; Tel (0 42 81) 7 51-0; Fax (0 42 81) 7 51-28 09

29392 Wesendorf, Moeldersstr 100; Tel (0 53 76) 10 01; Fax (0 53 76) 10 04-4 82

26382 Wilhelmshaven, Rheinstr 53; Tel (0 44 21) 49-1; Fax (0 44 21) 49-33 77

31515 Wunstorf, Am Dänenberg 2; Tel (0 50 31) 40 51; Fax (0 50 31) 40 51-26 47

Wehrbereichsbekleidungsamt II
49733 Haren, Eichenstr 53; Tel (0 59 32) 20 61-63

Verpflegungsamt Nord
26135 Oldenburg, Gasweg 1; Tel (04 41) 9 29-0; Fax (04 41) 9 29-22 89

Bundeswehrfachschulen

28201 Bremen, Niedersachsendamm 67-69; Tel (04 21) 87 00 66; Fax (04 21) 87 50 13

30657 Hannover, Langenforther Str 1; Tel (05 11) 90 30; Fax (05 11) 9 03-46 36

26135 Oldenburg, Ulmenstr 10; Tel (04 41) 3 60-1; Fax (04 41) 3 60-27 14

Wehrbereichsverwaltung III

40470 Düsseldorf, Wilhelm-Raabe-Str 46; Tel (02 11) 9 59-0; Fax (02 11) 9 59-21 87

Amtsbezirk: Land Nordrhein-Westfalen
Der Wehrbereichsverwaltung III, Düsseldorf, unterstehen unmittelbar die Kreiswehrersatzämter Bonn, Düsseldorf, Essen, Jülich, Köln, Mönchengladbach, Solingen, Wesel, Arnsberg, Detmold, Dortmund, Herford, Münster, Recklinghausen, Siegen

Kammer für Kriegsdienstverweigerer
bei der Wehrbereichsverwaltung III, Düsseldorf
Zuständig für: Amtsbereich der Kreiswehrersatzämter des Landes Nordrhein-Westfalen

Kreiswehrersatzämter

59821 Arnsberg, Hansastr 19; Tel (0 29 31) 8 97-0; Fax (0 29 31) 8 97-3 49

53227 Bonn, Königswinterer Str 556; Tel (02 28) 9 47-0; Fax (02 28) 9 47-12 17

32756 Detmold, Hornsche Str 39; Tel (0 52 31) 7 64-0; Fax (0 52 31) 37 09 53

44135 Dortmund, Johannisborn 2-4; Tel (02 31) 52 88 61 bis 52 88 64; Fax (02 31) 52 23 24

40470 Düsseldorf, Moersenbroicher Weg 150; Tel (02 11) 9 59-1; Fax (02 11) 9 59-27 89

45127 Essen, Kapuziner Gasse 8; Tel (02 01) 28 60 84; Fax (02 01) 23 43 46

32051 Herford, Wittekindstr 7; Tel (0 52 21) 5 96-1; Fax (0 52 21) 5 16 26

52428 Jülich, Neusser Str 46-48; Tel (0 24 61) 70 95 bis 70 99; Fax (0 24 61) 3 10 11

50968 Köln, Brühler Str 309; Tel (02 21) 93 71-1; Fax (02 21) 93 71-44 31

41065 Mönchengladbach, Hofstr 54; Tel (0 21 61) 1 85-0; Fax (0 21 61) 18 51 08

48155 Münster, Nieberdingstr 18; Tel (02 51) 6 04 81 bis 6 04 85; Fax (02 51) 66 27 52

45657 Recklinghausen, Elper Weg 16-18; Tel (0 23 61) 2 60 13; Fax (0 23 61) 10 95 21

57072 Siegen, Friedrichstr 13-15; Tel (02 71) 50 12-0; Fax (02 71) 50 12 48

42651 Solingen, Schwertstr 20; Tel (0 21 22) 97 36-0; Fax (0 21 22) 97 36-99

46483 Wesel, Kreuzstr 50; Tel (02 81) 6 10 31; Fax (02 81) 1 40 68

Standortverwaltungen

Wehrbereich III

52078 Aachen, Trierer Str 445; Tel (02 41) 5 61-1; Fax (02 41) 5 61-3 49

32832 Augustdorf, Lopshornerweg 49; Tel (0 52 37) 91-1; Fax (0 52 37) 91-27 18

53121 Bonn, Euskirchner Str 80; Tel (02 28) 61 20 77; Fax (02 28) 61 21 99

48249 Dülmen, Schloßstr 8; Tel (0 25 94) 29 52 und 29 53; Fax (0 25 94) 8 84 41

52351 Düren, Friedrichstr 16; Tel (0 24 21) 9 58 16-0; Fax (0 24 21) 9 58 16 73

40470 Düsseldorf, Mörsenbroicher Weg 150; Tel (02 11) 9 59-0; Fax (02 11) 9 59-26 03

47574 Goch, Pfalzdorfer Str 79; Tel (0 28 23) 50 91; Fax (0 28 23) 36 28

59558 Lippstadt, Mastholter Str 130; Tel (0 29 41) 9 57-0; Fax (0 29 41) 8 24 41

48157 Münster, Edelbach 51; Tel (02 51) 5 06-1; Fax (02 51) 2 41 56

48432 Rheine, Mittelstr 7; Tel (0 59 71) 40 21; Fax (0 59 71) 5 23 84

57072 Siegen, Tiergartenstr 58; Tel (02 71) 5 70 37-9; Fax (02 71) 2 46 50

59425 Unna, Kamener Str 110; Tel (0 23 03) 67 04-0; Fax (0 23 03) 67 04-1 29

51140 Köln, Fliegerhorst, Postfach 902 500/509; Tel (0 22 03) 60 21; Fax (0 22 03) 6 02-23 45

42369 Wuppertal, Parkstr 91; Tel (02 02) 5 86-1; Fax (02 02) 5 86-4 97 und 5 35

Wehrbereichsbekleidungsamt III
47877 Willich, Krefelder Str 203; Tel (0 21 54) 9 47-4; Fax (0 21 54) 9 47-2 42

Bundeswehrfachschulen

50968 Köln, Kardorfer Str 1; Tel (02 21) 93 71-0

48157 Münster, Hoher Heckenweg 282; Tel (02 51) 5 06-1; Fax (02 51) 42 12

Wehrbereichsverwaltung IV

65189 Wiesbaden, Moltkering 9; Tel (06 11) 7 99-0; Fax (06 11) 7 99-20 59

Amtsbezirk: Länder Hessen, Rheinland-Pfalz und Saarland
Der Wehrbereichsverwaltung IV, Wiesbaden, unterstehen unmittelbar die Kreiswehrersatzämter Darmstadt, Wetzlar, Wiesbaden, Kaiserslautern, Kassel, Koblenz, Mainz, Saarlouis, Trier, Gelnhausen, Gelnhausen-Außenstelle Fulda

Kammer für Kriegsdienstverweigerer
bei der Wehrbereichsverwaltung IV, Wiesbaden
Zuständig für: Amtsbereich der Kreiswehrersatzämter Darmstadt, Gelnhausen, Gelnhausen-Außenstelle Fulda, Kaiserslautern, Kassel, Koblenz, Mainz, Saarlouis, Trier, Wetzlar und Wiesbaden

Kreiswehrersatzämter

64293 Darmstadt, Michaelisstr 35; Tel (0 61 51) 9 05-0; Fax (0 61 51) 9 05-10 56

35578 Wetzlar, Frankfurter Str 69; Tel (0 64 41) 9 41-0; Fax (0 64 41) 9 41-25 05

67657 Kaiserslautern, Am Vogelgesang 22; Tel (06 31) 84 02-0; Fax (06 31) 84 02-2 34

34121 Kassel, Ludwig-Mond-Str 41; Tel (05 61) 3 19-1; Fax (05 61) 3 19-31 14

56076 Koblenz, Ellingsohl 69-75; Tel (02 61) 7 80-1; Fax (02 61) 7 71 44

55124 Mainz, Kapellenstr 7; Tel (0 61 31) 56-1; Fax (0 61 31) 56-97 09

66740 Saarlouis, Wallerfangerstr 31; Tel (0 68 31) 17 21; Fax (0 68 31) 1 72-5 02 oder 5 97

54294 Trier, Eurener Str 54; Tel (06 51) 8 19-1; Fax (06 51) 8 19-7 89

65189 Wiesbaden, Moltkering 9; Tel (06 11) 7 99-0; Fax (06 11) 7 99-26 20

63571 Gelnhausen, Frankfurter Str, Coleman-Kaserne; Tel (0 60 51) 4 83-0; Fax (0 60 51) 4 83-2 02

Standortverwaltungen

Wehrbereich IV

34454 Bad Arolsen, Hagenstr 9; Tel (0 56 91) 60 21; Fax (0 56 91) 9 17 74

64293 Darmstadt, Kasinostr 37; Tel (0 61 51) 9 05-0; Fax (0 61 51) 9 05-19 54

65582 Diez, Sophie-Hedwig-Str 11; Tel (0 64 32) 30 51-58; Fax (0 64 32) 30 51-4 14

76726 Germersheim, Weißenburger Tor; Tel (0 72 74) 55-0; Fax (0 72 74) 55-53 42

54568 Gerolstein, Rader Str 11; Tel (0 65 91) 1 01; Fax (0 65 91) 1 07 19

37235 Hessisch Lichtenau, Leipziger Str 101; Tel (0 56 02) 40 11-14; Fax (0 56 02) 40 11-4 50

34576 Homberg, Waßmuthhäuser Str 43; Tel (0 56 81) 9 97-0; Fax (0 56 81) 9 97-5 59

55743 Idar-Oberstein, Am Rilchenberg 61; Tel (0 67 81) 2 50 21; Fax (0 67 81) 9 00-1 49

56288 Kastellaun, Bahnhofstr 15; Tel (0 67 62) 1 21; Fax (0 67 62) 12-5 02

56076 Koblenz, Ellingsohl 69-75; Tel (02 61) 7 80-1; Fax (02 61) 7 80-52 53

55118 Mainz, Rheinallee 111; Tel (0 61 31) 56-1; Fax (0 61 31) 56-91 09

56727 Mayen, Holler Pfad 6; Tel (0 26 51) 8 21; Fax (0 26 51) 82-7 39

66740 Saarlouis, Wallerfanger Str 31; Tel (0 68 31) 1 72-1; Fax (0 68 31) 1 72-4 53

55618 Simmertal, Binger Landstr 7; Tel (0 67 54) 9 60-3 01; Fax (0 67 54) 9 60 30

66606 St Wendel, Harschberg; Tel (0 68 51) 8 99-1; Fax (0 68 51) 8 20 42

35260 Stadtallendorf, Am WASAG-Bahnhof 4; Tel (0 64 28) 30 61; Fax (0 64 28) 30 61-7 89

54292 Trier, Zurmaiener Str 106; Tel (06 51) 8 19-1; Fax (06 51) 8 19-6 18

56766 Ulmen, Meisericher Str; Tel (0 26 76) 9 31-0; Fax (0 26 76) 9 31-1 21

56457 Westerburg, Langenhahner Str 23; Tel (0 26 63) 30 91-2; Fax (0 26 63) 26 23

66482 Zweibrücken, 22er Straße 25; Tel (0 63 32) 4 30 51; Fax (0 63 32) 4 11 21

Wehrbereichsbekleidungsamt IV
66620 Nonnweiler, Eiweiler Straße; Tel (0 68 73) 17 45; Fax (0 68 73) 17 45

Wehrbereichsverpflegungsamt West
56112 Lahnstein, Didierstr 15; Tel (02 61) 78 01; Fax (02 61) 7 80-43 80

Bundeswehrfachschulen

35338 Gießen, An der Kaserne 8, Bergkaserne; Tel (06 41) 9 41-0; Fax (06 41) 9 41-21 84

34131 Kassel, Eugen-Richter-Str 5; Tel (05 61) 3 19-1; Fax (05 61) 3 19-21 94

56068 Koblenz, Kurfürstenstr 63; Tel (02 61) 3 07-0; Fax (02 61) 3 07-28 88

55122 Mainz, Wallstr 43; Tel (0 61 31) 5 61; Fax (0 61 31) 56-95 29

Wehrbereichsverwaltung V

70191 Stuttgart, Löwentorzentrum Heilbronner Str 186; Tel (07 11) 2 54-1; Fax (07 11) 2 54-21 88

Amtsbezirk: Land Baden-Württemberg
Der Wehrbereichsverwaltung V, Stuttgart, unterstehen unmittelbar die Kreiswehrersatzämter Donaueschingen, Freiburg, Heilbronn, Karlsruhe, Mannheim, Offenburg, Ravensburg, Schwäbisch-Gmünd, Stuttgart und Ulm

Kammern für Kriegsdienstverweigerer
bei der Wehrbereichsverwaltung V, Stuttgart
Zuständig für: Die Amtsbereiche der Kreiswehrersatzämter Heilbronn, Karlsruhe, Mannheim, Offenburg, Ravensburg, Ulm, Schwäbisch-Gmünd, Donaueschingen, Freiburg und Stuttgart

Kreiswehrersatzämter

78166 Donaueschingen, Irmastr 1; Tel (07 71) 10 85; Fax (07 71) 20 35

79104 Freiburg, Stefan-Meier-Str 72; Tel (07 61) 31 94-0; Fax (07 61) 31 94-2 29

74074 Heilbronn, Bismarckstr 50; Tel (0 71 31) 17 80 61; Fax (0 71 31) 95 35 75

76131 Karlsruhe, Rintheimer Querallee 41; Tel (07 21) 96 76-0; Fax (07 21) 96 76-2 10

68239 Mannheim, Badener Platz 4; Tel (06 21) 4 89 11; Fax (06 21) 4 84 22 97

88212 Ravensburg, Schützenstr 31; Tel (07 51) 5 06-0; Fax (07 51) 5 06-15 09

73525 Schwäbisch Gmünd, Bismarckstr 22; Tel (0 71 71) 9 14-0; Fax (0 71 71) 9 14-1 14

70191 Stuttgart, Heilbronner Str 188; Tel (07 11) 2 54-1; Fax (07 11) 2 54-27 04

89077 Ulm, Westerlingerstr 13; Tel (07 31) 1 69-1; Fax (07 31) 1 69-71 92

Standortverwaltungen

Wehrbereich V

76646 Bruchsal, Karlsruher Str 25; Tel (0 72 51) 1 20 51; Fax (0 72 51) 1 20 51-5 33

75365 Calw, Graf-Zeppelin-Str 33; Tel (0 70 51) 7 91-0; Fax (0 70 51) 7 91-7 18

73479 Ellwangen, Karl-Stirner-Str 24; Tel (0 79 61) 20 01; Fax (0 79 61) 5 27 21

79115 Freiburg, Schopfheimer Str 4; Tel (07 61) 4 20 66; Fax (07 61) 42 06-82 16

78194 Immendingen, Schwarzwaldstr 51; Tel (0 74 62) 60 41; Fax (0 74 62) 81 01

76135 Karlsruhe, Kriegsstr 200/202; Tel (07 21) 84 40 11; Fax (07 21) 84 40 11-4 07

97900 Külsheim, Zum Läger 5; Tel (0 93 45) 6 74-0; Fax (0 93 45) 6 74-4 09

72525 Münsingen, Hauptstr 305; Tel (0 73 81) 66 30; Fax (0 73 81) 66 33

72488 Sigmaringen, Graf-Stauffenberg-Str; Tel (0 75 71) 76-0; Fax (0 75 71) 76-30 08

72510 Stetten, Lager Heuberg; Tel (0 75 73) 8 44; Fax (0 75 73) 14 98

89077 Ulm, Westerlinger Str 15; Tel (07 31) 1 69-1; Fax (07 31) 1 69-72 50

74731 Walldürn, Waldstr 7; Tel (0 62 82) 9 57 98

Wehrbereichsbekleidungsamt V
76530 Baden-Baden, Mozartstr 10; Tel (0 72 21) 34 34; Fax (0 72 21) 34 35 51

Bundeswehrfachschulen

76131 Karlsruhe, Rintheimer Querallee 4; Tel (07 21) 6 03 01; Fax (07 21) 60 30-3 72

89081 Ulm, Stuttgarter Str 199; Tel (07 31) 1 69-1; Fax (07 31) 1 69-25 57

Wehrbereichsverwaltung VI

80637 München, Dachauer Str 128; Tel (0 89) 12 49-1; Fax (0 89) 12 49-22 09

Amtsbezirk: Freistaat Bayern
Der Wehrbereichsverwaltung VI, München, unterstehen unmittelbar die Kreiswehrersatzämter Augsburg, Kempten, München, Traunstein, Weilheim, Bamberg, Nürnberg, Bayreuth, Deggendorf, Regensburg, Weiden, Würzburg und Ingolstadt

Kammer für Kriegsdienstverweigerer
bei der Wehrbereichsverwaltung VI, München
Zuständig für: Die Amtsbereiche der Kreiswehrersatzämter Augsburg, Bayreuth, Kempten, Nürnberg, Regensburg, Traunstein, Weiden, Würzburg, Ingolstadt, Bamberg, Deggendorf, München und Weilheim

Kreiswehrersatzämter

86159 Augsburg, Von-der-Tann-Str 37; Tel (08 21) 57 70 01; Fax (08 21) 5 90 72 56

96030 Bamberg, Promenadestr 2 a; Tel (09 51) 3 20 28; Fax (09 51) 86 96-2 88

95448 Bayreuth, Hessenstr 2; Tel (09 21) 9 40 84-86; Fax (09 21) 94 08

94469 Deggendorf, Graflinger Str 83; Tel (09 91) 2 03-1; Fax (09 91) 20 32 69

85006 Ingolstadt, Esplanade 3; Tel (08 41) 30 02-0; Fax (08 31) 30 02-16

87437 Kempten, Hinterm Siechenbach 1; Tel (08 31) 1 30 31; Fax (08 31) 57 19-5 18

80637 München, Dachauer Str 128; Tel (0 89) 12 49-1; Fax (0 89) 12 49-32 93

90461 Nürnberg, Allersberger Str 190; Tel (09 11) 43 96-0; Fax (09 11) 43 96-2 19

93047 Regensburg, Bajuwarenstr 1; Tel (09 41) 20 05 47; Fax (09 41) 78 43-50 09

83278 Traunstein, Von-Ficht-Str 5; Tel (08 61) 70 98 74; Fax (08 61) 70 98-6 19

92637 Weiden, Dr-Pfleger-Str 36; Tel (09 61) 4 71 20; Fax (09 61) 4 71 22 67

82362 Weilheim, Stainhartstr 7; Tel (08 81) 6 89-1; Fax (08 81) 68 92 13

97084 Würzburg, Mergentheimer Str 180; Tel (09 31) 6 40 31; Fax (09 31) 6 27 22

Standortverwaltungen

Wehrbereich VI

92224 Amberg, Kümmersbrucker Str 1; Tel (0 96 21) 8 10 21; Fax (0 96 21) 7 33 10

83435 Bad Reichenhall, von-Martins-Str 7; Tel (0 86 51) 79-0; Fax (0 86 51) 6 94 31

94327 Bogen, Bayerwaldstr 26; Tel (0 94 22) 9 41; Fax (0 94 22) 63 68

96106 Ebern, Heubacher Str 11; Tel (0 95 31) 7 61; Fax (0 95 31) 7 61-4 23

85435 Erding, Landshuter Str 70; Tel (0 81 22) 17 81; Fax (0 81 22) 5 74 60

82242 Fürstenfeldbruck, Dr Fuchsberger-Str 233 A; Tel (0 81 41) 96 21; Fax (0 81 41) 6 34 51

97762 Hammelburg, Rommelstr 27; Tel (0 97 32) 81 11; Fax (0 97 32) 53 38-6 03

85049 Ingolstadt, Esplanade 27; Tel (08 41) 63 03; Fax (08 41) 63 03-94 33

87600 Kaufbeuren, Apfeltranger Str 15; Tel (0 83 41) 9 20; Fax (0 83 41) 92 41 13

86929 Penzing, Kauferinger Str; Tel (0 81 91) 20 21; Fax (0 81 91) 8 03 23

86836 Klosterlechfeld, Lechfeldkaserne, Haus 46; Tel (0 82 32) 20 11; Fax (0 82 32) 7 80 58

89340 Leipheim, Günzburger Str 72; Tel (0 82 21) 7 20 11; Fax (0 82 21) 7 20 72

87766 Memmingen, Werftring 2; Tel (0 83 31) 3 85

82481 Mittenwald, Tiefkarstr 14; Tel (0 88 23) 41 71 00; Fax (0 88 23) 46 16

80637 München, Dachauer Str 128; Tel (0 89) 12 49-1; Fax (0 89) 12 49-30 18

85579 Neubiberg, Universitätsstr 42; Tel (0 89) 6 00 41; Fax (0 89) 27 11

86633 Neuburg, Donauwörther Str B 82; Tel (0 84 31) 25 57 oder 25 58; Fax (0 84 31) 25 58-2 76

92526 Oberviechtach, Schönseerstr 65; Tel (0 96 71) 5 31-5 33; Fax (0 96 71) 5 31-12 04

94209 Regen, Bodenmaiser Str 46; Tel (0 99 21) 10 72; Fax (0 99 21) 84 29

93053 Regensburg, Unterislinger Weg 20; Tel (09 41) 78 31-0; Fax (09 41) 78 31-71 99

91147 Roth, Otto-Lilienthal-Kaserne; Tel (0 91 71) 83-1; Fax (0 91 71) 83-24 04

87527 Sonthofen, Im Tannach 1; Tel (0 83 21) 2 78; Fax (0 83 21) 2 78-7 66

97209 Veitshöchheim, Balthasar-Neumann-Kaserne; Tel (09 31) 97 07-6; Fax (09 31) 97 07-6 16

Wehrbereichsbekleidungsamt VI
80809 München, Schleißheimer Str 393; Tel (0 89) 3 51 60 21-29

Verpflegungsamt Süd
89231 Neu-Ulm, Finninger Str 1; Tel (07 31) 7 20 31 oder 7 20 32; Fax (07 31) 72 12 30

Bundeswehrfachschulen

92224 Amberg, Raiffeisen Str 7; Tel (0 96 21) 8 10 21; Fax (0 96 21) 8 10 21-2 53

80797 München, Infanteriestr 17; Tel (0 89) 30 69-1; Fax (0 89) 30 69-24 43

93047 Regensburg, Landshuter Str 17; Tel (09 41) 78 31-0; Fax (09 41) 78 31-46 09

97076 Würzburg, Nürnberger Str 51; Tel (09 31) 97 07-5 80; Fax (09 31) 97 07-5 85

Wehrbereichsverwaltung VII

15344 Strausberg, Prötzeler Chaussee; Tel (0 03 73) 58-0; Fax (0 03 73) 58-47 92

Amtsbezirk: Die Länder Berlin, Mecklenburg-Vorpommern, Brandenburg, Sachsen-Anhalt, Freistaat Sachsen und Freistaat Thüringen

Kammer für Kriegsdienstverweigerer bei der Wehrbereichsverwaltung VII in Strausberg ist
zuständig für: Die Amtsbereiche aller Kreiswehrersatzämter im Geschäftsbereich der WBV VII

Kreiswehrersatzämter

02625 Bautzen, Käthe-Kollwitz-Str 15; Tel (0 35 91) 60 70 66; Fax (0 35 91) 60 70 66-50

Berlin
12439 Berlin, Oberspreestr 61 H; Tel (0 30) 67 94-0; Fax (0 30) 67 94-25 22

09120 Chemnitz, Annaberger Str 115; Tel (03 71) 5 55 81; Fax (03 71) 5 55 81-3 12

03050 Cottbus, Hermann-Loens-Str 33; Tel (03 55) 4 92-0; Fax (03 55) 4 92-3 09

01219 Dresden, August-Bebel-Str 19; Tel (03 51) 46 54-0; Fax (03 51) 46 54-43 01

99096 Erfurt, Zeppelinstr 18; Tel (03 61) 3 91 61; Fax (03 61) 3 91 61-2 02

15236 Frankfurt (Oder), Kopernikusstr 76; Tel (03 35) 3 86; Fax (03 35) 3 86-32 01

07546 Gera, Tinzer Str 39; Tel (03 65) 6 97-0; Fax (03 65) 6 97-5 79

06114 Halle, Albert-Schweitzer-Str 40; Tel (03 45) 5 23 08 75; Fax (03 45) 5 23 08 75-48

04347 Leizpig, Wodanstr 19; Tel (03 41) 92 29-0; Fax (03 41) 92 29-3 25

39126 Magdeburg, August-Bebel-Damm 12; Tel (03 91) 50 30 60; Fax (03 91) 50 30 60-78

99974 Mühlhausen, Friedrich-Naumann-Str; Tel (0 73 35) 44 47 06; Fax (0 73 35) 44 47 06-4 08

17033 Neubrandenburg, Weg am Hang 31; Tel (03 95) 3 72-0; Fax (03 95) 3 72-33 18

16816 Neuruppin, Rosa-Luxemburg-Str 26 c; Tel (0 33 91) 29 69; Fax (0 33 91) 29 69-3 48

14467 Potsdam, Berliner Str 27; Tel (03 31) 23 25-0; Fax (03 31) 23 25-3 01

18057 Rostock, Kopernikusstr 1 B; Tel (03 81) 3 77 41; Fax (03 81) 3 77 41-31 66

19061 Schwerin, Schloßgartenallee 66; Tel (03 85) 30 51-0; Fax (03 85) 30 51-1 08

39576 Stendal, Gardelegener Str 120; Tel (0 39 31) 21 70 13; Fax (0 39 31) 21 70 13-15

98528 Suhl, Zellaer Str 152; Tel (0 36 81) 4 43-0; Fax (0 36 81) 4 43-3 61

06886 Wittenberg, Am Alten Bahnhof 10; Tel (0 34 91) 4 68-0; Fax (0 34 91) 4 68-3 50

08058 Zwickau, Kolpingstr 9; Tel (03 75) 8 20-0; Fax (03 75) 8 20-3 92

Standortverwaltungen

Wehrbereich VII

Bad Salzungen
98597 Breitungen, Rathausstr 43; Tel (0 73 40) 27-0; Fax (0 73 40) 27-3 15

14547 Beelitz, Forststr 6; Tel (03 32 04) 4 08 91; Fax (03 32 04) 4 08 91-3 05

09131 Chemnitz, Glösaerstr 35; Tel (03 71) 47 02; Fax (03 71) 47 02-3 07

03046 Cottbus, Potsdamer Str 23; Tel (03 55) 78 46-0; Fax (03 55) 78 46-2 14

03253 Doberlug-Kirchhain, Torgauer Str; Tel (03 53 22) 52; Fax (03 53 22) 52-13 01

01219 Dresden, August-Bebel-Str 19-21; Tel (03 51) 46 54-0; Fax (03 51) 46 54-43 21

17309 Pasewalk, In der Kürassier-Kaserne; Tel (0 39 73) 50 71; Fax (0 39 73) 50 71-4 45

99085 Erfurt, Thälmannstr 60; Tel (03 61) 57 64-0; Fax (03 61) 57 64-3 44

06667 Weißenfels, Zeitzer Str 95; Fax (0 34 43) 50

04105 Leipzig, Ehrensteinstr 31-33; Tel (03 41) 57 64-0; Fax (03 41) 57 64-3 44

17034 Neubrandenburg, Südstr, Fliegerhorst; Tel (03 95) 4 21 01 20; Fax (03 95) 4 21 01 20-32 26

14467 Potsdam, Behlertstr 4; Tel (03 31) 23 19-0; Fax (03 31) 23 19-5 72

18146 Rostock, Dierkower Damm 45; Tel (03 81) 6 86 44 02; Fax (03 81) 6 86 44 02-3 05

19055 Schwerin, Walter-Rathenau-Str 2 A; Tel (03 85) 5 11-0; Fax (03 85) 5 11-37 89

99706 Sondershausen, Kurt-Hafermalz-Str 5; Tel (0 36 32) 78 25 04; Fax (0 36 32) 78 25 04-2 64

Stralsund
18445 Parow, Pappellallee; Tel (0 38 31) 68-0; Fax (0 38 31) 68-33 78

15344 Strausberg, Mühlenweg 6; Tel (0 33 41) 58-0; Fax (0 33 41) 58-44 80

59288 Burg, Kirchhofstr 5; Tel (0 39 21) 9 06-0; Fax (0 39 21) 9 06-3 15

13405 Berlin, Kurt-Schumacher-Damm 41; Tel
(0 30) 49 81-0; Fax (0 30) 49 81-17 60

Wehrbereichsbekleidungsamt VII
01814 Prossen, Talstr 29; Tel (03 50 22) 4 23 95;
Fax (03 50 22) 4 23 95-51

Verpflegungsamt Ost
15344 Strausberg, Elisabethstr 30; Tel (0 33 41)
2 21 34; Fax (0 33 41) 2 21 34-45 83

Bundeswehrfachschulen

06618 Naumburg (Saale), Kösener Str 50; Tel
(0 34 45) 20 27 03; Fax (0 34 45) 20 27 03-3 05

17033 Neubrandenburg, Fünfeichen 18; Tel (03 95)
35 10; Fax (03 95) 35 10-3 99

14089 Berlin, Kladower Damm 182; Tel (0 30)
36 87-0; Fax (0 30) 36 87-25 04

Sonstige Behörden, die dem Bundesministerium der Verteidigung unmittelbar unterstehen:

Bundessprachenamt (BSprA)

50354 Hürth, Horbellerstr 52; Tel (0 22 33) 5 51;
Fax (0 22 33) 55-6 85 und 6 79

Präsident des Bundessprachenamtes: Dr Weidinger

Außenstelle
06618 Naumburg (Saale), Kösener Str 41; Tel
(0 34 45) 77 83 85 und 77 84 46; Fax (0 34 45)
77 00 26

Bundesakademie für Wehrverwaltung und Wehrtechnik (BAKWVT)

68163 Mannheim, Seckenheimer Landstr 8-10;
Tel (06 21) 41 80 91; Fax (06 21) 41 84 63

Fachhochschule des Bundes
– **Fachbereich Bundeswehrverwaltung** –

68163 Mannheim, Seckenheimer Landstr 8-10;
Tel (06 21) 41 80 91; Fax (06 21) 41 84 63

Bundeswehrverwaltungsschulen

Bundeswehrverwaltungsschule I (Technik, BWVS I T)
68163 Mannheim, Seckenheimer Landstr 8-10;
Tel (06 21) 40 80 91; Fax (06 21) 41 84 63

Bundeswehrverwaltungsschule II (BWVS II)
12527 Berlin-Grunau, Regattastr 12; Tel (0 30)
6 74 40 86; Fax (0 30) 63 06 14 54

Bundeswehrverwaltungsschule III (BWVS III)
23879 Mölln, Hindenburgstr 5-15; Tel (0 45 42)
70 11; Fax (0 45 42) 70 11-2 38

Bundeswehrverwaltungsschule IV (BWVS IV)
82487 Oberammergau, Am Rainenbichl 54; Tel
(0 88 22) 67 51-2; Fax (0 88 22) 60 51-3 98

XII Bundesministerium für Familie, Senioren, Frauen und Jugend (BMFSFJ)

53123 Bonn, Rochusstr 8-10; Tel (02 28) 9 30-0; Telex 88 54 37; Fax (02 28) 9 30-22 21

Aufgabenkreis:
Das Bundesministerium für Familie, Senioren, Frauen und Jugend entwirft, gestaltet und verantwortet innerhalb der Bundesregierung die Politik für die Familien und die älteren Menschen, die Frauen- und die Jugendpolitik einschließlich der damit zusammenhängenden Gesetzgebungsaufgaben. Seine Zuständigkeit umfaßt auch die Bereiche der Freien Wohlfahrtspflege und des Zivildienstes.

Publikationsorgan:
Gemeinsames Ministerialblatt (GMBl) des AA, BMI, BMF, BMWi, BML, BMFSFJ, BMG, BMU, BMBau, BMBF und BMZ, herausgegeben vom Bundesministerium des Innern. Erscheint nach Bedarf. *Verlag:* Carl Heymanns Verlag KG, Köln

Bundesministerin für Familie, Senioren, Frauen und Jugend: Claudia Nolte

Leiterin Ministerbüro: Dr Dagmar Schwickerath
Persönlicher Referent: Hermann-Josef Binkert

Parlamentarische Staatssekretärin: Gertrud Dempwolf
Persönliche Referentin: Dr Silvia Berke

Staatssekretär: Dr Willi Hausmann
Persönlicher Referent: Dr Martin Neubauer ORR

Bundesbeauftragter für den Zivildienst Dieter Hackler

Dem Staatssekretär unmittelbar unterstellt:

Ref L 1: **Pressearbeit, Grundsätze der Öffentlichkeitsarbeit** Bästlein
Ref L 2: **Politische Grundsatzfragen, Planung, Koordinierung der Politikbereiche** Zweig (mdWdGb)
Ref L 3: **Kabinett- und Parlamentsangelegenheiten, Kontakte zu den Ländern, Protokoll** Thomer RDir

Gruppe ZD Zivildienst
Leiter: Dr Hans-Theo Brecht MinR

Ref ZD 1: **Zivildienstgesetz, Kriegsdienstverweigerung** Kehm MinR
Ref ZD 2: **Kosten, Zuwendungen und spezielle Fragen des Zivildienstes; Ärztliche Angelegenheiten; Anderer Dienst im Ausland** Thiel MinR; Strube MinR
Ref ZD 3: **Heranziehung zum Zivildienst, Zivildienstausnahmen, Beschäftigungsbereiche/Zivildienstplätze, Einführung, Einweisung** Gerull MinR; Gölz RDirektor

Abt Z Zentrale Verwaltung
Leiter: Alexander Wormit MinDirig

U-Abt Z Allgemeine Verwaltung
Leiter: Walter Meyer MinDirig

Ref Z 1: **Personal** Püttmann RDir
Ref Z 2: **Haushalt** Rohwer MinR
Ref Z 3: **Organisation, Bibliothek** Mohns RDir
Ref Z 4: **Innerer Dienst** Lesch RDir
Ref Z 5: **Informationstechnik** Neese MinR
Ref Z 6: **Justitiariat, Datenschutz** Dr Reichel MinR; Kringe MinR

Frauenbeauftragte Dr Niederfranke ORRätin
Vorprüfungsstelle Klitzsch ORR
Geheimschutzbeauftragter, Sicherheitsbeauftragter, Vergabeprüfstelle, Vergabebeauftragter-Ost Schacher RDir

Abt 1 Frauen
Leiterin: Heike Schmitt MinDirektorin

U-Abt 11 Grundsatzfragen der Frauenpolitik
Leiterin: Ingrid Barbara Simon

Ref 111: **Grundsatzfragen der Frauenpolitik, Frauen in Politik und Gesellschaft, internationale Frauenpolitik** Dr Thielenhaus MinR
Ref 112: **Frauenpolitik in den neuen Bundesländern, Frauenforschung** Schmidt
Ref 113: **Frauen und Beruf, Arbeitsmarkt- und Strukturpolitik** Hesse MinRätin
Ref 114: **Berufliche Wiedereingliederung von Frauen** Niewöhner

U-Abt 12 Gesetzgebung, soziale Sicherung, Verbandsförderung
Leiter: Udo Kollenberg

Ref 121: **Gleichberechtigungsgesetz, Mutterschutzgesetz, sonstige Rechtsfragen** Dr Lenz MinR
Ref 122: **Soziale Sicherung der Frauen, Frauen in besonderen Lebenssituationen, Frauen und Gesundheit** Schuster RDirektorin
Ref 123: **Schutz von Frauen vor Gewalt, Frauenhäuser, Frauen mit Behinderung** Augstein MinRätin
Ref 124: **Verbandsförderung, Frauen und Medien, Frauen und Sport, Frauen und Kunst, Ehrenamt** Icken

Abt 2 Familie
Leiter: Claus A Lutz MinDir

U-Abt 21 Grundsatzfragen der Familienpolitik
Leiter: Heinrich Sudmann MinDirig

Ref 211: **Allgemeine und Grundsatzfragen der Familienpolitik** Feith
Ref 212: **Vereinbarkeit von Familie und Erwerbstätigkeit, Alleinerziehende** Siebler MinRätin
Ref 213: **Familienforschung, Demographie, Freizeitpolitik, Familienerholung, Statistik, familiengerechte Verbraucherpolitik** Haines MinRätin
Ref 214: **Ehe-, Familien- und Schwangerenberatung** Quessel

Ref 215: Sexualaufklärung und Familienplanung nach dem Schwangeren- und Familienhilfegesetz Dr Kolz
Ref 216: Familienpolitische Fragen der Wohnungs- und Bildungspolitik, Hilfen für Familien in besonderen Situationen Braumann RRätin
Ref 217: Familie im Steuerrecht Grönert MinR

U-Abt 22 Familienförderung und Leistungsgesetze
Leiterin: Helga Kreft MinRätin

Ref 221: Wirtschaftliche Fragen der Familienpolitik Bertsch MinR
Ref 222: Unterhaltsvorschußgesetz Engeland RDirektorin
Ref 223: Kindergeldgesetz Helmke MinR
Ref 224: Erziehungsgeld, Erziehungsurlaub von Stocki RDirektorin
Ref 225: Europäische und internationale Familienpolitik, Allgemeine Rechtsfragen der Familie, Verbände, Familienbildung Meincke MinR

Abt 3 Senioren – Ältere Menschen
Leiter: Eduard Tack MinDirig

U-Abt 31 Seniorenpolitik
Leiterin: Dr Beate Fachinger

Ref 311: Grundsatzfragen und wirtschaftliche Fragen der Seniorenpolitik; Bundesaltenplan, Altenbericht, Wohnen im Alter Dr Kammann MinR
Ref 312: Gesellschaftliche Beteiligung älterer Menschen, Ehrenamtlichkeit, Selbsthilfe, Seniorenorganisationen Dr Zimmermann RDirektorin
Ref 313: Frauen im Alter, Ältere Menschen und Beruf, Vorbereitung auf den Ruhestand Dr Kohnert
Ref 314: Alternsforschung, Demographischer Wandel, Forschungskoordinierung Dr Niederfranke ORRätin
Ref 315: Europäische und internationale Seniorenpolitik; Europabeauftragter Linzbach

U-Abt 32 Hilfe für Senioren
Leiterin: Dr Renate Gorges MinRätin

Ref 321: Strukturfragen der ambulanten und stationären Hilfe und Pflege im Alter, Soziale Dienste in der Altenhilfe Herweck MinR
Ref 322: Recht der sozialen Berufe, insbesondere in der Altenhilfe und in der Behindertenhilfe, ASMK Garten MinR; Spezielle Gesetzgebungsfragen auf dem Gebiet der Altenhilfe Dr Kübler
Ref 323: Ältere Menschen und Recht, Heimgesetz Kemper MinR
Ref 324: Gesundheit im Alter, Prävention, Geriatrie Weritz-Hanf MedDirektorin
Ref 325: Behinderte im Alter, Betreuungsgesetz, Stiftungen Dr Hill RDir

Abt 4 Kinder und Jugend
Leiter: Dr Reinhard Wabnitz MinDir

U-Abt 41 Kinder- und Jugendpolitik, Gesetzgebung
Leiter: Jochen Weitzel MinDirig

Ref 411: Allgemeine und Grundsatzfragen der Kinder- und Jugendpolitik Fuchs
Ref 412: Kinder- und Jugendhilfe, KJHG Dr Wiesner MinR
Ref 413: Deutsches Jugendinstitut, Forschung, Jugendreligionen Reinke MinR
Ref 414: Allgemeine Fragen der Kindheit, Tageseinrichtungen Engelhard MinRätin
Ref 415: Kinder und Jugend im Recht, Jugendschutz Dr Scholz MinR
Ref 416: Mädchen in der Jugendhilfe, Freiwillige soziale Dienste Kupferschmid
Ref 417: Jugendpolitik in den neuen Bundesländern, zentrale Aufgaben der Jugendhilfe, Jugendbauten Dr Obst

U-Abt 42 Nationale und internationale Jugendförderung
Leiter: Dr Wolfgang Linckelmann MinR

Ref 421: Förderung der Kinder- und Jugendhilfe, Informationssystem KABI Scherrer MinR
Ref 422: Außerschulische Jugendbildung, Jugend und Sport, Suchtprävention Bergner
Ref 423: Jugendsozialarbeit Streichan MinR
Ref 424: Bi- und multilaterale jugendpolitische Zusammenarbeit mit EU-Staaten, internationale Organisationen Fremerey
Ref 425: Jugendpolitische Zusammenarbeit mit Staaten außerhalb der EU; Koordinierung Grundsatzfragen der internationalen Jugendarbeit Proost
Ref 426: Jugend- und Studentenverbände, Wohlfahrtsverbände in der Kinder- und Jugendhilfe Teuber MinR

Abt 5 Ziel- und Programmstruktur
Leiter: Dr Reinhard Gärtner MinDir

Projektgruppe 51 Ziel- und Programmstruktur
Leiter: Christian Steiniger MinDirig
Geschäftsstelle Dr Niederfranke ORRätin

U-Abt 52 Wohlfahrtspflege
Leiter: Dr Joachim Golla MinR

Ref 521: Freie Wohlfahrtspflege, Aussiedler- und Flüchtlingsfragen Hesse MinR
Ref 522: Garantiefonds, Eingliederungsprogramme Dr Fricke MinR
Ref 523: Internationale Sozialhilfe und soziale Wohlfahrtspolitik, Gräbergesetz, IOM, REAG-Programme Berger RDir
Ref 524: Selbsthilfe Weimann MinR
Ref 525: Freie Wohlfahrtspflege und Sozialpolitik, soziale Infrastruktur Struck RDirektorin

Dienstbereich Berlin
10117 Berlin, Taubenstr 42/43; Tel (0 30) 2 06 55-0; Fax (0 30) 2 06 55-11 45
Leiter: Teuber MinR

Zum Geschäftsbereich des Bundesministeriums für Familie, Senioren, Frauen und Jugend gehören:

1 Bundesprüfstelle für jugendgefährdende Schriften (BPjS)

53175 Bonn, Kennedy-Allee 105-107; Tel (02 28) 37 66 31; Fax (02 28) 37 90 14

Staatsrechtliche Grundlage und Aufgabenkreis:
Art 5 Abs 2 Grundgesetz; Gesetz über die Verbreitung jugendgefährdender Schriften (GjS) in der Fassung der Bekanntmachung vom 29. April 1961 (BGBl I S 497), zuletzt geändert durch das Gesetz zur Neuregelung des Jugendschutzes in der Öffentlichkeit vom 25. Februar 1985 (BGBl I S 425).

Die Bundesprüfstelle prüft auf Antrag von Jugendämtern, Landesjugendämtern, Obersten Landesjugendbehörden oder dem Bundesministerium für Familie, Senioren, Frauen und Jugend, ob die ihr vorgelegten Schriften jugendgefährdend sind. Unter den Schriftbegriff fallen nicht nur Printmedien, sondern auch Ton- und Bildträger, Abbildungen und andere Darstellungen (§ 1 Abs 3 GjS). Daher können auch Videofilme, Computerspiele, Schallplatten und Tonkassetten Gegenstand eines Verfahrens sein. Als jugendgefährdend gelten solche Schriften, die verrohend wirken, zu Gewalttätigkeit, Verbrechen oder Rassenhaß anreizen, den Krieg verherrlichen oder verharmlosen oder pornographisch sind (§ 1 Abs 1 GjS). Jugendgefährdende Medien sind in eine Liste einzutragen; die Eintragung wird im Bundesanzeiger bekanntgemacht.

Die Entscheidung über die Listenaufnahme wird in den Gremien der Bundesprüfstelle getroffen. Das 12er-Gremium der Bundesprüfstelle setzt sich zusammen aus der Vorsitzenden der Bundesprüfstelle sowie elf ehrenamtlich tätigen Beisitzern. Die Gruppenbeisitzer werden von ihren Verbänden vorgeschlagen und vom Bundesministerium für Familie, Senioren, Frauen und Jugend für eine Amtsperiode von drei Jahren ernannt. Sie kommen für die Gruppen Kunst, Literatur, Buchhandel, Verleger, Jugendverbände, Jugendwohlfahrt, Lehrerschaft und Kirchen. Die Länderbeisitzer werden von den Obersten Landesjugendbehörden für die Dauer von drei Jahren entsendet. Die Listenaufnahme kann im 12er-Gremium nur durch eine qualifizierte Mehrheit von 2/3 Stimmen erfolgen. Kommt es nicht zu dieser Mehrheitsentscheidung, ist der Indizierungsantrag abgelehnt.

Das 3er-Gremium der Bundesprüfstelle ist zuständig für die Fälle, in denen die Jugendgefährdung offenbar, also zweifelsfrei gegeben ist. Eine Listenaufnahme kann durch das 3er-Gremium nur einstimmig ausgesprochen werden. Fehlt es an der Einstimmigkeit, wird das Verfahren im 12er-Gremium entschieden.

Ist ein Medium indiziert und seine Listenaufnahme im Bundesanzeiger bekanntgemacht worden, treten Abgabe-, Verbreitungs- und Werbebeschränkungen der §§ 3 bis 5 GjS in Kraft, die einerseits bewirken, daß Kindern und Jugendlichen das jugendgefährdende Medium unzugänglich bleibt, andererseits aber gewährleisten, daß Erwachsene vom Bezug dieses Mediums nicht ausgeschlossen sind. Verstöße gegen diese Beschränkungen sind strafbewehrt.

Seit Herbst 1992 wird die Bundesprüfstelle verstärkt mit Anträgen zu rechtsradikaler Rockmusik sowie zu sogenannten Fanzines rechtsradikaler und rechtsextremistischer Art befaßt. Die Tonträger und Fanzines aus diesem Bereich sind in der Liste der jugendgefährdenden Schriften aufgenommen worden, da sie Rassenhaß verbreiten, zu Gewalt gegen Ausländer und Asylanten aufrufen bzw den Straftatbestand der Volksverhetzung verwirklichen.

Publikationen:
„BPjS-Aktuell", das amtliche Mitteilungsblatt der Bundesprüfstelle, das die Indizierungslisten enthält; Gesamtverzeichnis indizierter Bücher, Broschüren und Comics; „BPjS – Gesetzlicher Jugendmedienschutz", Informationsbroschüre.

Vorsitzende: Elke Monssen-Engberding LtdRDirektorin

2 Bundesamt für den Zivildienst (BAZ)

50964 Köln, Sibille-Hartmann-Str 2-8; Tel (02 21) 36 73-0; Fax (02 21) 36 73-6 61; Telex 8 883 511 baz d

Staatsrechtliche Grundlage und Aufgabenkreis:
Nach § 2 Abs 1 des Gesetzes über den Zivildienst der Kriegsdienstverweigerer – Zivildienstgesetz-ZDG –, zuletzt geändert durch Artikel 6 des neunten Gesetzes zur Änderung dienstrechtlicher Vorschriften vom 11. Juni 1992 (BGBl I S 1030), wird der Zivildienst vom Bundesamt für den Zivildienst in Köln durchgeführt.

Nach § 1 ZDG erfüllen anerkannte Kriegsdienstverweigerer im Zivildienst Aufgaben, die dem Allgemeinwohl dienen, vorrangig im sozialen Bereich.

Der Zivildienst ist bei einer hierzu besonders anerkannten Beschäftigungsstelle oder in einer Zivildienstgruppe zu leisten (§ 3 ZDG). Die Beschäftigungsstellen sorgen auf ihre Kosten für Unterkunft, Verpflegung und Arbeitskleidung und tragen die aus der Beschäftigung entstehenden Verwaltungskosten (§ 6 Abs 1 ZDG).

Der Aufwand für die Geldbezüge wird den Beschäftigungsstellen pauschal vierteljährlich nachträglich erstattet (§ 6 Abs 2 ZDG).

Der Zivildienst dauert gemäß § 24 Abs 2 ZDG drei Monate länger als der Grundwehrdienst (§ 5 des Wehrpflichtgesetzes).

Auf die Dienstpflichtigen finden, soweit das Gesetz nichts anderes bestimmt, in Fragen der Fürsorge, der Heilfürsorge, der Geld- und Sachbezüge, der Reisekosten sowie des Urlaubs die Bestimmungen entsprechende Anwendung, die für einen Soldaten des untersten Mannschaftsdienstgrades gelten, der auf Grund der Wehrpflicht Wehrdienst leistet (§ 35

Abs 1 ZDG). Ferner sind die Vorschriften des Arbeitsplatzschutzgesetzes und des Unterhaltssicherungsgesetzes entsprechend anzuwenden (§ 78 Abs 1 ZDG). Die sozialversicherungsrechtlichen Verhältnisse einschließlich der Arbeitslosenversicherung sind in den Spezialgesetzen geregelt. Im übrigen steht der Zivildienst bei Anwendung der Vorschriften des öffentlichen Dienstrechts dem Wehrdienst auf Grund der Wehrpflicht gleich (§ 78 Abs 2 ZDG). Nach § 4 Abs 1 des Gesetzes über die Verweigerung des Kriegsdienstes mit der Waffe aus Gewissensgründen – Kriegsdienstverweigerungsgesetz – KDVG – , verkündet als Artikel 1 des Gesetzes zur Neuordnung des Rechts der Kriegsdienstverweigerung und des Zivildienstes vom 28. Februar 1983 (BGBl I S 203 ff), entscheidet das Bundesamt für den Zivildienst über Anträge auf Anerkennung der Berechtigung, den Kriegsdienst mit der Waffe zu verweigern von ungedienten Wehrpflichtigen, die weder einberufen noch schriftlich benachrichtigt sind, daß sie als Ersatz für Ausfälle kurzfristig einberufen werden können.

Präsident des Bundesamtes für den Zivildienst: Adolf Krep

Öffentlichkeitsarbeit Löhle ROAR

Abteilung Z Verwaltung
Leiter: Horst-Hinrich Körmann LtdRDir

Ref Z 1: **Personalangelegenheiten** Fuchs RDir
Ref Z 2: **Organisation** Diop RDirektorin
Ref Z 3: **Innerer Dienst** Hartmann ORR
Ref Z 4: **Datenverarbeitung** Bohnhardt RDir
Ref Z 5: **Haushalt und Wirtschaftlichkeitsanalysen im Bereich des Zivildienstes** Nahry ORR

Abt I Allgemeine Aufgaben des Zivildienstes
Leiter: Dr Rudolf Schier LtdRDir

Ref I 1: **Anerkennung von Beschäftigungsstellen, Zuwendungen** Zuschlag RDir
Ref I 2: **Ärztlicher Dienst** Dr Mengel MedDirektorin
Ref I 3: **Bildung und Ausbildung** Kloss VwAng
Ref I 4: **Heilfürsorge und Abrechnung im Gesundheitswesen** Osterhaus-Ehm ORRätin
Ref I 5: **Abrechnung, Sozialversicherung** Bachenberg ORRätin
Ref I 6: **Justitiariat, Haftungs- und Schadensangelegenheiten** Niesmak ORR

Abt II Durchführung des Zivildienstes
Leiter: Dr Harald Elbert LtdRDir

Ref II 1: **Grundsätzliche Angelegenheiten des Zivildienstes** Fröbe RDir
Ref II 2: **Prozesse aus Zivildienstverhältnissen, Strafverfahren, Disziplinargerichtsverfahren** Bahnsen RDir
Ref II 3: **Regionalreferat Nord** Toepser RDir
Ref II 4: **Regionalreferat West** Seifert RDir
Ref II 5: **Regionalreferat Süd** Teuber ORR
Ref II 6: **Regionalreferat Ost** Hoffmann ORR

Abt III Anerkennung von Kriegsdienstverweigerern
Leiter: Stefan Krümmel LtdRDir

Ref III 1: **Zentrale Angelegenheiten der Anerkennung von Kriegsdienstverweigerern** Seifert ORRätin
Ref III 2: **Anerkennungsreferat 1. Quartal** Michalitschke ORR
Ref III 3: **Anerkennungsreferat 2. Quartal** Ilg ORRätin
Ref III 4: **Anerkennungsreferat 3. Quartal** Wizorek-Kuhlen ORRätin
Ref III 5: **Anerkennungsreferat 4. Quartal** Dziubek ORR

Zivildienstschule Ith
Leiter: Zillgen RDir

Zivildienstschule Staffelstein
Leiter: NN

Zivildienstschule Bocholt
Leiter: Keck ORR

Zivildienstschule Waldbröl
Leiter: Lamm VwAng

Zivildienstschule Trier
Leiter: Hohmann VwAng

Zivildienstschule Bad Oeynhausen
Leiter: Wolff ORR

Zivildienstschule Seelbach
Leiter: Dr Batscheider ORR

Zivildienstschule Herdecke
Leiter: Kronenbitter ORR

Zivildienstschule Spiegelau
Leiter: Grebenstein VwAng

Zivildienstschule Bodelshausen
Leiter: Dr Wild ORR

Zivildienstschule Braunschweig
Leiter: Reichelt ORR

Zivildienstschule Buchholz (Nordheide)
Leiter: Zastrow ORR

Zivildienstschule Karlsruhe
Leiter: Vogelsberg ORR

Zivildienstschule Bremen/Ritterhude
Leiter: Hunerlach VwAng

Zivildienstschule Kiel
Leiter: Blidon VwAng

Zivildienstschule Wetzlar
Leiter: Pinkernell ORR

Zivildienstschule Schleife
Leiterin: Bergmann VwAngestellte

Zivildienstschule Barth
Leiter: Dr Westphal VwAng

Zivildienstschule Geretsried
Leiter: Scholz RR

Zivildienstschule Sondershausen
Leiterin: Gayet VwAngestellte

Der Rechtsaufsicht des Bundesministeriums für Familie, Senioren, Frauen und Jugend unterstehen die nachfolgenden Stiftungen des öffentlichen Rechts:

Stiftung Hilfswerk für behinderte Kinder

– Stiftung des öffentlichen Rechts –

53179 Bonn, Ludwig-Erhard-Platz 1; Tel (02 28) 83 10; Fax (02 28) 27 18

Rechtsgrundlage und Aufgabenkreis:
Verfassung und Aufgaben der Stiftung sind durch Gesetz vom 17. Dezember 1971 (BGBl I S 2018) festgelegt.
Die Stiftung erbringt Individualleistungen (Kapitalentschädigung, Rente) wegen der Contergan-Schadensfälle nach Maßgabe von Teil II des Gesetzes und von Richtlinien des Aufsichtsministeriums.Darüber hinaus hilft sie – mittelbar – auch anderen Behinderten bei der Eingliederung in die Gesellschaft, indem sie entsprechende Einrichtungen, schwerpunktmäßig den Bau von Wohnstätten für Behinderte, institutionell fördert (Teil III des Gesetzes; Vergabepläne bedürfen der Zustimmung des Aufsichtsministeriums).

Vorsitzende: Dr Ursula Hansen

Bundesstiftung „Mutter und Kind – Schutz des ungeborenen Lebens"

– Stiftung des öffentlichen Rechts –

53107 Bonn; Tel (02 28) 9 30-0; Fax (02 28) 9 30-22 21

Rechtsgrundlage und Aufgabenkreis:
Die Stiftung ist durch Gesetz zur Errichtung einer Stiftung „Mutter und Kind –Schutz des ungeborenen Lebens" vom 13. Juli 1984 (BGBl I S 880), zuletzt geändert durch das Vierte Gesetz zur Änderung des Gesetzes zur Errichtung einer Stiftung „Mutter und Kind – Schutz des ungeborenen Lebens" vom 21. Dezember 1992 (BGBl I S 2147), entstanden.
Zweck der Stiftung ist es, Mittel zur Verfügung zu stellen für ergänzende Hilfen, die werdenden Müttern, die sich wegen einer Notlage an eine Schwangerschaftsberatungsstelle wenden, gewährt oder für die Zeit nach der Geburt zugesagt werden, um ihnen die Fortsetzung der Schwangerschaft zu erleichtern.

Vorsitzender des Stiftungsrates: Dr Willi Hausmann StSekr im Bundesministerim für Familie, Senioren, Frauen und Jugend
Geschäftsführer: Marc Axel Hornfeck

XIII Bundesministerium für Gesundheit (BMG)

53121 Bonn, Am Propsthof 78 a; Tel (02 28) 9 41-0; Telex 8 869 255; Fax (02 28) 9 41-49 00

Aufgabenkreis:
Das Bundesministerium für Gesundheit führt im Rahmen des Grundgesetzes die gesetzgeberischen und verwaltungsmäßigen Aufgaben auf dem Gebiet der Gesundheitspolitik durch.

Publikationsorgan:
Gemeinsames Ministerialblatt (GMBl) des AA, BMI, BMF, BMWi, BML, BMFSFJ, BMG, BMU, BMBau, BMBF und BMZ, herausgegeben vom Bundesministerium des Innern. Erscheint nach Bedarf. Verlag: Carl Heymanns Verlag KG, Köln

Bundesminister für Gesundheit: Horst Seehofer
Leiter des Ministerbüros: Dr Manfred Lang RDir
Persönliche Referentin: Marion Tappe ARätin

Parlamentarische Staatssekretärin: Dr Sabine Bergmann-Pohl
Persönlicher Referent: Dr Mathias von Schwanenflügel RDir

Staatssekretär: Baldur Wagner
Persönlicher Referent: Dr Gert Schomburg VwAng

Kooperationsverbund, Geschäftsstelle des Wissenschaftlichen Beirats Dr Schomburg VwAng

Ref 012: **Gesamtwirtschaftliche Fragen** Dr Paschke MinR; **Kommunikation** Schierbaum VwAng
Ref 013: **Presse, Öffentlichkeitsarbeit** Klug VwAngestellte
Ref 014: **Kabinett- und Parlamentangelegenheiten** Sipp MinR

Abt Z Zentrale Verwaltung, internationale Beziehungen
Leiter: Wächter MinDir

U-Abt Z 1 Verwaltung
Leiter: Schreiber MinDir

Ref Z 11: **Personalangelegenheiten** Schreiber MinDir
Ref Z 12: **Datensysteme, Fachinformation, Informationstechnik** Dr Furmaniak MinR
Ref Z 13: **Organisationsangelegenheiten, Justitiariat** Moos MinR
Ref Z 14: **Haushalts-, Kassen- und Rechnungswesen** Schulze RDir
Ref Z 15: **Innerer Dienst, Bau- und Liegenschaftsangelegenheiten, Geheimschutz, Sicherheit** Ahlwardt MinR
Ref Z 16: **Forschungsbeauftragter, Forschungskoordination** Dr Ottenwälder VwAng

U-Abt Z 2 Angelegenheiten der EU, internationale Zusammenarbeit
Leiter: Voigtländer MinDirig

Ref 21: **Grundsätzliche Angelegenheiten der Europäischen Union** Dr Stein MinR
Ref 22: **Umsetzung und Koordination von EU-Vorhaben, Beratungshilfe für die Staaten Mittel- und Osteuropas** Dr Dransfeld RDirektorin
Ref 23: **Internationale Zusammenarbeit auf dem Gebiet der Gesundheit, Sprachendienst** Debrus RDir
Ref 24: **Datenschutz im BMG, Beihilfe, Bibliothek** Dr Cremer RDirektorin
Ref 25: **Ständige Vertretung bei der EU** Dr Borowka MinR

Dienststelle Berlin
10117 Berlin, Mohrenstr 62; Tel (0 30) 2 06 40-0; Fax (0 30) 2 06 40-49 73
Leiter: Dr Welz MinR
Projektgruppe: **Telematik im Gesundheitswesen, Informationsgesellschaft** Dr Dietzel MinR; Dr Friede-Mohr RDirektion

Vorprüfungsstelle Dünschel ORR

Abt 1 Arzneimittel, Sozialrecht
Leiter: Dr Schmidt MinDirig

U-Abt 11 Arzneimittel, Apothekenwesen, Medizinprodukte
Leiter: Dr Pabel MinDirig

Ref 111: **Grundsatzfragen, Arzneimittelversorgung, Arzneimittelsicherheit** Hartmann-Besche MinR
Ref 112: **Arzneimittelrecht, Heilmittelwerberecht, Recht der Medizinprodukte, Apothekenrecht** Hofmann MinR
Ref 113: **Apotheken, Pharmaberufe, Arzneimittelverkehr** Dr Gaudich MinRätin
Ref 114: **Entwicklung, Herstellung, Zulassung und Qualitätskontrolle von Arzneimitteln** Dr Schuster Dir und Prof (komm)
Ref 115: **Blut und Blutprodukte** von Auer RDir
Ref 116: **Medizinprodukte, Normung** Dr Schorn RDir
Ref 117: **Medizinische Fragen der Arzneimittelanwendung** Prof Dr Quiring MinR

U-Abt 12 Sozialrecht
Leiter: Hanz MinR

Ref 121: **Grundsatzfragen der Sozialhilfe, Hilfe zum Lebensunterhalt, Hilfe zur Überwindung besonderer sozialer Schwierigkeiten** Güntert RDir
Ref 122: **Gesetzgebung auf dem Gebiet der Sozialhilfe, Eingliederung von Ausländern, Asylbewerberleistungsgesetz** Großmann MinR
Ref 123: **Eingliederungshilfe für Behinderte, gesundheitliche Hilfen, Hilfe zur Pflege** Friedrich RDirektorin
Ref 124: **Soziale Rehabilitation, Soziale Eingliederung Behinderter** Vogel MinRätin
Ref 125: **Fragen der sozialen Ausgrenzung, Sozial- und Lebenslagenforschung** Stubig RDir

Abt 2 Gesundheitsversorgung, Krankenversicherung
Leiter: Dr Zipperer MinDir

U-Abt 21 Gesundheitsversorgung
Leiter: Baum VwAng

Ref 211: **Allgemeine Fragen der Gesundheitsversorgung, Gebührenordnung** Schäfer RDir
Ref 212: **Medizinische Fragen der GKV** Dr Langenbucher RDirektorin
Ref 213: **Medizinischer Dienst, Datenschutz im Gesundheitswesen, Knochenmarkspenderdatei** Dr Cramer MinRätin
Ref 214: **Grundsatzfragen der Krankenhausversorgung, Krankenhausfinanzierung** Dr Degener-Hencke MinR
Ref 215: **Beratung und Information für Versicherte und Leistungserbringer** Küster RDir
Ref 216: **Wirtschaftliche Fragen der Krankenhäuser, Krankenhausforschung** Tuschen MinR
Ref 217: **Allgemeine Fragen der Pflegeberufe, Krankenhauspersonal, Qualitätssicherung** Luithlen MinR

U-Abt 22 Krankenversicherung
Leiter: Dr Orlowski MinDirig

Ref 221: **Grundsatzfragen der GKV** Hensgen MinR
Ref 222: **Versicherter Personenkreis, Mitgliedschaft, Organisation** Schneider MinR
Ref 223: **Leistungsrecht, Beitragsrecht** Holzbach MinR
Ref 224: **Kassenarztrecht, Vertragsrecht** Herweck-Behnsen RDirektorin
Ref 225: **Verbänderecht, Aufsicht** Dr Dalhoff RDir
Ref 226: **Allgemeine Fragen der Gesundheitsökonomie, wirtschaftliche Fragen der ärztlichen Versorgung und der Arzneimittelversorgung** Dr Griesewell MinR
Ref 227: **Wirtschaftliche Fragen der zahnärztlichen Versorgung, Heil- und Hilfsmittel** Saekel MinR
Ref 228: **Finanzielle Angelegenheiten der GKV, Konzertierte Aktion im Gesundheitswesen (KAG), Statistiken der Krankenversicherung** Dr Müller MinR
Ref 229: **Sachverständigenrat für die Konzertierte Aktion im Gesundheitswesen und Geschäftsstelle** Dr Seyfarth RDir

Prüfgruppe: **Prüfungen nach § 274 SGB V** Dortants RDir

Fachbereich 2: Modellprogramme, Beratungshilfen, besondere Fragen der Gesundeitsversorgung und der GKV in den neuen Ländern
Leiterin: Prof Dr Rauterberg MinRätin

Abt 3 Gesundheitsvorsorge, Krankheitsbekämpfung
Leiter: Dr Grupp MinDir

U-Abt 31 Allgemeine Gesundheitsvorsorge, Berufe
Leiter: Dr Grigutsch MinR

Ref 311: **Allgemeine ärztliche Fragen des Gesundheitswesens, Geriatrie, Ethik** Dr Peretzki RDir
Ref 312: **Transplantationsrecht, spezielle Fragen des Gesundheits- und Medizinrechts** Sengler MinR
Ref 313: **Gesundheitsvorsorge, Allergien, Kindergesundheit** Dr Statz MinR

Ref 314: **Neurologische und psychiatrische Erkrankungen, Reform der Psychiatrie** Dr Redel MinRätin
Ref 315: **Gesundheitsberufe mit Hochschulausbildung, Heilpraktiker** Dr Wanner MinR
Ref 316: **Gesundheitsberufe mit Ausbildungen außerhalb der Hochschule** Kurtenbach MinR
Ref 317: **Epidemiologie, Krebs-, Herz-Kreislauferkrankungen, Naturheilkunde** Dr Hundsdörfer MinRätin
Ref 318: **Grundsatzfragen des Gesundheits- und Medizinrechts** Dr Neidert MinR

U-Abt 32 Übertragbare Krankheiten, AIDS, Sucht, Gentechnik
Leiter: Bindert MinDirig

Ref 321: **Prävention übertragbarer Krankheiten/ AIDS, sozialwissenschaftliche Forschung** Miesala-Edel MinRätin
Ref 322: **Betäubungsmittel, internationale Suchtstofffragen** Butke MinR
Ref 323: **Rechtsfragen der Bekämpfung übertragbarer Krankheiten/Aids** Röger RDir
Ref 324: **Umweltbezogener Gesundheitsschutz, Umwelthygiene, Trinkwasser** Dr Schwerdtfeger RDir
Ref 325: **Übertragbare Krankheiten, AIDS, Seuchenhygiene** Dr Niemer VwAngestellte
Ref 326: **Drogen- und Suchtmittelmißbrauch** Schreiber MinRätin
Ref 327: **Gentechnik** Dr Schubert MinR
Ref 328: **Humangenetik, Molekulare Medizin** Dr Winter RDir

Fachbereich 3 Gesundheitsberufe, Gebührenrecht, Trinkwasser
Leiter: Raps RDir

Abt 4 Verbraucherschutz, Veterinärmedizin
Leiter: Siebenpfeiffer MinDir

U-Abt 41 Lebensmittel und Bedarfsgegenstände
Leiter: Dr Hölzel MinDirig

Ref 411: **Grundsatzfragen des Lebensmittelrechts** Groß MinRätin
Ref 412: **Allgemeine Fragen der Lebensmittel und der Lebensmittelchemie, Hygiene der Lebensmittel nichttierischer Herkunft** Dr Barth MinR
Ref 413: **Spezielle Fragen des Lebensmittelrechts** Bialonski RDir
Ref 414: **Zusatzstoffe, spezielle Fragen der Lebensmittelchemie, Lebensmittelbuch, Codex alimentarius** Dr Hellwig RDir
Ref 415: **Pflanzenschutz-, Schädlingsbekämpfungsmittel, Strahlenbelastungen, Mykotoxine, sonstige Stoffe in Verbindung mit Lebensmitteln** Dr Töpner MinR
Ref 416: **Chemie und Hygiene von Getränken, der kosmetischen Mittel und sonstigen Bedarfsgegenstände** Dr Evers MinR

U-Abt 42 Veterinärmedizin
Leiter: Dr Kothmann MinDirig

Ref 421: **Veterinärrecht** Dr Meyn MinRätin
Ref 422: **Allgemeine Fragen der Lebensmittelhygiene, Verkehr mit Lebensmitteln tierischer Herkunft** Dr Böhm MinR
Ref 423: **Verbraucherpolitik** Dr Petry MinR
Ref 424: **Fleischhygiene** Dr Kobelt RDir
Ref 425: **Tierarzneimittel, Tierschutz, Berufe in der Veterinärmedizin und angewandte Hygiene** Dr Kothmann MinDirig
Ref 426: **Ernährungsaufklärung, medizinische Fragen der Ernährung** Prof Dr Schnieders MinR

Fachbereich 4 Verbraucherschutz, Veterinärmedizin
Leiter: Dr Hoppe VwAng

Beiräte, Ausschüsse, Kommissionen und sonstige Gremien, deren sich das BMG bei der Durchführung seiner Aufgaben bedient:

Gemeinsamer Wissenschaftlicher Beirat
Arbeitsauftrag: Unterstützung der Bundesinstitute bei der Kooperation auf dem Gebiet der Wissenschaft und Forschung.
Mitglieder: 12

Deutsche Arzneibuch-Kommission
Arbeitsauftrag: Erarbeitung und laufende Anpassung pharmazeutischer Regeln über die Qualität, Prüfung, Lagerung, Abgabe und Bezeichnung der Arzneimittel im Interesse einer ordnungsgemäßen Arzneimittelversorgung von Mensch und Tier nach dem jeweils gesicherten Stand der wissenschaftlichen Erkenntnisse.
Mitglieder: 20

Homöopathische Arzneibuch-Kommission
Arbeitsauftrag: Erarbeitung eines homöophatischen Arzneibuches. Ausarbeitung von Monographien unter Berücksichtigung moderner Analyseverfahren. Angleichung an die deutsche und europäische Pharmakopoe. Ausarbeitung von Herstellungsverfahren, die allgemeinverbindlich sind und auch modernen Verfahrenstechniken angepaßt sind.
Mitglieder: 12

Sachverständigen-Ausschuß für Standardzulassungen (§ 53 Abs 1 AMG-Standardzulassungen)
Arbeitsauftrag: Stellungnahme zur Freistellung bestimmter Arzneimittel oder Arzneimittelgruppen oder Arzneimittel in bestimmten Abgabeformen von der Pflicht zur Zulassung.
Mitglieder: 22

Sachverständigen-Ausschuß für Verschreibungspflicht
Arbeitsauftrag: Stellungnahmen zur Frage der Verschreibungspflicht von Stoffen und Zubereitungen aus Stoffen vor Erlaß der Rechtsverordnung nach § 48 AMG.
Mitglieder: 15

Sachverständigen-Ausschuß für Apothekenpflicht
Arbeitsauftrag: Stellungnahme zur freiverkäuflichen oder apothekenpflichtigen Abgabe von Arzneimitteln vor dem Erlaß der Rechtsverordnung nach §§ 45, 46 AMG.
Mitglieder: 21

Ärzteausschuß Arzneimittelsicherheit
Mitglieder: 6

Kommission nach § 109 a des Arzneimittelgesetzes
Mitglieder: 17

Zulassungskommission A,
Zulassungskommission für den humanmedizinischen Bereich mit Ausnahme der besonderen Therapierichtungen
Arbeitsauftrag: Stellungnahme über die Zulassung von humanmedizinischen Arzneimitteln, die der Verschreibungspflicht unterliegen.
Mitglieder: 70

Zulassungskommission C
Zulassungs- und Aufbereitungskommission für den humanmedizinischen Bereich, anthroposophische Therapierichtung und Stoffgruppe
Arbeitsauftrag: Stellungnahme über die Zulassung von humanmedizinischen Arzneimitteln, anthroposophischer Therapierichtung und Stoffgruppe, die der Verschreibungspflicht nach § 49 AMG unterliegen. Aufbereitung von wissenschaftlichem Erkenntnismaterial nach § 22 Abs 3 und § 23 Abs 1 AMG der anthroposophischen Therapierichtung und Stoffgruppe.
Mitglieder: 11

Zulassungskommission D
Zulassungs- und Aufbereitungskommission für den humanmedizinischen Bereich, homöophatische Therapierichtung und Stoffgruppe
Arbeitsauftrag: Stellungnahme über die Zulassung von humanmedizinischen Arzneimitteln, homöophatischer Therapierichtung und Stoffgruppe, die der Verschreibungspflicht nach § 49 AMG unterliegen. Aufbereitung von wissenschaftlichem Erkenntnismaterial nach § 22 Abs 3 und § 23 Abs 1 AMG.
Mitglieder: 23

Zulassungskommission E
Zulassungs- und Aufbereitungskommission für den humanmedizinischen Bereich, phytotherapeutische Therapierichtung und Stoffgruppe
Arbeitsauftrag: Stellungnahme über die Zulassung von humanmedizinischen Arzneimitteln, phytotherapeutischer Therapierichtung und Stoffgruppe, die der Verschreibungspflicht nach § 49 AMG unterliegen. Aufbereitung von wissenschaftlichem Erkenntnismaterial nach § 22 Abs 3 und § 23 Abs 1 AMG der phytotherapeutischen Therapierichtung und Stoffgrupppe.
Mitglieder: 23

Zulassungskommission F
Zulassungs- und Aufbereitungskommission für den veterinärmedizinischen Bereich
Arbeitsauftrag: Stellungnahme und Zulassung von veterinärmedizinischen Arzneimitteln, die der Verschreibungspflicht nach § 49 AMG unterliegen. Aufbereitung wissenschaftlichen Erkenntnismaterials nach § 22 Abs 2 und § 23 Abs 1 AMG.
Mitglieder: 22

Wissenschaftlicher Beirat für Sera und Impfstoffe des BMG
Arbeitsauftrag: Beratung des Paul-Ehrlich-Instituts – Bundesinstitut für Sera und Impfstoffe – bei Zulassung und Prüfungsrichtlinien.
Zusammensetzung: 10 Wissenschaftler

Arbeitskreis „Blut und Blutprodukte"
Arbeitsauftrag: Beratung der Bundesregierung, der Regierungen der Länder, des RKI, BfArM und des PEI zu Fragen der Infektionssicherheit von Blut und Blutprodukten und anderen Fragen aus dem Bereich der Transfusionsmedizin.
Zusammensetzung: 30 Wissenschaftler und sonstige Experten

Wissenschaftlicher Beirat des Bundesinstituts für Arzneimittel und Medizinprodukte
Mitglieder: 10

Bund/Länder-Ausschuß für Medizinprodukte
Mitglieder: 11

Ärztlicher Sachverständigenbeirat für die Gesundheitsversorgung und Krankenversicherung
Arbeitsauftrag: Beratung des BMG in krankenversicherungsrelevanten medizinisch-fachlichen Fragestellungen.
Zusammensetzung: 16 Wissenschaftler und Praktiker

Sachverständigenrat für die konzertierte Aktion im Gesundheitswesen
Arbeitsauftrag: Unterstützung der Konzertierten Aktion im Gesundheitswesen bei der Erfüllung ihrer Aufgaben.
Zusammensetzung: 7 Wissenschaftler

Kommission für Krankenhaushygiene und Infektionsprävention
Arbeitsauftrag: Erarbeitung von Richtlinien für die Erkennung, Verhütung und Bekämpfung von Krankenhausinfektionen.
Zusammensetzung: 15 Wissenschafter und sonstige Experten

Beirat Begleitforschung zur Bundespflegesatzverordnung (BPFIV)
Mitglieder: 23

Arbeitsgruppe zur Vorbereitung einer Novellierung der Hebammenhilfe-Gebührenverordnung (HebGV)
Mitglieder: 27

Ständiger Ausschuß der Gesundheitserziehungsreferenten der obersten Gesundheitsbehörden, Kultusminister und Schulsenatoren der Länder und erweiterter Arbeitskreis
Mitglieder: 47

Wissenschaftlicher Beirat der Deutschen Herz-Kreislauf-Präventionsstudie (DHP)
Mitglieder: 17

Gesamtprogramm zur Krebsbekämpfung, Kooperations- und Koordinationsprogramm, Federführung BMG, Träger 3 weitere Bundesressorts, Betreffende Länder und aller Institutionen, die auf dem Gebiet tätig sind
Mitglieder: 312

Bund/Länder-Arbeitsgruppe „Künstliche Befruchtung beim Menschen"
Mitglieder: 15

Toxoplasmose und Schwangerschaft
Arbeitsauftrag: Erarbeitung von Empfehlungen zur Frage der Einführung einer obligatorischen Untersuchung aller Schwangeren auf Toxoplasmen-Antikörper in der Mutterschaftsvorsorge.
Zusammensetzung: 11 Wissenschaftler

Zentrale Kommission für die Biologische Sicherheit
Arbeitsauftrag: Beratung der Bundesregierung in sicherheitsrelevanten Fragen der Gentechnik.
Zusammensetzung: 20 Wissenschaftler, 10 sonstige Vertreter

Kommission Bioverfügbarkeit
Mitglieder: 8

Ständige Impfkommission
Arbeitsauftrag: Erarbeitung von Gutachten und Empfehlungen für die Anwendung neuer Schutzimpfungen. Nutzen-Risiko-Abwägungen im Hinblick auf mögliche Impfschäden. Anpassung des Impfkalenders an die veränderte epidemiologische Situation. Mitwirkung bei der Abfassung von Merkblättern für Ärzte über Schutzimpfungen.
Zusammensetzung: 16 Wissenschaftler und sonstige Experten

Kommission für Infektionsepidemiologie
Mitglieder: 8

Nationaler Drogenbeirat
Arbeitsauftrag: Beratung der Bundesregierung in allen wichtigen drogenpolitischen Fragen.
Zusammensetzung: 13 Wissenschaftler und Praktiker

Nationaler AIDS-Beirat
Arbeitsauftrag: Beratungsgremium des BMG in Fragen des Kampfes gegen die Immunschwächekrankheit AIDS.
Zusammensetzung: 33 Wissenschaftler und sonstige Experten

Beirat Modellkonzeption zur Verbesserung der Drogen- und Suchthilfe, insbesondere für chronisch abhängige Suchtkranke
Mitglieder: 9

Ständiger Arbeitskreis der Drogenbeauftragten des Bundes und der Länder
Mitglieder: 37

Sachverständigen-Ausschuß nach § 1 Abs 2 Betäubungsmittelgesetz
Arbeitsauftrag: Empfehlungen zu den im BTMG aufgeführten Stoffen und Zubereitungen.
Zusammensetzung: 13 Wissenschaftler

Deutsche Lebensmittelbuch-Kommission
Zielsetzung: Beschreibung von Beurteilungsmerkmalen hinsichtlich der Zusammensetzung und der Eigenschaften einzelner Lebensmittel oder Gruppen von Lebensmitteln sowie Zusammenfassung der Ergebnisse in Leitsätzen.
Zusammensetzung: 32 Wissenschaftler und sonstige Experten

Kommission zur Durchführung des § 35 LMBG (einschließlich der Arbeitsgruppen)
Arbeitsauftrag: Beratung bei der Herausgabe der amtlichen Sammlungen von Verfahren zur Probenahme und Untersuchung von Lebensmitteln, Tabakerzeugnissen, kosmetischen Mitteln und Bedarfsgegenständen.
Mitglieder: 587

Kommission „Gentechnik und Lebensmittel"
Arbeitsauftrag: Probleme der Lebensmittelsicherheit im Zusammenhang mit dem Einsatz gentechnologischer Methoden.
Zusammensetzung: 12 Wissenschaftler

Kommission für kosmetische Erzeugnisse
Arbeitsauftrag: Toxikologische und dermatologische Beurteilung von Inhaltsstoffen kosmetischer Mittel.
Zusammensetzung: 36 Wissenschaftler und sonstige Experten

Kommission für die gesundheitliche Beurteilung von Kunststoffen und anderen Polymeren im Rahmen des Lebensmittel- und Bedarfsgegenständegesetzes (Kunststoffkommission)
Arbeitsauftrag: Gesundheitliche Beurteilung von Bedarfsgegenständen aus Kunststoffen, Erarbeitung von Empfehlungen, Mitwirkung bei den Arbeiten an EG-Richtlinien bei Kunststoffen.
Zusammensetzung: 88 Wissenschaftler und sonstige Experten

Wein- und Fruchtsaftanalysenkommission
Arbeitsauftrag: Ausarbeitung und Überprüfung von Analysemethoden mit dem Ziel einer Festlegung von amtlichen Vorschriften im nationalen Rahmen und der EG-Weinmarktordnung. Schaffung von Beurteilungsgrundlagen (Stellung von Qualitätsmerkmalen).
Zusammensetzung: 19, davon 8 Wissenschaftler

Kommission Erkennung und Behandlung von Vergiftungen
Arbeitsauftrag: Beratung und Mitarbeit bei der Kartei zur Erkennung und Behandlung von Vergiftungen, die an die Informations- und Behandlungszentren für Vergiftungen der Länder verteilt wird.
Zusammensetzung: 41 Wissenschaftler und Industrievertreter

Kommission „Tierseuchendiagnostik"
Arbeitsauftrag: Beurteilung von Standards hinsichtlich ihrer Leistungsgrenzen und ihrer Praktikabilität und der Einbringung von entsprechenden Vorschlägen für die amtliche Tierseuchenkontrolle.

Zusammensetzung: 7 Verwaltungsangehörige und Praktiker

Preiskuratorium zum Forschungspreis zur Förderung von methodischen Arbeiten mit dem Ziel der Einschränkung und des Ersatzes von Tierversuchen
Mitglieder: 6

Kommission zur Bewertung von Ersatz- und Ergänzungsmethoden zu Tierversuchen zur Unterstützung von ZEBET
Mitglieder: 6

Zum Geschäftsbereich des Bundesministeriums für Gesundheit gehören:

1 Bundesinstitut für Arzneimittel und Medizinprodukte

13353 Berlin, Seestr 10; Tel (0 30) 45 48-30; Fax (0 30) 45 48-32 07

Staatsrechtliche Grundlage und Aufgabenkreis:
Das Bundesinstitut für Arzneimittel und Medizinprodukte (BfArM) wurde durch das Gesundheitseinrichtungen-Neuordnungsgesetz vom 24. Juni 1994 (BGBl I S 1416) als selbständige Bundesoberbehörde errichtet.
Das BfArM wird national und in der Europäischen Union insbesondere tätig auf folgenden Gebieten:
– Zulassung von Fertigarzneimitteln auf der Grundlage der analytischen, pharmakalogisch und klinischen Prüfungen, soweit nicht das Bundesinistitut für gesundheitlichen Verbraucherschutz und Veterinärmedizin (BgVV) oder das Paul-Ehrlich-Institut zuständig sind
– Registrierung homöopathischer Arzneimittel mit Ausnahme der homöopathischen Tierarzneimittel
– Risikoerfassung und Bewertung sowie Durchführung von Maßnahmen nach dem Stufenplan
– Überwachung des Verkehrs mit Betäubungsmitteln
– Arbeiten zur medizinischen und technischen Sicherheit, Eignung und Leistung von Medizinprodukten
– beobachtete und gemeldete Risiken von Medizinprodukten zentral zu erfassen, auszuwerten, zu bewerten und insoweit die zu ergreifenden Maßnahmen zu koordinieren.

Leiter: Prof Dr med Alfred G Hildebrandt Dir und Prof

Fachgebiet 11: **Öffentlichkeitsarbeit, Pressestelle** Günther WissAngestellte
Fachgebiet L 12: **Europäische Grundlagen** Dr S von Ingersleben WissDir

Fachgruppe A 1 Steuerung
Leiter: Dr R Grase Dir und Prof

Fachgebiet A 11: **Wissenschaftliche Information und Dokumentation** Dr Wunsch Dir und Prof
Fachgebiet A 12: **Clearing** Matthey WissAngestellte

Fachgebiet A 13: **Antragssteuerung** Dr Kretschmer WissAng
Fachgebiet A 14: **Verfahrenssteuerung** Dr Lekschas WissR

Abt Z Verwaltung
Leiterin: M Hielscher RDirektorin

Fachgebiet Z 11: **Personal** Müller ROAR
Fachgebiet Z 12: **Haushalt, Beschaffung, Zuwendung und Kosten** Dr Gülle WissAng
Fachgebiet Z 13: **Organisation, Innerer Dienst, Bau, Technik** Schulz WissAng
Fachgebiet Z 14: **Recht** Domeyer RDir
Fachgebiet Z 15: **Bibliothek** Duda BiblR
Fachgebiet Z 16: **Informationstechnik** Urbach Dir und Prof
Fachgebiet Z 17: **Dokumentenerfassung** NN
Fachgebiet Z 18: **Fachliche Administration** Eitel ROAR

Abt 1 Zulassungsverfahren
Leiter: Dr K P Mohrbutter Dir und Prof

Fachgruppe 11 EU-Verfahren
Leiter: Dr R Elbers

Fachgebiet 111: **Vorprüfung, Projektbegleitung** Dr Buchwald WissAng
Fachgebiet 112: **Wissenschaftliche Betreuung und Koordination von Zulassungsverfahren vor Antragstellung und zentraler Zulassung CPMP** NN
Fachgebiet 113: **Dezentrale Verfahren** Dr Lehmann WissORätin
Fachgebiet 114: **Formalpharmazie, Parallelimporte** NN

Fachgruppe 12 Nationale Verfahren
Leiter: Dr J Lütz Dir und Prof

Fachgebiet 121: **Neue Stoffe** Bähr Direktorin und Professorin
Fachgebiet 122: **Arzneimittel mit besonderen Stoffen, besondere Zulassung** Dr Kirschbaum Dir und Prof
Fachgebiet 123: **Änderungen, Variations** NN
Fachgebiet 124: **Verlängerungen** Norden-Ehlert WissAngestellte

Abt 2 Nachzulassung, Bekannte Stoffe
Leiter: Prof Dr F W Hefendehl Dir und Prof

Fachgebiet 211: **Vorprüfung, Projektbegleitung** Dr Laube-Friese WissAngestellte
Fachgebiet 212: **Chemisch synthetische Stoffe I, Heilwässer, Dentalarzneimittel und Implantate** Dr Prielipp Dir und Prof
Fachgebiet 213: **Chemisch synthetische Stoffe II** Dr Muazzam WissOR
Fachgebiet 214: **Chemisch synthetische Stoffe III, Spezialfragen der Pharmazie** Dr Ottersbach WissOR
Fachgebiet 215: **Biologisch definierte Stoffe, Organtherapeutika, Gewebe** Dr Schmidt WissAng

Fachgruppe 22 Phytopharmaka, Homöopathika, Anthroposophika
Leiter: Dr K Keller Dir und Prof

Fachgebiet 221: **Pharmazie der Phytopharmaka** Reh WissAng (mdWdGb)
Fachgebiet 222: **Pharmazie der Homöopathika und Anthroposophika** Dr Wohlrebe WissOR
Fachgebiet 223: **Medizin der Phytopharmaka** Dr Wissinger-Gräfenhahn WissAngestellte
Fachgebiet 224: **Medizin der Homöopathika und Anthroposophika** Dr Hutterer WissAngestellte (mdWdGb)

Abt 3 Pharmazeutische Qualität
Leiter: NN

Fachgebiet 311: **Grundsatzangelegenheiten** Dr Fehlauer Dir und Prof
Fachgebiet 312: **Arzneibuch, Allgemeine Analytik** Dr Schnädelbach Dir und Prof
Fachgebiet 313: **Homöopathisches Arzneibuch, Standardregistrierung** Dr Wagler WissAngestellte
Fachgebiet 314: **Standardzulassung** Dr Wendt Dir und Prof
Fachgebiet 315: **Radiopharmaka, Anorganika** Dr Gerner Dir und Prof
Fachgebiet 316: **Chemisch-synthetische Stoffe** Dr Moll Dir und Prof
Fachgebiet 317: **Technologie fester Arzneizubereitungen** Dr Limberg WissOR
Fachgebiet 318: **Technologie nichtfester Arzneiformen** Dr Eichner Dir und Prof
Fachgebiet 319: **Gentechnisch hergestellte Stoffe** Dr Baeckmann WissDirektorin
Fachgebiet 321: **Biologisch definierte Stoffe** Dr Heintz Dir und Prof

Abt 4 Experimentelle Pharmakologie und Toxikologie
Leiter: Prof Dr T Ott WissAng

Fachgebiet 411: **Allgemeine Pharmakologie und Toxikologie** NN
Fachgebiet 412: **Sicherheitstoxikologie, lokale Verträglichkeit** Dr Grosdanoff Dir und Prof
Fachgebiet 413: **Toxikologische Pathologie, Kanzerogenität** Dr Schmidt Dir und Prof
Fachgebiet 414: **Gentoxizität, Kurzzeitkanzerogenität** Dr Müller WissOR
Fachgebiet 415: **Reproduktionstoxizität** Dr Ulbrich WissORätin
Fachgebiet 416: **Immuntoxikologie, Biotechnologie** Dr Scheibner Dir und Prof
Fachgebiet 417: **Biochemische Toxikologie, Toxikokinetik** Dr Olejniczak Dir und Prof
Fachgebiet 418: **Molekulare Medizin** Dr Kleeberg WissDir

Abt 5 Klinische Pharmakologie I
Leiter: Dr G Kreutz Dir und Prof

Fachgruppe 51 Serviceeinheit Biometrie
Leiter: Prof Dr Röhmel Dir und Prof

Fachgebiet 511: **Biostatistik** Prof Dr Röhmel Dir und Prof
Fachgebiet 512: **Versuchsplanung** Dr Kretschmer WissDir
Fachgebiet 513: **Pharmakoepidemiologie** Dr Bertelsmann WissDirektorin

Fachgruppe 52 Infektiologie, Rheumatologie, Pneumologie
Leiter: Prof Dr W Christ Dir und Prof

Fachgebiet 521: **Infektiologie** Dr Steinheider WissDir
Fachgebiet 522: **Rheumatologie** Dr Reiter WissORätin
Fachgebiet 523: **Pneumologie** Dr Langen WissORätin

Fachgruppe 53 Dermatologie, Ophthalmologie
Leiter: Prof Dr A Zesch Dir und Prof

Fachgebiet 531: **Dermatologie, Allergologie** Schulz WissAngestellte (mdWdGb)
Fachgebiet 532: **Ophthalmologie, Innere Diagnostika** Courant WissAngestellte (mdWdGb)

Fachgruppe 54 Gastroenterologie, Hepatologie, Stoffwechsel
Leiter: Dr C Steffen WissDir

Fachgebiet 541: **Gastroenterologie, Hepatologie** Dr Garbe WissDirektorin
Fachgebiet 542: **Stoffwechsel** Dr Lottis WissRätin

Abt 6 Klinische Pharmakologie II
Leiterin: Dr M Holz-Slomcyk Direktorin und Professorin

Fachgebiet 611: **Medizinische Fragen der Nachzulassung** Dr Koch WissAng; Dr Laschinski WissAngestellte
Fachgebiet 612: **Wissenschaftliche Vorprüfung § 40 AMG** Dr Hackenberger WissAng

Fachgruppe 62 Kardiovaskuläres System, Nephrologie
Leiterin: Dr U Hoppe Direktorin und Professorin

Fachgebiet 621: **Angiologie, Nephrologie, Hämostaseologie** Dr Hertrampf WissDirektorin
Fachgebiet 622: **Kardiologie, Hypertonie** Dr Kuschinsky Wiss Direktorin

Fachgruppe 63 Neurologie, Psychiatrie, Anaestesiologie, Sucht
Leiterin: Dr U Kern Direktorin und Professorin

Fachgebiet 631: **Neurologie** Prof Dr Karkos WissDir
Fachgebiet 632: **Anaestesiologie, Algesiologie** Dr Menges WissOR
Fachgebiet 633: **Sucht** Dr Goedecke Dir und Prof

Fachgruppe 64 Onkologie, Immunologie
Leiter: Dr H Christen Dir und Prof

Fachgebiet 641: **Onkologie** Dr Stock WissOR
Fachgebiet 642: **Immunologie** NN

Fachgruppe 65 Endokrinologie, Gynäkologie, Diabetologie
Leiter: Dr W Elsäßer Dir und Prof

Fachgebiet 651: **Endokrinologie** Dr Klotzbach Wiss-Angestellte
Fachgebiet 652: **Gynäkologie, Andrologie** NN

Abt 7 Arzneimittelverkehr
Leiter: Dr J Beckmann Dir und Prof
Ständiger Vertreter: Dr U Hagemann WissDir

Fachgebiet 711: **Risikoerfassung** Dr Paeschke WissAng
Fachgebiet 712: **Medizininformatik** Dr Zinnhobler WissDir
Fachgebiet 713: **Einzelbewertung und Risikoermittlung** Dr Hillen WissAng
Fachgebiet 714: **Biologische Arzneimittel, Implantate** Bauer WissAng
Fachgebiet 715: **EU-Angelegenheiten** Dr Kreuschner WissOR
Fachgebiet 717: **Risikoverfahren** Dr Thiele Dir und Prof
Fachgebiet 718: **Risikoinformationen** Dr Dejas-Eckertz WissAngestellte

Abt 8 Bundesopiumstelle
Leiterin: Dr C Lander Direktorin und Professorin

Fachgebiet 811: **Betäubungsmittelverkehr bei wissenschaftlichen Einrichtungen** Wolff WissORätin
Fachgebiet 812: **Betäubungsmittelverkehr bei Herstellern, grenzüberschreitender Verkehr** Dr Kleinert WissAng
Fachgebiet 813: **Besondere Angelegenheiten der BtMVV** NN
Fachgebiet 814: **Betäubungsmittelverkehr bei Binnenhändlern und Anbauern, Sicherungsmaßnahmen** Dr Schinkel WissDir
Fachgebiet 815: **Grundstoffüberwachung** Rohr WissRätin

Abt 9 Medizinprodukte (MPe)
Leiter: NN

Geschäftsstelle Medizinprodukte Pekel VwAng

Fachgruppe 91 Aktive Medizinprodukte, Medizintechnik
Leiter: NN

Fachgebiet 911: **Aktive implantierbare Medizinprodukte** Dr Stößlein WissAng
Fachgebiet 912: **Aktive nicht implantierbare Medizinprodukte** Dr Hoffmann WissAng
Fachgebiet 913: **Aktive Medizinprodukte in der Orthopädie, Rehabilitation und Physiotherapie** Meißner WissAng

Fachgruppe 92 Nichtaktive Medizinprodukte
Leiter: Dr E Tschöpe Dir und Prof

Fachgebiet 921: **Implantate, Biomaterialien** Dr Mientus Dir und Prof
Fachgebiet 922: **Dentalprodukte, Grundstoffe** Dr Zinke WissAngestellte
Fachgebiet 923: **Verbandstoffe, Krankenpflegeprodukte, Produkte zur Empfängnisverhütung, Produkte zur Verhütung von Geschlechtskrankheiten** Dr Thürich WissAng

Fachgruppe 93 Labordiagnostika
Leiter: NN

Fachgebiet 931: **Klinische Chemie, Biochemie, Hämatologie** NN
Fachgebiet 932: **Radioaktiv markierte Medizinprodukte, Mikrobiologie, Immunologie** NN

Fachgruppe 94 Koordination, Normung und Forschung
Leiter: NN

Fachgruppe 95 Risikoabwehr
Leiter: Dr R Kaiser WissAng

2 Robert Koch-Institut

– Bundesinstitut für Infektionskrankheiten und nicht übertragbare Krankheiten –

13353 Berlin, Nordufer 20; Tel (0 30) 45 47-4; Fax (0 30) 45 47-23 28

Staatsrechtliche Grundlage und Aufgabenkreis:
Durch das BGA-Nachfolgegesetz vom 24. Juni 1994 (BGBl I S 1416) wurde im Geschäftsbereich des Bundesministeriums für Gesundheit unter dem Namen „Robert-Koch-Institut" das Bundesinstitut für Infektionskrankheiten und nicht übertragbare Krankheiten als selbständige Bundesoberbehörde errichtet.
Das Bundesinstitut wird insbesondere tätig auf den Gebieten
- Erkennung, Verhütung und Bekämpfung von übertragbaren und nicht übertragbaren Krankheiten,
- epidemiologische Untersuchungen auf dem Gebiet der übertragbaren und nicht übertragbaren Krankheiten einschließlich der Erkennung und Bewertung von Risiken sowie der Dokumentation und Information,
- Sammlung und Bewertung von Erkenntnissen und Erfahrungen zu HIV-Infektionen und AIDS-Erkrankungen einschließlich der gesellschaftlichen und sozialen Folgen,
- Gesundheitsberichterstattung,
- Risikoerfassung und -bewertung bei gentechnisch veränderten Organismen und Produkten, Erarbeitung geeigneter Sicherheitsmaßnahmen, Durchführung des Gentechnikgesetzes, Humangenetik,
- gesundheitliche Fragen des Transports gentechnisch veränderter Organismen und Produkte.

Leiter: Prof Dr Reinhard Kurth

Pressestelle Edgar Muschketat
Verwaltung Klaus Jürgen Henning RDir
Bibliothek Klaus Gerber WissAng

Fachbereich 1 Virologie
Leiter: Prof Dr Georg Pauli Dir und Prof

Fachgruppe 11 Klinische Virologie
Leiterin: Dr Johanna L'age-Stehr Direktorin und Professorin

Fachgebiet 111: **Klinische Virologie, Influenza und virale Zoonosen** Dr Timm WissDir
Fachgebiet 112: **Tropische Viruskrankheiten, Reisemedizin, Gelbfieberprävention** Dr L'age-Stehr Direktorin und Professorin
Fachgebiet 113: **Masern, Mumps, Röteln, Poliomyelitis und andere Enteroviren** Dr Gerike WissAngestellte
Fachgebiet 114: **Retrovirologie** Dr Kucherer WissAngestellte

Fachgruppe 12 Experimentelle Virologie
Leiter: Dr Hans Gelderblom Dir und Prof

Fachgebiet 121: **Molekulare Virologie, Non-A-Non-B-Hepatitiden** Dr Schreier Dir und Prof
Fachgebiet 122: **Virusfeinstruktur, Struktur-Funktions-Beziehungen** Dr Gelderblom Dir und Prof
Fachgebiet 123: **Unkonventionelle Erreger und chronisch-degenerative Erkrankungen** Prof Dr Diringer Dir und Prof

Fachbereich 2 Bakteriologie, Mykologie, Parasitologie
Leiter: Prof Dr Franz Fehrenbach Dir und Prof

Fachgruppe 21 Klinische Bakteriologie, Mykologie, Parasitologie
Leiter: Prof Dr Franz Fehrenbach Dir und Prof

Fachgebiet 211: **Klinische Bakteriologie, Legionellen** Prof Dr Fehrenbach Dir und Prof
Fachgebiet 212: **Klinische Mykologie** Dr Tintelnot WissAngestellte
Fachgebiet 213: **Klinische Parasitologie** Dr Janitschke Dir und Prof
Fachgebiet 214: **Enterobacteriacae, pathogene E coli** Dr Beutin WissAng

Fachgruppe 22 Experimentelle Bakteriologie
Leiter: Dr Helmut Tschäpe Dir und Prof

Fachgebiet 221: **Molekulare Bakteriologie grampositiver Erreger** Dr Witte Dir und Prof
Fachgebiet 222: **Molekulare Resistenz und Pathogenitätsfaktoren, Resistenzentwicklung** Dr Tietze Wiss
Fachgebiet 223: **Zellwand und Antibiotikaresistenz** Dr Seltmann WissAng
Fachgebiet 224: **Salmonellen und andere pathogene Darmkeime** Dr Tschäpe Dir und Prof

Fachbereich 3 Immunologie, Infektabwehr
Leiter: Prof Dr Reinhard Burger Dir und Prof

Fachgruppe 31 Infektabwehr, Immunstatus
Leiter: Dr Jörg Wecke Dir und Prof

Fachgebiet 311: **Schnelldiagnostik bei Infektions- und Entzündungsprozessen** Dr Naumann WissAng
Fachgebiet 312: **Chronische Entzündung und Immunstatus** Dr Wecke Dir und Prof
Fachgebiet 313: **Immunmodulation** Masihi WissAng

Fachgruppe 32 Immunologie
Leiter: Prof Dr Reinhard Burger Dir und Prof

Fachgebiet 321: **Molekulare Immunologie** Dr Schäfer WissAng
Fachgebiet 322: **Zelluläre Infektionsabwehr** Dr Kiderlen WissAng
Fachgebiet 323: **Immunhämatologie, Immungenetik** Dr Kroczek WissDir

Fachbereich 4 Infektionsepidemiologie, AIDS-Zentrum, Hygiene
Leiter: Dr Rüdiger Fock Dir und Prof

Fachgruppe 41 Infektionsepidemiologie, AIDS-Zentrum
Leiter: Dr Bernhard Schwartländer Dir und Prof

Fachgebiet 411: **Meldepflichtige Krankheiten** Dr Rasch WissAng
Fachgebiet 412: **Sexuell übertragbare Krankheiten und AIDS** Dr Hamouda WissAng
Fachgebiet 413: **Sentinel-Überwachungen** NN
Fachgebiet 414: **Impfprogramme** Prof Dr Thilo WissAngestellte
Fachgebiet 415: **Klinische Forschung, Forschungsförderung und Projektträgerschaft** Dr Vettermann WissDir
Fachgebiet 416: **Psychosoziale und demographische Aspekte, Information** Dr Tiemann WissDir

Fachgruppe 42 Hygiene
Leiter: Dr Jürgen Peters Dir und Prof

Fachgebiet 421: **Erfassung, Bewertung und Qualitätssicherung von Hygienemaßnahmen, Hygiene in medizinischen Einrichtungen** NN
Fachgebiet 422: **Desinfektion, Sterilisation** Dr Peters Dir und Prof
Fachgebiet 423: **Nosokomiale Infektionen, angewandte Seuchenhygiene** Dr Nassauer Dir und Prof

Fachbereich 5 Genetik, Gentechnik
Leiter: Dr Hans-Jörg Buhk Dir und Prof

Fachgruppe 51 Mikrobiologie und Pflanzengenetik
Leiter: Dr Bernd Appel Dir und Prof

Fachgebiet 511: **Biotechnologie – molekularbiologische Verfahren** Dr Strauch WissOR
Fachgebiet 512: **Mikrobielle Genetik** Dr Lewin WissORätin
Fachgebiet 513: **Molekularbiologie der Pflanzen und Populationsgenetik** Prof Dr Brandt Dir und Prof
Fachgebiet 514: **Pflanzenvirologie und Agrarbiologie** Dr Ehlers WissDir
Fachgebiet 515: **Wissenschaftlich-administrative Dienste, Freisetzung/Inverkehrbringen von Pflanzen und Mikroorganismen, SNIF** Prof Dr Appel Dir und Prof
Fachgebiet 516: **Risikobewertung bei bakteriellen Empfängerorganismen, Vibrionen** Dr Stephan WissDir
Fachgebiet 517: **Genetik der Resistenz von Mikroorganismen** Dr Maidhof WissAng

Fachgruppe 52 Molekulargenetik
Leiter: Prof Dr Dietrich Arndt WissAng

Fachgebiet 521: **Genregulation und DNA-Replikation** Dr Kruczek Direktorin und Professorin
Fachgebiet 522: **Humangenetik und Gentherapie** Dr Rohdewohld WissORätin
Fachgebiet 523: **Virale Vektoren und Impfstoffe** Dr Ehlers WissOR
Fachgebiet 524: **Wissenschaftliches Sekretariat der ZKBS** Dr Mertens WissDirektorin
Fachgebiet 525: **Dokumentation** Dettweiler WissR

Fachbereich 6 Nicht übertragbare Krankheiten, Gesundheitsberichterstattung
Leiterin: Dr Bärbel Bellach Direktorin und Professorin

Fachgruppe 61 Epidemiologie nicht übertragbarer Krankheiten
Leiter: Prof Dr Karl Bergmann Dir und Prof

Fachgebiet 611: **Allgemeine Mortalität und Morbidität, Gesundheitsbericht** Dr Ziese WissAng
Fachgebiet 612: **Statistische Methoden, Prozeßdaten, Ressourcen des Gesundheitswesens, demographische Grundlagen der GBE** NN
Fachgebiet 613: **Krebskrankheiten, Dachdokumentation Krebs** Dr Schön Dir und Prof
Fachgebiet 614: **Herz-Kreislauf-Krankheiten, Diabetes** Dr Wiesner WissAng

Fachgruppe 62 Gesundheitsrisiken und Prävention
Leiter: Dr Wolfgang Thefeld Dir und Prof

Fachgebiet 621: **Methoden der Risikoermittlung und Risikobewertung, allgemeine Epidemiologie** Mensink WissAng
Fachgebiet 622: **Ernährungsbedingte Gesundheitsrisiken** Hermann-Kunz WissAngestellte
Fachgebiet 623: **Rauchen, Alkohol, Arzneimittelmißbrauch** Dr Melchert Dir und Prof
Fachgebiet 624: **Gesundheit von Schwangeren und Säuglingen** Prof Dr Tietze Dir und Prof
Fachgebiet 625: **Kinder- und Jugendmedizin, präventive Konzepte** Dr Hüttner WissAng
Fachgebiet 626: **Klinisch-chemische und medizinisch-physikalische Untersuchungen, Feldstudien, Surveys, epidemisches Datenzentrum** Dr Thierfelder WissAng
Fachgebiet 627: **Umweltmedizin** Dr Eiss WissOR

3 Bundesinstitut für gesundheitlichen Verbraucherschutz und Veterinärmedizin (BgVV)

14195 Berlin, Thielallee 88-92; Tel (0 30) 84 12-0; Fax (0 30) 84 12-47 41; Telex 18 40 16

Staatsrechtliche Grundlage und Aufgabenkreis:
Durch das BGA-Nachfolgegesetz vom 24. Juni 1994 (BGBl I S 1416) wurde im Geschäftsbereich des Bundesministeriums für Gesundheit das Bundesinstitut für gesundheitlichen Verbraucherschutz und Veterinärmedizin als selbständige Bundesoberbehörde errichtet. Sitz in Berlin; Außenstellen befinden sich in Dessau, Jena und Wernigerode.

Das Bundesinstitut wird insbesondere tätig auf folgenden Gebieten:
- Sicherung des Gesundheitsschutzes im Hinblick auf Lebensmittel, Tabakerzeugnisse, kosmetische Mittel und sonstige Bedarfsgegenstände, Pflanzenschutz und Schädlingsbekämpfungsmittel sowie Chemikalien,
- Schutz von Mensch und Tier vor gesundheitlichen Risiken, die von Zusatzstoffen oder unerwünschten Stoffen in Futtermitteln für Nutztiere ausgehen können,
- Bewertung der Gesundheitsgefährlichkeit von Chemikalien, Abwehr von Gefahren einschließlich Einstufung und Kennzeichnung, Dokumentation und Information zu Vergiftungsgeschehen,
- Erkennen und Aufrechterhalten des Gesundheitsstatus von Einzeltieren und Tierbeständen, die zur Gewinnung von Lebensmitteln bestimmt sind, im Hinblick auf Zoonosen,
- Schutz des Menschen vor Krankheiten, die von Tieren auf Menschen übertragen werden können (Zoonosen),
- Zulassung und Registrierung von Arzneimitteln, die zur Anwendung bei Tieren bestimmt sind, nach den arzneimittelrechtlichen Vorschriften einschließlich der Risikoerfassung und Bewertung,
- Erfassung und Bewertung von Ersatz- und Ergänzungsmethoden zu Tierversuchen sowie spezielle Fragen des Tierschutzes,
- Aufbereitung, Zusammenfassung, Bewertung, Dokumentation und Berichterstattung im Hinblick auf die bei der Durchführung des Lebensmittel-Monitorings nach § 46 d des Lebensmittel- und Bedarfsgegenständegesetzes übermittelten Ergebnisse sowie die Durchführung von Laborvergleichsuntersuchungen und Ringversuchen,
- Wahrnehmung der Funktion eines gemeinschaftlichen oder nationalen Referenzlabors für Lebensmittel, soweit für diese Aufgaben aufgrund von Rechtsakten der Europäischen Union das Bundesgesundheitsamt benannt ist oder in Zukunft das Bundesinstitut benannt wird,
- Fragen der Ernährungsmedizin, Bundeslebensmittelschlüssel,
- Risikoerfassung und -bewertung bei gentechnisch veränderten Lebensmitteln einschließlich Tieren, von denen Lebensmittel gewonnen werden,
- gesundheitliche Fragen des Transports gefährlicher Güter, insbesondere giftiger und ätzender Stoffe.

Leiter: Prof Dr Dr h c Arpad Somogyi Dir und Prof

Zentrale Verwaltung
Leiterin: Lange-Lehngut AbtPräsidentin

Ref Z 1: **Personalangelegenheiten** Seiffert RDir
Ref Z 2: **Haushalt** Hartmann ROAR
Ref Z 3: **Organisation, Innerer Dienst, Bau und Technik** Dr Baum RDir
Ref Z 4: **Informationstechnik** Dr Stopp WissDir
Ref Z 5: **Forschung, Öffentlichkeitsarbeit, Bibliothek** Jürgens ROAR
Ref Z 6: **Rechtsangelegenheiten** Bartelt RDir

Fachbereich 1 Toxikologie der Lebensmittel und Bedarfsgegenstände, Ernährungsmedizin
Leiter: Dr Grunow Dir und Prof

Fachgruppe 11 Ernährungsmedizin
Leiter: Dr Großklaus Dir und Prof

Fachgebiet 111: **Ernährungsphysiologie und -biochemie** Dr Viell Dir und Prof
Fachgebiet 112: **Ernährungsprophylaxe und -therapie** Prof Dr Przyrembel Direktorin und Professorin
Fachgebiet 113: **Ernährung und diätetische Lebensmittel** Dr Hesecker WissAng
Fachgebiet 114: **Ernährungsmedizinische Aspekte neuartiger Lebensmittel** Dr Wörner WissAngestellte

Fachgruppe 12 Toxikologie der Lebensmittel und Bedarfsgegenstände
Leiter: Dr Grunow Dir und Prof

Fachgebiet 121: **Toxikologie der Lebensmittelinhalts- und -zusatzstoffe** Dr Altmann Dir und Prof
Fachgebiet 122: **Toxikologie der kosmetischen Mittel** Dr Schleusser WissAngestellte
Fachgebiet 123: **Toxikologie der Materialien in Kontakt mit Lebensmitteln, kosmetischen Mitteln und Tabakerzeugnissen** Dr Böhme Dir und Prof
Fachgebiet 124: **Toxikologie von Genußmitteln und Tabakwaren** Dr Dusemund WissAngestellte
Fachgebiet 125: **Toxikologie der Schwermetalle und anderer Lebensmittelkontaminanten** Dr Schmidt WissDir
Fachgebiet 126: **Toxikologie der sonstigen Bedarfsgegenstände** Dr Platzek Dir und Prof

Fachbereich 2 Chemie und Technologie der Lebensmittel und Bedarfsgegenstände
Leiter: Dr Bögl Dir und Prof

Fachgebiet 201: **Fragen des LMBG und Zusatzstoffe, Geschäftsstelle des § 35 LMBG** Dr Lucas Dir und Prof
Fachgebiet 202: **Kontaminanten, Mykotoxine** Dr Weber WissDir

Fachgebiet 203: **Chemie der neuartigen Lebensmittel und Gentechnik** Dr Schauzu WissDirektorin
Fachgebiet 204: **Wein und andere Getränke** Dr Wittkowski Dir und Prof
Fachgebiet 205: **Bedarfsgegenstände** Dr Richter WissDir
Fachgebiet 206: **Rückstandsanalytik** NN
Fachgebiet 207: **Tabak und Kosmetika** Dr Daichau WissAng
Fachgebiet 208: **Instrumentelle Analytik** Dr Palavinskas WissR

Fachgruppe 21 Auswirkungen technologischer Verfahren
Leiter: Dr Bögl Dir und Prof

Fachgebiet 211: **Allgemeine Lebensmitteltechnologie, Mikrowellen** Dr Dehne WissOR
Fachgebiet 212: **Lebensmittelbestrahlung** Dr Schreiber WissAng
Fachgebiet 213: **Bestrahlung von Kunststoffen und Bedarfsgegenständen, Alternativverfahren zur Bestrahlung** Boess WissAng
Fachgebiet 214: **Bundeslebensmittelschlüssel** Dr Dehne WissOR

Fachbereich 3 Hygiene der Lebensmittel und Bedarfsgegenstände
Leiter: NN

Fachgebiet 301: **Mikrobiologie und Hygiene** Dr Teufel Dir und Prof
Fachgebiet 302: **Fleisch- und Geflügelfleischhygiene** Dr Weise Dir und Prof
Fachgebiet 303: **Epidemiologie von Lebensmittelvergiftungen einschließlich nat Referenzlabor für marine Biotoxine** Dr Walther WissDir
Fachgebiet 304: **Milchhygiene, Herstellung von Referenzmaterial sowie Methodenstandardisierung** Dr Feier WissDir
Fachgebiet 305: **Mitwirkung bei Hygieneüberprüfungen in zugelassenen EU-Betrieben** Dr Schütt-Abraham WissAngestellte
Fachgebiet 306: **Pathologie** Dr Reetz WissOR
Fachgebiet 307: **FAO/WHO Collaborating Centre** Dr Schmidt WissORätin

Fachbereich 4 Bakterielle Tierseuchen und Bekämpfung von Zoonosen
Leiter: Prof Dr Meyer WissAng

Fachgruppe 41 Bakteriell bedingte Infektionskrankheiten bei Tieren
Leiter: Prof Dr Schimmel WissAng

Fachgebiet 411: **Bakteriologie lokaler Infektionen** Dr Schulze WissAng
Fachgebiet 412: **Bakteriologie allgemeiner Infektionen** Prof Dr Schimmel WissAng
Fachgebiet 413: **Biochemie der Bakterien** Prof Dr Erler WissAng
Fachgebiet 414: **Bakteriell-virale Mischinfektionen** Dr Otto WissAng
Fachgebiet 415: **Mykologie** Prof Dr Kielstein WissAng
Fachgebiet 416: **Mykoplasmen** NN

Fachgruppe 42 Bekämpfung von Zoonosen
Leiter: Prof Dr Steinbach WissAng

Fachgebiet 421: **Immunologische Grundlagen der Zoonosenbekämpfung** Prof Dr Müller WissAng
Fachgebiet 422: **Infektionsabwehrmechanismen** Prof Dr Steinbach WissAng
Fachgebiet 423: **Histologie** Dr Günther WissAng
Fachgebiet 424: **Zelluläre Testsysteme in der Mikrobiologie** Dr Hänel WissAngestellte
Fachgebiet 425: **Veterinärmedizinische Aspekte der Gentechnik** Dr Sachse WissAng
Fachgebiet 426: **Biostatistik** Dr Diller WissAng

Fachbereich 5 Diagnostik und Epidemiologie
Leiter: Dr Protz Dir und Prof

Fachgebiet 501: **Molekularbiologie und Veterinärmedizinische Salmonella-zentrale** Dr Helmuth Dir und Prof
Fachgebiet 502: **Bakteriologie** Dr Perlberg WissAng
Fachgebiet 503: **Allgemeine Virologie und Elektronenmikroskopie** Dr Mields WissDir
Fachgebiet 504: **Virale Zoonosen** Dr Süss WissDir
Fachgebiet 505: **Immunologie** Dr Staak Dir und Prof
Fachgebiet 506: **Parasitologie** Dr Voigt WissDir

Fachbereich 6 Tierarzneimittelzulassung und -rückstandskontrolle, Futterzusatzstoffe
Leiter: Prof Dr Kroker Dir und Prof

Fachgebiet 601: **Zentrale Steuerung der Zulassung, Aufbereitung, Nachzulassung** Dr Dotter Dir und Prof
Fachgebiet 602: **Antimikrobiell, hormonell und zentral wirksame Tierarzneimittel** Dr Eglit Direktorin und Professorin
Fachgebiet 603: **Antiparasitär wirksame und andere Tierarzneimittel, Umweltverträglichkeit** Dr Ibrahim WissORätin
Fachgebiet 604: **Koordinierung der Höchstmengenfestsetzung, toxikologische Beurteilung** NN
Fachgebiet 605: **Formalpharmazie und Qualitätsbeurteilung von Tierarzneimitteln** Dr Möller WissDir
Fachgebiet 606: **Wartezeiten, Rückstandsbeurteilung** Dr Mallick Dir und Prof
Fachgebiet 607: **Rückstandsnachweisverfahren für pharmakologisch wirksame Stoffe** Dr Balizs WissDir
Fachgebiet 608: **Rückstandskontrolle, Referenzlabor (ZERF)** Dr Jülicher WissDir
Fachgebiet 609: **Futterzusatzstoffe und Tierernährung** Dr Siewert Dir und Prof
Fachgebiet 610: **Versuchstierkunde** Dr Scharmann Dir und Prof

Fachbereich 7 Pflanzenschutz- und Schädlingsbekämpfungsmittel
Leiter: Dr Lingk Dir und Prof

Fachgebiet 701: **Dokumentation** NN
Fachgebiet 702: **Zulassung von Pflanzenschutzmitteln, Koordination und Rückstandsbewertung** Dr Hans Direktorin und Professorin
Fachgebiet 703: **Gesundheitliche Bewertung von Wirk- und Beistoffen** Dr Hilbig Dir und Prof
Fachgebiet 704: **Auswirkung von Pflanzenschutzmitteln auf Trinkwasser und Tiere** Dr Alder WissR

Fachgruppe 71 Anwendersicherheit von Pflanzenschutz- und Schädlingsbekämpfungsmitteln
Leiter: Dr Westphal WissDir

Fachgebiet 711: **Anwendersicherheit von Pflanzenschutzmitteln** Dr Westphal WissDir
Fachgebiet 712: **Einstufung und Kennzeichnung von Pflanzenschutz- und Schädlingsbekämpfungsmitteln** Dr Appel Dir und Prof
Fachgebiet 713: **Schädlingsbekämpfungsmittel** Dr Schäffer Dir und Prof
Fachgebiet 714: **Holzschutzmittel** Dr Reifenstein WissOR

Fachbereich 8 Chemikalienbewertung
Leiterin: Dr Gundert-Remy Direktorin und Professorin

Fachgruppe 81 Stoffbewertung, Bearbeitung neuer Stoffe
Leiter: Dr Roll Dir und Prof

Fachgebiet 811: **Koordination der Bewertung neuer Stoffe** Dr Roll Dir und Prof
Fachgebiet 812: **Akute Toxizität, Sensibilisierung** Dr Cremer-Schlede WissAngestellte
Fachgebiet 813: **Mutagenität, Kanzerogenität** Dr Madle Dir und Prof
Fachgebiet 814: **Chronische Toxizität, Pathologie, Histopathologie** Dr Richter-Reichheim Dir und Prof
Fachgebiet 815: **Reproduktionstoxikologie** Dr Vogel WissR
Fachgebiet 816: **Biochemische Toxikologie, Toxikokinetik** Prof Dr Wettig WissAng

Fachgruppe 82 Vollzugsaufgaben, Bearbeitung von Altstoffen, Schadstoffe
Leiter: Dr Schuster Dir und Prof

Fachgebiet 821: **Koordination der Bewertung von Altstoffen, Maßnahmenvorschläge** Dr Hertel Dir und Prof
Fachgebiet 822: **Sicherheitstoxikologie** Dr Elstner WissDir
Fachgebiet 823: **Sicherheitstechnik** Dr Kunde Dir und Prof
Fachgebiet 824: **Datenerfassung und -verarbeitung** Dr Sonneborn Dir und Prof
Fachgebiet 825: **Molekulare Toxikologie/Schadstoffe, Expositionserfassung und -bewertung** Dr Heinrich-Hirsch WissORätin
Fachgebiet 826: **Gute Laborpraxis/GLP-Bundesstelle** Dr Hembeck Dir und Prof

Fachgruppe 83 Vergiftungsgeschehen
Leiter: Dr Heinemeyer Dir und Prof

Fachgebiet 831: **Klinische Toxikologie, Vergiftungsbewertung** Dr Heinemeyer Dir und Prof
Fachgebiet 832: **Zentrale Erfassungsstelle für Vergiftungen** Dr Hahn WissAng
Fachgebiet 833: **Zentrale Erfassung für gefährliche Stoffe und Zubereitungen** Dr Liebenow WissAng
Fachgebiet 834: **Datenverbund, Vergiftungen** Dr Fabricius WissDir

Fachgruppe 91 Zentralstelle zur Erfassung und Bewertung von Ersatz- und Ergänzungsmethoden zum Tierversuch/ZEBET)
Leiter: Dr Spielmann Dir und Prof

ZEBET 1: **Dokumentation und Information**
ZEBET 2: **Bewertung**
ZEBET 3: **Forschung**
Fachgebiet 911: **Spezielle Fragen des Tierschutzes** Dr Wormuth Dir und Prof

Fachgruppe 92 Zentrale Erfassungs- und Bewertungsstelle für Umweltchemikalien (ZEBS)
Leiter: Dr Arnold Dir und Prof

ZEBS 1: **FAO/WHO – Collaborating, Centre of Food, Contamination, Monitoring**
ZEBS 2: **Biometrie, ZEBS-Datenbank**
ZEBS 3: **Bewertung**

4 Bundeszentrale für gesundheitliche Aufklärung (BZgA)

51109 Köln, Ostmerheimer Str 220; Tel (02 21) 89 92-0; Telex 8 873 658 bzga d; Fax (02 21) 8 99 23 00

Staatsrechtliche Grundlage und Aufgabenkreis:
Die Bundeszentrale für gesundheitliche Aufklärung ist durch Erlaß vom 20. Juli 1967 (GMBl S 374) errichtet worden. Sie ist eine nichtrechtsfähige Bundesanstalt mit ihrem Sitz in Köln.
Ihre Aufgabe ist es, der Erhaltung und Förderung der Gesundheit der Menschen zu dienen, insbesondere durch Erarbeitung von Grundsätzen und Richtlinien für Inhalt und Methoden der praktischen Gesundheitserziehung, Ausbildung und Fortbildung der auf dem Gebiet der Gesundheitserziehung und Gesundheitsaufklärung tätigen Personen, Koordinierung und Verstärkung der gesundheitlichen Aufklärung und Gesundheitserziehung im Bundesgebiet und Zusammenarbeit mit dem Ausland.

Direktorin: Dr Pott
Ständiger Vertreter: Schnocks Ang

Verwaltung Wigger ORR

Abt 1 Prävention von Krankheiten und Mißbrauchsverhalten/Sucht
Leiter: Marsen-Storz Ang

Ref 11: Volkskrankheiten Marsen-Storz Ang
Ref 12: **Maßnahmen zur AIDS-Bekämpfung** Dr Dr Müller
Ref 13: **Maßnahmen zur AIDS-Bekämpfung; Mißbrauchsverhalten (Drogen, Sucht)** Dr Nöcker
Ref 14: **Verhütung ernährungsbedingter Erkrankungen, Ernährungsaufklärung und Verbraucherschutz** Mann Luoma Ang

Abt 2 Grundlagen und Koordination
Leiter: Welsch Ang

Ref 21: **Aufgabenplanung und Koordinierung, Projektablaufplanung** Eltischer Ang
Ref 22: **Zusammenarbeit mit Ländern und Verbänden** Welsch Ang
Ref 23: **Auslandsbeziehungen** NN
Ref 24: **Veranstaltungen zur Fort- und Weiterbildung in der Gesundheitserziehung, Erwachsenenbildung, Interventionsprogramme** Lehmann RDir
Ref 25: **Wissenschaftliche Untersuchungen, Erfolgskontrolle, Dokumentation** Töppich RDir

Abt 3 Methoden, Strategien, Zielgruppen
Leiter: Schnocks Ang

Ref 31: **Gesundheitserziehung durch die Familie, Gesundheit des Kindes** Lübke Ang
Ref 32: **Gesundheitserziehung in Schulen** NN
Ref 33: **Audiovisuelle Medien** Brandt RDir
Ref 34: **Ausstellungen, Werkstatt, Personalkommunikative AIDS-Aufklärung** NN

Abt 4 Sexualaufklärung, Verhütung, Familienplanung
Leiter: H Lehmann Ang (mdWb)

Ref 41: **Sexualaufklärung** Schroll Ang
Ref 42: **Familienplanung, Verhütung** Paul Ang (mdWb)
Ref 43: **Zusammenarbeit mit Ländern, Gemeinden, Verbänden und sonstigen Institutionen; Koordinierung der Aufklärungs- und Bildungsarbeit, Fortbildung** Lehmann Ang
Ref 44: **Wissenschaftliche Untersuchungen, Erfolgskontrolle, Dokumentation (Sexualaufklärung)** NN
Ref 45: **Audiovisuelle Medien (Sexualaufklärung)** NN

Gremium, dessen sich die Bundeszentrale bei Durchführung ihrer Aufgaben bedient:

Ständiger Ausschuß der Gesundheitserziehungsreferenten der Obersten Landesgesundheitsbehörden und Gesundheitserziehungsreferenten der Kultusminister und -Senatoren der Länder und erweiterter Arbeitskreis der Gesundheitserziehungsreferenten und Geschäftsführer der Landeszentralen für Gesundheitserziehung sowie die Bundesvereinigung für Gesundheit EV
Zusammensetzung: 34 Mitglieder

5 Deutsches Institut für medizinische Dokumentation und Information (DIMDI)

50939 Köln, Weißhausstr 27; Tel (02 21) 47 24-1; Fax (02 21) 41 14 29

Staatsrechtliche Grundlage und Aufgabenkreis:
Das Deutsche Institut für medizinische Dokumentation und Information ist durch Erlaß vom 1. September 1969 (GMBl S 401) als nichtrechtsfähige Bundesanstalt errichtet worden.
Seine Aufgabe ist es, in- und ausländische Literatur und sonstige Informationen auf dem Gesamtgebiet der Medizin und ihrer Randgebiete unter Einsatz der elektronischen Datenverarbeitung zu erfassen, auszuwerten, zu speichern und der fachlich interessierten Öffentlichkeit laufend oder auf Anfrage bekanntzumachen. Das Institut arbeitet an der Verbesserung von Dokumentations- und Informationssystemen (Literaturdokumentation und Befunddokumentation) für den Bereich der Medizin und ihrer Randgebiete und fördert die Aus- und Fortbildung von Personal für die medizinische Dokumentation und Information insbesondere in der Anwendung moderner Techniken.
DIMDI ist amtlicher Herausgeber der ICD (International Classification of Diseases), die u a für die Zwecke des SGB V eingesetzt wird und des Operationenschlüssel nach § 301 SGB V. Zur Durchführung die Medizinproduktegesetzes (MPG) wird ein datenbankgestütztes Informationssystem für den nationalen und internationalen Informationsaustausch aufgebaut.
Für die Durchführung des Arzneimittelgesetzes (AMG) wurde mit dem Bundesinstitut für Arzneimittel und Medizinprodukte ein Informationssystem entwickelt und entsprechend der Zugriffsberechtigung einzelner Nutzergruppen in verschiedenen Versionen zur Nutzung bereitgestellt.

Direktor des Deutschen Instituts für medizinische Dokumentation und Information: Prof Dr habil Harald G Schweim

Abt M Medizinische Literaturdokumentation und Literaturinformation
Leiter: Dr Stöber VetDir

Abt D Datenverarbeitung, EDV-bezogene Organisation
Leiter: Kurzwelly LtdRDir

Abteilung V Verwaltung
Leiter: Faltin RDir

6 Paul-Ehrlich-Institut (PEI)
– Bundesamt für Sera und Impfstoffe –

63225 Langen, Paul-Ehrlich-Str 51-59; Tel (0 61 03) 77-0; Fax (0 61 03) 77-12 34

Staatsrechtliche Grundlage und Aufgabenkreis:
Nach dem Gesetz vom 7. Juli 1972 (BGBl I S 1163) ist das Paul-Ehrlich-Institut als selbständige Bundes-

oberbehörde errichtet worden. Das Institut hat insbesondere die Aufgabe, Sera, Impfstoffe, Blutzubereitungen, Testallergene, Testsera und Testantigene zu prüfen und zuzulassen, den Verkehr mit Sera und Impfstoffen zu überwachen sowie entsprechende Forschungen zu treiben.

Präsident und Professor des Paul-Ehrlich-Instituts: Prof Dr R Kurth
Ständiger Vertreter: Dr J Löwer Dir und Prof

Abt Z Verwaltung
Leiter: Klatt RDir

Ref Z/1: **Personal, Organisation** Posselt ROAR
Ref Z/2: **Haushalt** Robeck ORR
Ref Z/3: **Innerer Dienst** Gunkel ROAR
Ref Z/4: **Technik** Dipl-Ing Pieschner-von Meltzer BauOR
Ref Z/5: **Informationstechnik** Frieser WissAng

Abt A Allgemeine Dienste
Leiter: Prof Dr R Kurth Präs und Prof

Ref A/1: **Grundsatzfragen, Öffentlichkeitsarbeit** NN
Ref A/2: **Arzneimittelsicherheit** Dr Keller-Stanislawski WissAng
Ref A/3: **Justitiariat** Wiegelmann RDir
Ref A/4: **Sicherheitsangelegenheiten** Dr Fischer WissDir
Ref A/5: **Forschung, Aidszentrum** Dr Norley WissOR

Abt 1 Bakteriologie
Leiter: Dr Haase Dir und Prof

Fachgebiet 1/1: **Impfstoffe I** Dr Haase Dir und Prof
Fachgebiet 1/2: **Impfstoffe II** Dr Schwanig Dir und Prof
Fachgebiet 1/3: **Parasitologie, Diagnostika** Dr Montag-Lessing WissAng
Fachgebiet 1/4: **Zellbank, Medien** Frieling WissDir

Abt 2 Virologie
Leiter: Dr J Löwer Dir und Prof

Fachgebiet 2/1: **Impfstoffe I** Dr Weeke-Lüttmann WissDirektorin
Fachgebiet 2/2: **Impfstoffe II** Dr von Wangenheim WissDirektorin
Fachgebiet 2/3: **Diagnostika** Dr Bornhak WissDir
Fachgebiet 2/4: **Molekulare Pathologie** Dr Nübling WissR
Fachgebiet 2/5: **Virussicherheit** Dr Willkommen WissAngestellte

Abt 3 Immunologie
Leiter: Prof Dr Kabelitz Dir und Prof

Fachgebiet 3/1: **Immunchemie** Dr Giess WissDir
Fachgebiet 3/2: **Mono- und polyklonale Antikörper** Dr Schäffner WissORätin
Fachgebiet 3/3: **Morphologie** Dr Boller WissAng
Fachgebiet 3/4: **Biostatistik** NN

Abt 4 Veterinärmedizin
Leiter: Dr Moos Dir und Prof

Fachgebiet 4/1: **Bakterielle Impfstoffe und Immunsera** Dr Cußler WissDir
Fachgebiet 4/2: **Virusimpfstoffe I** Dr Jungbäck Wiss-Direktorin
Fachgebiet 4/3: **Virusimpfstoffe II** Dr Duchow Wiss-Angestellte
Fachgebiet ZT: **Zentrale Tierhaltung** Dr Plesker WissOR

Abt 5 Allergologie
Leiter: Prof Dr Haustein Dir und Prof

Fachgebiet 5/1: **Test-Allergene** Dr Höltz WissDir
Fachgebiet 5/2: **Therapie-Allergene** Dr May Wiss-Direktorin
Fachgebiet 5/3: **Klinische Allergologie und Toxikologie** Dr Lüderit-Püchel WissAngestellte
Fachgebiet 5/4: **Entwicklung und Standardisierung** Dr Vieths WissR z A

Abt 6 Medizinische Biotechnologie
Leiter: Dr Cichutek Dir und Prof

Fachgebiet 6/1: **Gentherapie** Dr Cichutek Dir und Prof
Fachgebiet 6/2: **Gentechnische Impfstoffe** Dr Tönjes WissOR
Fachgebiet 6/3: **Sicherheit gentechnischer Arzneimittel** Dr Werner WissOR
Fachgebiet 6/4: **Rekombinante Proteine, Peptide** Dr Denner WissOR

Abt 7 Hämatologie/Transfusionsmedizin
Leiter: Prof Dr Seitz

Fachgebiet 7/1: **Gerinnungsfaktoren I** Dr Budek WissAngestellte
Fachgebiet 7/2: **Gerinnungsfaktoren II** Dr Dodt WissAng
Fachgebiet 7/3: **Albumin, Plasmen** Dr Unkelbach WissAng
Fachgebiet 7/4: **Zelluläre Blutzubereitung** Dr Heiden WissAngestellte
Fachgebiet 7/5: **Inspektionswesen** Dr Werner WissAng

Der Rechtsaufsicht des Bundesministeriums für Gesundheit unterstehen folgende Körperschaften, Anstalten und Stiftungen des öffentlichen Rechts:

AOK-Bundesverband KdöR

53177 Bonn, Kortrijker Str 1; Tel (02 28) 8 43-0; Telex 885 516 aokbv d; Fax (02 28) 8 43-5 02

Aufgabenkreis:
Der AOK-Bundesverband vertritt die Interessen der AOK-Gemeinschaft auf Bundesebene. Mitglieder des AOK-Bundesverbandes sind AOKs, die landesweit organisiert sind.
Der AOK-Bundesverband vertritt die Interessen der AOK-Gemeinschaft gegenüber den übrigen Spitzenverbänden der Krankenkassen und den anderen Sozialversicherungsträgern, gegenüber Ministerien, Politik, Presse und Öffentlichkeit sowie Ge-

richten. Er unterstützt die zuständigen Ministerien und Behörden in Fragen der Gesetzgebung und Verwaltung und handelt mit den Vertretern der Ärzte, Zahnärzte, Krankenhäuser und anderen Leistungserbringern auf Bundesebene Verträge aus, die die umfassende Versorgung der AOK-Versicherten sicherstellen und in denen medizinische Leistung und Vergütung in einem sozial und wirtschaftlich vertretbaren Verhältnis stehen.

Zum Aufgabenbereich des AOK-Bundesverbandes gehören die Analyse der Strukturen und Kosten des Gesundheitswesens und darauf aufbauend die Entwicklung von Vorstellungen zur bedarfsgerechten Steuerung von Kapazitäten, Mengen und Preisen der Gesundheitsleistungen. Marktgerechte und zielgruppenspezifische Beratung, Koordination und Service sowie die Optimierung des Leistungsangebots, der betriebswirtschaftlichen Abläufe, des Marketings und der Öffentlichkeitsarbeit sind weitere Aufgaben, die der AOK-Bundesverband in enger Abstimmung mit seinen Mitgliedern vornimmt.

Verwaltungsratsvorsitzende: Gert Nachtigal; Peter Kirch (im jährlichen Wechsel)
Vorstand: Dr Hans Jürgen Ahrens; Ernst Picard

Bundesverband der Betriebskrankenkassen KdöR

45128 Essen, Kronprinzenstr 6; Tel (02 01) 1 79-01; Fax (02 01) 1 79-10 00

Rechtsgrundlage und Aufgabenkreis:
§§ 212 ff SGB V.

Der Bundesverband der Betriebskrankenkassen (BKK Bundesverband) nimmt die gemeinsamen Interessen der betrieblichen Krankenversicherung wahr, insbesondere auch in Zusammenarbeit mit den Organisationen der Sozialpartner. Der BKK Bundesverband berät und unterrichtet seine Mitglieder auch durch Herausgabe der Zeitschrift „Die Betriebskrankenkasse"; ihm obliegt es, Verträge mit den Organisationen der Leistungsbringer im Gesundheitswesen, z B der Kassenärztlichen und Kassenzahnärztlichen Bundesvereinigung, abzuschließen, soweit der BKK Bundesverband durch Gesetz oder Vollmacht dazu ermächtigt ist. Zu den Aufgaben des BKK Bundesverbandes gehört weiter, die zuständigen Behörden in Fragen der Gesetzgebung und der Verwaltung zu unterstützen und die bundesunmittelbaren Betriebskrankenkassen zu beraten.

Vorsitzende des Verwaltungsrates des Bundesverbandes der Betriebskrankenkassen: Hans-Wilhelm von Damm; Willi Budde (im jährlichen Wechsel)
Vorstand: Wolfgang Schmeinck (Vors); K-Dieter Voß

Bundesverband der Innungskrankenkassen (IKK-BV) – KdöR –

51429 Bergisch Gladbach, Friedrich-Ebert-Str, Technologiepark; Tel (0 22 04) 4 40; Fax (0 22 04) 4 41 85

Rechtsgrundlage und Aufgabenkreis:
Die Innungskrankenkassen werden auf Bundesebene durch den IKK-Bundesverband (IKK-BV) vertreten. Zu den gesetzlich vorgegebenen Aufgaben des IKK-BV gehören unter anderem:
- Unterstützung der Innungskrankenkassen bei der Erfüllung ihrer Aufgaben und bei der Wahrnehmung ihrer Interessen
- Aufstellung und Auswertung von Statistiken
- Abschlüsse von Verträgen/Rahmenverträgen
- Koordination einzelner Interessen von Innungskrankenkassen
- Koordination und Weiterentwicklung der beruflichen Aus-, Fort- und Weiterbildung bei den Innungskrankenkassen Beschäftigten
- Entwicklung, Abstimmung und Koordination der Datenverarbeitung, des Datenschutzes, der Datensicherung sowie der Forschung und Entwicklung
- Übernahme der Vertetung der Innungkrankenkassen gegenüber anderen Trägern der Sozialversicherung, Behörden und Gerichten.

Die Innungskrankenkassen sind die Träger der gesetzlichen Krankenversicherung insbesondere für die Beschäftigten des Handwerks einschließlich ihrer mitversicherten Familienangehörigen.
Mit ihrem speziellen Leistungsangebot für Meister, Gesellen, Auszubildende und kaufmännische Mitarbeiter in Handwerksbetrieben gehen die Innungskrankenkassen über die finanzielle Absicherung des Krankheitsrisikos hinaus und unterstützen durch gezielte Gesundheitsvorsorge die Gesundheit und Arbeitskraft ihrer Versicherten.

Vorstand: Rolf Stuppardt (Vors); Gernot Kiefer
Verwaltungsrat: Uwe Conrad, Wilfried Schleef (im jährlichen Wechsel)

Kassenärztliche Bundesvereinigung KdöR

50931 Köln, Herbert-Lewin-Str 3; Tel (02 21) 40 05-0; Fax (02 21) 40 80 39

Rechtsgrundlage und Aufgabenkreis:
Sozialgesetzbuch V.
Sicherstellung der kassenärztlichen Versorgung in der Bundesrepublik Deutschland einerseits; Interessenwahrung der Kassenärzte gegenüber den Sozialversicherungsträgern andererseits.

Vorsitzender: Dr med Winfried Schorre
Hauptgeschäftsführer: Dr jur Rainer Hess

Kassenzahnärztliche Bundesvereinigung KdöR

50931 Köln, Universitätsstr 73; Tel (02 21) 40 01-0; Telex 8 883 237; Fax (02 21) 40 40-35

Rechtsgrundlage und Aufgabenkreis:
Sozialgesetzbuch V.
Die Kassenzahnärztliche Bundesvereinigung erfüllt die Aufgaben, die sich aus den gesetzlichen Vorschriften ergeben. Dazu zählen insbesondere:

- die zahnärztliche Versorgung entsprechend den gesetzlichen und vertraglichen Erfordernissen sicherzustellen und die Interessen der Vertragszahnärzte gegenüber den Krankenkassen, Parlamenten, Ministerien und der gesundheits- und sozialpolitischen Öffentlichkeit zu vertreten;
- der Abschluß der Bundesmantelverträge mit den Spitzenverbänden der Krankenkassen;
- Vereinbarung eines einheitlichen Bewertungsmaßstabes für zahnärztliche Leistungen mit den Spitzenverbänden der Krankenkassen durch den Bewertungsausschuß;
- Mitwirkung im Bundesausschuß der Zahnärzte und Krankenkassen, der die Richtlinien für eine ausreichende, zweckmäßige und wirtschaftliche zahnärztliche Versorgung der Versicherten erarbeitet;
- die Regelung der überbezirklichen Durchführung der vertragszahnärztlichen Versorgung und des Zahlungsausgleichs zwischen den Kassenzahnärztlichen Vereinigungen;
- die Aufgabenstellung von Richtlinien über Betriebs-, Wirtschafts- und Rechnungsführung der Kassenzahnärztlichen Vereinigungen;
- die Bestellung der Vertreter der Zahnärzte im Bundesschiedsamt für die vertragszahnärztliche Versorgung im Bundesausschuß der Zahnärzte und Krankenkassen und im Bewertungsausschuß für zahnärztliche Leistungen; ferner die Vertretung in der Konzertierten Aktion im Gesundheitswesen;
- die Führung des Bundeszahnarztregisters.

Zu den Aufgaben gehören ferner:
- Die statistische Erfassung und Auswertung der Abrechnungsergebnisse aus der zahnärztlichen Vertragstätigkeit.

Vorsitzender: Dr Karl Horst Schirbort
Vorstandsbeauftragter: Prof Dr Burkhard Tiemann
Verwaltungsdirektor: Dr Wolfgang Goetzke

Bundesausschüsse und Bundesschiedsämter nach §§ 368 i und der Reichsversicherungsordnung, die der Aufsicht – hier nur die Geschäftsführung – des BMG unterliegen:

Bundesausschuß der Ärzte und Krankenkassen

50931 Köln, Herbert-Lewin-Str 3; Tel (02 21) 40 05-0; Fax (02 21) 40 80 39

Rechtsgrundlage und Aufgabenkreis:
§§ 91, 92 Sozialgesetzbuch V.
Vorsitzender des Bundesausschusses der Ärzte und Krankenkassen: Karl Jung StSekr a D
Geschäftsführerin: Dr rer oec K Kamke

Bundesausschuß der Zahnärzte und Krankenkassen

50931 Köln, Universitätsstr 73; Tel (02 21) 40 01-0; Fax (02 21) 4 00 24 58

Rechtsgrundlage und Aufgabenkreis:
Der Bundesausschuß der Zahnärzte und Krankenkassen ist ein Organ der gemeinsamen Selbstverwaltung, das aus dem unparteiischen Vorsitzenden, zwei weiteren unparteiischen Mitgliedern und jeweils neun Vertretern der Zahnärzte und Krankenkassen besteht. Er beschließt die zur Sicherung der zahnärztlichen Versorgung erforderlichen Richtlinien über die Gewähr für eine ausreichende, zweckmäßige und wirtschaftliche Versorgung der Versicherten der gesetzlichen Krankenkassen. Er beschließt insbesondere Richtlinien über die zahnärztliche Behandlung einschließlich der Versorgung mit Zahnersatz sowie kieferorthopädische Behandlung sowie Bedarfsplanung – Richtlinien (§§ 91 bis 94, 99 ff SGB V).

Vorsitzender: Prof Dr Herbert Genzel
Geschäftsführer: Holger Tadsen Ass

Bundesunmittelbare Krankenkassen

Betriebskrankenkassen

– Körperschaften des öffentlichen Rechts –

Rechtsgrundlage und Aufgabenkreis:
Ein Arbeitgeber kann für jeden Betrieb, in dem er regelmäßig mindestens 1000 Versicherungspflichtige beschäftigt, eine Betriebskrankenkasse errichten. Eine Betriebskrankenkasse kann unter den genannten Voraussetzungen auch für mehrere Betriebe errichtet werden (vgl § 147 des Fünften Buches Sozialgesetz – SGB V –).
Das Recht, Betriebskrankenkassen zu errichten, haben auch die Verwaltungen des Bundes, der Länder, der Gemeindeverbände und der Gemeinden (vgl § 156 SGB V).
Eine Betriebskrankenkasse darf nur errichtet werden, wenn
- ihre Leistungsfähigkeit auf Dauer gesichert ist und
- sie zum Errichtungszeitpunkt 1000 Mitglieder haben wird.

Organe der Betriebskrankenkasse sind der Verwaltungsrat und der hauptamtliche Vorstand (vgl § 31 des Vierten Buches – SGB IV –).
Der Arbeitgeber/Dienstherr kann auf seine Kosten die für die Führung der Geschäfte erforderlichen Personen bestellen (vgl im übrigen § 147 Abs 2 SGB II. Nicht bestellt werden dürfen Personen, die im Personalbereich des Betriebes oder Dienstbetriebes tätig sein dürfen.
Die Betriebskrankenkassen sind rechtsfähige Körperschaften des öffentlichen Rechts (vgl § 29 SGB IV).
Als bundesunmittelbare Körperschaften des öffentlichen Rechts werden diejenigen Betriebskrankenkassen geführt, deren Zuständigkeitsbereich sich über das Gebiet von mindestens drei Bundesländern erstreckt (vgl Art 87 Abs 2 GG).

Auskunft über die in den Bundesländern bestehenden bundesunmittelbaren Betriebskrankenkassen erteilt das Bundesversicherungsamt, Reichpietschufer 74-76, 10785 Berlin, Tel (0 30) 2 69 99-0; Fax (0 30) 2 69 99-2 14

Ersatzkassen

− Körperschaften des öffentlichen Rechts −

Rechtsgrundlage und Aufgabenkreis:
Träger der Krankenversicherung sind neben den Ortskrankenkassen, den Betriebskrankenkassen und den Innungskrankenkassen (vgl § 4 Abs 2 Sozialgesetzbuch (SGB) V) u a auch die Ersatzkassen. Sie sind entweder ausschließlich für Angestellte oder ausschließlich für Arbeiter errichtet. Einige dürfen nur Beschäftigte aus bestimmten Berufen versichern, andere besitzen eine umfassende Zuständigkeit, zum Beispiel für alle Angestellten. Die meisten Ersatzkassen sind bundesweit tätig.

Die Ersatzkasse darf nur solche versicherungspflichtigen (§§ 183 ff SGB V) oder versicherungsberechtigten (§§ 185 SGB V) Personen aufnehmen, die im Zeitpunkt der Aufnahme in dem Bezirk wohnen oder beschäftigt sind und dem Mitgliederkreis angehören, für den die Ersatzkasse als solche zugelassen (§ 168 Abs 2 SGB V) ist. Dabei dürfen Ersatzkassen für Angestellte nur Angestellte und Ersatzkassen für Arbeiter nur Arbeiter aufnehmen. Mitgliederkreis ist der Personenkreis, der in der am 1. Januar 1974 maßgebenden Satzung in der von der Aufsichtsbehörde genehmigten Fassung beschrieben ist und der durch Art 1 § 1 Nr 22 Gesetz zur Weiterentwicklung des Kassenarztrechts vom 28. Dezember 1976 (BGBl I S 3871), durch Art 1 § 4 KVKG vom 27. Juni 1977 (BGBl I S 1069), durch § 51 KSVG vom 27. Juli 1981 (BGBl I S 705) sowie zuletzt durch Art 1 des Gesundheits-Reformgesetzes (BGBl I S 2477) erweitert worden ist.

Für die Ersatzkassen sind in gleicher Weise wie für die Orts-, Betriebs- und Innungskrankenkassen die Vorschriften des Fünften Buches Sozialgesetzbuch maßgebend. Sondervorschriften und Verordnungen, die den Ersatzkassen bisher eine besondere Freiheit in der Gestaltung ihres Leistungs- und Beitragsrecht einräumten, sind mit dem Gesundheits-Reformgesetz aufgehoben worden.

Die Ersatzkassen sind Körperschaften des öffentlichen Rechts.

Auskunft über die in den Bundesländern bestehenden Ersatzkassen erteilt das Bundesversicherungsamt, Reichpietschufer 74-76, 10785 Berlin, Tel (0 30) 26 99-0; Fax (0 30) 2 69 99-2 14

Bundesverband der landwirtschaftlichen Krankenkassen − KdöR −

34131 Kassel, Weißensteinstr 70-72; Tel (05 61) 93 59-0; Fax (05 61) 93 59-1 40

Rechtsgrundlage und Aufgabenkreis:
Gesetz zur Weiterentwicklung des Rechts der gesetzlichen Krankenversicherung (Gesetz über die Krankenversicherung der Landwirte − KVLG) vom 10. August 1972 (BGBl I Seite 1433) mit Änderungen; Zweites Gesetz über die Krankenversicherung der Landwirte (KVLG 1989) vom 20. Dezember 1988 (BGBl I Seite 2477 -2557-), zuletzt geändert durch Artikel 9 des Gesetzes der sozialrechtlichen Behandlung von einmalig gezahltem Arbeitsentgelt vom 12. Dezember 1996 (BGBl I Seite 1859).

In der Krankenversicherung der Landwirte sind versichert alle Unternehmer der Land- und Forstwirtschaft einschließlich des Wein- und Gartenbaues sowie der Fischzucht und der Teichwirtschaft.

Der Bundesverband der landwirtschaftlichen Krankenkassen hat die ihm bundesrechtlich zugewiesenen Aufgaben zu erfüllen und darüber hinaus die landwirtschaftlichen Krankenkassen zu unterstützen, vor allem durch:

− Beratung und Unterrichtung der landwirtschaftlichen Krankenkassen, auch hinsichtlich der Wirtschaftlichkeit der Verwaltung, insbesondere durch die Prüfungs- und Beratungsstelle LSV und durch Zeitschriften.
− Aufstellung und Auswertung von Statistiken;
− Abschluß und Änderung von Verträgen mit anderen Trägern der Sozialversicherung, mit Vereinigungen oder Verbänden von Heilberufen, mit Kranken- und Heilanstalten sowie mit Lieferanten, wenn er von der landwirtschaftlichen Krankenkasse hierzu bevollmächtigt worden ist;
− Übernahme der Vertretung gegenüber anderen Versicherungsträgern, vor Versicherungsbehörden und Gerichten;
− Förderung der Aus- und Fortbildung der bei den landwirtschaftlichen Krankenkassen Auszubildenden und Beschäftigten, insbesondere durch Betreiben einer Fachhochschule des Bundes für öffentliche Verwaltung − Fachbereich landwirtschaftliche Sozialversicherung − und des Verwaltungsseminars für landwirtschaftliche Sozialversicherung als Schulungseinrichtung zur Durchführung von Voll- und Teilzeitlehrgängen;
− Durchführung von Arbeitstagungen der Geschäftsführer der landwirtschaftlichen Krankenkassen;
− Verteilung der Zuschüsse des Bundes auf die landwirtschaftlichen Krankenkassen;
− Durchführung des Ausgleichs der Kosten für besonders aufwendige Leistungsfälle.

Der Bundesverband nimmt zugleich die Aufgaben als Bundesverband der landwirtschaftlichen Pflegekassen nach § 53 SGB XI.

Vorstandsvorsitzender: Klaus Alte
Verbandsdirektor: Harald Deisler

XIV Bundesministerium für Umwelt, Naturschutz und Reaktorsicherheit (BMU)

53175 Bonn, Kennedyallee 5; Tel (02 28) 3 05-0; Telex 885 790; Teletex 2 283 854; Fax (02 28) 3 05-32 25

Aufgabenkreis:
Der Geschäftsbereich des Bundesministeriums für Umwelt, Naturschutz und Reaktorsicherheit umfaßt im Rahmen der Zuständigkeit des Bundes folgende Aufgabengebiete:
- Umweltschutz
- Naturschutz, Umwelt und Gesundheit
- Sicherheit kerntechnischer Einrichtungen, Strahlenschutz.

Publikationsorgan:
Gemeinsames Ministerialblatt (GMBl) des AA, BMI, BMF, BMWi, BML, BMFSFJ, BMG, BMU, BMBau, BMBF und BMZ, herausgegeben vom Bundesministerium des Innern. Erscheint nach Bedarf.
Verlag: Carl Heymanns Verlag KG, Bonn/Köln

Bundesministerin für Umwelt, Naturschutz und Reaktorsicherheit: Dr Angela Merkel
Ministerbüro: Baumann Angestellte
Pressesprecherin: Sahler VwAngestellte

Parlamentarischer Staatssekretär: Walter Hirche
Persönlicher Referent: Dr Greipl RDir

Parlamentarischer Staatssekretär: Ulrich Klinkert
Persönlicher Referent: Dr Worm RDir

Staatssekretär: Erhard Jauck
Persönlicher Referent: Dr Vorwerk RDir

Vorprüfungsstelle Kunze RDir

Abt Z Zentralabteilung
Leiter: Manfred Plaetrich MinDir

U-Abt Z I Verwaltung
Leiter: Spinzcyk-Rauch MinDirig

Ref Z I 1: **Personal** Dr Rösgen MinR
Ref Z I 2: **Organisation** Hirzel MinR
Ref Z I 3: **Haushalt** Dr Dittrich MinR
Ref Z I 4: **Innerer Dienst, Sprachendienst** Quarg MinR
Ref Z I 5: **Justitiariat, Sicherheit, Geheimschutz, Datenschutz** Ruppert MinR
Ref Z I 6: **Informationstechnik, Fachinformation, Bibliothek** Dr Streuff MinR
Ref Z I 7: **Personalausgaben, Reisekosten, Wohnungsfürsorge** Kurz MinR

U-Abt Z II Planung, Kabinett- und Parlamentangelegenheiten, Öffentlichkeitsarbeit, Bürgerbeteiligung
Leiter: Dr P Müller MinDirig

Ref Z II 1: **Gesellschaftspolitische Grundsatzfragen** Dr Gundelach Angestellte
Ref Z II 2: **Kabinett und Parlament** Lennartz RDir
Ref Z II 3: **Öffentlichkeitsarbeit** Dr Kregel RDir
Arbeitsgruppe Z II 4: Fachübergreifendes Umweltrecht, Umweltverträglichkeit, Umweltgesetzbuch, Umwelt-Audit Dr Feldmann MinR; Meyer-Rutz MinR; Dr Waskow RDir

Abt G Grundsätzliche und wirtschaftliche Fragen der Umweltpolitik, internationale Zusammenarbeit
Leiter: Dr Vieregge MinDir

U-Abt G I Grundsätzliche und wirtschaftliche Fragen der Umweltpolitik
Leiterin: Dr Schuster MinDirigentin

Ref G I 1: **Allgemeine und grundsätzliche Angelegenheiten der Umweltpolitik** Wessel RDirektorin
Ref G I 2: **Ökologische Sanierung und Entwicklung in den neuen Ländern** Dr Huthmacher MinR; Mecklenburg RDir; Pastor RDir
Ref G I 3: **Forschung, Aufgabenplanung** Euschen MinR
Ref G I 4: **Wirtschaftliche Fragen der Umweltpolitik** Walter MinR
Ref G I 5: **Förderungsangelegenheiten** Hoffmann RDir
Ref G I 6: **Umwelt und Energie, Produktbezogener Umweltschutz; Klimaschutzprogramm der Bundesregierung** Schafhausen MinR; Dr Dürrschmidt RDir; Rühl RDirektorin

U-Abt G II Internationale Zusammenarbeit
Leiter: Dr Vygen MinDirig

Ref G II 1: **Allgemeine und grundsätzliche Angelegenheiten der internationalen Zusammenarbeit, Umwelt und Entwicklung, internationale Rechtsangelegenheiten** Quennet-Thielen MinRätin
Ref G II 2: **Europäische Union, Europarat, ECE, OSZE, Bilaterale Zusammenarbeit mit den EU-Mitgliedsstaaten, Europabeauftragter** Stratenwerth RDir
Ref G II 3: **Zusammenarbeit mit OECD-Mitgliedsstaaten (außer EU-Mitgliedsstaaten), NATO-Umweltausschuß** Schusdziarra MinRätin
Ref G II 4: **Zusammenarbeit mit Entwicklungsländern und UN-Einrichtungen** Berbalk MinRätin
Ref G II 5: **Zusammenarbeit mit Staaten Mittel- und Osteuropas sowie den Neuen Unabhängigen Staaten** Litzmann MinR

Abt WA Wasserwirtschaft, Abfallwirtschaft, Bodenschutz, Altlasten
Leiter: Dr-Ing E h Ruchay MinDir

U-Abt WA I Wasserwirtschaft, Bodenschutz, Altlasten
Leiter: Dr Holzwarth MinDirig

Ref WA I 1: **Allgemeine und grundsätzliche Angelegenheiten der Wasserwirtschaft** Malek MinR; Dr Kleine MinR
Ref WA I 2: **Recht der Abfallwirtschaft, des Bodenschutzes, der Altlastensanierung, der Wasserwirt-

schaft im Rahmen der EU und internationaler Organisationen, **Altlastenfinanzierung** Dr Berendes MinR; Radtke MinR; Bosenius RDir
Ref WA I 3: **Gewässerschutz** Dörr MinR
Ref WA I 4: **Grundwasser, Wasserversorgung, Umweltwirkungen von Pflanzenschutzmitteln** Vorreyer MinR; Rost MinR
Arbeitsgruppe WA I 5: **Allgemeine und grundsätzliche Angelegenheiten der Altlastensanierung und des Bodenschutzes** Delmhorst Ang; Dr Dinkloh MinR; Dr Fleischhauer MinR; Dr Stalder MinR; Dr von Borries RDir
Ref WA I 6: **Wasserwirtschaftliche Übereinkommen, Meeresumweltschutz** Dr M von Berg MinR; Dr Schlimm RDirektorin
Ref WA I 7: **Altlastenerhebung, -bewertung und -sanierung, Sanierung von Rüstungsaltlasten und militärische Altlasten** Szelinski MinR; Bieber BauDir

U-Abt WA II Abfallwirtschaft
Leiter: Dr Schnurer MinDirig

Ref WA II 1: **Allgemeine und grundsätzliche Angelegenheiten der Abfallwirtschaft, Grenzüberschreitende Verbringung von Abfällen** Dr Baumert MinR; Dr Jaron RDir
Ref WA II 2: **Recht der Abfallwirtschaft** Dr Petersen RDir
Ref WA II 3: **Vermeidung und Verwertung schadstoffhaltiger Abfälle, Altölentsorgung** Kreft MinR
Ref WA II 4: **Vermeidung und Verwertung von Abfallmengen** Dr Rummler MinR
Ref WA II 5: **Abfallentsorgung** Dr Lindner MinR; Dr Stolz MinR

Abt IG Umwelt und Gesundheit, Immissionsschutz, Anlagensicherheit und Verkehr, Chemikaliensicherheit
Leiter: Hohnstock MinDir

U-Abt IG I Immissionsschutz, Anlagensicherheit und Verkehr
Leiter: Dr Westheide MinDirig

Ref IG I 1: **Immissionsschutzrecht** Dr Schäfer MinR; Dr Horneffer MinR
Ref IG I 2: **Anlagenbezogene Luftreinhaltung** Ludwig MinR
Ref IG I 3: **Gebietsbezogene Luftreinhaltung, Atmosphäre, Klima** Dr Görgen RDir
Ref IG I 4: **Anlagensicherheit, Gefahrguttransporte** Dr Pettelkau MinR; Dr Gierke RDir
Ref IG I 5: **Technik der Luftreinhaltung im Straßen- und Schienenverkehr, Verkehrsplanung** Dr Kemper MinR
Ref IG I 6: **Brenn- und Treibstoffe, produktbezogene Luftreinhaltung, neue Antriebs- und Verkehrssysteme, Schiffsverkehr, Luftverkehr** Dr Knobloch RDir
Ref IG I 7: **Schutz vor Lärm und Erschütterungen** NN

U-Abt IG II Umwelt und Gesundheit, Chemikaliensicherheit
Leiter: Dr Gallas MinDirig

Arbeitsgruppe IG II 1: **Grundsatzfragen der Chemikaliensicherheit, Chemikalienrecht, Koordination** Dr Mahlmann MinR
Ref IG II 2: **Umwelteinwirkungen auf die menschliche Gesundheit** Dr Türck MinR
Ref IG II 3: **Chemikaliensicherheit, Verfahren der Stoffbewertung, Biozide** Prof Dr Schlottmann MinR
Ref IG II 4: **Chemikaliensicherheit, gesundheitliche Auswirkungen** Prof Dr Basler MinR
Ref IG II 5: **Chemikaliensicherheit, Umweltauswirkungen, Schutz der Ozonschicht** Dr Kraus MinR

Abt N Naturschutz und nachhaltige Naturnutzung
Leiter: Dr Glatzel MinDir

U-Abt N I Naturschutz
Leiter: Dr von Websky MinDirig

Ref N I 1: **Grundsatzfragen** Kühnel MinR
Ref N I 2: **Gebietsschutz** Dr Dieterich MinR
Ref N I 3: **Artenschutz** Dr Emonds MinR
Ref N I 4: **Eingriffe in Natur und Landschaft** Tittel MinR
Ref N I 5: **Rechts- und Verwaltungsfragen** Apfelbacher MinR

U-Abt N II Nachhaltige Naturnutzung
Leiterin: Malina MinDirigentin

Ref N II 1: **Vorhabenkoordinierung** Spanier RDir
Ref N II 2: **Ökologische Fragen** Dr von Gadow RDir
Ref N II 3: **Tourismus, Sport, Freizeit, Erholungsvorsorge** Tempel RDir
Ref N II 4: **Biotechnologie** Dr Witting RDir
Ref N II 5: **Land- und Forstwirtschaft, Jagd und Fischerei** Dr Woiwode RDir

Abt RS Sicherheit kerntechnischer Einrichtungen, Strahlenschutz, nukleare Ver- und Entsorgung
Leiter: Hennenhöfer MinDir

U-Abt RS I Sicherheit kerntechnischer Einrichtungen
Leiter: Steinkemper MinDirig

Ref RS I 1: **Atomrecht und Koordination** Dr Schneider MinR
Ref RS I 2: **Allgemeine und grundsätzliche Angelegenheiten der Reaktorsicherheit, Regeln und Richtlinien für die kerntechnische Sicherheit** Dr Wendling MinR
Ref RS I 3: **Fachkunde des Personals auf dem Gebiet der kerntechnischen Sicherheit, Sicherung kerntechnischer Einrichtungen** Dr Fechner MinR
Ref RS I 4: **Zweckmäßigkeitsaufsicht über die Genehmigung und den Betrieb von Druckwasserreaktoren** Himmel MinR
Ref RS I 5: **Zweckmäßigkeitsaufsicht über die Genehmigung und den Betrieb von Reaktoranlagen (außer Druckwasserreaktoren)** NN
Ref RS I 6: **Arbeitsprogramme für die nukleare Sicherheit einschließlich internationaler Bereich** Dr Markowski RDir; Dr Herttrich RDir
Ref RS I 7: **Zweckmäßigkeitsaufsicht über Verfahren zur Stillegung von Reaktoranlagen** Prof Dr Rabold Ang

U-Abt RS II Strahlenschutz
Leiter: Dr Gast MinDirig

Ref RS II 1: **Strahlenschutzrecht, Koordinierung der Fachaufsicht über das Bundesamt für Strahlenschutz** Dr Peinsipp MinR
Ref RS II 2: **Allgemeine und grundsätzliche Angelegenheiten des Strahlenschutzes** Dr Landfermann MinR
Ref RS II 3: **Aufsicht über Genehmigungs- und Aufsichtsverfahren im Strahlenschutz** Dr Weimer RDir
Ref RS II 4: **Medizinisch-biologische Angelegenheiten des Strahlenschutzes** Dr Kemmer MinR
Ref RS II 5: **Radioökologie, Umgebungsüberwachung, Notfallschutz** Edelhäuser MinR
Ref RS II 6: **Überwachung der Radioaktivität in der Umwelt** NN
Ref RS II 7: **Strahlenschutz im Uranbergbaugebiet** Dr Sangenstedt RDir

U-Abt RS III Nukleare Ver- und Entsorgung
Leiter: Dr Matting MinDirig

Ref RS III 1: **Recht der nuklearen Ver- und Entsorgung** Bordin RDirektorin
Ref RS III 2: **Allgemeine und grundsätzliche Angelegenheiten der nuklearen Ver- und Entsorgung, Fachaufsicht über das Bundesausfuhramt (BAFA)** Dr Bröcking MinR
Ref RS III 3: **Nukleare Versorgung; Staatliche Verwahrung von Kernbrennstoffen** Dumpich RDir
Ref RS III 4: **Be- und Verarbeitung sowie Beförderung radioaktiver Stoffe** Dr Alter Ang
Ref RS III 5: **Lagerung radioaktiver Stoffe** Dr Dreisvogt MinR
Ref RS III 6: **Planung, Errichtung und Berieb von Endlagern radioaktiver Abfälle, Planfeststellungsverfahren für Endlager (Bundesaufsicht) sowie Eigenüberwachung des Bundesamtes für Strahlenschutz** Dr Bloser MinR; Nies RDir

Außenstelle Berlin
10117 Berlin, Schiffbauerdamm 15; Tel (0 30) 2 85 50-0; Telex 307 205; Fax (0 30) 2 85 50-43 75
Administrativer Leiter: Dr Troschke MinR

Ref AB Z I: **Verwaltung**
Ref AB Z II: **Planung, Kabinett- und Parlamentangelegenheiten, Öffentlichkeitsarbeit, fachübergreifendes Umweltrecht**
Ref AB G I: **Grundsätzliche und wirtschaftliche Fragen der Umweltpolitik**
Ref AB G II: **Internationale Zusammenarbeit**
Ref AB WA I: **Wasserwirtschaft, Bodenschutz, Altlasten**
Ref AB WA II: **Abfallwirtschaft**
Ref AB IG I: **Immissionsschutz, Anlagensicherheit und Verkehr**
Ref AB IG II: **Umwelt und Gesundheit, Chemikaliensicherheit**
Ref AB N I: **Naturschutz**
Ref AB N II: **Nachhaltige Naturnutzung**
Ref AB RS I: **Sicherheit kerntechnischer Einrichtungen**
Ref AB RS II: **Strahlenschutz**
Ref AB RS III: **Nukleare Ver- und Entsorgung**

Beiräte, Ausschüsse, Kommissionen und sonstige Gremien, deren sich das Bundesministerium für Umwelt, Naturschutz und Reaktorsicherheit bei Durchführung seiner Aufgaben bedient:

Rat von Sachverständigen für Umweltfragen bei dem BMU
Aufgabe: Der Rat soll nach dem Erlaß vom 10. August 1980 die jeweilige Situation der Umwelt und deren Entwicklungstendenzen darstellen sowie Fehlentwicklungen und Möglichkeiten zu deren Vermeidung oder zu deren Beseitigung aufzeigen.
Zusammensetzung: 7 Mitglieder

Beirat „Lagerung und Transport wassergefährdender Stoffe"
Zusammensetzung: 26 Mitglieder

Fachausschuß „Wasserversorgung und Uferfiltrat"
Zusammensetzung: 20 Mitglieder

Ständige Deutsch-Niederländische Grenzgewässerkommission
Zusammensetzung: 6 Mitglieder

Arbeitskreis zur Untersuchung der Umweltverträglichkeit des Phosphat-Ersatzstoffes „NTA"
Zusammensetzung: 8 Mitglieder

Beratender Ausschuß nach § 32a des Luftverkehrsgesetzes
Zusammensetzung: 15 Mitglieder

Anhörung der beteiligten Kreise nach dem Bundesimmissionsschutzgesetz (BImSchG)
Zusammensetzung: 50 Mitglieder

Arbeitskreis „Mathematische Modelle in der Wasserwirtschaft"
Zusammensetzung: 18 Mitglieder

Arbeitsgruppe „Rückstände aus der Titandioxidproduktion"
Zusammensetzung: 15 Mitglieder

Fachausschüsse für den Bereich Abfallwirtschaft
Zusammensetzung: 25 Mitglieder

Störfallkommission Technischer Ausschuß für Anlagensicherheit
Zusammensetzung: 30 Mitglieder

Arbeitskreise „Deutsche Einheitsverfahren zur Wasseruntersuchung"
Zusammensetzung: 120 Mitglieder

Arbeitskreise „Umwelt und Gesundheit"
Zusammensetzung: 12 Mitglieder

Arbeitskreis „Sport und Umwelt"
Zusammensetzung: 12 Mitglieder

Beirat für Naturschutz und Landschaftspflege mit Arbeitsgruppen
Zusammensetzung: 17 Mitglieder

Beirat für Abfluß-, Planungs- und Naturhaushaltsfragen im Gewässerschutz
Zusammensetzung: 135 Mitglieder

Jury Umweltzeichen
Zusammensetzung: 12 Mitglieder

Projektgruppe „Bodenschutz"
Zusammensetzung: 85 Mitglieder

Projektgruppe „Wasserwirtschaft"
Zusammensetzung: 15 Mitglieder

Projektgruppe „Lärmbekämpfung"
Zusammensetzung: 15 Mitglieder

Reaktor-Sicherheitskommission (RSK)
Aufgabe: Die Reaktor-Sicherheitskommission (RSK) hat die Aufgabe, den BMU in Fragen der Sicherheit von Kernreaktoren sowie des Kernbrennstoffkreislaufs, insbesondere bei der Wahrnehmung der Bundesaufsicht gemäß Art 85 des Grundgesetzes zu beraten. Die Beratungen sollen sich auf Probleme von grundsätzlicher Bedeutung konzentrieren.
Zusammensetzung: 22 Mitglieder

Strahlenschutzkommission (SSK)
Aufgabe: Die Strahlenschutzkommission (SSK) und die bei ihr für besondere Aufgaben gebildeten Ausschüsse haben die Aufgabe, den BMU in allen Fragen des Schutzes vor den Gefahren ionisierender Strahlen zu beraten. Von der Beratung ausgenommen sind Fragen der Sicherheit kerntechnischer Anlagen, soweit sie von der RSK zu beantworten sind.
Zusammensetzung: 15 Mitglieder

Kerntechnischer Ausschuß (KTA)
Aufgabe: Der KTA hat die Aufgabe, auf Gebieten der Kerntechnik, bei denen sich auf Grund von Erfahrungen eine einheitliche Meinung von Fachleuten der Hersteller, Ersteller und Betreiber von Atomanlagen, der Gutachter und der Behörden abzeichnet, für die Aufstellung sicherheitstechnischer Regeln zu sorgen und deren Anwendung zu fördern (vgl Bekanntmachung über die Bildung eines Kerntechnischen Ausschusses i F vom 27. September 1974 – BAnz Nr 193 v 15. Oktober 1974)
Zusammensetzung: 50 Mitglieder

Deutsch-Französische Kommission für Fragen der Sicherheit kerntechnischer Einrichtungen
Zusammensetzung: 10 Mitglieder

Niederländisch-Deutsche Kommission für grenznahe Kernkraftwerke
Zusammensetzung: 3 Mitglieder

Beirat für Naturschutz und Landschaftspflege
Aufgaben: Beratung in Angelegenheiten des Naturschutzes und der Landschaftspflege
Mitglieder: 6 Mitglieder

Zum Geschäftsbereich des Bundesministeriums für Umwelt, Naturschutz und Reaktorsicherheit gehören:

1 Umweltbundesamt (UBA)

14193 Berlin-Grunewald, Bismarckplatz 1; Tel (0 30) 89 03-0; Fax (0 30) 89 03-22 85; Telex 183 756

Staatsrechtliche Grundlage und Aufgabenkreis:
Das Umweltbundesamt wurde durch Gesetz vom 22. Juli 1974 (BGBl I S 1505), zuletzt geändert durch Gesetz vom 2. Mai 1996 (BGBl I S 660), als selbständige Bundesoberbehörde errichtet. Zu den Aufgaben des Umweltbundesamtes gehören vor allem:
– die wissenschaftliche Unterstützung des Bundesministers für Umwelt, Naturschutz und Reaktorsicherheit in allen Angelegenheiten des Immissions- und Bodenschutzes, der Abfall- und Wasserwirtschaft, der gesundheitlichen Belange des Umweltschutzes, insbesondere bei der Erarbeitung von Rechts- und Verwaltungsvorschriften, bei der Erforschung und Entwicklung von Grundlagen für geeignete Maßnahmen sowie bei der Prüfung und Untersuchung von Verfahren und Einrichtungen
– Aufklärung der Öffentlichkeit in Umweltfragen
– Aufbau und Führung eines Informationssystems zur Umweltplanung sowie einer zentralen Umweltdokumentation
– die Bereitstellung zentraler Dienste und Hilfen für die Ressortforschung und für die Koordinierung der Umweltforschung des Bundes
– Messung der großräumigen Luftbelastung
– Unterstützung bei der Prüfung der Umweltverträglichkeit von Maßnahmen des Bundes.

Präsident des Umweltbundesamtes: Prof Dr Andreas Troge
Vizepräsident: Dr Kurt Schmidt

Pressestelle Lehmkuhl WissAngestellte
Geschäftsstelle Sachverständigenrat für Umweltfragen Dr Wiggering Dir und Prof

Zentralabteilung Verwaltung, Information und Dokumentation
Leiter: Dr Thomas Holzmann Dir beim UBA

Abt Z 1 Verwaltung und zentrale Dienste
Leiter: Dr Hans Langer LtdRDir

Ref Z 1.1: **Personal, Aus- und Weiterbildung** Dr Bass ORR
Ref Z 1.2: **Haushalts-, Kassen- und Rechnungswesen** Nadoll RDir
Ref Z 1.3: **Planung und Organisation** Domrös RR z A
Ref Z 1.4: **Innerer Dienst** Kreuzahler RAR

Abt Z 2 Forschungs- und Investitionsvorhaben
Leiter: Dr Angrick LtdRDir

Ref Z 2.1: **Administrative Forschungskoordinierung, Justitiariat** Steegmann RRätin
Ref Z 2.2: **Verwaltungmäßige Bearbeitung von Forschungsvorhaben** Omeis RDir
Ref Z 2.3: **Umweltinvestitionsprogramm** Will RDir
Ref Z 2.4: **Verwaltungsmäßige Bearbeitung von Sonderprogrammen, Zuwendungen und institutionellen Förderungen** Fuhrmann RR

Abt Z 3 Information und Dokumentation, Datenverarbeitung
Leiter: Dr Seggelke Dir und Prof

Fachgebiet Z 3.1: **Grundsatzangelegenheiten, Information und Dokumentation** Dr Schütz WissAng
Fachgebiet Z 3.2: **Service-Zentrum Schulung und Anwendungssoftware** NN
Fachgebiet Z 3.3: **Rechenzentrum** Dr Hübener WissOR
Fachgebiet Z 3.4: **Zentrale Stoff- und Faktendatenbanken, Gefahrstoff-Schnellauskunft** Dr Bös WissDir
Fachgebiet Z 3.5: **Zentrale Literatur-, Forschungs- und Rechtsdokumentation Umwelt** Batschi WissDir
Fachgebiet Z 3.6: **Zentrale Fachbibliothek Umwelt** Dr Lüdcke WissAng

Fachbereich I Umweltplanung und -strategien
Leiter: Prof Dr Peter-Christoph Storm Dir und Prof

Abt I 1 Integrierte Umweltschutzstrategien
Leiter: Dr Nantke Dir und Prof

Fachgebiet I 1.1: **Grundsatzfragen, Umweltschutzstrategien, fachliche Forschungsplanung** Schreiber WissORätin
Fachgebiet I 1.2: **Raumbezogene Umweltplanung, Kommunaler Umweltschutz** Locher WissDirektoren
Fachgebiet I 1.3: **Umwelt und Landwirtschaft** Dr D Schulz WissOR
Fachgebiet I 1.4: **Umwelt und Freizeit, Sport und Tourismus** Morawa WissAngestellte

Abt I 2 Umwelt und Verkehr
Leiter: Dr Friedrich Dir und Prof

Fachgebiet I 2.1: **Grundsatzfragen Umwelt und Verkehr** Gorißen WissOR
Fachgebiet I 2.2: **Verkehrsplanuung** Penn-Bressel WissAngestellte
Fachgebiet I 2.3: **Lärmminderung im Verkehr** Dr Stenschke WissAng
Fachgebiet I 2.4: **Luftreinhaltung im Verkehr** Rodt WissOR

Abt I 3 Instrumente des Umweltschutzes
Leiter: Dr Mierheim Dir und Prof

Fachgebiet I 3.1: **Rechtswissenschaftliche Umweltfragen, Energierecht** Dr Lindemann RDir
Fachgebiet I 3.2: **Wirtschaftswissenschaftliche Umweltfragen** Dr W Schulz WissDir
Fachgebiet I 3.3: **Sozialwissenschaftliche Umweltfragen** Dr Kayser WissAngestellte
Fachgebiet I 3.4: **Umweltverträglichkeitsprüfung** Prof Dr Bunge WissDir

Abt I 4 Globaler Umweltschutz, Umweltberichterstattung, Umweltaufklärung
Leiter: Tietmann AbtPräs

Fachgebiet I 4.1: **Internationale Umweltfragen** Dr Pankrath WissDir
Fachgebiet I 4.2: **Globale Umweltfragen, Umwelt und Entwicklung** Dr Summerer WissOR
Fachgebiet I 4.3: **Umweltberichterstattung, Umweltstatistik** Dr Burkhardt WissORätin
Fachgebiet I 4.4: **Umweltaufklärung, Zentraler Antwortdienst** Möcker WissAng

Fachbereich II Umweltqualität und -anforderungen
Leiter: Dipl-Ing Werner Schenkel Erster Dir und Prof beim UBA

Abt II 1 Ökologische Wirkungen und Qualitätsziele
Leiter: Dr Rosenkranz Dir und Prof

Fachgebiet II 1.1: **Grundsatzfragen der Ökologie und des Ressourcenhaushalts** Dr Hain WissAng
Fachgebiet II 1.2: **Allgemeine Wirkungsfragen, großräumige Umweltwirkungen, Wirkungen auf Materialien** Dr Gregor Dir und Prof
Fachgebiet II 1.3: **Wirkungen auf Ökosysteme** Dr Gies WissDir
Fachgebiet II 1.4: **Wirkungen auf den Menschen** Dr Dobbertin WissDir
Fachgebiet II 1.5: **Umweltbeobachtung, Modelle, Umweltprobenbank** Dr Bau WissDir

Abt II 2 Wasser
Leiter: Dr Markard Dir und Prof

Fachgebiet II 2.1: **Grundsatzfragen der Wasserwirtschaft** Dr Garber WissDir
Fachgebiet II 2.2: **Meeresschutz** Poremski WissDir
Fachgebiet II 2.3: **Oberirdische Binnengewässer, Gütefragen** Dr U Irmer WissDir
Fachgebiet II 2.4: **Grundwasser, Wasserversorgung** Dr Möller WissDir
Fachgebiet II 2.5: **Labor für Wasser, Boden, Abfall** Dr Henschel WissDir
Fachgebiet II 2.6: **Emissionssituation Wasser, Anforderungen an Stoffeinträge in Gewässer** Mehlhorn WissDir

Abt II 3 Boden
Leiter: Dr Franzius Dir und Prof

Fachgebiet II 3.1: **Grundsatzfragen, Bodenfunktionen** Dr Bachmann WissDir
Fachgebiet II 3.2: **Bodenqualitätsziele** Dr Klein WissDir
Fachgebiet II 3.3: **Bodenzustand, Bodennutzung** Dr Glante WissAng
Fachgebiet II 3.4: **Erfassung, Bewertung und Sanierung von Altlasten einschließlich militärischer und Rüstungsaltlasten** Dr Freier WissORätin

Abt II 4 Luft
Leiter: Dr Jost Dir und Prof

Fachgebiet II 4.1: **Grundsatzfragen, Luftreinhalteplanung** Dr Keiter RDir
Fachgebiet II 4.2: **Schutz der Erdatmosphäre** Dr Sartorius WissDir
Fachgebiet II 4.3: **Immissionssituation, Meßnetz** Dr Werner WissAng
Fachgebiet II 4.4: **Emissions- und Immissionsmeßtechnik** Dr Abshagen WissDir
Fachgebiet II 4.5: **Pilotstation Frankfurt** Grosch WissDir
Fachgebiet II 4.6: **Emissionssituation** Dr Jörß WissDir

Abt II 5 Lärm
Leiter: Dr Gottlob Dir und Prof

Fachgebiet II 5.1: **Grundsatzfragen Lärm, Vollzug Fluglärmgesetz** Marohn Dir und Prof
Fachgebiet II 5.2: **Wirkungen, Lärmschutzziele, Immissionssituation** Dr Wende WissORätin
Fachgebiet II 5.3: **Emissionssituation, Lärmlabor, Lärmminderungspläne** NN

Fachbereich III Umweltverträgliche Technik – Verfahren und Produkte
Leiter: Jürgen Schmölling Dir und Prof

Abt III 1 Grundsatzfragen Technik – Verfahren und Produkte
Leiter: Lohrer Dir und Prof

Fachgebiet III 1.1: **Grundsatzfragen umweltverträglicher Technik, Technologietransfer** Dr Pohle WissDir
Fachgebiet III 1.2: **Stoffflüsse** Reiche WissAng
Fachgebiet III 1.3: **Methoden der Produktbewertung, Umweltzeichen** Neitzel WissR
Fachgebiet III 1.4: **Stoffbezogene Produktfragen** Dr Plehn WissOR
Fachgebiet III 1.5: **Anlagensicherheit, Störfallvorsorge, Umgang mit umweltgefährdenden Stoffen** Dr Sundermann-Rosenow WissDirektorin

Abt III 2 Verfahren und Produkte, Grundstoffindustrien, Energie
Leiter: Dr M Lange Dir und Prof

Fachgebiet III 2.1: **Übergreifende Angelegenheiten Luftreinhaltung, Metallgewinnung und -verarbeitung** Dr Zierock WissAng
Fachgebiet III 2.2: **Übergreifende Angelegenheiten Energie** Dr Glatzel WissDir
Fachgebiet III 2.3: **Rationelle Energienutzung in der Industrie** Dr Becker WissDir
Fachgebiet III 2.4: **Rationelle Energienutzung in Haushalt und Kleinverbrauch** Wagenknecht WissDir
Fachgebiet III 2.5: **Bergbau, Steine, Erden** Dr Haug WissDir
Fachgebiet III 2.6: **Chemische Industrie, Mineralölindustrie** Dr Drechsler WissDir

Abt III 3 Verfahren und Produkte, Investitions- und Konsumgüterindustrien
Leiter: Goosmann Dir und Prof

Fachgebiet III 3.1: **Übergreifende Angelegenheiten Rückstands- und betriebliche Wasserwirtschaft, Glas-, Gummi- und Lederindustrie** Dr Willing Dir und Prof
Fachgebiet III 3.2: **Maschinen-, Fahrzeugbau, Elektroindustrie, Oberflächenbehandlung** Koch WissOR
Fachgebiet III 3.3: **Kunststoffindustrie, Zellstoff- und Papierindustrie, Verpackungswesen** Dr Oels WissDir
Fachgebiet III 3.4: **Bauwesen, Textil- und Holzindustrie** Dr Schönfeld WissDir
Fachgebiet III 3.5: **Nahrungsmittelindustrie, Landwirtschaft** Dr Mach WissDir
Fachgebiet III 3.6: **Projektträgerschaft des BMBF, Abfallwirtschaft und Altlastensanierung** Penning BauORätin

Abt III 4 Entsorgung
Leiter: Dr Schmitt-Tegge Dir und Prof

Fachgebiet III 4.1: **Übergreifende Angelegenheiten Entsorgung, Anlaufstelle Basler Übereinkommen** Dr Wuttke WissAng
Fachgebiet III 4.2: **Sonderabfallentsorgung** Jakobi WissAng
Fachgebiet III 4.3: **Biologische und thermische Verfahren der Abfallbehandlung** Barniske WissDir
Fachgebiet III 4.4: **Verfahren der Vorbehandlung und Ablagerung** Stief WissDir
Fachgebiet III 4.5: **Kommunale Entsorgung, Abwassertechnik** Dr Müller WissAng

Fachbereich IV Stoffbewertung und Vollzug
Leiter: Dr Neidhard Dir und Prof

Abt IV 1 Koordinierung, Vollzug ChemG, PflSchG, WRMG
Leiter: Dr Offhaus Dir und Prof

Fachgebiet IV 1.1: **Grundsatzangelegenheiten, Vollzug, ChemG** Dr A Lange Dir und Prof
Fachgebiet IV 1.2: **Altstoffprüfung, Vollzug EG-AltstoffV** Dr Ahlers WissDir
Fachgebiet IV 1.3: **Vollzug PflSchG** Dr Klein WissDir
Fachgebiet IV 1.4: **Biozide Wirkstoffe** NN
Fachgebiet IV 1.5: **Vollzug WRMG** Dr Greiner WissAngestellte

Abt IV 2 Stoffbewertung ChemG, PflSchG, WRMG; GenTG
Leiter: Dr Steinhäuser Dir und Prof

Fachgebiet IV 2.1: **Stoffberichtsstelle, Stoffdatenbanken für Vollzug** Dr Bigalke WissDir
Fachgebiet IV 2.2: **Umweltexposition durch Stoffe** Dr Wagner WissDir
Fachgebiet IV 2.3: **Biologische Abbaubarkeit, Bioakkumulation** Prof Dr Beek Dir und Prof
Fachgebiet IV 2.4: **Ökotoxikologische Bewertung** Dr Peter WissDir
Fachgebiet IV 2.5: **Vollzug GenTG, Bewertung gentechnisch veränderter Pflanzen und Tiere** Nöh WissAngestellte

Fachgebiet IV 2.6: **Bewertung gentechnisch veränderter Mikroorganismen, Biotechnologie** Dr Mieschendahl WissAng

Fachbereich V Institut für Wasser-, Boden- und Lufthygiene
14195 Berlin, Corrensplatz 1; Tel (0 30) 89 03-0; Fax (0 30) 89 03-18 30
Leiter: Prof Dr Lange-Asschenfeldt Dir und Prof

Abt V 1 Spezielle Umwelthygiene, Humanökologie und Gesundheitstechnik
Leiter: Dr Fischer Dir und Prof

Fachgebiet V 1.1: **Spezielle Humanökologische Fragen** Prof Dr Schimmelpfennig WissAng
Fachgebiet V 1.2: **Spezielle physikalische Analytik** Dr Rotard Dir und Prof
Fachgebiet V 1.3: **Bakteriologie** Dr Szewzyk WissAngestellte
Fachgebiet V 1.4: **Virologie** Dr Lopez-Pila Dir und Prof
Fachgebiet V 1.5: **Toxikologische Fragen der Umwelthygiene** Dr Roßkamp WissAngestellte
Fachgebiet V 1.6: **Wohnungs-, Bau- und Siedlungshygiene** Dr Ising Dir und Prof
Fachgebiet V 1.7: **Spezielle gesundheitliche Fragen im Bau- und Siedlungswesen** Dr Wegner WissDir
Fachgebiet V 1.8: **Siedlungsungeziefer** Dr Iglisch Dir und Prof
Fachgebiet V 1.9: **Wirksamkeitsprüfung von Schädlingsbekämpfungsmitteln** Dr Hoffmann Dir und Prof

Abt V 2 Trink- und Betriebswasserhygiene
Leiter: NN

Fachgebiet V 2.1: **Chemische und physikalische Wasseraufbereitung** Prof Dr Grohmann Dir und Prof
Fachgebiet V 2.2: **Biologische Wasseraufbereitung** Dr Chorus WissAngestellte
Fachgebiet V 2.3: **Chemische und physikalische Wassergütecharakterisierung und -prognosen** Dr Grummt WissAngestellte
Fachgebiet V 2.4: **Grenzwerte für Wasserinhaltsstoffe** Dr Dieter Dir und Prof
Fachgebiet V 2.5: **Organische Spurenstoffe** Dr Stottmeister WissAng
Fachgebiet V 2.6: **Anwendung von Kunststoffen und anderen nichtmetallischen Werkstoffen** NN
Fachgebiet V 2.7: **Korrosionsschutz und Verbundwasserversorgung** Dr Meyer Dir und Prof
Fachgebiet V 2.8: **Chemische und physikalische Analytik** Dr Rotard Dir und Prof
Fachgebiet V 2.9: **Technik der Wasserversorgungsanlagen und der Schwimmbäder** NN
Fachgebiet V 2.10: **Forschungsstelle Bad Elster** NN

Abt V 3 Abwasser- und Umwelthygiene beim Gewässerschutz
Leiter: Dr Jürgen Hahn Dir und Prof

Fachgebiet V 3.1: **Chemische und physikalische Abwasseruntersuchung** Dr Hagendorf Dir und Prof
Fachgebiet V 3.2: **Biologische Abwasseruntersuchung und -bewertung** Dr Brackemann WissOR
Fachgebiet V 3.3: **Spezielle chemische Fragen und Bewertung des Abwassers** Dr Trenel WissDir
Fachgebiet V 3.4: **Angewandte Mikrobiologie des Abwassers** NN
Fachgebiet V 3.5: **Chemische und physikalische Behandlung industrieller Abwässer** Dr Dorau Dir und Prof
Fachgebiet V 3.6: **Abwassertechnik** Clodius WissDir
Fachgebiet V 3.7: **Umweltfreundliche Technologien** Dr Pluta WissAng (komm)
Fachgebiet V 3.8: **Meß- und Regeleinrichtungen** Dr Schumann WissDir
Fachgebiet V 3.9: **Schlammentwässerungstechnik und neue Verfahren der Schlammbehandlung** Dr Dorau Dir und Prof (komm)
Fachgebiet V 3.10: **Hygiene der Oberflächenwassernutzung** Dr Dieter Dir und Prof (komm)
Fachgebiet V 3.11: **Chemie der Oberflächenwassernutzung** NN
Fachgebiet V 3.12: **Biologie der Oberflächenwassernutzung** NN
Fachgebiet V 3.13: **Technische Fragen der Oberflächenwassernutzung** NN

Abt V 4 Lufthygiene
Leiter: Dr Bernd Seifert Dir und Prof

Fachgebiet V 4.1: **Umwelthygienische Bewertung von Emissionsmessungen** Dr Laskus Dir und Prof
Fachgebiet V 4.2: **Umwelthygienische Bewertung von Immissionsmessungen** Dr Ullrich WissAng
Fachgebiet V 4.3: **Wirkungsbezogene Feldversuche** Dr Krause Dir und Prof
Fachgebiet V 4.4: **Wirkungen von Luftverunreinigungen auf Pflanzen** Dr Hülsenberg WissOR
Fachgebiet V 4.5: **Bioklimatologie** Wintermeyer WissOR
Fachgebiet V 4.6: **Spezielle wirkungsbezogene Luftanalytik** Dr Moriske WissOR
Fachgebiet V 4.7: **Pflanzenökologie und Lufthygiene** NN *Fachgebiet V 4.8:* **Pathologische Anatomie** NN
Fachgebiet V 4.9: **Experimentelle und klinische Pathophysiologie** Dr Roßkamp WissAngestellte (komm)
Fachgebiet V 4.10: **Biochemie und klinische Chemie** NN
Fachgebiet V 4.11: **Neurophysiologie** Dr Englert Dir und Prof
Fachgebiet V 4.12: **Immissionsbedingte Zoopathologie** Dr Hoffmann Dir und Prof (komm)

Abt V 5 Bodenhygiene, Hygiene der Wassergewinnung
Leiter: Prof Dr Ulrich Müller-Wegener Dir und Prof

Fachgebiet V 5.1: **Rohwassergüte und Trinkwasserschutzgebiete** von Kunowski WissOR
Fachgebiet V 5.2: **Grundwasseranreicherung und Uferfiltration** Dr Mühlhausen WissAng

Fachgebiet V 5.3: **Hygienische Geohydrologie und Geohydrochemie** Dr Schleyer WissOR
Fachgebiet V 5.4: **Biologische Untersuchung und Beurteilung von Schadorganismen** Prof Dr Dr Dr h c Filip Dir und Prof
Fachgebiet V 5.5: **Hygienische Bewertung der Gewässerverunreinigung durch Bodenverunreinigung** NN
Fachgebiet V 5.6: **Schlamm- und Abfallhygiene** Dr Hofmann WissOR
Fachgebiet V 5.7: **Biologische Schlammstabilisierung und Schlammverwertung** Schmidt WissR z A (komm)
Fachgebiet V 5.8: **Chemische und physikalische Schlammcharakterisierung** Dr Litz WissOR
Fachgebiet V 5.9: **Hygienische Wechselwirkungen zwischen Luft, Wasser und Boden** Dr Kerndorff WissDir

2 Bundesamt für Naturschutz (BfN)

53179 Bonn, Konstinstr 110; Tel (02 28) 84 91-0; Fax (02 28) 84 91-2 00

Staatsrechtliche Grundlage und Aufgabenkreis:
Am 15. August 1993 trat das „Gesetz über die Errichtung eines Bundesamtes für Naturschutz und zur Änderung von Vorschriften auf dem Gebiet des Artenschutzes" vom 6. August 1993 in Kraft. Es vereinigte die Bundesforschungsanstalt für Naturschutz und Landschaftsökologie (BFANL) und die für die Durchführung des Washingtoner Artenschutzübereinkommens (WA) seit 1976 bestehenden Artenschutzreferate des Bundesamtes für Ernährung und Forstwirtschaft (BEF) zu einem Bundesamt.
Zugleich betreibt das BfN die bundesweit zentrale Literaturdokumentation und -information auf Fachgebieten.
Neben den wissenschaftlichen Aufgaben der BFANL wurden dem Bundesnaturschutzamt durch das Errichtungsgesetz auch Aufgaben für den Vollzug des Artenschutzes nach dem Washingtoner Artenschutzübereinkommen übertragen, die zuvor im Bundesamt für Ernährung und Forstwirtschaft (BEF) und im Bundesamt für Wirtschaft (BAW) wahrgenommen worden sind.
Die Aufgabenschwerpunkte des BfN lassen sich somit wie folgt umreißen:
– fachwissenschaftliche Unterstützung des BMU auf den Gebieten des Naturschutzes und der Landschaftspflege im nationalen und internationalen Bereich, insbesondere der Pflanzen- und Tierökologie, des Biotopschutzes, der Landschaftsökologie, der Landschaftspflege und der Erholungsvorsorge,
– administrative Unterstützung des BMU auf den Gebieten des Naturschutzes und der Landschaftspflege (z B durch die Projektförderung),
– Durchführung des Artenschutzes im Rahmen der Zuständigkeit des Bundes, insbesondere im Bereich der Ein- und Ausfuhr geschützter Tiere und Pflanzen bzw daraus hergestellter Erzeugnisse,
– wissenschaftliche Forschung, die zur Erfüllung dieser Aufgaben dient.

Veröffentlichungen:
„Natur und Landschaft"; *Verlag:* W Kohlhammer GmbH, 70565 Stuttgart, Heßbrühlstr 69, Postfach 800430; *Erscheinungsweise:* monatlich; *Bezugspreis:* DM 115,- jährlich einschließlich Porto.
„Dokumentation Natur und Landschaft" (Referateorgan); *Verlag:* W Kohlhammer GmbH, 70565 Stuttgart, Heßbrühlstr 69, Postfach 800430; *Erscheinungsweise:* vierteljährlich; *Bezugspreis:* DM 74,- jährlich einschließlich Porto.
„Bibliographien", Sonderhefte der „Dokumentation Natur und Landschaft"; *Verlag:* Deutscher Gemeindeverlag, 50858 Köln, Max-Planck-Str 12, Postfach 40 02 63; *Erscheinungsweise:* unregelmäßig; *Bezugspreis:* ab DM 10,- zuzüglich Versandkosten und Mehrwertsteuer
„Schriftenreihe für Vegetationskunde"
„Schriftenreihe für Landschaftspflege und Naturschutz"
„Schriftenreihe für Landschaftsökologie"
Der Vertrieb der Schriftenreihen obliegt dem Landwirtschaftsverlag GmbH, 48079 Münster-Hiltrup, Postfach 48 02 49
Schriftenreihe „MAB-Mitteilungen". Die MAB-Mitteilungen sind kostenlos zu beziehen über die MAB-Geschäftsstelle bei der BfN.

Präsident des Bundesamtes für Naturschutz: Prof Dr Martin Uppenbrink

Pressestelle Dr Jürgen Jakobs
Geschäftsstelle des Deutschen Nationalkomitees für das UNESCO-Programm „Der Mensch und die Biosphäre" (MAB) Nauber WissAng

Abt Z Verwaltung/Zentrale Information
Leiter: Ley RDir

Gruppe Z 1: **Verwaltung** Fritsch ORR
Gruppe Z 2: **Zentrale Informationsdienste** Koeppel WissDir

Fachbereich I Artenschutzvollzug und Projektförderung
Leiter: Dietmar Glitz Dir und Prof

Gruppe I 1: **Artenschutzvollzug** Dr Jelden ORR
Gruppe I 2: **Wissenschaftliche Grundlagen des Artenschutzvollzuges** Dr Blanke RDir
Gruppe I 3: **Projektförderung** Bürger Dir und Prof

Fachbereich II Forschung und Beratung
Leiter: Prof Dr Wolfgang Erz Dir und Prof

Gruppe II 1: **Internationale Naturschutzakademie Insel Vilm** Dr Knapp Dir und Prof
Gruppe II 2: **Vegetationskunde** Dr Bohn Dir und Prof
Gruppe II 3: **Tierökologie** Dr Haarmann Dir und Prof

Gruppe II 4: **Biotopschutz und Landschaftsökologie** Dr Blab Dir und Prof
Gruppe II 5: **Landschaftsplanung und Landschaftsgestaltung** Winkelbrandt Dir und Prof

Außenstellen:
04430 Dölzig, Am Kanal 5; Tel (03 42 05) 8 74 00; Fax (03 42 05) 8 74 25

18581 Lauterbach auf Rügen; Tel (03 83 01) 86-0; Fax (03 83 01) 86-1 50

3 Bundesamt für Strahlenschutz (BfS)

38226 Salzgitter, Albert-Schweitzer-Str 18; Tel (0 53 41) 1 88-0; Fax (0 53 41) 1 88-1 86

Staatsrechtliche Grundlage und Aufgabenkreis:
Gesetz über die Errichtung eines Bundesamtes für Strahlenschutz vom 9. Oktober 1989 (BGBl I Seite 1830).

Das Bundesamt für Strahlenschutz erledigt Verwaltungsaufgaben des Bundes auf den Gebieten des Strahlenschutzes einschließlich der Strahlenschutzvorsorge sowie der kerntechnischen Sicherheit, der Beförderung radioaktiver Stoffe und der Entsorgung radioaktiver Abfälle einschließlich der Errichtung und des Betriebs von Anlagen des Bundes zur Sicherstellung und zur Endlagerung, die ihm durch das Atomgesetz, das Strahlenschutzvorsorgegesetz oder andere Bundesgesetze oder auf Grund dieser Gesetze zugewiesen werden.

Das Bundesamt unterstützt den Bundesminister für Umwelt, Naturschutz und Reaktorsicherheit fachlich und wissenschaftlich, insbesondere bei der Wahrnehmung der Bundesaufsicht, bei der Erarbeitung von Rechts- und Verwaltungsvorschriften sowie bei der zwischenstaatlichen Zusammenarbeit.

Es betreibt zur Erfüllung seiner Aufgaben wissenschaftliche Forschung. Es erledigt, soweit keine andere Zuständigkeit gesetzlich festgelegt ist, Aufgaben des Bundes, mit denen Durchführung es vom Bundesminister für Umwelt, Naturschutz und Reaktorsicherheit oder mit dessen Zustimmung von der sachlich zuständigen obersten Bundesbehörde beauftragt wird.

Präsident des Bundesamtes für Strahlenschutz: Prof Dr Kaul
Vertreter: Rösel VPräs

Ref: **Presse, Öffentlichkeitsarbeit** Dr Viehl LtdRDir
Eigenüberwachung Endlager Morsleben Dr Wohanka WissDir
Qualitätssicherungsüberwachung Beckmerhagen RDir

Zentralabteilung
Leiter: Hofer AbtPräs

Gruppe Z 1 Verwaltung
Leiter: Greulich LtdRDir

Ref Z 1.1: **Personal** Ehret RDir
Ref Z 1.2: **Organisation** Müller RDir
Ref Z 1.3: **Haushalt** Nimbach RDir
Ref Z 1.4: **Innerer Dienst** Herud ROAR
Ref Z 1.5: **Verwaltungsmäßige Bearbeitung von Aufträgen und Forschungsvorhaben** Dr Korn Ang
Ref Z 1.6: **Allgemeine Rechtsangelegenheiten; Justitiariat** Tschentscher RDir

Gruppe Z 2 Fachübergreifende Aufgaben
Leiter: Naß LtdRDir

Ref Z 2.1: **Allgemeine Angelegenheiten des Atom- und Strahlenschutzrechts** Sonnek RDirektorin
Ref Z 2.2: **Rechtsangelegenheiten der Sicherstellung und Endlagerung radioaktiver Abfälle** Ziegler RDir
Ref Z 2.3: **Internationale und zwischenstaatliche Zusammenarbeit, Sprachendienst** Ebermann RR
Ref Z 2.4: **Zentrale Datenverarbeitung und Dokumentation, Zentrale Fachbibliothek** Prof Dr Piefke Dir und Prof

Geschäftsstelle der Strahlenschutzkommission (SSK)
Leiter: Dr Gumprecht LtdWissDir

Geschäftsstelle der Reaktor-Sicherheitskommission (RSK)
Leiter: NN

Fachbereich Strahlenhygiene
Leiter: Dr Burkart Dir und Prof

Institut für Atmosphärische Radioaktivität
Leiter: Dr Weiss Dir und Prof

Institut für Strahlenhygiene
Leiter: Dr Burkart Dir und Prof

Abteilung S 1 Strahlenwirkungen, Epidemiologie
Leiter: Dr Schopka Ang

Fachgebiet S 1.1: **Genetische Wirkungen** Dr Stephan Dir und Prof
Fachgebiet S 1.2: **Somatische Wirkungen** Dr Martignoni Dir und Prof
Fachgebiet S 1.3: **Nuklearbiologie/Strahlenbiochemie** Dr Jung WissOR
Fachgebiet S 1.4: **Epidemiologie und Statistik** Dr Grosche WissOR
Fachgebiet S 1.5: **Strahlenschutzregister** Nitschke WissDir

Abteilung S 2 Medizinische Strahlenhygiene
Leiter: Prof Dr Bernhardt Dir und Prof

Fachgebiet S 2.1: **Röntgendiagnostik** Dr Bauer WissAng
Fachgebiet S 2.2: **Nuklearmedizin** Dr Noske Ang
Fachgebiet S 2.3: **Strahlentherapie, medizinische Fragen zu Strahlenunfällen** Dr Dr Schwarz Dir und Prof
Fachgebiet S 2.4: **Qualitätskontrolle und -sicherung in der Radiologie** Dr Bäuml WissAng
Fachgebiet S 2.5: **Nichtionisierende Strahlen; Dosimetrie** Matthes WissOR

Fachgebiet S 2.6: **Nichtionisierende Strahlung; Wirkungen** Prof Dr Bernhardt Dir und Prof (mdWdGb)

Abteilung S 3 Radioaktive Stoffe und Umwelt
Leiter: Prof Bayer Dir und Prof

Fachgebiet S 3.1: **Allgemeine und grundsätzliche Angelegenheiten des Strahlenschutzes, Forschungsbetreuung** Schmitt-Hannig WissORätin
Fachgebiet S 3.2: **Leitstelle Inkorporationsüberwachung** König WissAng
Fachgebiet S 3.3: **Schutz der Bevölkerung** Dr Haubelt Dir und Prof
Fachgebiet S 3.4: **Radioökologie** Wirth Dir und Prof
Fachgebiet S 3.5: **Strahlenschutzfragen bei radioaktiven Reststoffen und Abfällen** Dr Schaller WissAng
Fachgebiet S 3.6: **Radiochemie** Dr Dalheimer WissAng

Abteilung S 4 Überwachung der Umweltradioaktivität, Zentralstelle des Bundes (ZdB)
Leiter: Dr Braun Dir und Prof

Fachgebiet S 4.1: **Grundsatzangelegenheiten der Strahlenschutzvorsorge, Auswertung der Daten zur Überwachung der Umweltradioaktivität** NN
Fachgebiet S 4.2: **Fachliche Koordinierung der Leitstellen, Anwendungsorientierte Anforderungen an das IT-System, Internationaler Informationsaustausch** Dr Hornung-Lauxmann WissRätin
Fachgebiet S 4.3: **Berichterstattung über Umweltradioaktivität und Strahlenbelastung** NN
Fachgebiet S 4.4: **Notfallschutz** Dr Korn WissAng (mdWdGb)
Fachgebiet S 4.5: **Systemtechnik** Leeb WissDir
Fachgebiet S 4.6: **Netzkoordination, Dezentrale Systeme** Jung RDir
Fachgebiet S 4.7: **Datenbankverwaltung, Schulung** Helms Ang
Fachgebiet S 4.8: **Systemanalyse und Programmierung** Lieser WissOR
Fachgebiet S 4.9: **Stammdatenpflege und Betreuung dezentraler IMIS-Systeme** Jung RDir (mdWdGb)

Fachbereich Kerntechnische Sicherheit
Leiter: Dr Weil Dir und Prof

Abteilung KT 1 Übergreifende Fragen der kerntechnischen Sicherheit
Leiter: Dr Berg Dir und Prof

Fachgebiet KT 1.1: **Allgemeine und grundsätzliche Angelegenheiten, Vorhabenbetreuung** Dr Volland WissDir
Fachgebiet KT 1.2: **Systemtechnische Analysen, probabilistische Sicherheitsanalysen, Anlageninterner Notfallschutz** Dr Görtz WissDir
Fachgebiet KT 1.3: **Methoden der Qualitätssicherung, Nachrüstkonzepte** Dr Hennig WissAng

Geschäftsstelle des Kerntechnischen Ausschusses (KTA)
Leiter: Dr Kalinowski LtdWissDir

Abteilung KT 2 Sicherheit und Sicherung der kerntechnischen Einrichtungen
Leiter: Dr Becker WissAng

Fachgebiet KT 2.1: **Verfolgung des Genehmigungs- und Anlagenstatus der Kernreaktoren** Dr Klonk WissAng
Fachgebiet KT 2.2: **Verfolgung des Genehmigungs- und Anlagenstatus der Anlagen zur nuklearen Versorgung, Wiederaufbereitung und Konditionierung** Gelpke WissAng
Fachgebiet KT 2.3: **Meldepflichtige Ereignisse in kerntechnischen Einrichtungen (Störfallmeldestelle)** Reiner WissOR
Fachgebiet KT 2.4: **Sicherung von kerntechnischen Einrichtungen und Transporten** NN

Abteilung KT 3 Kerntechnische Anlagen (Ost); Stillegung und Abbau kerntechnischer Anlagen
Leiter: Dr Gelfort WissAng

Fachgebiet KT 3.1: **Kernkraftwerke in Mittel- und Osteuropa** Dr Wolf WissDir
Fachgebiet KT 3.2: **Anlagen und Genehmigungsstatus (Ost)** Albrecht WissAng
Fachgebiet KT 3.3: **Stillegung und Abbau** Motzkus WissDir

Fachbereich Nukleare Entsorgung und Transport
Fachbereichsleiter I (Endlagerprojekte, Betrieb): Dr Thomauske Dir und Prof
Fachbereichsleiter II (Sicherung der Endlagerung, Aufbewahrung von Kernbrennstoffen, Transporte): Dr Röthemeyer Dir und Prof

Abteilung ET 1 Endlagerprojekte; Betrieb
Leiter: Dr Thomauske Dir und Prof (mdWdGb)

Fachgebiet ET 1.1: **Allgemeine und grundsätzliche Angelegenheiten der Projektabwicklung** Debski Ang
Fachgebiet ET 1.2: **Qualitätssicherungsüberwachung, Projektdokumentation** Dr Borchert WissDir
Fachgebiet ET 1.3: **Projekt Gorleben** Dr Tittel WissDir
Fachgebiet ET 1.4: **Projekt Konrad** Hänsel WissDir
Fachgebiet ET 1.5: **Endlager Morsleben** Dr Hund WissOR

Dem Fachbereichsleiter I unmittelbar unterstellt:

Bergrechtliche Betriebsüberwachung NN

Abteilung ET 2 Sicherheit der Endlagerung
Leiter: Dr Illi Dir und Prof

Fachgebiet ET 2.1: **Radioaktive Abfälle** Dr Brennecke WissDir
Fachgebiet ET 2.2: **Geowissenschaften** Dr Stier-Friedland WissDir
Fachgebiet ET 2.3: **Radiologie und Strahlenschutz** Dr Ehrlich Dir und Prof
Fachgebiet ET 2.4: **Sicherheitsanalysen** Preuss WissDir
Fachgebiet ET 2.5: **Endlagerplanung** Zentsch Ang

Abteilung ET 3 Brennstoffkreislauf, Transport und Aufbewahrung radioaktiver Stoffe
Leiter: Dr Collin Dir und Prof

Fachgebiet ET 3.1: **Allgemeine und grundsätzliche Angelegenheiten** Dr Huck ORR

Fachgebiet ET 3.2: **Genehmigung und technische Sicherheit der Beförderung, verkehrsrechtliche Zulassung** Dr Cosack WissDir

Fachgebiet ET 3.3: **Genehmigung und technische Sicherheit der Aufbewahrung nach § 6 Atomgesetz** Dr Heimlich WissDir

Fachgebiet ET 3.4: **Staatliche Verwahrung** Dr Maier Ang

Fachbereich Strahlenschutz
Leiter: Prof Dr Kraus

Abteilung ST 1 Strahlenexposition in bergbaulichen Anlagen und deren Umgebung
Leiter: Dr Ettenhuber WissAng

Fachgebiet St 1.1: **Allgemeine und grundsätzliche Angelegenheiten des Strahlenschutzes im Bergbau** Dr Przyborowski WissAngestellte

Fachgebiet St 1.2: **Radonmessung und lufttechnischer Strahlenschutz** Dr Ullmann WissAng

Fachgebiet St 1.3: **Strahlenexposition in Räumen und Umwelt** Lehmann WissOR

Fachgebiet St 1.4: **Strahlenschutz der Bevölkerung bei Bergbaubetrieben und Anlagen** Dr Gehrke WissDir

Abteilung ST 2 Strahlenexposition durch kerntechnische Anlagen (außer Zwischen- und Endlager)
Leiter: Dr Winkelmann Dir und Prof

Fachgebiet St 2.1: **Emissionen: Luft** Dr Mundigl WissAng

Fachgebiet St 2.2: **Emissionen: Wasser, Sedimente** Dr Obrikat WissAng

Fachgebiet St 2.3: **Aktivitätsmeßtechnik, radiochemische Analytik** Dr Naumann WissAng

Fachgebiet St 2.4: **Immission** Rühle WissAng

Abteilung ST 3 Berufliche Strahlenexposition
Leiter: NN

Fachgebiet St 3.1: **Dosimetrie und Strahlungsmeßtechnik** Dr Will WissAng

Fachgebiet St 3.2: **Inkorporationsmessungen** Scheller WissAng

Fachgebiet St 3.3: **Strahlenschutz am Arbeitsplatz** NN

XV Bundesministerium für wirtschaftliche Zusammenarbeit und Entwicklung (BMZ)

53113 Bonn, Friedrich-Ebert-Allee 40; Tel (02 28) 5 35-0; Fax (02 28) 5 35-35 00; Telex 8 869 452

Aufgabenkreis:
Das Bundesministerium für wirtschaftliche Zusammenarbeit und Entwicklung nimmt die Aufgaben wahr, die sich für den Bund auf dem Gebiet der Entwicklungspolitik ergeben.

Veröffentlichungen:
Gemeinsames Ministerialblatt (GMBl) des AA, BMI, BMF, BMWi, BML, BMFSFJ, BMG, BMU, BMBau, BMBF und BMZ, herausgegeben vom Bundesministerium des Innern. Erscheint nach Bedarf. Verlag: Carl Heymanns Verlag KG, Bonn/Köln
„Entwicklungspolitik – Spiegel der Presse"; herausgegeben vom BMZ, erscheint monatlich, „BMZ-Materialien zur Entwicklungspolitik"; herausgegeben vom BMZ, erscheint aperiodisch, „BMZ-Aktuell";
herausgegeben vom BMZ, erscheint aperiodisch, „Entwicklungspolitik – Informationsmedien", herausgegeben vom BMZ, erscheint nach Bedarf.

Bundesminister für wirtschaftliche Zusammenarbeit und Entwicklung: Carl-Dieter Spranger
Persönlicher Referent: Steinhoff ORR

Parlamentarischer Staatssekretär: Klaus-Jürgen Hedrich
Persönliche Referentin: Bögemann-Hagedorn RDirektorin

Staatssekretär: Wighard Härtl
Persönlicher Referent: Gies RDir

Ref 01: **Ministerbüro** von Leuckart MinR
Ref 02: **Presse und Öffentlichkeitsarbeit** Dr Kreuz VwAng
Ref 03: **Kabinetts- und Parlamentsangelegenheiten** Dr Weiter RDir
Ref 04: **Grundsätze, Konzeption und Planung der Entwicklungspoltik; Forschung; Menschenrechtsfragen** Dr Ducklau MinR

Abt 1 Allgemeine Verwaltung; Dienststelle Berlin; Zusammenarbeit mit öffentlichen und privaten Institutionen in Deutschland
Leiter: Zahn MinDir

Dienststelle Berlin
10963 Berlin, Europahaus, Stresemannstr 2; Tel (0 30) 2 69 90-1; Fax (0 30) 2 69 90-1 39
Leiter: Oehler MinDirig

Ref 100: **Hauptstadtaufgaben; Innerer Dienst; Bund-Länder-Zusammenarbeit** NN

Ref 101: **Arbeitsmarkt- und Beschäftigungspolitik; Migrations- und Ausländerpolitik; Reintegration; Integrierte Fachkräfte; Durchlaufspenden** Eckermann VwAng
Ref V: **Vorprüfungsstelle** Fleige RDir

U-Abt 11 Allgemeine Verwaltung
Leiter: Oehler MinDirig

Ref 110: **Allgemeine Personalangelegenheiten** Dr Goerdeler MinR
Ref 111: **Justitiariat; Geheimschutz** Dr Börnsen MinR
Ref 112: **Organisation; Organisation der Zusammenarbeit mit den durchführenden Stellen; Koordinierung der Informationstechnik** Zoller MinR
Ref 113: **Haushalts-, Kassen- und Rechnungswesen** Kloke-Lesch MinR
Ref 114: **Personalausgaben; Familienkasse** Dr Landvogt MinR
Ref 115: **Innerer Dienst** H Schneider RDir
Ref 116: **Informationsverarbeitung** Dr Hunger MinR

U-Abt 12 Zusammenarbeit mit öffentlichen und privaten Institutionen in Deutschland; Personelle Zusammenarbeit
Leiter: Albert Baumhauer VwAng

Ref 120: **Grundsätze NRO; Vorhaben privater Träger** Hentz MinR; Tantz RDir
Ref 121: **Zusammenarbeit mit den Kirchen** NN
Ref 122: **Zusammenarbeit mit den Politischen Stiftungen; Sozialstrukturhilfe** Huber MinR
Ref 123: **Entwicklungsdienste; Allgemeine Angelegenheiten deutscher Fachkräfte; Grundsatzfragen der Personellen Zusammenarbeit** Reitz MinR
Ref 124: **Zusammenarbeit in den Bereichen Wissenschaft und Kultur; Aus und Fortbildungsprogramme; CDG; DSE; DW** Rügner MinR
Ref 125: **Verwaltungs-, Beteiligungs- und Vergabeprüfung** Bitter MinR

Abt 2 Regionale Entwicklungspolitik; Projekte und Programme der bilateralen Finanziellen und Technischen Zusammenarbeit; Integration aller entwicklungspolitischen Maßnahmen
Leiter: Bernhard Schweiger MinDir

U-Abt 20 Beauftragter für Asien, Mittel- und Osteuropa
Leiter: Dr van de Sand MinR

Ref 200: **Regionale Entwicklungspolitik; Ostasien** Dr Greif MinR
Ref 201: **Südostasien; Pazifik** Dr Langerbein MinR
Ref 202: **China, Mongolei** Henrich MinR
Ref 203: **Südasien** Dr Kirchhof MinR
Ref 204: **Afghanistan, Bangladesch, Pakistan** NN
Ref 205: **Grundsatzfragen MOE/NUS; Mittel-/Osteuropa; Rußland; Weißrußland; Ukraine; Moldau** Dr Wichelmann MinR
Ref 206: **Kaukasische und asiatische Republiken der Neuen Unabhängigen Staaten (NUS); Türkei** Lehmann MinR

U-Abt 21 Beauftragter für Afrika südlich der Sahara
Leiter: Dr Barthelt MinR

Ref 210: **Regionale Entwicklungspolitik, Afrika südlich der Sahara; Südliches Afrika** Dr Horn-Vormschlag VwAngestellte
Ref 211: **Sahel** Dr Neumann-Damerau RDir
Ref 212: **Westafrika** Potyka MinR
Ref 213: **Zentralafrika** Siedler RDir
Ref 214: **Ostafrika** Albert RDir

U-Abt 22 Beauftragter für Mittelmeerraum, Naher Osten und Lateinamerika
Leiter: Dr Fischer MinDirig

Ref 220: **Nahost und Regionale Entwicklungspolitik** Sahlmann MinR
Ref 221: **Mittelmeerpolitik; Maghreb** Lehne MinR
Ref 222: **Ägypten; Dschibuti; Somalia; Sudan** Schurig MinR
Ref 223: **Regionale Entwicklungspolitik Lateinamerika; Lateinamerika-Ost; Mexiko** Dr Schäfer-Preuss MinRätin
Ref 224: **Lateinamerika-West** D'Hondt MinRätin
Ref 225: **Mittelamerika, Karibik** Dehn RDir

Abt 3 Grundsätze und Instrumente der bilateralen Zusammenarbeit; Zusammenarbeit mit der Wirtschaft; Erfolgskontrolle; Entwicklungspolitische Bildungsarbeit
Leiter: Fuchs MinDir

U-Abt 13 Koordinierung und Grundsätze der Finanziellen Zusammenarbeit und Technischen Zusammenarbeit; DEG; Zusammenarbeit mit der deutschen Wirtschaft, Ausfuhrgewährleistungen
Leiter: Dr Popp MinDirig

Ref 300: **Grundsätze und Verfahren der bilateralen Zusammenarbeit; Rahmenplanung** Kenneweg RDir
Ref 301: **Koordinierung der Finanziellen Zusammenarbeit; Kreditanstalt für Wiederaufbau (KfW)** Dr Muser RDir
Ref 302: **Koordinierung der Technischen Zusammenarbeit, Deutsche Gesellschaft für Technische Zusammenarbeit (GTZ)** Gabbe MinR
Ref 303: **Förderung privatwirtschaftlicher Investitionen; DEG; Niederlassungs- und Technologieprogramm; Ausfuhrgewährleistungen** Brückner MinR
Ref 304: **Partnerschaftsprogramme der deutschen Wirtschaft; Beratung der Wirtschaft in EL; Senior-Experten-Service** Schröder MinR
Ref 305: **Nahrungsmittel-, Not- und Flüchtlingshilfe; WEP** Dr Bonnet MinR

U-Abt 31 Erfolgskontrolle; Bildungsarbeit; Statistik; EXPO 2000
Leiter: Dr Linhart MinDirig

Ref 310: **Erfolgskontrolle** Lenzen MinR
Ref 311: **Entwicklungspolitische Bildungsarbeit; Bürgerinformation; Bibliothek** Dr Ertle MinR
Ref 312: **Protokoll; Sprachendienst** M Bauer RDir
Ref 313: **Statistik und Berichtswesen** Dr Wiesebach RDirektorin
Arbeitsstab EXPO 2000 Dr Schetting MinR

Abt 4 Multilaterale Zusammenarbeit; Entwicklungspolitik der EU; Sektorale und übersektorale Bereiche
Leiter: Dr Preuss MinDirig

U-Abt 40 Multilaterale Zusammenarbeit; Entwicklungspolitik der EU; Geberkoordinierung
Leiter: Dr Gerhard Boehmer MinDirig

Ref 400: **Vereinte Nationen; UNDP, UNFPA; UNV** Dr Suden MinR
Ref 401: **Weltbankgruppe; IWF, Verschuldung der Entwicklungsländer** Hinrichs MinR
Ref 402: **Regionale Entwicklungsbanken; IFAD** Blank MinR
Ref 403: **Entwicklungspolitik der Europäischen Union** NN
Ref 404: **Koordinierung und Zusammenarbeit mit anderen Gebern; OECD; DAC** P Bauer MinR

U-Abt 41 Sektorale und übersektorale Bereiche
Leiter: Prof Dr Michael Bohnet MinDirig

Ref 410: **Übersektorale Grundsätze; Strukturanpassung; Privatwirtschaft; öffentliche Verwaltung; Finanzsektor; Regierungsberatung** Kanera MinR
Ref 411: **Armutsbekämpfung; Sozialpolitik; Frauen und Jugend; Soziokultur; UNIFEM** Dr Jentsch MinR; Graichen-Drück RDirektorin
Ref 412: **Umweltpolitik; Ressourcenschutz; Waldwirtschaft; CSD; GEF** Dr Schipulle MinR
Ref 413: **Bildung; Gesundheit; Bevölkerungspolitik** Dr Krumbein MinR
Ref 414: **Nahrungssicherung; ländliche Entwicklung; Landwirtschaft; Fischerei; Agrarforschung; Rauschgiftbekämpfung** Dr de Haas RDir
Ref 415: **Handels- und Rohstoffpolitik; Industrie und Handwerk; Technologietransfer; Treuhandfinanzierung; UNIDO** Dr von Koppenfels MinR
Ref 416: **Stadtentwicklung; Wasserversorgung; Abwasserentsorgung; Energie; Verkehr; Kommunikation; Rohstoffe** Dr Lotz MinR

XVI Bundesministerium für Raumordnung, Bauwesen und Städtebau (BMBau)

53179 Bonn, Deichmanns Aue 31-37; Tel (02 28) 3 37-0; Telex 88 54 62; Fax (02 28) 3 37-30 60

Aufgabenkreis:
Das Bundesministerium für Raumordnung, Bauwesen und Städtebau nimmt die Zuständigkeit des Bundes auf den Gebieten des Städtebaues, des Wohnungswesens, der Raumordnung und des Bauwesens wahr. Es ist für die Finanzhilfen des Bundes an die Gemeinden im Raume Bonn zuständig.

Publikationsorgane:
Gemeinsames Ministerialblatt (GMBl) des AA, BMI, BMF, BMWi, BML, BMFSFJ, BMG, BMU, BMBau, BMBF und BMZ, herausgegeben vom Bundesministerium des Innern. Erscheint nach Bedarf. *Verlag:* Carl Heymanns Verlag KG, Bonn/Köln
Bundesbaublatt. Erscheint monatlich. *Verlag:* Bau-Verlag GmbH, Wiesbaden.
Die Bauverwaltung. Erscheint monatlich. *Verlag:* Curt R Vincentz-Verlag, Hannover

Bundesminister für Raumordnung, Bauwesen und Städtebau: Prof Dr Klaus Töpfer; zugleich Beauftragter der Bundesregierung für den Berlin-Umzug und den Bonn-Ausgleich

Parlamentarischer Staatssekretär: Joachim Günther
Persönlicher Referent: Dr Heidrich ORR

Staatssekretärin: Christa Thoben
Persönlicher Referent: Becker ORR

Leitungsstab
Leiter: Dr Konukiewitz MinR

Ministerbüro Dr Konukiewitz MinR
Persönlicher Referent des Ministers Wieczorek RR z A
Organisation, Protokoll und Termine Kindervater VwAngestellte
Ref PK: **Parlament, Kabinett** Löcker RDirektorin
Ref MK: **Medien und Kommunikation** Ningelgen VwAngestellte
Presse Ningelgen VwAngestellte
Öffentlichkeitsarbeit allgemein Dr Eyink ORR
Veröffentlichungen Simon RDir
Ref G: **Grundsatzfragen, Politische und wirtschaftliche Analysen** von Neubeck-Hohlefelder MinRätin

Stab St Stab des Beauftragten der Bundesregierung für den Berlin-Umzug und den Bonn-Ausgleich
Leiterin: Christa Thoben StSekretärin

Stab des Beauftragten der Bundesregierung für den Berlin-Umzug und den Bonn-Ausgleich – Bereich Bonn – StBN
Leiter: Westkamp MinDirig

Arbeitsbereich StBN 1: **Grundsatzfragen; Koordinierung; Geschäftsstelle Arbeitsstab Berlin/Bonn** Fischer MinR
Arbeitsbereich StBN 2: **Koordinierung organisatorischer und personalwirtschaftlicher Maßnahmen** Wischnewski MinR
Arbeitsbereich StBN 3: **Ausgleich für Region Bonn, Geschäftsstelle Koordinierungsausschuß** Dr Scharnhoop MinR
Arbeitsbereich StBN 4: **Bonn-Vereinbarungen, Bonn-Konzept; Wohnungsversorgung Bonn** Pleitgen MinR

Stab des Beauftragten der Bundesregierung für den Berlin-Umzug und den Bonn Ausgleich – Bereich Berlin – StB
Leiter: Rettig MinR

Arbeitsbereich StB 1: **Bauangelegenheiten des Bundes in Berlin, Projektmanagement**
Arbeitsbereich StB 1 A: **BPA, AA, BMJ, BMF, BMWi, BMV, sog HEXAGON, Freimachungskonzept, Palast der Republik** Schmidt BauDir
Arbeitsbereich StB 1 B: **BMI, BMA, BMVg, BMFSFJ, BMBau, BKA, Freimachungskonzept, Deutsches Historisches Museum** NN
Arbeitsbereich StB 2: **Bauangelegenheiten des Bundes in Berlin; Bundespräsidialamt, Deutscher Bundestag, Bundeskanzleramt** Marquis BauDir
Arbeitsbereich StB 3: **Projektleitung Wohnen (Wohnungsfürsorge, Wohnungsbau)** Zielke RDir
Arbeitsbereich StB 4: **Allgemeine Hauptstadtentwicklung (Verkehr, Entwicklungsmaßnahmen, Hauptstadtverträge, Beratung Botschaften und Verbände** von Brederlow MinR
Arbeitsbereich StB 5: **Rechtsangelegenheiten; Geschäftsstelle Gemeinsamer Ausschuß; Arbeitsstab Bundesbaugesellschaft** Seeger RDir
Arbeitsbereich StB 6 (zgl Verbindungsstelle Kunst im öffentlichen Raum): **Finanz- und Kostencontrolling** Willerding RDir
Verbindungsstelle: **Medien und Information** Dr Eyink ORR (mdWdGb)

Abt Z Zentralabteilung
Leiter: Robert Scholl MinDirig

U Abt Z I Personal- und Organisationsangelegenheiten
Leiter: Dr Borkenstein MinDirig

Ref Z I 1: **Personalangelegenheiten** Dr Schönemann MinR
Ref Z I 2: **Organisation, Datenverarbeitung** Wankerl MinR
Ref Z I 3: **Innerer Dienst, Geheimschutz** Bopp MinR
Ref Z I 4: **Datenschutz, Datensicherheit, Beihilfe, Bibliothek, zivile Verteidigung, Ordensangelegenheiten** NN
Vorprüfungsstelle, Zentrale Prüfergruppe Technik Dr Kollmeier MinR

U-Abt Z II Haushalts- und Finanzangelegenheiten
Leiter: Kohlenbach MinDirig

Ref Z II 1: **Haushalts-, Kassen- und Rechnungswesen** vom Brocke MinRätin
Ref Z II 2: **Bundesbeteiligungen, Darlehensverwaltung** Drück MinR
Ref Z II 3: **Justitiariat, Vergabeprüfstelle** Lenhard MinR
Ref Z II 4: **Statistische Grundlagen** Dr Eisel MinR
Ref Z II 5: **Internationale Zusammenarbeit; Besucherdienst** Dr von Trotha MinR

Abt W Wohnungswesen
Leiter: Dr Vogel MinDir

U-Abt W I Recht des Wohnungswesens
Leiter: Dr Söfker MinR

Ref W I 1: **Grundsatzangelegenheiten des Rechts des Wohnungswesens** Bohndick MinRätin
Ref W I 2: **Öffentliches Mietpreisrecht, Recht der Bindungen für den sozialen Wohnungsbau** Dr Otte MinR; **Neuordnung** Dr Wirth RDir
Ref W I 3: **Durchführung des Wohngeldgesetzes, Rechts- und Fachaufsicht** Stuhlmann MinRätin
Ref W I 4: **Mietrecht, Wohnungseigentumsrecht** Decker MinR
Ref W I 5: **Wohngeldrecht** Doose RDir

U-Abt W II Wohnungsbauförderung
Leiter: Dieter Berkefeld MinDirig

Ref W II 1: **Grundsatzangelegenheiten der Wohnungsbauförderung** Dr Völker RDir
Ref W II 2: **Wohnungsbaufinanzierung, Modernisierung, Bergarbeiterwohnungsbau** Schröter MinR
Ref W II 3: **Wohnungsbauförderung, Familie und Wohnen** Baestlein MinRätin
Ref W II 4: **Wohnungsfürsorge des Bundes** von Brunn MinR
Ref W II 5: **Steuern, Kapitalmarkt** Metschies RDir

U-Abt W III Wohnungsbau- und Bauwirtschaft, Mietenpolitik
Leiter: Janicki MinR

Ref W III 1: **Grundsatzangelegenheiten des Wohnungswesens** Müller MinR; **Eigentums- und Vermögenspolitik im Wohnungswesen** Dr Dick MinR
Ref W III 2: **Wohnungswirtschaft, Mietenpolitik** Renger MinR
Ref W III 3: **Kostensenkung im Wohnungsbau** Dr Eckart RDir
Ref W III 4: **Bauwirtschaft** Herrmann RDir

Abt RS Raumordnung und Städtebau
Leiter: Prof Dr Michael Krautzberger MinDir

U-Abt RS I Recht des Städtebaues
Leiter: Dr Hartwig Lüers MinDirig

Ref RS I 1: **Grundsatzangelegenheiten des Städtebaurechts, Bauleitplanung, Zulässigkeit von Vorhaben** Dr Schliepkorte RDir
Ref RS I 3: **Baulandpolitik, Besonderes Städtebaurecht, Wertermittlung** Kleiber MinR

Ref RS I 4: **Bodenordnung, Enteignungsrecht, Kleingartenrecht, Rechts und Verwaltungsvereinfachung** Dr Kratzenberg MinR
Ref RS I 5: **Bauordnungsrecht, Baunebenrecht** Dr Schellhoss MinR

U-Abt RS II Städtebau, Forschung
Leiter: Gerhard Eichhorn MinDirig

Ref RS II 1: **Grundsatzangelegenheiten des Städtebaues** Dr Döhne MinR
Ref RS II 2: **Forschungsangelegenheiten** Dr Gorzel MinR; zugleich Forschungsbeauftragter
Ref RS II 3: **Experimenteller Wohnungs- und Städtebau** Meyka RDir
Ref RS II 4: **Städtebauförderung in den neuen Ländern; städtebaulicher Denkmalschutz** Dr Preibisch MinR (mdWdGb)
Ref RS II 5: **Grundsatzfragen der Stadt- und Dorferneuerung, Städtebauförderung in den alten Bundesländern** Dr Walter MinR

U-Abt RS III Raumordnung
Leiter: Dr Runkel MinR

Ref RS III 1: **Grundsatzangelegenheiten der Raumordnung und Verkehr** Mehwald MinR
Ref RS III 2: **Recht der Raumordnung, Regionale Entwicklungskonzepte** Kaune RDir
Ref RS III 3: **Raumordnung und Wirtschafts- sowie Umweltpolitik; Abstimmung von Programmen und Plänen** Herrmann MinR
Ref RS III 4: **Europäische Raumordnung** Dr Selke RDir; **Grenzüberschreitende Zusammenarbeit** Reddies MinR
Ref RS III 5: **Föderale Angelegenheiten der Raumordnung, Geschäftsstelle der MKRO, Beirat für Raumordnung** Dr Voigtländer VwAng

Abt B Bauwesen
Leiter: Günter Schäffel MinDir

U Abt B I Grundsatzangelegenheiten des Bauwesens
Leiter: Prof Dr Herbert Ehm MinDirig

Ref B I 1: **Allgemeine Angelegenheiten des Bauens, EDV im Bauwesen** Dr Herrmann MinR
Ref B I 2: **Öffentliches Auftragswesen** Dr Seidel MinRätin; **Grundlagen der Leistungsbeschreibung in Bauverträgen; technische Spezifikationen, standardisierte Leistungstexte** Krüger MinR
Ref B I 3: **Technische Gebäudeausrüstung, Maschinentechnik** Roth BauDir
Ref B I 4: **Bauingenieurwesen, unterirdisches Bauen, Zivil- und Katastrophenschutz** Bayerl MinR
Ref B I 5: **Allgemeine Angelegenheiten der Bautechnik, Bauforschung, Rationelle Energieverwendung** Boos BauDir
Ref B I 6: **Normen und technische Baubestimmungen, EG-Harmonisierung** Kiehne MinR

U-Abt B II Bauangelegenheiten des Bundes
Leiter: Dr Neusüß MinR

Ref B II 1: **Bauangelegenheiten des BK, BMI (ohne Kap 0603), BMF (ohne Kap 0807) und BMZ** Rabe BauDir
Ref B II 2: **Bauangelegenheiten des BMJ, BML, BMV, BVerfG und BRH (ausgenommen Zuwendungen) sowie BMWi und BMBF (einschließlich Zuwendungen)** Lieser MinR
Ref B II 3: **Bauangelegenheiten des BMF (nur Kap 0807), BMA, BMU, BMBau, Bundesbedienstetenwohnungsbau, Stationierungsstreitkräfte** Fröhlich BauDir
Ref B II 4: **Bauangelegenheiten im Ausland** Schlitt MinR
Ref B II 5: **Architektur, Baukultur** Dr Schlüter MinR; **Bauangelegenheiten Deutscher Dom, Stiftung Preußischer Kulturbesitz** Schöpke MinRätin; **Bauangelegenheiten des BMI (nur Kap 0603), BMPT, BMG und BMFSFJ** Hossenfelder BauDir
Arbeitsgruppe BN: **Bauangelegenheiten Bonn; Umsetzung Bonn-Konzept; Baufachliche Angelegenheiten** Poss BauDir; **Rechtsangelegenheiten** Dr Stock RDir

Der Staatssekretärin unmittelbar unterstellt:

Geschäftsbereich Berlin
10178 Berlin, Scharrenstr 2-3; Tel (0 30) 2 06 20-0; Fax (0 30) 2 06 20-37 08 und 37 09
Leiter: Dr Preibisch MinR

Zum Geschäftsbereich des Bundesministeriums für Raumordnung, Bauwesen und Städtebau gehören:

1 Bundesbaudirektion

10623 Berlin, Fasanenstr 87; Tel (0 30) 3 15 89-0; Telex 18 49 75; Fax (0 30) 3 15 89-2 12
Staatsrechtliche Grundlage und Aufgabenkreis:
Die Bundesbaudirektion ist gemäß § 1 des Gesetzes über die Bundesbauverwaltung in der Fassung von Art 52 des Gesetzes zur Anpassung gesetzlich festgelegter Zuständigkeiten an die Neuabgrenzung der Geschäftsbereiche von Bundesministern (Zuständigkeitsanpassungs-Gesetz) vom 18. März 1975 (BGBl I S 705), zuletzt geändert durch Gesetz vom 11. März 1993 (BGBl I S 310), eine Bundesoberbehörde.
Der Bundesbaudirektion obliegt gemäß § 3 des Gesetzes über die Bundesbauverwaltung die Erledigung der Bauangelegenheiten der Verfassungsorgane des Bundes und der obersten Bundesbehörden mit Ausnahme des vom Internationalen Städtebaulichen Ideenwettbewerb Spreebogen erfaßten Bereich in Berlin. Sie ist ferner zuständig für die Bauangelegenheiten der Bundesrepublik Deutschland im Ausland, mit Ausnahme der Bauten im nachgeordneten Geschäftsbereich des Bundesministeriums der Verteidigung.
Jeder Bundesminister kann der Bundesbaudirektion im Einvernehmen mit dem Bundesminister für Raumordnung, Bauwesen und Städtebau einzelne Bauvorhaben des Bundes übertragen, wenn dies im überwiegenden Interesse des Bundes liegt.

Präsident der Bundesbaudirektion: Florian Mausbach
Pressereferent und Persönlicher Referent: Harry Hirsch

Koordinierungsstelle
Leiter: NN

Abt Z Personal-, Organisations- und Haushaltsangelegenheiten sowie Innerer Dienst, Justitiariat, Datenschutz und IT-Sicherheit, Informationstechnik und Informationsstelle
Leiter: Kliesch LtdRDir

Sachgebiete:
Z 1: **Personalangelegenheiten** Naumann ROARätin
Z 2: **Organisationsangelegenheiten** Froelich VwAng
Z 3: **Haushaltsangelegenheiten, Innerer Dienst und Informationsstelle** Hübner RAR
Z 4: **Justitiariat** Hansen RR (mdWdGb)
Z 5: **Informationstechnik** Wegner VwAng

Abt I Bauangelegenheiten des Bundes in Berlin
Leiter: Gerhard Zodtner LtdBauDir

Zentralsachgebiete:
I Z 1: **Geschäftsstelle** Reimers BauOARätin
I Z 2: **Vergabe- und Vertragswesen** Blecke BauOAR
I Z 3: **Programm- und Projektplanung, Wettbewerbe** Hückelheim-Kaune BauORätin
I Z 4: **Technische Ausrüstung innerhalb und außerhalb von Gebäuden, Betriebsüberwachung** Dr-Ing Brinkmann TAng

Sachgebiete:
I 1: **Außenstellen Berlin des BMG, BMFSFJ, BMV, BMBau, BMA, BMWi, nachgeordnete Behörden des AA und BMBau** Kuntzsch BauDir
I 2: **Außenstelle Berlin des BMWi, nachgeordnete Einrichtungen des BML und AA** Kühne BauDir
I 3: **Liegenschaften Deutsches Historisches Museum, Neue Wache, Hauptstadtangelegenheiten, BMJ** Linnemann BauORätin
I 4: **Liegenschaften des Deutschen Bundestages, Einrichtungen des BK, BVG, BPrA sowie nachgeordnete Behörden des BMG** Misol BauOR
I 5: **Liegenschaften des BK, BMA, BMI, AA, BMA, BPA** Wesseler BauRätin

Gruppe I S Liegenschaften der Stiftung Preußischer Kulturbesitz; Temporäre Aufgaben; BPA, Bundesrat
Leiter: Löffler BauDir

Sachgebiete:
I S 1: **Liegenschaften in den Bezirken Tiergarten, Charlottenburg und Zehlendorf** Kesse BauRätin
I S 2: **Museumsinsel** Iffert BauDirektorin
I S 3: **Deutsche Staatsbibliothek** Grevesmühl BauORätin
I S 4: **Sonstige Liegenschaften** Kesse BauRätin

Abt II Bauangelegenheiten des Bundes im Ausland
Leiter: Hamann LtdBauDir

399

Zentralsachgebiete:
II Z 1: **Geschäftsstelle** Weiler BauOAR
II Z 3: **Programm- und Projektplanung, Wettbewerbe; Kunst am Bau** Große-Rhode BauORätin
II Z 4: **Technische Ausrüstung innerhalb und außerhalb von Gebäuden, Betriebsüberwachung** Zimmermann TAng
II Z 5: **Innenarchitektur** Weise TAng

Sachgebiete:
II 1: **Bauangelegenheiten in Europa** Lehmann BauDir
II 2: **Bauangelegenheiten in Afrika** Hamann LtdBauDir
II 3: **Bauangelegenheiten in Amerika** Wank BauOR
II 4: **Bauangelegenheiten in Osteuropa, der Mongolei und Nahost** Schindler BauDir
II 5: **Bauangelegenheiten in Süd- und Ostasien, Australien und Ozeanien** Beherycz BauORätin
II 6: **Zuwendungsbaumaßnahmen im Ausland, Messe- und Ausstellungsangelegenheiten, Wertermittlung** Wanicek-Günther TAng

Abt III Bauangelegenheiten des Bundes im Bereich Bonn
Leiter: Mues LtdBauDir

Zentralsachgebiete:
III Z 1: **Geschäftsstelle** Lawrenz BauOARätin
III Z 2: **Vergabe- und Vertragswesen** Freche BauOAR
III Z 3: **Programm- und Projektplanung, Wettbewerbe, Einrichtung, Kunst, AG Bonn-Konzept** NN
III Z 4: **Technische Ausrüstung innerhalb und außerhalb von Gebäuden, Ingenieurbauwerken und Verkehrsanlagen, Bauingenieurwesen, Betriebsüberwachung** Steuer BauDir

Sachgebiete:
III 1: **BMVg, Kunst- und Ausstellungshalle** Sieben BauDir
III 2: **AA, BPA, BMU, Petersberg, HDG, Stiftung Adenauerhaus** Sittler BauRätin z A
III 3: **BMBau, BMJ, BMBF, AdvB, BMV, BMZ, BMG, BMFSFJ, BRH, BBD, BK, BPrA** Hoffmann BauDir
III 4: **BMF, BMWi, BMA, BML, BMI** Tepper TAng
III 5: **Neubauten an der Kurt-Schumacher-Straße** Runkel BauDir (mdWdGb)
III 6: **Deutscher Bundestag und Bundesrat** Krüger BauDir

2 Bundesforschungsanstalt für Landeskunde und Raumordnung

53177 Bonn, Am Michaelshof 8; Tel (02 28) 8 26-0; Telex 8 85 462 (BMBau); Fax (02 28) 8 26-2 66

Staatsrechtliche Grundlage und Aufgabenkreis:
Die Bundesforschungsanstalt wurde als wissenschaftlich unabhängige, nicht rechtsfähige Forschungseinrichtung des Bundes durch Erlaß über die Bildung einer Bundesanstalt für Landeskunde und Raumforschung vom 26. Mai 1959 (GMBl S 250), geändert durch die Erlasse vom 7. September 1967 (GMBl S 431) und vom 6. April 1973 (GMBl S 184), gegründet.

Aufgabe der Bundesforschungsanstalt ist, im Zusammenwirken mit ähnlichen Einrichtungen des In- und Auslandes wissenschaftliche und informative Grundlagen zur Lösung der Aufgaben der Bundesregierung im Bereich der Raumordnung zu schaffen.

Insbesondere hat sie
– die gegenwärtigen und künftigen räumlichen Entwicklungen in der Bundesrepublik Deutschland zu beobachten und darüber zu berichten,
– das raumordnungspolitische Informationssystem fortzuentwickeln,
– die raumwirksamen Maßnahmen (insbesondere der staatlichen Behörden) und die Instrumente zur Gestaltung der räumlichen Ordnung wissenschaftlich zu analysieren,
– Ziel- und Wirkungsprognosen zu bearbeiten,
– den für die Raumordnung zuständigen Bundesminister bei der Formulierung und Fortentwicklung des Zielsystems der Raumordnung wissenschaftlich zu beraten.

Leiter: Dr rer pol Wendelin Strubelt Dir und Prof
Ref Z 1: **Verwaltung** Müller ROAR
Ref Z 2: **Literatur- und Forschungsinformation** Dr phil Weber WissDir
Ref Z 3: **Veröffentlichungswesen** Dr phil Schliebe WissOR

Abt Forschung I (FI)
Leiter: Dr rer nat Gatzweiler LtdWissDir

Ref FI 1: **Bevölkerung und Siedlungsstruktur** Prof Dr Stiens WissDir
Ref FI 2: **Wirtschaft und Finanzen** Dipl-Volkswirt Bergmann WissR
Ref FI 3: **Soziale Infrastruktur** Dr rer nat Heiland WissDir
Ref FI 4: **Wohnen und Freizeit** Dr-Ing Fuhrich WissDir
Ref FI 5: **Verkehr und Energie** Dr Ing Lutter WissDir
Ref FI 6: **Boden** Dipl-Ing Losch
Ref FI 7: **Umwelt** Dipl-Ing Kampe

Abt Forschung II (FII)
Leiter: Dr rer soc Schön WissOR

Ref FII 1: **Grundsatzfragen Raumordnung** Dr rer nat Irmen WissDirektorin
Ref FII 2: **Grundsatzfragen Städtebau** Dr-Ing Güttler WissDir
Ref FII 3: **Grundsatzfragen Wohnungswesen** Dipl-Ing Osenberg WissOR
Ref FII 4: **EDV-Anlagen, Informationssystem** Dipl-Geogr Rase WissDir
Ref FII 5: **Raumbeobachtung** Dr rer pol Böltken WissDir
Ref FII 6: **Raumordnung in Europa** Dr rer soc Schön WissOR

XVII Bundesministerium für Bildung, Wissenschaft, Forschung und Technologie

53175 Bonn, Heinemannstr 2; Tel (02 28) 57-0; Telex 21 00 01 = bmbf d; Fax (02 28) 57 36 01

Aufgabenkreis:
Die Aufgaben- und Arbeitsschwerpunkte des Ministeriums liegen in folgenden Bereichen:
- Grundsatzfragen und Koordinierung für die Bereiche Bildung und Forschung
- Gesetzgebung für die außerschulische berufliche Bildung und den Komplex Weiterbildung
- Regelungen der Grundsätze des Hochschulwesens
- Gemeinschaftsaufgabe Hochschulbau
- Zusammenarbeit von Bund und Ländern bei der Bildungsplanung und Forschungsförderung
- Förderung der Grundlagenforschung und ihrer Forschungsorganisationen
- Förderung von Vorsorgeforschung in den Bereichen Umwelt, Energie, Klima, Ökologie und Gesundheit; Förderung der Meeres- und Polarforschung
- Gesetzgebung im Bereich Multimedia
- Förderung von querschnittsorientierten Technologiefeldern, insbesondere in den Bereichen Informationstechnik, Informatik, Biotechnologie etc
- Förderung der Verkehrs- und Luftfahrtforschung
- Weltraumforschung und -technik
- Innovationsförderung/Forschungkooperation, insbesondere für die Bereiche kleiner und mittlerer Unternehmen
- Europäische und Internationale Zusammenarbeit in Bildung und Forschung (multi- und bilateral) sowie Wahrnehmung deutscher Interessen und Mitarbeit in internationalen Organisationen
- Beteiligung an EU-Bildungs- und Forschungsprogrammen und Koordinierung von EU-Programmen in Deutschland
- Beteiligung an sonstigen Europäischen und Internationalen Forschungsprogrammen, -initiativen und -organisationen.

Veröffentlichungen:
Gemeinsames Ministerialblatt (GMBl) des AA, BMI, BMF, BMWi, BML, BMFSFJ, BMG, BMU, BMBau, BMBF und BMZ, herausgegeben vom Bundesministerium des Innern. Erscheint nach Bedarf. *Verlag:* Carl Heymanns Verlag KG, Bonn/Köln;
Zeitschrift des BMBF, erscheint bis zu 6 mal pro Jahr zu beziehen durch das Referat Öffentlichkeitsarbeit des Ministeriums.

Bundesminister für Bildung, Wissenschaft, Forschung und Technolgie: Dr Jürgen Rüttgers

Leitungsstab (LS)
Leiter: Thielen

Ministerbüro: Thielen
Persönlicher Referent: Sondermann ORR
Politische Analysen: Beneke RDir
Kabinett- und Parlamentsangelegenheiten: Dr Brumme-Bothe RDirektorin
Presse: Reuter
Öffentlichkeitsarbeit: Sperl RDir

Parlamentarischer Staatssekretär: Bernd Neumann
Persönliche Referentin: Clobes RRätin

Parlamentarische Staatssekretärin: Elke Wülfing
Persönlicher Referent: Scheller ORR

Staatssekretär: Dr Fritz Schaumann
Persönlicher Referent: Schepers RDir
Geschäftsbereich: Abt Z, 3, 5 und 6

Staatssekretär: Helmut Stahl
Persönlicher Referent: Dr Lukas RDir
Geschäftsbereich: Abt 1, 2, 4, AB, Ag-M; Projektgruppen 1, 2 und 3

Abt Z Zentralabteilung
Leiter: Dr H Freund MinDir

Ref Z 01: **Vorprüfungsstelle** O Jonas MinR; Bolhöfer ORRätin

U-Abt Z 1 Personal, Recht
Leiter: Botterbusch MinDirig

Ref Z 11: **Personal, Aus- und Fortbildung** Dr Mönig MinR
Ref Z 12: **Personalausgaben** Buss MinR
Ref Z 13: **Personalangelegenheiten der Forschungseinrichtungen** Dr Voss RDir
Ref Z 14: **Organisation, Organisationsentwicklung** Fehlemann MinR
Ref Z 15: **Allgemeine Rechtsfragen in Bildung und Forschung, Sicherheit** Bock MinR
Ref Z 16: **Rechtsfragen der Förderung, Patentwesen, Erfinderförderung, Datenschutz, Stiftung CAESAR** Reiner MinR

U-Abt Z 2 Haushalt, Controlling
Leiter: Dr Scheuermann MinDirig

Ref Z 21: **Haushalt** Dr Raeder MinR
Ref Z 22: **Controlling von Großprojekten, Vergabeprüfstelle** Dr Schneider RDir
Ref Z 23: **Grundsatzfragen der Förderverfahren; Projektträger** Dr Lederer MinR
Ref Z 24: **Innerer Dienst** Sippel MinR
Ref Z 25: **IT-Infrastruktur** H Jonas RDir
Ref Z 26: **IT-Anwendungssysteme** Jesinghaus; Dr Zeisel RDir
Ref Z 27: **Besucherdienst, Bibliothek, Wissenschaftsstudie** Wetzel MinR

Abt 1 Innovation, Strategische Orientierungen, Internationale Zusammenarbeit
Leiter: Dr Leitterstorf MinDir

U-Abt 11 Grundsatzfragen in Bildung und Forschung
Leiter: Dr Uhlhorn MinR

Ref 111: **Grundsätze der Bildungs- und Forschungspolitik** Schüller
Ref 112: **Zusammenarbeit Bund/Länder** Dr Jobst MinR
Ref 113: **Forschungskoordinierung auf Bundesebene, Bundesforschungsbericht, Forschungsbudget** Dr Rost RDirektorin
Ref 114: **Querschnittsfragen der Forschungseinrichtungen** Kaye MinR
Ref 115: **Technikfolgenabschätzung** Dr Schlie-Roosen
Ref 116: **Wirtschafts- und finanzpolitische Fragen, Mittelstand, Innovationsförderung; FhG** Dr Lorenzen MinR; Dr Larenz MinR
Ref 117: **Statistik; Bildungs- und Hochschulstatistik** Ruß RDir

U-Abt 12 Europäische und multilaterale Zusammenarbeit
Leiter: Brenner MinDirig

Ref 121: **Europäische Union – übergreifende Fragen; Forschungs- und Technologie-Politik der EU** Dr Wahl MinR
Ref 122: **Europäische Zusammenarbeit in allgemeiner und Hochschulbildung, Programm Sokrates** NN
Ref 123: **Europäische Zusammenarbeit in der beruflichen Bildung, UNESCO; ILO** Dr Müller-Solger MinR
Ref 124: **EU-Forschungsprogramme, COST; EUREKA, EURATOM** Dolezal
Ref 125: **Multilaterale Zusammenarbeit, Internationale Organisationen; Studenten- und Wissenschaftleraustausch; Austausch in der beruflichen Bildung** Tuercke MinR; Dr Szépblábi MinR
Ref: **Wissenschaft, Forschung und Technologie der Ständigen Vertretung der Bundesrepublik Deutschland bei der Europäischen Union** Metzger RDir

U-Abt 13 Bilaterale Zusammenarbeit
Leiter: Knoerich MinDirig

Ref 131: **Übergreifende Fragen, Internationale Rechts- und Kontrollfragen, Personalangelegenheiten, Protokoll, Sprachendienst** Dr Sandtner MinR
Ref 132: **Europäische Forschungsorganisation** Dr Freytag MinR
Ref 133: **Zusammenarbeit mit Westeuropa, Mittelmeerraum und Afrika** Dr Abel MinR; Rottmann RDir
Ref 134: **Zusammenarbeit mit Staaten Mittel- und Osteuropas und Nachfolgestaaten der Sowjetunion; ETF, INTAS, IWTZ** Dr Arnold MinR; NN
Ref 135: **Zusammenarbeit mit Nord- und Südamerika; Internationale Büros** Dr Hertrich MinR
Ref 136: **Zusammenarbeit mit Asien und Australien** Dr Blaesing MinR

Abt 2 Allgemeine und Berufliche Bildung
Leiter: Hoffmann

U-Abt 21 Strukturen, Entwicklung
Leiter: Dr Peter Braun MinDirig

Ref 211: **Übergreifende Fragen der beruflichen Bildung** Kremer MinR
Ref 212: **Entwicklung der Ausbildungsberufe** Dr Bake MinR
Ref 213: **Berufsbildung und Arbeitsmarkt** Mittag MinR
Ref 214: **Frauen in Bildung und Forschung** Ebeling
Ref 215: **Innovationen im allgemeinen Bildungswesen** Dr Wilhelmi MinR
Ref 216: **Modellversuche, Berufsschulen** Ploghaus MinR

U-Abt 22 Recht, Förderung
Leiter: Dr Haase MinDirig

Ref 221: **Finanzierungsfragen der beruflichen Bildung, Berufliche Bildungsstätten** Brosi RDir
Ref 222: **Bildungsrecht, Bundesinstitut für Berufsbildung** Dr Goroncy MinR; D Ludwig RDir
Ref 223: **Begabtenförderung, Bildungsbezüge in Familien- und Sozialpolitik** Musso MinRätin
Ref 224: **Begabtenförderung, Berufliche Bildung** Dr Breland MinR
Ref 225: **Kunst, Kultur und Sport** Dr Matanovic

U-Abt 23 Weiterbildung
Leiter: Dr Boppel MinDirig

Ref 231: **Übergreifende Fragen der Weiterbildung; Aufstiegsfortbildung** Leskien RDir
Ref 232: **Ordnung der beruflichen Weiterbildung** NN
Ref 233: **Allgemeine Weiterbildung, Fernunterricht, Bibliothekswesen** Dr Hirsch MinR
Ref 234: **Personal in der beruflichen Bildung; besondere Personengruppen im Bildungswesen** Keuchel MinR; Schniedermann
Ref 235: **Medien im Bildungswesen/Lehrpersonal** Dr Plett MinR

Abt 3 Hochschulen und Wissenschaftsförderung; Grundlagenforschung
Leiter: Friedrich MinDir

U-Abt 31 Hochschulpolitik, Ausbildungsförderung
Leiter: Dr Blanke MinDirig

Ref 311: **Allgemeine Hochschulangelegenheiten** Dr Mönikes
Ref 312: **Hochschulrecht, Hochschulzugang, Ausländerstudium** D Schüller RDir
Ref 313: **Studium und Prüfungen, Studentenangelegenheiten** Paffhausen-Valente da Cruz MinRätin
Ref 314: **Gesetzgebung und Grundsatzfragen der Ausbildungsförderung** Dr Richter MinR
Ref 315: **Vollzug des BAföG** Scherer MinR
Ref 316: **Wissenschaftlicher Nachwuchs, Begabtenförderung in Hochschule und Forschung** Dr Schütz MinR

U-Abt 32 Hochschulbau, Fachhochschulen
Leiter: Dr Dietrich Fichtner MinDirig

Ref 321: **Hochschulrahmenplanung, Wissenschaftsrat, Hochschulinformationssystem** Lömker
Ref 322: **Vorhabenplanung, Strukturfragen der Hochschulmedizin** von Heyden MinR; Tschöpe MinR
Ref 323: **Durchführung der Hochschulrahmenplanung** Rommelfangen MinR
Ref 324: **Förderung von Fachhochschulen** Dr Reinert
Ref 325: **Wissenschaftsraum Bonn** Dr Bergner RDir

U-Abt 33 Wissenschaftsförderung, Grundlagenforschung
Leiter: Dr Eschelbacher MinDirig

Ref 331: **Wissenschaftspolitik, Wissenschaftsförderung, allgemeine Fragen der Forschung** Schacker MinR
Ref 332: **Naturwissenschaftliche Grundlagenforschung, DESY, GSI, HMI** Dr Schunck MinR
Ref 333: **MPG, Deutsche Forschungsgemeinschaft** Dr Buschbeck MinR
Ref 334: **Akademien, Geisteswissenschaften, Auslandsinstitute** Dr Döll MinR; L Schulte MinR
Ref 335: **Sozialwissenschaften, Wissenschaftsforschung** Ziegler MinR

Abt 4 Energie und Umwelt
Leiter: Dr Lübbert MinDir

U-Abt 41 Energie
Leiter: Eitner MinDirig

Ref 411: **Rationelle Energieverwendung, Grundsatzfragen und Energieforschung** Dr Wagner MinR
Ref 412: **Erneuerbare Energien** Dr von Stackelberg MinR
Ref 413: **Neue Energieumwaldlungstechniken** Geipel RDir
Ref 414: **Fusion; IPP** Dr von Krosigk MinR
Ref 415: **Reaktorsicherheit, Entsorgung** Krewer MinR; Dr Lummerzheim MinR
Ref 416: **Stillegung und Rückbau kerntechnischer Anlagen** Dr Komorowski RDir

U-Abt 42 Umwelt, Geowissenschaften, Meeresforschung
Leiter: NN

Ref 421: **Ökologie; Grundsatzfragen der Umweltforschung** H Schulz MinR
Ref 422: **Klima- und Atmosphärenforschung, Globaler Wandel, Koordinierung Umwelt- und Energieforschung** Dr Binder MinR
Ref 423: **Umwelttechnologie, Produktionsintegrierter Umweltschutz** Dr Heidborn MinR
Ref 424: **Forschungseinrichtungen KFA, FZK** Dr Lohner MinR
Ref 425: **Meeresforschung, Polarforschung, Geowissenschaften** Dr Schlüter RDir
Ref 426: **Administrative Fragen AWI, BAH, GFZ, Einrichtungen der Meeresforschung** Deneke MinR; Riehl MinR

Abt 5 Biowissenschaften und Informationstechnik
Leiter: Dr Gries MinDir

U-Abt 51 Gesundheit; Biowissenschaften
Leiter: Dr Bauer MinDirig

Ref 511: **Grundsatz- und Planungsfragen** Dr Deyda MinR
Ref 512: **Medizinische Forschung, Projekte** Dr Lange MinR
Ref 513: **Medizinische Forschung, Einrichtungen der medizinischen und biologischen Forschung, DKFZ, MDC, GSF, GBF** Dr Hackenbroch MinR; Gross MinR
Ref 514: **Biologische Forschung und Technologie** Dr Warmuth MinR
Ref 515: **Bauen und Wohnen** Isensee RDir
Ref 516: **Arbeit und Technik** Scharrenberg MinR

U-Abt 52 Informations- und Kommunikationstechnik
Leiter: Dr Rupf MinDirig

Ref 521: **Grundsatzfragen der Informations- und Kommunikationstechnik** Dr Dr Uhl MinR
Ref 522: **Basistechnologien der Informationstechnik** Kreuzer MinR
Ref 523: **Informatik; GMD** Dr Reuse MinR
Ref 524: **Mikrosystemtechnik** von Schaewen MinR
Ref 525: **Mikroelektronik** Bachelier MinR
Ref 526: **Sozialwissenschaftliche Aspekte der Informationstechnik** Rüde RDirektorin

Abt 6 Luft- und Raumfahrt, Verkehr; Neue Technologien
Leiter: Dr Baumgarten MinDir

U-Abt 61 Luft- und Raumfahrt, Verkehr, Meerestechnik
Leiter: Dr Döllinger MinDirig

Ref 611: **Grundsatz- und Querschnittsfragen der Mobilität** Dr Matthes MinR
Ref 612: **Weltraumprogramm, Koordination im Weltraumbereich** Dr Rami RDir (mdWdGb)
Ref 613: **Administrative Fragen, DLR, DARA** Dr Spilker MinR
Ref 614: **Luftfahrtforschung und -technik** Dr Diehl MinR
Ref 615: **Bodengebundene Transport- und Verkehrssysteme** Dr Marx MinR
Ref 616: **Meerestechnik** Dr Randl MinR

U-Abt 62 Neue Technologien
Leiter: Dr Bechte MinDirig

Ref 621: **Grundsatz- und Querschnittsfragen neuer Technologien** Dr Kramer MinR
Ref 622: **Neue Materialien** Dr Roemer-Mähler RDir
Ref 623: **Physikalische Technologien, chemische Forschung und Entwicklung** Dr Bandel MinR
Ref 624: **Laserforschung** Dr Röhrig RDir
Ref 625: **Produktionstechnik, Qualitätssicherung** Dr Grunau MinR
Ref 626: **Fachinformation** Dr Czermak MinR

Arbeitsgruppe Multimedia CAG-M
Leiter: Dr Rust MinDirig

Ref M 1: **Rechtliche Rahmenbedingungen; Multimediagesetz** Bröhl MinR
Ref M 2: **Informationsgesellschaft; Enquete-Kommission** Dr Goerdeler RDir

Projektgruppe P 1 Rat für Forschung, Technologie und Innovation
Leiter: Dr Uhlhorn MinR

Projektgruppe P 2 Abbau von Forschungs- und Innovationshemmnissen
Projektgruppe P 3 Ergebniskontrolle, Innovations- und Anwendungspotentiale
Leiter: Dr Bechte MinR

Dienststelle Berlin
10115 Berlin, Hannoversche Str 30; Tel (0 30) 2 85 40-0; Fax (0 30) 2 85 40-2 70
Leiter: Lammich MinR

Ref AB 1: **Programm Forschungskooperation, Sonderprogramme neue Länder** Dr Reile RDir
Ref AB 2: **Zusammenarbeit mit den neuen Ländern und Berlin** Dr Nettersheim MinR
Ref AB 3: **Strukturfragen der beruflichen Weiterbildung, besondere Fragen der beruflichen Bildung in den neuen Ländern** Sauer
Ref AB 4: **Administrative Fragen GKSS, UFZ, Einrichtungen der Umweltforschung** Lammich MinR

Zum Geschäftsbereich des Bundesministeriums für Bildung, Wissenschaft, Forschung und Technologie gehören:

1 Deutsches Historisches Institut in Rom (DHI)

− (Istituto Storico Germanico) −

00165 Roma, Via Aurelia Antica 391; Tel (0 03 96) 66 04 92-1; Fax (0 03 96) 6 62 38 38

Staatsrechtliche Grundlage und Aufgabenkreis:
Das Deutsche Historische Institut in Rom, im Jahre 1888 als „Historische Station" durch den Preußischen Staat errichtet, unterstand 1937 bis 1945 dem Reichsministerium für Wissenschaft, Erziehung und Volksbildung. Das Institut hat nach seiner Rückgabe durch die italienische Regierung auf Grund des Fünf-Mächte-Abkommens vom 30. April 1953 die durch den Krieg unterbrochene Arbeit als Bundesinstitut im Geschäftsbereich des Bundesministers des Innern wieder aufgenommen. Es wurde am 1. Mai 1966 dem Geschäftsbereich des Bundesministers für wissenschaftliche Forschung zugeordnet und gehört seit dem 15. Dezember 1972 zum Geschäftsbereich des Bundesministeriums für Bildung, Wissenschaft, Forschung und Technologie (BMBF).
Aufgabe des Instituts ist die wissenschaftliche Erforschung der deutschen und europäischen Geschichte einschließlich der Musikgeschichte, im besonderen der deutsch-italienischen Beziehungen, die Veröffentlichung von Quellen zur deutschen Geschichte aus dem Vatikanischen Archiv und den übrigen öffentlichen und privaten Archiven und Bibliotheken in Italien, die Unterstützung und Beratung deutscher Gelehrter und wissenschaftlicher Institutionen bei einschlägigen Forschungsvorhaben und die Pflege der Beziehungen zur gegenwärtigen italienischen Wissenschaft (vgl Erlaß des Bundesministers für Forschung und Technologie vom 9. Dezember 1975 − GMBl 1976, Seite 147).

Veröffentlichungen:
Zeitschriften:„Quellen und Forschungen aus italienischen Archiven und Bibliotheken", Tübingen (Niemeyer); „Bibliographische Informationen zur italienischen Geschichte im 19. und 20. Jahrhundert"; „Storia e Critica. Die italienische Zeitgeschichte im Spiegel der Tages- und Wochenpresse" (beide im Selbstverlag);
Buchreihe:„Bibliothek des Deutschen Historischen Instituts", Tübingen (Niemeyer).
„Nuntiaturberichte aus Deutschland", ebenda.
„Repertorium Germanicum", Selbstverlag des Instituts (kommissarisch bei Niemeyer), Tübingen
Publikationsreihe:„Analecta Musicologica", Laaber (Laaber Verlag)
Noteneditionen: „Concentus Musicus", ebenda.

Direktor: Prof Dr Arnold Esch
Stellvertreter: Dr Jens Petersen WissDir

Bibliothek Dr Goldbrunner BiblOR
Musikgeschichtliche Abt Dr Engelhardt WissR
Verwaltung Dipl-VwWirtin Nikolay RAmtfrau

Beirat, dessen sich das Deutsche Historische Institut bei Durchführung seiner Aufgaben bedient:

Wissenschaftlicher Beirat des Deutschen Historischen Instituts in Rom
Zielsetzung: Beratung des BMBF und des Direktors des Deutschen Historischen Instituts in Rom in wissenschaftlichen Fragen.

2 Deutsches Historisches Institut in Paris (DHIP)

75003 Paris, rue du Parc-Royal; Tel (0 03 31) 42 71 56 16; Fax (0 03 31) 42 71 56 43

Staatsrechtliche Grundlage und Aufgabenkreis:
Die von der Kommission zur Erforschung der Geschichte der deutsch-französischen Beziehungen in Mainz (Gesellschaft bürgerlichen Rechts) im Jahre 1958 errichtete Deutsche Historische Forschungsstelle in Paris ist mit Wirkung vom 1. Juli 1964 in ein Bundesinstitut umgewandelt worden (Erlaß des Bundesministers für wissenschaftliche Forschung über die Organisation des Deutschen Historischen Instituts in Paris vom 20. Juni 1964, GMBl S 314). Hierdurch ist die kontinuierliche Weiterführung der Arbeiten und die Übernahme neuer Aufgaben im Sinne des deutsch-französischen Vertrages vom 22. Januar 1963 sichergestellt. Das Institut gehört seit dem 15. Dezember 1972 zum Geschäftsbereich des Bundesministeriums für Bildung, Wissenschaft, Forschung und Technologie (BMBF).

Es hat die Aufgabe, die deutsch-französischen Beziehungen im Bereich der mittelalterlichen und neueren Geschichte in politischer, wirtschaftlicher, sozialer und kultureller Hinsicht zu erforschen und die Ergebnisse zu veröffentlichen.
Das Institut vermittelt und pflegt die fachlichen Beziehungen zwischen den deutschen und französischen Historikern und orientiert in Frankreich über die deutsche Geschichtsforschung. Es fördert des weiteren die wissenschaftliche Arbeit deutscher Gelehrter und Forschungsinstitutionen, insbesondere durch Erteilung von Auskunft auf wissenschaftliche Anfragen und vermittelt ggfls die Hilfe von Mitarbeitern, soweit dies ohne Beeinträchtigung seiner Hauptaufgabe geschehen kann (vgl Erlaß des Bundesministers für Forschung und Technologie vom 9. Dezember 1975 – GMBl 1976, Seite 147).

Veröffentlichungen:
Pariser historische Studien (Buchreihe); FRANCIA-Forschungen zur westeuropäischen Geschichte (erscheint jährlich in 3 Teilen); Beihefte der FRANCIA (Buchreihe); Reflexionen über die deutsche Geschichte im 20. Jahrhundert –deutsch/französisch– (Buchreihe).

Direktor: Prof Dr Werner Paravicini
Stellvertreter: Dr Hartmut Atsma
Verwaltungsleiter: Dipl-Finanzwirt Rolf Pfrengle

Beirat, dessen sich das Institut bei Durchführung seiner Aufgaben bedient:

Wissenschaftlicher Beirat des Deutschen Historischen Instituts in Paris
Zielsetzung: Beratung des BMBF und des Direktors des Deutschen Historischen Instituts in Paris in wissenschaftlichen Fragen.

3 Kunsthistorisches Institut in Florenz (KHI)

50 121 Firenze, Via G Giusti 44; Tel (00 39 55) 2 49 11-1; Fax (00 39 55) 24 43 94

Staatsrechtliche Grundlage und Aufgabenkreis:
Das seit 1897 in Florenz bestehende und bis 1970 vom „Verein zur Förderung des Kunsthistorischen Instituts in Florenz e V" getragene Kunsthistorische Institut ist bereits früher durch das Deutsche Reich gefördert worden. Bei der Rückgabe durch die italienische Regierung im Jahre 1953 (Abkommen vom 30. April 1953) hat sich die Bundesregierung verpflichtet, das Institut zu unterhalten. Seither wurde das Institut vom Bund in wachsendem Maße gefördert. Das Kunsthistorische Institut ist mit Wirkung vom 1. Juli 1970 in ein Bundesinstitut umgewandelt worden (Erlaß des Bundesministeriums für Bildung und Wissenschaft über die Organisation des Kunsthistorischen Instituts in Florenz vom 25. Juni 1970 – GMBl S 368 –) und gehört seit dem 15. Dezember 1972 zum Geschäftsbereich des Bundesministeriums für Bildung, Wissenschaft, Forschung und Technologie (BMBF).

Das Institut ist ein Zentrum kunsthistorischer Forschung. Seine ständig ergänzten Spezialsammlungen zur italienischen Kunstgeschichte (Bibliothek und Photothek) sind allen qualifizierten Fachleuten zugänglich. Das Institut vergibt Stipendien und führt Studienkurse für jüngere deutschsprachige Kunsthistoriker durch.
Zu den selbständigen Forschungen der Mitarbeiter und Stipendiaten auf dem gesamten Gebiet der italienischen Kunst trat seit 1976, als großes internationales Gemeinschaftswerk, die systematische Erforschung der Kirchen von Siena, ihrer Geschichte und Ausstattung.
Die am Institut erarbeiteten Ergebnisse werden in regelmäßig stattfindenden Colloquien und öffentlichen Vorträgen vorgestellt und in einer Zeitschrift und einer Schriftenreihe veröffentlicht.
Zur Beratung in wissenschaftlichen Fragen steht dem BMBF und dem Direktor des Kunsthistorischen Instituts ein wissenschaftliches Kuratorium zur Seite.

Veröffentlichungen:
Monographienreihe: Italienische Forschungen; Sonderreihe: Die Kirchen von Siena
Zeitschrift: Mitteilungen des Kunsthistorischen Institutes in Florenz; Jahresbericht

Direktor: Prof Dr Max Seidel
Stellvertreter: Dr Jan Simane

Verwaltung Gebhardt
Wissenschaftlicher Dienst, Redaktion Dr Bulst
Bibliothek Dr Simane
Fotothek Dr Hueck WissORätin
Projekt (Kirchen von Siena) Dr Butzek, Dr Loseries

4 Biologische Anstalt Helgoland (BAH)

22607 Hamburg, Notkestr 31; Tel (0 40) 8 96 93-0; Fax (0 40) 8 96 93-1 15

Staatsrechtliche Grundlage und Aufgabenkreis:
Die Biologische Anstalt Helgoland wurde 1892 gegründet. Sie ist durch Verordnung der Bundesregierung zur Auflösung und Überführung von Einrichtungen der Verwaltung des Vereinigten Wirtschaftsgebietes vom 8. September 1950 (BGBl S 678) in die Verwaltung des Bundes übernommen und der Bundesforschungsanstalt für Fischerei eingegliedert worden. Durch Erlaß des Bundeskanzlers vom 7. Juli 1970 ist die Zuständigkeit für die Anstalt vom Bundesminister für Ernährung, Landwirtschaft und Forsten auf den Bundesminister für Bildung und Wissenschaft übertragen worden. Vom 15. Dezember 1972 an ist die Anstalt eine unselbständige Einrichtung des Bundesministers für Forschung und Technologie.
Die Aufgaben der BAH sind:
– Forschung auf Gebieten der Meeresbiologie und -ökologie
– Übernahme von Aufgaben nach Maßgabe des

405

vom Bundesminister für Forschung und Technologie herausgegebenen Gesamtprogramms Meeresforschung und Meerestechnik in der Bundesrepublik Deutschland; insbesondere zweckorientierte Untersuchungen zur Erkennung, Verhütung und Bekämpfung der Meeresverschmutzung sowie zur Nutzung des Meeres als Nahrungsquelle und der marinen Aquakultur.
- Wissenschaftliche Dienstleistungen durch Bereitstellung von Arbeitsplätzen für Gastforscher und Teilnehmer an wissenschaftlichen Ausbildungskursen.
- Erarbeitung wissenschaftlicher Grundlagen für das Biologische Monitoring.

Ziele dieser Aufgaben sind die Vermehrung und Verbreitung der Kenntnisse vom Leben im Meer. Die BAH beteiligt sich ferner an der Durchführung von nationalen und internationalen Aufgaben der Bundesrepublik Deutschland zur Reinhaltung der Meere.

Leiter: Prof Dr W Nultsch

Verwaltung Kersten ROAR
Taxonomische Arbeitsgruppe Dr M Elbrächter WissAng

Abt I Meereszoologie
Leiter: Prof Dr F Buchholz

Abt II Meeresbotanik
Leiter: Prof Dr K Lüning

Abt III Biologische Ozeanographie
Leiter: Prof Dr K Reise

Abt IV Experimentelle Ökologie
Leiter: NN

Abt V Meeresmikrobiologie
Leiter: Dr C Schütt

Außenstellen:

Meeresstation
27498 Helgoland, Kurpromenade; Tel (0 47 25) 8 19-0; Fax (0 47 25) 8 19-2 83

Wattenmeerstation Sylt
25992 List, Hafenstr 3; Tel (0 46 52) 9 56-0; Fax (0 46 52) 9 56-2 00

Der Rechtsaufsicht des Bundesministeriums für Bildung, Wissenschaft, Forschung und Technologie untersteht:

Bundesinstitut für Berufsbildung (BIBB)

10707 Berlin, Fehrbelliner Platz 3; Tel (0 30) 86 43-0; Fax (0 30) 86 43-24 55

53175 Bonn, Friesdorfer Str 151-153; Tel (02 28) 3 88-0; Fax (02 28) 3 88-2 19

Rechtsgrundlage und Aufgabenkreis:
Gesetz zur Förderung der Berufsbildung durch Planung und Forschung (Berufsbildungsförderungsgesetz – BerBiFG) vom 23. Dezember 1981 (BGBl I S 1692), zuletzt geändert durch Gesetz vom 26. April 1994 (BGBl I S 918).

Das BIBB ist eine bundesunmittelbare juristische Person des öffentlichen Rechts, die der Rechtsaufsicht des BMBF untersteht. Für seine Arbeit bestimmend sind die Organe „Hauptausschuß" mit Vertretern der Arbeitgeber, der Gewerkschaften, der Länder und des Bundes – er hat Beschlußrecht über Haushalt und Forschungsprogramm –, „Ständiger Ausschuß", der zwischen den Sitzungen des Hauptausschusses in eilbedürftigen Angelegenheiten dessen Aufgaben wahrnimmt sowie „Generalsekretär", der das Institut leitet, es nach außen vertritt und für die Durchführung der Aufgaben des Instituts zuständig ist.

Das Bundesinstitut für Berufsbildung hat nach § 6 BerBiFG die folgenden Aufgaben:
- nach Weisung des zuständigen Bundesministers
  - an der Vorbereitung von Ausbildungsordnungen und sonstigen Rechtsverordnungen, die nach dem Berufsbildungsgesetz oder dem Zweiten Teil der Handwerksordnung zu erlassen sind, mitzuwirken,
  - an der Vorbereitung des Berufsbildungsberichts (§ 3) mitzuwirken,
  - an der Durchführung der Berufsbildungsstatistik nach Maßgabe des § 4 mitzuwirken,
  - Modellversuche einschließlich wissenschaftlicher Begleituntersuchungen zu fördern,
  - an der internationalen Zusammenarbeit in der beruflichen Bildung mitzuwirken,
- nach allgemeinen Verwaltungsvorschriften des zuständigen Bundesministers die Planung, Errichtung und Weiterentwicklung überbetrieblicher Berufsbildungsstätten zu unterstützen,
- die Berufsbildungsforschung nach dem durch den Hauptausschuß (§ 8) zu beschließenden Forschungsprogramm durchzuführen und die Bildungstechnologie durch Forschung zu fördern; das Forschungsprogramm bedarf der Genehmigung des zuständigen Bundesministers; die wesentlichen Ergebnisse der Berufsbildungsforschung sind zu veröffentlichen,
- das Verzeichnis der anerkannten Ausbildungsberufe zu führen und zu veröffentlichen,
- nach § 19 Abs 2 Satz 2 des Fernunterrichtsschutzgesetzes berufsbildende Fernlehrgänge zu prüfen und vor der Zulassung dieser Fernlehrgänge nach § 19 Abs 2 Satz 3 des Fernunterrichtsschutzgesetzes Stellung zu nehmen, sofern das Landgericht nach diesen Vorschriften eine Entscheidung im Benehmen mit dem Bundesinstitut für Berufsbildung vorsieht,
- Fernlehrgänge nach § 15 Abs 1 des Fernunterrichtsschutzgesetzes als geeignet anzuerkennen,
- im Wege der Amtshilfe zu berufsbildenden Fernlehrgängen, die nicht unter das Fernunterrichtsschutzgesetz fallen, Stellung zu nehmen,

- durch Forschung und Förderung von Entwicklungsvorhaben zu Verbesserung und Ausbau des berufsbildenden Fernunterrichts beizutragen,
- Veranstalter bei der Entwicklung und Durchführung berufsbildender Fernlehrgänge zu beraten und Auskünfte über berufsbildende Fernlehrgänge zu erteilen.

Generalsekretär: Dr Hermann Schmidt
Stellv Generalsekretär und Leiter des Forschungsbereiches: Dr Helmut Pütz

Presse- und Öffentlichkeitsarbeit Dr Zeuch-Wiese

Hauptabteilung 1 Strukturforschung, Planung und Statistik
Hauptabteilungsleiter: Dr Laszlo Alex

Abt 1.1: **Sozialwissenschaftliche Grundlagen der Berufsbildung**
Abt 1.2: **Qualifikationsstrukturen, Berufsbildungsstatistik**
Abt 1.3: **Berufsbildungsplanung**

Hauptabteilung 2 Curriculumforschung
Hauptabteilungsleiter: Tomas Kemp

Abt 2.1: **Lehr- und Lernprozesse in der Berufsausbildung**
Abt 2.2: **Prüfungen und Lernerfolgskontrollen**
Abt 2.3: **Innovationen und Modellversuche**
Abt 2.4: **Personal in der beruflichen Bildung und Ausbilderförderung**

Hauptabteilung 3 Ausbildungsordnungsforschung
Hauptabteilungsleiter: Dr Hermann Benner

Abt 3.1: **Gewerblich-technische Berufe**
Abt 3.2 **Naturwissenschaftliche Berufe, Umweltschutz, Berufsausbildung Behinderter**
Abt 3.3: **Gestaltende Berufe; Kaufmännische und verwaltende Berufe**

Hauptabteilung 4 Weiterbildungsforschung
Hauptabteilungsleiter: Dr Edgar Sauter

Abt 4.1: **Qualifikationsentwicklungen und Fortbildungsregelungen**
Abt 4.2: **Lehr- und Lernprozesse**
Abt 4.3: **Qualifikationsentwicklungen in personenbezogenen Dienstleistungsbereichen − Schwerpunkte: Gesundheit, Soziales und Erziehung**
Abt 4.4: **Fernunterricht und offenes Lernen**

Hauptabteilung 5 Bildungstechnologieforschung und vergleichende Berufsbildungsforschung
Hauptabteilungsleiterin: Dr Ute Laur-Ernst

Abt 5.1: **Medienentwicklung und Mediendidaktik**
Abt 5.2: **Medienanwendung und Umsetzungskonzepte**
Abt 5.3: **Internationaler Vergleich beruflicher Bildung**
Abt 5.4: **Berufsbildung in Mittel- und Osteuropa**

Hauptabteilung 6 Berufsökonomieforschung, Berufsbildungsstättenforschung
Hauptabteilungsleiter: Folkmar Kath

Abt 6.1: **Bildungsökonomie**
Abt 6.2: **Berufsbildungsstätten**
Abt 6.3: **Förderung überbetrieblicher Berufsbildungsstätten (ÜBS)**

Abteilung Koordination
Leiter: Manfred Bergmann

Zentralabteilung
Leiter: Hans-Jürgen Bender

XVIII Bundesrechnungshof (BRH)

60311 Frankfurt am Main, Berliner Str 51; Tel (0 69) 21 76-0; Fax (0 69) 21 76-24 68

Staatsrechtliche Grundlage und Aufgabenkreis:
Der BRH ist eine oberste Bundesbehörde und als unabhängiges Organ der Finanzkontrolle nur dem Gesetz unterworfen.

Die Stellung des BRH und seiner Mitglieder sowie seine wesentlichen Aufgaben sind im Grundgesetz verfassungsrechtlich garantiert (Art 114 Abs 2 GG).

Einzelheiten seiner Organisation, der Aufgaben und des Prüfungsverfahrens sind im Gesetz über den BRH, in der Bundeshaushaltsordnung, im Haushaltsgrundsätzegesetz sowie in einigen Spezialgesetzen geregelt.

Der BRH prüft die gesamte Haushalts- und Wirtschaftsführung des Bundes, einschließlich seiner Sondervermögen und Betriebe, die bundesunmittelbaren Personen des öffentlichen Rechts, einschließlich der Bundesunternehmen in dieser Rechtsform, die bundes- und landesunmittelbaren Sozialversicherungsträger, soweit sie Bundeszuschüsse erhalten oder Garantieverpflichtungen des Bundes bestehen. Der BRH prüft ferner die Betätigung des Bundes bei Unternehmen des privaten Rechts, an denen der Bund beteiligt ist. Unter bestimmten Voraussetzungen kann er auch sonstige juristische Personen des privaten Rechts prüfen.

Der BRH berichtet jährlich dem Deutschen Bundestag, dem Bundesrat und der Bundesregierung in den Bemerkungen über wesentliche Ergebnisse seiner Prüfungen. Außerhalb des Jahresberichts kann der BRH über Angelegenheiten von besonderer Bedeutung die gesetzgebenden Körperschaften und die Bundesregierung jederzeit unterrichten. Der BRH berät auf der Grundlage von Prüfungserfahrungen Parlament und Regierung. Dies geschieht auch bei der Haushaltsaufstellung.

Ein Teil der Aufgaben des BRH bedingt ein ständiges Zusammenarbeiten mit den Rechnungshöfen der Länder. Bei gemeinsamer Zuständigkeit von BRH und Landesrechnungshof kann auch gemeinsam geprüft oder können Prüfungsaufgaben durch Vereinbarungen wechselseitig übertragen werden.

Die Präsidentin des BRH ist zugleich Bundesbeauftragte für Wirtschaftlichkeit in der Verwaltung (BWV). In dieser Eigenschaft wirkt sie durch Vorschläge, Gutachten oder Stellungnahmen auf eine wirtschaftliche Erfüllung der Bundesaufgaben und eine dementsprechende Organisation der Bundesverwaltung, einschließlich ihrer Sondervermögen und Betriebe hin. Diese Beratung erstreckt sich auch auf die Gesetzgebungstätigkeit des Bundes.

Die Präsidentin des BRH ist ferner kraft Gesetzes Vorsitzende des Bundespersonalausschusses (§ 96 Abs 2 BBG) und Vorsitzende des Bundesschuldenausschusses.

Die Präsidentin und der Vizepräsident des BRH werden auf Vorschlag der Bundesregierung vom Deutschen Bundestag und Bundesrat gewählt. Der Deutsche Bundestag entscheidet ohne Aussprache in geheimer Wahl mit der Mehrheit seiner Mitglieder.

Der BRH hat seinen Sitz in Frankfurt mit Außenstellen in Berlin und Bonn.

Präsidentin des Bundesrechnungshofes: Dr Hedda von Wedel
Persönlicher Referent: Ulrich Graf MinR

Vizepräsident: Dr Dieter Engels

Präsidialabteilung

Ref Pr/G: **Organisation; Zusammenarbeit mit den Rechnungshöfen der Länder, Dokumentation, Datenschutz, Vergabeprüfstelle**
Ref Pr/P: **Personal, Familienkasse**
Ref Pr/H-ID: **Haushalt, Innerer Dienst, Telekommunikation**
Ref Pr/Presse: **Öffentlichkeitsarbeit**
Ref Pr/Int: **Internationale Angelegenheiten**
Ref Pr/J: **Rechtsangelegenheiten, Beihilfen**
Ref Pr/V: **Verbindungsstelle Bonn**

Abt I Grundsatzaufgaben

Prüfungsgebiet I 1: **Grundsatzaufgaben, Rechnungsprüfung, Bemerkungen**
Prüfungsgebiet I 2: **Haushaltsrecht, Organisationsrecht des BRH, Prüfungsordnung**
Prüfungsgebiet I 3: **Angelegenheiten der Europäischen Union (EU), Internationale Organisationen und Einrichtungen**
Prüfungsgebiet I 4: **Vorprüfung**

Abt II Teile des Bundeshaushalts, Personalausgaben

Prüfungsgebiet II 1: **Auswärtiges, Wirtschaftliche Zusammenarbeit und Entwicklung**
Prüfungsgebiet II 2: **Inneres, Zivile Verteidigung**
Prüfungsgebiet II 3: **Umwelt, Naturschutz und Reaktorsicherheit**
Prüfungsgebiet II 5: **Personalausgaben I, Arbeits- und Tarifrecht**
Prüfungsgebiet II 6: **Bildung und Wissenschaft, Forschung und Technologie**
Prüfungsgebiet II 7: **Personalausgaben II, Beamten- und Besoldungsrecht, Versorgung**

Abt III Verkehr, Bahn, Post, Beteiligungen

Prüfungsgebiet III 1: **Verkehr**
Prüfungsgebiet III 2: **Deutsche Bahn AG, Bundeseisenbahnvermögen**
Prüfungsgebiet III 3: **Eisenbahnverkehrsverwaltung, Schienenwegebau**
Prüfungsgebiet III 4: **Beteiligungen**
Prüfungsgebiet III 5: **Post (Allgemeines, Post AG, Postbank AG)**
Prüfungsgebiet III 6: **Telekommunikation – Telekom AG**

Abt IV Verteidigung, Verteidigungslasten, Sicherheit, Dienste

Prüfungsgebiet IV 1: **Verteidigung (Organisation, Personalwesen, Bildungswesen, Wehrersatzwesen, Territoriale Bundeswehrverwaltung), Verteidigungslasten**

Prüfungsgebiet IV 2: **Sicherheit, Dienste**

Prüfungsgebiet IV 3: **Verteidigung (Haushaltsangelegenheiten, Vorprüfung, Sanitätswesen, Verpflegung, Bekleidung, Hilfeleistung, Betreuung, Unterbringung, Liegenschaftswesen)**

Prüfungsgebiet IV 4: **Verteidigung (Heer; Logistik, Materialwirtschaft, Rüstungsverwaltung)**

Prüfungsgebiet IV 5: **Verteidigung (Marine; Kraftfahrzeugwesen, Fernmeldewesen), Grundsatzangelegenheiten VOL**

Prüfungsgebiet IV 6: **Verteidigung (Luftwaffe; NATO; Wehrforschung), Grundsatzangelegenheiten Preisrecht**

Abt V Bau, Informationstechnik und -verarbeitung

Prüfungsgebiet V 1: **Informationstechnik und -verarbeitung I, Kassen- und Rechnungswesen**

Prüfungsgebiet V 2: **Grundsatzangelegenheiten Bau, Baumaßnahmen**

Prüfungsgebiet V 3: **Straßenbau I**

Prüfungsgebiet V 4: **Raumordnung, Bauwesen und Städtebau, Hochschulbau**

Prüfungsgebiet V 5: **Informationstechnik und -verarbeitung II, Datensicherheit**

Prüfungsgebiet V 6: **Zivile und militärische Baumaßnahmen**

Prüfungsgebiet V 7: **Baumaßnahmen – neue Bundesländer und Land Berlin –**

Abt VI Bundesanstalt für Arbeit, Teile des Bundeshaushalts

Prüfungsgebiet VI 1: **Bundesanstalt für Arbeit III – Beitrittsgebiet –**

Prüfungsgebiet VI 2: **Bundesanstalt für Arbeit I**

Prüfungsgebiet VI 4: **Gesundheit, Krankenversicherung, Soziale Pflegeversicherung**

Prüfungsgebiet VI 5: **Soziale Geldleistungen des Bundes**

Prüfungsgebiet VI 6: **Familie, Senioren, Frauen und Jugend**

Prüfungsgebiet VI 7: **Bundesanstalt für Arbeit II (Fachaufgaben, Vorprüfung)**

Abt VII Organisation, Personalwesen, Teile des Bundeshaushalts

Prüfungsgebiet VII 1: **Wirtschaftlichkeit, Öffentlichkeitsarbeit, Rundfunk, Presse- und Informationsamt**

Prüfungsgebiet VII 2: **Personalwesen**

Prüfungsgebiet VII 3: **Bundespräsidialamt, Bundestag, Bundesrat, Bundeskanzleramt**

Prüfungsgebiet VII 4: **Organisation I**

Prüfungsgebiet VII 5: **Innerer Dienst, Sächliche Verwaltungsausgaben, Beschaffungen**

Prüfungsgebiet VII 6: **Organisation II, Justiz**

Prüfungsgebiet VII 7: **Verwaltungsverfahren, Verwaltungsmodernisierung**

Abt VIII Teile des Bundeshaushalts, Steuern

Prüfungsgebiet VIII 1: **Steuer (Besitzsteuern)**

Prüfungsgebiet VIII 2: **Steuer (Verkehrsteuern)**

Prüfungsgebiet VIII 3: **ERP-Sondervermögen, Banken**

Prüfungsgebiet VIII 4: **Wirtschaft, Bundesschuld**

Prüfungsgebiet VIII 5: **Steuer – Beitrittsgebiet –**

Prüfungsgebiet VIII 6: **Finanz und Zoll**

Prüfungsgebiet VIII 7: **Ernährung, Landwirtschaft und Forsten**

Abt IX Arbeit, Soziales, Nachfolgeorganisationen der Treuhandanstalt

Prüfungsgebiet IX 1: **Arbeit und Sozialordnung, Soziale Entschädigung, Wiedergutmachung**

Prüfungsgebiet IX 2: **Rente III – Beitrittsgebiet –**

Prüfungsgebiet X 3: **Rente I (Rentenleistungen)**

Prüfungsgebiet IX 4: **Nachfolgeorganisationen der Treuhandanstalt II, Vermögensgesetz, Lastenausgleich**

Prüfungsgebiet IX 5: **Nachfolgeorganisationen der Treuhandanstalt I**

Prüfungsgebiet IX 7: **Rente II (Versicherung, Beitrag, Rehabilitation), soziale Sicherung der Landwirte**

Außenstelle Berlin
10117 Berlin, Wilhelmstr 97; Tel (0 30) 3 54-03; Fax (0 30) 31 54-40 00

Außenstelle Bonn
53175 Bonn, Godesberger Allee 108–112; Tel (02 28) 81 97-0; Fax (02 28) 81 97-2 99

d Organe der Rechtspflege

I Bundesverfassungsgericht

76131 Karlsruhe, Schloßbezirk 3; Tel (07 21) 91 01-0; Fax (07 21) 9 10 13 82

Staatsrechtliche Grundlage:
Rechtsstellung und Entscheidungsbefugnisse des Bundesverfassungsgerichts als eines der obersten Verfassungsorgane ergeben sich aus Art 92 bis 94, 99, 100 des Grundgesetzes in Verbindung mit §§ 1, 13 und 14 des Gesetzes über das Bundesverfassungsgericht in der Fassung der Bekanntmachung vom 11. August 1993 (BGBl I S 1473).

Das Bundesverfassungsgericht besteht aus zwei Senaten mit je acht Richtern, die je zur Hälfte vom Deutschen Bundestag und Bundesrat gewählt werden. Der/Die Präsident(in) des Bundesverfassungsgerichts und seine/ihre Stellvertreter(in) werden vom Deutschen Bundestag und Bundesrat im Wechsel gewählt. Der/die Stellvertreter(in) ist aus dem Senat zu wählen, dem der/die Präsident(in) nicht angehört. Beide führen den Vorsitz in ihrem Senat.

Präsidentin des Bundesverfassungsgerichtes: Prof Dr Jutta Limbach
Vizepräsident: Dr Otto Seidl
Direktor: Dr Karl-Georg Zierlein

1. Senat
Vorsitzender: Dr Otto Seidl VPräs

Richter im 1. Senat: Prof Dr Dieter Grimm; Dr Jürgen Kühling; Helga Seibert; Renate Jaeger; Dr Evelyn Haas; Dr Dieter Hömig; Prof Dr Udo Steiner

Ref I/1: **Präsidialrat des 1. Senats** Dr Zierlein Dir beim BVerfG

2. Senat
Vorsitzende: Prof Dr Jutta Limbach Präsidentin

Richter im 2. Senat: Dr Karin Graßhof; Konrad Kruis; Prof Dr Paul Kirchhof; Klaus Winter; Bertold Sommer, Dr Hans-Joachim Jentsch; Prof Dr Winfried Hassemer

Ref I/2: **Präsidialrat des 2. Senats** Dr Wöhrmann MinR

Wissenschaftlicher Hilfsdienst
Ref II/1: **Dokumentation der Rechtsprechung des BVerfG, Allgemeines Register** Dr Langrock RDir; Dr Hiegert RDir
Ref II/2: **Bibliothek und Pressedokumentation** Roth-Plettenberg LtdBiblDir
Ref II/3: **Dokumentationsstelle JURIS** Rohrhuber RDir

Allgemeine Verwaltung
Leiter: Dr Karl-Georg Zierlein Dir beim BVerfG

Ref Z 1: **Haushalt und Organisation** Theimer RRätin
Ref Z 2: **Personalangelegenheiten, Innerer Dienst** Wagner RDir
Pressestelle Dr Uta Fölster (zugleich Persönliche Referentin der Präsidentin)
Vorprüfungsstelle Rother OAR

II Gerichte der ordentlichen Gerichtsbarkeit

1 Bundesgerichtshof

76133 Karlsruhe, Herrenstr 45 a; Tel (07 21) 1 59-0; Fax (07 21) 1 59-8 32; Telex 07 825 828

Staatsrechtliche Grundlage und Aufgabenkreis:
Der Bundesgerichtshof ist als oberster Gerichtshof des Bundes für Zivil und Strafsachen höchste Instanz der ordentlichen Gerichtsbarkeit.
In bürgerlichen Rechtsstreitigkeiten (einschl Entschädigungs- und Baulandsachen) ist der Bundesgerichtshof zuständig für die Entscheidung über die Rechtsmittel der Revision gegen die Endurteile der Oberlandesgerichte und der Beschwerde gegen Entscheidungen der Oberlandesgerichte in den Fällen des § 519 b Abs 2 der Zivilprozeßordnung. In Angelegenheiten der freiwilligen Gerichtsbarkeit umfaßt seine Zuständigkeit die Entscheidung über die weitere Beschwerde auf Vorlage eines Oberlandesgerichts, ferner über die weitere Beschwerde nach dem Gesetz über das gerichtliche Verfahren in Landwirtschaftssachen vom 21. Juli 1953 (BGBl I S 667). In Strafsachen ist er zuständig zur Entscheidung über Revisionen gegen die Urteile der Oberlandesgerichte im ersten Rechtszug, der großen Strafkammern als Schwurgerichte und die sonstigen erstinstanzlichen Urteile der großen Strafkammern, soweit nicht die Zuständigkeit der Oberlandesgerichte begründet ist (Verletzung einer in den Landesgesetzen enthaltenen Rechtsnorm). Die Zuständigkeit des Kartellsenats regelt § 95 des Gesetzes gegen Wettbewerbsbeschränkungen in der Fassung der Bekanntmachung vom 24. September 1980 (BGBl I S 1761); sie betrifft Verwaltungssachen, Bußgeldsachen und bürgerliche Rechtsstreitigkeiten. Das Dienstgericht des Bundes ist nach § 61 des Deutschen Richtergesetzes i d F der Bekanntmachung vom 19. April 1972 (BGBl I S 713), der Senat für Anwaltssachen nach § 106 Abs 1 Satz 1 der Bundesrechtsanwaltsordnung vom 1. August 1959 (BGBl I S 565), der Senat für Notarsachen nach §§ 99, 111 Abs 2 und 3 der Bundesnotarordnung in der Fassung der Bekanntmachung vom 24. Februar 1961 (BGBl I S 97), der Senat für Patentanwaltssachen nach § 90 der Patentanwaltsordnung vom 7. September 1966 (BGBl I S 557), der Senat für Wirtschaftsprüfersachen nach § 74 der Wirtschaftsprüferordnung in der Fassung der Bekanntmachung vom 5. November 1975 (BGBl I S 2803) und der Senat für Steuerberater und Steuerbevollmächtigtensachen nach § 97 des Steuerberatungsgesetzes in der Fassung der Bekanntmachung vom 4. November 1975 (BGBl I S 2735) zuständig.
Die zwölf Zivilsenate, fünf Strafsenate und der Kartellsenat des Bundesgerichtshofs verhandeln und entscheiden in der Besetzung mit fünf Richtern des Bundesgerichtshofs; neben diesen Senaten bestehen beim Bundesgerichtshof der Große Senat für Zivilsachen, der Große Senat für Strafsachen, die Vereinigten Großen Senate, das nach dem Deutschen Richtergesetz gebildete Dienstgericht des Bundes, ein Senat für Notarsachen, ein Senat für Anwaltssachen, ein Senat für Patentanwaltssachen, ein Senat für Landwirtschaftssachen, ein Senat für Wirtschaftsprüfersachen und ein Senat für Steuerberater- und Steuerbevollmächtigtensachen. In Staatsschutz-Strafsachen sind als Ermittlungsrichter Richter des Bundesgerichtshofs zuständig, wenn der Generalbundesanwalt die Ermittlungen führt (§ 169 Abs 1 Satz 2 StPO).
Der Große Senat für Zivilsachen oder der Große Senat für Strafsachen entscheidet, wenn in einer Rechtsfrage ein Zivilsenat von der Entscheidung eines anderen Zivilsenats oder des Großen Senats für Zivilsachen oder ein Strafsenat von der Entscheidung eines anderen Strafsenats oder des Großen Senats für Strafsachen abweichen will. Der erkennende Senat kann auch in einer Frage von grundsätzlicher Bedeutung die Entscheidung des Großen Senats herbeiführen, wenn nach seiner Auffassung die Fortbildung des Rechts oder die Sicherung einer einheitlichen Rechtsprechung es erfordern. Der Große Senat für Zivilsachen besteht aus dem Präsidenten und je einem Mitglied der Zivilsenate, der Große Senat für Strafsachen aus dem Präsidenten und je zwei Mitgliedern der Strafsenate (§ 132 V GVG). Die Vereinigten Großen Senate bestehen aus dem Präsidenten und sämtlichen Mitgliedern der Großen Senate; sie entscheiden, wenn ein Zivilsenat von der Entscheidung eines Strafsenats oder des Großen Senats für Strafsachen oder ein Strafsenat von der Entscheidung eines Zivilsenats oder des Großen Senats für Zivilsachen oder ein Senat von der früher eingeholten Entscheidung der Vereinigten Großen Senate abweichen will. Die Großen Senate und die Vereinigten Großen Senate entscheiden ohne mündliche Verhandlung nur über die Rechtsfrage.
Durch das Gesetz zur Wahrung der Einheitlichkeit der Rechtsprechung der obersten Gerichtshöfe des Bundes vom 19. Juni 1968 (BGBl I S. 661) ist mit dem Sitz in Karlsruhe ein Gemeinsamer Senat der obersten Gerichtshöfe des Bundes gebildet worden. Der Bundesgerichtshof gehört zum Geschäftsbereich des Bundesministers der Justiz.

Präsident des Bundesgerichtshofs: Karlmann Geiß
Vizepräsident: Prof Dr Horst Hagen

Präsidialabteilung
Leiter: Dr Klaus Tolksdorf Richter am BGH

Verwaltung Maier RDir
Bibliothek Pannier LtdRDir
Dokumentation Schliebs RDir
Pressereferat Dr Siol Richter am BGH

Rechtsprechung

Zivilsenate

I. Senat
Vorsitzender Richter: Prof Dr Willi Erdmann Vors-Richter am BGH

II. Senat
Vorsitzender Richter: Volker Röhricht VorsRichter am BGH

III. Senat
Vorsitzender Richter: Dr Manfred-Eberhard Rinne VorsRichter am BGH

IV. Senat
Vorsitzender Richter: Dr Karl-Bernhard Schmitz VorsRichter am BGH

V. Senat
Vorsitzender Richter: Prof Dr Horst Hagen VPräs des BGH

VI. Senat
Vorsitzender Richter: Werner Groß VorsRichter am BGH

VII. Senat
Vorsitzender Richter: Dr Arnold Lang VorsRichter am BGH

VIII. Senat
Vorsitzende Richterin: Dr Katharina Deppert Vors-Richterin am BGH

IX. Senat
Vorsitzender Richter: Helmut Brandes VorsRichter am BGH

X. Senat
Vorsitzender Richter: Rüdiger Rogge VorsRichter am BGH

XI. Senat
Vorsitzender Richter: Herbert Schimansky Vors-Richter am BGH

XII. Senat
Vorsitzender Richter: Dr Friedrich Blumenröhr VorsRichter am BGH

Strafsenate

1. Senat
Vorsitzender Richter: Dr Gerhard Schäfer Vors-Richter am BGH

2. Senat
Vorsitzender Richter: Dr Burkhard Jähnke Vors-Richter am BGH

3. Senat
Vorsitzender Richter: Klaus Kutzer VorsRichter am BGH

4. Senat
Vorsitzender Richter: Dr Lutz Meyer-Goßner Vors-Richter am BGH

5. Senat
04229 Leipzig, Karl-Heine-Str 12
Vorsitzender Richter: Heinrich Wilhelm Laufhütte VorsRichter am BGH

Spezialsenate

Kartellsenat
Vorsitzender Richter: Karlmann Geiß Präs des BGH

Senat als Dienstgericht des Bundes
Vorsitzender Richter: Prof Dr Willi Erdmann Vors-Richter am BGH

Senat für Notarsachen
Vorsitzender Richter: Dr Manfred-Eberhard Rinne VorsRichter am BGH

Senat für Anwaltssachen
Vorsitzende Richter: Karlmann Geiß Präs des BGH

Senat für Patentanwaltssachen
Vorsitzende Richterin: Dr Katharina Deppert Vors-Richterin am BGH

Senat für Landwirtschaftssachen
Vorsitzender: Prof Dr Horst Hagen VPräs des BGH

Senat für Wirtschaftsprüfersachen
Vorsitzender Richter: Heinrich Laufhütte VorsRich-ter am BGH

Senat für Steuerberater- und Steuerbevollmächtigtensachen
Vorsitzender Richter: Heinrich Laufhütte VorsRich-ter am BGH

Großer Senat für Zivilsachen
Vorsitzender Richter: Karlmann Geiß Präs des BGH

Großer Senat für Strafsachen
Vorsitzender Richter: Karlmann Geiß Präs des BGH

Die Vereinigten Großen Senate
Vorsitzender Richter: Karlmann Geiß Präs des BGH

Beim Bundesgerichtshof eingerichtet:

1.1 Gemeinsamer Senat der obersten Gerichtshöfe des Bundes

76133 Karlsruhe, Herrenstr 45 a; Tel (07 21) 1 59-0; Fax (07 21) 1 59-8 32

Staatsrechtliche Grundlage und Aufgabenkreis:
Der gemäß § 1 des Gesetzes zur Wahrung der Einheitlichkeit der Rechtsprechung der obersten Gerichtshöfe des Bundes vom 19. Juni 1968 (BGBl I S 661) gebildete Gemeinsame Senat der obersten Gerichtshöfe befindet sich beim Bundesgerichtshof. Der Gemeinsame Senat entscheidet, wenn ein oberster Gerichtshof in einer Rechtsfrage von der Entscheidung eines anderen obersten Gerichtshofs oder des Gemeinsamen Senats abweichen will.
Er besteht aus den Präsidenten der obersten Gerichtshöfe (Bundesgerichtshof, Bundesverwaltungsgericht, Bundesfinanzhof, Bundesarbeitsgericht und Bundessozialgericht), den Vorsitzenden der beteiligten Senate und je einem weiteren – auf die Dauer von zwei Jahren bestimmten – Richter der beteiligten Senate.
Die Aufgaben der Geschäftsstelle des Gemeinsamen Senats werden von Beamten und Angestellten der Geschäftsstelle des Bundesgerichtshofes wahrgenommen.

2 Generalbundesanwalt beim Bundesgerichtshof

76133 Karlsruhe, Herrenstr 45 a; Tel (07 21) 15 90; Telex 07 825 828; Fax (07 21) 159-606

Staatsrechtliche Grundlage und Aufgabenkreis:
Der Generalbundesanwalt beim Bundesgerichtshof in Karlsruhe ist auf dem Gebiet der Rechtspflege u a für folgende Aufgaben zuständig:

I.
- Strafverfolgung, Strafvollstreckung, Durchführung von Sicherungs- und Einziehungsverfahren sowie Mitwirkung in Gnadenverfahren in den zur Zuständigkeit der Oberlandesgerichte im ersten Rechtszug gehörenden Strafsachen (§ 142 a in Verbindung mit § 120 Abs 1 und 2 GVG, § 74 a Abs 2 GVG);
- Mitwirkung bei den dem Bundesgerichtshof übertragenen Haftprüfungen (§§ 121 Abs 4 S 2 und 122 Abs 7 StPO);
- Absehen von der Strafverfolgung nach §§ 153 c Abs 4, 153 d und 153 e Abs 1 StPO und nach Artikel 4 des Gesetzes zur Änderung des Strafgesetzbuches, der Strafprozeßordnung und des Versammlungsgesetzes und zur Einführung einer Kronzeugenregelung bei terroristischen Straftaten vom 9. Juni 1989 (BGBl I S 1059), zuletzt geändert durch Gesetz vom 19. Januar 1996 (BGBl I S 58).

II. Wahrnehmung der staatsanwaltschaftlichen Aufgaben
- bei der Verhandlung und Entscheidung des Bundesgerichtshofes (§§ 135 Abs 1, 142 Abs 1 Nr 1 GVG),
- bei der Entscheidung des Bundesgerichtshofes über Beschwerden gegen Beschlüsse und Verfügungen der Oberlandesgerichte (§§ 304 Abs 4 S 2 und 310 Abs 1 StPO) sowie gegen Verfügungen der Ermittlungsrichter des Bundesgerichtshofes (§§ 135 Abs 2, 142 Abs 1 Nr 1 GVG),
- in Strafsachen und Bußgeldverfahren, die nach § 121 Abs 2 GVG dem Bundesgerichtshof zur Entscheidung vorgelegt werden müssen,
- bei Entscheidungen der Vereinigten Großen Senate des Bundesgerichtshofes (§ 138 Abs 2 GVG) und des Gemeinsamen Senats der obersten Bundesgerichte (§ 13 Abs 2 und 3 RsprEinhG),
- bei gerichtlichen Entscheidungen über die Rechtmäßigkeit von Justizverwaltungsakten, wenn nach § 29 Abs 1 in Verbindung mit § 23 EGGVG der Bundesgerichtshof an Stelle eines Oberlandesgerichts zu entscheiden hat,
- bei der Bestimmung des Gerichtsstandes nach §§ 4 Abs 2 S 2, 12 bis 15, 19, 453 Abs 2 S 3 StPO, § 42 Abs 3 S 2 JGG, § 19 Abs 2 des Zuständigkeitsergänzungsgesetzes vom 7. August 1952,
- bei der Klärung von grundsätzlichen Rechtsfragen in Auslieferungssachen (§ 42 IRG),
- bei der Bestimmung der örtlich zuständigen Staatsanwaltschaft nach § 143 Abs 3 GVG.

III. Wahrnehmung der staatsanwaltschaftlichen Befugnisse
- in den Revisionsverfahren gegen Entscheidungen der Anwaltsgerichtshöfe für Rechtsanwälte (§§ 106, 145, 147, 157 BRAO), der Senate für Steuerberater- und Steuerbevollmächtigtensachen (§§ 129, 131, 141 des Steuerberatungsgesetzes), der Senate für Wirtschaftsprüfersachen (§§ 107, 108, 118 der Wirtschaftsprüferordnung) und der Senate für Patentanwaltssachen (§§ 127, 129, 139 der Patentanwaltsordnung); in anwaltsgerichtlichen Verfahren gegen Rechtsanwälte beim Bundesgerichtshof im ersten und zweiten Rechtszug (§ 163 BRAO);
- in Ehesachen nach den §§ 632, 634, 638 ZPO, wenn sie im Wege der Revision an den Bundesgerichtshof gelangen, sowie in Rechtsstreitigkeiten, welche die Anfechtung einer Todeserklärung zum Gegenstand haben (§§ 16, 26 ff des Verschollenheitsgesetzes vom 15. Januar 1951), wenn das Oberlandesgericht die Sache nach § 28 Abs 2 FGG dem Bundesgerichtshof zur Entscheidung vorlegt.

IV. Wahrnehmung der Befugnisse des Bundesdisziplinaranwalts in Disziplinarsachen
- gegen Richter und Staatsanwälte im Bundesdienst sowie Mitglieder des Bundesrechnungshofes (§§ 63 Abs 3, 122 DRiG, § 3 Abs 4 BRHG),
- gegen Notare (§ 109 BNotO).

V. Wahrnehmung der Aufgaben vor dem Gerichtshof der Europäischen Gemeinschaften in Luxemburg gemäß Art 3 des Gesetzes zu dem Protokoll vom 3. Juni 1971 betreffend die Auslegung des Übereinkommens vom 27. September 1968 über die gerichtliche Zuständigkeit und die Vollstreckung gerichtlicher Entscheidungen in Zivil- und Handelssachen durch den Gerichtshof vom 7. August 1972 (BGBl II S 845 ff).

VI. Wahrnehmung der Aufgaben der Zentralen Behörde nach dem Gesetz
- zur Geltendmachung von Unterhaltsansprüchen im Verkehr mit ausländischen Staaten (Auslandsunterhaltsgesetz – AUG) vom 19. Dezember 1986 (BGBl I S 2563),
- zur Ausführung des Haager Übereinkommens vom 25. Oktober 1980 über die zivilrechtlichen Aspekte internationaler Kindesentführung und des europäischen Übereinkommens vom 20. Mai 1980 über die Anerkennung und Vollstreckung von Entscheidungen über das Sorgerecht für Kinder und die Wiederherstellung des Sorgeverhältnisses (vgl Gesetz zur Ausführung von Sorgerechtsübereinkommen – SorgeRübkAG – vom 5. April 1990 – BGBl I S 701 –).

VII. Führung des Bundeszentralregisters
- Das Bundeszentralregister in Berlin hat nach dem Gesetz über das Zentralregister und das Erziehungsregister (Bundeszentralregistergesetz – BZRG – vom 18. März 1971 – BGBl I S 243 – in der Fassung der Bekanntmachung vom 21. September 1984 – BGBl I S 1229, 1985 S 195), zuletzt geändert durch Gesetz vom

19. April 1994 (BGBl I S 822) u a folgende Aufgaben:
- Registrierung von Entscheidungen der Strafgerichte und von Verwaltungsbehörden (§§ 3, 60 BZRG) und von ausländischen strafrechtlichen Entscheidungen (§ 55 BZRG),
- Erteilung von Führungszeugnissen (§ 30, 31 BZRG) sowie Auskünften aus dem Zentralregister (§ 41 BZRG) und dem Erziehungsregister (§ 61 BZRG). Übersendung von Strafnachrichten an ausländische Behörden gemäß Art 22 des Europäischen Übereinkommens über Rechtshilfe in Strafsachen,
- Anordnung der vorzeitigen Tilgung von Vermerken über Verurteilungen in besonderen Fällen (§§ 48, 49 BZRG), der Nichtaufnahme von Verurteilungen in das Führungszeugnis (§ 39 BZRG), Entfernung von Vermerken über Schuldunfähigkeit, Verwaltungsentscheidungen (§ 25 BZRG) und von Eintragungen im Erziehungsregister (§ 63 Abs 3 BZRG), Anordnung der Wiederaufnahme zu Unrecht entfernter oder getilgter Vermerke im Zentralregister (§§ 26, 50 BZRG).

VIII. Führung des Gewerbezentralregisters.
Beim Bundeszentralregister in Berlin ist ein Gewerbezentralregister eingerichtet.
- Das Gewerbezentralregister hat nach dem Gesetz zur Änderung der Gewerbeordnung und über die Einrichtung eines Gewerbezentralregisters vom 13. Juni 1974 - BGBl I S 1281 - folgende Aufgaben:
- Registrierung von gewerbebezogenen Verwaltungsentscheidungen, Verzichten und Bußgeldentscheidungen (§ 149 GewO)
- Erteilung von Auskünften (§§ 150, 150 a GewO).
- Führung eines Registers über juristische Personen und Personenvereinigungen
- Erteilung von Querschnittsauskünften zur Vorbereitung von Rechts- und Verwaltungsvorschriften (§ 150 a Abs 1 Nr 3 GewO).

IX. Führung des staatanwaltschaftlichen Verfahrensregisters
Beim Bundeszentralregister in Berlin ist das staatsanwaltschaftliche Verfahrensregister eingerichtet.
Das zentrale staatsanwaltschaftliche Verfahrensregister hat nach dem Gesetz zur Änderung des Strafgesetzbuches, der Strafprozeßordnung und anderer Gesetzes (Verbrechensbekämpfungsgesetz) vom 21. September 1994 (BGBl I S 3186) folgende Aufgaben:
- Registrierung von Personen- und Verfahrensdaten aller bei inländischen Staatsanwaltschaften anhängigen Ermittlungs- und Strafverfahren bis zu deren rechtskräftigem Abschluß (§§ 474 Abs 2, 476 StPO).
- Erteilung von Auskünften (§ 474 Abs 3 und 4 StPO).

X. Vertretung des Bundes in gerichtlichen Verfahren und in Verwaltungsverfahren nach der „Anordnung über die Vertretung des Bundes im Geschäftsbereich des Bundesministers der Justiz und über das Verfahren bei der Vertretung" vom 25. April 1958 (Bundesanzeiger Nr 82) – in der Fassung vom 4. Februar 1971 (Bundesanzeiger Nr 29 vom 12. Februar 1971).

Generalbundesanwalt beim Bundesgerichtshof: Kay Nehm
Ständiger Vertreter: Rainer Schulte BAnw beim BGH – AbtLeiter –
Verwaltung: Heinrich Hopf RDir

Dienststelle Leipzig
04229 Leipzig, Karl-Heine-Str 12

Bundeszentralregister
10969 Berlin, Neuenburger Str 15, und **10836 Berlin,** Postfach 110629; Tel (0 30) 2 53 88-1; Telex 01-85 505; Fax (0 30) 2 53 88-391

3 Bundespatentgericht

81541 München, Balanstr 59; Tel (0 89) 4 17 67-0; Fax (0 89) 4 17 67-2 99

Staatsrechtliche Grundlage und Aufgabenkreis:
Das Bundespatentgericht ist auf Grund des Sechsten Gesetzes zur Änderung und Überleitung von Vorschriften auf dem Gebiet des gewerblichen Rechtsschutzes (6. ÜG) vom 23. März 1961 (BGBl I S 274) mit Wirkung vom 1. Juli 1961 als unabhängiges und selbständiges Bundesgericht errichtet worden. Es ist zuständig für die Entscheidung über Beschwerden gegen Beschlüsse des Deutschen Patentamtes, über Klagen auf Erklärung der Nichtigkeit oder Zurücknahme von Patenten und auf Erteilung von Zwangslizenzen, ferner nach dem Gesetz über den Schutz von Pflanzensorten (Sortenschutzgesetz) vom 20. Mai 1968 (BGBl I S 429) für die Entscheidung über Beschwerden gegen Beschlüsse des Beschlußausschusses und des Präsidenten des Bundessortenamtes. Es erledigt die ihm übertragenen Aufgaben in 4 Nichtigkeits- und 27 Beschwerdesenate (15 technische, 1 juristischer, 1 Gebrauchsmuster-Beschwerdesenat, 1 Beschwerdesenat für Sortenschutzsachen, 9 Marken-Beschwerdesenaten) sowie in einer Geschäftsstelle.
Die Nichtigkeitssenate treffen ihre Entscheidungen in der Besetzung mit zwei rechtskundigen und drei technischen Mitgliedern bzw mit drei Mitgliedern, unter denen sich ein rechtskundige Mitglied befinden muß. Die 15 technischen Beschwerdesenate, die jeweils für ein bestimmtes technisches Fachgebiet zuständig sind, beschließen in der Besetzung mit einem technischen Mitglied als Vorsitzenden, zwei weiteren technischen Mitgliedern und einem rechtskundigen Mitglied. Der juristische Beschwerdesenat entscheidet in der Besetzung mit drei rechtskundigen Mitgliedern. Der Gebrauchsmuster-Beschwerdesenat trifft seine Entscheidungen in der Besetzung mit zwei rechtskundigen und einem technischen Mitglied bzw mit einem rechtskundigen und zwei technischen Mitgliedern oder mit drei rechtskundigen Mitgliedern; der Vorsitzende muß

ein rechtskundiges Mitglied sein. Der Beschwerdesenat für Sortenschutzsachen entscheidet in der Besetzung mit drei rechtskundigen Mitgliedern bzw mit zwei rechtskundigen und zwei technischen Mitgliedern. Die neun Marken-Beschwerdesenate beschließen in der Besetzung mit drei rechtskundigen Mitgliedern.

Die Besetzung der Spruchkörper und die Verteilung der Geschäfte regelt das Präsidium des Bundespatentgerichts. Es besteht aus dem Präsidenten als Vorsitzenden und acht gewählten Richtern, und zwar vier Vorsitzenden Richtern und vier Richtern, von denen jeweils mindestens ein Richter rechtskundig sein muß.

Die Aufgaben der Justizverwaltung werden durch den Präsidenten, den Vizepräsidenten, die Präsidialabteilung, die Verwaltung und die Geschäftsstelle erledigt. Bibliothek, Zahlstelle, Beschaffungsstelle, Lichtbildstelle, Vorprüfungsstelle, Modellverwaltung und Prüfstoffstelle des Deutschen Patentamtes sind auch für das Bundespatentgericht tätig.

Oberstes Bundesgericht für Angelegenheiten des gewerblichen Rechtsschutzes ist nach Art 96 Abs 3 GG der Bundesgerichtshof.

Gegen die Beschlüsse der Beschwerdesenate des Bundespatentgerichts, durch die über Beschwerden gegen Beschlüsse der Prüfungsstellen und Patentabteilungen des Deutschen Patentamtes sowie des Beschlußausschusses und des Präsidenten des Bundessortenamtes entschieden wird, findet die Rechtsbeschwerde an den Bundesgerichtshof statt, wenn die Rechtsbeschwerde zugelassen worden ist. Die Rechtsbeschwerde ist in den in § 100 Abs 2 des Patentgesetzes i d F vom 16. Dezember 1980 (BGBl 1981 I S 1) genannten Fällen zuzulassen. Ohne Zulassung kann Rechtsbeschwerde unter den in § 100 Abs 3 des Patentgesetzes genannten Voraussetzungen eingelegt werden.

Gegen die Urteile der Nichtigkeitssenate des Bundespatentgerichts findet die Berufung an den Bundesgerichtshof statt.

Das Bundespatentgericht gehört zum Geschäftsbereich des Bundesministeriums der Justiz.

Präsidentin des Bundespatentgerichtes: Antje Sedemund-Treiber

Vizepräsident: Dipl-Ing Dr-Ing Hansjörg Schnegg

Präsidialreferenten:
Richterliches Personal Kraft Richter am BPatG
Haushalt Grabrucker Richterin am BPatG
Informationstechnik Dr Mayer Richter am BPatG
Presse Müllner Richter am BPatG
Bibliothek und Dokumentation Albrecht Richter am BPatG
Allgemeine Verwaltung Schmitt ORR

Rechtsprechung

Nichtigkeits- und Beschwerdesenate

1. Senat: **Nichtigkeitssenat** Antje Sedemund-Treiber Präsidentin des BPatG

2. Senat: **Nichtigkeitssenat** Paul Kurbel VorsRichter am BPatG
3. Senat: **Nichtigkeitssenat** Bernhard Grüttemann VorsRichter am BPatG
4. Senat: **Juristischer Beschwerdesenat** Karl Regensburger VorsRichter am BPatG
5. Senat: **Gbm-Beschwerdesenat** Frank Peter Goebel VorsRichter am BPatG
6. Senat: **Technischer Beschwerdesenat** Dipl-Ing Ekkehart Rübel VorsRichter am BPatG
7. Senat: **Technischer Beschwerdesenat** Dipl-Ing Dr Hansjörg Schnegg VPräs am BPatG
8. Senat: **Technischer Beschwerdesenat** Dipl-Ing Günter Kowalski VorsRichter am BPatG
9. Senat: **Technischer Beschwerdesenat** Dipl-Ing Hubertus Mösslinger VorsRichter am BPatG
11. Senat: **Technischer Beschwerdesenat** Dipl-Ing Wolfgang Niedlich VorsRichter am BPatG
13. Senat: **Technischer Beschwerdesenat** Dipl-Ing Hans-Norbert Mayer VorsRichter am BPatG
14. Senat: **Technischer Beschwerdesenat** Dipl-Chem Dr Erwin Moser VorsRichter am BPatG
15. Senat: **Technischer Beschwerdesenat** Dipl-Chem Dr Dr Ernst Kahr VorsRichter am BPatG
17. Senat: **Technischer Beschwerdesenat** Dipl-Ing Günther Pfaff VorsRichter am BPatG
19. Senat: **Technischer Beschwerdesenat** Dipl-Ing Johannes Hoyer VorsRichter am BPatG
20. Senat: **Technischer Beschwerdesenat** Dipl-Phys Dr Wilfried Anders VorsRichter am BPatG
21. Senat: **Technischer Beschwerdesenat** Dipl-Ing Dr-Ing Siegfried Hechtfischer VorsRichter am BPatG
23. Senat: **Technischer Beschwerdesenat** Dipl-Phys Dr Hans Beyer VorsRichter am BPatG
24. Senat: **Marken-Beschwerdesenat** Dr Paul Ströbele VorsRichter am BPatG
25. Senat: **Marken-Beschwerdesenat** Hubertus Kliems VorsRichter am BPatG
26. Senat: **Marken-Beschwerdesenat** Dr Hans-Heinrich Schmieder VorsRichter am BPatG
27. Senat: **Marken-Beschwerdesenat** Ursula Schmitt VorsRichterin am BPatG
28. Senat: **Marken-Beschwerdesenat** Peter Frank VorsRichter am BPatG
29. Senat: **Marken-Beschwerdesenat** Dr Klaus Schwendy VorsRichter am BPatG
30. Senat: **Marken-Beschwerdesenat** Manfred Bühring VorsRichter am BPatG
31. Senat: **Technischer Beschwerdesenat** Dipl-Phys Werner Schedelbeck VorsRichter am BPatG
32. Senat: **Marken-Beschwerdesenat** Gisela Forst VorsRichterin am BPatG
33. Senat: **Marken-Beschwerdesenat** Matthias Winkler VorsRichter am BPatG
34. Senat: **Technischer Beschwerdesenat** Dipl-Ing Armin Lauster VorsRichter am BPatG
35. Senat: **Beschwerdesenat für Sortenschutzsachen** Frank Peter Goebel VorsRichter am BPatG

III Gerichte der Verwaltungsgerichtsbarkeit

1 Bundesverwaltungsgericht

10623 Berlin, Hardenbergstr 31; Tel (0 30) 31 97-1; Fax (0 30) 3 12 30 21

Staatsrechtliche Grundlage und Aufgabenkreis:
Das Bundesverwaltungsgericht ist 1953 als oberster Gerichtshof des Bundes für das Gebiet der allgemeinen Verwaltungsgerichtsbarkeit errichtet worden. Es ist das höchste deutsche Verwaltungsgericht und hat die Aufgabe, die Rechtseinheit auf dem Gebiet des Verwaltungsrechts sicherzustellen. Hierzu gehören unter anderem: das Wirtschaftsrecht (Landwirtschaft, Gewerbe, Handwerk, Handel usw), das Recht zur Regelung von Vermögensfragen, das Bau- und Bodenrecht, das Wohnungs- und Siedlungsrecht, das Umweltschutzrecht, das Atomrecht, das Gesundheitsverwaltungsrecht, das Recht der Anlegung von Schienenwegen, das Recht des Baues von Wasserstraßen, das Straßen- und Wegerecht, das Beamtenrecht und das sonstige Recht des öffentlichen Dienstes, das Fürsorgerecht, das Ausländerrecht, das Asylrecht, das Post-, Rundfunk-, Film- und Presserecht, das Lastenausgleichsrecht, ferner – sofern Bundesrecht berührt wird – das Polizei-, Kommunal-, Schul- und Kirchenrecht.
In erster Linie ist das Bundesverwaltungsgericht Revisionsinstanz gegenüber Endentscheidungen der obersten Verwaltungsgerichte der Länder und in Ausnahmefällen gegenüber Endentscheidungen erstinstanzlicher Verwaltungsgerichte. Außerdem ist es in den im Gesetz vorgesehenen Fällen auch als Gericht erster und zugleich letzter Instanz tätig, insbesondere wenn es sich um die Anfechtung von Verwaltungsakten oberster Bundesbehörden auf bestimmten Rechtsgebieten oder um öffentlich-rechtliche Streitigkeiten nichtverfassungsrechtlicher Art zwischen dem Bund und den Ländern sowie zwischen verschiedenen Ländern handelt.
Das Bundesverwaltungsgericht entscheidet auch in Verfahren nach der Bundesdisziplinarordnung, der Wehrdisziplinarordnung und der Wehrbeschwerdeordnung.
Der Präsident des Bundesverwaltungsgerichts führt die Dienstaufsicht über das Bundesdisziplinargericht.

Veröffentlichungen:
Entscheidungen des Bundesverwaltungsgerichts (mit besonderen Bänden für Entscheidungen der Disziplinar- und Wehrdienstsenate); herausgegeben von Mitgliedern des Gerichts
Verlag:Carl Heymanns Verlag KG, Berlin

Präsident des Bundesverwaltungsgerichts: Dr Everhardt Franßen
Vizepräsidentin: Dr Ingeborg Franke

Dem Präsidenten unmittelbar unterstellt:

Präsidialrichter Gielen Richter am BVerwG
Verwaltung Kasper RDir

Wissenschaftlicher Dienst Scheerer BiblDir
Bibliothek Willich Angestellte
Dokumentation Scheerer BiblDir
Pressestelle Hien Richter am BVerwG

Rechtsprechung

Revisionssenate

1. Senat
Vorsitzender: Werner Meyer VorsRichter am BVerwG

2. Senat
Vorsitzende: Dr Ingeborg Franke VPräsidentin des BVerwG

3. Senat
Vorsitzender: Prof Dr Hans-Joachim Driehaus VorsRichter am BVerwG

4. Senat
Vorsitzender: Dr Günter Gaentzsch VorsRichter am BVerwG

5. Senat
Vorsitzender: Dr Horst Säcker VorsRichter am BVerwG

6. Senat
Vorsitzender: Dr Norbert Niehues VorsRichter am BVerwG

7. Senat
Vorsitzender: Dr Everhardt Franßen Präs des BVerwG

8. Senat
Vorsitzender: Dr Manfred Kleinvogel VorsRichter am BVerwG

9. Senat
Vorsitzender: Friedrich Seebass VorsRichter am BVerwG

10. Senat
Vorsitzender: Erich Bermel VorsRichter am BVerwG

11. Senat
Vorsitzender: Dr Wilhelm Diefenbach VorsRichter am BVerwG

Disziplinarsenate

1. Disziplinarsenat
Vorsitzender: Erich Bermel VorsRichter am BVerwG

2. Disziplinarsenat
Vorsitzender: Dr Norbert Niehues VorsRichter am BVerwG

Wehrdienstsenate

1. Wehrdienstsenat
80797 München, Schwere-Reiter-Str 37; Tel (0 89) 30 79 35-0; Fax (0 89) 30 79 35 15
Vorsitzender: Herbert Seide Richter am BVerwG

2. Wehrdienstsenat
Vorsitzender: Rüdiger Roth VorsRichter am BVerwG

Großer Senat
Vorsitzender: Dr Everhardt Franßen Präs des BVerwG
Vertreter: Der jeweilige allgemeine Vertreter des Präsidenten

Der Dienstaufsicht des Bundesverwaltungsgerichts untersteht:

2 Bundesdisziplinargericht

60322 Frankfurt am Main, Gervinusstr 5-7; Tel (0 69) 15 30 00 01; Fax (0 69) 15 30 00 99

Staatsrechtliche Grundlage und Aufgabenkreis:
Das Bundesdisziplinargericht wurde durch das Gesetz zur Neuordnung des Disziplinarrechts vom 20. Juli 1967 (BGBl I S 725) errichtet. Seine Vorläufer waren die Bundesdisziplinarkammern.
Die Aufgabe des Bundesdisziplinargerichts ist die Rechtsprechung in Disziplinarangelegenheiten 1. Instanz gegenüber Beamten und Ruhestandsbeamten des Bundes und ihnen gleichgestellten früheren Beamten sowie Personen, auf die das Gesetz zu Art 131 des Grundgesetzes Anwendung findet, soweit der Bund zuständig ist, ferner gegenüber Zivildienstleistenden gemäß § 66 des Zivildienstgesetzes vom 16. Juli 1965 (BGBl I S 983) in der Neufassung vom 29. September 1983 (BGBl I S 1221 ff) sowie gegenüber Grenzschutzbediensteten gemäß § 42 a des Wehrpflichtgesetzes in der Fassung der Bekanntmachung vom 5. Mai 1983 (BGBl I S 529) in Verbindung mit § 58 des Bundesgrenzschutzgesetzes vom 18. August 1972 (BGBl I S 1834), zuletzt geändert durch Art 2 Nr 2 des Gesetzes vom 14. Juli 1976 (BGBl I S 1801).
Beim Bundesdisziplinargericht sind Kammern mit örtlichem Zuständigkeitsbereich gebildet worden. Die Bezirke der Kammern wurden durch Beschluß des Präsidiums des Bundesdisziplinargerichts bestimmt. Die Sitzungen der Kammern finden in der Regel innerhalb ihrer Bezirke statt.
Die Kammern entscheiden in der Besetzung mit dem Vorsitzenden und zwei Beamtenbeisitzern, in umfangreichen oder bedeutenden Verfahren mit zusätzlich einem weiteren Richter und einem weiteren Laufbahnbeisitzer. Einer der Beamtenbeisitzer muß die Befähigung zum Richteramt haben oder die Voraussetzungen des § 110 Satz 1 des Richtergesetzes erfüllen. Einer der Beisitzer soll der Laufbahngruppe und möglichst dem Verwaltungszweig der beschuldigten Beamten angehören.
Der Bundesdisziplinarhof, früher Berufungs- und Beschwerdeinstanz gegen Urteile und Beschlüsse der Bundesdisziplinarkammern und der Truppendienstgerichte, ist durch das Gesetz zur Neuordnung des Bundesdisziplinarrechts vom 20. Juli 1967 (BGBl I S 725) am 1. Oktober 1967 in das Bundesverwaltungsgericht eingegliedert worden.

Präsident des Bundesdisziplinargerichtes: Nikolaus Schwientek
Vizepräsident: Dr Hans-Dieter Schmachtenberg
Hauptgeschäftsstellenleiter: Helmut Hilbert Justiz-OAR

Rechtsprechung

Kammer I – Frankfurt am Main –
Vorsitzender: Nikolaus Schwientek Präs des BDiG
Zuständigkeitsbereich: Stadtgebiet von Frankfurt/Main

Kammer II – Karlsruhe –
Vorsitzender: Horst Klein VorsRichter am BDiG
Zuständigkeitsbereich: Regierungsbezirke Karlsruhe und Freiburg

Kammer III – Stuttgart –
Vorsitzender: Carlo Karcher VorsRichter am BDiG
Zuständigkeitsbereich: Regierungsbezirke Stuttgart und Tübingen

Kammer IV – München –
Vorsitzender: Horst Klein VorsRichter am BDiG
Zuständigkeitsbereich: Regierungbezirke Oberbayern, Schwaben und der bayerische Kreis Lindau

Kammer V – Nürnberg –
Vorsitzender: Dr Günter Roß VorsRichter am BDiG
Zuständigkeitsbereich: Regierungsbezirke Oberfranken, Mittelfranken, Unterfranken und das Land Freistaat Sachsen

Kammer VI – Berlin-Charlottenburg –
Vorsitzender: Nikolaus Schwientek Präs des BDiG
Zuständigkeitsbereich: Länder Berlin und Brandenburg

Kammer VII – Hamburg –
Vorsitzender: Rainer Holtz VorsRichter am BDiG
Zuständigkeitsbereich: Freie und Hansestadt Hamburg, niedersächsische Landkreise Cuxhaven und Stade, schleswig-holsteinische Kreise Lübeck, Herzogtum Lauenburg, Stormann, Bad Segeberg, Neumünster, Steinburg und Pinneberg und das Land Mecklenburg-Vorpommern

Kammer VIII – Hannover –
Vorsitzender: Jürgen Karst VorsRichter am BDiG
Zuständigkeitsbereich: Land Niedersachsen mit Ausnahme des Verwaltungsbezirks Weser-Ems und der Landkreise Cuxhaven, Stade und das Land Sachsen-Anhalt

Kammer IX – Dortmund –
Vorsitzende: Brigitte Gronemann-Umsonst Vors-Richterin am BDiG
Zuständigkeitsbereich: Regierungsbezirk Arnsberg

Kammer X – Düsseldorf –
Vorsitzender: Lothar von Schwichow VorsRichter am BDiG
Zuständigkeitsbereich: Regierungsbezirke Düsseldorf und Aachen

Kammer XI – Mainz –
Vorsitzende: Monika Levedag VorsRichterin am BDiG
Zuständigkeitsbereich: Land Rheinland-Pfalz mit Ausnahme des Regierungsbezirks Trier

Kammer XII – Saarbrücken –
Vorsitzender: Dr Günter Roß VorsRichter am BDiG
Zuständigkeitsbereich: Saarland und der Regierungsbezirk Trier

Kammer XIII – Bremen –
Vorsitzender: Carlo Karcher VorsRichter am BDiG
Zuständigkeitsbereich: Freie und Hansestadt Bremen und niedersächsischer Verwaltungsbezirk Weser-Ems

Kammer XIV – Hessen –
Vorsitzende: Monika Levedag VorsRichterin am BDiG
Zuständigkeitsbereich: Land Hessen mit Ausnahme des Stadtgebietes von Frankfurt/Main und das Land Freistaat Thüringen

Kammer XV – Regensburg –
Vorsitzender: Rainer Holtz VorsRichter am BDiG
Zuständigkeitsbereich: Regierungsbezirke Niederbayern und Oberpfalz

Kammer XVI – Köln –
Vorsitzender: Dr Hans-Dieter Schmachtenberg VPräs des BDiG
Zuständigkeitsbereich: Regierungsbezirk Köln

Kammer XVII – Kiel –
Vorsitzender: Jürgen Karst VorsRichter am BDiG
Zuständigkeitsbereich: Kreise Kiel, Ostholstein, Plön, Rendsburg-Eckernförde, Dithmarschen, Nord-Friesland, Schleswig-Flensburg und Flensburg

Kammer XVIII – Münster –
Vorsitzende: Brigitte Gronemann-Umsonst VorsRichterin am BDiG
Zuständigkeitsbereich: Regierungsbezirk Münster und Detmold

3 Oberbundesanwalt beim Bundesverwaltungsgericht

10719 Berlin, Bundesallee 216-218; Tel (0 30) 22 41-50; Fax (0 30) 22 41-63 52

Staatsrechtliche Grundlage und Aufgabenkreis:
Der Oberbundesanwalt beim Bundesverwaltungsgericht ist durch Gesetz (§ 35 Abs 1 VwGO vom 21. Januar 1960 – BGBl I S 17 –) als selbständige Rechtspflegebehörde beim Bundesverwaltungsgericht errichtet. Er kann sich zur Wahrung des öffentlichen Interesses an jedem Verfahren vor den Revisionssenaten und dem Großen Senat des Bundesverwaltungsgerichts beteiligen. Seine Aufgaben erstrecken sich auch auf Verfahren vor dem Gemeinsamen Senat der obersten Gerichtshöfe (§ 13 des Gesetzes zur Wahrung der Einheitlichkeit der Rechtsprechung der obersten Gerichtshöfe des Bundes vom 19. Juni 1968 – BGBl I S 661 –).
Der Oberbundesanwalt ist nach dem Gesetz an die Weisungen der Bundesregierung gebunden. Seine Tätigkeit wird ergänzend durch die von der Bundesregierung erlassene Dienstanweisung vom 11. Januar 1967 (GMBl 1967 S 39) geregelt.
Der Oberbundesanwalt gehört zum Geschäftsbereich des Bundesministers des Innern.

Oberbundesanwalt: Dr Bruno Schwegmann
Vertreter: Dr Hansjörg Dellmann BAnw beim BVerwG

Ref 1: **Streitverfahren des 1., 5. und 6. Senats des Bundesverwaltungsgerichts** Bohm OStAnw beim BVerwG
Ref 2: **Streitverfahren des 3. und 7. Senats des Bundesverwaltungsgerichts** NN
Ref 3: **Streitverfahren des 1. und 9. Senats des Bundesverwaltungsgerichts** Dr Dellmann BAnw beim BVerwG
Ref 4: **Streitverfahren des 4. und 11. Senats des Bundesverwaltungsgerichts** Stamm OStAnw beim BVerwG
Ref 5: **Streitverfahren des 2., 6., 8. und 10. Senats des Bundesverwaltungsgerichts** Prof Dr Weiß OStAnw beim BVerwG
Ref 6: **Streitverfahren des 3. und 8. Senats des Bundesverwaltungsgerichts** Frick OStAnw beim BVerwG

Verwaltung und Geschäftsstelle Sommerfeld OAR

Der Dienstaufsicht des Präsidenten des Bundesverwaltungsgerichts untersteht:

4 Der Bundesdisziplinaranwalt beim Bundesverwaltungsgericht

60322 Frankfurt am Main, Gervinusstr 5-7; Tel (0 69) 15 30 00-02; Fax (0 69) 15 30 00 82

Außenstelle:
10719 Berlin, Bundesallee 216-218; Tel (0 30) 22 41-63 82; Fax (0 30) 22 41-63 80

Staatsrechtliche Grundlage und Aufgabenkreis:
Der Bundesdisziplinaranwalt als Behörde wurde durch das Gesetz zur Änderung und Ergänzung des Dienststrafrechts vom 28. November 1952 (BGBl S 749) im Geschäftsbereich des Bundesministeriums des Innern geschaffen. Seine Aufgabe ist es, die einheitliche Ausübung der Disziplinargewalt zu sichern und das Interesse des öffentlichen Dienstes und der Allgemeinheit in jeder Lage des Verfahrens wahrzunehmen.

Bundesdisziplinaranwalt beim Bundesverwaltungsgericht: Norbert von Nieding
Vertreter: Ernst-Albrecht Schwandt LtdRDir

Leitung der Behörde, Entscheidung über die Einlegung von Rechtsmitteln und über Anträge nach § 39 Bundesdisziplinarordnung, Disziplinarverfahren gegen Bundesbeamte von der Besoldungsgruppe A 16 an aufwärts und gegen Zivildienstleistende
Leiter: Norbert von Nieding Bundesdisziplinaranwalt

Ref I: **Vertretung des Behördenleiters, Disziplinarverfahren gegen Bundesbeamte aus dem Bereich der Einleitungsbehörden in Brandenburg und in den Regierungsbezirken Düsseldorf und Köln des Landes Nordrhein-Westfalen** NN
Ref II: **Disziplinarverfahren gegen Bundesbeamte aus dem Bereich der Einleitungsbehörden in Berlin, Bremen, Hamburg, Mecklenburg-Vorpommern und Schleswig-Holstein** Schwandt LtdRDir
Ref III: **Disziplinarverfahren gegen Bundesbeamte aus dem Bereich der Einleitungsbehörden in Hessen, Rheinland-Pfalz und Freistaat Thüringen sowie in den Regierungsbezirken Arnsberg und Detmold des Landes Nordrhein-Westfalen** Fritz RR
Ref IV: **Disziplinarverfahren gegen Bundesbeamte aus dem Bereich der Einleitungsbehörden im Saarland, in Baden-Württemberg und in Sachsen-Anhalt sowie im Regierungsbezirk Münster des Landes Nordrhein-Westfalen** Nies RDir
Ref V: **Disziplinarverfahren gegen Bundesbeamte aus dem Bereich der Einleitungsbehörden in Bayern (ausgenommen Bundesanstalt für Arbeit) und Freistaat Sachsen** Stark LtdRDir
Ref VI: **Disziplinarverfahren gegen Bundesbeamte aus dem Bereich der Einleitungsbehörden in Niedersachsen sowie der Bundesanstalt für Arbeit** Grekel-Morell RDir
Ref VII – Außenstelle Berlin – : **Leitung der Außenstelle, Vertretung des Bundesdisziplinaranwalts in den Verfahren vor den Disziplinarsenaten des Bundesverwaltungsgerichts** NN

Verwaltung, Personal, Innerer Dienst, Haushalt, Organisation Seibold OAR

5 Wehrdienstgerichte

Staatsrechtliche Grundlage und Aufgabenkreis:
Die gesetzliche Grundlage für die Errichtung der Wehrdienstgerichte sind:
- Artikel 96 Absatz 4 des Grundgesetzes für die Bundesrepublik Deutschland;
- Wehrdisziplinarordnung (WDO) i d F der Bekanntmachung vom 4. September 1972 (BGBl I S 1665), zuletzt geändert durch das Gesetz zur Änderung wehrpflichtiger, soldatenrechtlicher, beamtenrechtlicher und anderer Vorschriften vom 24. Juli 1995 (BGBl I S 962),
- Verordnung über die Errichtung von Truppendienstgerichten vom 20. August 1992 (BGBl I S 1579).

Die Wehrdienstgerichte sind zuständig für disziplinargerichtliche Verfahren gegen Soldaten und für Verfahren über Beschwerden von Soldaten gegen einfache Disziplinarmaßnahmen sowie für Verfahren über Beschwerden und Anträge von Soldaten nach der Wehrdisziplinarordnung und der Wehrbeschwerdeordnung. Außerdem entscheidet der Vorsitzende der Truppendienstkammer über die Rechtmäßigkeit von Disziplinararrest, den die Disziplinarvorgesetzten zu verhängen beabsichtigen.

Wehrdienstgerichte sind das Bundesverwaltungsgericht – Wehrdienstsenate – (siehe Bundesverwaltungsgericht, Seite 416) und die Truppendienstgerichte. Die Truppendienstgerichte gehören zum Geschäftsbereich des Bundesministers der Verteidigung. An der Spitze eines Truppendienstgerichtes steht ein Präsident, der die Dienstaufsicht über die Richter, Beamten, Angestellten ausübt.

Es bestehen zwei Truppendienstgerichte Nord und Süd mit zur Zeit insgesamt 22 Truppendienstkammern. Die Truppendienstgerichte entscheiden, soweit gesetzlich nichts anderes bestimmt ist, mit einem Richter als Vorsitzenden und zwei ehrenamtlichen Richtern. Ehrenamtliche Richter sind ein Soldat, der zur Dienstgradgruppe des Soldaten oder Beschwerdeführers gehört, und ein Soldat, der im Dienstgrad über dem Soldaten oder Beschwerdeführer steht, mindestens ein Stabsoffizier.

5.1 Bundesverwaltungsgericht – Wehrdienstsenate

Nähere Angaben hierzu siehe Seite 416

5.2 Truppendienstgerichte

Nähere Angaben zu den Truppendienstgerichten siehe auf Seite 352

IV Gericht der Finanzgerichtsbarkeit

Bundesfinanzhof

81675 München, Ismaninger Str 109; Tel (0 89) 92 31-0; Fax (0 89) 9 23 12 01

Staatsrechtliche Grundlage und Aufgabenkreis:
Der Bundesfinanzhof in München wurde durch das Gesetz über den Bundesfinanzhof vom 25. Juni 1950 (BGBl I S 257) errichtet. Er führt die Tradition des Reichsfinanzhofs fort.
Er ist als oberster Gerichtshof des Bundes auf dem Gebiete der Finanzgerichtsbarkeit gemäß § 36 der Finanzgerichtsordnung (FGO) vom 6. Oktober 1965 (BGBl I S 1477) zuständig für die Entscheidung über das Rechtsmittel
– der Revision gegen Urteile des Finanzgerichts und gegen Entscheidungen, die Urteilen des Finanzgerichts gleichstehen,
– der Beschwerde gegen andere Entscheidungen des Finanzgerichts, des Vorsitzenden oder des Berichterstatters.
Beim Bundesfinanzhof bestehen elf Senate.
Der Bundesfinanzhof gehört zum Geschäftsbereich des Bundesministeriums der Justiz. Er setzt sich aus einem Präsidenten, einem Vizepräsidenten, neun Vorsitzenden Richtern und 50 Richtern zusammen.

Veröffentlichungen:
Sammlung der Entscheidungen des Bundesfinanzhofs-Verlag: Wilhelm Stollfuß Verlag, Bonn

Präsident des Bundesfinanzhofes: Prof Dr Klaus Offerhaus
Vizepräsident: Dr Albert Beermann

Präsidialrichter: Wolfgang Spindler
Pressereferent: Hans Bernhard Brockmeyer
Leiter der Bibliothek: Friedrich-Karl Mittelstaedt RDir
Leiter der Verwaltung: Manfred Brück RDir
Dokumentationsstelle: Herbert Büttner ORR

Rechtsprechung

I. Senat:
Vorsitzender Richter: Dr Siegfried Widmann

II. Senat:
Vorsitzende Richterin: Dr Ruth Hofmann

III. Senat:
Vorsitzender Richter: Dr Reinhard Sunder-Plassmann

IV. Senat:
Vorsitzender Richter: Prof Dr Manfred Groh

V. Senat:
Vorsitzender Richter: Prof Dr Klaus Offerhaus Präs des BFH

VI. Senat:
Vorsitzender Richter: Dr Gerhard Mößlang

VII. Senat:
Vorsitzender Richter: Dr Albert Beermann VPräs des BFH

VIII. Senat:
Vorsitzender Richter: Dr Hans-Joachim Herrmann

IX. Senat:
Vorsitzender Richter: Dr Klaus Ebling

X. Senat:
Vorsitzender Richter: Dr Georg Grube

XI. Senat:
Vorsitzender Richter: Peter Hellwig

Großer Senat
Vorsitzender: Prof Dr Klaus Offerhaus Präs des BFH

V Gericht der Arbeitsgerichtsbarkeit

Großer Senat: Prof Dr Thomas Dieterich Präs des BAG

Verwaltung Zisik RDir

Bundesarbeitsgericht

34119 Kassel, Graf-Bernadotte-Platz 5; Tel (05 61) 31 06-1; Fax (05 61) 31 06-8 67

Staatsrechtliche Grundlage und Aufgabenkreis:
Das Bundesarbeitsgericht in Kassel ist durch das Arbeitsgerichtsgesetz vom 3. September 1953 (BGBl I S 1267) in der Neufassung des Arbeitsgerichtsgesetzes vom 2. Juli 1979 (BGBl I S 853) errichtet worden; es ist oberster Gerichtshof für das Gebiet der Arbeitsgerichtsbarkeit (Artikel 95 des Grundgesetzes). Das Bundesarbeitsgericht entscheidet über das Rechtsmittel der Revision und der Rechtsbeschwerde.
Die unabhängige Föderalismuskommission hat am 27. Mai 1992 empfohlen, das Bundesarbeitsgericht nach Thüringen zu verlegen. Diese Empfehlung wurde vom Bundeskabinett bestätigt und am 26. Juli 1992 in einem Beschluß vom Deutschen Bundestag angenommen. Als künftiger Standort des Gerichts in Thüringen ist die Landeshauptstadt Erfurt vorgesehen. Dort wurde im März 1994 ein Aufbaustab eingerichtet. In der Übergangszeit können die Senate des Bundesarbeitsgerichts auch Sitzungen in Erfurt abhalten, § 40 Abs 1 ArbGG wurde am 23. September 1994 entsprechend geändert.
Es sind 10 Senate errichtet worden. Die Senate entscheiden in der Besetzung von einem Vorsitzenden, zwei berufsrichterlichen Beisitzern und zwei ehrenamtlichen Richtern.
Die Geschäfte der Verwaltung und Dienstaufsicht werden von dem Bundesminister für Arbeit und Sozialordnung im Einvernehmen mit dem Bundesminister der Justiz geführt.

Veröffentlichungen:
Entscheidungen des Bundesarbeitsgerichts; herausgegeben von den Richtern des Gerichtshofes. Verlag de Gruyter, Berlin

Präsident des Bundesarbeitsgerichtes: Prof Dr Thomas Dieterich
Vizepräsident: Dr Karl Heinz Peifer

Vorsitzende Richter:
1. Senat: Prof Dr Thomas Dieterich Präs des BAG
2. Senat: Dr Gerhard Etzel VorsRichter am BAG
3. Senat: Dr Friedrich Heither VorsRichter am BAG
4. Senat: Dr Günter Schaub VorsRichter am BAG
5. Senat: Gert Griebeling VorsRichter am BAG
6. Senat: Dr Karl Heinz Peifer VPräs des BAG
7. Senat: Hans-Jürgen Dörner VorsRichter am BAG
8. Senat: Dr Reiner Ascheid VorsRichter am BAG
9. Senat: Prof Dr Wolfgang Leinemann VorsRichter am BAG
10. Senat: Dr Hans-Christoph Matthes VorsRichter am BAG

VI Gericht der Sozialgerichtsbarkeit

Bundessozialgericht

34119 Kassel, Graf-Bernadotte-Platz 5; Tel (05 61) 31 07-1; Fax (05 61) 31 07-4 75

Staatsrechtliche Grundlage und Aufgabenkreis:
Das Bundessozialgericht in Kassel ist durch Gesetz vom 3. September 1953 (BGBl I S 1239) errichtet worden; es ist oberster Gerichtshof für das Gebiet der Sozialgerichtsbarkeit (Artikel 95 des Grundgesetzes). Das Bundessozialgericht entscheidet über das Rechtsmittel der Revision und über Nichtzulassungsbeschwerden; außerdem im ersten und letzten Rechtszug über Streitigkeiten nicht verfassungsrechtlicher Art zwischen dem Bund und den Ländern sowie zwischen den Ländern untereinander.
Es sind 14 Senate gebildet worden (§§ 31, 40 des Sozialgerichtsgesetzes), in der Besetzung von einem Vorsitzenden (Präsident, Vizepräsident oder Vorsitzender Richter), zwei berufsrichterlichen Beisitzern und zwei ehrenamtlichen Richtern. Hiervon bearbeitet:
1. Senat: Krankenversicherung der Angestellten und Streitigkeiten aus den Bereichen der Rechtsaufsicht und des Selbstverwaltungsrechts
2. Senat: Unfallversicherung
3. Senat: Rechtsstreitigkeiten nach dem Gesundheitsreformgesetz (GRG); Pflegeversicherung
4. Senat: Rentenversicherung der Angestellten
5. Senat: Rentenversicherung der Arbeiter
6. Senat: Vertrags- (Kassen-) arztrecht und Vertrags- (Kassen-) zahnarztrecht
7. Senat: Arbeitslosenversicherung und übrige Aufgaben der Bundesanstalt für Arbeit
8. Senat: Knappschaftsversicherung, Unfallversicherung für den Bergbau
9. Senat: Kriegsopfer- und Soldatenversorgung sowie die der Sozialgerichtsbarkeit unterliegenden Ansprüche nach dem Häftlingshilfegesetz, Bundesseuchengesetz, Schwerbehindertengesetz, Zivildienstgesetz, Opferentschädigungsgesetz, SED-Unrechtsbereinigungsgesetz
10. Senat: Konkursausfallgeld, Arbeitsförderungsgesetz, Streitigkeiten nach dem Gesetz zur Förderung der Rückkehrbereitschaft von Ausländern; Alterssicherung, Kranken- und Pflegeversicherung der Landwirte
11. Senat: Arbeitslosenversicherung, Streitsachen nach dem Gesetz zur Förderung von Vorruhestandsleistungen
12. Senat: Streitigkeiten nach dem Versicherungs- und Beitragsrecht, § 19 Abs 2 des Entwicklungshelfergesetzes
13. Senat: Rentenversicherung der Arbeiter
14. Senat: Bundeserziehungsgeldgesetz und Erziehungsgeldgesetze der Länder; Kindergeldrecht
Zwei Vorsitzende Richter führen in jeweils 2 Senaten den Vorsitz.

Die Geschäfte der Verwaltung und Dienstaufsicht werden von dem Bundesminister für Arbeit und Sozialordnung geführt.

Veröffentlichungen:
„Entscheidungen des Bundessozialgerichts" herausgegeben von seinen Richtern („Amtliche Sammlung"; z Z Band 77)
Verlag: Carl Heymanns Verlag KG, 50939 Köln, Luxemburger Str 449
Sozialrecht, bearbeitet von den Richtern des Bundessozialgerichts; systematische Sammlung der Entscheidungen des BSG, geordnet nach Gesetzen und Paragraphen. Neue Folge seit 1974
Verlag: Carl Heymanns Verlag KG, 50939 Köln, Luxemburger Str 449

Präsident des Bundessozialgerichtes: Matthias von Wulffen
Vizepräsident: Prof Dr Otto Ernst Krasny

Vorsitzende Richter:
1. Senat: Matthias von Wulffen Präs des BSG
2. Senat: Prof Dr Otto Ernst Krasny VPräs des BSG
3. Senat: Dr Klaus Friedrich Ladage VorsRichter am BSG
4. Senat: Dr Wolfgang Meyer VorsRichter am BSG
5. Senat: Prof Dr Johannes Baltzer VorsRichter am BSG
6. Senat: Winfried Funk VorsRichter am BSG
7. Senat: Dr Ingeborg Wolff VorsRichterin am BSG
8. Senat: Wolfgang Wiester VorsRichter am BSG
9. Senat: Peter Kummer VorsRichter am BSG
10. Senat: Wolfgang Wiester VorsRichter am BSG
11. Senat: Ulrich Sattler VorsRichter am BSG
12. Senat: Dr Karl Peters VorsRichter am BSG
13. Senat: Dr Alexander Gagel VorsRichter am BSG
14. Senat: Dr Klaus Friedrich Ladage VorsRichter am BSG
Großer Senat: Matthias von Wulffen Präs des BSG

Verwaltung Otto Nüdling RDir

e Deutsche Bundesbank

60431 Frankfurt am Main, Wilhelm-Epstein-Str 14; Tel (0 69) 95 66-1; Telex 41 227 (Inland), 4 14 431 (Ausland); notenbank frankfurt; Fax (0 69) 5 60 10 71; Internet http://www.bundesbank.de

Staatsrechtliche Grundlage, Organisation und Aufgabenkreis:
Am 1. August 1957 ist das „Gesetz über die Deutsche Bundesbank" vom 26. Juli 1957 (BGBl I S 745) in Kraft getreten. Damit wurde das bisherige westdeutsche „Zentralbanksystem" durch die „Deutsche Bundesbank" abgelöst. Rechtlich geschah das in der Weise, daß uno actu die Landeszentralbanken mit der Bank deutscher Länder verschmolzen wurden und die Bank deutscher Länder zur „Deutschen Bundesbank" erklärt wurde.
Durch das neue Gesetz ist der bisher zweistufig-dezentrale Aufbau des Zentralbanksystems beseitigt worden. An seine Stelle ist eine Einheitsbank getreten. Bestimmte dezentrale Merkmale des alten Systems sind als Organisationselemente trotzdem erhalten geblieben. Zwar haben die bisherigen Landeszentralbanken ihre eigene Rechtspersönlichkeit verloren und sind jetzt zu „Hauptverwaltungen" der Deutschen Bundesbank geworden; als solche führen sie auch weiterhin die Bezeichnung „Landeszentralbank in . . ." (Name des jeweiligen Bereiches). Gleichwohl hat aber der Gesetzgeber die Organeigenschaft der Vorstände der Landeszentralbanken – neben der des Zentralbankrats und des Direktoriums der Bundesbank – ausdrücklich festgelegt (§ 5) und diesen drei Organen je eine eigene Zuständigkeit in den ihnen durch das Gesetz zugewiesenen besonderen Aufgabengebieten (§§ 6-8, 31 Abs 2 Satz 2) gegeben. Mit dieser Konstruktion, die unter weitgehender Wahrung der bisherigen Aufgabenteilung organisatorisch-funktionell ein reibungsloses Arbeiten garantieren soll, wurde es auch möglich, das willensbildende Organ der Einheitsbank, nämlich den Zentralbankrat, auf dezentraler Grundlage zu konstituieren und damit den „Pluralismus der Ernennungsinstanzen" – wenn auch in abgewandelter Form – beizubehalten.
Das Verhältnis der Bundesbank zur Bundesregierung ist im Gesetz geregelt. Die Unabhängigkeit der Bundesbank ist durch die Bestimmung festgelegt, daß die Bundesbank „bei der Ausübung der Befugnisse, die ihr nach diesem Gesetz zustehen, von Weisungen der Bundesregierung unabhängig" ist (§ 12). Auf der anderen Seite ist die Bundesbank verpflichtet, „die allgemeine Wirtschaftspolitik der Bundesregierung zu unterstützen", jedoch nur „unter Wahrung ihrer Aufgabe" (§ 12).
Um den laufenden Kontakt zwischen Bank und Bundesregierung zu sichern, räumt das Gesetz den Mitgliedern der Bundesregierung das Recht ein, an den Beratungen des Zentralbankrats teilzunehmen. Die Mitglieder der Bundesregierung können dabei auch Anträge stellen, haben aber kein Stimmrecht.

Auf ihr Verlangen ist die Beschlußfassung bis zu zwei Wochen auszusetzen; doch steht es dem Zentralbankrat frei, sich alsdann nach dem regulären Abstimmungsmodus zu entscheiden. Die Zusammenarbeit zwischen Bundesbank und Bundesregierung soll ferner dadurch gefördert werden, daß das Gesetz in § 13 Abs 3 die Teilnahme des Präsidenten der Bundesbank an ihren Beratungen über Angelegenheiten von währungspolitischer Bedeutung vorsieht.
Die Bundesbank ist in erster Linie eine „Bank der Banken" und eine Bank für öffentliche Verwaltungen. Die Geschäfte mit Kreditinstituten umfassen in großen Zügen
– das Kreditgeschäft; die Bundesbank wird mit ihm für die Kreditinstitute die entscheidende Refinanzierungsquelle und Liquiditätsreserve;
– das Einlagengeschäft, hauptsächlich auf der Basis der Mindestreservehaltung der Kreditinstitute;
– den inländischen Zahlungsverkehr (Überweisungsverkehr und Scheckeinzug);
– das Offenmarkt-Geschäft zur Regelung des Geldmarkts;
– das Devisengeschäft und den Zahlungsverkehr mit dem Ausland.
Der Verkehr der Bundesbank mit der öffentlichen Hand beschränkt sich im wesentlichen auf den Bund und seine Sondervermögen sowie auf die Länder und umfaßt zur Hauptsache das Einlagengeschäft, den Zahlungsverkehr sowie die Mitwirkung bei der Begebung von Anleihen und anderen Schuldtiteln des Bundes und seiner Sondervermögen.
Die direkte Kreditgewährung an die Wirtschaft (das sogenannte „Direktgeschäft") ist der Bundesbank nicht gestattet.
Unter den währungspolitischen Befugnissen der Bundesbank nennt das Gesetz das ausschließliche Recht der Notenausgabe. Mit Rücksicht auf das „Münzregal" des Bundes sieht das Gesetz vor, daß die Bundesbank Noten mit einem geringeren Nennbetrag als zehn Deutsche Mark im Einvernehmen mit der Bundesregierung ausgeben darf. Auf der anderen Seite bedarf die Ausprägung von Bundesmünzen über den Betrag von 20 DM pro Kopf der Bevölkerung hinaus der Zustimmung des Zentralbankrats.
Was das eigentliche notenbankpolitische Instrumentarium anbelangt, so statuiert das Gesetz für die Bundesbank das Recht, autonom die für ihre Geschäfte anzuwendenden Zins- und Diskontsätze festzusetzen, also Diskontpolitik zu treiben und die Grundsätze für ihr Kredit- und Offenmarktgeschäft zu bestimmen.
Des weiteren ist die Bundesbank befugt, „zur Beeinflussung des Geldumlaufs und der Kreditgewährung" von den Kreditinstituten die Unterhaltung bestimmter Mindestreserven auf Girokonto bei der Bundesbank zu verlangen.
Zu den währungspolitischen Befugnissen gehört schließlich die Offenmarktpolitik. Zur Erweiterung der Möglichkeiten der Bundesbank in der Offen-

marktpolitik hat der Bund der Bundesbank auf Verlangen Schatzwechsel oder unverzinsliche Schatzanweisungen bis zum Höchstbetrag von 50 Mrd DM als Liquiditätspapiere zur Verfügung zu stellen. Die Gegenwerte aus den abgegebenen Liquiditätspapieren fließen nicht dem Bund zu. Die Papiere sind bei Fälligkeit von der Bundesbank einzulösen. Die Deutsche Bundesbank veröffentlicht im Bundesanzeiger jeweils nach dem Stand vom 7., 15., 23. und letzten Tag jedes Monats einen Ausweis (Wochenausweis).

Das Direktorium hat sobald wie möglich den Jahresabschluß aufzustellen. Der Zentralbankrat stellt den Jahresabschluß fest, der alsdann vom Direktorium zu veröffentlichen ist (§ 26 Abs 3 BBkG).

Die Organe der Deutschen Bundesbank sind der Zentralbankrat, das Direktorium und die Vorstände der Landeszentralbanken.

1 Zentralbankrat

Aufgabenkreis:
Der Zentralbankrat ist das oberste Organ, das die Währungs- und Kreditpolitik der Bank bestimmt, allgemeine Richtlinien für die Geschäftsführung und Verwaltung aufstellt, die Zuständigkeit des Direktoriums und der Vorstände der Landeszentralbanken im Rahmen der Bestimmungen abgrenzt sowie dem Direktorium und den Vorständen der Landeszentralbanken eventuell im Einzelfall auch Weisungen erteilt (§ 6).

Im Zentralbankrat ist jedoch grundsätzlich nur noch der Präsident der Landeszentralbank stimmberechtigt; seine Vertretung in diesem Gremium durch den Vizepräsidenten oder ein anderes Vorstandsmitglied ist bei nachhaltiger Verhinderung durch die Satzung vorgesehen. Die Vizepräsidenten und die etwaigen weiteren Mitglieder des Vorstandes der Landeszentralbanken (das Gesetz begrenzt die Zahl der weiteren Mitglieder auf ein oder zwei) werden vom Präsidenten der Bundesbank auf Vorschlag des Zentralbankrats ernannt.

Präsident des Zentralbankrates: Prof Dr Dr h c Hans Tietmeyer
Vizepräsident: Johann Wilhelm Gaddum
Direktoriumsmitglieder: Dieter Haferkamp; Prof Dr Otmar Issing; Helmut Schieber; Wendelin Hartmann; Edgar Meister; Peter M Schmidhuber

Landeszentralbankpräsidenten: Dr Guntram Palm (Baden-Württemberg); Dr Franz-Christoph Zeitler (Bayern); Klaus-Dieter Kühbacher (Berlin und Brandenburg); Prof Dr Dr h c Helmut Hesse (Freie Hansestadt Bremen, Niedersachsen und Sachsen-Anhalt); Prof Dr Hans-Jürgen Krupp (Freie und Hansestadt Hamburg, Mecklenburg-Vorpommern und Schleswig-Holstein); Ernst Welteke (Hessen); Prof Dr Dr h c Reimut Jochimsen (Nordrhein-Westfalen); Hans-Jürgen Koebnick (Rheinland-Pfalz und Saarland); Prof Dr Olaf Sievert (Freistaat Sachsen und Freistaat Thüringen)

2 Direktorium der Deutschen Bundesbank

Aufgabenkreis:
Das Direktorium ist das zentrale Exekutivorgan. Es ist für die Durchführung der Beschlüsse des Zentralbankrats verantwortlich und leitet und verwaltet die Bank, soweit nicht die Vorstände der Landeszentralbanken zuständig sind (§ 7). Als Obliegenheiten sind ihm besonders vorbehalten:
– Geschäfte mit dem Bund und seinen Sondervermögen;
– Geschäfte mit Kreditinstituten, die zentrale Aufgaben im gesamten Bundesgebiet haben;
– Devisengeschäfte und Geschäfte im Verkehr mit dem Ausland;
– Geschäfte am offenen Markt.

Das Direktorium ist ein kollegiales Gremium. Es faßt seine Beschlüsse mit einfacher Mehrheit der abgegebenen Stimmen, und nur bei Stimmengleichheit gibt die Stimme des Präsidenten den Ausschlag, sofern nicht durch die Satzung einstimmige Beschlüsse oder Beschlüsse mit qualifizierter Mehrheit gefordert werden.

Sekretariat beim Direktorium der Deutschen Bundesbank: Sommerfeld

Dezernat Präsident Prof Dr Dr hc Tietmeyer
Büro des Präsidenten Dr Bischofberger

Haupt-Abt F Presse und Information, Bibliothek und Archive, Fremdsprachendienst
Leiter: Manfred Körber

Abt F 1 Presse und Information, Öffentlichkeitsarbeit Bengs
Abt F 2 Bibliothek und Archive Dr Lindenlaub
Hauptgruppe F 30 Fremdsprachendienst Hill
Abt Rv 1 Revision Rausch

Dezernat Vizepräsident Gaddum
Büro des Vizepräsidenten Sommerfeld

Haupt-Abt K Kredit, Devisen, Finanzmärkte
Leiter: Mainert

Abt K1 Geldmarkt- und Kreditabteilung Nimmerrichter
Abt K 2 Kapitalmarkt- und Börsenabteilung Grünewald
Abt K 3 Devisenhandel, Devisenanlage, Finanzmärkte NN

Dezernat I
Leiter: Dieter Haferkamp

HauptAbt P Personal
Leiter: Dr Gerald Grisse

Abt P 1 Personalabteilung Haußmann
Abt P 2 Grundsatzangelegenheiten des Personalwesens, Personalmaßnahmen höherer Dienst, Koordination der Personalangelegenheiten der Bundesbank, Besoldung Gierenstein
Abt P 3 Aus- und Fortbildung Mika

Fachhochschule der Deutschen Bundesbank
57627 Hachenburg; Tel (0 26 62) 8 31; Fax (0 26 62) 8 34 99
Leiter: Dr Schönwitz Dir

Haupt-Abt A Abrechnung, Handelsgeschäfte, Risiko-Controlling, Depot
Leiter: Heinz Dieter Maurer

A 0-1 Stabsstelle für Risikocontrolling Rinke
A 1 Abrechnung Handelsgeschäfte, Depots Eßwein

Dezernat II
Leiter: Prof Dr Otmar Issing

Haupt-Abt S Statistik
Leiter: Dr Klaus Hanau

Abt S 1 Bankenstatistik, außenwirtschaftliche Bestandsstatistiken Dandorfer
Abt S 2 Zahlungsbilanzstatistik Dr Seiler
Abt S 3 Allgemeine Wirtschaftsstatistik Dr Meyer
Abt S 4 Statistische Datenverarbeitung, mathematische Methoden Schulz

HauptAbt Vo Volkswirtschaft
Leiter: Dr König

Stabsstelle für monetäre Grundsatzfragen Dr Herrmann
Abt Vo 1 Geld, Kredit und Kapitalmarkt Schmid
Abt Vo 2 Öffentliche Finanzen Dr Guderjahn
Abt Vo 3 Konjunkturbeobachtung und Volkswirtschaftliche Gesamtrechnungen Dr Fecht
Abt Vo 4 Außenwirtschaft Dr Friedmann
Abt Vo 5 Ökonometrie, Datenbankanwendungen, Veröffentlichungen Dr Jahnke

Dezernat III
Leiter: Helmut Schieber

Haupt-Abt J Internationale Beziehungen
Leiter: Dr Goos

Abt J 1 Internationale Währungsfragen, Internationaler Währungsfonds, Weltbank, Regionale Entwicklungsbanken Dr Hartenstein
Abt J 2 Europäische Integration Weber
Abt J 3 Internationale Währungs- und Wirtschaftsentwicklung Fritsch
Abt J 4 Technische Zentralbank-Kooperation Lemke
Repräsentanz der Deutschen Bundesbank in New York Wegener
Repräsentanz der Deutschen Bundesbank in Tokio Mörke

Dezernat IV
Leiter: Wendelin Hartmann

Haupt-Abt C Controlling, Rechnungswesen, Organisation
Leiter: Leue

IT-Sicherheitsbeauftragter, Datenschutzbeauftragter Heine
Abt C 1 Controlling Wessel
Abt C 2 Rechnungswesen Dr Benthien
Abt C 3 Organisation Rose
Hauptgruppe C 40 Überbereichliche Koordinierung; Betriebliches Vorschlagswesen Schoppe

Haupt-Abt Dv Datenverarbeitung
Leiter: Schnurr

Abt Dv 1 Rechenzentrum-Betrieb Thönges
Abt Dv 2 Anwendungsentwicklung Wydawka
Abt Dv 3 Informationstechnologie, DV-Projektmanagement Großzahlungsverkehr Gesamtbank, DV-Koordinierung Gesamtbank Fuchs

Haupt-Abt Z Zahlungsverkehr, Kontenführung
Leiter: Dr Friederich

Abt Z 1 Zahlungsverkehr Michalik
Abt Z 2 Kontenführung, Depot Schmidt

Dezernat V
Leiter: Edgar Meister

Haupt-Abt B Banken, Mindestreserven
Leiter: Dr Becker

Abt B 1 Bankenaufsicht und Bankenrecht NN
Abt B 2 Mindestreserven; Rechnungslegung und Prüfung der Kreditinstitute; Datenverarbeitungsverfahren; Evidenzzentrale Schmidtgall
Hauptgruppe B 30 Prüfungen der Handelsgeschäfte von Kreditinstituten nach dem KWG sowie Außenwirtschaftsprüfungen gemäß AWG; Grundsatzfragen der Prüfung von Handelsgeschäften Stützle

Haupt-Abt H Hauptkasse
Leiter: Walter

Abt H 1 Banknotenentwicklung und -emission; Bargeldbedarfsplanung und -disposition; Druckaufträge; Falschgeldangelegenheiten Pick
Abt H 2 Kassen, Sorten; Verschlossene Depots und Asservate; Banknotenvernichtung; Stark beschädigte Zahlungsmittel; Geldmuseum Brüggemann

Dezernat VI
Leiter: Peter M Schmidhuber

Haupt-Abt R Recht
Leiter: Berthold Wahlig

Abt R 1 Rechtsfragen aus Geschäftskreis, Organisation und Personalwesen und Verwaltung Dr Eichhorn
Abt R 2 Rechtsfragen der Europäischen Währungsunion, Fragen des Europäischen Gemeinschaftsrechts, des Internationalen Rechts, Währungsrecht und allgemeines Notenbankrecht Krauskopf

Haupt-Abt Vb Verwaltung und Bau
Leiter: Klaus-Dieter Hanagarth

Stabsstelle für Grundsatzangelegenheiten für das Bauwesen Kalb
Abt Vb 1 Verwaltungsabteilung NN
Abt Vb 2 Beschaffungen, Versicherungen, Zentrale Bürodienste Lascho
Abt Vb 3 Bauabteilung Kalb

3 Vorstände der Landeszentralbanken
– Hauptverwaltungen –

Aufgabenkreis:
Die Vorstände der Landeszentralbanken sind die regional zuständigen geschäftsführenden Organe. Zu den Geschäften, deren Wahrnehmung den Hauptverwaltungen (Landeszentralbanken) obliegt, zählen insbesondere Geschäfte mit dem Land und mit den öffentlichen Verwaltungen im Land sowie Geschäfte mit den in ihrem Bereich tätigen Kreditinstituten, soweit sie nicht nach § 7 dem Direktorium vorbehalten sind. Die Präsidenten der Landeszentralbanken werden vom Bundespräsidenten auf Vorschlag des Bundesrates bestellt, wobei der Bundesrat seine Vorschläge auf Grund eines Vorschlages der nach Landesrecht zuständigen Stelle und nach Anhörung des Zentralbankrats macht (§ 8).

Landeszentralbank in Baden-Württemberg
– Hauptverwaltung der Deutschen Bundesbank –
70173 Stuttgart, Marstallstr 3; Tel (07 11) 9 44-0; Telex 723 512; Fax (07 11) 9 44-19 03
Präsident der Landeszentralbank: Dr Guntram Palm

Landeszentralbank im Freistaat Bayern
– Hauptverwaltung der Deutschen Bundesbank –
80539 München, Ludwigstr 13; Tel (0 89) 28 89-5; Fax (0 89) 28 89-35 98; Telex 52 43 65
Präsident der Landeszentralbank: Dr jur Franz-Christoph Zeitler

Landeszentralbank in Berlin und Brandenburg
– Hauptverwaltung der Deutschen Bundesbank –
10623 Berlin, Steinplatz 2; Tel (0 30) 34 75-0; Fax (0 30) 34 75-19 90
Präsident der Landeszentralbank: Klaus-Dieter Kühbacher

Landeszentralbank in der Freien und Hansestadt Hamburg, in Mecklenburg-Vorpommern und Schleswig-Holstein
– Hauptverwaltung der Deutschen Bundesbank –
20459 Hamburg, Ost-West-Str 73; Tel (0 40) 37 07-0; Fax (0 40) 37 07-22 05; Telex 21 455 450
Präsident der Landeszentralbank: Prof Dr Hans-Jürgen Krupp

Landeszentralbank in Hessen
– Hauptverwaltung der Deutschen Bundesbank –
60329 Frankfurt am Main, Taunusanlage 5; Tel (0 69) 23 88-0; Teletex 4 176 997 404; Fax (0 69) 23 88-21 30
Präsident der Landeszentralbank: Ernst Welteke

Landeszentralbank in der Freien Hansestadt Bremen, in Niedersachsen und Sachsen-Anhalt
– Hauptverwaltung der Deutschen Bundesbank –
30159 Hannover, Georgsplatz 5; Tel (05 11) 30 33-0; Fax (05 11) 30 33-5 00
Präsident der Landeszentralbank: Prof Dr Dr h c Helmut Hesse

Landeszentralbank in Nordrhein-Westfalen
– Hauptverwaltung der Deutschen Bundesbank –
40212 Düsseldorf, Berliner Allee 14; Tel (02 11) 8 74-0; Fax (02 11) 8 74 24 24; Telex 8 582 774
Präsident der Landeszentralbank: Prof Dr Dr h c Reimut Jochimsen

Landeszentralbank in Rheinland-Pfalz und im Saarland
– Hauptverwaltung der Deutschen Bundesbank –
55122 Mainz, Hegelstr 65; Tel (0 61 31) 3 77-0; Fax (0 61 31) 32 09 89; Telex 4 187 841
Präsident der Landeszentralbank: Hans-Jürgen Koebnick

Landeszentralbank in den Freistaaten Sachsen und Thüringen
– Hauptverwaltung der Deutschen Bundesbank –
04103 Leipzig, Prager Str 200; Tel (03 41) 86 00; Fax (03 41) 8 60 23 89
Präsident der Landeszentralbank: Prof Dr Olaf Sievert

f Landesvertretungen beim Bund

Land Baden-Württemberg

Vertretung des Landes Baden-Württemberg beim Bund und in europäischen Angelegenheiten Bevollmächtigter des Landes Baden-Württemberg beim Bund

53113 Bonn, Schlegelstr 2; Tel (02 28) 5 03-0; Fax (02 28) 5 03-2 27

Aufgabenkreis:
Die Vertretung des Landes Baden-Württemberg beim Bund ist Naht- und Kontaktstelle zwischen Bundespolitik und Landespolitik, zwischen Bundesverwaltung und Landesverwaltung. Eine ihrer maßgeblichen Aufgaben ist es, die Bundesratssitzungen in Bonn vorzubereiten und die Zusammenarbeit in diesem Gremium mit den anderen Bundesländern zu koordinieren. Ebenso unterhält sie enge Beziehungen zum Deutschen Bundestag. Sie ist dabei nicht nur Kontaktstelle für die Bundestagsabgeordneten des Landes, sondern nimmt auch an den Plenar- und Ausschußsitzungen des Parlaments teil, um die Landesregierung über das aktuelle politische Geschehen und den Stand der Gesetzgebung zu unterrichten. Ferner unterstützt sie Einzelanliegen aus dem Land gegenüber den Dienststellen des Bundes und hat eigene Verbindungen zu den ausländischen Botschaften. Darüber hinaus informiert sie in Bonn über das Land und steht den Dienststellen in Angelegenheiten des Landes zur Verfügung. Mit der Einrichtung eines Informationsbüros in Brüssel ist die Landesvertretung mit der Koordinierung für die das Land betreffenden Europaangelegenheiten beauftragt.

Bevollmächtigter des Landes beim Bund: Gustav Wabro StSekr MdL
Persönlicher Referent: Thomas Eble RR

Abt 1 Dienststellenleitung, Zentralabteilung
Leiter: Kleber MinDirig

Haushalt und Referatsleiter Stein OAR
Personal, Organisation und innerer Dienst Berthold AI
Haushalts-, Kassen- und Rechnungswesen Dachtler RI
Datenverarbeitung, Telekommunikation Kienzler OAR
Repräsentationsangelegenheiten, Protokoll, Veranstaltungen Schlumberger RDir
Presse- und Öffentlichkeitsarbeit NN
Öffentlichkeitsarbeit Zeidler RAmtm
Europäische Angelegenheiten Vögele MinR
EG-Ausschuß und Europäische Information der Landesregierung Schoch RDir
Zuschüsse, Europaveranstaltungen Klein RAmtfrau

Abt 2 Bundesangelegenheiten, Bundesrat
Leiter: Schmitt LtdMinR

Bundesangelegenheiten Reichert RDir
Bundesrat Haßmann MinR
Justiz Schmalzl RAss
Wissenschaft NN
Inneres Finkenbeiner RR
Finanzen Scheuermund ORRätin
Wirtschaft Ttreubel RDir
Landwirtschaft Breitling MinR
Arbeit und Soziales NN
Umwelt und Verkehr Wehle ORR

Informationsbüro Brüssel
B-1200 Brüssel, Square Vergote 9; Tel (0 03 22) 7 41 77 11; Fax (0 03 22) 7 41 77 99
Leiter: Dietz MinR

Wirtschaftsreferent Steinbeis-Stiftung Prof Dr-Ing Niess

Der Landesvertretung angegliedert:

Der Bevollmächtigte der Bundesrepublik Deutschland für kulturelle Angelegenheiten im Rahmen des Vertrages über die deutsch-französische Zusammenarbeit
53113 Bonn, Schlegelstr 2; Tel (02 28) 5 03-2 47; Fax (02 28) 5 03-2 27
Leiter: Dr Frhr von Soden MinR

Freistaat Bayern

Bayerische Staatsministerin für Bundesangelegenheiten – Vertretung des Freistaates Bayern beim Bund –

80333 München, Kardinal-Döpfner-Str 4; Tel (0 89) 28 85-0; Fax (0 89) 28 85-39 91

53113 Bonn, Fritz-Erler-Str 34; Tel (02 28) 2 67 91-0; Fax (02 28) 2 67 91-29

Büro Berlin
10117 Berlin, Behrensstr 21-22; Tel (0 30) 2 02 65-5 00; Fax (0 30) 2 02 65-9 91

Aufgabenkreis:
Die nach Art 49 Abs 2 der Verfassung bestellte Staatsministerin für Bundesangelegenheiten vertritt den Freistaat Bayern beim Bund als Bevollmächtigte und wirkt in auswärtigen Angelegenheiten sowie in Angelegenheiten der Verteidigungspolitik mit. Zu den Aufgaben der Staatsministerin für Bundesangelegenheiten gehören insbesondere:
– Stimmführung und Vertretung Bayerns im Bundesrat,
– Beobachtung aller wichtigen politischen Vorgänge beim Bund sowie die Sammlung und Nutzbarmachung entsprechender Informationen,

- Herstellung von Kontakten und Pflege der Verbindungen der Staatsregierung
- zur Bundesregierung,
- zum Deutschen Bundestag,
- regelmäßige Information des Ministerpräsidenten und der weiteren Mitglieder der Staatsregierung über die von diesen Stellen verfolgte allgemeine Politik und verfolgten Absichten,
- Einbringung der Interessen der Staatsregierung im Sinne der Wahrung der bundesstaatlichen Ordnung in die Bundespolitik und wirkungsvolle Darstellung der Interessen der Staatsregierung in der Öffentlichkeit,
- wirksame und umfassende Information und Unterstützung der Staatskanzlei und der Staatsministerien bei der Wahrnehmung der diesen zugewiesenen Aufgaben gegenüber den Organen des Bundes.

Die Staatsministerin für Bundesangelegenheiten erfüllt ihre Aufgaben in Übereinstimmung mit den vom Ministerpräsidenten bestimmten Richtlinien der Politik selbständig und unter eigener Verantwortung gegenüber dem Landtag.

Die Erfüllung der Aufgaben, die den Staatsministerien und der Staatskanzlei in der Verordnung über die Geschäftsverteilung der Bayerischen Staatsregierung zugewiesen sind, bleiben unberührt. Ihnen obliegt in ihrem Geschäftsbereich auch die Wahrnehmung der Interessen der Staatsregierung gegenüber den Organen des Bundes.

Die Staatsministerien haben die Staatsministerin für Bundesangelegenheiten über alle wichtigen Vorgänge, die ihren Aufgabenbereich berühren, vornehmlich über aktuelle Angelegenheiten zwischen dem Freistaat Bayern und dem Bund rechtzeitig in Kenntnis zu setzen. Sie haben ihr und ihren Dienststellen die erbetenen Auskünfte zu erteilen und jegliche Unterstützung zu gewähren.

Staatsministerin: Prof Ursula Männle
Persönliche Referentinnen: Eva-Maria Schwendl VwAng (Dienststelle München); Rosalie Kulzer ORRätin (Dienststelle Bonn)
Amtschef: Dr Walter Schön MinDir

Abteilung A Zentralaufgaben, Gesetzgebung (München/Bonn)
Leiter: Joachim Paas LtdMinR

Ref A 1 (München): **Haushalt, Innerer Dienst München, Datenschutzbeauftragter** Rottmeir ORR
Ref A 2 (Bonn): **Personal, Rechtsangelegenheiten, Organisation, Umzugsbeauftragter Berlin** Dr Kathke RDir
Ref A 3 (Bonn): **Innerer Dienst und Liegenschaften Bonn, Umzugs- und Reisekosten, Trennungsgeld, Geheimschutz, Sicherheitsbeauftragter** Ziegler ORR
Ref A 4 (München): **Ministerratsangelegenheiten, Landesrecht, Liegenschaft Berlin** Dr Witzmann LtdMinR
Ref A 5 (München): **Automatische Datenverarbeitung, Bürokommunikation** Dr Klimesch VwAng

Abt B Bundesangelegenheiten, Präsentation Bayerns im Bund (München, Bonn, Berlin)
Leiter: Dr Hubert Hierl MinDirig

Ref B 1 (Bonn): **Europaangelegenheiten der Bayerischen Staatskanzlei** Dr Mentler RDir
Ref B 2 (Bonn): **Bundesrat, Vermittlungsausschuß, Bundesrecht** Schneider ORRätin
Ref B 3 (Bonn): **Außen- und Sicherheitspolitik** Dr Peters MinR
Ref B 4 (Bonn): **Präsentation Bayerns in Bonn, Veranstaltungswesen, Protokoll** Zimmer RDir
Ref B 5 (München): **Grundsatzfragen, Bund-Länder-Verhältnis, Gesellschaftspolitik** Lederer MinR
Ref B 6 (München): **Öffentlichkeitsarbeit, Veranstaltungsplanung, Presseangelegenheiten in München und Berlin** Rausch VwAng
Ref B 7 (Berlin): **Dienststelle Berlin** Dr Hierl MinDirig

Abteilung C Politische Grundsatzfragen und Koordinierung (Bonn)
Leiter: Manfred Frühauf MinDirig

Ref C 1: **Presseangelegenheiten** Dr Failer RDir
Ref C 2: **Angelegenheiten des Bayerischen Staatsministeriums des Innern** Gediga RDir
Ref C 3: **Angelegenheiten des Bayerischen Staatsministeriums der Justiz, Ständige Vertragskommission** Holzner ORR
Ref C 4: **Angelegenheiten des Bayerischen Staatsministeriums der Finanzen** Hübner ORR
Ref C 5: **Angelegenheiten des Bayerischen Staatsministeriums für Wirtschaft, Verkehr und Technologie** Dr Pfeiffer ORR
Ref C 6: **Angelegenheiten des Bayerischen Staatsministeriums für Ernährung, Landwirtschaft und Forsten** Poersch LandwR
Ref C 7: **Angelegenheiten des Bayerischen Staatsministeriums für Arbeit und Sozialordnung, Familie, Frauen und Gesundheit** Pleier RRätin
Ref C 8: **Angelegenheiten des Bayerischen Staatsministeriums für Unterricht, Kultus, Wissenschaft und Kunst** Lengler RRätin
Ref C 9: **Angelegenheiten des Bayerischen Staatsministeriums für Landesentwicklung und Umweltfragen** Spitznagel RDir

Land Berlin

Der Regierende Bürgermeister von Berlin
Staatskanzlei
Vertretung des Landes Berlin beim Bund

Dienststelle Berlin
10173 Berlin, Berliner Rathaus; Tel (0 30) 24 01-0; Fax (0 30) 24 01-25 74

Dienststelle Bonn
53113 Bonn, Joachimstr 7; Tel (02 28) 22 82-0; Fax (02 28) 22 82-1 00; Telex 8 86 895

Aufgabenkreis:
Der Landesvertretung Berlin obliegt die Vertretung des Landes Berlin beim Bund. Sie koordiniert die Europapolitik des Senats. In diesem Rahmen haben die Bevollmächtigte und der Europabeauftragte die Interessen Berlins beim Deutschen Bundestag und beim Bundesrat sowie in deren Ausschüssen, bei der Bundesregierung und den Bundesbehörden, bei den Europäischen Institutionen (EU-Kommission, Europäisches Parlament, Europarat) und bei internationalen Konferenzen wahrzunehmen.
Die Senatskanzlei unterhält Dienststellen in Berlin, Brüssel und Bonn.

Staatssekretärin und Bevollmächtigte des Landes Berlin: Dr Hildegard Boucsein

Europabeauftragter: Gerd Wartenberg StSekr

Sonderstab Hauptstadt
Leiter: Claus Kerner SenR

Abt Parlamentskoordination
Leiter: Michael P Sommer VwAng

Abt VI Bundesgesetzgebung I
Leiter: Dr Peter Füßlein SenDirig

Abt VII Bundesgesetzgebung II
Leiter: Dr Heinz-Dieter Bürger SenR

Presse und Öffentlichkeitsarbeit Evelyn Koch VwAngestellte

EU-Büro Brüssel
B-1040 Bruxelles, Avenue-Michel-Ange 71; Tel (0 03 22) 7 38-70; Fax (0 03 22) 7 32 47 46
Leiterin: Marie-Luise Löper SenRätin

Land Brandenburg

Ministerium der Justiz und für Bundes- und Europaangelegenheiten des Landes Brandenburg
– Landesvertretung –

53113 Bonn, Schedestr 1-3; Tel (02 28) 9 15 00-0; Fax (02 28) 9 15 00-35, 36 oder 49

Aufgabenkreis:
Wahrnehmung der Aufgaben und Interessen des Landes Brandenburg gegenüber den Organen der Bundesrepublik Deutschland
– Vertretung der politischen und fachlichen Belange des Landes in den Sitzungen des Bundesrates und seiner Ausschüsse
– Bundesrats- und Ressortkoordinierung und Vorbereitung der Entscheidungen des Kabinetts zum Abstimmungsverhalten im Bundesrat
– Beziehungen zum Deutschen Bundestag und zur Bundesregierung
Pflege der Beziehungen
– zu den übrigen Vertretungen der Länder beim Bund
– zu politischen Parteien, Organisationen und Verbänden
– zu den diplomatischen Vertretungen

Öffentlichkeitsarbeit und Veranstaltungen
Formulierung, Koordinierung und Durchsetzung einer abgestimmten Europapolitik des Landes
– Bund-Länder-Beziehungen in Europaangelegenheiten
– Vertretung des Landes in europapolitischen und internationalen Organisationen
– Vertretung des Landes in europapolitischen Gremien der Länder
– Pflege der Beziehungen zu Institutionen der EU und anderen internationalen Einrichtungen
– Zuschüsse zur Förderung der europäischen Integration und zur Förderung und Verbreitung des Europagedankens
– Europapoltische Öffentlichkeitsarbeit
Internationale Beziehungen, entwicklungspolitische Zusammenarbeit
Formulierung, Koordinierung und Durchsetzung einer abgestimmten Politik des Landes gegenüber Drittstaaten, insbesondere zu mittel- und osteuropäischen Staaten (MOE) und der GUS
– Mitwirkung in Bund-Länder-Gremien zur Koordinierung der Zusammenarbeit mit den o.g. Staaten
– Förderung von Maßnahmen des Landes zur Unterstützung der Transformationsprozesse in den o.g. Ländern
– Förderung von Projekten in Rahmen der Zusammenarbeit mit Mittel- und Osteuropa und der GUS
– Förderung von Maßnahmen des Landes für die grenzüberschreitende Zusammenarbeit mit dem Nachbarland Polen
Landesaspekte zur Sicherheits- und Außenpolitik.

Minister der Justiz und für Bundes- und Europaangelegenheiten: Dr Hans Otto Bräutigam

Vertreterin und Leiterin der Landesvertretung: Irmgard von Rottenburg Staatssekretärin

Presseangelegenheiten Bourguignon RAngestellte

Abt B Bundesangelegenheiten
Leiter: Ernst H Hüper MinDirig

Ref 1: **Bund-Länder-Verhältnis, Bundesrats- und Ressortkoordinierung, Vermittlungsausschuß, Auswärtige Angelegenheiten, Verteidigung** Hüper MinDirig
Ref 2: **Europäische Union** Dr Erler RAngestellte
Ref 3: **Recht, Ständige Vertragskommission, Kultur, Bildung, Wissenschaft, Forschung, Technologie, Justitiariat** Dr Epting MinR
Ref 4: **Agrar, Umwelt, Naturschutz, Gesundheit** Dr Bieler MinR
Ref 5: **Innere Angelegenheiten, Verkehr, Post, Städtebau, Wohnungswesen, Raumordnung, Organisation, Informationstechnik für den Bereich B/E** Seffern RDir
Ref 6: **Wirtschaft, Finanzen** Dr Stegmann MinR
Ref 7: **Arbeit, Sozialpolitik, Frauen, Jugend, Familie und Senioren** Dr Wenzel MinRätin
Ref 8: **Öffentlichkeitsarbeit, Veranstaltungen für den Bereich B/E** Bourguignon RAngestellte

Ref 9: **Personal, Innerer Dienst, Mitwirkung in Haushaltsangelegenheiten für den Bereich B/E** Leggewie MinR

Abt E Internationale Angelegenheiten, Europaangelegenheiten
Leiter: Dr Bethkenhagen MinDirig
Ref 1: **Internationale Beziehungen, Grundsatzfragen, entwicklungspolitische Zusammenarbeit** Koebel MinR
Ref 2: **Europaangelegenheiten, Öffentlichkeitsarbeit** Dr Bethkenhagen MinDirig
Ref 3: **Mittel- und Osteuropa I (Polen, Slowakei, Tschechien, Ungarn)** Freistedt RAng
Ref 4: **GUS und Mittel- und Osteuropa II** Dr Domke RAng
Ref 5: **Verbindungsbüro Brüssel** Nase MinR; Balint MinR (komm)
B-1040 Brüssel, Boulevard St Michel 80; Tel (0 03 22) 7 41 09 41; Fax (0 03 22) 7 41 09 49

Land Freie Hansestadt Bremen

Der Bevollmächtigte der Freien Hansestadt Bremen beim Bund

53113 Bonn, Schaumburg-Lippe-Str 7/9; Tel (02 28) 91 30-0; Fax (02 28) 91 30-1 00

Aufgabenkreis:
Allgemeine Vertretung bremischer Interessen gegenüber Bundesorganen, Bundesbehörden, ausländischen Missionen sowie sonstigen zentralen Einrichtungen am Sitz der Bundesregierung, Verbindung zu den Parteien und den Fraktionen des Deutschen Bundestages und Zusammenarbeit mit den Bundestagsabgeordneten, Wahrnehmung von Ausschuß- und Plenarsitzungen des Deutschen Bundestages und des Bundesrates, Zusammenarbeit mit den Vertretungen anderer Länder beim Bund, Kontakte zu Verbänden und ähnlichen Organisationen auf Bundesebene.
Mitgliedschaft in der Ständigen Vertragskommission der Länder, laufende Berichterstattung über Vorhaben auf Bundesebene an den Senat, Vorbereitung der Bundesratsplenarsitzungen in der Staatsrätekonferenz und im Senat, repräsentative Aufgaben, Verbindung zur deutschen und internationalen Presse.
Fragen des Bund-Länder-Verhältnisses in EU-Angelegenheiten.
Vertretung der Freien Hansestadt Bremen in Berlin.

Der Bevollmächtigte der Freien Hansestadt Bremen beim Bund: Erik Bettermann StR
Dienststellenleiter und Koordinierungsangelegenheiten: Wolfhart Chevalier SenR

Organisations- und Personalangelegenheiten; Innerer Dienst; Haushalt; Gebäude und Dienstgrundstükke; Datenverarbeitung; Umzugsbeauftragter (Berlin) Brandstaeter ORR
Koordinierung der Bundesgesetzgebung; Presseangelegenheiten; Inneres; Ernährung; Landwirtschaft und Forsten Bren d'Amour SenR
Grundsatzangelegenheiten und Koordinierung der Bundesgesetzgebung; Auswärtige Angelegenheiten; Vermittlungsausschuß; Verkehr; Post und Telekommunikation; Verteidigung Chevalier SenR
Koordinierung der Veranstaltungen; Protokoll; Gästeprogramme; Besucherbetreuung; Presse- und Öffentlichkeitsarbeit; Bildung und Wissenschaft Jahnke Angestellte
Finanzen; Raumordnung; Bauwesen und Städtebau Wöbbecke RDirektorin
Ständige Vertragskommission; Justiz; Umwelt; Naturschutz und Reaktorsicherheit Bubendey-Welker ORRätin
Arbeit und Sozialordnung; Familie und Senioren, Frauen und Jugend; EU-Angelegenheiten Walz SenRätin
Gesundheit; Wirtschaft; wirtschaftliche Zusammenarbeit; Forschung und Technologie; Vermittlungsausschuß Michaelis RRätin

Land Freie und Hansestadt Hamburg

Vertretung der Freien und Hansestadt Hamburg beim Bund

53113 Bonn, Kurt-Schumacher-Str 12; Tel (02 28) 22 87-0; Fax (02 28) 22 87-1 28; Teletex 2 28 38 08 = LVHH

Aufgabenkreis:
Vertretung der Interessen der Freien und Hansestadt Hamburg beim Bund und Mitwirkung an der Bundesgesetzgebung (Bundesrat), Berichterstattung an den Senat über die von der Bundesregierung und vom Bundestag gegenüber den Ländern verfolgte allgemeine Politik, Pflege der Verbindung zwischen dem Senat und den Abgeordneten des Bundestages, Zusammenarbeit mit der Senatskanzlei, der die Vertretung verwaltungsmäßig angegliedert ist.

Bevollmächtigter: Dr Knut Nevermann StR
Dienststellenleiterin: Jutta Köhn SenDirektorin

Koordinierung Bundesrat, Rechtspolitik, Ständige Vertragskommission Beilfuß LtdRDir
Presse, Öffentlichkeitsarbeit, Inneres, Auswärtiges, Sicherheitspolitik Dr Muschner LtdRDir
Forschung, Technologie, Industrie, Medienpolitik Dr Goerke WissAngestellte
Wirtschaft, Landwirtschaft, Wirtschaftspolitik, Mittelstand Schreiber WissAng
Europa, Finanzen Wuttig WissAngestellte
Bildung, Wissenschaft, Kultur Mitterhuber WissAngestellte
Umwelt, Energie, Raumordnung, Städtebau, Wohnungswesen Dr Klocke WissAngestellte
Arbeit, Gesundheit, Sozialordnung, Familie, Senioren, Frauen, Jugend NN

Verkehr, Telekommunikation Dornquast TAng
Veranstaltungen, Protokoll, Verwaltung Harneit ORR

Land Hessen

Der Hessische Ministerpräsident
– Landesvertretung Hessen –

53113 Bonn, Kurt-Schumacher-Str 2-4; Tel (02 28) 2 60 06-0; Fax (02 28) 2 60 06-69

Büro Wiesbaden
65185 Wiesbaden, Rheinstr 23-25; Tel (06 11) 32-0; Fax (06 11) 32-21 15

Büro Berlin
10117 Berlin, Voßstr 10; Tel (0 30) 22 65 82-0; Fax (0 30) 22 65 82-29

Staatsrechtliche Grundlage und Aufgabenkreis:
Art 104 Abs 2 der Verfassung des Landes Hessen.
– Wahrnehmung der Interessen des Landes gegenüber dem Bund, unbeschadet der Zuständigkeit der Fachministerinnen und Fachminister,
– Pflege der Beziehungen zwischen der Landesregierung und dem Bundespräsidenten, der Bundesregierung, dem Bundestag, den Fraktionen des Bundestages sowie den hessischen Bundestagsabgeordneten,
– Pflege der Beziehungen zwischen der Hessischen Landesregierung und den anderen Landesregierungen über die Vertretungen der anderen Länder beim Bund,
– Unterrichtung des Ministerpräsidenten und der Ministerinnen und Minister über alle wesentlichen, die Interessen des Landes berührenden Entwicklungen, insbesondere über wichtige Gesetzgebungsvorhaben, völkerrechtliche Verträge, Staatsverträge und Verwaltungsabkommen,
– Beteiligung an Bundesratssachen von wesentlicher Bedeutung und Vorbereitung der Sitzungen des Bundesrates unbeschadet der Zuständigkeit der Staatskanzlei und der Fachministerinnen und Fachminister,
– Vertretung des Landes in den Sitzungen des Bundesrates, soweit die Landesregierung nicht eine andere Vertretung beschließt,
– Wahrnehmung der Ständigen Vertragskommission der Länder.

Bevollmächtigter des Landes Hessen beim Bund:
Norbert Schüren StSekr
Dienststellenleiter: Dr Axel Rebhan MinDirig

Ref Z: **Personal; Haushalt; Organisation; Innerer Dienst** Grothe RDir
Ref 1: **Bundesrat; Wirtschaftliche Zusammenarbeit; Wirtschaftspolitik; Verkehr und Post; Medienpolitik** Burkei LtdMinR
Ref 2: **Umwelt- und Energiepolitik; Städtebau und Wohnen; Europäische Union** Dr Kleinert VwAng
Ref 3: **Haushaltspolitik; Steuern; Finanzen; Geld- und Zinspolitik; Informationstechnik/Datenverarbeitung; Vermittlungsausschuß** Kraeusel MinR

Ref 4: **Innere Angelegenheiten; Verwaltungsreform; Veranstaltungen; Datenschutzbeauftragte; Büro Berlin; Presse- und Öffentlichkeitsarbeit** Keuchel MinRätin
Ref 5: **Forschung und Technologie; Bildungspolitik und kulturelle Angelegenheiten; Landesentwicklung; Landwirtschaft, Forsten und Naturschutz; Ständige Vertragskommission** Schöler RDir
Ref 6: **Arbeits- und Sozialpolitik; Familie, Frauen, Jugend und Gesundheit** Dr Böttger VwAngestellte
Ref 7: **Rechtspolitik; Verfassungsfragen** Incesu RDirektorin
Ref 8: **Auswärtige Angelegenheiten; Verteidigung** Dr Rebhan MinDirig

Land Mecklenburg-Vorpommern

Vertretung des Landes Mecklenburg-Vorpommern beim Bund

53175 Bonn, Godesberger Allee 18; Tel (02 28) 95 85-02; Fax (02 28) 95 85-2 84

Bevollmächtigte: Dr jur Gabriele Wurzel Staatssekretärin
Vertreter und Leiter der Dienststelle: Dr Manfred Hiltner

Ref B-V-: **Veranstaltungen, Presse, Öffentlichkeitsarbeit** Herdegen M A
Ref B 100: **Persönlicher Referent der Staatssekretärin, Justiz, Inneres, Verteidigung, Petitionen, Bundesrat, Ständige Vertragskommission der Länder** Adenauer RDir
Ref B 200: **Wirtschaft, EU-Angelegenheiten, Verkehr und Post, Städtebau, Wohnungswesen, Raumordnung, Tourismus** Escher RDir
Ref B 300: **Finanzen, Haushalt, Umwelt, Justitiariat** Wittkowski RDirektorin
Ref B 400: **Landwirtschaft, Ernährung, Forsten und Fischerei** Fischer LandDir
Ref B 500: **Arbeit und Soziales, Gesundheit** Meixner RDir
Ref B 600: **Kultur, Bildung und Wissenschaft, Forschung und Technologie, Sport, Frauen und Jugend, Familie und Senioren** Rütter RDir
Ref B 700: **Allgemeine Verwaltungsangelegenheiten (Haushalt, Personal, Innerer Dienst, Organisation), Besucherdienst** Krämer RDir

Land Niedersachsen

Vertretung des Landes Niedersachsen beim Bund

53113 Bonn, Kurt-Schumacher-Str 19; Tel (02 28) 22 83-0; Teletex 2 28 38 55 nlvb; Fax (02 28) 22 83-2 37 und 22 83-4 50 (Presse)

Bevollmächtigter: Dr Helmut Holl StSekr
Dienststellenleiterin: Gabriele Witt MinDirigentin

Ref 301: Presse- und Öffentlichkeitsarbeit, Veranstaltungen Baun Angestellte
Ref 302: Verwaltungsangelegenheiten Witt MinDirigentin
Ref 303: Verfassungsfragen, Bund-Länder-Verhältnis, Recht, Inneres, Auswärtige Angelegenheiten, Ständige Vertragskommission Leonardy MinR
Ref 304: Bundesrat, Wirtschaft, Verkehr, Post- und Fernmeldewesen, Europaangelegenheiten, Vermittlungsausschuß, EXPO 2000 Koehler MinR
Ref 305: Arbeit und Sozialpolitik, Gesundheit, Familie, Senioren, Frauen und Jugend, wirtschaftliche Zusammenarbeit und Entwicklung Weitemeyer-Wagner MinRätin
Ref 306: Finanzen, Bundeshaushalt, öffentliches Auftragswesen, Verteidigung, Kultur, Bildung, Wissenschaft, Forschung und Technologie; Raumordnung, Bauwesen und Städtbau Pietsch RDir
Ref 307: Umweltschutz, Sicherheit kerntechnischer Anlagen, Ernährung, Landwirtschaft und Forsten Dr Wollersheim Angestellte
Referent für Berlinangelegenheiten und Büroleitender Beamter Tschierschke RDir

Land Nordrhein-Westfalen

Ministerium für Bundes- und Europaangelegenheiten des Landes Nordrhein-Westfalen – Bevollmächtigte des Landes beim Bund –

53045 Bonn, Görresstr 13; Tel (02 28) 26 99-0; Fax (02 28) 26 99-2 21

Bevollmächtigte: Heide Dörrhöfer-Tucholski Staatssekretärin
Dienststellenleiter: Hans-Dietrich Lehmann MinDirig

Persönlicher Referent, Kabinett- und Landtagsangelegenheiten, Politische Grundsatzfragen, Verbindungen zu Parteien, Organisationen und Verbänden Hopfeld RAng
Presse- und Öffentlichkeitsarbeit, Veranstaltungen und Ausstellungen Bläser RAng
Auswärtiges und Verteidigung Lehmann MinDirig

Ref Z: Organisations-, Personal- und Haushaltsangelegenheiten, Innerer Dienst, Beauftragter für den Haushalt, Kommunikationstechnologien, Bauangelegenheiten von Deuten RDir; Rottländer ORR
Ref E: Büro des Europabeauftragten; Europaministerkonferenz; Internationale und grenzüberschreitende Zusammenarbeit in Europa Borkenhagen RAng; Dr Engel RAng, Dürr RAng
Ref B: Büro Berlin Tandler RAng

Angelegenheiten des Bundestages und des Bundesrates
Leiterin: Zimmermann-Schwartz LtdMinRätin

Ref K: Koordinierung der Angelegenheiten des Bundesrates und des Bundestages, Plenarsitzungen des Bundesrates, Grundsatzfragen des Bund-Länder-Verhältnisses Zimmermann-Schwartz LtdMinRätin
Ref 1: Finanzen und Haushaltswesen, Steuern, Besoldungs-, Versorgungs- und Tarifangelegenheiten Dr Littwin MinR
Ref 2: Wirtschaft, Energie, Entwicklung, Außenwirtschaftsbeziehungen, Verkehr, Post und Fernmeldewesen ORR
Ref 3: Bildung, Wissenschaft, Forschung, Technologiepolitik, Kultur, Sport, Bonn-Ausgleich Kassmann MinR
Ref 4: Wohnungs- und Städtebau Scholz RAngestellte
Ref 5: Umwelt, Raumordnung, Land- und Forstwirtschaft, Lebensmittelüberwachung Dr Hippe RAngestellte
Ref 6: EU-Angelegenheiten des Bundesrates und des Bundestages, Länderbeteiligungsverfahren in EU-Angelegenheiten, Medienpolitik Dockter MinR
Ref 7: Arbeit, Soziales, Gesundheit, Kinder, Jugend und Familie Feuß MinR
Ref 8: Inneres, Wiedergutmachung, Petitionen de la Chevallerie MinRätin
Ref 9: Justiz, Ständige Vertragskommission, Justitiariat, Gleichstellung Niewerth Richterin am AG
Ref 10: Vermittlungsausschuß, Verfassungsangelegenheiten grundsätzlicher Art, Internationales und supranationales Recht (insbesondere Europarecht) Fischer MinR

Vertretung bei der Europäischen Union
B-1000 Bruxelles, Avenue Michel-Ange 8-10; Tel (0 03 22) 7 39 17-75; Fax (0 03 22) 7 39 17-07
Leiter: Folker Schreiber MinDirig

Ref EU 1: Schule und Weiterbildung, Kultur, Sport; Regionalförderung, Reform der Strukturfonds; Förderprogramme; Entwicklung; Veranstaltungen und Ausstellungen Uhlenbrock RAngestellte; **Büroleitender Beamter** Giersberg OAR
Ref EU 2: Wirtschaft, Mittelstand, Energie, EGKS, Binnenmarkt; Wettbewerb, Außenwirtschaft; Finanzen Oppermann MinR
Ref EU 3: Arbeit, Soziales, Gesundheit; Gleichstellung; Beschäftigungspolitik Dr Coen MinR; Umwelt, Raumordnung, Landwirtschaft, Reform der Agrarpolitik Dr Drummer RAng
Ref EU 4: Wissenschaft, Forschung, Technologische Entwicklung; Technologietransfer, Informationsgesellschaft Garus RAngestellte
Ref EU 5: Verkehr, Stadtentwicklung, Bauen und Wohnen Dr Knop MinR
Ref EU 6: Referatskoordinierung in Angelegenheiten des AdR einschließlich interregionale Zusammenarbeit; Audiovisuelle Politik Dr Degen MinR; Bidegaray RAngestellte; **Innen- und Justizangelegenheiten; Personalaustausch** Leser RDir

Land Rheinland-Pfalz

Vertretung des Landes Rheinland-Pfalz beim Bund

53113 Bonn, Heussallee 18-24; Tel (02 28) 91 20-0; Fax (02 28) 91 20-2 22

Bevollmächtigter des Landes Rheinland-Pfalz beim Bund und für Europa: Dr Karl-Heinz Klär StSekr
Ständiger Vertreter: Martin Stadelmaier RAng
Persönliche Referentin des Bevollmächtigten, Pressearbeit: Köbberling RAngestellte
Öffentlichkeitsarbeit, Veranstaltungsorganisation: Weingart RAngestellte

Abt 1 Bundesangelegenheiten
Leiter: Eckart Schlemm LtdMinR

Ref 11: **Koordinierung der Bundesrats- und Bundestagsangelegenheiten** Schlemm LtdMinR
Ref 12: **Inneres, Gesundheit** Schüttler RAngestellte
Ref 13: **Finanzen** Simon MinR
Ref 14: **Verteidigung; Verbindung zu den diplomatischen Vertretungen; Ständige Vertragskommission** Schnebel MinR
Ref 15: **Arbeit, Soziales; Kultur** Rüter-Koehler RAngestellte
Ref 16: **Umwelt, Forsten; Bauwesen, Justitiariat** Betzing RDirektorin
Ref 17: **Wirtschaft, Verkehr, Landwirtschaft, Weinbau, Justiz** von Unruh RDir
Ref 18: **Jugend, Familie, Frauen** Weingart RAngestellte

Abt 2 Europa
Leiter: Dr Karl-Peter Frauenkron LtdMinR

Ref 21: **Auswärtiges; Interregionales** Dr Frauenkron LtdMinR
Ref 22: **Koordinierung der EU-Angelegenheiten** Willenbacher MinR
Ref 23: **Europäische Wirtschafts-, Währungs- und Strukturpolitik; Koordinierung der EG-Programme; Europarecht** Rohland MinR
Ref 24: **Europapolitik** Dr Schmuck RAng
Ref 29: **Regierungskonferenz; Sonderaufgaben** Menhart RAngestellte

Verbindungsbüro Rheinland-Pfalz in Brüssel
B-1040 Brüssel, Avenue de Tervuren 60; Tel (0 03 22) 7 36 97 29; Fax (0 03 22) 7 33 08 72
Leiter: H-J Günther LtdMinR

Ref 25: **Institutionelles; Außenpolitik; Ausschuß der Regionen, Weinbau** Günther LtdMinR
Ref 26: **Konversion; Verkehr; Grenzüberschreitende Zusammenarbeit; Wettbewerb; Verbraucherschutz; Forschung; Wirtschaft; Energie; Informationsgesellschaft** Scholz RAngestellte
Ref 27: **EP; Haushalt; Inneres; Landwirtschaft (ohne Weinbau); Osteuropa-Programme** Scholz RAngestellte
Ref 28: **Soziales; Umwelt; Medien; Bildung; Kultur** Wenningmann RAngestellte

Ref Z: **Personal, Haushalt, Organisation** Schocke RDirektorin

Land Saarland

Vertretung des Saarlandes beim Bund

53113 Bonn, Kurt-Schumacher-Str 8-9; Tel (02 28) 2 67 93-0; Fax (02 28) 22 13 55

Aufgabenkreis:
Die Vertretung des Saarlandes beim Bund ist die Dienststelle der Landesregierung am Sitz der Bundesregierung in Bonn; sie wird vom dem Bevollmächtigten des Saarlandes beim Bund geleitet. Ihr obliegt die ständige Wahrnehmung der Aufgaben und Interessen des Landes gegenüber den Organen der Bundesrepublik und den Bundesministerien, insbesondere die Mitwirkung bei der Gesetzgebungsarbeit des Bundesrates und die Vertretung des Landes in dessen Plenarsitzungen.

Bevollmächtigter: Pitt Weber StSekr
Vertreter und Leiter der Dienststelle: Peter Ruhenstroth-Bauer RAng

Ref I: **Grundsatzangelegenheiten, Vorbereitung und Teilnahme von und an Bundesratsplenarsitzungen, Auswärtige Angelegenheiten, Sicherheits- und Verteidigungsfragen, Justizpolitik** NN
Ref II: **Angelegenheiten der Europäischen Gemeinschaften, Wissenschaft und Bildung, Kultur, Forschung und Technologie, Ständige Vertragskommission** Dr Stein RAngestellte
Ref III: **Angelegenheiten im Bund/Länder-Verhältnis, Finanzpolitik, Haushaltswesen, Steuern, Europäische Währungsunion, Vermittlungsausschuß und Bundesrat** Dr Bohle MinR
Ref IV: **Arbeit und Soziales, Frauen und Jugend, Familie und Senioren, Gesundheit** NN
Ref V: **Agrarpolitik, Inneres, Raumordnung, Bau- und Wohnungswesen** Parkner RRätin
Ref VI: **Wirtschaftspolitik, Energiepolitik, Verkehr, Post und Fernmeldewesen** Hofmann RDir
Ref VII/Z: **Umweltpolitik, Organisation, Haushalt, Personal, Innerer Dienst, Veranstaltungen** Walter RR
Ref WL: **Wirtschaftsleitung, Protokoll Gastronomie, Gäste- und Besucherbetreuung** Koop RAng

Freistaat Sachsen

Der Staatsminister für Bundes- und Europaangelegenheiten des Freistaates Sachsen beim Bund

53175 Bonn, Godesberger Allee 18; Tel (02 28) 95 85 01; Fax (02 28) 9 58 51 45

Aufgabenkreis:
Die Vertretung des Freistaates Sachsen beim Bund ist die Dienststelle der Sächsischen Staatsregierung am Sitz der Bundesregierung in Bonn. Ihr obliegt die ständige Wahrnehmung der Aufgaben und In-

teressen des Landes gegenüber den Verfassungsorganen der Bundesrepublik, insbesondere gegenüber der Bundesregierung und dem Bundestag, sowie die Mitwirkung bei der Gesetzgebungsarbeit des Bundesrates und die Vertretung des Landes in dessen Plenar- und Ausschußsitzungen. Der Landesvertretung in Bonn ist außerdem ein Informationsbüro in Brüssel bei der EU unterstellt.

Bevollmächtigter: Günter Meyer Staatsminister
Vertreter des Bevollmächtigten und Dienststellenleiter: Fred J Heidemann MinDirig

Abteilung Z und EU Verwaltung, Öffentlichkeitsarbeit, Veranstaltungen und Europakoordinierung
Leiterin: Annemarie Wiemer MinDirigentin

Ref Z 1: **Verwaltung, Personal, Haushalt, Kasse, Innerer Dienst, Organisation** Schilling RDir
Ref Z 2: **Presse, Öffentlichkeitsarbeit, Veranstaltungen** Dr Weller MinR
Ref EU: **Europapolitische Grundsatzfragen, Europaministerkonferenz** Burkard MinR; **Ausschuß der Regionen, Europaausschuß** Flasche ROR

Abteilung B Bundesangelegenheiten
Leiter: Fred J Heidemann MinDirig

Ref B 1: **Recht, Wirtschaft, Außenwirtschaft, Post und Telekom, Energie, Finanzen, Verkehr, Arbeit, Soziales, Gesundheit** Mirbach MinR
Ref B 2: **Innenpolitik, Kultur, Bildung, Wissenschaft, Landwirtschaft, Forschung, Frauen, Jugend, Senioren, Familie, Umwelt, Wohnungsbau** Bride MinRätin

Sachsen Büro Brüssel
B-1040 Bruxelles/Brüssel, bd St Michel 80; Tel (00 32) 27 41 09 21; Fax (00 32) 27 41 09 29
Leiter: Hans Werner Dahl

Land Sachsen-Anhalt

Der Bevollmächtigte des Landes Sachsen-Anhalt beim Bund

53113 Bonn, Dahlmannstr 18; Tel (02 28) 9 11 68-0; Fax (02 28) 9 11 68-37

Aufgabenkreis:
Die Vertretung des Landes Sachsen-Anhalt beim Bund ist die Dienststelle der Landesregierung am Sitz der Bundesregierung in Bonn; sie wird von dem Bevollmächtigten des Landes Sachsen-Anhalt beim Bund geleitet. Ihr obliegt die ständige Wahrnehmung der Aufgaben und Interessen des Landes gegenüber den Organen der Bundesrepublik und den Bundesministerien, insbesondere die Mitwirkung bei der Gesetzgebungsarbeit des Bundesrates und die Vertretung des Landes in dessen Plenarsitzungen.

Bevollmächtigter: Werner Ballhausen StSekr
Leiter der Dienststelle: Norbert Schuhmacher MinDirig

Ref 1: **Politische Grundsatzfragen, Bundesratskoordinierung, Inneres, Kultur, Presse und Öffentlichkeitsarbeit, Ständige Vertragskommission, Fremdenverkehr, IuK-Technik** Dr Herzog Angestellte
Ref 2: **Recht, Justitiariat, Koordinierung Vermittlungsausschuß** Haarmeyer Richter am LG (mdWdGb)
Ref 3: **Arbeit, Soziales und Gesundheit, Frauen und Jugend, Familie und Senioren, Europa** Klinger MinR
Ref 4: **Finanzen, Wirtschaft, Forschung und Technologie, Verkehr und Post** Dr Louda MinR
Ref 5: **Ernährung, Landwirtschaft und Forsten, Vertreter der Länder für EU-Sonderausschuß Landwirtschaft, Umwelt, Naturschutz und Raumordnung** Dr Blomeyer MinR
Ref 6: **Auswärtige Angelegenheiten, Verteidigung, Wohnungswesen, Städtebau, Veranstaltungen, Protokoll** Mönnich LtdMinR
Ref 7: **Innerer Dienst, Haushalt, Personal, Organisation, Besucherdienst** Frhr von Leoprechting RDir

Land Schleswig-Holstein

Minister für Justiz, Bundes- und Europaangelegenheiten
– Der Bevollmächtigte des Landes Schleswig-Holstein beim Bund –

53113 Bonn, Kurt-Schumacher-Str 17-18; Tel (02 28) 9 15 18-0; Fax (02 28) 9 15 18-1 24

Aufgabenkreis:
Die Aufgaben des Bevollmächtigten des Landes Schleswig-Holstein beim Bund werden vom Minister für Justiz, Bundes- und Europaangelegenheiten (Abt 4 des Ministeriums) wahrgenommen. Dem Bevollmächtigten obliegen insbesondere die Verbindung zu den einzelnen Organen der Bundesrepublik Deutschland.

Minister für Justiz, Bundes- und Europaangelegenheiten und Bevollmächtigter: Gerd Walter
Staatssekretär: Wulf Jöhnk
Leiterin des Ministerbüros Bonn: Beate Krüger
Ständiger Vertreter des Ministers in Verwaltungsangelegenheiten und Dienststellenleiter: Werner Schönborn MinDirig

Ref MB Bonn: **Persönliche Referentin des Ministers in Bonn, Beschaffung fachlicher Informationen und politischer Analysen für die Leitung des Hauses in Bonn, fachliche und politische Vorbereitung von Terminen des Ministers in Bonn, Kontakte zu Fraktionen und Abgeordneten des Deutschen Bundestages, Kontakte zu Parteien, Gewerkschaften und Verbänden in Bonn, Presseangelegenheiten in Bonn, Energiepolitik, Medienpolitik, Auswärtige Angelegenheiten, Verteidigung** Krüger RAngestellte

Abt II 4 Allgemeine Angelegenheiten und Bundesangelegenheiten
Leiter: Werner Schönborn MinDirig

Ref II 400: **Personal; Haushalt; Innerer Dienst; Organisation; EDV** Gatermann AR
Ref II 410: **Bundesratskoordinierung; Vermittlungsausschuß; Vorbereitung der Kabinettsentscheidung zu den Plenarsitzungen des Bundesrates** Dr Scheppach RAngestellte
Ref II 420: **Angelegenheiten aus den Geschäftsbereichen der Ministerinnen für Wissenschaft, Forschung und Kultur sowie Frauen, Bildung, Weiterbildung und Sport, außer Frauenangelegenheiten; Öffentlichkeitsarbeit; Protokoll; Veranstaltungen** Dr Gau RAngestellte
Ref II 430: **Innere Angelegenheiten; Recht und Verfassung, Städtebau, Wohnungswesen und Raumordnung; Justitiar der Abt 4; Geheimschutzbeauftragter der Abt 4** Bunten ORR
Ref II 440: **Wirtschaft; Verkehr; Fremdenverkehr; wirtschaftliche Folgen der Truppenreduzierung und Rüstungskonversion; Forschung und Technologie; Post- und Telekommunikation; ausgewählte Fragen der Deutschen Einigung** Dr Welzk RAng
Ref II 450: **Finanzen und Steuern** Studt RR
Ref II 460: **Ernährung, Landwirtschaft, Forsten und Fischerei** Dr Pehlemann FoR
Ref II 470: **Arbeit und Soziales; Gesundheit** Engelmann RDir
Ref II 480: **Natur und Umwelt** Schöness-Vornehm RDirektorin
Ref II 481: **Frauen, Jugend, Familie und Senioren** Brandt RAngestellte

Abt II 5 Europaangelegenheiten und Nord-Süd-Entwicklungszusammenarbeit (Kiel)
Leiter: Günther Schulz MinDirig

Ref II 510 (Bonn): **Länderbeteiligungsverfahren; EG-Regionalausschuß** Dr Scheppach RAngestellte
Ref II 520 (Bonn): **Verbindung zu den Organen der Europäischen Gemeinschaft und anderen relevanten Organisationen; Analyse der Entwicklung der EU; Europarat; Europaministerkonferenz** Suchanek RAng
Ref II 550 (Bonn): **Nord-Süd-Entwicklungszusammenarbeit, Entwicklungspolitik der EG; IMAK Nord-Süd** Brandt RAngestellte

Freistaat Thüringen

Die Bevollmächtigte des Freistaats Thüringen beim Bund

53113 Bonn, Simrockstr 13-15; Tel (02 28) 9 15 06-0; Fax (02 28) 26 32 45

Aufgabenkreis:
Die Vertretung des Freistaats Thüringen beim Bund ist die Dienststelle der Landesregierung am Sitz der Bundesregierung in Bonn; sie gehört organisatorisch zur Thüringischen Staatskanzlei und wird von einem Dienststellenleiter geleitet.
Der Bevollmächtigten des Freistaats Thüringen beim Bund, die zugleich Thüringer Ministerin für Bundesangelegenheiten in der Staatskanzlei ist, obliegt die ständige Wahrnehmung der Aufgaben und Interessen des Freistaats gegenüber den bundesstaatlichen Organen.
Insbesondere wirkt sie bei der Gesetzgebungsarbeit des Bundesrates mit und vertritt den Freistaat in den Plenarsitzungen.

Ministerin für Bundesangelegenheiten in der Staatskanzlei und Bevollmächtigte des Freistaats Thüringen beim Bund: Christine Lieberknecht
Leiter des Büros der Ministerin: Helmut Hampp RDir
Dienststellenleiter der Landesvertretung: Dr Axel Hartmann MinDirig

Presse- und Öffentlichkeitsarbeit, Veranstaltungen Dietzen Ang
Wirtschaft, Verkehr, Post, Finanzen, Wohnungs- und Städtebau Dr Grunwald LtdMinR
Koordinierung von Angelegenheiten des Bundesrates, Vermittlungsausschuß, Innenpolitik, Justitiariat Hellmich RDir
Bildung, Wissenschaft, Forschung Hampp RDir
Umwelt, Landwirtschaft und Forsten Jung RR
Organisation, Innerer Dienst, Personal, Haushalt Schmidt ORR
Arbeit und Soziales, Gesundheit, Sport, Familie, Senioren, Frauen und Jugend Wozniak RR
Recht, EU-Angelegenheiten Winter Ang

g I Diplomatische Missionen
in der Bundesrepublik Deutschland

Ägypten

Kanzlei der Botschaft der Arabischen Republik Ägypten
53173 Bonn, Kronprinzenstr 2; Tel (02 28) 95 68 30; Fax (02 28) 36 43 04; Telex 8 85 719
S E Mohab Mokbel Mostafa Mokbel Außerordentl und bevollm Botsch
Konsularabteilung
53175 Bonn, Südstr 135; Tel (02 28) 95 12 70; Fax (02 28) 9 51 27 20
Kulturabteilung
53113 Bonn, Am Hofgarten 3; Tel 22 39 42, 22 39 95
Handelsabteilung
53177 Bonn, Paracelsusstr 72; Tel 33 09 20
Presseabteilung
53177 Bonn, Von-der-Heydt-Str 3; Tel 35 29 01
Militärabteilung
53175 Bonn, Kennedyallee 43; Tel 37 95 35
Außenstelle Berlin
13156 Berlin, Waldstr 15; Tel (0 30) 4 77 10 48; Fax (0 30) 4 77 10 49
Leiter: Fahmy Ahmed Feyed BotschR
Konsularabteilung
10178 Berlin, Dierksenstr 40; Tel (0 30) 2 81 71 18; Fax (0 30) 2 38 62 70

Äquatorial Guinea

Kanzlei der Botschaft der Republik Äquatorial Guinea
75008 Paris 8, 6, Rue Alfred de Vigny; Tel 47 66 44 33, Fax 47 64 94 52
Faustino Obiang Asumu Geschäftsträger a i

Äthiopien

Kanzlei der Botschaft der Demokratischen Bundesrepublik Äthiopien
53113 Bonn, Brentanostr 1; Tel (02 28) 23 30 41, 23 30 42; Fax (02 28) 23 30 45
S E Dr Berhane Tensay Woldesenbet Außerordentl und bevollm Botsch

Afghanistan

Kanzlei der Botschaft des Islamischen Staates Afghanistan
53125 Bonn, Liebfrauenweg 1a; Tel (02 28) 25 19 27, 25 67 97; Fax (02 28) 25 53 10
Hafizullah Ayubi Gesdtr

Albanien

Kanzlei der Botschaft der Republik Albanien
53173 Bonn, Dürenstr 35-37; Tel (02 28) 35 10 44-47; Fax (02 28) 35 10 48; Telex 8 869 669 ALBND
S E Dr Xhezair Zaganjori Außerordentl und bevollm Botsch

Algerien

Kanzlei der Botschaft der Demokratischen Volksrepublik Algerien
53173 Bonn, Rheinallee 32-34; Tel (02 28) 8 20 70; Fax (02 28) 82 07 44; Telex 8 85 723
S E Mohamed Haneche Außerordentl und bevollm Botsch

Amerika Vereinigte Staaten von

Kanzlei der Botschaft der Vereinigten Staaten von Amerika
53179 Bonn, Deichmanns Aue 29; Tel (02 28) 3 39-1; Fax (02 28) 3 39-26 63; Telex 8 85 452
James D Bindenagel Gesdtr
Außenstelle Berlin
10117 Berlin, Neustädtische Kirchstr 4-5; Tel (0 30) 2 38-51 74; Fax (0 30) 2 38-62 90
Konsularabteilung
14195 Berlin, Clayallee 170; Tel (0 30) 8 32-92 33; Fax (0 30) 8 31-49 26
Leiter: John A Barcas Gesdtr

Angola

Kanzlei der Botschaft der Republik Angola
53111 Bonn, Kaiser-Karl–Ring 20c; Tel (02 28) 5 55 70-8; Fax (02 28) 65 92 82; Telex 8 85 775 angbn
S E Joáo Landoite Lourenço Außerordentl und bevollm Botsch

Antigua und Barbuda

Kanzlei der Botschaft von Antigua und Barbuda
London W 1, M5LD, 15 Thayer Street; Tel (01 71) 4 86 70 73; Fax (01 71) 4 86 99 70
S E Ronald Sanders Außerordentl und bevollm Botsch

Argentinien

Kanzlei der Botschaft der Republik Argentinien
53113 Bonn, Adenauerallee 50-52; Tel (02 28) 2 28 01-0; Fax (02 28) 2 28 01-30
Luftwaffenabteilung
53111 Bonn, Berliner Freiheit 16; Tel (02 28) 69 12 82
Marineabteilung
53175 Bonn, Godesberger Allee 119; Tel (02 28) 81 06-0

Residenz
53127 Bonn, Robert-Koch-Str 104; Tel (02 28) 28 50 51/52
S E Carlos Oscar Keller Sarmiento Außerordentl und bevollm Botsch

Armenien
Kanzlei der Botschaft der Republik Armenien
53173 Bonn, Victoriastr 15; Tel (02 28) 36 63 29; Fax (02 28) 3 67 00 77
S E Felix Mamikonjan Außerordentl und bevollm Botsch

Aserbaidschan
Kanzlei der Botschaft der Aserbaidschanischen Republik
53179 Bonn, Schloßallee 12; Tel (02 28) 94 38 90; Fax (02 28) 85 86 44
S E Hüssein-aga Ssadigow Außerordentl und bevollm Botsch

Australien
Kanzlei der Australischen Botschaft
53175 Bonn, Godesberger Allee 105-107; Tel (02 28) 81 03-0; Fax (02 28) 38 62 68
S E Max William Hughes Außerordentl und bevollm Botsch

Bahamas
Kanzlei der Botschaft des Commonwealth der Bahamas
London W1X 8 AH, 10 Chesterfield Street; Tel (01 71) 4 08 44 88; Fax (01 71) 4 99 99 37; Telex 8 92 617 bahreg g
S E Arthur Alexander Foulkes Außerordentl und bevollm Botsch

Bahrain
Kanzlei der Botschaft des Staates Bahrain
53173 Bonn, Plittersdorfer Str 91; Tel (02 28) 95 76 10; Fax (02 28) 9 57 61 99
S E Dr Ahmed Abbas Ahmed Außerordentl und bevollm Botsch

Bangladesch
Kanzlei der Botschaft der Volksrepublik Bangladesch
53173 Bonn, Bonner Str 48; Tel (02 28) 35 25 25 und 36 29 40; Fax (02 28) 35 41 42; Telex 88 56 40 bang g
S E Shamsher M Chowdhury Außerordentl und bevollm Botsch

Barbados
Kanzlei der Botschaft von Barbados
1200 Brüssel, 78, Avenue Général Lartique; Tel (2) 7 32 17 37, 7 32 18 67; Fax (2) 7 32 32 66
S E Michael Jan King Außerordentl und bevollm Botsch

Belarus
Kanzlei der Botschaft der Republik Belarus
53113 Bonn, Fritz-Schäffer-Str 20; Tel (02 28) 20 11 31-0; Fax (02 28) 20 11 31-9
S E Piotr Grigorjewitsch Beljajew Außerordentl und bevollm Botsch

Außenstelle Berlin
12435 Berlin, Treptower Park 32/33, Herkomerstr 1/2, Tel (0 30) 2 29 95 94; Fax (0 30) 2 29 95 19
Leiter: Anatol Tsygalau BotschR

Belgien
Kanzlei der Botschaft des Königreichs Belgien
53113 Bonn, Kaiser-Friedrich-Str 7; Tel (02 28) 20 14 50; Fax (02 28) 22 08 57
Informations-, Kultur- und Handelsabteilung
50667 Köln, Cäcilienstr 46; Tel (02 21) 20 51 10; Fax (02 21) 2 05 12 23
S E Georges Vander Espt Außerordentl und bevollm Botsch

Außenstelle Berlin
13187 Berlin, Esplanade 13; Tel (0 30) 4 45 91 87/88, 4 45 87 14; Fax (0 30) 4 45 91 89; Telex (0 69) 36 60 16
Leiterin: Renilde Loeckx Gesandte

Belize
Kanzlei der Botschaft von Belize
London W1M9AD, 19A Cavendish Square, 22 Harcourt House; Tel 0 71-4 99-97 28; Fax 0 71-4 91-41 39
I E Dr Ursula Helen Barrow Außerordentl und bevollm Botschafterin

Benin
Kanzlei der Botschaft der Republik Benin
53179 Bonn, Rüdigerstr 10; Tel (02 28) 9 43 87-0; Fax (02 28) 85 71 92
S E Corneille Mehissoú Außerordentl und bevollm Botsch

Birma (s Myanmar)

Bolivien
Kanzlei der Botschaft der Republik Bolivien
53179 Bonn, Konstantinstr 16; Tel (02 28) 36 20 38; Telex 8 85 785 ebbn; Fax (02 28) 35 59 52
S E Orlando Donosa Aranda Außerordentl und bevollm Botsch

Bosnien und Herzegowina
Kanzlei der Botschaft der Republik Bosnien und Herzegowina
53179 Bonn, Bürgerstr 12; Tel (02 28) 36 61 01/02; Fax (02 28) 36 58 36
S E Enver Ajanovic Außerordentl und bevollm Botsch

Konsularabteilung
53173 Bonn, Bürgerstr 12; Tel (02 28) 36 59 11/12; Fax (02 28) 36 58 36

Außenstelle Berlin
14165 Berlin, Albertinenstr 7; Tel (0 30) 8 01 30 26/27; Fax (0 30) 8 02 15 01

Botsuana

Kanzlei der Botschaft der Republik Botsuana
1150 Brüssel, Avenue de Tervùren 169; Tel 7 35 20 70; Fax 7 35 63 18; Telex 22 84
S E Sasara Chasala George Außerordentl und bevollm Botsch

Brasilien

Kanzlei der Botschaft der Föderativen Republik Brasilien
53175 Bonn, Kennedyallee 74; Tel (02 28) 95 92 30; Fax (02 28) 37 36 96, 37 14 90

Handels- und Konsularabteilung
50667 Köln, Quatermarkt 5; Tel (02 21) 2 57 68 91-93; Fax (02 21) 2 57 68 87
S E Roberto Pinto Ferreira Mameri Abdenur Außerordentl und bevollm Botsch

Brunei-Darussalam

Kanzlei der Botschaft von Brunei-Darussalam
53111 Bonn, Kaiser-Karl-Ring 18; Tel (02 28) 67 20 44/47; Fax (02 28) 68 73 29; Telex 88 56 47 KBBJ
S E Pengiran Maidin bin Pengiran Haji Hashim Außerordentl und bevollm Botsch

Bulgarien

Kanzlei der Botschaft der Republik Bulgarien
53173 Bonn, Auf der Hostert 6; Tel (02 28) 36 30 61-65; Fax (02 28) 35 82 15; Telex 885 739
S E Dr Stojan Shivkov Stalev Außerordentl und bevollm Botsch

Außenstelle Berlin
10117 Berlin, Leipziger Str 20; Tel (0 30) 2 01 09 22-26; Fax (0 30) 2 08 68 38; Telex 1 14 101, 1 14 908
Leiter: Peter Tchaouchev Gesdtr

Burkina Faso

Kanzlei der Botschaft von Burkina Faso
53179 Bonn, Wendelstadtallee 18; Tel (02 28) 9 52 97-0; Fax (02 28) 9 52 97-20; Telex 8 85 508 BFASO D
S E Jean-Baptiste Ilboùdo Außerordentl und bevollm Botsch

Burundi

Kanzlei der Botschaft der Republik Burundi
53179 Bonn, Mainzer Str 174
S E Albert Mbonerane Außerordentl und bevollm Botsch

Chile

Kanzlei der Botschaft der Republik Chile
53173 Bonn, Kronprinzenstr 20; Tel (02 28) 95 58 40; Telex 9 55 84 49; Fax (02 28) 9 55 84 40, 9 55 84 41
S E Dr Roberto Cifuentes Außerordentl und bevollm Botsch

China

Kanzlei der Botschaft der Volksrepublik China
53177 Bonn, Kurfürstenallee 12; Tel (02 28) 95 59 70; Fax (02 28) 36 16 35; Telex 885 655 vrch d
S E Mei Zhaorong Außerordentl und bevollm Botsch

Außenstelle Berlin
13156 Berlin, Heinrich-Mann-Str 9; Tel (0 30) 4 88 39 70; Fax (0 30) 48 83 97 31
Leiter: Tao Xiangzhen BotschR

Außenstelle Berlin, Büro für den Schutz der Interessen der Koreanischen Demokratischen Volksrepublik
10117 Berlin, Glinkastr 5-7; Tel (0 30) 2 29 31 89/91; Fax (0 30) 2 29 40 42
Leiter: Kang Jong Mo Gesdtr-BotschR

Costa Rica

Kanzlei der Botschaft der Republik Costa Rica
53113 Bonn, Langenbachstr 19; Tel (02 28) 54 44 40; Fax (02 28) 54 90 53
S E Ekhart Peters Außerordentl und bevollm Botsch

Côte d'Ivoire

Kanzlei der Botschaft der Republik Côte d'Ivoire
53115 Bonn, Königstr 93; Tel (02 28) 21 20 98/99; Fax (02 28) 21 73 13; Telex 8 86 524 ambci d S E Siméon Aké Außerordentl und bevollm Botsch

Dänemark

Kanzlei der Botschaft des Königreichs Dänemark
53111 Bonn, Pfälzer Str 14; Tel (02 28) 7 29 91-0; Telex 8 86 892; Fax (02 28) 7 29 91 31
S E Bent Haakonsen Außerordentl und bevollm Botsch

Dominikanische Republik

Kanzlei der Botschaft der Dominikanischen Republik
53177 Bonn, Burgstr 87; Tel (02 28) 36 49 56; Fax (02 28) 35 25 76
S E Octavio Ramón Cáceres Michel Außerordentl und bevollm Botsch

Dschibuti

Kanzlei der Botschaft der Republik Dschibuti
75116 Paris, 26, Emile Ménier; Tel 47 27 49 22,
47 27 43 49; Fax 45 53 50 53; Telex 6 14 970
Omar Moùine Roble BotschR

Ecuador

Kanzlei der Botschaft der Republik Ecuador
53173 Bonn, Koblenzer Str 37; Tel (02 28)
35 25 44/45; Fax (02 28) 36 17 65; Telex 8 869 527 ECUAD
Juan Carillo Yánez Gesdtr

El Salvador

Kanzlei der Botschaft der Republik El Salvador
53113 Bonn, Adenauer Allee 238; Tel (02 28)
54 99 13/14; Fax (02 28) 54 98 14
S E Dr José Saguer-Saprissa Außerordentl und bevollm Botsch

Eritrea

Kanzlei der Botschaft des Staates Eritrea
50968 Köln, Marktstr 8; Tel (02 21) 37 30 16; Fax (02 21) 3 40 41 28
S E Dr Wolde-Mariam Goytom Außerordentl und bevollm Botsch

Estland

Kanzlei der Botschaft der Republik Estland
53113 Bonn, Fritz-Schäffer-Str 22; Tel (02 28) 91 47 90; Fax (02 28) 9 14 79-11
S E Margus Laidre Außerordentl und bevollm Botsch

Fidschi

Kanzlei der Botschaft der Republik Fidschi
London SW 7 5 DN, 34, Hyde Park Gate;
Tel (01 71) 5 84 36 61; Fax (01 71) 5 84 28 38
S E Filimone Jitoko Außerordentl und bevollm Botsch

Finnland

Kanzlei der Botschaft der Republik Finnland
53173 Bonn, Friesdorferstr 1; Tel (02 28) 3 82 98-0; Fax (02 28) 3 82 98 57
S E Arto Mansala Außerordentl und bevollm Botsch

Außenstelle Berlin
10787 Berlin-Tiergarten, Lützowufer 26; Tel (0 30)2 61 30 29; Fach (0 30) 2 61 26 02

Handelsabteilung 10707 Berlin, Kurfürstendamm 183; Tel (0 30) 8 82 77 27; Fax (0 30) 8 83 14 39
Leiter:Hannu Halinen Gesdtr

Frankreich

Kanzlei der Botschaft der Französischen Republik
53179 Bonn, An der Marienkapelle 3; Tel (02 28) 95 56 00-0; Fax (02 28) 9 55 60 55, 9 55 60 56
Wehrtechnische Abteilung
53179 Bonn, Am Glückshaus 3; Tel (02 28) 95 46 40; Fax (02 28) 34 81 54
Abteilung für Arbeits- und Sozialangelegenheiten
53173 Bonn, Ubierstr 130; Tel (02 28) 35 16 25; Fax (02 28) 35 83 39
S E François Scheer Außerordentl und bevollm Botsch

Außenstelle Berlin
10117 Berlin, Französische Str 23; Tel (0 30) 2 04 39 90; Fax (0 30) 4 14 21 28
Leiter: Gérard Pruvost Gesdtr

Gabun

Kanzlei der Botschaft der Gabunischen Republik
53173 Bonn, Kronprinzenstr 52; Tel (02 28) 35 92 86, 36 58 44; Fax (02 28) 35 91 95
S E Sylvestre Ratanga Außerordentl und bevollm Botsch

Gambia

Kanzlei der Botschaft der Republik Gambia
B-1050 Brüssel, 126, Avenue Franklin Roosevelt;
Tel 02/6 40 10 49; Fax (02) 6 46 32 77; Telex 24 344 gamext b
S E Ismaila B Ceesay Außerordentl und bevollm Botsch

Georgien

Kanzlei der Botschaft der Republik Georgien
53177 Bonn, Am Kurpark 6; Tel (02 28) 9 57 51-0; Fax (02 28) 9 57 51 20
S E Dr Konstantin Gabaschwili Außerordentl und bevollm Botsch

Ghana

Kanzlei der Botschaft der Republik Ghana
53173 Bonn, Rheinallee 58; Tel (02 28) 35 20 11/13; Fax (02 28) 36 34 98; Telex 8 85 660 ghana d
S E George Robert Nipah Außerordentl und bevollm Botsch

Außenstelle Berlin
13156 Berlin-Niederschönhausen, Waldstr 11; Tel (0 30) 4 77 40 44; Telex 3 07 982 ghana d
Leiter: John Bruckner Gesdtr-BotschR

Grenada

Kanzlei der Botschaft von Grenada
B-1060 Brüssel, Avenue de la Toison d'Or;
Tel (00 32-2) 5 14 12 42; Fax (00 32-2) 5 13 87 24
Leiter: Samuel Orgias Gesdtr BotschR

Griechenland

Kanzlei der Botschaft der Griechischen Republik
53179 Bonn, An der Marienkapelle 10; Tel (02 28) 83 01-0; Telex 885 636; Fax (02 28) 35 32 84
Presse- und Informationsbüro
53113 Bonn, Weberstr 83; Tel (02 28) 21 56 54-55; Fax (02 28) 22 17 05; Telex 8 869 474
Wirtschafts- und Handelsabteilung
53173 Bonn, Kronprinzenstr 17; Tel (02 28) 35 60 81-82; Fax (02 28) 36 19 41; Telex 8 85 711
Erziehungsabteilung
53173 Bonn, Rheinallee 12; Tel (02 28) 35 70 95-96; Fax (02 28) 35 90 47;
Abteilung für Arbeit und Sozialwesen
53177 Bonn, Deutschherrenstr 3; Tel (02 28) 33 04 98, 33 08 98; Fax (02 28) 33 31 71;
S E Dr Joannis Bourloyannis- Tsangaridis Außerordentl und bevollm Botsch

Großbritannien

Kanzlei der Botschaft des Vereinigten Königreichs Großbritannien und Nordirland
53113 Bonn, Friedrich-Ebert-Allee 77; Tel (02 28) 91 67-0; Fax (02 28) 91 67-2 00
S E Sir Nigel Broomfield KCMG Außerordentl und bevollm Botsch

Außenstelle Berlin
10117 Berlin, Unter den Linden 32/34; Tel (0 30) 20 18 40; Fax (0 30) 20 18 41 58
Leiter: Antony Ford Gesdtr

Guatemala

Kanzlei der Botschaft der Republik Guatemala
53173 Bonn, Zietenstr 16; Tel (02 28) 35 15 79, 35 86 09; Fax (02 28) 35 49 40
S E Jorge Skinner-Klée Außerordentl und bevollm Botsch

Guinea

Kanzlei der Botschaft der Republik Guinea
53129 Bonn, Rochusweg 50; Tel (02 28) 23 10 98; Fax (02 28) 23 10 97; Telex 8 86 448 Abgui D; TA AMBAGUINEE Bonn
S E Lamine Bolivogui Außerordentl und bevollm Botsch

Außenstelle Berlin
13156 Berlin, Heinrich-Mann-Str 32; Tel 4 82 94 88/89; Telex 1 12 473 guibe dd

Guinea-Bissau

Kanzlei der Botschaft der Republik Guinea-Bissau
B-1050 Brüssel, 70, Avenue Franklin Roosevelt; Tel 02/6 47 08 90, 6 47 13 51; Fax 02/6 40 43 12; Telex 63 631 EGBB D
Pedro Abraâo Tavares Gesdtr-BotschR

Guyana

Kanzlei der Botschaft der Kooperativen Republik Guyana
B-1050 Brüssel, Avenue de Bresil,12; Tel (02) 6 75 62 16; Fax (02) 6 75 63 31
Leiter: Samuel Mann I.Sekr

Haiti

Kanzlei der Botschaft der Republik Haiti
53179 Bonn, Schloßallee 10; Tel (02 28) 85 77 00; Fax (02 28) 85 77 00 (ab 14 Uhr)
S E Dr Alrich Nicolas Außerordentl und bevollm Botsch

Heiliger Stuhl

Kanzlei der Apostolischen Nuntiatur
53175 Bonn, Turmstr 29, 53131 Bonn, Postfach 200152; Tel (02 28) 95 90 10; Fax (02 28) 37 91 80
S E Dr Giovanni Lajolo Erzbischof Apostolischer Nuntius

Honduras

Kanzlei der Botschaft der Republik Honduras
53173 Bonn, Ubierstr 1; Tel (02 28) 35 63 94; Fax (02 28) 35 19 81
S E Dr Ricardo Lagos Andino Außerordentl und bevollm Botsch

Indien

Kanzlei der Botschaft der Republik Indien
53113 Bonn, Adenauerallee 262/264; Tel (02 28) 5 40 50; Telex 8 869 301; Fax (02 28) 5 40 51 54
S E Satinder Kumar Lambah Außerordentl und bevollm Botsch

Außenstelle Berlin
13156 Berlin, Majakowskiring 55; Tel (0 30) 4 80 01 78; Fax (0 30) 4 82 70 34, 4 82 37 05; Telex 3 07 713 INDMB D
Leiter: Sadasiva Sivaswami

Indonesien

Kanzlei der Botschaft der Republik Indonesien
53175 Bonn, Bernkasteler Str 2; Tel (02 28) 38 29 90; Telex 8 86 760, 8 86 352; Fax (02 28) 31 13 93
Kulturabteilung
53129 Bonn, Dottendorfer Str 86; Tel (02 28) 23 84 20; Fax (02 28) 23 61 31
Finanzabteilung
53129 Bonn, In der Raste 24; Tel (02 28) 23 94 11; Fax (02 28) 23 24 75
S E Hartono Martodiredjo Außerordentl und bevollm Botsch

Irak

Kanzlei der Botschaft der Republik Irak
53175 Bonn, Annaberger Str 289; Tel (02 28)
95 02 40; Fax (02 28) 9 50 24 30; Telex 8 869 471
S E Abdul Jabbar Omar Ghani Außerordentl und bevollm Botsch

Iran

Kanzlei der Botschaft der Islamischen Republik Iran
53175 Bonn, Godesberger Allee 133-137;
Tel (02 28) 81 61-0; Fax (02 28) 37 61 54; Telex
8 85 697 IR
Kulturabteilung
53125 Bonn, Borsigallee 4; Tel (02 28) 25 48 86/56;
Fax (02 28) 25 30 23
S E Seyed Hossein Mousavian Außerordentl und bevollm Botsch

Irland

Kanzlei der Botschaft von Irland
53175 Bonn, Godesberger Allee 119; Tel (02 28)
95 92 90; Fax (02 28) 37 35 00
S E Pádraig Murphy Außerordentl und bevollm Botsch

Island

Kanzlei der Botschaft der Republik Island
53173 Bonn, Kronprinzenstr 6; Tel (02 28)
36 40 21; Fax (02 28) 36 13 98
S E Ingimundur Sigfusson Außerordentl und bevollm Botsch
Außenstelle Berlin
10115 Berlin, Chausseestr 11, Suite 401/402; Tel
(0 30) 2 83 47 64; Fax (0 30) 2 83 47 65
Leiter: Benedikt Höskuldsson BotschR

Israel

Kanzlei der Botschaft des Staates Israel
53173 Bonn, Simrockallee 2; Tel (02 28)
9 34 65 00; Fax (02 28) 9 34 65 55
S E Avraham Primor Außerordentl und bevollm Botsch

Italien

Kanzlei der Botschaft der Italienischen Republik
53173 Bonn, Karl-Finkelnburg-Str 51; Tel (02 28)
8 22-0; Fax (02 28) 8 22-1 69; Telex 885 450
S E Enzo Perlot Außerordentl und bevollm Botsch

Jamaika

Kanzlei der Botschaft von Jamaika
53177 Bonn, Am Kreuter 1; Tel (02 28) 35 40 45,
36 33 25; Fax (02 28) 36 18 90; Telex 885 493
jamai d
S E Peter Black Außerordentl und bevollm Botsch

Japan

Kanzlei der Botschaft von Japan
53175 Bonn, Godesberger Allee 102-104;
Tel (02 28) 81 91-1; Fax (0 30) 37 93 99
S E Dr Tatsuo Arima Außerordentl und bevollm Botsch

Jemen

Kanzlei der Botschaft der Republik Jemen
53113 Bonn, Adenauer Allee 77; Tel (02 28)
22 02 73, 22 04 51; Telex 8 85 765 YEBO d; Fax
(02 28) 22 93 64, 26 14 99
S E Abdo Othman Mohamed Außerordentl und bevollm Botsch
Außenstelle Berlin
13189 Berlin, Arnold-Zweig-Str 2; Tel (0 30)
4 71 02 71
Leiter: Ali Muhammad Al-Olofi I Sekr

Jordanien

Kanzlei der Botschaft des Haschemitischen Königreichs Jordanien
53173 Bonn, Beethovenallee 21; Tel (02 28)
35 70 46, 35 40 51-52; Fax (02 28) 35 39 51; Telex
885 401 URDUN D
S E Hussein A Hammami Außerordentl und bevollm Botsch

Jugoslawien

Kanzlei der Botschaft der Bundesrepublik Jugoslawien
53179 Bonn, Schloßallee 5; Tel (02 28) 34 40 51-55;
Fax (02 28) 34 40 57; Telex 8 85 530
S E Zoran Jeremić Außerordentl und bevollm Botsch
Außenstelle Berlin
14193 Berlin, Taubertstr 18; Tel (0 30) 8 26 20 91;
Fax (0 30) 8 25 22 06; Telex 3 04 652 YUAMB D
Leiter: Petar Tasić BotschR

Kambodscha

Kanzlei der Botschaft des Königreichs Kambodscha
53343 Wachtberg, Grüner Weg 8; Tel (02 28)
32 85 72; Fax (02 28) 32 85 72
S E Chamroeun Chhoeung Außerordentl und bevollm Botsch

Kamerun

Kanzlei der Botschaft der Republik Kamerun
53173 Bonn, Rheinallee 76; Tel (02 28) 35 60 38;
Fax (02 28) 35 90 58; Telex 885 480 rfdc
S E Jean Melaga Außerordentl und bevollm Botsch

Kanada

Kanzlei der Botschaft von Kanada
53113 Bonn, Friedrich-Wilhelm-Str 18, 53044
Bonn, Postfach 120240; Tel (02 28) 9 68-0; Fax
(02 28) 9 68 39 02; Telex 91 63-0

Konsular- und Einwanderungsabteilung
53175 Bonn, Godesberger Allee 119, Tel (02 28) 81 00 60; Fax (02 28) 37 65 25
S E Gaëtan Lavertu Außerordentl und bevollm Botsch
Außenstelle Berlin
10117 Berlin, Friedrichstr 95; Tel (0 30) 2 61 11 61; Fax (0 30) 2 62 92 06
Leiter: Adriaan Cornelis de Hoog Gesdtr

Kap Verde
Kanzlei der Botschaft der Republik Kap Verde
53113 Bonn, Fritz-Schäffer-Str 5; Tel (02 28) 26 50 02; Fax (02 28) 26 50 61
S E Victor Alfonso Gonçalves Fidalgo Außerordentl und bevollm Botsch

Kasachstan
Kanzlei der Botschaft der Republik Kasachstan
53129 Bonn, Oberer Lindweg 2-4; Tel (02 28) 9 23 80-0; Fax (02 28) 9 23 80-25
S E Erik Magsumovitsch Asanbajer Außerordentl und bevollm Botsch
Außenstelle Berlin
14050 Berlin, Rüsternallee 18; Tel (0 30) 3 02 93 75; Fax (0 30) 3 02 95 18
Leiter: Nurlan Seitimor III Sekr

Katar
Kanzlei der Botschaft des Staates Katar
53177 Bonn, Brunnenallee 6, 53132 Bonn, Postfach 48; Tel (02 28) 95 75 20; Fax (02 28) 9 57 52-55; Telex 885 476
Konsularabteilung
53175 Bonn, Ubierstr 88; Tel (02 28) 36 20 25; Fax (02 28) 36 30 06
S E Ahmed Abdulla Al-Khal Außerordentl und bevollm Botsch

Kenia
Kanzlei der Botschaft der Republik Kenia
53177 Bonn, Villichgasse 17; Tel (02 28) 9 35 80-0; Fax (02 28) 9 35 80 50; Telex 885 570
S E Vincent John Ogutu-Obare Außerordentl und bevollm Botsch

Kirgistan
Kanzlei der Botschaft der Kirgisischen Republik
53173 Bonn, Koblenzer Str 62; Tel (02 28) 36 52 30; Fax (02 28) 36 51 91
S E Dr Omar Sultanow Außerordentl und bevollm Botsch

Kolumbien
Kanzlei der Botschaft der Republik Kolumbien
53113 Bonn, Friedrich-Wilhelm-Str 35; Tel (02 28) 92 37 00; Fax (02 28) 92 37-0 37
S E Jorge Juan Bendeck Olivella Außerordentl und bevollm Botsch

Komoren
Kanzlei der Botschaft der Islamischen Bundesrepublik Komoren
75016 Paris, 20 Rue Marbeau; Tel 40 67 91 65; Fax 40 66 72 26

Kongo
Kanzlei der Botschaft der Republik Kongo
53173 Bonn, Rheinallee 45; Tel (02 28) 35 83 55; Fax (02 28) 35 83 55; Telex 8 86 690
Ferdinand Ngo-Ngaka BotschR

Korea
Kanzlei der Botschaft der Republik Korea
53113 Bonn, Adenauerallee 124; Tel (02 28) 26 79 60; Fax (02 28) 22 39 43; Telex 8 869 508
Militärabteilung
53113 Bonn, Reuterstr 161; Tel (02 28) 2 67 96 24, 2 67 96 55
Presse- und Kulturabteilung
53175 Bonn, Hochkreuzallee 1
S E Soon Young Hong Außerordentl und bevollm Botsch

Kroatien
Kanzlei der Botschaft der Republik Kroatien
53179 Bonn, Rolandstr 45; Tel (02 28) 9 53 42-0; Fax (02 28) 33 54 50, 33 28 64
Konsularabteilung
53179 Bonn, Rolandstr 52; Tel (02 28) 95 29 20; Fax (02 28) 33 21 54
S E Prof Dr Zoran Jašic Außerordentl und bevollm Botsch

Kuba
Botschaft der Republik Kuba
53175 Bonn, Kennedyallee 22-24; Tel (02 28) 3 09-0; Fax (02 28) 30 92 44; Telex 885 733 ECUB
S E Oscar Israel Martinez Cordovés Außerordentl und bevollm Botsch
Außenstelle Berlin
Konsularabteilung
13156 Berlin, Kuckhoffstr 69; Tel (0 30) 9 16 45 51; Fax (0 30) 9 16 45 53
Leiter: Julio Alvarez Dorta BotschR

Kuwait
Kanzlei der Botschaft des Staates Kuwait
53175 Bonn, Godesberger Allee 77-81; Tel (02 28) 37 80 81/3; Fax (02 28) 37 89 36
S E Abdulazeez Abdullateef Al-Sharikh Außerordentl und bevollm Botsch

Laos

Kanzlei der Botschaft der Demokratischen Volksrepublik Laos
53639 Königswinter, Am Lessing 6; Tel (0 22 23) 2 15 01; Fax (0 22 23) 30 65
S E Done Somvorachit Außerordentl und bevollm Botsch

Lesotho

Kanzlei der Botschaft des Königreichs Lesotho
53175 Bonn, Godesberger Allee 50; Tel (02 28) 37 68 68/69; Telex 8 869 370 LBBN D
I E Lebohang Nts'inyi Außerordentl und bevollm Botschafterin

Lettland

Kanzlei der Botschaft der Republik Lettland
53113 Bonn, Adenauer Allee 110; Tel (02 28) 26 42 42; Fax (02 28) 26 58 40
S E Andris Kesteris Außerordentl und bevollm Botsch

Libanon

Kanzlei der Botschaft der Libanesischen Republik
53173 Bonn, Rheinallee 27; Tel (02 28) 95 68 00; Fax (02 28) 35 75 60; Telex 8 869 339 Lib D
S E Salim Tabet Außerordentl und bevollm Botsch
Außenstelle Berlin
13187 Berlin, Esplanade 8; Tel (0 30) 4 72 41 93, 4 72 20 93; Fax (0 30) 4 78 75 11

Liberia

Kanzlei der Botschaft der Republik Liberia
53179 Bonn, Mainzer Str 259; Tel (02 28) 34 08 22; Fax (02 28) 34 08 22
S E Ibrahim K Nyei GesdtrBotschR

Libyen

Volksbüro (Diplomatische Mission) der Sozialistischen Libysch-Arabischen Volks-Dschamahirija
53173 Bonn, Beethovenallee 12 A; Tel (02 28) 8 20 09-0; Fax (02 28) 36 42 60; Telex 885 738
Leiter: S E Dr Omar Ali Shalbak BotschR

Litauen

Kanzlei der Botschaft der Republik Litauen
53115 Bonn, Argelanderstr 108a; Tel (02 28) 9 14 91-0; Fax (02 28) 9 14 91-15
S E Prof Dr Zenonas Namavicius Außerordentl und bevollm Botsch
Außenstelle Berlin
10711 Berlin, Katharinenstr 9; Tel (0 30) 8 91 11 51; Fax (0 30) 8 91 11 64
Leiter: Dr Juozas Galginaitis BotschR

Luxemburg

Kanzlei der Botschaft des Großherzogtums Luxemburg
53113 Bonn, Adenauerallee 108; Tel (02 28) 21 40 08/09; Fax (02 28) 22 29 20; Telex 8 86 557 aluxd
S E Dr Julien Alex Außerordentl und bevollm Botsch

Madagaskar

Kanzlei der Botschaft der Republik Madagaskar
53179 Bonn, Rolandstr 48; Tel (02 28) 95 35 90; Fax (02 28) 33 46 28; Telex 8 85 781 ardm D
Pierre Totobesola BotschR

Malawi

Kanzlei der Botschaft der Republik Malawi
53179 Bonn, Mainzer Str 124; Tel (02 28) 94 33 50; Fax (02 28) 9 43 35 37; Telex 8 869 689 mabnd
S E Geoffrey Gachuku Chipungu Außerordentl und bevollm Botsch

Malaysia

Kanzlei der Botschaft von Malaysia
53175 Bonn, Mittelstr 43; Tel (02 28) 30 80 30; Fax (02 28) 37 65 84; Telex 8 55 683 Malay D
Handelsabt
50667 Köln, Dompropst-Ketzer-Str 1-9, ABD Haus; Tel (02 21) 12 40 07/08; Fax (02 21) 13 61 98; Telex 8 881 080 MAD
S E Dato' Zainuddin Abdul Rahman Außerordentl und bevollm Botsch

Mali

Kanzlei der Botschaft der Republik Mali
53173 Bonn, Basteistr 86; Tel (02 28) 35 70 48; Fax (02 28) 36 19 22; Telex 8 86 676 malid
S E Ousmane Dembélé Außerordentl und bevollm Botsch

Malta

Kanzlei der Botschaft der Republik Malta
53173 Bonn, Viktoriastr 1; Tel (02 28) 36 30 17/18; Fax (02 28) 36 30 19
Handelsabteilung
80337 München, Kapuzinerstr 5; Tel (0 89) 54 40 48 97/98; Fax (0 89) 54 40 49 01
S E William Spiteri Außerordentl und bevollm Botsch

Marokko

Kanzlei der Botschaft des Königreichs Marokko
53175 Bonn, Gotenstr 7-9; Tel (02 28) 35 50 44-46; Telex 885 428 Sifam D; Fax (02 28) 35 78 94
S E Chawki Abderrahim Außerordentl und bevollm Botsch

Außenstelle Berlin
13156 Berlin, Kuckhoffstr 116; Tel (0 30) 9 16 60 06; Fax (0 30) 9 16 60 05

Mauretanien

Kanzlei der Botschaft der Islamischen Republik Mauretanien
53173 Bonn, Bonner Str 48; F(02 28) 36 40 24/25; Fax (02 28) 36 17 88
S E Hamoud Ould Ely Außerordentl und bevollm Botsch

Mauritius

Kanzlei der Botschaft der Republik Mauritius
B-1040 Brüssel, 68, rue des Bollandistes; Tel (02) 7 33 99 88/89; Fax (02) 7 34 40 21
S E Parrwiz Cassim Hossen Außerordentl und bevollm Botsch

Mazedonien

Kanzlei der Botschaft der ehemaligen jugoslawischen Republik Mazedonien
53113 Bonn, Sträßchensweg 6; Tel (02 28) 9 23 69-0; Fax (02 28) 23 10 25
S E Dr Srdjan Kerim Außerordentl und bevollm Botsch

Mexiko

Kanzlei der Botschaft der Vereinigten Mexikanischen Staaten
53113 Bonn, Adenauerallee 100; Tel (02 28) 9 14 86-0; Fax (02 28) 9 14 86-19
S E Juan José Bremer Martino Außerordentl und bevollm Botsch

Außenstelle Berlin
10709 Berlin, Kurfürstendamm 72; Tel (0 30) 3 24 90 47/48; Fax (0 30) 3 24 98 43
Leiter: Rolf Schlettwein Gesdtr

Moldau

Kanzlei der Botschaft der Republik Moldau
53113 Bonn, An der Elisabethkirche; 53044 Bonn, Postfach 120265; Tel (02 28) 91 09 40; Fax (02 28) 9 10 94 18
S E Dr Alexandru Burian Außerordentl und bevollm Botsch

Monaco

Kanzlei der Botschaft des Fürstentums Monaco
53113 Bonn, Zitelmannstr 16; Tel (02 28) 23 20 07/08; Fax (02 28) 23 62 82
S E Jean Herly Außerordentl und bevollm Botsch

Mongolei

Kanzlei der Botschaft der Mongolei
53844 Troisdorf, Siebengebirgsblick 4-6; Tel (0 22 41) 40 27 27; Fax (0 22 41) 4 77 81; Telex 8 85 407
S E Luvsanjamtsin Udval Außerordentl und bevollm Botsch

Außenstelle Berlin
10439 Berlin, Gotlandstr 12; Tel (0 30) 4 46 93 20; Fax (0 30) 4 46 93 21
Leiter: Dambadarjaa Damdinjav III Sekr

Mosambik

Kanzlei der Botschaft der Republik Mosambik
53113 Bonn, Adenaueralle 46 A; Tel (02 28) 26 29 93, 26 39 21; Fax (02 28) 21 39 20; Telex 8 86 405
S E Manuel Tomás Lubisse Außerordentl und bevollm Botsch

Myanmar

Kanzlei der Botschaft der Union Myanmar
53113 Bonn, Schumannstr 112; Tel (02 28) 21 00 91/92; Fax (02 28) 21 93 16; Telex 8 869 560 MYAN D
S E U Tan Ngwe Außerordentl und bevollm Botsch

Namibia

Kanzlei der Botschaft der Republik Namibia
53179 Bonn, Mainzer Str 47; Tel (02 28) 34 60 21-24; Fax (02 28) 34 60 25
S E Hinyangerwa Pius Asheeke Außerordentl und bevollm Botsch

Nepal

Kanzlei der Botschaft des Königreichs Nepal
53179 Bonn, Im Hag 15; Tel (02 28) 34 30 97, 38 30 99; Telex 8 869 297 kalid; Fax (02 28) 85 67 47; TA NEPEM BASSY Bonn
S E Dr Novel Kishore Rai Außerordentl und bevollm Botsch

Neuseeland

Kanzlei der Botschaft von Neuseeland
53113 Bonn, Bundeskanzlerplatz 2-10; Tel (02 28) 22 80 70; Fax (02 28) 22 16 87
S E Gerard Francis Thompson Außerordentl und bevollm Botsch

Nicaragua

Kanzlei der Botschaft der Republik Nicaragua
53179 Bonn, Konstantinstr 41; Tel (02 28) 36 25 05, 35 59 38; Fax (02 28) 35 40 01, 34 75 40
S E José Davila Membreño Außerordentl und bevollm Botsch

Niederlande

Kanzlei der Botschaft des Königreichs der Niederlande
53113 Bonn, Sträßchensweg 10; Tel (02 28)
53 05-0; Telex 886 826; Fax (02 28) 23 86 21
S E A Peter van Walsum Außerordentl und bevollm Botsch

Außenstelle Berlin
10117 Berlin, Friedrichstr 95; Tel (0 30) 2 01 20 23;
Fax (0 30) 2 01 20 15
Leiter: Hans Rudolf van der Valk Gesdtr

Niger

Kanzlei der Botschaft der Republik Niger
53173 Bonn, Dürenstr 9; Tel (02 28) 35 39 59;
Telex 8 85 572; Fax (02 28) 36 32 46
S E Abdou Garba Außerordentl und bevollm Botsch

Nigeria

Kanzlei der Botschaft der Bundesrepublik Nigeria
53177 Bonn, Goldbergweg 13; Tel (02 28)
32 20 71-75; Fax (02 28) 32 80 88; Telex 8 85 522
Albert Azubogu Anopuechi Gesdtr

Norwegen

Kanzlei der Botschaft des Königreichs Norwegen
53175 Bonn, Mittelstr 43; Tel (02 28) 81 99 70; Fax (02 28) 37 34 98
S E Kjell Eliassen Außerordentl und bevollm Botsch

Außenstelle Berlin
10787 Berlin, Rauchstr 11; Tel (0 30) 2 64 17 22,
2 64 18 22, 2 64 19 22; Fax (0 30) 2 64 09 33
Leiterin: Randi Bendiksen Gesandte

Österreich

Kanzlei der Botschaft der Republik Österreich
53113 Bonn, Johanniterstr 2; Tel (02 28) 5 30 06-0;
Fax (02 28) 54 90 40
S E Dr Friedrich Hoess Außerordentl und bevollm Botsch

Oman

Kanzlei der Botschaft des Sultanats Oman
53173 Bonn, Lindenallee 11; Tel (02 28)
35 70 31-34; Fax (02 28) 35 70 45; Telex 8 85 688
S E Abdullah bin Mohammed Al-Kharusi Außerordentl und bevollm Botsch

Pakistan

Kanzlei der Botschaft der Islamischen Republik Pakistan
53173 Bonn, Rheinallee 24; Tel (02 28) 9 55 30;
Fax (02 28) 9 55 32 10
S E M Asad Durrani Außerordentl und bevollm Botsch

Panama

Kanzlei der Botschaft der Republik Panama
53173 Bonn, Lützowstr 1; Tel (02 28) 36 10 36/37;
Fax (02 28) 36 35 58
S E Enrique Alberto Thayer Galindo Außerordentl und bevollm Botsch

Papua-Neuguinea

Kanzlei der Botschaft des unabhängigen Staates von Papua-Neuguinea
53175 Bonn, Gotenstr 163; Tel (02 28) 37 68 55-56;
Fax (02 28) 37 51 03
Gerard Savri Ivarami BotschR

Paraguay

Kanzlei der Botschaft der Republik Paraguay
53173 Bonn, Uhlandstr 32; Tel (02 28) 35 67 27;
Fax (02 28) 36 66 63
S E Dr Marcos Martinez Mendieta Außerordentl und bevollm Botsch

Peru

Kanzlei der Botschaft der Republik Peru
53175 Bonn, Godesberger Allee 125; Tel (02 28)
37 30 45; Fax (02 28) 37 94 75
Militärabteilung
53173 Bonn, Brunnenallee 18; Tel (02 28)
36 16 72/84; Fax (02 28) 35 16 79; Telex 8 861 160
S E Dr Luis Silva Santisteban Garcia Seminario Außerordentl und bevollm Botsch

Philippinen

Kanzlei der Botschaft der Republik der Philippinen
53115 Bonn, Argelanderstr 1; Tel (02 28) 26 79 90;
Fax (02 28) 22 19 68
S E Romeo A Arguelles Außerordentl und bevollm Botsch

Außenstelle Berlin
10717 Berlin, Hohenzollerndamm 196; Tel (0 30)
8 61 35 30, 8 61 92 18; Fax (0 30) 8 73 25 51
Leiter: Charlie P Manangan II. Sekr

Polen

Kanzlei der Botschaft der Republik Polen
50968 Köln, Lindenallee 7; Tel (02 21) 9 37 30-0;
Fax (02 21) 34 30 89; Telex 8 881 040
S E Dr Andrzej Byrt Außerordentl und bevollm Botsch
Büro des Handelsrates
50968 Köln, An der Alteburger Mühle 6;
Tel (02 21) 3 49 90; Fax (02 21) 34 99 10; Telex 8 885 382
Konsularabteilung
50968 Köln, Leyboldstr 74; Tel (02 21) 9 37 30-0;
Fax (02 21) 38 25 35; Telex 8 881 040

Außenstelle Berlin
10117 Berlin, Unter den Linden 72; Tel (0 30)
2 20 25 51; Telex 3 07 870 AMPOL; Fax (0 30)
2 29 03 58
Leiter: Dr habil Jerzy Sulek Gesdtr

Portugal

Kanzlei der Botschaft der Portugiesischen Republik
53173 Bonn, Ubierstr 78; Tel (02 28) 36 30 11-16;
Telex 885 577; Fax (02 28) 35 28 64
S E Dr Luis Pazos Alonso außerordentl und bevollm Botsch

Außenstelle Berlin
10117 Berlin, Wilhelmstr 65; Tel (0 30) 2 29 13 88,
2 29 00 11; Telex 0 32 525 EMPO D; Fax (0 30)
2 29 00 12
Leiter: Dr António Vieira Botelho de Sousa
BotschR

Ruanda

Kanzlei der Botschaft der Republik Ruanda
53173 Bonn, Beethovenallee 72; Tel (02 28)
35 52 28; Fax (02 28) 35 19 22; Telex 8 85 604
amrwa d
Bernhard Makuza Außerordentl und bevollm
Botsch

Rumänien

Kanzlei der Botschaft von Rumänien
53117 Bonn, Legionsweg 14; Tel (02 28) 68 38-0;
Fax (02 28) 68 02 47; Telex ARSE 8 869 792
S E Prof Dr-Ing Florea Duditza Außerordentl und
bevollm Botsch

Außenstelle Berlin
14129 Berlin, Matterhornstr 79; Tel (0 30)
8 03 30 18; Fax (0 30) 8 03 16 84; Telex 1 85 473
Leiter: Eugen Paul Finantu BotschR

Russische Föderation

Kanzlei der Botschaft der Russischen Föderation
53177 Bonn, Waldstr 42, 53132 Bonn,
Postfach 200208; Tel (02 28) 31 20 74, 31 20 86,
31 20 87, 31 20 92; Fax (02 28) 31 15 63
Handelsvertretung
50937 Köln, Friedrich-Engels-Str 3; Tel (02 21)
46 62 57-59; Telex 8 81 698
S E Wladislaw Petrowitsch Terechow Außerordentl
und bevollm Botsch

Außenstelle Berlin
10117 Berlin, Unter den Linden 63-65; Tel (0 30)
2 29 11 10, 2 29 12 07, 2 29 11 29; Fax (0 30)
2 29 93 97; Telex 3 02 534 berlin dd
Konsularabteilung
10117 Berlin, Behrenstr 66; Tel (0 30) 2 29 12 07;
Fax (0 30) 2 29 00 35; Telex 3 02 534

Visastelle der Konsularabteilung
14195 Berlin, Reichensteiner Weg 34/36; Tel (0 30)
8 32 70 04; Fax (0 30) 8 32 50 49; Telex 1 86 353
GKBWD
Außenstelle der Handelsvertretung
10117 Berlin, Unter den Linden 55-61; Tel (0 30)
2 34 30 34/ 3 93 32 11; Fax (0 30) 2 29 03 90; Telex
3 02 533
Leiter: Valentin Alexejewitsch Koptelzew

Salomonen

Kanzlei der Botschaft der Salomonen
B-1040 Brüssel, Avenue de l'yser 13; Tel (02)
7 32 70 85, 7 32 72 85; Fax (02) 7 32-68 85
S E Robert Sisilo Außerordentl und bevollm Botsch

Sambia

Kanzlei der Botschaft der Republik Sambia
53175 Bonn, Mittelstr 39; Tel (02 28) 37 68 13; Fax
(02 28) 37 95 36; Telex 8 85 511 Bosa d
I E Gwendoline Chomba Konie Außerordentl und
bevollm Botschafterin

Samoa

Kanzlei der Botschaft des Unabhängigen Staates Westsamoa
1050 Brüssel, 123 Av Franklin D Rosevelt-bte 14;
Tel (02) 6 60 84 54; Fax (02) 6 75 03 36
S E Afamasaga Fa'Amatala Toleafoa Außerordentl
und bevollm Botsch

São Tomé und Principe

**Kanzlei der Botschaft der Demokratischen Republik
São Tomé und Principe**
B-1150 Brüssel, Square Montgomery 175 Av de
Tervuren; Tel (02) 7 34 89 66; Fax (02) 7 34 88 15
Leiter: Antonio de Lima Viegas 1. Sekr

Saudi-Arabien

Kanzlei der Botschaft des Königreichs Saudi-Arabien
53175 Bonn, Godesberger Allee 40-42; Tel (02 28)
81 09-0; Telex 8 85 442; Fax (02 28) 37 55 93
S E Abbas Faig Ghazzawi Außerordentl und bevollm Botsch
Militärabteilung
53175 Bonn, Hohle Gasse 85; Tel (02 28) 95 25 40;
Telex 8 85 284
Kulturabteilung
53175 Bonn, Wurzerstr 47; Tel (02 28) 37 31 32/89;
Fax (02 28) 37 35 58; Telex 8 85 681 d

Schweden

Kanzlei der Botschaft des Königreichs Schweden
53113 Bonn, Allianzplatz, Haus I, Heussallee 2-10;
Tel (02 28) 26 00 20; Fax (02 28) 22 38 37,
21 39 79; Telex 886 667
S E Mats Hellström Außerordentl und bevollm
Botsch

Außenstelle Berlin
10709 Berlin, Kurfürstendamm 151; Tel (0 30) 8 91 70 91; Fax (0 30) 8 91 63 69; Telex 1 83 398
Leiter: Jan Kronholm Gesdtr

Schweiz

Kanzlei der Schweizerischen Botschaft
53175 Bonn, Gotenstr 156; Tel (02 28) 8 10 08-0; Fax (02 28) 8 10 08 19; Telex 8 85 646 amsbo d;
E-Mail 100634.3641@compuserv.com
S E Dr Dieter Chenaux-Repond Außerordentl und bevollm Botsch

Konsularisches Dienstleistungszentrum der Schweiz (DLZ)
53175 Bonn, Peter-Hensenstr 1; Tel (02 28) 8 16 62 70; Fax (02 28) 8 16 62 71
Leiter: Sergio Dini BotschR

Außenstelle Berlin
10557 Berlin, Kirchstr 13; Tel (0 30) 3 90 40 00; Fax (0 30) 3 91 10 30
Leiter: Dr Paul Widmer Gesdtr

Senegal

Kanzlei der Botschaft der Republik Senegal
53115 Bonn, Argelanderstr 3; Tel (02 28) 21 80 08/09; Telex 8 869 644; Fax (02 28) 21 78 15
S E Mohamadou Keita Außerordentl und bevollm Botsch

Seyschellen

Kanzlei der Botschaft der Republik Seyschellen
B-1020 Brüssel, Boulevard du Jubilé 157; Tel (02) 4 25 62 36; Fax (02) 4 26 06 29
S E Claude Sylvestre Morel Außerordentl und bevollm Botsch

Sierra Leone

Kanzlei der Botschaft der Republik Sierra Leone
53173 Bonn, Rheinallee 20; Tel (02 28) 35 20 01; Fax (02 28) 36 42 69; Telex 8 85 651
S E Umaru Bundu Wurie Außerordentl und bevollm Botsch

Simbabwe

Kanzlei der Botschaft der Republik Simbabwe
53177 Bonn, Villichgasse 7; Tel (02 28) 35 60 71/72; Fax (02 28) 35 63 09; Telex 8 85 580 zimba d
S E Dr Elijah Chanakira Außerordentl und bevollm Botsch

Singapur

Kanzlei der Botschaft der Republik Singapur
53175 Bonn, Südstr 133; Tel (02 28) 9 51 03-0; Fax (02 28) 9 51 03 24
S E Chin Siat Yoon Außerordentl und bevollm Botsch

Slowakische Republik

Kanzlei der Botschaft der Slowakischen Republik
53129 Bonn, August-Bier-Str 31; Tel (02 28) 9 14 55-0; Fax (02 28) 9 14 55 38; Telex 8 85 273 SLKBN D
Milan Matlák Gesdtr
Außenstelle Berlin
10117 Berlin, Leipziger Str 36, Ecke Charlottenstr 24; Tel (0 30) 2 04 45 38; Fax (0 30) 2 08 24 59
Leiter: Peter Dubcek BotschR
Konsularabteilung
13156 Berlin, Friedrich-Engels-Str 91; Tel (0 30) 4 82 92 41, 4 82 76 94; Fax (0 30) 4 82 93 85

Slowenien

Kanzlei der Botschaft der Republik Slowenien
53179 Bonn, Siegfriedstr; Tel (02 28) 85 80 31; Fax (02 28) 85 80 57
S E Prof Dr Boris Frlec Außerordentl und bevollm Botsch

Somalia

Kanzlei der Botschaft der Demokratischen Republik Somalia
53173 Bonn, Hohenzollernstr 12; Tel (02 28) 35 16 43; Telex 885 724
S E Dr Hassan Abshir Farah Außerordentl und bevollm Botsch

Spanien

Kanzlei der Botschaft von Spanien
53115 Bonn, Schloßstr 4; Tel (02 28) 21 70 94/95 und 21 75 27; Fax (02 28) 22 34 05; Telex 8 86 792 espem d
S E José Pedro Sebastian de Erice y Gomez-Acebo Außerordentl und bevollm Botsch
Verteidigungsabteilung
53175 Bonn, Kennedyallee 142; Fax (02 28) 37 58 20; Telex 8 85 658 amial d
Kulturabteilung
53113 Bonn, Weberstr 118; Tel (02 28) 91 42 70; Fax (02 28) 9 14 27 16
Handels- und Wirtschaftsabteilung
53177 Bonn, Koblenzer Str 99; Tel (02 28) 36 20 99; Fax (02 28) 36 17 13; Telex 8 85 712 ofcom d
Landwirtschaftsabteilung
53177 Bonn, Deutschherrenstr 15; Tel (02 28) 33 03 87; Fax (02 28) 33 28 91
Erziehungsabteilung
53179 Bonn, Plittersdorfer Str 111; Tel (02 28) 95 70 30; Fax (02 28) 9 57 03 10
Sozialabteilung
53173 Bonn, Rheinallee 19; Tel (02 28) 36 30 34; Fax (02 28) 35 73 70; Telex 8 85 513 labor d

Sri Lanka

Kanzlei der Botschaft der Demokratischen Sozialistischen Republik Sri Lanka
53111 Bonn, Noeggerathstr 15; Tel (02 28)
69 89 46, 69 30 84, 69 08 96, 69 35 01; Fax (02 28)
69 49 88; Telex 885 612 lanka d
S E Gunayavedalage Wijayasiri Außerordentl und bevollm Botsch

St Kitts und Nevis

Kanzlei der Botschaft der Föderation St Kitts und Nevis
London W8 5 SDL, 10 Kensington Court; Tel (00 44-1 71) 9 37 95 22; Fax (00 44-1 71) 9 37 44 15
NN

St Lucia

Kanzlei der Botschaft von St Lucia
London W 8 SDL, 10 Kensington Court; c/o High Commission for Eastern Carribean States; Tel (00 44-1 71) 9 37 95 22
Vertretung Brüssel
Eastern Carribean States Mission to the European Communities
B-1040 Brüssel, 100, Rue des Aduatiques; Tel (00 32) 27 33 43 28, 27 33 54 83; Fax (00 32) 27 35 72 37
S E Edwin Pontien Joseph Laurent Außerordentl und bevollm Botsch

St Vincent und die Grenadinen

Kanzlei der Botschaft von St Vincent und den Grenadinen
London W8 SDL, 10 Kensington Court; Tel (00 44-1 71) 9 37 95 22
NN

Sudan

Kanzlei der Botschaft der Republik Sudan
53177 Bonn, Koblenzer Str 107; Tel (02 28)
93 37 00, 33 11 40; Fax (02 28) 33 51 40, 33 51 15
S E Achol Deng Außerordentl und bevollm Botsch

Südafrika

Kanzlei der Botschaft der Republik Südafrika
53173 Bonn, Auf der Hostert 3; Tel (02 28) 82 01-0; Fax (02 28) 8 20 11 48, 36 23 80
I E Lindiwe Mabuza Außerordentl und bevollm Botschafterin

Außenstelle Berlin

14193 Berlin, Douglasstr 9; Tel (0 30) 82 50 11; Fax (0 30) 82 50 15
Leiter: Wolf Joachim Rothkegel BotschR

Suriname

Kanzlei der Botschaft der Republik Suriname
2517 JH Den Haag, Alexander Gogelweg 2;
Tel (0 70) 3 65 08 44; Fax (0 70) 3 61 74 45; Telex 32 220 AMSUR nl
S E Evert Guillaume Azimullah Außerordentl und bevollm Botsch

Swasiland

Kanzlei der Botschaft des Königreichs Swasiland
B-1080 Brüssel/Belgien, 118, Avenue Winston Churchill; Tel 02-3 47 47 71, 3 47 57 25,
3 43 68 73; Fax 02-3 47 46 23; Telex 26 254 swazib b
S E Clifford Sibusio Mamba Außerordentl und bevollm Botsch

Syrien

Kanzlei der Botschaft der Arabischen Republik Syrien
53175 Bonn, Andreas-Hermes-Str 5; Tel (02 28)
81 99 20; Fax (02 28) 8 19 92 99; Telex 8 85 757
S E Suleymann Haddad Außerordentl und bevollm Botsch

Tadschikistan

Kanzlei der Botschaft der Republik Tadschikistan
53225 Bonn, Hans-Böckler-Str 3; Tel (02 28)
97 29 50; Fax (02 28) 9 72 95 55
S E Akbar Mirzoer Außerordentl und bevollm Botsch

Tansania

Kanzlei der Botschaft der Vereinigten Republik Tansania
53177 Bonn, Theaterplatz 26; Tel (02 28)
35 80 51-54; Fax (02 28) 35 82 26; Telex 885 569
S E Andrew Mhando Daraja Außerordentl und bevollm Botsch

Thailand

Kanzlei der Botschaft des Königreichs Thailand
53173 Bonn, Ubierstr 65; Tel (02 28) 95 68 60,
35 10 85; Fax (02 28) 36 37 02; Telex 8 86 574 THAIBD
S E Kasit Piromya Außerordentl und bevollm Botsch

Militärattaché
53227 Bonn, Rhenusallee 52; Tel (02 28) 46 21 40; Fax (02 28) 46 06 27

Marineattaché
53179 Bonn, Im Vogelsang 20; Tel (02 28) 85 67 54; Fax (02 28) 85 69 00

Luftwaffenattaché
53179 Bonn, Rüdigerstr 58; Tel (02 28) 34 27 27; Fax (02 28) 34 27 27

Handelsattaché
53173 Bonn, Plittersdorferstr 202; Tel (02 28)
35 37 34, 35 32 54; Fax (02 28) 36 19 17; Telex
8 861 189 TTBN D
Abteilung für Erziehungsfragen
53179 Bonn, Rodderbergstr 99; Tel (02 28)
34 10 68; Fax (02 28) 85 66 15

Togo

Kanzlei der Botschaft der Republik Togo
53173 Bonn, Beethovenallee 13; Fax (02 28)
2 26 53; Telex 8 85 595 D
Awoyo Djisa Senaya Botschaftsrätin

Tonga

Kanzlei der Botschaft des Königreichs Tonga
London WJH 6 AB, 36 Molyneux Street;
Tel 01 71-7 24 58 28; Fax (01 71) 7 23 90 74
I E Akosita Fineanganofo Außerordentl und bevollm Botschafterin

Trinidad und Tobago

Kanzlei der Botschaft der Republik Trinidad und Tobago
(High Commission of Trinidad and Tobago)
London SW 1 X8 NT (Großbritannien),
42 Belgrave Square; Tel (00 44-1 71) 2 45 93 51;
Fax (00 44-1 71) 8 23 10 65
I E Sheelagh Marilyn de Osuna Außerordentl und bevollm Botschafterin

Tschad

Kanzlei der Botschaft der Republik Tschad
53173 Bonn, Basteistr 80; Tel (02 28) 35 60 26;
Telex 8 869 305
Bamanga Abbas Malloum BotschR

Tschechische Republik

Kanzlei der Botschaft der Tschechischen Republik
53127 Bonn, Ferdinandstr 27; Tel (02 28) 91 97-0;
Fax (02 28) 9 19 72 81
S E Jiři Gruša Außerordentl und bevollm Botsch

Außenstelle Berlin
10117 Berlin, Wilhelmstr 21; Tel (0 30)
2 20 04 81-96; Fax (0 30) 2 29 40 33
Leiter: Boris Lazar Gesdtr

Türkei

Kanzlei der Botschaft der Republik Türkei
53179 Bonn, Utestr 47; Tel (02 28) 95 38 30; Fax
(02 28) 34 88 77; Telex 8 85 521 und 8 85 596
S E Volkan Vural Außerordentl und bevollm Botsch

Tunesien

Kanzlei der Botschaft der Tunesischen Republik
53175 Bonn, Godesberger Allee 103; Tel (02 28)
37 69 81-83, 37 43 62; Fax (02 28) 37 42 23; Telex
885 477
S E Slaheddine Ben M'Barek Außerordentl und bevollm Botsch

Uganda

Kanzlei der Botschaft der Republik Uganda
53173 Bonn, Dürenstr 44; Tel (02 28)
35 50 27/38-39; Fax (02 28) 35 16 92; Telex
8 85 578 ugan d; E-Mail
106231.3406@copuserve.com
S E Dr Tibamanya Mwene Mushanga Außerordentl und bevollm Botsch

Ukraine

Kanzlei der Botschaft der Ukraine
53424 Remagen, Rheinhöhenweg 101; Tel (02 28)
9 41 80; Fax (02 28) 94 18 63
S E Jurij Wasyljowytsch Kostenko Außerordentl und bevollm Botsch

Außenstelle Berlin
10785 Berlin, Kurfürstenstr 56; Tel (0 30)
2 61 41 68; Fax (0 30) 2 61 41 77
Leiter: Olexander Hyrytsch BotschR

Ungarn

Kanzlei der Botschaft der Republik Ungarn
53175 Bonn, Turmstr 30; Tel (02 28) 37 11 12; Fax
(02 28) 37 10 25
Handelsabteilung
50677 Köln, Sachsenring 40; Tel (02 21) 33 60 70;
Fax (02 21) 31 20 43; Telex 8 881 676
Jozsef Kovács Gesdtr

Außenstelle Berlin
10117 Berlin, Unter den Linden 76; Tel 2 20 25 61,
2 29 22 57
Leiter: János Wolfart Gesdtr

Uruguay

Kanzlei der Botschaft der Republik Uruguay
53175 Bonn, Gotenstr 1-3; Tel (02 28) 36 60 36/37;
Fax (02 28) 36 14 10; E-Mail urubande@t-online.de
S E Dr Juan José Real Perera Außerordentl und bevollm Botsch

Außenstelle Berlin
10117 Berlin, Dorotheenstr 97; Tel (0 30)
2 29 14 24; Fax (0 30) 2 29 28 39
Leiter: Hector Omar Tortorella BotschR

Usbekistan

Kanzlei der Botschaft der Republik Usbekistan
53177 Bonn, Deutschherrenstr 7; Tel (02 28)
95 35 70; Fax (02 28) 9 53 57 99
S E Alischer Erkinowitsch Schaichow Außerordentl und bevollm Botsch

Vanuatu

Kanzlei der Botschaft der Republik Vanuatu mit Sitz in Port Vila
S E Nikenike Vurobaravu Außerordentl und bevollm Botsch

Venezuela

Kanzlei der Botschaft der Republik Venezuela
53225 Bonn, Im Rheingarten 7; 53182 Bonn, Postfach 300254; Tel (02 28) 40 09 20; Fax (02 28) 4 00 92 28
S E Dr Erick Becker Becker Außerordentl und bevollm Botsch

Außenstelle Berlin
10117 Berlin, Wilhelmstr 64, 10928 Berlin, Postfach 610470; Tel (0 30) 2 29 21 11 und 2 29 27 42; Telex 3 07 666; Fax (0 30) 3 93 33 53
Leiter: Dr Redescal Lopéz Massó II Sekr

Vereinigte Arabische Emirate

Kanzlei der Botschaft der Vereinigten Arabischen Emirate
53113 Bonn, Erste Fährgasse 6, Postfach 200883; Tel (02 28) 26 70 70; Fax (02 28) 2 67 07 14; Telex 8 85 741 EMAT D
S E Mohammed Sultan Abdulla Al-Awais Außerordentl und bevollm Botsch
Militärabteilung
53113 Bonn, Bundeskanzlerplatz 2-10 (Bonn-Center); Tel (02 28) 91 46 30; Fax (02 28) 26 57 48; Telex 8 85 227

Vietnam

Kanzlei der Botschaft der Sozialistischen Republik Vietnam
53179 Bonn, Konstantinstr 37; Tel (02 28) 35 70 21, 95 75 40; Fax (02 28) 35 18 66; Telex 8 861 122
S E Chu Tuan Cap Außerordentl und bevollm Botsch

Außenstelle Berlin
10318 Berlin, Königswinter Str 28; Tel (0 30) 5 09 82 62, 5 09 90 22; Fax (0 30) 5 09 91 41
Leiter: Ha Van Thang BotschR

Demokratische Republik Kongo
(Zaire)

Kanzlei der Botschaft der Demokratischen Republik Kongo
53179 Bonn, Im Meisengarten 133, 53177 Bonn, Postfach 200262; Tel (02 28) 85 81 60
S E Ramazani Baya Außerordentl und bevollm Botsch

Zentralafrika

Kanzlei der Botschaft der Zentralafrikanischen Republik
53225 Bonn, Rheinaustr 120
S E Martin-Gérard Tebiro Außerordentl und bevollm Botsch

Zypern

Kanzlei der Botschaft der Republik Zypern
53173 Bonn, Kronprinzenstr 58; Tel (02 28) 36 33 36, 36 35 96; Fax (02 28) 35 36 26
Handelsabteilung
50676 Köln, Friedrichstr 42-44; Tel (02 21) 23 51 60/69; Fax (02 21) 23 70 13; Telex 8 881 581
S E Theophilos V Theophilou Außerordentl und bevollm Botsch

Andere Vertretungen

Malteser Ritterorden

Delegation des Souveränen Malteser Ritterorden
53173 Bonn, Rheinallee 67 B; Tel (02 28) 35 94 02
S E Diederik Baron Speyart van Woerden Botsch

Palästinensische Generaldelegation

53129 Bonn, August-Bier-Str 33; Tel (02 28) 21 20 35; Fax (02 28) 21 35 94
Abdallah Frangi palästinensischer Generaldelegierter

g II Konsularische Vertretungen und andere Vertretungen

in der Bundesrepublik Deutschland

Zeichenerklärungen:

B – Zur Vornahme von Beglaubigungen befugt
S – zur Erteilung von Sichtvermerken befugt
TA – Telegrammadresse
Kons (H) – Honorarkonsul
KBez – Konsularbezirk
BGeb – Bundesgebiet
Bay – Freistaat Bayern
Bad-W – Land Baden-Württemberg
BB – Brandenburg
Bln – Land Berlin
Bre – Freie Hansestadt Bremen
Hbg – Freie und Hansestadt Hamburg
Hess – Land Hessen
MV – Mecklenburg-Vorpommern
Nds – Land Niedersachsen
NW – Land Nordrhein-Westfalen
Rhld-Pf – Land Rheinland-Pfalz
Saar – Saarland
Schl-H – Land Schleswig-Holstein
SN – Sachsen
ST – Sachsen-Anhalt
TH – Thüringen

Konsularische Vertretungen

Ägypten

Konsularabteilung der Botschaft der Arabischen Republik Ägypten (BS)
53175 Bonn, Südstr 135; Tel (02 28) 95 12 70; Fax (02 28) 9 51 27 20
KBez: NW

Außenstelle Berlin
13156 Berlin, Waldstr 15; Tel (0 30) 4 77 10 48; Fax (0 30) 2 38 62 70 (Bln, BB, MV, SN, ST, TH)

Generalkonsulat der Arabischen Republik Ägypten (BS)
60322 Frankfurt, Eysseneckstr 34; Tel (0 69) 59 05 57/58
Abdel-Aziz Khalil Zaki Farrag GenKons
KBez: Hess, Bad-W, Bay, Rhld-Pf, Saar

Generalkonsulat der Arabischen Republik Ägypten (BS)
20149 Hamburg, Harvestehuder Weg 50; Tel (0 40) 4 10 10 31-32; Fax (0 40) 4 10 61 15
Samir Mohamed Shuman GenKons
KBez: Hbg, Schl-H, Bre, Nds

Äquatorialguinea

Honorarkonsulat der Republik Äquatorialguinea
40235 Düsseldorf, Flinger Richtweg 60; Tel (02 11) 2 30 52 43; Fax (02 11) 2 30 52 08
Klaus Jürgen Maraldo Kons(H)
KBez: BGeb

Äthiopien

Konsularabteilung der Botschaft der Demokratischen Bundesrepublik Äthiopien (BS)
53113 Bonn, Brentanostr 1; Tel (02 28) 23 30 41-42; Fax (02 28) 23 30 45
KBez: BGeb

Honorarkonsulat der Demokratischen Bundesrepublik Äthiopien
40213 Düsseldorf, Kasernenstr 1b; Tel (02 11) 8 48 00; Fax (02 11) 32 90 00
Michael Renka Kons (H)
KBez: NW, Hess, Rhld-Pf, Saar

Afghanistan

Konsularabteilung der Botschaft des Islamischen Staates Afghanistan
53125 Bonn, Liebfrauenweg 1 a; Tel (02 28) 25 19 27/25 67 97; Fax (02 28) 25 53 10
KBez: BGeb mit Ausnahme der Länder Bln, BB, MV, SN, ST, TH

Generalkonsulat des Islamischen Staates Afghanistan (BS)
10117 Berlin, Wilhelmstr 65; Tel (0 30) 2 29 15 10, 2 29 26 12
Jamrad Jamshed GenKons
KBez: Bln, BB, MV, SN, ST, TH

Albanien

Konsularabteilung der Botschaft der Republik Albanien
53173 Bonn, Dürenstr 35-37; Tel (02 28) 35 10 46; Fax (02 28) 35 10 48
KBez: BGeb

Honorarkonsulat der Republik Albanien
20093 Essen, Alfredstr 293; Tel (02 01) 4 19 74; Fax (02 01) 27 28 18
Peter Reuschenbach Kons (H)
KBez: NW

Honorarkonsulat der Republik Albanien
63071 Offenbach, Spessartring 24
Albert Pfuhl Kons (H)
KBez: Hess, Rhld-Pf

Honorarkonsulat der Republik Albanien
22085 Hamburg, Kanalstr 44; Tel (0 40) 22 92 31 02; Fax (0 40) 22 92 32 16
Klaus Niemann Kons (H)
KBez: Hbg, Bre, Nds

Algerien

Generalkonsulat der Botschaft der Demokratischen Volksrepublik Algerien (BS)
13187 Berlin, Görschstr 45-46; Tel (0 30) 4 81 61 70; Fax (0 30) 4 86 31 36
Yousef Mehenni GenKons
KBez: BGeb

Amerika, Vereinigte Staaten von

Konsularabteilung der Botschaft der Vereinigten Staaten von Amerika (BS)
53179 Bonn, Deichmanns Aue 29; Tel (02 28) 3 39 20 53; Fax (02 28) 3 39-26 63
KBez: BGeb

Außenstelle Berlin
14169 Berlin, Clay-Allee 170; Tel (0 30) 8 32 92 33, Visa 83 24 08-89; Fax (0 30) 8 31 49 26 (für Bln, BB, MV, ST)

Generalkonsulat der Vereinigten Staaten von Amerika (B)
40476 Düsseldorf, Kennedydamm 15-17; Tel (02 11) 47 06 10; Fax (02 11) 43 14 31
Thomas L Boam GenKons
KBez: NW

Generalkonsulat der Vereinigten Staaten von Amerika (BS)
60323 Frankfurt, Siesmayerstr 21; Tel (0 69) 75 35-0; Fax (0 69) 75 35 23 00; (stellt Einwanderungssichtvermerke aus)
Janet S Andres Genkonsulin
KBez: Hess, Rhld-Pf, Saar

Generalkonsulat der Vereinigten Staaten von Amerika (BS)
20354 Hamburg, Alsterufer 27/28; Tel (0 40) 44 30 04; Fax (0 40) 41 76 65
Arkell D Weygandt GenKons
KBez: Bre, Hbg, Nds, Schl-H

Generalkonsulat der Vereinigten Staaten von Amerika
04107 Leipzig, Wilhelm-Seyfferth-Str 4; Tel (03 41) 2 13 84 10; Fax (03 41) 2 13 84 71
Annette L Veler GenKonsulin
KBez: SN, TH

Generalkonsulat der Vereinigten Staaten von Amerika (BS)
80539 München, Königinstr 5; Tel (0 89) 28 88-0; Fax (0 89) 2 80 99 98
Patrick J Nichols GenKons
KBez: Bay

Generalkonsulat der Vereinigten Staaten von Amerika (BS)
70182 Stuttgart, Urbanstr 7; Tel (07 11) 21 00 80; Fax (07 11) 2 10 08 20
Michael A Ceurvorst GenKons
KBez: Bad-W

Angola

Konsularabteilung der Botschaft der Republik Angola (BS)
53111 Bonn, Kaiser-Karl-Ring 20 c; Tel (02 28) 5 55 70-8; Fax (02 28) 65 92 82
KBez: BGeb ohne Länder Bln, BB, MV, SN, ST, TH

Konsulat der Republik Angola (BS)
10318 Berlin, Ehrlichstr 54; Tel (0 30) 5 09 90 64
Elias Augusto Kons
KBez: Bln, BB, MV, SN, ST, TH

Antigua und Barbuda

Honorarkonsulat von Antigua und Barbuda
22767 Hamburg, Van-der-Smissen-Str 2; Tel (0 40) 38 99 89 11; Fax (04 41) 3 04 62 09
Eike F Malling Kons (H)
KBez: Hbg, Bre, Nds, Schl-H, Bln, BB, MV, ST

Honorarkonsulat von Antigua und Barbuda
61348 Bad Homburg, Thomasstr 11; Tel (0 61 72) 2 15 04; Fax (0 61 72) 2 15 13
Dr Werner Ulrich Giersch Kons (H)
KBez: Hess, Bad-W, Bay, NW, Rhld-Pf, Saar, SN, TH

Argentinien

Konsularabteilung der Botschaft der Argentinischen Republik
53113 Bonn, Adenauerallee 50-52; Tel (02 28) 2 28 01 38
KBez: NW

Generalkonsulat der Argentinischen Republik (BS)
10117 Berlin, Clara-Zetkin-Str 89; Tel (0 30) 2 20 26 21; Fax (0 30) 2 29 14 00
Jorge Horacio Mauhourat GenKons
KBez: Bln, BB, MV, SN, ST, TH

Generalkonsulat der Argentinischen Republik (BS)
60325 Frankfurt, Mainzer Landstr 46/XIX; Tel (0 69) 9 72 00 30; Fax (0 69) 71 03 23
Daniel Adán Dziewezo Polski GenKons
KBez: Bad-W, Bay, Hess, Rhld-Pf, Saar

Generalkonsulat der Argentinischen Republik (BS)
20148 Hamburg, Mittelweg 141; Tel (0 40) 44 18 46-0; Fax (0 40) 4 10 51 03
Sergio Rafael Bocanegra GenKons
KBez: Hbg, Schl-H, Bre, Nds

Armenien

Konsularabteilung der Botschaft der Republik Armenien
53173 Bonn, Viktoriastr 15; Tel (02 28) 35 29 03; Fax (02 28) 35 29 03
KBez: BGeb

Aserbaidschan

Konsularabteilung der Aserbaidschanischen Republik
53179 Bonn, Schloßallee 12; Tel (02 28) 94 38 90; Fax (02 28) 85 86 44
KBez: BGeb

Australien

Konsularabteilung der australischen Botschaft (B)
53175 Bonn, Godesberger Allee 105-107; Tel (02 28) 81 03-0; Fax (02 28) 8 10 31 30
KBez: NW, Nds, Hbg, Bre, Schl-H, Bad-W, Bay

Visa- und Einwanderungsabteilung der australischen Botschaft (S)
53175 Bonn, Godesberger Allee 105-107, Tel (02 28) 81 03-2 81 (Visa), 81 03-2 82 (Einwanderung); Fax (02 28) 37 31 45

Generalkonsulat von Australien (B)
10623 Berlin, Uhlandstr 181-183; Tel (0 30) 8 80 08 80; Fax (0 30) 88 00 88 99
Margaret Anne Adamson GenKonsulin
KBez: Bln, BB, MV, SN, ST, TH

Generalkonsulat von Australien (B)
60329 Frankfurt, Gutleutstr 85; Tel (0 69) 2 73 90 90; Fax (0 69) 23 26 31; Telex 4 13 821
Dieter Le Comte GenKons
KBez: Hess, Saar, Rhld-Pf

Bahrain

Konsularabteilung der Botschaft des Staates Bahrain
53173 Bonn, Plittersdorfer Str 91; Tel (02 28) 95 76 10; Fax (02 28) 9 57 61 99
KBez: BGeb

Bangladesch

Konsularabteilung der Botschaft der Volksrepublik Bangladesch (BS)
53173 Bonn, Bonner Str 48; Tel (02 28) 35 25 25; Fax (02 28) 35 41 42
KBez: BGeb

Honorarkonsulat der Volksrepublik Bangladesch
10719 Berlin, Kurfürstendamm 44; Tel (0 30) 8 82 72 88; Fax (0 30) 88 00 08 68
Dr Karlheinz Knauthe Kons (H)
KBez: Bln, BB

Honorargeneralkonsulat der Volksrepublik Bangladesch (B)
28195 Bremen, Martinistr 58; Tel (04 21) 1 76 02 44; Fax (04 21) 1 45 06
Karl Hillard Geuther GenKons (H)
KBez: Bre, Nds

Honorargeneralkonsulat der Volksrepublik Bangladesch
60327 Frankfurt, Friedrich-Ebert-Anlage 49; Tel (0 69) 97 54 80; Fax (0 69) 97 54 82 99
Dr Horstmar Stauber GenKons (H)
KBez: Hess, NW

Honorargeneralkonsulat der Volksrepublik Bangladesch (B)
80333 München, Wittelsbacherplatz 1; Tel (0 89) 28 64 00; Fax (0 89) 2 80 94 32
Dr Wolf Schwarz GenKons (H)
KBez: Bay, Bad-W

Barbados

Honorarkonsulat von Barbados
10785 Berlin, Am Karlsbad 11; Tel (0 30) 2 54 67-2 58; Fax (0 30) 25 46 73 00
Jens Schnieders Kons (H)
KBez: Bln, BB

Honorarkonsulat von Barbados
27568 Bremerhaven, Rudloffstr 21; Tel (04 71) 4 40 00; Fax (0 47 40) 7 53
Dr Axel Schultze-Petzold Kons (H)
KBez: Bre, Hbg, Nds, Schl-H

Belarus

Konsularabteilung der Botschaft der Republik Belarus
53113 Bonn, Fritz-Schäffer-Str 20; Tel (02 28) 2 01 13 30; Fax (02 28) 2 01 13 39
KBez: BGeb

Außenstelle Berlin
12435 Berlin, Treptower Park 32/33; Tel (0 30) 2 29 95 94; Fax (0 30) 2 29 95 19

Belgien

Konsularabteilung der Botschaft des Königreichs Belgien (BS)
50667 Köln, Cäcilienstr 46; Tel (02 21) 25 31 37/38; Fax (02 21) 2 57 54 37
KBez: BGeb ohne Bay, Bad-W, Bre, Hbg, Nds, Schl-H

Außenstelle Berlin (BS)
13187 Berlin, Esplanade 13; Tel (0 30) 4 45 91 87/88; Fax (0 30) 4 45 91 89
(für die Länder Bln, BB, MV, SN, ST, TH)

Honorarkonsulat des Königreichs Belgien (B)
52062 Aachen, Kapuzinergraben 12, 14, 16 Dresdner Bank; Tel (02 41) 2 31 72
Carlita Grass-Talbot Konsulin (H)
KBez: Stadt und Kreis Aachen, Kreise Düren und Heinsberg im Land NW

Honorarkonsulat des Königreichs Belgien (B)
28199 Bremen, Herrlichkeit 5 II; Tel (04 21) 5 90 71 34; Fax (04 21) 5 90 71 36
Michael Grobien Kons (H)
KBez: Bre

Honorarkonsulat des Königreichs Belgien
01307 Dresden, Schumannstr 21; Tel (03 51)
4 45 11 01; Fax (03 51) 4 45 11 11
Wilhelm von Carlowitz Kons (H)
KBez: SN

Honorarkonsulat des Königreichs Belgien
47059 Duisburg, Schifferstr 26; Tel (02 03) 31 43 99
Heribert Becker Kons (H)
KBez: Städte Duisburg, Oberhausen, Mülheim sowie die Kreise Kleve und Wesel im Land NW

Generalkonsulat des Königreichs Belgien (BS)
20149 Hamburg, Mittelweg 87; Tel (0 40) 41 70 75/76; Fax (0 40) 45 54 96
Jean Mineur GenKons
KBez: Hbg, Schl-H, Bre, Nds

Honorarkonsulat des Königreichs Belgien (B)
30173 Hannover, Hans-Böckler-Allee 20; Tel (05 11) 8 57 25 54; Fax (05 11) 85 52 79
Jacqes Robert Thoelen Kons (H)
KBez: Nds

Honorarkonsulat des Königreichs Belgien (B)
24103 Kiel, Alter Markt 11; Tel (04 31) 9 10 77, 9 51 52; Fax (04 31) 9 14 68
Dr Hans-Joachim Rüdel Kons (H)
KBez: Schl-H

Generalkonsulat des Königreichs Belgien (BS)
80333 München, Brienner Str 14; Tel (0 89) 2 86 60 90; Fax (0 89) 28 20 18
Hervé Goyens GenKons
KBez: Bay, Bad-W

Honorarkonsulat des Königreichs Belgien (B)
90471 Nürnberg, Lina-Ammon-Str 10; Tel (09 11) 8 12 14 28; Fax (09 11) 8 12 14 06
Gerhard Wöhrl Kons (H)
KBez: RBez Mittel-, Ober-, Unterfranken und die Oberpfalz im Land Bay

Honorarkonsulat des Königreichs Belgien (BS)
66111 Saarbrücken, Bleichstr 21-23; Tel (06 81) 3 88 02 64; Fax (06 81) 3 88 02 69
Dr Hans Stiff Kons (H)
KBez: Saar

Honorarkonsulat des Königreichs Belgien (B)
70174 Stuttgart, Büchsenstr 28; Tel (07 11) 29 62 88; Fax (07 11) 2 09 63 96
Dr Jürgen Blumer Kons (H)
KBez: Bad-W

Belize

Honorarkonsulat von Belize
70184 Stuttgart, Bopserwaldstr 40 G; Tel (07 11) 23 39 47
Wolfgang Kahles Kons (H)
KBez: BGeb

Benin

Konsularabteilung der Botschaft der Republik Benin (BS)
53179 Bonn, Rüdigerstr 10; Tel (02 28) 94 38 70; Fax (02 28) 85 71 92
KBez: BGeb

Honorarkonsulat der Republik Benin
12055 Berlin, Richardplatz 24; Tel (0 30) 6 87 07 09
Dr Eckhard Stegenwallner Kons (H)
KBez: Bln, BB, SN, TH

Honorarkonsulat der Republik Benin
20457 Hamburg, Bei St Annen 1; Tel (0 40) 30 88 37 01; Fax (0 40) 30 88 33 88
Helmuth Kern Kons (H)
KBez: Hbg

Honorarkonsulat der Republik Benin
80798 München, Tengstr 27; Tel (0 89) 2 71 64 06; Fax (0 89) 2 72 85 35
Dr Wilhelm Bezold Kons (H)
KBez: Bay

Honorarkonsulat der Republik Benin
66119 Saarbrücken, Puccinistr 2; Tel (06 81) 5 86 06 11; Fax (06 81) 5 86 06 67
Klaus Hartmann Kons (H)
KBez: Saar, Rhld-Pf

Bolivien

Konsularabteilung der Botschaft der Republik Bolivien
53179 Bonn, Konstantinstr 16; Tel (02 28) 36 20 38/39; Fax (02 28) 35 59 52
KBez: BGeb

Honorarkonsulat der Republik Bolivien
20354 Hamburg, Poststr 36; Tel (0 40) 3 58 97 53; Fax (0 40) 34 28 56
Hortensia Rocabado de Viets Konsulin (H)
KBez: Hbg, MV, Schl-H

Honorarkonsulat der Republik Bolivien (BS)
80538 München, Widenmayerstr 17; Tel (0 89) 2 91 38 00; Fax (0 89) 2 91 38 44, 2 91 37 05
Rüdiger von Kaufmann Kons (H)
KBez: Bad-W, Bay

Bosnien und Herzegowina

Konsularabteilung der Botschaft von Bosnien und Herzegowina
53173 Bonn, Bürgerstr 12; Tel (02 28) 36 59 11/12; Fax (02 28) 36 58 36
KBez: BGeb ohne Bad-W, Bay, Hess, Rhld-Pf, Saar, SN, TH

Außenstelle Berlin
14165 Berlin, Albertinenstr 7; Tel (0 30) 8 01 30 26; Fax (0 30) 8 02 15 01

Generalkonsulat von Bosnien und Herzegowina
80636 München, Maillinger Str 32; Tel (0 89)
1 23 60 67; Fax (0 89) 12 39 11 95
Sahbaz Dzihanović GenKons
KBez: Bay, SN, TH

Generalkonsulat von Bosnien und Herzegowina
70180 Stuttgart, Olgastr 97b; Tel (07 11)
6 07 50 32; Fax (07 11) 6 07 54 33, 6 07 54 34
NN
KBez: Bad-W, Hess, Rhld-Pf, Saar

Botsuana

Honorarkonsulat der Republik Botsuana
22113 Hamburg, Berzeliusstr 45; Tel (0 40)
7 32 61 91; Fax (0 40) 7 32 85 06
Paul Eckler Kons (H)
KBez: Hbg, Bre, Nds, Schl-H, MV

Honorarkonsulat der Republik Botsuana
40883 Ratingen, Kieselei 42; Tel (0 21 02) 89 64 34
Wolf von Bila Kons (H)
KBez: NW, Hess, Rhld-Pf, Saar, Bad-W, Bay, Bln, BB, SN, ST, TH

Brasilien

Konsularabteilung der Botschaft der Föderativen Republik Brasilien (BS)
Bonn Sitz:
50667 Köln, Quatermarkt 5; Tel (02 21)
2 57 68 91-93; Fax (02 21) 2 57 68 87
KBez: NW

Honorarkonsulat der Föderativen Republik Brasilien
52068 Aachen, Reichsweg 19-42; Tel (02 41)
5 10 91 78; Fax (02 41) 5 10 91 05
Klaus-Peter Pavel Kons (H)
KBez: RBez Köln in NW

Generalkonsulat der Föderativen Republik Brasilien (BS)
13187 Berlin, Esplanade 11; Tel (0 30) 4 45 91 85,
4 45 91 21; Fax (0 30) 4 45 91 84
Aderbal Costa GenKons
KBez: Bln, BB, MV, SN, ST, TH

Honorarkonsulat der Föderativen Republik Brasilien
28203 Bremen, An der Schleifmühle 39/43; Tel
(04 21) 3 66 42 33; Fax (04 21) 3 66 42 39
Detlef Hegemann Kons (H)
KBez: Bre

Generalkonsulat der Föderativen Republik Brasilien (BS)
60313 Frankfurt, Stephanstr 3; Tel (0 69)
29 07 08-09; Fax (0 69) 29 05 21
Cesario Melantonio Neto GenKons
KBez: Hess, Saar, Rhld-Pf

Generalkonsulat der Föderativen Republik Brasilien (BS)
20354 Hamburg, Große Theaterstr 42; Tel (0 40)
35 18 27/8; Fax (0 40) 35 18 29
Joaquim Augusto Whitaker Salles GenKons
KBez: Hbg, Bre, Schl-H, Nds

Honorarkonsulat der Föderativen Republik Brasilien (B)
55124 Mainz, Kapellenstr 30; Tel (0 61 31) 4 12 34;
Fax (0 61 31) 4 24 93
Reinhard L Jagdt Kons (H)
KBez: Rhld-Pf

Generalkonsulat der Föderativen Republik Brasilien (BS)
80538 München, Widenmayerstr 47; Tel (0 89)
2 10 37 60; Fax (0 89) 29 16 07 68
Dinah Flüsser Genkonsulin
KBez: Bad-W, Bay

Honorarkonsulat der Föderativen Republik Brasilien (B)
90546 Stein, Nürnberger Str 2; Tel (09 11) 9 96 50;
Fax (09 11) 99 65 30
Anton Wolfgang Graf von Faber-Castell Kons (H)
KBez: Reg Bez Ober-, Mittel und Unterfranken in Bay

Honorarkonsulat der Föderativen Republik Brasilien (B)
70173 Stuttgart, Königstr 5; Tel (07 11) 12 43 32;
Fax (07 11) 12 42 37
Dr Walther Zügel Kons (H)
KBez: Bad-W

Brunei

Konsularabteilung der Botschaft von Brunei Darussalam (BS)
53111 Bonn, Kaiser-Karl-Ring 18; Tel (02 28)
67 20 44/47; Fax (02 28) 68 73 29
KBez: BGeb

Bulgarien

Konsularabteilung der Botschaft der Republik Bulgarien (BS)
53173 Bonn, Am Büchel 17; Tel (02 28)
35 10 71/72; Fax (02 28) 35 82 15
KBez: BGeb ohne Bay, Bad-W

Außenstelle der Botschaft der Republik Bulgarien (BS)
10117 Berlin, Leipziger Str 20; Tel (0 30)
2 01 09 22, 2 08 15 90; Fax (0 30) 2 08 68 38
(für Bln, BB, MV, SN, ST, TH)

Honorarkonsulat der Republik Bulgarien
45127 Essen, III Hagen 43; Tel (02 01) 1 03 56 00;
Fax (02 01) 1 03 56 02
Hans Georg Feldhege Kons (H)
KBez: NW

Honorarkonsulat der Republik Bulgarien
20354 Hamburg, Neu Rabenstr 28; Tel (0 40) 4 10 44 62; Fax (0 40) 41 19 37 64
Dr Gerd-Winand Imeyer Kons (H)
KBez: Hbg, Schl-H

Generalkonsulat der Republik Bulgarien (BS)
80638 München, Böcklinstr 1; Tel (0 89) 15 50 26/29; Fax (0 89) 15 50 06
Ilija Krastelnikov GenKons
KBez: Bay, Bad-W

Burkina Faso

Konsularabteilung der Botschaft von Burkina Faso
53179 Bonn, Wendelstadtallee 18; Tel (02 28) 9 52 97-0; Fax (02 28) 9 52 97-20
KBez: BGeb

Honorarkonsulat von Burkina Faso
14163 Berlin, Goethestr 24 c; Tel (0 30) 8 01 81 87; Fax (0 30) 8 02 10 92
Helga Exner Konsulin (H)
RBez: Bln, BB, MV

Honorarkonsulat von Burkina Faso
Düsseldorf, Sitz: 45468 Mülheim/Ruhr, Kohlenkamp 14; Tel (02 08) 44 51 51; Fax (02 08) 44 51 53
Helmut Troitzsch Kons (H)
KBez: NW

Honorarkonsulat von Burkina Faso
30169 Hannover, Hildesheimer Str 9; Tel (05 11) 2 84 55 10; Fax (05 11) 2 84 55 11
Klaus Dieter Wolf Kons (H)
KBez: Nds

Honorarkonsulat von Burkina Faso
55116 Mainz, Kaiserstr 76-78; Tel (0 61 31) 22 95 36
Dr Dieter Spiess Kons (H)
KBez: Rhld-Pf

Honorargeneralkonsulat von Burkina Faso
80538 München, St-Anna-Str 15; Tel (0 89) 2 90 45 20; Fax (0 89) 29 31 69
Walter Heubl Genkons
KBez: Bay, Hess, Saar

Honorarkonsulat von Burkina Faso
70195 Stuttgart, Vaihinger Landstr 48; Tel (07 11) 69 69 10
Hellmut Niethammer Kons (H)
KBez: Bad-W

Burundi

Konsularabteilung der Botschaft der Republik Burundi (BS)
53179 Bonn, Mainzer Str 174; Tel (02 28) 34 50 32; Fax (02 28) 34 01 48
KBez: BGeb

Honorarkonsulat der Republik Burundi
14052 Berlin, Theodor-Heuss-Platz 4; Tel (0 30) 3 02 80 97; Fax (0 30) 3 01 55 16
Klaus-Peter Stiewe Kons (H)
KBez: Bln, BB, SN, ST, TH

Honorarkonsulat der Republik Burundi
65933 Frankfurt, Mainzer Landstr 683; Tel (0 69) 39 00 10
Bardo Stieffenhofer Kons (H)
KBez: Hess

Honorarkonsulat der Republik Burundi
22457 Hamburg, Oldesloer Str 63; Tel (0 40) 55 87 11 24, 39 39 98 73; Fax (0 40) 55 87 12 97
Dr Otto Mohrdiek Kons (H)
KBez: Hbg, Bre, MV, Nds, Schl-H

Honorarkonsulat der Republik Burundi
70182 Stuttgart, Gaibsburgstr 7-9; Tel (07 11) 24 34 06; Fax (07 11) 2 36 12 38
Dietrich von Berg Kons (H)
KBez: Bad-W, Bay

Chile

Konsularabteilung der Botschaft der Republik Chile (BS)
53173 Bonn, Kronprinzenstr 20; Tel (02 28) 36 36 47; Fax (02 28) 35 37 66
KBez: NW, Hess, Rhld-Pf, Saar, TH

Generalkonsulat der Republik Chile (BS)
10117 Berlin, Leipziger Str 61/Whg 05/03; Tel (0 30) 2 29 25 31; Fax (0 30) 2 00 43 12
Augusto Marambio Vial GenKons
KBez: Bln, BB, SN, ST

Honorarkonsulat der Republik Chile (BS)
28195 Bremen, Wilhelm-Kaisen-Brücke 1; Tel (04 21) 32 37 31
Klaus Eberhard Momm Kons (H)
KBez: Bre

Honorargeneralkonsulat der Republik Chile (BS)
60318 Frankfurt, Humboldtstr 94; Tel (0 69) 55 01 94/95; Fax (0 69) 5 96 45 16
Bruno Schubert GenKons (H)
KBez: Hess, Rhld-Pf, Saar, TH

Generalkonsulat der Republik Chile (BS)
20148 Hamburg, Harvestehuder Weg 7 II; Tel (0 40) 45 75 85; Fax (0 40) 45 46 05
Edmundo Harbin Rojas GenKons
KBez: Hbg, Bre, MV, Nds, Schl-H

Honorarkonsulat der Republik Chile
24106 Kiel, Uferstr 72; Tel (04 31) 33 78 79; Fax (04 31) 33 35 05
Peter Frank Kons (H)
KBez: Schl-H, MV

Generalkonsulat der Republik Chile (BS)
80538 München, Mariannenstr 5; Tel (0 89)
22 20 11; Fax (0 89) 22 20 12
Marcelo Aguirre Dumay GenKons
KBez: Bay, Bad-W

Honorarkonsulat der Republik Chile
70180 Stuttgart, Etzelstr 9; Tel (07 11) 60 47 22;
Fax (07 11) 60 55 79
Georg Kieferle Kons (H)
KBez: Bad-W

China

Konsularabteilung der Botschaft der Volksrepublik China (BS)
53177 Bonn, Kurfürstenallee 12; Tel (02 28)
95 59 80 (Visaangelegenheiten), 9 55 98 15 (Gruppenreisen); Fax (02 28) 36 23 50
KBez: BGeb außer Hbg, Bre, Nds, Schl-H

Außenstelle Berlin
13156 Berlin, Heinrich-Mann-Str 9; Tel (0 30)
4 82 55 58; Fax (0 30) 48 83 97 31

Generalkonsulat der Volksrepublik China (BS)
22605 Hamburg, Elbchaussee 268; Tel (0 40)
82 27 60-0, 82 27 60 11-18, 82 27 60-18
(Visaangelegenheiten); Fax (0 40) 8 22 62 31
Pan Haifeng GenKons
KBez: Hbg, Bre, Nds, Schl-H

Costa Rica

Konsularabteilung der Botschaft der Republik Costa Rica (BS)
53113 Bonn, Langenbachstr 19; Tel (02 28)
95 12 70; Fax (02 28) 9 51 27 20
KBez: BGeb

Honorarkonsulat der Republik Costa Rica (BS)
12207 Berlin, Ostpreußendamm 72-74; Tel (0 30)
71 09 40; Fax (0 30) 7 12 50 12
Dr Wolfgang Steiner Kons (H)
KBez: Bln

Honorarkonsulat der Republik Costa Rica
60318 Frankfurt a M, Nordenstr 30 b; Tel (0 69)
5 97 81 25; Fax (0 69) 5 97 87 07
Edmund Weber Kons (H)
KBez: Hess, Rhld-Pf

Honorargeneralkonsulat der Republik Costa Rica (BS)
22609 Hamburg, Meyerhofstr 8; Tel (0 40)
80 13 95; Fax (0 40) 8 22 65 29
Joachim Ulrich GenKons (H)
KBez: Hbg, Schl-H

Honorarkonsulat der Republik Costa Rica (BS)
30171 Hannover, Marienstr 8; Tel (05 11) 28 11 27;
Fax (05 11) 2 83 41 11
Dr Hans-Wolf Sievert Kons (H)
KBez: Nds

Honorarvizekonsulat der Republik Costa Rica (BS)
69120 Heidelberg, Albert-Ueberle-Str 24; Tel
(0 62 21) 48 42 21
Maria Krebs VKonsulin (H)
KBez: RBez Karlsruhe im Land Bad-W

Honorargeneralkonsulat der Republik Costa Rica (BS)
80331 München, Neuhauser Str 27; Tel (0 89)
2 31 18 40; Fax (0 89) 23 11 84 29
Dr Hans Inselkammer GenKons (H)
KBez: Bay, SN

Côte d'Ivoire

Konsularabteilung der Botschaft der Republik Côte d'Ivoire (BS)
53115 Bonn, Königstr 93; Tel (02 28) 21 20 98/99;
Fax (02 28) 21 73 13
KBez: BGeb

Honorarkonsulat der Republik Côte d'Ivoire
10111 Berlin, Leipziger Str 50; Tel (0 30)
2 29 16 40; Fax (0 30) 6 09 35 37
Dr Winfried Anton Elm Kons (H)
KBez: Bln, BB, SN, ST, TH

Honorarkonsulat der Republik Côte d'Ivoire (BS)
40597 Düsseldorf, Hauptstr 8; Tel (02 11)
7 18 59 22; Fax (02 11) 7 18 58 19
Christoph Zimmermann Kons (H)
KBez: NW, Bad-W, Rhld-Pf, Saar

Honorarkonsulat der Republik Côte d'Ivoire (BS)
60325 Frankfurt, Schumannstr 65; Tel (0 69)
74 50 01; Fax (0 69) 75 19 79
Ignatz Bubis Kons (H)
KBez: Hess

Honorarkonsulat der Republik Côte d'Ivoire (BS)
81377 München, Fürstenrieder Str 276; Tel (0 89)
7 14 10 63; Fax (0 89) 71 64 02
Ludwig Bauer Kons (H)
KBez: Bay

Dänemark

Konsularabteilung der Botschaft des Königreichs Dänemark (BS)
53111 Bonn, Pfälzer Str 14; Tel (02 28) 72 99 10,
7 29 91-13 (Visa); Fax (02 28) 7 29 91 31
KBez: Stadt Bonn und Rhein-Sieg-Kreis im Land NW, Bad-W

Generalkonsulat des Königreichs Dänemark (BS)
10787 Berlin, Wichmannstr 5; Tel (0 30) 2 50 01-0;
Fax (0 30) 25 00 11 90
Erik Bom GenKons
KBez: Bln, BB, MV, SN, ST, TH

Honorarkonsulat des Königreichs Dänemark (B)
28195 Bremen, Schlachte 15–18; Tel (04 21)
1 69 01 42; Fax (04 21) 1 69 01 36; TA BACHMANNS KONSULAT BREMEN; Telex 2 44 266 Bachmann
Rita Dubbers-Albrecht Konsulin (H)
KBez: Bre

457

Honorarvizekonsulat des Königreichs Dänemark
27472 Cuxhaven, Fährhafen; Tel (0 47 21) 5 60 00; Fax (0 47 21) 56 00 25
Yvonne Trulsen Vizekonsulin (H)
KBez: Landkreise Cuxhaven und Stade im RBez Lüneburg

Honorarkonsulat des Königreichs Dänemark (BS)
01099 Dresden, Königsbrücker Str 17; Tel (03 51) 5 02 42 04; Fax (03 51) 5 67 02 79
Dr Axel Bauer Kons (H)
KBez: SN

Generalkonsulat des Königreichs Dänemark (BS)
40213 Düsseldorf, Kasernenstr 24; Tel (02 11) 13 14 00; Fax (02 11) 13 12 17
Jørgen Tranberg GenKons
KBez: NW mit Ausnahme der Stadt Bonn und des Rhein-Sieg-Kreises

Generalkonsulat des Königreichs Dänemark (BS)
24937 Flensburg, Nordergraben 19; Tel (04 61) 1 44 00-0; Fax (04 61) 1 79 28
Lorenz Rerup GenKons
KBez: Stadt Flensburg, die Kreise Nordfriesland und Schleswig-Flensburg sowie der nördlich des Nord-Ostseekanals gelegene Teil des Kreises Rendsburg-Eckernförde im Land Schl-H

Generalkonsulat des Königreichs Dänemark (BS)
60487 Frankfurt, Am Leonhardsbrunn 20; Tel (0 69) 97 09 00-0; Fax (0 69) 7 07 18 76
Poul Essemann GenKons
KBez: Hess, Rhld-Pf, Saar

Generalkonsulat des Königreichs Dänemark (BS)
20148 Hamburg, Heimhuder Str 77; Tel (0 40) 41 40 05-0; Fax (0 40) 4 10 40 57
Bjørn Olsen GenKons
KBez: Bre, Hbg, Nds, Schl-H mit Ausnahme der Stadt Flensburg, der Kreise Nordfriesland und Schleswig-Flensburg sowie des nördlich des Nord-Ostseekanals gelegenen Teils des Kreises Rendsburg-Eckernförde im Land Schl-H

Honorarkonsulat des Königreichs Dänemark (B)
30159 Hannover, Georgsplatz 1; Tel (05 11) 3 61 22 20; Fax (05 11) 3 61 22 61
Manfred Bodin Kons (H)
KBez: Nds mit Ausnahme der Landkreise Cuxhaven und Stade

Honorarkonsulat des Königreichs Dänemark
24144 Kiel, Sophienblatt 33; Tel (04 31) 6 03 20 11; Fax (04 31) 6 03 13 71
Klaus R Uschkoreit Kons (H)
KBez: Stadt Kiel, Kreis Plön, Stadtkreis Neumünster sowie die südlich des Nord-Ostsee-Kanals gelegenen Teile des Kreises Rendsburg-Eckernförde im Land Schl-H

Honorarkonsulat des Königreichs Dänemark
23566 Lübeck, Im Gleisdreieck 17; Tel (04 51) 6 10 53 13; Fax (04 51) 6 43 74
Carsten Bliddal Kons (H)

KBez: Hansestadt Lübeck sowie die Kreise Lauenburg, Ostholstein, Bad Segeberg und Stormarn im Land Schl-H

Generalkonsulat des Königreichs Dänemark (BS)
80336 München, Sendlinger-Tor-Platz 10/IV; Tel (0 89) 5 45 85 40; Fax (0 89) 59 78 15
Carsten Schmidt GenKons
Bez: Bay

Honorarkonsulat des Königreichs Dänemark (B)
90403 Nürnberg, Bischof-Meiser-Str 2; Tel (09 11) 2 01 56 00; Fax (09 11) 2 01 56 07
Dr Klaus Walter Kons (H)
KBez: RBez Ober-, Unter- und Mittelfranken im Land Bay

Honorarkonsulat des Königreichs Dänemark
18055 Rostock, Pädagogienstr; Tel (03 81) 4 59 51 00/1/2; Fax (03 81) 4 93 43 30
Michael Torka Kons (H)
KBez: MV

Honorarkonsulat des Königreichs Dänemark (BS)
70173 Stuttgart, Bolzstr 6; Tel (07 11) 29 01 37; Fax (07 11) 1 85 40 19
Dipl-Kfm Dietrich Weller Kons (H)
KBez: Bad-W

Dominikanische Republik

Honorargeneralkonsulat der Dominikanischen Republik
60431 Frankfurt, Fuchshohl 59; Tel (0 69) 52 10 35; Fax (0 69) 51 77 92
Horst-Wolfgang Dettmer GenKons (H)
KBez: Hess, Rhld-Pf

Generalkonsulat der Dominikanischen Republik (BS)
20249 Hamburg, Heilwigstr 125; Tel (0 40) 47 40 84; Fax (0 40) 4 60 51 97
Rafaela Alburquerque de Gonzalez GenKonsulin
KBez: BGeb

Honorargeneralkonsulat der Dominikanischen Republik
80333 München, Maximilianplatz 5; Tel (0 89) 54 58 77 70; Fax (0 89) 54 58 78 11
Hans Schubert GenKons (H)
KBez: Bay

Honorarkonsulat der Dominikanischen Republik
70372 Stuttgart, Waiblinger Str 11; Tel (07 11) 55 20 04; Fax (07 11) 50 94 25-9
Alexander Gläser Kons (H)
KBez: Bad-W

Dschibuti

Honorarkonsulat der Republik Dschibuti
28195 Bremen, Altenwall 19; Tel (04 21) 32 18 05/06; Fax (04 21) 3 37 89 26
Hans R Marquart Kons (H)
KBez: Bre, Hbg, Nds, Schl-H

Ecuador

Konsularabteilung der Botschaft der Republik Ecuador (BS)
53173 Bonn, Koblenzerstr 37-39; Tel (02 28) 35 25 44/45, 36 66 01; Fax (02 28) 36 17 65
KBez: NW, Bay, Bad-W, Bre, Hess, Rhld-Pf, Saar

Generalkonsulat der Republik Ecuador (BS)
10117 Berlin, Dorotheenstr 89; Tel (0 30) 2 38 62 17; Fax (0 30) 2 38 62 95
Diego Morejón Pazmiño GenKons
KBez: Bln, BB, MV, SN, ST, TH

Honorarkonsulat der Republik Ecuador
28195 Bremen, Breitenweg 29/33; Tel (04 21) 3 09 23 20; Fax (04 21) 1 65 42 66
Bernd-Artin Wessels Kons (H)
KBez: Bre

Honorargeneralkonsulat der Republik Ecuador (BS)
60311 Frankfurt, Berliner Str 56-58; Tel (0 69) 1 33 22 95; Fax (0 69) 1 33 25 65
Dr Wolfgang Kuhn GenKons (H)
KBez: Hess, Rhld-Pf, Saar

Generalkonsulat der Republik Ecuador (BS)
20149 Hamburg, Rothenbaumchaussee 221; Tel (0 40) 44 31 35; Fax (0 40) 4 10 31 35
Dr Franklin Espinosa Vélez GenKons
KBez: Hbg, Bre, Nds, Schl-H

Honorarkonsulat der Republik Ecuador (BS)
80469 München, Fraunhoferstr 2; Tel (0 89) 26 56 58; Fax (0 89) 23 70 12 69
Thomas Schlereth Kons (H)
KBez: Bad-W, Bay

El Salvador

Konsularabteilung der Botschaft der Republik El Salvador (BS)
53113 Bonn, Adenauerallee 238; Tel (02 28) 54 99 13/14; Fax (02 28) 54 98 14
KBez: BGeb

Honorarkonsulat der Republik El Salvador
10627 Berlin, Wilmersdorfer Str 39; Tel (0 30) 3 12 99 67, 3 13 04 41; Fax (0 30) 3 12 67 06
Ernst Schilling Kons (H)
KBez: Bln, BB

Honorarkonsulat der Republik El Salvador
28355 Bremen, Rockwinkeler Landstr 49; Tel (04 21) 25 02 06; Fax (04 21) 25 05 15
Helmut Werner Kons (H)
KBez: Bre

Honorarkonsulat der Republik El Salvador
Düsseldorf, Sitz:
41460 Neuss, Elisenstr 17; Tel (0 21 31) 27 89 71; Fax (0 21 31) 27 42 67
Karlheinz Wolfgang Kons (H)
KBez: NW, Rhld-Pf, Saar

Honorarkonsulat der Republik El Salvador
Frankfurt, Sitz:
63067 Offenbach, Schillerstr 2, Ecke Körnerstr; Tel (0 69) 8 09 93 38; Fax (0 69) 8 09 93 57
Dr Lothar Winkler Kons (H)
KBez: Hess

Honorarkonsulat der Republik El Salvador
20457 Hamburg, Sandtorkai 5; Tel (0 40) 37 50 09 23; Fax (0 40) 37 50 08 80
Bernhard J Benecke Kons (H)
KBez: Hbg

Honorarkonsulat der Republik El Salvador
80469 München, Reichenbachstr 2; Tel (0 89) 2 35 00 70; Fax (0 89) 23 50 07 31
Dr Peter Gassner Kons (H)
KBez: Bay

Eritrea

Konsularabteilung der Botschaft von Eritrea
50968 Köln, Marktstr 8; Tel (02 21) 37 30 16; Fax (02 21) 3 40 41 28
KBez: BGeb ohne Länder Bad-W, Bay, Hess, Rhld-Pf, Saar, TH

Konsulat von Eritrea
60385 Frankfurt a M, Dahlmannstr 36; Tel (0 69) 43 64 96; Fax (0 69) 43 87 48
Zerezghi Araia Mahyo Kons
KBez: Bad-W, Bay, Hess, Rhld-Pf, Saar, TH

Estland

Konsularabteilung der Botschaft der Republik Estland
53113 Bonn, Fritz-Schäffer-Str 22; Tel (02 28) 91 47 90; Fax (02 28) 9 14 79 11
KBez: BGeb

Honorarkonsulat der Republik Estland
40474 Düsseldorf, Uerdinger Str 58; Tel (02 11) 43 22 37; Fax (02 11) 4 57 32 06
Dr Jochen Friedrich Kirchhoff Kons (H)
KBez: NW

Honorarkonsulat der Republik Estland
20148 Hamburg, Badestr 38; Tel (0 40) 4 50 40 26; Fax (0 40) 4 50 40 51
Dr jur Ulf Lange Kons (H)
KBez: Hbg

Honorarkonsulat der Republik Estland
24103 Kiel, Bergstr 1; Tel (04 31) 5 13 23; Fax (04 31) 5 13 27
Hans Wilhelm Berger Kons (H)
KBez: Schl-H

Finnland

Konsularabteilung der Botschaft der Republik Finnland (BS)
53173 Bonn, Friesdorfer Str 1; Tel (02 28) 38 29 80; Fax (02 28) 3 82 98 57
KBez: NW, Bay

Außenstelle Berlin
10787 Berlin, Lützowufer 26; Tel (0 30) 2 61 30 29; Fax (0 30) 2 61 26 02
Für die Länder Bln, BB, MV, SN, ST

Honorarkonsulat der Republik Finnland
28217 Bremen, Hafenstr 55; Tel (04 21) 3 98 33 30; Fax (04 21) 3 98 37 74
Hans Heinrich Pöhl Kons (H)
KBez: Bre

Honorarkonsulat der Republik Finnland
40211 Düsseldorf, Tonhallenstr 14-15; Tel (02 11) 36 72 04; Fax (02 11) 36 72 04
Detmar Grolman Kons (H)
KBez: NW

Honorarkonsulat der Republik Finnland
26721 Emden, Schweckendieckplatz 1; Tel (0 49 21) 2 88 00; Fax (0 49 21) 89 51 66
Fokko Walter Geerds Kons (H)
KBez: Landkreise Aurich Emsland, Grafschaft Bentheim, Leer sowie die kreisfreie Stadt Emden im Land Nds

Generalkonsulat der Republik Finnland (BS)
60325 Frankfurt, Lessingstr 5; Tel (0 69) 7 19 11 50; Fax (0 69) 72 11 50
Timo Repo GenKons
KBez: Hess, Rhld-Pf, Saar, Bad-W, TH

Generalkonsulat der Republik Finnland (BS)
20354 Hamburg, Esplanade 41; Tel (0 40) 3 50 80 70; Fax (0 40) 3 48 01 16
Pekka Säilä GenKons
KBez: Hbg, Bre, Nds, Schl-H

Honorarkonsulat der Republik Finnland
30853 Hannover Langenhagen, Mühlenfeld 18; Tel (05 11) 72 23 32; Fax (05 11) 7 71 84/85
Klaus-Jürgen Batsch Kons (H)
KBez: Im Land Nds die RBez Braunschweig, Hannover und Lüneburg sowie im RBez Weser-Ems die Landkreise Osnabrück und Vechta; kreisfreie Stadt Osnabrück

Honorarkonsulat der Republik Finnland
24103 Kiel, Wall 49-51; Tel (04 31) 98 10; Fax (04 31) 9 61 08
Volkert Knudsen Kons (H)
KBez: Schl-H, ausgenommen Stadt Lübeck und Kreise Herzogtum Lauenburg, Ostholstein, Bad Segeberg und Stormarn

Honorarkonsulat der Republik Finnland
23552 Lübeck, Große Altefähre 20-22; Tel (04 51) 1 50 70; Fax (04 51) 1 50 71 29
Claus-Achim Eschke Kons (H)
KBez: Stadt Lübeck und die Kreise Herzogtum Lauenburg, Ostholstein, Segeberg und Stormarn im Land Schl-H

Honorarkonsulat der Republik Finnland
81925 München, Arabellastr 33; Tel (0 89) 91 07 22 57/58; Fax (0 89) 91 07 28 35
Roland Berger Kons (H)
KBez: Bay

Honorarkonsulat der Republik Finnland
18147 Rostock, Am Seehafen 1; Tel (03 81) 4 58 40 00; Fax (03 81) 4 58 40 01
Horst Rahe Kons (H)
KBez: MV

Honorarkonsulat der Republik Finnland
70173 Stuttgart, Torstr 15; Tel (07 11) 2 14 82 18; Fax (07 11) 2 14 82 20
Dr Friedrich Wilhelm Hofmann Kons (H)
KBez: Bad-W

Honorarkonsulat der Republik Finnland
26389 Wilhelmshaven, Friedrich-Paffrathstr 116; Tel (0 44 21) 8 77 09; Fax (0 44 21) 8 77 70
Friedrich-August Meyer Kons (H)
KBez: Landkreise Ammerland, Cloppenburg, Friesland, Oldenburg, Wesermarsch, Wittmund sowie die kreisfreien Städte Delmenhorst, Oldenburg, Wilhelmshaven im Land Nds

Frankreich

Konsularabteilung der Botschaft der Französischen Republik (BS)
53179 Bonn, Rheinstr 52; Tel (02 28) 9 55 60 00; Fax (02 28) 9 55 61 60
KBez: Stadt Bonn und Rhein-Sieg-Kreis sowie Landkreis Euskirchen im Land NW

Außenstelle Berlin
10719 Berlin, Kurfürstendamm 211; Tel (0 30) 88 59 02 43; Fax (0 30) 8 82 52 95
Zuständig für die Länder Bln und BB

Honorarkonsulat der Französischen Republik (BS)
28195 Bremen, Töferbohmstr 8; Tel (04 21) 3 05 31 10; Fax (04 21) 3 05 31 10
Wilhelm Meier Kons (H)
KBez: Bre

Generalkonsulat der Französischen Republik (BS)
40474 Düsseldorf, Cecilienallee 10; Tel (02 11) 49 77 30; Fax (02 11) 4 91 22 40
Marc Gilbert GenKons
KBez: NW mit Ausnahme der Stadt Bonn, des Rhein-Sieg-Kreises und des Kreises Euskirchen

Generalkonsulat der Französischen Republik (BS)
60487 Frankfurt a M, Ludolfusstr 13; Tel (0 69) 7 95 09 60; Fax (0 69) 79 50 96 46
Bernard Lodiot GenKons
KBez: Hess

Honorarkonsulat der Französischen Republik
15234 Frankfurt/Oder, Nuhnenstr 23; Tel (03 35) 4 55 43 35, 4 55 43 21; Fax (03 35) 4 33 34 26
Hans-Henning Fahrenkamp Kons (H)
KBez: Kreisfreie Stadt Frankfurt/Oder sowie die Landkreise Märkisch Oderland und Oder-Spree im Land BB

Honorarkonsulat der Französischen Republik
79098 Freiburg im Breisgau, Wallstr 15; Tel (07 61) 3 13 23, 28 28 50; Fax (07 61) 2 34 00
Dr Hartmut Lübbert Kons (H)
KBez: RBez Freiburg und Tübingen im Land Bad-W

Generalkonsulat der Französischen Republik (BS)
20148 Hamburg, Pöseldorfer Weg 32; Tel (0 40) 41 41 06-0; Fax (0 40) 41 41 06 60
Dominique Lassus GenKons
KBez: Hbg, Nds, Schl-H, Bre, MV

Handelabteilung
20148 Hamburg, Mittelweg 136; Tel (0 40) 44 13 57; Fax (0 40) 4 10 33 78; TA COMATTA Hamburg; Telex 215 079 comat d

Honorarkonsulat der Französischen Republik
30179 Hannover, Kabelkamp 20, 30002 Hannover, Postfach 260; Tel (05 11) 6 76 36 71; Fax (05 11) 6 76 33 11
Dr Wolfgang G Plinke Kons (H)
KBez: Nds

Generalkonsulat der Französischen Republik (BS)
04105 Leipzig, Springerstr 6; Tel (03 41) 5 15 16; Fax (03 41) 5 13 26
Eugène Berg GenKons
KBez: SN, ST, TH

Generalkonsulat der Französischen Republik (BS)
55116 Mainz, Kaiserstr 39; Tel (0 61 31) 96 07 40; Fax (0 61 31) 9 60 74 32
Michel Doucin GenKons
KBez: Rhld-Pf

Honorarkonsulat der Französischen Republik
68161 Mannheim, Dresdner Bank; Tel (06 21) 1 79 26 02; Fax (06 21) 1 79 28 47
Michael Fritsche Kons (H)
KBez: RBez Karlsruhe und Stuttgart im Land Bad-W

Generalkonsulat der Französischen Republik (BS)
81675 München, Möhlstr 5; Tel (0 89) 4 19 41 10; Fax (0 89) 41 94 11 41
André Cira GenKons
KBez: Bay

Honorarkonsulat der Französischen Republik
48151 Münster, Bismarckallee 1; Tel (02 51) 5 20 30
Paul Schnitker Kons (H)
KBez: RBez Münster im Land NW

Honorarkonsulat der Französischen Republik
90489 Nürnberg, Rathenauplatz 16-18; Tel (09 11) 5 31 21 80; Fax (09 11) 5 31 39 90
Dr Georg Bayer Kons (H)
KBez: RBez Ober-, Unter- und Mittelfranken in Bay

Generalkonsulat der Französischen Republik (BS)
66126 Saarbrücken, Johannisstr 2; Tel (06 81) 93 67 50; Fax (06 81) 3 10 28
Jean-Yves Defay GenKons
KBez: Saar

Honorarkonsulat der Französischen Republik
66740 Saarlouis, Pavillonstr (Rathaus); Tel (0 68 31) 29 36
Odile Villeroy de Galhau Konsulin (H)
KBez: Kreis Saarlouis und Merzig-Wadern im Land Saar

Generalkonsulat der Französischen Republik (BS)
70184 Stuttgart, Richard-Wagner-Str 53; Tel (07 11) 23 74 70; Fax (07 11) 2 36 05 37
Samy Hofmann GenKons
KBez: Bad-W

Gabun

Konsularabteilung der Botschaft der Gabunischen Republik (BS)
53173 Bonn, Kronprinzenstr 52; Tel (02 28) 35 92 86, 36 58 44; Fax (02 28) 35 91 95, 36 56 22
KBez: BGeb

Honorarkonsulat der Gabunischen Republik
14109 Berlin, Scabellstr 12; Tel (0 30) 8 03 70 82; Fax (0 30) 8 03 72 96
Wolfgang Brosch Kons (H)
KBez: Bln, BB

Honorarkonsulat der Gabunischen Republik
40470 Düsseldorf, Roseggerstr 5a; Tel (02 11) 61 12 88/89
Dr Hans Zahn Kons (H)
KBez: NW, Hess, Rhld-Pf, Saar

Honorarkonsulat der Gabunischen Republik
22459 Hamburg, Sellhopsweg 1; Tel (0 40) 55 90 51 16; Fax (0 40) 55 90 51 00
Detlef Strathmann Kons (H)
KBez: Hbg, Bre, MV, Nds, Schl-H

Gambia

Honorarkonsulat der Republik Gambia
10711 Berlin, Kurfürstendamm 103; Tel (0 30) 8 92 31 21; Fax (0 30) 8 91 14 01
Gerhard Bartels Kons (H)
KBez: Bln

Honorarkonsulat der Republik Gambia
40212 Düsseldorf, Königsallee 60; Tel (02 11) 9 25 86 10
Rolf Becker Kons (H)
KBez: NW

Honorarkonsulat der Republik Gambia
60323 Frankfurt am Main, Oberlindau 15; Tel (0 69) 97 12 00 30; Fax (0 69) 97 12 00 12
Jan Klimitz Kons (H)
KBez: Hess, Rhld-Pf, Saar

Honorarkonsulat der Republik Gambia
80502 München, Schönfeldstr 14, Postfach 1249; Tel (0 89) 98 90 22; Fax (0 89) 98 90 22
Freda Treutlein von Stackelberg Konsulin (H)
KBez: Bad-W, Bay

Georgien

Konsularabteilung der Botschaft der Republik Georgien
53177 Bonn, Am Kurpark 6; Tel (02 28) 95 75 10; Fax (02 28) 9 57 51 20
KBez: BGeb

Ghana

Konsularabteilung der Botschaft der Republik Ghana (BS)
53173 Bonn, Rheinallee 58; Tel (02 28) 35 20 11-13; Fax (02 28) 36 34 98
KBez: BGeb
Außenstelle Berlin
13156 Berlin, Waldstr 11; Tel (0 30) 4 77 44 40

Honorargeneralkonsulat der Republik Ghana
40237 Düsseldorf, Lindemannstr 43; Tel (02 11) 68 28 58
Manfred O Schröder GenKons (H)
KBez: NW, Rhld-Pf mit Ausnahme RBez Rheinhessen-Pfalz

Honorarkonsulat der Republik Ghana
60322 Frankfurt, Falkensteiner Str 16; Tel (0 69) 5 69 20 39; Fax (0 69) 5 69 40 49
Dr Joachim Bromkamp Kons (H)
KBez: Hess, RBez Rheinhessen-Pfalz im Land Rhld-Pf, Saar

Honorargeneralkonsulat der Republik Ghana (BS)
20459 Hamburg, Deichstr 48-50; Tel (0 40) 37 22 66
Willi Otto Bührich GenKons (H)
KBez: Hbg, Schl-H

Honorargeneralkonsulat der Republik Ghana
30449 Hannover, Schwarzer Bär 2; Tel (05 11) 44 50 53; Fax (05 11) 44 17 32
Walter Vorwerk GenKons (H)
KBez: Nds, Bre

Grenada

Honorarkonsulat von Grenada
12159 Berlin, Stierstr 10; Tel (0 30) 8 52 22 02; Fax (0 30) 8 53 23 54, 8 59 11 02
Ronald Bauermeister Kons (H)
KBez: Bln, BB, Bre, Hbg, MV, Nds, SN, ST, Schl-H, TH

Griechenland

Generalkonsulat der Griechischen Republik (BS)
10789 Berlin, Wittgenbergplatz 3a; Tel (0 30) 2 13 70 33/34; Fax (0 30) 2 18 26 63
Mara Marinaki Genkonsulin
KBez: Bln, BB, MV

Generalkonsulat der Griechischen Republik (BS)
44137 Dortmund, Hansastr 101/103; Tel (02 31) 14 20 63-64; Fax (02 31) 14 24 77
Dr Pantélis Carabassis GenKons
KBez: RBez Arnsberg, Münster und Detmold (mit Ausnahme des Landkreises Minden-Lübbecke) im Land NW

Generalkonsulat der Griechischen Republik (BS)
40479 Düsseldorf, Kaiserstr 30 a; Tel (02 11) 49 92 46/47; Fax (02 11) 49 42 48
Constantin Rhallis GenKons
KBez: RBez Düsseldorf im Land NW

Generalkonsulat der Griechischen Republik (BS)
60325 Frankfurt, Zeppelinallee 43; Tel (0 69) 9 79 91 20; Fax (0 69) 97 99 12 33
Dimitrios G Letsios GenKons
KBez: Hess, Rhld-Pf, Saar und RBez Unterfranken in Bay

Generalkonsulat der Griechischen Republik (BS)
20149 Hamburg, Abteistr 33; Tel (0 40) 44 07 72/73, 44 49 17; Fax (0 40) 44 96 48
Georges-Alexandre Vallindas GenKons
KBez: Hbg, Bre, Schl-H sowie im RBez Lüneburg des Landes Nds die Landkreise Cuxhaven, Osterholz, Rotenburg (Wümme), Stade, Harburg und Lüneburg.

Generalkonsulat der Griechischen Republik (BS)
30163 Hannover, Podbielskistr 34; Tel (05 11) 62 83 56/57; Fax (05 11) 66 73 66
Ilias Fotopoulos GenKons
KBez: Land Nds (ausgenommen im RBez Lüneburg Landkreise Cuxhaven, Osterholz, Rotenburg (Wümme), Stade und Lüneburg, Landkreis Minden-Lübbecke des RBez Detmold in NW.

Generalkonsulat der Griechischen Republik (BS)
50667 Köln, Tunisstr 19; Tel (02 21) 13 20 08/09; Fax (02 21) 12 28 72
Nicolas Tsamados GenKons
KBez: RBez Köln im Land NW

Generalkonsulat der Griechischen Republik (BS)
04105 Leipzig, Commandant-Trufanow-Str 29; Tel (03 41) 5 64 80 90; Fax (03 41) 5 64 56 28
Panayotis Katsimbaros GenKons
KBez: SN, ST, TH

Generalkonsulat der Griechischen Republik (BS)
81673 München, Dingolfinger Str 6; Tel (0 89) 49 20 61-64; Fax (0 89) 40 96 26
Dimitri Michael Loundras GenKons
KBez: Bay mit Ausnahme des RBez Unterfranken

Honorarkonsulat der Griechischen Republik (BS)
90402 Nürnberg, Königstr 34; Tel (09 11) 22 12 32, 20 46 55
Madeleine Bühler-Schickedanz Konsulin (H)
KBez: RBez Mittelfranken, Oberfranken, Oberpfalz im Land Bay

Generalkonsulat der Griechischen Republik (BS)
70174 Stuttgart, Firnhaberstr 5 a + b; Tel (07 11)
22 10 56-58; Fax (07 11) 2 26 28 14
Dr Mercourios Karafotias GenKons
KBez: Bad-W

Großbritannien

Konsularabteilung der Botschaft des Vereinigten Königreichs Großbritannien und Nordirland in Bonn (BS)
53113 Bonn, Friedrich-Ebert-Allee 77; Tel (02 28) 91 67-0; Fax (02 28) 91 67-2 00
Außenstelle Berlin
10117 Berlin, Unter den Linden 32-34; Tel (0 30) 2 20 24 31; Fax (0 30) 20 18 41 58
Zuständig für: Bln, BB, MV, SN, ST, TH

Honorarkonsulat des Vereinigten Königreichs Großbritannien und Nordirland
28199 Bremen, Herrlichkeit 6; Tel (04 21) 59 09-0; Fax (04 21) 5 90 91 60
Dr Hans-Joachim Enge Kons (H)
KBez: Bre

Generalkonsulat des Vereinigten Königreichs Großbritannien und Nordirland (BS)
40476 Düsseldorf, Yorckstr 19; Tel (02 11) 9 44 80; Visaabt 9 44 82 71, Paßabt 9 44 82 38; Fax (02 11) 48 81 90
John Malcolm Macgregor GenKons
KBez: NW

Generalkonsulat des Vereinigten Königreichs Großbritannien und Nordirland (B)
60323 Frankfurt, Bockenheimer Landstr 42; Tel (0 69) 17 00 02-0; Fax (0 69) 72 95 53
Colin Charles Bright GenKons
KBez: Hess, Rhld-Pf, Saar

Generalkonsulat des Vereinigten Königreichs Großbritannien und Nordirland (B)
20148 Hamburg, Harvestehuder Weg 8 a; Tel (0 40) 4 48 03 20; Fax (0 40) 4 10 72 59
Michael Sullivan GenKons
KBez: Hbg, Bre, Schl-H, Nds

Honorarkonsulat des Vereinigten Königreichs Großbritannien und Nordirland (B)
30175 Hannover, Berliner Allee 5; Tel (05 11) 9 91 91 00; Fax (05 11) 9 91 93 03
Dr Alexander Erdland Kons (H)
KBez: Nds

Honorarkonsulat des Vereinigten Königreichs Großbritannien und Nordirland
24159 Kiel, Maklerstr 1; Tel (04 31) 33 19 71; Fax (04 31) 3 53 95
Jan Benett Gibson Kons (H)
KBez: Schl-H

Generalkonsulat des Vereinigten Königreichs Großbritannien und Nordirland (B)
80538 München, Bürkleinstr 10; Tel (0 89) 21 10 90; Fax (0 89) 21 10 91 44
Edward Alan Burner GenKons
KBez: Bay

Honorarkonsulat des Vereinigten Königreichs Großbritannien und Nordirland
Nürnberg Sitz:
90562 Heroldsberg, Schwanweg 1; Tel (09 11) 5 67 40 06; Fax (09 11) 36 09-8 61
Günter Schwanhäusser Kons (H)
KBez: Ober-, Mittel- und Unterfranken im Land Bay

Generalkonsulat des Vereinigten Königreichs Großbritannien und Nordirland
70173 Stuttgart, Breite Str 2; Tel (07 11) 16 26 90; Fax (07 11) 1 62 69 30; Telex 7 22 397 UKST d
John Edwin Brook GenKons
KBez: Bad-W

Guatemala

Konsularabteilung der Botschaft der Republik Guatemala (BS)
53173 Bonn, Zietenstr 16; Tel (02 28) 35 15 79; Fax (02 28) 35 49 40
KBez: NW, SN, TH, Bad-W, Bay, Hess, Rhld-Pf, Saar

Honorarkonsulat der Republik Guatemala (BS)
40212 Düsseldorf, Wagnerstr 31; Tel (02 11) 35 91 24; Fax (0 21 61) 48 18 85
Dr Erwin Müller Kons (H)
KBez: Land NW

Generalkonsulat der Republik Guatemala (BS)
20259 Hamburg, Fruchtallee 17; Tel (0 40) 4 30 60 51; Fax (0 40) 4 30 42 74
Dr Werner Bech Cabrera GenKons
KBez: Hbg, Schl-H, Bln, BB, Bre, Nds, MV, ST

Honorarkonsulat der Republik Guatemala (BS)
81671 München, Grafinger Str 2; Tel (0 89) 40 62 14; Fax (0 89) 4 13 23 88
Otto Eckart Kons (H)
KBez: Bay

Guinea

Konsularabteilung der Botschaft der Republik Guinea
53129 Bonn, Rochusweg 50; Tel (02 28) 23 10 98; Fax (02 28) 23 10 97
KBez: BGeb
Außenstelle Berlin
13156 Berlin, Heinrich-Mann-Str 32; Tel (0 30) 4 82 94 88/89; Fax (0 30) 2 38 62 70

Honorargeneralkonsulat der Republik Guinea
47119 Duisburg, Krausstr 1a; Tel (02 03) 80 42 15
Heinrich Stomberg GenKons (H)
KBez: BGeb ohne Bay und Bad-W, Hbg, Nds, Schl-H

Honorargeneralkonsulat der Republik Guinea
20354 Hamburg, Alsterufer 38; Tel (0 40) 41 87 80;
Fax (0 40) 44 83 56
Lothar Golgert GenKons (H)
KBez: Hbg, Nds, Schl-H

Honorargeneralkonsulat der Republik Guinea
82008 München, Bibergerstr 89; Tel (0 89) 61 10 30
Paul Böhringer GenKons (H)
KBez: Bay, Bad-W

Guinea-Bissau

Konsulat der Republik Guinea-Bissau (BS)
13158 Berlin, Heegermühler Weg 45; Tel (0 30) 4 82 62 25
Jorge Sanca Kons
KBez: BGeb

Honorarkonsulat der Republik Guinea-Bissau (BS)
28195 Bremen, Sögestr 54, 28003 Bremen, Postfach 100305; Tel (04 21) 1 51 22; Fax (04 21) 1 65 48 54
Karsten-Uwe Koepke Kons (H)
KBez: Bre, Bad-W, Bay, Hbg, Hess, Nds, NW, Rhld-Pf, Saar, Schl-H

Haiti

Konsularabteilung der Botschaft der Republik Haiti
53179 Bonn, Schloßallee 10; Tel (02 28) 34 03 51; Fax (02 28) 85 68 29
KBez: BGeb

Honorarkonsulat der Republik Haiti (BS)
28355 Bremen, Retbergweg 8; Tel (04 21) 25 95 88
Günther Brinkmann Kons (H)
KBez: Bre

Honorarkonsulat der Republik Haiti (BS)
60322 Frankfurt, Hynspergstr 4; Tel (0 69) 55 15 86, 28 31 39, 77 51 39, 28 27 79
Karl Heinz Arnold Kons (H)
KBez: Hess

Honorarkonsulat der Republik Haiti
55116 Mainz, Schillerplatz 7 oder 67433 Neustadt a d Weinstraße/Haardt, Mandelring 35; Tel (0 63 21) 3 00 54
Horst Sobirey Kons (H)
KBez: Rhld-Pf, Saar

Honorarkonsulat der Republik Haiti (BS)
81541 München, Werinherstr 71; Tel (0 89) 6 51 73 96
Dr Halvor Jaeger Kons (H)
KBez: Bay

Honorarkonsulat der Republik Haiti (BS)
70173 Stuttgart, Zollamtsgebäude, Hauptgüterbahnhof; Tel (07 11) 22 50 40
Dr Edgar Scherer Kons (H)
KBez: Bad-W

Honduras

Honorarkonsulat der Republik Honduras
14193 Berlin, Humboldtstr 35; Tel (0 30) 8 92 40 44/45
Heinz Kroh Kons (H)
KBez: Bln

Honorarkonsulat der Republik Honduras
40212 Düsseldorf, Steinstr 16/18; Tel (02 11) 32 01 71/3; Fax (02 11) 32 86 04
Erich A Kreusch Kons (H)
KBez: NW, Hess, Rhld-Pf, Saar

Generalkonsulat der Republik Honduras (BS)
20099 Hamburg, An der Alster 21; Tel (0 40) 2 80 22 05; Fax (0 40) 24 64 70
Amparo Arita de Raquel GenKonsulin
KBez: BGeb

Honorarkonsulat der Republik Honduras (B)
80799 München, Blütenstr 9; Tel (0 89) 27 29 02-0
Carl Peter Söhnges Kons (H)
KBez: Bay

Indien

Konsularabteilung der Botschaft der Republik Indien (BS)
53113 Bonn, Baunscheidtstr 7; Tel (02 28) 5 40 51 31/32/33; Fax (02 28) 23 32 92
KBez: NW, Bay, Bad-W außer Sichtvermerke

Außenstelle Berlin
13156 Berlin-Niederschönhausen, Majakowskiring 55; Tel (0 30) 4 80 01 78; Fax (0 30) 4 82 70 34
Zuständig für: Bln, BB, MV, SN, ST, TH

Generalkonsulat der Republik Indien (BS)
60318 Frankfurt, Mittelweg 49; Tel (0 69) 1 53 00 50; Fax (0 69) 55 41 25
Partha Sarathi Ray GenKons
KBez: Hess, Rhld-Pf, Saar, Bad-W

Generalkonsulat der Republik Indien (BS)
20095 Hamburg, Raboisen 6, Erdgeschoss; Tel (0 40) 33 80 36, 33 05 57, 32 47 44; Fax (0 40) 32 37 57
Appunni Ramesh GenKons
KBez: Hbg, Bre, Schl-H, Nds

Honorargeneralkonsulat der Republik Indien
80807 München, Petuelring 130; Tel (0 89) 3 59 36 27; Fax (0 89) 3 59 98 04
Dr h c Horst Teltschik GenKons (H)
KBez: Bay, TH

Honorargeneralkonsulat der Republik Indien
70192 Stuttgart, Lenzhalde 65; Tel (07 11) 2 26 37 77; Fax (07 11) 29 51 80
Helmut Nanz GenKons (H)
KBez: Bad-W

Indonesien

Konsularabteilung der Botschaft der Republik Indonesien (BS)
53175 Bonn, Bernkasteler Str 2; Tel (02 28) 31 00 91
KBez: Hess, Bay, NW, Rhld-Pf, Bad-W, Saar

Generalkonsulat der Republik Indonesien (BS)
13187 Berlin, Esplanade 9; Tel (0 30) 4 45 92 10/1/2/3; Fax (0 30) 4 45 92 09, 4 44 76 39
Indra Malela Damanik GenKons
KBez: Bln, BB, MV, SN, ST, TH

Honorarkonsulat der Republik Indonesien
28759 Bremen, Friedrich-Kippert-Str 1; Tel (04 21) 6 60 44 00; Fax (04 21) 6 60 43 95
Friedrich Lürssen Kons (H)
KBez: Bre

Honorarkonsulat der Republik Indonesien
40470 Düsseldorf, Mörsenbroicher Weg 200/VII; Tel (02 11) 62 61 51; Fax (02 11) 6 18 94 11
Manfred Nies Kons (H)
KBez: NW

Generalkonsulat der Republik Indonesien (BS)
22299 Hamburg, Bebelallee 15; Tel (0 40) 51 20 71-73; Fax (0 40) 5 11 75 31
Eduard Simandjuntak GenKons
KBez: Hbg, Bre, Schl-H, Nds

Honorarkonsulat der Republik Indonesien (BS)
30159 Hannover, Georgsplatz 1; Tel (05 11) 3 61 21 50; Fax (05 11) 3 61 47 65
Günter Karl Willi Nerlich Kons (H)
KBez: Nds

Honorarkonsulat der Republik Indonesien
24159 Kiel, Brauner Berg 15; Tel (04 31) 39 40 20; Fax (04 31) 39 40 25
Dr Dieter Murmann Kons (H)
KBez: Schl-H

Honorarkonsulat der Republik Indonesien (BS)
80538 München, Widenmayerstr 24; Tel (0 89) 29 46 09; Fax (0 89) 98 98 76
Wolfgang Schoeller Kons (H)
KBez: Bay

Honorargeneralkonsulat der Republik Indonesien
70629 Stuttgart, Airport Stuttgart, Terminal 3, Office 113/114; Tel (07 11) 7 97 07 88; Fax (07 11) 7 97 07 69
Karlheinz Kögel GenKons (H)
KBez: Bad-W, Saar

Honorarkonsulat der Republik Indonesien (BS)
65189 Wiesbaden, Bierstadter Str 9; Tel (06 11) 30 43 39; Fax (06 11) 30 78 83
Klaus Schramböhmer Kons (H)
KBez: Hess, Rhld-Pf

Irak

Konsularabteilung der Botschaft der Republik Irak (BS)
53173 Bonn, Dürenstr 33; Tel (02 28) 8 20 30; Fax (02 28) 8 20 32 56
KBez: BGeb

Iran

Konsularabteilung der Botschaft der Islamischen Republik Iran (BS)
53175 Bonn, Godesberger Allee 133-137; Tel (02 28) 81 61-0; Fax (02 28) 37 61 54
KBez: NW

Generalkonsulat der Islamischen Republik Iran (BS)
14195 Berlin, Podbielski Allee 67; Tel (0 30) 84 19 18; Fax (0 30) 8 32 98 74
Mehdi Mohtashami GenKons
KBez: Bln, BB, MV, SN, ST, TH

Generalkonsulat der Islamischen Republik Iran (BS)
60320 Frankfurt, Eichendorffstr 54; Tel (0 69) 5 60 07-0; Fax (0 69) 56 00 07 13/28
Mohsen Mortezaifar GenKons
KBez: Hess, Rhld-Pf, Saar

Generalkonsulat der Islamischen Republik Iran (BS)
22299 Hamburg, Bebelallee 18; Tel (0 40) 5 14 40 60; Fax (0 40) 5 11 35 11
Khalil Khalili Amiri GenKons
KBez: Bre, Hbg, Nds, Schl-H

Generalkonsulat der Islamischen Republik Iran (BS)
81679 München, Mauerkircher Str 59; Tel (0 89) 9 27 90 60; Fax (0 89) 9 81 01 05
Seyyed Javad Rasouli GenKons
KBez: Bad-W, Bay

Irland

Konsularabteilung der Botschaft von Irland (BS)
53175 Bonn, Godesberger Allee 119; Tel (02 28) 95 92 90; Fax (02 28) 95 92 90
KBez: BGeb

Honorargeneralkonsulat von Irland (BS)
10587 Berlin, Ernst-Reuter-Platz 10; Tel (0 30) 34 80 08 22; Fax (0 30) 34 80 08 63
Karl H Pepper GenKons (H)
KBez: Bln, BB, MV

Honorarkonsulat von Irland (BS)
20148 Hamburg, Feldbrunnstr 43; Tel (0 40) 44 86 62 13; Fax (0 40) 4 10 80 50
Dr Guido Michael Fisser Kons (H)
KBez: Hbg, Schl-H

Honorargeneralkonsulat von Irland (BS)
81679 München, Mauerkircherstr 1 A; Tel (0 89) 98 57 23; Fax (0 89) 98 42 19
Liselotte Linnebach GenKonsulin (H)
KBez: Bad-W, Bay

Island

Konsularabteilung der Botschaft der Republik Island
53173 Bonn, Kronprinzenstr 6; Tel (02 28)
36 40 21; Fax (02 28) 36 13 98
KBez: BGeb
Außenstelle Berlin
10115 Berlin, Chausseestr 111, Suite 401/402; Tel
(0 30) 2 83 47 64; Fax (0 30) 2 83 47 65

Honorarkonsulat der Republik Island
27572 Bremerhaven, Lengstr 1; Tel (04 71)
9 73 21 01; Fax (04 71) 9 73 22 15
Reinhard Meiners Kons (H)
KBez: Bre

Honorarkonsulat der Republik Island (B)
27472 Cuxhaven, Leuchtturmweg 5; Tel (0 47 21)
3 60 36; Fax (0 47 21) 3 77 65
Wolf-Rüdiger Dick Kons (H)
KBez: Stadt Cuxhaven und Landkreis Cuxhaven im Land Nds

Honorarkonsulat der Republik Island (B)
40591 Düsseldorf, Otto-Hahn-Str 2; Tel (02 11)
2 50-94 40-4 41; Fax (02 11) 2 50 94 61; Telex
8 586 603
Peter J Hesse Kons (H)
KBez: RBez Düsseldorf, Detmold, Münster im Land NW

Honorarkonsulat der Republik Island (BS)
60311 Franfurt am Main, Roßmarkt 10; Tel (0 69)
2 99 97 24; Fax (0 69) 28 38 72
Helmut K Holz Kons (H)
KBez: Hess, Rhld-Pf, Saar

Honorarkonsulat der Republik Island (BS)
20095 Hamburg, Raboisen 5, 1. Eimbcke-Haus; Tel
(0 40) 33 66 96, 33 05 87; Fax (0 40) 33 13 47
Oswald Dreyer-Eimbcke Kons (H)
KBez: Hbg

Honorarkonsulat der Republik Island
Hannover Sitz:
30952 Ronnenberg, Längenfeldstr 8; Tel (05 11)
46 09-0; Fax (05 11) 31 11 54
Wolf Grütter Kons (H)
KBez: Nds, mit Ausnahme des Kreises Cuxhaven

Honorarkonsulat der Republik Island (B)
50933 Köln, Spitzwegstr 16; Tel (02 21) 48 78 78
Dr Max Adenauer Kons (H)
KBez: RBez Arnsberg und Köln im Land NW

Honorarkonsulat der Republik Island
23564 Lübeck, Körnerstr 18; Tel (04 51) 5 40 75;
Fax (04 51) 5 13 37
Jörg Hübner Kons (H)
KBez: Schl-H

Honorarkonsulat der Republik Island (B)
81671 München, Mühldorfstr 15; Tel (0 89)
41 29/22 14; Fax (0 89) 41 29 22 13
Friedrich N Schwarz Kons (H)
KBez: Bay

Honorarkonsulat der Republik Island
18055 Rostock, Große Wasserstr 22; Tel (03 81)
49 20 60; Fax (03 81) 4 92 06 42
Detlef Ernst Thomaneck Kons (H)
KBez: MV

Honorarkonsulat der Republik Island
70197 Stuttgart, Westbahnhof 79/81; Tel (07 11)
6 57 20 31; Fax (07 11) 65 90 65
Emmy Hartmann Konsulin (H)
KBez: Bad-W

Israel

Konsularabteilung der Botschaft des Staates Israel (BS)
53173 Bonn, Simrockallee 2; Tel (02 28) 9 34 65 53,
Visaabteilung 9 34 65 49; Fax (02 28) 9 34 63 26
KBez: BGeb ohne Bln, BB, MV, SN, ST, TH

Generalkonsulat des Staates Israel (BS)
14193 Berlin, Schinkelstr 10; Tel (0 30)
8 93 22 03/4/5/6; Fax (0 30) 8 92 89 08
Jaakov Sefer Vismunski GenKons
KBez: Bln, BB, MV, SN, ST, TH

Italien

Generalkonsulat der Italienischen Republik (BS)
10785 Berlin, Hiroshimastr 1-7; Tel (0 30)
2 61 15 91; Fax (0 30) 2 62 85 90
Paolo Faiola GenKons
KBez: Bln, BB, MV

Honorarkonsulat der Italienischen Republik
28203 Bremen, Sielwall 54; Tel (04 21) 70 20 30
Inge Beutler Konsulin (H)
KBez: Bre
übergeordnet ist das Generalkonsulat Hamburg

Konsulat der Italienischen Republik (BS)
44135 Dortmund, Goebenstr 14; Tel (02 31)
57 79 60; Fax (02 31) 55 13 79
Mario Georgio Stefano Baldi Kons
KBez: RBez Münster, Detmold und Arnsberg mit Ausnahme des Hochsauerlandkreises, des Märkischen Kreises, der Kreise Olpe und Siegen-Wittgenstein im Land NW

Generalkonsulat der Italienischen Republik (BS)
60325 Frankfurt, Beethovenstr 17; Tel (0 69)
7 53 10; Fax (0 69) 7 53 11 43
Roberto Mazzotta GenKons
KBez: Hess, Rhld-Pf

Konsulat der Italienischen Republik (BS)
79098 Freiburg, Schreiberstr 4; Tel (07 61)
38 66 10; Fax (07 61) 3 86 61 61
Fabrizio Salvatore Nicoletti Kons
KBez: RBez Freiburg im Land Bad-W

Generalkonsulat der Italienischen Republik (BS)
20148 Hamburg, Feldbrunnenstr 54; Tel (0 40)
4 14 00 70; Fax (0 40) 41 40 07 39
Nicoló Goretti de Flamini GenKons
KBez: Hbg, Bre, Schl-H

Generalkonsulat der Italienischen Republik (BS)
30173 Hannover, Bischofsholer Damm 62; Tel (05 11) 28 37 90; Fax (05 11) 2 83 79 30
Lorenzo de Medici GenKons
KBez: Nds

Generalkonsulat der Italienischen Republik (BS)
50931 Köln, Universitätsstr 81; Tel (02 21) 40 08 70; Fax (02 21) 4 06 03 50
Paolo Ducci GenKons
KBez: RBez Köln, RBez Düsseldorf sowie im RBez Arnsberg den Hochsauerlandkreis, Märkischer Kreis, die Kreise Olpe und Siegen-Wittgenstein

Generalkonsulat der Italienischen Republik (B)
04105 Leipzig, Löhrstr 17; Tel (03 41) 2 11 57 19; Fax (03 41) 2 11 58 23
NN
KBez: SN, ST, TH

Konsularagentur der Italienischen Republik
68161 Mannheim, M 1,5; Tel (06 21) 15 50 05; Fax (06 21) 2 29 45
Vittorio Tosatto KonsAgent
KBez: Kreise Mannheim, Heidelberg, Rhein-Nekkar im Land Bad-W
Die Konsularagentur ist dem Generalkonsulat in Stuttgart unterstellt

Generalkonsulat der Italienischen Republik (BS)
81675 München, Moehlstr 3; Tel (0 89) 4 18 00 30; Fax (0 89) 47 79 99
Andrea Mochi Onory GenKons
KBez: Bay mit Ausnahme der RBez Unter-, Mittel- und Oberfranken

Konsulat der Italienischen Republik (BS)
90402 Nürnberg, Gleißbühlstr 10; Tel (09 11) 20 53 60; Fax (09 11) 24 38 33
Francesca Tardioli Konsulin
KBez: RBez Unter-, Mittel- und Oberfranken im Land Bay

Konsulat der Italienischen Republik (BS)
66111 Saarbrücken, Preußenstr 19; Tel (06 81) 6 50 34; Fax (06 81) 63 55 30
Stefano de Leo Kons
KBez: Saar

Generalkonsulat der Italienischen Republik (BS)
70192 Stuttgart, Lenzhalde 46; Tel (07 11) 2 56 30; Fax (07 11) 2 56 31 36
Pierluigi Velardi GenKons
KBez: Bad-W mit Ausnahme des RBez Freiburg

Konsularagentur der Italienischen Republik
38440 Wolfsburg, Porschestr 74; Tel (0 53 61) 2 30 77-78; Fax (0 53 61) 2 13 58
Salvatore Bonaventura KonsAgent
KBez: Stadt Wolfsburg, Helmstedt, Gifhorn im RBez Braunschweig im Land Nds
Die Konsularagentur ist dem Generalkonsulat Hannover unterstellt

Jamaika

Konsularabteilung der Botschaft von Jamaika
53177 Bonn, Am Kreuter 1; Tel (02 28) 35 40 45, 36 33 25; Fax (02 28) 36 18 90
KBez: BGeb

Honorarkonsulat von Jamaika
10789 Berlin, Marburger Str 2; Tel (0 30) 2 11 27 05; Fax (0 30) 2 13 32 11
Hermann Gerbaulet Kons (H)
KBez: Bln, BB, SN, ST, TH

Honorarkonsulat von Jamaika
20095 Hamburg, Ballindamm 1; Tel (0 40) 30 29 90; Fax (0 40) 3 02 99-2 80
Jens Kellinghusen Kons (H)
KBez: Hbg, Bre, Nds, Schl-H, MV

Honorarkonsulat von Jamaika
München Sitz:
85774 Unterföhring, Münchener Str 14; Tel (0 89) 9 29 59 09; Fax (02 28) 95 72 54 30
Gloria Elmendorff Konsulin (H)
KBez: Bad-W, Bay

Japan

Konsularabteilung der Japanischen Botschaft (BS)
53175 Bonn, Godesberger Allee 102-104; Tel (02 28) 81 91-0; Fax (02 28) 37 93 99
KBez: RBez Köln des Landes NW sowie die Länder Rhld-Pf und Saar

Japanisches Generalkonsulat (BS)
14195 Berlin, Wachtelstr 8; Tel (0 30) 85 08 93-0; Fax (0 30) 8 32 69 67
Koichi Takahashi GenKons
KBez: Bln, BB, MV, SN, ST, TH

Japanisches Generalkonsulat (BS)
40210 Düsseldorf, Immermannstr 45; Tel (02 11) 1 64 82-0; Fax (02 11) 35 76 50
Masato Akazawa GenKons
KBez: NW mit Ausnahme des RBez Köln

Japanisches Generalkonsulat (BS)
60311 Frankfurt, Taunustorstr 2; Tel (0 69) 2 38 57 30; Fax (0 69) 23 05 31
Tadashi Fujita GenKons
KBez: Hess

Japanisches Generalkonsulat (BS)
20095 Hamburg, Rathausmarkt 5; Tel (0 40) 3 33 01 70; Fax (0 40) 30 39 99 18
Tsutomu Sugimoto GenKons
KBez: Bre, Hbg, Nds, Schl-H

Japanisches Generalkonsulat (BS)
81675 München, Prinzregentenplatz 10; Tel (0 89) 47 10 43-45; Fax (0 89) 4 70 57 10
Ryuichi Tanabe GenKons
KBez: Bad-W, Bay

Japanisches Honorarkonsulat
70173 Stuttgart, Am Hauptbahnhof 2; Tel (07 11) 12 70; Fax (07 11) 1 27 31 00
Werner Schmidt Kons (H)
KBez: Bad-W

Jemen

Konsularabteilung der Botschaft Republik Jemen (BS)
53113 Bonn, Adenauer Allee 77; Tel (02 28) 26 14 90; Fax (02 28) 22 93 64, 26 14 99
KBez: BGeb

Jordanien

Konsularabteilung der Botschaft des Haschemitischen Königreichs Jordanien (BS)
53173 Bonn, Beethovenallee 21; Tel (02 28) 35 40 51/52
KBez: BGeb

Honorarkonsulat des Haschemitischen Königreichs Jordanien (BS)
10719 Berlin, Pfalzburger Str 74; Tel (0 30) 8 85 23 11; Fax (0 30) 8 83 46 76
Horst Sandner Kons (H)
KBez: Bln

Honorarkonsulat des Haschemitischen Königreichs Jordanien (BS)
40213 Düsseldorf, Poststr 7; Tel (02 11) 1 38 06 02; Fax (02 11) 32 36 83
Claus Gielisch Kons (H)
KBez: NW

Honorarkonsulat des Haschemitischen Königreichs Jordanien (BS)
30159 Hannover, Andreae-Str 1; Tel (05 11) 32 38 34
Kurt Uihlein Kons (H)
KBez: Nds

Honorarkonsulat des Haschemitischen Königreichs Jordanien (BS)
80799 München, Barer Str 37; Tel (0 89) 28 29 53
Rudolf Neumeister Kons (H)
KBez: Bay

Honorarkonsulat des Haschemitischen Königreichs Jordanien
65189 Wiesbaden, Parkstr 18; Tel (06 11) 3 99 65; Fax (06 11) 44 01 45
Helmut Hildebrand Kons (H)
KBez: Hess

Jugoslawien

Konsularabteilung der Botschaft der Bundesrepublik Jugoslawien (BS)
53179 Bonn, Schloßallee 5; Tel (02 28) 34 40 51-55; Fax (02 28) 34 40 57
KBez: RBez Köln des Landes NW sowie die RBez Koblenz und Trier im Land Rhld-Pf

Außenstelle Berlin
14193 Berlin, Taubertstr 18; Tel (0 30) 8 26 20 91; Fax (0 30) 8 25 22 06
KBez: die Länder Bln, BB, MV, SN, ST, TH

Konsulat der Bundesrepublik Jugoslawien (BS)
40237 Düsseldorf, Lindemannstr 5; Tel (02 11) 67 30 67-68, 67 39 67; Fax (02 11) 6 79 86 36
NN
KBez: RBez Düsseldorf, Arnsberg, Detmold und Münster des Landes NW

Generalkonsulat der Bundesrepublik Jugoslawien (BS)
60316 Frankfurt am Main, Thüringer Str 3; Tel (0 69) 43 99 23-25; Fax (0 69) 43 31 49
NN
KBez: Länder Hess, Saar sowie der RBez Rheinhessen-Pfalz des Landes Rhld-Pf

Generalkonsulat der Bundesrepublik Jugoslawien (BS)
20149 Hamburg, Harvestehuder Weg 101; Tel (0 40) 44 45 04, 45 24 63
NN
KBez: Länder Hbg, Bre und Schl-H sowie das Land Nds mit Ausnahme der Landkreise Osterholz und Rothenburg (Wümme) im RBez Lüneburg sowie des Landkreises Wittmund im RBez Weser-Ems

Generalkonsulat der Bundesrepublik Jugoslawien (BS)
81679 München, Böhmerwaldplatz 2; Tel (0 89) 98 08 23, 98 86 85-86; Fax (0 89) 98 13 19
NN
KBez: Im Land Bay die RBez Nieder-, Oberbayern und Schwaben und die RBez Oberpfalz, Mittel-, Ober- und Unterfranken

Generalkonsulat der Bundesrepublik Jugoslawien (BS)
70199 Stuttgart, Taubenstr 4; Tel (07 11) 60 06 46, 60 86 36; Fax (07 11) 6 49 40 48
NN
KBez: Im Land Bad-W die RBez Freiburg, Stuttgart und Tübingen sowie im RBez Karlsruhe die Kreise Baden-Baden, Calw, Freudenstadt und Rastatt

Kambodscha

Konsularabteilung der Botschaft des Königreichs Kambodscha
53343 Wachtberg, Grüner Weg 8; Tel (02 28) 32 85 09; Fax (02 28) 32 85 72
KBez: BGeb

Kamerun

Konsularabteilung der Botschaft der Republik Kamerun (BS)
53173 Bonn, Rheinallee 76; Tel (02 28) 35 60 38; Fax (02 28) 35 90 58
KBez: BGeb

Honorarkonsulat der Republik Kamerun (S)
40231 Düsseldorf, Erkrather Str 306; Tel (02 11)
7 30 82 30; Fax (02 11) 7 37 02 20
Dr Hans Walter Kons (H)
KBez: NW

Kanada

Konsularabteilung der Kanadischen Botschaft (B)
53175 Bonn, Godesberger Allee 119; Tel (02 28)
8 10 06 29-31; Fax (02 28) 37 57 39
KBez: Hess, Rhld-Pf, Saar, Bre, Nds
Einwanderungsabteilung (BS)
Tel (02 28) 8 10 06 10; Fax (02 28) 37 65 25
KBez: BGeb ohne die Länder Bln, BB, MV, SN, ST, TH
Außenstelle Berlin
10117 Berlin, Friedrichstr 95; Tel (0 30)
2 61 11 61/62; Fax (0 30) 2 62 92 06
Für die Länder: Bln, BB, MV, SN, ST, TH
Einwanderungsabteilung (BS)
Zuständig für die Länder Bln, BB, MV, SN, ST, TH
(erreichbar unter Angaben zur Außenstelle)

Kanadisches Konsulat (B)
40479 Düsseldorf, Prinz-Georg-Str 126; Tel (02 11)
17 21 70; Fax (02 11) 35 91 65
Ronald M Bollmann GenKons
KBez: NW

Kanadisches Konsulat
20354 Hamburg, ABC-Str 45; Tel (0 40)
35 55 62 90; Fax (0 40) 35 55 62 94
Dennis Stephen Maler Baker Kons
KBez: Hbg, Schl-H

Kanadisches Konsulat (B)
80331 München, Tal 29; Tel (0 89) 29 06 50; Fax
(0 89) 29 06 51 99
Timothy A Williams GenKons
KBez: Bad-W, Bay

Kap Verde

Konsularabteilung der Botschaft der Republik Kap Verde
53113 Bonn, Fritz-Schäffer-Str 5; Tel (02 28)
26 50 02; Fax (02 28) 26 50 61
KBez: BGeb

Honorarkonsulat der Republik Kap Verde
65760 Eschborn, Oberortstr 29, Postfach 1106,
60041 Eschborn; Tel (0 61 96) 48 43 57; Fax
(0 61 96) 48 43 57
José Medina Alves Kons (H)
KBez: Hess, Rhld-Pf

Honorarkonsulat der Republik Kap Verde (BS)
20457 Hamburg, Ost-West-Str 70; Tel (0 40)
37 88 82 86/87; Fax (0 40) 37 88 82 88
Robert Hartmut Böck Kons (H)
KBez: Bre, Hbg, MV, Nds, Schl-H

Honorarkonsulat der Republik Kap Verde (BS)
66111 Saarbrücken, Fürstenstr 15b; Tel (06 81)
39 80 98; Fax (06 81) 3 90 50 60
Rolf-Dieter Müller Kons (H)
KBez: Saar

Honorarkonsulat der Republik Kap Verde (BS)
70173 Stuttgart, Eberhard Str 12; Tel (07 11)
29 41 57; Fax (07 11) 2 36 15 15
Helmut Schweimler Kons (H)
KBez: Bad-W, Bay

Katar

Konsularabteilung der Botschaft des Staates Katar (BS)
53173 Bonn, Ubierstr 88; Tel (02 28) 36 20 25; Fax
(02 28) 36 30 06
KBez: BGeb

Kasachstan

Konsularabteilung der Botschaft der Republik Kasachstan (BS)
53129 Bonn, Oberer Lindweg 2-4; Tel (02 28)
9 23 80-30/31; Fax (02 28) 9 23 80-25
KBez: BGeb mit Ausname von Hess, SN, TH
Außenstelle Berlin
14050 Berlin, Rüsternallee 18; Tel (0 30)
3 02 93 75; Fax (0 30) 3 02 95 18
zuständig für Bln, BB, MV, Schl-H

Honorarkonsulat der Republik Kasachstan
40667 Meerbusch, Moerser Str 85; Tel (0 21 32)
93 16 11/12; Fax (0 21 32) 93 16 13
Eugen Warkentin Kons (H)
KBez: NW (ohne die Städte Köln und Bonn), Rhld-Pf, Saar

Generalkonsulat der Republik Kasachstan
60325 Frankfurt a M, Niedenau 45; Tel (0 69)
9 71 46 70
NN
KBez: Hess, SN, TH

Honorarkonsulat der Republik Kasachstan
31319 Sehnde, Borsigring 11; Tel (0 51 38)
70 81 23/4; Fax (0 51 38) 70 82 01
Lothar Kurt Herbert Röhl Kons (H)
KBez: Nds, Bre, Hbg, ST

Kenia

Konsularabteilung der Botschaft der Republik Kenia (BS)
53177 Bonn, Villichgasse 17; Tel (02 28) 93 58 00;
Fax (02 28) 9 35 80 50
KBez: BGeb mit Ausnahme der Länder Hess, Rhld-Pf, Saar, Bad-W

Generalkonsulat der Republik Kenia
60311 Frankfurt, Neue Mainzer Str 22; Tel (0 69)
23 20 17; Fax (0 69) 23 92 39
NN
KBez: Hess, Rhld-Pf, Saar, Bad-W

Honorarkonsulat der Republik Kenia
20095 Hamburg, Mönckebergstr 10; Tel (0 40) 30 30 42 29; Fax (0 40) 30 30 42 29
Dr Jens Peter Breitengross Kons (H)
KBez: Hbg, Bre, MV, Nds, Schl-H

Kirgisistan

Konsularabteilung der Botschaft der Kirgisischen Republik
53173 Bonn, Koblenzer Str 62; Tel (02 28) 36 52 30, 36 52 73; Fax (02 28) 36 51 91
KBez: BGeb

Honorarkonsulat der Kirgisischen Republik
27658 Bremerhaven, Hafenstr 167/169; Tel (04 71) 9 54 90 20; Fax (04 71) 9 54 90 89
Barbara Dieckell Konsulin (H)
KBez: Bre, Nds

Honorarkonsulat der Kirgisischen Republik
60323 Frankfurt a M, Freiherr-vom-Stein-Str 24-26; Tel (0 69) 97 13 00; Fax (0 69) 97 13 01 00
Heinrich von Mettenheim Kons (H)
KBez: Hess

Honorarkonsulat der Kirgisischen Republik
20459 Hamburg, Hohe Brücke 1; Tel (0 40) 3 74 32 12; Fax (0 40) 3 74 32 14
Karl Hugo Ernst Ehlerding Kons (H)
KBez: Hbg

Kiribati

Honorarkonsulat von Kiribati (S)
20459 Hamburg, Rödingsmarkt 16; Tel (0 40) 3 61 46-0; Fax (0 40) 3 61 46-1 23
Frank Leonhardt Kons (H)
KBez: BGeb

Kolumbien

Konsularabteilung der Botschaft der Republik Kolumbien (BS)
53113 Bonn, Friedrich-Wilhelm-Str 35; Tel (02 28) 9 23 70 27; Fax (02 28) 9 23 70 37
KBez: NW, Bad-W

Generalkonsulat der Republik Kolumbien (BS)
10117 Berlin, Clara-Zetkin-Str 89; Tel (0 30) 3 94 12 30; Fax (0 30) 2 29 27 43
Eduardo Casas Acosta GenKons
KBez: Bln, BB, MV, SN, ST, TH

Honorarkonsulat der Republik Kolumbien
28209 Bremen, Parkallee 32; Tel (04 21) 3 49 80 95; Fax (04 21) 3 49 80 51
Klaus Müller-Leiendecker Kons (H)
KBez: Bre

Generalkonsulat der Republik Kolumbien (BS)
60323 Frankfurt, Fürstenberger Str 223; Tel (0 69) 5 96 30 50, 5 96 30 60; Fax (0 69) 5 96 20 80
Stella Luz Sotelo Guzmán GenKonsulin
KBez: Hess, Rhld-Pf, Saar

Generalkonsulat der Republik Kolumbien (BS)
20149 Hamburg, Hochallee 89; Tel (0 40) 45 28 12, 45 72 31; Fax (0 40) 4 10 84 62
Benjamin Ardila Duarte GenKons
KBez: Hbg, Nds, Schl-H, Bre

Generalkonsulat der Republik Kolumbien (BS)
80538 München, Steinsdorfstr 8/I; Tel (0 89) 29 16 00 20; Fax (0 89) 29 16 06 24
Ricardo Mosquera Mesa GenKons
KBez: Bay

Honorarkonsulat der Republik Kolumbien (BS)
70173 Stuttgart, Eberhardstr 12; Tel (07 11) 23 22 02; Fax (07 11) 23 22 03
Herbert Hillebrand Kons (H)
KBez: Bad-W

Komoren

Honorarkonsulat der Islamischen Bundesrepublik Komoren
50939 Köln, Löwenburgstr 10; Tel (02 21) 46 21 61
Dr Karl-Hans Körbel Kons (H)
KBez: NW

Kongo

Konsularabteilung der Botschaft der Republik Kongo
53173 Bonn, Rheinallee 45; Tel (02 28) 35 83 55; Fax (02 28) 35 83 55
KBez: BGeb

Korea

Konsularabteilung der Botschaft der Republik Korea (BS)
53113 Bonn, Adenauerallee 124; Tel (02 28) 26 79 60; Fax (02 28) 22 39 43
KBez: NW, Rhld-Pf, Saar

Generalkonsulat der Republik Korea (BS)
10707 Berlin, Kurfürstendamm 180; Tel (0 30) 8 85 95 50; Fax (0 30) 88 59 55 26
Seung Eui Kim GenKons
KBez: Bln, BB, SN, ST, TH

Honorarkonsulat der Republik Korea
40239 Düsseldorf, Gruner Str 74; Tel (02 11) 6 34 36; Fax (02 11) 62 24 45
Michael Storm Kons (H)
KBez: NW, Rhld-Pf

Generalkonsulat der Republik Korea (BS)
60320 Frankfurt, Eschersheimer Landstr 327; Tel (0 69) 9 56 75 20; Fax (0 69) 56 98 14
Jong Rok Kim GenKons
KBez: Bad-W, Bay, Hess

Generalkonsulat der Republik Korea (BS)
20149 Hamburg, Hagedornstr 53; Tel (0 40) 4 10 20 31/32; Fax (0 40) 44 61 51
Sang Woan Lee GenKons
KBez: Hbg, Bre, MV, Nds, Schl-H

Honorarkonsulat der Republik Korea
81543 München, Humboldtstr 19; Tel (0 89)
66 99 10; Fax (0 89) 66 47 66
Rudolf Walter Wulf Sacher Kons (H)
KBez: Bay

Honorarkonsulat der Republik Korea (B)
70567 Stuttgart, Sigmaringer Str 107; Tel (07 11)
7 18 91 55; Fax (07 11) 1 61 44 65
Wolfram Göhring Kons (H)
KBez: Bad-W

Kroatien

Konsularabteilung der Botschaft der Republik Kroatien
53179 Bonn, Rolandstr 52; Tel (02 28) 95 29 20;
Fax (02 28) 33 21 54
KBez: NW

Generalkonsulat der Republik Kroatien
10969 Berlin, Kochstr 73-74; Tel (0 30) 2 51 35 37,
2 51 46 58; Fax (0 30) 2 51 13 21
Ilija Lukanović GenKons
KBez: Bln, BB, SN, ST, TH

Generalkonsulat der Republik Kroatien
60313 Frankfurt am Main, Brönnerstr 7; Tel (0 69)
29 41 24; Fax (0 69) 29 21 26
Zdenko Karakaš GenKons
KBez: Hess, Rhld-Pf, Saar

Generalkonsulat der Republik Kroatien
20459 Hamburg, Ludwig-Ehrhard-Str 37; Tel
(0 40) 31 13 17; Fax (0 40) 31 13 18
Dr Vera Tadić GenKonsulin
KBez: Hbg, Bre, MV, Nds, Schl-H

Honorarkonsulat der Republik Kroatien
55116 Mainz, Bahnhofstr 5; Tel (0 61 31) 22 90 91
Jockel Fuchs Kons (H)
KBez: Rhld-Pf

Generalkonsulat der Republik Kroatien
80679 München, Oberföhringer Str 6; Tel (0 89)
98 25 21/22; Fax (0 89) 2 60 87 51
Dr Ivan Simek GenKons
KBez: Bay

Generalkonsulat der Republik Kroatien
70372 Stuttgart, Liebenzeller Str 5; Tel (07 11)
95 57 10; Fax (07 11) 55 60 49
Zdenka Babic-Petricevic GenKonsulin
KBez: Bad-W

Kuba

Konsularabteilung der Botschaft der Republik Kuba (BS)
53175 Bonn, Kennedyallee 22/24; Tel (02 28)
30 91; Fax (02 28) 30 92 44
KBez: BGeb ohne BB, MV, SN, ST, TH
Außenstelle Berlin (BS)
13156 Berlin, Kuckhoffstr 69; Tel (0 30) 9 16 45 51;
Fax (0 30) 9 16 45 53
für BB, MV, SN, ST, TH

Kuwait

Konsularabteilung der Botschaft des Staates Kuwait (BS)
53175 Bonn, Godesberger Allee 77-79; Tel (02 28)
37 80 81-4; Fax (02 28) 37 89 36
KBez: BGeb

Laos

Konsularabteilung der Botschaft der Demokratischen Volksrepublik Laos (BS)
53639 Königswinter, Am Lessing 6; Tel (0 22 23)
2 15 01; Fax (0 22 23) 30 65
KBez: BGeb

Lesotho

Konsularabteilung der Botschaft des Königreichs Lesotho (BS)
53175 Bonn, Godesberger Allee 50; Tel (02 28)
37 68 68/69; Fax (02 28) 37 99 47
KBez: BGeb

Honorarkonsulat des Königreichs Lesotho (BS)
Frankfurt, Sitz:
65439 Flörsheim, Schieferstein 6; Tel (0 61 45)
70 75; Fax (0 61 45) 78 95
Jürgen Lorenz Kons (H)
KBez: Hess

Honorarkonsulat des Königreichs Lesotho (BS)
30159 Hannover, Leinstr 8; Tel (05 11) 32 66 74;
Fax (05 11) 32 66 76
A David Grojnowski Kons (H)
KBez: Nds, Bln, BB, Bre, ST

Honorarkonsulat des Königreichs Lesotho (BS)
85774 Unterföhring, Münchener Str 14; Tel (0 89)
9 57 68 01; Fax (0 89) 99 29 20 20
Dr Jochen Conradi Kons (H)
KBez: Bay

Lettland

Konsularabteilung der Botschaft der Republik Lettland (BS)
53113 Bonn, Adenauerallee 110; Tel (02 28)
26 44 37; Fax (02 28) 26 58 40
KBez: BGeb

Honorarkonsulat der Republik Lettland
14195 Berlin, Königin-Luise-Str 77; Tel (0 30)
8 31 58 77; Fax (0 30) 8 32 88 46
Talwald Eugen Medné Kons (H)
KBez: Bln, BB

Honorarkonsulat der Republik Lettland
40417 Düsseldorf, Vogelsanger Weg 6; Tel (02 11)
6 35 42 71; Fax (02 11) 6 35 42 77
Prof Dr-Ing habil Bruno Braun Kons (H)
KBez: NW, Rhld-Pf

Honorarkonsulat der Republik Lettland
60325 Frankfurt a M, Guiollettstr 50; Tel (0 69) 97 10 10-0; Fax (0 69) 97 10 10 30
Dr Manfred Meyer-Preschany Kons (H)
KBez: Hess

Honorarkonsulat der Republik Lettland
18055 Rostock, Blücherstr 22; Tel (03 81) 4 90 40 34; Fax (03 81) 4 90 40 34
Dr Fritz Schulze Kons (H)
KBez: MV

Libanon

Konsularabteilung der Botschaft der Libanesischen Republik (BS)
53173 Bonn, Rheinallee 27; Tel (02 28) 95 68 00
KBez: BGeb
Außenstelle Berlin
13187 Berlin, Esplanade 8-10, Tel (0 30) 4 72 20 93; Fax (0 30) 4 78 75 11

Honorarkonsulat der Libanesischen Republik
60326 Frankfurt, Mainzer Landstr 268; Tel (0 69) 7 39 22 44; Fax (0 69) 7 30 61 55
Marwan Kallab Kons (H)
KBez: Hess

Liberia

Konsularabteilung der Botschaft der Republik Liberia (BS)
53179 Bonn, Mainzer Str 259; Tel (02 28) 34 08 22
KBez: BGeb

Honorarkonsulat der Republik Liberia
14195 Berlin, Puecklerstr 8; Tel (0 30) 2 62 88 33; Fax (0 30) 2 62 96 60
Joachim Meier Kons (H)
KBez: Bln, BB

Honorarkonsulat der Republik Liberia
28195 Bremen, Martinstr 29; Tel (04 21) 3 37 82 82; Fax (04 21) 3 37 82 88
Bernd Hansing Kons (H)
KBez: Bre

Honorargeneralkonsulat der Republik Liberia
60487 Frankfurt, Bernusstr 7; Tel (0 69) 7 07 24 09; Fax (0 69) 77 80 87
Dr Gerhard Holland GenKons (H)
KBez: Hess, Rhld-Pf, Saar

Honorarkonsulat der Republik Liberia
Freiburg Sitz:
79252 Stegen, Am Schloßpark 21; Tel (07 61) 55 24 55; Fax (07 61) 2 41 94
Dr h c Hellmuth Dettinger Kons (H)
KBez: Bad-W

Honorarkonsulat der Republik Liberia
80636 München, Nymphenburger Str 118; Tel (0 89) 1 29 53 88; Fax (0 89) 18 77 73
Josef Peter Eggen Kons (H)
KBez: Bay, SN

Libysch Arabische Dschamahirija
(Diplomatische Mission)

Konsularabteilung des Volksbüros der Sozialistischen Libysch-Arabischen Volks-Dschamahirija (BS)
53173 Bonn, Beethovenallee 12 a; Tel (02 28) 82 00 90; Fax (02 28) 36 42 60
KBez: BGeb

Litauen

Konsularabteilung der Botschaft der Republik Litauen
53115 Bonn, Argelanderstr 108 a; Tel (02 28) 9 14 91 18; Fax (02 28) 9 14 91 15
KBez: BGeb
Außenstelle Berlin
10783 Berlin, Potsdamer Str 133, Tel (0 30) 2 17 29 76; Fax (0 30) 2 15 20 71

Honorarkonsulat der Republik Litauen
60327 Frankfurt am Main, Gutleutstr 163-167; Tel (0 69) 23 23 33; Fax (0 69) 23 91 63
Karl Rothenberger Kons (H)
KBez: Hess, Rhld-Pf, Saar

Honorarkonsulat der Republik Litauen
24103 Kiel, Sophienblatt 21; Tel (04 31) 67 91 20; Fax (04 31) 67 40 04
Colin de Lage Kons (H)
KBez: Schl-H, Hbg, MV

Luxemburg

Konsularabteilung der Botschaft des Großherzogtums Luxemburg (BS)
53113 Bonn, Adenauerallee 108; Tel (02 28) 21 40 00; Fax (02 28) 22 29 20
KBez: BGeb

Honorarkonsulat des Großherzogtums Luxemburg (BS)
10625 Berlin, Am Schillertheater 2, Haus der Wirtschaft; Tel (0 30) 31 00 51 30; Fax (0 30) 31 00 51 20
Klaus Osterhof Kons (H)
KBez: Bln, BB

Honorarkonsulat des Großherzogtums Luxemburg (BS)
52064 Aachen, Borngasse 34; Tel (02 41) 40 36 56; Fax (02 41) 4 46 60 55
Ottmar Braun Kons (H)
KBez: Stadt und Kreis Aachen sowie die Kreise Düren und Heinsberg im Lande NW

Honorarkonsulat des Großherzogtums Luxemburg (BS)
28195 Bremen, Marktstr 3 – Börsenhof C; Tel (04 21) 36 60 01 33; Fax (04 21) 36 60 03 33
Dr Joachim Theye Kons (H)
KBez: Bre

Honorarkonsulat des Großherzogtums Luxemburg (B)
01067 Dresden, Dr Külz-Ring 10; Tel (03 51) 4 89 10 29; Fax (03 51) 4 89 13 52
Harwin Haas Kons (H)
KBez: SN

Honorarkonsulat des Großherzogtums Luxemburg (BS)
40479 Düsseldorf, Jägerhofstr 10; Tel (02 11) 4 98 13 36; Fax (02 11) 4 91 22 07
Dr Helmut Nieland Kons (H)
KBez: NW mit Ausnahme von Stadt und Kreis Aachen und der Kreise Düren und Heinsberg

Honorargeneralkonsulat des Großherzogtums Luxemburg (BS)
60329 Frankfurt, Jürgen-Ponto-Platz 2; Tel (0 69) 23 66 11; Fax (0 69) 2 63 70 08
Meinhard Carstensen GenKons (H)
KBez: Hess, Rhld-Pf mit Ausnahme der RBez Trier und Koblenz

Honorarkonsulat des Großherzogtums Luxemburg (BS)
22605 Hamburg, Elbchaussee 249; Tel (0 40) 82 30 32; Fax (0 40) 82 89 87
Dr Volker Neumann-Schniedewind Kons (H)
KBez: Hbg, MV, Schl-H

Honorarkonsulat des Großherzogtums Luxemburg (BS)
30659 Hannover, Riethorst 2; Tel (05 11) 64 91 75; Fax (05 11) 6 45 44 95
Dr Erwin Möller Kons (H)
KBez: Nds, ST

Honorargeneralkonsulat des Großherzogtums Luxemburg (BS)
80469 München, Klenzestr 101; Tel (0 89) 20 24 22 02; Fax (0 89) 2 01 42 33
Dr Hanns Maier GenKons (H)
KBez: Bay, TH

Honorarkonsulat des Großherzogtums Luxemburg (BS)
Saarbrücken, Sitz:
66333 Völklingen, Bismarckstr 57; Tel (0 68 98) 10 34 98; Fax (0 68 98) 10 40 01
Michel Obertin Kons (H)
KBez: Saar

Honorarkonsulat des Großherzogtums Luxemburg (BS)
70182 Stuttgart, Uhlandstr 2; Tel (07 11) 24 55 91; Fax (07 11) 2 36 14 34
Dr Peter Adolff Kons (H)
KBez: Bad-W

Honorarkonsulat des Großherzogtums Luxemburg (BS)
54290 Trier, Hosenstr 24; Tel (06 51) 4 04 01; Fax (06 51) 7 10 12 28
Horst Langes Kons (H)
KBez: RBez Trier und Koblenz im Lande Rhld-Pf

Madagaskar

Konsularabteilung der Botschaft der Republik Madagaskar
53179 Bonn, Rolandstr 48; Tel (02 28) 95 35 90; Fax (02 28) 33 46 28
KBez: BGeb

Honorarkonsulat der Republik Madagaskar
14052 Berlin, Preussenallee 14; Tel (0 30) 3 05 82 11, 2 13 32 90; Fax (0 30) 3 05 74 21
Harry Wollenschläger Kons (H)
KBez: Bln, BB, SN, ST

Honorargeneralkonsulat der Republik Madagaskar (BS)
40474 Düsseldorf, Wilhelm-Busch-Str 5; Tel (02 11) 43 26 43
Dr Hans B Heil GenKons (H)
KBez: NW, Hess

Honorarkonsulat der Republik Madagaskar (BS)
79249 Freiburg, Alte Straße 83; Tel (07 61) 2 50 31
Helmut W Dyllick-Brenzinger Kons (H)
KBez: Bad-W

Honorarkonsulat der Republik Madagaskar (BS)
22765 Hamburg, Holstenplatz 7; Tel (0 40) 3 81 01-9 89; Fax (0 40) 38 10 16 77
Eckhard Koll Kons (H)
KBez: Hbg, Bre, MV, Nds, Schl-H

Honorarkonsulat der Republik Madagaskar (BS)
80799 München, Akademiestr 7; Tel (0 89) 3 81 90 20; Fax (0 89) 89 73 99
Dipl-Ing Ingo Wallner Kons (H)
KBez: Bay

Honorarkonsulat der Republik Madagaskar (BS)
Saarbrücken, Sitz:
66333 Völklingen, Straße des 13. Januar 273; Tel (0 68 98) 8 11 00
Dr Eric Ruffing Kons (H)
KBez: Saar

Malawi

Konsularabteilung der Botschaft der Republik Malawi (BS)
53179 Bonn, Mainzer Str 124; Tel (02 28) 94 33 50; Fax (02 28) 9 43 35 37
KBez: BGeb

Honorarkonsulat der Republik Malawi
40489 Düsseldorf, Angermunderstr 64; Tel (02 03) 74 12 24; Fax (02 03) 74 28 52
Wolfgang Bernhard Schaar Kons (H)
KBez: NW

Honorarkonsulat der Republik Malawi
20457 Hamburg, Brook 2; Tel (0 40) 36 36 55; Fax (0 40) 36 64 68
Manfed Mehr Kons (H)
KBez: Hbg, Bre, Nds, Schl-H

Honorarkonsulat der Republik Malawi
82057 München, Ulrichstr 68; Tel (0 81 78) 74 92;
Fax (0 81 78) 88 98
Hanns Reich Kons (H)
KBez: Bay

Honorarkonsulat der Republik Malawi
70327 Stuttgart, Am Westkai 25; Tel (07 11)
32 93 13; Fax (07 11) 3 20 51 03
Rudi Ernst Karl Bieller Kons (H)
KBez: Bad-W, Hess, Rhld-Pf, Saar

Malaysia

Konsularabteilung der Botschaft von Malaysia (BS)
53175 Bonn, Mittelstr 43; Tel (02 28) 30 80 30; Fax (02 28) 37 65 84
KBez: BGeb

Honorarkonsulat von Malaysia
10785 Berlin, Genthiner Str 41; Tel (0 30) 25 40 52 17; Fax (0 30) 2 61 91 98
Achim Emil Türklitz Kons (H)
KBez: Bln

Honorarkonsulat von Malaysia
20459 Hamburg, Kajen 2; Tel (0 40) 37 21 72; Fax (0 40) 3 68 72 49
Edgar E Nordmann Kons (H)
KBez: Hbg

Honorarkonsulat von Malaysia
80807 München, Leopoldstr 236; Tel (0 89) 3 50 65-1 37; Fax (0 89) 35 06 55 63
Dr Jürgen Heidemann Kons (H)
KBez: Bay

Honorarkonsulat von Malaysia
70178 Stuttgart, Mörikestr 29; Tel (07 11) 6 07 10 15; Fax (07 11) 6 07 10 15
Dr Helmut Baur Kons (H)
KBez: Bad-W, Rhld-Pf, Saar

Malediven

Honorargeneralkonsulat der Republik Malediven (BS)
61350 Bad Homburg, Immanuel-Kant-Str 16; Tel (0 61 72) 8 58 33, (0 69) 69 06 67 89; Fax (0 69) 69 21 02, (0 61 72) 8 58 33
Gottfried Mücke GenKons (H)
KBez: BGeb

Mali

Konsularabteilung der Botschaft der Republik Mali
53173 Bonn, Basteistr 86; Tel (02 28) 35 70 48; Fax (02 28) 36 19 22
KBez: BGeb

Honorargeneralkonsulat der Republik Mali (S)
22082 Hamburg, Hamburger Str 11; Tel (0 40) 2 27 80 39; Fax (0 40) 2 27 98 69
Dr Hans-Georg Graichen GenKons (H)
KBez: Hbg, Bre, MV, Nds, Schl-H

Honorargeneralkonsulat der Republik Mali (S)
85598 Baldham, Blumenstr 1; Tel (0 81 06) 67 70; Fax (0 81 06) 85 53
Heinz Wirth GenKons (H)
KBez: Bay, Bad-W

Malta

Konsularabteilung der Botschaft der Republik Malta
53173 Bonn, Viktoriastr 1; Tel (02 28) 36 30 17/18; Fax (02 28) 36 30 19
KBez: BGeb

Honorarkonsulat von Malta
10707 Berlin, Kurfürstendamm 50; Tel (0 30) 8 81 38 13; Fax (0 30) 3 01 98 91
Ingrid Christine Möbus Konsulin (H)
KBez: Bln

Honorarkonsulat von Malta
28199 Bremen, Westerstr 17; Tel (04 21) 50 52 50; Fax (04 21) 59 10 59
Dr Thomas Stöcker Kons (H)
KBez: Bre

Honorargeneralkonsulat von Malta
40212 Düsseldorf, Schadowstr 59; Tel (02 11) 35 82 66; Fax (02 11) 23 08 23
Paul R Kraemer GenKons (H)
KBez: NW, Hess

Honorargeneralkonsulat von Malta
22041 Hamburg, Wandsbeker Marktstr 75; Tel (0 40) 68 10 10; Fax (0 40) 68 40 90
Otto Techau GenKons (H)
KBez: Länder Hbg, Schl-H, Nds

Honorargeneralkonsulat von Malta
55126 Mainz, Orchideenweg 3; Tel (0 61 31) 47 31 00, 47 82 82; Fax (0 61 31) 47 03 67
Hannetraud Schultheiss GenKonsulin (H)
KBez: Rhld-Pf, Saar

Honorargeneralkonsulat von Malta
80636 München, Adamstr 4; Tel (0 89) 18 45 22; Fax (0 89) 18 42 71
Dr-Ing Joachim Hietzig GenKons (H)
KBez: Bay, SN

Honorarkonsulat von Malta
70173 Stuttgart, Am Hauptbahnhof 7; Tel (07 11) 2 26 25 70; Fax (07 11) 2 26 25 79
Viktor Dulger Kons (H)
KBez: Bad-W

Marokko

Konsularabteilung der Botschaft des Königreichs Marokko (BS)
53175 Bonn, Gotenstr 7-9; Tel (02 28) 35 50 44-46; Fax (02 28) 35 78 94
KBez: BGeb ohne Bln, Bad-W, Bay, Hess, NW, Rhld-Pf, Saar

Außenstelle Berlin
13156 Berlin, Kuckhoffstr 116; Tel (0 30) 9 16 60 06; Fax (0 30) 9 16 60 05
für Bln

Honorarkonsulat des Königreichs Marokko
28195 Bremen, Wegesende 3; Tel (04 21)
1 65 47 00
Prof Dr Walter Franke Kons (H)
KBez: Bre

Generalkonsulat des Königreichs Marokko (BS)
40474 Düsseldorf, Cecilienallee 14; Tel (02 11)
5 10 41; Fax (02 11) 43 98 29
Abdelouahhab Berrada GenKons
KBez: NW

Generalkonsulat des Königreichs Marokko (BS)
60322 Frankfurt, Adickesallee 63-65; Tel (0 69)
55 98 87; Fax (0 69) 5 97 55 35
Hassan Bennani GenKons
KBez: Bad-W, Bay, Hess, Rhld-Pf, Saar

Honorarkonsulat des Königreichs Marokko
81675 München, Prinzregentenstr 89; Tel (0 89)
45 55 03 80
Hans Bäumler Kons (H)
KBez: Bay

Mauretanien

Konsularabteilung der Islamischen Republik Mauretanien (BS)
53173 Bonn, Bonner Str 48: Tel (02 28)
36 40 24/25; Fax (02 28) 36 17 88
KBez: BGeb

Honorarkonsulat der Islamischen Republik Mauretanien
Berlin
Dr Bodo Stephan Kons (H)
KBez: NW

Honorarkonsulat der Islamischen Republik Mauretanien
40470 Düsseldorf, Münsterstr 306: Tel (02 11)
62 30 47; Fax (0 29 51) 40 72
Hubertus Spieker Kons (H)
KBez: NW

Mauritius

Honorargeneralkonsulat der Republik Mauritius (B)
40211 Düsseldorf, Jacobistr 7; Tel (02 11) 35 67 54;
Fax (02 11) 36 56 39
Herbert Gottlieb GenKons (H)
KBez: Bre, Hbg, Nds, NW, Schl-H

Honorargeneralkonsulat der Republik Mauritius
80336 München, Landwehrstr 10; Tel (0 89)
55 55 15; Fax (0 89) 55 35 04
Dr Johannes Kneifel GenKons (H)
KBez: Bay, Bad-W, Hess, Rhld-Pf, Saar

Mazedonien

Konsularabteilung der Botschaft der Ehemaligen Republik Mazedonien
53113 Bonn, Sträßchenweg 6; Tel (02 28) 23 09 71;
Fax (02 28) 23 77 43
KBez: BGeb

Mexiko

Konsularabteilung der Botschaft der Vereinigten Mexikanischen Staaten (BS)
53113 Bonn, Adenauer Allee 100; Tel (02 28)
9 14 86 32, 9 14 86 33; Fax (02 28) 21 11 13
KBez: NW
Außenstelle Berlin
10709 Berlin, Kurfürstendamm 72; Tel (0 30)
3 24 90 47; Fax (0 30) 3 24 98 43
KBez: Bln, BB, SN, ST, TH

Honorarkonsulat der Vereinigten Mexikanischen Staaten (B)
28203 Bremen, Präsident-Kennedy-Platz 1; Tel
(04 21) 32 49 46; Fax (04 21) 3 67 82 32
Peter W Lampke Kons (H)
KBez: Bre

Generalkonsulat der Vereinigten Mexikanischen Staaten (BS)
60313 Frankfurt, Hochstr 35-37; Tel (0 69)
2 86 44/45/37; Fax (0 69) 2 86 31
Roberto Friedrich Heinze GenKons
KBez: Bay, Bad-W, Hess, Rhld-Pf, Saar

Generalkonsulat der Vereinigten Mexikanischen Staaten (BS)
20146 Hamburg, Hallerstr 70; Tel (0 40)
4 50 15 80; Fax (0 40) 45 01 58 20
Tamara Kitain de Zimmermann GenKonsulin
KBez: Bre, Hbg, MV, Nds, Schl-H

Honorarkonsulat der Vereinigten Mexikanischen Staaten (B)
30159 Hannover, Kramerstr 10; Tel (05 11)
32 81 88; Fax (05 11) 3 68 17 32
Dr Ulrich von Jeinsen Kons (H)
KBez: Nds

Moldau

Konsularabteilung der Botschaft der Republik Moldau
53113 Bonn, An der Elisabethkirche 24; Tel (02 28)
91 09 40; Fax (02 28) 9 10 94 18
KBez: BGeb mit Ausnahme von Hess, Bad-W, Bay, Rhld-Pf, Saar, TH

Generalkonsulat der Republik Moldau
60433 Frankfurt, Adelheidstr 8; Tel (0 69) 52 78 08;
Fax (0 69) 53 10 07
Nicolae Buga GenKons
KBez: Hess, Bad-W, Bay, Rhld-Pf, Saar, TH

Monaco

Konsularabteilung der Botschaft des Fürstentums Monaco
53113 Bonn, Zitelmannstr 16; Tel (02 28)
23 20 07/08; Fax (02 28) 23 62 82
KBez: BGeb

Honorarkonsulat des Fürstentums Monaco
10787 Berlin, Kurfürstenstr 72-74; Tel (0 30) 47 11 10; Fax (0 30) 26 47 11 23
Dr Wolf Wegener Kons (H)
KBez: Bln, BB, MV, ST, TH

Honorarkonsulat des Fürstentums Monaco (B)
40479 Düsseldorf, Freiligrathstr 1; Tel (02 11) 4 97 91 41
Dr Bernd Kunth Kons (H)
KBez: NW

Honorarkonsulat des Fürstentums Monaco
60487 Frankfurt, Ludwig-Landmann-Str 349; Tel (0 69) 7 07 46 63; Fax (0 69) 70 47 90
Gerhard Eisenbach Kons (H)
KBez: Hess, Rhld-Pf, Saar

Honorarkonsulat des Fürstentums Monaco (B)
20354 Hamburg, Neuer Jungfernstieg 20; Tel (0 40) 3 49 61
Heinrich Freiherr von Berenberg-Gossler Kons (H)
KBez: Hbg, Schl-H, Bre, Nds

Honorarkonsulat des Fürstentums Monaco (B)
80333 München, Brienner Str 28; Tel (0 89) 28 62 81 09; Fax (0 89) 28 27 18
Dr Alexander Liegl Kons (H)
KBez: Bay, SN

Honorarkonsulat des Fürstentums Monaco (B)
70182 Stuttgart, Uhlandstr 13; Tel (07 11) 23 45 91
Simon van Kempen Kons (H)
KBez: Bad-W

Mongolei

Konsularabteilung der Botschaft der Mongolei
58844 Troisdorf-Sieglar, Siebengebirgsblick 4-6; Tel (0 22 41) 40 27 27; Fax (0 22 41) 4 77 81
KBez: BGeb
Außenstelle Berlin
10439 Berlin, Gotlandstr 12; Tel (0 30) 4 77 10 48; Fax (0 30) 2 38 62 70

Mosambik

Konsularabteilung der Botschaft der Republik Mosambik
53113 Bonn, Adenauerallee 46 A; Tel (02 28) 26 29 93, 26 39 21; Fax (02 28) 21 39 20
KBez: BGeb

Honorarkonsulat der Republik Mosambik
80335 München, Bayerstr 33; Tel (0 89) 55 15 05 25; Fax (0 89) 55 15 05 28
Siegfried Anton Lingel Kons (H)
KBez: Bay, SN, ST, TH

Myanmar

Konsularabteilung der Botschaft der Union von Myanmar (BS)
53113 Bonn, Schumannstr 112; Tel (02 28) 21 00 91/92; Fax (02 28) 21 93 16
KBez: BGeb

Namibia

Konsularabteilung der Botschaft der Republik Namibia (BS)
53179 Bonn, Mainzer Str 47; Tel (02 28) 34 60 21-24; Fax (02 28) 34 60 25
KBez: BGeb

Nepal

Konsularabteilung der Botschaft des Königreichs Nepal (BS)
53179 Bonn, Im Hag 15; Tel (02 28) 34 30 97, 38 30 99; Fax (02 28) 85 67 47
KBez: BGeb

Honorarkonsulat des Königreichs Nepal (S)
10719 Berlin, Uhlandstr 171/172; Tel (0 30) 8 81 40 49; Fax (0 30) 8 82 59 17
Dr Ulrich Schmidt Kons (H)
KBez: Bln

Honorargeneralkonsulat des Königreichs Nepal (S)
60388 Frankfurt, Flinschstr 63; Tel (0 69) 40 87-1
Hans Viktor Howaldt GenKons (H)
KBez: Hess, Rhld-Pf, Saar

Honorarkonsulat des Königreichs Nepal (S)
80687 München, Landsberger Str 191; Tel (0 89) 14 36 52 50/60; Fax (0 89) 14 36 51 90
Ludwig Alexander Greissl Kons (H)
KBez: Bay

Honorarkonsulat des Königreichs Nepal (S)
70736 Stuttgart, Schmidener Weg 7; Tel (07 11) 95 79 12-24; Fax (07 11) 95 79 12-33
Ann-Katrin Bauknecht Konsulin (H)
KBez: Bad-W

Neuseeland

Konsularabteilung der Botschaft von Neuseeland (BS)
53113 Bonn, Bonn-Center, Bundeskanzlerplatz 2-10; Tel (02 28) 22 80 70; Fax (02 28) 22 16 87
KBez: BGeb ohne Länder Bre, Hbg, Nds, Schl-H

Generalkonsulat von Neuseeland (B)
20148 Hamburg, Heimhuder Str 56; Tel (0 40) 44 25 55-0; Fax (0 40) 44 25 55-49
Duncan Harris Simpson GenKons
KBez: Hbg, Bre, Nds, Schl-H

Nicaragua

Konsularabteilung der Botschaft der Republik Nicaragua (BS)
53179 Bonn, Konstantinstr 41; Tel (02 28) 35 27 87; Fax (02 28) 35 40 01
KBez : BGeb

Niederlande

Konsularabteilung der Botschaft des Königreichs der Niederlande (BS)
53113 Bonn, Sträßchensweg 10; Tel (02 28) 53 05-0, 5 30 53 81; Fax (02 28) 23 84 13
KBez: Stadt Bonn und Rhein-Sieg-Kreis im Land NW

Außenstelle Berlin
10117 Berlin, Friedrichstr 95; Tel (0 30) 2 01 20 23; Fax (0 30) 2 01 20 15
Zuständig für: Bln, BB, MV, SN, ST, TH

Honorarkonsulat des Königreichs der Niederlande
52062 Aachen, Theaterstr 6-8 (IHK); Tel (02 41) 3 32 53; Fax (02 41) 4 46 02 59, 4 46 02 01
Dr Otto Eschweiler Kons (H)
KBez: Stadt Aachen, Kreise Aachen, Düren und Heinsberg im Land NW.

Honorarkonsulat des Königreichs der Niederlande
28195 Bremen, Altenwall 2-5; Tel (04 21) 32 37 26; Fax (04 21) 3 68 12 35
Frans Peter Wethmar Kons (H)
KBez: Land Bre sowie im RBez Weser-Ems des Landes Nds Landkreis Wesermarsch; kreisfreie Stadt Delmenhorst; selbständige Gemeinde Stadt Nordenham sowie im RBez Lüneburg des Landes Nds:Landkreise Osterholz und Cuxhaven; Stadt Cuxhaven.

Generalkonsulat des Königreichs der Niederlande (BS)
40211 Düsseldorf, Oststr 10, (Wehrhahn-Center, 6. Stock); Tel (02 11) 3 61 30 55; Fax (02 11) 35 90 40
Johannes AFM Revis GenKons
KBez: NW mit Ausnahme der Stadt Bonn und des Rhein-Sieg-Kreises

Honorarkonsulat des Königreichs der Niederlande
47057 Duisburg, Mülheimer Str 100; Tel (02 03) 35 10 91; Fax (02 03) 36 28 18
Dr Gerd Wilhelm Hulsman Kons (H)
KBez: Städte Duisburg und Oberhausen sowie aus dem Kreis Wesel die Städte Dinslaken, Kamp-Lintfort, Moers, Rheinberg, Neukirchen-Vluyn und Voerde

Honorarkonsulat des Königreichs der Niederlande
26723 Emden, Nessenlanderstr, zu den Hafenbecken 14; Tel (0 49 21) 2 14 04; Fax (0 49 21) 3 44 92
Johannes Riepma Kons (H)
KBez: Im RBez Weser-Ems des Landes Nds: Landkreise Aurich, Wittmund, Friesland, Ammerland, Leer, Vechta, Cloppenburg und Oldenburg; Städte Oldenburg, Wilhelmshaven und Emden; selbständige Gemeinden Stadt Leer, Stadt Aurich und Stadt Norden.

Generalkonsulat des Königreichs der Niederlande (BS)
60325 Frankfurt, Beethovenstr 5; Tel (0 69) 75 20 21, 75 20 22; Fax (0 69) 74 60 36
Peter van Leeuwen GenKons
KBez: Hess, Rhld-Pf, Saar

Generalkonsulat des Königreichs der Niederlande (BS)
20095 Hamburg, Pelzerstr 2, Ecke Rathausstr; Tel (0 40) 30 96 39-0; Fax (0 40) 32 46 87
Johan Laurens Wagenaar GenKons
KBez: Hbg, Bre, Schl-H, Nds

Honorarkonsulat des Königreichs der Niederlande
30165 Hannover, Büttnerstr 25; Tel (05 11) 9 38 22 85; Fax (05 11) 9 38 24 35
Dr Peter Haverbeck Kons (H)
KBez: Land Nds mit Ausnahme des RBez Weser-Ems und der Landkreise Osterholz und Cuxhaven sowie der Stadt Cuxhaven des RBez Lüneburg.

Honorarkonsulat des Königreichs der Niederlande
47533 Kleve, Große Straße 47; Tel (0 28 21) 2 40 06; Fax (0 28 21) 5 07 77, 5 07 58
Hermann von Ameln Kons (H)
KBez: Kreis Kleve und aus dem Kreis Wesel die Städte Wesel, Xanten, die Gemeinden Alpen, Hamminkeln, Hünxe, Schermbeck, Sonsbeck im RBez Düsseldorf des Landes NW

Honorarkonsulat des Königreichs der Niederlande
50931 Köln, Richard-Strauß-Str 2; Tel (02 21) 40 08 43 00; Fax (02 21) 40 08 41 48
Paul Bauwens-Adenauer Kons (H)
KBez: RBez Köln mit Ausnahme der Städte Aachen und Bonn sowie der Kreise Aachen, Düren, Heinsberg und des Rhein-Sieg-Kreises

Generalkonsulat des Königreichs der Niederlande (BS)
80335 München, Nymphenburger Str 1; Tel (0 89) 54 59 67-0; Fax (0 89) 54 59 67 67
Jan Eric van den Berg GenKons
KBez: Bay

Honorarkonsulat des Königreichs der Niederlande
48143 Münster, Prinzipalmarkt 13-14; Tel (02 51) 4 52 60; Fax (02 51) 4 36 99
Dr Paul Hüffer Kons (H)
KBez: RBez Münster im Land NW

Honorarkonsulat des Königreichs der Niederlande
Nürnberg, Sitz:
90762 Fürth, Nürnberger Str 91-95; Tel (09 11) 1 42 15 03; Fax (09 11) 70 51 53
Dr Wolfgang Bühler Kons (H)
KBez: RBez Mittel-, Ober und Unterfranken sowie Oberpfalz im Land Bay

Honorarkonsulat des Königreichs der Niederlande
49074 Osnabrück, Neuer Graben 38; Tel (05 41) 2 43 63; Fax (05 41) 35 31 71
Dr Hans Berentzen Kons (H)
KBez: Im RBez Weser-Ems des Landes Nds: Landkreise Grafschaft Bentheim, Emsland und Osna-

brück; kreisfreie Stadt Osnabrück; Stadt Lingen; selbständige Gemeinden Stadt Georgsmarienhütte, Stadt Melle und Stadt Nordhorn.

Honorarkonsulat des Königreichs der Niederlande
Rendsburg, Sitz:
24790 Schacht-Hudorf, Kieler Str 10; Tel (0 43 31) 9 22 05; Fax (0 43 31) 9 11 47
Dr Ernst J Fürsen Kons (H)
KBez: Landkreise Dithmarschen und Rendsburg-Eckernförde sowie die Stadt Kiel im Land Schl-H

Honorarkonsulat des Königreichs der Niederlande
66111 Saarbrücken, Landwehrplatz 6-7; Tel (06 81) 9 33 82 70; Fax (06 81) 9 33 01 80
Hans Joachim Jacobi Kons (H)
KBez: Saar

Honorargeneralkonsulat des Königreichs der Niederlande (BS)
70174 Stuttgart, Herdweg 60; Tel (07 11) 29 70 80; Fax (07 11) 2 26 48 20
Dr Manfred Prechtl GenKons (H)
KBez: Bad-W

Niger

Konsularabteilung der Botschaft der Republik Niger (BS)
53173 Bonn, Dürenstr 9; Tel (02 28) 35 48 14; Fax (02 28) 36 32 46
KBez: BGeb

Honorarkonsulat der Republik Niger
14052 Berlin, Badenallee 12-13; Tel (0 30) 3 04 63 09; Fax (0 30) 3 04 15 32
Dr Heinz-Günther Schmidt Kons (H)
KBez: Bln, BB, MV, SN, ST, TH

Honorarkonsulat der Republik Niger
Kiel, Sitz:
24340 Eckernförde, Bertha-von-Suttner-Weg 8; Tel (0 43 51) 61 81
Dr Joachim Krumhoff Kons (H)
KBez: Schl-H, Bre, Hbg, Nds, NW

Honorarkonsulat der Republik Niger
68165 Mannheim, Gottlieb-Daimler-Str 12 a; Tel (06 21) 40 39 74; Fax (06 21) 4 00 62 03
Dr-Ing Heinz B Braun Kons (H)
KBez: Bad-W, Rhld-Pf, Saar

Honorarkonsulat der Republik Niger
82031 Grünwald, Ludwig-Thoma-Str 13; Tel (0 89) 6 49 20 82; Fax (0 89) 6 49 23 46
Carl Wiedmeier Kons (H)
KBez: Bay, Hess

Nigeria

Konsularabteilung der Botschaft der Bundesrepublik Nigeria (BS)
53177 Bonn, Goldbergweg 13; Tel (02 28) 32 20 71-75; Fax (02 28) 32 80 88
KBez: BGeb ohne Bln, BB, Hbg, MV, SN, ST, TH

Generalkonsulat der Bundesrepublik Nigeria
13156 Berlin, Platanenstr 98 a; Tel (0 30) 4 77 23 00/1; Fax (0 30) 4 77 25 55
Usman Ndagi GenKons
KBez: Bln, BB, Hbg, MV, SN, ST, TH

Norwegen

Konsularabteilung der Botschaft des Königreichs Norwegen (BS)
53175 Bonn, Mittelstr 43; Tel (02 28) 8 19 97 40; Fax (02 28) 37 34 98
KBez: NW, Bay, Hess, Bad-W, Rhld-Pf, Saar, ST, TH
Außenstelle Berlin
10787 Berlin, Rauchstr 11; Tel (0 30) 2 64 17 22; Fax (0 30) 2 64 09 33
zuständig für Bln, BB, MV, SN

Honorarkonsulat des Königreichs Norwegen (B)
28195 Bremen, Faulenstr 2-12; Tel (04 21) 3 03 42 93; Fax (04 21) 30 31 09, 3 03 41 09
Hans Specht Kons (H)
KBez: Land Bre sowie im RBez Weser-Ems des Landes Nds: die Städte Delmenhorst, Emden, Oldenburg, Osnabrück und Wilhelmshaven sowie die Landkreise Ammerland, Aurich, Emsland, Friesland, Grafschaft Bentheim, Leer, Oldenburg, Osnabrück, Wesermarsch und Wittmund.

Honorargeneralkonsulat des Königreichs Norwegen
40474 Düsseldorf, Bennigsenplatz 1; Tel (02 11) 4 57 94 49; Fax (02 11) 4 57 95 01
Ulrich Hartmann GenKons (H)
KBez: NW, Rhld-Pf, Saar

Honorarkonsulat des Königreichs Norwegen
60311 Frankfurt, Bethmannstr 56; Tel (0 69) 1 31 08 15; Fax (0 69) 29 90 82 59
Dr Karl-Ludwig Koenen Kons (H)
KBez: Hess

Generalkonsulat des Königreichs Norwegen (BS)
20354 Hamburg, Neuer Jungfernstieg 7-8; Tel (0 40) 34 34 55-57; Fax (0 40) 34 29 98
Torbjørn Norendal GenKons
KBez: Hbg, Bre, Schl-H, Nds

Honorarkonsulat des Königreichs Norwegen (B)
30419 Hannover, Herrenhäuser Str 83; Tel (05 11) 7 90 70; Fax (05 11) 7 90 72 59
Jürgen Middendorff Kons (H)
KBez: Im Land Nds die RBez Hannover, Braunschweig, Lüneburg sowie im RBez Weser-Ems die Landkreise Cloppenburg und Vechta.

Honorargeneralkonsulat des Königreichs Norwegen
07743 Jena, Carl-Zeiss-Str 1; Tel (0 36 41) 65 22 02; Fax (0 36 41) 65 24 83
Dr h c Lothar Späth GenKons (H)
KBez: TH, ST

Honorarkonsulat des Königreichs Norwegen (B)
24103 Kiel, Lorentzendamm 28/30; Tel (04 31) 5 92 10 50; Fax (04 31) 5 92 10 51
Thieß Beiderwieden Kons (H)
KBez: Schl-H mit Ausnahme der Hansestadt Lübeck und der Kreise Lauenburg, Stormarn, Segeberg und Ostholstein

Honorarkonsulat des Königreichs Norwegen
04229 Leipzig, Karl-Heine-Str 10; Tel (03 41) 4 43 20 60; Fax (03 41) 4 43 20 09
Hans Augst Kons (H)
KBez: SN

Honorarkonsulat des Königreichs Norwegen
23560 Lübeck, Geniner Str 249; Tel (04 51) 5 30 22 11; Fax (04 51) 5 30 24 90
Petra Baader Konsulin (H)
KBez: Hansestadt Lübeck und die Kreise Lauenburg, Stormarn, Segeberg, Ostholstein

Honorarkonsulat des Königreichs Norwegen (B)
80333 München, Promenadenplatz 7; Tel (0 89) 22 41 70; Fax (0 89) 21 39 28 91
Dr Christian Seidel Kons (H)
KBez: Bay

Honorarkonsulat des Königreichs Norwegen
18055 Rostock, Alter Markt 15; Tel (03 81) 45 48 60; Fax (03 81) 4 54 86 14
Peter Schulz Kons (H)
KBez: MV

Honorargeneralkonsulat des Königreichs Norwegen (B)
70191 Stuttgart, Nordbahnhofstr 41; Tel (07 11) 2 56 89 49; Fax (07 11) 2 57 86 61
Hans Joachim Schmidtgen GenKons (H)
KBez: Bad-W

Österreich

Generalkonsulat der Republik Österreich (BS)
10117 Berlin, Wilhelmstr 64; Tel (0 30) 6 09 38 65; Fax (0 30) 6 09 38 69
Dr Erwin Kubesch GenKons
KBez: Bln, BB, MV, SN, ST, TH

Honorarkonsulat der Republik Österreich (B)
33719 Bielefeld, Striegauer Str 1; Tel (05 21) 20 72 72; Fax (05 21) 2 09 92 09
Rudolf Miele Kons (H)
KBez: RBez Münster und Detmold im Land NW

Honorarkonsulat der Republik Österreich
28199 Bremen, Friedrich-Ebert-Str 26; Tel (04 21) 55 80 96; Fax (04 21) 55 80 97
Robert Drewes Kons (H)
KBez: Bre

Honorarkonsulat der Republik Österreich (B)
44139 Dortmund, Joseph-Scherer-Str 3; Tel (02 31) 12 20 19; Fax (02 31) 1 35 46 38
Dr hc Dipl-Ing Rolf Hasenclever Kons (H)
KBez: RBez Arnsberg im Land NW

Generalkonsulat der Republik Österreich (BS)
40474 Düsseldorf, Cecilienallee 43 a; Tel (02 11) 43 41 41/42; Fax (02 11) 45 36 51
Dr Wolfgang Donat GenKons
KBez: NW

Generalkonsulat der Republik Österreich (BS)
60487 Frankfurt, Am Weingarten 25; Tel (0 69) 97 99 13-0; Fax (0 69) 77 70 13
Dr Peter Wilfling GenKons
KBez: Hess, Rhld-Pf, Saar

Generalkonsulat der Republik Österreich (BS)
20354 Hamburg, Alsterufer 37; Tel (0 40) 44 60 04; Fax (0 40) 45 29 07
Peter Wukitsevits GenKons
KBez: Bre, Hbg, Schl-H, Nds

Honorargeneralkonsulat der Republik Österreich (BS)
30163 Hannover, Podbielskistr 7; Tel (05 11) 9 60 36 62; Fax (05 11) 9 60 36 70
Hermann Bahlsen GenKons (H)
KBez: Nds, ST

Honorarkonsulat der Republik Österreich (B)
24103 Kiel, Lorentzendamm 22; Tel (04 31) 55 25 05; Fax (04 31) 5 19 42 34
Dr Fritz Süverkrüp Kons (H)
KBez: Schl-H mit Ausnahme der Stadt Lübeck sowie der Kreise Herzogtum Lauenburg, Stormarn und Ostholstein

Honorarkonsulat der Republik Österreich
50679 Köln, Siegburger Str 241; Tel (02 21) 8 24 29 58; Fax (02 21) 8 24 25 23
Dr Otmar Franz Kons (H)
KBez: RBez Köln im Land NW

Honorarkonsulat der Republik Österreich (B)
23568 Lübeck, Gertrudenstr 15; Tel (04 51) 3 10 01 50; Fax (04 51) 3 10 01 42
Joachim Brüggen Kons (H)
KBez: Stadt Lübeck sowie Kreise Herzogtum Lauenburg, Stormarn und Ostholstein im Land Schl-H

Honorarkonsulat der Republik Österreich
55128 Mainz, Südring 347; Tel (0 61 31) 33 10 10; Fax (0 61 31) 33 10 10
Dr Hans-Herbert Gartner Kons (H)
KBez: Rhld-Pf

Generalkonsulat der Republik Österreich (BS)
81675 München, Ismaninger Str 136; Tel (0 89) 92 10 90-0; Visaabteilung 92 10 90-38-41, Paßabteilung 92 10 90-25-29, Staatsbürgerschaftsabteilung 92 10 90-30-32, Allgemeine Angelegenheiten 92 10 90-34; Fax (0 89) 9 81 02 25
Dr Wernfried Köffler GenKons
KBez: Bay, Bad-W

Honorarkonsulat der Republik Österreich (SP)
90427 Nürnberg, Ihoner Weg 7; Tel (09 11) 34 19 67; Fax (09 11) 9 38 13 82
Theodor Schöller Kons (H)
KBez: RBez Ober-, Mittel-, Unterfranken und Oberpfalz im Land Bay

Honorarkonsulat der Republik Österreich (SP)
66115 Saarbrücken, Im Rotfeld 1; Tel (06 81) 9 48 37-11; Fax (06 81) 31 00 42
Alexander Rugge Kons (H)
KBez: Saar

Honorargeneralkonsulat der Republik Österreich (SP)
70178 Stuttgart, Augustenstr 4; Tel (07 11) 62 62 60
Dr Alexander Grupp GenKons (H)
KBez: Bad-W und RBez Schwaben im Land Bay

Oman

Konsularabteilung der Botschaft des Sultanats Oman (BS)
53173 Bonn, Lindenallee 11; Tel (02 28) 35 70 31-33; Fax (02 28) 35 70 45
KBez: BGeb

Honorargeneralkonsulat des Sultanats Oman
60325 Frankfurt, Mainzer Landstr 46; Tel (0 69) 17 00 79-0; Telex 4 16 581 galvv d; Fax (0 69) 71 00 06-25
Friedhelm Jost GenKons (H)
KBez: Hess, Bad-W, Bay, Rhld-Pf,Saar

Pakistan

Konsularabteilung der Botschaft der Islamischen Republik Pakistan (BS)
53173 Bonn, Rheinallee 24; Tel (02 28) 9 55 30; Fax (02 28) 9 55 32 10
KBez: BGeb ohne Hess, Rhld-Pf, Saar

Honorarkonsulat der Islamischen Republik Pakistan
28203 Bremen, Präsident-Kennedy-Platz 1; Tel (04 21) 32 36 10; Fax (04 21) 3 67 82 32
Peter Koopmann Kons (H)
KBez: Bre

Generalkonsulat der Islamischen Republik Pakistan
60386 Frankfurt a M, Wachterbacher Str 83; Tel (0 69) 42 10 12 15; Fax (0 69) 42 10 17
Hamidullah Khan GenKons
KBez: Hess, Rhld-Pf, Saar

Honorargeneralkonsulat der Islamischen Republik Pakistan
20354 Hamburg, Warburgstr 50; Tel (0 40) 44 11 13-0; Fax (0 40) 44 11 13 13
Hermann Schnabel GenKons (H)
KBez: Hbg, Sch-H

Honorargeneralkonsulat der Islamischen Republik Pakistan (B)
80336 München, Rückertstr 1; Tel (0 89) 53 48 80; Fax (0 89) 51 45 62 44
Sieglinde Heckelmann GenKonsulin (H)
KBez: Bay und Bad-W

Panama

Konsularabteilung der Botschaft der Republik Panama (BS)
53173 Bonn, Lützowstr 1; Tel (02 28) 36 10 37; Fax (02 28) 36 35 58
KBez: BGeb ohne Länder Hbg, MV, Schl-H, Bre, Nds

Honorargeneralkonsulat der Republik Panama (BS)
60596 Frankfurt, Kennedyallee 99; Tel (0 69) 63 66 63
Peter Michael Stoll GenKons (H)
KBez: Hess, Nds

Generalkonsulat der Republik Panama (BS)
20354 Hamburg, Gänsemarkt 44 V; Tel (0 40) 34 36 16, 34 02 18; Fax (0 40) 35 37 71
Alberto Magno Castillero GenKons
KBez: Hbg, Schl-H, Bre, MV, Nds

Honorargeneralkonsulat der Republik Panama (BS)
55124 Mainz, Viermorgenweg 4; Tel (0 61 31) 47 68 72, 47 31 74; Fax (0 61 31) 47 75 80
Hans Dieter Klenk GenKons (H)
KBez: Rhld-Pf, Saar

Papua-Neuguinea

Konsularabteilung der Botschaft von Papua-Neuguinea (BS)
53175 Bonn, Gotenstr 163; Tel (02 28) 37 68 55-56; Fax (02 28) 37 51 03
KBez: BGeb

Honorarkonsulat von Papua-Neuguinea
81671 München, Echardinger Str 119; Tel (0 89) 4 90 40 50; Fax (0 89) 49 49 43
Dr Walter Schöll Kons (H)
KBez: Bay

Honorarkonsulat von Papua-Neuguinea
20457 Hamburg, Brandstwiete 4; Tel (0 40) 30 38 02 43; Fax (0 40) 30 38 02 45
Horst Joachim Hoertelmann Kons (H)
KBez: Hbg

Paraguay

Generalkonsulat der Republik Paraguay (BS)
20249 Hamburg, Heilwigstr 123; Tel (0 40) 47 47 41; Fax (0 40) 4 80 23 37
Maria Celia Santos de Zuleta GenKonsulin
KBez: BGeb

Honorarkonsulat der Republik Paraguay
24105 Kiel, Düppelstr 19; Tel (0 41 31) 2 31 98;
Fax (0 41 31) 80 44 31
Horst Menck Kons (H)
KBez: Schl-H

Honorarkonsulat der Republik Paraguay
80335 München, Linprunstr 2; Tel (0 89)
5 23 11 12; Fax (0 89) 52 46 35
Alexander Grundner-Culemann Kons (H)
KBez: Bay und Bad-W mit Ausnahme des RBez Stuttgart

Honorarvizekonsulat der Republik Paraguay
70173 Stuttgart, Rotebühlplatz 20 a, c/o Anwaltskanzlei Caesmann und Seidel; Tel (07 11) 22 11 33; Fax (07 11) 22 51 37
Hermann Walter Sieger VKons (H)
KBez: RBez Stuttgart im Land Bad-W

Honorargeneralkonsulat der Republik Paraguay
65205 Wiesbaden, Wandersmannstr 68; Tel (06 11) 71 13 61, 71 90 47 ; Fax (06 11) 71 24 90
Rudolf Justus Hambach Genkons (H)
KBez: Hess, Rhld-Pf

Peru

Generalkonsulat der Republik Peru (BS)
10117 Berlin, Schadowstr 6; Tel (0 30) 2 29 15 87; Fax (0 30) 2 29 28 57
José Antonio Doig Alberdi GenKOns
KBez: Bln, BB, MV, SN, ST, TH

Honorarkonsulat der Republik Peru (BS)
28195 Bremen, Martinistr 58; Tel (04 21) 11 56 29; Fax (04 21) 1 45 06
Artur Schnitger Kons (H)
KBez: Bre

Honorarkonsulat der Republik Peru (BS)
40237 Düsseldorf, Grafenberger Allee 100; Tel (02 11) 66 78 39; Fax (02 11) 6 79 37 31
Dr Engelbert Heitkamp Kons (H)
KBez: NW

Generalkonsulat der Republik Peru (BS)
60311 Frankfurt am Main, Roßmarkt 16; Tel (0 69) 2 03 01; Fax (0 69) 29 57 40
Fortunato Quesada Seminario GenKons
KBez: Hess, Bad-W, Bay, Rhld-Pf, Saar

Generalkonsulat der Republik Peru (BS)
22301 Hamburg, Blumenstr 28; Tel (0 40) 47 67 45, 4 60 12 23; Fax (0 40) 48 18 54
Humberto Umeres Alvares GenKons
KBez: Hbg, Bre, Nds, NW, Schl-H

Honorarkonsulat der Republik Peru (BS)
30521 Hannover, Deutsche Messen AG, Messegelände D 3000; Tel (05 11) 8 93 10 00/04; Fax (05 11) 8 93 26 47
Dr Klaus Goehrmann Kons (H)
KBez: Nds

Honorarkonsulat der Republik Peru
80538 München, Öttingenstr 24; Tel (0 89) 2 90 48 07; Fax (0 89) 2 90 43 06
Heinz Karl Papke von Wille Kons (H)
KBez: Bay

Honorarkonsulat der Republik Peru (BS)
70176 Stuttgart, Leuschnerstr 41-47; Tel (07 11) 6 66 51 03/00; Fax (07 11) 6 66 52 77
Hans-Wolfgang Fein Kons (H)
KBez: Bad-W

Philippinen

Konsularabteilung der Botschaft der Republik der Philippinen (BS)
53115 Bonn, Argelanderstr 1; Tel (02 28) 26 79 90; Fax (02 28) 22 19 68
KBez: BGeb ohne Bre, Hbg, MV, Nds, ST, Schl-H

Außenstelle Berlin
10717 Berlin, Hohenzollerndamm 196; Tel (0 30) 8 61 35 30; Fax (0 30) 8 73 25 51
zuständig für Bln, BB, ST, TH

Honorargeneralkonsulat der Republik der Philippinen (BS)
40217 Düsseldorf, Elisabethstr 52a; Tel (02 11) 37 03 66; Fax (02 11) 38 32 01
Karl-Heinz Stockheim jr GenKons (H)
KBez: NW, Rhld-Pf, Saar

Honorarkonsulat der Republik der Philippinen (BS)
60594 Frankfurt am Main, Dreieichstr 59; Tel (0 69) 62 75 38; Fax (0 69) 6 03 17 95
Peter Merck Kons (H)
KBez: Hess

Generalkonsulat der Republik der Philippinen (BS)
20149 Hamburg, Jungfrauenthal 13; Tel (0 40) 44 29 52/53; Fax (0 40) 45 99 87
Ophelia A Gonzales Genkonsulin
KBez: Bre, Hbg, Nds, Schl-H, MV, ST

Honorarkonsulat der Republik der Philippinen
04299 Leipzig, Naunhofer Str 46; Tel (03 41) 8 68 27 15; Fax (03 41) 8 61 65 84
Wolfgang Knüpfer Kons (H)
KBez: SN

Honorarkonsulat der Republik der Philippinen (BS)
81925 München, Pienzenauer Str 88; Tel (0 89) 98 22 69; Fax (0 89) 98 17 48
Friedrich Karl Eugen Haberl Kons (H)
KBez: Bay

Honorarkonsulat der Republik der Philippinen
70173 Stuttgart, Königstr 41; Tel (07 11) 2 26 26 69; Fax (07 11) 2 26 26 18
Heinrich B Strack Kons (H)
KBez: Bad-W

Polen

Konsularabteilung der Botschaft der Republik Polen (BS)
50968 Köln, Leyboldstr 74; Tel (02 21) 9 37 30-0; Fax (02 21) 38 50 74
KBez: NW, Bad-W, Rhld-Pf, Saar

Außenstelle Berlin
10117 Berlin, Unter den Linden 72; Tel (0 30) 2 20 24 51; Fax (0 30) 2 29 15 77
Zuständig für Bln, BB, MV, ST

Generalkonsulat der Republik Polen (BS)
22309 Hamburg, Gründgensstr 20; Tel (0 40) 6 31 11 81, 6 31 20 91; Fax (0 40) 6 32 50 30
Mieczyslaw Scholowski GenKons
KBez: Hbg, Bre, Nds, Schl-H

Generalkonsulat der Republik Polen (BS)
04155 Leipzig, Poetenweg 51; Tel (03 41) 5 11 49; Fax (03 41) 5 85 21 30
Bogumil Krol GenKons
KBez: SN, TH

Generalkonsulat der Republik Polen (BS)
81675 München, Ismaninger Str 62 a; Tel (0 89) 4 18 60 80; Fax (0 89) 47 13 18
Andrzej Kaczorowski GenKons
KBez: Bay, Bad-W

Honorarkonsulat der Republik Polen
90402 Nürnberg, Lorenzerplatz 29; Tel (09 11) 2 02 81 98; Fax (09 11) 2 02 81 80
Dr Karl Gerhard Schmidt Kons (H)
KBez: RBez Mittel-, Ober- und Unterfranken im Land Bay

Portugal

Konsularabteilung der Botschaft der portugiesischen Republik (BS)
53173 Bonn, Ubierstr 78; Tel (02 28) 36 30 11-16; Fax (02 28) 35 28 64
KBez: Bln, BB, MV, SN, ST, TH
Außenstelle
10117 Berlin, Wilhelmstr 65; Tel (0 30) 2 29 00 11; Fax (0 30) 2 29 00 12

Generalkonsulat der portugiesischen Republik (BS)
40212 Düsseldorf, Graf-Adolf-Str 16, IV; Tel (02 11) 13 87 80; Fax (02 11) 32 33 57
Dr Pedro Joaquim Gonçales dos Santos Gomes GenKons
KBez: NW mit Ausnahme der RBez Detmold und Münster

Generalkonsulat der portugiesischen Republik (BS)
60325 Frankfurt, Zeppelinallee 15; Tel (0 69) 70 20 66/67; Fax (0 69) 70 25 84
Dr Sergio dos Reis e Sousa GenKons
KBez: Hess, Rhld-Pf, Saar

Generalkonsulat der portugiesischen Republik (BS)
20354 Hamburg, Gänsemarkt 23 I; Tel (0 40) 34 34 78, 34 00 47; Fax (0 40) 34 57 30
Dr Antonio Pinto Machado GenKons
KBez: Hbg, Schl-H sowie RBez Lüneburg des Landes Nds

Honorarkonsulat der portogiesischen Republik
81679 München, Delpstr 8; Tel (0 89) 98 40 23; Fax (0 89) 9 82 76 37
Dr Jürgen Adolff Kons (H)
KBez: Bay

Generalkonsulat der portugiesischen Republik (BS)
49080 Osnabrück, Schloßwall 2; Tel (05 41) 4 80 46/47; Fax (05 41) 43 17 12
NN
KBez: Bre, RBez Braunschweig, Hannover und Weser-Ems in Nds; RBez Detmold und Münster in NW

Generalkonsulat der portugiesischen Republik (BS)
70173 Stuttgart, Königstr 20; Tel (07 11) 2 26 50 13; Fax (07 11) 2 26 25 14
Dr Antonio Patricio Bettencourt Viana GenKons
KBez: Bad-W und Bay

Ruanda

Konsularabteilung der Botschaft der Republik Ruanda (BS)
53173 Bonn, Beethovenallee 72; Tel (02 28) 35 52 28; Fax (02 28) 35 19 22
KBez: BGeb

Honorarkonsulat der Republik Ruanda
70192 Stuttgart, Lenzhalde 38; Tel (07 11) 2 50 60; Fax (07 11) 2 50 63 00
Dr Ing Hans-Peter Andrä Kons (H)
KBez: Bad-W

Rumänien

Konsularabteilung der Botschaft Rumäniens (BS)
53117 Bonn, Legionsweg 14; Tel (02 28) 68 39-0; Fax (02 28) 68 02 47
KBez: Bre, Hbg, Hess, Nds, NW, Rhld-Pf, Saar, Schl-H
Außenstelle Berlin (BS)
14129 Berlin, Matterhornstr 79; Tel (0 30) 8 03 30 18/19; Fax (0 30) 8 03 16 84
Zuständig für Bln, BB, MV, SN, ST, TH

Honorarkonsulat von Rumänien
46519 Alpen, Weseler Str 7; Tel (0 28 02) 8 12 01; Fax (0 28 02) 8 12 20
Dr Franz-Georg von Busse Kons (H)
KBez: NW

Honorarkonsulat von Rumänien
20095 Hamburg, Schopenstehlstr 23; Tel (0 40) 3 09 68 00; Fax (0 40) 30 96 80 30
Hasso Kornemann Kons (H)
KBez: Hbg, MV, Nds

Generalkonsulat von Rumänien (BS)
80335 München, Dachauer Str 17; Tel (0 89)
55 33 07/8; Fax (0 89) 55 33 48
Valeriù Dinica GenKons
KBez: Bay, Bad-W

Honorarkonsulat von Rumänien
14467 Potsdam, Berliner Str 79; Tel (03 31)
2 80 37 12; Fax (03 31) 2 80 37 12
Luminita Dobrescu Konsulin (H)
KBez: BB, ST

Honorarkonsulat von Rumänien
97072 Würzburg, Friedensstr 3; Tel (09 31)
7 84 09 93; Fax (09 31) 7 84 09 94
Prof Dr Wolfgang Fechner Kons (H)
KBez: RBez Mittel-, Ober- und Unterfranken sowie Oberpfalz im Land Bay

Russische Föderation

Konsularabteilung der Botschaft der Russischen Föderation (BS)
53177 Bonn, Waldstr 42; Tel (02 28) 31 20 89, Visaabteilung 31 20 83, 31 20 89, Konsularische Angelegenheiten 31 20 75; Fax (02 28) 38 45 61
KBez: NW, Bad-W, Hess, Rhld-Pf, Saar

Außenstelle Berlin (B)
10117 Berlin, Unter den Linden 63-65; Tel (0 30) 2 29 12 07
zuständig für Bln, BB, ST
Visastelle Berlin (S)
14195 Berlin, Reichensteiner Weg 34-36; Tel (0 30) 8 32 70 04; Fax (0 30) 8 32 50 49
zuständig für Bln, BB, ST

Generalkonsulat der Russischen Föderation (BS)
22085 Hamburg, Am Feenteich 20; Tel (0 40) 2 29 53 01; Fax (0 40) 2 29 77 27
Dmitrij Dmitrijewitsch Tscherkaschin GenKons
KBez: Hbg, Bre, Nds, Schl-H

Generalkonsulat der Russischen Föderation (BS)
04105 Leipzig, Kickerlingsberg 18; Tel (03 41) 5 18 76; Fax (03 41) 5 64 95 89
Wassilij Nikolajewitsch Smirnow GenKons
KBez: SN, TH

Generalkonsulat der Russischen Föderation (BS)
80335 München, Seidlstr 28; Tel (0 89) 59 25 28; Fax (0 89) 5 50 38 28
Pawel Fjodorowitsch Ljadow GenKons
KBez: Bay

Generalkonsulat der Russischen Föderation (BS)
18057 Rostock, Thünenstr 3; Tel (03 81) 4 92 27 42; Fax (03 81) 4 92 27 43
Walentin W Lomakin GenKons
KBez: MV

Sambia

Konsularabteilung der Botschaft der Republik Sambia (BS)
53175 Bonn, Mittelstr 39; Tel (02 28) 37 68 11-13; Fax (02 28) 37 95 36
KBez: BGeb

Samoa

Honorarkonsulat des Unabhängigen Staates Samoa
40474 Düsseldorf, Koetschaustr 4; Tel (02 11) 43 45 85; Fax (02 11) 4 70 71 85
Claus Wessing Kons (H)
KBez: NW, Bad-W, Bay, Bln, BB, Hess, Rhld-Pf, Saar, SN, ST, TH

Honorarkonsulat des Unabhängigen Staates Samoa
20097 Hamburg, Spaldingstr 70; Tel (0 40) 23 41 55; Fax (0 40) 23 41 58
Hayo Breckwoldt Kons (H)
KBez: Hbg, Bre, MV, Nds, Schl-H

San Marino

Honorarkonsulat der Republik San Marino
60386 Frankfurt a M, Wächtersbacher Str 89; Tel (0 69) 42 67 75; Fax (0 69) 4 20 81-1 00
Dietrich Herbst Kons (H)
KBez: Hess, Bad-W, Bay, Bre, Hbg, Nds, NW, Rhld-Pf, Saar, Schl-H

Honorarkonsulat der Republik San Marino
10719 Berlin, Pariser Str 9; Tel (0 30) 8 82 75 18; Fax (0 30) 88 24 73
Jutta Wagner-Kleinkauf Konsulin (H)
KBez: Bln, BB, MV, SN, ST, TH

Saudi-Arabien

Konsularabteilung der Botschaft des Königreichs Saudi-Arabien (BS)
53175 Bonn, Godesberger Allee 40-42; Tel (02 28) 37 80 18-19; Fax (02 28) 37 55 93
KBez: BGeb

Schweden

Konsularabteilung der Botschaft des Königreichs Schweden (BS)
53113 Bonn, Heussallee 2-10; Tel (02 28) 2 60 02 60; Fax (02 28) 22 38 37, 21 39 79
KBez: NW, Bad-W, Bay, Hess, Rhld-Pf, Saar

Außenstelle Berlin (B)
10709 Berlin, Kurfürstendamm 151; Tel (0 30) 8 91 70 91; Fax (0 30) 8 91 63 69
für Bln, BB, SN, ST, TH

Honorarkonsulat des Königreichs Schweden (B)
28359 Bremen, Fahrenheitstr 6; Tel (04 21) 2 23 93 54; Fax (04 21) 2 23 99 58
Klaus Hollweg Kons (H)
KBez: Bre

Honorarkonsulat des Königreichs Schweden (B)
40213 Düsseldorf, Breite Str 5 a; Tel (02 11)
3 23 84 57/58; Fax (02 11) 3 23 97 52
Hubertus Kleiner Kons (H)
KBez: NW

Honorarkonsulat des Königreichs Schweden (B)
26725 Emden, Kranstr 10; Tel (0 49 21) 2 19 04;
Fax (0 49 21) 2 28 59
Friedrich-Karl Hassel Kons (H)
KBez: RBez Weser-Ems des Landes Niedersachsen mit Ausnahme der Landkreise Osnabrück (einschließlich der selbständigen Gemeinden Städte Georgsmarienhütte und Melle) und Vechta sowie der kreisfreien Stadt Osnabrück.

Honorargeneralkonsulat des Königreichs Schweden (B)
60311 Frankfurt, Bethmannstr 56; Tel (0 69) 28 88 12; Fax (0 69) 28 88 47
Dr Hilmar Kurt Noack GenKons (H)
KBez: Hess, Rhld-Pf, Saar

Generalkonsulat des Königreichs Schweden (BS)
20354 Hamburg, Alsterufer 15; Tel (0 40) 45 01 45-0; Fax (0 40) 45 01 45-14
Margareta Hegardt GenKonsulin
KBez: Hbg, Bre, Schl-H, Nds, MV

Honorarkonsulat des Königreichs Schweden (B)
30559 Hannover, Tiergartenstr 130; Tel (05 11) 5 10 05 25; Fax (05 11) 5 10 05 22
Dr Carl Ludwig Wilkening Kons (H)
KBez: Im Land Nds:RBez Braunschweig, Hannover, Lüneburg sowie im RBez Weser-Ems die Landkreise Osnabrück und Vechta, Stadt Osnabrück sowie die selbständigen Gemeinden Städte Georgsmarienhütte und Melle

Honorarkonsulat des Königreichs Schweden (B)
24103 Kiel, Wall 42-46 (City-Haus); Tel (04 31) 30 17-2 21, 9 54 51; Fax (04 31) 97 87 58
Hans Hermann Miltzow Kons (H)
KBez: Kreisfreie Städte Flensburg, Kiel, Neumünster sowie die Landkreise Dithmarschen, Nordfriesland, Pinneberg, Plön, Rendsburg-Eckernförde, Schleswig-Flensburg und Steinberg im Land Schl-H

Honorarkonsulat des Königreichs Schweden (B)
23552 Lübeck, Beckergrube 38-52; Tel (04 51) 7 80 99; Fax (04 51) 14 82 55
Dr Dietrich Schulz Kons (H)
KBez: Stadt Lübeck, Kreise Lauenburg, Ostholstein, Segeberg und Stormarn in Schl-H

Honorarkonsulat des Königreichs Schweden (B)
80331 München, Josephspitalstr 15/II; Tel (0 89) 54 52 12 15; Fax (0 89) 54 52 11 09
Dr Klaus Werner Kons (H)
KBez: Bay

Honorarkonsulat des Königreichs Schweden (B)
18055 Rostock, Ernst-Barlach-Str 7; Tel (03 81) 33 83 00; Fax (03 81) 33 83 09
Wilfried Hontschik Kons (H)
KBez: MV

Honorarkonsulat des Königreichs Schweden (B)
70178 Stuttgart, Rotebühlstr 77; Tel (07 11) 6 67 29 99; Fax (07 11) 66 715 98 61
Michael Klett Kons (H)
KBez: Bad-W

Schweiz

Konsularabteilung der Botschaft der Schweiz
Konsularisches Dienstleistungszentrum (DLZ)
53175 Bonn, Peter Hernsen-Str 1;
Auskunft oder Verwaltung: Tel (02 28) 8 16 62 70; Fax (02 28) 8 16 62 71
Konsularische Angelegenheiten: Tel (02 28) 8 16 62 00; Fax (02 28) 8 16 62 01;
Soziale Angelegenheiten: Tel (02 28) 8 16 62 50; Fax (02 28) 8 16 61;
Visum und Einreiseangelegenheiten: Tel (02 28) 8 16 61 00; Fax (02 28) 8 16 61 01 zuständig für die Bereiche Immatrikulation,
Paß-, Zivilstands- und Sozialwesen sowie Visa-/Einreiseangelegnheiten: BGeb
Außenstelle Berlin
10557 Berlin, Kirchstr 13; Tel (0 30) 3 90 40 00; Fax (0 30) 3 91 10 30

Generalkonsulat der Schweiz
01097 Dresden, Conradstr 34-38; Tel (03 51) 57 21 29; Fax (03 51) 5 31 11
Walter Kägi GenKons
KBez: SN, ST, TH

Generalkonsulat der Schweiz
40474 Düsseldorf, Cecilienallee 17; Tel (02 11) 43 46 01-02; Fax (02 11) 4 38 09 51
Rolf Schaufelbühl GenKons
KBez: NW

Generalkonsulat der Schweiz
60323 Frankfurt am Main, Bockenheimer Landstr 2; Tel (0 69) 72 59 41/42; Fax (0 69) 17 33 89
Arthur Burkhardt GenKons
KBez: Hess, Rhld-Pf, Saar

Generalkonsulat der Schweiz
20095 Hamburg, Rathausmarkt 5; Tel (0 40) 32 15 81; Fax (0 40) 32 36 16
Robert Wenger GenKons
KBez: Hbg, Bre, Nds, Schl-H

Generalkonsulat der Schweiz
80333 München, Brienner Str 14; Tel (0 89) 28 66 20-0; Fax (0 89) 28 05 79 61
Friedrich Vogel GenKons
KBez: Bay

Generalkonsulat der Schweiz
70173 Stuttgart, Hirschstr 22; Tel (07 11) 29 39 95; Fax (07 11) 2 26 25 25
Hansjörg Säuberli GenKons
KBez: Bad-W

Senegal

Konsularabteilung der Botschaft der Republik Senegal (BS)
53115 Bonn, Argelanderstr 3; Tel (02 28) 21 80 08-09; Fax (02 28) 21 78 15
KBez: BGeb

Honorargeneralkonsulat der Republik Senegal
10713 Berlin, Sächsische Str 39, Tel (0 30) 8 61 01 24; Fax (0 30) 8 83 76 84
Otto Meissner GenKons (H)
KBez: Bln; BB, MV, ST

Honorarkonsulat der Republik Senegal (S)
40239 Düsseldorf, Heinrichstr 85; Tel (02 11) 61 43 61, 61 10 00; Fax (02 11) 61 44 00
Ute Heinriette Ohoven Konsulin (H)
KBez: NW

Honorarkonsulat der Republik Senegal (S)
60318 Frankfurt, Oeder Weg 1; Tel (0 69) 55 65 04; Fax (0 69) 55 65 96
Gunther A Luedecke Kons (H)
KBez: Hess

Honorarkonsulat der Republik Senegal (S)
20459 Hamburg, Vorsetzen 54; Tel (0 40) 31 10 12 00; Fax (0 40) 31 10 12 05
Oscar Herwig Kons (H)
KBez: Hbg

Honorarkonsulat der Republik Senegal (S)
80686 München, Rüdesheimer Str 11; Tel (0 89) 57 07 02-0; Fax (0 89) 57 07 02 51
Max Gierke Kons (H)
KBez: Bay, SN, TH

Honorarkonsulat der Republik Senegal (S)
66127 Saarbrücken, An den Ziegelhütten 19; Tel (0 68 98) 3 93 25; Fax (0 68 98) 3 39 58
Paul Strieder Kons (H)
KBez: Saar

Honorargeneralkonsulat der Republik Senegal (S)
70439 Stuttgart, Solitude Allee 14; Tel (07 11) 2 56 92 15; Fax (07 11) 2 56 79 09
Judith Margarethe Ulmer GenKonsulin (H)
KBez: Bad-W, Rhld-Pf

Seychellen

Honorarkonsulat der Republik Seychellen
60318 Frankfurt, Oeder Weg 43; Tel (0 69) 59 82 62; Fax (0 69) 5 97 01 66
Maximilian Hunziger Kons (H)
KBez: Hess, NW, Rhld-Pf, Saar, ST, TH

Honorarkonsulat der Republik Seychellen
20354 Hamburg, Esplanade 6/1; Tel (0 40) 34 66 06; Fax (0 40) 35 08 94 50
Hans-Joachim Worms Kons (H)
KBez: Hbg, Bre, Nds, Schl-H, Bln, BB, MV

Honorarkonsulat der Republik Seychellen
München, Sitz:
82211 Herrsching, Summerstr 8; Tel (0 81 52) 56 94; Fax (0 81 52) 35 67
Wolfgang F Därr Kons (H)
KBez: Bay, Bad-W, SN

Sierra Leone

Konsularabteilung der Botschaft der Republik Sierra Leone
53173 Bonn, Rheinallee 20; Tel (02 28) 35 20 01; Fax (02 28) 36 42 69
KBez: BGeb

Honorarkonsulat der Republik Sierra Leone
Düsseldorf, Sitz:
40670 Meerbusch, Mendelsohnstr 36; Tel (0 21 59) 17 07; Fax (0 21 59) 5 11 49
Ralf Lienenkämper Kons (H)
KBez: NW, Rhld-Pf, Saar

Honorargeneralkonsulat der Republik Sierra Leone (S)
60388 Frankfurt, Am Bächelchen 35; Tel (0 61 09) 3 32 77; Fax (0 61 09) 3 40 55
Walther M Bessler GenKons (H)
KBez: Hess, ST, TH

Honorargeneralkonsulat der Republik Sierra Leone (S)
20149 Hamburg, Jungfrauenthal 51; Tel (0 40) 4 10 40 72; Fax (0 40) 45 99 14
Dr Rainer Trede GenKons (H)
KBez: Hbg, Bre, Nds, Schl-H

Honorarkonsulat der Republik Sierra Leone (S)
80636 München, Nymphenburger Str 118; Tel (0 89) 1 29 53 88; Fax (0 89) 3 23 25 55
Ruth Margarethe Stroebel Konsulin (H)
KBez: Bay

Honorarkonsulat der Republik Sierra Leone
70567 Stuttgart, Zettachring 10 A; Tel (07 11) 7 28 72 45; Fax (07 11) 7 28 72 46
Joachim König Kons (H)
KBez: Bad-W

Simbabwe

Konsularabteilung der Botschaft der Republik Simbabwe
53177 Bonn, Villichgasse 7, Arkadia-Centrum; Tel (02 28) 35 60 71/72; Fax (02 28) 35 63 09
KBez: BGeb

Singapur

Konsularabteilung der Botschaft der Republik Singapur
53175 Bonn, Südstr 133; Tel (02 28) 9 51 03 17; Visa-Information, Tel 95 10 30
KBez: BGeb

Honrargeneralkonsulat der Republik Singapur
20095 Hamburg, Ballindamm 1; Tel (0 40) 30 29 90, 30 29 92 92; Fax (0 40) 30 29 92 29
Dr Dieter Lorenz-Meyer GenKons (H)
KBez: Hbg, Bre, MV, Nds, Schl-H

Slowakei

Konsularabteilung der Botschaft der Slowakischen Republik (BS)
53129 Bonn, August-Bier-Str 31; Tel (02 28) 91 45 50; Fax (02 28) 9 14 55 38
KBez: Bre, Hbg, Hess, Nds, NW, Rhld-Pf, Saar, Schl-H

Außenstelle Berlin (BS)
10117 Berlin, Leipziger Str 36/Ecke Charlottenstr 24; Tel (0 30) 2 04 41 78, 2 00 44 50, 2 00 45 38; Fax (0 30) 2 08 24 59
zuständig für Bln, BB, MV, SN, ST, TH

Honorarkonsulat der Slowakischen Republik
20354 Hamburg, Neuer Wall 13; Tel (0 40) 34 07 67; Fax (0 40) 3 58 99 86
Ursula Meyer-Waarden Konsulin (H)
KBez: Hbg, MV, Schl-H

Generalkonsulat der Slowakischen Republik (BS)
81925 München, Vollmannstr 25 d; Tel (0 89) 9 10 20 60; Fax (0 89) 9 10 20 54
Dr Augustin Lang GenKons
KBez: Bay, Bad-W

Honorarkonsulat der Slowakischen Republik
90491 Nürnberg, Äußere-Sulzbacher-Str 100; Tel (09 11) 9 59 35 80; Fax (09 11) 9 19 39 30
Dr Bernd Rödl Kons (H)
KBez: RBez Ober-, Mittel- und Unterfranken sowie Oberpfalz im Land Bay

Slowenien

Konsularabteilung der Botschaft der Slowakischen Republik
53179 Bonn, Siegfriedstr 28; Tel (02 28) 85 80 31, 85 80 33; Fax (02 28) 85 80 57
KBez: BGeb ohne Bay, Bad-W

Generalkonsulat der Republik Slowenien
27568 Bremerhaven, Hafenstr 167/169; Tel (04 71) 9 54 90 20; Fax (04 71) 9 54 90 89
Friedrich Dieckell Kons (H)
KBez: Bre, Nds

Generalkonsulat der Republik Slowenien
22767 Hamburg, Palmaille 75; Tel (0 40) 38 03 12 94; Fax (0 40) 38 03 13 41
Kai Wünsche Kons (H)
KBez: Hbg, Schl-H

Generalkonsulat der Republik Slowenien
80337 München, Lindwurmstr 10; Tel (0 89) 5 43 98 19; Fax (0 89) 5 43 94 83
Fedor Gregorić GenKons
KBez: Bay, Bad-W

Somalia

Konsularabteilung der Botschaft der Demokratischen Republik Somalia (BS)
53173 Bonn, Hohenzollernstr 12; Tel (02 28) 35 16 43
KBez: BGeb

Spanien

Generalkonsulat des Königreichs Spanien (BS)
10787 Berlin, Lichtensteinallee 1; Tel (0 30) 2 61 60 81-2; Fax (0 30) 2 62 40 32
Alvaro de Ozores Salaverria GenKons
KBez: Bln, BB, SN, ST, TH

Generalkonsulat des Königreichs Spanien (BS)
40474 Düsseldorf, Homberger Str 16; Tel (02 11) 4 39 08-0; Fax (02 11) 45 37 68
Javier Collar Zabaleta GenKons
KBez: NW

Generalkonsulat des Königreichs Spanien (BS)
60318 Frankfurt, Nibelungenplatz 3; Tel (0 69) 5 96 10 41-42; Fax (0 69) 5 96 47 42
Julio Fernández Torrejoón GenKons
KBez: Hess, Rhld-Pf, Saar

Generalkonsulat des Königreichs Spanien (BS)
20148 Hamburg, Mittelweg 37; Tel (0 40) 44 36 20, 45 24 16; Fax (0 40) 41 74 49
Juan Luis Flores Arroyuelo GenKons
KBez: Länder Hbg, Bre, MV, im Land Nds den RBez Weser Ems, im RBez Hannover des Landes Nds den Landkreis Diepholz, im RBez Lüneburg die Landkreise Cuxhaven (einschließlich der selbstständigen Stadt Cuxhaven), Harburg, Lüneburg, Osterholz, Rotenburg (Wümme), Stade und Verden (einschließlich der selbstständigen Gemeinde Stadt Verden) und das Land Schl-H

Generalkonsulat des Königreichs Spanien (BS)
30161 Hannover, Bödekerstr 22; Tel (05 11) 31 10 85/86; Fax (05 11) 31 62 30
Alvaro de Salas Giménez de Azcárate GenKons
KBez: im Land Nds den RBez Braunschweig, den RBez Hannover mit Ausnahme des Landkreises Diepholz, im RBez Lüneburg die Landkreise Celle, Soltau-Fallingbostel, Lüchow-Dannenberg und Uelzen

Generalkonsulat des Königreichs Spanien (BS)
81925 München, Oberföhringer Str 45; Tel (0 89) 98 50 27-29; Fax (0 89) 9 81 02 06
Luis Gomez de Aranda y Villen GenKons
KBez: Bay

Generalkonsulat des Königreichs Spanien (BS)
70192 Stuttgart, Lenzhalde 61; Tel (07 11) 2 26 20 01/02; Fax (07 11) 2 26 59 27; Telex 7 22 882 escgd
José Cienfuegos Rodriguez GenKons
KBez: Bad-W

Sri Lanka

Konsularabteilung der Botschaft der Demokratischen Sozialistischen Republik Sri Lanka (BS)
53111 Bonn, Noeggerathstr 15; Tel (02 28) 69 89 46, 69 08 96; Fax (02 28) 69 49 88
KBez: BGeb

Honorarkonsulat der Demokratischen Sozialistischen Republik Sri Lanka
12277 Berlin, Nunsdorfer Ring 15; Tel (0 30) 7 20 62 41; Fax (0 30) 7 20 62 12
Uwe Foitzik Kons (H)
KBez: Bln, BB, MV

Honorarkonsulat der Demokratischen Sozialistischen Republik Sri Lanka
28195 Bremen, Birkenstr 15; Tel (04 21) 17 10 50; Fax (04 21) 1 13 18
Klaus Dames-Willers Kons (H)
KBez: Bre, Nds

Honorargeneralkonsulat der Demokratischen Sozialistischen Republik Sri Lanka
20457 Hamburg, Pickhuben 9; Tel (0 40) 36 14 32 30; Fax (0 40) 36 14 31 17
Carl-Olav Ellerbrock GenKons (H)
KBez: Hbg, Schl-H

Honorargeneralkonsulat der Demokratischen Sozialistischen Republik Sri Lanka
81369 München, Sylvensteinstr 2; Tel (0 89) 7 20 12 15/70; Fax (0 89) 7 20 12 90
Dr Hans Hammer GenKons (H)
KBez: Bay, Hess

Honorarkonsulat der Demokratischen Sozialistischen Republik Sri Lanka
70173 Stuttgart, Willy-Brandt-Str 50-54; Tel (07 11) 2 23 87 40; Fax (07 11) 2 23 79 54
Norbert Quack Kons (H)
KBez: Bad-W, Rhld-Pf, Saar

St Lucia

Honorarkonsulat von St Lucia (BS)
61348 Bad Homburg, Weidebornweg 21; Tel (0 61 72) 30 23 24; Fax (0 61 72) 30 50 72
Bernd O Ludwig Kons (H)
KBez: BGeb

Sudan

Konsularabteilung der Botschaft der Republik Sudan (BS)
53173 Bonn, Viktoriastr 26 a; Tel (02 28) 36 30 74/75; Fax (02 28) 36 44 64
KBez: BGeb

Südafrika

Honorarkonsulat der Republik Südafrika
28329 Bremen, Sonneberger Str 16-18; Tel (04 21) 43 62 20; Fax (04 21) 4 67 70 87
August Jaekel Kons (H)
KBez: Bre

Generalkonsulat der Republik Südafrika (BS)
60325 Frankfurt, Ulmenstr 37-39; Tel (0 69) 7 19 11 30; Fax (0 69) 72 63 39
Elfriede Dorothea du Preez GenKonsulin
KBez: Hess, Rhld-Pf, Saar, SN, TH

Generalkonsulat der Republik Südafrika (BS)
20149 Hamburg, Harvestehuder Weg 37; Tel (0 40) 4 50 12 00; Fax (0 40) 44 80 98 78
Daniel N Meyer GenKons
KBez: Hbg, Bln, BB, Bre, MV, Nds, NW, ST, Schl-H

Honorarkonsulat der Republik Südafrika
30559 Hannover, Heisterholzwinkel 10; Tel (05 11) 5 17 95 24; Fax (05 11) 5 17 95 24
Dr Gerhard Syrbius Kons (H)
KBez: Nds

Generalkonsulat der Republik Südafrika (BS)
80336 München, Sendlinger-Tor-Platz 5; Tel (0 89) 2 31 16 30; Fax (0 89) 23 11 63 63
Dr Khulu Zephania Mbatha GenKons
KBez: Bay, Bad-W

Honorarkonsulat der Republik Südafrika
70567 Stuttgart, Plieninger Str 150; Tel (07 11) 13 29 00; Fax (07 11) 13 29 01
Jürgen E Schrempp GenKons (H)
KBez: Bad-W, Rhld-Pf, Saar

Suriname

Honorargeneralkonsulat der Republik Suriname
80336 München, Adolf-Kolping-Str 16; Tel (0 89) 59 43 69, 55 50 33; Fax (0 89) 59 70 64
Edwin Matt Genkons (H)
KBez: BGeb

Swasiland

Honorargeneralkonsulat des Königreichs Swasiland (BS)
40211 Düsseldorf, Worringer Str 59; Tel (02 11) 35 08 66; Fax (0 21 06) 7 33 51
Hermann J Raths GenKons (H)
KBez: BGeb

Syrien

Konsularabteilung der Botschaft der Arabischen Republik Syrien (BS)
53175 Bonn, Andreas-Hermes-Str 5; Tel (02 28) 8 19 92 20; Fax (02 28) 8 19 92 99
KBez: BGeb

Honrarkonsulat der Arabischen Republik Syrien
20457 Hamburg, Brooktor 11; Tel (0 40) 30 90 54 14; Fax (0 40) 30 90 52 33
Hani Nasri Kons (H)
KBez: Hbg, Bre, Nds, Schl-H

Tadschikistan

Konsularabteilung der Botschaft der Republik Tadschikistan
53225 Bonn, Hans-Böckler-Str 3; Tel (02 28) 97 29 50; Fax (02 28) 9 72 95 55
KBez: BGeb

Tansania

Konsularabteilung der Botschaft der Vereinigten Republik Tansania (BS)
53177 Bonn, Theaterplatz 26; Tel (02 28) 53 80 51-4; Fax (02 28) 35 82 26
KBez: BGeb

Honorarkonsulat der Vereinigten Republik Tansania (B)
60325 Frankfurt, Bettinaplatz 2; Tel (0 69) 74 59 89
Dr Ludwig C Fritz Kons (H)
KBez: Bad-W, Hess

Honorarkonsulat der Vereinigten Republik Tansania (BS)
20537 Hamburg, Normannenweg 17-21; Tel (0 40) 25 45 60; Fax (0 40) 25 45 62 89
Jürgen Gotthardt Kons (H)
KBez: Hbg

Thailand

Konsularabteilung der Botschaft des Königreichs Thailand (BS)
53173 Bonn, Ubierstr 65; Tel (02 28) 95 68 60; Fax (02 28) 9 56 86 90
KBez: BGeb ohne Bln, BB, MV, SN, ST, TH

Generalkonsulat des Königreichs Thailand
12163 Berlin, Lepsiusstr 64/66; Tel (0 30) 7 91 22-66/68/19/31; Fax (0 30) 7 91 22 95
Chatchaved Chartsuwan GenKons
KBez: Bln, BB, MV, SN, ST, TH

Honorargeneralkonsulat des Königreichs Thailand (BS)
40212 Düsseldorf, Königsallee 27; Tel (02 11) 8 38 22 47; Fax (02 11) 83 82 22 25
Dr Michael Thomas Girardet GenKons (H)
KBez: NW, Nds

Honorargeneralkonsulat des Königreichs Thailand
60311 Frankfurt, Roßmarkt 14; Tel (0 69) 2 01 10; Fax (06 41) 79 39 11
Dr Günter Langer GenKons (H)
KBez: Hess, Rhld-Pf, Saar

Honorargeneralkonsulat des Königreichs Thailand (BS)
20099 Hamburg, An der Alster 85; Tel (0 40) 24 83 91 18; Fax (0 40) 24 83 91 15
Wolfgang Krohn GenKons (H)
KBez: Hbg, Bre, Schl-H

Honorargeneralkonsulat des Königreichs Thailand (BS)
80639 München, Prinzenstr 13; Tel (0 89) 1 68 97 88; Fax (0 89) 13 07 11 80
Barbara Steinle GenKonsulin (H)
KBez: Bay, Bad-W

Togo

Konsularabteilung der Botschaft der Republik Togo (BS)
53173 Bonn, Beethovenallee 13; Tel (02 28) 35 50 91
KBez: BGeb

Honorarkonsulat der Republik Togo
28195 Bremen, Geeren 66/68; Tel (04 21) 16 65 50 83; Fax (04 21) 30 20 49
Ilse Fliege Konsulin (H)
KBez: Bre

Honorarkonsulat der Republik Togo
40237 Düsseldorf, Lindemannstr 35; Tel (02 11) 68 10 14; Fax (02 11) 68 55 89
Hans Imhoff Kons (H)
KBez: NW

Honorarkonsulat der Republik Togo
22085 Hamburg, Hans-Henny-Jahnn-Weg 51; Tel (0 40) 2 27 35 59
Joachim Haase Kons (H)
KBez: Hbg, Schl-H

Honorarkonsulat der Republik Togo
Hannover, Sitz:
30938 Burgwedel, Raiffeisenstr 2; Tel (0 51 39) 80 88 29/20; Fax (0 51 39) 80 88 54
Gerd Nelke Kons (H)
KBez: Nds

Honorarkonsulat der Republik Togo
80799 München, Arcisstr 48; Tel (0 89) 2 78 04 92
Dr Franz Hochreiter Kons (H)
KBez: Bay

Tonga

Honorarkonsulat des Königreichs Tonga
40489 Düsseldorf, Angermunder Str 64; Tel (02 03) 74 12 11
Alexander Müller Kons (H)
KBez: Bad-W, Hess, NW, Saar, Rhld-Pf, Bay

Honorarkonsulat des Königreichs Tonga
22083 Hamburg, Osterbekstr 90 a; Tel (0 40) 27 83 93 50; Fax (0 40) 2 79 00 77
Erwin M Ludewig Kons (H)
KBez: Hbg, Bre, Schl-H, Nds

Tschad

Konsularabteilung der Botschaft der Republik Tschad
53173 Bonn, Basteistr 80; Tel (02 28) 35 60 26; Fax (02 28) 35 58 87
KBez: BGeb

Honorarkonsulat der Republik Tschad
53498 Bad Breisig, Bachstr 45; Tel (0 26 33) 9 76 63, 9 56 56
Walter Tauffenbach Kons (H)
KBez: Rhld-Pf

Honorarkonsulat der Republik Tschad
70329 Stuttgart, Am Mittelkai 38-40; Tel (07 11) 3 27 12 12; Fax (07 11) 3 27 12 00
Peter A Eckenberg Kons (H)
KBez: Bad-W

Tschechische Republik

Konsularabteilung der Botschaft der Tschechischen Republik (BS)
53127 Bonn, Ferdinandstr 27; Tel (02 28) 9 19 70; Fax (02 28) 9 19 73 02
KBez: BGeb ohne Länder Bad-W, Bay

Außenstelle Berlin (BS)
10117 Berlin, Wilhelmstr 44; Tel (0 30) 2 20 04 81, 2 20 04 96
Zuständig für Bln, BB, MV, SN, ST, TH

Honorarkonsulat der Tschechischen Republik
01067 Dresden, Münzgasse 10; Tel (03 51) 4 98 96 20; Fax (03 51) 4 98 96 21
Jürgen Graalfs Kons (H)
KBez: SN

Honorarkonsulat der Tschechischen Republik
60329 Frankfurt a M, Neckarstr 11-13; Tel (0 69) 2 42 67 00; Fax (0 69) 2 42 67 07
Dr Joachim von Harbou Kons (H)
KBez: Hess

Honorargeneralkonsulat der Tschechischen Republik (B)
20354 Hamburg, Alsterufer 38; Tel (0 40) 4 50 52 62, 4 50 52 63; Fax (0 40) 4 50 52 64
Robert Vogel GenKons (H)
KBez: Hbg, Bre, Nds, Schl-H

Generalkonsulat der Tschechischen Republik (BS)
München, Sitz:
85774 Unterföhring, Siedlerstr 2; Tel (0 89) 95 01 24-1 26; Fax (0 89) 9 50 36 88
NN
KBez: Bay, Bad-W

Honorarkonsulat der Tschechischen Republik (B)
90403 Nürnberg, Karlstr 9; Tel (09 11) 2 05 95 19; Fax (09 11) 22 14 93
Günther Hertel Kons (H)
KBez: RBez Mittelfranken, Oberfranken, Unterfranken und Oberpfalz im Land Bay

Honorarkonsulat der Tschechischen Republik (B)
70173 Stuttgart, Königstr 1 A; Tel (07 11) 22 41 70; Fax (07 11) 2 24 17 10
Rüdiger Mocker Kons (H)
KBez: Bad-W, Rhld-Pf, Saar

Türkei

Generalkonsulat der Republik Türkei (BS)
10709 Berlin, Kurfürstendamm 142-143; Tel (0 30) 8 92 50 33/34; Fax (0 30) 8 93 18 98
Riza Erkmenoglu GenKons
KBez: Bln, BB, MV

Honorarkonsulat der Republik Türkei
52062 Aachen, Friedrich-Wilhelm-Platz 5/6; Tel (02 41) 7 03 01 93; Fax (02 41) 4 78 14 00
Hans-Josef Thouet Kons (H)
KBez: Stadt Aachen sowie Kreise Aaachen, Düren, Heinsberg im Land NW

Honorargeneralkonsulat der Republik Türkei
28279 Bremen, Ahlker-Dorf-Str 9; Tel (04 21) 84 11 28; Fax (04 21) 84 11 15
Karl Grabbe GenKons (H)
KBez: Bre, RBez Weser-Ems im Land Nds

Generalkonsulat der Republik Türkei (BS)
40474 Düsseldorf, Cecilienallee 41; Tel (02 11) 45 47 80; Fax (02 11) 4 54 78 22; Telex 8 584 654 tdus d
Ömer Altug GenKons
KBez: RBez Düsseldorf mit Ausnahme der Städte Essen und Mülheim im Land NW

Generalkonsulat der Republik Türkei (BS)
45133 Essen, Alfredstr 307; Tel (02 01) 84 21 60; Fax (02 01) 42 38 67
Erol Etcioglu GenKons
KBez: RBez Arnsberg sowie die Städte Essen und Mülheim des RBez Düsseldorf im Lande NW

Generalkonsulat der Republik Türkei (BS)
60325 Frankfurt, Zeppelinallee 17; Tel (0 69) 7 95 00 30; Fax (0 69) 70 90 32
Safak Göktürk GenKons
KBez: Hess

Generalkonsulat der Republik Türkei (BS)
20148 Hamburg, Tesdorpfstr 18; Tel (0 40) 4 48 03 30; Fax (0 40) 44 52 58
Ülkü Bassoy GenKons
KBez: Hbg, Schl-H

Generalkonsulat der Republik Türkei (BS)
30169 Hannover, An der Christuskirche 3; Tel (05 11) 76 86 50; Fax (05 11) 1 77 00
Mehmet Nuri Emre GenKons
KBez: Nds, Bre

Generalkonsulat der Republik Türkei (BS)
76135 Karlsruhe, Kriegstr 123; Tel (07 21) 98 44 00; Fax (07 21) 85 60 13
Vefahan Ocak GenKons
KBez: RBez Karlsruhe und Freiburg im Land Bad-W

Generalkonsulat der Republik Türkei (BS)
Köln, Sitz:
50354 Hürth, Luxemburger Str 285; Tel (0 22 33) 97 41 80; Fax (0 22 33) 7 55 72
Ahmet Nazif Alpmann GenKons
KBez: RBez Köln im Land NW

Generalkonsulat der Republik Türkei (BS)
04318 Leipzig, Rosmarienweg 16 a; Tel (03 41)
2 31 29 26; Fax (03 41) 2 32 75 16
Servet Kamil Goral GenKons
KBez: SN, ST, TH

Generalkonsulat der Republik Türkei (BS)
55131 Mainz, An der Karlschanze 7; Tel (0 61 31)
98 26 00; Fax (0 61 31) 83 51 19
Gürsel Demirok GenKons
KBez: Rhld-Pf, Saar

Generalkonsulat der Republik Türkei (BS)
80638 München, Menzingerstr 3; Tel (0 89)
1 78 03 10; Fax (0 89) 1 78 56 60
Ali Yakital GenKons
KBez: RBez Schwaben, Ober- und Niederbayern im Land Bay

Generalkonsulat der Republik Türkei
48147 Münster, Lotharingerstr 25-27; Tel (02 51)
4 70 07-8; Fax (02 51) 4 33 27
Günes Altan GenKons
KBez: RBez Detmold und Münster im Lande NW

Generalkonsulat der Republik Türkei (BS)
90478 Nürnberg, Regensburger Str 69; Tel (09 11)
94 67 60; Fax (09 11) 46 89 62
Sakir Fakili GenKons
KBez: RBez Unter-, Mittel-, Oberfranken, Oberpfalz im Land Bay

Generalkonsulat der Republik Türkei (BS)
70187 Stuttgart, Kerner Str 19 B; Tel (07 11)
16 66 70; Fax (07 11) 2 62 21 02
Duray Polat GenKons
KBez: RBez Stuttgart und Tübingen im Land Bad-W

Tunesien

Generalkonsulat der Tunesischen Republik (BS)
13187 Berlin, Esplanade 12; Tel (0 30) 4 72 20 87
Moncef Sebai GenKons
KBez: Bln, BB, SN, ST, TH

Generalkonsulat der Tunesischen Republik
40213 Düsseldorf, Graf-Adolf-Platz 7/8; Tel (02 11) 37 10 07/08; Fax (02 11) 37 40 05
Tahar Messaoudi GenKons
KBez: NW, Hess, Rhld-Pf, Saar

Konsulat der Tunesischen Republik (BS)
22085 Hamburg, Overbeckstr 19; Tel (0 40)
2 20 17 56; Fax (0 40) 2 27 97 86
Abderrazak Ben Fradj Kons
KBez: Hbg, Bre, Nds, Schl-H, MV

Konsulat der Tunesischen Republik (BS)
80335 München, Seidlstr 28; Tel (0 89) 5 50 25 17;
Fax (0 89) 5 50 25 17
Abdallah Labidi Kons
KBez: Bay und Bad-W

Tuvalu

Honorargeneralkonsulat von Tuvalu (BS)
22559 Hamburg, Klövensteenweg 115 A; Tel (0 40)
81 05 80; Fax (0 40) 81 10 16
Peter Feist GenKons (H)
KBez: BGeb

Uganda

Konsularabteilung der Botschaft der Republik Uganda (BS)
53173 Bonn, Dürenstr 44; Tel (02 28) 35 50 27; Fax (02 28) 35 16 92
KBez: BGeb

Honorarkonsulat der Republik Uganda
20457 Hamburg, Brook 1; Tel (0 40) 36 45 49/50;
Fax (0 40) 36 42 35
Heinz W Bonacker Kons (H)
KBez: Hbg, Bre, NdS, Schl-H

Honorarkonsulat der Republik Uganda
55131 Mainz, Am Fort Josef 7; Tel (0 61 31) 23 23 01
Alfred Weiß Kons (H)
KBez: Rhld-Pf, Hess, Saar

Honorarkonsulat der Republik Uganda
80801 München, Franz-Joseph-Str 38; Tel (0 89)
33 26 06; Fax (0 89) 34 68 66
Dr Wolfgang Wiedmann Kons (H)
KBez: Bay, Bad-W

Ukraine

Konsularabteilung der Botschaft der Ukraine
53424 Remagen, Rheinhöhenweg 101; Tel (0 22 28) 9 41 84 23; Fax (0 22 28) 94 18 61
KBez: BGeb ohne Bay
Außenstelle Berlin
10785 Berlin, Kurfürstenstr 56; Tel (0 30)
2 61 41 68; Fax (0 30) 2 61 41 77

Honorarkonsulat der Ukraine
40212 Düsseldorf, Wagnerstr 31, Tel (02 11)
3 69 41 38; Fax (02 11) 3 69 41 39
Dr h c Klaus Steilmann Kons (H)
KBez: NW, Rhld-Pf, Saar

Generalkonsulat der Ukraine (BS)
80333 München, Oskar-von-Müller-Ring 33; Tel (0 89) 28 20 64; Fax (0 89) 28 13 17
Prof Dr Grigoriy Khoruzhy GenKons
KBez: Bay

Ungarn

Konsularabteilung der Botschaft der Ungarischen Republik (BS)
53175 Bonn, Turmstr 30; Tel (02 28) 37 11 12; Fax (02 28) 37 10 29
KBez: BGeb außer Bad-W, Bay, SN, TH

Außenstelle Berlin
10117 Berlin, Wilhelmstr 61; Tel (0 30) 2 29 16 66;
Fax (0 30) 2 29 13 14
zuständig für: Bln, BB, MV, ST

Generalkonsulat der Ungarischen Republik (BS)
01099 Dresden, Böhmert Str 2; Tel (03 51)
5 02 33 70; Fax (03 51) 5 02 33 74
Miklós Vágó GenKons
KBez: SN, TH

Honorarkonsulat der Ungarischen Republik
40211 Düsseldorf, Goltsteinstr 31; Tel (02 11)
16 15 51; (außerhalb der Sprechzeit: 52062 Aachen,
Theaterstr 31; Tel (02 41) 4 77 00 10; Fax (02 41)
4 77 00 23
Hugo Cadenbach Kons (H)
KBez: NW

Honorarkonsulat der Ungarischen Republik
99096 Erfurt, Tschaikowskistr 11; Tel (03 61)
3 45 55 90; Fax (03 61) 3 45 55 95
Dr Jürgen Bohn Kons (H)
KBez: TH

Honorargeneralkonsulat der Ungarischen Republik
20354 Hamburg, Alsterufer 45; Tel (0 40) 45 29 56
Dr Helmut Paul Greve GenKons (H)
KBez: Hbg, Schl-H

Generalkonsulat der Ungarischen Republik (BS)
81927 München, Vollmannstr 2; Tel (0 89)
91 10 32; Fax (0 89) 9 10 18 53
László Püspök GenKons
KBez: Bay

Honorarkonsulat der Ungarischen Republik
90431 Nürnberg, Matthiasstr 10-12; Tel (09 11)
3 26 46 68; Fax (09 11) 3 26 46 69
Günter Späth Kons (H)
KBez: Im Land Bay die RBez Oberpfalz, Mittel- und Oberfranken

Honorarkonsulat der Ungarischen Republik
19053 Schwerin, Demmlerplatz 8; Tel (03 85)
76 06 70; Fax (03 85) 7 60 67 60
Günter Marten Kons (H)
KBez: MV

Generalkonsulat der Ungarischen Republik (BS)
70188 Stuttgart, Haußmannstr 22; Tel (07 11)
2 38 93 11/12/14; Fax (07 11) 2 38 93 22
Dr Tamás Freund GenKons
KBez: Bad-W

Uruguay

Konsularabteilung der Botschaft der Republik Uruguay (BS)
53175 Bonn, Gotenstr 1-3; Tel (02 28) 35 65 70,
35 65 79; Fax (02 28) 36 14 10
KBez: Stadt Bonn im Land NW

Außenstelle Berlin
10117 Berlin, Dorotheenstr 97; Tel (0 30)
2 29 14 24; Fax (0 30) 2 29 28 39
zuständig für: Bln

Honorarkonsulat der Republik Uruguay
Düsseldorf
Wolfgang Christian von Meibomi Kons (H)
KBez: NW mit Ausnahme der Stadt Bonn

Honorarkonsulat der Republik Uruguay
60431 Frankfurt, Eschersheimer Landstr 563; Tel
(0 69) 51 85 10; Fax (0 69) 53 86 43
Hans Brummermann Kons (H)
KBez: Hess, Rhld-Pf, Saar

Generalkonsulat der Republik Uruguay (BS)
20149 Hamburg, Hochallee 76; Tel (0 40)
4 10 65 42; Fax (0 40) 4 10 84 01
Carlos Cartolano GenKons
KBez: BGeb mit Ausnahme der Stadt Bonn im Land NW und Bln

Honorarkonsulat der Republik Uruguay (BS)
80336 München, Sendlinger-Tor-Platz 8; Tel (0 89)
59 13 61; Fax (0 89) 59 13 62
Dr Peter Schmalisch Kons (H)
KBez: Bay

Honorarkonsulat der Republik Uruguay
14482 Potsdam, Johansenstr 2; Tel (01 61)
2 30 41 61
Kurt Rabau Kons (H)
KBez: BB

Honorarkonsulat der Republik Uruguay
70199 Stuttgart, Böblinger Str 104; Tel (07 11)
6 48 84 91; Fax (07 11) 6 48 84 89
Peter May Kons (H)
KBez: Bad-W

Usbekistan

Konsularabteilung der Botschaft der Republik Usbekistan
53177 Bonn, Deutschherrenstr 7; Tel (02 28)
9 53 57 15; Fax (02 28) 9 53 57 99
KBez: BGeb außer Hess, Rhld-Pf, Saar

Konsulat der Republik Usbekistan
60325 Frankfurt a M, Beethovenstr 3; Tel (0 69)
74 05 69; Fax (0 69) 74 05 41
Islam Bekmirsajew Kons
KBez: Hess, Rhld-Pf, Saar

Venezuela

Konsularabteilung der Botschaft der Republik Venezuela
Außenstelle Berlin (BS)
10117 Berlin, Wilhelmstr 64; Tel (0 30) 3 93 33 53,
2 29 27 42; Fax (0 30) 3 93 33 53
KBez: Bln, BB, MV, SN, ST, TH

Generalkonsulat der Republik Venezuela (BS)
60313 Frankfurt, Brönnerstr 17; Tel (0 69)
28 72 84/85; Fax (0 69) 29 23 70
Noemy Orsetti-Salazar GenKonsulin
KBez: Hess, Bay, Bad-W, NW, Rhld-Pf und Saar

Generalkonsulat der Republik Venezuela (BS)
20148 Hamburg, Rothenbaumchaussee 30; Tel
(0 40) 4 10 12 41, 4 10 12 71; Fax (0 40) 4 10 81 03
Pedro Mogna GenKons
KBez: Hbg, Bre, Nds, Schl-H

Honorarkonsulat der Republik Venezuela (BS)
80538 München, Prinzregentenstr 54; Tel (0 89)
22 14 49; Fax (0 89) 29 16 24 80
Marianna Schulz Konsulin (H)
KBez: Bay

Honorarkonsulat der Republik Venezuela
58456 Witten, Am Schumacher 22; Tel (0 23 02)
9 70 70 30; Fax (0 23 02) 9 70 70 15
Hermann Andreas Kamperhoff Kons (H)
KBez: NW

Vereinigte Arabische Emirate

Konsularabteilung der Botschaft der Vereinigten Arabischen Emirate (BS)
53113 Bonn, Erste Fährgasse 6; Tel (02 28)
26 70 70; Fax (02 28) 2 67 07 14
KBez: BGeb

Vietnam

Konsularabteilung der Botschaft der Sozialistischen Republik Vietnam (BS)
53179 Bonn, Konstantinstr 37; Tel (02 28)
36 28 29, 35 70 22; Fax (02 28) 35 18 66
KBez: BGeb

Außenstelle Berlin
10318 Berlin, Königswinterer Str 28; Tel (0 30)
5 09 93 75; Fax (0 30) 5 09 91 41
KBez: Bln, BB, MV, SN, ST, TH

Zaire

Konsularabteilung der Botschaft der Republik Zaire (BS)
53179 Bonn, Im Meisengarten 133; Tel (02 28)
85 81 60
KBez: BGeb

Honorargeneralkonsulat der Republik Zaire
28195 Bremen, Bornstr 16/17; Tel (04 21) 1 58-20;
Fax (04 21) 3 04 22 09
Ansgar Werner GenKons (H)
KBez: Bre, Nds, Hbg, Schl-H

Honorargeneralkonsulat der Republik Zaire
40549 Düsseldorf, Schiess-Str 45; Tel (02 11)
5 99 63 43; Fax (02 11) 5 99 63 18
Peter Jungen GenKons (H)
KBez: Hess, NW

Zentralafrikanische Republik

Konsularabteilung der Botschaft der Zentralafrikanischen Republik
53225 Bonn, Rheinaustr 120; Tel (02 28) 46 97 24
KBez: BGeb

Honorarkonsulat der Zentralafrikanischen Republik
20099 Hamburg, Kleiner Pulverteich 17-21; Tel
(0 40) 24 14 31, 24 82 16
Walter Harms Kons (H)
KBez: Hbg

Honorarkonsulat der Zentralafrikanischen Republik
76228 Karlsruhe, Hangstr 2; Tel (07 21) 47 54 47;
Fax (07 21) 47 54 54
Dr Hans Gottfried Ernst Graf von Rothenburg-Kellermann Kons (H)
KBez: Bad-W, Hess, Rhld-Pf, Saar

Zypern

Konsularabteilung der Botschaft der Republik Zypern (BS)
53173 Bonn, Kronprinzenstr 58; Tel (02 28)
36 33 36, 36 35 96; Fax (02 28) 35 36 26
KBez: BGeb mit Ausnahme der Länder Bre, Hbg, Nds, Schl-H

Honorargeneralkonsulat der Republik Zypern (BS)
10787 Berlin, Kurfürstenstr 75; Tel (0 30)
2 61 70 08; Fax (0 30) 2 61 50 47
André Dujardin GenKons (H)
KBez: Bln, BB

Honorargeneralkonsulat der Republik Zypern (BS)
Frankfurt am Main, Sitz:
65843 Sulzbach, Wiesenstr 17; Tel (0 61 96)
70 14 11, 7 27 10; Fax (0 61 96) 70 14 45
Gotthard Häcker GenKons (H)
KBez: Hess, Rhld-Pf, Saar, SN, TH

Generalkonsulat der Republik Zypern
20148 Hamburg, Rothenbaumchaussee 3; Tel (0 40)
4 10 74 97-8; Fax (0 40) 4 10 72 46
Anastasiou Phaedon GenKons
KBez: Hbg, Bre, Nds, Schl-H

Honorarkonsulat der Republik Zypern (BS)
81667 München, Orleansplatz 3; Tel (0 89)
48 57 64; Fax (0 89) 4 48 98 90
Karlheinz Horn Kons (H)
KBez: Bay

SUCHWORT-
VERZEICHNIS

A

Abfälle, Schadstoffhaltige – 385
Abfall
– Behandlung 389
– Entsorgung 385
– Wirtschaft 385
Abgabenordnung 161, 162
Abnutzung, Absetzung für – 165
Abrüstung und Rüstungskontrolle 53
Abrüstungskonferenz, Genfer – 53
Absatzförderungsfonds der deutschen Forstwirtschaft 270
Absatzförderungsfonds der deutschen Land- und Ernährungswirtschaft 270
Abstrahl- und Lauschabwehrprüfungen 136
Abwasser- und Umwelthygiene beim Gewässerschutz 390
Abwassertechnik 389
Acetylenausschuß 275
Acker- und Pflanzenbau 253
Ägyptisches Museum und Papyrussammlung 146
Ältere Menschen 363
Ältestenrat, Deutscher Bundestag, – 20
Ärzte und Krankenkassen, Bundesausschuß der – 382
Ärztlicher und Sozialer Dienst der obersten Bundesbehörden 114
Agrar
– Abschöpfungen 162
– Ernährungsangelegenheiten 269
– Dokumentation und -information, Zentralstelle für – - 267-
– Maßnahmen, Internationale – 165
– Meteorologische Forschung 335
– Politik 253, 254
– Reform 254
– Relevante Klimaforschung 260
– Strukturpolitik der EG 254
– Technik 253
AIDS 368
– Beirat, Nationaler – 370
– Bekämpfung 379
– Zentrum 380
Akademie
– der Bundeswehr für Information und Kommunikation 348
– des Sanitäts- und Gesundheitswesens der Bundeswehr 351

– für Notfallplanung und Zivilschutz 144
Alexander von Humboldt-Stiftung 55
Alleinerziehende 362
Allergien 368
Allergologie 380
Allgemeinbildende Schule 44
Allgemeines Verwaltungsrecht 155
Alte Nationalgalerie 147
Altenbericht 363
Altenhilfe 363
Alter(s)
– Behinderte im – 363
– Pflege im – 363
– Forschung 363
– Kasse, Landwirtschaftliche – 311
– Sicherung in der Landwirtschaft 273, 282
– Teilzeitgesetz 285
– Versorgung, Betriebliche – 273
Altlastenfinanzierung, Verwaltungsabkommen Bund/Länder zur – 165
Altlastensanierung 384
Altölentsorgung 385
Altschulden 229
Altsparergesetz 163
Altstoffprüfung 389
Amateurfunk 342
Amt
– für Fernmelde- und Informationssysteme der Bundeswehr 348
– für den Militärischen Abschirmdienst 348
– für Militärisches Geowesen 348
– für Militärkunde 348
– für Nachrichtenwesen der Bundeswehr 348
– für Studien und Übungen der Bundeswehr 348
Angewandte Geodäsie, Institut für – 133
Anlagensicherheit 385
Antikensammlung 146
Anwaltssachen 412
AOK-Bundesverband 380
Apotheken
– Pflicht 369
– Recht 367
Arbeit und Sozialordnung, Bundesministerium für – 271
Arbeitnehmer
– Arbeits- und Tarifrecht 160
– bei den ausländischen Streitkräften 160
– des öffentlichen Dienstes 160
– in der Land- und Forstwirtschaft 312
– Zusatzversorgungskasse 312

– Überlassung 272
Arbeits- und Sozialministerkonferenz 274
Arbeit(s)
– Ämter 290–310
– Beratung 284, 289
– Bundesanstalt für – 287
– Gerichtliche Verfahren 154
– Gerichtsbarkeit 272
– Gerichte 421
– Gestaltung, Menschengerechte – 279
– Markt- und Berufsforschung 272, 286
– Markt- und Sozialpolitik in den neuen Bundesländer 274
– Marktbeobachtung 284, 285
– Marktforschung 272
– Marktpolitik 272, 284
– Medizin 273, 274
– Mittel, Technische – 275
– Platz, Stoffbelastungen am – 279
– Recht 272
– und Sozialrecht 155
– Statistik 285
– und Tarifrecht der Arbeitnehmer des öffentlichen Dienstes 160
– Vermittlung 272, 284
Arbeitslose 289–309
– Hilfe 272, 285, 289–309
– Versicherung 272, 285
Arbeitsschutz 272, 274
– Bundesanstalt für – 277
– und Unfallverhütung im Bundesdienst 115
– Schutzmaßnahmen, Technische – 279
Archäologie 113
Architektur 399
Archivalien 128
Archivarische Berufsangelegenheiten 128
Archive, National wertvolle – 118
Archivfachliche Aus- und Fortbildung 128
Archivgut 128, 130
Archivstatistik 128
Archivwesen 115
Artenschutz 385
Artenschutzvollzug 391
Arznei
– Buch 372
– Buch-Kommission 369
– Mittel und Medizinprodukte, Bundesinstitut für – 371
– Mittelsicherheit 367, 369
– Mittelverkehr 367, 373
– Mittelversorgung 367, 368
Asyl
– Angelegenheiten, Ausländer und – 118

493

- Bewerberleistungsgesetz 367
- Gewährung 140
- Recht 54, 118
- Verfahrensgesetz 140
- Verfahrensrecht 118
Atlantisches Bündnis 52
Atmosphärische Radioaktivität, Institut für – 392
Atomrecht 155, 385
Aufbau Ost, Investitionsförderungsgesetz – 163
Aufstiegsfortbildung 402
Aus- und Fortbildung in der Bundesfinanzverwaltung 160
Ausbildung(s)
- Unmittelbare und mittelbare Bundesbeamte 126
- Beihilfen 132
- Darlehen 132
- Förderung 272, 402
- Ordnungsforschung 407
- Stellenvermittlung 272
Ausführungsbehörde für Unfallversicherung des Bundesministeriums für Verkehr 324
Ausfuhren und Auslandsinvestitionen 54
Ausfuhrkontrollpolitik, Internationale – 239
Ausfuhr-Technik 243
Ausfuhrüberwachung 243
Ausgleich(s)
- Abgaben bei der Einfuhr 162
- Bank, Deutsche – 151
- Behörden in den Ländern 143
- Fonds beim Bundesverwaltungsgericht 143
- Fonds, Währungsumstellung 164
Ausländer
- Beauftragter der Bundesregierung für die Belange der – 271
- Leistungen an – 367
- Asylangelegenheiten 118
- Beschäftigung 272
- Politik 54, 276
- Recht 54, 118
- Studium 402
- Zentralregister 118, 131
Ausländische
- Arbeitnehmer 274, 276
- Kulturinstitute im Inland 55
- Versicherungsaufsichtsbehörden 220
- Streitkräfte 54, 164, 220
- Flüchtlinge 140, 141
Ausländisches Paßrecht 54
Ausland, Vertretungen der Bundesrepublik Deutschland im – 56
Ausland(s)
- Absicherung von Investitionen 165

494

- Ausfuhren 54
- Besoldung 115
- Beziehungen, Bundeskartei 55, 167
- Beziehungen, Institut 54
- Bonds 229
- Investitionen 239, 240
- Gesetz 162–163
- Märkte 244
- Rentenrecht 273
- Schulden 163, 228
- Schulwesen 55, 132
- Statistik 123
- Vermögen 239
- Versicherungen 239
Auslaufgesellschaften des Bergbaus 165
Ausschüsse, Bundesrat, – 39
Ausschüsse, Deutscher Bundestag, – 21
Außen- und Sicherheitspolitik der EU 52
Außenhandel(s)
- Betriebe 164
- Finanzierung 165, 239
- Statistik 162, 253
- Versicherungen 165, 239
- Vorschriften 244
Außensteuer
- Gesetz 163
- Abgabenrecht 163
- Recht 162
Außenwirtschaft(s)
- Beirat 240
- Förderung 54
- Förderung für die neuen Bundesländer 239
- Fragen der Industrie 238
- Information 244
- Politik 54, 238
- Politik, Europäische – 236
- Recht 162, 239
- Verkehr 239
Außergewöhnliche Belastungen 162
Außerschulische Jugendbildung 363
Aussiedler
- Aufnahmeverfahren 132
- Eingliederung der – 132
- Flüchtlingsfragen 363
- Fragen, Beauftragter der Bundesregierung für – 114
Auswärtiges Amt 51
Auswanderer und Auslandstätige, Informationsstelle für – 132
Automatensichere Umlaufmünzen 166
Automation in der Steuerverwaltung 162
Automatische Besteuerungsverfahren 167

Automatisiertes Verfahren im Haushalts-, Kassen- und Rechnungswesen des Bundes 161

B

Bahn
- Polizei 116
- Polizeiämter 136–139
- Polizeiliche Aufgaben 136
- Reform 315
- Versicherungsanstalt 310
Bakteriologie 380
Bank(en)
- Aufsicht 224, 225, 425
- Recht 425
- Statistik 425
- Entwicklung 425
- Notenvernichtung 425
- Recht 155
- Risiken, Analyse der – 224
- Wesen 164
- Wertpapieraufsicht 225
Bargeldbedarfsplanung 425
Basler Übereinkommen 389
Bauangelegenheiten des Bundes 398
- im Ausland 399
- im Bereich Bonn 400
- in Berlin 399
Bau
- Forschung 398
- Forschung, Landwirtschaftliche – 261
- Kultur 399
- Landpolitik 398
- Maßnahmen für den Hochleistungssport 115
- Ordnungsrecht 398
- Recht 155
- Sparkassen 164
- Sparkassenaufsicht 225
- Technik 398
- Teilsicherheit 246
- Werkssicherheit 246
- Wirtschaft 238, 398
- Zivilschutz 144
Beamtenrecht 115
Beauftragter der Bundesregierung
- für die Belange der Ausländer 271
- für Aussiedlerfragen 114
- für den Berlin-Umzug 397
- für die Belange der Behinderten 271
- für die Beratung in Osteuropa 235
- für Drogenfragen 116
- für Menschenrechtsfragen 155
- für die neuen Bundesländer 235
Beförderung radioaktiver Stoffe 386

Begabtenförderung 402
Begabtenförderung in Hochschule und Forschung 402
Beglaubigungsrecht 116
Behinderte(n)
- Beauftragter der Bundesregierung 271
- Eingliederung 273
- Eingliederungshilfe 367
- im Alter 363
- Sport 115, 135
- Stiftung Hilfswerk 366
- Rehabilitation 275
Beihilfekontrollpolitik 236
Beihilferecht, Reisekosten-, Umzugskosten- und - 115
Belegungsschäden 164
Bereederung 269
Berg
- Arbeiterwohnungsbau 398
- Bahnen 317
- Technik 238
- Werkseigentum 165
- Wirtschaft 238
Berlin
- Umzug, Beauftragter der Bundesregierung für den - 397
- Umzug und Bonn-Ausgleich 397
- Zonenrandförderung 162
Berufliche
- Bildung 44, 402
- Bildungsstätten 402
- Eingliederung nach dem Soldatenversorgungsgesetz 132
- Förderung 272, 284
- Rehabilitation 273, 284
- Weiterbildung 402
- Wiedereingliederung von Frauen 362
Berufsbegleitende Fortbildung 126
Berufsberatung 272, 284, 289–309
Berufsberatung, Statistik der - 285
Berufsbildung 402
- Bundesinstitut für - 406
- Forschung 407
- Planung 407
- Politik 284
- Statistik 407
Berufsbildungsstättenforschung 407
Berufsförderung früherer Polizeivollzugsbeamter im BGS 132
Berufsforschung, Arbeitsmarkt- und - 286
Berufsgenossenschaft, Landwirtschaftliche - 310
Berufskrankheiten 279
Berufsökonomieforschung 407

Berufsrecht der Rechtsanwälte, Patentanwälte und Notare 154
Berufsschulen 402
Berufsständische Versorgung 273
Berufswahl, Studium- und - 44
Besatzungsmitglieder auf Kauffahrteischiffen 275
Besatzungsschäden 164
Beschäftigungs
- Politik 237
- Statistik 286
- System, Bildungs- und - 44
Beschaffungsamt der Bundeszollverwaltung 185
Beschaffungsamt des Bundesministeriums des Innern 139
Besitz- und Verkehrsteuerrecht 162
Besoldungsrecht 115
Besoldungsrecht des Bundes und der Länder 160
Betäubungsmittel 368
Betäubungsmittel- und Steuerstrafrecht 154
Betäubungsmittelverkehr 373
Betriebliche Alterversorgung 273
Betrieblicher Gesundheitsschutz 279
Betriebsärztlicher Dienst 279
Betrieb(s)
- Festigkeit 246
- Krankenkasse des Bundesverkehrsministeriums 319
- Krankenkassen 282, 382
- Krankenkassen, Bundesverband der - 381
- Prüfung 161
- Verfassung 272
- Wasserhygiene 390
Betrugsbekämpfungskoordination im Zollbereich 162
Bevölkerung(s)
- Forschung, Bundesinstitut für - 123
- Fragen 115
- Statistiken 123
Bewährungshilfe 154
Bewegungslehre 135
Bezirksschornsteinfegermeister, Versorgungsanstalt der deutschen - 232
BGB, Allgemeiner Teil des - 154
BGS See 136
BGS-Sportschule 136
Bibliotheksgut 130
Bibliothekswesen 115
Biersteuer 161
BigBand der Bundeswehr 348
Bilanzsteuerrecht 162, 168
Bildarchiv Preußischer Kulturbesitz 148

Bildende Kunst 115
Bildung(s)
- Beschäftigungssystem 44
- Europäische Fragen 44
- Forschung, Frauen 402
- Forschungsförderung, Bund-Länder-Kommission 42
- Forschungspolitik 402
- Hochschulstatistik 402
- Planung 44
- Recht 402
- Statistik 44
- Technologieforschung 407
Binnen
- Häfen 315
- Handel 237
- Handel in den neuen Bundesländern 237
- Markt 236
- Marktfragen 162
- Schiffahrt 315
- Schiffahrtprivatrecht 155
- Schiffer, Fachvermittlung für - 288
- Schiffsverkehr 315
Biochemie 262
Biologie
- Anstalt Helgoland 405
- Bundesanstalt für Land- und Forstwirtschaft Berlin und Braunschweig 261
- Forschung, Medizinische 403
- Ozeanographie 406
Biosystemtechnik 261
Biotechnologie, Medizinische - 380
Biotopschutz 392
Blockfreienbewegung 53
Blut und Blutprodukte 367, 370
Boden
- Biologie 260
- Hygiene 390
- Kunde 260
- Nutzung 388
- Qualitätsziele 388
- Recht der neuen Länder 154
- Schutz 385
- Zustand 388
Börsen
- Recht 155
- Sachverständigenkommission 166
- Wertpapierwesen 164
Bonn
- Ausgleich, Berlin-Umzug und - 397
- Konzept 397
- Vereinbarungen 397
Bordwetterwarte 335
Botschaften, Gesandtschaften, Generalkonsulate, Konsulate im Ausland 56–111

495

- Ägypten 56
- Äquatorialguinea 56
- Äthiopien 56
- Afghanistan 80
- Albanien 90
- Algerien 56
- Amerika, Vereinigte Staaten von – 75
- Amerikanische Außengebiete 79
- Amerikanische Außengebiete in Australien/Südpazifik (Amerikanisch Ozeanien) 89
- Amerikanische Jungferninseln 79
- Andorra 90
- Angola 57
- Anguilla 79
- Antigua und Barbuda 63
- Argentinien 63
- Armenien 90
- Aserbaidschan 90
- Australien 88
- Australische Außengebiete 89
- Bahamas 64
- Bahrain 80
- Bangladesh 80
- Barbados 64
- Barbuda, Antigua und – 63
- Belgien 90
- Belize 65
- Benin 57
- Bermuda 79
- Bhutan 80
- Birma 80
- Bolivien 65
- Bosnien und Herzegowina 91
- Botsuana 57
- Brasilien 65
- Britische Jungferninseln 80
- Britische Überseegebiete 79, 90
- Britische Überseegebiete St Helena und Nebengebiete 63
- Brunei 80
- Bulgarien 91
- Burkina Faso 57
- Burundi 57
- Chile 67
- China 81
- Cookinseln 88
- Costa Rica 68
- Côte d'Ivoire 57
- Dänemark 91
- Dominica 68
- Dominikanische Republik 68
- Dschibuti 57
- Ecuador 68
- El Salvador 69
- Eritrea 57
- Estland 92
- Fidschi 88
- Finnland 92

- Frankreich 93
- Französische Übersee-Départements und Übersee-Territorien 80
- Französische Übersee-Territorien 90
- Französisches Übersee-Département 63
- Französisch-Guayana 80
- Gabun 57
- Gambia 57
- Georgien 95
- Ghana 57
- Grenada 69
- Grenadinen, St Vincent und die – 74
- Griechenland 95
- Großbritannien 96
- Großbritannien und Nord-Irland, Vereinigtes Königreich von – 109
- Guadeloupe 80
- Guatemala 69
- Guinea 58
- Guinea-Bissau 58
- Guyana 69
- Haiti 69
- Heiliger Stuhl 96
- Herzegowina, Bosnien und – 91
- Honduras 69
- Indien 81
- Indonesien 82
- Irak 82
- Iran 82
- Irland 96
- Island 96
- Israel 82
- Italien 97
- Jamaika 70
- Japan 82
- Jemen 83
- Jordanien 83
- Jugoslawien, Bundesrepublik 98
- Kaimaninseln 80
- Kambodscha 83
- Kamerun 58
- Kanada 70
- Kap Verde 58
- Kasachstan 83
- Katar 83
- Kenia 58
- Kirgisistan 84
- Kiribati 88
- Kolumbien 71
- Komoren 58
- Kongo 58
- Kongo, Demokratische Republik 62
- Korea 84
- Korea, Demokratische Volksrepublik 84

- Kroatien 98
- Kuba 71
- Kuwait 84
- Laos 84
- Lesotho 58
- Lettland 98
- Libanon 84
- Liberia 59
- Libyen 59
- Liechtenstein 98
- Litauen 99
- Luxemburg 99
- Madagaskar 59
- Malawi 59
- Malaysia 84
- Malediven 85
- Mali 59
- Malta 99
- Marokko 59
- Marshallinseln 85
- Martinique 80
- Mauretanien 59
- Mauritius 60
- Mazedonien 99
- Mexiko 71
- Mikronesien 85
- Moldau 99
- Monaco 99
- Mongolei 85
- Montserrat 80
- Mosambik 60
- Myanmar 85
- Namibia 60
- Nauru 88
- Nepal 85
- Neuseeländische Überseegebiete 90
- Neuseeland 88
- Nevis, St Kitts und – 74
- Nicaragua 73
- Niederländische Antillen 80
- Niederlande 99
- Niger 60
- Nigeria 60
- Niue 89
- Norwegen 100
- Österreich 101
- Oman 85
- Pakistan 85
- Palästinensisches Autonomiegebiet 87
- Palau 85
- Panama 73
- Papua-Neuguinea 89
- Paraguay 73
- Peru 73
- Philippinen 86
- Polen 102
- Portugal 102
- Portugiesisches Hoheitsgebiet Macau 87
- Principe, São Tomé und – 60

- Puerto Rico 79
- Ruanda 60
- Rumänien 103
- Rußland 103
- Salomonen 89
- Sambia 60
- Samoa 89
- San Marino 104
- São Tomé und Principe 60
- Saudi-Arabien 86
- Schweden 104
- Schweiz 105
- Senegal 60
- Seychellen 61
- Sierra Leone 61
- Simbabwe 61
- Singapur 86
- Slowakische Republik 106
- Slowenien 106
- Somalia 61
- Spanien 106
- Sri Lanka 86
- St Kitts und Nevis 74
- St Lucia 74
- St Vincent und die Grenadinen 74
- St Helena und Nebengebiete, Britische Überseegebiete – 63
- Sudan 61
- Südafrika 61
- Suriname 74
- Swasiland 62
- Syrien 86
- Tadschikistan 86
- Tansania 62
- Thailand 87
- Tobago, Trinidad und – 74
- Togo 62
- Tonga 89
- Trinidad und Tobago 74
- Tschad 62
- Tschechische Republik 107
- Türkei 108
- Tunesien 62
- Turkmenistan 87
- Turks- und Calcosinseln 80
- Tuvalu 89
- Uganda 62
- Ukraine 108
- Ungarn 109
- Uruguay 74
- Usbekistan 87
- Vanuatu 89
- Vatikanstadt 109
- Venezuela 75
- Vereinigte Arabische Emirate 87
- Vereinigte Staaten von Amerika 75
- Vereinigtes Königreich von Großbritannien und Nord-Irland 109
- Vertretungen bei zwischen- und überstaatlichen Organisationen 111
- Vietnam 87
- Weißrußland 111
- Zentralafrikanische Republik 63
- Zypern 111

Branntweinmonopol 161, 227
Branntweinsteuer 161, 227
Braunkohlenbergbau 238
Brennereiprüfung 227
Brennrechtsverwaltung 227
Brief-, Post- und Fernmeldegeheimnis 25
Brücken- und Ingenieurbau 316, 332
Brüsseler Zollrat 162
Buch- und Schriftmuseum, Deutsches – 149
Bühnen, Versorgungsanstalt der deutschen – 232
Bündnis 90/DIE GRÜNEN, Fraktion – 24
Bürgerliches Recht 154
Büroorganisation und Bürotechnik, Bundesstelle für – 133
Bulletin, Redaktion – 50
Bundesakademie
- für Öffentliche Verwaltung 125
- für Sicherheitspolitik 348
- für Wehrverwaltung und Wehrtechnik 361
Bundesaltenplan 363
Bundesamt
- für die Anerkennung ausländischer Flüchtlinge 140
- für Finanzen 166
- für Güterverkehr 337
- für Naturschutz 391
- für Post und Telekommunikation 342
- für Seeschiffahrt und Hydrographie 330
- für Sicherheit in der Informationstechnik 135
- für Sera und Impfstoffe 379
- für Strahlenschutz 392
- für Verfassungsschutz 124
- für Wehrtechnik und Beschaffung 351
- für Wehrverwaltung 354
- für Wirtschaft 243
- für Zivilschutz 144
- für den Zivildienst 364
- zur Regelung offener Vermögensfragen 230
Bundesanstalt für Arbeit 283
- Gesamthaushalt 285
- Hauptstelle 284
- Schulungsstätten 286
- Verwaltungsschulen 289

- Vorprüfungsamt 289
- Zentralamt 287
Bundesanstalt
- für Arbeitsschutz und Arbeitsmedizin 277
- Deutsche Bibliothek 148
- für Fleischforschung 266
- für Geowissenschaften und Rohstoffe 248
- für Getreide-, Kartoffel- und Fettforschung 265
- für Gewässerkunde 329
- für Landwirtschaft und Ernährung 268
- für Materialforschung und -prüfung 244
- für Milchforschung 263
- für Land- und Fostwirtschaft Berlin und Braunschweig 261
- für Post und Telekommunikation Deutsche Bundespost 344
- für vereinigungsbedingte Sonderaufgaben 233
- für Straßenwesen 331
- für Wasserbau 329
- für Züchtungsforschung an Kulturpflanzen 266
- Technisches Hilfswerk 145
Bundesarchiv 127
Bundesaufsichtsamt
- für das Kreditwesen 223
- für das Versicherungswesen 219
- für den Wertpapierhandel 222
Bundesausführungsbehörde für Unfallversicherung 276
Bundesausfuhramt 242
Bundesausgleichsamt 143
Bundesausschuß der Ärzte und Krankenkassen 382
Bundesausschuß der Zahnärzte und Krankenkassen 382
Bundesbank 423
- Direktorium 424
- Fachhochschule 425
Bundesbauämter 171
Bundesbaudirektion 399
Bundesbeauftragter
- für Asylangelegenheiten beim Bundesamt für die Anerkennung ausländischer Flüchtlinge 141
- für den Datenschutz 119
- für den Zivildienst 362
- für die Behandlung von Zahlungen an die Konversionskasse 228
- für die Unterlagen des Staatssicherheitsdienstes der ehemaligen DDR 120
Bundesbehörden 45
Bundesbesoldungsstelle 168

497

Bundesbeteiligungen
– Wirtschaftsunternehmen 314
– Haushaltsfragen 161
– in den neuen Bundesländern 239
Bundesbetriebsprüfung 167
Bundesbildstelle 50
Bundesdatenschutzgesetz 119
Bundesdisziplinaranwalt beim Bundesverwaltungsgericht 418
Bundesdisziplinargericht 417
Bundeseisenbahnvermögen 314, 339
Bundesergänzungszuweisungen 163
Bundesfernstraßenhaushalt 316
Bundesfinanzakademie 165
Bundesfinanzhof 420
Bundesfinanzverwaltung
– Aufgaben 168
– Aus- und Fortbildung in der – 160
– Haushalt der – 160
– Organisation der – 160
Bundesforschungsanstalten 259
– für Ernährung 267
– für Fischerei 264
– für Forst- und Holzwirtschaft 264
– für Landeskunde und Raumordnung 400
– für Landwirtschaft Braunschweig-Völkenrode 259
– für Viruskrankheiten der Tiere 265
Bundesforschungsbericht 402
Bundesforstämter 174–219
Bundesgerichtshof 411
Bundesgrenzschutz 116, 136
Bundesinstitut
– für Arzneimittel und Medizinprodukte 371
– für Berufsbildung 406
– für Bevölkerungsforschung 123
– für gesundheitlichen Verbraucherschutz und Veterinärmedizin 376
– für Infektionskrankheiten und nicht übertragbarer Krankheiten 374
– für ostdeutsche Kultur und Geschichte 119
– für ostwissenschaftliche und internationale Studien 141
– für Sportwissenschaft 134
Bundeskanzler 47
Bundeskanzler-Adenauer-Haus, Stiftung – 150
Bundeskanzleramt 47
Bundeskartei für Auslandsbeziehungen 167
Bundeskartellamt 246

Bundeskassen 169–218
Bundesknappschaft 282
Bundesknappschaft Bochum 311
Bundeskriminalamt 124
Bundesliegenschaften 163
Bundesliegenschaften, Forstwirtschaft und Landwirtschaft auf – 163
Bundeslotsenkammer 340
Bundesminister
– für Arbeit und Sozialordnung 271
– des Auswärtigen 51
– für besondere Angelegenheiten 47
– für Bildung, Wissenschaft, Forschung und Technologie 401
– für Ernährung, Landwirtschaft und Forsten 252
– für Familie, Senioren, Frauen und Jugend 362
– der Finanzen 159
– für Gesundheit 367
– des Innern 114
– der Justiz 153
– für Post und Telekommunikation 341
– für Raumordnung, Bauwesen und Städtebau 397
– für Umwelt, Naturschutz und Reaktorsicherheit 384
– für Verkehr 313
– der Verteidigung 347, 401
– für Wirtschaft 235
– für Wirtschaftliche Zusammenarbeit und Entwicklung 395
Bundesmonopolamt 227
Bundesmonopolverwaltung für Branntwein 227
Bundesnachrichtendienst 50
Bundesnotarkammer 158
Bundesoberseeamt 329
Bundesopiumstelle 373
Bundespatentgericht 414
Bundespersonalausschuß 115
Bundespräsident 42
Bundespräsident-Theodor-Heuss-Haus, Stiftung – 150
Bundespräsidialamt 42
Bundesprüfstelle für jugendgefährdende Schriften 364
Bundesrat 29
– Ausschüsse 39
– Mitglieder 32
– Präsidium 32
– Schriftführer 32
– Sekretariat 40
Bundesrechnungshof 408
Bundesrechtsanwaltskammer 157
Bundesregierung 45
– Aufgabenplanung 47

– Kabinettsausschüsse 46
– Presse- und Informationsamt 49
Bundesschuld, Reichs- und – 229
Bundesschuldbuch 229
Bundesschuldenausschuß 229
Bundesschuldenverwaltung 228
Bundessicherheitsrat 46
Bundessortenamt 256
Bundessportfachverbände 115
Bundessprachenamt 361
Bundesstaatliche Finanzfragen 163
Bundesstatistik 122
Bundesstelle für Außenhandelsinformation 229
Bundesstelle für Büroorganisation und Bürotechnik 133
Bundessteuerberaterkammer 232
Bundesstiftung Mutter und Kind Schutz des ungeborenen Lebens 366
Bundestag, Deutscher – 1
Bundestagswahlrecht 116
Bundestrainer 115
Bundesunmittelbare Krankenkassen 382
Bundesverband
– der Betriebskrankenkassen 381
– der Innungskrankenkassen 381
– der Landwirtschaftlichen Krankenkassen 383
Bundesverfassungsgericht 410
Bundesvermögensämter 171–219
Bundesvermögensverwaltung
– Aufgaben 169
– Organisation und Personalien der – 163
Bundesversicherungsamt 280
Bundesversicherungsanstalt für Angestellte 310
Bundesverwaltungsamt 130
Bundesverwaltungsgericht 416
Bundeswahlbeauftragter für die Sozialversicherungswahlen 271
Bundeswahlleiter 122
Bundeswasserstraßen 315, 317
Bundeswehr
– Akademie für Information und Kommunikation 348
– Akademie des Sanitäts- und Gesundheitswesens der – 351
– Amt für Fernmelde- und Informationssysteme der – 348
– Amt für Nachrichtenwesen der – 348
– Amt für Studien und Übungen der – 348
– BigBand der – 348

- Disziplinaranwalt beim Bundesverwaltungsgericht 353
- Fachschulen 355–361
- Führungsakademie der – 349
- Kleiderkasse für die – 354
- Logistikschule der – 349
- Materialamt der – 348
- Personalstammamt der – 348
- Sanitätsamt der – 351
- Schule für Diensthundewesen der – 348
- Schule für Nachrichtenwesen der – 349
- Sozialwissenschaftliches Institut der – 348
- Sportschule der – 349
- Universitäten der – 349
- Verwaltung der – 353
- Verwaltungsschulen der – 361
- Verwaltungsstellen im Ausland 354
- Zentrale Sanitätsdienststellen der – 351
- Zentrum für Verifikationsaufgaben der – 349

Bundeszentrale für gesundheitliche Aufklärung 378
Bundeszentrale für politische Bildung 142
Bundeszentralregister 154, 414
Bund-Länder-Kommission für Bildungsplanung und Forschungsförderung 42
Bund-Länder-Verhältnis 47
Bußgeldsachen, Straf- und – 161
B-Waffenübereinkommen 53
Byzantinische Kunst, Museum für Spätantike und – 147

C

CDU/CSU, Fraktion der – 22
Chemie des Meeres 331
Chemie und Technologie der Lebensmittel 376
Chemiewaffenübereinkommen 53, 243
Chemikaliensicherheit 385
Chemische Industrie 238
Chemische Sicherheitstechnik 246
Curriculumforschung 407

D

Dänische Minderheit 118
Dampfkesselausschuß 275
Darstellende Kunst 115
Datenschutzrecht 116, 119, 154
Datenverarbeitung und Datenschutz 119
DBV Versicherungen 233

DDR-Auslandsforderungen und Auslandsverbindlichkeiten 164
DDR-Forschung, Deutschland- und – 151
Demokratisierungshilfe 53
Denkmalschutz 115
Design-Förderung 240
Deutsch
- Amerikanische Zusammenarbeit 51
- Ausländische Kulturgesellschaften 54
- Kulturgesellschaften im Ausland 55
- Französische Zusammenarbeit 51, 55
- Französischer Verteidigungs- und Sicherheitsrat 52
- Französischer Vertrag 404
- Italienische Beziehungen 404

Deutsche
- Akademie Villa Massimo 142
- Ausgleichsbank (DtA) 151
- im Ausland 274
- Auslandsschulen 228
- Bibliothek 148, 149
- Botschaften im Ausland 56-111
- Bücherei Leipzig 149
- Bundesbank 423
- Bundespost 345
- Einheit 115
- Forschungsgemeinschaft 44, 403
- Genossenschaftsbank, DG Bank – 231
- Gesellschaft für Technische Zusammenarbeit 396
- Girozentrale – Kommunalbank 231
- Kommunalbank, Girozentrale – 231
- Literatur 115
- Minderheiten 55, 115, 131
- Schulen und Bildungseinrichtungen im Ausland 132
- Sprache 55, 115
- Welle 149
- Zeitgeschichte 151

Deutscher
- Akademischer Austauschdienst 55
- Sparkassen- und Giroverband 232
- Weinfonds 269
- Wetterdienst 333

Deutscher Bundestag 1
- Ältestenrat 20
- Ausschüsse 21
- Ergebnis der Bundestagswahl 2
- Fraktionen und Gruppen 22
- Mitglieder 3

- Organe 20
- Präsidium 20
- Reformkommission zur Größe 27
- Schriftführer 20
- Verwaltung 26
- Wahlperiode 1
- Wehrbeauftragte 28
- Zusammensetzung 2

Deutsches
- Archäolgisches Institut 112
- Buch- und Schriftmuseum 149
- Dienstrecht im internationalen Bereich 115
- Exilarchiv 149
- Historisches Institut in Paris 404
- Historisches Institut in Rom 404
- Institut für medizinische Dokumentation und Information 379
- Jugendinstitut 363
- Musikarchiv 149
- Übersee-Institut 53

Deutschland
- und DDR-Forschung 151
- und Ostforschung 115
- Sprachförderung im Ausland 55

DG Bank Deutsche Genossenschaftsbank 231
Diensthunde im BGS 116
Dienstleistungswirtschaft 237
Dienstliche Fürsorge 115
Dienstpostenbewertung 161
Dienstrecht
- Internationales 160
- Öffentliches 155
- Überstaatliches und zwischenstaatliches 115

Dienststelle Marienthal 144
Diplomatische Missionen in der Bundesrepublik Deutschland 436–450
- Ägypten 436
- Äquatorial Guinea 436
- Äthiopien 436
- Afghanistan 436
- Albanien 436
- Algerien 436
- Amerika, Vereinigte Staaten von 436
- Angola 436
- Antigua und Barbuda 436
- Argentinien 436
- Armenien 437
- Aserbaidschan 437
- Australien 437
- Bahamas 437
- Bahrain 437
- Bangladesch 437

499

- Barbados 437
- Belarus 437
- Belgien 437
- Belize 437
- Benin 437
- Birma 437
- Bolivien 437
- Bosnien und Herzegowina 437
- Botsuana 438
- Brasilien 438
- Brunei-Darussalam 438
- Bulgarien 438
- Burkina Faso 438
- Burundi 438
- Chile 438
- China 438
- Costa Rica 438
- Côte d'Ivoire 438
- Dänemark 438
- Dominikanische Republik 438
- Dschibuti 439
- Ecuador 439
- El Salvador 439
- Eritrea 439
- Estland 439
- Fidschi 439
- Finnland 439
- Frankreich 439
- Gabun 439
- Gambia 439
- Georgien 439
- Ghana 439
- Grenada 439'
- Grenadinen, St Vincent und die – 448
- Griechenland 440
- Großbritannien 440
- Guatemala 440
- Guinea 440
- Guinea-Bissau 440
- Guyana 440
- Haiti 440
- Heiliger Stuhl 440
- Herzegowina, Bosnien und – 437
- Honduras 440
- Indien 440
- Indonesien 440
- Irak 441
- Iran 441
- Irland 441
- Island 441
- Israel 441
- Italien 441
- Jamaika 441
- Japan 441
- Jemen 441
- Jordanien 441
- Jugoslawien 441
- Kambodscha 441
- Kamerun 441
- Kanada 441
- Kap Verde 442
- Kasachstan 442
- Katar 442
- Kenia 442
- Kirgistan 442
- Kolumbien 442
- Komoren 442
- Kongo 442
- Kongo, Demokratische Republik 450
- Korea 442
- Kroatien 442
- Kuba 442
- Kuwait 442
- Laos 443
- Lesotho 443
- Lettland 443
- Libanon 443
- Liberia 443
- Libyen 443
- Litauen 443
- Luxemburg 443
- Madagaskar 443
- Malawi 443
- Malaysia 443
- Mali 443
- Malta 443
- Malteser Ritterorden 450
- Marokko 443
- Mauretanien 444
- Mauritius 444
- Mazedonien 444
- Mexiko 444
- Moldau 444
- Monaco 444
- Mongolei 444
- Mosambik 444
- Myanmar 444
- Namibia 444
- Nepal 444
- Neuseeland 444
- Nevis, St Kitts und – 448
- Nicaragua 444
- Niederlande 445
- Niger 445
- Nigeria 445
- Norwegen 445
- Österreich 445
- Oman 445
- Pakistan 445
- Palästinensische Generaldelegation 450
- Panama 445
- Papua-Neuguinea 445
- Paraguay 445
- Peru 445
- Philippinen 445
- Polen 445
- Portugal 446
- Principe, São Tomé und – 446
- Ruanda 446
- Rumänien 446
- Russische Föderation 446
- Salomonen 446
- Sambia 446
- Samoa 446
- São Tomé und Principe 446
- Saudi-Arabien 446
- Schweden 446
- Schweiz 447
- Senegal 447
- Seychellen 447
- Sierra Leone 447
- Simbabwe 447
- Singapur 447
- Slowakische Republik 447
- Slowenien 447
- Somalia 447
- Spanien 447
- Sri Lanka 448
- St Kitts und Nevis 448
- St Lucia 448
- St Vincent und die Grenadinen 448
- Sudan 448
- Südafrika 448
- Suriname 448
- Swasiland 448
- Syrien 448
- Tadschikistan 448
- Tansania 448
- Thailand 448
- Togo 449
- Tonga 449
- Trinidad und Tobago 449
- Tschad 449
- Tschechische Republik 449
- Türkei 449
- Tunesien 449
- Uganda 449
- Ukraine 449
- Ungarn 449
- Uruguay 449
- Usbekistan 449
- Vanuatu 450
- Venezuela 450
- Vereinigte Arabische Emirate 450
- Vietnam 450
- Zentralafrika 450
- Zypern 450

Diplomatische und konsularische Beziehungen 54
Diplomatisches Korps 55
Direktorium der deutschen Bundesbank 424
Disziplinar
- Recht 115
- Senate 416
- Verfahren gegen Bundesbeamte 419

Dopinganalytik 135
Doppelbesteuerungsabkommen mit EU-Staaten 163

Drogen- und Suchtmittelmiß-
  brauch 368
Drogenbeirat, Nationaler – 370
Drogenbereich und Sicherheitsfra-
  gen, internationale Zusammen-
  arbeit im – 53
Drogenfragen, Beauftragter der
  Bundesregierung für – 116
Druckbehälterausschuß 275
DSL Bank Deutsche Siedlungs-
  und Landesrentenbank 270
Düngungsfragen 255

E

EG
– Agrarfinanzierung 165, 255
– Agrarpolitik 255
– Eigenmittel 165
– Fischereiregelungen 255
– Marktordnungsrecht 162
– Steuerharmonisierung 162
– Tierseuchenangelegenheiten
  254
– Veterinärwesen 254
Ehrenamtliche Richter 154
Ehrenpatenschaften 42
Eigentum der PDS 145
Einbürgerungen in den deutschen
  Staatsverband 131
Einbürgerungsangelegenheiten,
  Staatsangehörigkeits- und –
  116
Einfuhrbescheinigungen, Interna-
  tionale – 243
Einfuhrumsatzsteuer 162
Eingangsabgaben, Nacherhebung
  von – 162
Eingliederung
– von Aussiedler 132
– von Behinderter 273, 367
– von Flüchtlingen 118
– von Schwerbehinderten 284
Einheit Deutschlands auf kulturel-
  lem Gebiet 115
Einigungsbedingte Fragen des
  Gesellschaftsrechts 155
Einkommens- und Transferpolitik
  237
Einkommensteuer 162
Einkommensteuer-Tarif 160
Einwohnerzahl, Bundesgebiet 1
Eisen- und Stahlwirtschaft 238
Eisenbahn(en) 317
– Betrieb 338
– Bundesamt 337
– Pensionskasse Deutscher – 231
– Maßnahmen neue Bundesländer
  316
– Politik 314
– Recht 314
– Technische Betriebssicherheit
  315

Elektrizitätswirtschaft 237
Elektroindustrie 238
Endlager Morsleben 393
Endlagerprojekte 393
Energie- und Rohstoffversorgung,
  Finanzpolitische Fragen der –
  160
Energieeinsparung 237
Energieentwicklung in den NBL
  238
Energieforschung 403
Energieforschung, Umwelt- und –
  403
Energien, Erneuerbare – 403
Energiepolitik 237
Energieumwandlungstechniken
  403
Entbürokratisierung 155
Enteignungsmaßnahmen in der
  ehemaligen sowjetischen Besat-
  zungszone 163
Entgeltausschüsse 276
Entschädigungsfonds 163, 231
Entwicklungsbanken 54, 165
Entwicklungspolitik 54, 239
– der Europäischen Union 396
– Europäische – 236
– Regionale – 395
Entwicklungspolitische Bildungs-
  arbeit 396
Epidemiologie, Institut für – 254
Erblastentilgungsfonds 164
Erbrecht 154
Erbschaftsteuer 162
Erdatmosphäre, Schutz der – 389
Erdölbevorratungsverband 251
Erfinderrecht 155
Ergonomie 279
Erhaltung von Kulturgut 115
Erholungswerk der DBP 345
Erkennungsdienstliche und krimi-
  naltechnische Gutachten 125
Erkrankungen durch Gefahrstoffe
  279
Ernährung(s)
– Aufklärung 253, 369, 379
– Bundesforschungsanstalt für –
  267
– Grundlagen 253
– Internationale Landwirtschafts-
  organisationen 255
– Landwirtschaft und Forsten,
  Bundesministerium für – 252
– Medizin 376
– Ökonomie und -soziologie 267
– Physiologie 267
– Physiologische Versuchsstation
  263
– Verbraucherpolitik 253
– Vorsorge 253
– Wirtschaft 254
Erneuerbare Energien 403

Erneuerbare Energien, Förderung
  244
ERP-Sondervermögen 161
Ersatzkassen 282, 383
Erwerbsstatistik 272, 286
Erziehungsgeld 363
Erziehungsurlaub 363
EU
– Außenbeziehungen 52, 53
– Außenhandelspolitik 53
– Beauftragte 53
– Finanzierung und -Haushalt 53
– Fischereipolitik 53
– Mitgliedstaaten 53
– Nahrungsmittelhilfe 53
– Ostseekooperation 236
– Präferenzsystem 53
– Wirtschafts-, Finanz-, Währungs-
  und Wettbewerbspolitik 53
– Zusammenarbeit in Kultur und
  Bildung 52
Euroinformation 236
Europa-Beauftragter 116
Europäische
– Agrarwirtschaftspolitik 236
– Außenwirtschaftspolitik 236
– Bildungsfragen 44
– Einigung 52
– Entwicklungspolitik 236
– Finanzfragen 165
– Harmonisierung 118
– Integrationspolitik 236
– Investitionsbank 236
– Mittelstandspolitik 236
– Organisationen 52
– Raumordnung 398
– Sozialpolitik 273
– Union 52
– Union, Recht der – 116
– Verfassungsentwicklung 236
– Währungsunion 425
– Wettbewerbspolitik 236
– Wirtschafts- und Währungspoli-
  tik 236
– Wirtschafts- und Währungs-
  union 165
Europäischer
– Agrarfonds 165
– Binnenmarkt 53
– Gerichtshof 52
– Rat 52
– Sozialfonds 273, 284
– Wirtschaftsraum 236
Europäisches Parlament 52, 236
Europapolitik 236
Europarat 52, 236
Europawahlrecht 116
Existenzgründungsförderung
  237
Explosivstoffe 246
Expo 2000 50, 237
Extremismus 118

501

F

Fachhochschule der Deutschen Bundesbank 425
Fachhochschule des Bundes für öffentliche Verwaltung 126
Fachvermittlung
– für Binnenschiffer 288
– für Hotel- und Gaststättenpersonal 287
– für Künstler 287
– für Landwirtschaftliche Fachkräfte 288
– für Seeleute 288
Fahrlehrerrecht 315
Fahrzeugregister 332
Fahrzeugsicherheit 315
Fahrzeugtechnik 332
Falschgeldangelegenheiten 425
Familien
– Bildung 363
– Erholung 362
– Forschung 362
– Leistungsausgleich 167
– Planung 363, 379
– Politik 115, 362
– Recht 154
Fangregulierung 269
Faserverbundwerkstoffe, Polymere und – 246
Fernstudium 44
Fernmelde- und Informationssystem der Bundeswehr 348
Fernunterricht 402
Fernverkehrssysteme, Öffentliche – 314
Fernwärme 237
Fette, Technologie der – 265
Fettforschung, Bundesanstalt für Getreide-, Kartoffel- und – 265
Filmarchiv 130
Filmförderungsanstalt 250
Film, Förderung 118
Filmwirtschaft, Medien- und – 237
Finanz- und Sozialgerichtsbarkeit, Verwaltungs-, – 154
Finanz- und Steuerrecht 155
Finanzen, Bundesministerium der – 159
Finanzen des Auslands 160
Finanzfragen
– Bundesstaatliche 163
– Europäische 165
– Internationale 165
– Politische 115
Finanzgerichtsbarkeit, Gericht der – 420
Finanzgerichtsordnung 161
Finanzielle Angelegenheiten der Gemeinden 163

Finanzielle Auswirkungen des Krieges 163
Finanzkredite, Ungebundene – 165
Finanzmärkte, Nationale und Internationale – 164
Finanzpolitik 160, 236
Finanzpolitische Fragen
– der Energie- und Rohstoffversorgung 160
– der Luft- und Raumfahrtindustrie 160
– der Regionalpolitik und Raumordnung 160
– der Sozial- und Gesellschaftspolitik 160
– der Strukturpolitik 160
– des Umweltschutzes 160
– des Verkehrswesens 160
Finanzverfassung 155, 163
Finanzvermögen, Verwertung 163
Fischerei
– Bundesforschungsanstalt für – 264
– Forschung, Meeres- und – 255
– Forschungsschiff 269
– Ökologie 264
– Politik 255
– Schutzboot 269
– Technik 264
– Wirtschaft 255
Fischwirtschaft 269
Flächengröße, Bundesgebiet 1
Flaggenrecht 331
Fleisch und Fleischerzeugnisse 269
Fleischerzeugung 266
Fleischforschung, Bundesanstalt für – 266
Fleischhygiene 369
Flottenkommando 350
Fluchtursachen 118
Flüchtlinge, Eingliederung 118
Flüchtlingsfragen, Aussiedler- und – 363
Flüchtlingshilfe, Not- und – 396
Flüchtlingspolitik 118
Flugbetrieb 315
Flugmedizin 336
Flugmodelle 336
Flugplätze 315
Flugsicherung 315, 337
Flugunfalluntersuchungsstelle 336
Flugunfallwesen 315
Flugwetterwarten 335
Flugzeuge, Musterzulassung der großen – 335
Föderalismuskommission 26
Forschung(s)
– Bund-Länder-Kommission für Bildungsplanung 42

– Budget 402
– Einrichtungen 402, 403
– Förderung 44, 403
– Forschungsgemeinschaft, Deutsche 403
– Innovationshemmnisse 404
– Kooperation 404
– Koordinierung 402
– Meeresbiologie 405
– Technik im Verkehr 314
– Technologiepolitik in den neuen Bundesländern 240
Forst- und Holzwirtschaft, Bundesforschungsanstalt für – 264
Forstgenetik 265
Forstökologie 265
Forstpflanzenzüchtung 265
Forstpolitik 254
Forstschutz 254
Forstwirtschaft 254
Forstwirtschaft, Absatzförderungsfonds der deutschen – 270
Forstwirtschaft und Landwirtschaft auf Bundesliegenschaften 163
Forstwirtschaftliche und landwirtschaftliche Wertermittlung 163
Forstwirtschaftsrecht, Land- und – 155
Fortbildung 126
Fortbildungshilfe für osteuropäische Staaten 126
Fraktionen
– Bündnis 90/DIE GRÜNEN 24
– der CDU/CSU 22
– der F.D.P. 24
– der SPD 23
Frauen
– im Alter 363
– im Beruf 362
– Berufliche Wiedereingliederung von – 362
– mit Behinderung 362
– in Bildung und Forschung 402
– Forschung 362
– Gesundheit 362
– Häuser 362
– Besondere Lebenssituationen 362
– Politik 115, 155, 362
– Soziale Sicherung 362
Freie Berufe 237
Freie Wohlfahrtspflege 363
Freistaat Bayern, Landesvertretung 427
Freistaat Sachsen, Landesvertretung 433
Freistaat Thüringen, Landesvertretung 435
Freiwillige Gerichtsbarkeit 154
Freiwillige soziale Dienst 363

Fremde Missionen und Konsulate 55
Fremdrentenrecht 273, 282
Frequenzmanagement, Nationales – 342
Friedensbemühungen, Internationale – 52
Friedlandhilfe 115
Führungsakademie der Bundeswehr 349
Führungsstab
– der Luftwaffe 347, 350
– der Marine 347, 350
– des Heeres 347, 349
Fulbright-Kommission 55
Funk
– Dienste 342
– Frequenzordnung 342
– Meßdienst 342
– Navigation 331
– Überwachung 342
Fusionskontrolle 247
Futtermittel 254
Futterpflanzenforschung, Grünland- und – 260
Futterzusatzstoffe 377

G

Gästehaus Petersberg 55
Gartenbauliche Erzeugung 253
Gasanlagen 246
Gashochdruckleitungen 275
Gasölverbilligung für die Landwirtschaft 161
Gaswirtschaft 237
Gebäude- und Wohnungszählungen 123
Gebührenrecht auf dem Gebiet des gewerblichen Rechtsschutzes 155
Gebührenrecht, Kosten- und – 154
Gefährliche Stoffe 279
Gefahrgut
– Sicherheit 246
– Tanks 246
– Transporte 385
– Umschließungen 246
– Verkehrs-Beirat 317
Gefahrstoff 279
– Erkrankungen 279
– Schnellauskunft 388
– Schutz, Technischer 279
Geheimarchiv für die Bundesverwaltung 129
Geheimes Staatsarchiv Preußischer Kulturbesitz 148
Geld
– Kredit und Kapitalmarkt 236, 425
– Museum 425

– Wäsche im Bankensektor 225
Gemäldegalerie 146
Gemeinde(n)
– Finanzielle Angelegenheiten der – 163
– Verkehrsverhältnisse der – 314
– Steuern 162
Gemeingebrauch 316
Gemeinnützigkeit 162
Gemeinsame Verfassungskommission 26
Gemeinsamer Ausschuß gemäß Art 53 a GG 41
Gemeinsamer Markt 236
Gemeinsamer Senat der obersten Gerichtshöfe des Bundes 412
Gemeinsames Ministerialblatt 115
Generalbundesanwalt beim Bundesgerichtshof 413
Generalkonsulate 56–111
Genfer Abrüstungskonferenz 53
Genossenschaften 237, 254
Genossenschaftsrecht 155
Gentechnik 368
Gentechnik und Lebensmittel 371
Geochemie 249
Geodäsie 115
Geodätische Forschung 134
Geo-Informationssysteme 134
Geologie, Technische – 249
Geologische und geophysikalische Forschung 249
Geophysikalische Forschung, Geologische und – 249
Geowissenschaften 238
Geowissenschaften und Rohstoffe, Bundesanstalt für – 248
Geowissenschaftliche Informationsgewinnung und -darstellung 134
Gerätesicherheitsgesetz 279
Geriatrie 363, 368
Gerichte
– der Arbeitsgerichtsbarkeit 421
– der Finanzgerichtsbarkeit 420
– der Sozialgerichtsbarkeit 422
– der ordentlichen Gerichtsbarkeit 411
– der Verwaltungsgerichtsbarkeit 416
Gerichtsbarkeit, Freiwillige – 154
Gerichtsbarkeit, Internationale – 154
Gerichtsverfassung 154
Gesamtverband der landwirtschaftlichen Alterskassen 311
Gesandtschaften 56–111
Geschichte der DDR 151
Geschichtsbewußtsein, Pflege des – 115

Geschmacksmusterrecht 155
Gesellschaft für Außenhandelsinformation 244
Gesellschaftsrecht, Internationales und Europäisches – 155
Gesellschaftsrecht, Einigungsbedingte Fragen 155
Gesetz zu Artikel 131 GG 115
Gesetzliche Unfallversicherung 277
Gesetzliches Meßwesen 240
Gesundheit(s)
– Aufklärung 378
– Berufe 368
– Betrieblicher Gesundheitsschutz 279
– Bundesministerium für – 367
– Datenarchiv 280
– Erziehung 379
– Medizinrecht 368
– Ökonomie 368
– Recht 155
– Umweltbezogener Schutz 368
– Technik 390
– Telematik 367
– Verbraucherschutz
– Versorgung 368
– Vorsorge 368
– Veterinärmedizin 376
Getreide 265
Getreide-, Kartoffel- und Fettforschung, Bundesanstalt für – 265
Gewässerkunde 315, 318–327
Gewässerkunde, Bundesanstalt für – 329
Gewässermorphologie 330
Gewässerschutz 385
Gewässerschutz, Abwasser- und Umwelthygiene beim – 390
Gewaltkommission 118
Gewerbe
– Betrieb 162
– Förderung 237, 244
– Recht 155, 237
– Steuer 162
– Steuerreform 162
– Zentralregister 154
– Schutzrechte 240
Gewerblicher Rechtsschutz, Gebührenrecht 155
Gewinnermittlung 162
Gipfeltreffen und Reisen des Bundeskanzlers 55
Gipsformerei 147
Gnadenrecht 154
Gnadensachen 115
Goethe-Institut 55
Graduiertenförderung 132
Gräbergesetz 363
Grenzaufsichtsdienst 161
Grenzbeauftragter des Bundesministeriums des Innern 116

Grenzen der Bundesrepublik
  Deutschland 54
Grenzpolizei 116
Grenzpolizeilicher Schutz des Bundesgebietes 136
Grenzschutz
  – Ämter 136–139
  – Ausbildungsabteilungen 136
  – Direktion 137, 139
  – Einsatzabteilungen 136
  – Fliegergruppe 136
  – Präsidien 137
  – Schule 137, 139
  – Verwaltungsstellen 136
Großer Senat
  – des BVerwG 417
  – für Strafsachen des BGH 412
  – für Zivilsachen des BGH 412
Grünland- und Futterpflanzenforschung 260
Grundbuchrecht 154
Grundlagenforschung 403
Grundrechte 116, 155
Grundsteuer 162
Grundwasser 330, 385, 388
Güterverkehr, Bundesamt für – 337
GUS- und MOE-Staaten, Beratung – 54, 131

H

Häftlingshilferecht 115
Hämatologie 380
Hafenstaatkontrolle 315
Haftpflichtversicherung 221
Handelsgeschäfte, Recht der – 155
Handelspolitik 238
Handelsrecht 155
Handelsstand 155
Handwerksförderung 244
Handwerksrecht 237
Handwerkswirtschaft 237
Hauptstadtentwicklung 397
Hauptstadtverträge 397
Hauptzollämter 170–219
Hauptzollämter für Prüfungen 171–219
Haus der Geschichte der Bundesrepublik Deutschland 151
Haushalt der Bundesfinanzverwaltung 160
Haushalt(s)
  – Kassen- und Rechnungswesen des Bundes, Automatisiertes Verfahren 161
  – Finanzplan, Aufstellung 161
  – Finanzfragen der VN 165
  – Vermögensrechnung des Bundes 161
  – Ausschuß 25

  – Fragen der Bundesbeteiligungen 161
  – Fragen der EU 165
  – Haushaltsführung 161
  – Politik 236
  – Haushaltssystematik 161
Heer(es)
  – Amt 349, 350
  – Führungskommando und Korpskommandos 349
  – Unterstützungskommando 350
Heilmittelwerberecht 367
Heimarbeit 272
Heimarbeitsausschüsse 276
Heimatlose Ausländer, Kulturelle Betreuung 115
Heimgesetz 363
Heimkehrerstiftung 149
Herz-Kreislauf-Präventionsstudie 370
Hilfe zum Lebensunterhalt 367
Hilfen für die deutschen Minderheiten 115
Hilfsmittel der Navigation 331
Historische Drucke 148
Historisches Institut in Paris, Deutsches – 404
Historisches Institut in Rom, Deutsches – 404
Hochschule
  – Begabtenförderung 402
  – Baumaßnahmen 115
  – Forschung 402
  – Ernerungsprogramm 44
  – Informationssystem 403
  – Medizin 403
  – Politik 402
  – Rahmenplanung 403
  – Recht 402
  – Sport 115
  – Sonderprogramm 44
  – Statistik 402
  – Zugang 402
Höhere technische Verwaltungsbeamte 333
Hohe See, Wirtschaftliche Nutzung 239
Holz
  – Biologie 265
  – Chemie 265
  – Technologie 265
  – Marktpolitik 254
  – Physik 265
  – Schutz 265
  – Wirtschaft 254
Homöopathisches Arzneibuch 372
Honnefer Modell 132
Honorar- und Gebührenordnungen 236
Hotel- und Gaststättenpersonal, Fachvermittlung für – 287

Humangenetik 368
Humanitäre Hilfe 53, 115
Humanitäres Völkerrecht 115
Humanökologie 390
Hydrograhie, Nautische – 331
Hydrometeorologie 335
Hygiene der Lebensmittel 377
Hygiene der Wassergewinnung 390

I

Ibero-Amerikanisches Institut 148
Illegale Beschäftigung, Bekämpfung 272, 285
Illegaler Technologietransfer 239
Immissionsschutzrecht 385
Immunitätsrecht 154
Immunologie 380
Impfkommission 370
Impfstoffe 380
Impfstoffe, Sera und – 370
Indische Kunst, Museum für – 147
Industrie- und Handelskammern 237
Industrielle Bundesbeteiligungen 238
Industrielle Mittelstandsfragen 238
Industriepolitik 238
Industriestruktur 238
Infektionsepidemiologie 370
Infektionskrankheiten und nicht übertragbare Krankheiten, Robert Koch-Institut – Bundesinstitut für – 374
Infektionsprävention 370
Informations- und Kommunikationstechnik 403
Informationsstelle für Auswanderer und Auslandstätige 132
Informationstechnik, Bundesamt für Sicherheit in der – 135
Informationstechnik, Sicherheit in der – 118
Informationswirtschaft 238
Informationszentrum für tropischen Pflanzenschutz 263
Infrastrukturrat beim Bundesminister für Post- und Telekommunikation 25
Ingenieurbau, Brücken- und – 332
Inlandsbürgschaften 237
Inlandsmessen 237
Innere Führung, Zentrum 349
Innere Sicherheit 116
Innenpolitische Grundsatzfragen 115
Innovationsförderung 402

Innungskrankenkassen 282
Innungskrankenkassen, Bundesverband der – 381
Insolvenzrecht 154
Inspekteur der Bereitschaftpolizeien der Länder (IBPdL) 116
Inspekteur des Sanitätsdienstes der Bundeswehr 347
Institut
– für Angewandte Geodäsie 133
– für Atmosphärische Radioaktivität 392
– für Auslandsbeziehungen 54
– für Epidemiologie 254
– für Museumskunde 147
– für Strahlenhygiene 392
– für Wasser-, Boden- und Lufthygiene 390
Integrationspolitik, Europäische – 236
Internationale
– Agrarmaßnahmen 165
– Arbeitsmarktpolitik 272
– Ausfuhrkontrollpolitik 239
– Einfuhrbescheinigungen 243
– Europäische Zusammenarbeit bei Telekommunikation und Post 54
– Drogen-und Sicherheitsfragen 53
– Ernährungs- und Landwirtschaftsorganisationen 255
– Finanzfragen 165
– Friedensbemühungen 52
– Forschungs- und Technologiepolitik 54
– Friedliche Nutzung der Kernenergie 54
– Gerichtsbarkeit 154
– Jugendarbeit 363
– Konferenzen 55
– Medienzusammenarbeit 115
– Kulturelle Angelegenheiten 115
– Naturschutzakademie 391
– Organisationen 54
– Post- und Postbankwesen 341
– Polizeiliche Zusammenarbeit 116
– Rohstofffragen 54
– Rohstoffpolitik 238
– Schuldenstrategie 165
– Seeverkehrspolitik 315
– Sozialhilfe 363
– Sozialpolitik 274
– Sportangelegenheiten 115
– Steuerpolitik 162
– Tourismuspolitik 54
– Umwelt- und Rohstoffpolitik 54
– Verkehrspolitik 54, 314
– Vollstreckung und Zustellung 167

– Währungsfragen 165, 425
– Währungspolitik 236
– Wertpapier- und Börsenfragen 164
– Zusammenarbeit in der Luftfahrt 315
– Zollfragen des Verkehrs 162
– Zollzusammenarbeit 162
Internationaler Währungsfonds 425
Internationales
– Ausländerrecht 118
– Europäisches Gesellschaftsrecht 155
– Dienstrecht 160
– Messewesen 238
– Privatrecht 154
– Sozialversicherungsrecht 282
– Strafrecht 155
– Schulwesen 55
– Zivilprozeßrecht 154
Interpol 124
Investitionsbank, Europäische – 236
Investitionsförderungsgesetz Aufbau Ost 163
Investitionsförderungsverträge 54
Investitionsfonds der G-7 in der Russischen Föderation 164
Investitionszulagen 162
Investmentgesetze 162
Investmentwesen 164
Islamische Konferenz 53
Islamische Kunst, Museum für – 147
Italienische Kunstgeschichte 405
IT-Sicherheitsschulung 136

J

Jagd 254
Jahresbrennrechte 227
Jüdische Emigranten aus der ehemaligen Sowjetunion 131
Jugend
– Arbeit, Internationale – 363
– Bauten 363
– Bildung, Außerschulische – 363
– Gefährdende Schriften, Bundesprüfstelle für – 364
– Hilfe, Kinder- und – 363
– Institut, Deutsches – 363
– Politik 115
– Politik in den neuen Bundesländern 363
– Politische Zusammenarbeit mit EU-Staaten 363
– Religionen 363
– Schutz 363–364
– Sekten und Psychogruppen 132
– Sozialarbeit 363

– Strafrecht 154
– Studentenverbände 363
Justitielle Zusammenarbeit in der EU 154
Justiz, Bundesministerium der – 153
Justizreform 154

K

Kabinettsausschüsse der Bundesregierung 46
Kaffeesteuer 161
Kapitalmarkt, Geld, Kredit und – 425
Kartelle 236, 247
Kartellrecht 220
Kartellsenat des BGH 412
Kartoffel 265
Kartographie 133
Kassen- und Rechnungswesen des Bundes 161
Kassenärztliche Bundesvereinigung 381
Kassenarztrecht 368
Kassenzahnärztliche Bundesvereinigung 381
Katastrophenschutz 115
Kautschukindustrie 238
Kernbrennstoffe, Verwahrung von – 386
Kernenergiewirtschaft 237
Kerntechnische
– Anlagen (Ost) 393
– Sicherheit 385, 393
– Anlagen, Stillegung und Abbau 393
– Anlagen, Stillegung und Rückbau – 403
Kerntechnischer Ausschuß 387, 393
Kernwaffenfreie Zone 53
Kinder
– Jugendhilfe 363
– Geld 272, 285, 289–309
– Geldgesetz 363
– Gesundheit 368
Kindschaftsrecht 154
Kirchen 49
Kirchen und Religionsgemeinschaften 115
Kleiderkasse für die Bundeswehr 354
Kleintierforschung 261
Klima
– Agrarrelevante Forschung 260
– Atmosphärenforschung 403
– Landwirtschaft 335
– Nationales Klimazentrum 335
– Umwelt 335
– Umweltberatung 335
– Schutzprogramm 384

505

Knappschaftliche Rentenversicherung 272–273
Kneipp-Bademeister und Masseure, Zentrale Fachvermittlung für – 288
Knochenmarkspenderdatei 368
Körperschaftsteuer 162
Kohäsionsfonds 236
Kohlebeihilfe 244
Kohlemarkt 238
Kohleverstromung 238
Kommunale Entsorgung 389
Kommunale Wirtschafts-, Finanz- und Steuerfragen 115
Kommunaler Straßenbau 316
Kommunaler Umweltschutz 388
Kommunalwesen 115
Kommunikatiostechnologie, Neue 154
Konjunkturbeobachtung 237, 425
Konkursausfallgeld 285, 289–309
Konkursausfallversicherung 272
Konsularhilfen, Wiedereinziehung von – 132
Konsularische Vertretungen in der Bundesrepublik Deutschland 451–492
– Ägypten 451
– Äquatorialguinea 451
– Äthiopien 451
– Afghanistan 451
– Albanien 451
– Algerien 452
– Amerika, Vereinigte Staaten von 452
– Angola 452
– Antigua und Barbuda 452
– Argentinien 452
– Armenien 452
– Aserbaidschan 453
– Australien 453
– Bahrain 453
– Bangladesch 453
– Barbados 453
– Belarus 453
– Belgien 453
– Belize 454
– Benin 454
– Bolivien 454
– Bosnien und Herzegowina 454
– Botsuana 454
– Brasilien 454
– Brunei 454
– Bulgarien 454
– Burkina Faso 456
– Burundi 456
– Chile 456
– China 457
– Costa Rica 457
– Côte d'Ivoire 457

– Dänemark 457
– Dominikanische Republik 458
– Dschibuti 458
– Ecuador 459
– El Salvador 459
– Eritrea 459
– Estland 459
– Finnland 459
– Frankreich 460
– Gabun 461
– Gambia 461
– Georgien 462
– Ghana 462
– Grenada 462
– Griechenland 462
– Großbritannien 463
– Guatemala 463
– Guinea 463
– Guinea-Bissau 464
– Haiti 464
– Herzegowina, Bosnien und – 454
– Honduras 464
– Indien 464
– Indonesien 465
– Irak 465
– Iran 465
– Irland 465
– Island 466
– Israel 466
– Italien 466
– Jamaika 467
– Japan 467
– Jemen 468
– Jordanien 468
– Jugoslawien 468
– Kambodscha 468
– Kamerun 468
– Kanada 469
– Kap Verde 469
– Kasachstan 469
– Katar 469
– Kenia 469
– Kirgisistan 470
– Kiribati 470
– Kolumbien 470
– Komoren 470
– Kongo 470
– Kongo, Demokratische Republik 450
– Korea 470
– Kroatien 471
– Kuba 471
– Kuwait 471
– Laos 471
– Lesotho 471
– Lettland 471
– Libanon 472
– Liberia 472
– Libysch Arabische Dschamahirija 472
– Litauen 472

– Luxemburg 472
– Madagaskar 473
– Malawi 473
– Malaysia 474
– Malediven 474
– Mali 474
– Malta 474
– Marokko 474
– Mauretanien 475
– Mauritius 475
– Mazedonien 475
– Mexiko 475
– Moldau 475
– Monaco 475
– Mongolei 476
– Mosambik 476
– Myanmar 476
– Namibia 476
– Nepal 476
– Neuseeland 476
– Nicaragua 476
– Niederlande 477
– Niger 478
– Nigeria 478
– Norwegen 478
– Österreich 479
– Oman 480
– Pakistan 480
– Panama 480
– Papua-Neuguinea 480
– Paraguay 480
– Peru 481
– Philippinen 481
– Polen 482
– Portugal 482
– Ruanda 482
– Rumänien 482
– Russische Föderation 483
– Sambia 483
– Samoa 483
– San Marino 483
– Saudi-Arabien 483
– Schweden 483
– Schweiz 484
– Senegal 485
– Seychellen 485
– Sierra Leone 485
– Simbabwe 485
– Singapur 485
– Slowakei 486
– Slowenien 486
– Somalia 486
– Spanien 486
– Sri Lanka 487
– St Lucia 487
– Sudan 487
– Südafrika 487
– Suriname 487
– Swasiland 487
– Syrien 487
– Tadschikistan 488
– Tansania 488

- Thailand 488
- Tonga 488
- Tschad 488
- Tschechische Republik 489
- Türkei 489
- Tunesien 490
- Tuvalu 490
- Uganda 490
- Ukraine 490
- Ungarn 490
- Uruguay 490
- Usbekistan 491
- Venezuela 491
- Vereinigte Arabische Emirate 492
- Vietnam 492
- Zentralafrikanische Republik 492
- Zypern 492

Konsulate 56–111
Kontrollausschuß beim Bundesausgleichsamt 25
Konversionskasse, Bundesbeauftragter für die Behandlung von Zahlungen an die – 228
Konzernrecht 155
Koordinierung der öffentlichen Haushalte 163
Koordinierungs- und Beratungsstelle der Bundesregierung für Informationstechnik in der Bundesverwaltung 115
Korrosionsschutz 390
Korruption, Bekämpfung der – 154
Kosten- und Gebührenrecht 154
Kostensenkung im Wohnungsbau 398
Kraftfahrt-Bundesamt 332
Kraftfahrtversicherung 221
Kraftfahrwesen im BGS und in den BPdL 116
Kraftfahrzeug-Haftpflichtversicherung 221
Kraftfahrzeugtechnik 315, 317
Krankenhaus
- Finanzierung 368
- Forschung 368
- Hygiene 370
- Versorgung 368

Krankenkasse, Landwirtschaftliche – 312
Krankenversicherung 221
- der Künstler 282
- Statistiken der – 368
Krankheiten, Übertragbare – 368
Krebsbekämpfung 370
Kredit, Geld und – 236
Kreditanstalt für Wiederaufbau 232
Kreditaufnahme 164

Kreditbanken, Aufsicht über – 225
Kreditinstitute
- des Bundes 164
- des Genossenschaftssektors 164
- des Sparkassensektors 164
- Überwachung der – 223
Kreditwesen, Bundesaufsichtsamt für das – 223
Kreiswehrersatzämter 354–361
Kreuzungsrecht 316
Krieg(s)
- Beschädigten- und Kriegshinterbliebenenfürsorge 275
- Dienstverweigerer, Anerkennung 365
- Dienstverweigerung 362
- Folgenregelung 163
- Gefangenenentschädigungsrecht 115
- Opferversorgung 273
- Waffenkontrolle 243
- Waffenkontrollrecht 239
Kriminalpolizeiliche Analysen 125
Kriminalprävention 154
Kriminaltechnische Forschung 125
Kriminaltechnische Untersuchungen 125
Kriminologie 154
Kryptographische Sicherheit 136
Künstler
- Fachvermittlung für – 287
- Förderung 115
- Sozialkasse 282, 310
- Sozialversicherung 273
Künstliche Befruchtung beim Menschen 370
Küstenschutz 254
Kulturarbeit im Sinne von § 96 BVFG 115, 131
Kulturbautechnik 254
Kulturelle
- Angelegenheiten des Bundes 115
- Angelegenheiten der EU 116
- Förderung 131
- Betreuung heimatloser Ausländer 115
- Breitenarbeit 115
- Aspekte in bezug auf die Einheit Deutschlands 115
Kulturgut
- Erhaltung von – 115
- National wertvolles – 118
- Schutz 114
Kulturorchester, Versorgungsanstalt der deutschen – 233
Kulturpflanzen, Bundesanstalt für Züchtungsforschung an – 266

Kunstbeirat der Deutschen Bundespost 25
Kunstbibliothek 146
Kunstgewerbemuseum 147
Kunsthistorische Forschung 405
Kunsthistorisches Institut in Florenz 405
Kupferstichkabinett 147
Kuratorium der Bundeszentrale für politische Bildung 26
Kurzarbeitergeld 285, 289–309

L

Länderfinanzausgleich 163
Länderfinanzen 163
Länderverkehrsministerkonferenz 314
Ländlicher Raum, Entwicklung 254
Lärmlabor 389
Lärmminderung im Verkehr 388
Lärmschutzziele 389
Lagerstättenforschung 249
Landesvertretungen
- Bayern 427
- Baden-Württemberg 427
- Berlin 428
- Brandenburg 429
- Freie Hansestadt Bremen 430
- Freie und Hansestadt Hamburg 430
- Hessen 431
- Mecklenburg-Vorpommern 431
- Niedersachsen 431
- Nordrhein-Westfalen 432
- Rheinland-Pfalz 433
- Saarland 433
- Sachsen 433
- Sachsen-Anhalt 434
- Schleswig-Holstein 434
- Thüringen 435
Land- und Ernährungswirtschaft, Absatzförderungsfonds der deutschen – 270
Land- und Forstwirtschaft, Biologische Bundesanstalt für – 261
Land- und Forstwirtschaftsrecht 155
Landentwicklung 254
Landes- und Spezialmuseen 115
Landesarbeitsämter 289–309
Landesbeauftragte der Bundesstalt Technisches Hilfswerk 146
Landeskunde und Raumordnung, Bundesforschungsanstalt für – 400
Landesversicherungsanstalt Oldenburg-Bremen 310
Landesvertretungen beim Bund 427

507

Landeszentralbanken, Vorstände der – 426
Landfrauen 254
Landjugend 254
Landminen 53
Landschaftsökologie 392
Landwirte, Alterssicherung der – 273
Landwirtschaft 258
– Alterssicherung in der – 282
– Bundesforschungsanstalt für – 259
– und Ernährung, Bundesanstalt für – 268
– Klima und – 335
Landwirtschaftliche
– Alterskasse 311
– Bauforschung 261
– Berufsgenossenschaft 310
– Fachkräfte, Fachvermittlung für – 288
– Krankenkassen 312, 282
– Marktforschung 261
– Pflegekasse 312
– Rentenbank 233
– Unfallversicherung 273
– Wertermittlung, Forstwirtschaftliche 163
Landwirtschaftssachen 412
Laserforschung 403
Lastenausgleich 115, 143
Lastenausgleichsarchiv 128
Lastenausgleichsgesetz 163
Laufbahnrecht 115
Lauschabwehr 136
Lauschabwehrprüfungen, Abstrahl- und – 136
Lebensmittel
– Buch 368, 371
– Chemie und Technologie der – 376
– Gentechnik und – 371
– Hygiene der – 369, 377
– Toxikologie der – 376
– Recht 155, 368
Lebensunterhalt, Hilfe zum – 367
Lebensversicherungsunternehmen 220
Lernerfolgskontrollen 407
Liegenschaften ausländischer Streitkräfte 164
Liegenschaftsangelegenheiten 164
Liegenschaftsfragen des Aufenthalts und Abzugs der russischen Truppen 164
Literatur 115
Literatur und deutsche Sprache 115
Logistikschule der Bundeswehr 349

Lohn- und Körperschaftsteuer, Zerlegung von – 163
Lohn- und Tarifwesen 272
Lohnstatistik 272
Lohnsteuer 162
Londoner Schuldenabkommen 229
Lotsenbrüderschaften 320–321
Luftfahrt 315, 335
– Internationale Zusammenarbeit 315
– Bundesamt 335
– im Bundesgrenzschutz 116
– Forschung 403
– Industrie 238
– Personal 315, 336
– Unternehmen 336
Luft
– Aufsicht 315
– Fahrerschulen 336
– Hygiene 390
– Reinhaltung 385, 388, 389
– und Raumfahrt 238
– und Raumfahrtindustrie, finanzpolitische Fragen der – 160
– Schiffe 336
– Sicherheitsaufgaben 116, 136, 315
– Verkehr 315
– Verkehrspolitik 315
– Waffe 350
– Waffenamt 350
– Waffenführungskommando 350
– Waffenunterstützungskommando 350

M

Magnetschwebebahn 314
Marienthal, Dienststelle – 144
Marine 350
Marineamt 351
Marineunterstützungskommando 351
Maritimes Klima 335
Marken 157
Markenrecht 155
Markt
– Beherrschung 247
– Forschung, Landwirtschaftliche – 261
– Pflegegeschäfte 229
– Politik 254
– Struktur 254
Materialamt der Bundeswehr 348
Materialforschung und -prüfung, Bundesanstalt für – 244
Materialschutz 246
Max-Planck-Gesellschaft 44

Medien
– Bereich, Internationale Zusammenarbeit im – 115
– Filmwirtschaft 237
– Forschung 115
– Politik 116
Medizin, Molekulare – 368
Medizinische
– Biologische Forschung 403
– Biotechnologie 380
– Dokumentation und Information, Deutsches Institut für – 379
– Forschung 403
– Rehabilitation 273
– Strahlenhygiene 392
Medizin-Meteorologie 335
Medizinprodukte 367, 370
Medizinrecht, Gesundheits- und – 368
Meeres
– Chemie 331
– Biologie, Forschung auf Gebieten der – 405
– Botanik 406
– Fischereiforschung 255
– Forschung 255, 315, 403, 406
– Kunde 331
– Mikrobiologie 406
– Physik 331
– Schutz 388
– Station 406
– Technik 403, 406
– Umweltschutz 385
– Wirtschaftspolitik 115
– Zoologie 406
Meldewesen 115
Mendelssohn-Archiv 148
Menschengerechte Arbeitsgestaltung 279
Menschenrechtsfragen 53, 155
Meß- und Prüftechnik 246
Messeförderung 244
Messewesen, Internationales – 238
Meteorologie, Medizin– 335
Meteorologische Forschung und Entwicklung 335
MfS-Vermögensabwicklung 118
Mietenpolitik 398
Mietpreisrecht, Öffentliches – 398
Mietrecht 154
Milch und Milcherzeugnisse 269
Milchforschung, Bundesanstalt für – 263
Milchmarkt 254
Militär
– Amt für Militärkunde – 348
– Abschirmdienst 348
– Archiv 129
– Geschichtliches Forschungsamt 348

– Geowesen, Amt für – 348
– Seelsorge 351
– Zwischenarchiv 129
Minderheitenschutz 53
Mindestarbeitsbedingungen 275
Mindestreserven 425
Minenräumung in der Dritten Welt 53
Mineralische Rohstoffe 238
Mineralölsteuer 161, 163
Mineralogie 249
Missionen und Konsulate, Fremde – 55
Mittelfristige Finanzpolitik 236
Mittelmeerfragen 52
Mittelstandspolitik 237
Mittelstandspolitik, Europäische – 236
Mobilfunkdienste 342
Molekulare Medizin 368
Motorsegler 336
Münzangelegenheiten 229
Münzkabinett 147
Münzwesen 164
Multimedia 44
Multimediagesetz 404
Museen 115
Museen zu Berlin, Staatliche – 146
Museum
– für Indische Kunst 147
– für Islamische Kunst 147
– für Ostasiatische Kunst 147
– für Spätantike und Byzantinische Kunst 147
– für Völkerkunde 147
– für Volkskunde 147
– für Vor- und Frühgeschichte 147
– Vorderasiatisches – 147
Museumskunde, Institut für – 147
Museumsstiftung Post und Telekommunikation 346
Musik 115
– Forschung, Staatliches Institut für – 148
– Instrumenten-Museum 148
Musterzulassung der großen Flugzeuge 336

N

Nachrichten
– Dienste des Bundes 49
– Wesen der Bundeswehr 348
– Zentrale 50
Nahrungsmittelhilfe 255, 396
Nahverkehrssysteme, Öffentliche – 315
Namensrecht 116
National wertvolle Archive 118

National wertvolles Kulturgut 118
Nationale(r)
– Minderheiten 118
– Sicherheitsbehörde 118
– und Internationale Finanzmärkte 164
– Währungsfragen 164
– IDS-Beirat 370
Nationaler Drogenbeirat 370
Nationales
– Frequenzmanagement 342
– Klimadatenzentrum 335
– Metrelogieinstitut 240
Nationalgalerie, Alte und Neue 147
Nationalsozialistisches Unrecht, Wiedergutmachung 163
NATO-Angelegenheiten 115
Natur
– Heilkunde 368
– Naturnutzung 385
– Naturschutz 385, 391
– Internationale Naturschutzakademie 391
Nautik 315
– Hydrograhie 331
– Informationsdienst 331
– Schiffsicherheit 315
Navigation, Hilfsmittel der – 331
Neue Bundesländer
– Arbeitsmarkt- und Sozialpolitik 274
– Beauftragter 235
– Beratung 115
– Förderung 162
– Frauenpolitik 362
– Jugendpolitik 363
– Seeverkehr und Seehafenwirtschaft 316
– Kommunikationstechnologie 154
– Städtebauförderung 398
Niederlassungsrecht 236
Nordatlantischer Kooperationsrat 52
Nord-Süd-Verhältnis, Weltwirtschaftsordnung im – 165
Normungs- und Zertifizierungspolitik 240
Not- und Flüchtlingshilfe 396
Notarsachen 412
Notenbankrecht 425
Notfallplanung und Zivilschutz, Akademie für – 144
Nukleare
– Entsorgung und Transport 393
– Nichtverbreitung 53
– Sicherheit 385
– Ver- und Entsorgung 386
Nuklearer Teststopp 53
Nuklearmedizin 392

O

Oberbundesanwalt beim Bundesverwaltungsgericht 418
Oberfinanzdirektionen 169–217
Oberprüfungsamt für die höheren technischen Verwaltungsbeamten 333
Oberste Gerichtshöfe des Bundes, Gemeinsamer Senat 412
Objektschutz, Personen- und – 116
Observatorien 335
Öffentliche
– Amtsverhältnisse 115
– Aufträge 236
– Fernverkehrssysteme 314
– Haushalte 160
– Nahverkehrssysteme 315
– Haushalte, Koordinierung 163
Öffentlicher Dienst 115
Öffentlicher Personennahverkehr 314
Öffentliches
– Auftragswesen 115, 398
– Dienstrecht 155, 160, 274
– Preisrecht 236
– Mietpreisrecht 398
– Vereinsrecht 116
Ökotoxikologie, Produktions- und – 260
Offene Vermögensfragen 154
– Bundesamt zur Regelung von – 230
– Regelung 163
Ordenskanzlei 42
Ordentliche Gerichtsbarkeit, Gerichte 411
Ordnungsrecht 118
Ordnungswidrigkeitenrecht 154
Organe der Rechtspflege 410
Organisationsrecht 116
Organisierte Kriminalität 116
Orthopädie-Technik 275
Orthopädische Versorgung 273
Ortsverkehrssysteme, Spurgebundene – 317
Ostasiatische Kunst, Museum für – 147
Ostdeutsche Kultur und Geschichte, Bundesinstitut für – 119
Osteuropa, Beauftragte der Bundesregierung für die Beratung 235
Ostforschung, Deutschland- und – 115
Ostseefischerei 264
Ostseerat 52
Ost West Kolleg 142
Ostwissenschaftliche und internationale Studien, Bundesinstitut für – 141

509

OSZE-Gipfel 52
Otto-von-Bismarck-Stiftung 151
Ozeanographie, Biologische –
 406
Ozonschicht, Schutz der – 385

P

Pappelkommission 255
Parlamentarische
– Körperschaften 1
– Kontrollkommission 25
– Staatssekretäre 45
– Versammlung des Europarates
 25
Partei
– Betriebe der PDS 145
– des Demokratischen Sozialismus,
 Gruppe der – 24
– Finanzierung 26
– und Massenorganisationsvermögen 231
– und Massenorganisationen der
 DDR, Unabhängige Kommission zur Überprüfung des Vermögens 44
– Recht 116
Partnerschaft für den Frieden 52
Paß- und Personalausweisrecht
 118
Patentamt 155
Patentanwaltskammer 158
Patentanwaltssachen 412
Patente 155, 156, 157
Paul-Ehrlich-Institut, Bundesamt
 für Sera und Impfstoffe 379
PDS-Beteiligungen 145
Pensionskasse Deutscher Eisenbahnen und Straßenbahnen
 231
Personalausweisrecht, Paß- und –
 118
Personalstammamt der Bundeswehr 348
Personalstatistik 115
Personalvertretungsrecht 115
Personen- und Objektschutz 116
Personenstandswesen 115
Personenversicherungsunternehmen 220
Pflanzen
– Bau 260
– Ernährung 260
– Schutz 253, 255, 262, 378
– Schutzmittel, Umweltwirkungen
 von – 385
– Virologie 262
Pflanzliche Erzeugung 253, 268
Pflege
– Berufe 273
– Kasse, Landwirtschaftliche –
 312

510

– Personen, Soziale Sicherung
 der – 273
– Pflichtversicherung 221
– Sicherung 273
Pharmaberufe 367
Photogrammetrisch-kartographische Forschung 134
Physik des Meeres 331
Physikalische Technologien 403
Physikalisch-Technische Bundesanstalt 240
Phytomedizin, Dokumentationsstelle für – 263
Polarforschung 403
Politisch Verfolgte 140
Politische Bildung 115, 142
Politische Häftlinge, Stiftung für
 ehemalige – 150
Polizeiangelegenheiten 116
Polizeiliche Ausstattungs- und Ausbildungshilfe 116
Polizeiliche Zusammenarbeit,
 Internationale – 116
Polizeiliches Informationswesen
 116
Polizeisport 116
Polymere und Faserverbundwerkstoffe 246
Post- und Postbankwesen, internationale Angelegenheiten im –
 341
Post und Telekommunikation
– Bundesamt für – 342
– Bundesministerium für – 341
– Deutsche Bundespost, Bundesanstalt für – 344
– Museumsstiftung – 346
– Unfallkasse – 346
Post
– Kleiderkasse 345
– Politik 341
– Unterstützungskasse 345
– Wertzeichen 341
Preispolitik 236
Preisrecht bei öffentlichen Aufträge 236
Presse- und Informationsamt der
 Bundesregierung, – 49
Presserecht 115
Preußischer Kulturbesitz
– Bildarchiv 148
– Geheimes Staatsarchiv 148
– Stiftung 148
Privatisierungs- und Beteiligungspolitik – 164
Privatrecht, Internationales –
 154
Produktions- und Ökotoxikologie
 260
Protokoll Inland 115
Prozeßführung des Bundesvermögens 163

Prüf- und Zertifizierwesen 279
Psychiatrie, Reform der – 368
Psychogruppen, Jugendsekten
 und – 132

Q

Qualitätssicherung 246

R

Radioaktive Abfälle 393
Radioaktive Stoffe und Umwelt
 393, 386
Rat von Sachverständigen für
 Umweltfragen 122
Ratenkredite und Leasinggeschäft
 225
Rathgen-Forschungslabor 147
Raumbezogene Umweltplanung
 388
Raumfahrtindustrie 238
Raumordnung
– Bauwesen und Städtebau, Bundesministerium für – 397
– Europäische – 398, 400
Rauschgiftkriminalität 116
Reaktoranlagen
– Betrieb von – 385
– Stillegung von – 385
– Sicherheit von – 385
– Sicherheitskommission 387,
 392
Realkreditinstitute 164
Rechnersysteme 136
Rechts- und Verwaltungsvereinfachung 115
Rechtsanwälte, Patentanwälte und
 Notare, Berufsrecht der – 154
Rechtsanwaltskammer beim Bundesgerichtshof 157
Rechtsbehelfsverfahren 162
Rechtspflege 154
Rechtspflege, Organe der – 410
Rechtspflegerrecht 154
Rechtsprüfung, Grundsatzfragen
 der – 155
Rechtstatsachenforschung 154
Redaktion Bulletin 50
Regelung offener Vermögensfragen 163
Regionale Entwicklungspolitik
 395
Regionalförderung NBL 239
Regionalpolitik und Raumordnung, Finanzpolitische Fragen
 der – 160
Regulierungsrat 341
Rehabilitation
– Berufliche – 273, 284
– der Behinderten 275
– Medizinische – 273
Reichs- und Bundesschuld 229

Reichspräsident-Friedrich-Ebert-Gedenkstätte, Stiftung – 150
Reisekosten-, Umzugskosten- und Beihilferecht 115
Religionsgemeinschaften, Kirchen und – 115
Rentenbank, Landwirtschaftliche – 233
Rentenversicherung 272, 273, 282
– Bericht 272
– Finanzierung 282, 283
– Knappschaftliche 272–273
Reparationsschädengesetz 163
Reprivatisierung von Unternehmen 164
Richterbesoldung 154
Richterrecht 154
Richterwahlausschuß 25
Robert Koch-Institut – Bundesinstitut für Infektionskrankheiten und nicht übertragbare Krankheiten 374
Römisch-Germanische Kommission 112
Röntgendiagnostik 392
Rohstofffragen, Internationale – 54
Rohstoffpolitik, Internationale – 238
Rohstoffwirtschaft, Allgemeine – 249
Rohwassergüte 390
Rückerstattungsrecht 163
Rüstung 351
– Exporte 54
– Kontrollabkommen 53
– Kontrolle, Abrüstung und – 53
– Zusammenarbeit 52
Ruhestand, Vorbereitung auf den – 363
Rundfunkanstalten des Bundesrechts 149
Rundfunkdienste 342
Rundfunkrat der Deutschen Welle 25
Rundfunkrat des Deutschlandfunks 25

S

Saatgutwesen 258
Sachenrecht 154
Sachverständigenrat
– zur Begutachtung der gesamtwirtschaftlichen Entwicklung 122
– für Umweltfragen 387
– Schlanker Staat 115
Sammelmünzen 229
Sanitätsamt der Bundeswehr 351
Sanitätswesen des BGS und der BPdL 116

Satellitenmeteorologie 335
Schaden- und Unfallversicherungsunternehmen 221
Schadensersatzrecht 154
Schadstoffhaltige Abfälle 385
Schädlingsbekämpfungsmittel 378
Schaumweinsteuer 161
Schengener Informationssystem 131
Schengener Zusammenarbeit 116
Schiedsgerichtsbarkeit 154
Schienenpersonennahverkehr 315
Schiffahrt 331
– Förderung 315
– Polizei 315
– Routenberatung 335
– Zeichen 318–327
– Zeichenwesen 316
– Wirtschaftsfragen der – 318–327
Schiff(s)
– Besetzung 315
– Eichung 325
– Sicherung 315, 318–327
– Technik 315
– Untersuchung 325
– Untersuchungskommission 326
– Verkehr 318–327
– Vermessung 331
Schriftführer, Deutscher Bundestag 20
Schriftgutverwaltungen des Bundes 129
Schuld(en)
– Buchstatistik 229
– Ausschuß bei der Bundesschuldenverwaltung 25
– Strategie, Internationale – 165
– Wesen 164
– Recht 154
Schule
– Allgemeinbildende – 44
– Diensthundewesen der Bundeswehr 348
– Nachrichtenwesen der Bundeswehr 349
– für Verfassungsschutz 124
Schulische Arbeit im Ausland 132
Schulungsstätten der Bundesanstalt für Arbeit 286
Schulwesen, Internationale Zusammenarbeit im – 55
Schutz
– Bundesorgane 136
– Erdatmosphäre 389
– Ozonschicht 385
– Raumbau 115

– Sicherung oberster Bundesorgane 125
– des ungeborenen Lebens, Bundesstiftung Mutter und Kind 366
Schwangerschaft, Toxoplasmose und – 370
Schwerbehinderte, Eingliederung 284
Schwerbehindertenrecht 273
See
– Ämter 318
– Arbeitsrecht 272, 315
– Berufsgenossenschaft und Seekasse 310
– Binnenfischerei 255
– Fischerei 264
– Hafenpolitik 315
– Hafenwirtschaft 315
– Handelsrecht 155
– Kasse, See-Berufsgenossenschaft und – 310
– Krankenkasse 282
– Lotswesen 315, 318–327
– Not- und Sicherheitsfunk 315
– Schiffahrt 335
– Schiffahrt, Umweltschutz in der – 315
– Schiffahrt und Hydrographie, Bundesamt für – 330
– Seeleute, Fachvermittlung für – 288
– Transportangelegenheiten 315
– Unfalluntersuchungen 315, 329
– Unfalluntersuchungsgesetz 329
– Unfallversicherung 282
– Verkehr 315
– Verkehr und Seehafenwirtschaft in den neuen Bundesländern 316
– Verkehrsbeirat 316
– Verkehrspolitik, Internationale – 315
– Vermessung 331
– Wesen 116
– Zeichenversuchsfeld 325
Segelflugzeuge 336
Sekten 155
Selbstschutz 115, 144
Seniorenorganisationen 363
Seniorenpolitik 115, 363
Sera und Impfstoffe 370
Sera und Impfstoffe, Paul-Ehrlich-Institut, Bundesamt für – 379
Seuchenhygiene 368
Sexualaufklärung 379
Sicherheitspolitik
– Bundesakademie für – 348
– der EU 52
– Verteidigungs- und – 52
Sicherheitstechnik 279
Sicherheitstechnik, Chemische – 246

511

Sicherungsverfilmung 128
Sichtvermerksverfahren 118
Siedlungs- und Landesrentenbank, DSL Bank Deutsche – 270
Skulpturensammlung 147
Solidaritätszuschlag 162
Sonderabfallentsorgung 389
Sonderpostwertzeichen 342
Sonderrentenrecht im Beitrittsgebiet 283
Sortenprüfung 258
Sortenschutzsachen 415
Sozial
– Beirat 276
– Bericht 272
– Budget 272
– Dienste, Freiwillige 363
– Gerichtsbarkeit 154, 273, 285
– Gesellschaftspolitik 272
– Gesellschaftspolitik, Finanzpolitische Fragen 160
– Gesetzbuch 273, 285
– Hilfe 367
– Hilfe, Internationale – 363
– Ministerkonferenz, Arbeits- und – 274
– Politik, Europäische – 273
– Politik, Internationale – 274
– Recht 155
– Versicherung 273, 282
– Versicherung, Statistik der – 272
– Versicherungsrecht, Internationales – 282
– Versicherungsträger 282
– Versicherungswahlen, Bundeswahlbeauftragter für die – 271
– Wissenschaftliches Institut der Bundeswehr 348
Soziale Sicherung
– Frauen 362
– Pflegepersonen 273
– Systeme 272
– Wohlfahrtspolitik 363
Sozialer Arbeitsschutz 279
Sozialer Wohnungsbau 398
Spätantike und Byzantinische Kunst, Museum für – 147
Spätaussiedler 115, 131
Spätaussiedler, Integration der – 132
Sparkassenaufsicht 225
SPD, Fraktion der – 23
Spezialmuseen, Landes- und – 115
Spionageabwehr 116
Sport 115
– Anlagen und Sportgeräte 135–
– Freianlagen 135
– Kulturförderung 131
– Geräte, Sportanlagen 135
– Hochbauten 135

– Leistungszentralen, Förderung der – 115
– Schiffahrt 315
– Schule der Bundeswehr 349
– Wissenschaft 115
Sprachförderung und Deutschlandkunde im Ausland 55
Sprengstoffrecht, Waffen- und – 118
Spurgebundene Ortsverkehrssysteme 317
Staatliche Museen zu Berlin 146
Staatliche und nationale Repräsentation 115
Staatliches Institut für Musikforschung Preußischer Kulturbesitz 148
Staats
– Angehörigkeits- und Einbürgerungsangelegenheiten 116
– Angehörigkeits- und Visaangelegenheiten 131
– Bibliothek zu Berlin 147
– Haftungsrecht 116
– Oberhäupter, Besuche 55
– Organisation, Verfassungsrecht der – 116, 155
– Recht 116
– Schutzstrafrecht 154
– Sicherheitsdienst, Unterlagen 119
Stadt- und Dorferneuerung 398
Stadtbahnen 317
Städtebau 398, 400
Städtebauförderung in den neuen Ländern 398
Städtebaurecht 398
Ständige Vertretung der Bundesrepublik Deutschland bei
– Ernährungs- und Landwirtschaftsorganisation der Vereinten Nationen (FAO) und anderen internationalen Organisationen, Rom 111
– Europäische Union, Brüssel 112
– Europarat, Straßburg 112
– Büro der Vereinten Nationen und bei den anderen Internationalen Organisationen, Genf 111
– Büro der Vereinten Nationen und bei den anderen Internationalen Organisationen, Wien 111
– Vereinten Nationen, New York 111
– Nordatlantikpakt-Organisation, Brüssel 112
– Organisation der Vereinten Nationen für Erziehung, Wissenschaft und Kultur (UNESCO), Paris 111

– Organisation für Sicherheit und Zusammenarbeit in Europa, Wien 111
– Organisation für wirtschaftliche Zusammenarbeit und Entwicklung (OECD), Paris 112
Stärketechnologie 265
Stahlaußenwirtschaft 238
Stahlwirtschaft, Eisen- und – 238
Standortverwaltungen 354–361
Stasi-Unterlagen-Gesetz 119
Statistik
– Arbeitsvermittlung 285
– Berufsberatung 285
– Informationssystem 122
– Krankenversicherung 368
– Sozialversicherung 272
Statistisches Bundesamt 121
Steinkohlebeihilfen 244
Steinkohlenbergbau 238
Stellenpläne des Bundeshaushalts 161
Steuer
– Abgabenpolitik, Umweltbezogene – 162
– Aufkommensschätzungen 160
– Aufsicht 161
– Ausland 160
– Auslandsbeziehungen 167
– Beamten-Ausbildungsgesetz 160
– Beratungswesen 162
– Bevollmächtigtensachen 412
– Erstattung 167
– Fahndung 162
– Freistellung 167
– Hamonisierung, EG – 162
– Lastverteilung 160
– Politik 160, 162, 236
– Reform 159
– Reform-Kommission 159
– Recht, Beitrittsspezifisches – 167
– Recht, Finanz- und – 155
– Rechtsdokumentation 162
– Schätzungen 166
– Steuereinnahmen 160
– Strafrecht, Betäubungsmittel- und – 154
– Überwachung des Weins 161
– Vereinfachung 162
– Vergünstigungen, Abbau von – 162
– Vergütung 167
– Verwaltung, Automation in der – 162
– Verwaltung der Länder, Organisation der – 162
– Wirtschaftskriminalität 162
Stiftung
– Bundeskanzler-Adenauer-Haus 150

512

- Bundespräsident-Theodor-Heuss-Haus 150
- für ehemalige politische Häftlinge 150
- Haus der Geschichte der Bundesrepublik Deutschland 26
- Hilfswerk für behinderte Kinder 366
- Preußischer Kulturbesitz 146
- Reichspräsident-Friedrich-Ebert-Gedenkstätte 150

Stoffbelastungen am Arbeitsplatz 279
Stoffbewertung 389
Stoffdatenbanken 389
Straf
- und Bußgeldsachen 161
- Gesetzbuch 154
- Recht 154
- Recht, Internationales - 155
- Senate 412
- Verfahren 154
- Verfolgung 125
- Verfolgung, Entschädigung für - 154
- Vollzugsrecht 154

Strahlenexposition 394
Strahlenhygiene 392
- Institut für - 392
- Kommission für - 387, 392
- Medizinische - 392

Strahlenschutz 394
- Bundesamt für - 392
- Recht 386
- Register 392
- im Uranbergbaugebiet 386

Strahlentherapie 392
Strahlenunfälle 392
Straßenbau
- Bauforschung 316
- Bautechnik 316, 332
- Beanspruchung 332
- Bemessung 332
- Erhaltung 332
- Güterverkehr 315
- Kommunaler 316
- Nachbarrecht 316
- Personenverkehr 315, 317
- Planung 316, 332
- Umweltschutz 316
- Unterhaltungsdienst 332
- Verkehr 315
- Verkehr, Verkehrssicherheit und Rettungswesen im - 315
- Verkehrsrecht 315
- Verkehrstechnik 316, 332
- Verwaltung 316
- Wesen, Bundesanstalt für - 331

Streitkräfte 348, 349
Streitkräfte, Ausländische - 54
Streß, Wirkung von - 279

Stromkommissionen 315
Strukturpolitik 236
Strukturpolitik, Finanzpolitische Grundsatzfragen der - 160
Studentenangelegenheiten 402
Studentenverbände, Jugend- und - 363
Studien- und Übungen der Bundeswehr 348
Studium- und Berufswahl 44
Suchdienste 115
Suchtmittelmißbrauch, Drogen- und - 368
Suchtprävention 363
Suchtstofffragen 368

T

Tabaksteuer 161
Täter-Opfer-Ausgleich 154
Tageseinrichtungen 363
Tarif
- Arbeits- und sozialrechtliche Angelegenheiten des öffentlichen Dienstes 115
- Ausschuß 276
- Recht des öffentlichen Dienstes 115
- Register 272
- Wesen 272

Technikfolgenabschätzung 402
Technische
- Arbeitsmittel 275
- Arbeitsschutzmaßnahmen 279
- Baubestimmungen, Normen und - 398
- Geologie 249
- Zusammenarbeit, Deutsche Gesellschaft für - 396

Technischer Gefahrstoffschutz 279
Technisches Hilfswerk 115
- Bundesanstalt - 145
- Landesbeauftragte der Bundesanstalt - 146

Technologie(n)
- der Fette 265
- des Holzes 265
- Neue - 403
- Physikalische - 403
- Transfer, Illegaler - 239

Telekommunikationspolitik 341
Telematik im Gesundheitswesen 367
Telematik im Verkehr 314
Territoriale Wehrverwaltung 354
Terrorismus, Bekämpfung von - 116
THW-Schule 145
Tier
- Arzneimittel 254, 369
- Arzneimittelzulassung 377

- Ernährung 254, 261
- Haltung 254
- Erzeugnisse, Tierische 269
- Ökologie 391
- Schutz 254, 369
- Schutzkommission 255
- Seuchen 377
- Seuchenbekämpfung 254-255
- Seuchendiagnostik 371
- Verhalten 261
- Versuch 378
- Zucht 254, 261

Tötungstatbestände, Reform der - 154
Topographisch-kartographische Informationssystem 133
Tourismuspolitik 237
Tourismuspolitik, Internationale - 54
Toxikologie der Lebensmittel 376
Toxoplasmose und Schwangerschaft 370
Trainingslehre 135
Transferrubelfragen 165
Transfusionsmedizin 380
Transplantationsrecht 368
Transport- und Lagerbehälter, Sicherheit von - 246
Transportsicherheit 246
Treuhand-Nachfolgebereich 164
Trink- und Betriebswasserhygiene 390
Trinkwasser 368
Trinkwasserschutzgebiete 390
Tropischer Pflanzenschutz, Informationszentrum 263
Truppen
- Dienstgerichte 352
- Dienstkammern 352
- Schäden 164
- Zollrecht 162

U

Überstaatliches und zwischenstaatliches Dienstrecht 115
Übertragbare Krankheiten 368
Umsatzsteuer 163
Umwandlungssteuergesetz 162
Umwelt
- Audit 384
- Aufklärung 388
- Beratung, Klima und - 335
- Bundesamt 387
- Chemikalien 378
- Energie 384
- Energieforschung 403
- Forschung 403-404
- Geologie 249
- Gesetzbuch 384
- Gesundheit 385

513

– Gesundheitsschutz 368
– Haftung, Recht der – 154
– Hygiene 368, 390
– Kriminalität, Wirtschafts- und – 154
– Naturschutz und Reaktorsicherheit, Bundesministerium für – 384
– Ökonomische Gesamtrechnungen 123
– Planung, Raumbezogene – 388
– Politik 115, 384
– Radioaktive Stoffe und – 393
– Radioaktivität 393
– Recht 155, 384
– Rohstoffpolitik, Internationale – 54
– Sachverständigenrat 122, 387
– Statistiken 123
– Steuer- und Abgabenpolitik 162
– Strategien 388
– Technologie 403
– Verbrauchsteuer 161
– Verträglichkeit 384, 389, 246
– Verträglichkeitsprüfung 388
– Wirkungen von Pflanzenschutzmittel 385
Umweltschutz 384
– Finanzpolitische Fragen 160
– Kommunaler 388
– in der Seeschiffahrt 315
– im Straßenbau 316
– im Verkehr 314
– Wirtschaftliche Fragen 235
Umzugskosten- und Beihilferecht, Reisekosten-, – 115
Unabhängige Kommission zur Überprüfung des Vermögens der Parteien und Massenorganisationen der DDR 144
UNESCO-Programme 54
Unfall
– Kraftfahrtunfallversicherung 221
– Mechanik 246
– Unfallkasse Post und Telekom 346
– Verhütung 277
– Verhütung im Bundesdienst, Arbeitsschutz und – 115
Unfallversicherung 282
– Bundesausführungsbehörde für – 276
– Gesetzliche – 277
– Landwirtschaftliche – 273
– Träger der gesetzlichen – 272
– Unternehmen 221
Unionsbürgerschaft 52
Universitäten der Bundeswehr 349
Unkrautforschung 262
Unlauter Wettbewerb 155

Unterhaltsrecht 154
Unterlagen des Staatssicherheitsdienstes 119
Unternehmen
– Besteuerung 162
– Statistiken 123
– Verfassung 155
Uranbergbaugebiet, Strahlenschutz im – 386
Uranbergbausanierung 237
Urheberrecht 155
Ursprungs- und Präferenzregelungen 162

V

Vegetationskunde 391
Verbände und Einheiten des BGS 116
Verbraucher
– Ausschuß 256
– Beirat 240
– Politik 237, 369
– Schutz 154, 253
Verbrauchsteuer, Umweltbezogene – 161
Verbrauchsteuerrecht 161
Verbrechensbekämpfung 116, 124
Verbrechensverhütung 125
Vereinigte Große Senate 412
Vereinigung Deutschlands, vermögensrechtliche Folgen der – 163
Vereinigungsbedingte Sonderaufgaben, Bundesanstalt für – 233
Vereinsrecht, Öffentliches – 116
Vereinte Nationen 53
Verfassungsentwicklung, Europäische – 236
Verfassungsgerichtsbarkeit 155
Verfassungsrecht 155
– der Staatsorganisation 116, 155
– mit völkerrechtlichem Bezug 116
Verfassungsschutz 116
Verfassungsschutz, Schule für – 124
Verfassungsstreitigkeiten 116
Vergabebeauftragter Ost 115
Vergiftungen 371, 378
Verkehr(s)
– Aufklärung 332
– Bundesministerium für – 313
– Erziehung 332
– Finanzpolitische Fragen 160
– Forschung und Technik im – 314
– Medizin 316, 332
– Internationaler – 314
– Neue Technologie 314
– Politik 314

– Politik, Internationale 54
– Regelung 332
– Sicherheit und Rettungswesen im Straßenverkehr 315
– Strafrecht 154
– Steuern und verwandte Abgaben 163
– Steuerrecht, Besitz- und – 162
– Telematik im – 314
– Umweltschutz im – 314
– Verhältnisse der Gemeinden 314
– Verhalten und Sicherheit 332
– Wirtschaftspolitische Fragen 115, 314
– Zentralregister 333
Verlagsrecht 155
Verlagswesen 237
Verlustabzug 162
Vermietung und Verpachtung 162
Vermittlungsausschuß 24
Vermögen und Verbindlichkeiten des Reichs 163
Vermögensbildung der Arbeitnehmer 162
Vermögensfragen, Offene – 154
Vermögen(s)
– Rechnung des Bundes, Haushalts- und – 161
– Rechtliche Folgen der Vereinigung Deutschlands 163
– Statistik 272
– Steuer 162
– Zuordnung 163
Versammlungsrecht 116
Verschleißschutz 246
Verschreibungspflicht 369
Versicherung(s)
– Aufsichtsbehörden, Ausländische 220
– Aufsichtsgesetz 219
– Aufsichtsrecht 220
– Außendienst 220
– Beirat 166, 222
– Betrug, Bekämpfung 221
– DBV 233
– Recht 155
– Recht der früheren DDR 220
– Unternehmen, Beaufsichtigung 219
– Vermittlerwesen 220
– Vertragsrecht 220
– Wesen 164, 219
Versorgung, Orthopädische – 273
Versorgungsanstalt
– der deutschen Bezirksschornsteinfegermeister 232
– der deutschen Bühnen 232
– der Deutschen Bundespost 345
– der deutschen Kulturorchester 233

– des Bundes und der Länder 231
Versorgung(s)
– Ausgleich 154
– Medizin 273
– Recht 115, 160
– Wirtschaft 237
Verstromungszuschüsse 244
Versuchstierkunde 377
Verteidigung, Bundesministerium der – 347
Verteidigung(s)
– und Sicherheitspolitik 52
– und Sicherheitsrat, deutsch-französischer – 52
– Lastenverwaltung 164
Vertreter der Interessen des Ausgleichsfonds beim Bundesverwaltungsgericht 143
Vertretungen
– bei zwischen- und überstaatlichen Organisationen 111
– der Bundesrepublik Deutschland im Ausland 52, 56
Vertriebene 115, 131
Vertriebenenzuwendungsgesetz 163
Verwaltungs-, Finanz- und Sozialgerichtsbarkeit 154
Verwaltungsgerichtsbarkeit 116
Verwaltungsgerichtsbarkeit, Gerichte der – 416
Verwaltungshilfe GUS und MOE-Staaten 115
Verwaltungsorganisation 115
Verwaltungsrat der Deutschen Ausgleichsbank 26
Verwaltungsrat der Filmförderungsanstalt 25
Verwaltungsrecht 116, 155, 163
– Allgemeines 155
– Besonderes 155
Verwaltungsschulen der Bundesanstalt für Arbeit 289
Verwaltungsvereinfachung, Rechts- und – 115
Verwaltungsverfahrensrecht 116
Verwertung des Finanzvermögens 163
Veterinär
– Medizin 369, 380
– Recht 155, 369
– Wesen 254
Viehzählungsergebnisse 256
Villa Massimo, Deutsche Akademie – 142
Virologie 380
Viruskrankheiten der Tiere, Bundesforschungsanstalt für – 265
Visaangelegenheiten, Staatsangehörigkeits- und – 131
Visumangelegenheiten 54
VN-Waffenübereinkommen 53

Völker
– Kunde, Museum für – 147
– Recht 116
– Rechtliche Verträge 154
– Rechtsberater 54
Volkskrankheiten 379
Volkskunde, Museum für – 147
Volkswirtschaftliche Fragen 160
Volkswirtschaftliche Gesamtrechnung 122, 160, 425
Volkszählungen 123
Vollstreckung und Zustellung, Internationale – 167
Vor- und Frühgeschichte, Museum für – 147
Vorderasiatisches Museum 147
Vorprüfungsamt der Bundesanstalt für Arbeit 289
Vorstände der Landeszentralbanken 426

W

Währungs
– und Wirtschaftsentwicklung 425
– Fonds, Internationaler – 425
– Fragen, Internationale – 165, 425
Fragen, Nationale 164
– Union, Europäische – 425
– Währungspolitik, Internationale – 236
Währungsumstellung 168
– Ausgleichsfonds 164
– Bilanzierung in DM 226
Waffen
– Recht 155
– Sprengstoffrecht 118
– Wesen 116
Wahlkreiskommission 118
Wahlmännerausschuß 25
Wald
– Bau 254
– Erfassung 265
– Erhaltung 254
– Inventur 256
– Schäden 254
Warnangelegenheiten 115
Warndienst-Einsatz 144
Wasser
– Aufbereitung 390
– Bau, Bundesanstalt für – 329
– Bewirtschaftung 318–327
– Boden- und Lufthygiene, Institut für – 390
– Gefährdete Stoffe 386
– Gewinnung, Hygiene der – 390
– Gütecharakterisierung 390
– Haushalt 330
– Inhaltsstoffe 390
– Menge 330

– und Schiffahrtsämter 319–329
– und Schiffahrtsdirektionen 318–327
– und Schiffahrtsverwaltung des Bundes 317
– Sicherstellung 115
– Stände 330
– Straßen 318–327
– Straßen-Maschinenämter 319–329
– Straßenplanung 315
– Uferfiltrat 386
– Versorgung 385, 388
– Versorgungsanlagen 390
– Wegerecht 318–327
– Wirtschaft 254, 315, 384
Wattenmeerstation 406
Wehr
– Beauftragte des Deutschen Bundestages 28
– Bereichskommandos/Divisionen 349
– Bereichsverwaltungen 354–361
– Dienstgerichte, Aufgaben 419
– Dienstsenate 419
– Disziplinaranwälte 353
– Erfassung 115
– Justiz 154
– Recht 155
– Strafrecht 154
– Technik und Beschaffung, Bundesamt für – 351
– Verwaltung 348
– Verwaltung und Wehrtechnik, Bundesakademie für – 361
Weinfonds, Deutscher – 269
Weinforschung 255
Weiterbildungsforschung 407
Welt
– Bank 54, 239, 425
– Forstwirtschaft 265
– Raumprogramm 403
– Raumtechnik 315
Weltwirtschaftsordnung im Nord-Süd-Verhältnis 165
Werkstätten und Wohnstätten für Behinderte 273
Werkstoffmechanik 246
Werkstofftechnik 246
Wertpapier
– Aufsicht, Banken- und – 225
– Börsenfragen, Internationale 164
– Handel, Bundesaufsichtsamt für den – 222–
– Recht 155
– Wesen, Börsen- und – 164
Westeuropäische Union 52
Westvermögen 164
Wettbewerbspolitik 236
Wettbewerbspolitik, Europäische – 236

515

Wetterdienst 315
- Deutscher 333
- Vorhersage 335
Wiederaufbau, Kreditanstalt für - 232
Wiedergutmachung 115, 131
Wiedergutmachung nationalsozialistischen Unrechts 163
Wirtschaft
- Bundesamt für - 243
- Bundesministerium für - 235
- und Wirtschaftsverwaltung der MOE und GUS 54
Wirtschaft(s)
- und Umweltkriminalität 154
- Beobachtung 237
- Beziehungen 54
- Daten 244
- Entwicklung, Währungs- und - 425
- Förderung 160
- Fragen der Schiffahrt 318–327
- Gipfel G7 54
- Kriminalität, Steuer- und - 162
- Ordnung 236
- Ordnung und -politik in den NBL 239
- Politik 236
- Politische Verkehrsfragen 314
- Prüfersachen 412
- Recht 155
- Statistik 237, 425
- Verwaltungsrecht 155–
- und Währungspolitik, Europäische - 236
- und Währungsunion 53
- und Währungsunion, Europäische - 165
Wissenschaft und Kultur 115
Wissenschaftliche Weiterbildung 44
Wissenschaftsförderung 403
Wissenschaftspolitik 403
Wissenschaftsrat 403
Wissenschaftsraum Bonn 403
Wohlfahrtspflege 363
Wohlfahrtspolitik 363
Wohneigentum, Förderung 162
Wohngeldrecht 398
Wohnung(s)
- Bau, Kostensenkung im - 398
- Baufinanzierung 398
- Bauförderung 398
- Bauprämie 162
- Fürsorge des Bundes 398
- Recht 398
- Wesen 400
- Wirtschaft 398

Z

Zahlungsbilanzstatistik 425
Zahnärzte und Krankenkassen, Bundesausschuß der - 382
Zeitgeschichte, Deutsche - 151
Zeitgeschichtliche Sammlungen 129
Zentralamt der Bundesanstalt für Arbeit 287
Zentralbankrat 424
Zentrum für Verifikationsaufgaben der Bundeswehr 349
Zivildienst 362
- Bundesamt für den - 364
- Bundesbeauftragter für den - 362
- Ausnahmen 362
- Schulen 365
Zivile Verteidigung 115
Zivil
- Prozeß 154
- Prozeßrecht, Internationales - 154
- Recht 155
- Schutz 115
- Schutz, Bundesamt für - 144
Zoll
- Betrugsbekämpfungskoordination 162
- Fahndungsämter 170–218
- Fahndungsdienst 162
- Fragen des Verkehrs, Internationale - 162
- Hundeschule 192, 212
- Kriminalamt 230
- Lehranstalten 170–218
- Politik 236, 238
- Recht 162
- Schule 206
- Tarif 161
- Technische Prüfungs- und Lehranstalt 185, 190, 206
- Verwaltung, Aufgaben 168
- Vordrucke 162
- Wertrecht 162
- Wesen nach EU-Vertrag 162
- Zusammenarbeit, Internationale - 162
Zonenrandförderung 162
Zoonosen, Bekämpfung von - 377
Zusatzversorgungskasse für Arbeitnehmer in der Land- und Forstwirtschaft 312
Zwangsversteigerung 154
Zwangsvollstreckung 154
Zwischen- und überstaatliche Organisationen, Vertretungen 111
Zwischenarchiv für die obersten Bundesbehörden 129
Zwischenerzeugnissteuer 161

VERZEICHNIS DER PERSONENNAMEN

A

Aalst, Friederike van FinPräsidentin 206
Abatzis, Georgios HonorarKons 95
Abbas Ahmed, Ahmed Dr Außerordentl und bevollm Botsch 437
Abderrahim, Chawki Außerordentl und bevollm Botsch 443
Abdo Othman Mohamed, Außerordentl und bevollm Botsch 441
Abel, Dr MinR 402
Abeler, Hannsjörg FoR z A 216
Abmeier, Dr MinR 155
Abshagen, Dr WissDir 389
Achenbach, Dr MinDir 272
Ackermann, Dr VwAng 116
Ackermann, MinDirig 54
Ackerschott, VwORätin 295
Adam, Ulrich 3
Adam, VortrLegR I. Kl 53
Adamascheck, Dr Ltd RDirektorin 126
Adams, MinR 50
Adamson, Margaret Anne GenKonsulin 453
Adenauer, Max Dr HonorarKons 466
Adenauer, RDir 431
Adler, Brigitte 3, 20
Adler, Dr WissOR 250
Adler, RRätin z A 173
Adlerstein, MinRätin 154
Adolff, Jürgen Dr HonorarKons 482
Adolff, Peter Dr HonorarKons 473
Adolfs, MinR 116
Adrian, MinR 341
Adt, Harro außerordentl und bevollm Botsch 59
Agricola, Ang 309
Aguirre Dumay, Marcelo GenKons 457
Ahlborn, LtdRDirektorin 282
Ahlers, Dr WissDir 389
Ahlwardt, MinR 367
Ahrens, Geert-Hinrich Dr außerordentl und bevollm Botsch 71
Ahrens, Günter FoOR 178
Ahrens, Hans Jürgen Dr 381
Ahrens, MinR 115

Aitzetmüller, Kurt Dr Dir und Prof 265
Ajanovic, Enver Außerordentl und bevollm Botsch 437
Akazawa, Masato GenKons 467
Akça, Turhan HonorarKons 108
Aké, Siméon Außerordentl und bevollm Botsch 438
Al-Awais, Mohammed Sultan Abdulla Außerordentl und bevollm Botsch 450
Al-Khal, Ahmed Abdulla Außerordentl und bevollm Botsch 442
Al-Kharusi, Abdullah bin Mohamed Außerordentl und bevollm Botsch 445
Al-Olofi, Ali Muhammad I Sekr 441
Al-Sharikh, Abdulazeez Abdullateef Außerordentl und bevollm Botsch 442
Albach 120
Albach, MinR 235
Albert, RDir 396
Alberts, Dr Dir und Prof 242
Albowitz, Ina 3, 21, 24
Albrecht, Dieter AbtDir 170
Albrecht, Dr GeolDir 250
Albrecht, Gottfried außerordentl und bevollm Botsch 111
Albrecht, Hans-Jürgen VwAng 228
Albrecht, ORR 181
Albrecht, Richter am BPatG 415
Albrecht, RRätin 201
Albrecht, WissAng 393
Alburquerque de Gonzalez, Rafaela GenKonsulin 458
Alder, Dr WissR 378
Alex, Julien Dr Außerordentl und bevollm Botsch 443
Alex, Laszlo Dr 407
Alke, MinR 119
Alker, Holger Dipl-Ing BauDir 321
Allardt 50
Alles 268
Allgaier, Dr LtdRSchulDir 132
Allkämper, MinR 26
Alm, von FinPräs 203
Alm-Merk, Heidrun Justizministerin 36
Alpmann, Ahmet Nazif GenKons 489
Alt, Heinrich LtdVwDir 289
Altan, Günes GenKons 490
Alte, Klaus 311, 33, 383
Altehoefer, Klaus Oberfinanzpräsident 186
Altenburg, Dr VortrLegR I. Kl 53
Alter, Dr Ang 386

Altevogt, VwORätin 294
Althaus, Dieter Kultusminister 39
Althoff, Dr RR 173
Altmaier, Peter 3
Altmann, Dr Dir und Prof 376
Altmann, Elisabeth 3, 20
Altmann, Gisela 3
Altpeter, MinR 255
Altug, Ömer GenKons 489
Alvarez Dorta, Julio BotschR 442
Alves, José Medina HonorarKons 469
Ameln, Hermann von HonorarKons 477
Amend, LtdRDir 143
Ameskamp, VwAngestellte 209
Ammermüller, Dr MinR 116
Ammon, Dr MinR 42
Ammon, von MinR 314
Anbuhl, MinR 160
Anders, Georg Dipl-Volksw WissDir 135
Anders, Siegfried Dr habil Dir und Prof 265
Anders, Wilfried Dipl-Phys Dr VorsRichter am BPatG 415
Andersch, Martin HonorarKons 94
Andersen, Dr MinDirig 237
Anderson, MinDirig 274
Anding, Volker Dr außerordentl und bevollm Botsch 73
Andrae, Dr VwAngestellte 44
Andrä, Hans-Peter Dr Ing HonorarKons 482
André, Dr MinR 273
Andres, Dr VwOR 291
Andres, Gerd 3
Andres, Janet S Genkonsulin 452
Angermann, Heinrich Dr 300
Angermann, Oswald AbtPräs 123
Angersbach, RDir 244
Angrick, Dr LtdRDir 387
Anhalt, LtdVwDir 286
Ankele, MinR 155
Annecke, MinR 48
Anopuechi, Albert Azubogu Gesdtr 445
Ansorge, RDir 178
Anton, Klaus LtdRDir 142
Antretter, Robert 3
Anzinger, MinR 272
Apel, VPräs 268, 269
Apfelbacher, MinR 385
Appel, Bernd Dr Dir und Prof 375, 378
Aranda y Villen, Luis Gomez de GenKons 486
Ardila Duarte, Benjamin GenKons 470

Arendt, Manfred Dr VwDir 306
Arenz, VwDirektorin 268
Aretz, Dr VwAng 47
Arguelles, Romeo A Außerordentl und bevollm Botsch 445
Arima, Tatsuo Dr Außerordentl und bevollm Botsch 441
Arlt, VwDir 290
Armbrecht, ORR 184
Armbrüster, Bernd Michael ORR 200
Arndt, Dietrich Prof Dr WissAng 375
Arndt, Helmut Dr außerordentl und bevollm Botsch 87
Arndt, RDir 320
Arndt, Reiner Dr LtdChemDir 280
Arnim, von Dr MinR 236
Arnold, Dipl-Volksw VwAng 227
Arnold, Dr Dir und Prof 378
Arnold, Karl Heinz HonorarKons 464
Arnold, MinR 42
Arnold, RR z A 277
Arnold, Wolfgang Vizepräsident 142
Artopoens, Wolfgang Präsident des Bundesaufsichtsamtes für das Kreditwesen 224
Asanbajer, Erik Magsumovitsch Außerordentl und bevollm Botsch 442
Ascheid, Reiner Dr VorsRichter am BAG 421
Aschenbrenner, Ida M VwAngestellte 159
Asheeke, Hinyangerwa Pius Außerordentl und bevollm Botsch 444
Assmann, Eckhard Dr MinR 273
Assmann, Wolfgang MinR 273
Ast, MinR 271
Asumu, Faustino Obiang Geschäftsträger a i 436
Atsma, Hartmut Dr 405
Atzler, MinR 116
Au, Dr MinR 119
Auer, von RDir 367
Auffarth, Dr Dir und Prof 279
Auffenberg, MinR 316
Augst, Hans HonorarKons 479
Augstein, MinRätin 362
August, Dr-Ing Dir und Prof 246
Augustin, Anneliese 3
Augustinowitz, Jürgen 3
Augusto, Elias Kons 452
Aumann, FoOR 205
Aurisch, Klaus Dr GenKons 75
Austermann, Dietrich 3
Austermann, ORR 179
Axler, VwDir 295

518

Ayubi, Hafizullah Gesdtr 436
Azevedo Camacho, Aquilino de HonorarKons 58
Azimullah, Evert Guillaume Außerordentl und bevollm Botsch 448

B

Baader, Petra Konsulin (H) 479
Baas, Norbert Dr außerordentl und bevollm Botsch 95
Babel, Gisela Dr 3, 24
Babic-Petricevic, Zdenka GenKonsulin 471
Babler, VwAng 218
Bachelier, MinR 403
Bachenberg, ORRätin 365
Bachmaier, Hermann 3
Bachmair, Hans Dr Dir und Prof 241
Bachmann, Dr WissDir 388
Bachmeier, Roland Dir beim BfD 119
Back, Harald BauDir 323
Backer, Halfdan Loennechen HonorarKons 101
Backes, Horst LtdVwDir 290
Backes, RR 176
Backhaus, Georg Dr 262
Bade 271
Bade, ORR 135
Baden-Berthold, RDirektorin 190
Badenheuer, Erik FoDir 213
Bader, MinR 273
Bader, ORR 131
Badmann, Heinrich VwDir 298
Badstieber, Alwin VwDir 305
Bächmann, Horst Dr außerordentl und bevollm Botsch 82
Baecker, Thomas Dr LtdVwDir 296
Baeckmann, Dr WissDirektorin 372
Bähr, Direktorin und Professorin 372
Bähr, Roland RDir 189
Bähr, Rolf 250
Bähre, RR 248
Baer, Dr-Ing WissAngestellte 133
Bär, VwDir 287
Bästlein 362
Baestlein, MinRätin 398
Bäuml, Dr WissAng 392
Bäuml, FoR 212
Bäumler, Hans HonorarKons 475
Bäumler, Robert 310
Baggehufwudt, von MinR 240
Bagger, Hartmut General 347

Bahemann, Dr 294
Bahlsen, Hermann GenHonorarKons 479
Bahnsen, RDir 365
Bahr, Ernst 3
Bahr, RDir 136
Baier, LtdRDir 180
Baierl, Rüdiger RDir 142
Bake, Dr MinR 402
Balcombe, Gisela Honorarkonsulin 74
Bald, MinDirig 54
Bald, RDir 271
Baldi, Mario Georgio Stefano Kons 466
Baldus, Dr RDir 48
Baldus, Winfried MinDir 163
Balint, MinR 430
Balizs, Dr WissDir 377
Ballhausen, Werner StSekr 434
Baltzer, Johannes Prof Dr VorsRichter am BSG 422
Bamberg, RR z A 229
Bamberger, FoOR 180
Bammel, Dr MinR 253
Bandel, Dr MinR 403
Bank, MinR 235
Bannert, Dr GeolDir 249
Banse, ORR 283
Barby, Hans Wiprecht von HonorarKons 77
Barcas, John A Gesdtr 436
Barfuss, Wolfgang HonorarKons 94
Barg, Benno Dr 334
Barg, MinR 160
Bargfrede, Heinz-Günter 3
Barker, Dr VortrLegR I. Kl 52
Barnett, Doris 3
Barniske, WissDir 389
Baron, Günter Dr Dir bei der Staatsbibliothek 147
Baron, MinR 236
Barona Sobrino, Lic Fernando HonorarKons 72
Barrel, Michael A HonorarKons 76
Barrow, Ursula Helen Dr Außerordentl und bevollm Botschafterin 437
Barteld 50
Bartels, Gerhard Dr 262
Bartels, Gerhard HonorarKons 461
Bartels, Helene 335
Bartels, Herwig Dr außerordentl und bevollm Botsch 59
Bartels, ORRätin 190
Bartels, RDir 143, 226
Bartelt, RDir 376
Barth, Dr MinR 238, 368
Barth, Klaus Dr außerordentl und bevollm Botsch 85

Barth, ORR 217
Barth, ROAR 229
Barth, Wolfgang Dipl-Ing 333
Barthel, Dipl-Ing Dr 318
Barthel, Fritz Dr Dir und Prof 249
Barthel, Klaus 3
Barthelt, Dr MinR 396
Barthelt, TVwAngestellte 173
Bartholdy, MinR 118
Bartkowski, MinR 315
Bartl, RR 187
Bartsch, Dr VwAng 116
Bartsch, MinR 316
Bartscher, TROAR 331
Basenau, Alfred MinDirig 161
Basler, Prof Dr MinR 385
Bass, Dr ORR 387
Bassewitz, Graf von Botschafter 53
Bassoy, Ülkü GenKons 489
Basten, Franz Peter 3
Bastian, Dr LtdRDir 157
Batsch, Klaus-Jürgen Honorar-Kons 460
Batscheider, Dr ORR 365
Batschi, WissDir 388
Batzke, AbtDir 175
Bau, Dr WissDir 388
Bauch, Johannes außerordentl und bevollm Botsch 102
Bauderer, LtdRDir 180
Bauer, Axel Dr HonorarKons 458
Bauer, Dr Dir und Prof 241
Bauer, Dr MinDirig 403
Bauer, Dr RDir 224
Bauer, Dr WissAng 392
Bauer, Eberhard VwDir 306
Bauer, Herbert VwOR 284
Bauer, Johann VwDir 310
Bauer, Ludwig HonorarKons 457
Bauer, M RDir 396
Bauer, P MinR 396
Bauer, RDir 212
Bauer, RRätin 228–229
Bauer, VwDir 305
Bauer, WissAng 373
Bauer, Wolf Dr 3
Bauermeister, Ronald Honorar-Kons 462
Bauknecht, Ann-Katrin Konsulin (H) 476
Baum, Dr RDir 376
Baum, VwAng 368
Baumann, Angestellte 384
Baumann, Carl Michael RA 270
Baumann, Harrybert LtdRDir 172
Baumann, RDir 155
Baumann, VwDir 268

Baumann-Hendriks, RDirektorin 117
Baumeister, Brigitte 3, 21
Baumert, Dr MinR 385
Baumgardt, VwDir 293
Baumgarten, Dipl-Ing BauDir 327
Baumgarten, Dr ArchOR 129
Baumgarten, Dr MinDir 403
Baumgartner, Dr MinR 254
Baumhauer, Albert VwAng 395
Baumstieger, Hans Bernhard VwDir 299
Baun, Angestellte 432
Baunach, LtdVwDir 284
Baur, Helmut Dr HonorarKons 474
Baur, Klaus-Eckhardt ORR 218
Baur, RDir 258
Bausch, VwORätin 269
Bauwens-Adenauer, Paul Honorar-Kons 477
Baya, Ramazani Außerordentl und bevollm Botsch 450
Bayer, Georg Dr HonorarKons 461
Bayer, Hans RDir 198
Bayer, Prof Dir und Prof 393
Bayer, RDir 198
Bayerl, MinR 398
Bech Cabrera, Werner Dr Gen-Kons 463
Becher, Dr MinR 26, 236, 238
Becher, Dr RDir 258
Becher, Heinz-Georg VwDir 289, 290
Bechte, Dr MinDirig 403
Bechtold-Bönders, LtdRDirektorin 132
Beck, Hans ZOAR 194
Beck, Kurt Ministerpräsident 37
Beck, Marieluise 3, 24
Beck, ORR 227
Beck, Volker 3
Becker Becker, Erick Dr Außerordentl und bevollm Botsch 450
Becker, Dr 425
Becker, Dr Dir und Prof 331
Becker, Dr MinDir 237
Becker, Dr WissAng 393
Becker, Dr WissDir 389
Becker, Hans Dr 263
Becker, Heribert HonorarKons 454
Becker, Jürgen MinDirig 271
Becker, MinR 342
Becker, ORR 397
Becker, Rolf HonorarKons 461
Becker, Siegfried AbtPräs 128
Becker, Ulrich MinR 273
Becker, VwDir 300
Becker-Grüll, MinR 314

Becker-Inglau, Ingrid 3
Becker-Platen, Jens Dieter Dr VPräs und Prof 248
Beckert, Hartmut LtdVwDir 287
Beckmann, Alexander außerordentl und bevollm Botsch 86
Beckmann, Alexander RDir 112
Beckmann, BauDir 326
Beckmann, J Dr Dir und Prof 373
Beckmann, Klaus Dr AbtPräs 225
Beckmann, LtdBauDir 322
Beckmerhagen, MinR 392
Beckmeyer, Uwe Senator 34, 39
Beckstein, Günther Dr Staatsminister des Innern 33
Bedke, BauDir 318
Beek, Prof Dr Dir und Prof 389
Beemelmans, Hubert Dr außerordentl und bevollm Botsch 59
Beer, Angelika 3
Beermann, Albert Dr VPräs des BFH 420
Beham, RDir 225
Behder, Dr MinR 117
Beherycz, BauORätin 400
Behle, RDir 224
Behler, Gabriele Ministerin für Schule und Weiterbildung 36
Behlke, Gerhard BauDir 325
Behm, Dr MinR 26
Behm, RAR 258
Behnke, Gerhard Dr ORR 244
Behr, VwDirektorin 303
Behrendt, Dr MinR 316
Behrendt, Wolfgang 3
Behrens, Dr VwDir 330
Behrens, Fritz Dr Justizminister 36
Behrens, VwRätin 286
Behrens, William F HonorarKons 78
Beichelt, Dr MinR 27
Beiderwieden, Thieß Honorar-Kons 479
Beier, Hans Heinrich Honorarkons 61
Beier, Peter ZAR 206
Beiersdorf, Helmut Dr Dir und Prof 249
Beil 425
Beil, MinR 255
Beilfuß, LtdRDir 430
Bekmirsajew, Islam Kons 491
Belde, Dr LtdVwDir 268
Belitz, MinR 254
Beljajew, Piotr Grigorjewitsch Außerordentl und bevollm Botsch 437
Bell, Hermann Dr HonorarKons 102

519

Bellach, Bärbel Dr Direktorin und Professorin 375
Belle, Meinrad 3
Bellinghausen, Dr VortrLegR I. Kl 54
Below, Rudolf ORR 174
Beltzner, Osmar HonorarKons 70
Benda, ZOAR 177
Bendeck Olivella, Jorge Juan Außerordentl und bevollm Botsch 442
Bendel, MinDir 154
Bender, Dr GeolDir 249
Bender, Hans-Jürgen 407
Bendiksen, Randi Gesandte 445
Benecke, Bernhard J HonorarKons 459
Beneke, RDir 401
Benes, Gerardus Herman Willem HonorarKons 100
Bengs 424
Benkel, Dr MedDir 51
Bennani, Hassan GenKons 475
Benner, Hermann Dr 407
Bennewitz MinR 118
Bente, RDir 189–190
Benthien, Dr 425
Berbalk, MinRätin 384
Berenberg-Gossler, Heinrich Freiherr von HonorarKons 476
Berendes, Dr MinR 385
Berentzen, Hans Dr HonorarKons 477
Berg, Dietrich von HonorarKons 456
Berg, Dr Dir und Prof 393
Berg, Eugène GenKons 461
Berg, Jan Eric van den GenKons 477
Berg, M von Dr MinR 385
Berg, Wolfgang FoDir 200
Berger, Dr LtdVwDir 286
Berger, Dr MinDirig 238
Berger, Dr MinR 164
Berger, Hans 3
Berger, Hans Wilhelm HonorarKons 459
Berger, RDir 363
Berger, Roland HonorarKons 460
Berger, RRätin 178
Berger, VmDir 331
Berger, VortrLegR 51
Bergmann, Christine Dr Bürgermeisterin, Senatorin für Arbeit, Berufliche Bildung und Frauen 33
Bergmann, Dipl-Volkswirt WissR 400
Bergmann, Dr MinR 26, 117
Bergmann, Dr phil nat RDir 330

Bergmann, Günter VwDir 307
Bergmann, Karl Prof Dr Dir und Prof 375
Bergmann, Manfred 407
Bergmann, ORRätin 188
Bergmann, VwAngestellte 365
Bergmann-Pohl, Sabine Dr Parlamentarische Staatssekretärin 3, 45, 367
Bergner 363
Bergner, Dr RDir 403
Bergner, LegR I Kl 51
Bergsdorf, Wolfgang Prof Dr MinDir 116, 149
Berke, Silvia Dr 362
Berke, VwDir 268
Berkefeld, Dieter MinDirig 398
Berkling, Ruth Honorarkonsulin 69
Berlinger, VwDir 284
Bermel, Erich VorsRichter am BVerwG 416
Bernardy, RR 173
Berndt, Dr MinR 114
Bernhardt, Dr MinR 153
Bernhardt, Dr RDir 171
Bernhardt, Prof Dr Dir und Prof 392–393
Berninger, Matthias 3
Bernrath, Hans Gottfried 345
Berns, Hans-Jürgen RDir 203
Berodt, Jürgen HonorarKons 65
Berrada, Abdelouahhab GenKons 475
Bertelsen, Jørn HonorarKons 91
Bertelsmann, Dr WissDirektorin 373
Berthold, AI 427
Bertl, Hans-Werner 3
Bertram, Dr MinDir 54
Bertrams, FinPräs 208
Bertsch, Dr RDir 330
Bertsch, MinR 363
Besch, Johann Christoph MinDir 26
Beschorner, MinR 237
Bessler, Walther M GenHonorarKons 485
Bethge, Dr MinR 272
Bethig, VwAng 176
Bethkenhagen, Dr MinDirig 430
Bethkenhagen, MinR 315
Betsche, Thomas Dr Dir und Prof 265
Bettencourt Viana, Antonio Patricio Dr GenKons 482
Bettermann, Erik StR 430
Bettin, MinR 165
Betzing, RDirektorin 433
Beucher, Friedhelm Julius 3
Beuke, LtdBauDir 322
Beus, Hans-Bernd Dr MinDir 115

Beußel, RDir 205
Beutin, Dr WissAng 374
Beutler, Inge Konsulin (H) 466
Beyer, Dr Dir und Prof 242
Beyer, Dr MinR 273
Beyer, Hans Dipl-Phys Dr VorsRichter am BPatG 415
Beyer, MinDirig 52
Bezold, Wilhelm Dr HonorarKons 454
Bialleck, MinR 315
Bialonski, RDir 368
Bick, MinR 160
Bick, ORR 176
Bickelmann, Dr VwORätin 269
Bickenbach, MinRätin 42
Bickes, Beate LtdVwDirektorin 303
Bickhoff, RDir 323
Bidegaray, RAngestellte 432
Bieber, BauDir 385
Biedenkopf, Kurt Prof Dr Ministerpräsident 32, 37, 39
Biedinger, RDir 200
Biel, Carsten HonorarKons 63
Bieler, Dr MinR 429
Bieler, RSchulDir 132
Bieller, Rudi Ernst Karl HonorarKons 474
Bieneck, MinR 273
Bienstock, Rudolf 339
Bierau, Dieter RDir 123
Bierett, VwAng 49
Bierhoff, VwAng 26
Bierling, Hans-Dirk 3, 20
Biermann, Stefan ORR 182
Bierstedt, Wolfgang 3
Bierwirth, MinDirig 165
Bietke, MinR 253
Bigalke, Dr WissDir 389
Bihl, Dr MinR 115
Bila, Wolf von HonorarKons 455
Bille, MinR 162
Billing, Horst VwDir 306
Bindenagel, James D Gesdtr 436
Binder, Dr MinR 403
Binder, Gerd AbtPräs 282
Bindert, MinDirig 368
Bindig, Rudolf 3
Binkert, Hermann-Josef 362
Birk, Angelika Ministerin für Frauen, Jugend, Wohnungs und Städtebau 38
Birke, Dr GeolOR 250
Birke, Dr MinR 154
Birkemeyer, RR 200
Birker, Dir 126
Birkholz, ORR 198
Birmelin, Manfred Dr GenKonsul 76
Bischofberger, Dr 424
Bischoff, MinR 272

Bischoff, RDir 143
Biskup, Dr MinR 165
Bisping, VwOR 306
Bitter, MinR 395
Bitterlich, MinDir 48
Bittner, RR 244
Bittner-Kelber, RDirektorin 237
Bittorf, Rudolf HonorarKons 72
Biwer, Peter VwDir 305
Bjarnason, Einar Valur Dr HonorarKons 96
Blab, Dr Dir und Prof 392
Black, Peter Außerordentl und bevollm Botsch 441
Blänker, LandwORätin 180
Bläser, RAng 432
Blaesing, Dr MinR 402
Bläss, Petra 3
Blättermann, VwOR 308
Blanckensee, Alan Eric HonorarKons 88
Blanckertz, Dr AbtDir 268
Blank, Joseph-Theodor Dr 4, 23
Blank, MinR 396
Blank, Renate 4, 20
Blanke, Dr MinDirig 402
Blanke, Dr RDir 391
Blanke, ORRätin 126
Blankenstein, VortrLegR I. Kl 54
Blaschke, Dr LtdWissDir 286
Blaschke, Dr MinDirig 253
Blasum, Dr MinR 254
Blath, Dipl-Volksw Dr RDir 154
Blatt, Dr RDirektorin 253
Blatt, Dr VwAng 26
Blattner-Zimmermann MinRätin 118
Blau, ARätin 127
Blaurock, Günter GenKons 93
Blecke, BauOAR 399
Bleg, Dr MinR 163
Blens, Heribert Dr 4, 24
Bleser, Peter 4
Bley, Andreas 121
Bley, Angela ORRätin 244
Bley, Dr jur LtdRDir 336
Blicke, RDir 325
Bliddal, Carsten HonorarKons 458
Blidon, VwAng 365
Bliek, Dr Dir und Prof 241
Block, Dr LtdRDir 157
Block, Dr RDir 222
Blohm, RRätin 132
Blom, Mats HonorarKons 105
Blome, VwOR 293
Blomeyer, Dr MinR 434
Blomeyer-Bartenstein, Dr VortrLegR I. Kl 48
Bloser, Dr MinR 386
Blüm, Norbert Dr Bundesminister für Arbeit und Sozialordnung 4, 45, 271

Bluemcke, ORR 226
Blümel, Georg Dr Dir und Prof 249
Blumberg, ArchRätin z A 129
Blumberg, RDir 208
Blume, Erich LtdVwDir 309
Blumenröhr, Friedrich Dr Vors-Richter am BGH 412
Blumentritt, Klaus Bundesbeauftragter für Asylangelegenheiten 141
Blumer, Jürgen Dr HonorarKons 454
Blunck, Lieselott 4
Blunk, Detlef VwOR 284
Blunk, MinR 26
Boam, Thomas L GenKons 452
Bobbert, MinR 28
Bocanegra, Sergio Rafael GenKons 452
Bochynek 332
Bock, MinR 401
Bockisch, Franz-Josef Prof Dr agr habil Dir und Prof 261
Bocklet, Reinhold Staatsminister für Ernährung, Landwirtschaft und Forsten 33
Bode, LtdRDir 156
Boden, Dieter Dr GenKons 104
Boden, Dorothée GenKonsulin 102
Bodin, Manfred HonorarKons 458
Bodingbauer, Dipl-Ing Dipl-Geogr TRAR 133
Böck, Robert Hartmut HonorarKons 469
Böcker, Dr-Ing 246
Bödecker, RDir 214
Böge, Dr MinDirig 237
Bögemann-Hagedorn, RDirektorin 395
Boeger, Dr 120
Bögl, Dr Dir und Prof 376–377
Bögner, Karl-Dieter 106
Böhlen, Dr ChemOR 280
Böhlke, Jens Dr-Ing 338
Böhm, Dr Dir und Prof 242
Boehm, Dr LtdRDir 126
Böhm, Dr MinR 369
Böhm, Dr RDir 153
Böhm, RR z A 136
Böhme, Dr Dir und Prof 376
Böhme, Ulrich Dr 4
Boehmer, Gerhard Dr MinDirig 396
Boehmer, Hans-Rudolf VAdm 347, 350
Böhmer, Maria Dr 4
Böhringer, Paul GenHonorarKons 464

Böhrk, Gisela Ministerin für Bildung, Wissenschaft, Forschung und Kultur 38
Böing, MinR 154
Bökel, Gerhard Staatsminister 35
Böltken, Dr rer pol WissDir 400
Bönders, AbtPräs 131
Boening, Dieter Dr 270
Bönke, MinR 154
Bönnemann, Klaus außerordentl und bevollm Botsch 62
Bönninghausen, von LtdVwDirektorin 303
Boer, Hermann de Dr Dir und Prof 241
Börder, RDir 198
Börnsen, Arne 4, 22
Börnsen, Dr MinR 395
Börnsen, Wolfgang 4
Bös, Dr WissDir 388
Boeselager, Philipp Frhr von 270
Bösert, Dr RDir 153
Boess, WissAng 377
Boeter, Dr MinR 154
Bötsch, Wolfgang Dr Bundesminister für Post und Telekommunikation 4, 45, 341
Böttcher, Dieter 301
Böttcher, Dieter VPräs 301
Böttcher, Dr VwAng 174
Böttcher, FoR z A 173
Böttcher, Maritta 4
Böttcher, RDir 50
Boettcher, RDir 341
Böttger, Dr VwAngestellte 431
Bogai, Dr WissOR 293
Bogdahn, Jürgen VwDir 294
Bogenreuther, Hermann RDir 183
Bohl, Friedrich Bundesminister für besondere Aufgaben 4, 21, 45, 47
Bohle, Dr MinR 433
Bohling, Werner HonorarKons 67
Bohlken, ROAR 277
Bohm, OStAnw beim BVerwG 418
Bohn, Dr Dir und Prof 391
Bohn, Jürgen Dr HonorarKons 491
Bohn, Rudolf 234
Bohndick, MinRätin 398
Bohnebuck, RR 175
Bohnet, Michael Prof Dr MinDirig 396
Bohnhardt, RDir 365
Boissier, WissAngestellte 129
Bokeloh, Dr MinR 273
Boldt, VortrLegR I. Kl 53
Bolewski, Wilfried Dr außerordentl und bevollm Botsch 70

521

Bolhöfer, ORRätin 401
Bolick, ORR 196
Bolivogui, Lamine Außerordentl und bevollm Botsch 440
Bolle, Frank HonorarKons 71
Boller, Dr WissAng 380
Bollmann, LtdRDir 195
Bollmann, Ronald M GenKons 469
Bolln, MinR 315
Bollweg, Dr RDir 153
Bolte, Dr BauDir 332
Bolte, RDir 221
Bolten, Siegfried ZOAR 212
Bom, Erik GenKons 457
Bomba, RRätin 244
Bommersbach 50
Bonacker, Heinz W HonorarKons 490
Bonaventura, Salvatore Kons-Agent 467
Bonelli, Ivana Ariella Honorar-Konsulin 98
Bonnet, Dr MinR 396
Bontjes, ORRätin 282
Boomgaarden, VortrLegR I. Kl 53
Boos, BauDir 398
Boos, Dr MinR 116
Boos, Jürgen VwAng 228
Boos, ROAR 136
Bopp, Dr MinR 238
Bopp, MinR 397
Boppel, Dr MinDirig 402
Borawski, ROAR 229
Borchard, Karl Dr Botsch 111
Borchert, Dr WissDir 393
Borchert, Jochen Bundesminister für Ernährung, Landwirtschaft und Forsten 45, 253
Bordin, RDirektorin 386
Borg, Dr ORR 258
Borgert, Dr ArchOR 129
Borggrefe, Dr MinR 239
Bork, Joachim Dr RDir 123
Borkenhagen, RAng 432
Borkenstein, Dr MinDirig 397
Bormann 120
Bormuth, MinR 315
Born 269
Born, Dr MinRätin 48
Born, Dr VortrLegR I. Kl 54
Borndörfer 339
Bornemann, Dr GeolOR 249
Bornhak, Dr WissDir 380
Borok, ZAR 201
Borowka, Dr MinR 367
Borries, Dr von RDir 385
Borries, von MinR 236
Borttscheller, Ralf H Senator für Inneres 34
Bosbach, Wolfgang 4, 20

Boschert, Hubert ORR 189
Bosecker, Dr WissDir 250
Bosenius, RDir 385
Boßmeyer, Christine BiblDirektorin 149
Botero, Guillermo Sanint Honorar-Kons 71
Both 120
Both, VwAngestellte 181
Botterbusch, MinDirig 401
Boucsein, Hildegard Dr Staatssekretärin und Bevollmächtigte des Landes Berlin 429
Bourguignon, RAngestellte 429
Bourloyannis-Tsangaridis, Joannis Dr 440
Bowitz, Hans-Hermann Dr MinR 42
Boxberger, Ekkehardt Honorar-Kons 107
Bozzano, Jean-Jacques Honorar-Kons 94
Braa, AbtPräs 220
Bracht, MinR 117
Brackemann, Dr WissOR 390
Bracklo, Eike Dr außerordentl und bevollm Botsch 75
Brähmig, Klaus 4
Bräuer, Dr Ang 279
Bräuer, Konrad VwDir 302
Bräunlich, Dr WissORätin 279
Bräutigam, Hans Otto Dr Minister der Justiz und für Bundes- und Europaangelegenheiten sowie Bevollmächtigter des Landes Brandenburg beim Bund 34, 429
Bräutigam, ZOAR 217
Brahm, Heinz Dr LtdWissDir 142
Brand, Jörn MinR 44
Brand, MinR 43–44
Brandes, Dr MinDirig 238
Brandes, Helmut VorsRichter am BGH 412
Brandes, WissAng 130
Brandhorst, Peter LtdRDir 202
Brandis, Dr RDir 49
Brandis, Tilo Prof Dr LtdBiblDir 148
Brandl, VwDirektorin 285
Brandstaeter, ORR 430
Brandt, Prof Dr Dir und Prof 375
Brandt, RAngestellte 435
Brandt, RDir 379
Brandt-Elsweier, Anni 4
Brannemann, BiblOR 247
Branscheid, Wolfgang Dr Dir und Prof 266
Braumann, RRätin 363
Braun, Bruno Prof Dr-Ing habil HonorarKons 471

Braun, Dr Dir und Prof 241, 393
Braun, Dr MinDirig 253
Braun, Dr VortrLegR I. Kl 51
Braun, Ermanno HonorarKons 98
Braun, Heinrich HonorarKons 73
Braun, Heinz B Dr-Ing Honorar-Kons 478
Braun, Hildebrecht 4, 20
Braun, MinR 28
Braun, ORRätin 218
Braun, Ottmar HonorarKons 472
Braun, Peter Dr MinDirig 402
Braun, RDir 184–185
Braun, Rudolf 4
Braun, WissAng 130
Braune, Tilo 4
Brauner, Dr RDir 235
Braunöhler, MinDirigentin 47
Braunsdorf, RDirektorin 175
Bı ht, Eberhard Dr 4
Brecht, Hans-Theo Dr MinR 362
Breckwoldt, Hayo HonorarKons 483
Brede, Dr RDir 161
Bredehorn, Günther 4
Brederlow, von MinR 397
Bredow, Leopold Bill von außerordentl und bevollm Botsch 103
Breier, MinR 272
Breit, Dieter Dr 270
Breitengross, Jens Peter Dr HonorarKons 470
Breitenstein, Dr RDir 332
Breitenstein, Peter Dr 234
Breithaupt, MinR 115
Breitkopf, Dr LtdRDir 143
Breitling, MinR 427
Breland, Dr MinR 402
Breloh, Paul Dr MinDir 254
Bremer Martino, Juan José Außerordentl und bevollm Botsch 444
Bremer, Henning FoOR 193
Bremer, MinR 161
Bren d'Amour, SenR 430
Brendgen, RR 181
Brenken, ORR 278
Brennecke, Dr WissDir 393
Brennecke, RDir 226
Brenneke, MinR 118
Brenneke, RDir 244
Brenner, MinDirig 402
Brenni-Wicki, Bianca Maria Honorarkonsulin 105
Brentle, Ingmar außerordentl und bevollm Botsch 80
Breth, Ralf GenKons 103
Bretz, Christiane 284
Bretz, Manfred LtdRDir 123

Bretzing, FoDir 205
Breuch-Moritz, RDirektorin 315
Breuer, Dr MinRätin 272
Breuer, Dr-Ing MinR 316
Breuer, Paul 4, 23
Breuer, RR 173
Breunig, Dir 285
Brey, Johann ORR 189
Brick, Martin Minister für Landwirtschaft und Naturschutz 36
Bride, MinRätin 434
Brieger-Lutter, Jörgen RDir 170, 228
Briesemeister, Dietrich Prof Dr Direktor 148
Bright, Colin Charles GenKons 463
Brink, RDir 154
Brinkmann, Dr MinR 274
Brinkmann, Dr-Ing TAng 399
Brinkmann, Günther HonorarKons 464
Brinkmann, Gunther FoOR 213
Brinkmann, Klaus Dr Dir und Prof 242
Brinkmann, L-J MinR 161
Brinkmann, LtdWissDir 287
Brinkrolf, Dr 339
Brock, Dr MinR 237
Brocke, vom MinRätin 398
Brockel, VwAng 136
Brockmann, RDir 331
Brockmann, RRätin 176
Brockmeyer, Hans Bernhard 420
Bröcking, Dr MinR 386
Bröckmann, RDir 146
Bröhl, Dr MinR 237
Brokmeier, Ernst HonorarKons 64
Brolén, Eric HonorarKons 104
Broll, ROAR 248
Bromkamp, Joachim Dr HonorarKons 462
Brommer, VortrLegR 55
Brook, John Edwin GenKons 463
Brosch, RR 243
Brosch, Wolfgang HonorarKons 461
Broschat, Werner MinDirig 116
Brosi, RDir 402
Brosig, VwOAR 297
Broudré-Gröger, Joachim außerordentl und bevollm Botsch 56
Brown, David Rex HonorarKons 89
Bruckner, John Gesdtr-BotschR 439
Bruckner, Josef RDir 207
Bruder, Leopold HonorarKons 97
Brudlewsky, Monika 4, 20

Brück, Manfred RDir 420
Brück-Klingenberg, VwORätin 291
Brückmann, RDir 186
Brückner, MinR 396
Brüderle, Rainer Staatsminister für Wirtschaft, Verkehr, Landwirtschaft und Weinbau 37, 39
Brüggemann 425
Brüggemann, BauDir 323
Brüggemann, Gerd-Dieter LtdVwDir 291
Brüggen, Joachim HonorarKons 479
Brühning, Dr RDir 332
Brümmer, ORR 209
Brüning, VwOR 307
Brüß, MinR 273
Bruhn, Dr VortrLegR I. Kl 52
Brujmann, VwAngestellte 304
Brumme-Bothe, Dr RDirektorin 401
Brummermann, Hans HonorarKons 491
Brummund, Dr ORR 210
Brunkhorst, Hans-Jürgen RDir 193
Brunkow, Wolfgang Dr Dir im BZS 144
Brunn, Anke Ministerin für Wissenschaft und Forschung 36
Brunn, von MinR 398
Brunner, Guido 231
Brunnhuber, Georg 4
Bruns, Friedrich Karl GenKons 61
Bruns, Karl-Ingo 233
Bruns, Werner Dr 50
Bruns, Wilhelm Dr LtdRDir 170
Bruns, Wolfgang Dipl-Informatiker RDir 329
Bruschke, FoR z A 174
Brusis, Ilse Ministerin für Stadtentwicklung, Kultur und Sport 37
Brust, WissAng 128
Bubendey-Welker, ORRätin 430
Bubenzer, Peter HonorarKons 79
Bubis, Ignatz HonorarKons 457
Buch, Wolfgang HonorarKons 107
Buchheim, W Dr Dir und Prof 263
Buchholz, F Prof Dr 406
Buchholz, Hans Eberhard Dr sc agr LtdDir und Prof 261
Buchholz, Klaus LtdVwDir 296
Buchholz, Peter VwDir 289
Buchholz, RDir 224
Buchholz, Reinhard außerordentl und bevollm Botsch 63
Buchholz, Stefanie ORRätin 193

Buchmann, Wolf LtdArchDir 128
Buchwald, BauDir 324
Buchwald, Dr WissAng 372
Buchwald, Wolfgang AbtPräs 123
Buchwaldt, Wolf von 312
Buck, Dr RDir 242
Budde, Willi 381
Buddig, ZOAR 196
Bude, Roland 150
Budek, Dr WissAngestellte 380
Budrat, Manfred LtdRDir 195
Budrat, MinR 116
Büch, Martin-Peter Dr Direktor des Bundesinstituts für Sportwissenschaft 135
Büchel, MinR 155
Büchen, Erich HonorarKons 107
Büchner-Schöpf, Dr MinDirigentin 238
Bücker, Walter VwDir 292
Bücking, Dr MinR 117
Bückle, VwOR 309
Bühl, Walter VwDir 308
Bühler 50
Bühler, Klaus 4
Bühler, ORR 217
Bühler, Wolfgang Dr HonorarKons 477
Bühler-Schickedanz, Madeleine Konsulin (H) 462
Bühner, Dr MinR 254
Bühner, Siegfried VwDir 308
Bührer, Wolfgang Dr VwDir 303
Bührich, Willi Otto GenHonorarKons 462
Bühring, Manfred VorsRichter am BPatG 415
Bührmann, Christina Frauenministerin 36
Büma, Hans-Jürgen BauOAR 326
Bünger, MinDir 236
Bünning, Dr MinR 160
Bueren, MinR 160
Bürgel, Dr MinR 27
Bürgener, MinR 161
Bürgener, RDir 278
Bürger, AbtPräs 167
Bürger, Dir und Prof 391
Bürger, Heinz-Dieter Dr SenR 429
Bürgin, Gerhard Dr 122
Bürsch Dr, Michael 4
Buerstedde, Ludger Dr außerordentl und bevollm Botsch 74
Büttner, E Dr ArchOR 129
Büttner, Hans 4
Büttner, Hartmut 4, 21
Büttner, Herbert ORR 420
Büttner, Margitta 121

523

Büttner, RR 180
Büttner, Siegfried Dr 128, 129
Buga, Nicolae GenKons 475
Buhk, Hans-Jörg Dr Dir und Prof 375
Buhrow, MinR 154
Bulling-Schröter, Eva-Maria 4
Bulmahn, Edelgard 4, 24
Bulst, Dr 405
Bunge, Prof Dr WissDir 388
Bunten, ORR 435
Buntenbach, Annelie 4
Burchardi, LtdRDir 247
Burchardt, Ursula 4
Burdack, RR 198
Burg, Dieter ORR 217
Burgath, Dr WissOR 250
Burger, Reinhard Prof Dr Dir und Prof 374–375
Burggraf 303
Burgos, Arsenio HonorarKons 65
Burian, Alexandru Dr Außerordentl und bevollm Botsch 444
Burkard, MinR 434
Burkard, Vinzenz RDir 202
Burkart, Dr Dir und Prof 392
Burkart, RDir 202
Burke, RDir 271
Burkei, LtdMinR 431
Burkert, Dr MinR 236
Burkhardt, Arthur GenKons 484
Burkhardt, Dr MinDirig 239
Burkhardt, Dr WissORätin 388
Burmeister, Dr LtdRDir 225
Burner, Edward Alan GenKons 463
Burth, Ulrich Prof Dr 263
Bury, Hans Martin 4, 24
Busacker, MinR 315
Busch, BauDir 326
Busch, Dr MinR 27
Busch, FoRätin 176
Busch, MinR 254, 341
Busch, ORRätin 206
Busch, ROAR 229
Buschbeck, Dr MinR 403
Busche, Rainer RR 188
Buschkühler, VwAngestellte 176
Busma, RR 182
Buss, MinR 401
Busse, Dr MinDirig 47
Busse, Franz-Georg von Dr HonorarKons 482
Busse, Peter Dr 120
Bußmeyer, ORR 208
Buth, Dr RDir 116
Butke, MinR 368
Buttkus, Burkhard Dr Dir und Prof 249
Butzek, Dr 405
Buwitt, Dankward 4

Byrt, Andrzej Dr Außerordentl und bevollm Botsch 445

C

Cáceres Michel, Octavio Ramón Außerordentl und bevollm Botsch 438
Cadenbach, Hugo HonorarKons 491
Caesar, Peter Staatsminister, Minister der Justiz 37
Campe, Burchard von Honorar-GenKons 69
Cap, Chu Tuan Außerordentl und bevollm Botsch 450
Capnoulas, Christos Honorar-Kons 96
Carabassis, Pantélis Dr GenKons 462
Carillo Yánez, Juan Gesdtr 439
Carl, Dr WissDir 135
Carlowitz, Wilhelm von Honorar-Kons 454
Carlström, Mats HonorarKons 104
Carstens, Caj Erik Honorarkons 92
Carstens, Manfred Parlamentarischer Staatssekretär 4, 45, 114
Carstensen, Meinhard GenHonorarKons 473
Carstensen, Peter Harry 4, 21
Cartolano, Carlos GenKons 491
Casas Acosta, Eduardo GenKons 470
Caspari, MinDirig 164
Casper, Dr MinR 161
Caspers, Dr RDir 237
Caspers-Merk, Marion 4
Casprowitz, Manfred ORR 199
Castillero, Alberto Magno GenKons 480
Catenhusen, Wolf-Michael 4, 21
Cave, Lennox Alric HonorarKons 74
Cebulla, RDir 225
Ceesay, Ismaila B Außerordentl und bevollm Botsch 439
Ceurvorst, Michael A GenKons 452
Chaberny, VwOR 303
Chanakira, Elijah Dr Außerordentl und bevollm Botsch 447
Chartsuwan, Chatchaved Gen-Kons 488
Chenaux-Repond, Dieter Dr Außerordentl und bevollm Botsch 447
Chesnais, Dominique Houitte de la HonorarKons 94
Chevalier, Wolfhart SenR 430

Chevallerie, de la MinRätin 432
Chhoeung, Chamroeun Außerordentl und bevollm Botsch 441
Chipungu, Geoffrey Gachuku Außerordentl und bevollm Botsch 443
Chlumsky, Jürgen RDir 122
Chomba Konie, Gwendoline Außerordentl und bevollm Botschafterin 446
Chorus, Dr WissAngestellte 390
Choschzik, RRätin z A 176
Chowdhury, Shamsher M Außerordentl und bevollm Botsch 437
Christ, W Prof Dr Dir und Prof 373
Christen, H Dr Dir und Prof 373
Christie, Stuart HonorarKons 110
Chrobog, Jürgen außerordentl und bevollm Botsch 75
Cichutek, Dr Dir und Prof 380
Cienfuegos Rodriguez, José Gen-Kons 486
Cifuentes, Roberto Dr Außerordentl und bevollm Botsch 438
Cira, André GenKons 461
Claßen, MinR 239
Claus, Dr MinR 27
Clausnitzer, Klaus Präsident des Landesarbeitsamtes 293
Clement, Wolfgang Minister für Wirtschaft und Mittelstand, Technologie und Verkehr 36
Clever 272
Clobes, RRätin 401
Clodius, WissDir 390
Cloeren, VwAng 199
Cloes, Dr VwAng 27
Coen, Dr MinR 432
Cöster, ORR 132
Cohrs, RDir 164, 196
Coing, MinRätin 27
Collar Zabaleta, Javier GenKons 486
Collin, Dr Dir und Prof 394
Conert, ORR 225
Conrad 303
Conrad, Jürgen FoOR 216
Conrad, Klaus Peter ORR 202
Conrad, Martin ORR 175
Conrad, MinR 116
Conrad, Uwe 381
Conradi, Jochen Dr HonorarKons 471
Conradi, Peter 4, 21
Conraths, F J Dr Dir und Prof 266
Constantin, Manfred ORR 194
Conzelmann, K K Dr WissDir 266

Coolen, Richard Antony Honorar-Kons 110
Corkery, Michael HonorarKons 96
Corte, LtdVwDir 294
Corvinus, Vizepräsident 242
Cosack, Dr WissDir 394
Costa, Aderbal GenKons 455
Coudray, BauDir 324
Courant, WissAngestellte 373
Cramer, Dr MinR 273
Cramer, Dr MinRätin 368
Cramer, RDir 253
Cramer, WissAng 134
Crass, ROAR 133
Cravaack, LtdVwDirektorin 304–305
Cremer, Dr RDirektorin 367
Cremer, Will Dr 142
Cremer-Schlede, Dr WissAngestellte 378
Creydt, RDir 327
Crönert, BiblOR 248
Cronenberg, BauOR 145
Cronenberg, MinR 237
Cruse, RDir 243
Culha, Rifat Honorarkons 108
Cullough, Mc Dr MedDirektorin 293
Cura, Halit Davut HonorarKons 108
Cußler, Dr WissDir 380
Czapla, RDir 226
Czekalla, Gotthard LtdVwDir 293
Czemper, ORR 179
Czeniek, MinR 26
Czermak, Dr MinR 403
Czerwenka, Dr RDirektorin 155
Czichos, H Prof Dr-Ing Dr h c Präsident der Bundesanstalt für Materialforschung und -prüfung 245
Czuidai, ORR 283
Czymoch, VwDir 295

D

Dabringhausen, MinR 272
Dach, Dr MinRätin 27
Dachtler, RI 427
D'Addabbo, Angelo Prof Dr HonorarKons 97
Dähne, LtdVwDir 301
Dämmgen, Ulrich Dr rer nat Dir und Prof 260
Daerr, MinDirig 52
Därr, Wolfgang F HonorarKons 485
Däschner, Dr MinR 253
Dästner, Christian Dr MinDir 39, 40

Däubler-Gmelin, Herta Dr 5, 23
Dahl, Hans Werner 434
Dahlhoff, VortrLegR I. Kl 54
Dahm, RDir 177
Dahrendorf, Lord Ralf 151
Daichau, Dr WissAng 377
Dalheimer, Dr WissAng 393
Dalheimer, Dr WissOR 249
Dalholf, Dr RDir 368
Damanik, Indra Malela GenKons 465
Dambach, VwOR 303
Damdinjav, Dambadarjaa III Sekr 444
Dames-Willers, Klaus Honorar-Kons 487
Damm, Hans-Peter FoR 177
Damm, Hans-Wilhelm von 381
Damm, RDir 248
Dammann, Dr MinR 119
Dammann, Hanns Diether 244
Dammermann, MinR 116
Dammeyer, Manfred Prof Dr Minister für Bundes- und Europaangelegenheiten 36
Dams, MinR 28
Dandorfer 425
Dane, Dr Gesandter 55
Daniel, Dr VwAng 136
Dann, Wilfried Dr 232
Danne, Dr 165
Danner, Dr Präsident des Bundesausfuhramtes 242
Dannhäuser, Dr ODir 285
Danschewitz-Ludwig, Jörg ORR 202
Danziger, RDir 174
Daraja, Andrew Mhando Außerordentl und bevollm Botsch 448
Dassel, Dr VortrLegR I. Kl 53
Dau, Klaus Dr MinDir 348
Daub, MinR 117
Daubenbüchel, Rainer Dr 282
Daubenmerkl, VwOR 307
Dauke, MinR 115
Daum, Dr-Ing RDir 246
Daum, Werner Dr außerordentl und bevollm Botsch 61
David 303
David, ZOAR 195
Davila Membreño, José Außerordentl und bevollm Botsch 444
de Haas, Friederike Staatsministerin für die Gleichstellung von Frau und Mann 38
Debrus, RDir 367
Debski, Ang 393
Debus, ORR 283
Decker 286
Decker, MinR 398
Deckwitz, Dr MinR 253
Decrop, Charles HonorarKons 91

Dedecke, Horst HonorarKons 97
Defay, Jean-Yves GenKons 461
Deffke, MinR 316
Degand, Dr VwAngestellte 44
Degen, Dr MinR 432
Degener-Hencke, Dr MinR 368
Dehmel, Dr MinR 237
Dehn, MinR 316
Dehn, RDir 396
Dehne, Dr WissOR 377
Dehnel, Wolfgang 5
Deichmann, Christel 5, 20
Deisler, Harald 311–312, 383
Deister, ORRätin 184
Deister, RDir 183
Deiters, Dr MinR 162
Deitert, Dipl-Ing agr VwAng 209
Deitert, Hubert 20
Deittert, Hubert 5
Dejas-Eckertz, Dr WissAngestellte 373
Delisle, GeolOR 249
Delisle, RDir 322
Delius, FoDir 210
Dellinger, LtdRDir 156
Dellmann 50
Dellmann, Hansjörg Dr BAnw beim BVerwG 418
Delmhorst, Ang 385
Delpierre, Philippe HonorarKons 94
Dembélé, Ousmane Außerordentl und bevollm Botsch 443
Demele, Ernst 339
Demirok, Gürsel GenKons 490
Deml, Günther Dr 262–263
Deml, Marianne Staatssekretärin 33
Dempwolf, Gertrud Parlamentarische Staatssekretärin 4, 45, 362
Deneke, MinR 403
Deneke, MinRätin 28
Deng, Achol Außerordentl und bevollm Botsch 448
Denneborg, MinR 118
Denner, Dr WissOR 380
Deppe, ZOAR 209
Deppert, Katharina Dr VorsRichterin am BGH 412
Derday, Dr LtdRDir 157
Derix, Christoph Dr Botsch 111
Derra, RDir 146
Desch, Gunter Dr GenOStArzt 347
Desch, RDir 154
Deß, Albert 5
Dessau 339
Deterian, Aloysius Antonius Maria HonorarKons 99
Detken, MinDirig 255
Dettinger, Hellmuth Dr h c HonorarKons 472

525

Dettmer, Horst-Wolfgang GenHonorarKons 458
Dettweiler, WissR 375
Deuten, von RDir 432
Deutschen, ORRätin 172
Dewes, Richard Dr Innenminister 39
Dewitz, von MinDirig 236
Dexheimer, Dr MinR 26
Deyda, Dr MinR 403
Deyhle, ORR 204
D'Hondt, MinRätin 396
d'Hone, MinR 272
Dick, Dr MinR 398
Dick, Wolf-Rüdiger HonorarKons 466
Dickas, Dr MinR 255
Dicke, ORR 131
Dickes, Monika 347
Dickler, Erich Dr 263
Dickopf, RDir 135
Dickschen, Dr RDir 272
Dieck, MinR 161
Dieckell, Barbara Konsulin (H) 470
Dieckell, Friedrich HonorarKons 486
Dieckmann, Heinrich-Dietrich Dr außerordentl und bevollm Botsch 82
Diefenbach, Wilhelm Dr VorsRichter am BVerwG 416
Diehl, Dr MinR 403
Diehl, MinRätin 161
Diemers, Renate 5
Diepgen, Eberhard Regierender Bürgermeister 33
Dierdorf, Dr MinDir 154
Dierkes, RDir 192
Diesem, MinDirig 153
Dieter, Dr Dir und Prof 390
Dieterich, Dr MinR 385
Dieterich, Thomas Prof Dr Präsident des Bundesarbeitsgerichtes 421
Dieterich, VwORätin 291
Dietert-Scheuer, Amke 5
Dietrich, Dr WissAng 250
Dietrich, Günther-Heinz Dr VwDir 309
Dietz, MinR 427
Dietz, Rainer LtdVwDir 289
Dietz, RDir 244
Dietze, Günther Dr Dir und Prof 242
Dietzel, Dr MinR 367
Dietzel, Wilhelm 5
Dietzen, Ang 435
Dilanas, Athanasios HonorarKons 96
Dill, Dr VwDir 304
Diller, Dr WissAng 377

Diller, Karl 5, 23, 229
Dillgard, Hans-Georg ORR 128
Dilling, Dr Dir und Prof 332
Dimper, ORR 132
Dingens, MinDirig 53
Dini, Sergio BotschR 447
Dinica, Valeriù GenKons 483
Dinkloh, Dr MinR 385
Dinter, VwAng 214
Diop, RDirektorin 365
Dippel, PolDir 117
Diringer, Prof Dr Dir und Prof 374
Dirksen, BauDir 320
Dirksen, RDir 172
Dirmeier, VwDir 307
Disdorn, Hannspeter außerordentl und bevollm Botsch 90
Dittmann, MinR 153
Dittmer, Dr VwR z A 269
Dittrich, Dr MinR 384
Dittrich, MinR 154
Dix, VortrLegR I. Kl 52
Djisa Senaya, Awoyo Botschaftsrätin 449
Dobberthien, Marliese Dr 5
Dobbertin, Dr WissDir 388
Doben, Lutz LtdRDir 201
Dobler, LtdRDir 247
Dobrescu, Luminita Konsulin (H) 483
Dockter, MinR 432
Dodenberg, Dr VortrLegR I. Kl 54
Dodt, Dr WissAng 380
Döhl, BauDir 322
Döhler, Udo HonorarKons 66
Döhne, Dr MinR 398
Döll, Dr MinR 403
Döllinger, Dr MinR 403
Dölp, RDir 337
Dörflinger, MinR 254
Dörflinger, Werner 5, 22
Döring, Dr MinR 239
Döring, VwOR 294
Döring, Walter Dr Stellvertreter des Ministerpräsidenten und Wirtschaftminister 32
Dörner, Hans-Jürgen VorsRichter am BAG 421
Dörnmann 274
Dörr, MinR 385
Dörrhöfer-Tucholski, Heide Staatssekretärin 432
Dörries, BauDir 314
Doherty, Patrick James Mortimore HonorarKons 109
Dohle, Hans Gerhard LtdVwDir 296
Dohmen, Wolfgang LtdVwDir 298
Dohmes, MinDirig 52

Dohna-Lauck, Dr Gräfin zu 127
Dohr, AbtPräs 224
Doig Alberdi, José Antonio GenKons 481
Dolatowski, WissAngestellte 130
Doleschal, RR 173
Dolezal 402
Dolezal, Dr VwAng 115
Dombrowski, ZOAR 172
Domeyer, RDir 372
Dominick, Dieter LtdVwDir 296
Domke, Dr RAng 430
Dommermuth, Helmut 335
Dommermuth, RDir 342
Domnick, Dr 339
Domrös, RR z A 387
Donat, Wolfgang Dr GenKons 479
Donau, Dipl-Ing LtdBauDir 325
Donosa Aranda, Orlando Außerordentl und bevollm Botsch 437
Doose, RDir 398
Dopatka, Annemarie MinDirigentin 253
Dopheide, Dr Dir und Prof 241
Dorau, Dr Dir und Prof 390
Dorenwendt, Klaus Dr Dir und Prof 241
Dorfmeier, Jürgen HonorarKons 73
Dorn, VwDir 285
Dornquast, TAng 431
Dornseifer, Ang 295
Dorst, Dr LtdBauDir 136
Dortants, RDir 368
Doss, Hansjürgen 5, 23
Doßmann, RDir 185
Dostal, Dr LtdWissDir 287
Dotter, Dr Dir und Prof 377
Doucin, Michel GenKons 461
Drake, Peter HonorarKons 110
Dransfeld, Dr RDirektorin 367
Drechsler, Dr WissDir 389
Drees, MinDirig 161
Dreesen, Ulrich außerordentl und bevollm Botsch 84
Dregger, Alfred Dr 5
Dreher, Burkhardt Dr Minister für Wirtschaft, Mittelstand und Technologie 34
Dreher, Eckhard VwDir 309
Dreisvogt, Dr MinR 386
Drerup, Dr MinR 239
Dresch, Alfred Dr BauDir 123
Drescher, MinDirig 27–28
Dress, Dr RDir 228–229
Dreßen, Peter 5
Dreßler, Dr MinR 161
Dreßler, ROAR 329
Dreßler, Rudolf 5, 23
Drewes, Robert HonorarKons 479

Drexelius, Günter Dr 268
Dreyer-Eimbcke, Oswald HonorarKons 466
Dreying, MinR 27
Driehaus, Hans-Joachim Prof Dr VorsRichter am BVerwG 416
Driesch, von den Dr MinDirig 160
Dröge, BauDir 330
Drohmann, ORR 173
Droß, Waldemar 302
Droste, Dr-Ing Dir und Prof 246
Drück, MinR 398
Drummer, Dr RAng 432
Druschke, Max Axel Georg HonorarKons 74
Dubbers-Albrecht, Rita Konsulin (H) 457
Dubcek, Peter BotschR 447
Dube, Wolf-Dieter Prof Dr Generaldirektor 146
Ducci, Paolo GenKons 467
Duchow, Dr WissAngestellte 380
Duchstein, MinRätin 161
Ducklau, Dr MinR 395
Duckwitz, Dr MinDirig 48
Duda, BiblR 372
Dudel, Dipl-Phys Dr 243
Duditza, Florea Prof Dr-Ing Außerordentl und bevollm Botsch 446
Dudziak, Hans Dieter BauDir 328
Dückers, Alexander Prof Dr Direktor 147
Dührhage, ZOAR 179
Dünnwald, Dr RDirektorin 272
Dünschel, ORR 367
Duensing, Georg Dr 335
Dürig, MinDirig 341
Dürr, RAng 432
Dürrschmidt, Dr RDir 384
Duggen, LtdRDir 214
Duijnisveld, Dr WissOR 249
Duisberg, Claus-Jürgen Dr außerordentl und bevollm Botsch 65
Dujardin, André GenHonorarKons 492
Dul Jacobsen, Asa á Honorarkonsulin 92
Dulger, Viktor HonorarKons 474
Dumke, Dr WissDir 250
Dumpich, RDir 386
Dunckert 339
Dunger, Ralf Dipl-Ing 146
Duranti, Gianfranco HonorarKons 97
Durić, Dr RDir 187
Durrani, M Asad Außerordentl und bevollm Botsch 445
Durwen, RRätin 128

Dusch, Hans-Georg Präsident des Bundesamtes für die Anerkennung ausländischer Flüchtlinge 140
Dusemund, Dr WissAngestellte 376
Dutt, Reinhardt Dr VwDir 306
Duve, Freimut 5
Dyba, Johannes Dr Dr Erzbischof 352
Dyllick-Brenzinger, Helmut W HonorarKons 473
Dziewezo Polski, Daniel Adán GenKons 452
Dzihanović, Sahbaz GenKons 455
Dziubek, ORR 365

E

East, Michael George HonorarKons 110
Ebeling 402
Eberenz, RDir 283
Eberhardt, Werner LtdRDir 217
Eberle, MinR 255
Ebermann, Frank Dr LtdRDir 167
Ebermann, RR 392
Ebert, ROAR 336
Eble, Thomas RR 427
Ebling, Klaus Dr 420
Ebmeier, ORR 209
Eckardt, VwAng 304
Eckart, Dr RDir 398
Eckart, LtdMinR 433
Eckart, Otto HonorarKons 463
Eckel, RDir 243
Eckelmann, Wolf Dr Dir und Prof 249
Eckenberg, Peter A HonorarKons 489
Eckermann, VwAng 395
Eckert, Brita Dr BiblORätin 149
Eckert, Dr RDir 154
Eckert, RDir 42
Eckhardt, MinDirig 314
Eckhardt, RRätin 132
Eckhardt, VwAng 185
Ecklef, Paul HonorarKons 455
Eckrich, RRätin 159
Eckrich, Tilmann LtdVwDir 298
Eckstein, Dieter Uni-Prof Dr 265
Edbauer, Johannes VwDir 310
Edel, Walburga 121
Edelhäuser, MinR 386
Eder, VwOR 308
Ederer, Adolf außerordentl und bevollm Botsch 58
Edig, Helmut van außerordentl und bevollm Botsch 57
Edner, Sabine VwORätin 302

Effenberger, Arne Prof Dr Direktor 147
Egeler, Roderich Dipl-Volksw LtdRDir 140
Eger, RR 258
Eggen, Josef Peter HonorarKons 472
Eggert, Rolf Prof Dr Minister für Justiz und Angelegenheiten der Europäischen Union 36, 39
Eglit, Dr Direktorin und Professorin 377
Ehlerding, Karl Hugo Ernst HonorarKons 470
Ehlers, Dr WissDir 375
Ehlers, Dr WissOR 375
Ehlers, Gerd MinDirig 161
Ehlers, Prof Dr 331
Ehlert, Manfred FinPräs 175
Ehm, Herbert Prof Dr MinDirig 398
Ehmann, ORR 131
Ehmcke, MinR 162
Ehmke, Holger 142
Ehni, Reinhard Dr außerordentl und bevollm Botsch 96
Ehrenstein, VwORätin 295
Ehret, RDir 392
Ehrig, Dr MinDirig 164
Ehrlich, Dr Dir und Prof 393
Ehrlich, VwOR 303
Ehrmann, RR z A 173
Ehrnsperger, MinDir 342
Eich, Ludwig 5
Eichel, Hans Ministerpräsident 35
Eichelbaum, RDir 221
Eichenauer, Gerald AbtDir 201
Eichenauer, LtdRDir 201
Eichengrün, Ernst WissAng 128
Eichhorn, Dr 425
Eichhorn, Gerhard MinDirig 398
Eichhorn, Maria 5, 23
Eichinger, Dr VortrLegR I. Kl 53
Eichinger, Hubert HonorarKons 110
Eichler-Jorre de St Jorre, Maryse Honorarkonsulin 61
Eichmann, Ricardo Prof Dr 112
Eichner, Dr Dir und Prof 372
Eichstädt-Bohlig, Franziska 5, 24
Eickenboom, Peter Dr MinDir 27
Eickhoff, MinR 273
Eid, Uschi Dr 5, 22
Eiden, Dr MinR 253
Eiff, Hansjörg Dr Botsch 111
Eimer, Dr MinR 254
Einsiedel, Heinrich Graf von 5
Eiriksson, Svanur HonorarKons 96

527

Eisel, Dr MinR 398
Eisel, MinDirig 117
Eisenbach, Gerhard Honorar-Kons 476
Eisenbart, Paul ZAR 217
Eisenberg 120
Eisenfeller, Wilfried Honorar-Kons 75
Eisenkölbl, Anton LtdRDir 206
Eisenreich, RDir 208
Eisenträger, RDir 282
Eising, MinR 27
Eiss, Dr WissOR 375
Eitel, Antonius Prof Dr Botsch 111
Eitel, ROAR 372
Eitner, Eckhart 282
Eitner, Klaus HonorarKons 67
Eitner, MinDirig 403
Elbe, Frank außerordentl und bevollm Botsch 81
Elbers, R Dr 372
Elbert, Harald Dr LtdRDir 365
Elbrächter, M Dr WissAng 406
Eliassen, Kjell Außerordentl und bevollm Botsch 445
Ellenberger, Irene Ministerin für Soziales und Gesundheit 39
Ellendorff, Franz Prof Dr sc agr Dr habil (M Sc) Dir und Prof 261
Ellerbrock, Carl-Olav GenHonorarKons 487
Elliger, RRätin 173
Ellrodt, Dir 286
Elm, Ludwig Dr 5, 24
Elm, Winfried Anton Dr Honorar-Kons 457
Elmendorff, Gloria Konsulin (H) 467
Els, Stefan Dr RDir 207
Elsäßer, W Dr Dir und Prof 373
Else, MinR 161
Elsner, RDir 332
Elsner, Rudolf 257
Elstner, Dr WissDir 378
Eltischer, Ang 379
Elverfeldt, Ferdinand Frhr von Ing agr 260
Ely, Hamoud Ould Außerordentl und bevollm Botsch 444
Emde, Peter ROAR 122
Emmerl, MinR 115
Emmrich, RDir 206
Emonds, Dr MinR 385
Empacher 268
Emre, Mehmet Nuri GenKons 489
Ende, Rüdiger vom 310
Enderlein, Dr Ang 279
Enderlein, Volker Dr 147
Enders, Peter 5
Enders, RDir 243

Endrullis, Dr-Ing WissOR 134
Enge, Hans-Joachim Dr Honorar-Kons 463
Engel, BauDir 330
Engel, Dr RAng 432
Engel, MinR 238
Engeland, RDirektorin 363
Engelen-Kefer, Ursula Dr 284
Engelhard, Michel GenKons 97
Engelhard, MinRätin 363
Engelhardt, Dr MinR 254
Engelhardt, Hans Peter Oberfinanzpräsident 183
Engelke, Dr MinR 341
Engelmann, MinR 163
Engelmann, RDir 435
Engelmann, Wolfgang 5
Engels, Dieter Dr Vizepräsident 408
Engels, Dr MinR 272
Engels, RDir 209
Engels-Steinmetz, ORRätin 132
Engelter, Marion RDirektorin 122
Engemann, Holger RDir 190
Engler, ROAR 211
Englert, Dr Dir und Prof 390
Englert, Gerhard Dr agr 261
Englert, Wolf Dieter Dr 263
Enkelmann, Dagmar Dr 5, 24
Epe, Ludger AbtDir 200
Epkenhans, Michael Dr 151
Eppelmann, Rainer 5
Epping 268
Epting, Dr MinR 429
Erath, Botschafter 51
Erb, Rudolf LtdRDir 213
Erbach, Wilfried 339
Erbe, Henning FinPräs 172
Erck, Wolfgang außerordentl und bevollm Botsch 84
Erdland, Alexander Dr Honorar-Kons 463
Erdmann, RDir 253
Erdmann, VortrLegR I. Kl 51
Erdmann, Willi Prof Dr VorsRichter am BGH 411–412
Erhard, LtdVwDir 298
Erice y Gomez-Acebo, José Pedro Sebastian de Außerordentl und bevollm Botsch 447
Erikson-Hjerling, Gunvor HonorarKonsulin 92
Erkmenoglu, Riza GenKons 489
Erler, Dr RAngestellte 429
Erler, Gernot 5
Erler, Prof Dr WissAng 377
Erlwein, Kurt Dipl-Volksw VwAng 227
Ernst, Dr RDir 195
Ernst, MinR 315
Ernstberger, Petra 5

Ertelt, Thomas Dr 148
Ertle, Dr MinR 396
Erveling, Helmut RDir 248
Erz, Wolfgang Prof Dr Dir und Prof 391
Erzepky, Rainer BiblDir 149
Eschelbacher, Dr MinDirig 403
Escher, RDir 431
Eschke, Claus-Achim Honorar-Kons 460
Eschmann, Dr ORR 185
Eschweiler, Otto Dr Honorar-Kons 477
Espinosa Vélez, Franklin Dr GenKons 459
Esselborn, RR 243
Essemann, Poul GenKons 458
Essen, Jörg van 5, 21, 24
Essen, van RDir 136
Esser, Martin HonorarKons 107
Essig, Hartmut Dr LtdRDir 122
Eßmann, Heinz Dieter 5
Eßwein 425
Esswein, Christine Honorarkonsulin 99
Etcioglu, Erol GenKons 489
Ettenhuber, Dr WissAng 394
Etzel, Gerhard Dr VorsRichter am BAG 421
Etzin, RDir 242
Eufinger, VwOR 269
Eui Kim, Seung GenKons 470
Eujen, BauDir 326
Eule, Dipl-Sportlehrer Ang 135
Eulen, Eike 310
Euschen, MinR 384
Even, Dr RDir 118
Evers, Bernd Prof Dr Direktor 146
Evers, Dr MinR 368
Ewald, Hans Friedrich MinDir 314
Ewert, Peter LtdVwDir 294
Exner, Helga Konsulin (H) 456
Eyink, Dr ORR 397
Eylmann, Horst 5, 21
Eymelt, VwDir 298
Eymer, Anke 5, 20, 22

F

Faas, MinR 237
Faber, Dr WissDir 250
Faber-Castell, Anton Wolfgang Graf von HonorarKons 455
Fabricius, Dr WissDir 378
Fabry, LtdVwDir 269
Fachinger, Beate Dr 363
Faerber, RDir 332
Fahland, Alexander 120
Fahnauer, RDir 272
Fahnebrock, Dieter HonorarKons 106

Fahrenheim, Irene LtdVwDirektorin 149
Fahrenkamp, Hans-Henning HonorarKons 460
Failer, Dr RDir 428
Faiola, Paolo GenKons 466
Faist, Dipl-Ing 327
Faix, Oskar Prof Dr Dir und Prof 265
Fakili, Sakir GenKons 490
Faleschini, Dr 286
Falk, Bernhard 125
Falk, Herbert 233
Falk, Ilse 5
Falke, ORR 133
Fallois, de MinR 164
Faltin, RDir 379
Faltlhauser, Kurt Prof Dr Staatsminister 33
Farah, Hassan Abshir Dr Außerordentl und bevollm Botsch 447
Farwick, Bernd LtdVwDir 296
Farwig, RDir 325
Faß, Bernhard LtdVwDir 290
Faßbender, RR 131
Faße, Annette 5
Fasterling, RDir 192
Faulenbach, Jürgen Ang 142
Fechner, Dr MinR 385
Fechner, Wolfgang Prof Dr HonorarKons 483
Fecht, Dr 425
Feckler, MinR 271
Fehlauer, Dr Dir und Prof 372
Fehlemann, MinR 401
Fehling, LtdRDir 184–185
Fehling, RDir 237
Fehr, ORR 181
Fehrenbach, Franz Prof Dr 374
Fehse, RDir 28
Feier, Dr WissDir 377
Feier, MinDir 342
Feilcke, Jochen 5
Feilke, ORR 197
Fein, Hans-Georg GenKons 90
Fein, Hans-Wolfgang HonorarKons 481
Feist, Peter GenHonorarKons 490
Feiter, Franz-Josef Dr 253
Feith 362
Felber, Dieter 137
Feldhege, Hans Georg HonorarKons 455
Feldmann, Dr MinR 384
Feldmann, Olaf Dr 5, 21
Felk, RDir 221
Fellehner, LtdRDir 132
Felsch, Hans-Hartwig VwOR 289
Felsch, VwDir 300
Felzmann, RDir 136

Fendel, MinR 117
Fendrich, Dr MinDirig 272
Ferdinand, Gerd 346
Fernández Torrejoón, Julio GenKons 486
Ferner, Elke 5, 23
Ferreira Mameri Abdenur, Roberto Pinto Außerordentl und bevollm Botsch 438
Fesefeldt, Klaus Dr Dir und Prof 249
Feske, Dietrich LtdBauDir 324
Fessmann, RDir 271
Fest, Dr MinDirig 240
Fester, Arnold FinPräs 211
Fetzer, Dr Ing WissAng 129
Feuchtmüller 286
Feuring, FoR 209
Feuß, MinR 432
Fey, Karlernst VwDir 289
Feyed, Fahmy Ahmed BotschR 436
Fichtner, Dietrich Dr MinDirig 402
Fickel, Dr MinR 341
Fieberg, Christian MinDirig 115
Fieberg, MinR 154
Fiebig, Heinz 59
Fiebig, RRätin 131
Fiedler, Dr MinDirig 159
Fiedler, Georg Präsident des Landesarbeitsamtes 289
Fiedler, Horst 338
Fiedler, ORR 208
Fielitz, Dr WissDir 249
Filip, Prof Dr Dr Dr h c Dir und Prof 391
Finantu, Eugen Paul BotschR 446
Finck 120
Findeisen, Dr RDir 50
Findeisen, Prof Dr-Ing RDir 246
Findeisen, RDir 225
Findling, LtdRDir 218
Fineanganofo, Akosita Außerordentl und bevollm Botschafterin 449
Finger, Erik HonorarKons 88
Fink, Ulf 5
Finke, Ulrich BauDir 328
Finkenbeiner, RR 427
Fircks, MinR 115
Firk, BauDir 316
Firlus, TAng 184
Firnhaber, Klaus 340
Fisch, Viktor 310
Fischbeck, ORR 320
Fischels, VwAng 271
Fischer, Adolf MinDir 347
Fischer, Andrea 5
Fischer, Dirk 6, 23
Fischer, Dr Dir und Prof 390

Fischer, Dr MinDirig 396
Fischer, Dr MinR 117
Fischer, Dr MinRätin 272
Fischer, Dr WissDir 380
Fischer, Joseph 6, 24
Fischer, LandDir 431
Fischer, Leni 6
Fischer, Lothar 6
Fischer, LtdRDir 244
Fischer, MinR 145, 397, 432
Fischer, ORR 277
Fischer, ORRätin 282
Fischer, Peter Dr Minister für Wirtschaft, Technologie und Verkehr 36
Fischer, Pius außerordentl und bevollm Botsch 58
Fischer, RDir 245
Fischer, ROAR 143
Fischer, RR 177
Fischer, ZOAR 179
Fischer-Menzel, Helgrit Senatorin, Präses der Behörde für Arbeit, Gesundheit und Soziales 35
Fisher, Barry Darrell Hedley HonorarKons 88
Fisser, Guido Michael Dr HonorarKons 465
Fitschen, Bernd MinDirig 27
Fittschen, Klaus Prof Dr Dir und Prof 113
Fitzner, Dr VwOR 293
Flachowsky, Gerhard Prof Dr agr habil Dir und Prof 260–261
Flad, LtdRDir 156
Flätgen, RDir 131, 133
Flasch, RDir 217
Flasche, ROR 434
Flath, Dr MinR 237
Fleck, Klaus-Peter LtdVwDir 293
Flecken, RDir 273
Fleige, RDir 395
Fleischer, Dipl-Sozialwirt Ang 135
Fleischer, Dr ArchOR 129
Fleischhauer, Dr MinR 385
Fleischmann, Hanns-Friedrich LtdRDir 187
Fleskes, Dr RDir 326
Fliege, Ilse Konsulin (H) 488
Fliege, MinR 163
Flimm, VortrLegR I. Kl 52
Flittner, Karl GenKons 105
Flöck, ROARätin 330
Flogaus, FoOR 218
Flohrer, ORR 435
Flores Arroyuelo, Juan Luis GenKons 486
Flotho, MinR 116
Flügge, Gerd Dr-Ing BauDir 329
Flümann, Dr MinR 117

529

Flüsser, Dinah Genkonsulin 455
Fobian, VwOR 290
Fock, MinR 117
Fock, Rüdiger Dr Dir und Prof 375
Fock, VwOR 290
Föge, AbtDir 188
Fölster, Uta Dr 410
Förch, MinR 28
Förster, MinR 162
Förster, Paul-Friedrich Dr HonorarKons 79
Foerster, RDir 243
Förster, Wolfgang HonorarKons 90
Fösel, Peter Dr RDir 212
Fograscher, Gabriele 6
Foitzik, Uwe HonorarKons 487
Follak, Iris 6
Ford, Antony Gesdtr 440
Forell, VwDir 298
Formanski, Norbert 6
Forst, Gisela VorsRichterin am BPatG 415
Forstner, Rudolf ZOAR 207
Fortuna, RRätin 156
Fotopoulos, Ilias GenKons 462
Foulkes, Arthur Alexander Außerordentl und bevollm Botsch 437
Fourmond, Ang 294
Fournes, Roland GenKons 70
Fox, Charles L HonorarKons 109
Fraas, RDir 325
Fradj, Abderrazak Ben Kons 490
Fränkel, Michael Dr MinDirig 115
Fraider, RDir 331
Frame, Donald D M HonorarKons 109
Francke, Klaus 6
Frangi, Abdallah palästinensischer Generaldelegierter 450
Frank, Dr MinR 50, 114
Frank, Hans VAdm 347
Frank, Lothar Dir 127
Frank, Peter HonorarKons 456
Frank, Peter VorsRichter am BPatG 415
Frank, RR 132
Franke, Ingeborg Dr VPräsidentin des BVerwG 416
Franke, RDirektorin 195
Franke, Walter Prof Dr HonorarKons 475
Franken, Norbert VwDir 289
Franken, RR 248
Frankenhauser, Herbert 6
Franßen, Everhardt Dr Präsident des Bundesverwaltungsgerichts 416, 417

Frantzioch, Fritz Dr 329
Franz, Dr RDir 154
Franz, Otmar Dr HonorarKons 479
Franzen, Dr MinR 273
Franzen, MinR 235
Franzius, BauDir 320
Franzius, Dr Dir und Prof 388
Franzmeyer, Dipl-Ing LtdBauDir 336
Frauenberg, Seppo von und zu HonorarKons 93
Frauenkron, Karl-Peter Dr LtdMinR 433
Freche, BauOAR 400
Frechen, MinRätin 254
Freier, Dr WissORätin 388
Freischmidt, MinR 273
Freistedt, RAng 430
Freitag, Dagmar 6
Freitag, Lutz 310
Fremerey 363
Frenken, Martin ORR 202
Frerichs, BauDir 321
Fretzdorff, RDir 160
Freudenstein, Dr ORR 258
Freund, Dr MinR 162
Freund, H Dr MinDir 401
Freund, Tamás Dr GenKons 491
Frey, Henning LtdRDir 170
Frey, VwAng 27
Freyberger, Klaus Dr 113
Freytag, Dr RDir 402
Freytag, RDir 155
Frick, Gisela Professorin 6, 229
Frick, OStAnw beim BVerwG 418
Fricke, Dr MinR 363
Fried, RDir 239
Friede-Mohr, Dr RDirektion 367
Friedel, Dr Dir und Prof 332
Friedemann, Christa Angestellte 294
Friedemann-Rotsch, Ernestine Dr RDirektion 202
Friederich, Dr 425
Friederichs-Krug, ORRätin 229
Friedhoff, Paul K 6, 24
Friedmann, Dr 425
Friedrich, Dr Dir und Prof 388
Friedrich, Dr rer nat Dir und Prof 246
Friedrich, Gerhard Dr 6, 22
Friedrich, Horst 6, 24
Friedrich, Karl Jürgen RDir 173
Friedrich, MinDir 402
Friedrich, RDir 173, 217
Friedrich, RDirektorin 367
Friedrich, Rudolf Dr LtdVwDir 306
Friehe, RDir 49

Frieling, WissDir 380
Fries, RR 313
Fries, Walter VwDir 307
Fries, Winfried HonorarKons 69
Frieser, WissAng 380
Frieß, Dipl-Ing BauDir 336
Frietsch, MinR 154
Frind, ZAR 179
Frindt, Oswald HonorarKons 68
Frisch, Peter Dr 124
Friske, MinR 238
Fritsch 425
Fritsch, Dr WissDir 249
Fritsch, ORR 391
Fritsche, Klaus-Dieter 124
Fritsche, Michael HonorarKons 461
Fritton, Ang 314
Fritz, Erich G 6
Fritz, Gernot Dr MinDir 42
Fritz, K AbtPräs 337
Fritz, Ludwig C Dr HonorarKons 488
Fritz, RDir 187
Fritz, RR 419
Fritzenkötter, Andreas VwAng 47
Frlec, Boris Prof Dr Außerordentl und bevollm Botsch 447
Fröbe, RDir 365
Fröhlich, BauDir 399
Fröhlich, Dr MinR 274
Fröhlich, RDir 210
Froelich, VwAng 399
Frömming 334
Frömming, Ferdinand ORR 172
Froese, RDir 278
Froneberg, Brigitte Dr Direktorin und Professorin 279
Frost, MinR 238
Frühauf, Manfred MinDirig 428
Frühwald, Arno Univ-Prof Dr 265
Frühwald, Dieter Dr 335
Früke, BauDir 322
Fruth, WissAngestellte 129
Fuchs 363, 425
Fuchs, Anke 6, 23
Fuchs, Dr MinR 26, 116
Fuchs, Dr RDir 227, 258
Fuchs, FoOR 212
Fuchs, Jockel HonorarKons 471
Fuchs, Katrin 6, 21
Fuchs, LtdRDir 331
Fuchs, MinDir 396
Fuchs, RDir 365
Fuchs, Ruth Dr 6
Fuchs, SteuOAR 178
Fuchs, VwOAR 300
Fuchtel, Hans-Joachim 6, 20
Fudickar, Dr LtdRDir 283
Füchsel, Dr MinR 236

Füller, VwAngestellte 181
Fürll, Manfred LtdRDir 123
Fürsen, Ernst J Dr HonorarKons 478
Fürst, VwDir 285
Füßlein, Peter Dr SenDirig 429
Fugmann-Heesing, Annette Dr Senatorin für Finanzen 33
Fuhrich, Dr-Ing WissDir 400
Fuhrmann, Arne 6
Fuhrmann, Dr MinR 273
Fuhrmann, Günter GenKons 103
Fuhrmann, RR 388
Fujita, Tadashi GenKons 467
Fulda, Dr VortrLegR I. Kl 54
Funck, Joachim HonorarKons 75
Funk, Winfried VorsRichter am BSG 422
Funke, Karl-Heinz Minister für Ernährung, Landwirtschaft und Forsten 36
Funke, Lothar LtdRDir 201, 202
Funke, ORR 193
Funke, Rainer Parlamentarischer Staatssekretär 6, 45, 153
Funken, Ang 295
Funkschmidt, Dr MinDirig 239
Furmaniak, Dr MinR 367
Fuß, Karl Peter LtdVwDir 296

G

Gabaschwili, Konstantin Dr Außerordentl und bevollm Botsch 439
Gabbe, MinR 396
Gabriel, BauDir 326
Gabriel, ORR 179
Gabriel, Otto Dr Dir und Prof 264
Gabrysch, MinR 28
Gaddum, Johann Wilhelm 424
Gadow, von Dr RDir 385
Gaebel, Dietrich 339
Gährs, Joachim Dipl-Ing BauDir 325
Gänßler, Sigrun 121
Gaentzsch, Günter Dr VorsRichter am BVerwG 416
Gaerte, Wolfgang GenKons 86
Gärtner, Hans-Peter MinR 47
Gärtner, Reinhard Dr MinDir 363
Gärtner, Udo Präsident des Deutschen Wetterdienstes 334
Gagel, Alexander Dr VorsRichter am BSG 422
Gaisser, Rolf ORR 195
Galginaitis, Juozas Dr BotschR 443

Gallas, Dr MinDirig 385
Gallenkamp, LtdRDir 143
Gampp, Josef Paul VwDir 305
Ganns, MinDirig 53
Gansäuer, Karl Friedrich Dr außerordentl und bevollm Botsch 86
Ganseforth, Monika 6
Ganser, Dr RDir 136
Ganten, Dr MinDirig 154
Ganzelmeier, Heinz Dr-Ing 262
Garba, Abdou Außerordentl und bevollm Botsch 445
Garbe, Dr 262
Garbe, Dr WissDirektorin 373
Garber, Dr WissDir 388
Garbers, Friedrich außerordentl und bevollm Botsch 111
Garbers, MinR 315
Garcia, Elke HonorarKonsulin 73
Garcke, Dr MinR 255
Gareis, Manfred Dr Dr habil Dir und Prof 267
Garten, MinR 363
Gartner, Hans-Herbert Dr HonorarKons 479
Garus, RAngestellte 432
Gass, Peter MinDirig 154
Gassner, Peter Dr HonorarKons 459
Gast, Dr MinDirig 386
Gatermann, AR 435
Gatzweiler, Dr rer nat LtdWissDir 400
Gau, Dr RAngestellte 435
Gauck, Joachim 120
Gaudich, Dr MinRätin 367
Gaudig, LtdRDirektorin 132
Gauf, LtdRDir 132
Gauß, Hartmut VwDir 289
Gawron, ROAR 187
Gayet, VwAngestellte 366
Gaymann, MinR 239
Gebhardt 405
Gediga, RDir 428
Geerds, Fokko Walter HonorarKons 460
Geginat, Volker Dr MinDirig 26
Gehre, Horst Dr RA 232
Gehrig, LtdRDir 243
Gehring, RDir 48
Gehrke, Dr WissDir 394
Gehrke, Gert 339
Geierhaas, VwDir 297
Geiger, Hansjörg Dr 50
Geiger, Michaela Vizepräsidentin 6, 20
Geil, Rudolf Staatssekretär 235
Geipel, RDir 403
Geis, Norbert 6, 22
Geisendörfer, Ulrich MinDir 237

Geisler, Hans Dr Staatsminister für Soziales, Gesundheit und Familie 37
Geiß, Karlmann Präsident des Bundesgerichtshofs 411, 412
Geiß, MinR 271
Geißendörfer, LtdRDir 156
Geißler, Heiner Dr 6, 22
Geißler-Kuß, Christiane GenKonsulin 108
Gelderblom, Hans Dr Dir und Prof 374
Gelfort, Dr WissAng 393
Geller, Ursula VwDirektorin 287
Gellner, Elmar RA 157
Gelpke, WissAng 393
Genge, Burkhard 251
Genrich, Albert Dr VwDir 292
Genscher, Hans-Dietrich 6
Genßler, VwDir 285
Gentz, Dr VortrLegR I. Kl 52
Genzel, Herbert 382
George, Horst HonorarKons 68
George, MinR 342
George, Sasara Chasala Außerordentl und bevollm Botsch 438
Gerbaulet, Hermann HonorarKons 467
Gerber, Dipl-Ing MinR 153
Gerber, Dr 302
Gerber, Klaus WissAng 374
Gerdts, Michael außerordentl und bevollm Botsch 58
Gerecke, RDir 243
Gerhard 338
Gerhardt, Walter Dr GenKons 75
Gerhardt, Wolfgang Dr 6
Gericke, Baerbel Dr 304
Gerike, Dr WissAngestellte 374
Gerke, Bernd VwDir 292
Gerlach, AbtPräs 221
Gerlach, Axel Dr MinDir 235
Gerlach, Michael Edmund HonorarKons 78
Gerlach, Peter von Dr FinPräs 195
Gerlach, VwDir 305
Gerloff, RDir 283
Germann, Manfred 302
Germann, Manfred VPräs 303
Germelmann, MinR 47
Gern, MinDir 314
Gernand, Hanna ZOAR 206
Gerner, Dr Dir und Prof 372
Gersdorf, Marianne VwDirektorin 292
Gerster, Florian Staatsminister, Minister für Arbeit, Soziales und Gesundheit 37
Gerster, Michael GenKons 105
Gerth, Dr-Ing 243

531

Gerull, MinR 362
Gerusel, MinR 161
Gerz, VortrLegR I.Kl 53
Gesche, Elisabeth HonorarKonsulin 103
Gesterkamp, RDir 341
Getty, Douglas HonorarKons 110
Geuther, Karl Hillard GenHonorarKons 453
Geyer, MinR 114
Geyer-Schäfer, Klaus Dr RDir 122
Ghazzawi, Abbas Faig Außerordentl und bevollm Botsch 446
Gibowski, Wolfgang G MinDir 49
Gibson, Jan Benett HonorarKons 463
Gielen, Richter am BVerwG 416
Gielisch, Claus HonorarKons 468
Gierenstein 424
Gierke, Dr RDir 385
Gierke, Max HonorarKons 485
Giernoth, MinR 114
Giersberg, OAR 432
Giersch, Werner Ulrich Dr HonorarKons 452
Gies, Dr WissDir 388
Gies, RDir 395
Giesa, ZOAR 172
Giese, Lothar ORR 171
Giesecke, RDir 195, 221
Giesel, ORR 128
Giesen, Dr MinR 273
Giesen, RDir 202
Giesen, Richard Dr außerordentl und bevollm Botsch 69
Giesler, Dr MinR 155
Giess, Dr WissDir 380
Gießler, Dr ArchDir 129
Giet, van der Dr Dr MinR 28
Giffin, III,, John Girvin Mc HonorarKons 77
Gilbert, Marc GenKons 460
Gildemeister, Stephan LtdVwDir 291
Gilges, Konrad 6
Gille, Dr Ang 279
Gintenreiter, RDir 173
Girardet, Michael Thomas Dr GenHonorarKons 488
Gisy, Albert außerordentl und bevollm Botsch 57
Gitt, Dr Dir und Prof 242
Glaab, Hermann Dir beim StBA 122–123
Gläser, Alexander HonorarKons 458
Glaeser, Dr ORR 332
Glander, Herwig Dr HonorarKons 78

Glante, Dr WissAng 388
Glass, MinR 115
Glatzel, Dr MinDir 385
Glatzel, Dr WissDir 389
Glatzel, MinR 272
Gleicke, Iris 6
Glisczynski, von MinR 315
Glitz, Dietmar Dir und Prof 391
Glogowski, Gerhard Stellvertreter des Ministerpräsidenten, Innenminister 36
Glomb, Dr MinR 165
Glos, Michael 6, 22
Glos, VwORätin 307
Gloser, Günter 6
Glück, Dr VwDir 295
Glücklich, Wilma 6
Glüsing, LtdRDir 196
Gneiting, VwOR 305
Gnoss, Roland Dr LtdRDir 122
Gocht, Ulrich HonorarKons 73
Goebbels, MinR 341
Göbel, Dirk Dipl-Ing 146
Göbel, Ernst Otto Prof Dr Präsident der Physikalisch-Technischen Bundesanstalt 241
Goebel, FoOR 186
Goebel, Frank Peter VorsRichter am BPatG 415
Göbel, ORR 180
Goebel, RDir 331
Goebel, RDirektorin 131
Göbel, VwOR 307
Goecke, Jürgen LtdVwDir 299
Göcke, RR 133
Göckel, Dr VortrLegR I. Kl 54
Goedecke, Dr Dir und Prof 280, 373
Göhner, Reinhard Dr 6, 22
Göhring, Wolfram HonorarKons 471
Goehrmann, Klaus Dr HonorarKons 481
Göktürk, Safak GenKons 489
Göllner, Michael 106
Göllner, Uwe 6
Gölz, RDirektorin 362
Goeman, Dr MinDirig 254
Goerdeler, Dr MinR 395
Goeres, MinR 50
Görgen, Dr RDir 385
Goergen, Hans Walter RDir 244
Goerke, Dr WissAngestellte 430
Görner, Franz Dr BiblDir 148
Görner, Prof Dr rer nat Dir 245
Görrissen, Helge HonorarKons 101
Görsch, TRAR 331
Görtz, Dr WissDir 393
Göschel, Michael VwDir 287
Göser, MinR 115
Goette, Eckart HonorarKons 76

Götte, Franz Josef Dr VwDir 289
Götte, Rose Dr Staatsministerin, Ministerin für Kultur, Jugend, Familie und Frauen 37
Göttelmann, Wolfgang Dr GenKons 87
Göttke, MinR 160
Göttsch, Reimer 310
Götz, Peter 6
Goetzcke, Udo Dipl-Ing BauDir 326
Götze, Dietmar Dr FoOR 193
Götzer, Wolfgang Dr 6
Goetzke, Wolfgang Dr 382
Gojny, LtdRDir 326
Gold, Edgar Prof Dr HonorarKons 70
Goldbeck, WissAngestellte 130
Goldschmidt, Peter VwAng 228
Golgert, Lothar GenHonorarKons 464
Golisch, Jörn RAR 219
Goll, Ulrich Dr Justizminister 32
Golla, Joachim Dr MinR 363
Gollan, ORRätin 247
Golombek, Dieter Dr 142
Golz, Joachim-Friedrich AbtPräs 220
Gonçales dos Santos Gomes, Pedro Joaquim Dr GenKons 482
Gonçalves Fidalgo, Victor Alfonso Außerordentl und bevollm Botsch 442
Gondeck, MinDir 273
Gonzales, Ophelia A Genkonsulin 481
Gonzales-Schmitz, VortrLegRätin I. Kl 54
Good, Andrew HonorarKons 110
Goos, Dieter BauDir 319
Goos, Dr 425
Goose, Dieter Dr 231
Goosmann, Dir und Prof 389
Goppel, Thomas Dr Staatsminister für Landesentwicklung und Umweltfragen 33
Goral, Servet Kamil GenKons 490
Gordon, VwORätin 293
Goretti de Flamini, Nicoló GenKons 466
Gorges, Renate Dr MinRätin 363
Gorißen, WissOR 388
Goroncy, Dr MinR 402
Gorzel, Dr MinR 398
Goßmann, MinR 163
Goßmann, VwAng 116
Gottauf 285

Gottfried, Horst LtdRDir 260
Gotthardt, Jürgen HonorarKons 488
Gottlieb, Herbert GenHonorarKons 475
Gottlob, Dr 389
Gotto, Klaus Dr MinDir 50
Gottsmann, Dr MinR 255
Gottwald, Dietrich LtdRDir 144
Goworr, Dr RDir 242
Goydke, Dr Dir und Prof 241
Goyens, Hervé GenKons 454
Goytom, Wolde-Mariam Dr Außerordentl und bevollm Botsch 439
Graalfs, Jürgen HonorarKons 489
Grabbe, Karl GenHonorarKons 489
Grabitz, Norbert LtdVwDir 294
Grabowski, Dr MinR 238
Grabowski, Jörn Dr Leiter 147
Grabowski, RDir 282
Grabrucker, Richterin am BPatG 415
Gräbner, LtdRDirektorin 208–209
Gräbner, Uwe FoR 178
Graeff, MinR 273
Graevenitz, Dr von MinR 253
Graevenitz, Hanno von Genkons 109
Graf, Albert GenKons 65
Graf, Angelika 6
Graf, Bernhard Dr Direktor 147
Graf, Günter 6
Graf, LandwDir 218
Graf, ORR 283
Graf, RDir 321
Graf, Ulrich 150
Graf, Ulrich MinR 408
Graf, ZOAR 187
Graichen, Hans-Georg Dr GenHonorarKons 474
Graichen-Drück, RDirektorin 396
Gramsch, RDir 195
Granow, Dietrich GenKons 81
Grase, R Dr Dir und Prof 371
Grasedieck, Dieter 6
Graß, MinR 116
Grass-Talbot, Carlita Konsulin (H) 453
Graßhof, Karin Dr 410
Gratzel-Pielorz 271
Grau, LtdRDir 175
Grauf 338
Graumann, Dr MinR 315
Graus, VwOR 299
Grebenstein, VwAng 365
Grebner, Dr VwOR 268
Gregor, Dr Dir und Prof 388

Gregorić, Fedor GenKons 486
Greif, Dr MinR 235, 240, 395
Greineder, VortrLegR I. Kl 54
Greiner, Christian R VwDir 298
Greiner, Dr WissAngestellte 389
Greinwald, Dr WissDir 249
Greipl, Dr RDir 384
Greissl, Ludwig Alexander HonorarKons 476
Grekel-Morell, RDir 419
Grenc, Karlo HonorarKons 98
Gres, Joachim 6
Greulich, LtdRDir 392
Greve, Helmut Paul Dr GenHonorarKons 491
Grevesmühl, BauORätin 399
Grewe, Hans Dr LtdVwDir 305
Grewenig, MinR 47
Griebeling, Gert VorsRichter am BAG 421
Griefahn, Monika Umweltministerin 36, 39
Griep, Karl WissAng 130
Griepenkerl, Werner LtdRDir 123
Griepentrog, Jürgen RDir 213
Griepentrog, Klaus 312
Gries, Dr MinDir 403
Gries, RDir 28
Griesbach, Eckehart FoDir 206, 208
Griese 120
Griesewell, Dr MinR 368
Grieshaber, Wolfgang ORR 199
Griesheimer, Hans-Peter LtdVwDir 396
Grießhaber, Rita 7
Grigutsch, Dr MinR 368
Grill, Kurt-Dieter 7
Grimm, Dieter Prof Dr 410
Grimm, Georg AbtPräs 156
Grisse, Gerald Dr 424
Grissemann, Dr WissAng 249
Grobien, Michael HonorarKons 453
Grotefend, MinR 118
Gröbl, Wolfgang Parlamentarischer Staatssekretär 7, 45, 253
Gröbner, Dr MinR 272
Gröger, MDirig 314
Gröhe, Hermann 7
Grönert, MinR 363
Gröning, VortrLegR I. Kl 52
Gröschel, Dr MedDir 308
Groger, Dr MinR 236
Groh, Manfred Prof Dr 420
Groh, VwOR 297
Grohmann, Prof Dr Dir und Prof 390
Grohspietsch, ZOAR 208
Grojnowski, A David HonorarKons 471

Grolman, Detmar HonorarKons 460
Grommes, Klaus Peter Dr FinPräs 198
Gronarz, Dr LtdRDir 187
Gronau, WissAngestellte 129
Gronemann-Umsonst, Brigitte VorsRichterin am BDiG 417–418
Groos, MinR 27
Grosch, WissDir 389
Grosche, Dr WissOR 392
Grosdanoff, Dr Dir und Prof 372
Groß, Dr MinR 237
Groß, Gerhard Dir 227
Gross, MinR 403
Groß, MinRätin 368
Groß, Werner VorsRichter am BGH 412
Große-Rhode, BauORätin 400
Große-Wilde, VwAngestellte 173
Großklaus, Dr Dir und Prof 376
Großmann, Achim 7, 24
Großmann, Dr LtdRDir 332
Großmann, MinR 367
Großnick, Michael VwDir 292
Grote, Bernard 292
Grotefeld, ORR 209
Grothe, RDir 431
Grothues, BauDir 49
Grotz, Claus-Peter 7
Grotz, MinR 154
Grube, Georg Dr 420
Gruben, von MinR 254
Gruber, Detlef AbtDir 205
Gruber, RR 173
Gruber, Wilfried außerordentl und bevollm Botsch 98
Grueber, Nils Dr GenKons 82
Gründel, Hermann außerordentl und bevollm Botsch 91
Gründer, Irene Dr GenKonsulin 88
Grünewald 424
Grünspek, ArchRätin z A 129
Grüttemann, Bernhard VorsRichter am BPatG 415
Grütter, Wolf HonorarKons 466
Grummt, Dr WissAngestellte 390
Grunau, Dr MinR 403
Grund, Manfred 7
Grundmann, Dr RDirektorin 153
Grundner-Culemann, Alexander HonorarKons 481
Gruner, TROAR 337
Grunewald, RDir 174
Grunow, Dr Dir und Prof 376
Grunwald, Dr LtdMinR 435
Grupe, MinDir 315
Grupp, Alexander Dr GenHonorarKons 480

533

Grupp, Dr MinDir 368
Gruša, Jiří Außerordentl und bevollm Botsch 449
Gruschinske, RDir 222
Grzeski, RDirektorin 26
Gsänger, Eva-Maria ORRätin 213
Guddat, Martin Dr MinDir 348
Guderjahn, Dr 425
Gudmundsson, Adolf HonorarKons 97
Gülle, Dr WissAng 372
Gülpers, Helmut RDir 174
Gündermann, Gerhard Dr 262
Gündner, Dipl-Ing VmDir 325
Günneberg, RDir 330
Güntert, RDir 367
Günther 338
Günther, Dr rer nat ORR 246
Günther, Dr WissAng 377
Günther, H-J LtdMinR 433
Günther, Horst Parlamentarischer Staatssekretär 7, 45, 271
Günther, Hubertus HonorarKons 79
Günther, Joachim Parlamentarischer Staatssekretär 7, 45, 397
Günther, Manfred Dr MinR 26
Günther, VwR 290
Günther, WissAngestellte 371
Günther, WissOR 249
Günther, Wolf Dr MinR 235
Guercke, MinR 314
Guérin-Fadé, Dr MinRätin 50
Gürkanlar, Metin HonorarKons 108
Guerra Cruz, Guillermo Dr HonorarKons 74
Güßefeldt, Thomas ORR 174
Güth, Vizepräsident 243
Güther, MinDirig 153
Guetschow, Bernd HonorarKons 76
Güttler, B Dr 241
Güttler, Dr VwAng 116
Güttler, Dr-Ing WissDir 400
Guhlke, Karl Dr 250
Gulde 301
Gumprecht, Dr LtdWissDir 392
Gundelach, Dr Angestellte 384
Gundelach, FoR z A 175
Gundelach, Ulrich Dr VwAng 47
Gundermann 268
Gundert-Remy, Dr Direktorin und Professorin 378
Gunkel, ROAR 380
Guntermann, ZOAR 209
Gursch, Paulheinz BauDir 324
Gusseck, Dr MinDirig 155
Gutermuth, Dr MinR 237
Gutewort, Dieter Dipl-Ing VwAng 228

Guth, MinR 255
Gutmann, Axel Dr GenKons 65
Gutsche, LtdVwDir 284
Gutsche, Volker Dr 263
Guttmacher, Karlheinz Dr 7, 22
Gysi, Andrea 7, 24
Gysi, Gregor Dr 7, 24

H

Haack, Karl-Hermann 7
Haag 332
Haag, MinR 50
Haak, Volker Dr außerordentl und bevollm Botsch 98
Haake, MinR 161
Haakonsen, Bent Außerordentl und bevollm Botsch 438
Haarmann, Dr Dir und Prof 391
Haarmeyer, Richter am LG 434
Haas, de Dr RDir 396
Haas, Dr MinR 42
Haas, Dr VortrLegR I. Kl 52
Haas, Eberhard Dr RA und Notar 157
Haas, Evelyn Dr 410
Haas, Harwin HonorarKons 473
Haase, Dr Dir und Prof 380
Haase, Dr MinDirig 402
Haase, Dr MinR 253
Haase, Joachim HonorarKons 488
Haase, MinR 26
Haase, Reinhardt BauOR 324
Haavik jun, Sigurd HonorarKons 100
Habben, Johann Dr LtdRDir 258, 259
Habekost, Rolf VwDir 300
Habel, Dr MinR 50
Haberecht, Peter VwDir 307
Haberl, Friedrich Karl Eugen HonorarKons 481
Haberland MinR 118
Habermann, LtdRDir 244
Haberstroh 332
Habig, K-H Dr-Ing Dir und Prof 245, 246
Habla, ORR 212
Hachmeier, Dr MinR 239
Hackel, Siegfried Dr rer nat WissR 261
Hackenberger, Dr WissAng 373
Hackenbroch, Dr MinR 403
Hacker, Hans-Joachim 7
Hackethal, Dr MinRätin 50
Hackler, Dieter 362
Haddad, Suleymann Außerordentl und bevollm Botsch 448
Hader, ARätin 159
Häcker, Gotthard GenHonorarKons 492

Hädrich, Günter LtdBiblDir 147
Hädrich, Hermann Werner HonorarKons 67
Häfner, Gerald 7
Hägele, Gerhard LtdRDir 187
Hähnert, Prof Dr sc nat 246
Haendel, Dieter AbtPräs 323
Hänel, Dieter Dr-Ing 338
Hänel, Dr WissAngestellte 377
Hänsel, WissDir 393
Häntzsche, Dietrich 334
Härtl, Manfred 270
Härtl, Wighard Staatssekretär 395
Haeseler, MinR 145
Häßel, VwR z A 269
Hässelbarth, Dr rer nat 245
Hätinger, Manfred LtdRDir 205
Häusle, MinR 239
Häußer, Dr GeolORätin 250
Haferkamp, Dieter 424
Haferkamp, RDirektorin 115
Hagedorn, ORR 201
Hagemann, Klaus 7
Hagemann, U Dr WissDir 373
Hagen, Dr MinR 274
Hagen, Horst Prof Dr VPräs des BGH 411, 412
Hagen, LtdRDir 131
Hagenäs, Helge HonorarKons 100
Hagendorf, Dr Dir und Prof 390
Hagner, Hartmut ArchOAR 129
Hahlen, Johann Präsident des Statstischen Bundesamtes 122
Hahn, BauDir 316
Hahn, D Dr MinR 162
Hahn, Dr 303, 308
Hahn, Dr MinR 27
Hahn, Dr RDir 342
Hahn, Dr WissDir 378
Hahn, G Dr Dir und Prof 263
Hahn, Jürgen Dr Dir und Prof 390
Hahn, Michael HonorarKons 91
Hahn, MinR 239
Hahn, MinRätin 162
Hahn, Norbert Dr LtdVwDir 290
Hahn, ORR 205
Hahn, MinR 314
Hahne, Dr WissDir 279
Haifeng, Pan GenKons 457
Hain, Dr WissAng 388
Hain, VwOR 307
Haines, Dr MinR 273
Haines, MinRätin 362
Hajen, Leonhard Prof Dr Senator, Präses der Behörde für Wissenschaft und Forschung 35
Hake, Lothar LtdRDir 123
Hakel, RRätin 176

Haker, ArchORätin 129
Halaczinsky, MinR 162
Halfmann, LtdRDir 332
Halinen Gesdtr, Hannu 439
Hallmann, LandwOR 214
Hamann, Dr MinR 48
Hamann, LtdBauDir 399–400
Hamann, MinR 117
Hambach, Rudolf Justus GenHonorarKons 481
Hameister, Dr Ang 290
Hamilton, Joseph E HonorarKons 78
Hammami, Hussein A Außerordentl und bevollm Botsch 441
Hammann, Jörg AbtDir 248
Hammer, AbtPräs 157
Hammer, Hans Dr GenHonorarKons 487
Hammerl, MinR 48
Hammers-Strizek, MinDirigentin 237
Hammerstein, Carl-Detlev Freiherr von 7
Hammerstein, Christian von Dr MinDirig 115, 145
Hammes, VwAng 47
Hamouda, Dr WissAng 375
Hampe, A Dr-Ing LtdDir und Prof 246
Hampel, Manfred Eugen 7
Hampel, VwAng 173
Hampp, Helmut RDir 435
Hanagarth, Klaus-Dieter 425
Hanau, Klaus Dr 425
Handierk-Bartsch, ORRätin 183
Handke, MinR 117
Handke-Leptien 28
Handschuch, Wolfgang LtdVwDir 303
Haneche, Mohamed Außerordentl und bevollm Botsch 436
Hanewinckel, Christel 7, 23
Hanfland, Dr MinR 164
Hange, Michael Vizepräsident 135, 136
Hanke, Dr-Ing WissAng 134
Hannig, Dr MinDirig 49
Hans, Dr Direktorin und Professorin 378
Hans, Jann-Gerd BiblDir 147
Hans, Manfred RR 199
Hans, VwORätin 295
Hansen, Dirk 142
Hansen, Dr Ang 153
Hansen, Dr LtdRDir 247
Hansen, Hauke BauDir 324
Hansen, Knud Almegård HonorarKons 92
Hansen, ORR 193
Hansen, PolDir 117
Hansen, RR 399

Hansen, Ursula Dr 366
Hansen, VwR 303
Hansing, Bernd HonorarKons 472
Hansis, MinR 28
Hantke, MinR 239
Hanz, MinR 367
Happel, RDir 225
Harai, Dr LtdMedDir 291
Harbin Rojas, Edmundo GenKons 456
Harbou, Joachim von Dr HonorarKons 489
Harbrecht, ORRätin 218
Hardraht, Klaus Staatsminister des Innern 38
Hardt, Georg Dipl-Ing VwAng 337
Harmgardt, RDir 132
Harms, Gerhard Dir beim Bundeskartellamt 247
Harms, Walter HonorarKons 492
Harneit, ORR 431
Harrer, MinR 116
Harries, BauDir 322
Harrs, Uwe HonorarKons 64
Harten, Wolf-Rüdiger HonorarKons 69
Hartenbach, Alfred 7
Hartenstein, Dr 425
Hartenstein, Liesel Dr 7
Harting, MinDirig 315
Hartkopf, LtdRDir 332
Hartkorn, MinRätin 341
Hartleb, MinR 272
Hartmann, AbtDir 214
Hartmann, Axel Dr MinDirig 435
Hartmann, Dieter HonorarKons 100
Hartmann, Dipl-Ing TAng 135
Hartmann, Dr MinR 237
Hartmann, Dr RDir 165
Hartmann, Emmy Konsulin (H) 466
Hartmann, Hanns-Peter 7
Hartmann, Klaus HonorarKons 454
Hartmann, ORR 365
Hartmann, ORRätin 258
Hartmann, Peter Dr Staatssekretär 51
Hartmann, R Dr Botschafter 53
Hartmann, RDir 226
Hartmann, ROAR 376
Hartmann, RR 174, 243
Hartmann, RRätin 179
Hartmann, Ulrich GenHonorarKons 478
Hartmann, VortrLegR 54
Hartmann, Wendelin 424–425

Hartmann-Besche, MinR 367
Hartrampf-Hirschberg, VwORätin 303
Hartwig, ORR 210
Hartwig, ROAR 229
Harupka, VwDir 269
Hasche, Dr 242
Haschke, Gottfried 7
Hase, Anne-Marie VwDirektorin 298
Haseloff, Rainer Dr VwDir 302
Hasenclever, Rolf Dr hc Dipl-Ing HonorarKons 479
Hasenfratz, Klaus 7
Haspel, Heinz ZOAR 218
Haßdenteufel, Ang 299
Hasse, TAng 214
Hassel, Friedrich-Karl HonorarKons 484
Hasselberg, Dr MinR 238
Hasselfeldt, Gerda 7, 23
Hassemer, Winfried Prof Dr 410
Haßmann, MinR 427
Hattwig, Dr rer nat Dir und Prof 246
Haubelt, Dr Dir und Prof 393
Hauchler, Ingomar Dr 7
Haug, Dr WissDir 389
Haugg, Norbert Dipl-Ing Präsident des Deutschen Patentamtes 156
Haupt-Koopmann, Margit LtdVwDirektorin 290
Hauptmann, Harald Prof Dr Dir und Prof 113
Hausbrandt jun, Roberto Dr HonorarKons 98
Hauschild, Dr RRätin 243
Hauschild, Hans-Ulrich Dr 298
Hauschild, MinDirig 273
Hauschildt, VwDir 295
Hauser, Dr RDir 253
Hauser, Hansgeorg Parlamentarischer Staatssekretär 7, 45
Hauser, Otto 7
Hauser, Parlamentarischer Staatssekretär 159
Hauser, Wilhelm ZOAR 188
Hausmann, Christian Dr außerordentl und bevollm Botsch 69
Hausmann, Peter StSekr 49
Hausmann, Willi Dr StSekr im Bundesministerium für Familie, Senioren, Frauen und Jugend 362, 366
Haußmann 424
Haussmann, Helmut Dr 7, 24
Haustein, Prof Dr Dir und Prof 380
Hauswedell, Dr VortrLegR I. Kl 48
Haut, WissOR 249

535

Hautzel, RDir 194
Haverbeck, Peter Dr Honorar-Kons 477
Haverkamp, Reinhold MinDir 114
Hawel, Christian LtdVwDir 292
Hawner, Gottlieb VwDir 306
Hayot, Bernard HonorarKons 80
Hecht, Jürgen Dr 120
Hecht, LtdRDir 331
Hecht, ORR 177
Hechtfischer, Siegfried Dipl-Ing Dr-Ing VorsRichter am BPatG 415
Heck, Dr med MinR 114
Heckelmann, Sieglinde GenKonsulin (H) 480
Hecken, MinDir 271, 273
Hecker 286
Hecker, BauDir 136
Hecker, Wilhelm Staatssekretär 271
Heckmann, VwOR 304
Hedrich, Klaus-Jürgen Parlamentarischer Staatssekretär 7, 45, 395
Heel, MinR 115
Heereman, Constantin Freiherr von 270
Heeren, BauDir 322
Heese, MinR 314
Hefendehl, F W Prof Dr Dir und Prof 372
Hegardt, Margareta GenKonsulin 484
Hegemann, Detlef HonorarKons 455
Heger, Karsten Dr 335
Heger, Norbert 310
Heger, RDirektorin 47
Hegerfeldt, MinR 48
Heicken, RDir 227
Heidborn, Dr MinR 403
Heide, Dr VortrLegR I. Kl 55
Heidecke, Heidrun Stellvertreterin des Ministerpräsidenten, Ministerin für Raumordnung, Landwirtschaft und Umwelt 38
Heidemann, Fred J MinDirig 434
Heidemann, Jürgen Dr Honorar-Kons 474
Heidemann, Werner Oberst i G 347
Heiden, Dr WissAngestellte 380
Heidenreich, Hans Joachim RDir 123
Heiderich, Helmut 7
Heidinger, Ang 294
Heidrich, Dr ORR 397
Heil, Hans B Dr GenHonorar-Kons 473

Heil, VorsRichter am BPatG a D 156
Heiland, Dr rer nat WissDir 400
Heilmeyer, Wolf-Dieter Prof Dr Direktor 146
Heimann, Hans AbtPräs 322
Heimbach, MinRätin 27
Heimlich, Dr WissDir 394
Heimpel, Guillermo Honorar-Kons 72
Hein, RDir 221
Heine 425
Heine, RDirektorin 258
Heine, Rolf Präsident des Bundeseisenbahnvermögens 339
Heinemann, Dr VortrLegR I. Kl 55
Heinemeyer, Dr Dir und Prof 378
Heinichen, Otto-Raban Dr außerordentl und bevollm Botsch 109
Heininger, Dr RDir 330
Heinrich, Dr RDir 332
Heinrich, Konrad ORR 174
Heinrich, Ulrich 7, 24
Heinrich-Hirsch, Dr WissORätin 378
Heinrichs, MinR 160
Heinrichs, Rüdiger LtdRDir 282
Heintz, Dr Dir und Prof 372
Heinz, RR 132
Heinze, Dr WissDir 279
Heinze, Norbert außerordentl und bevollm Botsch 80
Heinze, Roberto Friedrich Gen-Kons 475
Heinzig, Dieter Dr LtdWissDir 142
Heipertz, Dr 297
Heisch, Günther Dr GenKons 88
Heise, Manfred 7
Heise, RDir 331
Heister, RDir 185
Heistermann, Dieter 7, 22
Heither, Friedrich Dr VorsRichter am BAG 421
Heitkamp, Engelbert Dr Honorar-Kons 481
Heitmann, MinR 255
Heitmann, Steffen Staatsminister der Justiz 37
Heitzer, Dr MinR 235
Held, Günter Dr außerordentl und bevollm Botsch 84
Held, MinR 273
Heldt, Hans-Joachim Dr außerdentl und bevollm Botsch 58
Helfrich, Klaus Prof Dr Direktor 147
Hell, Helmut Dr BiblDir 148
Hellack, MinR 50

Hellebrand, LtdRDir 156
Hellenbrecht, RRätin 132
Heller, Hubert VwAng 227
Heller, K J Prof Dr Dir und Prof 263
Heller, MinR 271
Heller-Grunewald, Direktorin 285
Helliesen, Tore HonorarKons 101
Helling, Detlef 7
Hellingrath, MinR 48
Hellmich, RDir 435
Hellner, Jürgen Dr außerordentl und bevollm Botsch 59
Hellström, Mats Außerordentl und bevollm Botsch 446
Hellwig, Dr RDir 368
Hellwig, Peter 420
Hellwig, Renate Dr 7
Helm, RDir 161
Helmcke, Dr Dir und Prof 241
Helmke, MinR 363
Helmrich, Hans Joachim Honorar-Kons 107
Helmrich, VwAng 44
Helms, Ang 393
Helms, Heiner BauDir 319
Helmut 338
Helmuth, Dr Dir und Prof 377
Helsper, Dr MinR 165
Hembach, Dr BauDir 136
Hembeck, Dr Dir und Prof 378
Hemker, Reinhold 7
Hemmer, RDir 315
Hemminger, Wolfgang Dr Dir und Prof 241
Hempel, Dr MinR 274
Hempel, MinR 160
Hempel, VwOR 298
Hempell, MinR 342
Hempelmann, Rolf 7
Hempfling, Rudolf VwDir 293
Henatsch, Ruprecht GenKons 76
Hencken, LtdRDir 131, 133
Hendrichs, RDir 314
Hendricks, Barbara Dr 7, 20
Hengstenberg von Borstell, Hans GenKons 59
Henger, WissDir 249
Henke, Hans Jochen Staatssekretär 313
Henke, Joachim Dr MinDir 164
Henke, Josef Dr ArchDir 128
Henke, Martin Dr RDir 313
Henke, Reinhard BauDir 322
Henkel, Gerd Jürgen Dir der Bundesanstalt THW 145
Henkel, Uwe RR z A 172
Henneberg, Dipl-Ing AbtPräs 325

Hennecke, M Vizepräsident 245
Hennenhöfer, MinDir 385
Hennes 338
Hennig, Ang 304
Hennig, Dr WissAng 393
Henning, Klaus Jürgen RDir 374
Henrich, MinR 395
Henschel, Dr WissDir 388
Hensen, Jürgen Dr Präsident des Bundesausgleichsamtes 131, 143
Hensgen, MinR 368
Henting, Hans-Jürgen FinPräs 183
Hentschel, RDir 320
Hentz, MinR 395
Henze, Dirk Dr 135
Henze, VwOR 291
Heptner, Josef LtdVwDir 297
Herber, Dr M A 50
Herbold, Winfried LtdVwDir 296–297
Herbsleb, Dr MinR 254
Herbst, Dietrich HonorarKons 483
Herbst, Dr ODir 286
Herde, A RDir 220
Herde, H RDir 221
Herdegen, M A 431
Herdt, Gisela Dr LtdBiblDirektorin 148
Herfarth, Rodolfo Guillermo Enrique Dr HonorarKons 64
Hergett, Philipp HonorarKons 96
Hering, MinR 115
Hering, VwAngestellte 176
Heringer, MinR 341
Herly, Jean Außerordentl und bevollm Botsch 444
Hermann, ORR 201
Hermann, RDir 323
Hermann-Kunz, WissAngestellte 375
Hermenau, Antje 7
Hermening, Hans BauDir 326
Hermes, Andreas RR 47
Hermkes, Dr MinR 253
Hermsdorf, Dr MinR 40
Hermsen, MinR 271
Herold, VortrLegR I. Kl 53
Herpel, ORR 266
Herres, RDir 236
Herrmann, Dr 425
Herrmann, Dr MinR 398
Herrmann, Dr-Ing BauDir 330
Herrmann, Hans-Joachim Dr 420
Herrmann, MinR 164, 398
Herrmann, RDir 226, 398
Hertel, Dr Dir und Prof 378
Hertel, Günther HonorarKons 489

Hertel, Jürgen Dr RDir 123
Hertfelder, Thomas Dr 151
Hertrampf, Dieter GenKons 65
Hertrampf, Dr WissDirektorin 373
Hertrich, Dr MinR 402
Herttrich, Dr RDir 385
Herud, ROAR 392
Herweck, MinR 363
Herweck-Behnsen, RDirektorin 368
Herwig, Oscar HonorarKons 485
Herwig, Stefan 270
Herz, Dr RDir 238
Herzberg, Klaus VwDir 293
Herzer, VwORätin 293
Herzog, Dr Angestellte 434
Herzog, MinR 28
Herzog, RDir 204
Herzog, Roman Prof Dr 42
Hesecker, Dr WissAng 376
Heß, Hans-Jürgen Dr MinDirig 26
Heß, Martin Dr Präsident des Landesarbeitsamtes 301
Hess, Rainer Dr jur 381
Heß, RDir 231
Hesse, Dr MinR 253
Hesse, Hella 229
Hesse, Helmut Prof Dr Dr h c 424
Hesse, Helmut Prof Dr Dr h c Präsident der Landeszentralbank 426
Hesse, MinR 363
Hesse, MinRätin 362
Hesse, ORR 189
Hesse, Peter J HonorarKons 466
Hesse, RDirektorin 117
Hesse, VwOR 308
Heubaum, Monika 8
Heubl, Walter GenHonorarKons 456
Heuchert, Gerd Dr Ang 279
Heuer, Uwe-Jens Dr 8
Heuser, Dr LtdRDir 136
Heusermann, Dr-Ing WissDir 249
Heuveldop, Jochen Univ-Prof Dr 265
Heyde, Wolfgang Dr MinDir 155
Heyden, MinDir 274
Heyden, von der Dr VortrLegR I. Kl 54
Heyden, von MinR 403
Heyemer, Guido GenKons 65
Heyer, Jürgen Dr Minister für Wohnungswesen, Städtebau und Verkehr 38
Heyer, RDir 272
Heyken, Eberhard Dr außerordentl und bevollm Botsch 108

Heymann, VwDirektorin 268
Heymer, Dr MinR 27
Heyne, Kristin 8, 24
Heynen, Dr MinR 255
Hiegert, Dr RDir 410
Hielscher, M RDirektorin 372
Hien, Richter am BVerwG 416
Hierl, Hubert Dr MinDirig 428
Hietzig, Joachim Dr-Ing GenHonorarKons 474
Hiksch, Uwe 8
Hilbert, Helmut JustizOAR 417
Hilbig, Dr Dir und Prof 378
Hilbing, Frederico Werner HonorarKons 63
Hildebrand, Helmut HonorarKons 468
Hildebrand, RRätin 208
Hildebrandt, Alfred G Prof Dr med Dir und Prof 371
Hildebrandt, Dr med 303
Hildebrandt, Regine Dr Ministerin für Arbeit, Soziales, Gesundheit und Frauen 34
Hilgen, MinR 49
Hilgenberg, Dr MinDir 54
Hilger, Dr MinDir 154
Hilger, Dr VortrLegR I. Kl 54
Hilger, Gabriele LtdVwDirektorin 295
Hilke, Dr LtdVwDir 285
Hill 424
Hill, Dr RDir 363
Hillebrand, Herbert HonorarKons 470
Hillen, Dr WissAng 373
Hiller, Dr GeolDir 249
Hiller, Dr VortrLegR I. Kl 54
Hiller, RDir 165
Hiller, Reinhold 8
Hillermann, Friedbert RDir 323, 324
Hillmann, Dr MinR 236
Hillner, Hans Christian MinDirig 27
Hilsberg Stephan 8
Hiltl, Harald Dr VwDir 296
Hiltner, Manfred Dr 431
Himmel, MinR 385
Himmighofen, Dr MinR 254
Himsel, MinRätin 163
Himstedt, Günter Präs 234
Himstedt, Jürgen Oberfinanzpräsident 208
Hinken, RDir 274
Hinricher, Dr RDirektorin 314
Hinrichs, MinR 396
Hinsken, Ernst 8
Hintze, Peter 8
Hintze, Udo Kapitän 320
Hinz, Dieter MinR 316
Hinz, Karl Dr Dir und Prof 249

537

Hinz, Manfred MinR 316
Hinz, MinDir 315
Hinz, RDir 316
Hinz, RR 172
Hinz, VwOR 268
Hinz, VwORätin 269
Hinze, MinR 163
Hippe, Dr RAngestellte 432
Hippmann, VwDir 291
Hirche, Walter Parlamentarischer Staatssekretär 8, 45, 384
Hirsch, Burkhard Dr Vizepräsident 8, 20
Hirsch, Dr MinR 402
Hirsch, Dr ORR 188
Hirsch, Dr RDir 237
Hirsch, Gerd-Dieter 120
Hirsch, Harry 399
Hirsch, VwDir 285
Hirschheydt, von MinR 164
Hirt, Dr RDir 242
Hirzel, MinR 384
Hitz, Fredi Inspekteur des BGS 117
Hix, Wolfgang RDir 185
Hobe, Dr Dr MinR 155
Hochreiter, Dr RDir 238
Hochreiter, Franz Dr HonorarKons 488
Höcker, Dr MinR 316
Höfelmayr, Winfried VwDir 309
Höfer 338
Höfer, Gerd 8
Höfer, RDir 236
Hoeffgen, Dr VwAng 136
Höfken, Ulrike 8
Höfler, MinR 274
Höhmann, Hans-Hermann Prof Dr LtdWissDir 142
Höhn, Bärbel Ministerin für Umwelt, Raumordnung und Landwirtschaft 36
Höhn, Charlotte Dr Direktorin und Professorin 124
Höhndorf, Dr WissDir 250
Hoekstra, RDir 237
Hölder, MinRätin 316
Hölke, Ang 278
Höll, Barbara Dr 8
Höllrigl, Dr RDir 316
Hölscher, Laurids Dr GenKons 102
Höltkemeier, Ulf LtdVwDir 295
Höltz, Dr WissDir 380
Höltzen-Schoh, Ang 291
Hölzel, Dr MinDirig 368
Hölzle, Josef VwDir 289
Hömig, Dieter Dr 410
Hoenisch, Dr MinR 254
Höppner, Horst-Dieter Dr Vizepräsident 167
Höppner, Reinhard Dr Ministerpräsident 38

Hördler, Ernst FoOAR 219
Hörner, RDir 332
Hörner, Walter RDir 123
Hörster, Joachim 8, 21–22
Hörster, RDir 314
Hoertelmann, Horst Joachim HonorarKons 480
Hoesch, MinR 115
Hoeschen, Dr Dir und Prof 241
Höskuldsson, Benedikt BotschR 441
Hoess, Friedrich Dr Außerordentl und bevollm Botsch 445
Hoessle, von VortrLegR I. Kl 53
Höynck, Wilhelm Dr Botsch 111
Hofbauer, VwOR 298
Hofer, AbtPräs 392
Hofer, Hans-Jürgen MinDir 348
Hofer, MinR 314
Hoffknecht, Adalbert-Christian Dr FinPräs 170
Hoffmann 402
Hoffmann, BauDir 400
Hoffmann, Dipl-Ing TROAR 134
Hoffmann, Dr Dir und Prof 390
Hoffmann, Dr WissAng 373
Hoffmann, Günther HonorarKons 78
Hoffmann, Hans HonorarGenKons 107
Hoffmann, Jelena 8
Hoffmann, Joachim LtdRDir 133
Hoffmann, ORR 227, 244, 365
Hoffmann, ORRätin 271
Hoffmann, RDir 213, 273, 384
Hoffmann, Ulrich Dr LtdRDir 123
Hoffmann, VwOR 291
Hoffmann, VwORätin 303
Hoffmann, Wolfgang Dr Botsch 111
Hoffmann-Loß, Dr VortrLegR I. Kl 53
Hoffmann-Loß, MinR 273
Hoffmann-Riem, Wolfgang Prof Dr Senator 35, 39
Hofheinz, MinRätin 26
Hofius, Karl Prof Dr 330
Hofmann 50
Hofmann, Bernd LtdVwDir 302
Hofmann, Dr ArchOR 128
Hofmann, Dr WissOR 391
Hofmann, Frank 8, 20
Hofmann, Friedrich Wilhelm Dr HonorarKons 460
Hofmann, Hans-Walter LtdRDir 211
Hofmann, Harald außerordentl und bevollm Botsch 104
Hofmann, LtdRDir 211

Hofmann, MinR 272, 367
Hofmann, ORR 197–198
Hofmann, RDir 198, 433
Hofmann, RDirektorin 154
Hofmann, Ruth Dr 420
Hofmann, Samy GenKons 461
Hofmann-Ahrberg, D 294
Hofstetter, Rolf Dr außerordentl und bevollm Botsch 90
Hohenböken, Dirk VwDir 296
Hohlfeld, Dr Dir und Prof 242
Hohlfeld, Knut Dr Präsident des Bundesaufsichtsamtes für das Versicherungswesen 220
Hohlmeier, Monika Staatssekretärin im Staatsministerium für Unterricht, Kultus, Wissenschaft und Kunst 33
Hohmann, VwAng 365
Hohmann-Dennhardt, Christine Dr Staatsministerin, Ministerin für Wissenschaft und Kunst 35
Hohmeyer, ORRätin 214
Hohn 269
Hohnstock, MinDir 385
Holderbaum, Klaus außerordentl und bevollm Botsch 58, 62
Holik, Wiltrud außerordentl und bevollm Botschafterin 56
Holl, Helmut Dr StSekr 431
Holland, Gerhard Dr GenHonorarKons 472
Hollerbach, Alfred Prof Dr Dir und Prof 250
Hollerith, Josef 8
Hollmer, LtdBauDir 319
Hollweg, Klaus HonorarKons 483
Holst, MinR 314
Holtz, MinR 163
Holtz, Rainer VorsRichter am BDiG 417–418
Holz, Helmut K HonorarKons 466
Holz, VwDir 269
Holz-Slomcyk, M Dr Direktorin und Professorin 373
Holzapfel, Hartmut Staatsminister, Kultusminister 35
Holzapfel, Wilhelm H Prof Dr Dir und Prof 267
Holzbach, MinR 368
Holzhüter, Ingrid 8, 20
Holzkämper, RR 203
Holzmann, Thomas Dr Dir beim UBA 387
Holzner, ORR 428
Holzwarth, Dr MinDirig 384
Holzweißig, Gunter Dr LtdRDir 128
Homann, MinR 48
Homburger, Birgit 8

Hommel, Detlef 339
Honikel, Karl Otto Dr Dir und Prof 267
Honisch, Heinz HonorarKons 94
Honsowitz, Dr VortrLegR I. Kl 52
Hontschik, Wilfried Honorar-Kons 484
Hoog, Adriaan Cornelis de Gesdtr 442
Hopf, Heinrich RDir 414
Hopfeld, RAng 432
Hopp, VwOR 307
Hoppe, Ang 341
Hoppe, Dr VwAng 369
Hoppe, Hubert RDir 203
Hoppe, Karla LtdRDirektorin 211
Hoppe, LtdRDirektorin 211
Hoppe, U Dr Direktorin und Professorin 373
Horlemann, Heinz-Gerd RR 210
Horn, Erwin 8
Horn, Karlheinz HonorarKons 492
Horn, RR z A 173
Horn, von Dr MinR 239
Horn-Vormschlag, Dr VwAngestellte 396
Horneffer, Dr MinR 385
Horneffer, MinR 274
Hornfeck, Marc Axel 366
Hornhues, Karl-Heinz Dr 8, 21
Hornstein, FoOR 212
Hornung, Siegfried 8
Hornung-Lauxmann, Dr WissRätin 393
Horst, Dieter Dipl-Ing 336
Horst, RDir 271
Horstmann, Axel Dr Minister für Arbeit, Gesundheit und Soziales 36
Horstmann, VortrLegR I Kl 52
Horstmann, ZOAR 192
Hossen, Parrwiz Cassim Außerordentl und bevollm Botsch 444
Hossenfelder, BauDir 399
Hoth, Manfred RDir 216
Hotop, LtdRDir 181
Hotop, RDir 332
Hotter, MinR 26
Hovermann, Eike Anna Maria 8
Hovers, Dr-Ing MinR 315
Howaldt, Hans Viktor GenHonorarKons 476
Hoyer, Johannes Dipl-Ing Vors-Richter am BPatG 415
Hoyer, Werner Dr Staatsminister 8, 45, 51
Hubbert, RDir 221
Huber, Dr Dir und Prof 331

Huber, Dr MinDir 316
Huber, Erwin Staatsminister der Finanzen 33
Huber, Jörg Dr 263
Huber, Jürgen Dr-Ing MinDir im Bundesministerium für Verkehr 333
Huber, LtdRDir 157
Huber, MinR 395
Huber, ORR 196, 214
Hubold, Gerd Dr Dir und Prof 264
Huck, Dr ORR 394
Hucko, Dr MinR 155
Hudelmaier 269
Hübener, Dr WissOR 388
Hübenthal, RDir 132
Hübers, ORR 175
Hübner, Beate Senatorin für Gesundheit und Soziales 33
Hübner, Dipl-Ing RDir 246
Hübner, Jörg HonorarKons 466
Hübner, MinR 115
Hübner, ORR 428
Hübner, RAR 399
Hübner, RRätin z A 173
Hübsch, Andreas LtdRDir 127
Hübsch-Barten MinRätin 118
Hübschmann, RDir 331
Hueck, Dr WissORätin 405
Hueck, RDir 244
Hückelheim-Kaune, BauORätin 399
Hüffer, Paul Dr HonorarKons 477
Hülsemeyer, F Prof Dr Dir und Prof 263
Hülsen, Wolfgang AbtPräs 326
Hülsenberg, Dr WissOR 390
Hülsmann, ORRätin 188
Hünefeld, MinR 115
Hünten, Dr MinR 162
Hüper, Ernst H MinDirig 429
Hüppe, Hubert 8
Hütte, RDir 47
Hüttemann, ORR 210
Hüttner, Dr WissAng 375
Hüwel, Haydée HonorarKonsulin 64
Hughes, Max William Außerordentl und bevollm Botsch 437
Hugler, MinR 160
Huismann, LtdBauDir 320
Hulsman, Gerd Wilhelm Dr HonorarKons 477
Humann, Francis C HonorarKons 95
Humbert, RRätin 198
Hume, David HonorarKons 110
Hummel, August außerordntl und bevollm Botsch 60
Hummel, K-G RDir 222

Hummel, RDir 176
Hund, Dr WissOR 393
Hundsdörfer, Dr MinRätin 368
Hundt, RDir 184
Hunecke, Dieter Dr LtdVwDir 292
Hunerlach, VwAng 365
Hunger, Dr MinR 395
Hunsche, Dr WissDir 249
Hunzinger, Maximilian HonorarKons 485
Hupfer, Dr MinR 272
Husemann 274
Husemeyer, Dr MinR 254
Hustedt 8
Hustedt, VwDir 285
Huthmacher, Dr MinR 384
Huthmacher, RDirektorin 132
Huttenlocher, ORR 218
Hutterer, Dr WissAngestellte 372
Hyrytsch, Olexander BotschR 449
Hyzak, ORR 131

I

Ibrahim, Dr WissORätin 377
Ibrügger, Lothar 8, 22
Icken 8
Iffert, BauDirektorin 399
Iglisch, Dr Dir und Prof 390
Ihde, Dr-Ing WissOR 134
Ilberg, Fred E von HonorarKons 70
Ilbouòdo, Jean-Baptiste Außerordentl und bevollm Botsch 438
Ilg, ORRätin 365
Illgen, Dr WissDir 279
Illi, Dr Dir und Prof 393
Illmer, Horst Ang 302
Ilte, Wolfgang 8
Imeyer, Gerd-Winand Dr HonorarKons 456
Imhof, Barbara 8
Imhoff, Hans HonorarKons 488
Imola, Mario HonorarKons 98
Incesu, RDirektorin 431
Indorf, VwAng 227
Ingersleben, S von Dr WissDir 371
Ingwersen, Dr 269
Inselkammer, Hans Dr GenHonorarKons 457
Ipfelkofer, Dr LtdRDir 157
Ippi, TAng 258
Ipsen, Dr MinR 315
Ipsen, Erik HonorarKons 92
Irber, Brunhilde 8, 20
Irlenkaeuser, MinDirig 272
Irmen, Dr rer nat WissDirektorin 400

539

Irmer, U Dr WissDir 388
Irmer, Ulrich 8, 24
Irmscher, Günter Dr 303
Ischinger, MinDir 52
Isecke, Dr-Ing Dir und Prof 246
Isensee, RDir 403
Isermeyer, Folkhard Prof Dr sc agr Dir und Prof 260–261
Ising, Dr Dir und Prof 390
Isselhorst, Dr ORR 136
Issing, Otmar Prof Dr 424–425
Ivarami, Gerard Savri BotschR 445
Iwersen, Gabriele 8

J

Jaath, MinR 154
Jabcke, Dr MinDirig 164
Jachan, RDir 229
Jacob, Günter GenKons 97
Jacob, Joachim Wolfgang Dr 119
Jacob, MinR 27
Jacobi, Hans Joachim HonorarKons 478
Jacobi, Johannes 149
Jacobi, Peter Dr LtdVwDir 287
Jacobi, RDir 28
Jacobs, Dr VortrLegR 49
Jacoby, Peter 8, 20
Jäckering, Dr LtdRDir 126
Jaeger, Dr MinR 27
Jaeger, Halvor Dr HonorarKons 464
Jäger, Marianne Direktorin beim StBA 122–123
Jäger, Renate 8
Jaeger, Renate 410
Jaeger, RR z A 178
Jähnichen, Rolf Dr Staatsminister für Landwirtschaft, Ernährung und Forsten 38
Jähnke, Burkhard Dr VorsRichter am BGH 412
Jaekel, Albert Dr LtdRDir 231
Jaekel, August HonorarKons 487
Jaekel, Dr MinR 239
Jänsch, RDir 243
Jaffke, Susanne 8
Jagdt, Reinhard L HonorarKons 455
Jagella, Hans Dieter VwDir 309
Jagoda, Bernd Präsident der Bundesanstalt für Arbeit 284
Jagow, Dr MinDirig 315
Jagow, Peter von GenKons 66
Jahn, Dr MinR 272
Jahn, RDir 164
Jahn, RR z A 248
Jahnke, Angestellte 430
Jahnke, Dr 425

Jakhelln, Carl Johan HonorarKons 100
Jakob, Willibald Dr 8
Jakobi, WissAng 389
Jakobs, Jürgen Dr 391
Jammers, Antonius Dr Generaldirektor 147
Jamshed, Jamrad GenKons 451
Janetzke, RDir 316
Janhsen, Dr-Ing BauOR 140
Janicki, MinR 398
Janitschke, Dr Dir und Prof 374
Janke, RDir 222
Janke, Rudolf RDir 123
Janke, VwAng 146
Jann, R Dipl-Kfm RDir 245
Janotta-Simons, RDir 220
Janovsky, Georg 8
Janowski, MinR 314
Jansen, Hans-Günther HonorarKons 80
Jansen, Jörg Prof Dr-Ing 338
Jansen, OTL 129
Jansen, Werner HonorarKons 104
Jansing, Jürgen 251
Janssen, BauDir 320
Janssen, Dr 330
Janssen, Dr LtdRDirektorin 208
Janßen, Dr ORR 242
Janssen, Jann-Peter 8
Janssen, RDir 322
Jantzen, Reinhold HonorarKons 82
Janz, Ilse 8
Janzen, WissR 279
Janzer, Hartmut 310
Jaron, Dr RDir 385
Jarsombeck, MinR 161
Jašic, Zoran Prof Dr Außerordentl und bevollm Botsch 442
Jauck, Erhard Staatssekretär 384
Jawurek, Helmut 9
Jedamzik, ORR 178
Jeinsen, Ulrich von Dr HonorarKons 475
Jeiter, Wolfram Präsident der Bundesanstalt für Arbeitsschutz und Arbeitsmedizin 278
Jekewitz, Dr MinR 154
Jelden, Dr ORR 391
Jelpke, Ulla 9
Jena, von Dr WissAng 128
Jendritzky, Gerd Dr 335
Jenke, Hans-Stephan Dr Dir und Prof 264
Jennen, VwAngestellte 136
Jenner, RDir 322
Jenninger, Philipp Dr außerordentl und bevollm Botsch 96
Jens, Uwe Dr 9
Jenschke, Bernhard Dr LtdVwDir 293

Jentsch, Dr MinR 396
Jentsch, Hans-Joachim Dr 410
Jepsen, Hans Peter RR 197
Jeremić, Zoran Außerordentl und bevollm Botsch 441
Jeschke 120
Jeschke, RDir 221
Jesinghaus 401
Jessen, Dr VortrLegR I. Kl 53
Jeub, Dr RDir 253
Jeuck 269
Jez, RAR 143
Jitoko, Filimone Außerordentl und bevollm Botsch 439
Job, Ulrich Dr RDir 170
Jobst, Dionys Dr 9, 22
Jobst, Dr MinR 402
Jochimsen, Reimut Prof Dr Dr h c Präsident der Landeszentralbank 424, 426
Jöckel, LtdVwDir 305
Jöhnk, Wulf 434
Jördens, Dr MinR 254
Joerges, Dr LtdRDir 157
Jörissen, MinR 237
Joerss, Dr MinDir 315
Jörß, Dr WissDir 389
Johannes, MinR 253
Johannesson, Thorsteinn Dr HonorarKons 96
Johanny, Karl Dr MinDir 348
Johansen, Karl M HonorarKons 101
Johanssen, MinR 237
John, Helmut AbtDir 170
Johnen, RDir 116
Johns, Kenneth Merlin David HonorarKons 109
Jonas 301
Jonas, H RDir 401
Jonas, O MinR 401
Jong Mo, Kang Gesdtr-BotschR 438
Joó, Dr 332
Jordan, VwAngestellte 27
Jork, Rainer Dr-Ing 9
Jost, Dr Dir und Prof 388
Jost, Friedhelm GenHonorarKons 480
Josten, Werner FinPräs 210
Juchum, MinR 162
Jüchter-Bieber, MinRätin 48
Jülicher, Dr WissDir 377
Jürgens de Hermoza, Maria-Sophia HonorarKonsulin 74
Jürgens, ROAR 376
Jürgensen, Andreas RDir 193
Jütte, Stefan 270
Jüttemann, Gerhard 9
Jüttner, Egon Dr 9
Julich, Horst VPräs 334

Jung 334
Jung, Albrecht VwAng 228
Jung, Dr ORRätin 132
Jung, Dr WissOR 392
Jung, Hanswilli VwDir 300
Jung, Karl StSekr a D 382
Jung, Kurt-Willi VwDir 300
Jung, Michael 9
Jung, MinR 314
Jung, ORR 248
Jung, Peter ORR 26
Jung, RDir 393
Jung, Rolf-Eberhard außerordentl und bevollm Botsch 99
Jung, RR 435
Jung, Volker 9
Jung, Walter 339
Jungbäck, Dr WissDirektorin 380
Jungblut, MinDirig 316
Junge, MinR 315
Jungen, Peter GenHonorarKons 492
Junghanns, Ulrich 9
Jungkenn, Ernst RDir 122
Jungmann, MinR 315
Junk, Dr RDir 238
Junker, Angestellte 211
Junker, RR 211
Just, Dr 50
Just, RRätin 132

K

Kaack, VwAng 115
Kaag, ORRätin 217
Kabel, Rudolf Dr Direktor beim Deutschen Bundestag 26
Kabelitz, Prof Dr Dir und Prof 380
Kabiriti, Abdulaziz HonorarKons 83
Kachel 338
Kaczorowski, Andrzej GenKons 482
Kaden, Volker Dr med vet Dir und Prof 266
Kägi, Walter GenKons 484
Kämena, ORR 172
Kämmereit, VwDir 289
Kaempffe, VortrLegRätin I. Kl 55
Käppler, MinR 42
Kärst 303
Kästel, ORR 188
Kaestner, Uwe Dr außerordentl und bevollm Botsch 61
Kästner, WissAng 129
Kaeswurm, Hans Dieter LtdVwDir 303
Kage, Dr MinR 164
Kahl, Harald Dr 9

Kahlenberg, Friedrich P Prof Dr 128
Kahles, Wolfgang HonorarKons 454
Kahr, Ernst Dipl-Chem Dr Dr VorsRichter am BPatG 415
Kahrs, Bringfriede Senatorin für Bildung, Wissenschaft, Kunst und Sport 34
Kaht, Dr VortrLegR I. Kl 54
Kaiser, Horst Hans 320
Kaiser, Irma Angestellte 289
Kaiser, MinDirig 272
Kaiser, MinR 236
Kaiser, R Dr WissAng 374
Kalb 425
Kalb, Bartholomäus 9, 21
Kaletsch 339
Kalina, ORR 283
Kalinna, RDirektorin 116
Kalinowski, Dr LtdWissDir 393
Kalkowski, Arno 310
Kallab, Marwan HonorarKons 472
Kallenbach, Horst Oberfinanzpräsident 171
Kalmund, MinR 274
Kalwey 338
Kamke, K Dr rer oec 382
Kammann, Dr MinR 363
Kamp, RRätin 283
Kampe, Dipl-Ing 400
Kamperhoff, Hermann Andreas HonorarKons 492
Kampeter, Steffen 9
Kampik, Georg Johannes HonorarKons 66
Kamplade, BauDir 332
Kampmann, Dr RDir 239
Kampmann, MinDirig 164
Kanera, MinR 396
Kanior, Horst ORR 174
Kann, RDir 114
Kannowski, Dr BauDir 319
Kansy, Dietmar Dr-Ing 9, 21, 23
Kanthak, Gerhard Dr LtdBiblDir 147
Kanther, Manfred Bundesminister des Innern 9, 45, 114
Kantor, Dr WissDir 250
Kanzok, Ulrich VwDir 307
Kappel, TROAR 331
Karafotias, Mercourios Dr GenKons 463
Karakaš, Zdenko GenKons 471
Karcher, Carlo VorsRichter am BDiG 417–418
Karey, RDir 184
Karg, RDir 214
Karkos, Prof Dr WissDir 373
Karl, Dr-Ing RDir 246
Karlsruher, Herbert Prof Dr HonorarKons 68

Karr, Dr 286
Karrasch, VwDir 291
Karschies, MinDirig 42
Karst, Jürgen VorsRichter am BDiG 417–418
Karwatzki, Irmgard Parlamentarische Staatssekretärin 9, 45, 159
Kasel, Werner ORR 218
Kasper, RDir 416
Kaspereit, Sabine 9, 20
Kass, Rüdiger Dr MinDir 117
Kassel, Dr VwAng 126
Kassmann, MinR 432
Kassner, Dr-Ing BauDir 145
Kastens, BauDir 211
Kastner, Susanne 9, 24
Kastning, Ernst 9
Kastrop, Dr RDir 160
Kastrup, Dieter Dr außerordentl und bevollm Botsch 97
Kath, Folkmar 407
Kathke, Dr RDir 428
Katholnigg, Dr MinR 154
Katsantonis-Paulsen, RDirektorin 225
Katsch, Dipl-Ing BauDir 327
Katsimbaros, Panayotis GenKons 462
Kaubisch, Joachim 149
Kauder, Volker 9
Kauer, Dipl-Ing 243
Kaufhold, ORR 133
Kaufmann, Rüdiger von HonorarKons 454
Kaufmann-Bühler, Werner Dr Botsch 73
Kaul, Prof Dr Präsident des Bundesamtes für Strahlenschutz 392
Kaul, VortrLegR I. Kl 54
Kaul, VwDir 291
Kaune, RDir 398
Kausch, Joachim außerordentl und bevollm Botsch 73
Kawe, BauDir 323
Kaye, MinR 402
Kayser, Dr WissAngestellte 388
Kayser, WissDir 135
Kaysers, Dr MinR 116
Keck, MinDir 154
Keck, ORR 365
Kegler, Roland Dr HonorarKons 64
Kehden, MinR 315
Kehl, RDir 323
Kehm, MinR 362
Kehrer, Peter Dr Dir und Prof 250
Kehrhahn, RDir 27
Kehrig, Manfred Dr LtdArchDir 129
Keidel, MinDirig 315

541

Keil, Georg-Wilhelm Präsident der Wasser- und Schiffahrtsdirektion 318
Keil, VwDir 303
Keil, Wilhelm Viktor Albert HonorarKons 89
Keilholz, Hans-Jürgen außerordentl und bevollm Botsch 87
Keim, Prof Dr MinR 26
Keiner, Kurt LtdVwDir 302
Keita, Mohamadou Außerordentl und bevollm Botsch 447
Keitel, Dr Ang 279
Keiter, Dr RDir 389
Keitsch, Werner 320
Keitz, von WissDir 279
Kelber, Dipl-Ing BauDir 325
Kelch, Jan Dr Direktor 146
Keler, Sigrid Finanzministerin 36
Keller 269
Keller Sarmiento, Carlos Oscar Außerordentl und bevollm Botsch 437
Keller, Dr LtdRDir 332
Keller, Dr rer nat RDir 330
Keller, K Dr Dir und Prof 372
Keller, Peter 9
Keller-Stanislawski, Dr WissAng 380
Kellerer, Dr LtdRDir 156
Kellinghaus, VwDir 286-287
Kellinghusen, Jens HonorarKons 467
Kellner, Dr LtdRDir 157
Kellner, FoOR 198
Kellner, Gerhard VwDir 293
Kelm, Barbara BiblDirektorin 149
Kelter, Dr GeolOR 249
Kemmer, Dr MinR 386
Kemner, Joachim RDir 171
Kemp, Tomas 407
Kempen, Dr VwAngestellte 26
Kempen, Simon van HonorarKons 476
Kemper, Dr MinR 385
Kemper, Hans-Peter 9
Kemper, MinR 363
Kemper, ORRätin 208
Kemper, Ria Dr Präsidentin des Bundesamtes für Wirtschaft 243
Kempf, Ekkehard 338
Kempski, von Dipl-Volksw Ang 153
Kendler, Arved 142
Kenneweg, RDir 396
Keppel, BauDir 316
Kerim, Srdjan Dr Außerordentl und bevollm Botsch 444
Kerl, Volkher AbtPräs 225

Kern, Dieter HonorarKons 102
Kern, Dr VortrLegRätin 51
Kern, Helmuth HonorarKons 454
Kern, U Dr Direktorin und Professorin 373
Kerndorff, Dr WissDir 391
Kerner, Claus SenR 429
Kerrutt, Volker ORR 199
Kersten, Dr LtdRDir 136
Kersten, Klaus Ulrich Dr 125
Kersten, ROAR 406
Kertess, Dr RDir 205
Kesper, RDir 135
Kesse, BauRätin 399
Kessel, Immo von außerordentl und bevollm Botsch 68
Keßelring, Rainer Dr 50
Keßler, MinR 163
Kesteris, Andris Außerordentl und bevollm Botsch 443
Kettel, Karl Josef VwDir 289, 298
Keuchel, MinR 402
Keuchel, MinRätin 431
Keus, VwAng 136
Keusekotten, RDir 131
Keyser, Prof Dr Dir und Prof 242
Khalili Amiri, Khalil GenKons 465
Khan, Hamidullah GenKons 480
Khoruzhy, Grigoriy Prof Dr GenKons 490
Kickbusch, Jürgen VwDir 292
Kiderlen, Dr WissAng 375
Kiefer, Gernot 381
Kiefer, RDir 217
Kieferle, Georg HonorarKons 457
Kiehne, Klaus Uwe BauDir 327
Kiehne, MinR 398
Kielstein, Prof Dr WissAng 377
Kienemund, MinR 163
Kientzle, Klaus Herbert HonorarKons 72
Kienzler, OAR 427
Kieper, VwORätin 307
Kiermeier, MinR 154
Kiers, Jakobus HonorarKons 100
Kiesau, Gisela Dr Direktorin und Professorin 279
Kieschke, Dr MinDirig 162
Kießler, Dr MinRätin 115
Kiewitt, Peter außerordentl und bevollm Botsch 59
Kilger, Gerhard Dr LtdWissDir 280
Kilian, Dr Botschafter a D 51
Killing, ZOAR 209
Kimmerle, LtdPolDir 117
Kind, MinR 117

Kinder, RDirektorin 272
Kindervater, VwAngestellte 397
Kindler, MinR 48
King, Michael Jan Außerordentl und bevollm Botsch 437
Kinitz, Horst Ang 304
Kinkel, Klaus Dr Bundesminister des Auswärtigen und Stellvertreter des Bundeskanzlers 9, 45, 51
Kinser, ORR 227
Kiper, Manuel Dr 9
Kippe, Karl-Heinz BauDir 326
Kippenberger, BergDir 249
Kirch, Peter 381
Kirchbach, Dipl-Ing (FH) TAng 337
Kirchberg, Dr Ang 279
Kirchdörfer, AbtPräs 326
Kirchhof, Dr MinR 395
Kirchhof, Paul Prof Dr 410
Kirchhoff, Jochen Friedrich Dr HonorarKons 459
Kirchner, Wulf-Peter Dr WissDir 264
Kirsch 269
Kirschbaum, Dr Dir und Prof 372
Kirschner, Klaus 9, 23
Kishore Rai, Novel Dr Außerordentl und bevollm Botsch 444
Kissrow, MinR 117
Kitain de Zimmermann, Tamara GenKonsulin 475
Kittel, Walter StSekr a D 235
Kittke, Horst-Dieter Dr VPräs 231
Klaas, Hermann Dr VwDir 298
Klaassen, Helmut OAR 43
Klaeden, Eckart von 9
Klär, Karl-Heinz Dr StSekr 433
Kläschen, MinR 166
Klages, Dipl-Phys 241
Klaiber, Dr MinDir 51
Klapper, Ang 295
Klappert, Marianne 9, 21
Klaßen, VortrLegR 51
Klatt, Peter 65
Klatt, RDir 380
Klaus, Dr Richter am BGH 411
Klaus, Hubert FoOR 216
Klauß, RDir 332
Klaubner, Bernd Dr 9
Kleber, MinDirig 427
Klebula, RDir 272
Kleeberg, Dr WissDir 372
Kleedehn, Bärbel Ministerin für Bau, Landesentwicklung und Umwelt 36
Kleeschulte, MinR 255
Kleffel 269
Kleiber, MinR 398

Klein, Dr Dir und Prof 242
Klein, Dr MinR 272
Klein, Dr WissDir 388–389
Klein, Horst VorsRichter am BDiG 417
Klein, Karl Dipl-Ing agr 261
Klein, MinR 238, 341
Klein, ORR 432
Klein, RAmtfrau 427
Klein, Rudolf 232
Klein, VwAng 198
Klein, Wolfgang ZAR 216
Kleine, Dr MinR 384
Kleiner, Hubertus HonorarKons 484
Kleiner, Jürgen außerordentl und bevollm Botsch 85
Kleinert, Detlef 9, 24
Kleinert, Dr VwAng 431
Kleinert, Dr WissAng 373
Kleinschmidt, VwOR 298
Kleinvogel, Manfred Dr VorsRichter am BVerwG 416
Klemann, Jürgen Senator für Bauen, Wohnen und Verkehr 33
Klemm, BauDir 322
Klemm, Lothar Staatsminister, Minister für Wirtschaft, Verkehr und Landesentwicklung 35
Klemm, ORR 258
Klemmer, Siegrun 9
Klems, Dr Ang 297
Klengel, Evelyn Dr Direktorin 147
Klenk, Hans Dieter GenHonorarKons 480
Klenke, Martin HonorarKons 66
Klenner 269
Klepp, Dr MinR 271
Klepper, ORR 192
Kleschtschow, Bianka Dr 301
Klessinger, RDir 205
Klett, Dr RDir 211
Klett, Michael HonorarKons 484
Kliems, Hubertus VorsRichter am BPatG 415
Kliesch, LtdRDir 399
Kliesow, Roland Dr GenKons 102
Klimesch, Dr VwAng 428
Klimitz, Jan HonorarKons 461
Klimke, Dr MinDirig 316
Klimpel, Dr VwAngestellte 44
Klimpel, Paul-Manfred BauDir 323
Kling, ORR 192
Klingel, Fred Prof Dr 262
Klinge, Dr-Ing MinR 316
Klingelhöfer, Wilfried BauDir 323

Klinger, LegR I Kl 51
Klinger, MinR 434
Klinger, Rudolf Staatssekretär 33
Klingler, Dr VortrLegR I. Kl 55
Klinkert, Ulrich Parlamentarischer Staatssekretär 9, 45, 384
Klinner, VwAng 136
Klisch, OAR 42
Klitzsch, Gottfried LtdVwDir 290
Klitzsch, ORR 362
Klocke, Dr WissAngestellte 430
Klocker, Dr MinR 237
Klöble, ORR 217
Klohe, Dieter Dr Dir 127, 288
Kloke-Lesch, MinR 395
Klonk, Dr WissAng 393
Kloos, Dr MinR 48
Kloos, Dr RDir 253
Kloosterhuis, Jürgen Dr Direktor 148
Klose, Dipl-Ingenieurin agr 258
Klose, Hans-Ulrich Vizepräsident 9, 20
Klose, Hasso Dipl-Ing BauDir 325
Kloss, VwAng 365
Klotz, MinDirig 48
Klotzbach, WissAngestellte 373
Kluftinger, Norbert VwDir 305
Klug, VwAngestellte 367
Kluge, Bernd Prof Dr Direktor 147
Klump, Hans-Joachim VwAng 228
Klupsch, LtdRDir 190
Knaack, LtdRDir 168
Knaape, Hans-Hinrich Dr 9
Knackstedt RDirektorin 118
Knake-Werner, Heidi Dr 9, 24
Knapp, Dr Dir und Prof 391
Knappe, RDir 222
Knauer, ORR 207
Knauthe, Karlheinz Dr HonorarKons 453
Knebel, Helmut ZOAR 188
Knecht, RR 187
Kneifel, Johannes Dr GenHonorarKons 475
Kniebes, MinRätin 154
Knierim, RDir 337
Knieß, Hans-Gerhard Dipl-Ing 329
Knight, John Michael HonorarKons 110
Kniola, Franz-Josef Innenminister 36
Knischewski, Dr MinR 237
Knoblich, MinDirig 272
Knobloch, Dipl-Ing BauDir 325
Knobloch, Dr RDir 385

Knobloch, MinR 342
Knobloch, von MinR 116
Knoche, Monika 9
Knochenhauer, Andreas LtdRDir 248
Knödel, Dr WissDir 250
Knoerich, MinDirig 402
Knoll, Dr MinR 165
Knop, Dr MinR 432
Knopp, Werner Prof Dr 146
Knorr, VwDir 301
Knote, Dr MinR 239
Knudsen, Volkert HonorarKons 460
Knüpfer, Wolfgang HonorarKons 481
Knüppel, FoDir 205
Knüppel, Hans-Christian Dr LtdRDir 278
Kobelt, Dr RDir 369
Koberski, MinR 272
Kobler, Martin BotschR 87
Kobsch, MinR 159
Koch, AbtPräs 221
Koch, Dipl-Kfm RDir 336
Koch, Dr Dir und Prof 242
Koch, Dr WissAng 373
Koch, Evelyn VwAngestellte 429
Koch, J Dr GeolDir 250
Koch, MinR 239
Koch, RDir 271
Koch, ROAR 133
Koch, WissOR 389
Koch, Wolfgang LtdVwDir 298
Kochan, Fritz Dr Ständiger Vertreter 278
Kochanke, VortrLegR 51
Kochsiek, Manfred Dr Dir und Prof 241
Kock, Dr MinR 164, 273
Kock, RR 140
Kockel, Dr GeolDir 250
Kockel, Klaus 123
Kocks, Günter Dr HonorarKons 71
Kodal, MinR 314
Köbberling, RAngestellte 433
Koebel, MinR 430
Koebnick, Hans-Jürgen Präsident der Landeszentralbank 424, 426
Köffler, Wernfried Dr GenKons 479
Kögel, Dipl-Ing BauDir 327
Kögel, Karlheinz GenHonorarKons 465
Köhler, FoOR 198
Köhler, Gerd 321
Köhler, Gerhard Dr MinDirig 116
Köhler, Hans-Ulrich 9

543

Köhler, Horst Dr Präsident des Deutschen Sparkassen- und Giroverbandes 232
Köhler, LtdRDir 217
Koehler, MinR 432
Köhler, ORR 179
Köhler, RDir 225
Köhn, Jutta SenDirektorin 430
Köhne, Rolf 9
Köhnlein, LtdBauDir 323
Köller, Harry 216
Köller, ORR 258
Kölsch, Dr VortrLegR I. Kl 52
Koenen, Karl-Ludwig Dr HonorarKons 478
König, Dr 425
König, Joachim HonorarKons 485
König, Mechthild Dr LtdVwDirektorin 308
König, MinR 236
König, ORR 209
König, RDir 325, 332, 337
König, Rudolf MinR aD 150
König, VwAng 115
König, WissAng 393
Königshofen, Norbert 9
Köpernik, Dr MinR 239
Koepke, Karsten-Uwe HonorarKons 464
Koeppel, WissDir 391
Köppen, RRätin z A 271
Koeppen, VwDir 294
Körbel, Karl-Hans Dr HonorarKons 470
Körber, Manfred 424
Körmann, Horst-Hinrich LtdRDir 365
Körper, Fritz Rudolf 10, 23
Körting, MinR 42
Kössler, Bernd-Rüdiger FinPräs 201
Köster-Loßack, Angelika Dr 10
Koewel, Klaus FinPräs 194
Koglin, Olaf Dr LtdVwDir 290
Kohl, Dr MinR 27
Kohl, Helmut Dr Bundeskanzler 10, 45, 47
Kohlbrügge, RDir 282
Kohlenbach, MinDirig 398
Kohlhaas, Irene außerordentl und bevollm Botschafterin 99
Kohlschreiber, Udo RDir 219
Kohlstock, Norbert Prof Dr Dir und Prof 265
Kohmann, Dr LtdRDir 330
Kohn, Ang 300
Kohn, Roland 10
Kohne, ROAR 208
Kohnen, Gerhard Dr MinDirig 50
Kohnert, Dr 363

Kohnke, Dir und Prof 331
Kohsiek, Heinrich Dr-Ing 262
Kolb, Heinrich L Dr Parlamentarischer Staatssekretär 10, 45, 235
Kolb, RDir 330
Kolbe, Manfred 10
Kolbow, Walter 10, 23
Koll, Dr MinR 237
Koll, Eckhard HonorarKons 473
Kollenberg, Udo 362
Koller, RDir 235
Kollmeier, Dr MinR 397
Kollorz, Fritz 311
Koloczek, ORR 204
Kolz, Dr 363
Komarek, VwDir 269
Komorowski, Dr RDir 403
Konitzer, MinR 315
Konopka 269
Kontetzki, Dr VwAng 47
Kontny, WissAngestellte 130
Konukiewitz, Dr MinR 397
Kooijmann, Bastiaan HonorarKons 80
Koop, Dipl-Ing LtdBauDir 327
Koop, RAng 433
Koopmann, Peter HonorarKons 480
Koops, Dr ArchOR 129
Koos, BauDir 136
Koppe, Karsten Präsident des Landesarbeitsamtes 291
Koppelin, Jürgen 10
Koppenfels, von Dr MinR 396
Kopplin, RDir 225
Kopsch, Günter AbtPräs 122
Kopske, Dr WissOR 279
Koptelzew, Valentin Alexejewitsch 446
Korb 339
Korber, RDir 50
Kordes, RR 132
Kordsmeyer, Volker RDir 123
Korf, RRätin 283
Korff-Schmising, Graf von MinR 239
Korn, Dr WissAng 392, 393
Kornemann, Hasso HonorarKons 482
Kors, Eva-Maria 10
Kortüm, VwAng 165
Koschel, Helmut Dr AbtDir 170
Koschnitzke, Hansjürgen 329
Koschorreck, MinR 165
Koschwanez, Dr Dir bei der Bundesschuldenverwaltung 228, 229
Koschyk, Hartmut 10, 23
Kose, Volkmar Prof Dr Vizepräsident 241
Koski, Martti HonorarKons 93

Koslowski, Manfred 10, 20
Kossendey, Thomas 10
Kostenko, Jurij Wasyljowytsch Außerordentl und bevollm Botsch 449
Kothe, Dieter Dipl-Ing (FH) BauOAR 325
Kothmann, Dr MinDirig 368–369
Kovács, Jozsef Gesdtr 449
Kowalewski, MinR 342
Kowalski, Günter Dipl-Ing Vors-Richter am BPatG 415
Kowalski, MinR 116
Kowalski, ORRätin 280
Krabbe, Dr MinR 163
Krägeloh, MinR 155
Krämer, BauDir 201
Krämer, Dr Dir und Prof 241
Krämer, Johann VwDir 309
Kraemer, Klaus Christian außerordentl und bevollm Botsch 87
Kraemer, Paul R GenHonorarKons 474
Krämer, RDir 431
Kränzle, Bernd Staatssekretär 33
Kraeusel, MinR 431
Krafft, Lothar ORR 264
Krafft, MinR 117
Kraft, Herbert Dr FoDir 200
Kraft, MinDir 315
Kraft, RDir 173, 181
Kraft, Richter am BPatG 415
Krahe, Dr MinR 164
Krahé, Egbert GenKons 104
Krajewski, Christiane Stellvertretende Ministerpräsidentin, Ministerin für Wirtschaft und Finanzen 37
Krajewski, Dipl-Ing LtdBauDir 325
Krakowka, RDir 242
Kramer, Dr MinR 166, 403
Kramer, Hildegard FinPräsidentin 195, 214
Kramer, MinRätin 315
Kramer, RDir 189
Krampe, Dr GeolDir 250
Kranen, Dirk RR 159
Krannich, MinR 48
Krasney, Otto Ernst Prof Dr VPräs des BSG 422
Krastelnikov, Ilija GenKons 456
Kratsch, RDir 244
Kratz, Hans-Jürgen VwOR 300
Kratzenberg, Dr MinR 398
Kraus, Dr MinR 385
Kraus, ORR 213
Kraus, Prof Dr 394
Kraus, Rudolf Parlamentarischer Staatssekretär 10, 45, 271

Kraus, VortrLegR I. Kl 51
Kraus, ORR 132
Krause, Dr Dir und Prof 390
Krause, Dr ORR 330
Krause, Dr-Ing Dir und Prof 246
Krause, Günter MinDirig 117
Krause, MinDirig 315
Krause, MinR 163, 238
Krause, ORRätin 327
Krause, VwDir 307
Krause, Wolfgang 10
Krause-Sigle, Brigitte MinDirigentin 236
Krauskopf 425
Krauthausen, RDir 273
Krautmann, José HonorarKons 64
Krautscheid, Andreas 10
Krautzberger, Michael Prof Dr MinDir 398
Krebs, Maria VKonsulin (H) 457
Krebs, RDir 178
Krebs, VortrLegR I. Kl 55
Kreft, Helga MinRätin 363
Kreft, MinR 385
Kregel, Dr RDir 384
Kreienhop, Rolf 337
Kreienkamp-Rabe, MinR 238
Kreikamp, Dr ArchDir 128
Kreis, Dr RDir 173
Kreis, MinRätin 271
Krekel, Michael Dr 150
Krekeler, VortrLegR I. Kl 48
Krellner, LtdVwDir 286
Kremer 269
Kremer, MinR 402
Kremp, MinR 271
Krempien, Rainer Dr BiblDir 148
Kremser, MinR 27
Krep, Adolf 365
Kreße, FinPräs 184
Kressl, Nicolette 10
Kretschmar, Andreas 143
Kretschmar, RDir 131
Kretschmer, Dr MinR 26
Kretschmer, Dr WissAng 372
Kretschmer, Dr WissDir 373
Kretschmer, Manfred LtdVwDir 297
Kretschmer, Otto Minister für Justiz und Europaangelegenheiten 39
Kretschmer, RDir 48
Kretz, ORR 132
Kreusch, Erich A HonorarKons 464
Kreuschner, Dr WissOR 373
Kreutz, Dr LtdBauDir 136
Kreutz, G Dr Dir und Prof 372
Kreuz, Dr VwAng 395
Kreuzahler, RAR 387

Kreuzaler, Dr MinDirig 272
Kreuzer, MinR 403
Krewer, MinR 403
Kreye, M A 50
Krichel, Dr LtdRDir 131
Kriedner, Arnulf 10, 21
Krieg, Dr MinR 315
Krieger, ORR 332
Kringe, MinR 362
Kripzak, Dipl-Ing BauDir 325
Krischker, Dr MinR 240
Kroczek, Dr WissDir 375
Kroders, Waldemar HonorarKons 85
Kröger, LtdRDirektorin 215
Kröger, MinR 154
Kröner-Moosmann, MinRätin 271
Kröning, Volker 10
Kroh, Heinz HonorarKons 464
Krohn, Wolfgang GenHonorarKons 488
Kroj, Prof Dr Dir und Prof 332
Kroker, Prof Dr Dir und Prof 377
Krol, Bogumil GenKons 482
Kroll 339
Kroll, Gerhard LtdBauDir 144
Kroll, RDirektorin 283
Krombacher-Bachem, ORRätin 283
Kronberg, Heinz-Jürgen 10
Kronenbitter, ORR 365
Kronholm, Jan Gesdtr 447
Kronnenwett-Löhrlein, Dr VwDir 295
Krosigk, von Dr MinR 403
Krost, MinR 115
Kruczek, Dr Direktorin und Professorin 375
Krüger 120
Krüger, Andreas FoR z A 183
Krüger, BauDir 320, 323, 400
Krüger, Beate 434
Krüger, Flugkapitän 336
Krüger, J MinDirig 160
Krüger, Karl-Heinz ORR 185
Krüger, LtdRDir 325
Krüger, MinR 398
Krüger, Paul Dr-Ing 10, 22
Krüger, RAngestellte 434
Krüger, Thomas 10
Krümmel, LtdRDir 217
Krümmel, Stefan LtdRDir 365
Krümmel, Uwe LtdRDir 217
Krug, RDir 226
Kruis, Konrad 410
Krull, Dr GeolOR 250
Krull, RR 140
Krumbein, Dr MinR 396
Krumhoff, Joachim Dr HonorarKons 478

Krupp, Dr LtdRDir 332
Krupp, Hans-Jürgen Prof Dr Präsident der Landeszentralbank 424, 426
Kruppa, Dr RDir 226
Kruse, Dipl-Ing VwAng 337
Kruse, Dr MinDirig 52
Kruse, E Dr MinR 236
Kruse, M Dr MinR 238
Kruse, Peter D HonorarKons 70
Krutein, Götz 333
Krutz, Dr WissORätin 279
Krziskewitz, Reiner 10
Kubatschka, Horst 10
Kubesch, Erwin Dr GenKons 479
Kubiak, LtdVwDir 284
Kuchenbecker, BauDir 332
Kucherer, Dr WissAngestellte 374
Kübler, Dr 363
Kübler, Dr MinR 237
Kübler, Rolf LtdVwDir 302
Kück, RDir 154
Kühbacher, Klaus-Dieter Präsident der Landeszentralbank 424, 426
Kühl, Juan Christobal HonrarKons 64
Kühl-Meyer, MinRätin 28
Kühlewind, Dr LtdWissDir 287
Kühlewind, Rolf BauDir 327
Kühling, Jürgen Dr 410
Kühn, Hans-Werner LtdKrimDir 127
Kühn, Joachim Dr AbtPräs 122
Kühn, MinDirig 160
Kühn-Mengel, Helga 10
Kühnau, Dirk MinDir 159
Kühne, BauDir 399
Kühne, Joachim 311–312
Kühne, Max HonorarGenKons 105
Kühne, MinR 115
Kühne, Prof Dr Dir und Prof 242
Kühnel, MinR 385
Kühs, WissDir 279
Künzle, RDir 217
Kues, Hermann Dr 10
Kuessner, Hinrich Stellvertreter des Ministerpräsidenten, Sozialminister 35
Küster, RDir 368
Küster, Uwe Dr 10, 21
Küsters, Hanns Jürgen Dr WissAng 128
Kuhlbrodt, H Dipl-Ing LtdBauDir 325
Kuhlmann, Dr MinR 254
Kuhlmann, RDir 178
Kuhlmann, VwORätin 301
Kuhlwein, Eckart 10

545

Kuhn, Dr Dir und Prof 279
Kuhn, RDir 244
Kuhn, RDirektorin 282
Kuhn, VwAng 146
Kuhn, Werner 10
Kuhn, Wolfgang Dr GenHonorarKons 459
Kuhna, Dr Botschafter 51
Kuhnert, Gert Dr VwOR 302
Kuhnke, VwOR 298
Kuhrmeyer, MinR 342
Kuhrt, VwAng 115
Kujas, Adolf RAR 219
Kullmann, Dr MinR 238
Kulozik, Ehrenfried LtdVwDir 296
Kulzer, Rosalie ORRätin 428
Kummer, Peter VorsRichter am BSG 422
Kummer, VwORätin 293
Kumpf, Dr MinR 166
Kun, Vincent HonorarKons 90
Kunas, Siegfried MinDir 161
Kunde, Dr Dir und Prof 378
Kunhardt, Henning LtdRDir 258
Kunick, Konrad 10
Kunitzki-Neu, Norbert von Honorarkons 90
Kunow, von VortrLegR I. Kl 52
Kunowski, von WissOR 390
Kunth, Bernd Dr HonorarKons 476
Kuntzsch, BauDir 399
Kunz 339
Kunz, Gerhard außerordentl und bevollm Botsch 99
Kunze, RDir 384
Kunzmann, Horst Dr Dir und Prof 242
Kuoppala, Jorma HonorarKons 93
Kupferschmid 363
Kuppe, Gerlinde Dr Ministerin für Arbeit, Soziales und Gesundheit 38, 39
Kurbel, Paul VorsRichter am BPatG 415
Kurtenbach 368
Kurth, Dr MinR 239
Kurth, R Prof Dr 380
Kurth, R Prof Dr Präs und Prof 380
Kurth, Reinhard Prof Dr 374
Kurz, Günter 339
Kurz, Hans Günter RDir 189
Kurz, Manfred 335
Kurz, MinR 384
Kurzawa, Dipl-Ing BauOR 140
Kurzhals, Christine 10
Kurzwelly, LtdRDir 379
Kusch, Dr MinR 47

Kusch, Wolfgang 335
Kuschel, Dr MinR 236
Kuschinsky, Dr Wiss Direktorin 373
Kuse, VwAng 116
Kutschkow, ORRätin 326
Kutzer, Klaus VorsRichter am BGH 412
Kutzmutz, Rolf 10
Kutzner, Dr RDir 50
Kyaw, Dietrich von Dr Botsch 112
Kyrieleis, Helmut Prof Dr h c Präs und Prof 112

L

Laabs, RDir 282
Laars, Peter Dr MinDirig 163
Laaß, BauDir 322
Labidi, Abdallah Kons 490
Labsch, Werner 10
Lache, Joachim LtdRDir 170
Lache, MinR 255
Lachmann, Dr MinR 27
Lachmann, VwAng 176
Lack, Rolf BauDir 328
Ladage, Klaus Friedrich Dr VorsRichter am BSG 422
Ladener-Malcher, MinRätin 159
Ladwig 121
Läpke, Dipl-Ing VwAng 145
Läpple, Friedel Minister des Innern 37
Laer, MinR 145
Laermann, Karl-Hans Dr-Ing 10
Läufer, Thomas Dr MinR 26
Lafontaine, Oskar Ministerpräsident 24, 37
Lage, Colin de HonorarKons 472
L'age-Stehr, Dr Direktorin und Professorin 374
Lagos Andino, Ricardo Dr Außerordentl und bevollm Botsch 440
Lahner, Dr GeolDir 249
Laidig, Dipl-Ing agr Dr 258
Laidre, Margus Außerordentl und bevollm Botsch 439
Laitenberger, Dr VwAng 49
Laitenberger, MinRätin 117
Lajolo, Giovanni Dr Erzbischof Apostolischer Nuntius 440
Lambah, Satinder Kumar Außerordentl und bevollm Botsch 440
Lambert, Gerd VwOR 287
Lambertz, RR 172
Lambsdorff, Graf Otto Dr 10
Lambsdorff, Hagen Graf MinR 50
Lamer, Jürgen ORR 171

Lamers, Karl A Dr 10, 23
Lamm, VwAng 365
Lammel, Dr MinR 254
Lammert, Norbert Dr Parlamentarischer Staatssekretär 45, 313
Lammertz, ORR 263
Lamp, Helmut 10
Lampe, Dr VortrLegR 51
Lampersbach, MinRätin 272
Lampinen, Paavo HonorarKons 92
Lampke, Peter W HonorarKons 475
Lamprecht, RDir 225, 243
Lander, C Dr Direktorin und Professorin 373
Landfermann, Dr MinR 155, 386
Landgrebe, Jürgen BauDir 324
Landmann, Dr VwOR 301
Landoite Lourenço, Joáo Außerordentl und bevollm Botsch 436
Landvogt, BauDir 115
Landvogt, Dr MinR 395
Lanfermann, Heinz Staatssekretär 153
Lang, Arnold Dr VorsRichter am BGH 412
Lang, Augustin Dr GenKons 486
Lang, Dr ORRätin 194
Lang, LtdRDir 157
Lang, Manfred Dr RDir 367
Lang, Winfried RDir 197
Lange 269
Lange, A Dr Dir und Prof 389
Lange, Brigitte 11
Lange, Dr MinR 403
Lange, M Dr Dir und Prof 389
Lange, MinR 163
Lange, RDir 283
Lange, Ulf Dr jur HonorarKons 459
Lange, WissAngestellte 130
Lange-Asschenfeldt, Prof Dr Dir und Prof 390
Lange-Klein, Dr MinRätin 155
Lange-Lehngut, AbtPräsidentin 376
Langen, Dr WissORätin 373
Langenbucher, Dr RDirektorin 368
Langer, Günter Dr GenHonorarKons 488
Langer, Hans Dr LtdRDir 387
Langer, Michael Prof Dr Dir und Prof 249
Langer, ORR 282
Langer, ORRätin 283
Langerbein, Dr MinR 395
Langermann, von Dr MinRätin 50
Langes, Horst HonorarKons 473
Langfeld, RDir 227

Langjahr, Rolf ZOAR 218
Langjahr, Wilfried ROAR 219
Langman, John Charles HonorarKons 109
Langner, Dr RDir 236
Langrock, Dr RDir 410
Lanitis, Costas HonorarKons 111
Lanvermeyer, Dr RDir 126
Lanzke, Heinz Dr BiblDir 149
Larcher, Detlev von 11
Larenz, Dr MinR 402
Laschet, Armin 11
Laschinski, Dr WissAngestellte 373
Lascho 425
Laskus, Dr Dir und Prof 390
Lassus, Dominique GenKons 461
Lattmann, Herbert 11
Laube, Konrad Oberfinanzpräsident 197
Laube-Friese, Dr WissAngestellte 372
Laubscher, RDir 198
Laudamus, Achim ORR 170
Lauer, RSchulDir 132
Laufhütte, Heinrich Wilhelm VorsRichter am BGH 412
Laufs, Paul Dr Parlamentarischer Staatssekretär 11, 45, 341
Laumann, Karl Josef 11
Laur-Ernst, Ute Dr 407
Laurent, Edwin Pontien Joseph Außerordentl und bevollm Botsch 448
Lausen, RDir 190
Lauster, Armin Dipl-Ing VorsRichter am BPatG 415
Lautenbacher, Ferdinand VwOR 306
Laux, Gunter LtdRDir 123
Laux, Wolfrudolf Prof Dr 263
Lavertu, Gaëtan Außerordentl und bevollm Botsch 442
Lawrenz, BauOARätin 400
Laws, RR 215
Lazar, Boris Gesdtr 449
Lazarus, Dr Dir und Prof 279
Le Comte, Dieter GenKons 453
Leber, MinR 161
Lechtenberg, VwORätin 295
Ledebur, von Dr MinR 254
Lederer, Dr MinR 401
Lederer, MinR 428
Leeb, Hermann Staatsminister der Justiz 33
Leeb, WissDir 393
Leeuwen, Peter van GenKons 477
Lefebvre, Christian HonorarKons 95
Leggewie, MinR 430
Legner, Johannes 120
Lehle, MinR 254
Lehmann 301
Lehmann, Alfred RDir 211
Lehmann, Ang 379
Lehmann, BauDir 400
Lehmann, Christian MinDirig 154
Lehmann, Dr MinR 160, 315
Lehmann, Dr WissORätin 372
Lehmann, H Ang 379
Lehmann, Hans-Dietrich MinDirig 432
Lehmann, Klaus-Dieter Prof Generaldirektor der Bundesanstalt Die Deutsche Bibliothek 149
Lehmann, MinDirig 432
Lehmann, MinR 395
Lehmann, RDir 211, 379
Lehmann, W-J MinR 155
Lehmann, WissOR 394
Lehmberg, Dr MinR 26
Lehmeier, VwDir 307
Lehmkuhl, WissAngestellte 387
Lehn, Waltraud 11
Lehne, MinR 396
Lehnert, VwOR 295
Lehnguth, Gerold, Dr MinDirig 118
Lehning, Gert Dipl-Ing 343
Lehtola, Markku HonorarKons 93
Leibbrandt, RDir 49
Leibe, VwOR 305
Leibold, VwOAR 268
Leidig, Dipl-Ing 243
Leidinger, Robert 11
Leifeld, Dr WissOR 249
Leikeb, Dr Dir 286
Leinemann, Wolfgang Prof Dr VorsRichter am BAG 421
Leiser, Eckhard Dipl-Ing 146
Leitschuh, MinR 164
Leitterstorf, Dr MinDir 401
Lekschas, Dr WissR 372
Lellek, MinR 164
Lemaire, Laurent HonorarKons 94
Lemke 425
Lemke, Steffi 11, 20
Lemmer, Dr MinR 164
Lengert, Walter LtdRDir 210
Lengler, RRätin 428
Lengsfeld, Vera 11
Lenhard, MinR 398
Lennartz, Klaus 11
Lennartz, RDir 384
Lensing, Werner 11
Lentz, RDir 221
Lentzen, Dorothee LtdVwDirektorin 296
Lenz, Dr ArchDir 128
Lenz, Dr MinR 362
Lenz, Dr ORR 184
Lenz, Ernst-Udo Dipl-Ing BauDir 326
Lenz, Günther 290
Lenz, Karl-Heinz Dr Präs und Prof 332
Lenz, MinR 117, 118
Lenzen, MinR 396
Lenzer, Christian 11, 23
Leo, Stefano de Kons 467
Leonardy, MinR 432
Leonberger, VortrLegR I. Kl 53
Leonhard, Elke Dr 11
Leonhard, MinR 145
Leonhardt 339
Leonhardt, Frank HonorarKons 470
Leonhardt, Willy Prof Minister für Umwelt, Energie und Verkehr 37
Leoprechting, Frhr von RDir 434
Lepping-Spliesgart, RRätin 178
Leptien, VwAng 26
Leroy, MinR 255
Lesch, Dr MinDir 253
Lesch, RDir 362
Leschniok, VwDir 296
Leser, RDir 432
Leskien, RDir 402
Letsios, Dimitrios G GenKons 462
Letzgus, Peter 11
Leuckart, von MinR 395
Leue 425
Leutheusser-Schnarrenberger, Sabine 11
Leutrum von Ertingen, Norwin Graf Dr außerordentl und bevollm Botsch 61
Leve, Dr ODir 284
Levedag, Monika VorsRichterin am BDiG 418
Leven, Klaus Dr Vizepräsident 284, 285
Leven, RDir 314
Levermann, MinR 27
Lewalder, Botschafter 51
Lewin, Dr WissORätin 375
Lewis, Andrew D F HonorarKons 109
Lexow, J Dr-Ing ORR 245
Ley, RDir 391
Leyendecker, MinR 164
Leykauf, Herbert Dr 335
Leyser, Dr MinDirig 237
Lichtenberg, F MinR 162
Lichterfeld, MinR 341
Liebenow, Dr WissAng 378
Lieber, Paul VwDir 304

547

Lieberknecht, Christine Ministerin für Bundesangelegenheiten in der Staatskanzlei und Bevollmächtigte des Freistaats Thüringen beim Bund 39, 435
Liebert, RR 190
Liebetanz, LtdRDir 133
Liebetrau, Dr RDir 136
Liebing, RDirektorin 131
Liebscher, Hans-Jürgen Prof Dr LtdRDir 330
Liedhegener, BauDir 315
Liegl, Alexander Dr HonorarKons 476
Lienau, Rolf Dr VwDir 293
Lienenkämper, Ralf HonorarKons 485
Liepe, Ang 342
Lieres, ORR 188
Liesen, Arndt Dipl-Math Dr VwAng 168
Lieser, Erika Dr VwAngestellte 26
Lieser, MinR 399
Lieser, WissOR 393
Lieske, ORR 204
Ließmann, VwDir 309
Lieth, Rolf von der Dr FinPräs 186
Lietmeyer, Dr MinR 160
Lieven, MinR 115
Lilienfeld-Toal, Siegfried von Abt-Präs 320
Lima Viegas, Antonio de 1. Sekr 446
Limbach, Editha 11, 21
Limbach, Enno 120
Limbach, Jutta Prof Dr Präsidentin des Bundesverfassungsgerichts 410
Limbach, Peter MinDirig 115
Limberg, Dr WissOR 372
Linckelmann, Wolfgang Dr MinR 363
Lindberg, Per Folke HonorarKons 104
Linde, Dr 301
Linde, Jürgen Dr Minister und Chef der Staatskanzlei 34
Lindemann, Dr RDir 388
Linden, Dr MinR 115
Lindenau, LtdRDir 208
Lindenberg, RDirektorin 167
Lindenlaub, Dr 424
Linder, Albrecht VPräs 339
Linder, Jürgen HonorarKons 64
Linder, VortrLegR 52
Lindert, RDir 322
Lindhauer, Meinolf G Dr Dir und Prof 265
Lindhorst, ZOAR 214
Lindinger, Lars Honorarkons 91

Lindinger, ORR 218
Lindner, Dr MinR 385
Lingel, Siegfried Anton HonorarKons 476
Lingelsheim-Seibicke, von Dr RDir 239
Lingk, Dr Dir und Prof 377
Linhart, Dr MinDirig 396
Link, Dr MinR 255
Link, Gudrun VPräsidentin 291
Link, VwOR 269
Link, Walter 11
Link, Werner Prof Dr 142
Linkert, Karin RDirektorin 123
Linn, RDirektorin 27
Linnebach, Liselotte GenKonsulin (H) 465
Linnemann, BauORätin 399
Linsmayer, Eleonore Dr außerordentl und bevollm Botschafterin 60
Lintner, Eduard Parlamentarischer Staatssekretär 11, 45, 114
Linzbach 363
Lippelt, Helmut Dr 11, 24
Lippold, Klaus W Dr 11, 23
Lipski, ORR 131
Lipski, ROAR 128
Lischewski, Manfred Dr 11, 22
Lischka, MinDirig 315
Littwin, Dr MinR 432
Litz, Dr WissOR 391
Litzmann, MinR 384
Ljadow, Pawel Fjodorowitsch GenKons 483
Lobadowsky, Alexis HonorarKons 94
Locher, WissDirektorin 388
Lodiot, Bernard GenKons 460
Löcker, RDirektorin 397
Loeckx, Renilde Gesandte 437
Löffelholz, RDir 315
Löffler, BauDir 399
Löffler, MinR 163
Löhle, ROAR 365
Lömker 403
Lönneker, Heinrich 333
Löper, Marie-Luise SenRätin 429
Löper, Dr MinR 118
Lörcher, Christa 11
Lörken, Dr MinR 254
Lörken, Goswin Dr Vizepräsident 131
Löschburg, Wilfried Dr 148
Löscher, RDirektorin 258
Loeschner, Dr Dr VortrLegR I. Kl 54
Löwe, Hartmut Dr Bischof 352
Löwe, Wolfgang FoOR 219
Löwer, J Dr Dir und Prof 380
Löwisch, Sigrun 11

Löwstedt, Per HonorarKons 104
Lohaus, Hubert LtdVwDir 127
Lohkamp, MinR 42
Lohl, Dr BauDir 336
Lohmann, Dipl-Ing TAngestellte 195
Lohmann, Dr MinDir 253
Lohmann, Dr MinR 161
Lohmann, Klaus 11, 23
Lohmann, Klaus-Ernst FinPräs 200
Lohmann, VwAng 229
Lohmann, Wolfgang 11, 23
Lohmeyer, LtdRDirektorin 176
Lohner, Dr MinR 403
Lohrberg, MinDirig 314
Lohrer, Dir und Prof 389
Lohse, Johannes Dr außerordentl und bevollm Botsch 60
Lojewski, Willi 312
Lomakin, Walentin W GenKons 483
Lopes de Menezes, David HonorarKons 81
Lopéz Massó, Redescal Dr II Sekr 450
Lopez-Pila, Dr Dir und Prof 390
Lorentschk, ORR 247
Lorenz, Dr GeolDir 249
Lorenz, Jürgen HonorarKons 471
Lorenz, MinR 160, 272
Lorenz, ROAR 127
Lorenz, VwORätin 293, 297
Lorenz, WissORätin 279
Lorenz-Meyer, Dieter Dr GenHonorarKons 486
Lorenzen, Dr MinR 402
Lorenzen, ORRätin 201
Lorenzen, RDir 220
Lorsch, RDir 220
Losch, Dipl-Ing 400
Loschelder, Doretta außerodentl und bevollm Botschafterin 57
Loschwitz, Günter LtdFoDir 211
Loseries, Dr · 405
Lossau, RDir 205
Lossen, Hans-Albert Dipl-Ing 146
Lottis, Dr WissRätin 373
Lotz 268
Lotz, Dr MinR 396
Lotz, Erika 11
Lotze, Dr Ang 279
Louda, Dr MinR 434
Loundras, Dimitri Michael GenKons 462
Louven, Julius 11, 23
Lubisse, Manuel Tomás Außerordentl und bevollm Botsch 444
Lucas, Dr Dir und Prof 376

Lucas, Dr MinR 239
Lucyga, Christine Dr 11
Ludewig, Erwin M HonorarKons 488
Ludewig, LtdRDir 184
Ludewigs, Dr 50
Ludwig, Bernd O HonorarKons 487
Ludwig, D RDir 402
Ludwig, Dipl-Ing Dir und Prof 246
Ludwig, Günther VwDir 300
Ludwig, MinR 385
Ludwig, RRätin 177
Lübbe, Dr RDir 254
Lübbehusen 120
Lübbering, VwAng 49
Lübbert, Dr MinDir 403
Lübbert, Harald Dr Dir beim Bundeskartellamt 247
Lübbert, Hartmut Dr HonorarKons 461
Lübbig, Dr Dir und Prof 242
Lübke, Ang 379
Lübke, RDir 176
Lück, VwDir 293
Lückemeyer, Dr MinR 254
Lücker, Hellmuth E HonorarKons 71
Lüdcke, Dr WissAng 388
Luedecke, Gunther A HonorarKons 485
Lüdeling, Dr GeolDir 249
Lüderit-Püchel, Dr WissAngestellte 380
Lüdtke, Hartwig Dr 346
Lüers, Hartwig Dr MinDirig 398
Lühr, Uwe 24
Lühr, Uwe-Bernd 11
Lührs, Harald 339
Lüllau, Bernd BauDir 324
Lüning, K Prof Dr 406
Lüpke, LtdVwDirektorin 284
Lürssen, Friedrich HonorarKons 465
Lüth, Heidemarie 11
Lüth, ORRätin 190, 192
Lütz, J Dr Dir und Prof 372
Lützel, Heinrich Dir beim StBA 122
Luft, Christa Dr 11, 24
Luithlen, MinR 368
Lukanović, Ilija GenKons 471
Lukas, Dr RDir 401
Lukoschik, Gerd VwDir 146
Lumme, ORR 132
Lummer, Heinrich 11
Lummerzheim, Dr MinR 403
Lunze, Dr MinR 28
Lupberger, Edwin HonorarKons 78
Luther, Gerhard 232–233

Luther, Michael Dr 11
Lutter, Dr Ing WissDir 400
Lutter, MinRätin 273
Lutz, AbtPräs 157
Lutz, Claus A MinDir 362
Lutz, Helga 304
Lutz, VwAng 145
Luy, VortrLegR 51
Lyhs 269

M

Maahs, MinR 28
Maaß, Dieter 11
Maaß, Erich 11
Maaß, MinR 254
Maaßen, MinDirig 274
Mabuza, Lindiwe Außerordentl und bevollm Botschafterin 448
Macgregor, John Malcolm GenKons 463
Mach, Dr WissDir 389
Machens, Ulrich Dipl-Ing 323
Machleidt, Helmut Vizepräsident 289, 290
Macht, Horst AbtPräs 222
Madle, Dr Dir und Prof 378
Mädrich, ORR 181
Mähleke, ORR 179
Mälzer, Rudolf MinDir 171
Männle, Ursula Prof Staatsministerin für Bundesangelegenheiten und Bevollmächtigte des Freistaates Bayern beim Bund 33, 428
Märker, RDir 168
Märtins, Günter Dir 277
Maetzel, MinR 26
Mager, Dr RDir 238
Mahlmann, Dr MinR 385
Mahlo, Dietrich Dr 11, 20
Mahr, Dipl-Ing BauDir 325
Mahyo, Zerezghi Araia Kons 459
Mai, Horst LtdRDir 123
Mai, RDir 175
Maidhof, Dr WissAng 375
Maidhof, VwOR 307
Maier, Dr Ang 394
Maier, Friedhelm MinDirig 28
Maier, Hanns Dr GenHonorarKons 473
Maier, Kurt ORR 218
Maier, MinDirig 27
Maier, ORR 180
Maier, RDir 209, 411
Maier-Oswald, Peter GenKons 70
Maier-Rigaud, Dr MinR 236
Mainert 424
Maintz, Gunda Dr Direktorin und Professorin 279
Majewski, ZOAR 172

Majunke, MinR 164
Makuza, Bernhard Außerordentl und bevollm Botsch 446
Malek, MinR 384
Maler Baker, Dennis Stephen Kons 469
Maletz, Hans-Jürgen 106
Maleuda, Günther Dr 11
Malina, Dr MinDirig 47
Malina, MinDirigentin 385
Malitius, Silvio Dir beim Bundeskartellamt 247
Mallick, Dr Dir und Prof 377
Malling, Eike F HonorarKons 452
Malloum, Bamanga Abbas BotschR 449
Malsen-Tilborch, Marie-Gabriele von Dr GenKonsulin 75
Mamba, Clifford Sibusio Außerordentl und bevollm Botsch 448
Mamikonjan, Felix Außerordentl und bevollm Botsch 437
Manangan, Charlie P II. Sekr 445
Manderla, ROAR 210
Maniak, VwDir 268
Maniku, Ibrahim U Dr HonorarKons 85
Mank, MinRätin 116
Manke, Klaus Dr Oberfinanzpräsident 200
Mann Luoma, Ang 379
Mann, Dr MinR 40
Mann, Eberhard LtdVwDir 284, 285
Mann, Samuel I.Sekr 440
Manneck, MinRätin 239, 240
Mannherz, MinDirig 238
Mannsfeld, Sven-Peter Dr HonorarKons 78
Mansala, Arto Außerordentl und bevollm Botsch 439
Mante, Winfried 11
Mantel, Christa Dr Vizepräsidentin 304
Manthey, Dr ORR 258
Maraldo, Klaus Jürgen Kons(H) 451
Marambio Vial, Augusto GenKons 456
Marburger, Dr MinR 314
Marci, Dipl-Ing 243
Marcks, Dr MinR 237
Marienfeld, Claire Wehrbeauftragte 28
Marinaki, Mara Genkonsulin 462
Markard, Dr Dir und Prof 388
Markert, Dr LtdVwDir 269
Markert, Kurt Prof Dr Dir beim Bundeskartellamt 248
Markowski, Dr RDir 385

549

Markschat, VwOR 304
Marohn, Dir und Prof 389
Marquardt, Regine Kultusministerin 36
Marquardt, VortrLegR 51
Marquart, Hans R HonorarKons 458
Marquis, BauDir 397
Marschall, Dr MinR 272
Marschewski, Erwin 12, 22
Marsen-Storz, Ang 378–379
Marten, Günter 12, 20
Marten, Günter HonorarKons 491
Martens, Dr MinR 116
Martignoni, Dr Dir und Prof 392
Martin, Dipl-Ing 243
Martin, ORR 181
Martin, Werner Dr LtdVwDir 296
Martinez Cordovés, Oscar Israel Außerordentl und bevollm Botsch 442
Martinez Mendieta, Marcos Dr Außerordentl und bevollm Botsch 445
Martini, Klaudia Staatsministerin, Ministerin für Umwelt und Forsten 37
Martius, ORR 131
Martodiredjo, Hartono Außerordentl und bevollm Botsch 440
Marwitz, Günther MinR 43, 44
Marx, Dorle 12
Marx, Dr MinR 236, 403
Marx, RDir 50
Marzi, Oberst im GenStab 48
Marzian, Ang 289
Mascher, Ulrike 12, 22
Maschke, Harry HonorarKons 88
Maschmeier, TAng 258
Masihi, WissAng 375
Maske, August Jürgen Dr AbtPräs 144
Massaad, Hilda Honorarkonsulin 84
Massengeil, MinR 27
Massing, Dr VortrLegR I. Kl 53
Massmann, Gerd Dr Botsch 112
Maßolle, ORR 131
Masson, MinDirig 342
Massow, von MinR 236
Massute, Jürgen LtdVwDir 289
Mast, RDir 283
Matanovic, Dr MinR 402
Matlák, Milan Gesdtr 447
Matschie, Christoph 12
Matschke, Dr WissORätin 279
Matt, Edwin GenHonorarKons 487
Mattausch, RDir 184

Matten, RDir 146
Mattes, Arnulf GenKons 101
Mattes, MinR 272
Matthäus-Maier, Ingrid 12, 23
Matthes, Dr RDir 403
Matthes, Hans-Christoph Dr VorsRichter am BAG 421
Matthes, WissOR 392
Matthey, WissAngestellte 371
Matthias, Angela 149
Matthias, Karl-Heinz Präsident des Zollkriminalamtes 230
Matthiesen, Gerhard HonorarKons 58
Matting, Dr MinDirig 386
Mattischeck, Heide 12
Mattsson, Stefan HonorarKons 105
Matuschka, Graf von MinR 50
Mauch, VortrLegR I. Kl 53
Maucher, ORRätin 206
Mauer 176
Mauhourat, Jorge Horacio GenKons 452
Maul, Dr VwR 268
Maultzsch, Dr-Ing RDir 246
Maurer, Dr MinR 235
Maurer, Heinz Dieter 425
Maurer, Ulrich LtdRDir 122
Maurus, Dr LtdVwDir 285
Maurus, VwAng 117
Mausbach, Florian 399
Mausberg, Dr VwAng 28
Maushake, Ulrich FoDir 213
May, Dr WissDirektorin 380
May, Peter HonorarKons 491
Mayer Beck, Anna Honorarkonsulin 79
Mayer, Anton VwDir 305
Mayer, Dr Richter am BPatG 415
Mayer, Hans-Norbert Dipl-Ing VorsRichter am BPatG 415
Mayer, Johanna VwDirektorin 300
Mayer, Martin Dr 12
Mayer, Maximilian Dir 232–233
Mayer-Sörgel, ORR 211
Mayer-Vorfelder, Gerhard Finanzminister 32
Mayr, Otto ORR 207
Mazzotta, Roberto GenKons 466
M'Barek, Slaheddine Ben Außerordentl und bevollm Botsch 449
Mbonerane, Albert Außerordentl und bevollm Botsch 438
Mechelhoff, Jürgen AbtPräs 322
Mechlinski, Dieter 138
Meckel, Markus 12
Mecklenburg, Wolfgang 12
Mecklenburg, RDir 384

Meder, Heinz HonorarKons 68
Medici, Lorenzo de GenKons 467
Medler, MinR 235
Medné, Talwald Eugen HonorarKons 471
Meesenburg, Sönke BauDir 321
Mehenni, Yousef GenKons 452
Mehissoú, Corneille Außerordentl und bevollm Botsch 437
Mehl, Ulrike 12
Mehlem, Peter Dr Dir und Prof 279
Mehlhorn, WissDir 388
Mehnert, VwOR 289
Mehr, Manfed HonorarKons 473
Mehrkens, Hein 320
Mehrländer, Horst Dr Staatssekretär 32
Mehwald, MinR 398
Meibomi, Wolfgang Christian von HonorarKons 491
Meier, Dipl-Ing TAng 325
Meier, Joachim HonorarKons 472
Meier, ORR 175, 282
Meier, Wilhelm HonorarKons 460
Meierhofer, Hans Dipl-Ing 343
Meiers, VwOR 299
Meincke, MinR 363
Meindl, MinR 28
Meineck, Ingrid VwDirektorin 301
Meiners, Reinhard HonorarKons 466
Meinl, Rudolf 12
Meisenberg, Achim Manfred Honorarkons 62
Meissner, Carlos Enrique HonorarKons 64
Meißner, Herbert 12
Meißner, MinR 160
Meissner, MinR 116
Meissner, Otto GenHonorarKons 485
Meißner, WissAng 373
Meister, Dr-Ing WissDir 249
Meister, Edgar 424–425
Meister, Michael Dr 12
Meister, Richard VPräs 338
Meixner, RDir 431
Melaga, Jean Außerordentl und bevollm Botsch 441
Melchert, Dr Dir und Prof 375
Melin, Dr RDir 243
Mellin-Lieber, VwORätin 302
Melzer, Dipl-Ing TROInspektorin 134
Melzer, Werner 311–312
Melzig-Thiel, Dr Ang 279

Memmel, Carlos HonorarKons 73
Menck, Horst HonorarKons 481
Mende, Bernhard GenLt 347, 350
Mende, Peter außerordentl und bevollm Botsch 83
Mengel, Dr MedDirektorin 365
Menges, Dr WissOR 373
Menghin, Wilfried Prof Dr Direktor 147
Menhart, RAngestellte 433
Menkel, VwAngestellte 173
Menkhaus, Heinrich FoOR 183
Menkhaus, VwAngestellte 181
Mennander, Kari Honorarkons 93
Mensink, WissAng 375
Mente, WissAng 249
Mentler, Dr RDir 428
Meny, MinR 160
Menzel, Dieter ZOAR 190
Menzel, Kurt Dr FoDir 193
Menzel, LtdRDir 156
Menzel, Thomas BauDir 328
Merck, Peter HonorarKons 481
Mergenthaler, Frank Vizepräsident 228, 229
Merkel, Angela Dr 12
Merkel, Angela Dr Bundesministerin für Umwelt, Naturschutz und Reaktorsicherheit 45, 384
Merkel, Dr MinR 50, 238
Merkel, Dr VortrLegR I. Kl 55
Merkel, Hans Dr MinDirig 28
Merkl, Gerhard Dr Staatssekretär 33
Mertens, Angelika 12
Mertens, Dr WissDirektorin 375
Mertes, MinDir 49
Mertins, MinR 159
Merz, Eduard 156
Merz, Friedrich 12
Messaoudi, Tahar GenKons 490
Messer, Herbert Dr 158
Messer, Kurt Dr außerordentl und bevollm Botsch 85
Messersmith, Lanny D HonorarKons 76
Messing, RDir 235
Mester, MinR 315
Metasch, Wilfried Dr-Ing RDir 245
Methfessel, Karl-Heinz HonorarKons 65
Metschies, RDir 398
Mettenheim, Heinrich von HonorarKons 470
Mettenleiter, T C Dr Dir und Prof 266
Metternich, Cornelius Dr außerordentl und bevollm Botsch 85

Metz, Johannes Dr BiblDir 148
Metz, MinR 115
Metzdorf, Prof Dr Dir und Prof 241
Metzen, Ulrich ORR 227
Metzger, Manfred Dipl-Ing 146
Metzger, Oswald 12
Metzger, Peter außerordentl und bevollm Botsch 91
Metzger, RDir 402
Meusel, Hans RDir 207
Mews, Dipl-Ing BauDir 325
Meyer (Ulm), Jürgen Dr 12
Meyer Viol, Peter HonorarKons 100
Meyer (Winsen), Rudolf 12
Meyer, BauDir 206
Meyer, Bernhard BauOR 319
Meyer, Daniel N GenKons 487
Meyer, Dr 425
Meyer, Dr Dir und Prof 390
Meyer, Dr Oberfinanzpräsident 178
Meyer, Falk BauDir 319
Meyer, Friedrich-August HonorarKons 460
Meyer, Günter Staatsminister, Chef der Staatskanzlei 38, 434
Meyer, Hans-Joachim Prof Dr Staatsminister für Wissenschaft und Kunst 37
Meyer, Hartmut Minister für Stadtentwicklung, Wohnen und Verkehr 34, 39
Meyer, Heinz Dieter ZOAR 215
Meyer, Lothar Dr LtdVwDir 304
Meyer, MinR 238
Meyer, Prof Dr rer nat 245
Meyer, Prof Dr WissAng 377
Meyer, RDir 318
Meyer, Regina 333
Meyer, ROAR 173
Meyer, Till HonorarKons 94
Meyer, Walter MinDirig 362
Meyer, Werner VorsRichter am BVerwG 416
Meyer, Wolfgang Dr VorsRichter am BSG 422
Meyer, Wolfgang LtdVwDir 302
Meyer-Goßner, Lutz Dr VorsRichter am BGH 412
Meyer-Haupt, Dir 284
Meyer-Olden, Rolf GenKons 109
Meyer-Preschany, Manfred Dr HonorarKons 472
Meyer-Rutz, MinR 384
Meyer-Sebastian, MinDirig 164–165
Meyer-Waarden, Ursula Konsulin (H) 486
Meyer-Wenke, FoR 218

Meyerfreund, Helmut HonorarKons 67
Meyhoeffer, Dr 50
Meyka, RDir 398
Meyn, Dr MinRätin 369
Michael, RDir 320
Michaelis, Gustav Eduard Dr Oberfinanzpräsident 216
Michaelis, RRätin 430
Michalik 425
Michalitschke, ORR 365
Michalk, Dr RDir 163
Michalka, Wolfgang Dr WissOR 128
Michel, Franz Werner Dr 270
Michel, Jörg 294
Michelbach, Hans Georg 12
Micheli 268
Michels, Meinolf 12
Middendorff, Jürgen HonorarKons 478
Miehle, LtdRDir 157
Mields, Dr WissDir 377
Miele, Rudolf HonorarKons 479
Mielke, Dr-Ing Dr und Prof 246
Miener, Dr VwAng 211
Mientus, Dr Dir und Prof 374
Mierheim, Dr Dir und Prof 388
Miesala-Edel, MinRätin 368
Mieschendahl, Dr WissAng 390
Mika 424
Mikolajczyk, RDir 220
Miksch, Gerhard ORR 174
Milbradt, Georg Prof Dr Staatsminister der Finanzen 37
Mildner, Stefan 334
Miletzki, Dr RDir 226
Milewski, Johannes ORR 170
Millecker, Dr MinDirig 42
Miltzow, Hans Hermann HonorarKons 484
Mineur, Jean GenKons 454
Minnemann, ORR 209
Mirbach, MinR 434
Mirow, Thomas Dr Senator, Chef der Senatskanzlei, Präses der Stadtentwicklungsbehörde 35
Mirtschin 301
Mirzoer, Akbar Außerordentl und bevollm Botsch 448
Misera, Dr RDir 159
Misol, BauOR 399
Mittag, MinR 402
Mittelstaedt, Friedrich-Karl RDir 420
Mittendorf, RDir 244
Mitterhuber, WissAngestellte 430
Mittermayr, Hannes K HonorarKons 79
Mittler, Gernot Staatsminister, Minister der Finanzen 37

Mittmann, Gert Dr LtdVwDir 298
Mittmann, H-U Dr-Ing Dir und Prof 246
Mochi Onory, Andrea GenKons 467
Mockenhaupt-Gordon, Dr MinRätin 27
Mocker, Rüdiger HonorarKons 489
Möbus, Ingrid Christine Konsulin (H) 474
Moebus, ORR 212
Möck, VwDir 286
Möckelmann, VortrLegR I. Kl 53
Möcker, WissAng 388
Möhrenschlager, Dr MinR 154
Möllemann, Jürgen W 12
Möller, Axel Kaufmännischer Leiter 147
Möller, Claus Minister für Finanzen und Energie 38
Möller, Dr LtdVwDir 285
Möller, Dr MinRätin 159
Möller, Dr WissDir 377, 388
Möller, Erwin Dr HonorarKons 473
Möller, Franz Dr Ldrt 150
Möller, MinR 237
Möller, RDir 213, 244
Möller-Goddehard, MinDirigentin 155
Möllhoff, RDir 220
Mönig, Dr MinR 401
Mönikes, Dr 402
Mönnich, LtdMinR 434
Mönning, Dr RDir 254
Moenninghoff, Joerg Dr VwDir 309
Moensted, Peter HonorarKons 91
Mörke 425
Mörtl, RDir 205
Moeser, Klaus RDir 198
Möslinger, Hubertus Dipl-Ing VorsRichter am BPatG 415
Mößlang, Gerhard Dr 420
Mogg, Ursula 12
Mogna, Pedro GenKons 492
Mohnfeld, Dr MinR 237
Mohns, RDir 362
Mohnsdorf, von ROAR 127
Mohr, MinR 341
Mohr, ORR 184
Mohrbutter, K P Dr Dir und Prof 372
Mohrdiek, Otto Dr HonorarKons 456
Mohrmann, RDir 239
Mohtashami, Mehdi GenKons 465

Mokbel, Mohab Mokbel Mostafa Außerordentl und bevollm Botsch 436
Mokry, WissAngestellte 129
Mokulies, Dipl-Ing agr 258
Moll, Dr Dir und Prof 372
Mollenhauer, RDir 282
Mollnau, Jürgen BauOR 337
Momm, Klaus Eberhard HonorarKons 456
Monssen-Engberding, Elke LtdRDirektorin 364
Montag-Lessing, Dr WissAng 380
Montagné, Jean HonorarGenKons 57
Montfort, ArchOR 129
Montfort, VwDir 285
Moog, MinR 117
Moog, Reinhard Dr 292
Moore, Waltraud 122
Moos, Dr Dir und Prof 380
Moos, MinR 367
Morast, Bernd Dr außerordentl und bevollm Botsch 57
Morawa, WissAngestellte 388
Morchner, Kurt LtdVwDir 284
Morejón Pazmiño, Diego GenKons 459
Morel, Claude Sylvestre Außerordentl und bevollm Botsch 447
Morenz, Wolfram FoR z A 178
Morgenstern, Peter Dir 127
Morié, Rolf Dr 117
Moriske, Dr WissOR 390
Moritz de Irazola, Jutta Honorarkonsulin 74
Moritz, Dipl-Ing agr 258
Moritz, RDir 224
Morsbach, WissAng 130
Mortell, VmDir 323
Mortezaifar, Mohsen GenKons 465
Mosdorf, Siegmar 12
Moser, Dr VortrLegR 52
Moser, Erwin Dipl-Chem Dr VorsRichter am BPatG 415
Moser, Heide Ministerin für Arbeit, Gesundheit und Soziales 38
Moses, Dr MedDirektorin 299
Mosquera Mesa, Ricardo GenKons 470
Motsch, Prof Dr MinR 163
Motte, Hans de la Dr Oberfinanzpräsident 189
Motzkus, WissDir 393
Mousavian, Seyed Hossein Außerordentl und bevollm Botsch 441
Mrugalla, ROAR 133
Muazzam, Dr WissOR 372

Mück, RR 132
Mücke, Gottfried GenHonorarKons 474
Mückenhausen, Dr MinR 314
Mühl, Dr RDirektorin 235
Mühl-Benninghaus, Dr WissAngestellte 130
Mühlen, RDir 28
Mühlens, MinR 155
Mühlens, MinRätin 154
Mühlhausen, Dr WissAng 390
Mühlke, ORR 336
Mülayim, Besim Dr HonorarKons 108
Mülder, RDir 253
Müller Seedorf, ORR 204
Müller 12
Müller, Alexander HonorarKons 488
Müller, ArchOR 129
Müller, B MinR 164
Müller, Christian 12, 21
Müller, Dipl-Kfm VwAngestellte 140
Müller, Dr Dr 379
Müller, Dr GeolDir 248
Müller, Dr LandwORätin 184
Müller, Dr MinR 368
Müller, Dr RDir 186, 330
Müller, Dr WissAng 389
Müller, Dr WissOR 372
Müller, Dr-Ing BauDir 316
Müller, Eberhard Dr 335
Müller, Eberhard RDir 170
Müller, Elmar 12, 23, 341
Müller, Erwin Dr HonorarKons 463
Müller, Gerd 22
Müller, Gerd Dr 12
Müller, Günther Dipl-Ing VwAng 228
Müller, Helmut Dr Vizepräsident 220
Müller, Horst Dr Ang 142
Müller, Joachim Dr 263
Müller, Jutta 12, 21
Müller, Kerstin 24
Müller, LtdRDir 242
Müller, MinR 118
Müller, M LtdVwDir 285
Müller, M MinR 239
Müller, Manfred 12, 21
Müller, Manfred Dr 227
Müller, Michael 12, 24
Müller, MinR 398
Müller, ORR 173, 193, 206, 282
Müller, P Dr MinDirig 384
Müller, Prof Dr WissAng 377
Müller, RDir 210, 392
Müller, ROAR 372, 400
Müller, Rolf-Dieter HonorarKons 469

Müller, Rudolf 270
Müller, S MinDirig 239–240
Müller, VwAng 49, 214
Müller, VwDir 287, 305
Müller, Willi Staatssekretär 33
Müller-Gatermann, MinR 162
Müller-Holtkemper, Carola außerordentl und bevollm Botschafterin 90
Müller-Kulmann, MinR 237
Müller-Leiendecker, Klaus HonorarKons 470
Müller-Lindemann, LtdRDir 243
Müller-Machens, MinR 163
Müller-Platz, Dr WissDir 135
Müller-Solger, Dr MinR 402
Müller-Trimbusch, Gabriele Bürgermeisterin 151
Müller-Wegener, Ulrich Prof Dr Dir und Prof 390
Müllner, Richter am BPatG 415
Münchenhagen, RDir 162
Münz, Dr LtdVwDir 286
Münz, Dr MinR 315
Mues, LtdBauDir 400
Mützelburg, Bernd außerordentl und bevollm Botsch 92
Muhs, Hans-J Dr Dir und Prof 265
Mulack, Dr VortrLegR I. Kl 53
Muldau, Dr MinR 238
Mummenbrauer, Joachim 137
Munack, Axel Prof Dr-Ing Dir und Prof 260–261
Mund, MinR 237
Mund-Heller, RDirektorin 283
Mundigl, Dr WissAng 394
Mundt, Barbara Prof Dr Direktorin 147
Mundt, Jürgen HonorarKons 107
Mundt, RR 278
Murken, BauDir 331
Murmann, Dieter Dr Honorar-Kons 465
Murphy, Pádraig Außerordentl und bevollm Botsch 441
Muschketat, Edgar 374
Muschner, Dr LtdRDir 430
Muschol, VwAngestellte 196
Muser, Dr RDir 396
Mushanga, Tibamanya Mwene Dr Außerordentl und bevollm Botsch 449
Musso, MinRätin 402
Muth, Reinhard Dr 270
Muttelsee, Dr MinR 236
Muuss, Harro Oberfinanzpräsident 195

N

Naasner, Dr ArchOR 129
Nachtigal, Gert 381
Nachtwei, Winfried 12
Nachtwey, MinR 42
Nadoll, RDir 387
Näke, MinR 314, 316
Naeven, ORR 215
Nagel, Burghart Dr außerordentl und bevollm Botsch 62
Nagel, Kurt Dr HonorarKons 75
Nagel, LandwRätin 198
Nagel, RDir 195
Nagel, RDirektorin 195
Nagel, RRätin z A 201
Nahels, Prof Dr rer nat Direktorin 245
Nahry, ORR 365
Nakano, Tamoo HonorarKons 83
Nakonz, Christian außerordentl und bevollm Botsch 62
Namavicius, Zenonas Prof Dr Außerordentl und bevollm Botsch 443
Nantke, Dr Dir und Prof 388
Nanz, Dr RDir 117
Nanz, Helmut GenHonorarKons 464
Nase, MinR 430
Nasri, Hani HonorarKons 487
Naß, LtdRDir 392
Nassauer, Dr Dir und Prof 375
Natt, Dr VwORätin 269
Nau, Helmut-Otto Honorarkons 60
Nauber, WissAng 391
Naumann, Dr WissAng 375, 394
Naumann, ROARätin 399
Ndagi, Usman GenKons 478
Neander, Eckhart Dr sc agr LtdDir und Prof 261
Nees, Peter VwAng 228
Neese, MinR 362
Nehl, RDir 50
Nehm, Kay 414
Nehring, Dr MinDir 48
Nehring, Dr MinR 236
Neideck, RDir 171
Neidert, Dr MinR 368
Neidhard, Dr Dir und Prof 389
Neifer-Dichmann, Dr 272
Neikes, MinR 253
Neitzel, WissR 389
Nelke, Gerd HonorarKons 488
Nelle Engelbert 12
Nelle, Engelbert 21
Nerlich, Günter Karl Willi HonorarKons 465
Neß, Dr 44
Neßler, LtdRDir 183

Nestler, RR 214
Nestroy, Harald Norbert außerordentl und bevollm Botsch 84
Neto, Cesario Melantonio GenKons 455
Nettersheim, MinDirig 154
Netzold, Alfred VwDir 305
Neu, Peter Dipl-Ing BauDir 333
Neu, RDir 115
Neubauer, Martin Dr ORR 362
Neubauer, RDir 184
Neubauer, Uwe Dr GenKons 103
Neubeck-Hohlefelder, von MinRätin 397
Neubert, MinDirig 52
Neuer, Walter Dr MinDir 47
Neufeldt, Dipl-Ing BauDir 336
Neugebauer, Dipl-Ing BauDir 327
Neuhäuser, Rosel 12, 20
Neuhaus, Dr RDir 330
Neukirch, Joachim Dr außerordentl und bevollm Botsch 69
Neumann, Bernd 13
Neumann, Bernd Parlamentarischer Staatssekretär 45, 401
Neumann, Dr RDir 224
Neumann, FoR 205
Neumann, Gerhard 13
Neumann, Kurt 12
Neumann, M Dr habil Dir und Prof 266
Neumann, RDir 226
Neumann, Volker 12
Neumann, VwAng 47
Neumann-Damerau, Dr RDir 396
Neumann-Schniedewind, Volker Dr HonorarKons 473
Neumeister, Rudolf HonorarKons 468
Neusel, Hans StSekr a D 150
Neuser, MinR 117
Neuss, ORR 206
Neustadt, Dr Dir und Prof 279
Neusüß, Dr MinR 398
Neuwerth, ORR 190
Neven, Klaus Dipl-Ing 333
Nevermann, Knut Dr StR 430
Neye, Dr MinR 155
Ngo-Ngaka, Ferdinand BotschR 442
Ngwe, U Tan Außerordentl und bevollm Botsch 444
Nichols, Patrick J GenKons 452
Nickel, Helmut VwDir 290
Nickel, RDir 222
Nickel, RDirektorin 283
Nickels, Christa 13, 21
Nickisch, Hans-Peter Dr 233
Nicksch, Dr MinR 115

553

Nicolas, Alrich Dr Außerordentl und bevollm Botsch 440
Nicolaysen, VwAmtsrätin 291
Nicoletti, Fabrizio Salvatore Kons 466
Niebelschütz, Claus ORR 200
Niebelschütz, Günther von 339
Niederfranke, Dr ORRätin 362–363
Niederleithinger, Prof Dr MinDir 155
Niedernolte, RDir 131
Nieding, Norbert von Bundesdisziplinaranwalt 419
Nieding, Norbert von Bundesdisziplinaranwalt beim Bundesverwaltungsgericht 418
Niedlich, Wolfgang Dipl-Ing Vors-Richter am BPatG 415
Niehaus, Dipl-Ing BauDir 336
Niehues, Norbert Dr VorsRichter am BVerwG 416
Niehuis, Edith Dr 13, 22
Nieland, Helmut Dr Honorar-Kons 473
Niemann, Ernst VwDir 293
Niemann, Klaus HonorarKons 451
Niemer, Dr VwAngestellte 368
Niemeyer, Dr Dir und Prof 241
Niemeyer, Werner MinDir 273
Niepold, RDir 242–243
Nies, Dir und Prof 331
Nies, Manfred HonorarKons 465
Nies, RDir 386, 419
Niese, Rolf Dr 13, 20
Niesmak, ORR 365
Niess, Prof Dr-Ing 427
Niessen, Peter HonorarKons 71
Niethammer, Hellmut Honorar-Kons 456
Niewerth, Richterin am AG 432
Niewisch, ORR 215
Niewöhner 362
Nigbur, Dieter ZOAR 215
Niggestich, BauDir 316
Nilssen, Erik Tanche Honorar-Kons 101
Nimbach, RDir 392
Nimmerrichter 424
Nimsch, Margarethe Staatsministerin, Ministerin für Umwelt, Energie, Jugend, Familie und Gesundheit 35
Nimscholz, Bernhard LtdVwDir 295
Nimscholz, LtdVwDir 295
Ningelgen, VwAngestellte 397
Ninnemann, MinR 153
Nipah, George Robert Außerordentl und bevollm Botsch 439

Nissel, Dr MinR 154
Nitsch, Egbert 13
Nitsch, Johannes 13
Nitsch, Johannes Parlamentarischer Staatssekretär 45, 313
Nitschke, WissDir 392
Nitz, Hans-Gerd 334
Nitzschke, VortrLegR I. Kl 53
Noack, Hilmar Kurt Dr GenHonorarKons 484
Noack, ORRätin 244
Noben, Peter ORR 202
Nöcker, Dr 379
Nöh, WissAngestellte 389
Nöhles, MinR 341
Nöldeke, Eberhard außerordentl und bevollm Botsch 88
Nölke, Klaus HonorarKons 96
Nölkensmeier, Horst Dir beim Bundeskartellamt 247
Nölle, Ulrich Bürgermeister, Senator für Finanzen 34
Nöthe, RDir 314
Nöthlich, Dr RDir 330
Nogatz, BauDir 324
Noll, ROAR 242
Nolte, Claudia 13
Nolte, Claudia Bundesministerin für Familie, Senioren, Frauen und Jugend 45, 362
Nolte, Jürgen Dr Oberfinanzpräsident 203
Nolte, Rolf BauDir 319
Nolting, Günther Friedrich 13
Nolting, Hans-Gerd Dr 262
Norden-Ehlert, WissAngestellte 372
Nordenö, Börje HonorarKons 105
Nordenskjöld, von MinDir 51
Nordmann, Edgar E Honorar-Kons 474
Norendal, Torbjørn GenKons 478
Norley, Dr WissOR 380
Norman, Robert A HonorarKons 110
Noske 332
Noske, Dr Ang 392
Notheis, Dr MinR 161
Nothelle, MinR 27
Nouh-Chaia, Nagib HonorarKons 74
Noumey, Dr VortrLegR I. Kl 52
Nowak, Horst ORR und Kpt 329
Nowak, Kurt 149
Nowak, Kurt Dir bei der Deutschen Bibliothek 149
Nowak, MinR 161
Nowak, Werner Dr AbtPräs 123
Nowikow, VwAngestellte 229
Nowojski, Elke 121

Nts'inyi, Lebohang Außerordentl und bevollm Botschafterin 443
Nübling, Dr WissR 380
Nüdling, Otto RDir 422
Nürnberg, Hans LtdRDir 201
Nürnberg, LtdRDir 201
Nultsch, W Prof Dr 406
Nunnenmacher, VwR 301
Nyei, Ibrahim K GesdtrBotschR 443
Nørholt, Sven Erik HonorarKons 91

O

Oberkalkofen, ORR 182
Oberthür, Dr MinDirig 40
Oberthür, Dr WissOR 250
Oberthür, Karlheinz Dr MinDirig 39–40
Obertin, Michel HonorarKons 473
Obländer, Manfred H 50
Obrikat, Dr WissAng 394
Obst, Dr 363
Obst, Falkobert 231
Ocak, Vefahan GenKons 489
Ochsmann, LtdVwDir 291
Ochsmann, Manfred LtdVwDir 291
Ockenfels, MinR 238
Odendahl, Doris 13, 22
Odenwald, Michael RDir 313
Oechsle, Carlos Walter Honorarkon 63
Oehler, MinDirig 395
Oehler, MinR 154
Oels, Dr WissDir 389
Oepen, MinR 162
Oesinghaus, Günter 13
Oest, VwOR 309
Oestergaard Nielsen, Torben HonorarKons 91
Oesterhelt, Jürgen Dr außerordentl und bevollm Botsch 109
Oesterhelt, RDirektorin 253
Oestreich, Jürgen außerordentl und bevollm Botsch 86
Oetter, VortrLegR I. Kl 55
Oettrich, Dipl-Ing VmDir 327
Özdemir, Cem 13, 20
Offer, Dr RDir 159
Offerhaus, Klaus Prof Dr Präs des BFH 420
Offerhaus, Klaus Prof Dr Präsident des Bundesfinanzhofes 420
Offhaus, Dr Dir und Prof 389
Ogilvie, M VwAng 235
Ogutu-Obare, Vincent John Außerordentl und bevollm Botsch 442
Ohlraun, Dr VortrLegR I. Kl 54

Ohlsen, PolDir 117
Ohms, Dr RDir 258
Ohndorf, Dr MinR 273
Ohneberg, Dr MedDir 307
Ohoven, Ute Heinriette Konsulin (H) 485
Olboeter, Hartmut Dr GenLt 347
Olbrich, Volker Dr RDir 189
Olbricht, Manfred BauDir 322
Oldenburg, Dietrich Präsident des Landesarbeitsamtes 297
Oldenhage, ArchRätin z A 129
Oldenhage, Klaus Dr AbtPräs 128
Olderog, Rolf Dr 13, 23
Olejniczak, Dr Dir und Prof 372
Olesen, Poul Melgaard Honorar-Kons 92
Ollech, Petra ORRätin 177
Ollefs, Dipl-Ing VwAngestellte 209
Ollick, Peter Dr AbtPräs 221
Ollig, Dr MinDir 238
Olsen, Bjørn GenKons 458
Oltersdorf, Ulrich Dr habil Dir und Prof 267
Omar Ghani, Abdul Jabbar Außerordentl und bevollm Botsch 441
Omeis, RDir 388
Onur, Leyla 13
Opel, Manfred 13
Opfer, BauOR 136
Opfermann, Dr MinR 40
Opfermann, MinR 272
Opfermann, Wilhelm Dr MinR 39
Oppeln-Bronikowski, Sybille von RDirektorin 122
Oppermann, Dr RDir 330
Oppermann, Heinz Abteilungsleiter a D 150
Oppermann, Karin VwDirektorin 306
Oppermann, MinR 432
Ordolff, Dr habil WissOR 263
Orgias, Samuel Gesdtr BotschR 439
Orlowski, Dr MinDirig 368
Orsetti-Salazar, Noemy GenKonsulin 491
Orten, Karl-Heinrich MinDir 348
Ortleb, Rainer Dr 13
Oschatz, Georg-Berndt Direktor des Bundesrates 40
Osenberg, Dipl-Ing WissOR 400
Osselmann, RRätin 198
Ossenberg, Dr RDir 157
Ossyra, VwRätin z A 301
Ost, Friedhelm 13, 21

Osterhaus-Ehm, ORRätin 365
Osterhof, Klaus HonorarKons 472
Osterloh, Klaus Dr GenKons 56
Ostertag, Adolf 13
Osterwald, Jörg BauDir 319
Osuna, Sheelagh Marilyn de Außerordentl und bevollm Botschafterin 449
Oswald, Eduard 13, 21
Otremba, Walther Dr MinDirig 160
Ott, Johann-Paul RDir 217
Ott, T Prof Dr WissAng 372
Otte, Dr MinR 398
Ottenburger, MinR 161
Ottenwälder, Dr VwAng 367
Ottermann, MinR 119
Ottersbach, Dr WissOR 372
Otto, Christopher Dipl-Biol WissR z A 260
Otto, Dr MinRätin 165
Otto, Dr WissAng 377
Otto, Kai-Andreas Dr ORR 114
Otto, Norbert 13
Otto, RAR 277
Overfeld, Günter GenKons 87
Overhaus, Manfred Dr Staatssekretär 159
Ozores Salaverria, Alvaro de GenKons 486

P

Paas, Joachim LtdMinR 428
Paasch, Dr VwAng 254
Paatsch, W Dr-Ing Dir und Prof 246
Pabel, Dr MinDirig 367
Pabsch, Wiegand Dr außerordentl und bevollm Botsch 63
Pabst, Dr WissOR 263
Padberg, Dr MinDir 253
Paeschke, Dr WissAng 373
Päselt, Gerhard Dr 13
Pätsch, LtdRDir 205
Pätsch, Reinhard LtdRDir 206
Pätsch, Reinhart LtdRDir 205
Paffhausen-Valente da Cruz, MinRätin 402
Pagels-Heineking, Marita 121
Pahling, Harald BauDir 319
Pahre, Günter LtdVwDir 291
Pahre, LtdVwDir 291
Pakowski, Horst außerordentl und bevollm Botsch 96
Paland, MinR 271
Palavinskas, Dr WissR 377
Palenberg, Horst außerordentl und bevollm Botsch 72
Palige, LtdVwDir 307, 309
Palige, Wolf LtdVwDir 307, 309

Palis, Kurt 13
Pallutt, Peter ZOAR 202
Palm, Guntram Dr 424
Palm, Guntram Dr Präsident der Landeszentralbank 426
Palm, ORRätin 132
Palmen-Schrübbers, Dr MinRätin 116
Palmer, ORR 206
Palt, Dr 274
Pankrath, Dr WissDir 388
Pannier, LtdRDir 411
Pape, FoDir 201
Pape, Hans-Henning VwDir 292
Pape, Jörg FoDir 203
Papendorf, ZOAR 178
Papenfuß, RDir 212
Papenfuß, VortrLegR I. Kl 54
Papenroth, Albrecht 13
Papier, Hans-Jürgen Prof Dr 145
Papior, RDir 211
Papke von Wille, Heinz Karl HonorarKons 481
Pappe, Michael HonorarGenKons 82
Paravicini, Werner Prof Dr 405
Parkner, RRätin 433
Parsch, VwDir 285
Parsch-Haertel, Ang 289
Parzinger, Hermann Prof Dr Dr LtdWissDir 112
Paschke, Dr MinR 367
Pastor, RDir 384
Patt, Alexander FoOR 178
Paul, Ang 379
Paul, BauDir 330
Paul, Dr FinPräs 218
Paul, Wolfgang Dipl-Ing 326
Pauli, Georg Prof Dr Dir und Prof 374
Paulick, VwOR 293
Pauls, VortrLegR I. Kl 52
Paulsdorff, Jürgen Dr 310
Paulsen, BauDir 318
Paulsen, Dr GeolDir 249
Paulssen, Dr MinR 236, 239
Pause, RR z A 180
Pavel, Klaus-Peter HonorarKons 455
Pawel, Thomas E HonorarKons 78
Pawlowski, Claus RDir 215
Paziorek, Peter Dr 13
Pazos Alonso, Luis Dr außerordentl und bevollm Botsch 446
Peeples, Frank Kohler HonorarKons 79
Pehl, ORR 201
Pehlemann, Dr FoR 435
Peifer, Karl Heinz Dr Vizepräsident 421
Peifer, Karl Heinz Dr VPräs des BAG 421

555

Peikert, LtdRDir 131
Peinsipp, Dr MinR 386
Peitz, Gerhard 300
Pekel, VwAng 373
Pelzer, RDir 186
Pelzer, Werner RDir 216
Pelzl, RDirektorin 178
Pengiran Haji Hashim, Pengiran Maidin bin Außerordentl und bevollm Botsch 438
Penn-Bressel, WissAngestellte 388
Penner, Willfried Dr 13, 21
Penning, BauORätin 389
Pensky, Dr Ang 279
Penzold, Leonhard 148
Pepper, Karl H GenHonorarKons 465
Peretzki, Dr RDir 368
Pérez Bravo, José Francisco HonorarKons 107
Perlberg, Dr WissAng 377
Perlot, Enzo Außerordentl und bevollm Botsch 441
Permutti, Bruno HonorarKons 98
Perrevort, Dr MinR 253
Perrey, VwDir 285
Perschau, Hartmut Senator für Wirtschaft, Mittelstand, Technologie und Europaangelegenheiten 34
Pesch, Hans-Wilhelm 13
Peschel, VwDir 308
Peschel-Gutzeit, Lore Maria Dr Senatorin für Justiz 34
Pestemer, Wilfried Prof Dr 263
Petäjäniemi, Eino HonorarKons 92
Peter, Angelika Ministerin für Bildung, Jugend und Sport 34
Peter, Dr WissDir 389
Peter, Edler von MinR 314
Peters 120, 286
Peters, BauDir 136
Peters, Dr Dir und Prof 241, 375
Peters, Dr MinR 428
Peters, Dr MinRätin 116
Peters, Ekhart Außerordentl und bevollm Botsch 438
Peters, Horst-Albrecht LtdBauDir 171
Peters, Jürgen Dr Dir und Prof 375
Peters, Karl Dr VorsRichter am BSG 422
Peters, Lisa 13, 20
Peters, Martin Dr FinPräs 171
Peters, RDir 117, 229
Peters, Uwe RDir 197
Peters, VortrLegR I. Kl 52
Peters, VortrLegRätin I. Kl 51

Petersen, Ang 289
Petersen, Dr MinR 254
Petersen, Dr RDir 385
Petersen, MinR 162
Petersmann, Hans Gerhard Dr GenKons 81
Petrich, Dr 273
Petry, Dr MinR 369
Pettelkau, Dr MinR 385
Petzold, Dr MinR 253
Petzold, LtdRDir 156
Petzold, Ulrich 13
Pfaff, E Dr Dir und Prof 266
Pfaff, Günther Dipl-Ing VorsRichter am BPatG 415
Pfaff, Martin Dr 13
Pfaffenbach, Dr MinDirig 48
Pfafferott, Dr RDir 332
Pfannenstein, Georg 13
Pfeffermann, Gerhard O Staatssekretär 341
Pfeffermann, Gerhard O Staatssekretär im Bundesministerium für Post und Telekommunikation 346
Pfeifer, Anton 13, 47
Pfeifer, Anton Staatsminister 21, 45
Pfeiffer, Angelika 22
Pfeiffer, Angelika Sabine 13
Pfeiffer, Dr ORR 428
Pfeiffer, LtdRDir 126
Pfeiffer, ORRätin 282
Pfeiffer-Simon, ORRätin 201
Pfeil, Dr rer nat Dir und Prof 246
Pfeil, N Dr rer nat Dir und Prof 246
Pfennig, Gero Dr 13, 23
Pfennig, Klaus FoDir 193
Pfetten Arnbach, Karl Berthold Freiherr von außerordentl und bevollm Botsch 92
Pfingsten 52
Pfirrmann, VwAR 300
Pfirschke, Prof Dr LtdRDir 243
Pfitzner, MinR 272
Pflaumer, Gerd Dr MinDirig 50
Pflüger, Ernst Otto HonorarKons 67
Pflüger, Friedbert Dr 13
Pföhler, Dr MinR 314
Pfohl, RR z A 282
Pfrengle, Rolf Dipl-Finanzwirt 405
Pfülb, RR 258-259
Pfuhl, Albert HonorarKons 451
Pfuhlmann, Herbert Dr Präsident des Landesarbeitsamtes 308
Phaedon, Anastasiou GenKons 492
Philipp, Beatrix 13
Philipp, D VwDir 269

Philipp, H VwOR 268
Philipps, VwAng 173
Picard, Bertold Dr BiblDir 149
Picard, Ernst 381
Pick 425
Pick, Eckhart Dr 13
Pieck, Werner Dr außerordentl und bevollm Botsch 68
Piefke, Prof Dr Dir und Prof 392
Pielenz, LtdVwDir 286
Pieloth, VwAng 238
Piepel, RDir 227
Pieper, ORR 135
Pieroth, Elmar Senator für Wirtschaft und Betriebe 34
Pieschner-von Meltzer, Dipl-Ing BauOR 380
Piesker, Gerhard Dipl-Ing BauDir 140
Pietrkiewicz 120
Pietsch, RDir 242, 432
Pilger, Dipl-Ing VmDir 327
Pilger, RDir 253
Pilgrimm, Bruno-Friedrich 294
Pinger, Winfried Dr 13
Pinger, Winfried Prof Dr 23
Pinkernell, ORR 365
Pinotti-Quiri, Lorenzo Dr HonorarKons 97
Pinto Machado, Antonio Dr GenKons 482
Pirkmayr, RDir 194
Piro, RDir 224
Piromya, Kasit Außerordentl und bevollm Botsch 448
Pirrung, Dr MinR 154
Pischel, ROAR 167
Pisula, Ang 278
Pittler, Dr MinR 254
Pitz, Dieter ORR 202
Pitzer, MinR 238
Plaetrich, Manfred MinDir 384
Planés, Brigitte Honorarkonsulin 95
Planitz, von der Botschafter 55
Plank, A Dr-Ing Dir und Prof 246
Plank, Dr-Ing Dir und Prof 246
Platz, Dr VortrLegR I. Kl 54
Platz, MinR 117
Platzeck, Matthias Minister für Umwelt, Naturschutz und Raumordnung 34
Platzek, Dr Dir und Prof 376
Plauk, Dr-Ing RDir 245
Plauschinat, ZOAR 190
Plehn, Dr WissOR 389
Pleier, Hartmut LtdVwDir 305
Pleier, RRätin 429
Pleitgen, MinR 397
Plenge, MinR 160
Plesker, Dr WissOR 380
Plessing, MinR 239

Plessow, Martin FoR 175
Plett, Dr MinR 402
Plettenberg, Franz Graf von FoOR 203
Pleuger, Dr MinDirig 53
Plewa, MinR 115
Plinke, Wolfgang G Dr Honorar-Kons 461
Pliske, RDir 283
Ploen, ORR 195
Ploetz, Hans Friedrich von Dr Staatssekretär 51
Ploghaus, MinR 402
Ploog, Hans Jürgen 233
Plottnitz, von Rupert Staatsminister, Stellvertreter des Ministerpräsidenten, Minister für Justiz und für Europaangelegenheiten 35
Plückebaum, Gerhard außerordent und bevollm Botsch 74
Pluta, Dr WissAng 390
Pöhl, Hans Heinrich Honorar-Kons 460
Pöhle, Klaus MinDir 116
Pöhle, Klaus MinDir (BMI) 150
Pöhlmann, Adolf 339
Pöhls, MinR 316
Pöpping, MinDirig 237
Poersch, LandwR 428
Poethe, Lothar 149
Pofalla, Ronald 13
Pogoda, Martin FoDir 197
Pohl, Heinz-Jürgen BauDir 319
Pohle, Dipl-Ing 244
Pohle, Dr WissDir 389
Pohler, Hermann Dr 13, 22
Pohlman, Achim 327
Pohlmann, Carola 148
Pohlmann, Christa 149
Pohlmann, Jan Mark Dr 267
Pohnke, RDir 237
Polat, Duray GenKons 490
Polenz, Ruprecht 14
Pollack, Lutz RR 207
Polte, Volkhard RDir 123
Polzin 120
Pommer Esche, Dr von MinR 119
Pompe, Dr RDir 274
Popp, Dr MinDirig 396
Popp, MinR 162
Poppe, Gerd 14
Poppe, RDir 225
Poppendick, Dr Ang 279
Poppinga, BauDir 316
Poremski, WissDir 388
Port, AbtDir 194
Portatius, von Dr MinR 236
Portella, Dr-Ing ORR 246
Porter, James Robert Honorar-Kons 88

Porz-Krämer, MinRätin 154
Poss, BauDir 399
Poß, Joachim 14
Poß, Jochen 23
Posselt, ROAR 380
Post, RDir 222
Pott, Dr 378
Potyka, MinR 396
Pracht, MinR 115
Präve, RDir 221
Prasch, Gerhard Dr LtdRDir 244
Prast, Franz Dr VwDir 289
Prayon, Hans HonorarKons 66
Prechtl, Manfred Dr GenHonorarKons 478
Preez, Elfriede Dorothea du GenKonsulin 487
Preibisch, Dr MinR 398–399
Preisinger, Johannes Dr außerordentl und bevollm Botsch 91
Pretsch, Dr VortrLegR 52
Pretzlaff, Marlies 14, 20
Pretzsch, BiblDir 157
Preuschoft, VwOR 289
Preuß, Dr GeolDir 248
Preuss, Dr MinDirig 396
Preuß, Dr MinR 273
Preuss, WissDir 393
Preußler, Ingund VwDirektorin 306
Pri-Gal, Ya'acov HonorarKons 82
Priegnitz, Dipl-Ing BauOR 140
Prielipp, Dr Dir und Prof 372
Prill, RDir 179
Primor, Avraham Außerordentl und bevollm Botsch 441
Prinzen, Joachim HonorarKons 106
Probst, Albert Dr 14
Probst, Friedrich-Wilhelm Dipl-Landw 261
Probst, RDir 27
Probst, Simone 14, 21
Pröbsting, Karl Dr Präsident des Landesarbeitsamtes 294
Pröwrock, BauOAR 318
Progsath, Horst ORR 213
Pronath, ORR 174
Pronost, M Jean-Michel HonorarKons 94
Proost 363
Protz, Dr Dir und Prof 377
Protze, ORR 145
Protzner, Bernd Dr 14
Prowe, Harald FinPräs 197, 216
Pruns, Dr MinDirig 253
Pruvost, Gérard Gesdtr 439
Przyborowski, Dr WissAngestellte 394
Przyrembel, Prof Dr Direktorin und Professorin 376

Püchel, Manfred Dr Minister des Innern 38
Pürsten, RDir 225
Püspök, László GenKons 491
Püttmann, RDir 362
Pütz, Dr BauDir 136
Pütz, Helmut Dr 407
Pütz, Karl Heinz Dr 148
Pützhofen, Dieter 14
Pufahl, ORR 201
Purbs, Rudolf 21
Purps, Rudolf 14
Pusch, Dr MinR 315
Putjenter 338
Putkamer, Kapitän zur See 42
Putscher, Siegfried Dr WissAng 250
Puttkammer, Eberhard von außerordentl und bevollm Botsch 99
Putzschke, ORRätin 327
Putzschke, RDir 327
Puwalla, Wolfgang Dr LtdRDir 177
Puzicha, LtdRDir 244

Q

Quack, Norbert HonorarKons 487
Quade, Dr WissOR 135
Quadflieg, Friedrich Dr MinDir 254
Quander, MinR 341
Quantz, Dr MinDir 163
Quarg, MinR 384
Quednau 120
Quennet-Thielen, MinRätin 384
Quesada Seminario, Fortunato GenKons 481
Quessel 362
Quiring, Prof Dr MinR 367
Quiske, Gerhard MinDirig 347

R

Raab, Rosemarie Senatorin, Präses der Behörde für Schule, Jugend und Berufsbildung 35
Raabe, VwDir 295
Rabau, Kurt HonorarKons 491
Rabe, BauDir 399
Rachel, Thomas 14
Rack, VwDir 295
Radau, MinR 49
Raddatz, VwDir 268
Radek, LtdRDir 156
Rademacher, BauDir 316
Raden, van Dr LtdRDir 157
Radermacher, MinR 165
Radermacher, Walter RDir 123
Raderschall, MinR 40
Raderschall, Ulrich MinR 39
Radtke, MinR 385

Radunski, LtdRDir 176, 222
Radunski, Peter Senator für Wissenschaft, Forschung und Kultur 33
Raeder, Dr MinR 401
Rätzke, LtdBauDir 326
Räuber, WissAngestellte 130
Raffelsiefen, Beate RDirektorin 114
Raguse, RDir 180
Rahe, Horst HonorarKons 460
Rahman, Dato' Zainuddin Abdul Außerordentl und bevollm Botsch 443
Rahmann, Dr ORR 114
Rahner, Dr MinR 253
Raidel, Hans 14, 20
Rail, ORR 128
Rakenius, Dr MinR 28
Ramesh, Appunni GenKons 464
Rami, Dr RDir 403
Rammlmair, Dr WissOR 250
Ramsauer, Peter Dr 14
Randerath, Dr ORR 131
Randl, Dr MinR 403
Rang, MinR 315
Ranke, Dr GeolOR 248–249
Ranner, Klaus GenKons 102
Rapke, Rudolf Dr außerordentl und bevollm Botsch 86
Rappe, Hermann 14
Rapphahn, VwAng 318
Raps, RDir 368
Raquel, Amparo Arita de GenKonsulin 464
Rasch, Dr WissAng 375
Raschka, Helmut Dr Dir und Prof 250
Rase, Dipl-Geogr WissDir 400
Rasmussen, VwR z A 306
Ratanga, Sylvestre Außerordentl und bevollm Botsch 439
Rathjen, Dr WissOR 263
Raths, Hermann J GenHonorarKons 487
Rau, Helmut Dr außerordentl und bevollm Botsch 60
Rau, Johannes Dr h c Ministerpräsident 36
Rau, Johannes Dr h c Ministerpräsident des Landes Nordrhein-Westfalen 150
Rau, Manfred Dipl-Ing Dr rer nat PatentAnw 158
Rau, Rolf 14
Rau, Rolf VwAng 228
Rauber, Helmut 14
Rauch, Ingolf ROAR 333
Rauen, Peter Harald 14, 21
Raum, Walter 59
Rausch 424
Rausch, Dipl-Ing WissAng 134

Rausch, VwAng 428
Rautenberg, VmDir 322
Rauterberg, Prof Dr MinRätin 368
Rauth, Dr MinR 253
Rauw, MinR 314
Real Perera, Juan José Dr Außerordentl und bevollm Botsch 449
Real, Dr ArchOR 129
Rebhan, Axel Dr MinDirig 431
Rebhan, Dr MinDirig 431
Rebhan, MinDirigentin 28
Rech, Dr RDir 253
Reche, Jan BauDir 327
Rechkemmer, Gerhard Prof Dr Dir und Prof 267
Rechlin, Otto Dr 264
Recht, MinR 273
Rechtsteiner, RDir 337
Reck, Karl-Heinz Kultusminister 38
Reckendrees, RDir 208
Recker, Heinz-Josef Dipl-Ing Abt-Präs 327
Reckers, Johannes Dr MinDir 161
Reddies, MinRätin 398
Redel, Dr MinRätin 368
Reden, Eckart von 152
Reden, von RDir 190
Reermann MinDir 118
Reetz, Dr WissOR 377
Regensburger, Hermann Staatssekretär 33
Regensburger, Karl VorsRichter am BPatG 415
Regenspurger, Otto 14
Regenspurger, Otto MdB 271
Reger, MinR 27
Regg, Norbert Jens Dr VwDir 291
Regling, Klaus MinDir 165
Reh, RDir 247
Reh, WissAng 372
Rehbein, Hartmut Dr WissDir 264
Rehbock-Zureich, Karin 14
Rehklau, ORRätin 206
Rehm, Johann RDir 123
Rehm, MinR 165
Reibold, Dr Dir und Prof 241
Reibold-Spruth, WissORätin 248
Reich, Dr rer nat 245
Reich, Hanns HonorarKons 474
Reich, Hans W 232
Reichard, Christa 14
Reichardt, Klaus 126
Reichardt, Klaus Dieter 14
Reichardt, Klaus Präs 126
Reiche, Dr MinRätin 341
Reiche, Friedrich Dr außerordentl und bevollm Botsch 95

Reiche, Steffen Minister für Wissenschaft, Forschung und Kultur 34
Reiche, WissAng 389
Reichel, Dr Dr MinR 239
Reichel, Dr MinR 362
Reichelt, Ang 314
Reichelt, Dr 332
Reichelt, ORR 365
Reichelt, RDir 218
Reichenbach, MinR 154
Reichenbaum, Werner Dr außerordentl und bevollm Botsch 67
Reichenberger, Kurt LtdRDir 198
Reichenberger, LtdRDir 198
Reichert, Christian Dr WissDir 249
Reichert, Günter Dr Präsident der Bundeszentrale für politische Bildung 142
Reichert, Hans-Joachim 231
Reichert, RDir 427
Reichle, MinR 341
Reichmuth, Christoph Dr 263
Reichow, RDir 274
Reifenstein, Dr WissOR 378
Reimann, Jürgen FoR 177
Reimann, Wolfgang 345
Reimann, Wolfgang RDir 123
Reimer, MinR 117
Reimers, BauOARätin 399
Rein, Dr MinR 117
Rein, RDirektorin 136
Reinartz, Bertold Dr 14, 21
Reiner, BauDir 322
Reiner, MinR 401
Reiner, WissOR 393
Reiners, Dr rer nat Dir und Prof 246
Reiners, Heinrich Dr außerordentl und bevollm Botsch 86
Reinert, Dr 403
Reinhard, Dr RDir 117
Reinhard, Elisabeth RAnwältin 158
Reinhardt, Dr MinR 315
Reinhardt, Erika 14
Reinhardt, VwDir 298
Reinhart, Ewald Prof Dr-Ing habil Dir und Prof 134
Reinhart, Dr 162
Reinicke, Dr MinR 253
Reiniger, Klaus Dir beim Bundeskartellamt 247
Reinke, MinR 363
Reinsch, Dr MinR 236
Reintzsch, MinR 253
Reis e Sousa, Sergio dos Dr GenKons 482
Reis, Horst ZOAR 212
Reise 326

Reise, K Prof Dr 406
Reiser, Konrad Dr LtdArchDir 130
Reiter, Dr WissORätin 373
Reiter, Hans-Gerd Dr ORR 126–127
Reith, RR 207
Reitz, FoOR 212
Reitz, MinR 395
Rekittke, MinR 341
Rekittke, RDir 221
Rempp, VwORätin 304
Rendels, MinDir 162
Renesse, Margot von 14
Renger, Dr MinR 155
Renger, MinR 398
Renka, Michael HonorarKons 451
Renken, Dr VwAng 27
Rennebach, Renate 14
Renner, Karlheinz VwDir 298
Rentel, RR 258
Rentmeister, Heinrich 347
Repnik, Hans-Peter 14, 22
Repo, Timo GenKons 460
Rerup, Lorenz GenKons 458
Reschke, MinR 316
Reschke, Otto 14, 22
Respondek, Christian AbtPräs 323
Ressing, MinR 237
Rest, Dr ArchDir 129
Restle, Konstantin Dr 148
Restle, MinR 272
Rettig, Johannes VwDir 306
Rettig, MinR 397
Reuber, VwAng 271
Reudenbach, RDir 271
Reusch 120
Reuschenbach, Peter HonorarKons 451
Reuse, Dr MinR 403
Reuß 253
Reuß, Manfred RDir 171
Reuter 401
Reuter, Bernd 14, 20, 23
Reuter, Dr MinR 40
Reuter, Dr RDir 116
Reuter, Konrad Dr MinR 39
Reuter, ORR 341
Reuter, ORRätin 214
Reuter, RDir 244
Reuter, VwAng 176
Revis, Johannes AFM GenKons 477
Rexrodt, Günter Dr 14
Rexrodt, Günter Dr Bundesminister für Wirtschaft 45, 235
Rexroth, ORRätin 282
Reyels, Dr VortrLegR I. Kl 51
Rhallis, Constantin GenKons 462

Rhomberg, Walter-Heinz HonorarKons 101
Richardt, Hans Dieter 310
Richardt, MinR 235
Richartz, Christoffer 147
Richter 120
Richter, BauOAR 318
Richter, Dr Dir und Prof 241
Richter, Dr MinR 402
Richter, Dr WissDir 377
Richter, Dr-Ing WissDir 134
Richter, Edelbert Dr 14
Richter, H MinDirig 51
Richter, H RDir 220
Richter, H-Chr RDir 221
Richter, Harald 284
Richter, Hildegard VwDirektorin 297
Richter, Klaus Jürgen FinPräs 170
Richter, MinR 254
Richter, ORR 132
Richter, Prof Dr Dir und Prof 242
Richter, Roland 14
Richter, RRätin 176
Richter, TAng 337
Richter, W MinDir 53
Richter, 0RR 133
Richter-Reichheim, Dr Dir und Prof 378
Richthofen, Hermann Freiherr von Dr Botsch 112
Richwien, Roland 14
Rick, MinR 162
Ridder-Melchers, Ilse Ministerin für die Gleichstellung von Frau und Mann 37
Riechert, ORRätin 202
Rieck, MinR 237
Rieckmann, RRätin 186
Ried, MinR 115
Rieder, Karl RDir 185
Rieder, Norbert Dr 14
Riederer, Josef Prof Dr Direktor 147
Riedl, Erich Dr 14
Riefers, Rudolf VwAng 43–44
Riefers, VwAng 44
Riegel, Dr RDir 115
Rieger, MinR 273
Rieger, RRätin z A 131
Riegert, Klaus 14
Riehl, MinR 403
Rieke, RR 132
Riempp, Dieter Oberfinanzpräsident 217
Riepma, Johannes HonorarKons 477
Riese, Ulrich LtdWissDir 278
Riesel, Dipl-Ing 243
Riesenhuber, Heinz Dr 14

Rieser, MinR 160
Rieth, Wilhelm Wolfgang HonorarGenKons 60
Rimpl, ORR 283
Rinderspacher, RDir 196
Ring, Franz GenKons 87
Ringe, Wolfgang außerordentl und bevollm Botsch 57
Ringel, Dipl-Ing (FH) 267
Ringel, VwAngestellte 176
Ringkamp, ORR 131
Rings, LtdRDir 318
Ringsdorf, Dr ArchDir 128
Rinke 425
Rinke, RDir 316
Rinker, LtdBauDir 324
Rinne, Manfred-Eberhard Dr VorsRichter am BGH 412
Rinneberg, Prof Dr 242
Rische, Herbert Dr 310
Rischmüller, RDir 50
Risse, Dr MinR 40
Rissom, VwDir 298
Rittenauer, ORR 205
Ritter, Dr ArchDir 129
Ritter, Dr MinR 342
Ritter, VwOR 291
Ritter, Waldemar Dr MinDirig 116
Rittershaus, Erhard Prof Dr Stellvertreter des Präsidenten des Senats, Zweiter Bürgermeister 35
Ritz, Dr RDir 258
Rixe, Günter 14
Robbe, Reinhold 14, 20
Robeck, ORR 380
Robertson, John D M HonorarKons 110
Robinson jr, Emerson B HonorarKons 77
Roble, Omar Moùine BotschR 439
Rocabado de Viets, Hortensia Konsulin (H) 454
Rochlitz, Jürgen Dr 14, 22
Rockstroh, MinR 162
Rockstroh, RDir 272
Roddewig, Wolfgang HonorarKons 67
Rodiek, Wilfried BauDir 321
Rodt, WissOR 388
Röben, BauDir 323
Röben, MinR 238
Röder, Dr MinR 236
Röder, FoR 175
Röder, Norbert VwOAR 287
Roeder, von RDirektorin 187
Rödiger, Hartmut Dipl-Ing LtdBauDir 330
Rödl, Bernd Dr HonorarKons 486

559

Röger, RDir 368
Röhl, Klaus Dr 14
Röhl, Lothar Kurt Herbert HonorarKons 469
Röhling, Dr MinDir 239
Röhlinger 293
Röhmel, Prof Dr Dir und Prof 372–373
Röhricht, Volker VorsRichter am BGH 412
Röhrig, Dr RDir 403
Röll, Barbara Dr 309
Rölle, RDir 132
Römer, Dr MinR 40
Roemer-Mähler, Dr RDir 403
Römisch, Dr RDir 194
Rönnefahrt, VwOR 290
Rönsch, Hannelore 14, 22
Rösch, Dr MinR 238
Rösch, Dr WissDir 250
Rösel, VPräs 392
Roeser, Dr WissDir 249
Rösgen, Dr MinR 384
Röskau, MinDirig 165
Rösner, Dr MinR 28, 273
Roesner, Klaus ORR 194
Rössel, Uwe-Jens Dr 15, 20
Roessle, Dipl-Ing BauDir 140
Rößler, Matthias Dr Staatsminister für Kultus 37
Röthemeyer, Dr Dir und Prof 393
Röthke, Jürgen AbtDir 241
Röttgen, Norbert 15
Roever jr, Hans HonorarKons 107
Roever, Dr VortrLegR I. Kl 54
Rogall-Grothe, Cornelia MinDirigentin 117
Rogge, ROAR 336
Rogge, Rüdiger VorsRichter am BGH 412
Roggendorf, MinRätin 254
Roggenkamp, MinR 254
Rohde, RDir 132
Rohdewohld, Dr WissORätin 375
Rohland, MinR 433
Rohner, Dr MinR 164
Rohr, Hans-Alard von GenKons 76
Rohr, WissRätin 373
Rohrhuber, RDir 410
Rohwer, MinR 362
Rohwer, ORR 265
Roik, Michael VwAng 47
Rok Kim, Jong GenKons 470
Roland, Dr MinR 159
Rolfes, FinPräs 203
Roll, Dr Dir und Prof 378
Roll, Dr MinDir 47
Rolle, Dr MinDir 164

Roller, ORR 176
Rom, von Dr VortrLegR I. Kl 53
Rombach, Dr MinR 116
Romer, Franz 15
Rommel, Manfred Dr h c 51
Rommelfangen, MinR 403
Ronsöhr, Heinrich-Wilhelm 15
Rook, RDir 332
Roschig, MinDirigentin 163
Rose 425
Rose, Heiko 322
Rose, Klaus Dr 15
Rose, Klaus Dr Parlamentarischer Staatssekretär 45, 347
Rose, VwORätin 291
Rosen, Klaus-Henning MinDirig 116
Rosenberg, Dr MinDir 272
Rosendahl, Meinert FoOR 193
Rosendahl, RDir 323
Rosengarten, Ulrich Dr außerordentl und bevollm Botsch 99
Rosenkranz, Dr Dir und Prof 388
Rosenthal, RDir 243
Roß 286
Roß, Günter Dr VorsRichter am BDiG 417–418
Roßbach, Anton Dr außerordentl und bevollm Botsch 107
Roßkamp, Dr WissAngestellte 390
Rossmanith, Kurt J 15, 22
Rost, Claus Dipl-Ing 325
Rost, Dr RDirektorin 402
Rost, MinR 385
Rost, Siegfried AbtPräs 283
Rotard, Dr Dir und Prof 390
Roters, Matthias HonorarKons 107
Roth 339
Roth, Adolf 15, 21, 23
Roth, BauDir 398
Roth, Hans VwDir 300
Roth, Hubert 231
Roth, LtdRDir 331
Roth, Rüdiger VorsRichter am BVerwG 417
Roth-Plettenberg, LtdBiblDir 410
Rothe 120
Rothenberger, Karl HonorarKons 472
Rothenburg-Kellermann, Hans Gottfried Ernst Graf von Dr HonorarKons 492
Rother, OAR 410
Rothert, Helmut Dr 262
Rothkegel, Wolf Joachim BotschR 448
Rothmann, VortrLegR I. Kl 52
Rothscheroth, Hans Jürgen LtdVwDir 296

Rott, LtdRDir 126
Rottenburg, Fritz von Dr GenKons 70
Rottenburg, Irmgard von Staatssekretärin 429
Rottenecker, Heribert Dr LtdVwDir 306
Rottländer, ORR 432
Rottmann, Doris FinPräsidentin 180
Rottmann, MinR 341
Rottmann, RDir 402
Rottmeir, ORR 428
Rowold, Manfred ORR 197
Rubner, VwDir 285
Ruchay, Dr-Ing E h MinDir 384
Rucht, Peter ZOAR 170
Ruck, Christian Dr 15
Ruck, Dr RDir 243
Ruckelshausen, ROAR 229
Rudeloff, RR z A 136
Rudloff-Schäfer, RDirektorin 154
Rudolf, FoDir 186
Rudolf, Horst außerordentl und bevollm Botsch 57
Rudolph, Dr rer nat Dir und Prof 246
Rudolph, ORR 199
Rudow, ORR 194
Rübel, Ekkehart Dipl-Ing VorsRichter am BPatG 415
Rübenkönig, Gerhard 15
Rücker, Dr-Ing RDir 246
Rüde, RDirektorin 403
Rüdel, Hans-Joachim Dr HonorarKons 454
Rüden, RSchulDir 132
Rüdiger, Gisela 121
Rügner, MinR 395
Rühe, Volker Bundesminister der Verteidigung 15, 45, 347
Rühl, Dir und Prof 331
Rühle, WissAng 394
Rüter-Koehler, RAngestellte 433
Rütter, RDir 431
Rüttgers, Jürgen Dr 15
Rüttgers, Jürgen Dr Bundesminister für Bildung, Wissenschaft, Forschung und Technologie 45
Rüttgers, Jürgen Dr Bundesminister für Bildung, Wissenschaft, Forschung und Technolgie 401
Rützel, RDir 187
Ruffing, Eric Dr HonorarKons 473
Rugge, Alexander HonorarKons 480
Ruhe, Manfred 233
Ruhe, RDir 336

Ruhenstroth-Bauer, Peter RAng 433
Ruidisch, Dr MinR 314, 316
Ruitman, Heinz Dr LtdVwDir 292
Rummel, ORR 185
Rummenie, FoDir 209
Rummenie, Hans FoDir 210
Rummler, Dr MinR 385
Rumpf, MinR 315
Runde, Ortwin Senator, Präses der Finanzbehörde 35
Runge, Dr MinR 163
Runge, MinR 117
Runge, RDir 179, 225
Runkel, BauDir 400
Runkel, Dr MinR 398
Ruoff-Breuer, Rita Baudirektorin 171
Rupf, Dr MinDirig 403
Ruppe, Dr WissDirektorin 280
Ruppelt, Hans-Jürgen Dr Dir beim Bundeskartellamt 247
Ruppert, MinR 341, 384
Ruppert, MinRätin 27
Rupprecht, Dr VortrLegR I. Kl 53
Rupprecht, Marlene 15
Rupprecht, Reinhard MinDir 117
Rupprecht, Wilfried Dr außerordentl und bevollm Botsch 68
Rupprich, Dr Dir und Prof 279
Rusch, RDir 175
Rusnak, Dr VortrLegR I. Kl 55
Ruß, RDir 402
Rust, Dr MinDirig 404
Rustemeyer, BauDir 325
Ruthe, MinR 27
Ruthe, MinRätin 27
Rutkowski, VwAng 177
Rutz, Dr RDir 258
Ruzanski, RDir 189
Rybak, RDir 42
Ryeland, David C HonorarKons 109

S

Saalmann, Dipl-Ing BauOR 325
Saari, Paavo HonorarKons 93
Sabionski, Hartmut ORR 219
Sacher, Rudolf Walter Wulf HonorarKons 471
Sachse, Dr WissAng 377
Sachse, ZOAR 185
Sadler, Lalage Honorarkonsulin 110
Säcker, Horst Dr VorsRichter am BVerwG 416
Säilä, Pekka GenKons 460
Saekel, MinR 368

Säuberli, Hansjörg GenKons 484
Sagasser, Roland VwDir 297
Sagemüller, Adelheid VwDirektorin 297
Saguer-Saprissa, José Dr Außerordentl und bevollm Botsch 439
Sahler, VwAngestellte 384
Sahlmann, MinR 396
Saibold, Halo 22
Saibold, Hannelore 15
Salas Giménez de Azcárate, Alvaro de GenKons 486
Salchow, Dr Dir und Prof 331
Saldern, von AbtPräs 226
Sallandt, Dr RDir 48
Salthammer, RDir 272
Samek, Dipl-Ing BauDir 336
Sanca, Jorge Kons 464
Sand, van de Dr MinR 395
Sander, Dr MinDirig 341
Sandermann, Dr MinR 236
Sanders, Ronald Außerordentl und bevollm Botsch 436
Sandhäger, Dr MinDir 314
Sandner, Horst HonorarKons 468
Sandtner, Dr MinR 402
Sandvoß, Ernst-Otto 231
Sandvoß, ORR 132
Sanft, Ralph W HonorarKons 89
Sangenstedt, Dr RDir 386
Sanio, Jochen Vizepräsident 224
Sann, Guenter K HonorarKons 71
Santisteban Garcia Seminario, Luis Silva Dr Außerordentl und bevollm Botsch 445
Santner, Dr rer nat Dir und Prof 246
Santos de Zuleta, Maria Celia GenKonsulin 480
Sarathi Ray, Partha GenKons 464
Sarrazin, Viktor MinDirig 162
Sarreither, Dieter LtdRDir 122
Sartorius, Dr WissDir 389
Sasdrich, MinR 273
Saß, MinR 163
Sattler, Ulrich VorsRichter am BSG 422
Saue, Eva Margarethe Honorarkonsulin 100
Sauer, Christa VwAngestellte 47
Sauer, RDir 242, 365
Sauer, Roland 15
Sauerbrey, Günter Prof Dr LtdDir und Prof 242
Sauerbrey, VwORätin 299
Sauerteig, Hans-Burkhard GenKons 97
Saupe, Dr MinDirig 165
Sausen, Dr MinR 272

Sauter, Alfred Staatssekretär 32–33
Sauter, Edgar Dr 407
Sayler, Dr RDir 206
Sayler, Erik Dr RDir 206
Schaade, ORR 190
Schaar, Wolfgang Bernhard HonorarKons 473
Schacher, RDir 362
Schacht, R RDir 221
Schacker, MinR 403
Schade 338
Schade, Günter Prof Dr 146
Schade, Otto Werner Präsident des Landesarbeitsamtes 304
Schade, Richard E HonorarKons 76
Schadow, RDir 341
Schadt, Ursula Dr 294
Schaedel, RDir 332
Schädlich, Rolf Prof 338
Schaefer, Dipl-Ing BauDir 325
Schäfer, Dr MinR 385
Schäfer, Dr WissAng 375
Schäfer, Dr-Ing WissR 134
Schäfer, Gerhard Dr VorsRichter am BGH 412
Schäfer, H MinR 163
Schaefer, Hans HonorarKons 67
Schäfer, Hansjörg Dr 15
Schäfer, Hansjürgen Dr Präsident des Bundesamtes zur Regelung offener Vermögensfragen 231
Schaefer, Hartmut Dr 149
Schäfer, Helmut 15
Schäfer, Helmut Staatsminister 45, 51
Schäfer, Hermann Prof Dr Direktor 151
Schäfer, ORRätin 131
Schäfer, Peter 338
Schäfer, RAR 186
Schäfer, RDir 211, 244, 368
Schaefer, RDir 155
Schaefer, RDirektorin 282
Schaefer, Wolfgang Minister der Finanzen 38
Schäfer-Preuss, Dr MinRätin 396
Schäfers, MinDirig 155
Schäfers, VortrLegR I. Kl 48
Schäffel, Günter MinDir 398
Schäffer, Dr Dir und Prof 378
Schäffner, Dr WissORätin 380
Schaegger, LtdRDir 156
Schätter, VwOR 300
Schätzle, Ortrun 15, 20
Schäuble, Thomas Dr Innenminister 32
Schäuble, Wolfgang Dr 15, 22
Schaewen, von MinR 403
Schaff, Angela RDirektorin 122

561

Schafhausen, MinR 384
Schaich-Walch, Gudrun 15
Schaichow, Alischer Erkinowisch Außerordentl und bevollm Botsch 449
Schall, Kurt Dr jur Vizepräsident 306
Schall, Kurt Dr jur VPräs 307
Schall, Peter Heinrich HonorarKons 77
Schallenberg, ORR 244
Schaller, Dr WissAng 393
Schammel, RRätin z A 177
Schanz, Dieter 15
Schanz, Jürgen SenR 229
Scharf, RDir 218
Scharioth, Dr VortrLegR I. Kl 52
Scharmann, Dr Dir und Prof 377
Scharnhoop, Dr MinR 397
Scharping, Rudolf 15
Scharping, Rudolf Fraktionsvorsitzender 23
Scharrenberg, MinR 403
Schattenberg, Bernd MinDir 117
Schattner, Thomas Dr 113
Schaub, Günter Dr VorsRichter am BAG 421
Schauenberg, Dr LtdVwDir 307
Schauenberg, Günther Dr phil LtdVwDir 307
Schauer, RDir 272
Schauerte, Hartmut 15
Schaufelbühl, Rolf GenKons 484
Schaufler, Hermann Minister für Umwelt und Verkehr 32
Schaumann, Fritz Dr Staatssekretär 401
Schauzu, Dr WissDirektorin 377
Schavan, Annette Dr Ministerin für Kultus, Jugend und Sport 32
Schede, Carlos Ross HonorarKons 72
Schedelbeck, Werner Dipl-Phys VorsRichter am BPatG 415
Scheel, Christine 15
Scheel, Dr MinDirig 53
Scheelen, Bernd 15
Scheer, François Außerordentl und bevollm Botsch 439
Scheer, Hermann Dr 15
Scheerer, BiblDir 416
Scheffel, Günter HonorarKons 96
Scheffler, Siegfried 15
Scheibe, Günter 311
Scheibner, Dr Dir und Prof 372
Scheid, Dr RDir 48
Scheidt, VwAng 176
Schelkes, WissDir 249
Schell, RDir 175
Scheller, ORR 401
Scheller, WissAng 394

Schellhammer, RDir 331
Schellhoss, Dr MinR 398
Schelter, Kurt Prof Dr Staatssekretär 114
Schemken, Heinz 15, 20, 22
Schendel, Josef HonorarKons 73
Schendzielarz, Hans LtdRDir 200
Schendzielarz, LtdRDir 200
Schenk, Christina 15, 24
Schenk, Johann Dr ArchDir 129
Schenkel, Werner Dipl-Ing Erster Dir und Prof beim UBA 388
Schepers, RDir 401
Scheppach, Dr RAngestellte 435
Scheppner, SteuOAR 189
Scherer, Edgar Dr HonorarKons 464
Scherer, Gerda AbtDirektorin 173
Scherer, Josef Dr MinDirig 254
Scherer, MinR 48, 402
Scherer, VwOR 300
Scherf, Henning Dr Präsident des Senats, Bürgermeister, Senator für kirchliche Angelegenheiten, Senator für Justiz und Verfassung 34
Scherf, VwDir 286
Scherhag, Karl-Heinz 15
Scherrer, MinR 363
Schetting, Dr MinR 396
Scheu, Gerhard 15, 21–22
Scheuermann, Dr MinDirig 401
Scheuermund, ORRätin 427
Scheuffler, ORR 214
Scheumann, MinR 314
Scheuring, Michael MinDirig 114
Scheuring, MinDirig 115
Scheurle, MinDir 341
Scheurmann-Kettner, MinR 162
Schewe-Gerigk, Irmingard 15
Schick, MinR 165
Schickentanz, Werner LtdVwDir 295
Schickler, Wilhelm LtdVwDir 284
Schieber, Helmut 424–425
Schieferstein, Dr ORR 224
Schier, Rudolf Dr LtdRDir 365
Schier, Sanders 251
Schierbaum, VwAng 367
Schierloh, Dr MinR 236
Schiffmeyer, MinR 163
Schiffner, MinDirig 254
Schikora, Alois Dr FinPräs 189
Schild, Eduardo HonorarKons 68
Schild, Horst 15
Schild, ORR 316
Schild, Regina 121

Schill, Dr MinDir 238
Schiller, Etta Dr 175
Schilling, Ernst HonorarKons 459
Schilling, Jürgen Dr 143
Schilling, MinR 154
Schilling, RDir 225, 434
Schilling, von MinR 342
Schilling, Wolf-Dietrich Dr außerordentl und bevollm Botsch 56
Schilson, VwDir 294
Schily, Otto 15, 23
Schimansky, Herbert VorsRichter am BGH 412
Schimmel, Prof Dr WissAng 377
Schimmelpfennig, Prof Dr WissAng 390
Schimpf, Dr WissDir 248
Schindler, BauDir 400
Schindler, Dr RDirektorin 226
Schindler, Gerhard MinR 114
Schindler, MinR 27
Schindler, Norbert 15
Schindler, RDir 173
Schindler, Walter RDir 173
Schinkel, Dr WissDir 373
Schipulle, Dr MinR 396
Schirbort, Karl Horst Dr 382
Schirmer, Dr MinR 238
Schirmer, Horst Dr Botsch 112
Schirmer, LtdVwDir 285
Schlag, BiblDirektorin 153
Schlageter, VortrLegR I Kl 50
Schlagheck, Prof Dr MinR 253
Schlamelcher, ORR 192
Schlapper, MinR 255
Schlauch, Dipl-Ing BauDir 140
Schlauch, Rezzo 15, 24
Schlee, Dietmar 15
Schleef, Wilfried 381
Schlegel, Dipl-Ing LtdBauDir 337
Schlegel, Jürgen MinDirig 43
Schlegel, P Dipl-Ing LtdBauDir 336
Schleider, Dr Ing VmDir 320
Schlemm, LtdMinR 433
Schlenker, Mark F HonorarKons 77
Schleppi, ORR 217
Schlereth, Thomas HonorarKons 459
Schlesener, RDir 50
Schlettwein, Rolf Gesdtr 444
Schleusener, Dr WissAngestellte 376
Schleußer, Heinz Finanzminister 36, 39
Schleyer, Dr WissOR 391
Schlie-Roosen, Dr 402
Schliebe, Dr phil WissOR 400
Schliebs, RDir 411

Schliepkorte, Dr RDir 398
Schlimm, Dr RDirektorin 385
Schlimme, E Prof Dr Dr Dir und Prof 263
Schlitt, Gerhard Dr 149
Schlitt, MinR 399
Schlitzberger, Dr Präsidentin 228
Schlitzberger, Gudrun Dr Präsidentin der Bundesschuldenverwaltung 228
Schliwienski, Hans-Ingo Dr ORR 146
Schlögl, Dr MinR 238
Schloenbach, Dr MinRätin 160
Schlombach, Dr Ang 279
Schloten, Dieter 15
Schlottmann, Prof Dr MinR 385
Schloz, FoOR 212
Schluckebier, Günter 15
Schlüter, Dr GeolDir 249
Schlüter, Dr MinR 399
Schlüter, Dr RDir 403
Schlüter, Dr-Ing WissDir 134
Schlüter, H Dr WissAng 266
Schlüter, LtdBauDir 318
Schlüter, Margret AbtPräsidentin 224
Schlüter, ZOAR 172
Schlumberger, RDir 427
Schmachtenberg, Hans-Dieter Dr 417
Schmachtenberg, Hans-Dieter Dr VPräs des BDiG 418
Schmalenbach, MinRätin 341
Schmalisch, Peter Dr HonorarKons 491
Schmaljohann, Dipl-Ing BauOR 336
Schmalz, Ulrich 15
Schmalz-Jabobsen, Cornelia MdB 271
Schmalz-Jacobsen, Cornelia 15
Schmalzl, RAss 427
Schmeinck, Wolfgang 381
Schmelich, Siegfried RDir 174
Schmickler-Herriger, VwORätin 295
Schmid 425
Schmid, FoR 212
Schmid, RDir 218
Schmid, Rolf Dr (Präs) 231
Schmid, W J Dr VortrLegR I. Kl 53
Schmid-Dwertmann, MinDirig 155
Schmidbauer, Bernd 16, 47
Schmidbauer, Bernd Staatsminister 21, 45
Schmidbauer, Horst 16
Schmidberger, MinR 165
Schmidhuber, Peter M 424–425

Schmidl, Ekkehard RDir 172
Schmidl, ORR 185
Schmidl, RDir 172
Schmidt 50, 362, 425
Schmidt, AbtPräs 132
Schmidt, Albert 16
Schmidt, Andreas 16, 21
Schmidt, BauDir 397
Schmidt, Beate RDirektorin 39
Schmidt, Carsten GenKons 458
Schmidt, Christian 16
Schmidt, Dagmar 16
Schmidt, Dr Dir und Prof 372
Schmidt, Dr MinDirig 367
Schmidt, Dr MinR 119
Schmidt, Dr RDir 114
Schmidt, Dr WissAng 372
Schmidt, Dr WissDir 376
Schmidt, Dr WissORätin 377
Schmidt, Heinz-Günther Dr HonorarKons 478
Schmidt, Hermann Dr 407
Schmidt, J VortrLegR 53
Schmidt, Joachim Dr-Ing 16
Schmidt, Jürgen RDir 122
Schmidt, Karl Gerhard Dr HonorarKons 482
Schmidt, Kurt Dr Vizepräsident 387
Schmidt, LtdRDir 190
Schmidt, M MinR 237, 253
Schmidt, Michael Dr außerordentl und bevollm Botsch 86
Schmidt, MinR 26, 115, 342
Schmidt, ORR 171, 177, 435
Schmidt, P Dr MinDir 253
Schmidt, Peter Dr außerordentl und bevollm Botsch 60
Schmidt, Peter LtdRDir 283
Schmidt, R Dr MinR 162
Schmidt, RDir 173, 315, 341
Schmidt, RDirektorin 40, 173
Schmidt, RRätin 201
Schmidt, Ulla 23
Schmidt, Ulrich Dr HonorarKons 476
Schmidt, Ursula 16
Schmidt, VwOR 305, 308
Schmidt, Werner HonorarKons 468
Schmidt, Wilhelm 16, 21
Schmidt, WissR z A 391
Schmidt-Gebauer, René Ernesto HonorarKons 68
Schmidt-Geierhaas, RRätin 206
Schmidt-Hidding, Dr LtdRDir 221
Schmidt-Jortzig, Edzard Bundesminister der Justiz 45
Schmidt-Jortzig, Edzard Dr 16
Schmidt-Jortzig, Edzard Prof Dr Bundesminister der Justiz 153

Schmidt-Räntsch, Dr RDir 154
Schmidt-Thomé, Michael Dr Dir und Prof 249
Schmidt-Vockenhausen, Dr MinRätin 116
Schmidt-Vöcks, LtdBauDir 322
Schmidt-Volkmar, Dr MinR 254
Schmidt-Zadel, Regina 16, 20
Schmidtgall 425
Schmidtgen, Hans Joachim GenHonorarKons 479
Schmidtke, Kurt Karl HonorarKons 84
Schmiedeberg, Hans-Otto 16
Schmieder, Hans-Heinrich Dr VorsRichter am BPatG 415
Schmiegelow, MinDirig 42
Schmieszek, MinR 154
Schmischke, VwR z A 295
Schmitt, Heike MinDirektorin 362
Schmitt, Heinz 16
Schmitt, LtdMinR 427
Schmitt, MinR 163
Schmitt, ORR 415
Schmitt, Ursula VorsRichterin am BPatG 415
Schmitt, VwDir 287
Schmitt, Wolfgang 16
Schmitt-Hannig, WissORätin 393
Schmitt-Tegge, Dr Dir und Prof 389
Schmitt-Wallraff, Hans Eckart LtdVwDir 301
Schmittgen, Helfried 338
Schmitz, Dr MinR 117
Schmitz, Hans Joachim HonorarKons 68
Schmitz, Hans Peter 16, 22
Schmitz, Johannes Wilhelm VwDir 295
Schmitz, Karl-Bernhard Dr VorsRichter am BGH 412
Schmitz, M A MinR 50
Schmitz, ROAR 127
Schmitz, Werner GenKons 99
Schmitz-Elvenich, MinR 28
Schmölling, Dr MinR 27
Schmölling, Jürgen Dir und Prof 389
Schmuck, Dr RAng 433
Schmude, Michael von 16, 229
Schmülling, Herbert MinDir 49
Schmunk, Klaus 339
Schmunk, Michael außerordentl und bevollm Botsch 90
Schnabel, Dierk HonorarKons 71
Schnabel, Hermann GenHonorarKons 480
Schnäbele, Heinz LtdVwDir 306

Schnädelbach, Dr Dir und Prof 372
Schnapauff, Klaus-Dieter Dr Min-Dir 117
Schnaubelt, Lothar RDir 324
Schnebel, MinR 433
Schneewind, Otto HonorarKons 69
Schnegg, Hansjörg Dipl-Ing Dr VPräs am BPatG 415
Schnegg, Hansjörg Dipl-Ing Dr-Ing 415
Schneider, Alfons HonorarKons 102
Schneider, Dietmar Prof Dr Ang 279
Schneider, Dr LtdRDir 157
Schneider, Dr MinR 385
Schneider, Dr RDir 401
Schneider, Eberhard VwDir 308
Schneider, F L VwOR 268
Schneider, Fred Dr LtdRDir 282
Schneider, G 269
Schneider, H RDir 395
Schneider, Karl HonorarKons 82
Schneider, LtdVwDir 284
Schneider, MinR 115, 238, 271, 368
Schneider, ORRätin 428
Schneider, RDir 115, 136, 160, 258
Schneider, Thomas FoDir 178
Schneider, Winfried VwAng 228
Schneider-Schahn, ORR 282
Schneider-Sievers, RDirektorin 272
Schneiders, Ang 314
Schnell, Dietrich Ang 287
Schnell, Emil Dr 16
Schneller, Dr VortrLegR I. Kl 52
Schnieber-Jastram, Birgit 16
Schniedermann 402
Schnieders, Jens HonorarKons 453
Schnieders, Prof Dr MinR 369
Schnierle, Hans-Werner VwAng 227
Schnigula, OStAnw beim BGH 154
Schnitger, Artur HonorarKons 481
Schnitger, Dr-Ing Dir und Prof 246
Schnitker, Paul HonorarKons 461
Schnock, RDirektorin 258
Schnocks, Ang 378–379
Schnug, Ewald Dr sc agr Dr rer nat habil Dir und Prof 260
Schnurbein, von Siegmar Prof Dr Dir und Prof 112

Schnurer, Dr MinDirig 385
Schnurpheil, Elke RDirektorin 170
Schnurr 425
Schober 285
Schoch, RDir 427
Schocke, RDirektorin 433
Schockenhoff, Andreas Dr 16
Schodde, Eberhard 310
Schöberle, Horst Dr MinDir 160
Schöfisch, RDir 155
Schöler, RDir 431
Schöler, Walter 16
Schöll, Walter Dr HonorarKons 480
Schöller, Theodor HonorarKons 480
Schoeller, Wolfgang Honorar-Kons 465
Schöllhorn, ORRätin 202
Schön, Dr Dir und Prof 375
Schön, Dr rer soc WissOR 400
Schoen, Gerd-Dieter MinR 117
Schön, MinR 342
Schön, Walter Dr MinDir 428
Schönberger, Ursula 16
Schönbohm, Jörg Senator für Inneres 34
Schönborn, Werner MinDirig 434
Schönebeck, Wilfried ORR 207
Schöneberg, ORRätin 231
Schönefeld, Christiane LtdVwDirektorin 296
Schöneich, WissOR 279
Schönemann, Dr MinDir 397
Schöness-Vornehm, RDirektorin 435
Schönfeld, Dr WissDir 389
Schönfeld, Friedbert LtdRDir 244
Schönfelder, Dr MinDir 52
Schöning, Ulrich außerordentl und bevollm Botsch 73
Schönknecht, Gert ORR 196
Schönleber, Eckhard HonorarKons 73
Schönleiter, Ulrich RDir 235
Schönwitz, Dr Dir 425
Schöpf, Jakob VwDir 309
Schöpke, MinRätin 399
Schoer, Karl Dr RDir 122
Schöttler, Dr MinR 239
Schöttler, Paul ZOAR 196
Scholl, Robert MinDirig 397
Scholowski, Mieczyslaw GenKons 482
Scholz 262
Scholz, Dipl-Ing BauDir 327
Scholz, Dr MinR 363
Scholz, MinR 314
Scholz, MinRätin 161

Scholz, ORRätin 208
Scholz, RAngestellte 432–433
Scholz, RR 365
Scholz, Rupert Dr 16, 22
Schomburg, Dr VwAng 367
Schomburg, Gert Dr VwAng 367
Schomerus, Dr MinR 116
Schomerus, Lorenz Dr Staatssekretär 235
Schommer, Kajo Dr Staatsminister für Wirtschaft und Arbeit 37
Schonlau, BauDir 323
Schoof, Dr MinR 27, 160
Schopen, Dr MinDirig 254
Schopka, Dr Ang 392
Schoppe 425
Schoppe, Waltraud 16
Schorlemer, Reinhard Freiherr von 16
Schorlemer, Reinhard Frhr von MdB 270
Schorn, Dr RDir 367
Schorre, Winfried Dr med 381
Schoser, Franz Dr 149
Schoufour, Jaques Simon Cornelis HonorarGenKons 100
Schraepler, Hans-Albrecht außerordentl und bevollm Botsch 57
Schramböhmer, Klaus HonorarKons 465
Schrameyer, Klaus Dr außerordentl und bevollm Botsch 99
Schramm, VortrLegR I. Kl 53
Schramm-Wekel 120
Schraven, Dr MinR 238
Schreckenberger, RRätin 194
Schrecker, ORRätin 184
Schreiber, Dr MinR 235
Schreiber, Dr WissDir 377
Schreiber, Dr WissDir 279
Schreiber, Folker MinDirig 432
Schreiber, Gerhard HonorarKons 72
Schreiber, Klaus VwDir 290
Schreiber, MinDir 367
Schreiber, MinR 115, 154
Schreiber, MinRätin 368
Schreiber, RDir 131
Schreiber, RDirektorin 224
Schreiber, ROAR 322
Schreiber, WissAng 430
Schreiber, WissORätin 388
Schreier, Dr Dir und Prof 374
Schreiner, MinR 26
Schreiner, Ottmar 16, 23
Schreiter-Vogl, MinRätin 28
Schrempp, Jürgen E GenHonorarKons 487
Schrey, Ernst RDir 122
Schreyer, Hermann Dr WissAng 129
Schrezenmeir, J Prof Dr Dir und Prof 263

Schrinner, Jürgen LtdRDir 216
Schrinner, LtdRDir 217
Schrock, MinR 155
Schröder, BauDir 318
Schröder, Dierk Prof 322
Schröder, Erika 121
Schröder, Gerhard Ministerpräsident 36
Schröder, Klaus außerordentl und bevollm Botsch 83
Schröder, Manfred O GenHonorarKons 462
Schröder, MinR 314, 396
Schröder, Paul HonorarKons 107
Schröder, RDir 48
Schröder, Thomas FoOR 178
Schroeder, Thomas FoOR 216
Schröder, VortrLegR I. Kl 55
Schröder, VwAng 136
Schröder, VwDir 286
Schrömbges, Dr MinR 161
Schröter, Gisela 16
Schröter, MinR 398
Schrötter, Dr RDir 50
Schroh, RDir 318
Schroll, Ang 379
Schubarth-Engelschall, Karl Dr 148
Schuberdt, Flugkapitän 337
Schubert, Bruno GenHonorarKons 456
Schubert, Dr GeolOR 248
Schubert, Dr MinR 368
Schubert, Hans GenHonorarKons 458
Schubert, Karin Ministerin 32
Schubert, Karin Ministerin der Justiz 38
Schubert, LtdRDir 196
Schubert, Mathias Dr 16
Schubert, MinR 154
Schubert, von MinR 28
Schubö, RDir 224
Schuch, Helmut 144
Schuchardt, Erika Dr 16
Schuchardt, Gerd Dr Minister 39
Schuchardt, Gerd Dr Stellvertreter des Ministerpräsidenten, Minister für Wissenschaft, Forschung und Kultur 39
Schuchardt, Helga Ministerin für Wissenschaft und Kultur 36
Schuchmann, VwOR 297
Schucht, Klaus Dr Minister für Wirtschaft und Technologie 38
Schuck, RR 184
Schübeler, Dirk FoR z A 216
Schüler 120
Schüler, Manfred Dr 232
Schüller 402
Schüller, D RDir 402

Schüller, Johann RDir 205
Schüren, Norbert StSekr 431
Schürgers, Dr MinDirig 236
Schürmann, Wilhelm Dr außerordentl und bevollm Botsch 100
Schütt, Broder HonorarKons 69
Schütt, C Dr 406
Schütt-Abraham, Dr WissAngestellte 377
Schütte, MinR 164, 274
Schüttler, RAngestellte 433
Schütz, AbtPräs 132–133
Schütz, Dietmar 16
Schütz, Dr 285
Schütz, Dr MinR 402
Schütz, Dr WissAng 388
Schütz, WissAngestellte 130
Schütze, Diethard 16
Schützle, Kurt ZOAR 194
Schuhmacher, Norbert MinDirig 434
Schuhmann, Richard 16
Schul, RDir 229
Schuldenzucker, RDir 50
Schulenburg, Graf von der RDir 50
Schuler, MinR 27
Schulhoff, Wolfgang 16
Schulmeister, RDir 198
Schulmeister, Werner RDir 198
Schulte, AbtDir 195, 213
Schulte, Bernt Dr Senator für Bau, Verkehr und Stadtentwicklung 34
Schulte, Brigitte 16, 21
Schulte, Dieter Dr 16
Schulte, Dr LtdRDir 332
Schulte, Gerhard AbtDir 195, 213
Schulte, Helmut Ang 287
Schulte, L MinR 403
Schulte, MinR 154
Schulte, Rainer BAnw beim BGH – AbtLeiter – 414
Schultheiß, Dr VortrLegR I. Kl 52
Schultheiss, Hannetraud GenKonsulin (H) 474
Schultz, BauDir 331
Schultz, Klaus-Peter Dir beim Bundeskartellamt 248
Schultz, ORR 185
Schultz, RDir 117
Schultz, Reinhard 16
Schultz, Volkmar 16
Schultz-Mahnwitz, RDir 171
Schultz-Söderlund, RDir 159
Schultze-Petzold, Axel Dr HonorarKons 453
Schulz 286, 425
Schulz, BauDir 323
Schulz, D Dr WissOR 388

Schulz, Dietrich Dr HonorarKons 484
Schulz, Dr Dir und Prof 242
Schulz, Dr MinDirig 273
Schulz, Gerhard 16
Schulz, Günther MinDirig 435
Schulz, H MinR 403
Schulz, Hartmut Dr Oberfinanzpräsident 179
Schulz, Hartmut Prof Dr-Ing LtdBauDir 329
Schulz, Marianna Konsulin (H) 492
Schulz, MinR 315–316
Schulz, Otto Egon HonorarKons 79
Schulz, Peter HonorarKons 479
Schulz, Prof Dr-Ing WissDir 134
Schulz, RDir 213
Schulz, W Dr WissDir 388
Schulz, Werner 16, 21, 24
Schulz, WissAng 129, 372
Schulz, WissAngestellte 373
Schulz-Forberg, B Dr-Ing Dir und Prof 246
Schulz-Loerbroks, RDir 178
Schulze, Dieter HonorarKons 72
Schulze, Dr WissAng 377
Schulze, Frederick 16
Schulze, Fritz Dr HonorarKons 472
Schulze, MinR 237
Schulze, RDir 320, 367
Schulze, RR 135
Schulze, RRätin 215
Schulze-Koßmann, M A 50
Schulze-Marmeling, Dipl-Ing BauDir 336
Schulze-Weslarn, MinR 253
Schumacher, Dr MinR 154
Schumacher, Hanns Heinrich Dr außerordentl und bevollm Botsch 60
Schumacher, LtdVwDir 286
Schumacher, Peter E MinDir 50
Schumann, Dipl-Ing agr 258
Schumann, Dr WissDir 390
Schumann, Dr-Ing Ang 135
Schumann, Ilse 17
Schumann, MinR 26–27
Schumny, Dr Dir und Prof 242
Schunck, Dr MinR 403
Schuol, Dir im BGS 117
Schupp, VwOR 299
Schuppener, Bernd Dr-Ing BauDir 329
Schur 294
Schurig, MinR 396
Schusdziarra, MinRätin 384
Schuseil, Dr MinR 235
Schuster, Dr Dir und Prof 367, 378

Schuster, Dr LtdRDirektorin 157
Schuster, Dr MinDirigentin 384
Schuster, Franz Minister für Wirtschaft und Infrastruktur 39
Schuster, MinR 236, 239
Schuster, Peter-Klaus Prof Dr 147
Schuster, R Werner Dr 17
Schuster, RDir 243
Schuster, RDirektorin 362
Schuster, Werner Albert 270
Schuy, Dr RDir 159
Schwaan, Axel HonorarKons 58
Schwab, VwDir 305
Schwägerl, LtdVwDir 285
Schwaetzer, Irmgard Dr 17
Schwalb, Harm LtdVwDir 299
Schwalb, LtdVwDir 299
Schwalbe, Clemens 17, 21
Schwall-Düren, Angelica Dr 17
Schwandt, Ernst-Albrecht LtdRDir 418
Schwandt, LtdRDir 419
Schwandt, VortrLegR I Kl 50
Schwanenflügel, Mathias von Dr RDir 367
Schwanhäusser, Günter HonorarKons 463
Schwanhold, Ernst 17, 23
Schwanig, Dr Dir und Prof 380
Schwanitz, Rolf 17, 23
Schwartländer, Bernhard Dr Dir und Prof 375
Schwartz, FoOR 211
Schwartz, VwDir 300
Schwarz, Bernhard Dr Oberfinanzpräsident 213
Schwarz, Dr Dr Dir und Prof 392
Schwarz, Friedrich N HonorarKons 466
Schwarz, Manfred W HonorarKons 79
Schwarz, VwOR 293
Schwarz, Wolf Dr GenHonorarKons 453
Schwarz-Schilling, Christian Dr 17
Schwarze, ORR 208
Schwarzenberg, Bodo 329
Schwarzenberger, Dr 120
Schwarzenberger, Michael ORR 174
Schwarzer, ORR 208
Schwarzer, Reinhard Dr 50
Schwarzer, RR 183
Schwedes, Dr MinR 272
Schwedhelm, Wolf-Rüdiger VwDir 297
Schweers-Sander, ORRätin 277
Schwegmann, Bruno Dr 418
Schweiger, Bernhard MinDir 395

Schweim, Harald G Prof Dr habil 379
Schweimler, Helmut HonorarKons 469
Schweinitz, Mark-Ulrich von Dr GenKons 95
Schweinsberg, Ralf AbtPräs 332
Schweitzer, LtdVwDir 286
Schweller, ORR 206
Schwendl, Eva-Maria VwAng 428
Schwendy, Klaus Dr VorsRichter am BPatG 415
Schwenk, Helmut ORR 188
Schwenzfeier, Dirk VwAng 47
Schweppe, Dr VortrLegR I. Kl 52
Schwerdtfeger, Dr RDir 368
Schwersenz, Klaus BauDir 327
Schwertfeger, Albert FoR 216
Schwertle, LtdRDir 178
Schwichow, Lothar von VorsRichter am BDiG 417
Schwickerath, Dagmar Dr 362
Schwieck, VwDir 269
Schwientek, Nikolaus 417
Schwientek, Nikolaus Präs des BDiG 417
Schwimmbeck, VwDir 286
Schwinne, MinR 255
Schwirner, Jochen-U 335
Schwirtz, Axel GenKons 91
Schydlo, RDir 244
Sczyslo 332
Sebai, Moncef GenKons 490
Sebastian, Wilhelm Josef 17
Seber, Gabriele ORRätin 172
Séché, Prof Dr-Ing MinR 315
Sedemund-Treiber, Antje 415
Sedemund-Treiber, Antje Präsidentin des BPatG 415
Seebass, Friedrich VorsRichter am BVerwG 416
Seebode, Dr VortrLegR 53
Seeger, Dir 286
Seeger, Hermann Prof Dr Ing Präsident des Instituts für Angewandte Geodäsie 133
Seeger, RDir 397
Seegers, Dr MinR 253
Seegers, RDir 161
Seehofer, Horst 17
Seehofer, Horst Bundesminister für Gesundheit 45, 367
Seelig, Horst Dr Oberfinanzpräsident 210
Seemann, Heinrich Dr außerordentl und bevollm Botsch 82
Seffern, RDir 429
Segelmann, Frank Dr Dir beim Bundeskartellamt 247
Seggelke, Dr Dir und Prof 388

Sehmsdorf, RDir 132
Seib, Marion 17
Seibel, Wilfried 17
Seibert, Dr MinR 155
Seibert, Günther Dr außerordentl und bevollm Botsch 106
Seibert, Helga 410
Seibold, AbtPräs 325
Seibold, OAR 419
Seibold, RDir 205
Seide, Herbert VorsRichter am BVerwG 416
Seidel, Christian Dr HonorarKons 479
Seidel, Dr MinR 341
Seidel, Dr MinRätin 398
Seidel, Dr WissDir 279
Seidel, Harald Dr MinDirig 28
Seidel, Jürgen Wirtschaftsminister 36
Seidel, Max Prof Dr Direktor 405
Seidel, Prof Dr MinR 236
Seidel, RARätin 229
Seidel, RDir 318
Seidel, VwAngestellte 209
Seidel, VwDir 284
Seidenthal, Bodo 17, 20
Seidl, Dr WissAng 249
Seidl, Otto Dr Vizepräsident 410
Seidl, Otto Dr VPräs 410
Seidl, VwDir 284
Seifert, BauDir 319
Seifert, Bernd Dr Dir und Prof 390
Seifert, Dr LtdRDirektorin 247
Seifert, ORRätin 365
Seifert, Ronald HonorarKons 97
Seifert, VwOR 290
Seiffert, Dr AbtDir 171
Seiffert, Heinz-Georg 17, 20
Seiffert, RDir 376
Seiffert, Wilhelm Dr AbtDir 171
Seiler, Dr 242, 425
Seiler-Albring, Ursula außerordentl und bevollm Botschafterin 101
Seite, Berndt Dr Ministerpräsident 35
Seiters, Rudolf 17, 22
Seitimor, Nurlan III Sekr 442
Seitz, Konrad Dr außerordentl und bevollm Botsch 81
Seitz, MinR 117
Seitz, Prof Dr 380
Seitz, Volker außerordentl und bevollm Botsch 57
Seiwald, Seehauptkapitän 321
Seizinger, Robert Oberfinanzpräsident 205
Selg 268
Selke, Dr RDir 398

Selle, Johannes 17
Selling, Dr RDir 163
Seltmann, Dr WissAng 374
Selz, MinDirigentin 236, 240
Semig, ORRätin 210
Semmler, Otto Präsident des Landesarbeitsamtes 299
Sende, RDir 156
Senftleben, MinR 239
Sengler, MinR 368
Sengpiel, Dr WissDir 249
Senius, VwDir 301
Sennekamp, Michael FinPräs 187
Sennlaub, Gerhard MinR 39
Sennlaub, MinR 40
Seraphim, Volkhard 299
Seraphim, Volkhard VPräs 299
Seufert, Dr RDir 239
Seulen, Ernst 270
Seus, BauDir 315
Seuster, Lisa 17
Seutemann, Rolf Vizepräsident 293
Seutemann, Rolf VPräs 293
Severin, Hans-Diether LtdVwDir 299
Severin, Klaus 139
Severin, LtdVwDir 299
Seydel, MinRätin 341
Seydel, RDir 116
Seyfahrt, Martin RDir 314
Seyfahrt, RDir 316
Seyfarth, Dr RDir 368
Seyyed Javad, GenKons 465
Shalbak, Omar Ali Dr BotschR 443
Shuman, Samir Mohamed GenKons 451
Siara, Christine LtdRDirektorin 173
Siara, LtdRDirektorin 173
Sichelschmidt, Dr ORRätin 40
Siebecke 338
Sieben, BauDir 400
Siebenhüner, Dr GeolOR 249
Siebenmorgen, VwAngestellte 42
Siebenpfeiffer, MinDir 368
Sieber, RDir 201
Siebert, Bernd 17
Siebert, VwOR 293
Siebler, Dr MinR 160
Siebler, MinRätin 362
Siebolds, RDirektorin 127
Siebourg, VortrLegRätin I. Kl 51
Siede, Hans-Ulrich FinPräs 205
Siedentop, BauDir 136
Siedler, RDir 396
Siefke, LtdBauDir 322
Siegele, Gerhard MinDir 115
Siegels, ORR 200
Sieger, Hermann Walter VHonorarKons 481

Siegers, Josef Dr RA 284
Siegfried, von MinR 50
Siegismund, MinR 154
Sielaff, Horst 17, 23
Siemes, Dieter Dr außerordentl und bevollm Botsch 87
Siepe, VwR 290
Siepmann, Ralf Dr 149
Sievers, Dr-Ing WissDir 134
Sievers, Heinrich MinDirig 161
Sievers, LtdVwDir 286
Sievers, Rudolf VwDir 292
Sievert, Dr FinPräsidentin 208
Sievert, Dr RDir 332
Sievert, Hans-Wolf Dr HonorarKons 457
Sievert, Monika Dr FinPräsidentin 208
Sievert, Olaf Prof Dr 424
Sievert, Olaf Prof Dr Präsident der Landeszentralbank 426
Siewers, Dr WissAng 250
Siewert, Dr Dir und Prof 377
Siewert, Dr MinR 164
Sigfusson, Ingimundur Außerordentl und bevollm Botsch 441
Sigmund, Dipl-Chem Dr ChemDir 140
Sikora, Jürgen 17
Silberberg, VortrLegR I. Kl 52
Siller, Herbert HonorarKons 68
Simandjuntak, Eduard GenKons 465
Simane, Dr 405
Simane, Jan Dr 405
Simek, Ivan Dr GenKons 471
Simm, Erika 17
Simmerl, Friedrich VwAng 228
Simon, Dieter Dr außerordentl und bevollm Botsch 62
Simon, Gerhard Prof Dr WissDir 142
Simon, Gunnar Staatssekretär 347
Simon, Ingrid Barbara 362
Simon, Jörg ORR 202
Simon, MinR 433
Simon, ORR 181
Simon, RDir 397
Simon, Wilma Dr Ministerin der Finanzen 34
Simonis, Heide Ministerpräsidentin 38
Simonis, Heide Ministerpräsidentin des Landes Schleswig-Holstein 32
Simonsen, LtdRDir 242
Simpson, Duncan Harris GenKons 476
Singer, Johannes 17, 23
Singhammer, Johannes 17
Siol, Dr Richter am BGH 411

Sipp, MinR 367
Sippel, MinR 401
Sirringhaus, MinR 117
Sisilo, Robert Außerordentl und bevollm Botsch 446
Sittler, BauRätin z A 400
Sivaswami, Sadasiva 440
Sjöberg, Åke HonorarKons 105
Sjöberg, Bo-Erland HonorarKons 104
Skarpelis-Sperk, Sigrid Dr 17
Skinner-Klée, Jorge Außerordentl und bevollm Botsch 440
Sklenar, Volker Dr Minister für Landwirtschaft, Naturschutz und Umwelt 39
Skoda, Hartmut RR 199
Skog, Rolf HonorarKons 105
Skoog, Gunnar HonorarKons 105
Skowron, VwAng 164
Slawski, VwAng 131
Slomka, Dr VwRätin 301
Smirnow, Wassilij Nikolajewitsch GenKons 483
Smith, Laurence John HonorarKons 110
Snyder, Willard B HonorarKons 77
Sobirey, Horst HonorarKons 464
Sobolewski, Frank MinR 26
Sobotzki, RDir 180
Soden, Dr Frhr von MinR 427
Söffing, Ulrich LtdRDir 231
Söfker, Dr MinR 398
Söfner, Dr WissAng 249
Söhnges, Carl Peter HonorarKons 464
Söllner, Dieter SenDirig 229
Sönksen, Claus GenKons 76
Söring, Klaus OAR 89
Sohn, Axel MinDirig 162
Sohst, Jörg Oberst i G 347
Solberg, Erik HonorarKons 101
Soldat, Dr RDir 190
Solger, RDir 326
Solmecke, MinR 253
Solms, Hermann Otto Dr 17, 24
Solveen, Dr MinR 237
Sommer, Bertold 410
Sommer, Claus Dr-Ing Dir und Prof 261
Sommer, Dr LtdRDir 157
Sommer, Dr MinR 165
Sommer, Klaus-Dieter GenKons 106
Sommer, Michael P VwAng 429
Sommer, RDir 221
Sommer, Sigrid HonorarKonsulin 77
Sommerer, ORR 212

Sommerfeld 424
Sommerfeld, OAR 418
Somogyi, Arpad Prof Dr Dr h c Dir und Prof 376
Somville, Claudia Honorarkonsulin 62
Somvorachit, Done Außerordentl und bevollm Botsch 443
Sonderkötter, RDir 278
Sondermann, ORR 401
Sonneborn, Dr Dir und Prof 378
Sonnek, RDirektorin 392
Sonntag 338
Sonntag-Wolgast, Cornelie Dr 17
Sorge, Wieland 17, 20
Sotelo Guzmán, Stella Luz GenKonsulin 470
Sothmann, Bärbel 17, 23
Soucek, VwORätin 268
Späte, Margarete 17
Späth, Günter HonorarKons 491
Späth, Lothar Dr h c GenHonorarKons 478
Spätling-Fichtner, RDirektorin 273
Spanier, RDir 385
Spanier, Wolfgang 17
Spauschus, RDir 192
Specht, Hans HonorarKons 478
Speck, Manfred MinDir 114
Spellerberg, Dr ORR 258
Spelling, VwDir 297
Spelten, Dr AbtDir 187
Spelten, Jürgen Dr AbtDir 187
Spencker, Irmgard 149
Spengler, MinR 240
Spereiter, RDir 282
Sperl, RDir 401
Sperling, Dietrich Dr 17
Sperner, Walter 138
Spickschen, MinR 119
Spiegel, Dr VortrLegR I. Kl 55
Spieker, Hubertus HonorarKons 475
Spiekermann, Dr MinR 165
Spiekermann, Erwin VwDir 300
Spieler, VwDir 307
Spielmann, Dr Dir und Prof 378
Spielmann, Seehauptkapitän 321
Spies, Heinrich LtdRDir 123
Spiess, Dieter Dr HonorarKons 456
Spieß, Walter E L Dr-Ing Dir und Prof 267
Spieß, Walter E L Prof Dr-Ing Dir und Prof 267
Spilker, Dr MinR 403
Spiller, Jörg-Otto 17
Spindler, Gerhard HonorarKons 71
Spindler, Wolfgang 420
Spinzcyk-Rauch, MinDir 384

Spira, RR 197
Spiteri, William Außerordentl und bevollm Botsch 443
Spitznagel, RDir 428
Spitzner, Hans Staatssekretär 33
Splett, MinR 254
Spohn, Ulrich Dr außerordentl und bevollm Botsch 65
Spranger, Carl-Dieter 17
Spranger, Carl-Dieter Bundesminister für wirtschaftliche Zusammenarbeit und Entwicklung 45, 395
Sprengel, Jürgen AbtPräs 318
Springhorn, Jens VwDir 292
Sprögel, Dr MinR 239
Ssadigow, Hüssein-aga Außerordentl und bevollm Botsch 437
Staak, Dr Dir und Prof 377
Staats, Dr MinR 154
Stabreit, Immo Dr außerordentl und bevollm Botsch 93
Stach, WissAngestellte 129
Stackelberg, Freda Treutlein von Konsulin (H) 461
Stackelberg, von Dr GeolDir 249
Stackelberg, von Dr MinR 403
Stadelmaier, Martin RAng 433
Stadelmann, Rainer Prof Dr Dir und Prof 113
Stadié, MinR 271
Stadler, Max Dr 17
Stähr, MinR 160
Stahl, Dr Dr MinDirig 238
Stahl, Helmut Staatssekretär 401
Stahl, Wolfgang Dr Dir und Prof 249
Stahmer, Carsten Dr RDir 123
Stahmer, Ingrid Senatorin 39
Stahmer, Ingrid Senatorin für Schule, Jugend und Sport 34
Staiblin, Gerdi Ministerin für Ländlichen Raum 32
Staks, VortrLegR I. Kl 53
Stalder, Dr MinR 385
Stalev, Stojan Shivkov Dr Außerordentl und bevollm Botsch 438
Stamm, Barbara Staatsministerin für Arbeit und Sozialordnung, Familie, Frauen und Gesundheit 33
Stamm, MinDirig 314
Stamm, OStAnw beim BVerwG 418
Standfuß, MinR 316
Stanek, ORRätin 132
Starck, Ulrich ORR 199
Stange, MinR 118
Stark, Jürgen Dr Staatssekretär 159
Stark, LtdRDir 419
Starke, Dr RDir 190

Starke, Timm Dr Notar a D 158
Starnitzky, Erwin GenKons 93
Starzacher, Karl Staatsminister, Minister der Finanzen 35
Staschik, Klaus Oberfinanzpräsident 172
Statz, Dr MinR 368
Stauber, Horstmar Dr GenHonorarKons 453
Staubwasser, MinDirig 49
Stauch, VwOR 299
Staudacher, Wilhelm Staatssekretär 42
Stebel, Bettina 231
Steck, Dr VortrLegR I. Kl 55
Steckel, LtdVwDir 284
Stede, Hans Joachim RDir 123
Steegmann, RRätin 388
Steen, Antje-Marie 17
Steenblock, Rainder Stellvertreter der Ministerpräsidentin, Minister für Umwelt, Natur und Forsten 38
Steffen, C Dr WissDir 373
Steffen, Dr rer nat Dir und Prof 246
Steffen, Helena Honorarkonsulin 66
Steffen, VwOR 291
Stegemann, Lutz 121
Stegenwallner, Eckhard Dr HonorarKons 454
Stegmaier, Wolf LtdVwDir 300
Stegmann, Dr MinR 429
Stehl, MinR 47
Stehle, Bruno VwDir 306
Stehle, Dr med VwAng 135
Stehlik-Paul, VwORätin 306
Stehmann, Klemens VwDir 308
Steidinger, Dr rer nat Dir und Prof 246
Steig, Hans-Joachim MinDirig 117
Steiger, Horst Helmut LtdRDir 122
Steiger, Wolfgang 17
Steil, Rolf LtdVwDir 290
Steiling 339
Steilmann, Klaus Dr h c HonorarKons 490
Stein, Dr MinR 367
Stein, Dr RAngestellte 433
Stein, Harald MinR 347
Stein, MinDir 153
Stein, OAR 427
Stein, ZOAR 170
Steinbach, Erika 17
Steinbach, Prof Dr WissAng 377
Steinbeiß-Winkelmann, Dr RDirektorin 155
Steinberger, Josef Dr LtdRDir 258

Steinborn, Dr Ang 279
Steinbrück, Peer Minister für Wirtschaft, Technologie und Verkehr 38
Steindor, Marina 17
Steinebach, RDirektorin 132
Steiner, Andreas 121
Steiner, ORRätin 205
Steiner, RDir 210
Steiner, Udo Prof Dr 410
Steiner, Wolfgang Dr HonorarKons 457
Steiner-Hoffmann, RDirektorin 48
Steinhäuser, Dr Dir und Prof 389
Steinhauser, RDirektorin 253
Steinheider, Dr WissDir 373
Steinherr, Dir 286
Steinherr, VwOR 293
Steinhoff, ORR 395
Steinhoff, RDir 332
Steinhorst, Gerhard Dr 334
Steinhuber, VmDir 326
Steinicke, Dr MinR 315
Steiniger, Christian MinDirig 363
Steinke, Friedrich VwAng 178
Steinkemper, MinDirig 385
Steinle, Barbara GenKonsulin (H) 488
Steinle, Veit Dr Ang 314
Steinmann, MinR 161
Stellwag, LtdRDir 180-181
Steltzer, Jürgen GenKons 104
Steltzer, VwORätin 309
Stelzl, Dr MinDirig 26
Stender, Alex 320
Stendtke, ORR 181
Stengel, MinR 342
Stenglein, Jens BauDir 326
Stenschke, Dr WissAng 388
Stenzel, Gerald HonorarKons 89
Stephan, Bodo Dr HonorarKons 475
Stephan, Dr Dir und Prof 392
Stephan, Dr WissDir 375
Stephan, RRätin 211
Stephan, Werner BiblDir 149
Stern, Hans-Uwe LtdVwDir 291
Stern, RDir 177
Sternecker, Michael Dr 50
Stertz, MinR 161
Sterzing, Christian 17
Stetskamp, AbtDir 208
Stetten, Wolfgang Freiherr von Dr 18
Steuer, BauDir 400
Sticht, Dir 286
Stief, WissDir 389
Stieffenhofer, Bardo HonorarKons 456
Stiegler, Ludwig 18, 21

Stiemke, MinR 116
Stiens, Prof Dr WissDir 400
Stiepel, MinR 238
Stier, VwDir 291
Stier-Friedland, Dr WissDir 393
Stietenroth, Klaus VwDir 292
Stiewe, Klaus-Peter HonorarKons 456
Stiff, Hans Dr HonorarKons 454
Stiller, MinR 154
Stiller-Gutschwager, RDirektorin 220
Stillger, LtdRDir 157
Stinshoff, Dr MinR 254
Stitz, Lothar Prof Dr Dir und Prof 266
Stock, Dr MinR 115
Stock, Dr RDir 399
Stock, Dr WissOR 373
Stock, MinRätin 159
Stockheim jr, Karl-Heinz GenHonorarKons 481
Stocki, von RDirektorin 363
Stockmann, Kurt Dr Vizepräsident 247
Stöber, Dr VetDir 379
Stöcker, Thomas Dr HonorarKons 474
Stoecker, VortrLegR I. Kl 52
Stöckmann, Karl-Dieter LtdVwDir 297
Stöhr, Andreas Dr Vizepräsident 294
Stöhr, Andreas Dr VPräs 295
Stöhr, MinR 153
Stößlein, Dr WissAng 373
Stöven-Trede, Dipl-Ing agr LTA 195
Stoiber, Edmund Dr Ministerpräsident 32
Stoiber, Edmund Dr Ministerpräsident des Freistaates Bayern 32
Stokmann, RDir 318
Stoldt 50
Stoll, Dipl-Ing TROAR 134
Stoll, Peter Michael GenHonorarKons 480
Stolle, MinR 314, 316
Stolp-Göttges, ORR 210
Stolpe, Manfred Dr Ministerpräsident 34
Stoltenberg, Dr ORR 229
Stoltenberg, Gerhard Dr 18
Stoltenberg, MinR 154
Stolterfoht, Barbara Staatsministerin 39
Stolterfoht, Barbara Staatsministerin, Ministerin für Frauen, Arbeit und Sozialordnung 35
Stolz, Dr MinR 385
Stomberg, Heinrich GenHonorarKons 463

Stopp, Dr 274
Stopp, Dr WissDir 376
Stoppel, Dr GeolDir 249
Storck, Dr WissR 267
Storm, Andreas 18
Storm, Michael HonorarKons 470
Storm, Peter-Christoph Prof Dr Dir und Prof 388
Storsberg, MinRätin 47
Storz-Chakarji, Angelika VortrLegRätin 127
Stothfang, LtdVwDir 285
Stottmeister, Dr WissAng 390
Strachwitz, Helga Gräfin Dr außerordentl und bevollm Botschafterin 83
Strack, Heinrich B HonorarKons 481
Strate, Herbert 250
Stratenwerth, RDir 384
Strathmann, Detlef HonorarKons 461
Straub, VwR 269
Straube, Christian Dr-Ing 328
Straubinger, Max 18
Strauch, Dr WissOR 375
Strauß, Hubert VwAng 183
Strauß, VmDir 322
Strebl, Matthäus 18
Streeck, MinR 159
Streffer, MinDirigentin 272
Streich, Alois Dr Präsident des Landesarbeitsamtes 302
Streichan, MinR 363
Streit, Dr MinR 118, 236
Streiter, Jörg Dr BiblR 142
Streubel, RDir 180
Streuber, RDir 188
Streuff, Dr MinR 384
Strey, Wolfgang Dir 127
Stribrny, Bernhard Dr Dir und Prof 250
Strieder, Paul HonorarKons 485
Strieder, Peter Senator für Stadtentwicklung, Umweltschutz und Technologie 34
Strobel, Eva LtdVwDirektorin 295
Stroebel, Ruth Margarethe Konsulin (H) 485
Ströbele, Paul Dr VorsRichter am BPatG 415
Ströfer, Dr MinR 164
Ströhm, Dr RDir 50
Strohm, Wolfgang LtdRDir 122
Strohschein 303
Stromeyer, ROAR 242
Strube, MinR 362
Strubelt, Wendelin Dr rer pol Dir und Prof 400
Struck, ORR 131

569

Struck, Peter Dr 18, 21, 23
Struck, RDir 222
Struck, RDirektorin 363
Struckmeier, Wilhelm Dr GeolDir 248
Struckmeyer, BauDir 322
Strunck-Erpenstein, Reinhold VwDir 297
Strunk, Dr LtdRDir 332
Strunk, ORR 196
Strupp, Klaus 333
Struve, VwDir 289
Stubenrauch, MinR 115
Stubig, RDir 367
Stuchly, Horst Präsident des Eisenbahn-Bundesamtes 338
Stucken, Philip HonorarKons 62
Studinski, VwOR 287
Studnitz, Ernst-Jörg von Dr außerordentl und bevollm Botsch 103
Studt, RR 435
Stübgen, Michael 18, 22
Stückrath, MinR 153
Stührmann, RDir 132
Stürmer, Dr RDir 253
Stützle 425
Stuhlmann, MinRätin 398
Stuhrmann, Dr MinR 162
Stukenberg, Dr MinR 314
Stuppardt, Rolf 381
Sturies, LtdRDir 189
Stute, VwAng 115
Stuth-Timm, Joachim HonorarKons 67
Such, Manfred 18
Suchalla 120
Suchanek, RAng 435
Suchanka, Klaus FoOAR 219
Suckut, Siegfried Dr 120
Sude, Oberst im GenStab 48
Suden, Dr MinR 396
Sudermann, Albrecht LtdVwDir 293
Sudermann, LtdVwDir 293
Sudhoff, Dr MinDir 53
Sudmann, Heinrich MinDirig 362
Sudmeyer, RDir 322
Sündram 120
Sündram, Birgit 120
Süss, Dr WissDir 377
Süssenberg, Enzio Freiherr Baselli von HonorarKons 103
Süsser, MinDirig 236
Süssmuth, Rita Dr 18
Süssmuth, Rita Prof Dr Präsidentin 20
Süssmuth, Rita Prof Dr Präsidentin des Deutschen Bundestages 41

Süssmuth, Rita Prof Dr Präsidentin des Deutschen Bundestages 20, 26
Süsterhenn, RDir 271
Süverkrüp, Fritz Dr HonorarKons 479
Sulek, Jerzy Dr habil Gesdtr 446
Sulimma, Hans-Guenther Dr außerordentl und bevollm Botsch 70
Sullivan, Michael GenKons 463
Sultanow, Omar Dr Außerordentl und bevollm Botsch 442
Sulten, RDir 332
Sulzberger, Dr ORRätin 217
Summerer, Dr WissOR 388
Sunder-Plassmann, Reinhard Dr 420
Sundermann-Rosenow, Dr Wiss-Direktorin 389
Susset, Egon 18, 23
Susset, Egon MdB 270
Suwe 338
Swobodzinski, MinR 27
Syrbius, Gerhard Dr HonorarKons 487
Szelinski, MinR 385
Szenzenstein, Johann RDir 123
Széplábi, Dr MinR 402
Szewzyk, Dr WissAngestellte 390
Szigeti, Dipl-Ing BauOR 135

T

Tabet, Salim Außerordentl und bevollm Botsch 443
Tack, Eduard MinDirig 363
Tadić, Vera Dr GenKonsulin 471
Tadsen, Holger Ass 382
Takahashi, Koichi GenKons 467
Tamm, Bärbel AbtPräsidentin 226
Tampier, RDir 241
Tanabe, Ryuichi GenKons 467
Tanaka, Seiichi HonorarKons 83
Tandler, RAng 432
Tantz, BauR z A 180
Tantz, RDir 395
Taplick, Leo LtdVwDir 307
Taplick, LtdVwDir 307
Tappe, Joachim 18, 20
Tappe, Marion ARätin 367
Tappertzhofen, MinR 28
Tardioli, Francesca Konsulin 467
Tarnow, AbtDir 173
Tarnow, Johannes AbtDir 173
Tarte, Danyl Valentine HonorarKons 88
Tasić, Petar BotschR 441
Taubert 339
Taubert, Bernhardt Dir 127

Tauchert, Dr LtdRDir 157
Tauffenbach, Walter HonorarKons 489
Tauscher, Bernhard Prof Dr habil Dir und Prof 267
Tauss, Jörg 18
Tautorat de Chnaid, Karin Honorarkonsulin 72
Tavares, Pedro Abraâo Gesdtr-BotschR 440
Taylor, Charles M HonorarGenKons 78
Tchaouchev, Peter Gesdtr 438
Tebartz, LtdPolDir 117
Tebiro, Martin-Gérard Außerordentl und bevollm Botsch 450
Techau, Otto GenHonorarKons 474
Tegtmeier, Werner Dr Staatssekretär 271
Teichmann, Bodo Dr 18
Teichmann, Dr MinR 161
Teichmann, Helmut Dr ORR 114
Teichner, Kurt Präsident der Bundesmonopolverwaltung für Branntwein 227
Teige, Tor HonorarKons 100
Teiser, Michael 18
Teismann, Barbara VwDirektorin 309
Teltschik, Horst Dr h c GenHonorarKons 464
Tempel, RDir 385
Tepel, VmDir 319
Tepper, TAng 400
Ter-Nedden, Dr MinDirig 237
Terborg, Margitta 18
Terechow, Wladislaw Petrowitsch Außerordentl und bevollm Botsch 446
Terjung, MinR 160
Terstiege, H Prof Dr-Ing Dir 245
Teske, Dr MinDirig 155
Teske, Dr RDirektorin 40
Teske, RDir 221
Tessaring, Dr LtdWissDir 286
Tessenow, Holger 321
Tessensohn, Dr GeolDir 249
Tetsch, Dr MinR 239
Teuber, MinR 363
Teuber, ORR 365
Teuchner, Jella 18
Teufel, Dr Dir und Prof 377
Teufel, Erwin Ministerpräsident 32
Teuscher, Klaus-Merten LtdRDir 122
Teutloff, ORRätin 198
Thalheim, Gerald Dr 18
Thamm, Dr RDir 332
Thang, Ha Van BotschR 450

Thayer Galindo, Enrique Alberto Außerordentl und bevollm Botsch 445
Thaysen, MinR 47, 49
Thefeld, Wolfgang Dr Dir und Prof 375
Theimer, RRätin 410
Themann, WissR 265
Theophilou, Theophilos V Außerordentl und bevollm Botsch 450
Theuerkauf, VwDir 286
Theurer, RDir 131
Theye, Joachim Dr HonorarKons 472
Thiel, Dr LtdVwDir 285
Thiel, Dr RDir 114
Thiel, MinR 115, 362
Thiele, Carl-Ludwig 18, 21
Thiele, Dr Dir und Prof 373
Thiele, Dr MinR 27
Thiele, Jürgen ORR 197
Thiele-Bark, RDirektorin 336
Thielecke, BauDir 320
Thielen 401
Thielenhaus, Dr MinR 362
Thiemann, Bernd Dr 231
Thierfelder, Dr WissAng 375
Thierse, Wolfgang 18, 23
Thies, RDir 163
Tietmann, MinR 116
Thilo, Prof Dr WissAngstellte 375
Thimmig, Diana M HonorarKonsulin 76
Thoben, Christa StSekretärin 397
Thoelen, Jacqes Robert HonorarKons 454
Thöne, Dr RDir 254
Thöne, MinRätin 163
Thoenes 338
Thönges 425
Thönnes, Franz 18
Thomae, Dieter Dr 18, 22
Thomaneck, Detlef Ernst HonorarKons 466
Thomas, J AbtDir 245
Thomas, MinR 273
Thomas, Rüdiger Ang 142
Thomas, VwAng 26
Thomas, VwDirektorin 291
Thomasch, Dr-Ing 338
Thomauske, Dr Dir und Prof 393
Thome, Ulrich RDir 200
Thomer, RDir 362
Thommes, Wilfried Dr 335
Thompson, Gerard Francis Außerordentl und bevollm Botsch 444
Thoms, Klaus ORR 172
Thomsen, LandwOR 176

Thorand, MinR 164
Thormählen, Dr MinR 160
Thormeyer 269
Thoroe, Carsten Prof Dr Dir und Prof 265
Thorton, Roger V HonorarKons 111
Thouet, Hans-Josef HonorarKons 489
Thürich, Dr WissAng 374
Thybo, Knud HonorarKons 92
Thyen, RDir 181
Tiedtke, Klaus-Peter AbtPräs 140
Tiegel, Dr MinR 27
Tiemann, Burkhard Prof Dr 382
Tiemann, Dr WissDir 375
Tiemann, RDir 201
Tiemann, Susanne Dr 18
Tiesler, ORR 145
Tiessen, Gisela HonorarKonsulin 72
Tietmann, AbtPräs 388
Tietmann, MinR 116
Tietmeyer, Hans Prof Dr Dr h c 424
Tietz, Peter 121
Tietz, RDir 177
Tietze, Dr Wiss 374
Tletze, Karl AbtDir 170
Tietze, Prof Dr Dir und Prof 375
Tilk, Jörg-Rüdiger FoOR 178
Tiltag, Joachim Dr AbtPräs 222
Timm, Dr WissDir 374
Timmer, Dr RDir 115
Tinnacher, MinR 164
Tintelnot, Dr WissAngestellte 374
Tippach, Steffen 18
Tippner, Manfred Dipl-Ing LtdBauDir 330
Tittel, Dr WissDir 393
Tittel, MinR 385
Tittelbach, Dr WissORätin 279
Tittizer, Dr 330
Titze-Stecher, Uta 18
Tkotz, Vera HonorarKonsulin 67
Tödte, LtdRDir 156
Tölle, FoR 196
Töllner, Anne-Christel VwDirektorin 299
Tönjes, Dr WissOR 380
Töpfer, Klaus Prof Dr Bundesminister für Raumordnung, Bauwesen und Städtebau 18, 45, 397
Töpner, Dr MinR 368
Töppich, RDir 379
Toepser, RDir 365
Toleafoa, Afamasaga Fa'Amatala Außerordentl und bevollm Botsch 446

Tolzmann, RDirektorin 154
Tomaschek, Hiltraud RDirektorin 219
Tominski, Rainer HonorarKons 75
Tomlin, Daniel HonorarKons 77
Torka, Michael HonorarKons 458
Torke, Dieter Dr VwDir 304
Tortorella, Hector Omar BotschR 449
Tosatto, Vittorio KonsAgent 467
Totobesola, Pierre BotschR 443
Toumi, Dr VwAng 304
Tourris, Robert de Nas de HonorarKons 63
Toussaint, RDir 332
Toutounji, Robert HonorarKons 86
Traber, RDir 224
Tranberg, Jørgen GenKons 458
Trapp, Helmut BauDir 323
Trauensberger 120
Traulsen, Berndt-Dieter Dr 263
Trautmann, RDir 116
Trautvetter, Andreas Finanzminister 39
Trautvetter, Günter Dipl-Ing 146
Trebesch, Dr VortrLegR I. Kl 54
Trebesch, MinRätin 48
Trede, Rainer Dr GenHonorarKons 485
Treeger, MinR 116
Trefftz, Georg Dr außerordentl und bevollm Botsch 71
Treisch, ArchRätin z A 128–129
Trendelenburg, Ingo Oberfinanzpräsident 170
Trendler, RDir 198
Trendler, Reinhard RDir 198
Trenel, Dr WissDir 390
Trenkle, Dr MinR 253
Treskow, Wiprecht von Dr außerordentl und bevollm Botsch 83
Treziak-König, VwDirektorin 293
Trillhaas, VwORätin 291
Trillmich, Walter Dr Dir und Prof 112
Trimborn, ORR 190
Trimborn, RDir 117
Tröger, Gottfried 18
Troeger, Klaus Prof Dr Dir und Prof 266
Tröscher, Adelheid 18, 24
Troge, Andreas Prof Dr Präsident des Umweltbundesamtes 387
Troitzsch, Helmut HonorarKons 456
Troll, Max ORR 200
Trommsdorff-Gerlich, MinDirigentin 28

571

Troppens, MinR 116
Troschke, Dr MinR 386
Trotha, von Klaus Minister für Wissenschaft, Forschung und Kunst 32
Trotha, von Dr MinR 398
Trübner, Karin VwDirektorin 297
Truhart, Dr VortrLegR I. Kl 55
Trulsen, Yvonne Vizekonsulin (H) 458
Tsamados, Nicolas GenKons 462
Tschäpe, Dr Dir und Prof 374
Tschäpe, Helmut Dr Dir und Prof 374
Tschentke, MinR 161
Tschentscher, RDir 392
Tscherkaschin, Dmitrij Dmitrijewitsch GenKons 483
Tschierschke, RDir 432
Tschöpe, E Dr Dir und Prof 373
Tschöpe, Helmut ZOAR 199
Tschöpe, MinR 403
Tsirintanis, Georgios HonorarKons 95
Tsutomu, GenKons 467
Tsygalau, Anatol BotschR 437
Ttreubel, RDir 427
Tünsmeyer, Werner FoDir 193
Türck, Dr MinR 385
Tuercke, MinR 402
Türk, Jürgen 18, 20
Türklitz, Achim Emil HonorarKons 474
Turek, RR 200
Turiaco, Paolo Dr HonorarKons 98
Tuschen, MinR 368
Tutas, Dr VwOR 309
Tutas, Herbert Ernst Dr VwOR 306
Twardowski, Krzysztof HonorarKons 102
Twyhues, RDir 222
Tzschucke, MinR 315

U

Udval, Luvsanjamtsin Außerordentl und bevollm Botsch 444
Ueberschär, Dr MedDirektorin 301
Ueberschaer, Dr MinDir 54
Uechtritz und Steinkirch, von MinR 253
Uelhoff, Klaus-Dieter Dr 18
Uffmann, VwR 287
Uhl, Dr Dr MinR 403
Uhlemann, Dr 333
Uhlenbrock, RAngestellte 432
Uhlhorn, Dr MinR 402

Uhlig, Dieter Dr Ang 279
Uhlig, Dr RR 175
Uhlig, ORR 331
Uhlmann VwORätin, Dr 269
Uihlein, Kurt HonorarKons 468
Ulbert, Tilo Prof Dr Dir und Prof 113
Ulbrich, Dr WissORätin 372
Ulbricht, Friedrich Dr-Ing BauDir 326
Uldall, Gunnar 18, 23
Ulka, VwOR 295
Ullmann, Dr WissAng 394
Ullmann, VwAng 136
Ullrich, BauDir 316
Ullrich, Dr RDir 332
Ullrich, Dr WissAng 390
Ullsperger, Dr Ang 279
Ulm, Dr Dir und Prof 242
Ulmen, MinR 341
Ulmer, Judith Margarethe GenKonsulin (H) 485
Ulrich 286
Ulrich, ArchRätin z A 130
Ulrich, Dr RDir 136
Ulrich, Joachim GenHonorarKons 457
Ulrich, LtdRDir 157
Ulrich-Rzondetzko, RDirektorin 225
Umeres Alvares, Humberto GenKons 481
Unbehauen, AbtPräs 242
Unger, Bernhard AR 114
Unger, Dr 262
Unger, Manfred GenKons 108
Unkelbach, Dr WissAng 380
Unruh, von RDir 433
Unruh, Werner von Prof Dr 329
Unverhau, Dr MinR 115
Uppenbrink, Martin Prof Dr 391
Urbach, Dir und Prof 372
Urban, MinR 238
Urban, RDir 140, 190
Urbaniak, Hans-Eberhard 18
Uschkoreit, Klaus R HonorarKons 458
Utermann, Dr WissR 249
Uwe 338
Uzarek 301

V

Vaasen, Hans-Dieter Dr Notar 158
Vaatz, Arnold Staatsminister für Umwelt und Landesentwicklung 38
Vágó, Miklós GenKons 491
Vahrenholt, Fritz Dr Senator, Präses der Umweltbehörde 35
Valder, Dr MinR 254

Valder, WissAng 128
Valk, Hans Rudolf van der Gesdtr 445
Vallindas, Georges-Alexandre GenKons 462
van Bebber 115
Vander Espt, Georges Außerordentl und bevollm Botsch 437
Varnhagen, VwORätin 300
Vater, Dr RDirektorin 242
Vaubel, Dietrich Dr MinDirig 117
Veh, ORR 197–198
Veit, Willibald Prof Dr Direktor 147
Veith, RDir 153
Velardi, Pierluigi GenKons 467
Veler, Annette L GenKonsulin 452
Veltrup, Dr MinR 239
Venemans, Cornelius HonorarKons 99
Venzke, Dieter BauDir 328
Verbeek, MinR 235
Verenkotte, LtdRDir 132
Vergau, Hans-Joachim Dr außerordentl und bevollm Botsch 108
Vergho, Dietrich VwDir 309
Vergin, Siegfried 18
Verheugen, Günter 18, 149
Vermehr, ORRätin 209
Vesper, Michael Dr Stellvertreter des Ministerpräsidenten, Minister für Bauen und Wohnen 36
Vetter, Dr LtdMedDir 284
Vetter, Erwin Dr Sozialminister 32
Vettermann, Dr WissDir 375
Vial, Dr LtdVwDir 285
Vianden 338
Viehl, Dr 392
Viehmann, MinR 154
Vieira Botelho de Sousa, António Dr BotschR 446
Vielhaber, MinDirig 273
Viell, Dr Dir und Prof 376
Vieregge, Dr MinDir 384
Vierhock, Norbert VwDir 290
Vierhuff, Hellmut Dr Dir und Prof 249
Vieth, Reinhard Dir beim Bundeskartellamt 247
Vieth, RR 212
Viethen, RDir 272
Vieths, Dr WissR z A 380
Vilar, Eva Marianne Honorarkonsulin 65
Villalobas, Arturo Wenzel HonorarKons 72
Villeroy de Galhau, Odile Konsulin (H) 461
Vismunski, Jaakov Sefer GenKons 466

Vleugels, Hans-Wilhelm LtdRDir 201
Vleugels, LtdRDir 201
Vockert, Dr VwDir 269
Vögele, MinR 427
Völkel, Angelika außerordentl und bevollm Botschafterin 60
Völkel-Krebs, ORRätin 198
Völker, Dr RDir 398
Völkert, Frank 250
Völlm, Michael ORR 195
Voelskow-Thies, Dr MinDirigentin 155
Voetz, Dr MinDirig 253–254
Vogel 301
Vogel, Bernhard Dr Ministerpräsident 38
Vogel, Dr MinDir 398
Vogel, Dr WissR 378
Vogel, Friedrich GenKons 484
Vogel, Gudrun Dr GenKonsulin 81
Vogel, Heinrich Dr Direktor und Professor des Bundesinstituts für ostwissenschaftliche und internationale Studien 142
Vogel, Joachim-Richard außerordentl und bevollm Botsch 69
Vogel, Manfred LtdVwDir 305
Vogel, MinRätin 367
Vogel, Oberst im GenStab 47
Vogel, RDir 220
Vogel, ROAR 135
Vogel, Robert GenHonorarKons 489
Vogel, VortrLegR I. Kl 52
Vogel-Middeldorf, RDirektorin 238
Vogelgesang, Präsident der Bundesfinanzakademie 165
Vogelsberg, MinR 115
Vogelsberg, ORR 365
Voges, Dr GeolDir 248
Vogler, Dr MinR 236
Vogt, Bernhard MinR 50
Vogt, Burkhard Dr 113
Vogt, Dr MinR 315
Vogt, Gert Dr 232
Vogt, H RDir 266
Vogt, Hans-Jürgen VwDir 302
Vogt, MinR 314
Vogt, RDir 127
Vogt, Ulrich RDir 126
Vogt, Ute 18
Vogt, Wolfgang 18, 23
Voigt, Dr WissDir 377
Voigt, Günter 121
Voigt, Karsten D 18, 23
Voigt, Kristina VwDirektorin 302
Voigt, WissAng 130
Voigtländer, Dr VwAng 398

Voigtländer, MinDirig 367
Volkmann, Dr Dir und Prof 241
Volkmann, M RDirektorin 221
Volkstorf, RDir 187
Volland, Dr WissDir 393
Vollborn, Helmut ZOAR 228
Vollers, Claus Dr außerordentl und bevollm Botsch 84
Vollmar-Libal, Sabine Dr außerordentl und bevollm Botschafterin 102
Vollmer, Antje Dr 18, 20
Vollmer, Antje Dr Vizepräsidentin 20
Vollmer, Dr MinR 273
Vollmer, Dr MinRätin 49
Vollmuth, Dr Dir 126
Vollnhals, Dr 121
Volmer, Ludger 18
Volz, Dr MinDirig 273
Volz, VwR 304
Vorholz, Reiner Dipl-Ing 146
Vorlop, Klaus-Dieter Prof Dr rer nat habil Dir und Prof 260–261
Vorrath, Ernst 337
Vorreyer, MinR 385
Vorwerk, Dr RDir 384
Vorwerk, Walter GenHonorarKons 462
Voscherau, Henning Dr Präsident des Senats, Erster Bürgermeister 35
Vosen, Josef 19
Voskuhl, MinDirektorin 273
Voss, Dr RDir 401
Voß, Dr-Ing BauDir 327
Voß, Eberhard A MinDirig 26
Voss, Friedrich Dr 232
Voß, K-Dieter 381
Voß, WissAng 130
Voß-Gundlach, MinRätin 272
Voth, Dr MinR 155
Vural, Volkan Außerordentl und bevollm Botsch 449
Vurobaravu, Nikenike Außerordentl und bevollm Botsch 450
Vygen, Dr MinDirig 384

W

Wabnitz, Reinhard Dr MinDir 363
Wabro, Gustav Staatssekretär 39
Wabro, Gustav Staatssekretär 32
Wabro, Gustav StSekr 427
Wachhorst, Dr MinR 253
Wachi, Goro HonorarKons 83
Wachtmeister, Gräfin Märta Honorarkonsulin 104
Wacker, MinR 254
Wackernagel-Jacobs, Barbara Ministerin 39

Wackernagel-Jacobs, Barbara Ministerin für Frauen, Arbeit, Gesundheit und Soziales 37
Wächter, MinDir 367
Wächter, Wolfgang Dr 149
Wäldele, Dr Dir und Prof 242
Waelisch, ROAR 170
Waffenschmidt, Horst Dr 19, 114
Wagemann, Dr ORR 247
Wagenaar, Johan Laurens Gen-Kons 477
Wagener, LtdVwDir 286
Wagenitz, Dr MinR 154
Wagenknecht, VwAng 49
Wagenknecht, WissDir 389
Wagler, Dr WissAngestellte 372
Wagner 268
Wagner, ArchRätin z A 129
Wagner, Baldur Staatssekretär 367
Wagner, Dipl-Verwaltungswirt (FH) RAR 267
Wagner, Dr MinR 403
Wagner, Dr RDir 153
Wagner, Dr WissAng 129
Wagner, Dr WissDir 389
Wagner, Eugen Senator, Präses der Baubehörde 35
Wagner, Hans Georg 19
Wagner, LtdRDir 156
Wagner, MinR 235, 341
Wagner, P VwDir 285
Wagner, RDir 44, 176, 410
Wagner, Reiner Dipl-Ing BauDir 329
Wagner, Ritter von Dr MinDirig 54
Wagner-Kleinkauf, Jutta Konsulin (H) 483
Wagon, Dir 285
Wahl, Dr MinR 402
Wahl, ROAR 228
Wahl, VwR z A 301
Wahle, RDir 282
Wahlig, Berthold 425
Wahren, Dipl-Ing 243
Waiczies, RDir 153
Waigel, Theo Dr Bundesminister der Finanzen 232
Waigel, Theodor Dr 19
Waigel, Theodor Dr Bundesminister der Finanzen 45, 159
Waike, Willi Finanzminister 36
Walber, ORRätin 201
Walczak, LtdVwDir 286
Waldburg-Zeil, Alois Graf von 19
Waldeck, RDirektorin 184
Waldinger, RDir 143
Waldmann, Dr MinR 27
Waldmann, RDir 243

573

Waldow, von Dr VortrLegR I. Kl 52
Waldthausen, Constantin von FoOR 183
Walker, Heinz RDir 211
Walker, RDir 211
Wallacher, Ludwig RDir 123
Wallau, Theodor außerordentl und bevollm Botsch 82
Wallenstein, Dr Ang 279
Wallner, Dr-Ing WissDir 249
Wallner, Ingo Dipl-Ing HonorarKons 473
Walloth, MinR 273
Wallow, Hans 19
Wallraff, Dr MinR 42
Wallstab, VwDir 285
Walravens, Hartmut Dr LtdBiblDir 148
Walsum, A Peter van Außerordentl und bevollm Botsch 445
Walter 425
Walter, Arno Dr Minister der Justiz 37
Walter, Bernd 138
Walter, Dr MinR 50, 398
Walter, Ernst ORR 212
Walter, Gerd Minister für Justiz, Bundes- und Europaangelegenheiten und Bevollmächtigter 434
Walter, Gerd Minister für Justiz, Bundes- und Europaangelegenheiten, Bevollmächtigter des Landes Schleswig-Holstein beim Bund 38
Walter, Hans Dr HonorarKons 469
Walter, Klaus Dr HonorarKons 458
Walter, MinR 236, 384
Walter, ORR 178
Walter, RR 433
Walther, Dr WissAngestellte 130
Walther, Dr WissDir 377
Waltmann, Frank Dr Ang 313
Walwei, Dr LtdWissDir 286
Walz, SenRätin 430
Walzel, LtdVwDir 309
Walzel, Werner LtdVwDir 308
Wamers, Paul 230
Wandel, Dr MinR 238
Wangenheim, von Dr WissDirektorin 380
Wanicek-Günther, TAng 290
Wank, BauOR 400
Wanka, Richard Dr Präsident des Landesarbeitsamtes 306
Wanke, Gerald Dipl-Volksw VwDir 302
Wanke, VwOR 304
Wankerl, MinR 397

Wanner, Dr MinR 368
Wannow, Marianne Dr GenKonsulin 75
Wantz, Rodolfo Luciano HonorarKons 64
Wantzen, RDir 235
Wardenbach, Dr Dir und Prof 279
Warkentin, Eugen HonorarKons 469
Warlo, Dr VwAng 26
Warm, Dr MinR 237
Warmuth, Dr MinR 403
Warner Bass, Edwin HonorarKons 78
Warnick, Klaus-Jürgen 19
Warnke, Jürgen Dr 19
Wartenberg, Gerd StSekr 429
Warth, MinR 165
Warwel, S Prof Dr Dir und Prof 265
Waschke, Dr RDir 237
Washausen-Richter, RDirektorin 220
Waskow, Dr RDir 384
Wasser, RDir 154
Wauschkuhn, RDir 146
Weber 425
Weber, BauDir 314, 318
Weber, Bruno außerordentl und bevollm Botsch 80
Weber, Dr GeolDir 249
Weber, Dr phil WissDir 400
Weber, Dr RDirektorin 117
Weber, Dr WissDir 376
Weber, Dr-Ing WissDir 134
Weber, Edmund HonorarKons 457
Weber, Hans-Joachim FoDir 178
Weber, Juliane VwAngestellte 47
Weber, LtdVwDir 285
Weber, Matthias FoR 216
Weber, MinR 27, 237
Weber, ORR 131
Weber, Pitt StSekr 433
Weber, RDir 341
Weber, RDirektorin 342
Weber, RRätin 183
Weber, Wolf Dr Sozialminister 36
Weber, ZOAR 194
Websky, Dr von MinDirig 385
Wecke, Dir und Prof 375
Wecke, Jörg Dr Dir und Prof 375
Weckerling, RDir 155
Wedel, Hedda von Dr 408
Wedel, Hedda von Dr Präsidentin des BRH 229
Wedig, RDir 208
Weeke-Lüttmann, Dr WissDirektorin 380
Weerth, VortrLegR I. Kl 55

Wege, H Prof Dr Dir und Prof 266
Wegener 425
Wegener, Dr RDirektorin 126
Wegener, Dr VortrLegR I. Kl 52
Wegener, Henning Dr außerordentl und bevollm Botsch 106
Wegener, Wolf Dr HonorarKons 476
Wegesin, RDir 47
Wegner, Dipl-Ing BauDir 325
Wegner, Dr MinR 237
Wegner, Dr WissDir 390
Wegner, Konstanze Dr 19
Wegner, Sönke BauDir 327
Wegner, VwAng 399
Wehinger, Dr Dir und Prof 241
Wehkking, ROAR 258
Wehle, ORR 427
Wehmeyer, Annette 148
Wehner, Dr GeolDir 250
Wehrkirng, LtdRDir 156
Wehrmann, VortrLegR 52
Weibrecht, RDir 314
Weichel, Dr-Ing LtdVmDir 133–134
Weichenhain 303
Weichenhain, Klaus-Peter 303
Weichert, VwDir 286
Weichsel, Lothar Dr MinDirig 161
Weickhardt, Wolfgang 140
Weidemann, MinR 165
Weidenfeld, Werner Prof Dr 51
Weidinger, Dr 361
Weidt, Udo RDir 215
Weiermann, Wolfgang 19
Weiers, MinR 253
Weigel, Hans-Joachim Dr rer nat habil Dir und Prof 260
Weiger, Karl ZOAR 218
Weigl, RDir 117
Weil, Dr Dir und Prof 393
Weiland, Frank Dr WissDir 266
Weiland, LtdRDir 225
Weiler, BauOAR 400
Weiler, Herbert Anton HonorarKons 84
Weiler, MinR 116
Weimann, MinR 363
Weimer, Dr RDir 386
Weinberg, Dr RR 243
Weinberger, VortrLegR 51
Weingart, RAngestellte 433
Weinlich, MinR 115
Weinmann, Claude HonorarKonsulin 90
Weinsziehr, ORR 131
Weinzierl, VwDir 284
Weirauch, MinR 254
Weirauch, RDir 238
Weirich, Dieter 149

Weis, Barbara Honorarkonsulin 70
Weis, Dr MinR 155
Weis, Reinhard 19
Weise, Dr Dir und Prof 377
Weise, TAng 400
Weisel, Horst Dr außerordentl und bevollm Botsch 98
Weishaupt, Axel Dr GenKons 85
Weisheit, Matthias 19
Weiske, VwAngestellte 133
Weismann, RDir 238
Weiß, Alfred HonorarKons 490
Weiss, Christina Dr Senatorin, Präses der Kulturbehörde 35
Weiß, Dr Dir und Prof 241
Weiss, Dr Dir und Prof 392
Weiß, Dr RDir 241
Weiss, Dr VortrLegR I. Kl 53
Weiß, Heinz AbtPräs 327
Weiß, Helmut AbtPräs 282
Weiß, MinR 162
Weiß, Prof Dr OStAnw beim BVerwG 418
Weiß, RDir 222
Weißbach, Friedrich Prof Dr agr habil 260
Weißbrodt, RDir 332
Weisser, Ulrich VAdm 347
Weißgerber, A Dr Ang 279
Weißgerber, B WissORätin 279
Weißgerber, Gunter 19
Weisskirchen, Gert 19
Weitemeyer-Wagner, MinRätin 432
Weiter, Dr RDir 395
Weitzel, Jochen MinDirig 363
Weitzel, VwOR 295
Weitzenbaur, Leo M HonorarKons 103
Weitzenberg, ORR 258
Welck, Frauke von Dr MinDirigentin 27
Well, ROAR 156
Wellen, RRätin 178
Weller, Dietrich Dipl-Kfm HonorarKons 458
Weller, Dr MinR 27, 434
Wellmann, MinR 114
Wellmer, Friedrich-Wilhelm Prof Dr-Ing Präs und Prof 248
Welp, Dr RDir 153
Welsch, Ang 379
Welt, Jochen 19
Welte, MinRätin 239
Welteke, Ernst 424
Welteke, Ernst Präsident der Landeszentralbank 426
Welters, Peter 296
Welz, Dr MinR 367
Welz, VwOAR 302
Welzk, Dr RAng 435

Wember, MinR 42
Wémeau, Catherine HonorarKonsulin 94
Wemmer, Wilhelm Dr MinDirig 116
Wempe, RDir 318
Wenckebach, MinR 49
Wend, LtdRDirektorin 131
Wende, Burkhard Prof Dr Dir und Prof 242
Wende, Dr WissORätin 389
Wendelstorf, Jochen Präsident des Bundesamtes für Finanzen 167
Wenders, Dipl-Ing BauDir 336
Wendisch, Jörg Dr MinDirig 255
Wendl, Erich HonorarKons 77
Wendling, Dr MinR 385
Wendling, VwDir 301
Wendt, BauDir 218
Wendt, Dr Dir und Prof 372
Wendt, Dr MinR 253
Weng, Wolfgang Dr 19, 24
Wenger, Robert GenKons 484
Wenger, VwDir 307
Wengler, MinR 161
Wenningmann, RAngestellte 433
Wentzel, Dr VortrLegR I. Kl 53
Wenzel, Dr MinR 161
Wenzel, Dr MinRätin 429
Wenzel, Dr RDir 165
Wenzl, VortrLegR I. Kl 53
Wenzlik, Erich FoDir 213
Werbke, MinR 315
Werder, Harald von RAR 122
Weritz-Hanf, MedDirektorin 363
Werke, Gerhard Prof Dr 123
Werkhausen, MinR 342
Wermann, MinDirig 254
Wermter, VwDir 286
Werndl, Klaus außerordentl und bevollm Botsch 62
Werner, Ansgar GenHonorarKons 492
Werner, Dr WissAng 380, 389
Werner, Dr WissOR 380
Werner, Helmut HonorarKons 459
Werner, Joachim Dr HonorarKons 63
Werner, Karl-Josef ORR 200
Werner, Klaus Dr HonorarKons 484
Werner, RDir 184, 332
Werner, RDirektorin 153
Werner, VwDir 299
Werner, Wolfram Dr LtdArchDir 129
Werner, ZOAR 180
Wernstedt, Rolf Prof Kultusminister 36

Werth-Mühl, ArchORätin 130
Werthebach, Dr LtdRDirektorin 135
Werthebach, Eckart Dr Staatssekretär 114
Weseloh, VwDir 268
Wesp 334
Wessel 425
Wessel, RDirektorin 384
Wesseler, BauRätin 399
Wessels, Bernd-Artin HonorarKons 459
Wessels, MinR 161
Wessing, Claus HonorarKons 483
Westbomke, Dr MinR 235
Westdickenberg, Dr MinDirig 51
Wester, Hildegard 19
Westerhoff, Dr VwAng 48
Westerhoff, Johannes Dr außerordentl und bevollm Botsch 59
Westermann, Angelika RDirektorin 341
Westerwelle, Guido Dr 19
Westheide, Dr MinDirig 385
Westkamp, Helmut VwDir 287
Westkamp, MinDirig 397
Westphal, Dr VwAng 365
Westphal, Dr WissDir 378
Westphal, VortrLegR I. Kl 54
Westrich, Lydia 19–20
Weström, Frithjof HonorarKons 63
Wethmar, Frans Peter HonorarKons 477
Wettberg, Ang 279
Wettengel, Dr ArchOR 129
Wettig, Gerhard Dr WissDir 142
Wettig, Prof Dr WissAng 378
Wettig-Danielmeier, Inge 19
Wetzel, Kersten 19
Wetzel, MinR 401
Wetzel, Volkhard Dipl-Ing Dir und Prof 330
Wewel, MinR 162
Weyershäuser, MinRätin 117
Weygandt, Arkell D GenKons 452
Whitaker Salles, Joaquim Augusto GenKons 455
Wichardt, Dr LtdRDir 208–209
Wichelmann, Dr MinR 395
Wichert, Peter Dr Staatssekretär 347
Wichmann, Gerhard HonorarKons 66
Wichtendahl, Mario HonorarKons 72
Wichter, Hans-Dieter Dr MinDirig 347
Wick, von RDir 221
Widmann, Siegfried Dr 420

575

Widmer, Paul Dr Gesdtr 447
Wieber, RDir 211
Wieczorek, Helmut 19, 21
Wieczorek, Norbert Dr 19, 22
Wieczorek, RR z A 397
Wieczorek-Zeul, Heidemarie 19, 23–24
Wieditz, ORR 181
Wiedmann, Wolfgang Dr Honorar-Kons 490
Wiedmeier, Carl HonorarKons 478
Wiefelspütz, Dieter 19, 21
Wiegelmann, RDir 380
Wieland, ZOAR 212
Wiemer, Annemarie MinDirigentin 434
Wienand, Peter Dr außerordentl und bevollm Botsch 84
Wienholtz, Ekkehard Dr Innenminister 38–39
Wienke, Baldur VwDir 296
Wierichs 120
Wierig, RDirektorin 235
Wies, ORR 186
Wiesebach, Dr RDirektorin 396
Wiesen, Hans Minister für ländliche Räume, Landwirtschaft, Ernährung und Tourismus 38
Wieser, Dipl-Ing Dir und Prof 246
Wiesheu, Otto Dr Staatsminister 40
Wiesheu, Otto Dr Staatsminister für Wirtschaft, Verkehr und Technologie 33
Wiesner, Dr MinR 363
Wiesner, Dr WissAng 375
Wiesner, Wolfgang Dr außerordentl und bevollm Botsch 85
Wiest, Manfred RR 218
Wiest, MinR 237
Wiester, Wolfgang VorsRichter am BSG 422
Wigger, ORR 378
Wiggering, Dr Dir und Prof 387
Wiggering, Prof Dr Dir 122
Wiggert, TAngestellte 259
Wiggin, Charles E HonorarKons 78
Wijayasiri, Gunayavedalage Außerordentl und bevollm Botsch 448
Wild, Dr ORR 365
Wild, Klaus-Peter Dr 234
Wilde, Gottfried RDir 193
Wilde, Klaus GenKons 94
Wilde, MinR 254
Wildenhahn, Dr BauDir 330
Wildenhain, Dipl-Ing agr 258–259
Wildgrube, Bernd 297

Wildgrube, Bernd VPräs 297
Wildung-Schoske, Dietrich Prof Dr Direktor 146
Wilfling, Peter Dr GenKons 479
Wilfried, RDir 170
Wilhelm, Dr MinR 236
Wilhelm, Hans-Otto 19
Wilhelm, Helmut 19
Wilhelmi, Dr MinR 402
Wilke, Dr RDir 330
Wilke, MinR 28
Wilken, Heinz VwDir 296–297
Wilkening, Carl Ludwig Dr HonorarKons 484
Wilkening, Dr Dir und Prof 242
Wilkening, PharmDir 140
Wilkitzki, MinDirig 154
Will, Dr WissAng 394
Will, MinR 316
Will, RDir 388
Wille, Wolfgang VwDir 307
Willenbacher, MinR 433
Willenberg, Frank MinDirig 116
Willer, Dr MinDirig 254
Willer, RAR 265
Willerding, RDir 397
Willers, MinR 274
Williams, Allan G HonorarKons 89
Williams, Timothy A GenKons 469
Willich, Angestellte 416
Willing, Dr Dir und Prof 389
Willkommen, Dr WissAngestellte 380
Willmann, Helmut GenLt 347, 349
Willner, Gert 19–20
Willumeit, BauOAR 195
Willumeit, Helmut BauOAR 197
Willwater, ORR 189
Wilmanns, Johst Dr GenKons 94
Wilmerstadt, MinR 273
Wilms, Dorothee Dr Bundesministerin a D 150
Wilms, Hans-Peter RR 215
Wilms, MinR 254
Wilski, VmDir 134
Wilz, Bernd 19
Wilz, Bernd Parlamentarischer Staatssekretär 45, 347
Wimmer, Dr MinR 154
Wimmer, Willy 19
Windisch, Horst Dir im BGS 127, 139
Windscheif, Dr 44
Winiarski, Dr 330
Winkel, Dr MinR 236
Winkelbrandt, Dir und Prof 392
Winkelmann 339
Winkelmann, Dr Dir und Prof 394

Winkelmann, Dr MinDirig 55
Winkelmann, Dr MinR 26
Winkler 268
Winkler, Dr MinR 273
Winkler, Horst F HonorarKons 77
Winkler, Lothar Dr HonorarKons 459
Winkler, Matthias VorsRichter am BPatG 415
Winter, Ang 435
Winter, Dr RDir 368
Winter, GeolOR 250
Winter, Henning Dr 310
Winter, Klaus 410
Winter, VwAngestellte 244
Winter, Wolfgang VwDir 308
Winterfeldt, Dr LtdRDir 157
Wintermeyer, WissOR 390
Winther, Björn HonorarKons 101
Winther, RRätin 132
Wippermann, Dr Dir und Prof 250
Wippermann, Thomas Dr Dir und Prof 249
Wirmer, MinDir 48
Wirth, Dir und Prof 393
Wirth, Dr RDir 398
Wirth, Heinz GenHonorarKons 474
Wirth, Rüdiger Dr 311
Wischer, Christine Senatorin für Frauen, Gesundheit, Jugend, Soziales und Umweltschutz 34
Wischnewski, MinR 397
Wissinger-Gräfenhahn, Dr WissAngestellte 372
Wissmann, Matthias Bundesminister für Verkehr 19, 45, 313
Wistinghausen, Henning von außerordentl und bevollm Botsch 83
Witt, Dr MinDirig 236
Witt, Gabriele MinDirigentin 431
Witt, MinDirigentin 432
Witt, MinR 27, 255, 315
Witte, Ang 314
Witte, Dr Dir und Prof 374
Witte, Dr MinR 341
Witte, Hans Heinrich Dr LtdBauDir 329
Witte, MinR 50
Wittemann, MinR 316
Wittich, Berthold 19
Wittich, Georg Präsident des Bundesaufsichtsamtes für den Wertpapierhandel 223
Wittig, Peter Dr VortrLegR I. Kl 51
Witting, Dr RDir 385

Wittkowski, Dr Dir und Prof 377
Wittkowski, RDirektorin 431
Wittling, Henner Minister für Bildung, Kultur und Wissenschaft 37
Wittmann, Dr-Ing BauDir 336
Wittmann, Fritz Dr 19
Wittmann, Lothar Dr außerordentl und bevollm Botsch 105
Wittschen, MinR 115
Wittstock, Dr MinR 240
Witzlau, Gernot MinDirig 115
Witzmann, Dr LtdMinR 428
Witzsche, VwAng 176
Wizorek-Kuhlen, ORRätin 365
Wnendt, VortrLegR 51
Woan Lee, Sang GenKons 470
Wobst, Frank G HonorarKons 77
Wodarg, Wolfgang Dr 19
Wöbbecke, RDirektorin 430
Wöckel, Heribert Dr Dr außerordentl und bevollm Botsch 73
Wöhl, Dr 285
Wöhler, Harald BauDir 327
Wöhrl, Dagmar Gabriele 19
Wöhrl, Gerhard HonorarKons 454
Wöhrmann, Dr MinR 410
Wölcke, Uwe Dr Dir und Prof 279
Wölfel, Dr WissR 279
Wölker, VortrLegR I. Kl 54
Wöllgens, RR 132
Wörner, Dr WissAngestellte 376
Wörrle, Michael Dr Dir und Prof 112
Wohanka, Dr 392
Wohlfeld, RDirektorin 220
Wohlleben, Verena Ingeburg 19
Wohlrebe, Dr WissOR 372
Woiwode, Dr RDir 385
Wolber, LtdRDir 156
Woldesenbet, Berhane Tensay Dr Außerordentl und bevollm Botsch 436
Wolf, Dieter Präsident des Bundeskartellamtes 247
Wolf, Dr WissDir 393
Wolf, G Dr MinR 161
Wolf, Hanna 19
Wolf, Klaus Dieter HonorarKons 456
Wolf, Margareta 19
Wolf, MinR 27
Wolf, Peter Bundeswehrdisziplinaranwalt 353
Wolf, Winfried Dr 19
Wolfart, János Gesdtr 449
Wolff, Dr MinR 42
Wolff, Dr RDir 278
Wolff, Ingeborg Dr VorsRichterin am BSG 422

Wolff, MinR 162
Wolff, ORR 365
Wolff, WissORätin 373
Wolfgang, Karlheinz HonorarKons 459
Wollbrink, OAR 40
Wollenberg, Werner ORR 200
Wollenschläger, Harry HonorarKons 473
Wollersheim, Dr Angestellte 432
Wollschläger, ORRätin 178
Wolny, Dr RDir 283
Wolter, Dr MinR 253
Wolter, Johannes Dr VwAng 47
Wolter, ORR 132
Wolter, RDir 50
Wolters, BauDir 320
Wolters, FoR z A 196, 214
Wolters, RDir 272
Woltmann, VortrLegR I. Kl 53
Wonneberger, Michael 19
Worm, Dr RDir 384
Wormit, Alexander MinDirig 362
Worms, Hans-Joachim HonorarKons 485
Wormuth, Dr Dir und Prof 378
Worpenberg, Dr BauDir 277
Woythe, VwRätin z A 293
Wozniak, RR 435
Wrana, ROAR 282
Wrany, MinR 160
Wrege, RRätin 133
Wright, Heide 20
Wrocklage, Hartmuth Senator, Präses der Behörde für Inneres 35
Wücke, ORR 222
Wülfing, Elke 20
Wülfing, Elke Parlamentarische Staatssekretärin 45, 401
Wülk, Peter LtdVwDir 308
Wünsch 120
Wünsche, Kai HonorarKons 486
Wünsche, Thomas 302
Würtenberger, ORR 132
Würzbach, Peter Kurt 20
Würzberger, Paul AbtPräs 122
Wüstzenberg, Pof Dr-Ing Dir 246
Wukitsevits, Peter GenKons 479
Wulf, Alfred Dr 262
Wulf, MinR 165
Wulf, RDir 189
Wulffen, Dr VortrLegR I. Kl 54
Wulffen, Matthias von 422
Wulffen, Matthias von Präs des BSG 422
Wunsch, Dr Dir und Prof 371
Wurie, Umaru Bundu Außerordentl und bevollm Botsch 447
Wurm 50

Wurm, MinR 115
Wurster, Dr med VwAng 336
Wurster, Günther 126
Wurster, Wolfgang Dr-Ing Dir und Prof 113
Wurzel, Gabriele Dr jur Staatssekretärin 431
Wutschke, Dipl-Ing 327
Wuttig, WissAngestellte 430
Wuttke, Dr WissAng 389
Wuttke-Götz MinRätin 115
Wutzke, Dipl-Phys RDir 245
Wydawka 425

X

Xiangzhen, Tao BotschR 438

Y

Yakital, Ali GenKons 490
Yaldiz, Marianne Prof Dr Direktorin 147
Yoon, Chin Siat Außerordentl und bevollm Botsch 447
Young Hong, Soon Außerordentl und bevollm Botsch 442
Yzer, Cornelia 20

Z

Zabel, Michael 120
Zabel, Rolf ORR 190
Zacher, Karl-Otto BauDir 319
Zaganjori, Xhezair Dr Außerordentl und bevollm Botsch 436
Zahn, Hans Dr HonorarKons 461
Zahn, MinDir 395
Zahn, Peter HonorarKons 71
Zaki Farrag, Abdel-Aziz Khalil GenKons 451
Zander, MinR 114
Zander, RDir 116
Zanker, Paul Prof Dr 113
Zantz, Dipl-Ing BauDir 327
Zapf, Uta 20
Zappey, MinR 40
Zaß, Manfred 231
Zastrow, ORR 365
Zee, Pieter Eeltje van der HonorarKons 100
Zeh, ORR 282
Zeh, Wolfgang Prof Dr MinDirig 26
Zehentner, Klaus GenKons 75
Zehetmair, Hans Stellvertreter des Ministerpräsidenten und Staatsminister für Unterricht, Kultus, Wissenschaft und Kunst 32
Zehme, Dr-Ing 338
Zeidler, RAmtm 427
Zeise, RRätin 247

577

Zeisel, Dr RDir 401
Zeisler, Dr VortrLegR I. Kl 51
Zeitler, Franz-Christoph Dr 424
Zeitler, Franz-Christoph Dr jur Präsident der Landeszentralbank 426
Zeitlmann, Wolfgang 20
Zeller, Alfons Staatssekretär 33
Zeller, Gerhard Dr Oberfinanzpräsident 191
Zeller, H-J Dr Ang 279
Zeller, I Dr Ang 279
Zeller, Klaus Dr außerordentl und bevollm Botsch 88
Zeller, Klaus Dr außerordentl und bevollm Botsch (mit Sitz in Canberra) 89
Zenker, Heike außerordentl und bevollm Botschafterin 106
Zens, Christian ORR 177
Zentsch, Ang 393
Zephania Mbatha, Khulu Dr GenKons 487
Zeppernick, Dr MinR 48
Zepter, MinDirig 52
Zervos, Dimitrios HonorarKons 95
Zesch, A Prof Dr Dir und Prof 373
Zettl, LtdVwDir 304
Zettl, Ludwig LtdVwDir 304
Zeuch-Wiese, Dr 407
Zeus, Günter ORR 194
Zhaorong, Mei Außerordentl und bevollm Botsch 438
Zickgraf, RDir 50
Ziebe, Dipl-Ing VmDir 325
Ziebs, Dr-Ing Dir und Prof 246
Ziefer, VortrLegR I. Kl 52
Ziegenfeuter, Gerd HonorarKons 95
Ziegler, Dr VortrLegR 52
Ziegler, H-D Dr VortrLegR I. Kl 54
Ziegler, MinR 403
Ziegler, ORR 428
Ziegler, RDir 392
Zieher, RDir 282
Ziehm 120
Ziel, Alwin Stellvertreter des Ministerpräsidenten, Minister des Innern 34
Zielinski, ORR 201
Zielke, RDir 397
Ziemer, Klaus FoDir 193
Zierer, Benno 20
Zierl, Dr MinR 161
Zierlein, Dr Dir beim BVerfG 410
Zierlein, Karl-Georg Dr Dir beim BVerfG 410
Zierlein, Karl-Georg Dr Direktor 410

Zierock, Dr WissAng 389
Ziese, Dr MinR 165
Ziese, Dr WissAng 375
Zietschmann, Joachim MinDirig 50
Zilch, MinR 48
Zilk, Wolfgang ORR 207
Zillgen, RDir 365
Zillgens, Hermann HonorarKons 78
Zimmer, Dr MinR 239
Zimmer, RDir 428
Zimmermann, Christoph HonorarKons 457
Zimmermann, Dr RDirektorin 363
Zimmermann, Edwin Minister für Ernährung, Landwirtschaft und Forsten 34
Zimmermann, Flugkapitän 336
Zimmermann, FoOR 184
Zimmermann, Hartmut HonorarKons 92
Zimmermann, Jörg Genkons 81
Zimmermann, Norbert 146
Zimmermann, Norbert Dir und Prof 279
Zimmermann, ORR 277
Zimmermann, RDir 225
Zimmermann, TAng 400
Zimmermann-Schwartz, LtdMinRätin 432
Zimpelmann, Uwe 270
Zimpelmann, Uwe Dipl-Kfm 233
Zimpfer, Dipl-Inf RDir 246
Zink, Otto 271
Zinke, Dr WissAngestellte 374
Zinke, Ekhard 333
Zinnhobler, Dr WissDir 373
Zipperer, Dr MinDir 367
Zirker, Dr LtdRDir 210
Zirker, Georg Dr LtdRDir 210
Zirpel, Rolf-Rüdiger Dr Genkons 81
Zisik, RDir 421
Zodtner, Gerhard LtdBauDir 399
Zögner, Lothar Dr BiblDir 148
Zöller, Wolfgang 20
Zöllner, Jürgen Prof Dr Staatsminister, Minister für Bildung, Wissenschaft und Weiterbildung 37
Zöllner, VwDir 309
Zöpel, Christoph Dr 20
Zoller, MinR 395
Zopp, Frederick HonorarKons 77
Zouridaki, Marianne Honorarkonsulin 95
Zschunke, A Prof Dr sc nat Dir 245

Zuber, Walter Staatsminister, Minister des Innern und für Sport 37
Zuccalmaglio, von VwDir 268
Zügel, Walther Dr HonorarKons 455
Züll, MinR 316
Zumkley, Peter 20
Zumpe, Dr MinR 314
Zuschlag, RDir 365
Zutz, VwDir 293
Zwanziger, ORR 181
Zweig 362
Zwerenz, Gerhard 20
Zwerger, Peter Dr 262
Zwingmann, Dr MinR 254

VERZEICHNIS DER ABKÜRZUNGEN

+ *Amtliche Abkürzungen*

A

AA +	Auswärtiges Amt
AAnw	Amtsanwalt
ABez	Amtsbezirk
Abg +	Abgeordneter
ABgm	Amtsbürgermeister
ABeig	Amtsbeigeordneter
Abs	Absatz
Abt	Abteilung
AbtDir	Abteilungsdirektor
AbtPräs	Abteilungspräsident
a D	außer Dienst
ADir	Amtsdirektor
Adm	Admiral
A d ö R	Anstalt des öffentlichen Rechts
AG	Amtsgericht
AkadOR	Akademieoberrat
AkadR	Akademierat
AKäm	Amtskämmerer
Amtm	Amtmann
Ang	Angestellter
Anw	Anwalt(schaft)
AR	Amtsrat
Arch	Archivar
ArchDir	Archivdirektor
ArchOR	Archivoberrat
ArchR	Archivrat
Art	Artikel
Ass	Assessor
AWG	Allgemeine Wählergemeinschaft

B

Bad-W	Baden-Württemberg
BAG +	Bundesarbeitsgericht
BB +	Brandenburg
BG	Bürgergemeinschaft
BL	Bürgerliste
BauDir	Baudirektor
BauMstr	Baumeister
BauOAR	Bauoberamtsrat
BauOR	Bauoberrat
BauR	Baurat
Bay	Bayern
BbDir	Bundesbahndirektor
BDH	Bundesdisziplinarhof
Beig	Beigeordneter
BergAss	Bergassessor
BergHptm	Berghauptmann
BergOR	Bergoberrat
BergR	Bergrat
BergwDir	Bergwerksdirektor
Bevollm	Bevollmächtigte(r)
BFH +	Bundesfinanzhof
BGBl	Bundesgesetzblatt
BGH +	Bundesgerichtshof
Bgm	Bürgermeister
BGS	Bundesgrenzschutz
Bibl	Bibliothekar
BiblDir	Bibliotheksdirektor
Bibl-Inspektorin	Bibliotheksinspektorin
BiblOR	Bibliotheksoberrat
BiblR	Bibliotheksrat
BiolR	Biologierat
BK +	Bundeskanzler(amt)
BkDir	Bankdirektor
BkOR	Bankoberrat
BkR	Bankrat
Bln	Berlin
BMA +	Bundesminister(ium) für Arbeit und Sozialordnung
BMBau +	Bundesminister(ium) für Raumordnung, Bauwesen und Städtebau
BMBF +	Bundesminister(ium) für Bildung, Wissenschaft, Forschung und Technologie
BMF +	Bundesminister(ium) der Finanzen
BMFSFJ +	Bundesminister(ium) für Familie, Senioren, Frauen und Jugend
BMG +	Bundesminister(ium) für Gesundheit
BMI +	Bundesminister(ium) des Innern
BMin	Bundesminister
BMJ +	Bundesminister(ium) der Justiz
BML +	Bundesminister(ium) für Ernährung, Landwirtschaft und Forsten
BMPT +	Bundesminister(ium) für Post und Telekommunikation
BMU +	Bundesminister(ium) für Umwelt, Naturschutz und Reaktorsicherheit
BMV +	Bundesminister(ium) für Verkehr
BMVg +	Bundesminister(ium) der Verteidigung
BMWi +	Bundesminister(ium) für Wirtschaft
BMZ +	Bundesminister(ium) für wirtschaftliche Zusammenarbeit und Entwicklung
Botsch	Botschafter
BotschR	Botschaftsrat
BPA +	Presse- und Informationsamt der Bundesregierung
BPr +	Bundespräsident
BPrA +	Bundespräsidialamt
BR +	Bundesrat
BrandAss	Brandassessor
BrandDir	Branddirektor
BrandOR	Brandoberrat
BrandR	Brandrat
Bre	Bremen
BReg +	Bundesregierung
BRH +	Bundesrechnungshof
BrigGen	Brigadegeneral
BSG +	Bundessozialgericht
BT +	Bundestag
BüchDir	Büchereidirektor
BVerfG +	Bundesverfassungsgericht
BVerwG +	Bundesverwaltungsgericht
BVS	Bundesverband für den Selbstschutz
BWV +	Bundesbeauftragter für Wirtschaftlichkeit in der Verwaltung

C

CDU +	Christlich Demokratische Union
ChBK +	Chef des Bundeskanzleramtes
ChBPrA +	Chef des Bundespräsidialamtes
ChemDir	Chemiedirektor
ChemOR	Chemieoberrat
ChemR	Chemierat
CSU +	Christlich Soziale Union

579

D

D	Doktor theologie
Deput	Deputierter
Dez +	Dezernent, Dezernat
DGB	Deutscher Gewerkschaftsbund
Dipl	Diplom
Dipl-Bibl	Diplom-Bibliothekar
Dipl-Betriebsw	Diplom-Betriebswirt
Dipl-Biol	Diplom-Biologe
Dipl-Chem	Diplom-Chemiker
Dipl-Forstw	Diplom-Forstwirt
Dipl-Geogr	Diplom-Geograph
Dipl-Geol	Diplom-Geologe
Dipl-Ing	Diplom-Ingenieur
Dipl-Kfm	Diplom-Kaufmann
Dipl-Komm	Inhaber des Kommunal-Diploms
Dipl-Math	Diplom-Mathematiker
Dipl-Met	Diplom-Meteorologe
Dipl-Päd	Diplom-Pädagoge
Dipl-Phys	Diplom-Physiker
Dipl Psych	Diplom-Psychologe
Dipl-Volksw	Diplom-Volkswirt
Dipl-Wirtsch-Ing	Diplom-Wirtschaftsingenieur
Dir	Direktor
DirBR +	Direktor des Bundesrates
DirBT +	Direktor beim Deutschen Bundestag
d ö R	des öffentliche Rechts
Doz	Dozent
Dr	Doktor

E

E	Einwohnerzahl
e	ehrenamtlich
EDV	elektronische Datenverarbeitung
EichDir	Eichdirektor
EichOAR	Eichoberamtsrat
EichOR	Eichoberrat
EichR	Eichrat
EPl	Einsatzplan, Einsatzpläne
EStAnw	Erster Staatsanwalt
EU	Europäische Union
evang	evangelisch
EV	eingetragener Verein

F

Fax	Telefax
F.D.P.	Freie Demokratische Partei
FinPräs	Finanzpräsident
FischDir	Fischereidirektor
FischR	Fischereirat
FKpt	Fregattenkapitän
Fl	Flächengröße
FMW	Freie mündige Wähler
FoDir	Forstdirektor
FoOR	Forstoberrat
FoPräs	Forstpräsident
FoR	Forstrat
FWG	Freie Wählergemeinschaft
FWV	Freie Wählervereinigung

G

GABl	Gemeinsames Amtsblatt
GAL	Grüne alternative Liste
GBl	Gesetzblatt
GemBgm	Gemeindebürgermeister
GemKäm	Gemeindekämmerer
GemOAR	Gemeindeoberamtsrat
Gen	General
GenAp	Generalapotheker
GenArzt	Generalarzt
GenDir	Generaldirektor
GenInt	Generalintendant
GenKons	Generalkonsul(at)
GenLt	Generalleutnant
GenMaj	Generalmajor
GenMusikDir	Generalmusikdirektor
GenOStabsarzt	Generaloberstabsarzt
GenStabsarzt	Generalstabsarzt
GenStAnw	Generalstaatsanwalt
GenVik	Generalvikar
GeolDir	Geologiedirektor
GeolR	Geologierat
Gesdtr	Gesandter
GesdtR	Gesandtschaftsrat
GG	Grundgesetz für die Bundesrepublik Deutschland
ggf	gegebenenfalls
GMBl	Gemeinsames Ministerialblatt
GO	Geschäftsordnung
GVBl	Gesetz- und Verordnungsblatt
GwBauDir	Gewerbebaudirektor
GwDir	Gewerbedirektor
GwMedR	Gewerbemedizinalrat
GwOMedR	Gewerbeobermedizinalrat
GwOR	Gewerbeoberrat
GwR	Gewerberat
GwSchulR	Gewerbeschulrat

H

h	hauptamtlich
HafKpt	Hafenkapitän
Hbg	Hamburg
h c	honoris causa (ehrenhalber)
Hess	Hessen

I

i BGS	im Bundesgrenzschutz
i G	im Generalstab
Ing	Ingenieur
Int	Intendant
i K	im Kirchendienst
i R	im Ruhestand
iVm	in Verbindung mit

J

JustAR	Justizamtsrat
JustOAR	Justizoberamtsrat
JustOI	Justizoberinspektor
JustOR	Justizoberrat
JustR	Justizrat

K

K oder Krs	Kreis
komm	kommissarisch
Käm	Kämmerer
KamDir	Kammerdirektor
KassDir	Kassendirektor
KassR	Kassenrat
kath	katholisch
KBauMstr	Kreisbaumeister
KBauR	Kreisbaurat
KBüDir	Kreisbürodirektor
KDep	Kreisdeputierter
KDir	Kreisdirektor
K d ö R	Körperschaft des öffentlichen Rechts
Kfm	Kaufmann

KiR	Kirchenrat	MdBB	Mitglied der Bremer Bürgerschaft
KKäm	Kreiskämmerer	MdBü	Mitglied der Bürgerschaft
KMedDir	Kreismedizinaldirektor	MdEP	Mitglied des Europäischen Parlaments
KMedR	Kreismedizinalrat	MdHB	Mitglied der Hamburger Bürgerschaft
KOAR	Kreisoberamtsrat	MdL +	Mitglied des Landtages
KOMedR	Kreisobermedizinalrat	MdS	Mitglied des Senats
Kons	Konsul(at)	m d W b	mit der Wahrnehmung beauftragt
KonsAbt	Konsularabteilung	MdWdGb	Mit der Wahrnehmung der Geschäfte beauftragt
KorvKpt	Korvettenkapitän		
KOVetR	Kreisoberveterinärrat	MedDir	Medizinaldirektor
KOVwR	Kreisoberverwaltungsrat	MedOR	Medizinaloberrat
KPfl	Kreispfleger	MedR	Medizinalrat
KPräs	Kreispräsident	MFr	Mittelfranken
Kpt	Kapitän	MilGenDek	Militärgeneraldekan
KptLt	Kapitänleutnant	MilGenVik	Militärgeneralvikar
Kpt z S	Kapitän zur See	Min	Minister, Ministerial-
KR	Kreisrat	MinBüDir	Ministerialbürodirektor
KrimDir	Kriminaldirektor	MinDir	Ministerialdirektor
KrimOR	Kriminaloberrat	MinDirig	Ministerialdirigent
KrimR	Kriminalrat	MinPräs	Ministerpräsident
KSchulR	Kreisschulrat	MinR	Ministerialrat
KSynd	Kreissyndikus	MusDir	Museumsdirektor
KVwR	Kreisverwaltungsrat	MusikDir	Musikdirektor
KWV	Kommunale Wählervereinigung	MV +	Mecklenburg-Vorpommern
Kzl	Kanzler		

L

		N	
		Nds	Niedersachsen, niedersächsisch
LandwDir	Landwirtschaftsdirektor	NN	non nominatus (nicht benannt)
LandwR	Landwirtschaftsrat	Not	Notar
LAnw	Landesanwalt	NPD	Nationaldemokratische Partei Deutschlands
LArbAPräs	Landesarbeitsamtspräsident		
LArbG	Landesarbeitsgericht	NRW oder NW	Nordrhein-Westfalen
LArchR	Landesarchivrat		
LAss	Landesassessor	**O**	
LBauDir	Landesbaudirektor		
LBauR	Landesbaurat	O	Ober-, Oberes
LDir	Landesdirektor	OAAnw	Oberamtsanwalt
Ldrt	Landrat	OAR	Oberamtsrat
LegR	Legationsrat	OArchR	Oberarchivrat
LG	Landgericht	OArzt	Oberarzt
LL	Landesliste	OB	Oberbayern
LPolDir	Landespolizeidirektor	OBAnw	Oberbundesanwalt
LPolPräs	Landpolizeipräsident oder Landespolizeipräsident	OBauR	Oberbaurat
		OBergADir	Oberbergamtsdirektor
LSozG	Landessozialgericht	OBergR	Oberbergrat
LStallMstr	Landesstallmeister	OberstLt	Oberstleutnant
LtdArzt	Leitender Arzt	OBgm	Oberbürgermeister
LtdDir	Leitender Direktor	OBiblR	Oberbibliotheksrat
LtdLBauDir	Leitender Landesbaudirektor	OBrandR	Oberbrandrat
LtdGeolDir	Leitender Geologiedirektor	OChemR	Oberchemierat
LtdMedDir	Leitender Medizinaldirektor	ODir	Oberdirektor
LtdMinR	Leitender Ministerialrat	ODomR	Oberdomänenrat
LtdOStAnw	Leitender Oberstaatsanwalt	OECD +	Organisation für wirtschaftliche Zusammenarbeit und Entwicklungshilfe
LtdPolDir	Leitender Polizeidirektor		
LtdRBauDir	Leitender Regierungsbaudirektor		
LtdRDir	Leitender Regierungsdirektor	OEichR	Obereichrat
LtdRKrimDir	Leitender Regierungskriminaldirektor	OFinPräs	Oberfinanzpräsident
LtdVwDir	Leitender Verwaltungsdirektor	OFischR	Oberfischereirat
LVwDir	Landesverwaltungsdirektor	OFoMstr	Oberforstmeister
LVwR	Landesverwaltungsrat	OFoR	Oberforstrat
LZB	Landeszentralbank	OFr	Oberfranken
		OGeolR	Obergeologierat
M		OGwR	Obergewerberat
		OIng	Oberingenieur
MA	Magister Artium	OJustR	Oberjustizrat
MagR	Magistratsrat	OJustVwR	Oberjustizverwaltungsrat
Maj	Major	OKBauR	Oberkreisbaurat
MBl	Ministerialblatt	OKDir	Oberkreisdirektor
MdA	Mitglied der Abgeordnetenkammer	OKiR	Oberkirchenrat
MdB +	Mitglied des Bundestages	OLandwR	Oberlandwirtschaftsrat

581

OLAnw	Oberlandesanwalt	Ref	Referent, Referat
OLFoMstr	Oberlandesforstmeister	REichR	Regierungseichrat
OLG +	Oberlandesgericht	RFischR	Regierungsfischereirat
OMedDir	Obermedizinaldirektor	RFoDir	Regierungsforstdirektor
OMedR	Obermedizinalrat	RGwDir	Regierungsgewerbedirektor
OPBauR	Oberpostbaurat	RGwR	Regierungsgewerberat
OPDir	Oberpostdirektor	Rhld-Pf	Rheinland-Pfalz
OPf	Oberpfalz	RKrimDir	Regierungskriminaldirektor
OPolR	Oberpolizeirat	RLandwDir	Regierungslandwirtschaftsdirektor
OPR	Oberpostrat	RLandwR	Regierungslandwirtschaftsrat
ORArchR	Oberregierungsarchivrat	RMedDir	Regierungsmedizinaldirektor
ORBauDir	Oberregierungsbaudirektor	RMedR	Regierungsmedizinalrat
ORBauR	Oberregierungsbaurat	ROAR	Regierungsoberamtsrat
ORBrandR	Oberregierungsbrandrat	ROMedR	Regierungsobermedizinalrat
ORChemR	Oberregierungschemierat	RPharmDir	Regierungspharmaziedirektor
ORDir	Oberregierungsdirektor	RPräs	Regierungspräsident
ORechnR	Oberrechnungsrat	RR	Regierungsrat
OREichR	Oberregierungseichrat	RSchulDir	Regierungsschuldirektor
ORGeologe	Oberregierungsgeologe	RSchulR	Regierungsschulrat
ORGwR	Oberregierungsgewerberat	RVmR	Regierungsvermessungsrat
ORLandwR	Oberregierungslandwirtschaftsrat	RVPräs	Regierungsvizepräsident
ORMedR	Oberregierungsmedizinalrat	RWiR	Regierungswirtschaftsrat
ORPharmR	Oberregierungspharmazierat		
ORR	Oberregierungsrat	S	
ORSchulR	Oberregierungsschulrat		
ORVetR	Oberregierungsvetrinärrat	S	Seite
ORVmR	Oberregierungsvermessungsrat	Saar	Saarland
ORWiR	Oberregierungswirtschaftsrat	Schl-H	Schleswig-Holstein
OSchulR	Oberschulrat	SchulADir	Schulamtsdirektor
OStabsarzt	Oberstabsarzt	SchulR	Schulrat
OStaDir	Oberstadtdirektor	SchutzPolDir	Schutzpolizeidirektor
OStAnw	Oberstaatsanwalt	Schw	Schwaben
OStArchR	Oberstaatsarchivrat	Sen	Senator
OStaVetR	Oberstadtveterinärrat	SenDirig	Senatsdirigent
OSteuR	Obersteuerrat	SenPr	Senatspräsident
OStudDir	Oberstudiendirektor	SenR	Senatsrat
OStudR	Oberstudienrat	SN +	Sachsen
OT	Ortsteil	SPD +	Sozialdemokratische Partei Deutschlands
OVetR	Oberveterinärrat		
OVolkswR	Obervolkswirtschaftsrat	SpkDir	Sparkassendirektor
OVG +	Oberverwaltungsgericht	SpkOR	Sparkassenoberrat
OVmR	Obervermessungsrat	SSW	Südschleswigscher Wählerverband
OVwDir	Oberverwaltungsdirektor	ST +	Sachsen-Anhalt
OVwR	Oberverwaltungsrat	StaArchDir	Stadtarchivdirektor
		StaArchR	Stadtarchivrat
P		StaBauDir	Stadtbaudirektor
		StaBauR	Stadtbaurat
PBauR	Postbaurat	StaBüchDir	Stadtbüchereidirektor
PDir	Postdirektor	StaDir	Stadtdirektor
PolDir	Polizeidirektor	StaFoR	Stadtforstrat
PolPräs	Polizeipräsident	StaKäm	Stadtkämmerer
POR	Postoberrat	StAnw	Staatsanwalt
PR	Postrat	StaOBauR	Stadtoberbaurat
Präs	Präsident	StaOFoMstr	Stadtoberforstmeister
Prof	Professor	StaOMedR	Stadtobermedizinalrat
		StaORechtsR	Stadtoberrechtsrat
R		StaOSchulR	Stadtoberschulrat
		StaOVwR	Stadtoberverwaltungsrat
R	Rat	StaR	Stadtrat
RA	Rechtsanwalt	StaRechtsR	Stadtrechtsrat
RBauDir	Regierungsbaudirektor	StaSchulR	Stadtschulrat
RBauR	Regierungsbaurat	StaSynd	Stadtsyndikus
RBez	Regierungsbezirk	StaVmDir	Stadtvermessungsdirektor
RBrandDir	Regierungsbranddirektor	StaVmR	Stadtvermessungsrat
RBrandR	Regierungsbrandrat	StaVetDir	Stadtveterinärdirektor
RChemDir	Regierungschemiedirektor	StaVetOR	Stadtveterinäroberrat
RChemR	Regierungschemierat	StaVetR	Stadtveterinärrat
Rchtr	Richter	StaVwR	Stadtverwaltungsrat
RdErl	Runderlaß	stellv	stellvertretender
RDir	Regierungsdirektor	SteuR	Steuerrat
RechnR	Rechnungsrat	StMin	Staatsminister

StR	Staatsrat
StSekr	Staatssekretär
StudDir	Studiendirektor
StudR	Studienrat
StvBK +	Stellvertreter des Bundeskanzlers
Synd	Syndikus

T

TA	Telegrammadresse
TAng	Technischer Angestellter
Tel	Telefon
Telex	Telex, Fernschreiber
Techn	technische(r, s)
TH +	Thüringen
THW +	Technisches Hilfswerk
TROAR	Technischer Regierungsoberamtsrat

U

U-Abt	Unterabteilung
UFr	Unterfranken
UniProf	Universitäts-Professor
UWG	Unabhängige Wählergemeinschaft
UWL	Unabhängige Wählerliste

V

VAdm	Vizeadmiral
VerbPräs	Verbandspräsident
VerkDir	Verkehrsdirektor
VersiDir	Versicherungsdirektor
VetDir	Veterinärdirektor
VetR	Veterinärrat
Vik	Vikar
VKons	Vizekonsul
VmDir	Vermessungsdirektor
VmR	Vermessungsrat
VolkswR	Volkswirtschaftsrat
Vors	Vorsitzender
VortrLegR	Vortragender Legationsrat
VPr	Vizepräsident
VwDir	Verwaltungsdirektor
VwG	Verwaltungsgericht
VwOR	Verwaltungsoberrat
VwR	Verwaltungsrat
VwRechtsR	Verwaltungsrechtsrat

W

WG	Wählergemeinschaft
WI	Wählerinitiative
WiR	Wirtschaftsrat
WiOR	Wirtschaftsoberrat
WiDir	Wirtschaftsdirektor
WissAng	Wissenschaftlicher Angestellter
WissMitarb	Wissenschaftlicher Mitarbeiter
WissR	Wissenschaftlicher Rat
WkDir	Werkdirektor
WKons	Wahlkonsul
Wkr	Wahlkreis

Z

zA	zur Anstellung
ZDir	Zolldirektor
ZOR	Zolloberrat
ZR	Zollrat